U0915906

玉溪市人民政府　主办

玉溪年鉴

YUXI YEARBOOK 2014

总第二十二期

《玉溪年鉴》编辑部 编

德宏民族出版社

图书在版编目（CIP）数据

玉溪年鉴. 2014 / 玉溪市地方志办公室编. -- 芒市:德宏民族出版社, 2014.9
ISBN 978-7-5558-0054-5

Ⅰ. ①玉… Ⅱ. ①玉… Ⅲ. ①玉溪市－2014－年鉴Ⅳ. ①Z527.43

中国版本图书馆CIP数据核字(2014)第216285号

玉溪年鉴

YUXI YEARBOOK 2014

玉溪市地方志办公室 编

出版・发行	德宏民族出版社	责任编辑	方 萍
社址	云南省德宏州芒市勇罕街1号	责任校对	毕 兰
邮编	678400	发行部电话	0692-2112886
总编室电话	0692-2124877	民文编室	0692-2113131
汉文编室	0692-2111881	网址	www.dmpress.cn
电子邮件	dmpress@163.com	版次	2014年9月第1版
印刷	云南美嘉美印刷包装有限公司	印次	2014年9月第1次
开本	大16开	印数	1-1650
印张	33.5	书号	ISBN978-7-5558-0054-5/Z•290
字数	1480千字	定价	210.00元

美嘉美印刷 0871-63179373 如出现印刷、装订错误，请与承印厂联系调换事宜。

玉溪年鉴编辑部

地　　址：云南省玉溪市政府
电　　话：（0877）2026554　2039664
邮政编码：653100

分类编撰人员

杨春银	杨　刚	鲁俊秀	杨　彪	于大鼐	毕现昆
合晓斌	施永华	何昆琳	朱文栋	李雪梅	王利琴
丁光猛	李万标	秦文伟	王　娅	李尊平	潘翠华
徐明汉	魏　鸿	潘美华	沐德能	李文山	黄建祥
化红梅	甘莉娅	靳　雨	刘亚丹	项　峰	杨　梅
何建辉	代　锐	徐忠华	赵贵明	汪治国	朱　静
周　驰	周克金	吴源峰	杨　菲	吴佳黛	乐明霖
白宗元	乔绍光	王　曦	何志兵	陶　丽	矣琳莉
苏思尹	谢丽红	周　海	薛美蓉	蔡　伟	吴　磊
周文忠	师红艳	杨云川	张建文	许晓云	谢　俊
张耀国	陈坤华	张　迎	周文婷	魏渝荣	于　敏
曹晓军	金世祥	朱光宏	雷　霞	李绍伟	文妍霞
任红萍	何剑虹	姚　梅	廖忠华	孙　艳	阚璐蕊
飞传鹤	徐志敏	徐晓秋	李　真	张丽萍	褚二忠
钱宝运	杨　雪	董　莹	杨　勇	舒　勇	尚　薇
李艳芬	解家敏	普凤岚	周于娜	代会虹	陈　芳
吴正洪	张利祥	邹　瑾	盛文芬	王基宇	张永伟
杨有文	矣德忠	沐进恩	刀燕勤	李红兰	

编辑说明

一、《玉溪年鉴》2014 卷主要反映玉溪市 2013 年各方面的情况。全书分为特载、专文、大事记、玉溪综述、党政机关、民主党派、人民团体、军事、法制、民族、经济管理、农业、林业、水利、工业、烟草、交通·邮电、城建·环保、贸易、财政·税务、金融·保险、旅游、科学技术、教育、文化、新闻·广播电视、卫生、体育、社会、县（区）概况、人物、附录 32 个部类，各部类下设分目，分目下设条目记述具体事物。

二、本年鉴在反映数量变化时，一般与 2012 年年末数相比，文中出现“上年”字样，均指 2012 年，不一一注明。统计数字如部门间有出入或使用了预计数的，一律以统计部门提供的为准。

三、在条目中，部分单位、事件等名称，第一次出现时用全称，以后用简称，在文中不一一注明。

四、年鉴所采用的稿件由市直各有关单位及各县（区）确定专人撰写，并经各单位、各县（区）领导审核，资料翔实准确，内容丰富，信息性强，是各级领导、各机关部门以及企事业单位制订政策和工作计划的重要依据，是外界认识玉溪的重要窗口。

五、本期年鉴的编辑出版，得到各级领导、各部门和社会各方面的关心支持，我编辑部特表示衷心感谢。由于时间较紧，篇幅较大，编辑水平有限，不妥之处，请读者提出宝贵意见。

《玉溪年鉴》编辑部

2013 年 3 月 1 ~ 2 日，中共玉溪市委四届三次全体会议召开 （潘 泉 摄）

2013 年 3 月 24 日上午，玉溪市第四届人民代表大会第一次会议开幕 （潘 泉 摄）

2013 年 4 月 3 日，玉溪市第四届人民政府第一次全体会议召开 （潘 泉 摄）

2013 年 2 月 4 日，省委书记、省人大常委会主任秦光荣（前中）等到玉溪市，看望慰问建设一线的农民工，向他们送上新春的祝福和问候　（潘　泉　摄）

2013 年 5 月 29 日，云南省委副书记、省长李纪恒（前排左一），国家烟草专卖局局长凌成兴（前排左三）、副局长杨培森（二排右一）到红塔集团调研　（郭建林　摄）

2013 年 1 月 14 日，牛绍尧（右二）到玉溪调研城市规划建设（曾永洪　摄）

2013 年 8 月 7 日，科技部副部长陈小娅（左三）在市委书记张祖林等陪同下，深入到玉溪蓝晶科技公司了解蓝宝石衬片的研发和生产情况　（潘泉　摄）

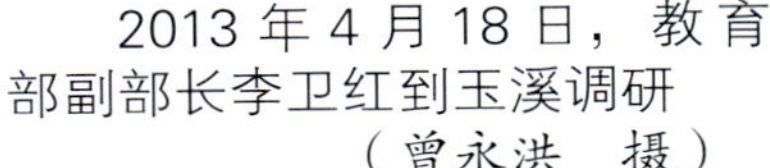

2013 年 4 月 18 日，教育部副部长李卫红到玉溪调研
（曾永洪　摄）

2013 年 7 月 4 日，全国政协副主席李海峰（中）深入玉溪庄园察看生物防治技术应用效果
（玉溪市烟草公司　提供）

2013 年 8 月 3 日，云南省委书记秦光荣（中）在玉溪庄园高原特色农业种植示范园察看有机农作物
（玉溪市烟草公司　提供）

2013 年 9 月 2 日，玉溪市委书记张祖林（左一）在红塔区春和街道与烟农交谈
（玉溪市烟草公司　提供）

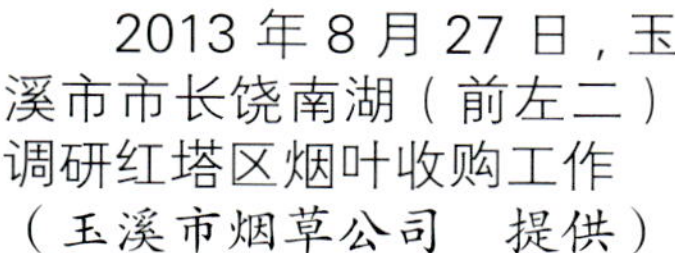

2013 年 8 月 27 日，玉溪市市长饶南湖（前左二）调研红塔区烟叶收购工作
（玉溪市烟草公司　提供）

2013年2月6日，玉溪市委书记张祖林率队到高新区调研，研究推进现代生物医药产业重大项目建设
（潘 泉 摄）

2013年5月30日，玉溪市委书记张祖林调研玉溪一小山水校区，图为张祖林一行听取校长介绍情况
（蒯学庆 摄）

2013年5月4日，玉溪市市长饶南湖、常务副市长陈勇调研火车站片区公租房建设
（李东泰 摄）

2013 年 11 月 7 日，云南省军区司令员张肖南少将（右二）到红塔集团武装部调研

（易小明　摄）

2013 年 6 月 2 日，武警部队副司令员戴洪生中将在总队司令员王诚少将的陪同下莅临玉溪支队视察工作

（武警玉溪支队　提供）

2013 年 10 月 23 日，武警部队政委许耀元上将在总队张桂柏少将的陪同下莅临玉溪支队通海县中队视察工作

（武警玉溪支队　提供）

2013 年 9 月 11 日，市委书记张祖林等领导参加抚仙湖入湖河道马料河综合治理工程

（金云龙 摄）

2013 年 9 月 11 日，玉溪市为保护抚仙湖开展的抚仙湖北岸生态湿地项目启动。9 月 28 日，市县领导对该项目进行考察。图为讲解员向市县领导讲解澄江县北岸生态湿地项目

（金云龙 摄）

抚仙湖北岸拆临拆违后建设的“绿色长廊”

（潘 泉 摄）

2013 年 7 月 30 日，玉溪市大化产业园区建设启动

（潘 泉 摄）

2013 年 7 月 20 日上午，第三届中国聂耳音乐（合唱）周开幕，图为“国歌唱响中国梦”大型文艺演出（潘 泉 摄）

2013 年 7 月 24 日晚，“聂耳杯” 合唱大赛决赛暨颁奖晚会举行，第三届中国聂耳音乐（合唱）周在高唱《国歌》声中圆满闭幕 （潘 泉 摄）

2013 年 7 月 27 日，新平花腰傣艺术团在宁夏国际文化艺术旅游博览会上表演。（新平县文旅广体局 提供）

2013 年 4 月 13 日，CCTV《快乐汉语》栏目组到新平县制作节目

（田家鸿 摄）

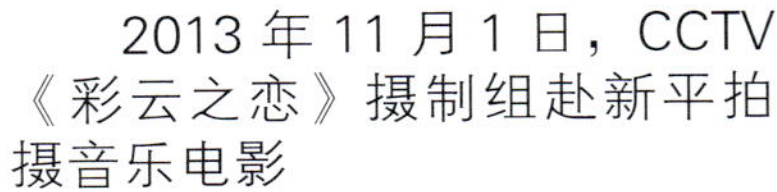

2013 年 11 月 1 日，CCTV《彩云之恋》摄制组赴新平拍摄音乐电影

（田家鸿 摄）

2013 年 12 月 14 日，聂
大众文化小分队廉政文化进
家在澄江县演出

（金云龙 摄

2012年以来，按照“美丽乡村、生活幸福、宜居家园、传承文化、党建示范”发展思路，以党组织的引领和群众的自发自觉作用为驱动，以生态保护和彝族文化传承为主线，以产业提升和群众致富为着力点，美丽彝乡建设初见成效。2013年9月6日，省委副书记仇和在红塔区调研时指出，建设美丽乡村，是省委、省政府加快新农村建设的最新目标定位，美丽乡村建设是一个“寻找美、发现美，打造美、展示美”的过程。要加强组织领导，完善配套政策，加大资金投入，加强考核督查，营造良好氛围，让美丽乡村建设真正成为惠及群众的民心工程、民生工程。

2013年9月6日，云南省委副书记仇和（左一）在红塔区北城街道王棋社区考察　（蒯学庆 摄）

省、市领导在春和街道大白井村实地参观、考察

（蒯学庆　摄）

2013年9月6日，全省“美丽乡村”建设工作会在玉溪市召开。图为云南省委副书记仇和在红塔区黄草坝村观摩玉溪市美丽乡村建设情况　（蒯学庆摄）

大营街社区拆违拆旧建特色新民居，“云南第一村”更加美丽多姿

（潘　泉　摄）

2013 年玉溪中秋、国庆大型灯会

2013 年中秋、国庆节期间，玉溪市举办大型灯会。此次灯会充分把玉溪“三乡”地方文化和企业文化相结合，以“红红火火、塔塔生辉、山山壮美、川川秀丽”为主题，通过“文化搭台、经济唱戏”的方式，全面展示玉溪市在政治、经济、文化、社会、生态文明等方面取得的成就和广大人民群众奋发向上的精神风貌，并力求打造“云南灯会第一家”，让观众领略“绮丽多姿玉溪游”的独特魅力。

本页图片除署名外均由蒯学庆摄

玉溪中秋灯展　（市旅游局 提供）

2013 年 4 月 7 日，“玉溪杯”全国公路自行车冠军赛暨首届玉溪自行车公开赛开赛

（潘 泉 摄）

2013 年 8 月 8 日，云南省全民健身运动会启动仪式在玉溪举行　（蒯学庆　摄）

2013 年 8 月 8 日，在“七彩云南”全民健身运动群众健步走活动中，市委书记张祖林（前左）和群众一起出发

（蒯学庆　摄）

2013 年 7 月 31 日，新平县举行彝族火把节

（田家鸿 摄）

昆磨高速公路玉溪沿线拆除塑料薄膜大棚后农户种植的花卉

（潘 泉 摄）

峨山县小街街道棚租村委会大棚租村肖会玉（左）为云南省非物质文化遗产彝族花腰服饰传承人、云南省民族民间美术艺人、玉溪市民族民间工艺师、峨山县民族民间工艺师。图为肖会玉在传授刺绣技艺

（普云芬 摄）

2013 年 11 月 21 日，中华全国供销总社亚太地区合作社国际贸易人才培训班成员参观考察玉溪庄园及种植园
（玉溪市烟草公司　提供）

2013 年 12 月 2 日，津巴布韦非洲民族联盟——爱国阵线代表团到玉溪庄园参观考察
（玉溪市烟草公司　提供）

2013 年 7 月 24 日,CORESTA 农残委员会、联一国际及日烟国际代表团参观考察玉溪庄园烟蚜世易茧峰技术推广应用情况
（玉溪市烟草公司　提供）

2013 年 7 月 25 日，《红塔区志》审稿会在玉溪市龙马酒店举行　（蒯学庆 摄）

2013 年 11 月 25 日，《华宁县志》发行会在华宁象鼻温泉度假村举行，这是玉溪市二轮修志开展以来出版的第一部县级综合志书　（施锦泉 摄）

目　　录

CONTENTS

特　载
Special Reprint

专　文
Special Articles

大事记（2013年）
A CHRONICLE OF MALMAIN EVENTS IN 2013

玉溪综述
Sunmmary of Yuxi

玉溪市概况
General intioduction of yuxi

地方资源
Local resources

国民经济和社会发展
National Economic and Social Devel ɔpment

目　录

法　制
Legal System

检　察
Procuratorate

审　判
Justice

司法行政
Judicature and Administration

民族·宗教
Nationalities

民族工作
National Work

宗教工作
Religion affairs

经济管理
Economic Management

计划管理
Planning Management

审 计
Auditing

价格管理
Price Management

工商行政管理
The Administration of Industry and Commerce

质量技术监督
Technological supervision

食品药品监督管理
The supervision of Foods and Medicine

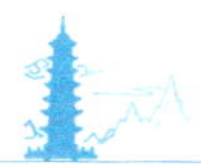

林 业
Farming Forestry and Water Conservancy

林业管理
Forest Management

植树造林
Planting Trees and Afforesttion

林业科技推广
Spread of Forest Science and Technology

森林保护
Forest Protection

水 利
Farming Forestry and Water Conservancy

水利建设
Construction of Water Control

防汛抗旱
Flood Prevention and Fighting Drought

水资源管理
The Administration of Water Resources

工 业
Industry

工业管理
Industrial Management

烟　草
Tobacco

交通·邮电
Transportation · Post and Telecommunication

公　路
Highway

铁　路
Railway

邮　政
Postal Service

电　信
Telecommunication

城建・环保
Urban Construction・Environment

贸 易
Trade

人寿保险
Life Insurance

证 券
Securities

旅 游
Tourism

景区建设与促销
Scenic spots building and sale

旅游节庆活动
Celebration traveling activities

旅游行业管理
The Management of Tourism

科学技术
Science and Technology

科技管理
Achievement in Scientific Research

科技成果
Achievement and Application

科协工作
Work for Scientific Cooperation

特殊教育
Special Education

学前教育
The Ex- education of learning

文 化
Culture

文化管理
Cultural Management

文学艺术
Literature and Arts

群众文化
Masses Cultural

文物博物
Cultural Relicand Natural Science

图 书
Books

新闻·广播电视
News · Broadcast and Television

新 闻
News

体 育
Physical Education

社　会
Society

人口与计划生育
Birth Control

劳动和社会保障
Labour and social security

安全生产监督
Safe Production Supervision

民政事务管理
Management of Civil Administration

扶贫工作
Poverty Alleviation

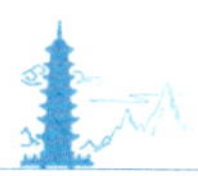

通海县

The County of Tonghai

华宁县

The County of Huaning

易门县

The County of Yimen

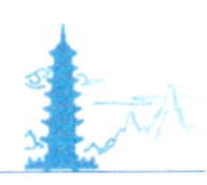

人　物

Figures

享受政府特殊津贴者

Enjoy special government allowance

受表彰人物

The Commended Persons

第三届“玉溪青年五四奖章”

The Third Youth Five Four Medal of Yuxi

第三届玉溪市道德模范

The Third Moral Model of Yuxi

附　录

Appendix

索　引

Index

解放思想　改革创新
奋力夺取玉溪跨越发展新胜利

——在中共玉溪市委四届四次全体（扩大）会议上的报告

中共玉溪市委书记　张祖林

（2014年1月15日）

同志们：

现在，我代表市委常委会向全会报告工作。

这次全会是在玉溪跨越发展实现重大突破、面临新一轮改革开放的关键时刻召开的一次重要会议。会议的主要任务是：认真学习贯彻习近平总书记系列重要讲话、党的十八届三中全会、中央经济工作会议和省委九届七次全会精神，回顾总结2013年工作，部署2014年任务，动员全市各级党组织和广大干部群众，坚定信心，奋力拼搏，努力开创玉溪经济社会跨越发展新局面。

一、2013年工作的回顾

过去的一年，面对复杂的国内外经济形势，面对玉溪经济发展和生态文明建设等重要指标在全省排名靠后的严峻局面，市委坚持以党的十八大、十八届三中全会和习近平总书记系列重要讲话精神为指导，全面落实省委省政府的重大决策部署，抓住玉溪改革发展稳定以及人民群众期盼的大事、要事、难事，团结带领全市各族干部群众，认真作好解放思想、改革创新、招商引资三篇大文章，扎实推进各项重点工作的落实，基本完成了年初确定的目标任务。过去的一年，是我们把习近平总书记系列重要讲话精神落实到玉溪实践中并取得实效的一年；是我们解放思想、深化改革，调整完善发展思路，走上跨越发展道路的重要一年；是我们加大生态文明建设力度，掀起抚仙湖保护治理新高潮，实现美丽玉溪靓丽转身的关键之年；是我们加强城乡规划建设管理，加快基础设施建设，取得突破并形成良好氛围的破冰之年；是我们打好三大战役，淘汰落后产能，消化过剩产能，调结构转方式迈出坚实步伐的攻坚之年；是我们加强党的建设，转变工作作风，提升行政效能，反腐倡廉工作扎实推进的务实之年。

（一）解放思想更新观念取得新进展。市委反复强调解放思想，切实采取措施推动思想解放，引导党员干部对照中央和省委的精神正确认识玉溪，跳出玉溪看玉溪，放眼全国、全球看玉溪，增强忧患意识、开放意识、创新意识、责任意识、进取意识，勇于开拓，敢于担当，立赶超之志，鼓奋进之气，创跨越之举。着眼于新的形势和任务，以一万年太久、只争朝夕的紧迫感，科学谋划玉溪发展蓝图，调整完善玉溪的发展战略和思路，带头完善制度，创新机制，强化措施，以超常规的举措加快发展。推动全市建立健全工作制度和工作规范，完善抓落实的政策措施和问责机制，制定实施重大项目推进奖惩考核制度和倒逼机制，深化行政审批制度改革，推行项目联审联批，进一步下放审批权限、压缩审批时限、优化审批流程。全市上下工作节奏加快，工作效率大幅提升，比学赶超、争先进位、争创一流、跨越发展的氛围更加浓厚，涌现出了像东片区暨“三湖”生态保护水资源配置应急工程、抚仙湖北岸生态湿地、晋红高速、新天地商业广场等一大批当年立项、当年审批、当年开工建设的新标杆，成为玉溪人思想大解放、作风大转变、效率大提升的新典范。

（二）改革创新经济发展实现新突破。出台加快推进市属投融资公司改革发展的实施意见，建立完善了市、县投融资平台，加大与金融机构和省内外大企业大集团的合作力度，全市完成融资165亿元。积极向上争取资金支持，争取上级资金56.4亿元。强化招商引资工作，成功召开招商引资大会，出台加强招商引资的一系列政策措施和考核奖惩办法，成立了13个产业招商总局。全市实施市外国内引资项目664项，实际使用市外国内资金407.2亿元、同比增长182%；使用省外资金303.3亿元、增长143%，总额位居全省第五、比上年进7位，增幅名列全省首位、比上年进12位；实际使用外资6 742万美元，增长46%。外贸进出口总额突破7亿美元大关。出台加快园区建设的意见，大化产业园区建设取得新进展，新增高新技术企业10家，创建了首个院士工作站，省级工业园区增加至6个，各产业园区承接产业转移能力增强，工业企业“退城入园”步伐加快，现代装备制造、生物医药等产业有新发展。组建玉溪钢铁集团，钢铁企业整合重组力度加大。切实加强农田水利基础设施建设，易门芦柴冲、华宁糯节河、新平依施河水库建设工程完工，库塘蓄水创近年来最好水平。大力发展高原特色农业，粮食、烤烟、蔬菜、林果、畜牧等产业得到巩固提升，核桃产业和庄园经济发展势头强劲。加快昆玉红旅游文化产业经济带建设，澄江“寒武纪乐园”、仙湖锦绣、仙湖山水、抚仙湖国际养生园、玉山城等重大项目有序推进。加快交通基础设施建设，玉蒙铁路开通运营，晋红、晋江、呈澄高速公路建设及昆玉铁路电气化扩能改造取得新进展。积极推行被征收土地折价入股、保本付息办法，切实解决项目建设征地资金筹集困难、被征地农户长远生计有保障等问题。全市国民经济平稳较快发展，生产总值同比增长10.2%（不含红塔集团增长14.3%）；地方公共财政预算收入增长17.5%；规模以上固定资产投资增长37.1%，增速在全省排名由上年的第14位提升到第3位，进了11位。城镇居民人均可支配收入24 276元，增长13.5%，绝对数位居全省第二，增速位居全省第3位、比上年进6位。农民人均纯收入8 925元，增长17%；绝对数位居全省第二，超过全国平均水平29元（全省超过全国的有昆明、玉溪），扭转了自2009年以来一直低于全国的局面；增速创5年来新高，位居全省第8位、比上年进7位。

（三）新型城镇化迈出新步伐。提出了中心城区建设具有现代都市气息的宜居生态城市和“一城四点”的新定位、新构架，明确了北进、东拓、西部开发的方向和目标。完成4个城市综合体招商引资和项目规划设计，星海国际广场、新天地商业广场开工建设，泷水塘、高铁新城城市综合体项目有序推进。城市干道和市政基础设施建设步伐加快，棋阳路二期、康井路、烟厂库区专用道路、九龙立交建成通车，平战结合人防工程、红龙路改扩建、雨污管网改造等工程快速推进。严格执行城市管理条例及配套管理办法，启动城市管理标准化试点，依法实施拆临拆违、开展城乡环境综合整治，整治重要街区26条48公里，拆除临违建筑面积215万平方米，盘活城市建设用地，推进绿化亮化净化美化。大力推进美丽家园行动，整合资金8900万元，实施试点村27个。完成“农转城”17.4万人，城镇化率提高到44.5%。

（四）生态文明建设成效显著。加强以“三湖两库”为重点的生态环境保护治理，完善湖泊保护治理体制机制和思路政策，调整充实抚仙湖——星云湖生态建设与旅游改革发展综合试验区管委会，成立试验区产业督导协调组、“三湖”水污染综合防治督导组，设立了抚仙湖保护治理专项资金。虚心接受舆论监督，对抚仙湖、星云湖周边所有项目进行了全面清理整顿，严格管控径流区开发项目。创新主要入湖河道河段长责任制，42名市级领导担任了河段长。抚仙湖“四退三还”、马料河等河道整治、东片区暨“三湖”生态保护水资源配置应急工程、抚仙湖北岸万亩生态湿地工程扎实推进，取得成效，创造了成功经验，抚仙湖进入国家重点支持江河湖泊动态名录。拆除抚仙湖一级保护区至环湖公路外侧50米范围内的临违建筑21.8万平方米，退田5 600多亩，种植乔灌木50多万株，种植蓝莓3700多亩。争取省政府抚仙湖保护治理工作会议召开，抚仙湖保护治理思路和成效得到省委、省政府的充分肯定和支持，张高丽副总理作出重要批示。召开了全市生态文明建设暨绿化造林动员大会，全面实施以路域环境综合整治为主的五大生态工程，加大城市面山、高速公路沿线、“三湖”周边绿化造林力度，完成造林34.8万亩，着力构建绿色生态屏障。“创模”、生态县乡村建设、节能减排、农业面源污染治理、殡葬制度改革等工作奋力推进，淘汰落后产能50万吨，拆除塑料大棚1.4万亩，中心城区一级空气质量天数比上年增加24天。

（五）宣传思想文化工作成果丰硕。认真传达学习贯彻习近平总书记“8·19”讲话，坚持把意识形态工作作为党的一项重要工作来抓。加强社会主义核心价值体系建设，积极培育和践行社会主义核心价值观，广泛开展爱国主义教育和群众性精神文明创建活动，凝聚干事创业的强大正能量。开办了“玉溪大课堂”，促进各级领导干部学习理论政策、拓展知识结构。加强新闻舆论引导工作，重视发挥新兴媒体的作用，重组运营了“玉溪网”。成功举办第三届中国聂耳音乐（合唱）周系列活动和中秋国庆大型灯会，玉溪灯会成为助推旅游业发展的新亮点。大力繁荣文化事业，发展文化产业，实施30个乡镇综合文化站改扩建，不断改善文化民生。新增国家级文物保护单位4个。

（六）民生事业有了新发展。强化以人为本的执政理念，加快发展以改善民生为重点的各项社会事业。美丽100校园行动计划和校安工程全面启动提速，拆除重建、加固改造的开工率和竣工率均为全省第一，在全省创造了统一

建设、统一筹资、统一还款的“三统一”建设模式。医药卫生体制改革通过中期评估，卫生服务体系建设和食品药品安全得到加强，市儿童医院、市急救中心、市医院改扩建等项目取得实质性进展，7个乡镇卫生院、31个标准化村卫生室建设项目全面完成，新农合参合率达97.6%，人口自然增长率控制在5.7‰以内。全力支持民族地区加快发展，华宁盘溪民族团结进步示范区、以峨山摆依寨和红塔区黄草坝为代表的民族团结示范村创建取得新成效。扶贫开发力度加大，5万农村贫困人口实现脱贫。培训农村劳动力2.6万人，转移2.5万人。实施积极的就业政策，新增城镇就业2.1万人，城镇登记失业率控制在4.5%以内。城乡低保标准进一步提高，养老助残、社会救助和慈善事业取得新成效。保障性住房项目全部开工建设，建成城镇保障性住房11842套，改造农村危房18804户，中心城区首批3257套公租房完成分配。成功承办国际网球巡回赛、全国自行车冠军赛，体育事业取得新成绩，科技进步和广播电视“户户通”等工作得到加强。

（七）民主法制建设稳步推进。充分发挥党委统揽全局的作用，人大、政协和“一府两院”的工作在民主法制轨道上迈出了新步伐。人大、政协围绕中心、服务大局，紧扣招商引资、园区建设、生态文明建设、拆临拆违、村级组织换届等重点工作，抓大事、建诤言、献良策。各民主党派、无党派人士、工商联、人民团体、关工委和老干部的重要作用得到充分发挥。扎实推进平安玉溪、法治玉溪建设，全面推进社会管理综合治理，网格化服务、精细化管理得到加强，依法管理宗教事务，深入开展军（警）民共建活动，严厉打击各种违法犯罪，切实加强禁毒防艾、反邪教工作，社会保持和谐稳定，为经济社会跨越发展提供了重要支撑。全市刑事立案下降6.7%，命案下降33.8%；近2万件矛盾纠纷调解成功率达99%，80%以上化解在基层，群体性事件下降43.6%。连续四年入选“中国最安全城市”，再次被中央评为“全国社会管理综合治理优秀市”。去年，我们面临了比以往更多、更复杂的矛盾和问题，但各级干部夙夜在公，吃苦耐劳，不畏艰难，勇于担当，做了大量卓有成效的工作，排查调处了各种矛盾纠纷，及时妥善处理各类突发事件，在发展中保证了公平正义和社会稳定。尤其在推进“仙湖锦绣”项目过程中，我们纠正了脱离群众、想当然的做法，驻村入户深入细致做好群众工作，真心实意维护群众的切身利益，加强与群众交心沟通，结束了项目反复开工停工的历史，群众由对立、不支持转变为拥护、支持，积极参与到项目建设中来，这为做好新形势下的群众工作树立了榜样、积累了经验。

（八）党的建设全面加强。组织开展“读党报、强素质”活动，大力学习宣讲习近平总书记系列重要讲话和党的十八大、十八届三中全会精神，使广大党员干部坚定了理想信念，激发了推动科学发展的政治热情和工作激情。认真落实理论学习中心组学习制度，搭建理论与实践相结合的新平台，学习型、服务型、创新型党组织建设取得新成效。圆满完成市县乡人大、政府和市县政协领导班子换届选举工作。按照省委盘活干部这盘棋的精神，出台实施了优化市级机关县处级领导干部队伍年龄结构、推进干部交流、培养选拔年轻干部、向省级机关推荐输送干部等配套政策文件，对空缺的县区、部门领导职位进行配备，调整充实；对长期在同一职位、同一单位任职的干部进行交流，优化了干部队伍年龄结构和专业结构，调动了广大干部的积极性。坚持把“四群’教育和干部直接联系群众制度作为转变干部作风的重要抓手，全面推行随机调研制度，进一步深化“三深入”、“四联户”活动。制定了市级领导改进工作作风、密切联系群众的实施办法和加强问责工作实施意见，各级领导率先垂范，带头改进工作，带头联系群众，以党风促政风带民风，以作风大转变促进大发展。积极推进基层服务型党组织建设，完成村级组织换届选举，推进基层党组织晋位升级，大幅度提高村组干部补贴，进一步夯实了活动阵地，全面推进了农村、社区、国企、机关事业单位、“两类”组织等领域党建工作。坚决贯彻执行中央“八项规定”及省委实施细则，严格落实党风廉政建设责任制，加大案件查办力度，初步形成“横向到边，纵向到底”的廉政风险防范工作网络。突出抓好作风建设，以监督检查重大决策部署执行情况为重点，对各县区、市直各单位开展明察暗访，确保政令畅通。突出重点内容、重点场所、重要时段，对作风建设、廉洁自律、铺张浪费等落实“九个严禁”的情况开展检查，整治文风、会风方面的突出问题，狠刹吃喝风、送礼风，有效压缩“三公”经费支出。全市“三公”经费支出2.58亿元，同比下降12.5%。

成绩来之不易。这是党中央和省委、省政府正确领导的结果，是全市上下认真贯彻落实党的路线、方针、政策，戮力同心、顽强拼搏的结果。在此，我代表市委向为玉溪经济社会发展付出辛勤努力的各级党组织、中央和省驻玉单位、驻玉军（警）部队，向各位老领导和全市广大干部群众表示衷心的感谢，并致以崇高的敬意！

过去的一年，我们积极探索了具有玉溪特色的发展路子，我们的发展思路和措施办法是完全符合习近平总书记系列重要讲话和十八届三中全会精神的，是符合中央和省委、省政府决策部署的，是符合玉溪实际和玉溪人民根本利益的。回顾一年来的艰难历程，我们之所以能够在发展中创新突破、在困难中砥砺前行，关键在于始终坚持以解放思想为先导，弘扬改革开放初期老一辈玉溪人敢为人先、勇破坚冰、敢立潮头的精神，进一步解放思想、坚定信念、大胆创新、敢走新路，充分调动各方力量，共同谱写了同心干事业、聚力促发展的新篇章；关键在于始终坚持用改革创新的办法解决发展中的问题，不断创新观念和体制机制，全力提升行政效能、抓生态文明建设、抓招商引资、抓投融资改革、抓基础设施建设、抓新型城镇化，在调结构、转方式、惠民生、促进公平正义等方面取得重大进展，铸就了大干快上、加快赶超的新支撑；关键在于始终坚持真抓实干，市委班子成员秉承大山品质、高原情怀的精神，开拓创新，勇于担当，带头深入基层、深入实际、深入工作一线，为解发展难题出主意，为破项目瓶颈找钥匙，带头不说空话，不讲套话，不念现成稿子，“既当老黄牛又当千里马”，突出督查问责推进落实，以奖优惩劣激发活力，抢抓发展机遇，强势推进工作，创造了奋勇争先、跨越发展的新氛围；关键在于始终坚持以民为本，妥善解决群众关心关注的热点难点问题，让发展成果最大限度惠及百姓，做到了项目上了，群众的腰包也鼓了，有效调动了全市干部群众的积极性、主动性和创造性，开创了稳定和谐、安居乐业、加快发展的新局面。实践证明，只要我们坚定理想信念，心里装着群众，把群众利益放在首位，重视畅通群众诉求渠道，切实解决群众的合理诉求，真正让群众在改革发展中受益，就能够得到群众的拥护和支持；只要我们敢于担当，勤于探索，勇于实践，有直面问题的勇气，创新解决问题的办法，发扬“钉钉子”精神，不怕苦、不怕累，有耐心、有毅力，再大的矛盾也能化解，再难的工作也能推进！

在肯定成绩的同时，我们也要清醒地看到：GDP没有完成年初确定的目标任务。主要原因在于支柱产业单一、非烟产业发展不足。卷烟及配套产业受卷烟生产结构调整影响，卷烟产量同比减少5万箱，增加值增速降低8.8个百分点，对经济增长负拉动3个百分点；冶金矿产业受市场影响，增加值增速同比降低4.7个百分点。经济运行中财政包袱较重，可支配财力与发展需求不相适应，收支矛盾较为突出；招商引资的软环境还需改善，好项目储备不足；非公经济的规模不大、质量不高、效益欠佳；生态文明建设与高标准相比，还有很大差距；城镇化水平与玉溪的区位极不相称，城乡基础设施建设亟待加强；民生领域矛盾和问题依然较多，影响公平正义的因素不少；各类人才储备不足，部分党员干部缺乏机遇意识、服务意识，缺乏敢于担当的勇气和务实精神，攻坚克难的能力不足，对于玉溪跨越发展的准备不充分。这些困难和问题，必须在今后的工作中认真加以解决。

二、深入贯彻落实党的十八届三中全会和习近平总书记系列重要讲话精神，努力实现玉溪跨越发展新突破

当前，世界经济仍将延续缓慢复苏态势，不稳定不确定因素很多；中国经济将继续保持稳中有进、稳中向好的总体态势；全省发展的步伐加快，各地竞相发展，部分州市已经走在了前列，我们稍有不慎，就会一落千丈；我市正处于跨越发展提速期、调结构转方式的攻坚期和大有作为的战略机遇期。我们要深刻认识到，习近平总书记系列重要讲话以及党的十八届三中全会、中央经济工作会议、中央城镇化工作会议、中央农村工作会议和省委九届七次全会，为我们深化改革、扩大开放、激发活力、跨越发展指明了前进方向，提供了强大动力；新一轮西部大开发、桥头堡建设和滇中城市经济圈“一区两带四城多点”战略布局，为我们加快发展带来了重大历史机遇。只要我们切实把思想和行动统一到中央和省委的要求上来，把精神领会好，把政策研究透，把机遇抓到手，真正使中央和省委的决策部署在玉溪落地生根、开花结果，就一定能够顺应时代发展的潮流，不断推进玉溪跨越发展，谱写“中国梦”的玉溪篇章！

2014年，是我市全面深化改革的起步之年，是实现“十二五”规划目标的攻坚之年，是玉溪实现跨越赶超的关键之年。今年全市工作的指导思想是：坚持以习近平总书记系列重要讲话、党的十八届三中全会精神为指导，坚持稳中求进的总基调，牢牢把握改革发展这一主题，解放思想，改革创新，坚定不移地实施生态立市、农业稳市、工业强市、两烟富市、文化旅游兴市战略，发展现代服务业，扩大投资消费，强化创新驱动，转方式、调结构、建生态、提质量、增效益、保民生、促稳定，加快建设美丽玉溪，为全面建成小康社会奠定坚实基础。全市经济社会发展主要预期目标是：生产总值增长12%以上，地方公共财政预算收入增长13%以上，规模以上固定资产投资增长40%以上，城镇居民人均可支配收入增长12%以上，农民人均纯收入增长13%以上，城镇化率提高2个百分点，居民消费价格涨幅控制在3.5%以内，城镇登记失业率控制在4.5%以内，人口自然增长率控制在5.3‰以内，单位生产总值能耗下降3.2%以上。

面对艰巨繁重的任务，我们必须继续解放思想、转变观念，弘扬聂耳精神，以天下兴亡匹夫有责的气魄，勇于担当起改革发展的重任。在跨越发展方面，要增强进取意识。玉溪改革发展的实践充分证明，什么时候思想解放、大胆有为，经济社会就能得到较快、较好发展，什么时候因循守旧、封闭保守，经济社会发展、民生保障就会滞后。过去的成绩固然可喜，但在新一轮改革开放的大潮中，玉溪如果再一次坐失发展良机，将一蹶不振、贻笑四方。如果我们还因为过去的成绩一味沾沾自喜、夜郎自大、自我陶醉、自我欣赏，就必将被改革的历史浪潮所淘汰。我们一定要增强忧患意识和责任意识，勇于迎接挑战、继续奋发有为，科学判断有利条件和不利因素，充分发挥玉溪的独特优势，抢占未来发展制高点，抢占跨越发展的先机。

中央提出“不唯GDP论英雄”，并非不重视经济增长，而是要求保持合理增长速度，更加重视调结构转方式，更加重视质量与效益，更加重视生态文明建设和改善民生。对各级领导干部来说，压力更大了、要求更高了、任务更重了。确定今年GDP增长12%以上，这是符合中央精神和省委、省政府要求的，是切合玉溪实际的，也是与全国全省同步全面建成小康社会的需要。一定要围绕这一目标，全力以赴，把今年确定为改革创新年、基础设施建设年、生态文明建设年，再掀玉溪大地解放思想、跨越发展的新高潮。

在改革创新方面，要增强机遇意识。纵观世界，变革是大势所趋、人心所向，是浩浩荡荡的历史潮流。抓住机遇就能赢得战略主动，否则就有可能陷于被动。经过35年的努力，我们的改革已经进入了激流涌动、暗礁密布的深水区，各种“硬骨头”和“险滩”躲不开也绕不过，必须以一往无前的勇气、雷厉风行的气概、披荆斩棘的锐气、抓铁有痕的作风，有效地冲破迷雾、化解阻力，才能确保改革的顺利推进。要坚决打好啃“硬骨头”的改革攻坚战，啃掉思想解放不足、市场化不足、利益固化触动不足、发展条件不足、体制机制创新不足、进取精神不足等方面的“硬骨头”。要真正把思想认识从那些不符合习近平总书记系列重要讲话和十八届三中全会精神的观念、做法和体制中解放出来，以“壮士断腕”的勇气，冲破思想观念的障碍，突破利益固化的藩篱，破解发展中的难题，化解各方面的风险和挑战，抓住机遇推进重点领域和关键环节的改革，力争在各项改革中走在全省前列。

在苦干实干方面，要增强责任意识。习近平总书记反复强调“空谈误国，实干兴邦”、“逢山开路、遇河架桥”。我们要始终保持奋发有为、昂扬向上的精神状态，始终保持求上进的冲劲、思进取的拼劲，一心一意扑到工作上，敢于作为，不怕议论，看准的事就大胆干，按照中央和省委的要求，按照人民群众的期盼去做工作。要以无私无畏的决心和勇气推动改革，做到关键时候站得出来、冲得上去，难题面前敢闯敢试、敢为人先，矛盾面前敢抓敢管、敢于碰硬，风险面前敢作敢为、敢担责任，全力以赴破解改革发展中的难题，推动各项工作迈上新台阶。

实现今年目标任务，必须着力在以下八个方面实现新突破。

（一）扎实推进改革创新，激发跨越发展的动力与活力

党的十八届三中全会已经明确了改革的“路线图”和“时间表”，吹响了全面深化改革的号角。我们一定要全面、准确把握中央《决定》的精神实质，切实把思想和行动统一到中央、省委决策部署上来，坚持深化改革的正确方向，围绕处理好政府与市场关系、发展混合所有制经济、财税金融投资、城乡发展一体化、生态文明、保障和改善民生、社会治理、民主法制等领域的改革，认真研究制定我市全面深化改革的意见，做到区分情况，细化措施，分类指导，稳扎稳打。要加快转变政府职能，推进简政放权，管好该管的事情，逐步做到越位的归位、缺位的到位、错位的正位，激发各类市场主体活力，使“有形之手”做该做的事，让“无形之手”做更多的事。继续深化投融资体制改革，加快发展民营金融机构，改善企业融资环境，拓宽融资渠道，提高直接融资比重。加强投融资公司管理，提升投融资平台把资源变资产、资产变资本的运营能力，满足重大项目建设、城镇化发展等资金需求。市抚投公司要提前谋划东片区暨“三湖”生态保护水资源配置应急工程的运营管理，加快推进水务“一体化”改革工作，尽快完成市场主体的组建，三年内成为上市公司。进一步提升开放水平，以开放促改革，形成人流、物流、资金流、信息流的汇集之地、畅通之地、兴旺之地。坚持“引进来”与“走出去”相结合，加强与昆明、红河等州市在交通基础设施、旅游文化产业、生态环境保护等方面的合作，推进昆玉一体化和昆玉红旅游文化产业经济带建设，积极主动融入滇中城市经济圈发展，加快形成多层次、宽领域对外开放格局，全面提升开放型经济水平。

（二）加快产业结构转型升级，促进经济持续健康发展

要围绕支柱产业高端化、新兴产业规模化、传统产业品牌化，实施科技创新驱动战略，打好非烟产业攻坚战，调优一产，调强二产，调快三产，巩固提升烟草、冶金矿产业，加快发展现代装备制造、生物医药、旅游文化、新材料、新能源、信息、节能环保等产业，构建新型产业发展体系，促进经济转型升级和可持续发展。一要大力发展高原特色农业。充分发挥玉溪生物多样性优势，坚守耕地红线，走高原特色农业发展道路，稳定粮食生产，提升烤烟质量，加快发展畜、菜、林、果、药等产业，扎实推进农业产业向园区化、庄园化、生态化、标准化、规模化、品牌化发展。加大监管和处罚力度，确保农产品质量和食品安全。加快农产品专业市场和物流中心建设，提高农业信息化服务能力。引导农村土地承包经营权有序流转，支持发展家庭农场、专业大户、农民合作社、产业化龙头企业，鼓励工商资本和社会资金投资现代农业园区、农业庄园和农业产业化经营。加强农业科技体系建设，健全市、县、乡、村四级农业科技推广服务网络，抓好农民和基层农科人员培训，提高农民素质，培养造就新型农民队伍。

二要强力推进新型工业化。要针对红塔集团、红云红河集团整合提升的新情况，加强相关政策的研究、对接和争取，全力支持“两烟”产业发展。要加大行业整合力度，强化科技创新研发，坚决淘汰落后产能，积极化解过剩产能，实现全市钢铁产业合理布局、优化升级和提质增效。依托行业龙头企业，引进战略合作伙伴，推进产业集群和规模化发展，壮大现代装备制造、生物医药产业，加快推进光电子、LED衬底、大容量动力电池片产业化。加快中广核、大唐集团100万千瓦风能发电项目建设，争取配套发展石油炼化后续深加工产业。加强园区建设，创新园区管理体制和运行机制，把玉溪国家高新区、县区工业园区作为推动工业跨越发展的主阵地，抓住央企入滇、东部产业转移等历史机遇，积极引进和支持央企、外企、民企入玉发展，引导和支持民营企业、民间资本在产业转型升级中发挥重要作用。支持易门县融入滇中产业新区建设，实现规划衔接配套，培育主导产业，促进产业优化升级，打造玉溪新的经济增长极。高起点、高标准、高效率规划建设大化产业园区，为发展新型产业、承接产业转移提供广阔空间。

三要加快发展以IT为龙头的现代服务业。信息产业是现代服务业的基础，要加大引进国内外骨干企业在玉溪建设“云计算数据中心”项目的力度，着力打造连接东南亚的信息大通道，横下一条心发展IT业，积极引导电子商务进城下乡，连村串户。结合滇中现代城市群建设，用新的理念和办法重塑玉溪新形象，吸引人才、吸引资金，开拓楼宇经济，迎接总部经济时代的到来。按照省委、省政府打造昆玉红旅游文化产业经济带的决策部署，把加快发展文化旅游作为玉溪调结构、转方式、促跨越的重大战略举措，充分发挥区位、资源等优势，尽快形成区域性高端旅游产品集群，把玉溪建设成为国内一流、国际知名的高端休闲度假旅游目的地。加快组建旅游发展委员会，编制实施旅游文化产业发展规划和行动计划。坚定不移推进抚仙湖——星云湖生态建设与旅游改革发展综合试验区建设，着力打造澄江“寒武纪乐园”、仙湖山水、仙湖锦绣等重大项目；“五一”至“十一”期间，陆续开通红塔区至晋宁、易门、峨山多条乡村生态环线公路，力推昆明——玉溪生态观光自驾精品旅游线；重显通海秀山之灵气，把玉溪灯会、新平樱花庄园、褚橙庄园、戛洒花腰傣生态农庄、元江冬季旅游度假等项目建设成为昆玉红旅游文化产业经济带上的响亮品牌，使玉溪在发展高端旅游业过程中扮演不可或缺的重要角色。依托昆曼、昆河国际大通道，加快推进玉溪国际物流商贸加工示范园区规划建设，重点引进、培育一批大型物流龙头企业，积极发展现代物流产业。改造提升商贸流通业，加快发展餐饮、养老、保险等生产生活性服务业。

（三）全力抓好招商引资和项目建设，实现固定资产投资新增长

保持经济合理增长，必须靠固定资产投资，必须重视招商引资和项目建设。一要坚持实施大项目带动战略。充分利用“十二五”规划中期调整的机遇，重点谋划、筛选、储备、申报一批符合国家和省投资方向，有利于促进产业转型、夯实发展基础和加强生态建设的大项目、好项目，争取国家和省对玉溪发展的更大支持。坚持把亿元以上项目作为重中之重来抓，建全完善重大项目市级领导联系制、县区和部门负责制，落实项目建设协调推进制、跟踪问效制、倒逼制和问责制，进一步解决项目审批难、落地难、进度慢等问题。

二要继续强化招商引资工作。坚持把招商引资作为促进产业转型升级和跨越发展的第一要事来抓，进一步完善招商政策，创新招商方式，统筹项目布局，实现整体联动。突出产业发展重点，以战略性新兴产业招商、产业链招商、产业聚群招商为突破口，增强区域合作招商、驻点上门招商、以园招商和以商招商的针对性和实效性。一定要提高认识、转变观念、以诚相待、全力以赴，一手抓招商引商选商、一手抓安商留商富商，对把招商引资当做“包袱”的县区及市属部门，一旦查实，必将严厉问责。要建立健全重大招商引资项目“一事一议”审批机制和领

导督办项目落地建设机制，继续精减下放行政审批事项，进一步放宽准入门槛、降低创业平台，逐步实施“零成本”注册。

三要打好基础设施建设攻坚战。要加强农田水利基础设施建设，开工建设红塔区平滩箐、华宁核桃冲、新平横山等水库，抓好元江鲁布、新平马鞍山、峨山尼去本等水库续建工程，加强病险水库除险加固，新建、改建一批“五小”水利工程，做好易门苗茂、新平洋发城、华宁矣则河等水库以及新平西水东调工程项目前期工作，加快构建水资源合理配置和高效利用体系。要加强交通基础设施建设，围绕市内县县通高速、对外构筑大通道的目标，加快推进昆玉铁路电气化扩能改造和晋江、晋红、呈澄、石红高速公路建设，启动红塔区—江川、江川—通海高速公路项目，做好玉溪—磨憨铁路以及新平—临沧高速、通海—华宁—弥勒高速、新平河口—元江一级公路前期工作。要继续加强电力、信息等设施建设，为经济社会发展提供有力支撑。

（四）推进环境保护治理，加强生态文明建设

守护绿水青山，留住蓝天白云，是全市人民福祉所系，也是对子孙后代义不容辞的责任。必须牢固树立保护生态环境就是保护生产力、改善生态环境就是发展生产力的理念，始终把建设生态文明、保护生态环境放在突出位置，坚持在发展中保护、在保护中发展，争当全省生态文明建设排头兵，争创中国人居环境奖、联合国人居环境奖。一要加快推进“三湖”周边四县绿色转型发展。今年开始对“三湖”周边四县的产业结构进行大调整，坚持生态建设产业化、产业发展生态化，加快沿湖“退二进三”和企业入园，加快发展先进制造业、高新技术产业、战略性新兴产业、旅游文化产业和生态、优质、高效、安全的湖滨特色农业。要对四县的考核指标权重进行大改革，把GDP考核权重降下来，只统计不排位，重点考核生态资产和生态指标。围绕林、水、气三个方面增加考核权重：对湖泊周边重点考核退耕还林、植树造林、石漠化治理成效；对“三湖”和四县县城重点考核水体中的总磷总氮和COD下降情况及大气环境质量，把总悬浮颗粒、二氧化硫、氮氧化物等指标的削减量纳入重点考核。

二要抓好“三湖两库”保护治理。加强与国家《水质较好湖泊生态环境保护总体规划》的衔接，全力争取国家层面规划、项目、资金和建立生态补偿机制等政策的支持。严格执行三个湖泊保护条例，综合采取沿湖截流断污水、治理面源减污染、补水节水添动力、面山绿化增植被、河道湿地流清水、人口外迁扩新城、依法治湖严监管等七大举措，坚守“四条红线”，抓紧落实抚仙湖保护治理工程实施方案，加快推进“15530工程”（稳定保持抚仙湖Ⅰ类水质，5年实施5大类30个项目）。42条入湖河道要完成10条以上的整治任务，并完善治理管护的长效机制。抚仙湖北岸万亩生态湿地建设要完成30%以上工程。力争7月1日实现东片区暨“三湖”生态保护水资源配置应急工程通水。以抚仙湖保护治理的思路和举措为样板，今年要迈出星云湖、杞麓湖整治的新步伐。

三要努力改善城乡人居环境。加快推进中心城区、八县县城、重点集镇污水、垃圾集中处理设施建设。继续推进路域环境综合整治，加快重要交通沿线、“三湖”周边、城镇面山和村庄周边绿化造林步伐，今年3月至明年3月，完成植树造林1809.2万株、34万亩，基本形成绿色生态走廊和绿色生态屏障框架，5月1日前务必完成中心城区东部面山生态休闲公园建设。加强城乡集中式饮用水源地保护区的执法管理和生态修复，优化配置中心城区用水资源，6月30日前完成九溪河一期整治，提高供水质量，确保饮水安全。加快中心城区、县城“退二进三”、企业入园、街区整治工作，治理扬尘、工业废气排放，开展机动车尾气检测和PM2.5监测，实施大气环境综合整治，不断提高大气环境质量。以农村“六乱”整治和“六有”建设为重点，切实搞好农村环境综合整治。加强生态文明宣传教育，建立健全社会公众参与制度。倡导厚养薄葬，加快推进殡葬制度改革，科学划定火葬区域，加强公益性公墓建设，为生态文明建设贡献力量。

（五）坚持统筹城乡发展，加快推进新型城镇化进程

城镇化是现代化的必由之路。要以人为本，加快推进新型城镇化，努力打造美丽城镇和美丽乡村，力争全市城镇化率达到46.5%。一要提高城镇规划水平。积极开展前瞻性、战略性研究，加强城市精细化规划，整合、完善、提升城镇体系规划、城市总体规划、控制性详细规划和乡镇、村庄规划。按照生产空间集约高效、生活空间宜居适度、生态空间山清水秀的要求，优化结构，确定功能，严控增量、盘活存量，切实提高城镇建设用地集约化程度。要依托现有山水林田等独特资源，体现城在林中、山在城中、水乳交融、山水田园一幅画的景观，让居民望得见山、看得见水、记得住乡愁。围绕“一城四点”空间布局，努力建设中心城区具有现代都市气息的宜居生态城市。完成江川撤县设区，启动通海撤县设市工作，构建“三湖”生态城市群发展格局，拓展城市发展空间，做大玉溪城市规模。

二要提高城镇建设管理水平。统筹新区开发与旧城改造，扩大拆临拆违战果，想好了再建，建好了不拆。实质性推进北城新区和新火车站片区建设，新天地商业广场、泷水塘、星海国际广场、高铁新城4个城市综合体投资超百亿，加快高仓立交改扩建、红龙路改扩建、武警支队迁建、玉山一路二路、城南城北客运和公交换乘中心等项目建设，完成中心城区平战结合人防工程、雨污管网改造等项目，继续加大城镇的绿化、亮化、净化、美化工作力度。认真实施《云南省玉溪城市管理条例》，推进城市标准化、精细化、常态化管理。培养一批专家型的城市管理干部，用科学态度、先进理念、专业知识建设和管理城市，提高城市管理效率，提升城市环境质量、宜居指数和文明程度。

三要提高城乡一体化发展水平。准确定位，分类指导，加快8个县城建设步伐，积极推进13个省级特色小镇、23个市级重点镇建设，发展有历史记忆、地域特色、民族特点和产业支撑的美丽城镇。有序放开中心城区和县城的落户限制，全面放开小城镇落户限制，努力开发城镇就业岗位，加快推进基本公共服务均等化，有序推进农民进城进镇，让农民愿意来、留得住、能发展。加快农村产权制度改革，加快建设农村产权交易平台，开展以农村产权抵押贷款为突破口的“三农”金融服务改革创新试点和便利化行动，推进农村土地承包经营权、林权、宅基地使用权抵押改革试点工作，挖掘农村集体建设用地潜力，激发农村发展活力，为新型城镇化、城乡一体化增添动力。加强农村宅基地审批管理，加大村庄规划执行力度，坚决拆除违章和危险建筑，建设美丽乡村。加快推进美丽家园行动，以黄草坝、摆依寨为样板，发挥典型示范作用，继续整合资金，统筹考虑村庄生态建设、环境卫生整治、基础

设施、特色民居建设等内容，多栽树不毁林、多挖塘不填沟、多盖瓦不摘帽，完成200个左右自然村的建设任务，最大限度改善农村居民生活条件。

（六）切实加强文化建设，促进文化繁荣发展

加强宣传思想工作，深入开展社会主义核心价值体系学习教育，积极培育和践行社会主义核心价值观，努力巩固马克思主义在意识形态领域的指导地位，巩固全市人民团结奋斗的共同思想基础。全面开展群众性精神文明创建活动，不断提高城乡文明程度。坚持党性和人民性相统一，牢牢把握意识形态工作领导权、管理权、话语权，加强网络运用和依法管理，推动传统媒体和新兴媒体融合发展，做强主流媒体，壮大主流声音，凝聚更强正能量。理直气壮、旗帜鲜明地同网络上反党反社会主义言论作斗争，多说对党、对社会主义好的话，多说拥护党、拥护社会主义的话，多宣传玉溪发展的新人新事新气象，坚决维护网络的公正、客观、风清、气正。

深化文化体制改革，推动文化繁荣发展，不断提升玉溪文化软实力。加强城乡文化基础设施建设，深入推进文化惠民工程，更好地保障群众基本文化需求。鼓励社会力量参与公共文化服务，推动公共文化服务社会化。大力发展文化产业，加强文化产品市场和要素市场建设，完善文化生产、经营、服务机制，发挥特色文化资源优势，加大文化招商引资、引技、引智力度，培养和引进文化产业策划人才、艺术人才，规划建设一批文化产业园，打造地方文化品牌，培育壮大文化产业集群。加大对文化创作的扶持和引导力度，推出更多体现玉溪特色的精品力作，讲好玉溪故事，唱响玉溪声音，展示玉溪形象。积极发展多样性旅游文化、绿色生态文化、民族特色文化，推进文化交流合作，繁荣文化市场，提升文化产业综合实力。

（七）推进公共服务均等化，着力保障和改善民生

坚持把推进跨越发展与保障和改善民生有机结合起来，做到以人为本、民生优先，多谋民生之利、多解民生之忧，解决好群众最关心、最直接、最现实的利益问题。坚持党的教育方针，深化教育综合改革，解决群众在教育领域反映强烈的突出问题，支持引导社会力量兴办教育，统筹城乡义务教育资源均衡配置，促进教育公平。继续保持美丽100校园行动计划和校安工程建设的强劲势头，实现校园内外皆“秀美”的目标，努力打造文化校园、绿色校园、平安校园、数字校园和质量校园，全面启动职教园区建设，着力提升广大人民群众的教育幸福指数。继续深化医药卫生体制改革，鼓励社会办医，加快推进市医院改扩建和北片区新医院建设，积极稳妥推进县乡村医疗服务一体化管理，完善城乡医疗卫生服务体系，进一步改善群众就医条件。加快推进创新型玉溪行动计划，积极承办好第十六届中国科协年会生物资源开发论坛。继续推进体育、广电、人口与计生等事业健康发展。

完善扶持创业的优惠政策，形成政府激励创业、社会支持创业、劳动者勇于创业的新机制，促进以高校毕业生为重点的青年就业和农村转移劳动力、城镇困难人员、退役军人就业。稳妥推进城乡保障一体化，建立更加公平可持续的社会保障制度。科学应对人口老龄化，加快发展养老服务业，加强老年人活动场所建设和设施配套完善。大力推进开发式扶贫，以整乡、整村推进为平台，集中连片、一乡一业、一镇一品、一村一策，打好新一轮扶贫开发攻坚战。加快推进民族团结进步示范区、示范村建设。继续抓好保障性住房建设，努力解决城乡居民住房问题。

（八）加强民主法制建设，促进社会和谐稳定

坚持党的领导、人民当家作主、依法治国有机统一。充分发挥市委总揽全局、协调各方的领导核心作用，充分发挥人大、政府、政协职能作用。严格程序，支持人民代表大会及其常委会实施法律监督、工作监督，依法决定重大事项；广开渠道，让人民政协在协商民主过程中发挥重要作用。支持司法机关依法办事，维护宪法法律权威。巩固和发展壮大爱国统一战线，支持各民主党派、工商联和无党派人士更好地参政议政和民主监督，支持工会、共青团、妇联、关工委等群团组织更好地发挥职能作用，加强基层民主建设，重视发挥老干部的作用。

创新社会治理方式，坚持守土有责、守土负责、守土尽责，坚持依法治市、依法执政、依法行政共同推进，法治玉溪、法治政府、法治社会一体建设，推进严格执法、公正司法、全民守法，提高社会管理法治化水平。认真落实“六五”普法规划，深入开展法制宣传教育，在全社会弘扬社会主义法治精神。认真落实重大事项社会稳定风险评估责任制，完善“大调解”等矛盾调处机制，变群众上访为干部下访，畅通群众诉求渠道，强化基层源头治理、未访化解、初访调处的责任和能力。健全基层社会管理和服务体系，增强城乡社区服务管理功能。深入推进平安玉溪建设，加强社会管理综合治理，加快建设城市报警与监控系统，全面推进综治维稳网格化管理，依法管理宗教事务，及时妥善处理各类突发事件，依法打击各种违法犯罪活动，持久打好禁毒防艾人民战争，积极争创全国“长安杯”。推进军民融合发展，再创全国“双拥”模范城。健全完善安全生产责任体系，抓好交通、消防、生产、食品药品和特种行业等方面安全工作，加大隐患整改治理力度，坚决遏制重特大安全事故，确保人民群众生命财产安全。

三、全面加强党的建设，着力提升各级党组织领导改革发展的能力和水平

全面深化改革、实现跨越发展，关键在于加强和改善党的领导。必须坚持党要管党、从严治党，努力提高党建工作科学化水平，努力提高党的执政能力，努力保持党的先进性和纯洁性，为推进玉溪改革发展提供坚强组织保证。当前，坚定不移地与以习近平同志为总书记的党中央保持高度一致是最大的政治，做到大是大非面前，不当骑墙派，不做墙头草。

（一）把各级班子建成领导改革发展的核心。坚持以改革创新精神，着力打造执行力强、创新力强、感召力强、凝聚力强的领导班子。以学习贯彻习近平总书记系列重要讲话和十八届三中全会精神为重点，加强学习型班子建设，强化理论武装，坚定理想信念，坚守共产党人精神追求。注重换届后各级领导班子和领导干部思想政治教育，引导领导干部在践行社会主义核心价值体系、提高思想道德修养上发挥示范作用。认真贯彻民主集中制，健全议事规则，围绕全面深化改革来定任务、强措施、建机制，不断提高班子的凝聚力、战斗力、创造力。各级领导干部要作学习的表率、改革的表率，以时不我待的精神加强学习和实践，增强全球思维和战略眼光，丰富知识储备，努力使自己成为政策水平高、专业能力强、实践经验多、美学修养深，善于领导改革开放和美丽玉溪建设的行

家里手，使各级班子真正成为领导改革发展的坚强核心。

（二）把干部队伍建成推动改革发展的骨干力量。深化干部人事制度改革，坚持“信念坚定、为民服务、勤政务实、敢于担当、清正廉洁”的好干部标准，坚持正确的用人导向，积极探索改进民主推荐、民主测评、竞争性选拔干部的有效措施，完善干部考核评价的内容和方法，防止简单地唯票取人、唯分取人。要注重考察干部在完成重大任务、应对突发事件中的能力和表现，凭发展论英雄，重实绩用干部，比贡献定位次，把那些政治强有本事，改革开放有实招，招商引资有实绩，产业发展有办法，城镇上山有路径，环境保护敢碰硬，依法行政有底气，建设园区有招数，生态建设有激情，民生工作当先锋，敢于担当不畏难的干部及时选拔到领导岗位，使想干事的有舞台、干成事的有地位、不干事的没位置，进一步形成“能者上、平者让、庸者下”的用人机制。

继续推进干部交流，进一步拓宽选人视野和渠道。重视培养优秀年轻干部、女干部、少数民族干部和党外干部，合理使用不同年龄段的干部，做到用当其时、不拘一格、任人唯贤。切实把从严治党要求贯穿于干部选拔任用全过程，严肃查处跑官要官、拉票贿选、突击提拔干部等不正之风和腐败现象。严格干部日常教育管理，加大干部培训力度，发挥党校主阵地作用，分层级办好各类干部教育培训班。坚持党管人才工作，深入实施中长期人才发展纲要，充分发挥各类人才的聪明才智，为推动玉溪跨越发展贡献力量。

（三）把基层组织建成促进改革发展的战斗堡垒。改革越是向纵深推进，越要充分发挥基层党组织的战斗堡垒作用。要研究制定开展“美丽玉溪服务先锋”行动、创建基层服务型党组织的实施意见，把基层党组织的工作重心转到服务改革、服务发展、服务民生、服务群众、服务党员上来。不断健全党的基层组织体系，确保党的组织和党的工作全覆盖。强化农村、社区等传统领域党组织建设，加大非公有制经济组织、社会组织党建工作力度，探索构建城乡统筹的基层党建新格局。加大村级党员活动场所建管用力度，继续延伸建设村民小组党员活动室，增强党组织活动对党员的吸引力。注重拓宽基层党组织负责人来源渠道，充实基层一线党的工作力量，重视发挥好常务书记、大学生村官、新农村建设指导员三支队伍的作用。加强党员队伍建设，全面推行党员积分制管理，健全党员立足岗位创先争优长效机制和党员联系服务群众机制，改进流动党员管理，引导广大党员积极投身改革发展事业，为全面深化改革作出积极贡献。

（四）狠抓作风和反腐倡廉建设。坚持把维护党的政治纪律放在首位，教育和督促广大党员干部自觉维护中央权威。严格执行中央“八项规定”、《党政机关厉行节约反对浪费条例》和相关制度规定，以反对“四风”、改进作风为突破口，严肃查处违纪违规问题，形成经常抓、长期抓的良好态势和机制。大力弘扬求真务实的作风，严格控制考核评比和表彰活动，着力整治和改进会风文风，压缩会议、精简文件。严格财务预算、核准和审计制度，严格控制“三公”经费支出，厉行节约，反对浪费，自觉抵制享乐主义和奢靡之风，狠刹吃喝风、送礼风。要加大督促检查力度，着力整治行政不作为、乱作为现象，狠刹庸懒散奢等不良风气，确保中央和省市委重大决策部署贯彻落实，做到执行坚决、令行禁止。坚持随机调研制度，大兴调查研究之风，深入基层、深入群众、深入实际，在一线体察民情、在一线掌握情况、在一线考察干部、在一线解决问题。

认真落实党风廉政建设责任制，健全完善惩治和预防腐败体系，加强反腐败体制机制创新和制度保障，编牢促使权力正确行使的制度笼子，不断增强党员干部自我净化、自我完善、自我革新、自我提高能力。加强对重要领域、重点环节以及各级领导干部特别是一把手权力运行的制约和监督。严格执行“三重一大”、任期经济责任审计、领导干部问责等制度，深化党务、政务公开，推进权力运行公开透明，用制度管权、靠制度管人、按制度办事。保持惩治腐败高压态势，划清“警戒线”，架起“高压线”，营造“伸手必触电、腐败必落马”的制度环境，让干部不敢腐、不愿腐、不能腐。坚持“苍蝇”“老虎”一起打，做到有案必查、有腐必惩，以为政清廉取信于民，以秉公用权赢得人心。

（五）扎实开展好党的群众路线教育实践活动。群众路线是我们党的生命线和根本工作路线。要根据中央和省委的部署安排，按照“照镜子、正衣冠、洗洗澡、治治病”的总要求，始终贯穿为民务实清廉的主题，紧紧抓住学习教育、听取意见，查摆问题、开展批评，整改落实、建章立制三个主要环节，聚焦“四风”问题，着力解决好世界观、人生观、价值观这个“总开关”的根本问题，切实解决好群众反映强烈的切身利益问题，密切党同人民群众的血肉联系，以优良作风凝聚民心、汇聚力量、激发活力。要加强对教育实践活动的组织领导，注重工作实效，防止搞形式、走过场，使教育实践活动真正切合实际，有利于改进和推动工作。各级党委（党组）要先学一步、学深一层，把握基层特点，区别情况、分类指导，加强思想引导，从实际出发制定开展活动的实施意见，对不同群体党员、干部提出不同要求。领导班子特别是一把手要发挥示范作用，带头学习、带头听取意见、带头开展批评与自我批评、带头整改落实、带头指导下级党组织开展教育实践活动。要强化舆论引导，大力宣传教育实践活动的做法和经验，既要发挥先进典型的示范带动作用，又要抓好反面典型，及时警示教育党员干部。

同志们，完成今年的改革发展任务，责任重大、意义深远。让我们紧密团结在以习近平同志为总书记的党中央周围，解放思想、更新观念，开拓创新、攻坚克难，团结一心、真抓实干，为谱写“中国梦”的玉溪篇章而努力奋斗！

政府工作报告

——2014年2月20日在玉溪市第四届人民代表大会第二次会议上

玉溪市市长 饶南湖

各位代表：

我代表市人民政府，向大会报告政府工作，请各位代表审议，请市政协各位委员提出意见。

一、过去一年工作回顾

2013年，在省委、省政府和市委的正确领导下，市人民政府以党的十八大、十八届三中全会和习近平总书记系列重要讲话精神为指导，紧紧围绕市委四届三次全会、市委工作会和市四届人大一次会议确定的各项目标任务，群策群力作好解放思想、改革创新、招商引资三篇大文章，努力克服宏观经济下行、市场需求不振、卷烟产量下滑、融资环境不佳等困难，扎扎实实转作风，全力以赴抓发展，全市经济社会实现平稳较快发展。全年完成生产总值1 102.5亿元、增长10.2%，财政总收入448.3亿元、增长11.1%，地方公共财政预算收入106亿元、增长17.5%，规模以上固定资产投资393.7亿元、增长37.1%，社会消费品零售总额226.3亿元、增长14%，城镇居民人均可支配收入24 276元、增长13.5%，农民人均纯收入8925元、增长17%，城镇化率44.1%，居民消费价格总水平上涨2.8%，城镇登记失业率3.35%，人口自然增长率5.5‰，万元生产总值能耗下降3.6%。

（一）产业建设稳步推进，经济结构不断优化。制定落实省产业建设年3年行动计划实施意见，打好园区经济、县域经济、民营经济三大战役，逐月分析经济运行形势，强化要素保障，突出抓好重点产业、重点企业发展，结构调整取得新进展，三次产业比重调整为10.2：60.3：29.5。农业农村经济稳步发展。出台高原特色农业发展实施意见，扶持特色优势产业，粮食实现“八连增”，烤烟生产再创新高，油料、花卉、生物药等特色产业稳步发展，农业增加值增长7.2%。围绕增收调结构，畜牧业产值增长7.3%；蔬菜产值增长9.7%，成为种植业第一大产业；种植核桃20.8万亩，林业产值增长7.3%。转变农业发展方式，流转土地28.5万亩，新平褚橙庄园、琴淮酒庄和峨山云茶山庄列为省级庄园，新增22户市级以上农业龙头企业、71个专业合作社，完成19个“三品一标”农产品认证。工业发展稳中有进。制定加快生物医药、装备制造产业发展的政策措施，突出抓好50户重点企业发展和100个重点项目推进，工业增加值增长8.7%。组建玉溪钢铁集团，抓好重大项目建设，巩固烟草、矿冶支柱产业，卷烟及配套产业增加值增长1.6%，矿冶业增加值增长12.8%。出台加强园区建设的意见，启动大化产业园区建设，红塔工业园区创建为国家新型工业化生物产业示范基地，华宁工业园区进入省级园区，建成标准厂房50万平方米，园区工业总产值增长6.8%。扶持中小微企业发展，新增34户规模以上企业，非公经济增加值增长13.2%。第三产业发展加快。加强市场建设，新增71户限额以上商贸流通企业，第三产业增加值增长13.7%。制定昆玉红旅游文化产业经济带建设玉溪行动计划和旅游产业3年建设计划，加快推进20个重大项目，旅游总收入增长21.3%。发展金融服务业，贷款增长12.1%。发展对外贸易，进出口总额增长34%。入选首批国家信息消费试点城市。

（二）改革创新步伐加快，发展后劲不断增强。在投融资体制改革上求创新，出台推进市属投融资公司改革发展的政策措施，组建7户市属投融资公司，建立完善县区投融资平台，创新融资方式，实现融资167.7亿元、增长24.7%。建立向上争取考核机制，争取上级资金76.3亿元。在招商引资工作上求创新，召开招商引资大会，出台加强招商引资工作的实施意见和考核奖惩办法，成立13个产业招商总局，分解落实目标任务，使用市外国内资金407.2亿元、增长182%，利用外资6 742万美元、增长46%，招商引资总额全省第五、增幅第一。在重大项目推进机制上求创新，建立奖惩考核制度，推行被征收土地折价入股、保本付息，引导社会资金进入基础设施和社会事业领域，开展“转作风、送服务、送承诺”活动，投资增速全省排名由14位上升到第3位。交通设施建设顺利推进，玉蒙铁路开通运营，昆玉铁路扩能改造项目征地拆迁基本完成，晋江、晋红、呈澄高速公路开工建设，建成农村公路331公里。农田水利建设得到加强，改造中低产田地22万亩，完成9件水源工程和54件小（二）型水库除险加固主体工程，建成农村饮水安全工程336件、“爱心水窖”1.6万口，解决了14.4万人饮水安全问题。电力设施不断完善，500千伏宁州变和

9个220千伏、110千伏输变电项目建成运行，华宁磨豆山风电项目竣工投产。

（三）城乡建设协调发展，城镇化进程不断加快。出台玉溪市城乡规划管理办法和技术管理规定，放开规划建筑设计市场，编制北城新区规划，开展中心城区城市设计，控规覆盖率达90%，县城规划修编、乡镇街道和村庄规划实现全覆盖。按照“一城四点”新构架，加快中心城区建设步伐，星海国际广场、新天地商业广场开工，泷水塘、高铁新城综合体有序推进。九龙立交、棋阳路二期、康井路、彩虹路、新西河路、烟厂库区专用道路建成通车，平战结合人防工程、红龙路改扩建、雨污管网改造和东部面山生态休闲公园等工程快速推进。开通北片区公交车，新增8条公交线路、79辆公交车，改造116个公交站台，新投放233辆出租车。制定中心城区城市管理标准，启动标准化试点，新建民房禁止一户一宅。加强城市管理，启动主要街道净化、绿化、亮化、美化、商业化提升工程，开展城乡环境综合整治，拆除临违建筑215万平方米，整治街区26条48公里。易门、新平、澄江成功创建国家卫生县城，易门、华宁成功创建国家园林县城。江川撤县设区方案上报国务院，通海撤县设市工作启动。维护转户农民权益，完成“农转城”17.4万人。启动美丽家园行动计划，完成昆磨高速公路两侧村容村貌整治，整合涉农资金，开展27个特色民居村试点，黄草坝“美丽彝乡”建设圆满完成。

（四）生态建设成效显著，环境质量不断提升。出台争当全省生态文明建设排头兵实施意见和4年行动计划，召开生态文明建设暨绿化造林动员大会，生态文明建设扎实推进。调整抚仙湖—星云湖生态建设与旅游改革发展综合试验区管委会，成立试验区产业督导协调组、“三湖”水污染综合防治督导组，“十二五”项目完工23项。争取召开省政府抚仙湖保护治理工作会，抚仙湖进入国家江河湖泊生态环境保护重点名录，保护治理思路和成效得到省委、省政府的充分肯定。编制抚仙湖保护治理工程实施方案，启动北岸生态湿地工程、东片区暨“三湖”生态保护水资源配置应急工程，拆除一级保护区至环湖公路外侧50米范围内的临违建筑21.8万平方米，退田5 632亩，种植蓝莓3 706亩。严守“四条红线”，全面清理抚仙湖、星云湖周边项目。星云湖退田3054亩，杞麓湖南岸农田废水净化循环利用等3项工程完工。东风水库水污染综合整治19个项目顺利推进，飞井海水库周边环境整治基本完成。拆除塑料大棚1.4万亩。42名市级领导担任河长，打响“三湖两库”主要入湖河道综合整治攻坚战。推进中心城区“退二进三”，定期发布环境空气质量监测数据，中心城区一级空气质量天数增加24天。淘汰水泥、冶炼落后产能50万吨，节能减排任务圆满完成。路域环境整治成效明显，种植树木262万株。完成营造林40.7万亩，新增耕地1.8万亩，治理水土流失195.8平方公里。

（五）民生建设全面推进，社会保持和谐稳定。加大民生投入，民生支出占公共预算支出的74%，10件实事全面完成。就业保持稳定，新增城镇就业2.1万人，扶持自主创业1.6万人，培训农村劳动力3.2万人、转移3.1万人。社保工作得到加强，城乡低保、最低工资、失业保险金标准提高15%，企业退休人员养老金提高12%，建成城镇保障性住房11 842套，改造农村危房18 804户，中心城区分配入住公租房3 257套，建成670套溪洛渡水电站外迁移民安置房；实施整乡推进、整村推进等扶贫项目，5万贫困人口实现脱贫。教育事业加快发展，启动美丽100校园行动计划暨校舍安全工程，创造了全省统建、统筹、统还的“三统一”模式，排除D级危房16.97万平方米，加固改造31.8万平方米，开工率、竣工率均为全省第一；在全省率先把农民工子女纳入营养改善计划范围；妥善解决民办代课教师历史遗留问题，认定率和补偿兑现率全省第一。强化创新驱动，成立首个院士工作站，新增5户省级创新型企业，认定10户高新技术企业。医疗卫生服务体系不断完善，新农合人均筹资水平提高至400元，参合率达97.6%；市儿童医院、急救中心启动建设，6个乡镇卫生院、20个村卫生室危旧房改造全面完成；公立医院改革试点工作稳步推进。在全省率先启动食品安全县区创建工作。推进“和美家庭”建设，“全国计划生育优质服务先进单位”比例居全省前列。文化事业得到加强，成功举办第三届中国聂耳音乐（合唱）周和中秋国庆大型灯展，实施30个乡镇（街道）综合文化站改扩建、5个文化惠民示范村建设工程，新增国家文物保护单位4个，实施直播卫星公共服务“户户通”工程1.5万户。承办国际网球巡回赛、全国公路自行车冠军赛，体育事业取得新成绩。完成691个村（社区）换届选举工作。建成农村公益性公墓92个，新平、元江、易门殡仪馆建成使用。出台推进民族团结进步边疆繁荣稳定示范区建设的实施意见，盘溪示范区和摆依寨等5个示范村建设取得实效，宗教领域热点难点问题得到妥善处理。全面开展安全生产大检查，专项整治成效明显。“四五”依法治市全面启动，平安玉溪建设深入推进，荣获全国社会管理综合治理优秀市，连续4年入选中国最安全城市。妇女儿童、老龄、残疾人、红十字、慈善、关心下一代等事业健康发展，外事侨务、统计、供销、双拥、人防等工作取得新成绩。

（六）自身建设全面强化，行政效能不断提高。认真贯彻落实市委各项决策部署，自觉接受市人大及其常委会法律监督、工作监督和市政协民主监督，人大代表建议和政协委员提案办结率达100%，解决率分别为34.1%、38.7%。完善市政府工作规则、党组议事规则，组织开展集体学法，重大决策听证114次。推进行政审批制度改革，市级行政审批项目取消6项、下放20项，审批时限压缩三分之二。推广市级电子政务协同办公系统，重组运营“玉溪网”。深化“四群”教育，广泛开展随机调研，强化督查督办和绩效管理，对违反玉溪市领导干部行政问责办法的172人实施行政问责，“三公”经费支出下降12.5%。强化廉政监察和审计监督，严肃查处违法违纪案件，纠风治乱取得实效。

各位代表，回顾过去一年的工作，成绩来之不易。这是市委驾驭全局、科学决策、坚强领导的结果，是市人大、市政协和各民主党派、工商联、社会各界监督支持的结果，是中央、省驻玉单位、军警部队关心帮助的结果，是各位老领导、离退休老同志鼎力支持的结果，是全市干部群众攻坚克难、真抓实干的结果。在此，我代表市人民政府表示崇高的敬意和衷心的感谢！

回顾过去一年的工作，全市上下思想大解放、作风大转变，各项工作成绩显著。我们深刻地体会到：加快玉溪发展，必须坚决贯彻落实上级党委政府特别是市委的各项决策部署，自觉接受人大、政协监督，充分调动各方面积极性、主动性和创造性，同心干事业。必须坚持解放思想、改革创新，敢于冲破阻碍发展的体制机制，善于用改革创新的办法破解发展难题。必须发扬“钉钉子”精神，一锤一锤地敲，一颗一颗地钉，确保每一项重点工作和每

一个重大项目顺利推进。必须坚持突出重点、统筹兼顾，全面准确履行政府职能，把加快发展作为第一要务，协调推进经济、社会、文化、生态等各项建设。必须树立人本思想，把保障和改善民生作为政府工作的出发点和落脚点，妥善解决人民群众普遍关心的热点难点问题，让人民群众共享改革发展成果。

回顾过去一年的工作，经济社会发展中还存在不少困难和问题：一是政府职能转变不到位，政府与市场、政府与社会之间的边界不清，部分公职人员精神不振、作风不实、执行力不强、工作效率不高，有的甚至吃拿卡要，有损政府形象。二是经济总量偏小，支柱产业单一，抵御市场风险能力不强，调结构转方式、化解过剩产能任务繁重。三是前期工作滞后，大项目好项目储备不足，行政审批互为前置、效率不高，重大项目推进缓慢，产业招商项目少、投入不足。四是财政增长乏力，融资难度大成本高，浪费现象不同程度存在，财政收支矛盾突出。五是生态环境脆弱，经济发展与资源环境矛盾突出，生态建设和节能减排任务艰巨。六是城镇化水平低、质量差，管理体制亟待完善；城乡基础设施建设滞后，社会建设薄弱，农村劳动力就业渠道单一，改善民生任务艰巨。这些问题，我们一定高度重视，在今后的工作中积极应对、认真解决。

二、2014年目标任务

2014年，是全面深化改革的开局之年，也是实现“十二五”规划目标的关键一年。当前，世界经济复苏缓慢曲折，不稳定不确定因素多；国内经济运行存在下行压力，部分行业产能过剩问题严重，结构性就业矛盾、生态环境恶化等突出问题仍没有得到缓解。但我们也具备很多有利条件：国内经济稳中有进、稳中向好，全省深入推进西部大开发、桥头堡战略和滇中城市经济圈建设，为加快发展带来了千载难逢的机遇；党的十八届三中全会对全面深化改革作出总体部署，将不断激发内生动力和活力；中央坚持稳中求进、改革创新，继续实施积极财政政策和稳健货币政策，省委省政府对滇中城市经济圈、昆玉红旅游文化产业经济带、抚仙湖—星云湖生态建设与旅游改革发展综合试验区等作出重大决策部署，制定了一系列政策措施，为加快发展提供了重要支撑；我市正处于跨越发展提速期、调结构转方式攻坚期，产业结构转型升级、新型城镇化进程中蕴藏着广阔的发展空间和巨大的内需潜力，特别是全市广大干部群众改革创新、赶超跨越的愿望更加强烈，为加快发展奠定了坚实基础。我们一定要把思想和行动统一到中央对国内外形势的分析判断上来，统一到省委、省政府和市委的决策部署上来，把今年作为改革创新年、基础设施建设年、生态文明建设年，充分发挥区位优势，主动融入滇中城市经济圈，进一步巩固烟草、矿冶等传统支柱产业优势，集中各类生产要素，加快培育旅游、装备制造、生物医药、电子信息等新兴产业，争创发展新优势。

按照省委九届七次全会、省十二届人大二次会议的统一安排和市委四届四次全会的决策部署，今年市政府工作的总体要求是：坚持以习近平总书记系列重要讲话、党的十八届三中全会精神为指导，坚持稳中求进的总基调，牢牢把握改革发展这一主题，解放思想，改革创新，坚定不移地实施生态立市、农业稳市、工业强市、两烟富市、文化旅游兴市战略，发展现代服务业，扩大投资消费，强化创新驱动，转方式、调结构、建生态、提质量、增效益、保民生、促稳定，加快建设美丽玉溪，为全面建成小康社会奠定坚实基础。

全市经济社会发展主要目标建议为：生产总值增长12%以上，财政总收入增长13%以上，地方公共财政预算收入增长13%以上，规模以上固定资产投资增长40%以上，社会消费品零售总额增长14%以上，城镇居民人均可支配收入增长12%以上，农民人均纯收入增长13%以上，城镇化率提高2个百分点，森林覆盖率提高1个百分点，居民消费价格总水平涨幅控制在3.5%左右，城镇登记失业率控制在4.3%以内，人口自然增长率控制在5.3‰以内，万元生产总值能耗下降3.2%以上。

实现今年经济社会发展目标，我们要坚持改革创新，增强进取意识、机遇意识、责任意识，善于运用“底线思维”，进一步解放思想、凝聚力量，以改革统领全局、促进创新发展。我们一定要全面领会、准确把握十八届三中全会精神实质，毫不动摇坚持社会主义市场经济改革方向，充分发挥市场在资源配置中的决定性作用，正确处理好政府与市场、政府与社会的关系，把促进社会公平正义、增进人民福祉作为全面深化改革的出发点和落脚点，敢啃硬骨头、敢于涉险滩，敢于冲破思想观念的束缚、敢于突破利益固化的藩篱，锐意推进经济、社会、文化、生态文明等各项改革。要以经济体制改革为中心，切实抓好方向明确、条件成熟的关键改革，着力推进行政审批制度、投融资体制、工业园区实体化、事业单位分类、农村综合改革；全面落实中央、省的部署，有序推进资源性产品价格、财税金融、教育、卫生、文化、社会保障、社会治理、生态文明等方面的改革，推动各类要素有序自由流动、资源高效配置、市场深度融合，让一切劳动、知识、技术、管理、资本的活力竞相迸发，让一切创造社会财富的源泉充分涌流，让发展成果更多更公平惠及全市各族人民。

三、2014年重点工作

今年，要突出抓好7个方面的重点工作。

（一）加大招商引资力度，推进重大项目建设

把招商引资作为加快发展的重要抓手，深入开展项目攻坚提速行动，确保实际利用外资增长10%、市外国内资金增长30%以上，规模以上固定资产投资达550亿元以上。

强化招商引资工作。完善考核奖励办法，制定实施重大项目市级领导联系推进、项目定期督查推进、外来投资企业和重点项目挂牌保护制度，营造招商引资良好环境。实施100项重大招商引资项目3年滚动计划，以战略性新兴产业、产业链、产业集群招商为突破口，精心组织系列重大招商引资活动，开展以商招商、园区招商、网络招商，提高招商引资实效。建立健全重大招商引资项目“一事一议”审批机制和项目落地督办机制，努力提高项目履约率和资金到位率。强化项目开发和管理，年内储备5亿元以上招商引资项目150个以上。

发挥投资关键作用。认真贯彻省市解决建设项目落地困难进一步改善投资环境的意见，严格落实重点项目建设协调推进制、跟踪问效制、倒逼制和问责制，继续开展“转作风、送服务、送承诺”活动，突出抓好77个年度计划投资亿元以上重大项目建设，确保续建项目投资计划完

成率达75%、计划新上项目开工率达60%以上。完善向上争取考核机制，争取上级资金增长10%以上。创新项目前期工作推进的方式方法，多渠道筹措前期工作经费，完善审批程序，再造流程，实现并联审批、网上审批，为项目业主提供项目审批全程服务，提高服务效率。加强投资项目咨询评估机构建设和管理，确保项目前期工作成熟率达70%以上。优化投资结构，突出抓好生产性项目特别是工业项目建设，加快推进50项续建、50项新建、50项前期、50项招商引资产业示范带动项目，确保非电工业投资160亿元以上；减少财政一般性项目投资，加大“三农”、基础设施、民生和社会事业、生态建设等领域投资；制定向民间开放的投资目录，激活民间资本，确保民间投资比重达60%以上。优化资源配置，规范政府融资公司管理，围绕三年上市目标抓好市抚投公司运营管理，提高其他投融资公司运营能力，确保重大项目建设、城镇化发展等资金需求。加强和规范政府性债务管理，严格举债程序，防控债务风险。加快土地利用总体规划评估修编，制定低丘缓坡试点项目考核机制，抓好9个工业、2个旅游试点项目建设，总结推广征地补偿费折价入股经验，加大存量土地供应力度。

打好基础设施建设攻坚战。加快构建综合交通体系，围绕县县通高速、构筑大通道目标，推进晋红、晋江、呈澄高速公路建设，配合搞好昆玉铁路、玉磨铁路和石红高速公路建设，开工建设红江、江通高速公路，加快通华弥、新临高速和新平河口至元江一级公路前期工作，做好昆玉轨道交通和2个通勤机场的规划。加强农田水利基础设施建设，改造中低产田地14.8万亩，实施烟叶生产基础设施项目1.38万件，配合做好滇中引水工程，开工建设红塔区平滩箐、易门团结等6座水库，加快元江鲁布水库等骨干水源工程建设，完成40件小（二）型水库除险加固，建成“爱心水窖”1.2万口，解决8万农村人口饮水安全问题。完成元江干流县城段、南溪河和华宁青龙河治理工程。夯实能源基础，加快中石化成品油管道、中石油输油管道、天然气管道等工程建设，抓好11个220千伏、110千伏输变电工程建设，确保3个建成投产。积极推进戛洒江一级、峨山雨果、华宁老独寨等电站建设。加强沼气设施管护，节柴改灶5 000眼。

（二）切实加强“三农”工作，促进农民持续增收

全面贯彻落实各项强农惠农富农政策，用工业化理念谋划农业发展，推进农业产业向园区化、庄园化、生态化、标准化、规模化、品牌化方向发展，确保农业增加值增长7%以上。

做强高原特色农业。制定高原特色农业发展规划，加大结构调整力度，扶持发展生态效益、经济效益兼容的特色优势产业。稳定粮食生产，加强粮食基础设施建设，提高粮食安全保障能力。控量提质增效，种植烤烟65.8万亩，收购烟叶164.5万担。加快发展核桃产业，集中连片规划，规范种植标准，强化植后管护，完成种植18万亩。新增水果面积2万亩。抓好蔬菜、油料、花卉、生物药等特色产业发展。制定畜牧业持续发展规划，扶持发展10个养殖小区、20个专业村、100户养殖大户，推进33个生猪规模养殖场建设，确保畜牧业产值增长10%以上。

构建新型农业经营体系。出台加快农业庄园经济发展的意见，创建3个省级精品农业庄园，每个县区启动建设2个以上农业庄园。大力发展农产品加工，鼓励工商资本和社会资金投资农业。创新生产经营方式，做强“云菜”、做大“褚橙”，新增2个以上农业产业化经营集团。建立以龙头企业、合作社为骨干的新型经营主体，新认定4个市级农业科技示范园。建立覆盖全过程的食品安全监管制度，加强重大动植物疫病防控，完善农产品质量安全监测体系，建成市级检验检测中心实验室和华宁、元江农产品质量安全检测站，新认定10个“三品一标”农产品。

深化农村综合改革。推进农村土地承包经营权、集体建设用地使用权、农户住房财产权确权登记颁证，加快征地制度改革，逐步建立城乡统一的建设用地市场。建立农村产权流转交易市场和交易制度，推动承包土地和林地使用权适度流转。完善集体林权制度配套改革，加快红光农场改革，推进供销社和国有粮食企业改革。加快“三农”金融改革创新，推进农村“三权三证”抵押贷款，鼓励金融机构向农村延伸，支持发展小贷公司等以服务“三农”为主的民间金融服务机构，推动红塔农合行改制为农村商业银行。健全城乡发展一体化体制机制，推动城乡要素平等交换和公共资源均衡配置。

（三）推进工业转型升级，提高发展质量效益

实施创新驱动战略，扶持培育重点产业和企业，盘活存量、优化增量、提升质量，改造传统工业，发展战略性新兴产业，确保工业增加值增长13%以上。

加快工业转型升级。配合云南中烟实施红塔集团、红云红河集团“两统一、两整合”改革，加强政策对接，维护玉溪利益。推进卷烟配套产业“二次创业”，打造全国最大的烟草配套产业区。巩固矿冶产业支柱地位，优化产业布局，调整产品结构，推动玉溪钢铁集团实质性整合，争取达到行业规范条件，纳入国家钢铁行业公告范围。围绕装备制造、生物医药、新材料、新能源、节能环保等领域，依托现有龙头企业，引进战略合作伙伴，培育一批产业链长、附加值高的新兴产业。积极发展石油炼化后续深加工，争取汽车、通用航空产业布局玉溪。加快易门30万吨重型钢构、蓝晶科技LED衬底片产业化、韵雅药用黄腐酸生产、100万千瓦风能发电等项目建设，形成新的产能。支持企业技术改造，转化一批科技成果，认定5户高新技术企业、5个重点实验室及工程技术研究中心。下决心化解过剩产能，加快中心城区、县城“退二进三”和企业搬迁入园，淘汰钢铁落后产能117万吨、水泥落后产能28万吨，关闭造纸企业14户、实心粘土砖企业30户。

加快园区建设发展。抓好工业园区规划修编，创新开发建设模式，推进园区实体化改革。制定园区建设管理考核办法，在高新区、研和工业园区、大化产业园区设立土地储备分中心，收储土地2万亩，完成基础设施建设投资20亿元以上，建成标准厂房50万平方米，利用市外资金100亿元以上，工业增加值增长20%以上。加快大化产业园区规划建设，引进一批企业和项目，推动产业聚集发展。用足用好玉溪国家高新技术产业开发区政策，支持高新区拓展空间、做大做强，完善九龙片区配套基础设施，盘活南片区闲置土地，加快龙泉片区开发建设，推动“一区多园”发展，形成新的经济增长点。主动参与滇中产业新区建设，搞好规划衔接配套，加快易门资源枯竭城市转型步伐，支持创建国家循环经济示范县，实现可持续发展。

大力发展民营经济。召开民营经济发展大会，制定加快发展的政策措施，确保增加值增长16%以上。推行负面清单管理和工商登记“零成本”注册，减轻小微企业负担。加快研和中小微企业创业园建设，实施成长型中小企业培育工程和创业培育工程，争取3户以上中小企业进入大

企业行列，20户以上小微企业纳入规模以上企业。加强与深圳前海股权交易中心合作，抓好10户挂牌企业发债，支持符合条件的企业挂牌融资。鼓励企业发行集合债券、中小企业私募债券，支持有条件的企业上市融资。

（四）大力发展现代服务业，提高第三产业比重

制定贯彻云南省加快服务业发展3年行动计划的实施意见，充分发挥消费的基础作用，以IT产业和旅游业为重点，加快发展服务业，确保第三产业增加值增长13%以上。

加快昆玉红旅游文化产业经济带建设。按照省委省政府打造昆玉红旅游文化产业经济带、建设抚仙湖—星云湖生态建设与旅游改革发展综合试验区的重大战略部署，发挥资源和区位优势，把旅游产业作为调结构转方式的重要产业来抓。组建旅游发展委员会，编制昆玉红旅游文化产业经济带玉溪板块规划。加快澄江寒武纪乐园、仙湖锦绣、仙湖山水等重大项目建设，开发生态、休闲、康体、度假等高端旅游产品，推动试验区建设发展。完成3家高端度假酒店建设，引进国际知名酒店经营管理。开通红塔区至晋宁、易门、峨山乡村生态环线公路，发展昆明至玉溪生态观光自驾旅游。加快玉溪庄园国家生态旅游示范区、新平民族文化旅游产业园建设，完善旅游基础设施，开发一批具有玉溪文化特色的旅游商品，打造秀山历史文化、玉溪灯会、新平樱花城、元江冬季旅游度假等品牌。抓好旅游小镇、特色旅游村建设，加快乡村旅游提档升级。推动旅游联合促销联盟建设，严格执行法律法规，规范服务，确保旅游收入增长16%以上。

大力发展现代服务业。推进研和综合物流园区、玉溪国际物流商贸加工示范园区规划建设，引进一批有实力、国字号知名物流企业，积极发展现代物流业。争取云计算产业布局玉溪，抓好"智慧玉溪"信息化应用项目建设，着力培育IT产业，提高信息化水平。加快金融改革创新，加强银企、银园、银政合作，增强服务实体经济能力，发展普惠金融，确保新增贷款90亿元以上。认真落实加快餐饮业发展的实施意见，打造地方餐饮品牌。做好住房保障和市场调控工作，促进房地产业平稳健康发展。鼓励支持社会力量发展健康服务业和养老服务业，规范发展家政服务业。培育监理、审计、评估、咨询等中介组织，推广网络增值、电子商务、连锁经营等新型服务，开拓楼宇经济。做好商贸流通企业"纳限"工作，支持限额以上企业做强做大。

努力扩大城乡消费。加快得胜商业中心等专业市场建设，改造升级通海蔬菜批发市场，建设华宁柑桔交易中心，抓好2个配送中心、1个乡镇商贸中心建设，建成10个社区农超便利店，进一步改善消费环境，促进城乡消费。鼓励农产品营销企业到市外设立直销中心，推动农超对接、农校对接、农企对接。引导住房、汽车等消费健康发展，培育信息、教育等消费热点，促进消费结构升级。做好再生资源回收体系试点城市工作，完成再生资源分拣、拆解、集散交易中心建设。加强对外经济技术合作，努力扩大进出口规模，确保外贸进出口总额增长15%以上。

（五）统筹城乡协调发展，推进新型城镇化进程

准确把握经济社会发展自然演进过程，遵循城镇化发展规律，坚持以人的城镇化为核心，做大中心城区、做优县城、做特集镇、做美乡村，构建新型工农城乡关系，努力建设美丽城镇和美丽乡村，确保全市城镇化率提高到46.1%。

提升规划水平。坚持以人为本、城乡一体、四化联动、尊重自然、传承文化、绿色低碳、低冲击开发等理念，科学确定城镇功能、开发边界、空间形态。全面放开规划设计市场，完善提升城镇体系规划、城市总体规划、重要片区重要节点控制性详细规划、专项规划、乡镇和村庄规划，充分利用现有山水林田湖等独特资源，让城镇融入自然，让居民望得见山、看得见水、记得住乡愁。合理布局生产空间、生活空间、生态空间，统筹基础设施和公共资源配置，引导城乡协调发展，让农民进得来、留得住、能发展。引入现代城市元素，延续历史文脉，统筹地上地下，推广新型建材，让城市亮起来、绿起来、美起来。引入规划三维辅助审批系统，开展标识系统规划设计，完成中心城区公共服务设施、防灾减灾、道路竖向设计等专项规划编制。加强城乡规划法普及宣传，严格规划管理，强化规划执行力，维护规划严肃性，一任接着一任干、一张蓝图干到底。

加快中心城区建设。围绕建设区域性中心城市和中心城区"一城四点"空间布局，加快北城新区规划建设。坚持产城融合、市场运作，加快新天地商业广场、星海国际广场、泷水塘等城市综合体建设，确保完成投资100亿元以上。放宽市场准入条件，鼓励社会资本进入市政公用设施建设等领域。抓好红龙路改扩建、玉山一路二路等项目建设，确保平战结合人防工程、高仓立交和北城梅园立交改扩建工程建成投入使用。完善城市公交始末站规划，优化公交路线，推进城南城北客运和公交换乘中心建设，提高公交出行分担率。完成东部面山生态休闲公园、玉溪植物园一期建设和雨污管网改造。完成可再生能源建筑应用城市示范工作。巩固拆临拆违成果，完善市政设施，继续开展重点街区整治，彻底改变有路无灯、无人行道状况。制定相关政策，强化城市标准化管理，严格执行云南省玉溪城市管理条例及配套管理办法，推广应用数字玉溪地理空间框架建设成果，改造升级数字城管，推进城市管理网格化、精细化、信息化。创建全国智慧城市、信息惠民示范城市。

推进县城和重点集镇建设。完成江川撤县设区，推进通海撤县设市，加快"三湖"生态城市群建设。开展城乡人居环境提升行动、城乡环境综合整治行动，推进实用型、精致型、特色型城市综合体建设，加快县城扩容提质和重点镇建设，发展有历史记忆、地域特色、民族特点的美丽城镇。制定乡镇规划建设3年行动计划，以"三湖"周边和国道省道沿线为重点，启动20个美丽乡镇建设。大力发展城镇经济，深化户籍制度改革，放开建制镇和县城落户条件，推动城镇公共服务常住人口全覆盖，开展"农转城"示范点建设，新增城镇人口8万人以上。创新县城、重点镇基础设施建设投融资机制，抓好华宁、易门等5个县城供水设施建设改造，加快13个省级特色小镇"一水两污"设施建设。支持新平和元江创建国家园林县城、通海和峨山创建省级园林县城。

建设美丽乡村。实施美丽家园行动计划，政府引导、农民主体、突出特色、因地制宜，以基础设施建设、生态建设、环境卫生整治、特色民居建设为重点，完成200个特色民居村建设。加强农村宅基地管理，规范农村建房行为，鼓励开展迁村并点试点。建立财政投入和考核机制，完善"组保洁、村收集、镇转运、县处置"的农村生活垃圾处置体系。

（六）加大环境保护力度，争当全省生态文明建设排

头兵

坚持在发展中保护、保护中发展，编制生态文明建设规划、主体功能区规划，划定生态保护红线，完善生态补偿和资源有偿使用制度，实施生态补偿保证金制度，靠制度保护生态环境。统筹山、水、林、田、湖、气综合治理，争当全省生态文明建设排头兵，争创中国人居环境奖、联合国人居环境奖，守护绿水青山、留住蓝天白云，建设美丽玉溪。

加强湖泊保护治理。认真贯彻抚仙湖、星云湖、杞麓湖保护条例，严格执行沿湖4县生态建设目标任务考核办法，降低GDP考核权重，强化生态资产和生态指标考核，加快推进“三湖”周边绿色转型发展，确保抚仙湖水质保持Ⅰ类，星云湖和杞麓湖水质有所好转。全面落实省政府抚仙湖保护治理工作会精神，采取沿湖截流断污水、面山绿化增植被、河道湿地流清水、人口外迁扩新城、依法治湖严监管等举措，全力打好抚仙湖保护治理攻坚战。全面推进抚仙湖水污染综合防治“十二五”规划项目2年行动计划，抓好15项主要河道综合整治和截污治污工程实施，确保规划项目全部开工、投资完成率达80%以上。着力实施“四退三还”工程，克期完成东片区暨“三湖”生态保护水资源配置应急工程，加快北岸生态湿地工程建设。开展抚仙湖水污染综合防治成套技术研究。加速农业结构调整，控制农业面源污染，种植蓝莓3 000亩，完成塑料大棚拆除任务，取缔径流区规模养殖，启动25度以上坡耕地退耕还林。借鉴抚仙湖保护治理的经验和做法，认真落实星云湖、杞麓湖水污染综合防治“十二五”规划，争取召开省政府星云湖保护治理工作会，实施重点村落污水治理、东西大河污水治理、退田还湖等重点工程，抓好杞麓湖环湖截污治污等5项工程建设，确保通海县第二污水处理厂及配套管网等3项工程完工。完成东风水库10个水污染综合整治项目，巩固飞井海周边环境治理成果，完成九溪河一期整治，提高原水质量。调整完善河长责任制，完成10条以上主要入湖河道整治任务，形成治理保护长效机制。

加强森林玉溪建设。启动新一轮退耕还林工程，深入推进天然林保护、防护林、石漠化治理等生态工程建设，大力实施重要交通沿线、“三湖”周边、城镇面山和村庄周边绿化造林，种植适栽树种1 600万株，完成营造林38.8万亩，加强护林防火和森林病虫害防治，基本形成绿色生态走廊和绿色生态屏障。加强集中式饮用水源地环境整治和监管。

加大减污减排力度。加强大气污染治理，开展PM2.5监测，强化玉钢、玉昆、汇溪、仙福等钢厂脱硫设施运行监管，淘汰关闭7座炼铁高炉、2条水泥生产线；加强建筑工地、重点路段散体物料运输管理，原则上禁止750千克以上载货汽车进入中心城区，减少尾气、粉尘、噪音等污染；实施机动车黄牌管理，完成机动车尾气检测线建设，加强尾气治理，不达标的坚决淘汰；取缔中心城区燃煤锅炉和城区周边秸秆焚烧，提高城市空气质量。推广使用清洁能源，新建城市燃气管道47公里，力争天然气用量达4 410万立方米。启动土壤污染状况调查，制定综合治理规划，开展土壤污染治理，推广配方施肥和秸秆还田，改善施肥结构。新增耕地1.5万亩，治理水土流失190平方公里，实施大型地质灾害防治项目5个以上。严格执行项目建设环评和“三同时”制度，审核验收50户企业清洁生产，完成79个减排项目；深入开展环保专项行动，抓好重金属、危险废物监管和污染防治，强化重点污染源在线监测和实时监控。

（七）全面加强社会建设，确保社会和谐稳定

积极回应人民群众新期盼，加大民生投入，办好惠民实事，推进基本公共服务均等化，促进社会公平正义，增进人民福祉，织好保障民生安全网。

坚持为民办实事。以高校毕业生、失业人员和退役军人为重点，实施积极就业政策，落实小额担保、“贷免扶补”等政策，加强职业技能和创业培训，以创业带就业，促进各类群体充分就业，城镇新增就业2万人，农村劳动力培训2.1万人、转移1.8万人。推广政府购买服务，能由社会组织承担的公共服务与管理事项，通过合同、委托等方式向社会购买，鼓励社会组织参与管理和服务。调整最低工资标准，提高企业退休人员养老金水平和失业、工伤、生育保险标准，提高城镇职工和城镇居民医疗待遇水平。提高新农合、城镇居民医疗保险筹资标准，探索整合城乡居民基本养老保险，推进城乡居民基本医疗保障一体化。健全重特大疾病医疗保险和救助制度，完善临时救助制度，提高城乡低保补助标准。完善社会养老服务体系，加强老年活动基础设施建设，改扩建10个乡镇敬老院，建成50个社区居家养老服务中心、100个农村幸福院。加大产业扶贫、信贷扶贫力度，完成浦贝整乡推进扶贫任务，加快者竜和通红甸整乡推进扶贫，新争取省级整乡推进扶贫项目2个、整村推进项目200个，确保5万农村贫困人口脱贫。推进公租房、廉租房并轨运行，以棚户区改造为重点，新建城镇保障性住房8687套，改造农村危房1.1万户。加强市场监管和价格监测，做好重要生活必需品储备，加快平价商店建设，保持物价总水平基本稳定，保障低收入人群基本生活。深化殡葬制度改革，完成玉溪殡仪馆搬迁和通海、江川、澄江、华宁殡仪馆建设，加快农村公益性公墓建设，引导社会力量建设经营性公墓，科学划定火葬区域，确保火化率达47.8%。继续办好10件惠民实事。

全面发展各项社会事业。出台深化教育综合改革政策措施，加快推进教育治理能力现代化，鼓励社会力量办学，扶持普惠性幼儿园发展，学前教育入园率达93%以上，抓好国家中小学质量综合评价改革试验区试点，促进义务教育均衡发展和教育公平。制定实施普通高中教学质量奖励办法，抓好特色职业教育和骨干专业建设，扩大优质教育覆盖面，提高教育教学质量。推进美丽100校园行动计划暨校安工程，全面启动职教园区建设，加快数字校园建设，抓好市委党校改扩建，支持玉溪师院、农职院、技师学院建设发展。实施中长期人才发展规划纲要，加强人才队伍建设，引进一批高端人才，用事业留人、感情留人、待遇留人。实施新一轮创新型玉溪行动计划，实施好厅市科技会商项目，申请专利700件、授权300件。深化医药卫生体制改革，推进县乡村医疗服务一体化改革，扩大卫生信息化互联互通，抓好县级公立医院改革。加快市医院改扩建、市急救中心、市儿童医院建设，启动北片区新医院建设，完成7个乡镇卫生院和10个村卫生室标准化建设。健全完善市县乡村食品药品监管体系，确保食品药品安全。适时启动“单独两孩”政策，促进人口均衡发展。深化文化管理体制改革，培育和践行社会主义核心价值观，深入开展群众性精神文明创建活动，推进文明城市创建工作，弘扬聂耳精神，积极发展多样性旅游文化、绿色生态文化、民族特色文化。启动澄江化石地世界遗产保

护立法工作，加快澄江化石博物馆建设。繁荣文艺创作，实施文化惠民工程，开展科技、文化、卫生“三下乡”活动。搞好第一次全国可移动文物普查，加强重点文物和非物质文化遗产保护，推进陶瓷文化创意产业园建设，创建中国楹联文化城市。推动有线电视进村入户，抓好广播电视无线覆盖工程。实施全民健身条例，出台加强体育工作的意见，做好省第十四届运动会备赛参赛工作。开展第三次全国经济普查。加强外事侨务、保密、档案、史志等工作，重视发展妇女儿童、残疾人、红十字等事业。抓好地震、地质、气象等灾害防治，提高防灾减灾能力。

创建平安玉溪。抓好“六五”普法，推进“四五”依法治市，建设法治玉溪。创新社会治理体制，改进社会治理方式，提高社会治理能力，以完善社区服务体系为突破，抓好社会组织的培育引导、规范管理和健康发展，加强社区自治和社区服务，完善村（社区）基础设施。依法加强宗教事务管理，抓好民族团结进步示范区建设，支持民族地区经济社会加快发展。完善主要领导大接访机制，推行部门联合接访和市县乡三级视频联合接访，有效预防和化解社会矛盾。健全完善应急预案，提高突发公共事件应急管理能力。加快城市报警与监控系统建设，创新立体化社会治安防控体系，依法加强网络管理，严厉打击各类违法犯罪，打好禁毒防艾人民战争，争创全国“长安杯”。深入开展安全生产大检查、“打非治违”专项行动，确保群众生命财产安全。支持国防和军队建设，抓好武警支队迁建，争创全国“双拥”模范城，推进军民融合发展。

各位代表！建设为民务实清廉政府，是我们完成今年各项繁重任务的重要保障，也是全市各族人民的热切期盼。我们一定坚持依法行政，维护宪法和法律的权威，主动接受市人大及其常委会的法律监督、工作监督和市政协的民主监督，高度重视社会监督和舆论监督，支持法院独立行使审判权、检察院独立行使检察权，充分发挥工会、共青团、妇联等群团组织桥梁纽带作用。加强制度创新，健全完善审批考核、财政支付、公共服务等方面的制度，推进决策、管理、服务、结果“四公开”，让人民监督权力，让权力阳光运行，提高决策的科学化、民主化、法制化水平。我们一定加快转变政府职能，认真履行地方政府公共服务、市场监管、社会管理、环境保护职责，把该放的权力放到位，把该管的事管起来，让政府“有形的手”该做什么更加清晰；深入推进政企、政资、政事、政社分开，让市场“无形的手”在资源配置中发挥决定性作用。稳步推进新一轮政府机构改革和事业单位分类改革，建立行政审批事项目录清单，推进行政审批标准化、规范化。实施全面规范、公开透明的财政预算制度，把更多财力用在改善民生、促进发展上。我们一定狠抓作风建设，深入开展党的群众路线教育实践活动，落实中央八项规定和省委、市委实施办法，发扬“认真”精神，严肃政治纪律、工作纪律、财经纪律、生活纪律，着力整治“四风”。坚持领导干部随机调研，完善直接联系和服务群众制度，察民情、解难题、办实事。完善发展成果考核评价体系，严格落实领导干部问责办法和加强问责工作实施意见，强化督查问责，确保各项目标任务落到实处、取得实效。我们一定加强廉政建设，贯彻执行中央惩治和预防腐败五年规划，认真履行党风廉政建设责任制，厉行节约、反对浪费，规范国库集中支付，严控“三公”经费，严控机构编制，严禁新建楼堂馆所，加强行政监察和审计监督，严肃查处违纪违法案件，做到干部清正、政府清廉。

各位代表！站在新的历史起点上，改革发展任务艰巨、使命光荣。让我们紧密团结在以习近平同志为总书记的党中央周围，在省委、省政府和市委的坚强领导下，进一步解放思想，改革创新，锐意进取，攻坚克难，奋力夺取玉溪跨越发展新胜利！

解放思想是玉溪实现跨越发展的制胜法宝

中共玉溪市委副书记　夏立洪

纵观三十多年改革开放的历程，是一个思想不断解放、观念不断更新、认识不断飞跃的过程。玉溪要实现科学发展、和谐发展、跨越发展，最根本的还是要凭借解放思想这个强大的武器来推动。这些年来，历届玉溪市委始终把解放思想作为加快发展的原动力、金钥匙、总开关，环环紧扣、步步深入地向前推进，在解放思想中凝聚发展共识，在与时俱进中完善发展思路，在改革创新中破解发展难题，推动玉溪经济和社会发展取得了许多令人瞩目的成绩。“农村家庭联产承包责任制”调动了广大农民的积极性；乡镇企业曾经成为云南的一面旗帜；大营街变成远近闻名的“云南第一村”；玉溪卷烟厂敢为天下先，勇于争创一流，从一个名不见经传的小厂，一跃成为亚洲第一、世界知名的现代化大型烟草企业，并带动了全市的发展，全市人均生产总值、人均财政收入、城乡居民收入曾多年位居全省前列。但是，若把玉溪放到全省、西部乃至全国的发展大局中去审视，我们不仅不会自我陶醉，而且不得不自我反思。“十五”以来，玉溪的生产总值、财政收入、工业增加值、全社会固定资产投资占全省的比重在下降，主要经济指标增长幅度在下降，在全省、西部和全国的位次也在下降。如果我们还沉浸在过去的辉煌中，必然就会走向前面标兵越来越多，后面追兵越来越少的境地，我们不但没有了骄傲的资本，甚至不得不接受和思考玉溪已经落后的事实。

一、为什么要在这个时候再提解放思想

玉溪当前的发展进入了高位突破、跨越发展的新阶段，既是一个新起点，又是一个十字路口，如何解决发展中遇到的难题，迫切需要我们拿起解放思想这个制胜法宝，重新认识和审视玉溪的市情，再进行一次深刻的思想洗礼，进一步分析问题，找准差距，深化认识，明确努力的方向。差距并不可怕，落后可以追上，怕的是看不到的问题，自我满足，自甘落后不愿进步、不想进步，习惯看自己的小发展，不愿看别人的大进步。形势逼人强，面对当前的发展形势，我们必须从更高层面、更大力度、更宽领域来推动思想解放。

实践告诉我们，思想解放的高度，决定着改革的深度、开放的力度、发展的速度、富民的程度。领导干部是解放思想的组织者、先行者、实践者、示范者和推动者，领导干部要带头解放，带动身边的人解放，以实际行动影响和带动广大干部群众思想大解放。领导干部思想解放到什么程度，取得什么样的成果，直接影响到市委、市政府做出的决策部署在一个单位、一个地方的贯彻成效。从玉溪的实际来看，当前有很多问题需要探索，比如，资金怎么融、外商怎么招、项目怎么推、产业怎么培、城市怎么建、生态民生怎么保等突出难题，需要我们通过继续解放思想，通过新的探索，推动实践的拓展与问题的突破。有句话是这样说的：世上有“两难”，第一难就是把自己的思想放到别人的脑袋里，第二难就是把别人的钱放到自己的口袋里。解放思想之所以难，其中一点就是，多数情况是要求别人解放，自己不解放，甚至做“手电筒”，只照别人，不照自己。因此，解放思想必须从领导干部“解”起，从自身改起、从自己分管的工作改起。

二、如何解放思想

第一，要“敢想”。想的到不一定做的到，但想不到

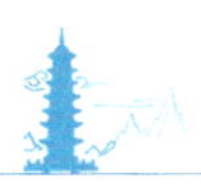

一定做不到。思路决定出路，眼界决定境界，登高才能看远。一要敢于创新。敢于尝试、敢走别人没有走过的路。敢于在体制机制上创新，创新投融资管理机制，创新招商选资引智方式、创新责任落实和追究制，创新干部选拔任用机制等等。二要敢于改革，改革不合时宜的东西，打破常规，走出新路。敢于拆除藩篱，冲破束缚。敢于冲破一切阻碍发展的思想禁锢。三要敢于担当，要敢与强的比、敢跟高的赛，敢啃硬骨头、敢蹚深水区、敢打攻坚战。对看准了的事情，只要有利于加快发展、有利于社会和谐、有利于改善民生，只要大方向正确，就要勇于探索、勇于实践。要坚持不争论、不埋怨、不责备，大胆试、大胆闯、大胆干。

第二，要"敢破"。解放思想就是一个"敢破"、"敢立"的过程，只有破除那些窒息社会发展生机、桎梏创造思维活力的陈腐观念的束缚，树立与经济社会发展要求相适应的新思想、新观念才能推动经济社会科学、和谐发展。一要破落后观念。就是要坚持做到"四破四强"，冲破思想障碍，打破固有模式，达到统一思想，形成合力的目的。即：破除自满观念，强化忧患意识；破除封闭观念，强化开放意识；破除守业观念，强化创新意识；破除等靠观念，强化进取意识。二要破传统做法。要敢于打破常规思维模式，打破传统做法，打破不合时宜的东西。破除在工作中只会沿用老一套、换汤不换药，穿着新靴走老路的做法。破除发展中自立独行，自我封闭发展的狭隘观念，着力解决发展思路上路子不宽、办法不多的问题。消除"肥水外流"的顾虑，抛弃招商引资"关门宰客"、"重姑爷轻儿子"的做法。解决发展中投资渠道不畅，融资担保困难、发展只能靠政府资金的做法，树立财政资金保吃饭保运转，发展靠招商引资、建设靠融资的做法，冲破地区、部门狭隘的利益观，统一思想，加快发展。

第三，要"敢干"。空谈误国、实干兴邦。成绩是干出来的，不是吹出来的，不能躺在原来的功劳上吃老本。不能坐而论道、而要苦干实干加巧干。先干不争论、先试不议论、先做不评论。

三、解放思想重点从哪些方面突破

未来几年，将是城镇化、工业化"两化并进"，加快推进的重要时期，将是各地抢抓机遇，比拼发展速度，提升发展质量，奋力建设小康社会的重要时期。中央提出了立足扩大内需、发展实体经济的战略方针和鲜明导向，突出强调靠加速工业化增加财富、靠加速城镇化扩大内需，这为我们跨越发展指明了前进方向，能否在这一轮发展中实现跨越赶超，占得一席之地，关键取决于我们思想解放的程度、观念更新的力度和抓发展、抓落实的态度。要把解放思想体现到工作中，就是要从制约玉溪经济社会发展的重点领域、关键环节入手，推动重点任务、重点工作实现突破。

路径一，在产业发展上突破。

纵观发达地区的现代化进程，无一例外靠工业化的强力支撑，它们的发展历程表明，哪个地区最先、最快、最深地推进工业化，哪个地区就在发展上居于领先。"无工不富、无工不强"是经济社会发展的一般规律，工业兴则玉溪兴，工业强则玉溪强，所以，我们必须把工业摆在重中之重的位置，紧紧咬住工业发展不放松，坚定不移推进"工业强市"战略，玉溪经济发展才有希望。

一要坚持大干快上工业。发达地区已经完成工业化，东部沿海地区已开始实施产业转移，淘汰落后产能。玉溪目前还处于工业化中期的初级阶段。与发达地区相比，玉溪工业发展依然总量不足，质量不高，特别是受规划、土地、资金制约，项目落地难、项目推进慢的问题没有得到有效解决。玉溪工业增长方式粗放、自主创新能力不强、资源环境和空间约束加大等问题比较突出。我们要的工业化，是特色鲜明、结构优化、技术领先、节能环保的新型工业化。我们要树立大干快上抓工业的热潮，大力实施工业跨越发展行动计划，加快工业企业"退城进园"，抓住机遇，推进工业园区实现新突破，做大做强工业园区。加快发展步伐，加大结构调整力度，扩大工业总量、提升工业发展质量。

二要大力发展高原特色农业。坚持打高原牌、走特色路，围绕农产品精深加工，大力发展生态、节水、高效特色农业，在巩固提升粮、烟、油、蔗的基础上，全力发展畜、菜、花、果、药、竹等产业。扶持发展联户经营、专业大户、家庭农场。着力建好高效农业示范基地、高原特色农业示范基地、农产品加工基地和农产品出口基地，加快玉溪现代农业发展步伐。

三要提高第三产业发展比重。经济发展的主力在工业，活力却在第三产业。玉溪经济发展主要依靠工业经济带动和城市经济拉动，城市经济主要集中在块头大、范围广、领域宽的第三产业体系中。要着力提高消费拉动经济发展的动力，不断调整优化产业结构比例，大力发展旅游产业，文化产业，现代服务业，提高第三产业占GDP的比重。

四要把招商引资作为产业发展的生命线。在全市上下树立发展靠项目、项目靠投入、投入靠招商的理念。进一步加大对招商引资工作的考核和奖励，充分调动各方面抓招商引资的主动性和积极性。在招商方式上，要注重创新、大胆突破，进一步完善政府主导、企业主体、社会参与的招商引资机制，注重招商选资引智，通过项目招商、产业招商、园区招商、企业招商等方式，实现产业链招商的新突破，借助外力加快发展。

路径二，在城镇建设上突破。

城镇化是拉动内需、经济增长、扩大就业和缩小城乡差距的强大引擎。建设具有都市气息的现代宜居生态城市，提升城市品味，提高城镇化水平，打破城乡二元结构，缩小城乡差距，逐步实现城乡一体化，是玉溪城市发展的选择。一要大力提高新型城镇化水平。规划先行，建得起、建得好、建得美。二要实施城市更新换装，实施城市品质提升再造工程。拆除临时、违章建筑，腾出发展空间。建设城市综合体，打造中央商务区，打造特色街区，开发建设高尚住宅小区。三要建设现代生态宜居城市。处理好发展与保护的关系，打好山水牌、念好生态经、唱好景观戏，推进经济发展绿色转型。依托滇中城市经济圈，推进玉溪"三湖"生态城市群的建设。

路径三，在作风建设上突破。

一是必须"跳"起来。"跳"起来才能摘果子，低标准养懒人、误事业，高标杆成就人、促跨越。只有拉高标杆才能强势突破，只有争先进位才能跨越赶超，提升玉溪的经济海拔，实现争先进位的奋斗目标。观念领先是最重要的领先，观念滞后是最致命的滞后。要强化争先、率先、领先意识。各地各部门要对照先进找差距，瞄准对手定目标，咬紧标兵争一流，不达目的不罢休，从思想到工作、从思路到措施，都要树立全新的标杆，珍惜每一刻，抓紧每一天，走好每一步，干好每一年。

二是必须“快”起来。凡事讲求一个“快”字，“快”意味着时不我待，只有迈出更快的脚步，生存才有保障，发展才不是空想。只有付出更多的努力，争先进位。实现跨越发展，建成小康社会，才有可能。要坚决克服和反对怕失误而散失发展机遇，怕担责任却不怕发展慢的不良倾向，让干部等不得，慢不得，低不得，加速快跑，加快发展。要让干部忙起来，紧张起来，文件来了即时办，主动办，跟踪办。事情来了主动干，抓紧干，加班干。

三是必须“硬”起来。把活计干好才是硬道理。要把干部逼向一线，逼向基层。用成果倒逼法来推进工作，倒逼进度、倒逼程序、倒逼部门、倒逼落实。要切实转变工作作风，改善服务环境，提高办事效率。要加大干部问责力度，实施最严肃的服务承诺制度、最严格的限时办结制度、最严厉的干部问责制度，明确时限，倒排工期、加速推进、抓好跟踪服务。对完不成任务的，问责，不按规范服务的，问责，不按时限完成的，问责。

解放思想有勇气，玉溪才有朝气，老百姓才有福气。领导干部要当好解放思想的主角，不能做旁观者，要带好头，扎扎实实干，认认真真抓，用解放思想这个有力武器推动玉溪经济社会发展转型，实现科学发展、和谐发展、跨越发展。

以改革创新为动力 全面做好2014年发改和财政工作

中共玉溪市委常委、玉溪市常务副市长 陈 勇

过去的2013年，是玉溪市第四届人民政府组成并履职的第一年。通过全市上下的艰苦奋斗、共同努力，全年完成生产总值突破1 100亿元，财政总收入近450亿元，地方公共财政预算收入达106亿元，规模以上固定资产投资近400亿元，城镇化率达44.1%，居民消费价格总水平上涨2.8%，万元生产总值能耗下降3.6%，实现了经济社会实现平稳较快发展，成绩来之不易。

按照市委四届四次全会的决策部署和市四届二次人代会确定的目标任务，市人民政府四届二次全会安排明确了2014年政府工作目标：生产总值增长13%以上，地方公共财政预算收入增长14%以上，规模以上固定资产投资增长45%以上，社会消费品零售总额增长15%以上，城镇居民人均可支配收入增长13%以上，农民人均纯收入增长14%以上。围绕实现上述目标任务，2014年发改财政工作要以改革创新为动力，抓好六项重点工作：

一、紧紧围绕改革创新，力争重点改革走在全省前列

经济体制改革是全面深化改革的重点和主轴。中央、省委对全面深化改革工作从战略到措施、从宏观到微观，进行了一系列安排部署。我们必须坚定全面深化改革目标不动摇，充分认识全面深化改革的重要性和紧迫性，切实把思想行动统一到中央和省委的精神上来，扎实做好各项工作，确保各项改革正确、准确、有序、协调、高效推进，为实现玉溪跨越发展增添新动力。4月9日，市委召开了全面深化改革领导小组第一次会议，会议明确今年要在落实好中心城区禁止“一户一宅”建设、推进财税体制改革、农村土地制度改革、研究玉溪在开放型经济中的地位和作用、进一步深化殡葬改革、启动水务改革、统筹推进金融体制改革7项重要改革中取得突破。发改、财政部门作为政府的主要职能部门，一定要从实际出发，大胆探索、勇于创新，按照职能抓紧推进改革工作，确保全市改革更加符合中央和省委要求、更加体现玉溪实际、更加顺应群众期盼。同时抓好部门承担的深化投资体制改革、资源性价格改革、电力体制改革、医药卫生体制改革等一系列重要改革任务。要以经济体制改革为中心，着力激发市场活力，充分发挥市场配置资源的作用，加快转方式调结构，切实提高经济发展质量和效益。要坚持优化发展环境，进一步深化行政审批投资体制改革，承接好中央、省下放的审批事项，继续精简市级行政审批事项，进一步减少和调整市级投资审批事项，规范投资审批行为，打破部门互设前置审批，转为联动审批或事中、事后监管，把审批改革的过程变成增进服务的过程。最大限度地缩小企业投资项目核准范围，规范政府投资行为，制定清晰透明、公平公正、操作性强的市场准入规则，营造公平竞争的市场环境。要坚持投资和融资并重，认真按照全面深化改革领导小组第一次会议要求，深化投融资体制改革，全面改革、整顿、提升7个市属投融资平台。要积极稳妥推进重点领域价格形成机制改革，完善居民水、电、气等阶梯价格制度，提高主要污染物排污费标准。要坚持保运转和促发展并重，深入推进政府和部门预算决算公开，完善国有资本经营预算制度，健全全口径财政预算决算制度。清理整合规范专项转移支付项目，改革专项资金配套机制，合理划分市、县区支出责任。落实结构性减税政策，扩大“营改增”试点范围。积极化解地方政府性债务风险。要积极争取省逐步调整对玉溪的财税体制，切实解决上解比例过高、支出盘子较小的问题。要抓住省沿边金融综合改革试验区建设的机遇，积极推进金融体制改革，推动玉溪市商业银行由地方银行转变为区域性商业银行，云南红塔农村合作银行改制为云南红塔农村商业银行。

二、紧紧围绕固定资产投资，着力拉动经济增长

要坚定不移地实施“大项目带动大投资、大投资促进大发展”战略，确保实现规模以上固定资产投资增长45%以上的目标。当前，在消费、出口拉动作用不强的情况下，玉溪发展还处于主要依靠投资驱动的阶段，抓经济关键必须抓投资。要切实解决项目审批难、落地难问题，认真贯彻落实省政府关于审批事项授权办理、重点项目并联审批、企业重大项目代办和三级联动审批的要求，制定出台我市具体措施，弱化“审”、强化“批”，全力促进投资项目审批工作体制增速。对既有的审批程序进行优化整合、流程再造，分解落实前期工作各环节责任，抢机遇、抢时间、抢进度，尽可能多开工建设一批重大项目。要调整优化投资结构，坚持扩大投资与推动产业结构调整并举，继续实施好“4个50项”产业建设带动项目计划，着力推进工业、商贸流通、文化旅游等一批重点产业项目实施。要抓好重点项目实施，继续把列入省级“三个一百”重点项目和市级5亿元以上重大项目、1~5亿元项目作为促进固定资产投资快速增长的具体抓手，全力以赴加快推进一批重大项目建设，力争续建项目投资计划完成率达到75%以上、新建项目开工率达到60%以上。要提高要素保障能力，继续坚持“争取、引进、盘活”，建立健全政府良性投融资机制，扩大直接融资渠道，提高政府存量资产效益，严控政府融资压力和风险。加快市属投融资公司合理高效融资、建设良性健康发展。进一步激发民间投资

活力，完善支持民间投资健康发展的配套措施和实施细则，确保民间投资比重达60%以上。建立完善重点项目用地保障机制，使用好低丘缓坡土地，引导工业项目向园区集中，积极推行征地补偿费折价入股，解决基础设施建设用地问题。要继续强化招商引资工作，坚持把招商引资作为经济工作的生命线，进一步完善招商政策，营造良好环境，创新招商引资方式，推动园区产业招商、以商招商。要谋划好100项重大招商引资签约项目三年滚动计划。力争在重点产业、重大项目招商引资上取得新突破。努力提高项目履约率和资金到位率，力争实际利用市外国内资金增长40%、省外资金增长22%以上。要加大物价监管力度，对大宗商品和生产资料进行价格监测，加强价格调节基金征收管理，进一步扩大政府补贴平价农产品商店的覆盖范围。要进一步加强能源工作，把推进天然气入户进厂使用作为一项重大的民生工程，作为生态文明建设和转变玉溪生产生活方式的系统工程，克不容缓地抓好。市住建局、市发改委、市规划局、市财政局等要密切配合，尽快完善政策规定、管理规定、区域划分、试点意见，报请研究后实施。要引入市场机制，加快推进天然气规划建设，以红塔区为突破口，将政法小区等新建小区和明确几个老旧小区作为第一批试点，确保年内工作有突破性进展，实现2万户家庭推广使用，3年达到7万户以上的使用规模。在现行体制下资金安排跟着项目走，项目包装工作显得尤为重要。要准确把握国家产业政策、投资导向和经济发展趋势，切实提高重大项目储备数量与质量。发改、财政、工信、农业等市直经济综合部门要静下心来研究政策、吃透政策、掌握政策，抢机遇、抓机遇、用机遇，切实抓好项目前期工作，做到实施一批、储备一批、申报一批、争取一批，提高项目包装的针对性和实效性，争取上级给予我市更多的项目和资金支持。

三、紧紧围绕产业优化升级，着力增强产业支撑作用

要牢固树立“产业兴、经济兴、财税兴”的理念，以主导产业高端化、新兴产业规模化、传统产业品牌化为目标，把产业建设作为事关全局的首要工作抓实抓好。围绕国家和省战略规划的实施，进一步完善我市产业发展规划，积极构建加快推进产业发展的工作机制。特别要进一步建立完善产业投入机制，对符合政策的重点产业和市委市政府明确的重点项目，要切实集中财力、加大投入扶持力度，打好产业建设攻坚战，力争在培植新财源、培育纳税大户上取得新的突破。要以促进产业加快发展和优化升级为主攻方向，进一步调整完善产业发展三年行动计划。以核心企业为龙头，以产业链为纽带，积极推进“4个50项”产业建设示范带动项目计划，完善产业协作配套，推进工业园区集群集约发展，促进产业集群化、技术高端化、资源集约化。深入研究国家和省政策方向，积极争取，谋划好一批高质量产业项目的储备，为产业转型升级提供强大支撑。在云南中烟实施红塔、红云红河集团“两统一、两整合”改革中，认真进行全面调研和数据测算，加强请示汇报和协调争取，更多更好地维护玉溪地方利益，努力把玉溪建设成为全国最大的卷烟配套生产基地，继续发挥好烟草及配套产业对稳定全市经济增长的支撑作用。利用市场倒逼机制，多策并举优化存量产能，加快淘汰落后产能，加大行业整合，推动受市场影响较大的矿冶产业转型升级，延长产业链条，发展精深加工，促进支柱产业高端化、传统产业品牌化。围绕实施创新驱动战略，依托龙头企业，引进战略合作伙伴，加快推进装备制造、生物医药、新材料、新能源、节能环保等新兴产业发展。实施好昆玉红旅游文化产业经济带玉溪行动计划和市旅游产业3年建设计划，推进抚仙湖—星云湖生态建设与旅游改革发展综合试验区建设，巩固提升以旅游文化及物流为主的现代服务业。充分利用“两个市场、两种资源”，积极参与国家重点开发开放试验区和边境自由贸易示范区建设。

四、紧紧围绕强化财力保障，着力完成年度财税收支目标任务

要以确保实现地方公共财政预算收入增长14%以上为目标，继续坚持稽查清收、评估清收、政策增收、效能增收等行之有效的措施办法，开展蹲企服务，强化重点税源管理和服务，切实保障年度税收任务的基本落实。要抓大也不放小，高度重视零散税源征收，努力实现应收尽收。同时要坚持依法治税，正确处理加强税收收入组织和促进经济发展的关系，做到既依法征收，又注重税源培养，防止收过头税。要加大年度预算执行落实，维护预算严肃性，今年原则上不再办理追加事项，必须要追加的，严格按照玉政发〔2013〕174号文件规定办理。要千方百计加大支出力度，把财政资金用在紧要处，好钢用在刀刃上，切实做到有保、有压、有退、有调，为重点工作支出留有足够的财力，发挥好导向作用。要建立财政预算支出绩效评价管理机制，强化预算支出绩效考核，形成绩效目标管理、运行跟踪监控、评价实施管理、反馈应用管理四位一体的预算绩效评价制度，并把考评结果作为下一年度预算安排的重要依据。要健全财政资金使用监督检查机制，加强事前评审、事中监督、事后审计评估，切实解决干事不计成本、花钱不讲效益的问题。市监察局、市财政局、市审计局要尽快制定出台我市厉行节约的实施细则，实行集中支付、统一核算，及时掌握各类财政资金的情况，及时进行统一调度和更新安排。要严肃财经纪律，充分运用审计成果，切实加强财务管理，建立健全各项财务管理制度和监督检查机制，从制度和机制上堵塞各种漏洞，铲除腐败滋生的土壤。继续坚持还债也是政绩的理念，对已列入预算的16.5亿政府性债务偿还资金，市财政局要提前筹措，确保到期债务逐笔按期偿还或进行置换，切实维护政府的借债信誉，把市级债务稳定在适宜、可控可信的规模和范围。要进一步加强政府性资产和资源的调查和整合力度，按照“定项目、按规划、配资源”的原则，积极做好7家市属投融资公司资源配置，促进项目建设稳步推进，进一步增强公司滚动发展实力，切实克服政府资产和资源闲置浪费的现象，实现新增贷款90亿以上。要切实以“项目”为载体，继续加大向上争取力度，特别是非政策性资金的争取，力争向上争取资金在2013年的基础上提高10%。市招商引资绩效考核办要强化工作跟踪考核，严格按照考核办法狠抓落实，年底严格兑现奖惩。

五、紧紧罗围绕抓早抓主动，着力增强工作预见性和统筹性

2014年是“十二五”规划实施的第四年，我市正处于跨越发展提速期、调结构转方式的攻坚期和大有作为的战略机遇期，各种困难和挑战不小，必须统筹兼顾、未雨绸缪，积极主动、攻坚克难，才能全面完成各项目标任务。要认清当前面临的形势和肩负的任务，按月、按季度加强宏观经济运行的分析与监测，全面分析预测全年目标任务完成情况，提出切实可行措施办法，当好市委、市政府的参谋助手。要紧密跟踪各项税制改革动态，超前谋划、提前预案，抓好年度税收形势分析研判，把优化收入结构和财力结构结合起来，进一步完善税收征管的措施、办法和手段，牢牢把握组织收入的主动权。要加强科学统计，密切关注相关部门所涉及行业的发展变化情况，准确把握、使用部门数据，确保统计数据出之有据、据之可查、相互衔接、科学合理，同时做好统计指标向上争取工作。要深度谋划好未来5到6年发展大事，着手启动“十三五”规划前期研究和编制工作。在中期评估调整的基础上，全面抓好“十二五”规划目标的落实。抓紧梳理研究事关全局的重大问题，对玉溪未来五年发展环境、思路目标、产业结构、基础设施、城乡一体化发展、资源环境、社会事业等启动专题研究，为“十三五”规划编制打下坚实基础。要发扬认真精神，坚持用心工作，进一步转变工作方式方法，不要胶着于一般性事务，而要在谋划大局、探索试点、政策运用、统筹协调等方面下大功夫，不断提升部门执行力和创新力。

六、紧紧围绕作风转变，努力建设高素质干部队伍

发改、财政承担重要职责、是政府重要的综合经济部门，要立足部门职能，加强业务水平，用业务知识促进地方经济发展，要善于从书本、从网络上学习，捕捉为我所用的信息。要讲政治、顾大局，认真学习习近平总书记系列重要讲话精神，以严肃的态度、坚定的决心，扎实有效地开展好党的群众路线教育实践活动，把学习实践党的群众路线的过程转变为统一思想、凝心聚力的过程，转变为深化改革、扩大开放的过程，转变为理清思路、加快发展的过程。要大力践行“一线工作法”，努力做到感情在一线培养、问题在一线解决、能力在一线提升。要把主要精力、更多时间放在推动全市经济发展上，放在抢抓发展机遇、强势推进工作落实上，切实把2014年作为玉溪改革创新年、基础设施建设年、生态文明建设年全力抓好抓实，认真贯彻好市委、市政府安排部署。要转变项目审批理念，变等审批为催办审批，主动发出催办函，共同研究解决项目审批过程中出现的各种问题。要继续开展转作风、送服务、送承诺活动，把一流的承诺和服务及时送给项目开发投资者。要建立审批事项授权办理制度，改变便民中心仅是收发室、交换站的现状，把能够集中办理的审批集中到便民服务中心办理，并实行领导驻点带班制度。要大力推行权力清单制度，把行政权力关进制度的笼子，优化政府机构设置、职能配置和工作流程，促进行政权力的制度化、规范化、阳光化，以政府权力的“减法”换取市场活力的“加法”。要积极开展“以帮代扶”，一级带一级，一级抓一级，以上带下，全面促进工作创新。发改财政党政领导班子及成员要把“三严三实”作为为官之道和行为准则认真践行，做到既严以修身、严以用权、严以律己，又谋事要实、创业要实、做人要实。要一级抓一级、层层抓落实，自觉以踏石留印、抓铁有痕的劲头，发扬“认真”精神，采取“钉钉子”的办法，切实解决好四风方面的突出问题，树立和保持“为民、务实、清廉”的本色，努力建设依法办事、服务一流、廉洁高效的干部职工队伍，为完成各项工作任务提供坚强的保障。

善始者实繁　克终者盖寡

中共玉溪市委常委、玉溪市副市长　鹿辉阳

党的群众路线教育实践活动，是以习近平同志为总书记的党中央加强党的作风建设、推进中国特色社会主义伟大事业的重大部署，也是一项长期而艰巨的任务。善始者实繁，克终者盖寡，领导干部应当谦卑自省，不断密切与人民群众的联系。本人按照教育实践活动的相关要求，通过认真学习，实地走访，收获颇多，感触很深。现结合我在教育实践活动集中学习、实地调研走访的所见所思，谈谈自己的几点体会：

一、要始终把服务人民作为我党的立根之本

通过教育实践活动的集中学习，结合自己自学，我深深的体会到服务人民是我党永远立于不败之地的根本，人民群众永远是我党最强大的后盾。十八大指出，要围绕保持党的先进性和纯洁性，在全党深入开展党的群众路线教育实践活动，着力解决人民群众反映强烈的突出问题，提高做好新形势下群众工作的能力。还记得习近平总书记说过的那句动情的话："我们的人民热爱生活，期盼有更好的教育、更稳定的工作、更满意的收入、更可靠的社会保障、更高水平的医疗卫生服务、更舒适的居住条件、更优美的环境，期盼着孩子们能成长得更好、工作得更好、生活得更好。人民对美好生活的向往，就是我们的奋斗目标。"这是对新时期群众路线多么生动和清晰的表述。

政府部门的工作是基础性、支撑性的工作。人民政府要做好新形势下的群众工作，依托群众、联系群众、服务群众、走群众路线，让群众评判我们的工作，肯定我们的工作，这是在人民政府工作的每一名党员、干部值得思考的问题。通过这段时间的学习，我深刻地感受到要始终把服务人民作为我党的立根之本就要做到三个"解决"。

一是坚持党的群众路线必须解决好对群众态度问题。开展群众路线教育实践活动，就是要按照"照镜子、正衣冠、洗洗澡、治治病"的总要求，通过一系列扎实有效的举措，深刻剖析存在的问题，摆正同人民群众的关系；借助鲜活有效的活动载体"走基层、接地气、转作风"，始终与群众站在一起，明确"依靠谁"；加强制度建设、作风建设，将走进群众固化为常态行为，一切为了群众着想，弄懂"为了谁"。

二是坚持党的群众路线必须解决好群众的感受问题。虚心听取并接受群众的建议和批评，用以指导实际工作。要秉公执法、廉洁奉公、敬业奉献。要解决好那些突出的、群众关心的问题。党员领导干部，要用自己的实际行动俯下身子、放下官架、始终坚持一切为了群众、一切依托群众，从群众中来、到群众中去。

三是坚持党的群众路线必须解决好对群众形象问题。在日常工作中，作为一名领导干部，我要深入群众，了解群众的利益诉求，与群众搭建起有效的沟通交流渠道。主动面向群众，才能更好地践行党的群众路线教育要求，树立自己在人民群众心目中的良好形象。

二、要始终把照镜子、正衣冠、洗洗澡、治治病作为开展好教育实践活动的总要求

当前面对作风之弊、行为之垢，有必要来一次大排查、大检修、大扫除。开展党的群众路线教育实践活动，第一项要求就是照镜子。这个描述真是非常生动形象。照镜子，可以见污垢，可以明是非，可以知不足。在群众路线教育实践活动中，照镜子就是查找问题，发现自己存在的不足。它是群众路线教育实践活动的前提，是教育实践活动能否取得成效的基础。

镜子在我们的面前，镜子人人会照，但是怎么照却很有讲究，也是达到效果的关键。正所谓态度决定一切，态度不同，照法不同，效果自然也不同。如果在照镜子时只看到自己光鲜亮丽的优点，而忽视瑕疵和缺陷，那就是不全面、不彻底的。因此，照镜子要多勇于聚集瑕疵和污垢，对存在的问题要敢于正视。再者，要素颜照镜子，不要装扮一番之后来照，更不要通过改变样貌来照，只有敢于素面朝天，把一个真实的自己照出来，才能看得真真切切。

在镜子里察觉别人的错误并不难，而察觉自己的错误却并不那么容易。所谓当局者迷，旁观者清，有的时候我们对自己缺乏自我认识的勇气，看问题的角度也会影响我们的判断。这就要我们能拥有换位思考的智慧，站在群众的角度审视自己、发现不足，勇于自我批评。通过照镜子，我找出了自己以下几个方面的不足：

一是政治理论学习不够，政治理论修养不到家。没有把理论学习放在重要位置，学习存在片面性，对政治理论的学习只满足于记住几条重要论断和几句讲话，缺乏系统性、经常性的深入学习，不能用马列主义的立场和观点分析问题，认识问题、解决问题。

二是改造主观世界不够。共产党员的先进性来自于自觉改造主观世界，不断增强党性锻炼。这些年来，口头上也讲在改造客观世界的同时，要改造自己的主观世界。但实际上存在着重前者轻后者，以事务工作代替政治和党性锻炼，使自己的党性修养减弱了，对自己要求放松了。致使工作有时不够深入，满足于所取得的业绩，满足于面上不出问题，创新意识淡化，忽视了工作的积极性、主动性、创造性。

三是宗旨观念有所淡化。对党的群众路线认识不深，对坚持改造自己的世界观、人生观和价值观的重要性认识

不足，还没有真正在思想上、行动上树立起全心全意为人民服务的公仆意识。

针对自己照镜子查找出的种种问题，我将在以后的工作中，认真反思，加以改进，时时开展自我批评，严格要求自己，尽力尽心干好工作，做到不抱怨、不计较、不拈轻怕重，严以律己，宽以待人，以身作则，率先垂范。具体做到以下几点：

一是要进一步加强理论学习和业务学习。提高自己的政治敏锐性和政治鉴别力，树立科学的世界观、人生观和价值观，要以解决思想和工作中存在的实际问题为出发点，以改进自己的工作作风和工作方式、提高工作成效为落脚点，特别要在理论联系实际、指导实践上下真功夫，不断提高理论学习的效果，实现理论与实践相统一。更加系统地学习各类知识，联系我市经济社会发展工作实际，深入基层多了解，多倾听民意。

二是要进一步改进工作作风，增强宗旨意识。要把维护和实践人民的利益放在首位。要牢固树立全心全意为人民服务的思想，把个人的追求融入党的事业之中，坚持党的事业第一、人民的利益第一；工作上要深入实际，联系群众，倾听群众意见，想群众之所想，急群众之所急，同群众建立起水乳交融的关系；克服消极思维，迎难而上，积极工作；善于从政治、全局的高度认识事物，不断完善和提高自己，脚踏实地的投入到工作中去，努力提高工作能力。

三是要进一步务实创新，增强工作实效。要坚持解放思想、实事求是、与时俱进，在科学理论的指导下，通过实现学习方式、工作理念、工作手段和工作机制的创新，最终达到工作成效的不断提高。养成勤于思考的习惯，增强工作的主动性和预见性，对各项工作的落实要敢想敢干，创造性地开展工作。

四是要进一步保持清正廉洁，增强拒腐防变能力。要抗得起诱惑，耐得住寂寞，经得起考验；要加强道德修养，树立正确的利益观、荣辱观、道德观、价值观，追求积极向上的生活情趣，自觉与各种腐败现象作斗争。

习近平总书记指出，教育实践活动要着眼于自我净化、自我完善、自我革新、自我提高。做到这四个“自我”，知不足而奋进，才能实现工作上守法合矩、生活上检点自重、学习上努力上进、修养上不断提升。我对自己提出要求，要从现在做起，端正品行，自觉把党性修养正一正、把党员义务理一理、把党纪国法紧一紧，保持共产党人的政治本色和良好形象。

三、要始终把向先辈先进学习作为寻找自身差距的指南针

一个人生命的意义不在于它的长短，而在于它的宽度和高度。焦裕禄、杨善洲、陶应全、高德全等，他们都是扎根基层的干部，他们的一生默默如一潭清泉，他们在自己的岗位上尽心尽职地承担起一名党员该有的担当。一点一滴，一件件一桩桩的平凡小事累积起他们生命的高度，成就了他们“平实中的坚韧，平凡中的伟大”，他们的精神也将为子孙后代薪火相传，熠熠生辉。

作为领导干部，要以先辈先进为楷模，学习他们的精神和先进事迹，结合当前开展的群众路线教育实践活动，密切联系群众，体察群众疾苦，为群众做好事办实事；认真履行职责，做好本职工作，为推进玉溪市经济社会发展贡献微薄之力。结合我在市级领导班子第二阶段集中学习和到县区实地调研走访的思考，我深刻感受到向先辈先进学习，关键是要从以下几点出发：

一是学习他们默默无闻，踏实干事的精神。“只计耕耘莫问收”。领导干部要甘于寂寞，甘于平淡，乐于奉献，认认真真对待每一项工作，踏踏实实做好每一件事情，在平凡的岗位实现自己的人生价值，在暮年回首的时候不会为碌碌无为而感到后悔。

二是学习他们心系群众，为民办事的品德。焦裕禄、杨善洲、陶应全、高德全等先辈先进心系群众，想群众之所想，急群众之所急，把群众冷暖放在心上，尽心尽力地为群众解难题，办实事，得到了广大群众的拥戴。领导干部要将群众利益作为一切工作的出发点和落脚点，带着对人民群众深厚的感情开展工作，关心群众疾苦，维护群众利益。

三是学习他们不计得失，一心为公的境界。领导干部在任一时，就要造福一方，千方百计为群众办实事。“人心似称，称量孰轻孰重”，你对群众的感情有多深，群众对你的情谊就有多重。我要继续不断提高修养，不计得失，“一片丹心图报国，千秋青史胜封侯”，让自己的人生价值在一点一滴的付出中得到淬炼和升华。

增强居安思危意识　抓好新时期人防工作

玉溪市人民政府副市长　明正彬

和平是发展的主题。但我们必须清醒地看到，当前，国际形势正发生着前所未有的复杂而深刻的变化，世界政治、经济形势和我们周边环境并不容乐观。随着世界军事的不断发展变化，西方一些军事大国把矛头指向我国，一些国家视我国为潜在战略对手和主要防范对象，一些国家不尊重历史，挑起领土、海空争端，有些国家鼓吹“中国威胁论”，台湾问题一直是我国安全面临的最严峻挑战，国内“藏独”、“东突”等分裂主义势力活动猖獗，国外分裂势力也蠢蠢欲动。这些国际安全领域出现的新变化和新情况，对我国国家安全系数构成了现实的和潜在的威胁。这些影响国家安全的不利因素，对我们应对多种威胁、完成多样化军事任务提出了更高的要求，同时也对人防工作提出了严峻挑战。

一、增强做好人防工作的责任感和使命感

天下虽安，忘战必危。人民防空作为国防的重要组成部分，随着形势的发展变化其地位必将越来越重要。加强国防和人防建设是关系国家安全的一件大事。没有强大的国防实力作后盾，没有强大的人民防空作保障，国家和人民的生命财产安全就得不到保证。人防工作事关军事斗争准备质量，事关战争潜力的保存和持久发挥，各级人防部门一定要增强忧患意识，牢记使命任务，充分认识到对军事斗争准备，是长期的战略任务，不断增强抓好人防工作的紧迫感和使命感，努力提高人民防空的快速反应能力、整体抗毁能力和应急救援能力，大力推进人防建设由机械化条件下的防空袭准备向信息化条件下的防空袭准备转变，为应对信息化条件下的防空袭和重大灾害事故提供重要支撑。各级要从战略和全局的高度出发，牢固树立“宁可百年无战事，不可一日无防备”的思想观念，进一步增强新形势下做好人防工作的责任感和紧迫感，始终坚持“长期准备、重点建设、平战结合”的方针，始终坚持人防建设与经济发展相协调、与城市建设相结合的建设理念，始终坚持信息主导、联合防空、系统集成、融合发展的工作思路，居安思危，未雨绸缪，以临战的姿态、实战的标准、务实的作风，把人防工作做深、做细、做实，进一步提高人防建设的整体水平。

二、充分认识做好人民防空工作的现实意义和长远意义

云南地处中国西南边陲，是连接东南亚、南亚的重要陆上通道，是未来局部战争防御前沿，是反黄、赌、毒、特的前哨阵地，战略地位十分重要。

人民防空既是国防建设的重要组成部分，又是利国利民的社会公益事业，也是建设面向西南开放重要桥头堡的应有之义，具有战时防范和减轻空袭危害提供保障、平时为经济建设和人民生产生活服务的双重功能。加强人防建设，有利于增强全民国防意识，完善国防动员机制，促进国防建设，维护国家安全；有利于充分发挥人防设施设备和人防工程在防灾避险中的重要作用，增强城市整体抗毁能力，保护人民生命财产安全，维护社会稳定；有利于开发利用地下空间，节省建设用地，缓解地面建筑密集矛盾，提高城市建设水平，推动社会经济发展。

三、突出工作重点抓好人防建设

党的十八大提出，要坚持走中国特色军民融合式发展路子。这是新形势下加强人防建设的有效途径，也是时代赋予我们的崭新课题。人防工作要紧紧围绕军民融合式发展，按照“战时防空、平时服务、应急救援”的使命要求，务求做到战备效益、经济效益和社会效益有机统一。

1.继续推进军事斗争人防应急准备。做好军事斗争人防应急准备，是所有人防工作的核心，必须作为一项战略任务常抓不懈。一是加强人防应急指挥体系建设。市、县两级人防部门要按照实战的要求，建立健全人防应急指挥体制，理顺指挥关系，完善组织编成。二是加强人防应急训练。要制订城市防空袭方案和各种保障计划。要健全群众防空组织，编组人防专业队伍，开展实战应急训练，提高快速和应急救援能力。

2.大力推进城市防护工程体系建设。城市是人防建设的载体，各级人防部门要紧紧抓住城镇化建设的有利时机，大力推进城市防护工程体系建设，增强城市的整体防护能力。一是统一规划，同步推进。要把人防工程纳入城市建设总体规划，注重开发利用地下空间，逐步形成地下交通干线、地下商业服务设施、地下停车场等组成的城市地下防护网络。关系国计民生的重要设施和重要经济目标，要充分考虑防空需要，实现防空战备与重要设施、重要经济目标建设的紧密对接。城市及城市规划区内的新建民用建筑，必须依法同步建设防空地下室；确因地质条件等限制不能修建防空地下室的，要按规定足额缴纳易地建设费。二是突出重点，统筹兼顾。在建设方向上，要重点抓好政府所在地的人防工程；在建设内容上，要重点抓好人防指挥、通信、警报和防空地下室建设。在防护目标上，要重点抓好党政首脑机关、重要经济目标和军事目标的防护。三是平战结合，提高效益。要加强对人防工程的监督管理，严防破坏人防工程的行为，使人防工程始终保持良好的状态。要着眼于平时和战时的双重需要，制订和完善平

战转换方案，一旦有军事需求，确保人防工程由平时迅速转为战时状态。

3.努力提高人防建设的信息化水平。推进人防工作快速发展，信息化是方向，信息系统是支撑。一是加强信息互联互通。要着眼于信息化条件下的防空防灾需求，突出抓好有线、无线、应急机动通信和人防电子政务建设，形成人防系统之间、军地之间互联互通的信息基础网络。二是实现资源共享。要将人防指挥信息系统与政府处置突发事件应急指挥信息系统有机结合起来，充分发挥人防资源在预防和处置突发公共事件、应对抢险救灾和应急救援服务中的作用，实现人防战备与应急管理资源共享，达到互为支撑、共同发展的目的。

4.广泛开展人防宣传教育工作。针对当前人民群众国防观念不强、居安思危意识薄弱，对人防建设重要性认识不够的问题，要加大人防宣传教育工作力度，宣传教育工作要实现从半封闭型向开放型转变；宣传手段要实现从传统单一型向现代复合型转变，不断拓展宣传渠道和内容，广泛宣传人防建设的方针政策、法律法规和人防知识，提高人民群众的人防意识。要做到重点宣传与面上宣传相结合，既突出抓好重点对象，又要兼顾面上的群众，让更多的干部群众了解人防建设不仅有利于防范和减轻空袭危害，也能直接服务于经济建设和日常生活，创造经济效益，进一步调动社会参与人防建设的积极性，动员全社会力量支持人防事业发展。

四、增强人防事业的发展能力

1.要大力支持人防事业发展。人防工作在领导关系上实行同级政府和军事机关双重领导体制，人防事业的发展离不开各级政府的支持。各级政府要高度重视人防工作，切实加强组织领导，进一步强化抓人防工作的主体意识和责任意识，主动把人防建设融入城市建设、融入公共安全建设、融入重要经济目标建设、融入经济社会发展保障体系，经常听取人防工作情况汇报，及时协调解决人防建设中的重大问题，推动人防工作顺利开展。人防部门要加强请示报告，搞好综合协调，为党委、政府和军事机关当好参谋助手。

2.要积极推进人防建设改革。人防建设与发展的根本出路在于不断改革创新。要改革人防投资办法，按照“谁投资、谁受益”的原则，鼓励以合资、合作、股份制、独资等多种投融资方式，面向社会广泛吸纳资金，实现人防工程投资主体多元化和投资来源多渠道，人防建设涉及的工程设计、工程施工、技术管理和设备生产，除特殊项目外，要向市场开放，引入竞争机制，实现有序竞争，提高人防建设的质量和水平。

3.要加强人防自身建设。人防部门是准军事化单位，要大力加强人防领导班子建设，以高原情怀、大山品质来熔炼胆略、砥励斗志，始终保持领导班子蓬勃向上的朝气、克难攻坚的豪气、敢为人先的锐气和精诚团结的和气，使领导班子成为团结协作、务实高效、勤政廉政的领导集体。要按照“政治坚定、业务精湛、纪律严明、作风过硬、廉政高效”的要求，着力加强人防干部职工的思想建设、业务建设、作风建设和廉政建设，大力弘扬爱岗敬业、不计名利、埋头苦干的奉献精神，不断提高人防队伍的战斗力。全体人防工作者要牢记使命，全面履行工作职责，推进我市人防工作取得新进步。

解放思想　改革创新
全力谱写中国梦玉溪社会事业跨越发展新篇章

玉溪市副市长　杨　洋

玉溪市的社会事业工作要以党的十八届三中全会和习近平总书记系列重要讲话精神为指导，认真贯彻落实省委九届七次全会和玉溪市市委全会、人代会、政协会会议精神，紧紧围绕改革创新年、基础设施建设年、生态文明建设年的主线，解放思想，攻坚克难，掀起玉溪社会事业跨越发展新高潮，加快美丽幸福玉溪建设。

一、解放思想，真抓实干，2013年社会事业跨越发展成效显著

2013年，在省、市各级党委、政府的正确领导下，玉溪市社会事业紧紧围绕市委四届三次全会、市委工作会和市四届人大一次会议确定的各项目标任务，群策群力做好“解放思想、改革创新、招商引资”三篇大文章，扎实开展“建制度、转作风、促落实”主题实践活动，各项工作亮点纷呈，成效显著。

1.创新思路，招商引资破解社会事业发展资金难题实现新突破。

长期以来，财政收支矛盾突出，社会事业投入不足是民生事业发展最大的瓶颈。是紧盯财政要投入？还是面向市场要投入？成为考量检验我们思想解放程度、行政能力水平的一个重大课题。去年以来，我们按照市委做好“三篇大文章”的要求，正视困难问题，理清发展思路，用心做好招商引资这篇大文章，谋思路、找出路、破难题，有效解决了发展中的许多制约瓶颈。一是创新建设模式，破解学校基础设施建设难题。由于我市是全省最早完成“普九”的州市，当时校舍安全建设标准较低，历史形成全市危房量大、建设任务重、资金压力大，成为全市教育事业发展的制约瓶颈。面对这一困难，我们进一步解放思想，更新观念，创新融资建设模式，通过引进有实力的企业，融资33.5亿元，简化4大类70项审批程序，采取统一建设、统一筹资、统一还款的“三统一”建设模式，全面启动美丽100校园行动计划暨校舍安全工程建设，计划用三年时间排除全市中小学校55万平方米D级危房，加固改造120万平方米B、C级危房，并打造116所布局合理、结构安全、环境优美、设施齐全的美丽校园。一年来，整合各级项目建设资金4.2亿元，撬动8.5亿元的实物量建设，解决了资金保障难、审批程序繁等问题，不仅加快了建设步伐，更重要的是让教育部门和学校校长可以集中力量专心搞教育，强力扭转了校安工程长期在全省排名靠后的局面，拆除重建和加固改造完成全年任务的173.16%和301.61%，开工率和竣工率均为全省第一，在全省创造了校安工程建设的新经验。二是引入社会资金，创新办医模式。面对当前优质医疗资源发展不足、分布不平衡，难以满足人民群众就医需求的现状，如何科学规划、合理布局优质医疗资源，破解广大人民群众“看病难、看病挤”问题，成为保障人民群众就医需求的头等大事。根据十八届三中全会关于鼓励社会办医、大力发展健康产业的政策导向，积极探索社会力量举办非营利性医疗机构，加快社会服务业发展步伐。通过多轮洽谈、多方比选，引进北京金大洋控股公司联合我省医疗投资管理有限公司，拟在中心城区北片区建设不少于1000张床位，集医疗、教学、科研、康复为一体，国内一流、云南领先的三级综合医院和健康产业园。该项目占地292.7亩，总投资25亿元，总建筑面积45万平方米。市委、市政府研究通过了融资建设方案，即将签署合作协议，为做大做强优质医疗资源奠定了坚实基础。三是创新公益文化建设方式，为科学利用世界遗产奠定了基础。申遗是促进还是限制地方经济发展？如何把世界遗产巨大的品牌价值发掘出来，造福遗产地人民？我们紧紧抓住省委、省政府将帽天山列为全省十大历史文化旅游项目的机遇，引进了云南龙杰旅游开发有限公司作为合作伙伴，投资4亿元建设澄江化石博物馆，打造“国际知名、国内一流”的科普旅游圣地，促进经济转型，助推昆玉红旅游文化产业经济带建设。

2.加强协调，争取资金项目支持实现新突破。

实践证明，在地方财力有限的情况下，争取上级项目、资金和政策支持，是促进社会发展最重要的动力。去年，社会事业各部门把争取上级资金支持作为重要工作内容，取得了明显成效。一是争取资金任务完成较好。市教育局争取上级资金8.47亿元，完成考核任务的113.7%；市卫生局争取5.91亿元，完成100.05%；市文化局争取4 583万元，完成306.1%；市计生委争取2372万元，完成100.3%；市广电局争取567万元，完成198.3%；市残联争取1046.3万元，完成118%；市红十字会争取367.1万元，完成158%。二是项目申报落实效果较好。2013年争取中央资金支持7 393万元，实施社会事业项目22项，总投资1.1亿元。同时，扎实推进2012年的38个续建项目，完成投资3.12亿元。实施了一批基础设施建设项目，开工347个、竣工157个学前教育和食堂建设项目，办学条件得到改善；完成了6个乡镇卫生院、20个村卫生室旧房改造，乡、村医疗机构服务能力得到进一步提升；新建和改扩建30个文化站、1个文化广场和5个文化惠民示范村等一批文化基础设施，加强文物保护、修缮工作，新增国家文物保护单位4个，实施76个县乡村“七彩云南全民健身基础设施建设工程”。

3.创新整合，扩充教育卫生优质资源实现新突破。

随着玉溪城市化进程的推进和人民群众对优质资源需求的不断增长，扩充优质资源成为一项战略性、全局性、长期性的重大任务。通过反复调研、充分论证，市委、市政府决定通过外延增量与内涵提质相结合、“改老”与“建新”相结合，充分发挥市场对资源配置的决定性作

用，坚持政府投资和社会资本参与“两条腿”走路，走“争取、引进、盘活”之路，全力加快优质资源改造提升、扩容增量步伐。一是科学布局，做大做强中心城区优质医疗资源。开工建设投资7.3亿元的市人民医院内部改扩建项目，两年后将新增床位近1000张，实现优质卫生资源的倍增。市人民医院矿业分院整合运行初见成效，运行3个月就为市人民医院腾出116张床位，有效缓解了市人民医院的住院压力。实施市中医医院扩充办院规模工程，投资近 6000万元新建的外科大楼即将投入使用，新增床位200张。同时，加快投资1.5亿元的玉溪师范学院成教学院搬迁项目实施，将为市中医医院提供24亩、2.3万平方米的医疗资源，优质中医能力建设将得到提升。投资3.45亿元，启动实施了独立建制的市儿童医院，将新增床位300张，进一步缓解儿童就医难题。二是高水平规划职教园区，扎实推进美丽校园建设。通过学习借鉴省内外职教园区建设的成功经验，初步拟定了《玉溪市职业教育园区规划建设方案》，明确了园区功能定位等内容，得到了省委、省政府大力支持。目前，通过了市规委会的审核，完成了控制性规划编制工作，初步明确了占地7030亩、投资63亿元、入园15所学校、容纳6万人的园区建设规模，各项前期工作正有条不紊推进，为规划建设省内一流的精品特色职业教育基地奠定了良好基础。同时，进一步扩充优质学前教育、小学教育资源，完成了投资近4 000万元的设施一流、环境优美的玉溪市第一幼儿园改扩建工程、投资3 800万元的玉溪一小山水校区改造等项目，为全市美丽校园建设树立了标杆和典型。

4.锐意进取，重点改革取得新成果。

坚持把改革作为促进发展的核心动力，积极稳妥推进教育、卫生等领域改革，向改革要动力、要红利。一是积极稳妥推进教育综合改革。紧紧围绕十八届三中全会精神要求，紧抓被教育部确定为国家30个中小学教改实验区之一的重大机遇，深入开展教育改革大讨论活动，广泛征集社会各界意见，初步提出了20条改革新举措，拟定了高中质量综合评价等改革方案。二是“医改玉溪模式”进一步巩固提升。深入推进医药卫生体制改革，扩大新农合覆盖范围，提高了保障水平。2013年，全市新农合参合率达97.55%，筹资水平人均达400元，比全省人均高60元；取消了大病救助报销25万元的封顶线限额，凡符合新农合报销政策的就医费用均可按比例报销；乡村医生队伍建设三年行动计划顺利完成，新招录中专以上乡村医生351人，筑牢了农村医疗卫生服务“网底”；卫生信息化建设取得积极成果，已上线635个基层医疗卫生机构，上线率达87.55%，在全省率先建成了兼容健康卡、身份证、医保卡、指纹为识别代码的卫生信息系统，得到国家卫计委专家的高度肯定；启动了县乡村医疗服务一体化管理改革，进一步优化编制管理、人事管理、财政管理体制机制，以整体托管为主要形式，以对口帮扶为补充形式，县级医疗卫生机构对乡镇卫生院进行一体化管理。目前，开展一体化管理改革的乡镇卫生院达34个，占全市的45.3%；继续推进新平县、江川县公立医院改革，3个县级公立医院取消了药品加成，实行零差率销售，新平县试行“先住院后结算”的医疗服务模式深受群众欢迎。三是食品药品监管体制改革及时启动。在全省率先进行食品药品监督管理体制改革工作，重新组建市、县两级食品药品监督管理机构，全市设立30个乡镇食品药品监管所，食品安全监管职责进一步理顺，监管资源得到整合。四是计划生育创建改革呈现新亮点。“和美家庭”建设工程形成了红塔区“问需百姓创和美”、江川县“三点连一线、和美进万家”、新平县“一条主线、六个结合”等各具特色的人口计生工作品牌，“全国计划生育优质服务先进单位”创建比例居全省前列。五是制定出台媒体改革方案。市委、市政府研究通过了《玉溪人民广播电台玉溪电视台玉溪有线电视台机构改革方案》，拟撤销“三台’，组建新的“玉溪市广播电视台”，实现人、财、物、宣传、经营、管理的统一和规范。深入推进广播电视栏目改版创新，实现了“传递好声音，提振精气神，凝聚正能量”的目标。

5.务实求效，惠民工作取得新成绩。

市委、市政府加大民生投入，民生支出达137.9亿元，占公共预算支出的74%。率先完成了原民办教师和代课教师历史遗留问题，认定率、补偿兑现率和参保率均为100%，首家引入“自动放弃”机制，为全省创造了有益的借鉴经验；投入5.03亿元，实现“三免一补”、农村义务教育营养改善计划、学前教育到高等教育学生资助体系的“三个全覆盖”；争取“营养餐”中央奖补资金1.03亿元，在全省首家把红塔区进城务工人员子女纳入营养改善计划范围，惠及6所学校3 036名学生，“营养餐”政策真正体现了“普惠性”；学前教育普惠发展初见成效，全市75个乡镇（街道）已有64个乡镇建成了1所以上的公办或公建民营幼儿园，入园（班）率达92.1%；2013年，全市新农合补偿497.93万人次，补偿6.35亿元，总受益面为307.86%，1.42万人次获得大病救助补助，补偿1.98亿元；6.63万人次获得门诊慢性病统筹补偿，补偿970.28万元。全市65岁以上老年人完成健康管理16.9万人，健康管理任务完成率达103.4%；认真开展19项免费孕前优生健康检查，免费国家孕前优生健康检查项目实现全覆盖；组织开展“光明工程”，筛查白内障3 600例，完成任务数的166.7%，实施白内障复明手术1 827例，完成任务数的101.5%；全市公共文化场馆免费开放服务水平不断提高，农村电影放映任务超额完成。在全省率先完成1.5万户直播卫星“户户通”建设任务，全市乡镇（街道）文化站增加广播电视管理职能，确保了村村通、优质通。

6.统筹推进，各项社会事业工作取得新发展。

义务教育均衡发展稳步推进，完成红塔区、江川县、澄江县初步均衡评估，各项发展指标居全省前列。普通高中质量止跌回升，全市10所一级高中综合排名不断提升，4所学校进入全省前30名。制定《玉溪市人民政府关于鼓励社会资本进入医疗服务市场加快民营医院发展的意见》和《玉溪市医疗机构设置规划2012—2015年》，合理规划医疗资源布局，鼓励和引导民营医院发展。继续实施第三轮禁毒防艾人民战争，探索开展重点乡镇（街道）社区艾滋病综合防治模式，有效遏制艾滋病的传播和蔓延。成功举办了第三届中国聂耳音乐（合唱）周系列文化活动，聂耳文化成为全国知名文化品牌；启动“全国楹联文化城市”创建工作，新平县被授予全国楹联文化县称号；全市党政群机关电脑软件正版化通过国家、省检查验收；加快文化产业发展，成立玉溪窑研究中心，恢复玉溪窑青花瓷重烧，推进玉溪陶瓷文化创意产业园区建设。餐饮服务“百千万”示范工程深入推进，5个示范县、9条示范街、20个示范店通过省级验收；药品安全示范县创建成效显著，9个县区通过省级考评。圆满完成省第十四届运动会预赛参赛工作，成功举办全国公路自行车冠军赛、国际网球巡回赛等重大赛事。残疾人“四位一体”管理服务体系得到加强，专职委员和经费保障落实到位。深入推进红十字

“五进”工作，创新应急救护培训模式，走出了一条市场化运作的新路子。

通过各级各部门的共同努力，社会事业领域获得了多项殊荣。市教育局、市卫生局荣获全省目标管理综合考评一等奖。职业职校参加全国职业技能大赛，取得1个一等奖、2个二等奖、8个三等奖的全省最好成绩。易门县、新平县、澄江县成功创建国家卫生县城。市人民医院、市中医医院、市二医院顺利通过三级甲等医院评审，5家县级医院通过二级甲等医院评审。大型滇剧《水莽草》获第十三届中国戏剧节优秀表演奖，花腰傣群舞《裙儿摆摆秧箩情》获国家文华舞蹈节目优秀表演奖，音诗画《玉溪飞歌》获云南省少数民族文艺汇演综合音乐创作一等奖，“花鼓花鼓”、“阿哥小普”荣获第十届中国艺术节优秀演出奖。玉溪市被命名为“全国柔力球之乡”，玉溪体校被国家体育总局命名为“国家高水平体育后备人才基地”。玉兴街道新兴社区被国家体育总局授予“2009—2012年度全国群众体育先进单位”称号。广播电视宣传播出的新闻质量、数量大幅提升，13件作品获省级奖励。

2013年的成绩、经验弥足珍贵，我们深深地感受到：必须坚持解放思想不动摇，切实把思想观念从不符合党的十八届三中全会精神和世界发展潮流的藩篱中解放出来，站在跳出玉溪看玉溪，跳出社会事业看社会事业的战略高度，充分发挥市场在资源配置中的决定性作用，才能在深化改革创新、招商引资引智、优化资源配置、推进重点工作等方面有新的突破、新的成效，不断推动社会事业跨越发展；必须坚持改革创新不松劲，主动面对社会事业发展过程中出现的新情况、新问题，坚持“两点论”、“重点论”，抓住制约发展的主要矛盾和矛盾的主要方面，学习借鉴先进地区的成功经验，不断创新观念和体制机制，科学研究新情况，灵活解决新问题，不断增强发展动力和活力；必须坚持真抓实干不懈怠，自觉讲大局、讲政治、讲责任，始终发扬“钉钉子”精神，以“逢山开路、遇水搭桥”的气魄，以“夙夜在公，白加黑，五加二”的干劲，脚踏实地，扑下身子，一环一环地抓工作推进，确保工作干一件、成一件。

在肯定成绩的同时，我们也要清醒地看到，与上级党委政府的要求相比，与广大人民群众的期盼相比，社会事业工作还存在很多困难和问题，主要是：一是少数单位和干部职工思想解放的力度还不够，本位主义、经验主义思想不同程度存在，对招商引资、向上争取资金存在畏难情绪，招商引资工作滞后，社会资本撬动不多，满足不了形势发展的需求。二是一些部门工作一般化，创新能力不足，面对新形势、新要求，驾驭全局能力不强，超前谋划工作滞后，推进基础设施和重点项目建设办法不多，管理人才、工程技术人才匮乏的问题越发凸显。三是少数部门作风不实、缺乏担当、主动性不够，工作靠催、靠拉、靠压，执行力、落实力有待进一步增强。如2013年，组织实施的社会事业项目22项，开工的仅有8项，开工率仅为36%。四是个别部门和领导干部违法违纪问题时有发生，严重影响了党和政府的形象。这些问题和困难，必须高度重视，采取有效措施，认真加以解决。

二、克难奋进，改革创新，促进“中国梦”玉溪社会事业篇章新跨越

2014年，是深入贯彻落实党的十八届三中全会精神、全面深化改革的起步之年，是实现“十二五”规划目标的攻坚之年，是玉溪实现跨越赶超的关键之年。党的十八届三中全会发出了全面深化改革的动员令，描绘了新愿景、新目标，规划了实现中华民族伟大复兴“中国梦”的宏伟蓝图。省委九届七次全会提出，要把改革创新贯穿于经济社会发展各个领域各个环节，以改革促市场活力、以改革促调整转型、以改革促创新发展、以改革促改善民生，做到稳中有快、稳中提质、稳中增效。市委四届四次全会提出，要牢牢把握改革发展这一主题，解放思想，改革创新，坚定不移地实施生态立市、农业稳市、工业强市、两烟富市、文化旅游兴市战略，发展现代服务业，扩大投资消费，强化创新驱动，转方式、调结构、建生态、提质量、增效益、保民生、促稳定，加快建设美丽玉溪，为全面建成小康社会奠定坚实基础。我们要按照中央、省、市要求，坚决把思想、认识和行动统一到中央和省委的决策部署上来，统一到市委、市政府确定的目标任务上来，以解放思想为先导、改革创新为主线、跨越发展为主题，以一往无前的勇气、雷厉风行的气概、披荆斩棘的锐气、抓铁有痕的作风，敢于啃硬骨头、敢于涉险滩，奋力谱写“中国梦”玉溪新篇章。

1.深入实施改革创新年，推进重点领域和关键环节改革创新。

实现发展成果更多更公平惠及全体人民，必须加快社会事业改革，解决好人民最关心最直接最现实的利益问题，努力为社会提供多样化服务，更好满足人民需求。

一是深化教育综合改革，激发教育事业发展创新活力。尽快研究出台深化教育综合改革的政策措施，召开全市教育改革发展大会，重点推进学前教育、义务教育、教育教学质量、教师队伍建设四大方面改革。推进普通高中招生改革，修订出台《招生录取办法》，扩大市属高中定向生比例，取消借读生、旁听生，增加第二批次录取学校，增加高中阶段招生指标1 000人，让考生有更多选择。探索市属、县区普通高中“捆绑考核、协同发展”的模式，制定出台《玉溪市普通高中教育考核奖励办法》，以全省普通高中质量可比性指标为核心，以发展率和推进率为“标尺”，对全市普通高中办学质量进行评估，加大奖励力度，提高高中教学质量。抓住国家中小学教改实验区试点机遇，综合运用教育咨询、教育督导等手段，鼓励和扶持多元化办学，促使办学体制改革取得实质性进展。积极支持玉溪三中异地搬迁建设，采取联合办学、民办公租等方式，支持玉溪一中实验中学、玉溪三中国际学校等民办学校建设发展，扩充高中容量，扩大优质教育资源辐射面。

二是深化医药卫生等领域体制改革，激发提升服务保障力。加快推进县乡村卫生服务一体化管理改革，推动优质医疗卫生资源向基层流动，满足广大农村群众公平享有优质医疗保障的需求；实施医院管理制度改革，在市级医院探索法人治理结构改革试点，激活要素、盘活资源，提升公立医院能力建设；继续推进县级公立医院改革，巩固提升改革成果；推进食品药品监管体制改革，健全完善乡镇食品药品监管所机构建设，积极争取申报市、县食品检验检测机构项目建设，加强食品药品信息化建设工程，不断提升监管能力。按照国家、省机构改革部署，做好卫生、计生机构改革，实施启动“单独二孩”政策，保障计划生育国策的贯彻落实。

三是完善文化管理体制改革，激发文化生产力。以转

变政府职能为突破口，推动政府部门由办文化向管文化转变，引入市场机制，鼓励社会力量参与公共文化服务，推动公共文化服务社会化；完善竞争和激励机制，推动艺术人才培养和文化精品产生，讲好玉溪故事，唱响玉溪声音，展示玉溪形象，不断释放创造活力。实施“三台”改革，完成玉溪市广播电视台的组建工作，建立健全灵活有序的机制；整合新闻媒体资源，探索传统媒体和新兴媒体融合壮大发展，打造广播快速、电视直观、网络互动、报刊深度为一体的玉溪网络电视台。研究制定出台关于进一步加强体育工作的意见，解决制约体育事业发展的迫切问题。

2.深入实施基础设施建设年，打牢社会事业发展基础。

奋力谱写中国梦玉溪篇章，务必打好社会事业领域基础设施攻坚战。项目建设是跨越赶超的重要支撑和关键所在。我们一定要牢固树立抓项目就是抓发展的理念，按照“精力向项目集中、政策向项目倾斜、资源向项目集聚”的要求，突出重点，务求实效，全力加快重点项目建设。教育上，要围绕市委、市政府提出的打造文化校园、绿色校园、平安校园、数字校园和质量校园的新要求，落实县区主体责任，积极筹措资金，加强监督检查，保持美丽100校园行动计划和校安工程建设的强劲势头，全面提速工程建设，力争超额完成年度建设任务，为明年圆满收关奠定坚实基础；抓紧完成规划审定和土地收储、平整等前期工作，全面启动职教园区建设，力争年内开展实质性建设；加快推进玉溪师院成教学院搬迁新建项目，确保3月底开工、明年5月竣工投入使用，为中医院扩充办院规模创造条件。卫生上，要紧扣项目进度和时间节点，按月制定项目推进计划，强化组织施工，加快市人民医院改扩建、市儿童医院建设；实现中心城区北片区新医院年内开工建设、市急救中心和市卫生监督局上半年开工建设；年内完成7个乡镇卫生院和10个标准化村卫生室项目建设。世界遗产保护开发上，要以对人类、对国家、对社会高度负责的态度，启动澄江化石地世界遗产保护立法工作，将

世界遗产保护工作纳入法制轨道。以一流的标准推进澄江化石博物馆建设，努力把博物馆建设成为全省十大历史文化旅游项目、昆玉红旅游文化产业经济带上的项目精品和响亮品牌。食品药品监管上，重点抓好市级食品、保健食品、化妆品检测实验室项目和新平、通海县检测机构标准化试点项目的申报争取和建设，启动实施全市食品药品电子监管信息系统建设，形成全覆盖的食品药品安全监管技术体系。

3.深入实施生态文明建设年，助推美丽玉溪建设。

党的十八大首次提出了生态文明、美丽中国建设的理论论述，指出建设生态文明，是关系人民福祉、关乎民族未来的长远大计。市委、市政府按照省委“争当全国生态文明建设排头兵”的目标，提出了建设美丽玉溪，争当全省生态文明建设排头兵，争创中国人居环境奖、联合国人居环境奖的要求。我们要准确把握实质，找准着力点，不断丰富和实践美丽玉溪、生态文明建设的内涵。一是加强生态文化宣传，助推生态文明建设。美丽玉溪是时代之美、社会之美、生活之美、百姓之美、环境之美的总和，建设生态文明是美丽玉溪建设的重要内容。各级社会事业部门要发挥点多面广、联系广泛的优势，发挥广播、电视、电台、报纸宣传优势的主阵地作用，借助文化惠民、医疗为民、体育乐民等活动载体，加大生态文化建设宣传力度，引导全社会增强“弘扬生态文化、倡导绿色生活，共建生态文明”的文化意识，积极倡导和大力推动生态文明进机关、进社区、进学校、进乡村，深入开展绿色社区、绿色学校、绿色医院等创建活动，统一思想认识，凝聚社会力量，共同推进生态文明建设。二是广泛开展爱国卫生运动，推动国家卫生县城创建工作再上新台阶。爱国卫生运动和卫生城市创建活动是生态文明建设的重要载体，是建设美丽玉溪的重要抓手。必须广泛动员社会力量，深入持久开展爱国卫生运动，认真组织实施农村改水改厕工程，扎实推进环境优美乡村卫生环境综合整治，继续巩固提升中心城区创卫成果，进一步开展国家卫生县城创建活动，早日实现全市所有县城都是国家级卫生县城的目标。三是坚持示范引领，营造全社会健康生活环境。深入实施食品安全城市创建活动，建设一批具有典型示范带动效应的食品安全示范街、示范店。积极开展七彩云南全民健身活动，引导广大市民形成健康的生活方式和健康的行为习惯，积极创新生态文明建设创建活动的内容和形式，大力倡导各具民族特色、低碳节能、绿色环保的生态文化活动，让广大人民群众享受到生态文明建设的美好生产生活环境。

4.牢牢把握招商引资和向上争取这个第一要事，增强社会事业发展新动力。

促进发展，项目是支撑、资金是保障、协调是关键。加快社会事业发展，务必抓牢招商引资和向上争取这个第一要事，花大力气，下真功夫，用大招商、大引资，促进大发展。

一是全力以赴抓招商引资，助推跨越发展。各级各有关部门要进一步提高对招商引资工作重要性的认识，增强责任感，健全“一把手”第一责任人的招商引资工作机制，按照市委、市政府确定的目标任务，明确责任，强化领导，确保招商引资稳步增长。要紧扣拓展教育、卫生、文化、广电传媒、体育等公共基础设施项目，坚持内资外资并举、规模质量并重，抓项目、抓招商、抓服务，激活民间投资，盘活存量，做大增量、聚合能量，推出一批具有吸引力和示范带动作用的社会事业重大项目。要做好项目论证和包装策划，创新招商引资方式，从粗放招商转变为精细招商、从盲目招商转变为目标招商，提高项目落地率、成功率。要全力抓好职教园区招商引校工作，以引入一所应用型本科大学为龙头、市内中职学校整合为高职学校为辅，以引入省内外品牌高职学校为补充，采取BT、BOT等模式实行校企共建。加快社会办医步伐，撬动社会资本，积极吸引各类资金直接投向资源稀缺及满足多元需求的服务领域，促进健康服务业加快发展。打造抚仙湖等区域文化体育知名品牌，做好帆船训练基地的招商引资工作。

二是千方百计争取项目资金，支撑跨越发展。各级各有关部门要认真研究当前国家投资重点领域、投资方向和项目要求，充分利用“十二五”规划中期调整的机遇，重点谋划、筛选、储备、申报一批符合国家和省投资方向的项目。用好鼓励性政策和财政政策，按照市政府争取上级资金支持增长10%以上要求，争取把美丽100校园行动计划和校安工程、教师周转宿舍、学前教育、县级中医院、妇幼保健院、乡镇卫生院、村卫生室、县级体育场、市县食品检验检测室等列入上级项目盘子，争取资金支持。目前，各地区在项目资金争取上竞争激烈，而项目前期工作又是一项十分具体而扎实的工作，项目前期是否准备充分，是否有亮点、有吸引力，决定着项目资金争取的成

败。因此，各级务必将项目的前期工作放在首位，做细、做精、做实。同时，要积极谋划、储备、开发一批项目，建立门类齐全、具有前瞻性的项目库，一旦时机成熟，便可捷足先登，争取上级优先立项、优先扶持。围绕项目争取工作，各级各部门要主动加强与国家部委、省有关部门的汇报衔接，主动上门介绍情况，沟通感情赢得支持，紧盯不放，锲而不舍，千方百计创造条件、全力争取。

5.紧紧围绕提升玉溪幸福指数，推进社会事业再上新台阶。

民生幸福梦是中国梦的重要内容。必须坚持民生优先、民生为重，努力保障和改善民生，不断提升玉溪幸福指数。

一是创新育人模式，大力促进教育公平。全面贯彻党的教育方针，坚持立德树人，加强社会主义核心价值体系教育，完善中华优秀传统文化教育，形成爱学习、爱劳动、爱祖国活动的有效形式和长效机制，增强学生社会责任感、创新精神、实践能力。强化体育课和课外锻炼，促进青少年身心健康、体魄强健。改进美育教学，增加课外科普知识学习，抓紧完成《澄江化石地》、《抚仙湖》、《聂耳》等地方中小学科普系列教材的编写和出版发行工作，从小培养学生爱国爱家爱乡土的情感，提高综合人文素养。大力促进教育公平，统筹城乡义务教育资源均衡配置，实行公办学校标准化建设，改善农村义务教育薄弱学校办学基本条件，实行学区制和九年一贯制对口招生，不设重点学校和重点班，破除择校难，标本兼治，切实减轻学生课业负担。构建利用信息化手段扩大优质教育资源覆盖面的有效机制，加快教育信息化建设，集中力量完成市级优质教育资源库的建设任务，切实让优质资源活起来、动起来、转起来，逐步缩小区域、城乡、校际差距，让广大师生能共享优质教育资源。进一步提高高校、职校办学水平，支持玉溪师院、农职院、技师学院发展壮大，增强办学实力。

二是继续巩固扩大基本医保覆盖面，提升公共服务均等化水平。进一步提高新农合筹资标准和农民受益水平，将全市新农合参合率巩固在95%以上，继续执行让农民受惠的大病再次补偿机制，提高住院报销比例、门诊慢性病管理和普通门诊补助比例，加大宫颈癌、乳腺癌筛查力度，使新农合更加惠民利民。推进公共卫生服务精细化管理，综合运用医疗、医保、价格等手段，选择部分县区开展医生与居民契约服务，实施基层首诊试点，推动形成基层首诊、分级诊疗、双向转诊的就医新秩序。做好流动人口、农村留守儿童及老年人的基本公共卫生服务，提高基本公共卫生服务均等化覆盖面。全面完成信息化建设，初步满足县乡村三级医疗机构业务流程及管理需求，促进优质医疗资源纵向流动。

三是统筹谋划抓好工作落实，真抓实干办好利民实事。围绕市政府20件重点工作和10件惠民实事，坚持"育民、惠民、乐民、富民"主题，推进公共文化服务体系建设，完成30个文化站修缮扩建、5个文化惠民示范村建设、1个文化广场建设，扶持70支优秀文艺队规范发展；实施农村公共文化惠民工程，组织专业文艺院团下乡为农村群众演出，坚持开展农村公益电影放映工程；加快"全国楹联文化城市"创建工作，力争年内至少有2个县区创建成功；认真抓好可移动文物普查，加强重点文物和非物质文化遗产保护；继续强化市场监管、加强版权保护和"扫黄打非"工作，提高公共文化惠民服务水平。加强广播影视服务体系建设，完成玉溪电视台本地节目地面数字无线覆盖工程，打造良好的视听环境。认真组织好第十四届省运会竞赛参赛活动，承办好国际网球巡回赛、全省青少年排球锦标赛等大型体育赛事，实施5个乡镇、40个行政村"七彩云南全民健身基础设施建设工程"，举办20项以上群众体育赛事活动。认真执行计划生育法，兑现10万人计划生育奖扶政策，为9 200对目标人群提供19项免费检查服务，确保2014年人口自然增长率控制在5.3 ‰以内。认真组织开展"光明工程"，实施白内障复明手术1 800例；落实"阳光家园计划"，为1 100名重型精神病患者提供康复医疗救治。抓好残疾人和红十字会工作，促进残疾人和红十字事业健康发展。

当前，做好安全保卫工作是一项重要政治任务。面对"3·01"案件血的教训，教育、卫生、文化等部门和各学校、医院要时刻绷紧反恐这根弦，以肩负重担、脚履薄冰的责任感，以严之又严、细之又细、慎之又慎的态度，严格落实门卫值班和应急值守制度，加强和改进安保防控措施，加大巡逻检查密度和频次，加强隐患排查整治，不留空白、不留死角，特别是各类大型活动一定要制定安保防控应急预案，严格落实安全保卫措施，确保安全工作万无一失，确保人民群众生命财产安全。

三、奋力拼搏，狠抓落实，努力开创社会事业跨越赶超新局面

人民对政府工作的期盼是我们工作的动力源泉，人民对美好生活的愿望是我们努力的目标。社会事业是涉及民生领域最广的工作，与广大人民群众切身利益息息相关，关注度高、敏感性强。当前我市优质教育、医疗卫生资源总量不足，文化、体育等基础设施建设滞后，与人民日益增长的上好学、看好病、生活好和丰富多彩的精神需求还有不小差距，一些重点、难点工作正处于改革突破的关键时期，社会性、公益性与市场化结合还有待加强，改革创新难度大、矛盾集中、任务繁重。负重前行依然是玉溪今年和今后一个时期的主攻方向，跨越赶超是玉溪今年和今后一个时期的主旋律。可谓逆水行舟、不进则退。我们必须正视现状，重视问题，用解放思想的最新成果、改革创新的最新思维、凝心聚力的最新行动，有重点、有步骤、有计划地推进工作落实。

一是必须坚持用解放思想的智慧，推动改革创新工作取得新突破。解放思想是永恒的主题，是扫除前进障碍、引领事业发展的"法宝"。今年是全面深化改革的开局之年，面对复杂多变的严峻形势和改革创新的繁重任务，我们要善于运用辩证思维、底线思维、创新思维，自觉实现争先进位、跨越赶超由过去比经济总量、比发展速度转变为比发展质量、比发展方式和发展后劲，坚持把新一轮解放思想置于万事之首，作为改革创新之先导，真正把思想认识从那些不符合十八届三中全会精神的观念、做法和体制中解放出来，以天下兴亡匹夫有责的气魄，勇担改革发展重任、抢占未来发展高地、捕获跨越发展先机，大力倡导敢闯敢试、敢为人先、敢于担当的精神，走好项目建设、投资融资和招商引资这招先手棋，用好市场这只无形手，以无私无畏的胸襟勇于自我革新，抓住重要领域和关键环节的突出矛盾和问题，有计划、有重点、有步骤、有秩序地推进改革，用改革的新思路新举措突破瓶颈制约，破解发展难题，再掀玉溪社会事业解放思想、跨越发展的

新高潮。

二是必须发扬“钉钉子”的精神，务求实效抓落实取得新成果。市委全会和市“两会”明确了今年的目标任务，今天我们召开社会事业工作会，也对各项工作作了安排部署，接下来关键就看抓落实。要做成一件事，就要有“钉钉子”的精神，大力倡导埋头苦干、雷厉风行、敢于碰硬、敢于担当的良好作风，狠抓工作落实，一锤一锤地敲，直到把钉子钉实钉牢。各部门要结合实际，分解立项目标任务，责任到科室、具体到项目、落实到岗位、量化到个人，以责任制促落实、保成效，形成一级抓一级、层层抓落实的工作局面。各单位主要领导作为抓落实的第一责任人，要认真履职、勇于担当、敢于负责，从目标任务的分解、督查、考评，都要亲自过问，重点督办，定期对照目标找差距、出实招，确保本单位目标任务圆满完成。对于全市性的重点工作，请市监察局、市政府督查室等部门加大跟踪问效和督促检查力度，对已经落实的工作看效果、比质量，对正在落实的工作施压力、促进度，对没有落实的工作找原因、查责任，对因思想不重视、责任不明确、管理不到位造成工作不落实、任务完不成的，要对相关责任人进行问责，全力确保工作落实到位。

三是必须进一步发扬密切联系群众的作风，为民务实清廉取得新成效。艰苦奋斗是我们党战胜困难、赢得主动、推动事业发展的重要法宝。建国65年的经验一再证明，只有坚持好这一法宝，才能紧密保持同人民群众的血肉联系，履行好全心全意为人民服务的宗旨，从根本上解决“四风”问题。各部门要严格遵守中央八项规定和省市委实施办法，以深入开展党的群众路线教育实践活动为契机，按照“照镜子、正衣冠、洗洗澡、治治病”的要求，坚持“走基层、转作风、抓落实”，带着感情深入基层、贴近群众，把听意见、作决策关口前移到基层一线，把作部署、抓落实延伸到工作一线，心往基层想，人往一线走，到人民群众最需要的地方去，为群众诚心诚意办实事、尽心竭力解难事、坚持不懈做好事，真正做到思想上尊重群众，感情上贴近群众，工作上依靠和为了群众，保持艰苦奋斗的战斗精神，真正做到为民、务实、清廉。

"集体土地作价入股"模式

——征地制度改革的一点探索

玉溪市副市长　左　广

十八届三中全会提出"完善对被征地农民合理、规范、多元保障机制；建立兼顾国家、集体、个人的土地增值收益分配机制，合理提高个人收益保障农民公平分享土地增值收益；多渠道增加居民财产性收入；赋予农民更多财产权利探索农民增加财产性收入渠道；保障农民集体经济组织成员权利，积极发展农民股份合作，赋予农民对集体资产股份占有、收益、有偿退出及抵押、担保、继承权"。2013年中央一号文件明确提出"加快推进征地制度改革。依法征收农民集体所有土地，确保被征地农民生活水平有提高、长远生计有保障"。要推进征地制度改革，就要分析清楚当前的征地制度存在的不足之处。当前的征地是"一锤子买卖"，比如在玉溪城区周边的农田补偿标准是15万元/亩，政府把15万元给农民，农民把这一亩土地交给政府，一手交钱一手交货，至于这一亩土地以后作什么用途、是否能产生更高的收益等等就与农民毫无关系了；农民拿了这15万元去干什么，建房、做生意，还是吃喝玩乐挥霍掉了，与政府也没有关系。

"一锤子买卖"的征地模式，存在如下问题。一是村集体拿到土地补偿款后，经常出现"败光、分光、花光"这个"三光"局面。"败光"就是由村集体领导掌握这笔土地补偿款的全部或部分，以集体的名义用于对外投资，或拆解给别人，一旦决策失误或者搞利益输送，则损失巨大，甚至血本无归，反正钱是集体的，大不了不当村官了，留下一个烂摊子；"分光"就是把土地补偿款全部或绝大部分分给农民，村集体所剩无几，财政财政，"财"没有了，"政"就可能不稳了；"花光"就是农民分到钱后，相当一部分人就是吃喝玩乐，甚至染上一些恶习或干一些违法之事，很快就把钱折腾完了。上述"三光"的结果就是，农民的土地没有了，长远的保障也没有了，既失地又失保障，与"失地不失保障"的初衷背道而驰。

要切实做到"失地不失长远保障"，就必须让农民每年都能有一定的收入，这个收入必须满足如下四个条件：1.稳定。这个收入，要与被征收土地的质量和数量直接挂钩，相对稳定，不能是今年1 000元，明年就变成了600元，后年降到了400元，第四年又涨到了2 000元（四年合计4 000元），忽高忽低，农民心里就会不踏实。反之，如果第一年是1 000元，第二年、第三年、第四年也是1 000元（四年合计4 000元），或者以后每年增加一些，这样农民心里才会踏实。2.较高水平。这个收入，一是要比农民自身种地的收入高（也就是要比马克思所讲的"土地一级级差"水平高），二是要比把土地租给别人获得的租金水平高，三是要比把钱存在银行的利息水平高。农民会比较、会算账，有了更好的利益，农民心里才会赞同征地。3.长远。为子孙后代谋利益，是农民的根深蒂固的想法，这个收入要长久的保留在农民手中，以后年年有，还可以继承到子孙后代。这样一来，农民的长远生活不但有了保障，而且对子孙后代也有了交代。4.未来收入要有增长空间。这就要让农民分享土地增值收益。土地增值收益主要是马克思所讲的"土地二级级差"，特别是土地改变使用性质，比如玉溪城市周边的农用地变成住宅用地后，土地价格就会从每亩10~20万元涨到每亩400~600万元（当然，这需要道路、电力、通讯、学校、医院等很多的配套投入），这部分增值收益要让农民分享一部分。如果是用来搞工业，由于工业用地价格通常低于工业用地的开发成本，短期来看，土地增值收益为"负数"；但从长期来看，土地增值收益体现在工业的税收上面，这就必须要让农民分享工业用地上的税收。如果是用来修建道路等基础设施建设，项目本身占地并不产生增值收益，但会带来道路等基础设施附近或一定区域的土地升值、产业发展所带来的税收，具体数额难以计算，但可以通过适当方式来体现，比如提高农民土地入股的股息率来体现。

为了更好的推进"城乡一体"，在给工业园区范围内被征地农民给予"两床被子、十件衣服"的基础上，政府可以考虑：将工业园区所实现的地方财政收入按照村集体土地作价入股的比例分配给失地村集体和农民。此前我们讲"工业反哺农业"，它是一个抽象概念。比如一个村子有1 000人，被征收了1 000亩土地用于工业发展，政府把这1 000亩土地"三通一平"，并招商引资，假定引进来了100家企业，这些企业每年给地方政府交税1亿元，这1亿元就是"这1 000亩土地上的工业税收"，县政府会把这1亿元税收用于全县的各种支出，至于这个1亿元税收中的多少钱，是1 000万，还是2 000万，用到了贡献了这1 000亩土地的1 000位农民身上，谁也说不清，所以"工业反哺农业"是一个抽象概念。而"作价入股比例返还"就很具体，比如作价入股比例为20%（政府投入另外80%的资金）。1亿元税收，就给这个村子2 000万元，人均2万元；5亿元税收，就给这个村子1亿元，人均5万元。按照这个固定比例，税收多，返还的就多；税收少，返还的就少。总结这个制度，实际上就是"保本、付息、分红"，"保本"就是保证征地款本金不损失；"付息"就是按年支付比银行贷款利率更高的利息；"分红"就是让农民按照固定比例分享土地的增值收益。对于工业园区来讲，由于工业用地的实际交易价格低于工业用地的开发成本，土地增值收益就直接体现为未来的税收；对于城市的住宅、商业用地来讲，土地的实际交易价格通常高于土地开发成本，差额部分就是增值收益；对于道路、公园等基础设施用地来讲，一般是按照土地成本价供地，未来也没有税收，土地增值收益难以直接体现出来，可以用更高的"付息"来体现"分红"。

在玉溪的征地制度改革探索中，对有关环节作了进一

步的深化和明确。由政府主导并实施的征地工作，把征地款托管改为征地款入股到政府投融资平台公司，村集体持有平台公司股权，由财政局对股权本金及固定股息回报进行担保，解决了农民的后顾之忧。村集体持股5年后，可以将股权按照成本价出售给政府平台公司。村民个人急需大笔资金时，可以将他在村子里相应的股权分红权（这种分红权相当于债券）抵押给政府平台公司，由平台公司协调银行向其贷款，平台公司为村民的贷款提供担保。新的征地制度由“保本、付息、分红”这六个字转换为“保本、付息、分红、流通”这八个字，获得了广大农民的认可，高速公路、产业园区的征地工作非常顺利。

从2013年6月至2014年1月，按照这一新的征地制度，共征地1.3万亩，涉及到5个县区，185个村组，6.8万农民，作价入股金额6.8亿元。整个征地工作进展比较顺利。其中，玉溪市大化产业园区征地4 000亩，易门县工业园区征地2 300亩，晋宁至红塔区高速公路征地3100亩，石屏至红龙厂高速公路征地1 500亩，晋宁至江川高速公路征地1 600亩。这样一来，就把园区建设（通过税收来体现）、基础设施建设（通过更高的利息回报来体现）、城市建设（通过土地出让价格与土地成本之间的差额来体现）与农民利益直接挂钩，实现了政府所代表的整体利益与被征地农民具体利益的相统一。

通过实施新的征地制度，不但增加了农民收入（相对于种地、或者把钱存入银行），而且确保了农民每年会获得这样的收入，充分体现了以农民为本，这就是“科学发展”。群众会算账，为了自身的利益，他们就会大力支持政府征地，改变了此前征地就是“矛盾焦点”这一局面，实现了征地工作中的社会稳定与和谐，这就是“和谐发展”。由于农民的大力支持和配合，征地工作才能顺利推进，建设用地需求才能得到充分保障，园区建设、城市开发、基础设施建设等才能快速实施，经济社会就能“跨越发展”。所以，敢于担当、勇于创新，通过实施新的、科学的征地制度，就同时实现了“科学发展”、“和谐发展”和“跨越发展”，实现了“三大发展”的辩证统一。这也同时说明，“四群教育”及“党的群众路线教育实践活动”的核心是群众利益，只有切实、公平、公正的维护了群众利益，群众才会大力支持我们的工作，这也是“科学发展”、“和谐发展”和“跨越发展”的前提和目的。2013年9月份，市政府发文到1区8县，对于基础设施、城市开发、园区建设的征地，全面实施新的征地制度。实施新的征地制度以后，被征地农民不但能盖上“两床被子”、穿上“十件衣服”进城，还能带上具有稳定、高额的“股权收入”进城，更有保障、更有尊严、更有退路，为“城乡一体”注入了新的活力。

综上所述，新的征地制度对于国家，维护了集体所有制和农民的长远保障，从而维护了社会主义基本土地制度和国家的长治久安；对于地方政府，既可以从源头上化解征地矛盾，实现社会和谐稳定，又能有效缓解地方政府融资难、融资成本较高等问题，还能用相对较少的启动资金推动大项目的建设；对于集体，一方面巩固了村集体这一最基层政权，另一方面无形中激发了村官的工作热情和潜能；对于农民，既增加了农民财产性收入，维护了农民长远利益，又能让农民更好的融入城市，并真正让失地农民失地不失保障。

改革创新　开拓进取
努力开启玉溪工业经济转型升级新征程

玉溪市副市长　解仕清

在深入贯彻落实党的十八届三中全会、全国和全省工业和信息化工作会议及市委四届四次全会、市四届人大二次会议精神中，我们要总结好2013年工业经济和园区发展成绩，分析面临的困难和形势，结合当前工业经济和园区建设发展面临的新形势新任务，做好2014年全市工业经济发展和园区实体化改革工作，全力推进玉溪市工业经济快速健康发展。

一、充分肯定2013年全市工业经济发展成效

2013年是本届政府的开局之年，面对错综复杂的国内外经济形势，全市工业经济紧扣年初市委、市政府确定的工作目标，突出重点，克服困难，为全市经济社会健康稳步发展作出了重要贡献。主要亮点表现在以下几个方面：

1.工业经济平稳发展。全年完成工业总产值1 616亿元，增长6.8%，全部工业增加值634.2亿元，增长8.7%，拉动GDP增长5.4个百分点，对GDP增长的贡献率为53%。其中规模以上工业完成增加值579亿元，增长6.8%，主营业务收入1 234亿元，利润总额78.5亿元。

2.优化工业结构布局，产业发展步伐加快。在产业发展上，市政府坚持走新型工业化道路、实施工业强市战略，全市上下坚定以二产发展带动一、三产业协调发展的方向更加明确，加快工业化促进现代化、推进城镇化的认识更加统一，产业发展成效显著。在烟草产业上，一年来，红塔集团积极应对市场饱和、产品结构不合理等问题，在调结构、转方式上下功夫，初步收到了良好的效果。全年烟草及配套产业完成产值499亿元、增长2%，实现工业增加值347亿元、增长1.6%。在矿冶产业上，实施大企业大集团带动战略，优质资源向优势企业集中，组建了玉溪钢铁集团。全市钢铁企业户数大幅减少，组织结构得到改善，矿冶产业的不断壮大，形成了全市第二大支柱产业。全年实现产值597亿元，增长2.6%；增加值164亿元，增长4.8%。在装备制造业上，出台了《玉溪市加快推进装备制造产业发展的指导意见》，全年装备工业投资新建、续建项目27个，装备制造基本形成了三大装备制造聚集区，为建成一批生产能力和技术水平达到省内领先或国内先进、具有较强竞争力的装备制造产业打下了坚实基础。全年实现产值54亿元，增长17.7%；增加值12.8亿元，增长23%。在生物医药产业上，出台了《玉溪市加快推进生物医药产业跨越发展指导意见》，以沃森生物、维和制药、香精香料为代表的一批优秀企业，奠定了将玉溪培育为以疫苗制品为主的生物医药产业发展中心的基础。全年实现产值10.5亿元，增长16.7%；增加值6亿元，增长21.6 %。在新能源及新材料产业上，依托蓝晶科技、太标太阳能、汇龙科技等高新技术企业，形成新型光电子、锂电池材料为主的产业集聚。全年新能源新材料实现产值7.2亿元，增长27.5%；增加值2.3亿元，增长23.1%。在信息产业上，主动与华为公司洽谈，发展玉溪云计算产业。邀请北京赛迪顾问咨询公司编制了《玉溪市云计算产业发展战略规划》，打造玉溪云计算中心。全年信息电子产业实现产值32亿元，增长14%。

3.招商引资力度加大，工业项目建设稳步推进。采取会展招商、小分队上门招商、商会招商、网络招商等多种形式，大力引进资金雄厚、技术实力强、市场占有率高的核心企业、重大项目，吸引上下游企业共同投资。认真做好央企入玉、民企入玉工作，做好已签约的央企、民企项目落地服务工作。不断加快推进工业项目“双百工程”，筛选支持100个在建和新建重点工业项目，滚动储备100个重点工业项目。采取有效措施抓好项目前期、项目建设、项目竣工投产等三个关键环节，推进重点工业项目建设，强化目标责任，细化建设进度，明确责任分工。大力推进红塔集团烟叶仓库及复烤厂搬迁、烟草薄片、大红山800万吨铁矿采选扩建等一批在建重点项目。银河化工整体搬迁、二道河100万吨采选等重大项目得到有力推进。全年1 000万元以上工业项目187个，其中，续建项目98个，新建项目89个。

4.创新园区建设模式，园区发展不断加快。全市工业园区调整了领导班子，园区管理进一步加强。园区基本框架建立，以龙头企业为主建设的园中园（基地）稳步发展。华宁工业园区晋升为省级重点工业园区，红塔工业园区创建为国家新型工业化生物产业示范基地，高新区和江川县政府签订了共同开发龙泉片区战略合作协议，大化工业园区建设工作稳步推进。我市实现低丘缓坡土地综合利用试点项目覆盖八县一区，真正实现“工业上山，项目入园”。玉溪数控机床产业园、疫苗产业园、光电子产业园、力高箱包等一批重大项目先后落户园区建设。积极开展园区老旧厂房拆除工作，拆除老旧厂房17.9万平方米，拆除率100%。2013年，全市工业园区累计完成工业总产值1288亿元（含红塔集团），工业增加值500亿元，入园企业户数达821户（其中规模以上企业200户），就业人数达11万人。

5.民营经济发展不断加快，整体实力不断壮大。民营经济形成以矿冶、卷烟配套、建筑建材、化工、五金机电、机械制造、造纸及彩印包装、生物制药、食品加工及新能源、新材料为主的产业发展格局。针对民营中小微企业融资难问题，积极探索符合玉溪实际的企业融资担保体系建设途径，引导市外资金和动员民间资本参与担保体系建设，邀请深圳国开证券、前海股权交易中心到玉溪对中小

企业融资进行辅导，已有10户企业在前海股权交易中心正式挂牌融资。以第三届中国聂耳音乐（合唱）周为契机，举办玉溪名特优产品展销会，集中展示我市医药、食品、旅游工艺品等行业的名优特新产品。2013年民营经济增加值达到370亿元，增长14.2%，从业人员50.8万人，增长9%。太标太阳能、猫哆哩（甜馨）食品获得全国知名商标称号。

6.加大淘汰落后产能力度，节能降耗成效显著。节能降耗，淘汰落后产能，限制高耗能高污染产业发展，既是调整结构的要求，也是玉溪建设现代宜居生态城市的需要。2013年圆满完成省政府下达我市的淘汰落后产能目标任务，淘汰铜冶炼5万吨、水泥孰料45万吨。在能耗高、排污重的钢铁、黄磷、水泥等行业，加大技改力度，新增了一大批节能环保装置，收到了能耗降低、达标排放的效果。以钢铁、磷化工、建材三行业为重点，深入推进技术节能。以省、市重点节能示范项目为平台，用好省、市级财政节能专项资金，全面推进工业技术节能。2013年全市单位GDP能耗下降3.4%以上，圆满完成省下达节能目标，为全市工业经济实现可持续发展奠定了坚实的基础。

二、统一思想，正视问题和差距，进一步增强加快工业经济发展的紧迫感和责任感

当前国内外经济形势错综复杂、充满变数。世界经济缓慢复苏，全球经济低速增长的状况短期难以改变。我国正处于经济增速进入换挡期、结构调整面临阵痛期、前期刺激政策消化期三期叠加的复杂阶段，国内经济运行下行压力仍然存在，结构性矛盾突出，但经济发展长期向好的基本面没有变，特别是党的十八届三中全会对我国全面深化改革作出重大战略部署，为经济社会发展注入新的活力和动力。从我市情况来看，工业长期存在的结构性问题仍未根本解决，产业集中度低，空间布局不合理，高新技术企业为数不多，钢铁、水泥行业产能严重过剩，范围广、数量大、影响深，调整的风险很大。部分企业主营业务利润率较低，特别是相当一部分小微企业生产经营步入困境。主要表现为：

一是支柱产业单一，尤其是烟草产业独大的问题更加充分暴露。1998年国家实行烤烟双控后，烤烟、卷烟生产受挫，玉溪经济一度出现负增长的局面。2003年后随着矿冶业的快速发展，支柱产业单一的局面有所改善。近年来，随着钢铁、铜、磷、镍市场价格的急剧波动，矿冶企业生产经营受到严重影响，波及全市经济增长。改变全市工业经济严重依赖1—2个支柱产业（尤其是烟草产业）的局面依然任重道远。近几年，由于卷烟市场饱和增长乏力，致使全市规模以上工业增加值增长在全省主要工业州市中排名落后，直接影响到全市GDP快速增长。这是我们必须正视的现实问题。

二是产业发展资源型、粗放型特征突出。矿冶企业分散于一区八县，产品多属于资源型粗级产品，产业链短，附加值低，能耗大，污染重，矿冶产业自身发展面临重大调整。具有一定科技含量、附加值高的先进装备制造业，环境友好的旅游文化产业、生物医药产业、电子信息产业、新能源新材料产业等新兴产业还处在起步阶段，加快培育更显迫切。

三是产业发展后劲乏力。首先表现在工业投入持续下降，工业投资占全社会固定资产投资比重从2007年42.9%下降2012年34.4%，2013年占比又下降到31.6%，没有达到40%以上的要求，将严重影响工业经济的发展后劲；其次是新兴产业培育力度不够，重大项目推进不理想，产业发展缓慢；再次是产业外向度偏低，局限于本地市场的经营运作，缺乏外向型经济的聚集与辐射能力，市场的对外开放程度还远远不够。园区实体化建设推进缓慢，成为制约全市工业经济快速发展的“短板”。特别是园区的工业项目投资强度偏弱，上千万元、上亿元项目开工率、竣工率和储备都严重不足，个别园区甚至出现一年内一个项目都未开工。

四是企业生产经营面临较大困难。近年来，工业生产经营成本居高不下。企业成本每年以10%~20%的增幅增长，原料、燃料、用水、用电等要素价格持续攀升，企业生产成本持续提高，生产经营利润空间大幅压缩。工业流动资金紧张，许多中小企业融资困难日益突出，融资成本逐年提高，生存和发展缺乏必要的资金支持。部分工业产品价格持续下滑或低位运行，造成多数企业产量提升，但销售收入不升反降的情况，而且去库存任务艰巨。去年我市工业品原材料购进价格指数同比下降1个百分点，工业品出厂价格指数同比下降3.5个百分点，购进与销售两者相差2.5个百分点，形成明显的“剪刀差”。2014年预计仍将持续这样的格局。

工业是现代化的核心，城市化的基础，农业产业化的动力，是财富积累的重要源泉、扩大就业的重要渠道、加快经济又好又快发展的重要抓手。各级各部门要进一步深化对科学发展观的理解和把握，深化对市情、县情的再认识，把思想认识统一到市委政府确定的目标任务上来，坚定不移地实施工业强市战略，坚定信心，全力以赴，打好加快工业经济发展的攻坚战和持久战，加快推进新型工业化进程。

三、明确目标，确保2014年工业发展实现新突破

市四届人大二次会议和市政府四届二次全会已经明确了2014年全市的目标任务，要确保全市经济总目标的实现，工业是首要的、是责无旁贷的，因此必须要按照今天签定的目标责任书，不折不扣地完成。针对发展中存在的困难和问题，要研究针对性的措施和办法，打赢工业发展攻坚战。着重抓好五个方面工作：

1.狠抓工业园区建设，把工业园区建设作为工业发展的主战场

着力体制机制创新，积极推进园区实体化改革。以实现经济行为实体化、园区建设市场化、公共服务社会化为目标，全面推进园区实体化改革和管理。上半年，在高新区、大化工业园区和6个省级工业园区选1~3家进行实体化改革试点。一是要在高新区、研和工业园区、红塔工业园区、大化工业园区尽快成立市土地储备分中心，实现土地一级收储、开发，着力盘活现有闲置土地和资产。二是做实做大做强投融资公司，建立良好的银企、银园合作关系，打造实力雄厚的融资平台，使园区形成良性运转。三是要利用综合开发低丘缓坡的机遇，加快土地利用总体规划的修编，加强土地收储工作，盘活土地存量，做大土地

增量。四是积极做好财税分配体制改革，高新区、大化工业园区和6个省级工业园区要积极争取市、县区党委政府的支持，核定园区财税基数，确定增收分成比例，确保园区偿债和正常运转。五是实现园区项目审批自主，要进一步理顺和规范园区项目审批流程和规则，精简、优化程序，缩短审批时间，争取一批审批权限下放园区。对不能下放的权限，采取有效办法，使项目流程简化工作落到实处，推进政务服务入园，建立“一站式、一条龙”服务。六是推进人事制度改革。在当前人员编制紧张的情况下，推行社会公开招聘，尤其是要增加投融资公司人员，实行总量管理。管委会在不突破机构限额、人员编制总量的前提下，自主设置内设机构，根据工作需要按政策和程序配备人员。建立人员能上能下、能进能出、待遇能升能降的用人机制，促进人尽其才、人尽所能。除党委、管委会领导班子成员按干部管理权限任命外，其他人员按照“老人老办法、新人新机制”原则，由党委和管委会自主配备，实行全员聘用（聘任）制。七是创新分配机制，激发工作活力。选择条件成熟的园区实行班子年薪制和职工绩效工资考核机制试点，省级园区实行绩效工资制，其他园区积极创造条件实行绩效工资制。这里我再强调一下，今年市工信委要牵头负责将大化工业园区进入省级工业园区盘子。

抓紧制定园区考核管理办法。近期市政府将出台园区考核管理办法，对高新区和11个工业园区分三个档次进行考核。考核内容和主要指标包括园区工业总产值、招商引资和融资额度、工业固定资产投资、新开工1000万元以上工业项目、土地收储及开发平整五大项。具体分做三个档次，即高新区、研和工业园区、红塔工业园区为一档次，大化工业园区和其他4个省工业园区为二档次，其他工业园区为三档次。

加快园区基础设施建设。工业化一定要以园区为主要平台。园区必须具备相应的基础设施配套条件，才可能引来大项目、好项目。要按照“适度超前、梯度推进”的原则，大力推进园区水、电、路、气、通讯等基础设施建设。同时，还要重视园区排污治污、绿化和景观建设，努力提升园区品位。目前我市大多数工业园区的基础设施建设落后于昆明、曲靖、红河等州市。基础设施建设的滞后，严重影响招商引资的成效，严重制约着我市工业园区的发展。要加大标准厂房建设招商引资力度，加快推进园区标准厂房建设。要强化土地融资、破解资金瓶颈，推动建立政府、业主、民间共同投资的多元投资机制。推动园区产业招商、以商招商，力求在引进国内外500强企业和有实力的国内民营企业进入工业园区发展上取得突破。

2.调整优化产业结构，努力培育壮大新兴产业

优化结构、培育产业不是一朝一夕的事，必须要发扬玉溪人“少说多做、精益求精、敢抓敢干”的工业精神，突破区域限制，突破部门限制，整合力量，狠下功夫，苦干实干五至十年，方能打牢基础。要在推动传统产业高端化、新型产业规模化、绿色产业精细化、科技成果产业化、服务产业平台化和信息产业基地化上顺势而谋。

巩固提升传统支柱产业。进一步巩固提升卷烟及配套产业。配合云南中烟实施红塔集团、红云红河集团“两统一、两整合”改革，积极跟进集团多元化发展战略布局，制定配套产业整合方案，推进“二次”创业，加大技改和产品研发力度，大力开拓国内外市场。进一步巩固提升矿冶及装备制造产业。推进钢铁产业转型升级，按照《钢铁行业规范条件（2012年修订）》要求，积极开展规范条件申报，克期进入国家公告符合规范条件的企业名单。加大钢铁产业重组整合力度，淘汰落后产能，实现转型升级。抓好玉昆钢铁、新兴钢铁、仙福钢铁、大红山矿业、玉溪矿业等重点企业，推进大红山800万吨铁矿采选扩建项目、峨山银河化工公司迁建等重点项目的建设。全力支持玉溪钢铁集团和引进有实力的企业发展精深加工，延伸产业链，提高附加值。依托数控机床产业联盟体，积极开发大型、高端、智能、精确、柔性的数控产品。加快推进研和物流园区、通海农产品物流园区规划建设，重点引进培育一批大型物流龙头企业，积极培育现代物流业。同时，要认真落实我市化解产能过剩矛盾和转型发展的实施方案。

积极培育生物、信息、新能源新材料等战略性新兴产业。加快培育生物医药产业。扶持食品工业发展，建成面向东南亚、南亚的农产品加工出口示范基地。打造以沃森为重点的“全国知名的高技术生物医药谷”、以维和制药为重点的全国重要的三七提取物及衍生产品基地。做好生物产业集群培育，要把握好四个方面：一是原产地优势。要通过现代科技手段充分挖掘生物资源的独特性，形成标准，获得原产地保护，释放比较优势。二是要有深加工产业链。即从种植、养殖环节到深加工环节再到终端产品，形成完整的产业链。产业链延伸的过程，就是价值链增值的过程。三是要有完备的产业配套。产业链是纵向的，产业配套是横向的。要配套发展相关产业，支持产业链延长。四是要有终端产品。没有终端产品，很难形成响亮的市场品牌，区域产品市场竞争力往往受限。要着眼于终端产品的生产，打造优势品牌。加快培育信息产业。信息化已作为云南实现跨越发展的重要支撑，我们必须在信息化工作上有大的作为，狠下一条心，用3～5年把信息产业培育成为我市上百亿元以上的新的支柱产业。必须切实推进信息消费试点城市建设，抓住云南省建设面向南亚、东南亚通信枢纽和区域信息汇聚中心的战略机遇，以云计算应用为突破口，发展面向南亚、东南亚国家的大数据处理、小语种呼叫中心和高端软件外包服务，不断拓展玉溪云计算产业的发展空间，吸引周边国家政府、大型运营商和跨国企业在玉溪的数据中心进行数据存储、处理，建成云南最大的信息服务基地。新能源新材料产业。依托蓝晶科技建设玉溪光电子产业园，重点发展太阳能高效集热器、建筑节能、合金钢、不锈钢等新型功能材料、结构材料。依托汇龙科技，加快大容量动力电池产业化，开拓电动助力车和电动汽车市场。重点开发太阳能、风能、水能，加快中广核、大唐集团签约项目推进，形成100万千瓦风能发电能力，初步建成全省重要的新能源产业基地。积极争取国家和省的支持，通过招商引资在玉溪布局发展汽车、通用航空产业。通过3~5年努力，把生物医药、装备制造、信息产业培育为新的支柱产业，在全省率先实现工业经济转型升级。

3.突出工业项目招商引资和项目落地，增强发展后劲

狠抓工业项目的招商引资工作。要切实解决“经济结构不尽合理，非烟产业不强，支柱单一”的问题，仅仅依靠自身条件是不够的，必须强化招商引资，发展外向型经济，积极参与区域乃至全球竞争合作，吸收引进资金、技术、人才，借助外力推动产业结构优化升级，激发活力、潜力，把玉溪的优势资源用好、用足，推动跨越发展。要对已洽谈和签约的项目进行任务分解，实行重点招商项目领导联系制度。要结合产业发展、园区布局、优惠政策、

招商对象做好工作，争取在生物医药、装备制造、电子信息、汽车、通用航空、新能源新材料的承接转移方面，实现招商的新突破。

确保推进工业项目落地，尽快形成新的生产能力。加快推进项目建设，抓大不放小，重点抓好今年投产的项目、近期能够动工的项目、今年能够签约的项目。在工业项目的建设上，要克服大项目引入难，小项目不愿做，现有项目做不好的误区。围绕滇中经济区建设推进工作，制定未来我市重大工业项目投资总量、结构以及分阶段实施目标，促进滇中经济区产业集群发展。尽快形成在建一批、新建一批、前期工作一批、规划发展一批的工业项目投资格局，实现工业投资持续稳定增长。

4.打好民营经济战役，全力扶持民营经济发展壮大

召开全市民营经济表彰大会。市委、市政府决定3月份召开民营经济表彰大会，出台加快民营经济发展实施意见暨考核奖励办法，表彰奖励一批优秀企业家、纳税大户、优秀成长型中小企业、十佳中小企业服务机构及公益之星，营造民营经济发展良好环境。

加大培育，积极推进中小企业成长工程、“民企入滇”和服务平台、人才培养建设工作。推进中小企业成长工程，培育民营企业骨干力量，鼓励民营企业实现强强联合，培育大企业大集团。大力推进“民企入滇”，加大招商引资力度。强化创业培育，催生一大批小微企业，做大民营经济总量。加快小企业创业基地建设，推进民营企业集聚。加快服务平台建设，整合社会服务资源，提高服务层次。以桥头堡建设为契机，鼓励企业以东南亚、南亚为重点，加强合作交流，积极开拓市场。以提升民营企业整体素质为重点，开展人才培训工作，完善民营企业治理结构，建立科学合理管理体制，提升企业管理水平。按照“十二五”规划加快结构调整，大力支持发展装备制造、生物医药、电子信息、新能源新材料等新兴产业；鼓励支持“两化融合”，加快物联网建设和发展。

5.突出“五抓”，努力营造工业发展良好环境

抓强化服务。工业要实现大发展，环境建设是重头戏。各县区各部门要不断优化政务、投资、融资、创业环境，为全市工业经济提供更加优质的发展环境。要树立和强化服务意识，加快职能转变，推进政务公开，进一步减少审批环节，提高办事效率，对部门服务承诺事项，实行最严格的服务承诺制、最严肃的限时办结制、最严厉的行政问责制，从软硬两方面入手，不断营造出“重工业、抓工业、兴工业”的浓厚氛围。秉承优势互补、互惠互利、共赢发展、共同繁荣的理念，以更加开放的胸怀、务实的作风、高效的工作、周到的服务，为投资者努力创造一流的投资环境。

抓工业运行调度。要求市、县区工信部门每月、每季进行认真分析，做到环环相扣、步步为营。要及时分析研究工业运行变化，提出对策措施，确保全年目标任务完成。在监测分析上抓住重点，要围绕重点产业、重点企业、重点产品和重点项目，强化调度分析，密切关注产业、企业、产品及项目的情况，适时提出预调、微调措施，解决实际运营中的困难和问题。去年，烟草行业对我市工业拉动力曾一度出现负数，今必须高度重视与红塔集团的协调、沟通和服务，分析研究烟草行业整合给我市带来的重大影响，及时提出有效的对策和措施。在要素保障上及时协调，从需求侧角度做好经济运行要素监测和协调保障服务，加强煤、电、油、运等生产要素综合协调。在服务方式上深入一线，要按照党的群众路线教育实践活动的要求，走出门去找问题，沉下身来抓工作，主动深入基层，深入企业、深入一线办实事，抓协调、解难题。近期，要加强对重点地区、重要行业、重大项目的跟踪监测，组织好一季度的工业生产，确保一季度有个良好开局，实现开门红。

抓企业家培育。企业发展好不好，核心看有没有一批好的企业家。要高度重视企业家的培育，打造一支结构合理、素质优良、适应市场千变万化的企业家队伍。今年我们将召开全市民营经济表彰大会，就是要大张旗鼓表彰纳税大户、优强企业、优秀企业家、社会公益之星、优秀成长型中小企业等，营造民营经济发展良好氛围。要让优秀企业家，有社会地位、有政治荣誉、有物质待遇，进入各级工信部门服务关注的视野。

抓专项资金效用。今年工业园区6 000万元发展专项资金要集中资金、突出重点，发挥好“四两拨千斤”的引带作用，必须认真落实群众路线教育实践活动和党的十八届三中全会要求，避免“撒胡椒面”，重点要扶持产业聚集效应好的园区、优势项目、新兴产业和工业项目建设突出的县区，要按园区工业总产值、招商引资和融资额度、工业固定资产投资、新开工1 000万元以上工业项目、土地收储及开发平整等5个指标进行量化打分，按分值分配专项资金。设立500万元的工业园区发展奖励资金，按分值对园区管委会进行奖励。

抓安全生产。去年，全国集中开展安全生产大检查，我市被查企业有很多存在安全隐患，其中个别大企业被停产整顿，直接影响了企业生产和全市经济目标任务的完成。要严格落实国家和省关于安全生产各项要求，强化安全生产红线意识，始终坚持“一岗双责”，进一步落实安全生产责任制，加大安全生产隐患督促整改和安全生产许可行政执法力度，严防重特大安全生产事故的发生，为全年工业经济发展提供安全保障。

履职尽责　全力以赴
确保年度污染减排任务圆满完成

玉溪市副市长　孙云鹏

党的十八大以来，习近平总书记对生态文明建设和环境保护提出了一系列新思想新论断新要求，特别是在中央政治局第六次集体学习时强调，生态环境保护是功在当代、利在千秋的事业；要清醒认识保护生态环境、治理环境污染的紧迫性和艰巨性，清醒认识加强生态文明建设的重要性和必要性，以对人民群众、对子孙后代高度负责的态度和责任，真正下决心把环境污染治理好、把生态环境建设好，努力走向社会主义生态文明新时代，为人民创造良好生产生活环境。今年以来，市政府先后召开全市环保工作专题会、环保重点工作推进会，系统安排部署了全市的污染减排工作，但从专项督查反馈的结果看，工作完成情况很不理想、形势十分严峻，如不及时采取强有力措施，全年目标任务将会落空。尽管有些问题是多年积累下来的，但现在落到我们身上，必须牢固树立守土有责意识，进一步统一思想，推动减排各项工作深入开展，务必不折不扣完成主要污染物减排约束性指标。

一、认清形势，增强抓好污染减排工作的责任感和紧迫感

“十二五”以来，国家和省对污染减排工作的重视程度与日俱增。去年，党的十八大首次提出“推进绿色发展、循环发展、低碳发展”和“建设美丽中国”的宏伟目标，将污染减排工作的重要性推向了一个新的高度。省第九次党代会提出建设生态文明“四同步”、“三计划”的工作部署（四同步：经济建设与生态建设同步进行、经济效益与生态效益同步提高、产业竞争力与生态竞争力同步提升、物质文明与生态文明同步前进。“三计划”：实施绿水青山、节能减排、防灾减灾计划，建设资源节约型、环境友好型社会，森林覆盖率达到55%以上，增加森林碳汇，争当生态文明建设排头兵），节能减排计划被列入了“三计划”中。今年是“十二五”污染减排工作的关键一年，省政府刘慧晏副省长在今年的全省污染减排工作会议上强调，对完不成年度污染减排任务而影响全省工作大局的州市和单位，要实施“区域限批”、“行业限批”和“企业限批”。5月份，省政府颁布了云南省环境保护行政问责办法，污染减排考核和问责力度不断加大。省政府对2012年未完成污染减排任务的14个县（市）的县域经济考核实施了一票否决，通海县是其中之一。1~8月份，国家和省已对我市的污染减排工作开展了3次现场督查，下发了2次整改通知，并实施了预警，督查力度空前增大。面对当前的污染减排形势，各级各有关部门必须要有一个清醒的认识。

今年，我市的污染减排工作任务重、难度大。2011年，国家和省要求玉溪市完成的重点污染减排项目是13个，2012年增到51个，而2013年猛增到96个。要完成责任书中11个钢铁脱硫项目、8个水泥脱硝项目，涉及企业需投入2.5亿元，以目前的经济形势看，许多企业也不景气，难度不小。红塔区的5个钢铁脱硫和1个水泥脱硝项目已经全部投入建设，说明区政府重视污染减排工作，推进力度很大。全市9个污水处理厂要确保正常运行，配套管网的建设和改造是最大的制约因素，还需继续投入资金2.26亿元。畜禽养殖场因点多面广，项目的完成也面临着诸多问题。2013年1~8月，全市污染减排工作的进展情况十分不理想，项目的完成率仅12.5%，7个钢铁脱硫项目未能按时限要求完成；四项指标的削减率最高的一项也只有18.7%，其中，氨氮没有被认可削减量。这些情况，各县区、各有关部门一定要引起高度重视，认清形势，增强责任感、紧迫感，扎扎实实抓好工作落实，万不可有侥幸心理。

二、认真分析，正视污染减排工作中存在的困难和问题

（一）重视程度不够，项目推进不力。主要表现在两个方面：一是责任主体不明确，部门配合不够。个别县区部门间的职责分工还不够明确具体，部门对自身的污染减排职责认识不到位，还没有作为重点工作来做，部分项目的组织推进、材料的收集准备工作缺乏有效沟通。上半年我市实际完成的项目是11个，由于没有准备污染减排材料，省上仅认可了6个。畜禽养殖场的污染减排工作还没有引起足够的重视，建设进度滞后，管理不规范。二是污染减排工作的热点、难点问题没有得到有效解决。突出的有：峨山县污水处理厂已建成近1年的时间，但迟迟没能投入运行；通海县污水处理厂长期运行不正常，前后6次受到国家和省级的通报批评，但始终没有得到根本改善；元江县污水处理厂试运行1年多，虽然近期做了大量工作，但至今还是运行不正常。

（二）资金投入不足，工作不到位，污水处理厂建设严重滞后。由于城镇化率的不断提高，4项指标中，削减化学需氧量和氨氮成为污染减排工作的重中之重。2012年，全国的城镇化率为52.6%，云南省的城镇化率为39.3%，玉溪的城镇化率为42.9%。城镇化率的提高增大了化学需氧量和氨氮两项指标的削减压力，而污水处理厂是两项指标削减的主力军。按照国家核查核算要求，原有污水处理厂运行不正常，将对削减量进行倒扣；新建污水处理厂运行不正常，将不予认可削减量。我市原有6个污水处理厂中，通海县、华宁县、江川县的3个污水处理厂运行不正常；新

建的3个污水处理厂中，峨山、元江2个污水处理厂运行不正常。运行不正常的原因主要是建设资金投入不足，政府推进力度不够，导致污水管网长度达不到设计要求，雨污不分，尤其是老城区管网改造不彻底，厂区设施配套不到位。对照责任书，年底前5个污水处理厂如果不能确保正常运行，我市将难以完成化学需氧量和氨氮的年度削减任务。

（三）企业意识不到位，污染减排设施运行不正常。按照国家核查核算要求，新建的污染减排设施运行不正常或不运行，年底将不予认可削减量，对情形恶劣的将实施倒扣。易门大椿树水泥厂、华宁玉珠水泥厂、元江永发水泥厂的水泥脱硝设施已建设完成，但都擅自闲置或不正常运行脱硝设施，导致我市上半年氮氧化物削减量为0。针对这个情况，省环保厅已在7月份召集全省的重点脱硝企业进行了督促提醒，我市易门大椿树水泥厂也是其中之一。

三、履职尽责，不折不扣地完成年度污染减排任务

（一）责任主体的问题。国家和省政府“十二五”节能污染减排工作的实施意见中已经对污染减排工作的责任主体进行了明确的规定，我市在近几年的污染减排会议上也多次强调了各部门的职责分工。今年，市政府下发的年度重点污染减排项目的通知中，也对每个项目的责任部门作了具体明确。但从实际情况看，个别县区在部门的责任分工上还是不能形成一个清晰的认识。现在，我再次进行强调，各县区和市直部门要严格实行环境保护“一岗双责”制度。环保部门重点负责工业企业污染治理项目的推进、污染减排项目材料的准备，牵头组织日常督查和年底考核工作；住建部门重点负责城镇生活污水处理厂污染减排项目的整改和推进；农业部门重点负责农业污染减排项目的整改和推进；工信部门重点负责机组发电、结构淘汰等污染减排工作；统计部门重点负责污染减排基础数据统计工作，及时与环保部门对接沟通，共享信息资源。其他部门也要按照各自的职责分工，积极开展好污染减排工作。还需要特别说的是，各部门负责准备本部门污染减排项目材料，污染减排的日常报表由各责任部门负责填报，经县区政府认可后上报。必须通过这些方式让各部门真正负起责任来。会议结束后，各县区对部门的职责分工和所承担的具体工作做进一步的细化，形成一种固定的工作机制，以后对这个问题就不再重复了。

（二）项目推进的问题。职责分清了，就要抓工作的落实，重点还是污染减排项目的推进。各县区要建立污染减排的联席会议制度，定期召开会议专题研究污染减排工作。针对1~8月存在的问题，会后要及时召开专题会议进行研究，采取强硬的措施，坚持目标不减，倒排时间进度，争分夺秒推进项目实施。具体的工作措施我就不多讲了，只对重点项目的完成时限提出要求：列入责任书中的9个城镇生活污水处理厂在2013年9月30日前，厂区内所有设施必须确保正常运行，该安装的设施要尽快安装，该更换的设备要更换。今年11月30日前，加快管网建设进度，完成已批复的管网建设和老城区管网改造工程，完善管网雨污分流，确保污水处理量达到设计量的60%，污水进水浓度保持正常水平。峨山、元江、通海3个县的任务比较重，但必须要不折不扣确保完成。畜禽养殖场项目要按照责任书规定的时限，在今年9月30日前完成前期手续，按规范建设处理设施，补充完善污染减排材料。脱硝项目已经建设完成的4个水泥厂一定要及时投入正常运行，切不可再犹豫观望。钢铁厂的脱硫项目已经超过了责任书规定的期限，我现在给一个最后的完成时限，必须在2013年11月30日前建设完工并投入运行。

（三）监督考核的问题。国家和省不断加大污染减排工作的督促力度，也逐步采取了一些强硬的保障措施，从县域经济考核的一票否决，到最近的预警提醒，可以看出上级政府对污染减排工作的高度重视。面对目前的压力和风险，我们不能被动挨打，要采取更加积极的行动，进一步强化日常监督和年底考核工作。为督促污水处理厂的建设进度，前不久我也专门到有关县区进行了调研督查，目的是给进展滞后的县区政府敲敲警钟。6月份，市政府下发了“十二五”污染减排考核实施办法，明确了考核和奖惩措施，同时安排了考核资金，根据年底考核结果，对工作做得好的单位和个人进行表彰奖励。有了奖励措施，就必然有对应的惩罚措施。如果因为工作不到位，污染减排任务未完成，影响全市污染减排工作的，我们将毫不留情地启动问责程序，并实施“限批”措施。

大　事　记

编辑：王　斌

1月

7日

△ 市三届人大常委会举行第三十七次会议，审议通过有关人事任免事项，决定饶南湖任玉溪市人民政府副市长、代理市长。因工作变动，高劲松辞去玉溪市人民政府市长职务。

9日

△省委组织部副部长，省人力资源和社会保障厅党组书记、厅长解毅到玉溪调研，听取人事机构编制和人事工作情况的汇报。

10日

△ 在首届中国文化旅游品牌建设与发展论坛上，抚仙湖荣膺“中国文化旅游新地标”，玉溪入选“中国文化旅游示范基地”。

16日

△ 昆明、玉溪两市相关部门在玉溪签订社会事业及旅游发展战略合作协议。昆明市副市长杨皕，玉溪市副市长杨洋及两市教育、科技、卫生、旅游、食品药品监督管理、人口计生、红十字会7个部门负责人出席签字仪式并进行座谈交流。

△ 市、县区10个投资项目审批中心建成开通，市级涉及并联审批的18家单位全部入驻市政务服务大厅投资项目并联审批窗口。

17日

△ 玉溪市招商引资大会在聂耳大剧院举行。大会推出总投资额1500多亿元的200余个招商项目，总投资202亿的31个项目在会上顺利签约。这些项目分别涉及基础设施、工业生产、旅游文化、农业产业、商贸物流等领域。市委副书记、代市长饶南湖就玉溪招商引资重点项目进行推介。 大会还举行了捐赠、签约及授牌仪式。北京中关村教育基金会和浙江樱菲化妆品有限公司、云南中尚置业有限公司、昆明益邦投资有限公司分别向玉溪捐赠1 000万元支持玉溪扶贫、教育及文化事业。饶南湖代表市政府与17家金融机构签订战略合作协议，并为市开发投资有限责任公司、市高等级公路有限责任公司、市城市建设投资集团等6个市属投融资公司授牌。

△ 2013年第一批总投资达15亿元的13个招商引资项目在高新区、红塔工业园区和研和工业园区集中开工，掀起玉溪招商引资项目建设热潮。 集中开工的13个项目包括云南贡润祥茶产业开发有限公司年产235吨高档品牌普洱茶膏生产项目、云南绿光科技有限公司年产120万台LED灯具生产项目、云南合淇包装材料有限公司投资1 100万元建设年产1 000吨水性油墨研发及产业化项目等，项目总投资15亿元。市党政领导张祖林、饶南湖、谢兴荣、寸世成、张玲、冷明德、黄宪庭、范汝坤、夏立洪、李文斌、邓绍林、刘宁笙、李洪云、王跃、左广等出席三个园区项目开工仪式。

△ 玉溪市与金融战略合作伙伴高层座谈会举行。市党政领导与前来参加招商引资大会的金融界负责人就加强银地合作、支持玉溪经济发展、实现银地共赢进行了广泛交流。市党政领导张祖林、饶南湖、谢兴荣、寸世成、张玲、冷明德、黄宪庭、李洪云出席座谈会。

18日

△ 玉溪花灯剧院建团六十周年庆典在花灯剧院举行。

28日

△ 2013年云南省青少年乒乓球冠军赛在玉溪市少年儿童体育学校开拍。

29日

△ 最高人民法院召开全国法院“两评查”活动总结表彰电视电话会议。玉溪中院被评为全国法院“两评查”活动先进单位、玉溪中院民一庭黄延林主持的（2012）玉中民一初字第1号案件庭审被评为全国法院优秀庭审，受到最高人民法院的表彰。

31日

△ 澄呈、晋江高速公路开工。晋江高速公路由玉溪市主导推进。项目起于晋宁县晋城镇孟获山，止于江川县大街镇大寨村，设置互通江川至通海一级公路。路线全长54.99千米，估算总投资65亿元，计划2016年6月建成。澄呈高速公路由昆明市主导推进。项目起于呈贡马金铺高家庄，止于澄江抚仙湖环湖路。路线全长40.2千米，总投资52亿元，力争2015年6月底前建成通车。

2月

1日

△ 16家市级部门及5家中央、省驻玉单位负责人通过玉溪电视台向全市人民作出行政管理服务审批限时办结承诺，接受公众监督，推进政风、作风根本转变，打造一流投资环境。

4日

△ 省委书记、省人大常委会主任秦光荣，省委常委、省委秘书长曹建方，省政协副主席米东生赴红塔区、峨山县开展“送温暖”活动。

△ 红塔区政府与北京世纪乐地投资有限公司签署玉溪市红塔区平战结合人防工程投资建设协议。该工程北至玉兴路口北侧，南至凤凰路，东至东风中路路口东侧，全长约2 500米，建筑面积约4.5万平方米，总投资7亿元以上。

22日

△ 玉溪市第三届人大常委会第三十八次会议通过关于限期拆除抚仙湖沿岸及江川玉带河岸违法违规建筑物的决议。决议要求：限期拆除抚仙湖一级保护区至环湖公路外侧50米范围内、江川玉带河岸两侧50米范围内的违法违规乱占乱建和临时建筑物。

25日

△ 玉溪市政府与省农发行签订金融战略合作协议。饶南湖与省农发行行长段云翔签署战略合作协议。

27日

△ 玉溪市中医医院举行国家三级甲等中医医院揭牌仪式。

△ 玉溪中心城区又一主干道——康井路全线完工通车。全长2440米，宽40米，是中心城区唯一一条双向十车道的干线。

3月

2日

△ 玉溪与西南交通建设集团签署绕城高速公路西线建设项目合作框架协议。该项目起于昆明市晋宁县昆阳街道办事处，止点接于已建成的玉元高速公路，全长51千米，按双向六车道高速公路标准建设，估算投资79亿元。

5日

△ 据市农业局统计，持续发展的旱情已导致全市小春农作物受灾面积达91.79万亩，绝收23.6万亩，造成近3亿元的直接经济损失。

6日

△ 5～6日，省人大常委会调研组深入玉溪乡镇卫生院所，调研医药卫生体制改革情况，总结医改“玉溪模式”经验，查找问题，研究对策，促进医疗卫生事业进一步发展。

12日

△ 11～12日，诚通实业投资有限公司、中建五局等多家央企高管到玉溪就抚仙湖土地一级开发、保障房投资开发、高速公路投资建设等项目进行考察。

13日

△ 副市长杨洋率发改、财政、人社、卫生、市直医院负责人赴昆明市考察学习深化公立医院改革、扩充优质卫生资源及城乡居民医疗保障一体化经验做法。

16日

△云南台正机床装备联盟体在研和工业园区数控装备产业园举办首届4S店服务产品展示交流会。600多名来自国内外的机床行业相关产品研发、销售商参会。市委书记张祖林出席展示交流会并为上海、深圳、昆明等地2012年经销业绩突出的联盟体4S店颁奖。市领导董文献、陈勇、王跃、李有明出席交流会。

18日

△ 2012年度全省检查考评玉溪市综合汇报会召开，市委、市政府向省实地检查考评组汇报工作情况，并开展民主测评工作。 2012年度全省的综合考评工作从玉溪拉开帷幕。

19日

△ 市党政领导与广发银行昆明分行领导进行座谈。双方就进一步密切合作，实现银政、银企共赢发展进行深入交流。市领导张祖林、李洪云、陈勇、左广，广发银行昆明分行行长景峰等出席座谈会。

20日

△ 全市治理农业面源污染工作动员会召开。即日起，以塑料薄膜大棚为主的农业面源污染治理工作全面展开。

26日

△ 22～26日，中国人民政治协商会议玉溪市第四届委员会第一次会议在玉溪举行。会议听取并赞同饶南湖代表第三届市人民政府所作的《政府工作报告》，赞同《玉溪市中级人民法院工作报告》、《玉溪市人民检察院工作报告》及《玉溪市2012年国民经济和社会发展计划执行情况与2013年国民经济和社会发展计划草案的报告》、《玉溪市2012年地方财政预算执行情况和2013年地方财政预算草案的报告》。会议听取并审议通过了冷明德代表政协玉溪市第三届委员会常务委员会所作的工作报告和陈志芬代表政协玉溪市第三届委员会常务委员会所作的提案工作情况报告。会议选举产生了政协玉溪市第四届委员会主席、副主席、秘书长、常务委员，圆满完成各项议程。黄宪庭当选为政协玉溪市第四届委员会主席，陈志芬、汪燕平、马良昌、郭亚钢、贺光明、李少华当选为副主席，张卫当选为秘书长；会议还选出了54名常务委员。

28日

△ 24～28日，玉溪市第四届人民代表大会第一次会议在玉溪举行。会议通过玉溪市第四届人民代表大会第一次会议关于玉溪市人民政府工作报告的决议、关于玉溪市2012年国民经济和社会发展计划执行情况与2013年国民经济和社会发展计划的决议、关于玉溪市2012年地方财政预算执行情况和2013年地方财政预算的决议、关于玉溪市人民代表大会常务委员会工作报告的决议、关于玉溪市中级人民法院工作报告的决议、关于玉溪市人民检察院工作报告的决议。

会议选举产生新一届市级国家机关领导人。谢兴荣当选为玉溪市第四届人民代表大会常务委员会主任；饶南湖当选为玉溪市人民政府市长；吕召当选为玉溪市中级人民法院院长；根据地方组织法规定，选举出的玉溪市人民检察院检察长张德勋将报经省人民检察院检察长提请云南省人民代表大会常务委员会批准；海之鹤当选为玉溪市第四届人民代表大会常务委员会秘书长。李有明、郭开堂、吴建森、雷庆丽、周继武、叶本功当选为玉溪市第四届人民代表大会常务委员会副主任；陈勇、李平、明正彬、杨洋、解仕清、左广、孙云鹏当选为玉溪市人民政府副市长；马琼仙等28人当选为玉溪市第四届人民代表大会常务委员会委员。

4月

3日

△ 省委常委、省委组织部部长刘维佳到新平县新化乡新甸村莫哈底小组参加抗旱保春耕劳动，了解抗旱救灾情况，指导基层党建工作。

8日

△ 三峡集团公司副总经理毕亚雄、省移民局局长韩梅一行就溪洛渡水电站外迁移民安置工作到玉溪考察调研。

9日

△ 6～9日，2013年“玉溪杯”全国公路自行车冠军赛暨首届玉溪自行车公开赛在玉溪举行。

△ 8～9日，由中国交通建设（集团）公司第一公路勘察设计研究院专家组成的专家组，先后到新平县城、大开门、戛洒镇、哀牢山隧道进口等地进行实地勘察调研，对新平至临沧高速公路建设项目工程进行审查评估。

10日

△ 9～10日，省人大常委会常务副主任孔垂柱率调研组对玉溪抗旱保民生促春耕工作进行调研指导。

11日

△中国联通集团公司总经理陆益民到玉溪调研。

12日

△ 11～12日，以孟加拉国民族主义党人权事务秘书纳赛尔·乌丁·艾哈迈德为团长的考察团一行到玉溪，就玉溪基层党组织建设、新农村建设和新农合情况进行考察。

16日

△ 市委书记张祖林、常务副市长陈勇、副市长杨洋会见中科院院士舒德干教授一行。

△ 新平县与昆明市官渡区缔结为友好县区，双方将本着“友好自愿、优势互补、共同发展”的原则，加强交流合作，携手并进，共同谱写两地科学发展、和谐发展、跨越发展新篇章。

17日

△ 16～17日，云南省蔬菜产销推介会在玉溪举行。

△ 由原农业部副部长、海峡两岸农业交流协会会长于永维，台湾海峡两岸合作发展基金会监事长刘文筑组成的农业项目专家组一行到玉溪，就农业发展合作进行考察交流。

18日

△ 新平县举办2013年招商引资项目洽谈签约活动，签约项目25个。其中项目投资合同14个，合同资金43亿元；意向性协议11个，协议资金31亿元。

△ 教育部副部长、国家语委主任李卫红到玉溪调研。

19日

△ “寻找中国最美风景区”走进云南活动评选揭晓，新平等10个县（区）成为“中国最美风景县云南10佳”，新平县大槟榔园村、红塔区大营街等30个村寨成为“云南30佳最具魅力村寨”。

22日

△ 市委书记张祖林会见来访的国信证券股份有限公司董事长何如一行，双方就进一步加强金融合作，实现互利共赢进行了交流，在道路交通、园区基础设施建设等方面达成合作意向。

25日

△ 红塔区人民政府分别与南京三胞集团有限公司、浙江樱菲化妆品有限公司签订协议，就泷水塘老工业片区改造开发、玉溪新天地城市综合体项目建设达成共识——两个项目共计投资不少于115亿元，在中心城区建设两个现代化城市综合体。市党政领导张祖林、饶南湖、董文献、李洪云、陈勇、方志鸣；南京三胞集团有限公司董事长袁亚非、浙江樱菲化妆品有限公司董事长薛金根等出席签字仪式。

28日

△ 玉蒙铁路正式开通客运，滇南地区铁路客运正式接入全国准轨铁路网，滇南“火车没有汽车快”的历史彻底终结。

△ 20～28日，“玉商杯”2013年ITF国际男子网球巡回赛中国·玉溪站比赛在红塔网球中心举行。

5月

3日

△ 省委常委、常务副省长李江先后到华宁县、通海县、红塔区，就民营经济发展进行调研。

8日

△ 7～8日，由市委书记张祖林率领的玉溪市党政考察团到红河州，就工业园区、城市建设以及交通基础设施、新农村建设等工作进行学习考察。

10日

△副省长高峰到玉溪调研教育卫生工作。

△昭通市党政代表团到玉溪商洽移民安置工作。

13日

△ 12～13日，市长饶南湖、常务副市长陈勇率玉溪赴广东招商引资推介洽谈代表团先后在广东佛山、中山、深圳举行招商引资项目推介洽谈会，对玉溪的投资优势、投资环境和重点招商引资领域进行推介。佛山、中山、三地的500余名政企代表参加推介洽谈会。

△ 浙江樱菲控股、浙江恒迪实业等8家浙商组团，考察玉溪投资环境。

15日

△ 副省长丁绍祥到玉溪调研烤烟生产工作。

20日

△ 由中铁六局桥隧分公司承建的昆阳至玉溪铁路扩能改造工程大坡山隧道顺利贯通，昆玉铁路大坡山隧道全长2 447米，这是昆玉铁路首条贯通的长大隧道。

28日

△ 全国首个休闲度假总部经济基地——磨盘总部基地管理有限公司落户新平县。

29日

△ 省委副书记、省长李纪恒，国家烟草专卖局局长凌成兴到红塔集团调研。

△ 2013年全市防震减灾工作联席会召开，市政府首次与各县区签订防震减灾工作目标责任书。首次将抗震设防要求列入行政效能考核。

△ 红塔区人民政府与红星美凯龙家居集团股份有限公司签约，拟投资100亿元在红塔区建设玉溪星海生活广场城市综合体项目。

30日

△ 由全国政协副主席齐续春带队的全国政协“涉法涉诉信访工作改革”调研组来到玉溪，调研涉法涉诉信访工

作改革情况。

31日

△ 市委书记张祖林会见到访的瑞银证券有限责任公司董事总经理程前一行，双方就进一步加强金融合作，实现互利共赢进行交流，在加强抚仙湖生态环境保护，加快道路交通基础设施、园区建设等方面达成合作意向。

6月

2日

△ 华宁县普降大雨，局部大到暴雨，最大降雨量达到3小时122.6毫米，导致该县4个乡（镇、街道）42个村委会（社区）270个村民小组受灾及部分基础设施损毁，受灾人口达2万余人，农作物受灾面积19 785.8亩，经济损失4 329.1万元。

5日

△ 4～5日，参加云台会的台湾嘉宾赴玉溪出席玉溪招商推介会，并先后到澄江、华宁、红塔区的部分企业考察，了解玉溪经济社会发展的优势和潜力，增进友谊，促进云台产业对接和企业合作。

△ 云南省第四届国家级、省级工艺美术大师暨高级工艺美术师联谊会在华宁县举行。

6日

△ 到云南出席南博会的马来西亚前总理马哈蒂尔携夫人一行19人到通海县纳古镇进行友好访问。

11日

△ 中科院院士、原北京大学校长许智宏来到玉溪一中，与部分师生代表交流座谈。

13日

△ 由省政协副主席喻顶成带队的省政协重点提案调研组，就玉溪陆路交通建设情况进行调研。

△ 省供销社主任李琳玻一行到玉调研。

14日

△ 昆明高新区党工委书记、管委会主任董保同率管委会有关部门负责人到玉溪高新区洽谈合作事宜。

16日

△ 由广西壮族自治区党委常委、南宁市委书记余远辉带队的党政代表团到玉溪考察交流。

18日

△ 副省长丁绍祥到玉溪调研城市综合体项目规划、建设推进情况。

19日

△ 18～19日，省人大常委会副主任王树芬率调研组到玉溪，专题调研玉溪贯彻落实国家结构性减税政策情况。

△ 玉溪市东片区暨“三湖”生态保护水资源配置应急工程启动。该工程估算总投资19.6亿元，建设周期为一年半，设计年引水量为7 013万立方米，线路总长154.8千米。

△ 省委常委、高校工委书记李培到玉溪就高等教育和职业教育改革发展情况进行调研。

△ 玉溪市委副书记、市长饶南湖会见到访的中国电力建设集团有限公司副总经理李跃平一行，双方就进一步加强战略合作，加快玉溪道路交通、园区、学校、医院等基础设施建设进行了交流。

20日

△ 华宁县与广西莲花投资有限公司、江苏佛照能源科技有限公司等4家企业签订项目投资协议，投资额4.18亿元。

△ 晋江高速公路工程全面开工建设。

23日

△ 20～23日，由国家卫生与计划生育委员会组织的等级医院评审团来到市人民医院，进行等级医院复核评审。

24日

△ 22～24日，柬埔寨人民党暹粒省委常委、副省长、国会主席顾问毛武提率干部考察团一行17人到玉溪参观访问，就玉溪扶贫减贫、新农村建设等工作，到新平县扬武镇丕且莫村、红塔区大营街、玉溪庄园等地进行考察。

25日

△ 玉溪市政府与云南能源投资集团有限公司签署基础能源项目合作框架协议，双方将共同开展燃气管网、车用燃气供应、城市燃气供应、天然气分布式能源等基础能源项目建设。市委常委、常务副市长陈勇，云南能源投资集团党委副书记、纪委书记江萍，云南能源投资集团副总裁郭曙光出席签约仪式。

△ 2013年滇东文学创作年会在玉溪举行。

△ 市四届人大常委会举行第二次会议，审议通过关于设立试验区项目保证金和抚仙湖保护治理专项资金的决议、关于中心城区禁止一户一宅模式进行民房建设的决议等。

26日

△ 24～26日，省民委主任赵立雄一行到玉溪调研民族工作。

28日

△ 江川县人民医院通过云南省二级甲等综合医院评审，这是玉溪市县级同级医院中第一家。

7月

1日

△ 全市校安工程暨美丽100校园行动计划启动仪式在玉溪一小山水校区举行。省教育厅厅长何金平、副厅长邹平，市党政领导饶南湖、夏立洪、谢兴荣、黄宪庭、李文斌、董文献、陈勇、杨洋出席动员大会。

2日

△ 马料河综合治理项目开工。该项目的实施，打响了玉溪42条主要入湖河道综合治理的第一仗。市委书记、马料河河长张祖林宣布马料河综合治理项目开工。饶南湖、夏立洪、谢兴荣、黄宪庭、张玲、冷明德及其他担任“三湖”主要入湖河道河长的市级领导出席项目开工仪式。

3日

△ 玉溪市政府与云南师范大学在该校签订战略合作框架协议，推动政校合作向更深层次和更宽领域发展。省政协副主席曾华，玉溪市党政领导张祖林、饶南湖、夏立洪、杨兴荣、杨洋，云南师范大学党委书记叶燎原、校长杨林等出席签字仪式。

4日

△ 国家卫生计生委副主任徐科到玉溪调研卫生计生发展改革工作。

△ 在国家科学技术部与云南省政府在昆明举行的2013年部省工作会商会议上，全国政协副主席、科技部部长万钢向“玉溪高新技术产业开发区”授牌，市委副书记、市长饶南湖代表玉溪市接受牌匾。标志着玉溪高新技术产业开发区晋级为国家高新区。

7日

△ 玉溪市委党校校园改扩建工程正式开工。市委党校校园改扩建工程占地155.3亩，其中新征地83亩，计划总投资2.8亿元，建筑面积达64 671平方米，其中新建建筑面积57 500平方米，改造面积7 171平方米。该工程是玉溪通过市场化运作，首个采用BT+总承包建设模式的社会事业项目。

10日

△ 国开证券有限公司投资银行（深圳）总部调研组一行到玉溪调研，就加强与玉溪合作，搭建投融资平台，帮助解决中小企业融资难题，引进投资项目，促进玉溪产业发展进行交流对接。

11日

△ 国土资源部副部长汪民率地质环境司、地质勘查司、地质调查局等部门负责人到澄江化石群遗产地调研。

13日

△ 上海闵原电器（集团）有限公司董事长蒋厚龙一行到玉溪，就投资建设电动车生产基地相关事项进行实地考察，并与玉溪就意向合作事宜进行对接。

19日

△ 18～19日，由曲靖市委副书记李云忠、副市长朱兴友带领的曲靖市党政代表团到玉溪，就产业结构调整、现代农业建设、庄园经济发展情况进行考察。

△ 由国家发改委副主任连维良率队的国务院安委会第一综合督查组来到玉溪，就玉溪安全生产工作开展督查。

20日

△ 第三届中国聂耳音乐（合唱）周在聂耳音乐广场开幕。省委常委、宣传部部长赵金出席开幕式并宣布第三届中国聂耳音乐（合唱）周大型文化系列活动开幕。省人大常委会副主任刀林荫，省政协副主席罗黎辉等领导出席开幕式。市委书记张祖林在开幕式上致辞。省委宣传部常务副部长、省文产办主任尹欣在开幕式上讲话。市委副书记、市长饶南湖主持开幕式。云南卫视对开幕式进行了现场直播。

△ 市委书记张祖林，省委宣传部常务副部长、省文产办主任尹欣接受媒体记者专访，就打造聂耳文化品牌、提升云南文化软实力及未来将如何做大做强聂耳文化品牌，实现持续发展等问题回答记者提问。来自中央、省、市的30多家媒体记者参加了集中采访。

21日

△ 作为第三届中国聂耳音乐（合唱）周的一项重要活动，大型原创舞台音乐剧《国之歌》在玉溪聂耳大剧院举行首场演出。

24日

△“聂耳杯”合唱决赛暨颁奖晚会暨第三届中国聂耳音乐（合唱）周闭幕式在聂耳大剧院举行。

△ 2013玉溪中秋国庆大型灯会推介会在中玉酒店举行，组委会向《中国日报》、《云南日报》、云南网等19家省内外新闻媒体推介了此次灯会的筹备情况和玉溪经济、社会、文化发展情况。

25日

△“美丽云南　绿色家园　生态文明建设系列新闻发布会”第八场“美丽云南　幸福玉溪”主题发布会在昆明海埂会堂举行。市委副书记、市长饶南湖，市委常委、常务副市长陈勇，市委常委、宣传部部长杨兴荣，副市长杨洋出席新闻发布会并回答媒体记者提问。

26日

△云南褚橙果品有限公司甜橙分选及深加工项目在新平县工业园区桂山片区启动，工程概算投资1.1亿元，项目占地约61亩，将建成年分选冰糖橙2万吨选厂一座、3 000吨气调保鲜冷库一座、年处理4 000吨鲜橙汁生产线一条。

30日

△ 玉溪市大化产业园区建设启动开工仪式在峨山县化念镇举行。园区近期规划面积31.49平方千米，远期规划建设面积193.93平方千米，其定位为产业发展聚集区、产（业）城（镇）融合示范区、小微企业聚集区、移民再就业安置区和热区旅游观光区。

△ 通海县曲陀关旅游古镇暨甜白酒市场建设启动。

△ 东风水库径流区综合整治九溪片区污水处理厂及配套管网工程建设举行开工仪式。旨在进一步改善九溪大河流域生态环境，确保中心城区饮用水安全。该工程概算投资4 222万元。

8月

1日

△ 易门县政府与重庆睿安特科技发展有限公司年产30万吨重型钢结构产业化基地建设项目举行签约仪式。市委副书记、市长饶南湖，市委常委、常务副市长陈勇，云南省政府驻重庆办事处主任冯敬勇出席签约仪式。项目计划总投资12亿元，共建设18条钢结构生产线，建设面积约32万平方米，建设期限3年，分两期建设完成。项目建成投产后，年生产规模可达30万吨重型钢结构件，预计可实现产值30亿元，利税1亿元，提供就业岗位1 800个。

2日

△ 玉溪市政府与中国水电建设集团路桥工程有限公司、中国水利水电第十四工程局有限公司签署《晋宁至红塔区高速公路建设项目合作框架协议》。计划投资85亿元，用三年时间建成晋红高速公路，解决玉溪城市过境交通问题，逐步构筑起城市大交通骨架。

△ 玉溪高新区与江川县合作开发龙泉山工业园框架协议签约。按照协议，玉溪高新区将与江川县合作开发建设龙泉山20平方千米区域，实现优势互补、发展共赢。

7日

△ 科技部副部长陈小娅一行到玉溪，就玉溪科技创新、高新技术产业发展进行调研。

8日

△ 玉溪赴福建重点产业推介会首场推介在泉州举行，160多位泉州知名企业负责人应邀出席推介会。江川、元江、易门、新平、峨山县分别在推介会上进行了重点产业和项目推介。

9日

△ 玉溪赴福建招商引资重点产业推介会在厦门举行，230多位客商和嘉宾应邀出席。市委副书记、市长饶南湖

在推介会上作主旨发言，就玉溪8个领域的产业进行重点推介。

12日，

△ 省政府副省长尹建业率队到玉溪调研政法工作。

15日

△ 14～15日，2013全国网上家长学校工作交流研讨会在玉溪举行，来自全国20家省市网上家长学校参加会议。

16日

△ 通海县与湖南通海亿利房地产开发有限公司签署合作框架协议，拟投资10亿元在通海建设云龙商业广场城市综合体项目。

19日

△ 新平县与玉溪国家高新技术开发区签订战略合作协议。

21日

△ 玉溪市公务用车标识管理工作会议召开，即日起至9月10日，全市范围内公务用车将在挡风玻璃上粘贴专用标识，同时公布监督电话和邮箱，将公务用车使用情况自觉置于社会各界和广大群众监督之下。

23日

△ 20～23日，全国妇联、联合国儿童基金会项目官员到玉溪调研12338热线项目运作前期情况，并就下一步项目细节进行实地规划。

27日

△ 市委副书记夏立洪率民政等相关市直部门和各县区分管副县长、民政局长到昆明市就殡葬改革工作进行学习考察。

9月

3日

△ 副省长丁绍祥到华宁县，深入到联系点冲麦村开展党的群众路线教育实践活动。

4日

△ 3～4日，省委副书记仇和到玉溪就“三农”工作、县域经济发展进行随机调研、专题调研。

6日

△ 全省美丽乡村建设工作会在玉溪召开。省委副书记仇和出席并讲话，副省长沈培平主持会议。市委书记张祖林在会上致辞。市领导饶南湖、夏立洪、李洪云、董文献、姜山、李平参加了会议。

△ 首届玉溪市公诉人与律师论辩大赛在玉溪市人民检察院举行。

7日

△ 玉溪窑发展研究中心在玉溪技师学院挂牌成立。

9日

△ 华宁县柑橘旅游文化节招商引资推介会在华宁举行，四个项目成功签约，总投资54.98亿元。华宁招商引资的重大项目云南蓝天重工有限公司二期工程项目在该县工业园区新庄片区开工建设。项目占地84亩，总投资3亿元，预计在2014年3月份建成投产。一、二期项目全部达产后，将实现年产塔筒300～400台套，销售收入达4～5亿元，年利税达4 000～5 000万元。

10日

△ 原玉溪市委机关公共建筑开始拆除，为进一步加快荷花池片区城市综合体建设奠定了基础。

11日

△ 抚仙湖北岸万亩生态湿地项目建设启动。项目建成后，将彻底截留抚仙湖北岸流域内污水，实现中水完全回用，从根本上扭转抚仙湖水质下降趋势，有效促进流域生态系统修复，推动产业结构调整。

△ 珠江流域片区水资源管理工作座谈会在江川县召开。水利部水资源司、珠江委及云南、贵州、广西等珠江片区各省区水资源管理部门领导参加会议。

12日

△ 11～12日，全国十三城市关心下一代工作联谊会第五次会议在玉溪举行。

△ 华宁县与河南省禹州市签署协议书，正式缔结为友好县市。

△ 省政协主席罗正富一行到易门县就滇中产业新区规划、产业布局和基础设施规划建设情况进行调研。

13日

△ 玉溪市第一幼儿园本部改扩建工程完工投入使用。改扩建后的幼儿园占地13.53亩，建筑面积9 798平方米，总投资3 790万元。

17日

△ “2013玉溪中秋国庆大型灯会”在聂耳广场举行，为期1个月。

24日

△ 由临沧市副市长刘颖带队的考察组一行到玉溪，对玉溪高速公路建设进行考察。

△ 蒙古国友好和平机构代表团一行10人到玉溪，参观通海县兴蒙乡蒙古族村落及玉溪生态城市建设情况。

26日

△玉溪市法学会成立暨第一次会员大会召开，审议通过《玉溪市法学会章程》，选举产生第一届领导机构。市委常委、市委政法委书记刘宁笙当选为玉溪市法学会会长。

△ 红塔区政府与重庆南方集团有限公司签订框架协议，拟投资不低于160亿元在红塔区建设玉溪高铁新城城市综合体。

27日

△ 玉溪招商网开通运行，招商引资工作步入信息化时代。

29日

△ 玉溪市人民医院矿业分院揭牌成立。

△ 玉溪市青年企业家协会暨玉溪青年商会成立大会召开。

10月

22日

△ 玉溪红星国际广场城市综合体项目开工。项目概算投资100亿元，建设周期3年。

△ 由淄博市委常委、副市长庄鸣带队，淄博市经信委、科技、财政等相关部门负责人及企业家代表组成的考察团来到玉溪，对玉溪工业经济、招商引资、产业发展情况进行考察。玉溪市副市长解仕清介绍了玉溪经济社会基本情况和工业经济发展情况。

23日

△ 滇桂黔三省区十一州市老龄工作协作区第27次会议在玉溪召开。

25日

△ 晋红高速公路开工建设。主线全长50千米，为双向六车道，估算总投资85亿元，预计2016年9月竣工。

△ 澄江县马料河流域主要河流水污染综合整治与生态修复下段工程开工，工程概算投资1.8亿多元。

28日

△ 估算总投资达27.46亿元的中心城区红龙路改扩建、武警玉溪市支队迁建及周边市政道路建设、市人民医院改扩建、中心城区雨污管网改造、玉山城片区土地一级开发整理暨玉山一路、二路道路建设同日开工。市领导张祖林、夏立洪、李洪云、李文斌、董文献、陈勇、陈志芬出席开工仪式

△ 2013中国（维和药业）三七健康产业发展高峰论坛在玉溪举行，来自中国科学院、武汉大学、华中农业大学等国内知名科研院所的专家学者围绕三七健康产业发展展开交流、建言献策。

29日

△ 玉溪国家高新区集中开工第二批13个项目，总投资将超过27亿元。

30日

△ 红塔区凤凰街道高龙潭社区被省地震局评为全省地震安全示范社区，这是玉溪首个省级地震安全示范社区。

△ 新平县规划建设的六大庄园之一——中国·新平樱花庄园在新平县磨盘山景区揭牌。

11月

1日

△ 红河州委书记杨洪波，州委副书记、州长杨福生率红河州党政代表团到玉溪，就城市建设、湖泊保护治理、旅游文化产业发展等进行参观考察，双方就加快道路交通基础设施建设，携手打造昆玉红旅游文化产业经济带达成共识。

6日

△中缅管道天然气玉溪门站连通，天然气顺利抵达玉溪门站。

11日

△ 载重量750千克以上货车禁止在抚仙湖环湖公路通行。

14日

△ 13～14日，以赞比亚酋长与传统事务部副部长罗伯特·唐迪·驰瑟为团长的代表团一行5人，到玉溪就民族地区新农村建设和少数民族特色村寨建设情况进行考察。

16日

△ 昆明新平商会在昆明成立。

20日

△ 新平县被中国楹联学会授予“中国楹联文化县”称号。新平成为中国第81个、玉溪第2个“中国楹联文化县”，也是云南省首个获此殊荣的少数民族自治县。

21日

△中国老年人体育协会命名玉溪市为“全国柔力球之乡”。

22日

△ 21～22日，由省老科协主办、玉溪市老科协承办的云南省老科协“新型城镇化与生态文明建设论坛”在玉溪举办。

25日

△ 云南省基层武装部建设、民兵转型建设暨预备役部队正规化建设任务部署会在玉溪召开，成都军区副政委王增钵，总参谋部动员部副部长王文清，省军区司令员张肖南，省委常委、省军区政委杨成熙，省政府副省长尹建业，饶南湖、夏立洪、邓绍林出席会议。

△ 21～25日，省、市消除疟疾考核专家组对江川县、通海县消除疟疾工作进行考核验收。专家组认为，两县的消除疟疾工作达到国家考核验收标准，成为云南省首批消除疟疾县。

26日

△ 云南玉溪玉昆钢铁集团有限公司螺纹钢产品在渤海商品交易所正式挂牌上市，成为云南省在渤海交易所上市的首个钢铁品种。

29日

△ 市领导饶南湖、夏立洪、陈勇出席省政府金融办公室与市政府联合开展的“金融服务玉溪行”系列活动启动仪式，陈勇代表市政府与省金融办签署战略合作框架协议。

12月

11日

△ 江川县铜器工艺商会成立。

15日

△ 14～15日，纪念蒙古人历滇760周年纪念活动在通海县兴蒙乡举办。

△ 澄江县率先飘起雨夹雪，随后全市各县区自北向南也陆续出现降雪。

16日

△ 玉溪首家便民农产品超市在红塔区新世纪花园小区开业。

17日

△ 工业和信息化部公布首批入选国家信息消费试点城市名单，在上榜的68个城市里，玉溪名列其中，成为云南省唯一入选城市。

18日

△ 17～18日，玉溪市妇女第四次代表大会召开。

19日

△ 玉溪新天地商业广场项目开工。该项目是包含高端

购物中心、大型购物超市、精品风情街区、五星级酒店及其他配套商业和住宅建筑，集商贸、办公、休闲、居住等为一体的大型国际化城市综合体。项目占地面积202亩，总投资65亿元，计划3年建成。

△ 17～19日，红塔区、江川、通海、峨山、元江县刷新历史同期最低气温值。

20日

△ 省政府在澄江县召开抚仙湖保护治理工作会议，省委副书记、省长李纪恒、省人大常委会副主任王淑芬、副省长刘慧晏、省政协副主席王承才、省政府九湖督导组组长牛绍尧、省政府秘书长卯稳国出席会议。市领导张祖林、饶南湖、谢兴荣、张玲、冷明德、李洪云、陈勇、孙云鹏参加会议。

△ 玉溪澄江中成村镇银行开业。该行由成都农商银行作为主发起人，联合澄江3户本地企业发起设立，为玉溪市第二家新型农村金融机构。

22日

△ 投资18.3亿元的元江县中广核风电项目开工。

△ 20～22日，共青团玉溪市第四次代表大会召开。大会选举产生共青团玉溪市第四届委员会，审议通过了《共青团玉溪市第四次代表大会关于共青团玉溪市第三届委员会工作报告的决议》。

△ 由新华网主办的“2013美丽中国·新华网旅游年度盛典”在北京举行。中国聂耳音乐（合唱）周荣膺2013美丽中国·最佳传承弘扬中华文化节庆。

24日

△ 澄江县工业园区基础设施项目（蛟龙潭轻工业片区）开工。该园区用地规模4.47平方千米，发展以农特产品加工、生物制药和机械加工为主，以五金机电、现代物流为辅的轻工产业区。

27日

△ 25～27日，玉溪市工会第四次代表大会召开。

△ 玉溪市慈善总会成立暨第一次会员代表大会举行。

31日

△ 通海县曲陀关都元帅府文化旅游休闲中心举行开工仪式。

玉溪综述

编辑：李亚平

玉溪市概况

【位　置】　玉溪市位于云南省中部，介于东经101° 16′ ~103° 9′ 、北纬23° 19′ ~24° 53′ 之间。东北和北面接昆明市，东南和南面与红河州相邻，西南和西面连普洱市，西北靠楚雄彝族自治州。市委、市政府驻地红塔区州城距云南省省会昆明市88千米。区域最大横距172千米，最大纵距163.5千米。总面积15 285平方千米，其中，红塔区、江川、澄江、通海4个县（区）是坝区县，面积共3 348平方千米，占总面积的21.9%；华宁、易门2个县是半山区县，面积共2 888平方千米，占总面积的18.9%；峨山、新平、元江3个县是山区县，面积共9 053平方千米，占总面积的59.2%。

【自然环境】　市内地势西北高，东南低，地形复杂。山地、峡谷、高原、盆地交错分布。西部哀牢山是一巨大屏障，山峦连绵，谷壑纵横，属滇西纵谷地带；哀牢山以东是云贵高原西缘，东部和北部有一些较大的断层陷落盆地，南部和西部地表因被河流切割得支离破碎，形成一系列向南弯凸的弧形山脉，失去高原本来面貌。元江河谷沿哀牢山脉东侧的元江断裂带切割较深，从江面到山顶高差达2 000米以上，形成高山峡谷地带。哀牢山脉主峰大磨岩山海拔3 165.9米，为市内最高点。小河底河与元江汇合处海拔327米，是市内最低点。全市除元江河谷外，大部分地区海拔1 500 ~ 1 800米。玉溪市政府驻地红塔区州城海拔1 630米。

境内主要山峰中，哀牢山脉呈西北向东南走向，斜贯市内新平、元江两县西部。高鲁山位于玉溪盆地西侧，南北走向，主峰黑风洞山海拔2 614米；梁王山从江川县谷堆山转向北东，直抵阳宗海西侧，最高海拔2 820米；磨豆山沿抚仙湖东岸经江川、华宁县直达杞麓湖北岸，最高海拔2 663米；大水井岩头山位于华宁县中部，自北向南，有红岩（海拔2 281米）、大水井岩头（海拔2 623米）、登楼山（海拔2 507米）、羊槽（海拔2 229米）等山峰；螺峰山位于通海县境内，是云南山字形构造的前弧地带，呈向南凸出的弧形，海拔2 241米。境内还有众多的零散破碎山体，因高山峡谷交错，形成海拔在2 000米以上的数十座孤立山峰。

市内河流分属珠江和红河两大水系。新平、易门、元江3个县和峨山县的一部分属红河水系，集水面积共9 981平方千米。红塔区和通海、华宁、澄江、江川4个县及峨山县的一部分属珠江水系，集水面积5 044平方千米。红河的上游元江，源头在区外巍山县与大理市之间的茅草哨，自北向南流，进入新平县，称戛洒江、漠沙江，流入元江县境后称元江，出境入红河县，流入越南后方称红河。元江在市内长度为165千米。其支流绿汁江由北向南流经禄丰、双柏、易门、峨山4个县，在新平县三江口汇入元江，在区内长度为180千米；小河底河发源于峨山县甸中，流经化念称化念河，再沿新平、元江两县与石屏县边界流向东南称撮科河、小河底河，在元江县洼垤乡注入元江干流，在市内全长170千米。珠江上游南盘江的一段，在市内长度为90千米，流经华宁县。其支流曲江，发源于红塔区小石桥，南流入江川县称董炳河，经红塔区南流入峨山县，称猊江（峨山大河），流入通海县称曲江（高大河），再流经建水县曲溪镇入华宁县称华溪河，在盘溪镇三江口注入南盘江。曲江全长208千米，集水面积4 103平方千米。

市内有高原断陷湖泊抚仙湖、星云湖、杞麓湖和阳宗海。抚仙湖位于澄江、江川、华宁3个县之间。湖形似葫芦，北宽而深，南窄而浅，中间细长如颈，南北长31.5千米，东西最宽11.5千米，最窄处3千米，湖岸线长90.6千米，湖面水位海拔1 721米，面积212平方千米，容量205.5亿立方米，最大水深151.5米，平均水深87米，是云南省最深的湖泊，也是中国第二深水湖，总蓄水量比滇池大12倍，比洱海大6倍。

【历史沿革】　玉溪市辖地，两汉分属益州、牂牁两郡。蜀汉分属益州、牂牁、兴古三郡。东晋、南朝分属晋宁、建宁、梁水、兴古四郡。隋属昆州。唐初分属黎、钩二州。唐南诏时分属拓东节度、通海都督、银生节度。宋大理时分为37部及善阐府、银生节度地。元设云南行省时，分属澄江路、临安路、元江路、中庆路。明时，澄江路改澄江府，通海、华宁、峨山县属临安府，新设新平县隶临安府，易门县属云南

府，元江县设元江军民府。清时，新平县属元江直隶州，其余沿明制。民国废府、州，设道，属滇中道、蒙自道、普洱道，后撤道，县直属省。民国后期曾在新平县设第六行政督察专员公署。

建国后，1950年1月1日成立滇中专员公署，3月改称玉溪专员公署，辖玉溪、昆阳、晋宁、呈贡、澄江、江川、华宁、通海、河西、峨山、易门、新平12个县。1951年，峨山县改为峨山彝族自治区。1954年，原属蒙自专区的元江县划属玉溪专区。1956年，峨山彝族自治区改为自治县。1960年，晋宁县（包括昆阳、呈贡）划属昆明市。1970年12月，新平县改设新平彝族傣族自治县，元江县改设元江哈尼族彝族傣族自治县。1983年8月，玉溪县改设玉溪市（县级），1998年，改设红塔区。1998年，经国务院批准，撤销玉溪地区，设立地级玉溪市，6月28日，新设立的市级领导机关挂牌工作。玉溪市下辖红塔区、江川县、澄江县、通海县、华宁县、易门县、峨山彝族自治县、新平彝族傣族自治县、元江哈尼族彝族傣族自治县。

【行政区划】 2013年，全市下辖八县一区，共设75个乡（镇、街道办事处），其中：街道办事处24个，镇25个（其中1个民族镇），乡26个（其中10个民族乡）。

（李亚平）

【气候概述】 2013年，玉溪市气候的主要特点是：全市气温略高至偏高，气温季节分布为冬季偏高至特高，春季略高至偏高，夏季正常略偏高，秋季正常略偏低。大部分县（区）年降水正常略偏少，其中，易门县偏少较多。雨季开始期总体偏早，大部分县（区）分别于5月上旬初相继进入，比常年偏早13～19天；雨季结束期，大部分县（区）于9月21日至25日结束，比常年略偏早。日照时数在2151～2694小时之间，与常年同期相比，9月、10月和12月略偏少，2月、6月和11月偏多。年内热量条件和光照条件较好，水分条件略差，冬春干旱影响严重，洪涝灾害较常年偏轻。气候条件对小春生产不利，对烤烟及大春生产有利。总体气候条件对工农业生产而言属中等偏上年景。

气温。全市年平均气温，元江县为24.6℃，其余各县（区）为16.4℃～17.8℃。与常年同期相比，江川、易门县偏高1.1℃，属偏高年景，其余县（区）偏高0.3℃～0.7℃，属略偏高年景。与上年同期相比，各县（区）偏低0.2℃～0.6℃。

2013年玉溪市各县（区）平均气温表

单位℃

气象要素	红塔区	江川县	澄江县	通海县	华宁县	易门县	峨山县	新平县	元江县
温　度	16.9	17.0	16.7	16.4	16.6	17.6	16.6	17.8	24.6
比历年（±）	+0.6	+1.1	+0.7	+0.4	+0.3	+1.1	+0.4	+0.3	+0.7
比上年（±）	−0.4	−0.5	−0.5	−0.5	−0.4	−0.2	−0.6	−0.3	−0.2

气温时空变化：1月平均气温，元江且县为17.0℃，其余各县（区）为9.5℃～10.8℃。与历年同期相比，元江县偏低0.2℃，江川、易门县偏高1.1℃，其余县（区）偏高0.1℃～0.8℃。与上年同期相比，元江县偏高0.6℃，其余县（区）分别偏低0.2℃～1.1℃。2月平均气温，元江县为22.4℃，其余各县（区）为14.8℃～16.1℃。与历年同期相比，新平、元江县偏高3℃左右，通海县偏高3.6℃，其余县（区）偏高4℃～5℃，各县（区）均创有历史记录以来最高记录。与上年同期相比，元江县偏高2.8℃，其余县（区）偏高1℃～2℃。3月平均气温，元江县为25.4℃，其余各县（区）为16.3℃～18.0℃。与历年同期相比，江川、易门、元江县偏高近3℃，其余县（区）偏高1.2℃～2.4℃。江川、澄江、华宁、易门、元江5个县创（或达到）有记录以来同期最高记录。与上年同期相比，元江县偏高2.6℃，其余县（区）偏高1℃左右。4月平均气温，元江县为27.1℃，其余各县（区）为18.1℃～20.7℃。与历年同期相比，通海县偏低0.1℃，华宁、澄江、新平、峨山县偏高0.6℃～1.0℃，其余县（区）偏高1.1℃～1.7℃。与上年同期相比，易门、新平县偏高0.5℃左右，其余大部分县（区）偏低0.2℃～0.6℃左右。5月平均气温，元江县为28.8℃，其余各县（区）为20.0℃～22.0℃。与历年同期相比，华宁、澄江县与常年同期接近，其余县（区）偏高0.6℃～1.0℃。与上年同期相比，大部分县（区）偏低0.5℃～1.4℃。6月平均气温，元江县为30.1℃，其余各县（区）为21.2℃～23.0℃。与历年同期相比，红塔区、华宁、元江县与常年同期接近，其余县偏高0.5℃～1.1℃，其中通海、易门县月极端最高气温创有记录以来同期最高记录。大部分县（区）与上年同期平均气温接近。7月平均气温，元江县为29.3℃，其余各县（区）为20.8℃～22.6℃。与历年同期相比，通海、江川、元江县偏高0.5℃～0.8℃，其余县（区）偏高0℃～0.4℃，大部分县（区）与上年同期平均气温接近。8月平均气温，元江县为28.1℃，其余县（区）为20.0℃～21.7℃。与历年同期相比，红塔区、峨山、澄江、华宁县偏低0.1℃～0.7℃，其余县偏高0.5℃。与上年同期相比，大部分县（区）偏低0.1℃～0.4℃，峨山县偏低0.9℃。9月平均气温，元江县为26.9℃，其余县（区）为18.4℃～20.2℃。与历年同期相比，江川、元江、易门县偏高0.1℃～0.4℃，其余县（区）偏低0.1℃～0.8℃。与上年同期相比，大部分县（区）偏低0.1℃～0.4℃，峨山县偏低1.0℃。10月平均气温，元江县为22.9℃，其余县（区）为14.9℃～16.7℃。与历年同期相比，华宁县偏低2.1℃，易门县偏低0.8℃，其余县（区）偏低1.0℃～1.8℃。与上年同期相比，大部分县（区）偏低1.8℃～2.2℃，元江县偏低3.1℃，易门、新平县偏低1.3℃～1.4℃。11月平均气温，元江县为21.4℃，其余县（区）为13.1℃～14.7℃。与历年同期相比，江川、易门、元江县偏高1.1℃～1.2℃，其余县（区）偏高0.3℃～0.8℃。与上年同期相比，大部分县（区）偏低0.8℃～1.7℃。12月平均气温，元江县为15.8℃，其余各县（区）为7.9℃～9.0℃。与历年同期相比，江川、易门县偏低0.3℃～0.6℃，

新平县偏低1.8℃，其余县（区）偏低1.1℃～1.5℃。与上年同期相比，大部分县（区）偏低2℃～3℃左右。月内16日夜间至20日出现连续低温霜冻，农作物受灾严重。

降水。年降水总量易门县为629毫米，通海、峨山、华宁县908～934毫米，新平县873毫米，其余县（区）761～796毫米。与常年同期相比，峨山、通海、华宁、元江县与常年接近，易门县偏少26%，其余县（区）偏少8%～15%，总体属正常略偏少年份。与上年相比，易门县偏少21毫米，新平县偏多4毫米，澄江县偏多88毫米，其余县（区）偏多152～258毫米。

2013年玉溪市各县（区）降水情况表

单位：毫米

气象要素	红塔区	江川县	澄江县	通海县	华宁县	易门县	峨山县	新平县	元江县
降水（mm）	770	761	796	908	934	629	912	873	774
比历年（±%）	-15	-10	-14	+1	+4	-26	-1	-8	-4
比上年（±mm）	+189	+152	+88	+258	+253	-21	+235	+4	+256

降水时空分布：2013年，全市降水量冬季（2012年12月至2013年2月）特少，春季（3～5月）正常至略多，夏季（6～8月）略少至偏少，秋季（9～11月）降水分布不均，其中红塔区、江川、澄江、元江县略少至偏少，其余略多至偏多。全市平均各月降水量与常年同期相比，8月略多，10月和12月特多，5月偏多，其余各月为偏少至特少。降水绝对量以6～7月偏少和10月偏多明显。

1月降水量，通海、华宁、元江县9～18毫米，其余县（区）1～4毫米，主要降水集中于11～12日。2月降水量，红塔区、元江、易门、峨山县0.1～0.5毫米，其余无降水或仅有微量降水。3月降水量，各县（区）7.9～12.5毫米。4月降水量，红塔区、华宁、澄江县32.5～47.5毫米，其余各县6～19毫米。5月降水量，易门县77.7毫米，华宁、澄江、元江县145～187毫米，其余各县100～145毫米。6月降水量，元江县为147.1毫米，华宁、易门、峨山县118～122毫米，其余各县（区）76～93毫米。7月降水量，易门县63.8毫米，江川县、红塔区、元江县75.1～96.6毫米，其余各县125.0～153.5毫米。8月降水量，易门、元江县110毫米，红塔区、江川、通海县197～229毫米，其余县（区）131～178毫米。9月降水量，元江、澄江、江川县和红塔区25～67.5毫米，其余各县80～104毫米。10月降水量，峨山、新平县178.3～188.8毫米，元江县95.1毫米，其余县（区）122～143毫米。11月降水量，通海、峨山、新平、元江县11.4～16.4毫米，其余县（区）不足10毫米。12月降水量，易门县30.1毫米，通海县62.6毫米，其余县（区）45～55毫米。

日照。全年日照时数，元江、通海、新平县为2472～2694小时，其余县（区）2151～2361小时，与历年同期相比，峨山、澄江、通海、新平县偏多10%～19%，其余县（区）偏多1%～9%。与上年同期相比，大部分县（区）偏少101～273小时。

2013年玉溪市各县（区）日照情况表

单位：小时

气象要素	红塔区	江川县	澄江县	通海县	华宁县	易门县	峨山县	新平县	元江县
日照（小时）	2190	2270	2361	2511	2217	2151	2307	2694	2472
比历年（±%）	9	4	14	16	2	1	10	19	9
比上年（± 小时）	-273	-272	-86	-106	-191	-208	-101	-145	-77

日照时空分布：1月，各县（区）日照时数为199～251小时，与历年同期相比，新平县偏多11%，其余县（区）与常年基本接近。与上年同期相比，大部分县（区）偏少40～61小时。2月，各县（区）日照时数为247～283小时，与历年同期相比，易门、元江县偏多1～2成，其余县（区）偏多2～3成。与上年同期相比，大部分县（区）偏少11～25小时。3月，各县（区）日照时数为255～284小时，与历年同期相比，大部分县（区）偏多1成左右。与上年同期相比，易门、元江县偏多16～26小时，其余与上年接近。4月，各县（区）日照时数为234～275小时，与历年同期相比，大部分县（区）偏多3%～12%。与上年同期相比，各县（区）偏少 11～44小时。5月，各县（区）日照时数为196～277小时，与历年同期相比，大部分县（区）偏多7%～25%。与上年同期相比，大部分县（区）偏多 10～39小时。6月，各县（区）日照时数为179～257小时，与历年同期相比，大部分县（区）偏多27%～59%。与上年同期相比，各县（区）偏多 60～90小时。7月，各县（区）日照时数为100～161小时，与历年同期相比，红塔区、易门、华宁、江川县偏少4%～17%，其余偏多4%～28%。与上年同期相比，红塔区、易门、峨山、新平、江川县偏少1～30小时，其余各县偏多10～26小时。8月，各县（区）日照时数为109～190小时，与历年同期相比，易门、江川、华宁县偏少11%～27%，其余县（区）偏多1%～25%。与上年同期相比，大部分县（区）偏少13～46小时。9月，各县（区）日照时数为95～158小时，与历年同期相比，通海、新平、澄江县偏多12%～26%，其余县（区）偏少2%～22%。与上年同期相比，大部分县（区）偏多10～67小时。10月，各县（区）日照时数为112～152小

时。与历年同期相比，澄江、通海县偏多1成，元江、易门县偏少2成，其余县（区）与常年接近。与上年同期相比明显偏少，大部分县（区）偏少50～90小时。11月，各县（区）日照时数为190～240小时，与历年同期相比，江川、澄江、华宁、峨山县偏多2成，其余县（区）偏多3成。与上年同期相比，大部分县（区）偏少20～40小时。12月日照时数，华宁县130小时，其余县（区）147～204小时。与历年同期相比，通海、峨山、新平、元江县与常年接近，其余县（区）偏少14%～29%。与上年同期相比，峨山、新平、元江县偏少50小时左右，其余县（区）偏少60～98小时。

主要气候事件及其影响：

干旱。2012年12月至2013年4月，全市冬春干旱严重，部分小春作物受灾。据统计，2013年1～4月，全市平均降水量为37毫米，比常年同期偏少55毫米，偏少幅度为-59%，其中澄江县偏少近2成，其余县（区）偏少4～8成。全市各县（区）均出现严重旱灾，农业干旱主要出现在1～4月。

冰雹灾害。年内6～9月，由于冰雹天气造成全市各县（区）出现不同程度的冰雹灾害，烤烟受灾达3.5万亩。

低温雨雪霜冻。年内12月15～16日，受南支槽和地面强冷空气影响，全市经历一次强降温降水天气过程，其中15～16日，全市出现中到大雨，红塔区、澄江、通海、华宁、易门、江川等县观测站出现雪或雨夹雪天气，峨山、新平、元江县出现高山积雪。17～20日，受高空强冷平流和底层冷空气影响，全市天气转晴，夜间出现强烈辐射降温，期间最低气温元江县3.1℃，新平县零下1.8℃，其余县（区）-2.1℃～-3.8℃。受此次寒潮天气影响，全市各县（区）先后出现雪灾和严重霜冻灾害。据不完全统计，全市农作物等受灾28 559.9公顷，造成经济损失32 486万元。

洪涝灾害。全市大部分县（区）由于降水正常略偏少，未发生大面积洪涝灾害，主要是单点暴雨、大暴雨引发的局部洪涝。全市年内共出现大雨71站次，暴雨8站次，各县（区）均有不同程度洪涝灾害产生。

气候对农、林、水、以及交通、旅游的影响：年内冬春干旱偏重，雨季开始期偏早，无夏季低温天气影响，秋季9月上旬和10月中下旬降水偏多，出现两次连阴天气，冬季12月低温霜冻灾害较重。全年热量条件和光照条件丰厚，水分条件略差，冬春干旱影响严重，洪涝灾害较常年偏轻。气候条件对小春生产不利，对烤烟及大春生产有利。烤烟及大春作物育苗期间，全市气温偏高，光照充足，未出现“倒春寒”天气，对水稻和烤烟育苗有利。年内6～9月，全市气温基本正常、光照适中，降水略少至偏少，但总体能够满足烤烟及大春作物生长需要，暴雨洪涝灾害相对较轻，无夏季低温冷天气出现，总体对大春生产有利。气候条件对农业不利影响主要由于2009年以来降水持续偏少导致库塘蓄水严重不足，又因年内1～4月降水持续偏少至特少，土壤底墒差，冬春干旱严重，对小春作物生长发育不利。另外，9月上旬及10月18～24日出现两次连阴天气，对秋收秋种带来不利影响，12月中下旬出现低温霜冻灾害，农作物受灾较重。

年内，全市平均降水量817毫米，是2009年以来降水最多的一年，但仍比常年偏少8%左右。全年蓄水条件比上几年偏好，但比常年略差，易门县偏差较明显。年内冬春（2012年12月至2013年3月）降水偏少至特少，干旱少雨，风高物燥，给森林防火工作带来不利。到5月初，由于雨季偏早进入，加上秋冬降水日数较多，对森林防火工作有利。夏秋季，除了在主汛期局地强降水引发山洪爆发造成部分道路堵塞、塌方外，基本没有大的影响，对交通、外出旅游有利。

（褚二忠）

【人口统计】 2013年底，全市常住人口234.0万人，户籍人口214.7万人，与2012年年末数相比，增加0.6万人，增长0.28%。总户数761647户，比上年增加21971户，平均每户2.8人。

2013年，全市出生人口2.11万人，比上年少0.14万人，出生率9.86‰，下降0.65个千分点；死亡1.52万人，比上年减少0.19万人，死亡率7.11‰，下降0.89个千分点。人口自然增长率为5.49‰，比上年下降0.23个千分点。

户籍人口性别比50.3：49.7，出生人口性别比51.29：48.71。在户籍人口中，男性1080034人，占50.3%；女性1067321人，占49.7%。全年出生的人口中，男性10 843人，占51.29%；女性10 296人，占48.71%。户籍人口中，非农业人口725 660人，占总人口的33.8%，比上年增176 115人；农业人口1 421 686人，比上年减少169 637人，下降10.7%。

分年龄段人口情况。2013年度，全市分年龄段的人口是：18岁以下的有449 040人，比上年减少11 297人；18～35岁的有522 416人，比上年减少1 867人；35～60岁的有855 708人，比上年增加8 120人；60岁以上的有320 182人，比上年增加11 522人。

【民 族】 2013年底，全市有人口超过1 000人的民族10个，其中汉族人口1 416 028人，占总人口的65.9%，与上年相比增加1 317人，增长0.09%；少数民族人口731 318人，占总人口的34.1%，与上年相比增加5 161人，增长0.7%，高出汉族人口增长幅度0.6个百分点。少数民族中，彝族450 657人，占总人口的20.99%；哈尼族124 751人，占5.8%；傣族74 581人，占3.5%；回族42 976人，占2.0%；白族11 436人，占0.5%；苗族7 985人，占0.4%；蒙古族7 417人，占0.35%；拉祜族7 072人，占0.3%；壮族1 490占0.07%；其他民族1 997人，占0.09%。

（玉溪市统计局）

地方资源

【森林资源】 据2008年玉溪市森林资源规划设计调查结果，全市林地面积1 555.75万亩，占国土面积的69.2%；其中：有林地面积1 188.11万亩，疏林地面积4.59万亩，灌木林地面积291.59万亩（其中国家特别灌木林面积31.25万亩），未成林地12.04万亩，无立木林地7.17万亩，宜林地52.07万亩，其他林地（苗圃地和辅助生产林地）0.18万亩。森林覆盖率为54.2%，林木绿化率为66.1%。全市活立木总蓄积4623.0万立方米，森林蓄积4 585.5万立方米，年总生长量208.36万立方米，年总消耗量104.54万立方米。全市已建立各级各类自然保护区19个，国家森林公园2个，面积227.84万亩，占国土总面积的9.94%。市境内有国家重点保护野生植物34种，其中国家一级重点保护野生植物9种，国家二级重点保护野生植物25种；省级保护野生植物8种。国家级重点保护陆生野生动物72种，其中一级保护陆生野生动物20种，二级保护陆生野生动物52种；省级保护陆生野生动物5种，国家保护的有益的或者有重要经济、科学研究价值的陆生野生动物200余种。

（师红艳）

【水利资源】　水资源总量：玉溪市多年平均降雨量1051.2毫米，折合水量157.92亿立方米，其中地表水43.2亿立方米（含地下水16.81亿立方米）。平均每平方千米产水量28.3万立方米，人均占有水量1 889立方米。水量偏少且时空分布不均，一年内干、湿两季分明，降水多集中在夏、秋季而形成雨季，雨季地表径流量占全年径流量的70%~80%，元江流域的新平、元江两县的水资源较多，而珠江流域的红塔区、通海、江川、澄江县水资源较少。

水利工程蓄水动态：至2013年末，全市已累计建成蓄水工程2468座，其中：中型15座，小（一）型94座，小（二）型468座，小坝塘1 891座，总库容7.56亿立方米。2013年，全市计划蓄水5.0亿立方米。全市年平均降雨量为821.5毫米，比2012年同期多153.9毫米，比正常年景少84.3毫米，偏少9.3%。总降水量除峨山、华宁、通海县接近正常年景外，红塔区、江川、澄江、新平、元江县比常年同期偏少18%～6%左右外，易门县偏少29%。加之2013年降雨场次虽多，局地单点暴雨造成局部地区的涝灾，但全市大部分地区场次降雨量偏少，持续时间短，难以形成有效的地表径流，导致库塘及湖泊蓄水不理想。截至2013年12月底，全市实际完成蓄水4.54亿立方米，占蓄水计划的91%，比上年同期多10 635万立方米，比正常年景同期少6 123万立方米。其中：中型水库完成蓄水1.91亿立方米，比上年同期多2 794万立方米；小（一）型水库完成蓄水15 292万立方米，比上年同期多4 697万立方米；小（二）型水库完成蓄水7 416万立方米，比上年同期多2 124万立方米；小坝塘完成蓄水3 616万立方米，比上年同期多1 020万立方米。

三湖蓄水动态：2013年，星云湖、抚仙湖、杞麓湖年末蓄水总量2 030 398万立方米，比上年同期减少6 620万立方米；其中：星云湖蓄水15 509万立方米，比上年同期增加277万立方米，完成计划的77%；抚仙湖蓄水2 007 690万立方米，比上年同期减少7 510万立方米，完成计划的98%；杞麓湖蓄水7 199万立方米，比上年同期增加613万立方米，完成计划的48%。

供用水量：2013年，全市水利工程年供水量70 934万立方米，其中蓄水工程供水37 221万立方米，占总供水量的52.5%；引水工程供水19 356万立方米，占总供水量的27.3%；机电井工程及机电站、水轮泵供水14 357万立方米，占总供水量的20.2%。按供水用途分，2013年，全市所供水70 934万立方米的分布是：农业用水54 574万立方米，占76.9%；工业用水4 621万立方米，占6.5%；城镇居民生活用水6 474万立方米，占9.1%；乡村生活用水4 738万立方米，占6.7%；生态环境用水527万立方米，占0.8%。

地表水水资源分布状况：主要河流有元江、南盘江两大水系。玉溪出境断面以上元江控制径流面积21 554平方千米，多年平均年径流量53.35亿立方米，主要支流有绿汁江、清水河、小河底河、扒河等80多条，全长360千米，2013年径流量21.91亿立方米。玉溪出境断面以上南盘江控制径流面积15 405平方千米，多年平均年径流量30.71亿立方米，2013年径流量4.79亿立方米；南盘江水系的南盘江、曲江、海口河等17条主要河流，全长292千米，多年平均年径流量3.8亿立方米，2013年径流量1.1亿立方米。

主要湖泊有抚仙湖、星云湖、杞麓湖、阳宗海。抚仙湖位于江川县、澄江县和华宁县三县之间，湖面积216.6平方千米，径流面积674.69平方千米，湖容量206.2亿立方米，最大水深158.9米，平均水深95.2米，多年平均入湖量16 092万立方米，多年平均出流量9 530万立方米。为Ⅰ类水质。

星云湖位于江川县境内，湖面积34.3平方千米，水深4~10米，平均水深6米，湖容量2.10亿立方米，多年平均入湖量8191万立方米，为Ⅴ类水质。

杞麓湖位于通海县境内，湖面积37.3平方千米，最深水深6.5米，平均水深4.5米，湖容量1.78亿立方米。多年平均入湖量8710万立方米，为Ⅴ类水质。

河流湖泊的水质，除曲江流经红塔区、峨山县段和绿汁江及其支流扒河和星云湖、杞麓湖已被污染外，其他河流湖泊的水质基本上是清洁的。

地下水资源分布状况：珠江流域各县岩溶地区地下水出露形成泉水较多，珠江流域的红塔区、江川、通海、华宁、澄江等五县以及峨山的珠江流域部分，出露流量在每秒0.01立方米以上的就有150处，其中华宁县最多，有53处。较大的泉水有红塔区的九龙池、华宁县的王马大龙潭、盘溪大寨大龙潭、澄江县的西龙潭、峨山县的大龙潭以及易门县的大龙泉等。元江流域各县的泉水则较少，但由于河床切割较深，降水渗入到地下的水量绝大部分又汇入河道，特别是哀牢山地区，地下水的动储量较为丰富。地下水较为丰富的县为新平、元江县，较少的为通海县。

地下水无大的污染现象。几个大的泉水如澄江县的西龙潭、华宁县的盘溪大龙潭、王马大龙潭、易门县的大龙泉水质都很好。

过境水量：主要过境河流有元江、南盘江、小河底河，过境水量43.48亿立方米。

各区（县）水资源分布情况：

红塔区。多年平均水资源总量即地表水2.43亿立方米（含地下水0.84亿立方米），人均占有量486立方米。主要河流有州大河、红旗河、西河、密罗河、龙潭河、清水河、甸苴河、干沟河等。主要水库有东风水库、飞井海水库、红旗水库等，东风水库总库容为9 060万立方米，是红塔区生产、生活的主要水源。较大的泉水有九龙池、黑龙潭、白龙潭等。其中九龙池的多年平均出流量为1.13立方米/秒。

江川县。多年平均水资源总量即地表水0.99亿立方米（含地下水0.74亿立方米），人均占有量353立方米。境内有星云湖，与澄江、华宁县共有抚仙湖，有季节性河流16条。中型水库有茶尔山水库。

澄江县。多年平均水资源总量即地表水1.48亿立方米（含地下水0.72亿立方米），人均占有量860立方米。境内河流短小，以湖泊为主。湖泊有抚仙湖、阳宗海。海口河为抚仙湖至南盘江的唯一出口，年平均出流量0.95亿立方米。重要水库有梁王河、东大河两座中型水库。地下水比较丰富，其中西龙潭年出流量3 500.5万立方米，最大出水量2.82立方米/秒，最小出流量0.49立方米/秒，是县城凤麓镇和龙街镇的生产、生活用水水源。

通海县。多年平均水资源总量即地表水0.98亿立方米（含地下水0.41亿立方米），人均占有量320立方米。但分布不均，杞麓湖盆区人均占有量有658立方米。杞麓湖是县内的主要湖泊，沿湖有中河、碧溪、大兴河等10多条季节性河流汇入。境内最大的河流为曲江。曲江常受上游东风水库蓄泄水量的影响，多年平均流量16.0立方米/秒。

华宁县。多年平均水资源总量即地表水3.41亿立方米（含地下水1.10亿立方米），人均占有量1 572立方米。

与澄江、江川县共有抚仙湖，主要河流有5条，分别为南盘江、曲江、华溪河、青龙河、龙洞河、小红河。泉水有大龙潭泉水，最大出流量为5.2立方米/秒。

易门县。多年平均水资源总量即地表水2.36亿立方米（含地下水0.81亿立方米），人均占有量1 326立方米。主要河流有绿汁江及其支流扒河。扒河集水面积1 531平方千米，年平均产水3.15亿立方米。绿汁江县内集水面积560.6平方千米，年平均流量28立方米/秒，多年平均产水1.15亿立方米。重要水库有岔河，大谷厂两座中型水库。

峨山县。多年平均水资源总量即地表水3.84亿立方米（含地下水1.35亿立方米），人均占有量2 343立方米。县内有大小河流24条，分属红河、珠江水系，属珠江水系的有猊江（上游为州大河），属红河水系的有化念河、绿汁江。猊江平均流量8.19立方米/秒，最大流量275立方米/秒，最小流量0.15立方米/秒。绿汁江多年平均径流量0.64亿立方米；最大流量2 280立方米/秒，最小流量1.0立方米/秒，化念河多年平均径流量1462亿立方米。全县蓄水工程平水年可供水量4261万立方米，重要水库有化念水库，库容2 232万立方米。

新平县。多年平均水资源总量即地表水17.96亿立方米（含地下水7.23亿立方米），人均占有量6 238立方米。主要河流有戛洒江（元江上游）和平甸河。戛洒江最大流量1 740立方米/秒，最小流量10立方米/秒；平甸河最大流量125立方米/秒，最小流量0.04立方米/秒。全县蓄水工程总库容10 977万立方米。中型水库有黄草坝、平甸河两座，总库容4 720万立方米。

元江县。多年平均水资源总量即地表水9.72亿立方米（含地下水3.6亿立方米），人均占有量4 419立方米。元江最大流量4 300立方米/秒，最小流量4.1立方米/秒；清水河最大流量390立方米/秒，最小流量0.49立方米/秒；小河底河最大流量1 400立方米/秒，最小流量1.67立方米/秒；主要河流有元江（红河）及其支流清水河、小河底河、磨房河等27条。主要中型水库有章巴水库、磨房河水库、街子河水库等。其中章巴水库库容2 300万立方米，是县城的生产、生活用水水源。

（赵传安　杨云川）

【土地资源】 根据玉溪市第二次全国土地调查主要数据公布结果，截至2013年12月31日，二次调查玉溪市行政辖区面积149.42万公顷（2 241.32万亩），其中：耕地25.39万公顷（380.84万亩），占土地总面积的16.99%；园地2.72万公顷（40.78万亩），占土地总面积的1.82%；林地90.65万公顷（1 359.77万亩）占土地总面积的60.67%；草地11.16万公顷（167.39万亩），占土地总面积的7.47%；城镇村及工矿用地3.88万公顷（58.24万亩）占土地总面积的2.30%；交通运输用地1.88万公顷（28.24万亩），占土地总面积的1.26%；水域及水利设施用地5.05万公顷（75.76万亩），占土地总面积的3.38%；其他土地8.69万公顷（130.31万亩），占土地总面积的5.82%。

玉溪市主要地类直方图

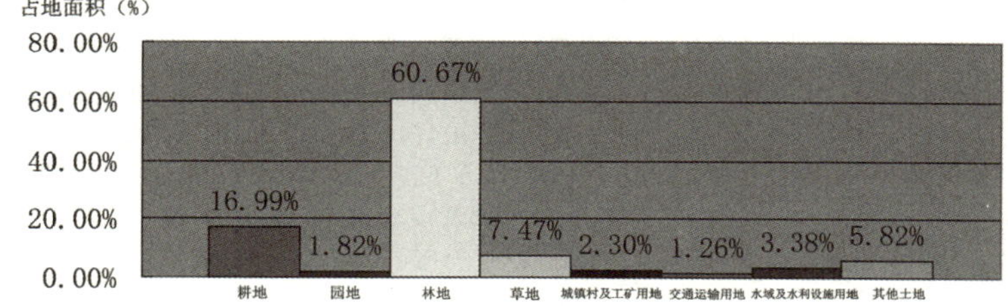

玉溪市2013年各县（区）耕地面积统计表

单位：万公顷

统计单位	玉溪市	红塔区	江川县	澄江县	通海县	华宁县	易门县	峨山县	新平县	元江县
比例	100%	6.90%	8.37%	6.53%	7.3%	13.53%	9.09%	9.44%	22.58%	16.26%
耕地面积	25.4	1.75	2.13	1.66	1.85	3.44	2.31	2.40	5.73	4.13

玉溪市各县（区）耕地面积饼图

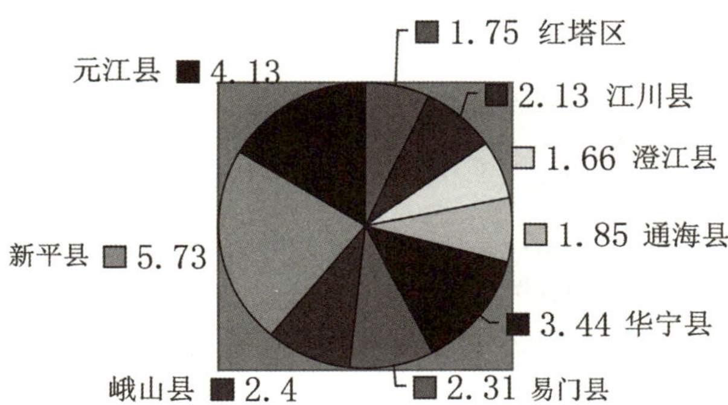

（谢丽红）

国民经济和社会发展

【生产总值】　2013年，全市完成现价生产总值（GDP）1 102.5亿元，按可比价格计算增长10.2%。分产业看，第一产业增加值112.4亿元，增长7.2%；第二产业增加值664.8亿元，增长9.1%；第三产业增加值325.3亿元，增长13.7%。三次产业结构由上年的9.7∶62.4∶27.9调整为10.2∶60.3∶29.5。一、二、三产业分别拉动GDP增长0.6、5.9和3.7个百分点，对经济增长的贡献率分别为5.8%、57.8%和36.4%。全市人均GDP达到47 215元，比上年增9.7%。非公有制经济实现增加值363.7亿元，占全市生产总值的比重达33.0%，比上年提高0.6个百分点。不含红塔集团，完成现价生产总值766.3亿元，按可比价格计算，增14.3%。

【财政收支】　2013年，全市财政总收入完成448.3亿元，比上年增11.1%。地方财政收入123.7亿元，增10.0%。公共财政预算收入106.0亿元，增17.5%，其中增值税完成19.3亿元，下降6.6%；营业税完成14.3亿元，增5.0%；企业所得税完成5.3亿元，增10.6%；城市维护建设税完成17.7亿元，增13.6%。

各县（区）地方财政收入：红塔区完成18.6亿元，增38.9%；江川县5.1亿元，增25.7%；澄江县5.8亿元，增15.0%；通海县4.7亿元，增17.0%；华宁县4.2亿元，增25.6%；易门县4.8亿元，增18.2%；峨山县5.4亿元，增18.9%；新平县12.9亿元，增18.9%；元江县4.6亿元，增27.6%。

2013年，地方财政支出204.7亿元，增10.5%。公共财政预算支出186.3亿元，增15.1%。其中：教育支出31.1亿元，增22.0%；社会保障和就业支出21.9亿元，增19.8%；医疗卫生支出16.1亿元，增4.4%。

【市场物价】　2013年，居民消费价格比上年上涨2.8%，其中，城市上涨3.2%，农村上涨2.5%。分类别看，八大类商品价格均呈现上涨趋势：居住上涨5.5%，食品上涨4.3%（其中：粮食上涨3.9%、肉禽上涨3.9%），烟酒及用品上涨1.4%，医疗保健和个人用品上涨1.4%，交通和通信上涨1.4%，家庭设备用品及维修服务上涨1.3%，娱乐教育文化用品及服务上涨0.4%，衣着上涨0.3%。

2013年，商品零售价格上涨0.5%，农业生产资料价格上涨0.8%，工业品出厂价格下降3.5%，原材料、燃料、动力购进价格下降3.2%。

【农　业】　2013年，全市实现农林牧渔业增加值112.4亿元，按可比价增长7.2%。其中：农业（种植业）增加值74.5亿元，增长7.3%；林业增加值3.2亿元，增长7.0%；牧业增加值31.7亿元，增长7.2%；渔业增加值1.6亿元，增长5.5%；农林牧渔服务业增加值1.4亿元，增长4.4%。

2013年，全市粮食总产量60 287万千克，比上年增长3.9%；烤烟总产量9 521万千克，减少10.9%，烤烟收购206万担，收购金额22.8亿元，上等烟比例达67.5%，均价29.3元/千克；油料产量3642万千克，下降9.0%；园林水果产量46457万千克，增长19.1%；甘蔗产量（预计）104 622万千克，增长12.6%；蔬菜产量183 636万千克，增长5.8%。

畜牧业、渔业生产全面丰收。2013年，全市肉蛋奶总产46.5万吨，增长10.2%。其中，肉类产量34.7万吨，增长9.3%；禽蛋产量11.1万吨，增长14.5%；牛奶产量7149吨，增长7.7%。水产品产量1.6万吨，增长2.4%。

【工　业】　2013年，全市完成工业增加值634.2亿元，比上年增长8.7%，拉动GDP增长5.4个百分点，对GDP增长的贡献率为53.0%。年内有规模以上工业企业318家，主营业务收入1 233.7亿元，增长7.6%，增加值579.0亿元，增长6.8%。分轻重工业看：轻工业实现增加值380.8亿元，增长3.5%，其中烟草制品业完成337.4亿元，增长1.5%；重工业实现增加值198.2亿元，增长13.2%，其中黑色金属矿采选业完成36.6亿元，增长19.1%；黑色金属冶炼及压延加工业完成66.5亿元，增长7.5%；有色金属矿采选业完成14.3亿元，增长13.3%；有色金属冶炼及压延加工业完成16.5亿元，增长39.2%。

部分工业产品产量增长较快。其中增幅较高的是精炼铜，增长50.0%，其次是纸制品，增长46.7%；钢材增长26.7%；糖增长24.9%；农用薄膜增长21.7%。

【建筑业】　2013年，全市建筑业完成增加值30.6亿元，比上年增长18.1%。全市具有资质的建筑施工企业169家，从业人员44 104人，其中工程技术人员9 383人，占从业人员总数的21.3%，其中一级建造师150人。2013年，商品房施工面积1 045.9万平方米，增长17.0%；商品房竣工188.4万平方米，增长89.6%。

【固定资产投资】　2013年，全市完成500万元以上固定资产投资393.7亿元，增长37.1%。其中，城镇固定资产投资完成342.5亿元，增长40.4%；农村非农户投资完成51.2亿元，增长18.6%。分产业看，三次产业投资全面增长。第一产业完成投资11.6亿元，增长90.0%；第二产业完成投资124.7亿元，增长26.1%；第三产业完成投资257.4亿元，增长41.3%。

从主要行业看，工业完成投资124.6亿元，增长26.2%；交通运输、仓储和邮政业完成投资7.8亿元，下降45.7%；房地产业完成156.0亿元，增长38.2%。

【国内贸易和对外经济】　2013年，全市实现社会消费品零售总额226.3亿元，增长14.0%。从销售地区看：城镇实现消费品零售额183.0亿元，增长16.0%；乡村实现43.3亿元，增长6.1%。从经济类型看：公有经济实现零售额58.4亿元，增长22.7%；非公经济实现零售额167.9亿元，增长11.2%。分行业看：批发零售贸易业实现189.6亿元，增长15.6%；住宿餐饮业实现36.7亿元，增长5.8%。

对外贸易快速增长。2013年，全市完成外贸自营进出口总额71404万美元，增长34%。其中出口67 935万美元，增长35.7%；进口3 469万美元，增长7.6%。分企业情况看：90户私民营企业完成出口66 692万美元，增长36.7%；15户外商投资企业完成出口1243万美元，下降4.5%。2013年自营出口商品中，金额达100万美元以上的商品有36种，累计出口额66 653万美元，占全市出口总额的98.0%。

招商引资工作稳步发展。2013年，全市共实施市外国内资金项目664个，引进市外国内资金407.2亿元，增长1.82倍，其中引进省外资金303.3亿元，增长1.43倍。实际使用外资6 742万美元，增长46%。新批准设立外商投资企业1户，合同外资金额5.6万美元；增资1户，合同外资金额15.0万美元；股权变更3户，合同外资金额减

260.5万美元。

【交通、邮电】 交通运输、仓储及邮电业稳步发展。2013年，全市交通运输、仓储及邮政业实现增加值38.2亿元，增长12.4%。公路建设成效明显，客货运输平稳发展。2013年底，全市公路通车总里程达到16 582.5千米。其中：高速公路 232.7千米、一级公路105.8千米。高级、次高级路面占全市公路总里程的27.6%。全市公路运输客运量完成3 737万人，增长13%；旅客周转量274 212万人千米，增长8.0%。完成公路货物周转量124.6亿吨千米，增长16.6%。

2013年，全市拥有机动车70.2万辆，其中汽车26.7万辆，汽车中载客汽车19.1万辆（轿车11.4万辆），载货汽车7.2万辆（普通载货2.6万辆），其他汽车3867辆；摩托车43.3万辆；挂车1363辆。

电信业进一步发展。2013年，邮电业务总量26.9亿元，增长7.3%。全市移动交换机总容量455.6万门，固定电话用户19.2万户；移动电话用户205.3万户，比上年增加9.6万户，增长4.9%。互联网宽带网用户28.5万户，增长9.3%。

【旅　游】 旅游产业快速发展。2013年，全市接待游客1 756.8万人次，增长20.2%；旅游总收入85.6亿元，增长21.3%。年底，全市星级宾馆、饭店38家，国内旅行社28家，国际旅行社2家，A级景区19家。全国工业旅游示范点1个，云南省首批旅游小镇3个。

【金融和保险业】 2013年，金融业实现增加值43.4亿元，增长21.6%。年末，金融机构人民币各项存款余额1 129.2亿元，比上年增加127.5亿元，增长12.7%，其中城乡居民储蓄存款余额575.8亿元，增加76.2亿元，增长15.3%。全市金融机构人民币各项贷款余额708.4亿元，增加76.5亿元，增长12.1%。存贷比62.7%，比上年下降0.4个百分点。

2013年，玉溪市共有产险公司14家，寿险公司11家，代理公司1家。全市实现保费收入22.96亿元，增长6.6%。其中：财产险保费收入11.0亿元，增长15.3%；人寿险保费收入11.96亿元，下降0.3%。全市赔款支出7.2亿元，赔付（给付）率为31.2%。其中：财产险支付赔款5.75亿元，赔付率52.3%；人寿险给付赔款1.4亿元，给付率11.9%。

【教　育】 2013年，全市有大专院校2所，招生4 048人，比上年增长10.7%；在校学生14 087人，增长4.5%；毕业生3 373人，增长1.8%。普通中专学校3所，招生2 641人，增长3.9%；在校学生7 696人，降低7.2%；毕业生2 647人，增长18.9%。职业高中9所，招生6 119人，比上年增长1.6%；在校学生15 167人，增长1.8%；毕业生4 857人，增长18.8%。普通高中21所，招生13 713人，比上年增长2.5%；在校学生38 481人，增长3.3%；毕业生11 172人，增长2.9%。初中93所，招生32 433人，增长1.8%；在校生93 869人，增长1.2%；毕业生31 324人，下降0.02%。普通小学557所，招生25 235人，下降4.5%；在校生172 223人，下降4.8%；毕业生33 161人，增长2.3%。幼儿园在园幼儿6.0万人。学龄儿童入学率达99.9%。

“三免一补”政策进一步得到巩固。2013年，全市共投入“三免一补”资金31 199.9万元，全市义务教育阶段学生共10.8万人享受补助，小学寄宿制学生补助标准每人每年1 000元，初中每人每年1 250元。职中与普通高中招生比例达0.8：1。

【科学技术】 科技发展取得新成果。2013年，已申报国家级科技计划项目39项，列项20项，比上年增加9项；申报省级科技计划项目67项，列项39项，比上年增加18项。全市实施国家和省各类科技计划项目98项，获国家、省奖励的科技成果项目10项，获市奖励的科技成果项目50项。争取各项科技经费共计4 466万元。市级科技项目投入1 070万元。申报专利1 046件，批准（授权）专利688件。

【文　化】 2013年末，全市共有文化馆10个，公共图书馆10个，乡（镇）综合文化站74个。国家级文物保护单位6项，省级23项，市级53项，县级188项。被列入国家级“非遗”名录项目6个，省级20个，市级160个。全市有文化经营单位1 799家，其中歌舞娱乐场所533家，网吧210家，演出团体6家，音像制品经营单位及出版物零售594家，印刷企业121家，打印复印影印企业335家，基本形成发展速度快、场所分布广、门类品种全，集欣赏娱乐、健身休闲为一体的文化娱乐产业。

【卫　生】 卫生事业有新突破。全市共有各级各类卫生机构1 416个，其中，医院66个；卫生机构拥有床位数11 357张；卫生技术人员11 297人，其中医生4 693人。疾病预防控制机构10个，卫生技术人员396人。妇幼保健院（所、站）10个，卫生技术人员423人。2013年，传染病发病数3436人，发病率为158.6/10万，比上年下降5.6%。发现艾滋病感染者随访管理率达97.5%，比上年提高1.4个百分点。

医保改革稳步推进。2013年，新农合参合率达97.6%，筹资水平人均达400元，比全省其他州（市）人均高60元，住院报销比例乡（镇）级为95%~100%，县区级为80%~90%，省、市级为55%~70%，广大农民群众住院就医负担大幅度减轻。2013年共有497.9万人次享受新农合减免补偿，减免补偿金63 500.2万元。切实解决了农民群众小病拖、大病扛、慢病基本管不了的重大民生问题。

【体　育】 体育事业全面发展，竞技体育取得较好成绩。玉溪市运动队参加了省第十四届运动会，共获得金牌47.5枚，银牌45枚，铜牌38枚；代表云南省参加第十二届全国运动会的18名运动员共获得3枚银牌，1枚铜，2个第四，1个第六，1个第八的好成绩，为我省参赛全运会工作做出了积极贡献。

【城市建设】 城镇建设取得新进展。完成4个城市综合体招商引资和项目规划设计，星海国际广场、新天地商业广场开工建设，泷水塘、高铁新城城市综合体项目有序推进。城市干道棋阳路二期、康井路、烟厂库区专用道路、九龙立交建成通车。依法实施拆临拆违，整治重要街区26条48千米，拆除临违建筑215万平方米，盘活城市建设用地，推进绿化亮化净化美化。2013年，城市建成区面积84.2平方千米，建成区绿地2645.9公顷，公园绿地997.2公顷。

【节能减排和环境保护】 抚仙湖进入国家重点支持江河湖泊动态名录。2013年，拆除抚仙湖一级保护区至环湖公路外侧50米范围内的临违建筑21.8万平方米，退田5 600多亩，种植乔、灌木50多万株，种植蓝莓3 700多亩。

2013年，玉溪市能源消费总量为1271.9万吨标准煤，增长3.2%，单位生产总值能耗为1.2吨标准煤/万元，下降6.3%。规模以上工业能源消费量为858.4万吨标准煤（等价热值），增长3.0%。全年全社会用电量为124.9亿千瓦时，增长7.9%。在规模以上工业主要能源消费量中，原煤消费量280.4万吨，增长4.4%；洗精煤6.4万吨，下降0.8%；焦炭411万吨，增长1.5%；电力92亿千瓦时，增长6.0%。全市能源消费量结构为：第一产业占2.0%，第二产业占86.3%，第三产业占7.7%，居民生活消费占4.0%。完成淘汰落后熟料水泥产能74万吨、铜冶炼产能5吨。完成清洁生产审核评估4户，完成资源综合利用认定8个项目。

【劳动就业、社会保障和安全生产】 2013年，全市城镇新增就业人员2.1万人，城镇下岗失业人员再就业7 566人，帮助就业困难人员实现就业5 837人，开发公益性岗位4 171个，城镇零就业家庭成员至少1人实现就业，全市城镇登记失业率控制在3.35%。

2013年，参加城镇职工养老保险人数28.4万人。其中，参加机关事业养老保险在职职工6.2万人，收缴机关单位养老保险费10.7亿元；企业养老保险参保人员16.1万人，收缴企业养老保险费14.7亿元。参加城镇职工基本医疗保险单位6 112户，参保职工24.97万人，收缴基本医疗保险基金9.2亿元。参加城镇职工失业保险人数13.95万人，征缴失业保险费1.8亿元，共为5 989名失业人员按时足额发放失业保险待遇2 396.8万元，确保了失业人员的基本生活。

安全生产目标任务得到有效控制。2013年，全市共发生各类伤亡事故49起，死亡60人，死亡人数下降 29.4%。其中，生产经营性道路交通事故死亡36人，比上年下降23.4%；工矿商贸事故死亡22人，比上年下降8.3%；煤矿事故死亡1人，与上年持平；农业机械事故死亡1人，比上年下降66.7%。发生一次死亡3~9人较大事故4起，死亡14人；已连续11年杜绝了一次死亡10人以上的重特大事故。

【人民生活】 城乡居民生活蒸蒸日上。2013年，全市在岗职工平均工资达到45 088元，比上年增加4 634元，增长11.5%。全市城镇居民人均可支配收入24 276元，比上年增加2 892元，增长13.5%。城市居民（红塔区）人均可支配收入2 5067元，比上年增加3 020元，增长13.7%。全市城镇居民家庭每100户拥有汽车43.2辆，其中城市居民家庭每100户拥有汽车64.6辆。全市农民人均纯收入8 925元，比上年增加1 297元，增长17%。农村每百户拥有彩色电视机112.9台，家用电脑24.1台，生活用汽车20.0辆。

（玉溪市统计局）

领导名录

【玉溪市市直单位正副职名录】

中共玉溪市委

书　　记　张祖林
副 书 记　谢兴荣（2013.01离任）
　　　　　寸世成（2013.03离任）
　　　　　饶南湖
　　　　　夏立洪（2013.03任）
常　　委　张祖林
　　　　　饶南湖
　　　　　谢兴荣（2013.01离任）
　　　　　寸世成（2013.03离任）
　　　　　黄宪庭（2013.03离任）
　　　　　范汝坤（2013.03离任）
　　　　　夏立洪（2013.03任）
　　　　　李文斌
　　　　　董文献
　　　　　邓绍林
　　　　　刘宁笙
　　　　　吕昌会
　　　　　李洪云
　　　　　方志鸣（2013.02任）
　　　　　杨兴荣（2013.02任）
　　　　　姜　山（2013.02任）
　　　　　陈　勇（2013.02任）
　　　　　鹿辉阳（2013.08任）
　　　　　王学勤（2013.12任）
秘 书 长　李洪云
副秘书长　卢维江（2013.04离任）
　　　　　周文云（2013.05离任）
　　　　　赵永云
　　　　　马亚东（2013.04离任）
　　　　　马亚东（2013.08任）
　　　　　姚晓岩（2013.04离任）
　　　　　朱尤锋（2013.04离任）
　　　　　沐洪胜（2013.05任）
　　　　　吕　伟（2013.04任）

中共玉溪市纪律检查委员会

书　　记　李文斌
副 书 记　席佐能（2013.07离任）
　　　　　冯志明（2013.09离任）
　　　　　普光照

玉溪市监察局

局　　长　席佐能（2013.07离任）
副 局 长　宋元刚（2013.09离任）
　　　　　杨丽坤

市纪委派出第一纪工委
书　　记　杨江明
副 书 记　李绍平
　　　　　梁黎坤

市纪委派出第二纪工委
书　　记　吴天明
副 书 记　王娅波
　　　　　张洪坤（2013.06离任）

市纪委派出第三纪工委
书　　记　方　洪（2013.04离任）
　　　　　袁永祥（2013.08任）
副 书 记　郭　黎（2013.11离任）
　　　　　岳崇华

市纪委派出第四纪工委
书　　记　邵昌荣
副 书 记　普光祥
　　　　　李　立

市纪委派出第五纪工委
书　　记　李　黎
副 书 记　马柏林（2013.05离任）
　　　　　李文平（2013.12离任）
　　　　　李亚林（2013.11任）

市纪委派出第六纪工委
书　　记　曲春祥
副 书 记　金家辉（2013.12离任）

市监察局派出第一监察分局
局　　长　李绍平

市监察局派出第二监察分局
局　　长　王娅波

市监察局派出第三监察分局
局　　长　郭　黎（2013.11离任）

市监察局派出第四监察分局
局　　长　普光祥

玉溪市人大常委会

主　　任　谢兴荣（2013.03任）
　　　　　张　玲（2013.03离任）
副 主 任　李有明（2013.03任）
　　　　　郭开堂（2013.03任）
　　　　　吴建森
　　　　　雷庆丽
　　　　　周继武（2013.03任）
　　　　　叶本功（2013.03任）
　　　　　范志华（2013.03离任）
　　　　　曾立岩（2013.03离任）
　　　　　郑云龙（2013.03离任）
　　　　　解仕清（2013.03离任）
秘 书 长　海之鹤
副秘书长　周　葵（2013.03离任）
　　　　　陈国清
　　　　　肖剑林
　　　　　邓　兵（2013.12任）

莫晓顺（2013.08离任）
办公室主任　周　葵（2013.03离任）
副　主　任　孙学著
施导伟
莫晓顺（2013.08离任）

财政经济委员会
主任委员　刘振荣
副主任委员　王志坚
戴红高（2013.03任）
马亮伟（2013.02任）
夏伟十（2013.03任）

法制工作委员会
主　　任　徐映东
副　主　任　孟跃云
杨正昌

教科文卫工作委员会
主　　任　周　葵（2013.03任）
副　主　任　李贵华
杨　云

选举联络工作委员会
主　　任　吕元平
副　主　任　蒋兴龙

民族外事华侨工作委员会
主　　任　吴　芸
副　主　任　卢八林

城建环保资源工作委员会
主　　任　夏伟十
副　主　任　李成平

农业工作委员会
主　　任　杨理崇
副　主　任　王　祥

研究室
副　主　任　王革平（2013.12任）

机关党委
书　　记　海之鹤（2013.12兼职）
专职副书记　李万标（2013.12任）

玉溪市人民政府

市　　长　饶南湖（2013.03任）
副　市　长　黄宪庭（2013.03离任）
范汝坤（2013.03离任）
王　跃（2013.03离任）
陈　勇（2013.03任）
李　平（2013.03任）
明正彬
杨　洋
周继武（2013.03离任）
解仕清（2013.03任）
左　广（挂职）
孙云鹏（2013.03任）
鹿辉阳（2013.08任挂职）
王学勤（2013.12任挂职）
秘　书　长　孙会强（2013.04离任）
李毅昆（2013.04任）
副秘书长　张存良（2013.06离任）
李庆华（2013.06任）
李毅昆（2013.06离任）
张少云
孙金会
李永忠（2013.04离任）
廖　伟（2013.06离任）
张　卫（2013.03离任）
姜兴林（2013.04任）
戴兴德（2013.05任）
许忠云（2013.05任）
王　军（2013.10任）

玉溪市政协

主　　席　冷明德（2013.03离任）
黄宪庭（2013.03任）
副　主　席　汪燕平
陈志芬
马良昌（2013.03任）
郭亚钢（2013.03任）
贺光明（2013.03任）
李少华（2013.03任）
范亚辉（2013.03离任）
钱开祯（2013.03离任）
李有明（2013.03离任）
张　炜（2013.03离任）
郭开堂（2013.03离任）
秘　书　长　杨　洪（2013.03离任）
张　卫（2013.03任）
副秘书长　刘兴荣
谢光亚（2013.03离任）
马文荣
任连荣（2013.03离任）
普永发（2013.03离任）
毕永富
周艳芬（2013.03任）
汪子新（2013.03任）
沐爱斌（兼，2013.03离任）

办公室
主　　任　刘兴荣

提案委员会
主　　任　杨惠存
副　主　任　吴志珍
谭　佳（兼）

经济委员会
主　　任　王　勇（2013.03离任）
杨建敏（2013.03任）
副　主　任　王　东（2013.05离任）
李近伟（2013.05任）
王丽文（兼）

科教文卫体委员会
主　　任　何　勇
副　主　任　刘德安
何有昌（兼）
沐德能（2013.11任）

民族宗教法制委员会
主　　任　李正龙（2013.03离任）
王云平（2013.03任）
副　主　任　王胜荣（2013.12离任）
易长生（2013.06任）
俞自力（兼）
施忠平（兼）

人口环资委员会
主　　任　普永发（2013.03任）
副　主　任　高家永
杨马良（2012.02离任）
王美华（兼）

文史委员会
主　　任　王保昌（2013.03离任）
何雪峰（2013.03任）
副　主　任　华　旭（兼）

联络委员会
主　　任　李少华（2013.03离任）
任连荣（2013.03任）
副　主　任　朱　莉
何国光（兼）
周　勇（兼）

政协研究室
主　　任　马文荣（2013.03任）
副　主　任　白洪峰（2013.11任）

市“两湖”督导协调组

组　　长　王　跃（2013.02任）
副　组　长　范志华（2013.02任）
何　坤（2013.02任）
孙会强（2013.02任）

督导室
主　　任　鲁志明（2013.11任）

玉溪市中级人民法院

院　　长　吕　召
副　院　长　俞自力
杨勤建（2013.05离任）
李翌铭
李志明
业宁州（2013.09任）
纪检组长　严　翔

政治部
主　　任　柏建福（2013.11离任）
旃红彬（2013.11任）
副　主　任　田永德（2013.08任）

执行局
局　　长　业宁州（2013.09离任）
李智斌（2013.11任）
副　局　长　尚云海（2013.05任）

审判委员会
专职委员　李成林（2013.12离任）
沈玉坤（2013.11离任）
李泳材（2013.11任）

行政审判庭
庭　　长　孙忠宁（2010.02任）

环境资源保护审判庭
庭　　长　潘万江（2010.02任）
审判管理办公室
主　　任　李仕嵘（2012.11任）
监察室
主　　任　苏建友（2013.04任）
审判监督庭
庭　　长　杨　勇（2013.04任）
司法行政管理处
处　　长　刘宝金（2013.04任）
新闻信息宣传中心
主　　任　武国中（2013.04任）
机关党委
专职副书记　张兴明（2013.05任）
立案庭
庭　　长　马　云（2013.05任）
司法技术处
处　　长　钱丽芳（2013.05任）
刑事审判一庭
庭　　长　柴继红（2013.08任）
研究室
主　　任　张红胜（2013.08任）
办公室
主　　任　许传鸿（2013.08任）

玉溪市人民检察院

检 察 长　张德勋
副检察长　肖志勇
童学义
方家明
杜红英
政治部
主　　任　王永兴
副 主 任　张玉江（2013.09任）
赵　旭（2013.10任）
反贪局
局　　长　矣长城
副 局 长　李晓荣
黄希志（2013.04任）
高　勇（2013.08任）
纪检组
组　　长　尹贞宁
反渎职侵权局
局　　长　龚德武（2013.04任）
副 局 长　李江林（2013.08任）
检察委员会
专职委员　柏利民
杨燕晨
反渎职侵权局
局　　长　龚德武（2013.04任）
机关党委
副 书 记　曹立松（2012.11任）
检察委员会
委　　员　李有富
办公室
主　　任　张开平（2013.04任）
案件管理中心
主　　任　杨云川（2013.04任）
公诉处
处　　长　何　斌（2013.05任）
控告申诉处
处　　长　陶　彦（2013.05任）
检察技术处
处　　长　段　兵（2013.05任）
法律政策研究室
主　　任　唐江平（2013.05任）
侦查监督处
处　　长　杨　旭（2013.08任）
监察处
处　　长　龙　斌（2013.09任）
民事行政检察处
处　　长　陈永俊（2013.09任）
人民监督员办公室
主　　任　秦绍有（2013.10任）
法警处
处　　长　王　超（2013.10任）
环境资源保护检察处
处　　长　严　康（2013.10任）

市委部门负责人

市委办公室
主　　任　卢维江（2013.04离任）
马亚东（2013.08任）
副 主 任　张丽琳
李　德
王志华（2013.02任）
党委书记　李洪云（2012.06任）
副书记、纪委书记　陈全胜（2013.12离任）
市委常委办公室
主　　任　邓　皓（2013.08任）
信息综合室
主　　任　何光涛（2013.08任）
督查室
主　　任　吕　伟（2013.02任）
副 主 任　溥　玲（2013.04任）
副县级督查专员　曹绍平
王　力
罗云寿（2013.10任）
档案局（馆）
局　　长　马增福
副 局 长　史　勇（2013.10离任）
杨长利
陈全胜（2013.12任）
机要局
局　　长　李长宏（2013.05离任）
王从明（2012.08任）
副 局 长　杨　勇
组织部
部　　长　寸世成（2013.02离任）
姜　山（2013.02任）
常务副部长　邓怀俊（2013.04离任）
副 部 长　袁　平
陈开翔
陈川铭
周　俊（2013.06任）
王增琪（2013.09任）
基层办主任　陈川铭
部务委员　王　勇（2013.09离任）
王福其
马春明
王建宏（2013.09任）
宣传部
部　　长　董文献（2013.02离任）
杨兴荣（2013.02任）
常务副部长　普洪光（2013.11离任）
孔施祥（2013.11任）
副 部 长　孔施祥（2013.11离任）
龚紫山
赵莉苹（2013.06离任）
精神文明建设指导委员会办公室
主　　任　孔施祥
副 主 任　王　科
讲师团（副县级）
团　　长　乐兴建
对外宣传办公室、市政府新闻办公室（副县级）
主　　任　张正友
文产办主任　邓　兵（2013.12离任）
玉溪日报社
社　　长　师跃雄（2013.06离任）
张存良（2013.06任）
副 社 长　李卫东
杨　光
总　　编　师跃雄
副 总 编　杨　光
矣顺文
统战部
部　　长　吕昌会
副 部 长　龙　兰
沐爱斌
马良昌（兼，2013.03离任）
政法委员会
书　　记　刘宁笙
专职副书记　李卫华（2013.04离任）
副 书 记　杨国聪
张汗青
李矿生
张云超（2013.04任）
政治处主任　杜　杰
维稳办主任　龙建荣
研究室主任　游顺云（副县级）
社会治安综合治理办公室
主　　任　李矿生
防范和处理邪教问题领导小组办公室
主　　任　杨建萍

副　主　任　李　浩（2013.12离任）
执法监督室主任　马映涛（2013.06任）

政策研究室
主　　任　赵永云
副 主 任　陈克华
李近伟（2013.05离任）
王　东（2013.05任）

机构编制办公室
常务副主任　刘永新

市直机关工作委员会
书　　记　李洪云（2012.06任）
常务副书记　张　明（2013.05任）
副 书 记　李增荣

党史研究室
主　　任　石振武
副 主 任　段利星

市委党校
校　　长
常务副校长　田绍荣（2013.04离任）
姚学松（2013.04任）
副 校 长　段树明（2013.05离任）
宋红瑛

行政学校
校　　长　杨　洋（2011.11任）
副 校 长　田绍荣（2013.04离任）
姚学松（2013.04任）
段树明（2013.05离任）
宋红瑛

党校、行政学校党委
书　　记　田绍荣（2013.04离任）
姚学松（2013.04任）
副 书 记　刘　诚
纪委书记　万舰航

社会主义学院
院　　长
副 院 长　田绍荣（兼，2013.04离任）
姚学松（2013.04任）
段树明（兼，2013.05离任）
宋红瑛（兼）

保密局
局　　长　段　祥（2013.06离任）
许中华（2013.06任）
副 局 长　和　平

老干部局
局　　长　史寿元（2013.04离任）
周　俊（2013.06任）
副 局 长　杨丽萍（2013.11离任）
何永贤（2013.12任）

干休所（副县级）
所　　长　杜继玲

老年大学（副县级）
校　　长　秦德平（2013.06离任）
冯任生（2013.06任）

关工委
专职副主任　李江明（2013.05离任）
秘 书 长　施宏芳（2013.06任）

群团组织负责人

玉溪市总工会
主　　席　范志华（兼）
党组书记　黄满德（2013.05离任）
范志华（2013.11任）
常务副主席　黄满德（2013.05离任）
副 主 席　柏劲松
李树华（2013.11离任）
张艳华（2013.11任）

共青团玉溪市委
书　　记　余　莉（2013.04离任）
罗盛勇（2013.11任）
副 书 记　曾丽娟（2013.06离任）
王　刚
赵　波（2013.11任）
市青联主席　余　莉（2013.04离任）
专职副主席　甘莉娅（2013.11任）
赵　波（2013.11离任）

妇女联合会
主　　席　马琼仙（2013.11离任）
杨丽萍（2013.11任）
党组书记　田丽英（2013.06任，2013.11离任）
马琼仙（2013.11任）
副 主 席　田丽英（2013.06离任）
郑丽英
高柳莎

科学技术协会
主　　席　罗世明
党组书记　施　超
副 主 席　王保才
雷华忠（兼）
李兴春（兼，2013.05离任）
高宏伟（兼）
迟万昌（兼，2013.06离任）
施　平（兼）

社会科学界联合会
主　　席　何雪峰（2013.06离任）
赵莉苹（2013.06任）
专职副主席　范全凯
副 主 席　普洪光（兼，2013.11离任）
段树明（兼，2013.05离任）
苏　涛（兼）

归国华侨联合会
主　　席　何国光
党组书记　龙　兰
副 主 席　周海明（兼）
谭　枫（2013.12离任）
吴维忠（兼）

市政府侨务办公室
主　　任　龙　兰（兼）

文学艺术界联合会
主　　席　武清祖（2013.06离任）
普　辉（2013.06任）
副 主 席　王尚宁
孔施祥（兼）
鲁春红（兼，2013.08离任）

残疾人联合会
理 事 长　黄　河
副理事长　张跃华
徐彦国（2013.03离任）
周利祥（2013.06任）

玉溪市红十字会
会　　长　王　红（2013.05任）

工商业联合会
会　　长　郭开堂
党组书记　沐爱斌（2013.04离任）
普建蓉（2013.06任）
副 会 长　普建蓉（2013.06任）
沐爱斌（2013.04离任）
任　敏
谢　江
李静华

民主党派负责人

民革玉溪市委
主　　委　李少华
副 主 委　施忠平
冯咏梅（兼）
迟广俊（兼，2013.12离任）

民盟玉溪市委
主　　委
副 主 委　何有昌
蔡家俊（兼）
蒋建明（兼）

民建玉溪市委
主　　委　郭开堂
副 主 委　王丽文
陈开燕（兼）
高巨华（兼）

民进玉溪市委
主　　委　张　炜
副 主 委　谭　佳
何雪峰（兼）
马玉辉（兼）

农工党玉溪市委
主　　委　曾立岩
副 主 委　华　旭
张轶群（兼）
周爱华（兼）

致公党玉溪市委
主　　委　矣绍芬（2013.10离任）

副 主 委 周 勇
任云珏（兼）
李晓松（兼）

九三学社玉溪市委
主 委 郭亚纲
副 主 委 王美华
杨硕媛（兼）
王树坤（兼）

市政府部门负责人

市政府办公室
主 任 张存良（2013.06离任）
李庆华（2013.06任）
副 主 任 吕永春（2013.05离任）
毕孝宁
魏家熙（2013.08离任）
罗绍国（2013.10任）
付少剑（2013.08任）
党委书记 孙会强（2013.04离任）
李毅昆（2013.04任）
副 书 记 张存良（2013.06离任）
李庆华（2013.06任）
刘建荣
纪委书记 张存良（2013.06离任）
刘建荣（2013.10任）
副县级督查专员 许忠云（2013.05离任）
罗绍国（2013.10离任）

法制办公室
主 任 李尊平
副 主 任 张 敏

督查办公室（副县级）
主 任 李 斌

接待办公室
主 任 魏家熙（2013.08离任）
鲁春红（2013.08任）
副 主 任 郑玉玲

机关事务管理局
局 长 吕永春（2013.05离任）
豆 卿（2013.06任）
副 局 长 白龙喜（2013.05离任）

应急管理办公室
主 任 郭永生（2013.10任）
副 主 任 雷 鸣

发展和改革委员会
主 任 孙云鹏（2013.04离任）
普昌文（2013.04任）
副 主 任 李士进（2013.04离任）
夏从实
付春飞（2013.06任）
吴渔琛（2013.08任）
乔正喜（2013.04离任）
杨建敏（2013.03离任）
李瑜琼（2013.06离任）
重点项目特派员 李瑜琼（2013.06任）

工信委
主 任 李长金
副 主 任 高宏伟
李 实（2013.05离任）
尹 鹏
张贵祥
戴兴德（2013.05离任）
姚 涛（2013.09任）
金宏森（2013.06任）
党委书记 谢光平
副 书 记 李长金
副书记、纪委书记 袁昆宁

乡镇企业局
局 长 李长金
副 局 长 高宏伟
尹 鹏
李 实（2013.05离任）

中小企业管理局
局 长 李长金
副 局 长 尹 鹏
高宏伟
李 实

教育局
局 长 李世华（2013.04离任）
罗江云（2013.04任）
副 局 长 迟万昌（2013.06离任）
田 国（2013.11离任）
马克礼（2013.05离任）
陈 挺（2013.05任）
颜永宏（2013.08任）
党委书记 李世华（2013.04离任）
马亚东（2013.04任，2013.08离任）
曾 敏（2013.08任）
副书记、纪委书记 罗 荣（2013.05离任）
田 国（2013.11任）

教育科学研究所（副县级）
所 长 李永云（2013.11离任）

招生考试委员会办公室
主 任 方丽华（2013.08任）

科技局
局 长 罗江云（2013.04离任）
李世华（2013.04任）
党组书记 马金鸿
副 局 长 雷华忠
柏文忠

民族宗教事务局
局 长 马良昌（2013.04离任）
沐爱斌（2013.04任）
党组书记 唐建民（2013.04任）
副 局 长 周光文（2013.05离任）
董存志
官建团

公安局
局 长 明正彬
副 局 长 李云峰
张家明（2013.04离任）
舒 勇
杨江云
杨柱本（2013.04任）
刘绍华（2013.04任）
党委书记 明正彬
副 书 记 段 勤（2013.03离任）
张家明（2013.03任）
纪委书记 杨柱本（2013.04离任）
汤文龙（2013.04任）
政治部主任 汤文龙（2013.04离任）
苏少明（2013.04任）

公安局交警支队
支 队 长 刘绍华（2013.04离任）
王景明（2013.04任）
政 委 陈 彪
副支队长 聂 波
何文奎
普立群

公安局禁毒支队
支 队 长 曹文刚
政 委 业增华

公安局治安支队
支 队 长 彭 涛（2013.04任）
政 委 朱维佳（2013.07离任）

公安局国内安全保卫支队
支 队 长 杜云昌（2013.04任）
政 委 张再洪

公安局科技信息化支队
支 队 长 周 宏（2013.05任）
政 委

公安局公共信息网络安全保卫支队
支 队 长 业光权（2013.05任）
政 委

公安局技术侦查支队
支 队 长 於泽波（2013.05任）
政 委 李红星

公安局经侦支队
支 队 长 谢俊东（2013.05离任）
严家顺（2013.05任）
政 委 夏贵山

公安局刑侦支队
支 队 长 苏少明（2013.04离任）
谢俊东（2013.05任）
政 委 汪兴介（2013.08离任）
阮兆成（2013.10任）

公安局特警支队
支 队 长 阮兆成（2013.10离任）
李世强（2013.11任）

公安局警令部
主 任 业光权（2013.05离任）
娄勇强（2013.05任）
政 委 范志伟（2013.08离任）

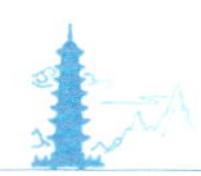

毕金剑（2013.11任）

反恐支队

队　　长　李绍洪（2013.11任）

政　　委　范志伟（2013.08任）

市公安局环境保护分局

局　　长　卢保成

政　　委　李　迪

市公安局警务督察支队

支 队 长　汪兴介（2013.08任）

公安局警卫支队

政　　委　刘光倧（2013.08任）

公安局信息管理监察支队

支 队 长　王景明（2013.04离任）

政　　委　余　辉（2013.12离任）

市公安局戒毒所

所　　长　朱云生（2013.07离任）

政　　委　栗　斌（2013.07离任）

信访处（控告申诉办公室）

处长（主任）饶　静（2013.08任）

纪委副书记　于荣芳（2013.08任）

政治部副主任　王贵元（2013.08任）

出入境管理支队

支队长飞　霞（2013.10任）

监所管理支队

支 队 长　普光伟（2013.11任）

政　　委　李先祥（2013.09任）

看守所

所　　长　陆凤鸣（2013.10任）

法制支队

支 队 长　刘玉龙（2013.11任）

民政局

局　　长　方建华

副 局 长　刘家寿（2013.05离任）

奚家林（2013.05离任）

王从明（2013.08离任）

周　俊（2013.06离任）

杨思荣

卢春剑（2013.11任）

施义东（2013.11任）

老龄委副主任　周　俊（2013.06离任）

社区建设领导小组办公室副主任

卢春剑（2013.11离任）

社会福利服务中心主任

赵　燕（2013.08任）

司法局

局　　长　王云平（2013.04离任）

李卫华（2013.04任）

副 局 长　普建萍

李瑞林（2013.04离任）

刀剑岗

张文信

党委书记　王云平（2013.04离任）

李卫华（2013.04任）

副书记、纪委书记　周葆华

政治部主任　黄志慧

财政局

局　　长　莽成柱

党组书记　莽成柱（2013.06离任）

许志云（2013.06任）

副 局 长　许志云（2013.06离任）

陈元剑（2013.04离任）

招永兴（2013.09离任）

柳　洪（2013.04任）

黎　坚（2013.07任）

财政局会计管理局（副县级）

局　　长　张　麟

财政局非税收入管理局（副县级）

局　　长　史金华

国有资产管理委员会

主　　任　莽成柱（2005.03任）

常务副主任　柳　洪（2013.04任）

党委书记　莽成柱（2013.10任）

常务副书记　陈云鹤（2013.10任）

专职副书记　康旭辉（2013.10任）

人事和社会保障局

局　　长　邓怀俊（2013.04离任）

袁　平（2013.04任）

党组书记　张玉江

副 局 长　何树桐

张玉江

孙月峰（2013.05离任）

李兴业（2013.05离任）

杨玉光

张　秦（2013.05任）

张　名（2013.06任）

事业单位登记管理局

局　　长　邓怀俊（兼）（2013.04离任）

副 局 长　刘永新

外国专家局

局　　长　何树桐（兼）

人才服务中心（副县级）

主　　任　张　秦（2013.05离任）

权永红（2013.05任）

企业退休人员管理服务中心（副县级）

主　　任　李兴业（2013.05离任）

社会保险局（副县级）

局　　长　张志萍

公务员管理局

局　　长　代春强（2013.05任）

医保中心

主　　任　杨益昌（2013.10任）

劳动就业局

局　　长　杨丽萍（2013.10任）

国土资源管理局

局　　长　黄太文（2013.07离任）

梅荣生（2013.07任）

副 局 长　海秀兰

梅荣生（2013.07离任）

杨长飞

胡庆华

杨　胜

土地储备中心（副县级）

主　　任　梅荣生（2013.11离任）

姜兴林（2013.11任）

环境保护局

局　　长　张金翔（2013.04任）

副 局 长　普　辉（2013.06离任）

王宏义

黄朝荣

矣家宁

李　伟

环境监察支队

支 队 长　李春文（2013.08任）

规划局

局　　长　钱　兴（2013.04离任）

党组书记　王　宁

副 局 长　王　宁

董金柱（2013.08任主持工作）

陆建明

吴渔琛（2013.08离任）

董晓娟（2013.08任）

住房和城乡建设局

局　　长　朱映辉（2013.04离任）

陆绍明（2013.04任）

党组书记　田江龙（2013.08任）

副 局 长　董生武（2013.05离任）

矣绍芬（2013.10离任）

张　明（2013.05离任）

李长伟（2013.03离任）

田江龙（2013.08离任）

王柄璋（2013.08任）

廖志伟（2013.11任）

市政公用事业局（副县级）

局　　长　廖志伟（2013.11离任）

房地产管理局局长（副县级）

局　　长　张云波（2013.11离任）

住房公积金管理中心（副县级）

主　　任　杨嘉林

交通运输局

局　　长　任志保（2013.04离任）

何　俊（2013.04任）

党组书记　杨忠武

副 局 长　卓玉林（2013.06离任）

师执良

李金荣

张赶良

廖江华（2013.07任）

运政管理处

处　　长　杨云波（2013.07任）

农业局

局　　长　曹仕祥（2013.04离任）

杨正祥（2013.04任）

党组书记　杨正祥（2013.04任，2013.05离任）

张春玉（2013.05任）

副　局　长　李兴春（2013.05离任）
李晓国（2013.10离任）
房红彬
王琼丽

畜牧局（副县级）
局　　长　李兴春（2013.05离任）

农科院（副县级）
院　　长　张　钟

农业局农业产业化领导小组办公室、生物资源开发创新办（副县级）
主　　任　保艳敏

林业局
局　　长　宋东华（2013.04离任）
资　武（2013.04任）
副　局　长　张智勇
郭亚钢（2013.04离任）
吴洪明（2013.06离任）
李志勇
张跃伟

护林防火指挥部
副指挥长　张智勇

森林公安局
政　　委　宋东华（2013.04离任）
资　武（2013.04任）
党组书记、局长　胡健伟
副　局　长　余朝俊（2013.11任）
柴力明（2013.11任）
政治部主任　董海霞（2013.11任）

水利局
局　　长　何　坤（2013.04离任）
乔正喜（2013.04任）
党组书记　杨　明
副　局　长　杨　明
杨云华
李霁涛
水利局总工程师　曾明贤（2013.05离任）

渔政渔港监督管理局
局　　长　何　坤（兼）
副　局　长　杨　明（兼）

中心城区水资源调度管理局
局　　长　李吉友

防汛抗旱指挥部
专职副指挥长　罗金寿（2013.08任）

商务局
党组书记、局长　段家祥
副　局　长　石成忠
李云峰
王　衍
钟光汉（2013.03离任）
赵永平

文化局
局　　长　桂江静（2013.04离任）
周延平（2013.04任）
党组书记　桂江静（2013.04离任）
方　洪（2013.04任）

副　局　长　岳　川（2012.08离任）
雷新华（2013.05离任）
鲁春红（2013.08离任）
冯咏梅
贾来发（2013.08任）

新闻出版局
局　　长　岳　川
副　局　长　雷新华（兼，2013.05离任）

博物馆（副县级）
馆　　长　陈泰敏

卫生局
局　　长　马跃武
党组书记　李丁全（2013.08离任）
副　局　长　王　红（2013.05离任）
施　平
曲校德（2013.07任）
史　勇（2013.10任）

卫生监督局（副县级）
局　　长　杨　伟（2013.11离任）

疾病控制中心（副县级）
主　　任　张洪军

药监局（由省直管划归地方管理）
局　　长　业应楷
副　局　长　普文生
尹义宪
李志红
王琼珍

人口和计划生育委员会
主　　任　雷　毅（2013.04离任）
赵　琼（2013.04任）
副　主　任　李建明
张艳华（2013.11离任）
施玉兰

计生协会
专职副会长　张红辉（2013.11任）

审计局
局　　长　申列京（2013.04离任）
陈元剑（2013.04任）
党组书记　申列京
副　局　长　禹联信
杨海明
黄太武
李国录（2013.10任）

安监局
局　　长　方玉明
党组书记　方玉明（2013.09离任）
师尚佳（2013.09任）
副　局　长　师尚佳（2013.09离任）
李之泽
金发辉
申从德

市政府外事侨务办公室
主　　任　姚晓岩（2013.04任）
副　主　任　赵　琼（2013.04离任）
李　莉（2013.08任）

广播电视局
局　　长　张耀力（2013.04离任）
曹仕祥（2013.04任）
党组书记　张耀力（2012.06离任）
何永平（2012.06任）
副　局　长　曹晓钟（2013.05离任）
何永平
周延海
施有恒

玉溪市电视台
台　　长　朱星宇

体育局
局　　长　周延平（2013.04离任）
雷　毅（2013.04任）
副　局　长　冯任生（2013.08离任）
黄绍林
朱建华

统计局
局　　长　吕　伟（2013.04离任）
朱映辉（2013.04任）
副　局　长　莫丽萍（兼，2013.03离任）
王起云
张　娟

国家统计局玉溪调查队
队　　长
副　队　长　杨八福
杨　莉

旅游局
局　　长　曾建志
副　局　长　邓志刚
杨英泽
陈川明

粮食局
局　　长　王毓华（2013.04任）
副　局　长　王毓华（2013.04离任）
陈云岩（2013.10离任）
钱兴平（2013.10任）
党组书记　杨丽芬

扶贫办公室
主　　任　龚崇生（2013.04离任）
方正春（2013.04任）
党组书记　刘应华（2013.04任）
副　主　任　龚献平（2013.05离任）
普绍福
周龙武（2013.04离任）

玉溪高新技术产业开发区管委会
主　　任　赵振峰（2013.09离任）
副　主　任　李维忠（2013.03离任）
李　泓
张云超（2013.04离任）
合丽娟（2013.08任）
党委书记　陈兴隆
副书记、纪委书记　李　宁

公安局高新技术产业开发区分局
局　　长　张家宏

玉溪研和工业园区管理委员会
主　　任　姚　涛（2013.09离任）
党组书记　姚学松（2013.04离任）
常务副主任　吴洪明（2013.06任）
副　主　任　王如欣（2013.10离任）
期来生
矣　勇
党工委书记　吴小郎（2013.05任）
党工委副书记　师吉明（2013.11任）

人民防空办公室
主　　任　乐士发（2013.10任）
副　主　任　乐士发（2013.10离任）

信访局（群众工作局）
局　　长　师　文
副　局　长　袁永祥（2013.08离任）
袁自福
马孔军
甘向阳
王若文
张永慧
潘美华（2013.08任）

发展研究中心（政府研究室）
主　　任　李毅昆（2013.05离任）
孙金会（2013.05任）
副　主　任　朱华东（2013.11离任）
王伟生

云南省抚仙湖旅游度假示范区管理委员会
主　　任　武继昌
副　主　任　张武实（2013.05离任）

抚仙湖管理局
局　　长　武继昌
党组书记　张武实（2013.05离任）
副　局　长　张武实（2013.05离任）
李家富
朱应生（2013.03离任）
陈黎彬（2013.10任）

移民局
局　　长　周映海
副　局　长　宁　杰
王传宝
刀红雁

防震减灾局
局　　长　金志林
副　局　长　黄家富

供销合作社联合社
主　　任　吕宗文（2013.06离任）
廖　伟（2013.06任）
副　主　任　瓦永云
董国伟
党委书记　吕宗文（2013.06离任）
廖　伟（2013.06任）
副书记、纪委书记
陈　勤（2013.11任）

政务管理局（政务服务中心）
局长（主任）　杨明华（2013.06离任）
吕宗文（2013.06任）
副　主　任　付春飞（2013.06离任）
郭艾华

公共资源交易中心
主　　任　王志华（2013.02离任）
张洪坤（2013.06任）

市政府烟草产业办公室
专职副主任　刘应华（2013.04离任）
夏伯林（2013.04任）

贸促会
会　　长　尹振华（2013.05离任）
莫晓顺（2013.08任）

招商合作局
局　　长　张春玉（213.05离任）
李明荣（2013.05任）
党组书记　李明荣（2012.08任）
副　局　长　冯以春（2013.05任）
胡宝玉（2013.06任）

中心城区防洪水系建设管理委员会
主　　任　张　明（2013.05离任）
党组书记　田江龙（2013.08离任）
副　主　任　朱学祥（2013.05离任）

市直学校、医院、企业负责人

玉溪一中
校　　长　张　炜（2013.10离任）
李立杰（2013.10任）
副　校　长　邓智忠
周永林
李立杰（2013.10离任）
党委书记　林明达（2013.03离任）
迟万昌（2013.06任）
副　书　记　李立杰（2013.10任）
杨长兴
纪委书记　杨长兴（2013.09任）

玉溪工业财贸（技工）学校
校　　长　李华伦
副　校　长　柏家渭
刀玉萍
周爱华
党委书记　董从华
副　书　记　李华伦
张延强

玉溪农业职业技术学院
院　　长　张正全
副　院　长　陈家祥
李裕葵
郭永清（2013.03离任）
党委书记　朱登明（2013.03离任）
张兴斌（2013.06任）
副　书　记　普发明

玉溪卫生学校
校　　长　曾立岩（2013.11离任）
陈　晋（2013.11任）
副　校　长　郭庆平
善要仁
施茗祥
党委书记　黄发礼
副　书　记　陈　晋（2013.11任）
郭庆平
沈晓云
纪委书记　沈晓云（2013.09任）

玉溪体育运动学校
校　　长　杨　钜
副　校　长　徐正顺
张朝和
段兆艳
党委书记　罗盛勇（2013.11离任）
副　书　记　朱晓源

玉溪师院附属中学
校　　长　李富春（2013.11任）
副　校　长　任　森
李明辉
李富春（2013.11离任）
党委书记　吴希敏
副　书　记　李富春（2013.11任）
王　利
纪委书记　王　利（2013.11任）

玉溪民族中学
校　　长　李永云（2013.11任）
副　校　长　张学辉
矣向阳
何建国
党委书记　丁家平
副　书　记　张兴斌（2013.06离任）

玉溪特殊教育学校（副县级）
校　　长　周绍义

玉溪市人民医院
院　　长　陈　晋（2013.08离任）
张　竣（2013.08任副厅级）
副　院　长　米跃生
李　礼
蔡德芳
党委书记　陈　晋（2013.08离任）
解　宇（2013.08任副厅级）
副　书　记　高丽清
总会计师　朱红媛

玉溪市第二人民医院
院　　长　尹利德
副　院　长　马晓元
杨顺英
党委书记　尹利德
副　书　记　陈存文

玉溪市中医院
院　　长　张　竣（2013.08离任）
杨　玲（2013.10任）
副　院　长　吴　勇
杨　玲（2013.10离任）
秦雪屏

景　明（2013.11任）
党委书记　吕志平
副书记　张　竣（2013.08离任）
杨　玲（2013.10任）
纪委书记　李文平（2013.12任）

玉溪商业银行
董事长　旃绍平
副董事长　母其会（正行级）
副行长　张　继（2013.04任）
杨　恒
李玉红（2013.04任）
李俊文（2013.04任）
监事会主席　郭立民（2013.04任）
总工会主席　童　伟（2013.04任）

开发投资公司
董事长　胡　芸（2013.03任）
总经理　师　冲（2013.03任）
监事会主席　李林春（2013.03任）

高等级公路公司
董事长　柏继武（2013.03任）
副总经理　谢建辉（2013.03任）
赵树文（2013.08任）
监事会主席　李　旭（2013.03任）

城投集团公司
董事长　谢洪文（2013.03任）
总经理　李长伟（2013.03任）
监事会主席　陈建勋（2013.03任）

国有资产经营公司
董事长　李凤媛（2013.03任）
副总经理　李绍忠（2013.03任）
监事会主席　张国庆（2013.03任）

融资担保公司
董事长　杨　徽（2013.03任）
总经理　邱　海（2013.03任）
监事会主席　王锦文（2013.03任）

抚仙湖保护开发投资公司
董事长　陈云鹤（2013.03任）
总经理　朱应生（2013.03任）
副总经理　杨　阳（2013.05任）
彭福山（2013.05任）
王利鹏（2013.03任）
监事会主席　王志刚（2013.03任）

土地矿产开发投资经营公司
董事长　姜兴林（2013.11任）
监事会主席　李富芝（2013.11任）
副总经理　孙　旭（2013.08任）
李云辉（2013.11任）
财务总监　蔡振刚（2013.08任）

云南玉溪交通运输集团公司
党委书记　单　平（2013.08离任）
副董事长　单　平（2013.08离任）
孔　伟
副书记纪委书记　杨文林
副总经理　拔绍雄
雷世雄
孔　伟
李　睿
总工会主席　花苡萍

云南省新平林业局
党委书记　李永寿
局长　李永寿
副局长　王德华

（宋明清）

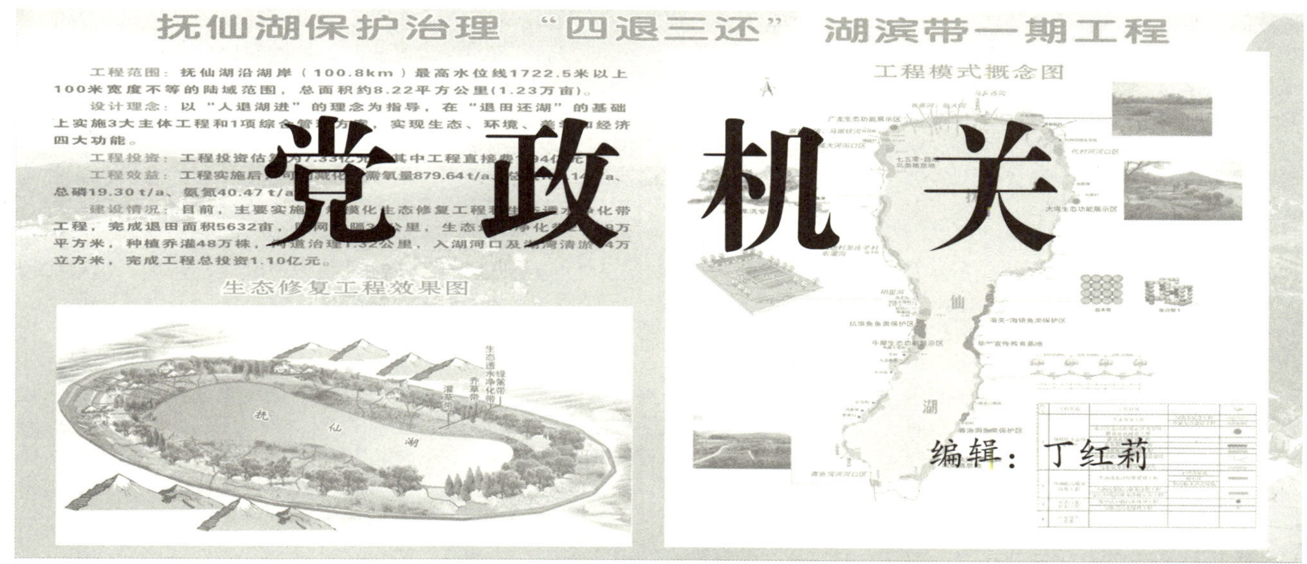

党政机关

编辑：丁红莉

中共玉溪市委员会

【重要通知、指示和决定】 2013年1月9日，市委、市政府下发《关于进一步加强招商引资工作的实施意见》。指出，招商引资是加快玉溪发展的重要途径，是培植新财源、新税源的重要手段，是解决建设资金不足的现实选择，是增加就业的有效措施。以培植产业、做大总量和调整结构为主要目标，以引进符合产业发展规划，符合生态建设和环境保护要求，有利于促进科学发展和谐发展跨越发展的大企业、大集团、大项目为重点，突出产业招商、专业招商、园区招商和熟地招商，延伸产业链，做大产业规模，促进玉溪经济社会又好又快发展。同日，市委、市政府下发《关于进一步加强问责工作的实施意见》。指出，为确保市委重大决策部署的贯彻落实，从重从快查处工作中不作为、乱作为和效率低下等不履行或不正确履行职责，造成不良后果的情形，推动玉溪科学发展、和谐发展、跨越发展提供坚强的组织和纪律保障，从工作重点、工作制度、具体措施等方面提出了具体的实施意见。同日，市委、市政府下发《玉溪市领导干部问责办法（试行）》，领导干部问责，坚持公开公正、权责统一、责罚适当、实事求是、惩教结合、促进工作的原则执行。

2月4日，市委下发《市级领导改进工作作风密切联系群众的实施办法》。指出，改进工作作风、密切联系群众，关系党的形象，关系党和人民的事业成败。市级领导率先垂范，带头改进工作作风，以优良的党风凝聚党心民心，带动政风民风，带头深入实际、深入基层、深入群众，倾听群众呼声、体察群众意愿、关心群众疾苦，认真检查各项政策和工作部署的落实情况，切实解决基层和群众的实际困难。对于团结带领全市各族人民深入贯彻落实党的十八大精神，实现省、市委提出的各项目标任务，全面建成小康社会，具有战略性和全局性意义。8日，市委下发《关于印发〈中共玉溪市委工作规则（试行）〉等系列制度文件的通知》，印发执行《中共玉溪市委工作规则（试行）》等26个制度文件。26日，市委、市政府下发《关于成立玉溪市产业招商总局的通知》。指出，为完善招商引资工作机制，强化产业招商，全面提高开放型经济水平，市委、市政府决定成立13个产业招商总局，共32个责任单位。

3月6日，市委、市政府下发《关于加快高原特色农业发展的实施意见》。指出，坚定不移地实施以改革开放和科技进步为动力的生态立市、农业稳市、工业强市、两烟富市、文化旅游兴市战略，坚持工业反哺农业、城市支持农村和多予少取放活的方针，巩固烟草产业，稳定粮油蔗产业，提升蔬菜产业，加快发展养殖业，大力发展水果、核桃、竹子产业，打造花药产业，扶持壮大农业龙头企业，分类推进高原特色农业规模化经营，全力实施八大工程，打响玉溪绿色高原品牌，着力构建和完善现代农业产业体系，提高农业综合生产能力、抗风险能力和市场竞争力，加快农业现代化步伐，为实现全市跨越发展奠定坚实基础。同日，市委、市政府下发《关于加快发展现代农业进一步增强农村发展活力的实施意见》。指出，必须统筹协调，促进工业化、信息化、城镇化、农业现代化同步发展。着力强化现代农业基础支撑，加大农村改革力度、政策扶持力度、科技驱动力度，加快发展高原特色农业。把玉溪建成云南重要的高效农业示范基地、高原特色农业示范基地、农产品加工基地和农产品出口基地，在全省率先基本实现农业现代化。同日，市委、市政府下发《关于玉溪市2011～2020年农村扶贫开发的意见》。指出，以尽快解决扶贫对象温饱、实现脱贫致富为首要任务，以统筹城乡发展、提高自我发展能力为工作重点，以少数民族地区、深度贫困地区和革命老区为主战场，以专项扶贫、行业扶贫、社会扶贫为支撑，以改善民生为根本，以加快发展为关键，更加注重增强扶贫对象自我发展能力，更加注重基本公共服务均等化，更加注重解决制约发展的突出问题，全面推进贫困群体脱贫致富。7日，市委、市政府下发《关于进一步加强工业园区建设的意见》。为加速全市工业园区建设发展，推动新型工业化再上新台阶，实现“工业3年倍增”发展目标，明确了把全市工业园区建成产业聚集度高、经济效益好、投资环境优、招商竞争力强的第一增长极的发展目标。8日，市委印发《中共玉溪市委四届三次全会报告》。明确提出了全市今后五年以及到2020年的奋斗目标，全面部署2013年工作，对推进玉溪经济社会科学发展和谐发展跨越发展具有重要指导意义。各级各部门要认真组织传达学习，结合实际抓好贯彻落实。

4月19日，市委转发《玉溪市人大常委会2013年工作要点》。指出，2013年，市人大常委会要全面贯彻党的十八大、十二届全国人大一次会议和云南省第九次党代会精神，根据市委四届三次全会的部署，按照市四届人大一次会议的要求，坚持党的领导、人民当家作主和依法治国的有机统一，围绕全市经济建设、政治建设、文化建设、社会建设和生态文明建设，进一步解放思想，开拓创新，求真务实，依法履职，为实现玉溪科学发展新跨越作出应有贡献。工作重点是：认真行使宪法和法律赋予的职权，加强对“一府两院”的法律监督和工作监督；以党的十八大精神为指针，围绕省委、市委的重大决策部署，依法审议决定重大事项；坚持党管干部原则和人大依法任免国家机关领导人员有机统一，依法做好人事任免工作；坚持和尊重代表主体地位，充分发挥代表管理国家事务作用，保障和维护人大代表依法履行职务；认真贯彻落实村民委员会组织法，依法加强对村（居）民委员会换届选举工作的监督和指导；加强学习，转变作风，完善制度，提高效能，进一步加强人大常委会自身建设。

5月7日，市委转发《政协玉溪市委员会2013年工作要点》。指出，2013年是实施“十二五”规划承前启后的关键一年，是为全面建成小康社会奠定坚实基础的重要一年。市政协工作要在中共玉溪市委的坚强领导下，团结全市各民主党派、工商联、人民团体和各族各界人士，积极履行政治协商、民主监督、参政议政职能，充分发挥协调关系、汇聚力量、建言献策、服务大局的作用，开拓创新，扎实工作，为推动玉溪科学发展新跨越，建设开放富裕文明和谐美丽幸福新玉溪献计出力。18日，市委、市政府作出《关于表彰奖励澄江化石地成功申报世界自然遗产突出贡献单位、先进集体和先进个人的决定》。市委、市政府决定授予澄江动物化石群省级自然保护区管理委员会等5个单位“突出贡献单位”荣誉称号，授予澄江县人民政府办公室等34个单位“先进集体”荣誉称号，127名“先进个人”荣誉称号。同日，市委、市政府作出《关于表彰奖励澄江化石地成功申报世界自然遗产国内外专家的决定》。市委、市政府决定，对昆明理工大学教授梁永宁等8名国内专家和英国莱斯特大学教授戴维•斯威特等3名外国专家给予表彰奖励。

6月19日，市委、市政府下发《关于推进美丽家园行动的意见》。全面开展“千村示范”，全力推进特色民居建设，推动城乡发展一体化，建设环境优美、特色鲜明、服务优良的美丽家园。全面开展村庄、农房普查；科学合理编制规划；加强村庄基础设施建设和人居环境整治；加大项目资金整合力度；加大招商引资和向上争取资金力度；积极争取银行信贷支持；落实特色民居奖补政策。24日，市委、市政府下发《关于加快推进生物医药产业跨越发展的指导意见》。指出，大力发展生物医药产业，加速生物制造技术在医药工业中的广泛应用，抢占生物医药产业先机和制高点，有利于加快全市新型工业化进程，转变经济发展方式，促进产业结构优化升级，提高全市高新技术产业竞争力，提升整体经济素质。把玉溪市生物医药产业培育成为本市高技术领域的支柱产业和战略性新兴产业的重要增长极，建成全国重要的生物医药产业基地。

7月10日，市委、市政府下发《关于进一步畅通群众诉求渠道工作的意见》。为切实转变干部作风，密切党同人民群众的血肉联系，进一步做好新形势下群众工作，加快推进富民强市进程，着力构建畅通群众诉求工作体系和相关配套工作制度，建立健全工作长效机制，实现好、维护好、发展好最广大人民群众的根本利益。同日，市委下发《玉溪市第四个五年依法治市规划（2013～2017年）》。指出，2013～2017年，是玉溪市实施国民经济和社会发展“十二五”规划，深入推进法治建设，加快玉溪科学发展、和谐发展、跨越发展，全面建成小康社会的关键时期。全面落实依法治国基本方略，加快建设法治玉溪进程，对于保障全市经济建设、政治建设、文化建设、社会建设和生态文明建设等各项事业健康发展具有十分重要的意义。16日，市委、市政府下发《关于全面加强抚仙湖—星云湖生态建设与旅游改革发展综合试验区生态文明建设的决定》。指出，为落实抚仙湖、星云湖保护条例，统筹试验区生态建设、环境保护和开发控制，提高试验区生态文明建设水平。要求充分认识加强试验区生态文明建设的重大意义。明确了坚持保护为先的基本方针，坚持统一规划、统一管理、统一保护、统一开发的原则，以创新体制机制为突破口，以加强污染治理为着力点，以转变发展方式为抓手，以调整结构为关键，“四退三还”为核心的指导思想、基本原则、目标任务，对健全完善管理体制机制，强化政策措施保障力度，创新突破投融资机制作了要求。24日，市委、市政府下发《关于推进民族团结进步边疆繁荣稳定示范区建设的实施意见》。指出，以科学发展促进民族团结、以民族团结保障科学发展，重点抓好示范县、示范乡镇、示范村（社区）创建，典型带动、点面结合，统筹推进全市示范区建设，开创民族团结进步事业新局面。25日，市委、市政府作出《关于表彰玉溪市十佳农业产业化龙头企业十佳农民专业合作组织和推进高原特色农业产业化发展先进单位的决定》。市委、市政府决定，授予云南宏斌绿色食品有限公司等10户农业产业化龙头企业“玉溪市十佳农业产业化龙头企业”荣誉称号，10个农民专业合作社“玉溪市十佳农民专业合作组织”荣誉称号，九个县区“玉溪市推进高原特色农业产业化发展先进县区”荣誉称号，15个市直部门“玉溪市推进高原特色农业产业化发展先进单位”荣誉称号。

8月16日，市委、市政府作出《关于表彰2008～2012年依法治市工作先进集体和先进个人的决定》。市委、市政府决定，对市中级人民法院等76个依法治市工作先进集体，120名依法治市工作先进个人予以表彰。

9月6日，市委、市政府、玉溪军分区下发《关于高标准组织“三类”基层武装部规范化试点建设的通知》。为进一步加强全省基层武装部建设，加快推进民兵建设转型，努力探索全省基层武装部规范化建设方法路子。经研究，决定在红塔区春和街道武装部、红塔集团武装部、玉溪师范学院武装部先行开展规范化建设试点。要求，充分认识开展“三类”基层武装部规范化试点建设的重要意义，增强紧迫感和责任感；遵循试点建设的指导思想和基本原则，把握建

设标准；强化组织领导，稳步推进“三类”基层武装部规范化试点建设。同日，市委、市政府下发《玉溪市贯彻落实〈云南省“产业建设年”三年行动计划〉实施意见》。指出，2013年是云南省委、省政府确定的“产业建设年”第一年，开好头、起好步，事关全局、意义重大。要落实重大项目主管单位责任制、建立联席会议制度、市级领导联系制度和督查推进机制等相关制度，把项目建设和投资目标落实到具体单位、具体责任人，明确工期要求、投资额度，实行目标倒逼，扎实推进项目建设。

10月30日，市委、市政府作出《关于表彰2001～2010年扶贫开发工作先进集体和先进个人的决定》。市委、市政府决定，对2001～2010年在扶贫开发工作中做出突出成绩的市发展改革委等70个先进单位、80名先进个人给予表彰奖励。

12月12日，市委、市政府作出《关于命名表彰玉溪市第七届文明行业、文明单位、文明村和第三届文明社区、文明小城镇的决定》。经市委、市政府研究决定，授予市人民检察院系统等7个系统为“玉溪市第七届文明行业”称号，授予市委党校等225个单位为“玉溪市第七届文明单位”称号，授予红塔区春和街道黄草坝村等71个村为“玉溪市第七届文明村”称号，授予红塔区玉兴街道棋阳社区等22个社区为“玉溪市第三届文明社区”称号，授予红塔区洛河彝族乡等6个乡镇为“玉溪市第三届文明小城镇”称号。19日，市委、市政府、玉溪军分区作出《关于表彰玉溪市“三类”基层武装部试点建设先进单位和先进个人的决定》。市委、市政府、玉溪军分区决定，对试点建设中做出突出成绩的红塔集团武装部等3个先进单位，31名先进个人予以表彰奖励。

【重要会议】 2013年1月14～15日，市委召开工作会议。张祖林在会上作题为《解放思想，求真务实，为实现玉溪科学发展新跨越而努力奋斗》的讲话。会议强调，全市上下要以学习贯彻党的十八大精神为动力，切实增强推动玉溪跨越发展的危机感、紧迫感和责任感，咬定青山不放松，坚定目标不动摇，抢抓机遇不懈怠，奋发有为不停步，着力做好解放思想、改革创新、招商引资三篇大文章，努力实现玉溪科学发展新跨越。17日，全市招商引资大会在聂耳大剧院举行。大会推出总投资额1 500多亿元的200余个招商项目，总投资202亿元的31个项目在会上顺利签约。会议指出，玉溪市场空间广阔，是云南桥头堡建设的重要枢纽，具有发展三产业与新型加工业的独特优势，是发达地区产业转移的理想终端，又是国内面向东南亚、南亚拓展市场的理想起点；玉溪资源物产丰富，产业配套齐全，随着昆玉旅游文化产业经济带的建设，高端休闲生态文化旅游、商贸、会展、物流等现代服务业将成为玉溪新兴支柱产业；玉溪平台功能完备，全市有1个国家级高新技术产业开发区、3个省级工业园区、7个市级工业园区，为投资创业提供了优质平台；玉溪政策优惠完善，实行最严格的服务承诺制、最严肃的限时办结制、最严厉的行政问责制，最大限度为投资者提供便捷、高效的行政审批通道。

2月18日，全市召开抚仙湖水污染综合防治工作现场会。市委常委，市人大常委会主任，九湖督导组有关领导，市政府副市长，市直相关部门领导，沿湖三个县委书记、县长，沿湖乡（镇、街道）及村委会党政一把手参加了会议。会议强调，保护抚仙湖是全市干部群众义不容辞的责任，市级相关部门和沿湖三个县要切实转变作风，加强组织领导、明确责任、强化目标责任考核奖惩机制，建立督查问责机制，以敢干事能干事的精神，真心实意、踏踏实实保护好抚仙湖。26日，全市召开美丽乡村建设暨全市第七批新农村建设指导员下派动员会。会议表彰了143个先进单位和优秀个人。第七批新农村建设指导员奔赴11个乡（街道），80多个村寨投身新农村建设。会议指出，下派的指导员要结合“四群”教育活动的开展，不断改进工作作风，真抓实干，树立良好形象，着力解决当前群众生产生活困难，着力推进城乡一体化发展、特色农业壮大等“八大行动”，建设美丽乡村，不断提高农业现代化进程，扎实推进社会主义新农村建设。

3月1日，市委四届三次全体会议召开。张祖林代表市委常委会在会上作工作报告。全会提出，全面贯彻党的十八大、中央经济工作会议和省委九届四次全会精神，牢牢把握主题，坚持稳中求进的总基调，以提高经济增长质量和效益为中心，坚定不移地实施以改革开放和科技进步为动力的生态立市、农业稳市、工业强市、两烟富市、文化旅游兴市战略，进一步解放思想，深化改革开放，扩大投资消费，强化创新驱动，坚持“五位一体”，推进“四化”同步，打好“三大”战役，着力调结构、建支柱、壮大经济综合实力，着力推动文化大繁荣大发展，着力建设生态文明，着力保障改善民生和创新社会管理，努力争先进位，为全面建成小康社会奠定坚实基础。2日，召开2013年党风廉政建设大会。会议深入研究玉溪市党风廉政建设和反腐败工作，要求全体党员干部要深刻认识新形势下改进作风的极端重要性和紧迫性。张祖林在会上强调，继续提升纪检监察工作的针对性和实效性，认真贯彻落实中央惩防体系建设2013～2017年工作规划，深入经济建设第一线，建立和完善重大建设项目的监督检查，对园区建设、招商引资、投融资体制改革、生态建设、保障和改善民生等工作落实情况，对发现的问题早提醒。并与各县（区）签订了2013年党风廉政目标责任书。22～28日，中国人民政治协商会议玉溪市第四届委员会第一次会议和玉溪市第四届人民代表大会第一次会议召开。 两会选举产生了新一届玉溪市领导班子。饶南湖当选市人民政府市长，谢兴荣当选市人大常委会主任，黄宪庭当选政协玉溪市第四届委员会主席，吕召当选市中级人民法院院长，选出的市人民检察院检察长张德勋将按地方组织法报批。

4月26～28日，市委举办全市县处级以上领导干部解放思想专题培训。张祖林在开班动员讲话时强调，要联系实际、正视差距，解放思想、更新观念，充分认识解放思想的重要性和紧迫性，着力在关键环节上实现新突破，以思想大解放促进干部观念和作风大转变，凝心聚力，真抓实干，全力以赴推动玉溪经济社会大发展。

5月20日，市委、市政府在红塔文体中心召开澄江化石地申遗工作总结表彰大会。会议动员全市各族干部群众抓住机遇，乘势而上，把澄江化石地建成世界一流的古生物化石科研基地、科考旅游地、全球知名的大众科普旅游地，国际知名的科考科研交流中心、中国及东南亚著名的文化休闲旅游地，推动昆玉旅游文化产业经济带建设，促进全市经济社会发展。住建部和省级有关部门领导，市党政领导张祖林、饶南湖、夏立洪、谢兴荣、黄宪庭出席表彰大会，并为受表彰的国内外专家、突出贡献单位、先进集体和个人颁奖。24

日，市委、市政府召开市直投融资平台工作汇报会。

6月14日，召开抚仙湖—星云湖生态建设与旅游改革发展综合试验区管委会第一次全体会议。会议决定，为了让外界及时、准确、全面地了解抚仙湖保护治理情况，建立试验区管委会新闻发布会制度，决定每月举行一次新闻发布会，增强抚仙湖保护治理工作透明度。针对湖泊的治理、开发和保护，建立新闻发布会制度，实行一月举行一次，在全省尚属首次。会议还研究了试验区生态建设与旅游产业发展三年行动计划，提出在试验区建设中，将把抚仙湖的保护放在首位，以生态建设为前提，以“四退三还”为核心，推进产业结构调整，严守“四条红线”。20日，市委、市政府召开澄江化石地世界自然遗产旅游项目建设现场调研推进会。会议决定，成立玉溪市澄江寒武纪乐园项目推进工作领导小组，确保澄江化石博物馆项目于11月30日前开工建设，澄江寒武纪乐园项目于12月30日前开工建设。

7月1日，召开校安工程暨美丽100校园行动计划动员大会。张祖林在会上强调，全市校安工程暨美丽100校园行动计划建设时间紧、任务重、要求高，要切实明确目标任务，强化措施，加大力度，狠抓落实，全面推进工程建设。要做到科学统筹规划，因地制宜实施，把握好人口分布的新趋势，坚持“一县一案、一校一策”的原则，通盘考虑，科学统筹，整合优化教育资源配置，合理细致推进每个项目建设，确保把每一个项目都打造成精品工程；要突出资金保障，分级确保投入，并通过向上级争取、盘活资源、融资贷款、招商引资等方式积极筹措资金；要按照“市级统筹、分级管理、分级负责”的原则，制定工程管理办法，强化工程监管，加快工程进度；要统一质量标准，严把质量关口，确保师生和学校财产安全，同时鼓励有条件的学校适度超前发展，着力打造一批现代化的学校；要切实加强组织领导、强化监督保障、狠抓工作落实，确保各项建设任务全面完成。19日，市委、市政府召开全市推进民族团结进步边疆繁荣稳定示范区建设动员视频会议。会议贯彻落实党中央、国务院和省委、省政府建设民族团结进步边疆繁荣稳定示范区重大决策部署，全面安排全市推进示范区建设工作。张祖林在主会场会议上强调，要科学把握形势，明确目标任务，突出工作重点，强化保障措施，开创玉溪民族团结进步事业新局面。20日，玉溪市举行第三届中国聂耳音乐（合唱）周大型文化系列活动开幕式。本届音乐（合唱）周由省委宣传部和市委、市政府共同主办，旨在弘扬聂耳以爱国主义为核心的民族精神和以改革创新为核心的时代精神，推动全省、全市科学发展、和谐发展、跨越发展。省委常委、宣传部长赵金出席开幕式并宣布第三届中国聂耳音乐（合唱）周大型文化系列活动开幕。省人大常委会副主任刀林荫，省政协副主席罗黎辉等领导出席开幕式。市委书记张祖林在开幕式上致辞，省委宣传部常务副部长、省文产办主任尹欣在开幕式上讲话，市委副书记、市长饶南湖主持开幕式。30～31日，市委召开工作会议。会议落实省委九届五次全会精神，按照年初的安排部署，总结上半年工作，学习推广典型经验，找准存在的差距和问题，分析面临的形势，研究推进下半年工作的措施办法，进一步抓好工作落实，确保当年目标任务的圆满完成。按照精简会议、转变会风的要求，市委工作会议注重会议质量和实效，积极创新开会方式，共分两个阶段进行：第一个阶段安排两天时间，现场观摩学习；第二个阶段用半天时间集中召开大会。

8月2日，市委、市政府召开抚仙湖北岸生态湿地项目建设座谈会。会议研究项目规划设计、搬迁安置等问题，破解土地、资金等制约瓶颈，进一步统一思想，提高认识，明确任务，推进各项工作落实。张祖林在会上强调，要把握机遇，乘势而上，抓住抚仙湖保护治理的“牛鼻子”，增强紧迫感、责任感，加快推进抚仙湖北岸生态湿地项目建设，从根本上扭转抚仙湖水质下降趋势。5日，市委、市政府召开全市烟叶收购工作会议。会议贯彻落实全国、全省烟叶收购暨现代烟草农业建设现场会精神，总结分析当年烤烟生产形势，安排部署烤烟田间后期管理、烟叶烘烤和收购工作。6日，全省美丽乡村建设工作会和全省新农村建设指导员工作座谈会在玉溪市召开，省委副书记仇和参加座谈会时寄语广大新农村建设指导员。要求与省委、省政府保持一致，与农民群众站在一起，齐力共建美丽乡村，同心共筑幸福生活，为实现富民强滇夙愿，完成同步小康大业作出新的更大贡献。11～12日，全国十三城市关心下一代工作联谊会第五次会议在玉溪举行。会议交流各地工作经验，分析存在问题，在新的历史条件下拓展关工委工作新空间。玉溪、九江、无锡、大同、自贡、烟台、黄石、漳州等城市关工委部门作大会交流发言。28日，市委召开组织工作会。会议传达了全国、全省组织工作会议精神，总结回顾全市党的建设和组织工作取得的成绩，研究部署今后五年全市党建和组织工作。张祖林要求：全市基层党组织围绕建设“美丽玉溪”这个主题，强化服务体系、平台、队伍、制度、保障等方面建设，组织引导广大党员争当“美丽玉溪服务先锋”，切实把基层组织的工作重心转到服务发展、服务民生、服务群众、服务党员上来，使服务成为基层党建工作的鲜明主题，成为广大党员干部的自觉行动。要求组织部门加强自身建设，努力建设讲政治、重公道、业务精、作风好的模范部门和过硬队伍。同日，市委、市政府召开全市重点项目建设推进会。会议实地观摩、督查仙湖锦绣、九龙晟景、仙湖山水、玉溪庄园农业科技示范园、万家欢蓝莓种植基地、北岸生态湿地、寒武纪乐园7个重大项目建设情况和梁王河、牛摩河两条入湖河道治理情况，分析存在的问题，研究推进项目建设的措施和办法。会议强调，把维护、保障群众利益放在首位，生态保护、旅游发展与群众致富有机结合，“三位一体”推进美丽玉溪建设，努力争当全省生态文明建设排头兵。

10月29日，召开生态文明建设暨绿化造林动员大会。会议贯彻落实党的十八大精神和省委、省政府生态文明建设重要战略部署，安排部署全市今冬明春绿化造林和今后一个时期的生态文明建设工作。会议强调，要聚全市上下之智，集社会各界之力，大干植树造林、大兴绿化美化，努力争当全省生态文明建设排头兵，走出一条生产发展、生活富裕、生态良好的文明发展之路，为玉溪科学发展新跨越提供坚实的生态保障和环境支撑。会上，市政府与各县区政府签订了《2013～2015年玉溪市绿化造林责任状》。

11月7日，市委、市政府召开全市扶贫开发工作视频会议。会议强调，全市各级各部门要把扶贫开发列入重要议事日程、纳入经济社会发展规划，切实形成“市负总责、县抓落

实、工作到村、扶贫到户”的工作格局；要抓牢党建，把贫困地区基层党组织建设成为推动发展、服务群众、凝聚人心、促进和谐的坚强堡垒；进一步加大各级扶贫机构和干部队伍建设，鼓励和吸引各类管理人才和专业技术人才到贫困地区工作，形成对贫困地区扶贫与扶智、人才支持与项目支持相结合的长效机制；进一步转变工作作风，努力把扶贫工作做到群众的心坎上，把扶贫开发的成效体现在群众的腰包和笑脸上；加强对扶贫开发的宣传，努力营造全社会关心和支持扶贫开发的浓厚氛围。18日，召开领导干部大会。会议强调，要用全会精神统领玉溪的各项工作，按照中央和省委的要求，紧密联系工作实际、思想实际，在贯彻落实上下功夫，把学习贯彻的过程转变为统一思想、凝心聚力的过程，转变为深化改革、扩大开放的过程，转变为理清思路、加快发展的过程，进一步解放思想、改革创新，锐意进取、攻坚克难，努力开创全市改革发展新局面。

12月20日，省政府在澄江县召开抚仙湖保护治理工作会议。省委副书记、省长李纪恒率队察看了澄江县海口镇原鳗鱼场拆临拆违情况、东大河流域水污染治理与清水产流机制修复工程、抚仙湖北岸生态湿地、小洋村蓝莓种苗基地、湖滨缓冲带退田还湖建设情况，就抚仙湖保护治理进行实地调研。李纪恒在会上要求，要以“四退三还”、生态修复为基础，以控源截污为前提，以河道治理为重点，以中水利用为关键，以产业调整为根本，市委书记张祖林在会上表态，抚仙湖保护治理是全市干部群众义不容辞的责任，将把思想和行动统一到省政府的部署和要求上来，进一步提高思想认识，明确目标任务，突出重点，突破难点，把建设生态文明、保护生态环境放在突出位置，创造性地开展工作，确保思想认识到位、责任明确到位、措施落实到位、项目推进到位、工作落实到位，把各项目标任务落实到具体工作中，谱写抚仙湖保护治理新篇章。

【市委常委会议】 2013年1月15日，市委书记张祖林主持召开四届市委第三十三次常委会议，会议专题听取市委工作会议各代表团讨论情况。29日，张祖林主持召开四届市委第三十四次常委（扩大）会议。会议有3项议题：研究干部人事问题；传达学习习近平、王岐山在第十八届中央纪律检查委员会第二次全体会议上的讲话精神；传达学习《习近平同志关于厉行勤俭节约，反对铺张浪费重要批示的通知》等三个文件精神，研究部署全市的工作。

2月1日，张祖林主持召开四届市委第三十五次常委会议，会议专题研究四届市人大、市政府和市政协换届有关工作。7日，张祖林主持召开四届市委第三十六次常委会议，会议有6项议题：传达学习省纪委九届三次全会精神；审定《中共玉溪市委工作规则（试行）》（送审稿）等系列制度；研究《关于第四届市政协人事安排的意见》（送审稿）；研究《关于推进玉溪市民族团结进步边疆繁荣稳定示范区建设的实施意见》（送审稿）；传达全国全省政法工作会议主要精神，研究全市贯彻意见；研究《关于进一步加强工业园区建设的意见》（送审稿）。19日，张祖林主持召开四届市委第三十七次常委会议，会议专题研究干部人事问题。20日，张祖林主持召开四届市委第三十八次常委会议，会议有10项议题：研究市委四届三次全会报告及会议方案；研究市人大、市政协四届一次会议有关事项；研究玉溪市2012年度惩防体系建设暨党风廉政建设责任制考核工作和召开全市党风廉政建设大会、市纪委四届三次全会、成立玉溪市巡视联络机构有关事宜；审定市级单位机构编制有关事项；传达全省宣传思想文化工作视频会议精神，研究全市贯彻意见；讨论《中共玉溪市委玉溪市人民政府关于加快发展现代农业进一步增强农村发展活力的实施意见》（送审稿）；讨论《中共玉溪市委玉溪市人民政府关于加快高原特色农业发展的实施意见》（送审稿），研究召开玉溪市高原特色农业发展推进大会有关事项；讨论《中共玉溪市委玉溪市人民政府关于玉溪市2011～2020年农村扶贫开发的意见》（送审稿）；传达全省组织部部长视频会议精神，研究全市贯彻意见；研究干部人事问题。21日，张祖林主持召开四届市委第三十九次常委会议，会议专题研究四届市人大、市政府和市政协换届人事相关工作。

3月2日，张祖林主持召开四届市委第四十次常委会议，会议有3项议题：听取各组对全会报告讨论情况汇报；讨论《中共玉溪市委四届三次全体会议决议（草案）》；研究干部人事问题。15日，张祖林主持召开四届市委第四十一次常委会议，会议有6项议题：研究《政府工作报告（送审稿）》、《关于玉溪市2012年国民经济和社会发展计划执行情况与2013年国民经济和社会发展计划草案的报告（送审稿）》和《关于玉溪市2012年地方财政预算执行情况和2013年地方财政预算草案的报告（送审稿）》；传达全省统战部长会议精神，研究全市贯彻意见；讨论《中共玉溪市委关于加强新形势下党外代表人士队伍建设的实施意见（送审稿）》、《贯彻落实〈中共玉溪市委关于加强新形势下党外代表人士队伍建设的实施意见〉分工方案（送审稿）》；研究干部人事问题；研究违纪干部问题；研究撤销市司法局2012年度党风廉政建设优秀单位称号有关事宜。

4月16日，张祖林主持召开四届市委第四十二次常委会议，会议有6项议题：研究市委机关过渡性办公楼搬迁有关事宜；研究市委书记、副书记和市委常委工作分工有关事宜；研究市人大常委会、政协玉溪市委员会2013年工作要点（讨论稿）；研究玉溪市加强和改进互联网舆论引导工作方案（送审稿）；研究干部人事问题。

5月17日，张祖林主持召开四届市委第四十三次常委会议，会议有6项议题：研究《中共玉溪市委玉溪市人民政府关于加快推进生物医药产业跨越发展的指导意见（讨论稿）》；研究《中共玉溪市委玉溪市人民政府关于设立抚仙湖保护治理专项资金和试验区项目保证金的决定（送审稿）》；研究玉溪市抚仙湖—星云湖生态建设与旅游改革发展综合试验区产业督导协调组组建方案；研究《第三届中国聂耳音乐（合唱）周大型文化系列活动策划方案（送审稿）》；听取市委工作会筹备方案汇报；研究干部人事问题。

6月21日，张祖林主持召开四届市委第四十四次常委会议，会议有7项议题：研究干部人事问题；传达学习云南省贯彻落实四项制度工作会议精神；传达学习全省纪检监察机关畅通群众诉求渠道“五级联动”工作现场推进会议精神，研究全市贯彻意见；研究《玉溪市第四个五年依法治市规划（2013～2017年）（草案）》；研究《玉溪市干部保健工作方案》；研究贯彻落实中办、云办有关文件精神；市委领导关于中办有关文件批示精神的落实情况。

7月2日，张祖林主持召开四届市委第四十五次常委（扩大）会议，会议专题传达学习习近平总书记在中央政治局专门会议上的重要讲话精神，研究部署全市的工作。10日，张祖林主持召开四届市委第四十六次常委会议，会议有6项议题：传达学习全国组织工作会议主要精神；传达学习全国全省深化平安法治建设工作会议主要精神，研究全市贯彻意见；研究《中共玉溪市委玉溪市人民政府关于推进民族团结进步边疆繁荣稳定示范区建设的实施意见（送审稿）》；研究《关于全面加强抚仙湖—星云湖生态建设与旅游改革发展综合试验区生态文明建设的决定》；研究《玉溪中心城区防洪水系建设指挥部玉溪中心城区防洪水系建设管理委员会关于撤销玉溪中心城区防洪水系建设指挥部和玉溪中心城区防洪水系建设管理委员会的请示》；研究推荐省委联系专家人选。

8月2日，张祖林主持召开四届市委第四十七次常委会议，会议专题研究干部人事问题。6日，张祖林主持召开四届市委第四十八次常委会议，会议专题研究干部人事问题。13日，张祖林主持召开四届市委第四十九次常委会议，会议有7项议题：研究开展玉溪市第五届双拥模范城（县）命名表彰活动以及申报云南省第九届双拥模范城（县）命名表彰工作；研究《玉溪市美丽100校园行动计划暨中小学校舍安全工程实施方案（讨论稿）》、《玉溪市美丽100校园行动计划暨中小学校舍安全工程项目筹资与偿还实施方案（讨论稿）》；研究晋宁至红塔区高速公路建设项目合作框架协议；研究《玉溪市贯彻落实云南省“产业建设年”三年行动计划实施意见（送审稿）》；研究《玉溪市贯彻落实〈关于党政领导班子主要负责人述廉的意见〉的实施意见（讨论稿）》等四项实施意见；研究玉溪市东片区暨“三湖”生态保护水资源配置应急工程建设情况；研究干部人事问题。

9月23日，张祖林主持召开四届市委第五十次常委会议，会议有10项议题：原文传达学习习近平总书记在全国宣传思想工作会议上的讲话精神、全省宣传部长座谈会议和九届省委第四十三次常委会议精神，研究全市贯彻意见；研究《玉溪市对外新闻宣传工作奖励办法（试行）》；研究与新华社云南分社就提供智库服务进行合作的有关事宜；研究关于召开玉溪市工会、共青团玉溪市和玉溪市妇女第四次代表大会有关事宜；研究市编委提请市委常委会议审定通过的机构编制事项；研究关于将昆玉红旅游文化产业经济带建设项目纳入试验区督导组督查对象的建议；研究《中共玉溪市委办公室玉溪市人民政府办公室关于贯彻落实进一步加强信访干部队伍建设的实施意见（送审稿）》；研究《中共玉溪市委关于加强和改进党委督促检查工作的实施意见》；传达全省组织工作会议主要精神，研究全市贯彻意见；研究干部人事问题。

10月23日，张祖林主持召开四届市委第五十一次常委会议，会议有9项议题：传达学习《中共中央国务院关于地方政府职能转变和机构改革的意见》摘要；研究《中共玉溪市委玉溪市人民政府关于争当全省生态文明建设排头兵的实施意见（送审稿）》；研究市抚投公司与云南建工集团签订合作协议有关事宜；研究玉溪市第三次全国经济普查工作有关事宜；研究《玉溪市绿化造林实施方案（讨论稿）》；研究《中国·玉溪网建设方案（送审稿）》；研究成立全市党的群众路线教育实践活动领导小组有关事宜；研究违纪干部处理问题；研究干部人事问题。

11月15日，张祖林主持召开四届市委第五十二次常委会议，会议有4项议题：传达学习十八届三中全会精神；研究抚仙湖保护治理工作情况；研究玉溪市2013年目标任务综合考评办法及奖励方案；研究干部人事问题。28日，受张祖林委托，市委副书记、市长饶南湖主持召开四届市委第五十三次常委会议。会议有3项议题：研究《关于向重庆德镁股权投资基金管理有限公司融资美丽100校园行动计划和校安工程建设资金的建议方案（送审稿）》；研究《玉溪城市建设投资集团有限公司与平安国际融资租赁有限公司融资方案（送审稿）》；研究通海县撤县设区有关事宜。

12月30日，张祖林主持召开四届市委第五十四次常委会议，会议有13项议题：研究市委四届四次全体会议有关事宜；研究市四届人大二次会议和市四届政协二次会议有关事宜；研究《玉溪市2014年经济社会发展主要指标预期目标及下步工作措施建议》；研究《关于〈玉溪市国民经济和社会发展第十二个五年规划纲要〉执行情况的评估报告（送审稿）》；研究《玉溪市与华为公司签订云计算数据中心合作协议》；研究《晋宁至红塔区高速公路BOT项目特许权协议》；研究《玉溪市开展县乡村医疗服务一体化管理指导意见（试行）》；研究《中共玉溪市委玉溪市人民政府关于争当全省生态文明建设排头兵的实施意见（送审稿）》、《玉溪市争当全省生态文明建设排头兵五年行动计划（送审稿）》；研究关于规范挂职干部待遇管理问题有关事宜；研究《玉溪市市属企业领导人员管理规定（试行）》；研究选派市直机关年轻科级干部到基层锻炼工作方案；研究玉溪市2013年度党政主要领导向市纪委全委（扩大）会述廉人选有关事宜；研究干部人事问题。

【市委专题会议】 2013年1月14日，市委书记张祖林主持召开市深化政府投融资体制改革领导小组第二次全体会议，领导小组及其办公室成员、市属投融资公司负责人参加会议。会议听取了市属各投融资公司主管部门负责人汇报的公司改革发展方案，研究确定投融资公司改革中提出的主要问题，安排部署融资体制改革下一步工作。

2月6日，张祖林主持召开现代生物医药产业重大项目建设现场推进会，专题研究推进高新区现代生物医药产业发展有关问题。市委、市人大常委会、市政府、市政协有关领导，红塔区、高新区主要领导，市直有关部门主要负责人参加了会议。会议深入云南沃森生物技术股份有限公司、高新区高龙潭片区进行实地调研，传达了《国务院关于同意玉溪高新技术产业开发区升级为国家高新技术产业开发区的批复》和省政府对玉溪国家高新区建设发展工作提出的要求，听取了高新区和沃森生物公司的发展情况汇报，就高新区现代生物医药产业发展有关问题统一了思想，形成了一致意见。7日，受张祖林委托，饶南湖主持召开市深化政府投融资体制改革领导小组第三次全体会议。会议听取了市委组织部、市监察局、市发展改革委、市财政局四个部门负责人关于市属投融资公司改革发展相关配套政策、制度和办法的起草情况汇报，讨论审定了9个配套政策、制度和办法，对市属投融资公司改革发展提出了明确要求。17日，张祖林主持召开红塔区拆临拆违现场调研汇报会，专题研究红塔区拆临拆违有关工作。市委、市人大常委会、市政府、市政协主要

领导和有关领导，红塔区、高新区主要负责人，市、区相关部门负责人参加会议。会议实地调研查看了红塔区李棋街道下赫社区、春和街道孙井社区小白井村、彩虹小区、研和收费站出口处玉通公路两侧及高仓片区、玉带街道冯井社区等地的拆临拆违工作情况，对红塔区拆临拆违有关工作进行了安排部署。18日，张祖林主持召开玉溪市抚仙湖水污染综合防治工作现场会，专题研究抚仙湖水污染综合防治有关工作。省九湖督导组有关领导，市委常委，市人大常委会主任、联系副主任，市政府副市长，市政协联系副主席及市县相关部门负责人参加了会议。会议对江川县、澄江县、华宁县沿湖村镇环境整治、退田还湖及部分污水处理厂规划建设情况进行了实地调研，听取了市抚仙湖管理局、江川、澄江、华宁三个县人民政府和市农业局、市林业局、市国土资源局、市旅游局的情况汇报，省九湖督导组领导及市级领导作了发言。会议对加强抚仙湖水污染综合防治，保护开发利用好抚仙湖作了安排部署。19日，张祖林召集市区两级相关部门负责人，专题研究红塔区泷水塘老工业区搬迁改造工作，贯彻落实秦光荣2月4日到玉溪调研时的重要指示精神。会议听取了红塔区关于泷水塘老工业区搬迁改造情况的汇报，分别听取了玉溪机床厂、玉溪轴承厂、环球彩印公司、水电设备厂、通力运输公司、市中医院等6家单位就搬迁改造中存在困难和问题的汇报，对下一步工作提出了明确要求。28日，张祖林约请江川县路居镇张营村村民代表、龙湖集团董事长吴亚军女士，举行“仙湖锦绣”项目座谈会。会议通报了“仙湖锦绣”项目推进情况，对村民关心的问题和龙湖集团发展情况进行了交流，对加快推进“仙湖锦绣”项目提出了明确要求。

3月11日，市委、市政府召开中心城区优质医疗卫生资源调研现场会，专题研究市人民医院、市中医医院、市儿童医院规划建设工作。会议实地调研了市人民医院、市中医医院、市儿童医院规划建设情况，听取了市卫生局对市中心城区优质医疗卫生资源配置情况、市人民医院改扩建情况和市中医医院对泷水塘片区改造拆迁用地和功能用房搬迁场地情况汇报，对进一步优化配置中心城区优质医疗卫生资源、满足全市广大人民群众看病就医需求提出了明确要求。同日，张祖林主持召开红塔区拆临拆违现场会。会议实地察看了北城街道刺桐关社区、九龙立交以东片区、李棋街道张石井片区等地，就加快推进拆临拆违工作进行了认真研究。会议要求全市各级各部门一定要坚定信心，继续抓好摸底调查，做好群众思想工作，进一步加快拆临拆违工作步伐，切实让广大群众享受到城镇化带来的实惠。12日，张祖林组织召开会议专题研究玉溪教育事业发展相关事宜，玉溪市第一中学、玉溪市第一小学、玉溪市第二幼儿园及市直有关部门负责人参加了会议。会议实地调研了市一中、市一小、市二幼，听取了市一中、红塔区和全市教育发展情况的汇报，对加快玉溪教育事业发展、全面推进素质教育提出了明确要求。同日，张祖林约请省国税局局长李鸿文，率市委常委、副市长陈勇和市直有关部门负责人到市国税局调研，并召开了座谈会。会议听取了市国税局关于2012年工作情况及2013年收入预测情况的汇报，省国税局局长李鸿文、张祖林就加强税收工作提出明确要求。

4月7日，张祖林主持召开汇报会，专题听取市委机关临时办公地点选址方案、聂耳大剧院改造方案、峨山县摆依寨创建省级民族团结示范村方案汇报。会议对提出的问题进行了研究，对下步工作进行了安排部署。12日，张祖林对市委党校进行调研并召开座谈会，专题研究市委党校改扩建项目建设等工作，贯彻落实李纪恒省长在玉溪调研时提出的“玉溪市委党校要在全省率先建成州市一流党校”的指示要求。会议听取了市委党校关于改扩建项目前期工作和规划设计单位的情况汇报，对做好市委党校改扩建项目、九龙池公园升级改造、九龙路规划整治等作了安排部署。15日，市委副书记、市委党校校长夏立洪主持召开市委党校改扩建工作现场办公会，研究推进市委党校改扩建工程及校园周边环境升级改造相关工作。市区有关部门负责人分别作了发言，参会领导就如何推进市委党校改扩建、九龙池公园升级改造、九龙路整治提升、飞井海水源地保护等工作进行了讨论研究。夏立洪、陈勇、杨洋分别对市委党校改扩建等相关工作提出了明确要求。24日，张祖林主持召开会议，专题研究全市城市街区整治和城市绿化美化亮化商业化工程工作。会议听取了市住房城乡建设局关于各县区街区整治和城市绿化美化亮化商业化工程项目实施情况，以及设计单位关于全市街区整治和城市绿化美化亮化商业化工程设计方案和刺桐关片区绿化方案的情况汇报，对全市城市街区整治和城市绿化美化亮化商业化工作提出了明确要求。同日，市委、市政府召开玉溪市抚仙湖—星云湖生态建设与旅游改革发展综合试验区（简称试验区）控制性规划验收会。市委、市人大、市政府、市政协四套班子主要领导，试验区督导组、三湖水污染综合防治督导组组长、副组长，市直相关部门主要领导，澄江、江川、华宁县党政主要领导参加了会议。会议听取了设计单位关于试验区控规修改完善情况的汇报，对控规的修改完善提出了明确要求。25日，张祖林主持召开玉溪市拆临拆违工作督查调研暨抚仙湖北岸湿地建设及澄江县城规划建设工作会议，专题研究玉溪市拆临拆违、抚仙湖生态保护有关工作。省九湖督导组有关领导，市委、市人大常委会、市政府、市政协领导班子成员，市“三湖”水污染综合防治督导组及市县相关部门负责人参加了会议。会议对高新区、红塔区、江川县及澄江县沿湖村镇拆临拆违情况进行实地调研，听取了市纪委监察局、市抚仙湖管理局、高新区和红塔区、江川县、华宁县、澄江县工作情况汇报，对拆临拆违、抚仙湖北岸湿地建设、澄江县城规划建设及建设生态美丽玉溪作了安排部署。

5月6日，张祖林主持召开玉溪市红塔区中心城区面山绿化美化工作现场会议，市区相关部门负责人参加了会议。会议听取了红塔区人民政府关于高龙潭片区面山绿化方案的工作汇报，对全力做好中心城区面山绿化美化工作提出了明确要求。16日，张祖林组织召开红塔区北城片区规划调研工作会议，专题研究红塔区北城片区规划相关工作。市四套班子领导，市区相关部门负责人参加了会议。会议实地调研了红塔区北城街道、李棋街道后，听取了市规划局关于新一轮城市规划调整方案的汇报、市规划局红塔分局关于北城片区规划方案的汇报，对红塔区北城片区规划建设工作提出了明确要求。22日，张祖林组织召开飞井海水源地保护及职教园区选址调研座谈会。会议实地调研了飞井海水源地、职教园区意向性选址点，听取了红塔区关于飞井海水源地保护、市教育局关于职教园区选址情况和初步规划方案的汇报，对进一步做好飞井海水源地保护和职教园区选址规划建设工作提出了要求。28日，张祖林主持召开红塔区现场调研会，专题研究高仓立交桥、九龙立交桥改扩建相关工作。会议实地调研了高仓立交桥、九龙立交桥，分别听取了市住房和城乡建设局、红塔区关于两座立交桥规划建设情况的汇报，对加快推进两座立交桥规划建设提出了明确要求。

6月3日，张祖林组织召开现场调研会，专题研究红塔区拆临拆违和生态屏障建设、争先进位、中秋国庆灯会相关工作。会议分别听取了红塔区拆临拆违和生态屏障建设工作、争先进位工作、2013中秋国庆灯会工作汇报，对相关工作作了安排部署。4日，中共玉溪市委党校校园改扩建工作领导小组召开第一次会议，夏立洪、陈勇、姜山等领导小组成员及相关部门领导参加了会议。会议现场察看了改扩建工程新增地块三通一平、围墙砌筑、地上附着物搬迁等施工情况，研究推进市委党校改扩建工程开工前的各项工作，以确保工程7月10日动工。5日，张祖林主持召开现场调研会，专题研究玉溪市东片区暨三湖生态保护水资源配置应急工程有关事宜。会议实地察看了华宁县盘溪镇大龙潭，分别听取了市水利局、市抚投公司、华宁县关于应急工程情况的汇报，对进一步做好应急工程提出了明确要求。同日，市委常委、秘书长、工程建设领导小组组长李洪云主持召开玉溪市东片区暨“三湖”生态保护水资源配置应急工程建设领导小组专题会议，研究应急工程施工建设及今后正常运行中电力保障的问题。会议听取了市发展改革委、市水利局、市抚投公司和玉溪供电局关于玉溪市东片区暨“三湖”生态保护水资源配置应急工程前期工作进展情况的汇报。13日，李洪云主持召开玉溪市东片区暨“三湖”生态保护水资源配置应急工程建设领导小组专题会议，研究工程建设前期工作任务分解及一些重要问题。会议听取了市发展改革委、市水利局和市抚投公司关于玉溪市东片区暨“三湖”生态保护水资源配置应急工程前一阶段工作进展情况的汇报，各成员单位结合部门的职能分别提出了工作建议。17日，张祖林主持召开会议，对中心城区东近面山绿化总体规划方案进行专题研究。会议听取了设计单位关于《中心城区东近面山绿化总体规划方案》的汇报，对加快中心城区东近面山绿化工作提出了明确要求。19日，张祖林主持举行中共玉溪市委学法活动，会议听取了抚仙湖—星云湖生态建设与旅游改革发展综合试验区管委会关于对违规项目督促整改落实情况的通报以及试验区生态建设与旅游产业发展三年行动计划的汇报，参学领导认真学习了《云南省抚仙湖保护条例》、《抚仙湖—星云湖风景名胜区总体规划》、《抚仙湖—星云湖生态建设与旅游改革发展综合试验区总体规划》，并结合国家土地、林业、水利、环保等相关法律，深入分析保护抚仙湖面临的困难和问题，对抚仙湖保护治理和相关法律条文的健全工作提出了要求。20日，张祖林组织召开现场调研会，专题研究澄江帽天山化石地保护和开发相关工作，对化石地保护和开发相关工作提出了明确要求。26日，夏立洪主持召开市中心城区北片区生态文化区规划建设领导小组工作会议，就市滇中传统民居文化园建设管理委员会资产移交相关事项进行研究。

7月16日，张祖林组织召开红塔区黄草坝现场调研会，专题研究加快推进黄草坝“美丽彝乡”建设相关工作。会议实地查看了黄草坝村委会拆临拆违、公房及农家乐建设等情况，听取了春和街道工作情况汇报，对进一步加快推进黄草坝“美丽彝乡”建设工作提出了明确要求。

8月2日，市委召开抚仙湖北岸生态湿地项目建设座谈会，传达学习和贯彻落实省委秦光荣、省政府李纪恒关于抚仙湖保护治理的重要批示精神，专题研究加快推进抚仙湖北岸生态湿地项目规划建设相关工作。会议听取了澄江县关于抚仙湖北岸生态湿地项目推进情况的汇报，对加快推进抚仙湖北岸湿地生态项目规划建设提出了明确要求。6日，李洪云主持召开玉溪市东片区暨“三湖”生态保护水资源配置应急工程建设领导小组专题会议，研究解决项目推进工程中的有关问题。会议听取了市发展改革委、市水利局和市抚投公司关于玉溪市东片区暨“三湖”生态保护水资源配置应急工程前一阶段工作进展情况的汇报，并结合各自工作职能提出了工作建议。13日，市委、市政府与云南广电网络集团公司举行会议，专题研究玉溪市广播影视文化广场建设相关事宜。双方就玉溪市广播影视文化广场建设统一了思想、达成了共识，对项目建设相关工作提出了要求。20日，李洪云主持召开玉溪市东片区暨“三湖”生态保护水资源配置应急工程建设领导小组专题会议，研究工程建设投资控制及工程前置、期中、竣工决算审计等问题。会议听取了市抚投公司关于应急工程进展情况的汇报，听取了市发展改革委、市水利局、市审计局关于委托造价咨询公司进行工程造价管理以及前置、期中、竣工决算审计方式控制工程造价和投资的建议。22日，夏立洪主持召开玉溪中心城区防洪水系建设管理委员会撤消后续相关工作的专题会议。会议听取了市住房城乡建设局党组书记、原玉溪中心城区防洪水系建设管理委员会党组书记田江龙关于玉溪中心城区防洪水系建设管理委员会固定资产调整划转、债务划转和档案归档和印鉴证件处理等相关工作。30日、9月2日，张祖林组织召开红塔区西部路网规划建设及美丽乡村建设随机调研会。会议实地查看了红塔区西部路网沿线环境卫生和美丽乡村建设情况，对加快路网规划建设和推进美丽乡村建设提出了明确要求。

9月5日，市委、市政府召开会议，专题研究中心城区排水管网和红龙路改扩建工程规划建设工作。会议听取了市政规划设计院关于中心城区排水管网、红龙桥至北城北环路改扩建项目方案的汇报，对两个项目方案进行了认真讨论研究，对项目实施进行了安排部署。17日，李洪云主持召开玉溪市东片区暨“三湖”生态保护水资源配置应急工程建设领导小组专题会议，研究工程推进过程中的重要问题。会议听取了市水利局和市抚投公司关于玉溪市东片区暨“三湖”生态保护水资源配置应急工程前一阶段工作进展情况的汇报，杨明、王志刚、王有平结合工作职能分别提出了切实可行的工作建议，李洪云就下一阶段工程推进重点工作提出了明确要求。27日，张祖林组织召开红塔区殡仪馆和公墓选址现场办公会。会议实地调研了红塔区殡仪馆和公墓项目选址点，听取了设计单位关于红塔区殡仪馆规划情况的汇报，红塔区关于项目的推进情况汇报，对加快推进项目建设提出了明确要求。28日，市委、市政府组织召开全市生态文明建设及重点项目建设推进会。会议现场督查了仙湖锦绣、九龙晟景、仙湖山水、玉溪庄园、万家欢蓝莓种苗基地、北岸生态湿地、帽天山历史文化旅游7个重大项目的建设情况和牛摩河、梁王

河2条主要入湖河道整治情况，现场听取项目情况汇报，全面了解沿湖周边重大旅游项目建设状况、存在的困难，现场研究推进项目建设的措施和办法，对加快全市生态文明建设及重点项目建设提出明确要求。

10月8日，张祖林主持召开“中国·玉溪网”建设工作专题会议。会议听取了市委宣传部、“中国·玉溪网”建设领导小组关于《“中国·玉溪网”建设方案》的汇报，对方案进行了认真的研究讨论，对“中国·玉溪网”建设工作提出了明确要求。10日，张祖林组织开展全市综合交通工作专题调研，研究部署全市综合交通相关工作。会议在实地调研过程中，听取了市交通运输局关于路域环境综合整治、公交车站台优化等工作情况的汇报，市公安局交警支队关于中心城区货运车辆通行交通管制情况的汇报，红塔区关于昆玉铁路扩能改造工程征地拆迁情况的汇报，市高等级公路有限责任公司关于晋红高速公路建设有关情况的汇报，玉溪公路管理总段关于公路养护情况的汇报，对加强交通基础设施建设，提升交通管理水平提出了明确要求。11日，张祖林主持召开会议研究全市生态文明建设暨绿化造林相关事宜。会议听取了市林业局关于绿化植树造林工作方案、市水利局关于绿化植树造林保苗用水方案及市政府办关于全市生态文明建设暨绿化造林动员大会筹备情况的汇报，对做好全市生态文明建设、筹备好全市生态文明建设暨绿化造林动员大会提出明确要求。12日，李洪云主持召开玉溪市东片区暨“三湖”生态保护水资源配置应急工程建设领导小组专题会议，研究应急工程作为省政府抚仙湖保护现场办公会考察调研内容准备工作及工程建设推进有关事宜，会议听取了市水利局、市抚投公司关于应急工程进展情况汇报及有关工作建议。18日，李洪云主持召开玉溪市东片区暨“三湖”生态保护水资源配置应急工程建设领导小组专题会议，研究加快应急工程推进有关事宜。会议听取了市水利局、市抚投公司关于应急工程推进情况的汇报，研究了征占地、永久性用电、机电设备和造价控制四个影响工程推进的重要问题。21日，张祖林组织召开红塔区北城新区现场调研会，专题研究红塔区北城新区规划建设相关工作。会议听取了市规划设计院关于小龙潭片区概念性规划方案的汇报，听取了红塔区关于古城社区迁村并点、山头片区概念性规划及大小矣资整村搬迁工作情况的汇报，对加快北城新区建设提出了明确要求。

11月7日，李洪云主持召开玉溪市东片区暨“三湖”生态保护水资源配置应急工程建设领导小组专题会议，专题研究应急工程建设推进有关问题。会议听取了应急工程进展情况汇报，分析研究了工程推进过程中存在的问题，与会人员分别作了发言。25日，夏立洪牵头召开领导小组第二次会议。会议现场查看了工程各单体建筑施工进展情况，听取了项目部自7月31日市委工作会召开以来的项目推进情况，分析研究了存在的困难和问题，并就下步工程建设提出了要求。同日，李洪云主持召开玉溪市东片区暨“三湖”生态保护水资源配置应急工程建设领导小组专题会议，听取应急工程建设近期工作情况汇报，研究工程推进过程中的重要问题。会议充分听取了应急工程近期工作进展情况汇报以及机电设备考察组对湖南天一奥星、重庆水泵厂、上海凯士比水泵有限公司等7家生产厂家的考察情况报告，研究分析了工程推进过程中的相关事宜，重点研究分析了机电设备、管材采购、盘溪大龙潭水源点环境治理保护方案以及加强工程建设管理制度建设等问题。

12月11日，李洪云主持召开玉溪市东片区暨“三湖”生态保护水资源配置应急工程建设领导小组专题会议，研究加快工程建设有关重要问题。会议分别听取了项目业主、项目设计及建设施工单位近期工作情况汇报，研究分析了制约工程顺利推进的三级泵站建设及江华路管线布局比选方案事宜，市发展改革、水利、抚投、水务、水利电力设计、纪检部门负责人作了讨论发言，对相关问题达成了统一。16日，张祖林组织召开红塔区重点项目现场调研会，在实地查看中心城区排水管网改扩建工程、平战结合人防工程、红龙路改扩建工程3个重点项目后，会议分别听取了市住房城乡建设局、业主关于项目推进情况的汇报，听取了市规划设计院关于北城街道古城社区迁村并点规划方案的汇报，对加快重点项目推进提出了明确要求。24日，李洪云主持召开玉溪市东片区暨“三湖”生态保护水资源配置应急工程建设领导小组专题会议，专题研究应急工程主体工程竣工通水方案事宜。会议围绕市抚投公司汇报的应急工程主体工程竣工通水方案，听取了市发展改革委、市水利局、市抚投公司、玉溪供电局、市水利电力设计院、十四冶公司、江川县、华宁县关于加快推进应急工程工作进度有关工作和保障计划的汇报，对全面开展应急工程建设、确保工程主体工程克期完工事宜达成统一。

【上级领导视察调研】 2013年1月14日，云南省人大常委会原常务副主任、省央企入滇工作领导小组专职副组长牛绍尧、云南建工集团董事长陈文山一行到玉溪市就城市规划建设进行调研。张祖林、饶南湖、张玲、李洪云等陪同调研。

2月4日，省委书记、省人大常委会主任秦光荣，省委常委、省委秘书长曹建方，省政协副主席米东生赴玉溪开展“送温暖”活动。张祖林、饶南湖、李洪云陪同。27～28日，省委第一考核组对玉溪市2012年度推进惩防体系建设和贯彻落实党风廉政建设责任制情况进行检查考核。

3月16日，国家安全监管总局纪检组长赵惠令一行到玉溪市督导调研安全生产工作，要求牢固树立安全生产的思想意识、责任意识，抓好抓实安全生产工作。王跃陪同调研。

4月3日，省委常委、省委组织部部长刘维佳到新平县新化乡新甸村莫哈底小组参加抗旱保春耕劳动，了解抗旱救灾情况，指导基层党建工作。姜山陪同。9～10日，省人大常委会常务副主任孔垂柱率调研组对玉溪市抗旱保民生促春耕工作进行调研指导，要求总结经验，坚定信心，确保抗旱减灾工作持续推进。张祖林、谢兴荣、李洪云、方志鸣等陪同调研。18日，教育部副部长、国家语委主任李卫红到玉溪调研，对玉溪市教育改革发展取得的成绩给予肯定。张祖林、董文献等陪同调研。

5月3日，省委常委、常务副省长李江到华宁县、通海县、红塔区，就民营经济发展进行调研。指出，省委、省政府历来高度重视民营经济发展，始终把发展民营经济作为富民兴滇的重要力量在谋划和推进。各级各部门要不折不扣、逐条落实好省委、省政府《关于加快民营经济发展的决定》，认真研究民营经济发展中出现的新问题，全力以赴支持民营企业做大做强。广大民营企业家要善于用好、用活、用足各项政策，敢闯敢试，加快发展，为全省经济社会持续健康发展作出更大的贡献。陈勇等陪同调研。8～9日，副省长高峰到“四群”教育联系点通红甸彝族苗族乡了解社群民意，为该乡发展出谋划策。10日，高峰到玉溪市调研教育卫生工作。指出，玉溪市委、市政府情系民生，关注民生，优先发展民生，用心血和汗水换来了群众的满意，换来了党政的良好形象，换来了可供全省推广借鉴的经验。希望玉溪市全面推进社会事业发展，切实为人民谋幸福，继续当好全省社会事业建设的排头兵、全面建设小康社会的领头羊，董文献等陪同调研。11日，全国工商联常委孙甚林率企业家代表团到玉溪市投资考察。张祖林会见孙甚林一行，双方就加快玉溪市高铁新城城市综合体开发建设达成合作意向。15日，副省长丁绍祥对玉溪市烤烟生产工作进行调研，要求各级各部门要加强协调配合，加大科技投入，全力抓好烤烟中耕管理，提高烤烟生产水平，不断巩固提升玉溪烤烟优势地位。张祖林、李洪云、陈勇等陪同调研。30日，全国政协副主席齐续春带队调研玉溪市涉法涉诉信访工作改革情况，对玉溪市涉法涉诉信访工作改革取得的成绩给予充分肯定。指出，玉溪在涉法涉诉信访工作改革方面做了大量卓有成效的工作，特别是在处理医患纠纷等工作上创造了很好的经验。希望玉溪从源头上加大涉法涉诉信访工作改革力度，积极探索，不断总结工作经验，加强司法队伍建设，全面落实各项政策，使涉法涉诉信访工作改革取得实效。张祖林、饶南湖、黄宪庭、刘宁笙等陪同调研。

6月4日，全国人大内务司法委委员李江一行到玉溪，就玉溪市贯彻实施《行政复议法》进行调研。指出，玉溪市的行政复议工作走在了全省前列，希望玉溪总结经验，继续加大力度，整合相关司法资源，进一步提高效率，通过先行先试，创造“玉溪模式”，为《行政复议法》在全国的实施、推广创造更多更好的经验，谢兴荣等陪同调研。13日，省政协副主席喻顶成带队对玉溪市陆路交通建设情况进行调研。指出，玉溪十分重视陆路交通基础设施建设工作，交通建设成效显著，公路密度、万人拥有公路里程等指标位居全省前列。希望玉溪进一步提高对陆路交通建设紧迫性、重要性和必要性的认识，破解难题，加快推进交通基础设施建设步伐，实现陆路交通建设的跨越式发展，黄宪庭等出席调研情况汇报会。18日，副省长丁绍祥到玉溪调研城市综合体项目规划、建设推进情况。指出，在城市综合体规划、建设过程中，要对三个问题进行深入研究探讨。1.城市综合体建设怎样与城市规划吻合、和市场需求相适应；2.要认真研究城市综合体周边公共基础设施建设配套问题；3.要研究如何将文化内涵注入城市综合体。张祖林、饶南湖、董文献、陈勇陪同调研。19日，省委常委、高校工委书记李培率省委办公厅、省教育厅相关领导到玉溪就高等教育和职业教育改革发展情况进行调研。对玉溪市在高等教育和职业教育方面所做的工作和取得的成绩给予充分肯定，希望玉溪市进一步总结办学成功经验，突出亮点特色，办出精品品牌，走内涵式发展道路办好区域性大学，走整合提升之路做大做强职业教育，张祖林、饶南湖、夏立洪等陪同调研。25日，省九湖水污染综合防治督导组组长、省人大常委会原常务副主任牛绍尧一行查看抚仙湖保护治理工作，对当年以来玉溪市委真抓实干、治理保护抚仙湖所取得的显著成效给予高度评价，张祖林、张玲陪同调研。

7月4日，国家卫生计生委副主任徐科到玉溪调研卫生计生发展改革工作。指出，玉溪市积极探索医药卫生体制改革、公共卫生服务项目落实的路子，促进了卫生计生事业长足发展，城乡居民的主要健康指标大幅提高，体现了以人为本、执政为民、全心全意为人民服务的执政理念，张祖林、饶南湖等陪同调研。同日，全国政协副主席、科技部部长万钢向“玉溪高新技术产业开发区”授牌，饶南湖代表玉溪市接受牌匾。6～7日，省人大常委会副主任刀林荫率执法检查组一行，到玉溪市检查《中华人民共和国归侨侨眷权益保护法》及其实施办法执法检查报告审议意见整改落实情况。11日，国土资源部党组成员、副部长汪民率地质环境司、地质勘查司、地质调查局等部门负责人，深入澄江化石群遗产地调研。11～12日，省政协常务副主席白成亮率队到玉溪，就玉溪市港澳台侨资企业发展情况进行调研。指出，玉溪的港澳台侨资企业发展形成了一定规模，在促进经济社会发展、扩大就业等方面起到了积极作用，希望玉溪抓住云南建设中国面向西南开放桥头堡和滇中产业新区的大好机遇，充分利用优越的气候、区位、资源优势，加快港澳台侨资企业发展，黄宪庭等陪同调研。19日，国家发改委副主任连维良率队就玉溪市安全生产工作开展督查，对玉溪市安全生产工作给予肯定，并就进一步及时排查安全隐患、做好安全生产工作提出要求，张祖林、饶南湖等陪同检查。20日，省委常委、宣传部部长赵金出席第三届中国聂耳音乐（合唱）周开幕式并宣布第三届中国聂耳音乐（合唱）周大型文化系列活动开幕。省人大常委会副主任刀林荫，省政协副主席罗黎辉等领导出席开幕式，市委、市人大、市政府、市政协班子成员参加了开幕式。23～24日，全国人大教科文卫委员会原副主任委员徐荣凯到玉溪参观考察新农村建设、拆临拆违、高速公路生态屏障建设、抚仙湖保护等工作情况，张祖林、李洪云、董文献、杨兴荣等陪同考察。

8月7日，国家科技部副部长陈小娅一行到玉溪，就玉溪市科技创新、高新技术产业发展进行调研，希望玉溪继续努力，聚集更多的高新产业、更多的人才、更多的科技企业，为促进科技与经济结合、科技为地方发展作出更大贡献，张祖林、黄宪庭等陪同调研。12日，副省长尹建业率队到玉溪市调研政法工作，并强调，要从严查、严打、严治、严戒和严判入手，保持对毒品犯罪打击的高压态势，切实维护好社会稳定；要进一步加强综治维稳工作，创新社会管理，全力打造平安和谐幸福新玉溪，张祖林、饶南湖、刘宁笙、李洪云等出席调研座谈会。

9月3～4日，省委副书记仇和到玉溪对“三农”工作、县域经济发展进行随机调研、专题调研。强调，玉溪要充分运用示范点成功经验，全面开展美丽乡村建设，打造具有鲜明时代特征、玉溪特点和地域特色的升级版“新农村”，为全省美丽乡村建设创造新经验，让美丽乡村建设惠及广大百姓，张祖林、饶南湖、夏立洪、李洪云、陈勇陪同调研。3日，副省长丁绍祥来到华宁，深入到联系点冲麦村开展党的群众路线教育实践活动。指出，农业的根本出路在机械，要加大机械耕作力度，减少人工投入，降低劳动强度和成本；要逐步改善村庄环境卫生状况，在生活日益富裕的同时提升人居环境，建设美丽家园。6日，全省美丽乡村建设工作会在玉溪市召开。会议提出，以省级重点建设村为

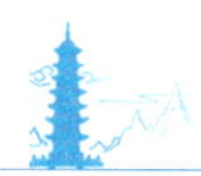

抓手，大力实施“八大工程”，聚力建设美丽乡村，致力造福农民群众，着力打造“升级版”新农村，全力开创云南城乡共同繁荣新局面，省委副书记仇和出席并讲话，张祖林、饶南湖、夏立洪、李洪云、董文献、姜山等参加会议。同日，全省新农村建设指导员工作座谈会在玉溪市召开，仇和寄语全省广大新农村建设指导员，要与省委、省政府保持一致，与农民群众站在一起，齐力共建美丽乡村、同心共筑幸福生活，为实现富民强滇夙愿、完成同步小康大业作出新的更大贡献。张祖林、饶南湖、夏立洪、李洪云、董文献、姜山等参加座谈会。11日，省人大常委会原常务副主任、省“九湖”督导组组长牛绍尧宣布抚仙湖北岸生态湿地项目建设正式启动。张祖林在启动仪式上讲话，饶南湖主持启动仪式。10～11日，牛绍尧、晏友琼一行调研抚仙湖、星云湖、杞麓湖水污染综合防治工作，对玉溪市当年以来调整完善治理思路，创新体制机制，真抓实干，敢于碰硬，推进“三湖”治理保护取得的成效给予高度评价，饶南湖、夏立洪、谢兴荣、黄宪庭等陪同调研。12日，省政协主席罗正富一行到易门县，就滇中产业新区规划、产业布局和基础设施规划建设情况进行调研。强调，滇中产业新区要充分发挥土地面积广、人口承载能力强、环境条件好等优势，做好统筹谋划、集中开发、重点突破等工作，扎实深入推进各项措施，实现产业聚集、企业入园，顺利完成既定发展目标，努力成为全省最具潜力的经济增长极，省政协秘书长车志敏参加调研，黄宪庭等陪同调研。

10月11日，全国政协常委、教科文卫体委员会副主任、原卫生部副部长黄洁夫率专题调研组一行，到玉溪市调研民营医院发展情况，黄宪庭等出席专题调研座谈会。12日，环保部副部长吴晓青、周建调研抚仙湖保护治理工作，对玉溪抚仙湖保护治理的理念、思路、措施和取得的成绩给予充分肯定。16～17日，省政协主席罗正富率调研组到玉溪市，对发挥协商民主、加强新形势下的政协工作进行调研，对玉溪政协工作取得的成绩给予了充分肯定，黄宪庭全程陪同调研，张祖林、饶南湖、夏立洪、李洪云出席专题调研座谈会。30～31日，全国人大常委会委员、全国人大教科文卫委员会副主任委员严以新率执法检查组到玉溪市检查《义务教育法》贯彻实施情况。

11月13～15日，全国人大常委会预算工委副主任苏军率队到玉溪，调研玉溪市加强对政府全口径预算决算审查和监督工作情况，分析存在的问题，研究解决对策，推动财政经济监督工作。

12月2～3日，省政协原副主席和占钧率省石产业联席会议办公室相关人员到玉溪市调研石产业发展情况。指出，随着人民生活水平的不断提高，石产业需求越来越大，发展石产业前景广阔。希望玉溪市进一步提高对石产业发展的认识，严格按照《意见》的要求，加强对石产业发展的领导，明确部门职责分工，摸清家底，以市场为导向、技术为支撑、文化为内涵，加大企业培育、技术升级、市场体系建设力度，加快推进石产业健康发展。20日，省政府在澄江县召开抚仙湖保护治理工作会议。省委副书记、省长李纪恒出席会议并强调，建设生态文明，关系人民福祉，关系民族未来，生态环境保护是功在当代、利在千秋的事业，要下铁的决心，采取最严格的措施，全面推进抚仙湖水污染综合防治“十二五”规划的实施，确保抚仙湖长期稳定保持Ⅰ类水质目标顺利实现，促进流域经济社会与环境保护协调发展。省人大常委会副主任王淑芬、省政府副省长刘慧晏、省政协副主席王承才、省政府九湖督导组组长牛绍尧、省政府秘书长卯稳国，张祖林、饶南湖、谢兴荣、张玲、冷明德、王跃、李洪云、陈勇等出席会议。

【调研工作】 2013年，市委办公室积极主动地开展调查研究，发挥参谋助手作用。年内重点对抚仙湖保护、东近面山绿化、拆临拆违、农业面源污染治理、平战结合人防工程、东片区暨“三湖”生态保护水资源配置应急工程等涉及玉溪经济社会发展的重要工作认真开展调查研究，形成了一批有重要参考价值的调研报告和调研成果。全年完成各种调研报告50余篇，刊发《综合与调研》5期，部分调研报告为领导决策提供参考依据，成效明显。

【信息工作】 2013年，全市党委信息工作范围和服务领域不断拓展，工作质量和效率显著提高。市委办公室全年共组织业务培训5次，编辑出刊《玉溪重要信息》87期、《工作情况交流》7期、《信息专报》21期、《网情信息》7期，向省委办公厅报送信息2 941条（含红塔区、江川县2家信息直报点），被省委办公厅信息刊物采用190条（期），其中《今日信息》144条、《每日动态》10条、《其他材料》2条、《信息专报》2条、《云南信息》32条。被中央办公厅采用131条。中央领导作出信息批示2条次，省委领导作出信息批示3条次，市委领导作出信息批示7条次。当年完成了全市电子政务协同办公系统（OA系统）整体框架的搭建，顺利推进全市OA系统建设，设计建成了市委办公室OA系统，截至12月31日，市委办公室OA系统共办理各类文件信息1 900多份，其中办理文件447份、传阅文件1 454份，信息发布867条、短信邮件1万余条，提升了电子政务应用水平，提高了工作效率。建设了市委高清视频会议系统，完成了省、市、县三级视频系统联通，协调整合了电子政务、电信视频系统，并完成了电子政务视频系统电信、移动双线路保障的架设工作，视频系统自7月19日建成至12月31日，共顺利召开了由中央、省及市组织的各类视频会议30余次。整合搭建完成了市委部门电子政务外网、电子政务内网框架，互联网和电子政务外网的整合（18～21楼进行了WIFI覆盖）为OA系统的应用搭建了平台，办公室内网和电子政务内网市委局域网整合进行光纤布线建设，为电子政务内网应用打下了坚实基础。

【办文办会工作】 2013年，市委办公室公文处理严格执行《玉溪市贯彻〈党政机关公文处理条例〉实施办法》，把好公文出口关，抓程序规范，严把行文关、格式关、手续关和时效关。全年共核发玉发、玉办发文件材料169件，玉报、玉办报文件66件，明传电报206件，无一错漏，无一延误；按照新修定的《中共玉溪市委办公室工作规范（试行）》规定，认真办理各类来文，把好公文入口关，各科室在办理过程中，坚持全面阅读来文内容，详细了解背景材料，深入研判精神要求，拟办意见切实可行。一年来共办理中央、省及省直机关来文264件，县区和部门来文1 000余件，做到件件抓落实，事事有回音；认真办理市委领导批示，及时下发《关于进一步规范领导批示件办理工作的通知》，对各县区、各部门办理领导批示提出明确要求，确保市委领导的批示实现快传达、快办理、快回复。当年共办理市委书记批示件1 048件，秘书长批示件11件；年内建设并启用了电子公文协同办公（OA）系统，实行网上办文发文，进一步提升公文处理效率、减少公文纸质处理成本，基本实现网上发文全覆盖；严格执行总值班室24小时值班制度，做好非正常上班时间急件和突发事件办理，确保节假日和下班办公室工作正常运转。全年节假日和下班时间共办理领导专项指示、重要电话记录110余次，处理急件138件，参与处置“4·04”森林火灾等突发性事件50余件。

办会工作，严格遵守中央和省市的各项规定，按照周密、严谨、细致的要求，抓住会前筹备、会中服务、会后总结三个环节，认真把握好会议、活动的每一个细节，搞好服务，努力使各类会议真正成为推动市委工作的重要手段。年内圆满完成了市委全会、市委工作会、市委民主生活会、市委中心组理论学习及全市招商引资大会、第三届聂耳音乐（合唱）周、全省新农村建设工作推进会、省政府抚仙湖保护治理工作会等重要会议、活动100余个，全省组织工作会、宣传思想工作会等电视电话会16个，时代前沿知识讲座7期，玉溪大课堂5期。会务工作切实做到准备充分、全面细致、高效优质；积极做好各类活动的综合协调服务工作，认真做好市委领导参加会议、活动的组织、安排、协调，做好市委牵头接待的党和国家领导人、省部级领导、州市党委领导及其他重要客人的视察、考察、调研和来访的组织协调工作，圆满组织了各类视察、考察、调研活动60余次；认真落实《关于进一步精简会议和文件、减少检查评比活动、改进公务接待工作的规定》，让市委领导从文山会海和不必要的应酬中解脱出来，为市委领导集中精力抓大事提供了有力的保障。

【督查工作】 2013年，中共玉溪市委高度重视督促检查工作，下发了《中共玉溪市委关于加强和改进党委督促检查工作的实施意见》，为进一步加强和改进党委督促检查工作，建立新形势下的党委督查工作机制，突出党委领导核心，着力整合各方力量构建“大督查”工作格局，提供了有力保障。市委督查部门紧紧围绕市委中心工作，以督查促工作落实为目标，以决策督查和专项督办为重点，加强自身建设，健全督查工作机制，创新督查方式。采取明查暗访等有效手段，对市委全会、市委工作会议决策部署工作分解立项并实施不间断督促检查；对市委常委会、专题会议、现场会议确定的工作下发督查通知，限期办理、同步跟进、定期汇报等督查方式推进落实；对市委确定的重点工作、重大项目，深入实地调查，按月或周向市委上报情况；对市委主要领导批示办理件，坚持“批必查、查必果、果必报”的原则，规范办理程序，逐件登记、逐件落实、按时限报告办理情况。全年共下发《督促检查事项办理通知单》27份；撰写编发《督查专报增刊》36期、《督查工作》26期、《督查件办理情况》9期、《督促检查情况》9期；向省委督查室上报《督查专报》19期；督查办理市委主要领导批示件794件；协调完成党群部门政协提案办理件22件。一年来，通过深入基层、深入现场督查，组织工作落实情况“回头看”，开展督查调研，实施督促检查工作考核评价等工作，有力推动了各项工作的落实，督查工作成效明显，得到了市委主要领导的充分肯定，张祖林批示：“督查工作很有成效，为转作风增效率打下了基础。希望新的一年取得更大成绩”。

（市委办 供稿）

组织工作

【领导班子换届选举】 2013年，市、县区党委加强领导，精心组织实施；党委和组织部门领导与干部开展深入细致的谈心谈话活动，做细做实思想政治工作，确保换届期间干部思想不散、秩序不乱、工作不断。各级人大、政协机关和纪检、组织等部门密切配合，强化指导督查，顺利选举产生了新一届市、县人大、政府、政协领导班子和乡镇人大、政府领导班子，省委和市委提名人选得到人大代表和政协委员的高度认可，全部高票当选。在选举产生的第四届市人大、市政府、市政协领导班子成员中，女干部5人，占22.7%；党外干部5人；研究生以上学历16人，占72.7%；市政府班子成员中45岁以下3人，占37.5%。九个县区新选举产生的171名人大、政府、政协领导班子成员和法检“两长”平均年龄46.5岁，40岁以下23名（其中35岁以下4名），研究生以上学历64名，女干部29名，党外干部35名，少数民族干部57名。49个乡镇政府班子成员中，30岁以下37人（其中乡镇长4人），占15.8%；女干部51人（其中乡镇长8人），占21.8%。选举产生了出席省十二届人代会代表3名，提名推荐了5名省十届政协委员。完成市商业银行、市残联、市计生协会、工会、共青团、妇联等市属企业和群团组织的换届选举工作。

【村级组织换届选举】 2013年，市委组织部提前调查摸底，了解掌握重点村、难点村基本情况，因村施策制定工作方案，编印选举工作手册和操作流程图，全程跟踪督查指导，加强舆情监测引导，积极稳妥解决问题和矛盾，依法依规、平稳有序完成了村级组织换届选举工作。全市共有5.95万名党员、142.24万选民分别参加村级党组织和村（居）民委员会换届投票选举，参选率分别达91.2%、93.4%，共选举产生3 609名村级党组织班子成员、3 369名村（居）民委员会委员、1 987名村（居）民监督委员会委员，推选出27 523名村（居）民代表、5 332名小组党支部书记、6 541名小组长、4 284名副组长。从县、乡机关事业单位选派了58名干部到村（社区）担任党组织书记；140名大学生村官通过选举进入村级班子，其中127名专职专选任副书记、8名直选为副书记、5名直选为委员。及时指导做好村干部的离任补偿、工作交接、村级组织运行机制等后续工作，分级分批对新一届村组干部进行了全员培训。

【培训干部工作】 2013年，全市各级各部门共举办各类培训达2 200余期，培训各级干部18.5万余人次。开展党的十八大精神宣讲470余场，培训干部6.3万余人次。选送408名干部到省级以上干部培训机构及清华大学、中国人民大学、上海交大、四川大学等高校参加60余个专题班次的脱产培训，其中县处级以上领导干部214名、科级及以下194名。

【专题集中培训轮训】 2013年，在市委党校举办了三期以“解放思想、招商引资、市政规划建设与管理”为主题的县处级学习贯彻党的十八大精神专题培训班，培训县处级以上领导干部480余名。举办了两期全市学习贯彻习近平总书记系列重要讲话暨党

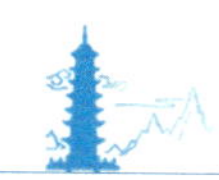

的十八届三中全会精神培训班和两期农村干部实用技能培训班，分别培训1 000余名县处级领导干部、乡镇党政正职和200名村组干部。

【干部在线学习】 2013年，市、县共组织5 085名干部参加云南省干部在线学习学院的学习。加强督学考核，把学习通过率与干部个人考核、单位年度考核相结合，全市4 712名干部达到40学分考核要求，通过率达92.65%，在全省16个州市中列第二位。

【组工干部教育培训】 2013年，采取走出去、请进来、在线学习、同步参加时代前沿知识讲座、全员参与重点工作、上挂下派等途径，加大组工干部教育培训，不断提升素质能力。定期举办“组工讲坛”，依托浙江大学举办了33名组工干部参加的培训班，选派了8名组工干部到国内外知名大学参加专题培训，分期分批把新进县区组织部门干部抽调到市委组织部跟班学习。

【干部挂职锻炼】 2013年，选送5名县处级干部分别到省纪委、省政府办公厅、省环保厅、省文化厅、省公路投资公司挂职锻炼半年，接收省纪委、省人大、省财政厅、省国土资源厅、省林业厅5名县处级干部到新平县、江川县、易门县、市国土局、峨山县挂职锻炼2年。分两批接收怒江州11名科级干部到玉溪3个市直部门及8个县直部门、乡镇挂职锻炼半年。

【新建完善市县党委领导班子内部制度】 2013年，组织力量对市委和县区党委内部制度进行全面梳理，废止了一批不适应的制度，修订完善和新建了一批新制度，进一步规范了党委工作职责、决策运行、内部建设和工作保障等机制。市委修订完善和新建了常委班子民主生活会、讨论决定重大问题和重要干部任免票决、中心组学习、干部问责等26项制度，着力打造能力素质好、民主决策好、选人用人好、作风形象好、廉洁自律好的“五好”领导班子。采取专项检查、随机调研等形式，加大对制度贯彻执行情况的督促检查，保证制度落实。探索建立民主生活会情况反馈制度，推行民主测评、通报公开会议成果、邀请同级党代表和党员干部列席会议等做法。

【干部人事制度改革】 2013年，研究出台《关于进一步优化市级机关县（处）级领导干部队伍年龄结构的实施意见》、《贯彻落实〈云南省年轻干部培养选拔计划〉的实施意见》、《关于进一步推进干部交流工作的规定（试行）》、《关于做好向省直机关推荐输送干部工作的实施意见》4个干部政策文件。市直党政部门一批县处级领导干部通过保留待遇、改任非领导职务等退出了领导岗位，选拔使用40岁以下年轻干部37人、女干部52人、党外干部22人、少数民族干部52人。轮岗交流县处级干部203人。

【建立领导班子和干部定期分析研判制度】 2013年，制定《县（处）级领导班子和干部队伍定期分析研判制度》，重点分析县处级领导班子思想政治建设、推动科学发展、推进重点工作和执行组织人事政策纪律等情况，分析班子结构优化、后备干部储备、“四类”干部培养选拔等发展趋势情况，及时掌握班子运行和干部履职情况，加强跟踪管理，对发现问题的班子和个人，及时进行提醒谈话、调查研究，提出建议措施、督促整改。共对16个班子提出意见建议34条，对反映问题较多及不称职、不胜任现职的干部，及时诫勉谈话或建议调整，共停职2人，免职3人。

【严肃换届纪律】 2013年，市委派出9个换届督导组，深入县区开展换届督查指导工作。坚持教育在先、警示在先、预防在先的“三在先”原则，拧紧严肃换届纪律“镙丝钉”，着力营造风清气正的换届环境。专门设立严肃换届纪律和网络舆情工作小组，实行严肃换届纪律情况日报告制度。组织37名厅级领导、1 090名县级领导、3 928名科级干部签订了严守换届纪律承诺书，市县两级176名组工干部签订了集体承诺书。在全市7 047名代表、委员参加的市、县、乡三级换届纪律民主测评中，换届纪律知晓率达100%，换届选举风气满意度达99.62分，严肃换届纪律工作满意度达99.73分。市县乡人大、政府、政协换届期间，全市没有收到违反换届纪律问题的举报和反映，实现了“零投诉、零信访、零舆情、零违纪”。

【领导干部个人有关事项报告工作】 2013年，全市38名厅级干部、1 070名县级干部（含挂职），分别向省委、市委报告了2012年度个人有关事项，报告率达100%。其中，厅级干部共报告有关事项58人次，县级干部共报告有关事项1 831人次。

【干部选拔任用“一报告两评议”工作】 2013年，全市八个县区党委和14个市直单位党组（党委）组织开展了“一报告两评议”工作，有261名新选拔任用的领导干部被列为评议对象。

【干部选拔任用工作职责离任检查】 2013年，配合省委组织部干部考察组和省委考核组对原玉溪市委书记孔祥庚和5名县区委书记开展了市县党委书记履行干部选拔任用工作职责离任检查。对16个市直单位原党组（党委）书记履行干部选拔任用工作职责情况进行了离任检查，对有新任用干部的9个单位57名科级干部进行了民主评议。

【干部监督工作制度创新】 2013年，制定下发了《关于在拆临拆违和控违工作中开展领导班子和领导干部专项考核的通知》和《玉溪市新任市管领导干部回访考察制度（试行）》，对新任用的23名市管干部进行了回访考察。

【领导干部经济责任审计】 2013年，充分发挥经济责任审计监督作用，共委托市审计局对21名领导干部开展了任期经济责任审计。

【信访接待】 2013年，全年组织系统共接到各类举报149件，对137件举报件进行了查核。经查核，属实8件、部分属实9件、不实113件、无法查清2件、正在调查中5件。经查实，对19人进行了处理（组织处理16人、党纪处分3人）。市委组织部共收到考察对象其他问题举报11件11人，经批准查核10件10人，开展函询1件1人。

【市管干部年度考核】 2013年，对全市九个县区和91个市直单位（部门）的班子及其成员和其他县级干部进行了年度考核，综合评定了考核等次，评定为优秀的193人，评定为称职的784人，不定等次的4人。

【人才工作】 2013年，调整充实了玉溪市人才工作领导小组成员单位，健全党管人才领导体系。制定玉溪市

2013年人才工作要点及中长期人才发展规划重点人才工程2013年计划，明确责任单位工作任务和时序进度，加强与责任单位联系信息沟通和评估督促，推进重大人才工程落实。开展园区人才、高层次人才等专题调研活动，撰写专题调研报告。制定《关于玉溪市高层次人才创新创业示范基地建设的意见》，推荐产生8家单位作为首批拟挂牌的人才示范基地。推荐23人参加省委联系专家评选，推荐6人入选“第五届云南省拔尖农村乡土人才”，完成玉溪市第四批“中青年学科技术带头人”评选，获“国贴”1人、“省贴”3人、省“四个一批”人才1人、农业部“农业科教兴村杰出带头人”1人。组织企事业单位参加“国际人才交流大会”等高层次人才招聘活动，引进高层次人才219人（院士1名、博士34人、硕士184人），获得引智及培训项目5个，引进外国专家25人次。建成玉溪市第一家院士工作站“孙宝国院士工作站”。

【党群口公务员管理】 2013年，考录公务员485名，其中普通公务员442名、法检系统公务员22名、优秀村干部定向考录公务员9名，选调生12名。审核18家单位43名科级干部任免手续，办理转正定级3名、辞职1名、提前退休1名。完成党群口31个单位733名工作人员2012年年度考核审批工作，对考核为优秀的125名公务员进行了嘉奖，连续三年考核为优秀的11人记三等功。对符合登记的62名人员进行了公务员登记，其中县级13名、科级及以下49名。

【大学生村官管理】 2013年，完成玉溪市2013年第六批40名大学生村官选聘到岗工作，对40名新聘大学生村官和12名选调生进行岗前培训，完成20名大学生村官的续聘工作，拿出76个公务员岗位、55个事业单位岗位面向大学生村官等四项服务人员招考。全市共有140名大学生村官通过直接选举或专职专选进入村“两委”班子。

【招商引资和争取上级资金绩效考核】 2013年，采取月报汇总、季度核查、半年督查和年终考核相结合的方式，对各县区和92家市直责任单位的招商引资、争取上级资金进行考核认定。全市考核实施内资项目611个，认定实际到位市外国内资金397.9亿元，其中市场资金348.29亿元，政府资金49.61亿元，完成年度目标任务345亿元的115%，与上年同期相比增长176%。全市考核实施外资项目16个，认定实际利用外资6 742万美元，完成年度目标任务6 742万美元的100%。全市完成争取上级资金92亿元（不含市县重复项目），其中，通过财政下达资金80.5亿元（公共财政预算76.3亿元、基金预算4.2亿元），专户资金2.4亿元，上级直拨资金和设备9.1亿元。

【推行随机调研】 2013年，市委下发了《关于在全市推行随机调研制度的通知》，编印了《玉溪市随机调研工作手册》，明确了随机调研的方法步骤、目标任务和纪律要求。全市各级干部轻车简从、不打招呼、不要陪同，自定主题、时间、路线、地点，带着问题沉入基层，一竿子插到底开展随机调研，与群众同吃同住同劳动，掌握工作实情，查找存在问题，推动工作落实。全市各级领导和机关干部深入基层开展随机调研累计走访群众13.2万名，足迹遍布全市694个村（社区），收集意见建议5 000余条，提出整改建议2 000余条，解决问题1 500多个。

【为民务实抗旱先锋行动】 2013年，组织开展“为民务实抗旱先锋行动”，5 043个党组织参与结对帮扶抗旱工作，组建950支抗旱先锋队，建立抗旱责任区1 256个，结成帮扶对子23 906对，投入结对帮扶资金2 331.18万元，为旱区修建“共产党员爱心水窖”9 335口，解决饮水困难2 301件。全市累计投入水利抗旱资金1.27亿元，共组织实施286件人饮应急工程建设，解决了9.51万人、1.46万头大牲畜饮水困难。

【党内基层民主建设】 2013年，在红塔区北苑社区、玉村社区、大矣资社区和澄江县澄波社区、永和村等5个村（社区）开展公推直选党组织领导班子试点工作。在红塔区洛河乡、小石桥乡、峨山县甸中镇等九个县区13个乡镇开展乡镇党代会年会制试点工作，探索党代表发挥作用的有效途径。

【“四群”教育干部直接联系群众工作】 2013年，健全完善“三深入”、“四联户”等制度，大力推广“插甸经验”和“随机调研”等做法，继续推行“一区一会四联户”模式，做好“四群”教育与群众路线教育实践活动对接工作，深化“四群”教育干部直接联系群众工作。全市3.9万余名各级干部直接联系群众11.7万户，全年共召开民情恳谈会7 887场，收集意见建议16 294条，解决实际问题8 742个，协调项目2 299个，落实资金3.5亿元，“四群”教育工作成为群众满意工程。

【建立晋位升级长效机制】 2013年，继续开展基层党组织晋位升级工作，制作了工作流程图，分行政村、城市社区、国有企业、“两类”组织、机关事业单位制定了分类定级参考标准，抓好各项措施落实。全市9 438个基层党组织定级为“先进”的3 099个，占32.84%；“一般”的5 393个，占57.14%；“后进”的946个，占10.02%；已有7 849个基层党组织完成问题整改，占全部基层党组织中的83.16%。

【新农村建设指导员和常务书记选管用工作】 2013年，选派第七批815名新农村建设工作队员驻村帮扶工作，实现全市100%的村（社区）有指导员驻村、100%的村（社区）党组织配备了常务书记；对2012年度6名总队长、7名工作队队长、73名指导员、17名常务书记、40个派出单位进行了表彰。

【推行党员积分制管理】 2013年，制发了《关于在争当“美丽玉溪服务先锋”中推行党员积分制管理工作的通知》，将党员划分为不同类别，确定不同的积分考核内容，按照“1+X”的模式（“1”即基础积分，“X”即加分和扣分）和党员据实申报、支部审核认定、季度考核公示、年终综合评定等步骤开展党员积分百分制考核评定工作。年度综合得分结果作为党员奖惩的重要依据，得分在60分以下的党员，由所属党组织进行诫勉谈话，责令限期改正，视情况作出处理；连续两年得分在60分以下的，按不合格党员处理，根据党章和有关规定，分别给予限期改正、劝其退党、党内除名等处理。

【成立“两类”组织党工委】 2013年，市、县区分别成立了非公有制经济组织和社会组织党的工作委员会（简称“两类”组织党工委），为市委和县委的派出机构，加强对全市非

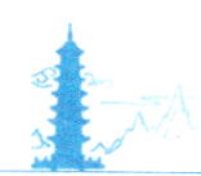

公有制经济组织和社会组织党的建设的领导，进一步整合党建工作资源，理顺党建工作关系，扩大党的影响，构建有利于推动非公有制经济组织和社会组织党的建设的领导体制和工作机制。

【村（居）民小组党员活动室建设】 2013年，采取“市级补助一点、县（区）配套一点、乡（镇、街道）投入一点、部门支持一点、村组自筹一点”的方式，整合筹措资金1 693万元，完成第三批630个村（居）民小组党员活动室建设任务。全市有公房的4 659个小组党支部中，已建党员活动室的小组达3 442个，占73.8%。

【编制基层党建工作三年规划】 2013年，出台《2013～2015年玉溪市党的基层组织建设工作规划》，编制了2013～2015年全市基层农村、社区、机关、“两类”组织四个领域三年党建工作规划，使基层党组织党建工作有章可循、方向明确，推进党建制度规范化、科学化。制定《2013～2015年玉溪市发展党员工作规划》和2013年全市发展党员工作计划，实行总量平衡、逐年压减，确保未来3年全市党员发展数量年均净增控制在1.5%左右。

【提高村组干部待遇】 2013年，全面落实《中共玉溪市委党建工作责任制度（试行）》，把落实村组干部待遇纳入县区年度综合目标任务考核内容，进行专项考核推动，全市所有村党组织书记、主任，社区党组织书记、主任，村（居）民小组党支部书记、组长每月补贴分别达到1 500元、1 800元、300元以上。

【远程教育工作】 2013年，在市县两级创建了48个远程教育学用示范实践基地，示范带动和提升站点管、学、用水平。举办了1期终端站点管理员示范培训班，对52名大学生村官、140名基层党组织书记、90名乡镇（街道）党委副书记和组织委员进行了专题培训。与玉溪电视台合作开办《党建视线》电视专栏，开设了县级领导思想解放大讨论、市县领导随机调研、美丽玉溪服务先锋等一系列专题和栏目。优化完善网络党建平台功能，建立网络党建通讯员队伍，向云南省网络党建上报662条信息。编发党建手机报44期183条，被省党建手机报采用24条。

【组织工作宣传】 2013年，在组工信息、玉溪日报社、电视台、广播电台开辟专栏、设立专刊，集中对“四群”教育活动、随机调研、村级组织换届、常务书记在基层等工作进行集中宣传。《玉溪日报》刊发新闻稿件201条，玉溪电视台播出109条（期），新华社、《光明日报》、《中国组织人事报》、《云南日报》等中央媒体刊播玉溪随机调研等内容10余篇，编发党建手机信息44期183条，在党建网发布党建信息662条。

【组织部门自身建设】 2013年，对组织部机关规章制度和业务工作流程进行了修改完善，规范公文办理和公务接待管理。完善了督查工作办法，对重点工作进行立项分解，每季度一通报；对领导批示件实行限时办理制，每月一通报。加强会议、培训班、出台文件的统筹，增强工作计划性。完成中组部《增强党的自我净化能力应对考验化解危险问题研究》和省市确定的10个课题调研报告。编纂《中国共产党玉溪市组织志（1927年1月至2011年9月）》。在部机关全面推行随机调研制度，研发随机调研地图，实行季度定期通报，确保覆盖全部乡镇（街道）、50%以上的村（社区）、50%以上的机关企事业基层单位，共开展随机调研57次，收集意见建议340条，解决实际问题67个。深化“四群”教育工作，实行“支部挂片、科室包组、干部联户”做法，定期组织集体劳动，开展“四访四看四帮”活动，帮助联系点协调项目17个、资金400余万元。

（詹道斌　迟荣友　任　玮　杨　刚）

宣传工作

【全市宣传思想文化工作会议】 2013年4月9日，全市宣传思想文化工作座谈会召开，市委常委、宣传部部长、澄江县委书记杨兴荣出席会议并讲话，副市长杨洋主持会议，市人大、市政协联系领导、市直宣传文化系统各单位负责人、县区宣传部长等参加会议。会议总结2012年全市宣传思想文化工作，明确2013年全市宣传思想文化工作的重点，组织和动员全市宣传思想文化战线把党和政府的声音传播好、把当代社会的主流展示好、把人民群众的心声反映好，聚集推动发展的正能量，提振促进跨越的精气神，在新的起点上开创宣传思想文化工作新局面，为玉溪与全国同步建成小康社会做出新贡献。会议通报了2012年各县区宣传思想文化工作考核结果。

【理论学习教育】 2013年，理论学习教育坚持以领导带学、载体活学、阵地强学、调研促学为切入点，推动理论学习教育的全覆盖和理论成果实践化。领导垂范带头学。拟定市委中心学习组“生态文明建设”专题学习

2013年10月10日，玉溪市聂耳大众文化小分队行动“廉政文化进万家”启动仪式

（李东升　摄）

方案，邀请专家做专题辅导，编印学习资料，制发《玉溪市党委（党组）中心学习组制度》，健全和完善中心组理论学习。丰富载体强化学。以学习型党组织建设为载体，推荐报送学习型党组织先进集体和个人，开展“阅读·思考·进步——读书心得”、“爱读书、读好书、善读书”等活动，不断增强学习的持续力。拓展阵地多样学。筹划编印《玉溪宣传》，搭建宣传思想文化战线交流学习平台。积极开展聂耳大众文化小分队行动“廉政文化进万家”文艺汇演活动，理论武装文化惠民一起抓。编印《贯彻十八大精神加强廉政文化建设简明问答100题》，促进党的创新理论走进基层群众。组织开展以十八大、十八届三中全会精神、生态文明建设和习近平总书记系列重要讲话精神为主题的各类宣讲活动2 760余场次，受众28万余人。积极打造宣传品牌，省委宣传部为红塔区“聂耳社区宣讲团”正式授牌，为加快推进全市马克思主义理论大众化进程打牢了组织基础。加强调研深入学。组织开展全市宣传思想文化系统大调研工作，做好“城镇上山、农民进城”云南特色城镇化路子理论研讨会论文征集工作，撰写《形成合力　抓住关键　探索规律　提高新时期宣传思想文化工作的科学化水平》、《玉溪市“农转城”管理工作研究》等优秀文章。总结开展中国特色社会主义宣传教育工作的典型经验，以红塔区为代表，形成了《“三学联动”宣传普及中国特色社会主义》的经验材料，在《社会主义论坛》第六期集中展示。

2013年8月29日，玉溪市举办第九届“红土地之歌”演讲大赛　（郭崇武　摄）

【舆论引导工作】 2013年，市委宣传部以党的十八大宣传为主线，坚持从正面宣传造声势、专题宣传出成效、典型宣传出亮点、网络舆情管理有力度等几方面入手，唱响主旋律，打好舆论引导主动战。

正面宣传。围绕党的十八大、群众路线、全面深化改革、“中国梦”、“俭约云南”等主题，开辟“解放思想　求真务实”、“学习贯彻市委四届三次全会精神”、“对话新玉溪——县区委书记访谈”等主题宣传活动传播党的声音，坚定发展道路。专题宣传出成效。以招商引资、生态玉溪、城市建设为切入点，推出“看苏南，谋发展”、“美丽玉溪是我家，希望人人都爱她”、“打造城市CBD树立玉溪新形象”等系列报道，刊载《玉溪环境引发“蝴蝶效应”》、《生态立市篇——举全市之力保护抚仙湖一类水质》、《聚焦玉溪“四个环境”建设》等报道，围绕市委、市政府的工作重点发挥舆论引导的推动作用。

典型宣传。全市推荐的马灿敏和李浏华成功入选“云岭楷模”名录，组织开展“玉溪市优秀新闻奖”评选，当年评选出报纸类优秀作品11件，电视类优秀作品13件，广播类优秀作品10件，开展第七届“玉溪市优秀文学艺术奖”评选表彰活动。

重大活动宣传。第三届中国聂耳音乐（合唱）周系列文化活动、中秋国庆大型灯会等重大活动宣传展示了玉溪深厚的文化底蕴。

网络舆论管理引导。成立了玉溪市互联网舆论引导工作领导小组，领导小组办公室按常设机构设在市委宣传部。出台《关于加强和改进互联网舆论引导工作的实施意见》，建立网络监管部门联动制机制，形成网络管理合力；深入推进网站整合工作，建设“玉溪网”门户网站，打造党委政府引导社会舆论、群众信任和喜爱的重要网络平台；形成监测-预警-处置三位一体的涉玉网络舆情应对体系，建立舆情信息24小时监测制度，加强舆情信息的分析研判和舆情处置，在媒体和社会关注的重点舆情处置中发挥积极作用。全年共向省委宣传部报送舆情信息1 118条、每日要情45期，完成舆情信息约稿26期，被省委宣传部采用503条。

【文化事业和文化改革】 2013年，玉溪市文化事业着力打造文艺精品，完成《中国民间故事全书·玉溪卷》丛书编审工作，《文化玉溪》丛书编辑工作正式启动，编辑出版抚仙湖文集《情愫抚仙》；大型滇剧《水莽草》获第十三届中国戏剧节优秀编剧奖、优秀导演奖、优秀表演奖及剧目奖，花腰傣群舞《裙儿摆摆秧箩情》参加第十届全国舞蹈比赛荣获优秀表演奖，音诗画《玉溪飞歌》获云南省少数民族文艺汇演综合音乐创作一等奖及若干个人单项奖，“花鼓花鼓”、“阿哥小普”荣获全国群星奖，舞蹈《乐·乐·乐》获云南省残疾人文艺调演金奖。

文化民生进一步夯实。通过“村村通”、“户户通”和“村村放”项目的实施不断完善城乡广播影视公共服务体系；全市公共文化设施网络建设日趋完善，公共图书馆、文化馆、博物馆、纪念馆、乡镇综合文化站100%实现常态化达标免费开放；以“三下乡”活动、“十八大精神进万家”、“廉政文化进万家”为主题的文化惠民演出达700多场；文化部门严格依法行政，推进文化、新闻出版、版权市场健康发展。着力深化文化改革。推进玉溪电视台、玉溪人民广播电台和玉溪有线电视台的合并工作；玉溪日报社继续深化内部改革，荣获“2012～2013中国品牌媒体百强——地市党报品牌影响力10强”等称号。

【精神文明】 2013年，玉溪市精神文明建设工作大力加强公民思想道德

建设。开展第三届玉溪市道德模范评选和“我推荐、我评议‘玉溪好人’”活动，评选出“第三届玉溪市道德模范”10名，“第三届玉溪市道德模范提名奖”10名，陶应全、毛金凤荣获“第四届云南省道德模范”称号；以“道德讲堂”、第九届“红土地”之歌演讲大赛、“讲文明树新风”公益广告等活动为载体，丰富思想道德建设活动，提升公民思想道德素质；玉溪师范学院、玉溪市检察院、玉溪供电局、通海国税局被定为云南省“道德讲堂”示范点。

加强未成年人思想道德建设。继续推进乡村学校少年宫建设，落实全市14个乡村学校少年宫建设点，每个项目配套建设资金20万元；编制并印发首届“玉溪美德少年”事迹连环画10 000册发放到全市各小学，在未成年人中开展了“我们的节日”、“学雷锋，做美德少年”网上签名寄语、“向国旗敬礼、做有道德的人”网上签名等主题实践活动。

开展群众性精神文明创建活动。澄江、易门、新平荣获第二批云南省文明县城荣誉称号，玉溪市审计局、中国移动玉溪分公司、中国电信玉溪公司顺利通过省级文明行业的复查；开展玉溪市第七届文明行业、文明单位、文明村及第三批文明社区、文明小城镇推荐考核工作，命名表彰文明行业7个，文明单位225个，文明村71家，文明社区22家，文明小城镇6家；开展文明示范村创建活动，全市10个文明示范村各补助创建经费10万元。

志愿者服务活动。加强对志愿组织和志愿者的管理，通过“抗旱保民生、送水解民忧——与雷锋精神同行玉溪志愿者在行动”、“红红火火过大年”、“爱美丽玉溪做文明市民”等丰富志愿者服务活动，弘扬志愿精神；开展评选表彰云南省和玉溪市学雷锋志愿服务优秀集体及优秀志愿者活动，评选表彰省级优秀集体2个、优秀个人4人，市级优秀集体18个、优秀个人24人。加强文明委自身建设。调整精神文明建设指导委员会成员，召开2013年文明委全体会议，进一步明确工作重点和规范工作制度，通过加强文明网管理、加大工作信息报送及工作QQ群的管理，健全和完善精神文明建设工作机制。

【文化产业】 2013年，玉溪市文化产业按照“文化与旅游相结合，大项目促进大发展”的思路，从产业项目建设、产业与旅游相结合、产业发展规划、产业人才培养等几方面入手，着力推进全市文化产业发展工作。狠抓项目建设，筑牢发展基础。推进抚仙湖东岸文化产业集群区华夏和谐文化园、澄江县樱花谷国际老年康体养生度假中心等项目建设，引进一汽大众奥迪汽车4S店、华宁陶文化创意产业园等项目，文化产业发展势头和发展后劲不断增强。省文产办共批准补助玉溪市文化产业项目5个，补助文化产业发展专项资金590万元，市文产办完成招商引资任务1亿元。开发民族民间工艺品，推动文化产业发展。初步形成以华宁的陶艺、江川的铜器、通海的银饰和刀具、新平的刺绣为代表的民族民间工艺产业。文化与旅游深度融合，实现发展相互促进。新平县花腰傣文化产业园和彝族文化园及“樱花谷国际老年康体养生度假园”作为文化与旅游有机结合的产业，成为经济收入的增收点和旅游的热点项目。编制发展规划，明确发展思路。编制《玉溪市文化产业发展规划（2013～2020）》、编制《关于加快和推进玉溪陶瓷产业发展的指导意见》，为玉溪文化产业发展指明思路。加强人才建设和培养，为发展提供人才保障。继续开展玉溪市第三届民族民间工艺师申报评选，评审出第三批民族民间工艺师21人，涵盖陶艺、金属工艺、雕刻、刺绣、剪纸等民间艺术门类。玉溪市在云南省工艺美术第七届工美杯精品评选中，荣获2个金奖、3个银奖、7个铜奖，5名市级工艺师被评为省级工艺大师，市文产办获“2013年云南文化产业博览会优秀组织奖”。

【对外宣传工作】 2013年，对外宣传工作从重点、亮点、载体、机制等方面入手，推动对外宣传工作取得新突破。重点宣传成效显著。围绕招商引资、民生建设、党建工作、节日庆典等宣传主题，抓重点外宣和外宣氛围营造，当年，全市在省级以上媒体刊发宣传报道稿件达2 254余件，其中省级媒体2 052篇（幅、条），国家中央级媒体202篇（幅、条），电视稿件519条，广播稿件585条，报纸1 150篇（幅、条）。亮点宣传内容丰富成效显著，招商引资宣传、全市校安工程暨美丽100校园行动计划、新型农村合作医疗第三届中国聂耳音乐（合唱）周文化系列活动宣传、玉溪

2013年7月20～24日，由中国音乐家协会、云南省委宣传部、玉溪市委、玉溪市人民政府主办，云南广播电视台、中共玉溪市委宣传部、玉溪市文化局、玉溪市文学界联合会、玉溪市广播电视局承办的第三届中国聂耳音乐（合唱）周在玉溪举行。合唱周以“中国梦、云南美、玉溪情”为主题，策划组织了“国歌唱响中国梦”开幕式、“中国梦•云南美•玉溪情”晚会、《国之歌》大型音乐剧、上海爱乐乐团交响音乐会、田丰作品音乐会、“聂耳杯”合唱大赛、玉溪市名特优商品展销会等活动。中国聂耳音乐（合唱）周在新华网开展的2013年美丽中国·新华网旅游年度盛典评选中荣膺“美丽中国·最佳传承弘扬中华文化节庆”称号

（李东升 摄）

中秋国庆大型灯会推介等专题宣传，不断提升玉溪幸福指数和美誉度。更新理念，拓展外宣载体。加强与《光明日报》、《人民日报》、《香港文汇报》、《云南日报》等中央、香港驻滇、省级主流媒体的联系，拓宽外宣渠道。推出《消失的古滇王国》、《战国牛虎铜案》等优秀外宣作品，各县区结合实际制作了一批反映县区特色的宣传作品，不断展示玉溪悠久的历史文化和独特人文环境。完善外宣工作机制。通过建立网络监管部门联动制、整合玉溪网络、加强网管队伍建设及互联网从业人员的管理，确保对外宣传机制的良性循环；坚持完善突发公共事件新闻发布制度，市委外宣办积极应对并处置好《中国青年报》、央视、21世纪经济报道等媒体对抚仙湖周边建设相关负面报道引发社会重点关注的舆论引导，妥善应对报纸、网络不实报道。制订《玉溪市对外新闻宣传工作奖励办法（试行）》加大外宣工作力度，建立健全了对外宣传激励机制。

（鲁俊秀）

政法工作

【概 况】 2013年，全市没有发生严重影响国家安全和社会大局稳定的重大问题，严重影响人民群众安全感的八类刑事犯罪呈下降态势，人民群众安全感比全省平均水平高3.7个百分点，玉溪再次被中央评为“全国社会管理综合治理优秀市”，连续四年入选中国“最安全城市”。

【平安玉溪建设】 2013年，玉溪市加强预知预警预防，推进国家安全人民防线工作实体化建设，严密防范和打击各种敌对势力的渗透破坏活动，维护了国家安全和政治稳定。及时开展查禁取缔“全能神”邪教组织专项行动，确保了国家政治安全和人民群众安居乐业。坚持源头治理与重点整治相结合，组织开展治安隐患、治安盲点排查整治行动，强化重点场所部位安全防范，深挖打击影响人民群众生命财产安全的违法犯罪活动。加强对食品药品安全、环境污染等重点问题，以及对消防、交通运输、安全生产等重点领域的专项治理，完善特殊人群救治管理机制，严防发生公共安全事故、重大恶性案件和个人极端暴力事件。全年实现接报警数下降7.9%，刑事立案下降6.7%，经济犯罪案件立案下降20.9%，交通事故下降41.82%，群体性事件下降43.6%，治安案件持平，全市社会治安形势明显好转。

【法治玉溪建设】 2013年，启动实施《玉溪市第四个五年依法治市规划》，成立玉溪市法学会，依法治市工作有序推进，民主法制建设进一步加强。坚持以人为本、执法为民，进一步加强执法规范化建设，严密执法程序，推进司法公开，强化执法监督，努力维护法律权威，促进社会公平正义。积极推进涉法涉诉信访工作改革，推动、引导涉法涉诉信访问题在法治轨道内妥善解决，依法保障信访人合法权益、维护司法公正结论、纠正错误裁判，切实减少信访存量、控制增量、提高案件质量。全年共办理涉法涉诉信访案件76件，使用市级涉法涉诉专项资金解决涉法涉诉信访案件7件15人。强化依法治理的理念，更加注重依靠法治方式化解矛盾、治理社会、维护稳定，影响社会稳定的重大突出矛盾纠纷由76件下降到12件。进一步健全和完善“人民调解、行政调解、司法调解三调对接，行业调解跟进助推”的大调解体系，最大限度地把矛盾纠纷化解在基层、解决在初始。全市近2万件矛盾纠纷调解成功率达99%，80%以上化解在乡镇以下。玉溪市医疗纠纷人民调解委员会被国家司法部授予“模范人民调解委员会”称号。

【创新社会管理】 2013年，玉溪市学习借鉴“枫桥经验”，紧密结合玉溪实际，探索实施以“网格化管理、信息化支撑、精细化服务、社会化监督”的网格化社会服务管理新模式。以现有行政区划为基础，划分网格单元5 162个，通过缩小管理半径，实现社会管理“零距离”、反应速度“零时间”，打造社会管理的平台、居民日常生活的依托、社会和谐稳定的基础。安排专项工作经费250万元，争取社会资金1 200万元，各县区每年财政投入不低于60万元，高标准、高起点完成了市、县、乡、村四级网格化社会服务管理信息系统建设。将房屋信息、人口信息、矛盾纠纷、治安信息等录入信息系统进行管理，实现条块优势互补、信息资源共享、工作流程协同，有效提高社会服务管理能力。建立以村（居）委会、小组干部为主体的网格员队伍7 817人，网格员一岗多责全面负责网格内的人、地、物、事等社会服务管理工作，在第一时间掌握社情民意、化解矛盾纠纷、响应服务需求、核查办理结果，有效提高了社会服务管理的现代化水平。

【服务经济社会】 2013年，把政法工作放在全市发展大局来谋划和推进，找准结合点和切入点，全力助推改革、促进发展、推动跨越。积极响应全市生态文明建设部署要求，开展依法保护绿化造林成果工作，以法治思维和法治方式助推生态文明，护航美丽玉溪。在全市拆临拆违、城市综合体建设、人防工程建设等重点工作中，政法部门主动作为、积极参与，宣传法律法规，做好群众工作，为重点工作顺利推进营造了良好环境。全面落实政法机关服务民营经济的“十项措施”，依法公平公正保护各类民营企业的合法权益，使执法司法活动更加有利于优化发展环境，更加有利于和谐创业。针对仙湖锦绣休闲度假旅游项目建设中干群矛盾突出、推进难度较大的实际，政法综治部门领导干部知难而进，扎根张营，植根群众，以勇于担责的精神、真情为民的作风、德法并治的方式，实现了张营村由“乱”到“治”的彻底转变，项目推进与生态环保的良性互动，经济发展与群众致富的双赢。

【政法队伍建设】 2013年，以素质能力建设为核心，扎实抓好政法干警的政治轮训和执法教育培训工作，政法干警的群众工作能力、维护社会公平正义能力、舆论引导能力、科技信息化应用能力、拒腐防变能力进一步提升。以群众工作为抓手，深入开展“四群”教育实践活动，积极深入基层、深入群众之中察民意、识民情、解民忧，帮助挂钩联系点争取项目、协调资金、补助经费，开展帮扶济贫活动，加深对群众的感情，密切党群干群关系，机关及干部作风进一步转变。认真贯彻中央八项规定、省市级领导改进工作作风密切联系群众的实施办法，厉行勤俭节约，改进调查研究，坚决反对“四风”，努力促进干警清正、队伍清廉、司法清明。一年来，培养了一批为民、务实、清廉的优秀干警，全市共17名政法干警受省部级以上表彰，149名干警获个人三等功以上奖励。

全市政法机关提拔使用正县级干部26名、副县级干部47名。

（杨　彪）

统一战线工作

【统战思想建设】　2013年，市委统战部把学习贯彻党的十八大和十八届三中全会精神作为统一战线的首要政治任务，统战成员学习贯彻党的十八大精神纳入2013年度市委干部整体培训计划，举办座谈会、培训班、宣讲活动引导统一战线成员学深学透十八大和十八届三中全会精神，增进对中国特色社会主义的道路自信、理论自信、制度自信。启动玉溪市非公经济人士理想信念实践活动，增强非公有制经济人士对中国特色社会主义的信念、对党和政府的信任。以“同心同行”为主题，组织各民主党派负责人11人赴贵州毕节、遵义考察，使党派成员深刻理解“同心”内涵，增进对中国共产党科学执政的自觉认同。结合纪念中共中央发布“五一口号”65周年，把树立和践行社会主义核心价值体系活动引向深入，每个季度由1家党派牵头组织政治学习教育活动，继续支持民主党派按照扶贫结对规划要求搞好新农村建设，推进“企村结对”活动。

【服务经济发展】　2013年，市委统战部围绕“翻两番、增三倍、促跨越、奔小康”的总要求，加强对民主党派、工商联、无党派人士考察调研的统筹协调，重点在全面建成小康社会新目标，扩大内需、拉动消费，特色产业发展，推进城镇化建设，加强和创新社会管理等五个方面做好考察调研、议政建言工作。推进调研成果转化应用，各民主党派、工商联涉及经济社会发展、城市建设、生态保护等8个重点课题，分别送达或通过政协提案交市政府相关部门，各部门认真办理，意见建议得到采纳。做好民主党派、工商联和无党派人士参政议政、服务社会优秀成果的评选表彰活动。对2012年申报的调研报告进行评审，对6篇分别予以奖励。引导592户非公有制企业向工业园区、产业园区发展，加快调结构、转方式、上水平，壮大经济实力。充分发挥民主党派、工商联、侨联、台办等单位的资源优势和积极性，主动出击，以商招商、以情招商、以诚招商。深入开展“同心”实践，制定《关于在全市统一战线开展“同心工程”的实施方案》和《玉溪市统一战线“同心工程”2013年实施计划》，全年累计开展文艺宣传、医疗卫生、教育科学等社会服务活动30余次，捐款捐物合计13万余元。整合资源参与民主党派省委在玉溪华宁县实施的“同心聚力·服务社会”活动。深入开展光彩事业和感恩行动，协调完成“民营企业感恩行动华宁行”220万元公益性项目，继续做好云南红土情·玉溪感恩行动的协调组织工作。

【民主党派和党外代表人士工作】　2013年，市委统战部协助市委出台《中共玉溪市委与各民主党派、工商联、无党派人士政治协商制度》、《中共玉溪市委常委与党外代表人士、非公有制经济人士联系交友制度》，推进多党合作制度化、规范化和程序化建设。协助民主党派加强思想建设，选派3名新任民主党派主委分别参加中央党校、省委党校培训和赴省挂职锻炼。积极推进政治协商和民主监督工作。照顾同盟者利益，帮助民主党派协调解决机构编制、干部待遇等问题。协助民主党派建立健全后备干部队伍。协助市委出台《中共玉溪市委关于加强新形势下党外代表人士队伍建设的实施意见》和《贯彻落实〈中共云南省委关于加强新形势下党外代表人士队伍建设的实施意见〉分工方案》，从总体要求、目标任务、工作措施、组织领导等五个方面对加强党外代表人士队伍建设提出意见，对部门、县区贯彻落实提出要求。抓好教育培训，党外代表人士教育培训经费列入财政预算，全年安排30万元。完善发现、培养、使用、管理等环节和政策举措，推进党外代表人士进入各级领导岗位。根据省委、省委统战部的要求，市、县区成功召开政协会议进行换届，市、县区政协换届中党外人士安排比例和政协委员的素质达到政策要求，实现了既定的各项目标任务。加强工商联领导班子履职能力建设，建立《玉溪市工商业联合会（商会）执行委员会委员服务管理暂行办法》，规范议事程序和规则。加强工商联基层组织建设，全市基层商会组织169个，工商联会员14 266个。

【推进民族团结宗教和谐】　2013年，市委统战部协助市委出台《中共玉溪市委、玉溪市人民政府关于推进民族团结进步边疆繁荣稳定示范区建设的实施意见》和《玉溪市人民政府办公室印发玉溪市推进民族团结进步边疆繁荣稳定示范区建设四个一示范点创建方案》，召开动员大会，积极推进示范区建设。指导华宁县推进盘溪民族团结进步示范区建设。加强政策指导，做好群众工作，指导县区依法处理宗教领域热点难点问题。加强伊斯兰教朝觐事务管理。上报市委制定下发《关于解决宗教界特殊人员定期生活补助的会议纪要》。督促县区解决好宗教团体工作经费和副秘书长以上人员生活补助费问题。争取上级资金40万元，市级配套30万元对25处宗教场所给予修缮补助。推动澄江县、元江县佛教协会和易门县伊斯兰教协会成立。积极组团参加云南省第二届宗教界体育运动会暨文艺汇演。选送29名宗教团体负责人和宗教界代表人士到北京和昆明培训。引导宗教界开展好以“学习贯彻党的十八大精神”为主题的宗教政策法规学习月活动和宗教慈善周活动。

（于大鼐）

侨台事务

【侨联工作】　2013年的侨联工作，以邓小平理论、“三个代表”重要思想和科学发展观为指导，认真学习贯彻党的十八届三中全会精神、省市有关会议精神，围绕中心，服务大局，突出重点，取得显著的成绩。玉溪市侨联被中国侨联授予“全国侨联系统先进组织”荣誉称号，受到中国侨联表彰。市侨联以创建学习型、创新型、服务型侨联组织为目标，坚持抓好政治业务学习培训，参加了玉溪市学习贯彻习近平系列讲话及党的十八届三中全会精神培训班，全市统战干部培训班，玉溪市招商引资培训班，全市保密工作培训等。为迎接第九次全国归侨侨眷代表大会的召开，市县（区）侨联按照省侨联有关通知精神和评比条件，推荐何国光、唐光清为第九次全国归侨侨眷代表大会代表，推荐市侨联为全国侨联系统先进组织，合颖涛为全国归侨侨眷先进个人，在第九次全国归侨侨眷代表大会开幕式上受到表彰。接受了市纪委的工作巡视和审计局的依法审计，加强了党风廉政建设和反腐败工作，认真贯彻中央‘八项”规定，坚决反对

"四风"。制定了廉政风险防控工作实施细则和个人岗位廉政风险防控措施。坚持集体领导，民主决策，坚持"三重一大"等内部管理制度。召开了市侨联三届三次全委会，认真学习贯彻党的十八届三中全会精神和第九次全国归侨侨眷代表大会精神，审定和通过了有关人事问题，提出了2014年全市侨联工作意见：1.深入学习贯彻党的十八届三中全会精神和第九次全国归侨侨眷代表大会精神。2.推动出台《中共玉溪市委、玉溪市人民政府关于进一步加强和改进新形势下侨联工作的实施意见》。3.扎实开展党的群众路线教育实践活动。4.努力做好牵线搭桥招商引资工作。5.强化对县（区）侨联换届工作的指导。

【发挥侨联桥梁纽带作用】 2013年，市侨联在元江县甘庄街道建立"四群"教育活动联系点。一年来，走访联系户12户，听取意见建议10条，协调有关部门解决实际困难。春节前夕，积极争取省市资金支持，组织了三个慰问组，深入到红塔区、峨山县、元江县、新平县、江川县、通海县、澄江县、华宁县和易门县，对散居农村归侨侨眷特困户进行走访慰问，了解他们在生产生活中遇到的困难，鼓励他们勤劳致富，把党和政府的温暖送到他们家中，共走访慰问220户，发放慰问金11万元，其中省侨联下拨6万元，市财政安排5万元。开展了以"接地气转作风、抓落实促发展"为主题的"四个一"活动，即开展一次随机调研，进行一次民情恳谈，住村入户一天，帮助解决一件好事实事。选择了"四群"教育实践活动联系点开展随机调研活动，重点对甘庄华侨农场改革发展情况、产业结构调整情况和西拉河二期配套工程东线工程实施进展情况进行了实地调研，进行了民情恳谈，协调有关部门帮助解决实际困难。组织开展了"关爱民生、寒冬送暖"活动，深入到甘庄街道办事处走访慰问，送去了侨联集体和个人捐赠的款物价值6 200元的慰问品，走访了联系户13户37人。联合致公党玉溪市委在红塔区金州社区开展义诊服务活动，共有240多名群众前来接受义诊，当日发放价值5 000多元的药品，发放宣传资料800多册。认真做好归侨侨眷来信来访工作，依法维护侨益。当年，市县（区）侨联共接待处理群众来信8件，来访89人次。多次深入元江县积极参与澧江、甘庄街道涉侨信访问题处理，提供涉侨政策解释，有效化解涉侨矛盾，对重点上访户和重访户开展入户走访，面对面进行交心谈心，政策宣传讲解，使他们按正常渠道反映合理诉求，切实维护了归侨侨眷合法权益。还利用"金芒果节"开展"侨法宣传周"活动，发放宣传材料2 000多份，张贴宣传布标5条，受宣传群众达8 000多人。

【调研提案】 2013年，市侨联发挥参政议政作用，按省委、省政府《关于进一步加强和改进新形势下侨联工作的意见》的精神，开展了玉溪市侨联组织情况专题调研，参与了玉溪市港澳台侨资企业发展情况调研，玉溪市海外联谊工作调研，协助市人大民外侨委开展华侨农场改革发展及产业结构调情况调研。在调研报告中提出了建议。参照兄弟州市侨联的做法，征求了玉溪"五侨"单位和县（区）侨联的修改意见，提出了《中共玉溪市委、玉溪市人民政府关于进一步加强和改进新形势下侨联工作的实施意见》（送审稿）。在全市"两会"期间，推荐了全市侨界人大代表12名、政协委员58名，他们共提出提案议案45件，集体提案12个，其中市级政协委员提案8件，市侨联集体提案2件，《关于尽快办理华侨农场归难侨危房改造工程建房户土地使用证和房产证的建议》引起了元江县政府的高度重视，召开专项推进会，明确部门职责，制定工作落实时间表，纳入县政府工作的督办事项。

【组织实施"侨爱心工程"】 2013年，市侨联接待了来自美国、加拿大、印度尼西亚、新加坡、越南、泰国、日本和香港特别行政区的华侨华人、港澳同胞281人。与市外侨办共同组建了"玉溪市侨资企业招商总局"，制定了招商引资工作实施方案，利用南博会、海联会、海协会等机会推介重点招商项目12项。接待了世纪金源（云南）集团董事长庄哲猛先生，陪同察看了由庄先生捐款20万元建盖的甘庄华侨中心小学师生食堂项目，接待了北京开成汇昌投资有限公司总经理冯可可先生一行，多次陪同投资者赴华宁县实地考察，促成该公司在昆明首届南博会上与华宁县政府签定了"东盟国际生态旅游小镇项目投资意向书"，意向投资金额20亿人民币。配合峨山县侨联成功引进从瑞士学成归国的马猛先生投资1 800万元，与峨山华泰公司合作建设磷酸铁钾离子电池原材料生产项目。通过云南华商公益基金会牵线搭桥，马来西亚《星洲日报》将资助贫困学生的爱心活动辐射到玉溪市，易门县、峨山县和元江县的30名贫困学生得到21 000元的爱心资助。

（合灿伟）

【侨务工作】 2013年，侨务工作紧紧围绕全市工作大局，秉承为侨服务的宗旨，充分发挥侨力、务实创新，工作取得明显成效。1. 拓展侨务资源。充分利用2012年召开的世界云南同乡联谊大会所掌握的信息，积极建立范围覆盖全球的侨务资源库。逢年过节等中国传统节日时，对一些重点国家的侨商、侨领送去节日的问候，并积极邀请其来玉溪考察兴业。9月份在成都举行的世界华商大会上，与多位世界华商建立了联系，并在座谈会上成功推介了玉溪市的区位优势和投资环境，取得了实效。2. 加大引资引智力度。按照安排部署，积极组织玉溪市企业参加东盟华商会。在第十二届世界华商大会上就玉溪的招商引资进行了推介。促成前国家农业部副部长、海峡两岸农业交流协会会长于永维带队的台湾农业专家组一行到玉溪考察洽谈农业项目，联想集团等跨国企业来玉溪考察投资，扩大了玉溪市的知名度和影响力。促成香港乐善行基金会对华宁县通红甸乡所梅早小学捐赠侨爱学校教学楼项目，捐献金额达50万元，其余不足资金也已争取到国家的教学楼危房改造补助资金和县财政的补助。3. 推进侨法贯彻落实，积极做好依法维权工作。在归侨侨眷较为集中的三个社区设置侨法宣传角，实现了侨法宣传的阵地化、长期化；接待并处理侨务信访案件1件次，并责成相关县区部门作了答复；陪同省侨办领导走访调研部分归侨侨眷和侨属企业，近距离了解和研究归侨侨眷和侨属企业在法律援助方面的困难和需求。4. 紧贴侨界实际需求，着力解决归侨侨眷实际问题。春节期间到各县区和市直相关单位开展了走访慰问活动，共慰问华侨农场归难侨侨眷特困户、散居农村的归侨侨眷特困户、南桥机工遗属和离退休侨务老干部260户计13万元；帮助3名归侨侨眷子女高考报考省华文学校；积极争

取省侨办资金补助，解决元江2个农场产业调整问题，已取得初步成效；定期不定期到各县区调查了解侨情，切实为侨服务。5. 加大文化交流力度。全年选派6名老师外派开展华文教育工作。玉溪市在外任教的老师共计有9名，其中泰国5名，老挝3名，越南1名。顺利举办2013年海外华裔青少年中国寻根之旅——七彩云南•玉溪夏令营。开展泰国华文教师培训班一期，培训泰国教师50人。华裔学生专科学历培训班一期已开班，共有17名外国学生参加了为期2年的学历培训。

（潘翠华）

【港澳台海外统战工作】 2013年，进一步发挥海外联谊会的作用，支持相关党派、团体认真策划有影响、有内容的交流合作活动，形成品牌。发挥“五侨”联席会议制度作用，整合侨力资源，形成联动合力。加强与年轻新生代和海外代表人士联系。支持开展海外华文教育。贯彻云南省委对台工作会议精神，及时召开全市台办主任会议，制定《2013年争取人心回归方案》，明确市台办为副县级机构、领导职务单列。积极开展对台经贸工作，协助省台办做好第二届云台会期间台湾企业界、学术界嘉宾30余人到玉溪参观考察活动并做项目推介。承办“七彩云南两岸媒体记者玉溪行”活动，积极宣传全市优势条件、重点招商领域和招商项目。广泛开展对台交流交往，全年接待台胞100余人次，组织13人一行赴台就农业方面交流访问。深入台资企业调研和台胞台属中走访，帮助解决实际困难和问题，妥善处理涉台突发事件，加强涉台事务规范管理。继续加大对台宣传工作。对三胞眷属、黄埔同学及遗孀、台商、台资企业等慰问补助3 700元。继续推进侨务工作，走访慰问归侨侨眷特困户220户，发放慰问金11万元。

（于大鼐）

市直机关工委

【开展“学习十八大、学习党章”知识竞赛】 2013年4～5月，市直机关工委下发通知，在市直机关469个基层党组织、5 496名党员干部中组织开展“学习十八大、学习党章”知识竞赛活动。竞赛活动以党的十八大报告、党章、党史、市委四届三次全会以及市四届人大一次会议精神等为主要内容，采取在《玉溪日报》公布试题，参赛人员书面答题的方式进行。同时，充分运用网络、宣传栏、公开栏等方式，扩大竞赛活动的知晓率。

【组织市直机关党务干部学习考察】 为进一步加强市直机关党的基层组织建设，学习借鉴外省市开展机关党建工作经验做法，不断探索新形势下党务干部继续教育和人才培养的新途径、新模式、新特点。2013年11月8日至21日，市直机关工委组织机关党务干部72人分两批赴江苏进行学习考察。学习考察培训围绕城镇化建设、生态文明建设、新农村建设、工业园区建设和机关党的建设等培训专题，到达南京、姜堰、江阴、常州、宜兴、苏州等6城市进行学习考察。在南京，参观城市建设规划展览馆，听取工作人员关于城市规划情况介绍，观看展示2020年南京城市建设的3D影片，考察夫子庙市场综合管理情况，参观中共代表团梅园新村纪念馆，了解中国共产党争取和平建国的真实历史；在姜堰，考察华侨城小镇建设，观看溱湖湿地科普馆，了解湿地的生态文化和生态文明建设情况；在江阴，参观华西村新农村建设情况，与华西村党委常委吴协平进行党建工作情况交流，听取华西村党委副书记周丽所作的情况介绍，亲身体会社会主义新农村的新风貌、新气象；在常州，实地考察常州科教城和武进工业园区建设情况，参观常州城市管理12319平台建设，观看常州城市数字化管理现场演示，瞻仰瞿秋白故居，接受革命传统教育，组织重温入党誓词活动，与常州机关工委进行党建工作座谈；在宜兴，参观了宜兴市城市规划建设展览馆，听取工作人员关于城市建设规划的情况介绍，与宜兴市直机关工委领导作了党建工作情况交流；在苏州，参观了苏州工业园区，听取工作人员关于园区建设情况介绍，了解园区建区情况，与苏州机关工委进行党建工作座谈，参观苏州出入境检验检疫局党建示范点。

【机关基层党组织建设】 2013年，市直机关工委完成《中共玉溪市委关于进一步加强和改进机关党建工作的意见》、《玉溪市机关党的基层组织建设工作规划（2013～2015年）》初稿的撰写任务，全力推动机关党建工作体制机制的落实。制定下发《玉溪市直机关2013年发展党员工作计划》，加强对发展党员工作的宏观指导和监督检查。9月上旬，举办入党积极分子培训班，对186名入党积极分子进行了党的基本理论培训。全年共发展新党员74名，131名预备党员按期办理了转正手续。截至年底，市直机关工委所辖党员达7 866名。市直机关工委下发《关于做好2013年度民主评议党员工作的通知》，在404个党支部6 608名党员中认真开展了民主评议党员工作。坚持机关党组织书记由本部门党员主要负责人或部门领导班子成员兼任的做法，推动“一岗双责”和基层党的生活制度化。按照党管干部、德才兼备、群众公认和公开择优的原则，改进和完善机关党组织选举办法。下发《2012～2013年玉溪市直机关党建工作责任制考核实施细则》，进一步加强机关党建目标责任制管理，充分发挥考核工作的导向作用。开通玉溪机关党建手机信息平台，运用信息手段，拓展党务管理新领域。突出抓好基层党组织制度化、规范化建设，新建市抚仙湖管理局党总支、市招商局党支部、市邮政管理局机关党支部等6个直属党组织，及时理顺市属6家投融资公司党组织关系，督促指导18个直属党组织完成换届选举，调整充实6个直属党组织领导班子。及时纠正少数党员少交甚至不交党费的问题，进一步规范党费收缴管理使用。圆满完成2013年党费收缴、党内统计、党报党刊征订以及组织关系转接等各项工作任务。工委主动向市委领导和省委省直机关工委汇报工作，争取对机关党建工作的关心重视和帮助指导。加强与各部门党组（党委）的沟通和联系，积极争取党组（党委）特别是主要负责人的重视支持。深入探索机关党建工作分类指导的有效方法和途径，帮助解决基层党组织工作中存在的问题和困难，为他们开展工作创造条件。认真做好建立市直机关工委指导县（区）机关党工委工作关系的调查研究，努力形成上下联动、条块结合的机关党建工作新格局。2013年春节期间，从工委代市委管理的党费中安排10万元下拨各基层党组织作为慰问金，组织开展对200名当年年满80周岁、90周岁以上的老党员和生活困难党员进行了走访慰问。

【市直机关基层党组织晋位升级】 2013年，市直机关工委印发《关于做好2013年度市直机关基层党组织晋位升级工作的通知》，把晋位升级作为进一步加强市直机关党组织建设，促进创先争优常态化，持续增强基层党组织创造力凝聚力战斗力的重要载体抓紧抓好。在各基层党组织自评、党员群众测评的基础上，市直机关工委依据分类定级的“三评一审”程序、“七项分类定级指标”和定级比例，结合上年底基层组织建设年晋位升级工作考核验收等情况，按照“先进、一般、后进”三个等次对市直机关499个基层党组织进行了分类定级和定级结果审核评定，并对市直各党委、直属党总支、直属党支部的定级结果进行了通报。在此基础上，督促各基层党组织按照“巩固先进、推动一般、整顿后进”要求，抓好抓实整改升级工作。5月底，72个直属基层党组织都认真梳理了自身存在的突出问题，对照“党组织带头人、工作思路、工作制度、活动阵地、保障机制、工作业绩、群众评价”等七项指标，找准薄弱环节，制定有针对性的整改方案，明确改进提高的目标、责任和措施，努力争先进位。工委采取挂钩联系、随机调研等形式，对整个工作过程进行指导和督促。按照市委组织部、市委宣传部安排部署，组织推荐5个好党员、2个好组织作为“美丽玉溪服务先锋”组织工作集中宣传先进典型。在市直机关各级党组织和广大党员中深入开展学习罗阳先进事迹、优秀品质和可贵精神活动。继续推行承诺践诺、志愿服务、授旗评星、设岗定责、三亮三比三评等立足岗位创先争优的制度机制，把实施“跨越发展先锋行动”融入市委市政府中心工作之中，紧紧围绕推动玉溪经济社会发展新跨越这个主题，着力推动解放思想、改革创新、招商引资，强化承诺践诺，推进工作落实，积极引导基层党组织和广大党员在服务经济社会发展中争先进位创“四个先锋”。

【推进机关作风建设】 2013年，市直机关工委认真组织学习《党政机关厉行节约反对浪费条例》、中央“八项规定”、《中共中央办公厅关于印发习近平关于厉行勤俭节约反对铺张浪费重要批示的通知》、中纪委《关于2013年元旦、春节期间改进工作作风加强廉洁自律的通知》和省纪委《关于2013年元旦春节期间切实改进作风严格廉洁自律的通知》等中央省市关于改进作风建设的各项规定。对照“十个严禁”的要求，认真开展自查自纠，联系实际制定改进工作作风、密切联系群众的具体措施和细则，坚决反对和克服特权思想、特权现象，下大力整治庸懒散奢浮等不良风气，不断密切党群干群关系，保持党的先进性和纯洁性。各单位严格按照习近平关于厉行勤俭节约反对铺张浪费重要批示精神，取消年饭等订餐，做到过年不吃年饭，不相互走访拜年，不到上级部门走访慰问，强化公车管理，从简安排各种活动，把节约下来的费用更多地用在关注民生上，切实解决好群众生产生活中的实际困难。广泛开展“俭约云南”主题宣传教育实践活动。坚持把开展“服务基层年、项目落地年、作风转变年”活动与解决“三难”问题结合起来，力求在服务基层上有新举措，在促进项目落地上有新突破，在转变作风上有新改进。上半年，市直机关普遍召开了专题民主生活会。下半年，以习近平总书记在指导河北省委常委班子民主生活会时的重要讲话精神为遵循，组织召开了年度党员领导干部民主生活会。市直机关工委结合当前工作重点，组织完成对九个县区机关党（工）委和10个直属机关党组织的随机调研。市直机关各级领导干部强化问题导向，坚持边调研、边总结、边反馈、边指导，注重调研成果运用，加强跟踪问效，工作作风更加实在、成效更加明显。按照省、市委的要求，紧紧围绕访民情、抓落实、办实事、强组织、谋发展、促和谐六项工作任务，继续深入开展“四群”教育和实行干部直接联系群众制度，认真总结好经验好做法，进一步完善“挂县包乡”、“三深入”、“四联户”工作制度。围绕“抗大旱、保民生、保春耕”，采取无条件送水、打井抽水、新辟水源点引水、修建“共产党员爱心水窖”等措施，开展形式多样的抗旱先锋行动，确保群众有水喝、喝上放心水。广泛开展“关爱民生，寒冬送暖”走访慰问活动，切实保障灾区、贫困地区、边远山区人民群众安全过冬。结合村级换届工作，强化基层组织结对帮扶，进一步夯实农村基层组织建设。充分发挥市直机关资源优势，为群众解决各类突出问题182个、协调项目47个，落实资金535.31万余元。截至年底，市直机关“四群”教育活动共组织各级各类学习教育培训237次，印发宣传简报224期，网络发布信息371篇，报纸、电视357条。

【开展机关精神文明建设系列活动】 2013年，市直机关工委深入开展爱国主义、集体主义、社会主义教育，大力弘扬以“高远、开放、包容的高原情怀和坚定、担当、务实的大山品质”为核心的云南精神，坚持把社会主义核心价值体系建设的要求贯穿到精神文明建设工作的全过程，引导干部群众把实现“中国梦”的美好愿望转化为富民强滇的实际行动。广泛开展“推荐评选玉溪好人”、第三届道德模范评选、五类“道德讲堂”、第十一个“公民道德宣传日”主题实践活动，宣传道德模范，教育引导党员、干部模范践行社会主义荣辱观，以实际行动彰显共产党人的人格力量。组织开展玉溪市第九届“红土地之歌”演讲大赛和“聂耳杯”合唱大赛，继承弘扬聂耳以爱国主义精神为核心的民族精神和艺术创新精神，唱响共产党好、社会主义好、改革开放好、伟大祖国好、各族人民好的时代主旋律，传播社会正能量。认真组织开展“爱美丽玉溪　做文明市民”主题宣传教育活动，动员机关党员干部按照“美丽玉溪是我家　希望人人爱护她”的要求，从我做起，为建设美丽玉溪做出自己的一份贡献。深入开展“工人先锋号”、“青年文明号”、“巾帼文明岗”等品牌创建活动，推动构建文明和谐机关。

（毕现昆）

政策研究

【市委重要文稿起草】 2013年，市委政研室紧紧围绕市委重要决策、重要会议、重大活动等中心工作，积极主动抓好重要文稿的起草工作。共起草或参与起草了市委四届三次全会报告、两次市委工作会讲话、两次中心组理论学习会领导讲话、东片区暨“三湖”生态保护水资源配置应急工程仪式上致辞、第三届中国聂耳音乐（合唱）周开幕式上致辞，招商引资大会、“解放思想”专题培训会、澄江化石地申遗工作总结表彰会、全市生态文明建设暨绿化造林动员会的领导讲话，以及接待外地考察团情况介绍等讲话稿、重要文件、汇报材料60多篇。编印《玉溪》宣传册7 000册，免费提供给相关部门使用。

【调查研究】 2013年，市委政研室

突出服务决策、挖掘典型两个重点，围绕全市经济社会发展中的热、难点问题，精心选题、整合力量、创新方式，有针对性、有重点地搞好调查研究。开展了“三湖”流域经济发展方式与生态安全研究、昆玉红旅游文化产业经济带一体化建设对策研究、孤山村委会乡村旅游情况调查、土地流转与庄园经济研究、推进玉溪美丽家园行动调研等，形成了有情况、有分析、有措施的调研报告。

【帮扶工作】 2013年，市委政研室帮助各县区新农办（农办）协调工作经费各5万元、共45万元，给江川县江城镇孤山村委会拆临拆违工作经费补助2万元，给元江澧江街道办事处莫郎村委会抗旱救灾补助经费2万元，为困难群众和党员捐款10 200元（其中个人捐款4 200元），为各调研点出主意想办法共12条，帮助协调解决问题2件。

（合晓斌）

新农村建设工作

【市委农办和市新农队办工作】 2013年，市委农办和市新农队办加强与涉农部门的沟通联系，强化支农惠农政策的落实，主动为试点示范村的建设提供政策服务，引导协调指导员派出单位和相关部门加大对美丽家园建设的投入。筹办了玉溪市美丽乡村建设暨指导员下派动员会、全市新农村建设工作队总队长联席会暨第六批省级指导员座谈会、第七批新农村建设指导员培训会、全省美丽乡村建设暨新农村建设指导员工作座谈会等。根据市委、市政府的决策部署，组织力量对全市村容村貌整治工作进行协调督促，筹办了推进美丽家园行动项目资金整合一系列工作和会议。协调下拨了2013年玉溪推进美丽家园行动建设项目的资金，组织对2012年度省、市级新农村重点建设村项目进行了考核验收，完成了2013年度美丽家园建设省级重点建设村项目的审核申报及资金下拨工作，组织对2013年美丽家园建设市级27个试点建设项目的实地评估和督促检查。起草了《玉溪市推进美丽家园行动协调督促组及下属机构运行方案》、《关于推进美丽家园行动的意见》、《玉溪市2013年推进美丽家园行动的实施方案》、《市政府关于加快推进民族特色旅游村寨建设工作实施意见》、《“三农”金融服务改革创新的实施意见》和市委领导涉农工作会议讲话等材料。加强新农村建设工作队及指导员管理，开展了指导员驻村情况随机调研，建立了指导员驻村时间月报制度，编印下发《玉溪市新农村建设指导员工作手册》950册，新农村建设、村容村貌整治等简报7期。

【新农村市级重点村建设】 2013年，学习借鉴外地经验，整合资源，集中力量，开展了美丽家园行动试点工作。整合新农村市级重点建设村、美丽乡村财政一事一议、扶贫、生态文明建设等市直17个部门的项目资金8 900多万元，在国道省道沿线、“三湖”周边及部分民族特色重点村的27个村庄，以村容村貌整治为核心，全面实施了村内道路硬化、雨污分流、村庄美化绿化亮化、公房建设、文化活动场所建设等八大类工程，取得了实效。建成了黄草坝、摆依寨为代表的一批美丽家园示范村，迎来了全省美丽乡村建设工作会议在玉溪召开，玉溪的做法得到了省委、省政府的充分肯定。

根据市委农村工作领导小组的安排，由市委农办牵头，市财政局、市审计局、市住建局、市农业局等部门参与，组成考核验收组，采取实地查看、走访农户、查阅资料、听取汇报等方式对2012年度新农村市级重点建设项目进行了考核验收。各级制定了新农村重点建设村实施意见，建立“一把手”负责制和领导干部联系重点建设村制度，坚持一个重点村由一位县级领导联系、有一个乡（镇）领导挂钩、有一批新农村指导员在抓，形成“党委统一领导、党政齐抓共管、农办统筹协调、部门各负其责”的工作格局。完成项目投资4 313.13万元，其中，省级财政补助资金600万元、市级财政投入1 000万元、县（区）配套601万元、“一事一议”财政奖补资金538.95万元，社会帮扶资金1.15万元，村集体投入614.86万元、群众集资投劳373.05万元、整合其它项目资金584.12万元。共硬化村内道路128条94 948.6平方米，修建挡墙2 717.5立方米，美化绿化村内公共活动场地27 031.7平方米，兴建村内活动场地25 461平方米，建文化活动室（公房）20 890平方米，安装路灯32盏，修建排水沟55条1 653.64立方米，修建公厕27间777.55平方米，修建垃圾处理房26间246.2平方米，危旧房拆除重建167户、加固改造498户，修建亭子1个，文化长廊15米。受益农户21 032户、69 621人。

【新农村省级重点村建设】 2013年，市委农村工作领导小组抽调市委农办、市财政局、市审计局、市住建局、市农业局等部门人员组成考核验收组，对2012年度新农村省级重点建设村项目进行了考核验收。全市认真贯彻全省新农村省级重点建设村工作会议精神，加强组织领导，制定实施方案，整合部门资源，严格资金管理，狠抓工作落实，顺利实施完成了68个省级重点建设村项目。共完成投资3 043.87万元，其中，省级补助资金1 020万元，市级配套资金430万元，县级配套资金390万元，整合一事一议财政奖补资金306.45万元，农村危旧房改造资金1.2万元，社会帮扶资金1.15万元，群众集资投劳277.57万元，村集体投入291.52万元，整合其他资金325.98万元。硬化道路87条73 412平方米，修建挡墙4 223立方米，美化绿化村内环境7 655平方米，兴建村内公共活动场所16 198平方米，修建村内文化室（公房）15 223平方米，安装路灯54盏，改厨、改厕、改厩27间，修建排水沟49条834.5立方米，修建公厕13间351.55平方米，修建垃圾处理房15间112平方米，危旧房拆除重建90户。受益农户14 242户、48 105人。

【新农村建设工作队及指导员工作】 2013年，全市选派第七批新农村建设指导员815名，组成9支县区工作总队、72支乡镇（街道）工作队，奔赴668个村（居）委会开展工作。市级财政统一安排每支工作队工作经费5万元、共360万元，市新农队办工作经费30万元；县区委常委会专题研究新农村指导员工作40次，县区安排工作队工作经费133万元、新农队办工作经费38万元；乡镇安排工作队工作经费17万元；市级派出单位每年安排指导员工作经费2万元。市级集中培训指导员279名，举办了80余名常务书记参加的全市村（社区）党组织常务书记体验示范培训班，县区培训指导员815人，乡镇培训指导员21 810人次。市委、市政府分别于2013年6月27日和2014年1月6日召开全市新农村建设工作队总队长联席会议和省级指导员座谈会，听取了九个县区总队长的工作汇报，动员全市指导员投身美丽家园行动。市委组织部、市新农队办于6月25日至26日对华宁、江川、通海、峨山4个县13个乡镇、25个村委会进行了随机督查调研，重点督查指导员派驻和在岗情况，了解村委会（社区）干部和驻村群众对指导员工作的反映。总队长、县区新农队办实地指导和检查372次，梳理问题196个，交有关部门解决144个，组建新农村建设指导员服务团29支，参与提供服务的指导员459人，开展活动627次，服务群众50 468人次，组织指导员交流340次。361个派出单位与指导员驻村签订了承诺书，单位领导深入驻村看望指导员2 713次，协调项目462个、资金3 892.4万元、物资支持（折合）2 097.1万元。通过广播、电视、报纸、网络，大力宣传指导员的先进事迹、先进典型，市、县区新农队办编发简报256期、市以上报刊宣传报道18篇、电视4次。指导员驻村后，协助驻村开展抗旱救灾、烤烟移栽，积极参与并促进了拆临拆违、治理农业面源污染、村容村貌整治工作和农业基础设施建设等农村重点工作的落实。认真履行新农村建设工作队“访民情、抓落实、办实事、强组织、谋发展、促和谐”的职责任务，共召开群众会议5 050次，走访农户101 671户，建立民情登记卡9 024份、民情联系卡10 124份，直接联系农户4 294户，记民情日记26 012篇，完成驻村调研报告1 210份，提出工作建议3 881条，被采纳2 401条，帮助驻村制定发展规划694个，争取项目636个，到位资金9 104.2万元、物资8 331.7万元，办实事3 336件。协助驻村编制了2013～2015年党建三年工作规划，配合驻村组建950支抗旱先锋队，5 000多个党组织参与结对帮扶抗旱工作，投入帮扶资金2 300万元。协助驻村制定和完善各项制度1 708个，上党课1 718次，帮助发展党员1 007人。参与调解各种矛盾纠纷4 731起，有效调解4 206起。

【农村劳动力转移就业特别行动计划】　2013年，全市共培训农村劳动力3.2万人，完成了新增培训目标任务3.06万人的105%；共转移农村劳动力3.1万人，完成了新增转移目标任务2.26万人的137%；组织招聘会42场次，完成了计划任务35场次的120%；开展农民工工资支付情况专项检查，对176件举报投诉案件进行专查，补签劳动合同5 475万人，追发劳动者工资227.3万元，督促补缴社会保险费8.9万元；开展用人单位遵守劳动用工和社会保险法律法规情况专项检查，共检查用工单位1 767户，共处理责令改正140件、行政处理和行政处罚2件，处罚金额5 956元；继续推进农民工工资保证金制度，开设了农民工工资保证金专户，全市预存农民工工资保证金共计2 098万元。

（合晓斌）

保　密

【保密教育】　2013年，市保密局以保密法规宣传教育为抓手，开展形式多样的宣传教育活动，提高了全市各级领导、机关干部和企事业单位人员的保密法制意识。采取召开全市保密工作会议和印发文件通知、提出学习要求等方式，在全市传达学习了中保委、省保委会议精神和中央、省委、市委领导对保密工作的重要讲话、批示。4月22～28日，在市博物馆举办了“全国窃密泄密案例警示教育展”和“玉溪市窃密泄密技术现场演示会”活动，市四套班子、市直各单位、九个县区和中央、省驻玉单位、驻玉军警部队等157个单位、5 290名各级领导干部和涉密工作人员观看了展览和演示。其中，厅级干部27人、处级干部489人、科级干部2 271人、涉密人员2 503人，通过观看展览和保密技术演示，提高了全市党政军领导干部、涉密工作人员的保密意识和防范失泄密能力。市委书记张祖林在开展仪式上作了重要讲话，并在观展后挥笔题词：“保密就是保国家安全，保家庭幸福，保个人前途”。三次印发上级保密部门转发的各类泄密案，全市8 964名各级领导干部和工作人员受到警示教育，达到了敲山震虎、警钟长鸣。深入市委党校、市教育局、市供电局、民营企业讲保密法律法规知识7场（次），645人受到了保密教育。给市县区党校发放20盘保密知识课件，为党校保密教员提供保密教材。加大宣传力度，认真做好工作，全市共征订《保密工作》2 352份、光碟50盘。10月份，开展了以“五个一”为主要内容的《保密法》宣传教育月活动。全市各级各单位保密组织以宣传月活动为牵引，拓展活动内容，丰富教育形式，取得了较好的宣传效果。

【保密管理】　2013年，市保密局结合市县区人事变动，组织609名各级领导干部签订了《在岗保密承诺书》、《离岗保密承诺书》。按照《玉溪市涉密文件、内部资料销毁保密管理暂行办法》，坚持涉密文件、内部资料 “统一回收、统一押运、统一销毁”，全市共清退销毁涉密文件20 292份，清退淘汰各类计算机、办公设备、移动存储介质751台（件），把好涉密文件、涉密载体销毁管理的最后一关，确保了涉密文件、信息的

2013年4月22～28日，玉溪市国家保密局在市博物馆举办了“全国窃密泄密案例警示教育展”和“玉溪市窃密泄密技术现场演示会”。图为市委书记张祖林率市级领导观看教育展

（施永华　摄）

安全。制定出台了《玉溪市各类统一考试安全保密管理办法》，明确了考试单位和工作人员的安全保密职责，规范了全市各类考试管理，确保了各类考试的保密与安全。一年来，市、县区保密局共参与163 869人参加的各类统一考试的监督与服务工作，通过保密监督服务与管理，确保了市内各类考试的安全保密和顺利进行。按照市委、市政府进一步压缩行政审批时限，促进招商引资工作的要求，本局的行政许可审批事项由2项减为1项，工作时限由法定的20天压缩为6天。为防止政府信息公开中发生泄密事件，做到政府信息公开保密制度的审查监督与落实工作，坚持按月逐级上报，切实加强政府信息公开保密审查管理工作。全市共审查政府信息公开门户网站信息29 976条，经保密审查，未发现涉密信息和敏感信息。对送审的文史资料、年鉴、志书等公开出版物进行了保密审查。根据国家、省保密局的安排部署，制定了《玉溪市保密普查工作实施方案》，通过层层抓好培训，按时限抓好普查，掌握了全市保密工作底数。市县区保密局认真开展计算机网络保密行政执法检查，通过检查，促使全市各单位充分认识网络窃密泄密的严峻性和危害性，达到了以查促管、以查促防的作用。

【保密技防】 2013年，根据国家、省保密局安排部署，为进一步提高全市计算机保密技防能力，确保计算机和涉密信息的安全与保密。5月中旬，通过政府采购和自行采购两种方式，投资近60万元新建了“玉溪市涉密计算机违规连接互联网集中监控平台”及其配套机房等设施，为提高全市涉密计算机技术防范与监控手段打下基础。市保密局严格按招投标程序，通过组织专家组评审论证，做好了涉密计算机违规连接互联网集中监控平台终端保密产品的选型工作。8月，召开了由县区保密局和市直140个单位分管保密工作领导、办公室主任和涉密人员参加的涉密计算机保密技术防护专用系统配备工作培训会。市保密局深入县区保密开展培训指导，为完成全市涉密计算机违规连接互联网监控工作打下了坚实基础。年内完成了第一批307套“三合一”产品的安装。认真贯彻落实《云南省党政机关和涉密单位计算机信息系统自检自查的规定》，通过下发工作文件和催报通知进行督促和指导，一年来，新配备保密技术检查工具4台，对81个市属机关单位的315台涉密计算机和8 450台非涉密计算机开展了每季度各单位自检自查和台帐资料报送工作，摸清了底数、明确管理对象。

【商密保护】 商业秘密保护是切实增强市内企业竞争力的重要保障。2013年，市保密局把“围绕中心、服务大局”的切入点、着力点放在为企业健康发展上，深入县区、深入基层单位采取面对面指导帮助的工作方式，为基层单位提供保密业务指导服务。市保密局跟踪指导玉溪市溶济厂、猫哆哩等工艺商业秘密管理制度建设，深入峨山县工业园区指导企业商业秘密管理工作，对市贸促会、猫哆哩等部门企业的200多名管理人员进行商业秘密知识培训。各县区保密局对辖区内的国有企业、规模以上私营企业及时进行商业秘密保护指导、培训，制订保密规章制度，提高企业保护商业秘密的意识和能力。一年来，市县区保密局共开展了21场次商业秘密保密培训，近1 100名企业管理人员、员工受到教育，通过帮助企业制订保密规章制度、抓好商业秘密保护培训，提高了企业对商业秘密的保护意识、规范了商秘管理，促进了企业的健康发展。

【组织建设】 2013年，结合全市保密事业、保密工作发展需要，调整充实了市委保密委员会，成员单位从原有的14个单位增加到23个单位，成员由16人增加到28人，进一步加强了全市保密工作的领导。结合市直机关、企事业单位、大中专学（院）校和中央、省驻玉单位领导和涉密工作人员变动较大的实际，印发了《关于建立健全保密组织的通知》，督促各有关单位及时建立健全保密组织，一年来，共有100余个单位建立健全、调整充实了保密组织。中保委确定2013年为保密系统调查研究年，市委要求市直部门开展随机调研。为抓好调研工作落实，制订了工作方案，20余次深入本局“四群”教育联系点新平县者竜乡春元村委会、综治维稳联系点通海县里山乡、各县区保密局和元江县澧江镇、江川县安化乡等10个基层单位开展调研工作，撰写调研报告并上报市委和省保密局。

（施永华）

档　案

【开展“国际档案日”宣传活动】 2013年6月8日，全市档案局馆开展6·9“国际档案日”宣传活动。活动采取集中学或自学的形式，认真学习《中华人民共和国档案法》、《档案法实施办法》、《云南省档案条例》、《档案管理违法违纪行为处分规定》等法律法规，强化干部职工依法治档，服务社会的意识。设立咨询点、悬挂活动横幅，向公众集中宣传和开展咨询活动。市档案局与红塔区档案局、峨山县、新平县、易门县、华宁县等档案局在人流量较为集中的聂耳文化广场、集贸市场、乡镇集贸市场设立宣传咨询点、悬挂活动横幅23条，摆放宣传展板6块、张贴宣传挂图、出动宣传车8次、制作了《档案法律知识问答》、《档案馆征集档案的公告》、《建立家庭档案树家庭文化新风》、《档案利用指南》等档案宣传单28 000多份向群众发放；接受群众咨询及解答400余人次。在《玉溪日报》刊登“追寻红土高原的记忆，感受档案魅力”的“国际档案日”宣传专版，专版以“只为旧貌换新颜——看玉溪市县区档案馆今昔巨变”、“争先进位创佳绩——记全国档案系统先进集体市档案局馆”、“留住社会的记忆——看玉溪市重要珍贵档案征集”、“档案在你身边——图说家庭档案”等内容宣传全市档案馆新馆建设、家庭档案建设、档案资源建设及全市档案事业取得的成就。各级档案部门利用电视台、聂耳文化广场电子屏幕、气象预报显示屏1 170块滚动播放宣传标语口号、登载档案宣传内容，拓展档案文化传播，普及档案知识。在玉溪人民电影院每场电影放映前插播档案宣传短片。利用气象预报信息和移动、电信、联通公司短信平台向203 700余万用户发送档案宣传口号。利用玉溪档案信息网开展以“走基层，寻访最美档案人”为主要内容的各项宣传活动；推荐2名“最美档案人”报省档案局，对10名“最美档案人”事迹在玉溪档案信息网进行宣传；发布了“档案在你身边”征文6篇。充分发挥档案馆的爱国主义教育基地作用，开展“走进档案馆”活动。市档案馆在玉溪市博物馆举办《回眸中的奋进》爱国主义教育展览，组织了5 000余人进行了参观；华宁县、江川县档案馆组织群众参观学习，面向社会开放，请公众走进来，体验档案查阅、政府公开信息利用、电子档案查询等服务。积极参与云南省档案局举办的“档案在你身边”征文、“追寻红土高原的记忆”照片征集活动。向省档案局上报了5篇征文；向国家档案局征订了“开放的档案馆欢迎你”宣传挂图110套发送到机关、企事业、乡镇（社区、街道）、学校、宾馆、酒店等进行张贴。宣传与工作相结合，促进档案工作的开展。为突出档案日宣传月活动，进一步促进全市档案管理工作的开展，各级档案部门在宣传月活动期间，市档案局举办了三期档案专业基础知识培训班。加强对机关、企事业、乡镇（社区、街道）及村居委会年度归档工作的业务指导。以宣传活动为契机，积极接收市政府接待办公室礼品档案16件。将档案宣传月活动与档案局日常工作结合起来，边工作边宣传，边宣传边工作，使档案宣传工作落到实处，实现长效化、常态化。

【档案规范化管理示范认定工作】 按照省档案局提出的在全省开展档案馆、机关、企事业单位档案规范化管理示范认定工作的要求，市档案局将省档案局《综合档案馆规范化管理示范档案馆认定办法及标准》转发到各县区档案局、市直各单位，同时下达了示范单位认定任务。新平县档案馆加强领导，采取措施，积极开展规范化管理示范档案馆的各项整改工作，经过努力，于2013年5月23日顺利通过了省档案局认定小组的认定，获得了云南省规范化管理示范档案馆称号；市档案馆，江川县、澄江县、华宁县、元江县档案馆对照标准，积极开展各项工作的整改，争取早日通过认定；市直、县区有关机关、企事业单位积极开展工作。市档案局对3个机关、3个事业单位通过了档案规范化管理示范认定；县区档案局对2个机关单位通过了档案规范化管理示范认定。

【第一次全国水利普查档案工作】 按照云南省档案局、省水利厅关于加强第一次全国水利普查档案工作的安排。玉溪市档案局积极配合市水利局，加强对八县一区水利普查档案工作的培训和指导，各县区对第一次全国水利普查档案工作极为重视，将其纳入了议事日程，做到了领导重视、组织落实、制度健全、经费得到保障，各种载体档案整理规范，分类科学，达到完整、准确、系统的要求；各县区均使用统一的档案管理系统，全面完成了第一次全国水利普查档案文件级、案卷级目录的录入和全文数字化存储工作，八县一区第一次全国水利普查档案于2013年1月25日至31日通过了市档案局和市水利局组织的档案专项验收；3月4日市水利局通过省档案局、省水利厅组织的专项验收。

【县（区）档案馆建设】 2013年，按照国家和云南省档案局对县级综合档案馆建设的要求，玉溪市档案局继续落实县级综合档案馆建设工作。元江县综合档案馆建设项目于9月25日顺利通过了验收；澄江县、江川县综合档案馆建设项目于12月24日、25日通过验收；通海县、易门县档案馆新馆已开工建设， 2个档案馆项目争取到国家补助费380万元。

【档案接收进馆和利用】 2013年，市档案馆接收玉溪市委招待所、玉溪中心城区防洪水系建设管理委员会和玉溪市液化气站的档案1 485卷、879件及市接待处实物档案16件； 征集万斗云老师关于青铜器铭刻和中国古代天文历法研究手稿7卷；对馆藏档案进行清点，确保档案帐物相符；对征集进馆的房产地契档案资料92张进行裱糊、修补，揭裱古旧书法作品5幅；对收集进馆的照片档案36卷（共2千余张）、字画26件、名人档案12卷进行整理归档及录入，收集有关名人字画的简介；修改、增补历史档案全宗介绍。各县区档案馆围绕地方特色开展资料收集工作。通海县档案馆征集到了反映通海区域内自然药物资源中药集成《秀麓药韵》，反映通海传统饮食的云南省饮食文化系列《通海生态美食》，反映家族历史沿革的《文氏家谱》，反映以秀山为中心的风景、自然、历史、文化、生态的《秀山志》、反映明朝开平王、开国之勋第二人恭列中华历史名将、与岳飞并肩齐名的常遇春家族移居通海的《杞麓湖畔的神秘家族》，国家级非物质文化遗产《洞经古乐》、《通海高台》及通海重大事件《通海国际龙狮邀请赛》的档案资料。各县区档案馆共征集档案228件，接收档案448卷、61 439件；市档案馆提供利用档案1 975卷（件）、259人（次）；复印档案1 274页，翻拍114页，摘抄177页，刻录文件395个；提供现行文件资料查阅3人次、3件次；征订和整理资料554册。各县区档案馆提供利用档案18 832卷（件）、6 231人（次）；资料124册、29人（次）。

【档案编研】 2013年，市档案馆完成《发展实录—云南日报玉溪文汇》（2012）的校对、编印出版工作；剪辑2013年《人民日报》、《云南日报》刊载玉溪文章148余篇；收集《玉溪日报》刊载市委领导工作活动文稿160余篇。各县区档案馆积极开展编研工作。华宁县档案馆编辑了《华宁县大事记》、《云南华宁县柑桔节专题文件汇编》、新平县档案局馆编辑了《新平县档案工作简讯汇编》、元江县档案局馆编辑出版了民国时期元江籍诗人孙乐的《湖月集》点教书籍等7种专题汇编。

【档案数字化建设】 2013年，市档案馆全年完成档案原文扫描33 391件、262 995页；各县区档案馆完成案卷条目9 417条；文件级条目355 499条；原文扫描1 178 196页。

【举办档案专业基础知识培训班】 2013年，经省档案局批准，市委领导同意，市档案局举办了三期档案专业基础知识培训班，来自全市机关、企事业单位的372名档案专兼职人员参加培训。培训主要由省、市档案局具有较高档案专业知识、工作经验丰富的专家就档案与档案工作、公文管理、档案法制工作、文书档案管理、科技档案管理、会计档案管理、人事档案管理、档案保管与保护、档案利用与编研、特殊载体档案管理、档案资源建设、档案信息化建设、档案管理信息系统的使用与维护、数字档案馆建设等方面知识作专题讲解，培训班达到了预期的目的。

【档案学会和职称工作】 2013年，市档案学会积极开展工作，组织各级档案部门、市直单位档案人员参加“2013年全国青年档案工作者研讨会”、“档案在你身边”、“2013云南省档案学术研讨会”，向中国档案学会和省档案学会推荐论文19篇，其中1篇入选“2013年全国青年档案工作者研讨会”优秀论文集、1篇在2013年全省档案学术研讨会上交流。

职称评审工作，当年，共有2人申报中级职称、5人申报初级职称，7人全部通过评审。

（何昆琳）

老干部工作

【春节慰问老干部】 2013年春节前夕，市委要求各级各部门要主动关爱老干部，认真开展慰问活动，并集中一段时间采取多种形式慰问老干部。市委、市政府召开2013年春节老干部团拜大会，市直单位离退休干部共500余人参加了团拜会，市委副书记、组织部长代表市委、市政府作新春贺词；邀请75名担任过地厅级老领导、享受双项三项厅级待遇老干部共进晚宴，送上慰问金和新春祝福；召开有32名安置在玉溪的易地老干部和市直企业离休干部座谈会，表达新春的祝福；市委老干部局深入八县一区走访慰问了46名正县级离退休干部、60名县区和市直单位的特困老干部、12名已故厅级离退休老领导遗孀，送去了慰问金；对因病住院治疗的300多名老干部，逐一进行探视慰问，送去了慰问品和问候；在《玉溪日报》上刊发慰问信，向全市离退休干部致以节日的问候和祝福。

【召开全市老干部工作会议】 2013年4月12日，在玉溪召开全市老干部工作会议，各县区委老干局局长和市直单位专兼职工作人员共100余人参加会议。会议传达了云南省老干部工作会议精神，总结玉溪市2012年老干部工作，安排部署2013年的主要工作。市委常委、市委组织部部长从五个方面对玉溪老干部工作提出了新要求。市委老干部局与各县（区）老干局签订了2013年老干部工作目标管理责任书。

【举办老干部党支部书记读书班】 2013年8月，举办全市第十五期老干部党支部书记读书班，各县（区）和市直各单位离退休干部党支部书记、支委、学习组长，市委老干部局及所属单位的在职干部职工，共计140余人参加了读书班学习。读书班学习了《中国梦》、新修订的《党章》和玉溪市城市规划建设及城市综合体知识。12月25日，市委老干局组织了200余名离退休老干部参加“玉溪市老干部学习十八届三中全会精神专题讲座”。

【组织厅级老干部进行健康体检】 2013年5月，市委老干部局组织担任过副厅以上领导职务和享受副厅级双项、三项、单项待遇和抗日战争时期享受副厅级医疗待遇的离休、退休老干部进行健康体检，应参加检查老干部108人，除因生病住院和原单位已组织体检的老干部，共有94名老干部进行了全面的身体检查。

【走访慰问省内外易地安置老干部】 2013年9～10月，市委老干局分批赴北京、山东、湖南及昆明、红河、楚雄等地走访慰问易地安置老干部17人，并给安置在香港的3名离休干部汇去了慰问金，向他们转达了市委、市政府的慰问之情。

【开展“同心共筑中国梦”系列活动】 2013年9～10月，市委老干部局组织6个老干部社团协会开展“同心共筑中国梦”系列活动。市直老体协举办千人太极拳展演、大型柔力球展演和文艺演出；老干部聂耳合唱团举办两次专场演出；老干部台球协会举办台球比赛；诗书画、摄影、花鸟等老干部协会举办“美丽玉溪、幸福家园”诗书画展、摄影作品展、金秋菊花展等活动。

【给高龄老干部祝寿】 2013年10月10日，玉溪市老干部活动中心举办“同心共筑中国梦，欢乐齐迎老年节”文艺联欢会并为年满80周岁的老寿星148人戴花祝寿赠寿糕。10月25日，玉溪市老年大学举办“老年大学校园寿星颁奖仪式”，为全校61位80岁以上的老寿星庆祝生日，并颁发了“玉溪市老年大学校园老寿星”荣誉证书及奖金鼓励。

【玉溪老干部工作网建设】 市委老干局通过选调专人负责，组织收集信息资料，安排经费购买照相机、电脑等方式，积极建设“玉溪老干部工作网”。网站在常态栏目的基础上增设了“学习十八届三中全会精神”和“深入贯彻党的群众路线教育实践活动”两个学习专栏，截至2013年底，上网信息达到了320多条，点击率达10万人次。

【市老年大学获全国“敬老文明号”荣誉称号】 2013年9月26日，全国老龄委发布《关于表彰第一届全国“敬老文明号”的决定》，全国1 212个先进集体获得此荣誉称号，市老年大学榜上有名，此外市老年大学还获得云南省和玉溪市“敬老文明号”荣誉称号。

【市干休所管理服务】 市干休所住所离休干部年龄最大的97岁，最小的86岁。针对老干部进入高龄期和高发病期“双高期”的现状，干休所坚持以人为本，多样化、个性化、亲情化服务老干部。坚持重大事项公示制；坚持有疑问必答，有困难必帮；坚持节日座谈、走访慰问制度；坚持生日慰问制度；坚持接送老干部住院医疗制度，做到入院有人送、住院有人看、出院有人接；坚持财务人员发放、收取费用上门服务制度。坚持送医上门服务制度，登门为老干部出诊、送医送药、检查身体、测量血压，坚持24小时值班，全年共计诊疗8 200余人次。市干休所因此荣获玉溪市首批“敬老文明号”荣誉称号。

【市老干部活动中心服务效能】 2013年，市老干部活动中心不断优化服务方式，提升服务效能，邀请老干部参与评优选先，实行老干部不满意“一票否决”，用“满意度”衡量服务工作，全年共表彰“季度服务明星”36人，“年度服务明星”2人。全年累计办活动证5 600余本，每天参与活动的老同志1 200余人次，全年参与日常活动和赛事活动的老同志达30多万人次。此外老干中心依托心理咨询室积极为老干部开展心理咨询个案50余人次，全年举办两期老年人心理健康知识讲座。

（朱文栋）

老龄工作

【老年人口基本情况】 截至2013年底，玉溪市总人口214万，60岁以上老年人口达32.3万人，占全市总人口的15.1%。其中60～79岁老年人28万，占老年人总数的86.7%，80岁以上高龄老人3.7万人，占老年人口的11.6%，有百岁以上寿星55人，最大年龄109岁。全市老年人口呈现出老龄化、高龄化、空巢化发展态势。

【养老服务基础设施建设】 2013年，按照社会福利社会化的工作思路，新建、改扩建6个农村敬老院、45个居家养老服务中心，申报农村幸福

2013年7月26日，玉溪市老龄委召开2013年"敬老文明号"表彰会议

（施绍魁　摄）

院项目70个，争取到居家养老服务项目69个。全市共有城市公办养老机构5个，民办养老机构2个，农村敬老院77所，共有各类养老床3 528张，全市每千名老人养老床位从2012年的10.2张增加到12张。其中，玉溪市社会福利中心老年公寓现入住老人115人。

【养老制度保障】　进一步完善城镇职工基本养老保险、农村养老保险、城乡最低生活保障、"五保"供养、80岁以上老年人保健（长寿）补助等养老保障制度。2013年，全市向33 939名发放80岁以上无退休金老年人保健（长寿）补助，累计发放金2 201万元；对7 634名老年人纳入城市低保，人均补助每月245元，36 762名老年人纳入农村低保，人均补助为每月108元；5 080 名"五保"对象全部纳入财政供养；对60岁以上农村老年人计划生育家庭实施奖励扶助。当年11月，市政府出台了《关于进一步加强老龄工作的意见》，从2014年1月起，将80周岁及以上有退休金收入的高龄老人纳入保健长寿保健补助范围，补助标准为80～89岁每人每月50元，90～99岁每人每月100元，100岁以上每人每月300元。

【老年人医疗保障】　2013年，全市资助11.4万老年人参加医疗保险，对参加新型农村合作医疗的70岁以上老年人，住院医疗费用减免补偿比例提高3%。为65岁以上老年人建立健康档案，对90岁以上的老年人，由属地的市、县区人民医院每年对其免费常规体检一次。加强以乡镇（街道）卫生院为重点的农村卫生基础设施建设，建立健全了县、乡、村三级医疗机构网络、方便老年人就地、就近就医；对优抚对象、五保对象、城乡低保对象实行由政府代缴参合费、参保费制度。

【老年人优待】　2013年，全市为17 331名60岁以上老年人办理了云南省老年人优待证。老年人凭优待证免费上公厕、就医免收普通挂号费、免费进公园、旅游景点、风景名胜区、聂耳纪念馆、聂耳图书馆、聂耳故居、博物馆等，挂号、就医、交费、检查、取药等优先服务。60周岁以上老年人持"爱心卡"免费乘坐市内公交车。

【爱老助老工程】　2013年，全市共成立市、县、乡、村老龄事业发展促进会64个，向社会筹集资金5 305.7万元，救助生活困难、医疗困难老人4 079人，支出经费285.2万元。组织开展玉溪十大孝星评选、老龄工作先进单位、先进社区、先进村、先进个人评选活动，为16名百岁寿星挂了百岁匾，授以53家服务单位为玉溪市"敬老文明号"，大力弘扬中华民族孝亲敬老的优良传统。

【老年法规政策宣传】　2013年，在中心城区、聂耳文化广场开展老年法规宣传、咨询活动，印发宣传资料2万多份；通过《玉溪日报》、玉溪电视台、大众电视台、玉溪人民广播电台等媒体宣传《老年法》、《云南省老年人权益保障条例》、《玉溪市老年人权益保障实施办法》等老年法规、政策和敬老、爱老、助老先进典型。

【老年人生活服务工作】　2013年，全市县、乡镇（街道）、村（社区）全部成立了老年协会，老年服务网络进一步健全；社区为老年人开展生活、文化、教育、体育、医疗、康复、护理、日托服务；建立老年人信息系统，及时掌握老年人的动态情况和服务需求。全市共有老年人服务志愿者5 226人，志愿者、青年团员和妇女定期不定期地为孤寡、残疾老年人提供生活照料和服务，做好困难老人家庭生活救助的申请、调查、审核、上报等方面的工作。利用"星光老年之家"书画室、体育健身室、医疗护理室、日托聊天室、棋牌娱乐室等场所为老年人开展服务。加强养老机构服务管理，实施政府购买为老服务，全市共招聘政府购买养老服务人员80多人。

【老年人维权服务】　2013年，全市共有老年人法律援助中心、援助站90多个，基层覆盖率100%。将老年人请求最低生活保障待遇、赡养费、人身损害赔偿等事项纳入法律援助事项范围，对孤寡老人、低保老人、要求子女履行赡养义务的老人、受到各种人身伤害的老人直接提供法律援助，对涉老案件坚持优先受理、优先审查。加大宣传力度，引导老年人依法维权，提高老年人的维权意识和维权能力；简化老年人申请援助程序，降低援助门槛，及时审批和指派；拓展援助工作渠道，扩大老年人法律援助范围，为老年人提供更加方便、快捷的法律援助服务，不断提高老年人法律援助的质量。

【老年文体休闲服务】　2013年，市委、市政府将公益文体设施、公园等建设纳入城市建设规划，全市各县区现有的公益性文化设施向老年人免费或优惠开放，各演出场所免费或优惠为老年人团体提供演出场地，各文化广场为老年人开展广场健身活动优先提供场地。全年共投入老年活动场所建设资金1 456万元，市、县区、乡镇（街道）、村、组都建有老年活动中心（站、室）。全市共有市级老干部活动中心和老年文艺体育活动中心各

2013年10月29日，庆祝“老年节”，老年人才艺表演展风采

（施绍魁　摄）

2个，县区级老干部活动中心19个，乡镇（街道）老年活动中心33个，社区及村委会老年活动中心（室）583个、村民小组老年活动中心（室）4 025个，建有门球场、地掷球场近174块，老年服务设施基本普及。成立老年文艺团（队）1 957支，参加人数35 980人，年均自编自演各类节目5 144个。全市已建立老年体育协会（分会）近2 000个，会员达20多万人。

【老年教育工作】　2013年，全市有老年大学（学校）482所，其中，市、县区老年大学11所，乡镇（街道）老年学校18所，村（社区）老年学校259所，村（居）民小组老年学校194所，在校学员6.2万人，形成了市、县区、乡镇（街道）、村（居）委会、村（居）民小组五级办学网络。

【“虚拟养老院”建设】　2013年，按照“政府主导，政策扶持，市场运作，依托社会，服务老人”的原则，探索依托家政服务发展养老服务的模式，红塔区、江川、澄江的部分家政服务公司，除发展家政服务外，探索了专门为老年人设置的上门服务，服务内容从单一的家庭保洁向全面、多样的生活、身心照料服务发展；澄江县依托餐馆开发了为老年人提供的助餐服务；部分村委会（社区）为老年人设立了生活、文化、教育、体育、护理、日托等服务项目，打造“虚拟养老院”，切实解决本市“三无老人”、空巢老人、高龄老人、失能老人和老复员伤残军人等广大老年人的各种生活需求。

【助老信息服务】　自2012年2月正式开通“爱心通”助老信息服务平台以来，有9 000多名老年人加入了“爱心通”助老服务网络，至2013年底，累计呼入量近12亿次，日均呼入量达350余次。“爱心通”根据老年人求助的内容，整合社会资源为老年人提供生活照料、家政便民、餐饮服务、医疗保健、心理慰藉、法律咨询、娱乐学习、应急救助、爱心护理、代购代缴等服务。

【慰问老年人活动】　2013年春节和敬老节期间，市委、政府领导带队到各县（区）开展走访慰问百岁老人、贫困老人、空巢老人、敬老院老人。在市委、市政府的带动下，各级各部门、各县（区）、各基层相继开展了慰问特困老人、助医助养特困老人、评选表彰敬老好儿女、义诊等活动，社会各界也纷纷为老年人做好事，献爱心，捐款、捐物，营造了全社会参与敬老助老的活动氛围。

【滇黔桂三省（区）老龄工作协作区第27次会议】　2013年10月22～24日，由玉溪市老龄工作委员会轮值主办的滇黔桂三省（区）老龄工作协作区第27次会议在玉溪举行，广西百色市、贵州省遵义市、云南省曲靖市等十一州（市）部分老龄工作者126人参加了会议。会上，各州（市）相互交流了老龄工作的主要做法和经验，进一步探讨新形势下发展老龄事业的有效措施，促进老龄工作创新发展。云南省老龄委专职副主任和向群、玉溪市人民政府副市长解仕清、楚雄州人民政府副秘书长金德能出席会议。会议期间，参加会议的老龄工作协作区领导及工作人员参观了玉溪市老年大学、市社会福利服务中心，观摩了红塔集团现代化生产车间。玉溪老龄事业所取得的发展成果得到了参观人员的一致肯定。

（陈　芳）

关心下一代工作

【思想道德教育】　2013年，玉溪市各级关工委注重把以爱国主义为核心的民族精神和以改革创新为核心的时代精神、社会主义荣辱观教育贯穿于青少年思想道德教育全过程。在青少年中开展实现中华民族伟大复兴“中国梦”的宣传教育系列活动。市关工委联合市委宣传部、文明办、教育局、文化局、团委、妇联等单位以全市中小学生为对象，在全市开展了“中国梦——好书伴我成长”为主题的第二届玉溪市青少年读书征文与演讲比赛活动；以“成长网”为平台，歌颂“中国梦”，描绘“中国梦”、放飞“中国梦”。同时，把实现“中国梦”与开展“中华魂”（中华美德颂）主题教育活动相结合，年内，共在全市86所中小学，42 649名师生中深入开展“中华魂”（中华美德颂）主题教育活动。开展“党的十八大精神”进校园、进农村、进社区等学习宣传教育活动。成立“弘扬雷锋精神，争做四好少年”宣讲团，用身边的人和事教育身边人，把弘扬雷锋精神与争当“四好少年”活动相结合，持之以恒地用《中小学生守则》、《中小学生日常行为规范》和校规校纪来教育学生，夯实学生的思想道德品质教育基础。开展“两有”宣传教育活动，县区关工委通过各种形式的宣讲团、青年创业致富报告团、毕业生“两有”（榜上有名需努力，榜上无名脚下有路）教育报告团等形式加强在校或即将毕业离校青少年的思想品德教育。开展“孝亲敬老”宣传教育活动，部分县区关工委联合有关部门在中小学和农村社区青年中开展“十大孝星”和“十佳小孝星”为主题的“孝男孝女”教育活动，评比了“小孝星”、“好媳妇”、“好邻里”、“和谐家庭”等先进典型，引导青少年讲孝道、比孝心、守孝道，养成尊重父母、老师、长辈的道德品质。

【召开关心下一代工作会】 2014年1月20日至21日，玉溪市关工委在峨山县召开全市关心下一代年度工作会。会议主要任务是：深入学习党的十八大和十八届三中全会精神，以邓小平理论、“三个代表”重要思想、科学发展观为指导，认真总结2013年的工作，研究部署2014年的工作任务，进一步认清形势、明确任务、增强信心、真抓实干、开拓创新，把全市关心下一代工作推上新台阶。市关工委顾问，市、县区关工委驻会老同志和办公室全体人员，市委、市政府主管、联系关工委领导，市关工委在职副主任、委员，市委机关关工委、市政府办关工委、市教育局关工委、玉溪师院关工委的领导，峨山县乡镇（街道）关工委常务副主任等共120人参加了会议。中共玉溪市委常委方志鸣在会上提出了要求：要认真抓好党的十八届三中全会精神的学习宣传工作；要全面深入开展以“中国梦”为主题的思想道德教育；要坚持不懈地抓好关工委基层组织建设工作；要提升常规工作的品牌和水平；要稳妥推进民营企业建立关工委；要推动农村青年科技创业培训工作上档次、上水平；要注重调查研究，把关工委工作建立在客观、科学的基础上。会议表彰了2013年“中华魂”（中华美德颂）主题教育活动中涌现出来的11个先进单位、24名先进工作者、25名优秀辅导员、53名优秀学生；表彰了2013年《玉溪春晖》先进通联站4个。

【承办全国十三城市关心下一代工作联谊会第五次会议】 2013年9月10日至12日，全国十三城市关心下一代工作联谊会第五次会议在玉溪市红塔大酒店召开。九江市、大同市、无锡市、包头市、安阳市、自贡市、合肥市、烟台市、朔州市、黄石市、湘潭市、漳州市等12个城市关工委的领导和办公室主任共100余人参加了会议。会议采取大会交流与书面交流及现场指导相结合，开展了抓基层、创五好，拓展关心下一代工作研讨。云南省关工委常务副主任郭金弟、省关工委副秘书长张家禄、中共玉溪市委常委方志鸣、玉溪市政府秘书长李毅昆等出席了会议。会上，方志鸣介绍了玉溪经济和社会发展情况及关心下一代工作的发展历程和工作情况。与会人员实地考察了玉溪市红塔区冯井中心小学关工委实施“三四一”工程情况，考察参观了玉溪市江川县九溪镇六十亩村关工委开展关心下一代工作的成果展及经验、做法。

【举办第九届“关爱”夏令营】 2013年7月23日至27日，玉溪市关工委、市教育局、市民宗局、团市委、市妇联共同举办了玉溪市第九届“关爱”夏令营，全市47所中小学的留守儿童共77名营员参加夏令营活动。营员中小学生70人、中学生7人，有汉族、彝族、哈尼族、回族、拉祜族、傣族、苗族等7个民族，其中，少数民族学生31人，年龄最大的15岁，最小的8岁。夏令营在玉溪市青少年宫升旗广场举行了庄严的升旗仪式及隆重的开营仪式后，营员们参观游览了玉溪市青少年宫、玉溪市博物馆、聂耳纪念馆、聂耳图书馆、云南野生动物园、昆明市军犬训练基地、金魔方儿童新未来城，聆听了精彩动人的《我的中国梦》互动式讲座和精彩的《我的聂耳梦》演讲，观看了少儿电影。夏令营活动中，同学们采取自荐和民主投票选出了“优秀营员”15名、“友爱之星”16名、“探索之星”16名、“环保之星”15名、“文明之星”15名。通过评选活动，同学们充分看到自己的优点及其存在的不足，明确了自己今后努力的方向。

【举办山区少数民族地区中小学优秀教师培训班】 2013年7月27日至8月2日，玉溪市关工委、市教育局、市民宗局联合举办玉溪市山区少数民族地区中小学优秀教师培训班。全市中小学少数民族优秀教师36人参加了培训班培训，其中，男教师29名，女教师7名；年龄最大的54岁，最小的31岁；教龄最长的36年，最短的11年；中共党员15名；少数民族教师23名，有汉族、彝族、哈尼族、傣族、回族、苗族等6个民族。市教育局局长罗江云作了“玉溪教育改革发展形势报告”。培训期间，组织参训老师到广西北海、钦州、南宁等地考察学习，了解沿海地区经济社会发展成就。

【“中华魂”主题教育活动】 2013年，根据有关文件精神，在各级关工委、市直单位和司法部门全面启动“中华魂”教育活动。全年全市共有220多校（单位）及云南第三监狱、九溪强戒所开展了“中华魂”教育活动。通读《中华美德颂》22 634本，其中，小学生读本7 511本，初中生读本6 146本，青年读本8 977本，受教育师生约20多万人，受教育劳教、强戒人员达7 000多人。由于各地各学校创新活动形式，循环使用有限读本，采取分茬、班、组、社团组织读、家人共读、老少共读等形式，使参加活

2013年10月16日至18日，玉溪市关工委举办2013年乡（镇、街道）关工委老同志读书班。云南省关工委常务副主任莫泰尧、副秘书长张家禄到会指导（李雪梅　摄）

动的青少年受到了中华传统美德的深刻教育，进一步增强了民族自尊心、自信心、自豪感，孝敬父母、尊敬师长、热爱集体、追求上进、遵规守纪、勤俭节约、拾金不昧等践行美德的好人好事大量涌现，收到了“以读辅德、以读辅智”、“内化于心、见诸于行”之效。在中华美德教育活动中取得了较好的经验和做法。7月11日，在北京举办的第十九届全国“中华魂”教育活动表彰大会上，玉溪市红塔区关工委获先进集体称号，澄江县关工委常务副主任刘秉清获先进个人称号，玉溪市民族中学杨春河、江川县伏家营中心小学张继艳分别荣获优秀辅导员称号，新平县职业中学李住华获一等奖，通海县杨广中学宋子晨获二等奖，易门县一中赖凤光、华宁县三中刘子荷分别获三等奖。玉溪市关工委等4个单位、7名先进工作者、12名优秀学生受到云南省关工委的表彰。

【捐资办学济困助学】 2013年，市关工委继续抓好省关工委、省财政厅以及市委、市政府安排给玉溪市困难家庭未成年人救助专项经费的分配及跟踪问效工作，抓好每年一名“爱心圆梦大学”学生的救助工作。各县区关工委也通过各种渠道救助困难学生，并做好跟踪问效工作，把关爱帮助活动落到实处。年内，市关工委分别到玉溪市特殊学校、红塔区冯井中心小学、振兴和文兴两所民办农民工子女学校、峨山宝山忠和希望小学、洛河中心幼儿园、玉溪市儿童福利院慰问特困残疾、留守儿童学生、农民工子女、山区少数民族地区幼儿园的孩子们，带去问候与关怀，发放慰问金8 500元；筹集资金2万元，帮助红塔区洛河中心小学建立了“爱心书库”；在省关工委支持25 000元资金的基础上，争取各方支持，共投资40 000元帮助指导新平县马鹿中心小学建立了“留守儿童之家”；通过省关工委牵线搭桥，昆百大家有宝贝公司分别到通海县纳古中心小学、新平县平掌乡中心小学和建新乡中心小学开展公益助学爱心活动，分别建立了“爱心书屋”，赠送了价值30 000多元的书籍和生活用品；为峨山富良棚中心小学和易门十街乡脚家店小学分别捐款3 000和4 000元帮助师生解决生活饮用水困难；征得市残联支持2万元，市关工委筹资5 000元解决50名残疾少儿生活补贴；经省关工委常务副主任郭金弟协调联系，昆明市爱心人士许才生先生资助18 000元帮助元江县那诺乡猪街村委会营盘村12岁残疾女童张志雯进行牙槽裂植骨手术及畸形牙矫正治疗，为残疾女孩圆康复梦；联合玉溪秀域健康美容机构举办了爱心义诊活动，共筹集善款6 180.2元（其中义诊筹集社会爱心人士善款2 380.2元，玉溪秀域健康美容机构捐款2 000元，北京禧灸堂捐款1 000元，云南恒好有限公司捐款800元），为元江县那诺乡浪树小学留守儿童送去了300册图书、衣物及糖果，组织浪树村完小10名留守儿童到玉溪参观游览，此善款还将继续用于组织元江县那诺乡浪树完小留守儿童开展家庭教育实践活动；协调争取北京市妇联、北京市网上家长学校捐赠了32件1 200多册总价值达36 000元的《中华美德故事（当代篇）》、《中华美德故事（近代篇）》及《家庭育儿指南》等图书，分发到市县区图书馆、关工委和100所中小学校及社区。部分县区关工委在为义务教育阶段民办学校外来务工子女争取营养改善计划落实的同时，联合有关部门为学生开设“校园心理健康咨询热线”，为生活困难的外来务工子女、单亲家庭子女、孤残青少年、贫困生、特困生等提供物资帮助。市、县（区）关工委还帮助、支持患有疾病、残疾、家庭贫困的大、中、小学生排忧解难，资助考取大学的家庭贫困学生圆了大学梦。据统计，全年全市各级关工委参与捐资办学、济困助学的单位734个，共筹资463.6万元，捐物1.96万件，捐图书3.18万册，资助家庭困难学生5.27万人次。

【法制教育与帮教工作】 2013年是玉溪市开展第二届“关爱明天，普法先行”法制宣传教育活动三年规划的第一年法制宣传教育年。全市各县区建立健全了由宣传部、教育局、关工委、团委、妇联、公检法司、中小学等部门联合组成的工作队伍，与中小学法制副校长、法制辅导员一起开展工作，采取召开预防青少年违法犯罪会、以案释法、现身说法、“阳光司法”巡回法庭、模拟法庭、报告会、黑板报、专栏、征文、演讲等形式加强对青少年的法制教育，重点宣传学习国家的有关法律、法规。征订中小学生法制宣传教育读本，部分县区关工委老同志还编写了《青少年犯罪的前兆》、《天不怕地不怕，就怕孩子不听话》、《关爱青少年，普法要先行》的演讲稿在青少年中宣讲。有的县区还把法制副校长、法制辅导员100%地配备进各中小学，乃至民办学校，由司法局、教育局、关工委联合颁发聘书，法制教育实现了中小学全覆盖，并在学校中开展了“八个一”活动，即讲好一堂法制课、举办一次模拟法庭教育活动、组织一次家长学校法制讲座、出一期法制宣传专栏、观看一场预防未成年人犯罪警示教育片、上好一堂心理知识讲座课、养成一个良好行为习惯、开展不少于一次的帮教活动。开展了“零犯罪学校”创建活动，使法制教育朝着正规化、规范化、科学化的方面发展。年内，各级关工委组织法制教育讲解团219个，讲法制课1 181场次，受教育青少年45.58万人次（其中在校学生35.71万人次）。

在对失足、后进青少年的帮教工作方面，重点抓好城乡社区青少年的帮教工作，一方面开展用“三情”（亲情、乡情、友情）来进行“三帮”（帮思想、帮就业、帮成家）的活动；另一方面关心弱势、特殊群体，重点关注农村社区留守儿童、孤儿、单亲家庭子女、孤残青少年、贫困生、犯罪青少年、外来务工人员子女和残疾青少年的成长，协调配合有关部门采取不同形式帮助他们解决就医、就学和生活困难等突出问题。当年，全市共有帮教小组1 320个，帮教员5 069人（其中老同志1 820人），全年帮教失足青少年5 692人（其中未成年人4 784人），有转变的4 384人（其中未成年人3 602人）。

【触法未成年人司法项目试点验收】 玉溪市红塔区为云南省未成年人司法项目试点之一，自2011年7月开展司法项目工作以来，经过红塔区各级关工委近三年来不懈的努力，成效突出，在2013年内通过了云南省关工委的验收。并建立起有5名专职的“合适成年人”为主体的未成年人保护工作队伍。印制、出台了《玉溪市红塔区对未成年人“司法分流”办法（试行）》、《关于印发玉溪市公安局红塔分局未成年人司法项目试点工作实施方案的通知》、《玉溪市红塔区检察院未成年人司法项目试点实施意见》等办法、通知和意见。

（李雪梅）

【第二批创建“五好”关工委活

动】　2013年，市关工委开展第二批创建“五好”关工委工作，下发了有关文件，对参与第二批创“五好”活动的150个单位从思想认识、组织领导、创建目标、工作要求及考评验收办法等提出了明确要求。各县区关工委也相应制定了创建活动实施方案，把创“五好”活动延伸到边远山区村组、学校、民营企业关工委，扩大了创建活动范围，细化了创“五好”的任务及要求，着力抓好基层关工委的班子、队伍、制度和阵地建设，以学习贯彻党的十八大精神和开展“中国梦”教育活动为切入点，突出抓好了六个方面的教育活动，稳步推进创建工作。

（白爱民）

【调研工作】　2013年，结合“四群”教育工作，采取拜访、求教、座谈，汇报等形式对玉溪市关心下一代工作开展了调研工作。对全市4个乡（镇、街道）关工委和3所小学，与当地党政、教育、残联、关工委等有关单位的领导座谈，看望师生员工，了解、调研留守儿童和生活困难残疾学生在校学习、生活等情况。为在留守儿童相对集中的学校建立“留守儿童之家”和为生活困难的残疾学生家庭开展“生产自救”掌握了第一手材料。为帮助市关工委解决工作经费紧缺的实际困难，在市委领导积极努力帮助下，争取资金100万元，为建立“留守儿童之家”和残疾少儿家庭开展“生产自救”提供了经费保障。

（李雪梅）

【农村青年思想建设】　2013年，全市各级关工委结合社会主义新农村建设，深化了“讲政治、育新人、学科技、奔小康”活动，依托“农技校”和各种科技培训班，对农村青少年进行思想政治教育的同时，请老专家、老科技员向青年农民讲科技课，传授农业实用技术，帮助农村青年学到种植养殖技术、农产品加工技能，使更多青年农民走上了科技致富之路。据统计，全市各级关工委在207个农村、社区示范点、重点联系点和综合试点村中，共举办各种科技培训1 196期，受训青少年133 002人次，提高了青年科技素质和创业致富能力，涌现出科技致富带头人2 118名，成为新农村建设的排头兵。通海县各级关工委主动与农科部门协调配合，组织全县71名科技培训团成员及270余名科技致富能手，深入农村、社区开展花卉、蔬菜、烤烟、果树种植、畜牧养殖等实用技术培训98场次，受训人员达12 909人次，其中青少年8 769人次，推动了农业实用技术在生产中的应用，促进了特色产业发展和农民增收致富。江川县关工委坚持抓点带面，着重帮助侯家沟、左卫、小街三个示范点及上坝、六十亩、土官田三个重点联系点，抓好产业结构调整，强化科技培训与推广，引导农民大力发展烤烟、蔬菜、花卉、林果等优势特色产业，加快了农民增收致富的步伐，候家沟、左卫、小街三个示范点人均纯收入达8 000元以上，其中候家沟村人均纯收入达9 100元，比上年人均增收800元。县关工委通过总结、宣传、推广示范点的成功经验，影响和带动了当地农村、社区“讲政治、育新人、学科技、奔小康”活动的深入开展。

（白爱民）

【家长学校创新发展】　2013年，配合有关部门继续办好家长学校。积极探索社区农村家长学校、隔代家长学校、外来务工子女和农村留守儿童家长学校的办学模式，培训家长教育子女的方式方法，构建学校、家庭、社会相结合的学生思想品德教育网络体系。为打造立足玉溪、面向全国，集关心下一代工作和家庭教育指导服务为一体的网络平台，玉溪市关工委、市妇联、市教育局等三个部门共同研究进一步建好、用好、发展好“成长网—玉溪市网上家长学校”的合作方案，于2013年4月1日研究决定，成立“成长网—玉溪市网上家长学校校务委员会”（两块牌子一套班子），负责网站日常管理工作。

（李雪梅）

2013年12月10日，市委常委方志鸣（后排中）到红塔区春和镇黄草坝调研

（李雪梅　摄）

党史研究

【党史专题研究】　2013年，按照中央和省委党史研究室的部署，结合全市《2011～2015年党史工作规划》要求，开展了1950～1978年间重要党史专题资料的研究，为《中国共产党玉溪历史（第二卷）》的编写夯实基础。全室共开展了16个专题研究，到市档案馆查阅档案卷宗480余卷，收集党史资料45万余字。至11月底，有1个专题上报省委党史研究室，另外15个专题完成初稿。根据省委党史研究室下发的《云南家庭联产承包责任制》专题资料征编工作的通知要求，认真开展《玉溪家庭联产承包责任制》专题的征集、研究、编辑工作。4月初转发了省室《关于开展〈云南家庭联产承包责任制〉专题资料征编工作的通知》到各县区委党史研究室，全市启动此专题的研究，于9月顺利完成《云南家庭联产承包责任制》玉溪部分专题资料撰稿任务并上报省委党史研究室。在此基础上，将已完成的《玉溪家庭联产承包责任制》专题研究成果编纂成书。

【市、县（区）党史正本编纂工作】　2013年3月，由玉溪市委党史研究室编著的《中国共产党玉溪历史》第一卷（1927～1950），经云南人民

出版社正式出版发行。《中国共产党玉溪历史》第一卷是第一本全面记录新民主主义革命时期，中国共产党领导玉溪人民翻身解放的党史书籍。该书的编纂出版，为全市广大党员、干部、群众特别是青少年了解认识玉溪地方党的历史和革命前辈的英勇奋斗精神，坚定共产主义理想和社会主义信念，鼓舞建设中国特色社会主义的斗志，为改革发展提供思想保证和精神动力有着极其重要的意义。同时，督促各县区研究编纂县区党史正本，工作取得较大进展。当年，易门县、华宁县、新平县努力完成了正本初稿，易门县、华宁县计划2014年出版发行。

【市、县（区）委执政纪要编纂出版完成】 2013年，全市八县一区和市委执政纪要年内如期出版发行。同时，圆满完成了《2012中共云南省委执政纪要》玉溪部分的撰写。《2013中共玉溪市委执政纪要》编纂方案已形成文件，并下发市直各部门及各县区委。市县区委执政纪要编纂质量比上年提高，编纂出版工作比上年提前。

【革命遗址立碑挂牌保护工作完成】 根据省委党史研究室统一安排，结合全市革命遗址情况，2013年，全市计划完成革命遗址立碑、挂牌保护项目70个，实际完成立碑、挂牌86个，超额完成市室计划任务。立碑、挂牌保护工作的完成，使玉溪革命遗址得到最基本的保护，以便更好地发挥存史资政育人作用，为玉溪红色文化增添光彩。同时，积极进行2014年度革命遗址保护项目向省申报工作。

【党史宣传教育工作】 2013年，以纪念建党92周年，纪念毛泽东同志诞辰120周年活动为契机，以开展党史文化“五进”活动（即进机关、进校园、进社区、进军营、进企业）为主要形式，积极开展党史宣传教育工作。全市党史系统为干部、群众、学生和部队官兵讲党史30余次，组织参观革命展馆（纪念地）10余次，发放（赠送）党史书籍5 000余册；以市委组织部开办的《党建手机报》为平台，充分发挥党史资源优势，创办《党建手机报·党史回眸》栏目，向全市3 000余名党员领导干部编发党史资料信息84期84条，共1.8万字，受到广大干部好评；充分利用《玉溪党史网》宣传平台，宣传玉溪地方党史党建工作，刊载党史信息、党史资料500余条，点击率达5万余次。通过一系列活动，强化了党史工作实效，提高了党史工作的社会影响力，党史宣传教育面得到新的拓展和延伸。

【开展补报申请认定云南革命老区工作】 2013年，根据省委党史研究室《关于开展补报申请认定云南革命老区工作调研的通知》要求，市、县区两级党史部门结合实际，对全市有申报条件，申报意愿的县区、乡镇开展调研督查工作，并积极向市、县领导汇报。通过逐级审定，严格把关，补报了江川县、华宁县、红塔区、澄江县4个县（区）以及红塔区广义乡（现李棋街道办事处）、江川县雄关乡（原属华宁县）、江城镇、前卫镇、九溪镇、路居镇6个乡（镇）为解放战争时期云南革命老区，报请省委党史研究室批准认定。

（王利琴）

党校工作

【张祖林到市委党校调研】 为贯彻落实省委副书记、省长李纪恒关于“玉溪市委党校要在全省率先建成一流州市委党校”的指示精神以及市第四次党代会作出的“改扩建市委党校”的决策部署，2013年4月12日，市委书记张祖林到市委党校专题调研后明确要求，党校改扩建项目必须于7月10日前破土动工，用一年半时间完成项目建设；必须与九龙池风景名胜区提档升级、飞井海水源地保护相互衔接、有机统一；必须解放思想，创新方式，通过市投融资平台采取市场运作方式筹措建设资金。市委副书记夏立洪、副市长杨洋及市级相关部门负责人等随同调研。

（丁光猛）

【市委党校校园改扩建工程开工】 2013年7月7日上午，玉溪市委党校校园改扩建工程正式开工。市委党校校园改扩建工程得到省、市领导的关心和重视，市委专门成立了领导小组，推进项目建设。同时，该工程又是玉溪市通过市场化运作，首个采用BT+总承包建设模式的社会事业项目，由市政府授权玉溪市城市建设投资集团有限公司担任BT项目发起人，由投资人玉溪马桥建设集团有限公司负责项目投融资、项目管理，并承担工程施工，项目建成后，再由项目业主玉溪城市建设投资集团有限公司以整体出租的方式交由市委党校管理使用。

按照高起点规划、高水平管理、高标准建设、高速度推进、高质量建成的要求，整个工程计划于2015年1月10日前完成，力争用一年半时间，建成全省一流的州市委党校。

（李智林）

【市委党校获奖情况】 根据《中共玉溪市委、玉溪市人民政府关于表彰2008～2012年依法治市工作先进集体和先进个人的决定》精神，2013年8月16日，市委党校被市委、市政府表彰为“2008～2012年依法治市工作先进单位”。根据《中共玉溪市委、玉溪市人民政府关于命名表彰玉溪市第七届文明行业、文明单位、文明村和第三届文明社区、文明小城镇的决定》精神，市委党校在2013年被授予“玉溪市第七届文明单位”称号。

（李安亮　丁光猛）

【科研咨政】 2013年，玉溪市委党校科研工作遵循以科学理论为指导，坚持科学方法，强化制度保障，寻求实践突破，取得了突出成果，充分发挥了在重大决策和重要工作中的思想库和决策咨询作用。取得国家级成果5项（含核心期刊1项），省级30项（含核心期刊1项），市级29项，校级22项，共计86项。共有47项课题申报获准立项，其中，全省党校系统课题4项，省社会主义学院科研协作课题3项，云南省党建研究会2013年调研课题2项，市社科联课题1项，校级重大及重点课题9项，校级一般课题28项。校级课题重点课题《玉溪市科级领导干部培训对策思考》、《玉溪中心城区城市综合体建设研究》得到市委领导批示。在各种公开刊物发表学术论文40 篇，其中发表在国家级刊物的学术文章4项、国家级核心期刊1项、省级核心期刊1项。全年，市级以上科研成果共计95项，其中，国家级1项，核心期刊2项，省级21项，市级71项。

（石文虹）

【干部教育培训】 市委党校始终把抓好干部培训轮训作为第一要务，围绕全市工作大局和中心任务，围绕建设高素质干部队伍的目标要求，切实加强干部教育培训工作，较好地发挥了作为干部培训轮训的主渠道主阵地作用。2013年，共举办培训班24期，培训7 113人次。组织17位教师外出讲课、送教上门，到27个单位进行了77个专题的宣讲，听课学员5 597人次。积极拓宽函授办学渠道，提升函授学历层次，与云南农业大学人文学院开办农业推广硕士研究生班，与云南省委党校联办研究生班。共有526名学员，其中省委党校研究生班学员197人（首届毕业学员42人，当年报考学员206人，录取111人），云南农业大学人文学院农业推广硕士研究生班学员31人。云南大学函授专科班、本科班学员99人，昆明理工大学函授专科班学员152人。

（市委党校 供稿）

玉溪市人大常委会

【概　况】 2013年，玉溪市人大常委会共举行常委会会议9次，听取和审议“一府两院”专项工作报告19项，开展执法检查3次，专题询问1次，组织视察2次，组织专题调研10次，配合全国人大、省人大开展视察、调研和执法检查14次，作出决议11项、决定7项、审议意见6个29条。

【四届人大一次会议】 2013年3月24～28日，玉溪市第四届人民代表大会第一次会议在玉溪聂耳大剧院举行，会期5天。应出席本次会议的代表316名，实到代表311名，符合法定人数。大会由张祖林、张玲、夏立洪等46人组成的大会主席团主持。大会议程有11项：听取和审议玉溪市人民政府工作报告；审查和批准玉溪市2012年国民经济和社会发展计划执行情况与2013年国民经济和社会发展计划草案的报告，批准玉溪市2013年国民经济和社会发展计划；审查和批准玉溪市2012年地方财政预算执行情况和2013年地方财政预算草案的报告，批准玉溪市2013年地方财政预算；听取和审议玉溪市人民代表大会常务委员会工作报告；听取和审议玉溪市中级人民法院工作报告；听取和审议玉溪市人民检察院工作报告；选举玉溪市第四届人民代表大会常务委员会主任、副主任、秘书长、委员；选举玉溪市人民政府市长、副市长；选举玉溪市中级人民法院院长；选举玉溪市人民检察院检察长；通过玉溪市第四届人民代表大会财政经济委员会主任委员、副主任委员、委员人选。市人民政府代理市长饶南湖、市三届人大常委会主任张玲、市中级人民法院院长吕召、市人民检察院检察长张德勋分别作相关工作报告。大会表决通过玉溪市人民政府工作报告的决议、玉溪市2012年国民经济和社会发展计划执行情况与2013年国民经济和社会发展计划的决议、玉溪市2012年地方财政预算执行情况和2013年地方财政预算的决议、玉溪市人民代表大会常务委员会工作报告的决议、玉溪市中级人民法院工作报告的决议、玉溪市人民检察院工作报告的决议。依法选举产生玉溪市第四届人大常委会领导班子、市人民政府领导班子、市中级人民法院院长、市人民检察院检察长。谢兴荣当选为市人大常委会主任，李有明、郭开堂、吴建森、雷庆丽、周继武、叶本功当选为市人大常委会副主任，海之鹤当选为秘书长，选举产生马琼仙、王华堂、方国铁等28名市人大常委会委员。饶南湖当选为市第四届人民政府市长，陈勇、李平、明正彬、杨洋、解仕清、左广、孙云鹏当选为市人民政府副市长。吕召、张德勋分别当选为市中级人民法院院长、市人民检察院检察长，市人民检察院检察长须报经云南省人民检察院检察长提请云南省人民代表大会常务委员会批准。大会还通过市第四届人民代表大会财政经济委员会组成人员人选，刘振荣为主任委员，王志坚为副主任委员，马亮伟、夏伟十、戴红高为委员。会议期间共收到10人以上代表联名提出的议案37件，涉及农林水方面11件，工业交通方面13件，城建环保资源方面6件，教科文卫方面4件，内务司法方面2件，财税金融方面1件。代表所提议案，主要涉及农业投入、工业交通、园区建设、城市管理、生态环保、社会事业、保障和改善民生等方面的内容。经大会议案审查委员会审查，建议主席团将方正春等12位代表提出的《关于建立化念—大开门工业园区的议案》和张德生等18位代表提出的《关于红塔区坝子农村纳入与城市统一规划的议案》作为议案处理，分别交由市人大财政经济委员会、市人大常委会城建环保资源工作委员会审议督办。其余35件议案作为建议、批评和意见处理，由市人大常委会选联工委交有关部门、单位研究办理。收到代表提出的建议、批评和意见，连同原作为议案提出、转为建议的共有244件。其中，农林水气方面69件，工业交通旅游方面52件，财税金融方面7件，城建环保资源方面46件，教科文卫方面43件，内务司法方面21件，其他方面6件。

【人大常委会会议】 2013年，市人大常委会依法举行市三届人大常委会第三十七次至市四届人大常委会第五次常委会会议。

1月7日，市三届人大常委会在机关办公楼九楼会议室举行第三十七次会议。会议议程有1项。会议审议并表决通过有关人事任免名单。接受高劲松辞去玉溪市人民政府市长职务，决定任命饶南湖为玉溪市人民政府副市长、代理市长。

2月22日，市三届人大常委会在机关办公楼九楼会议室举行第三十八次会议。会议议程有5项。会议表决通过市人大常委会关于限期拆除抚仙湖沿岸及江川玉带河岸违法违规建筑物的决议、关于召开玉溪市第四届人民代表大会第一次会议的决定（草案）、玉溪市第四届人民代表大会第一次会议议程（草案）、关于审议常委会工作报告及报告人的决定（草案）和有关人事任命名单。

3月4日，市三届人大常委会在机关办公楼九楼会议室举行第三十九次会议。会议议程有3项。会议表决通过市人大常委会代表资格审查委员会关于市第四届人民代表大会代表资格的审查报告，市四届人大一次会议列席人员名单和有关人事任免名单。19日，市三届人大常委会在机关办公楼九楼会议室举行第四十次会议。会议议程有3项。会议表决通过市人大常委会代表资格审查委员会关于补选的市四届人民代表大会代表的代表资格审查报告、市四届人大一次会议主席团和秘书长建议名单（草案）及市四届人大议案审查委员会组成人员名单（草案）。

4月28日，市四届人大常委会在机关办公楼九楼会议室举行第一次会议。会议议程有3项。会议表决通过市人大常委会关于玉溪市低丘缓坡综合开发利用情况的审议意见、市四届人民代表大会常务委员会代表资格审查委员会组成人员名单、市人大常委会人事任免名单和决定任免名单。

6月25日，市四届人大常委会在机关办公楼九楼会议室举行第二次会议。会议议程有7项。会议表决通过市人大常委会关于市人民政府关于贯彻实施《中华人民共和国农业技术推广

法》情况的审议意见、市人大常委会关于玉溪市进一步繁荣发展少数民族文化事业工作情况的审议意见、市人大常委会关于批准《玉溪市第四个依法治市规划》的决议、市人大常委会关于同意市人民政府设立云南省抚仙湖—星云湖生态建设与旅游发展综合试验区项目保证金和抚仙湖保护专项治理资金的决议、市人大常委会关于同意市人民政府将晋江高速公路工程项目回购资金列入财政预算的决定、市人大常委会关于中心城区禁止一户一宅模式进行民房建设的决议和有关人事任免名单。

8月28日，市四届人大常委会在机关办公楼九楼会议室举行第三次会议。会议议程有6项。会议表决通过市人大常委会关于玉溪市2013年上半年国民经济和社会发展计划执行情况的审议意见、市人大常委会关于玉溪市2013年上半年地方财政预算执行情况的审议意见、市人大常委会关于批准玉溪市2012年市级财政决算的决议、市人大常委会关于对《玉溪市人民政府关于晋红高速公路建设项目合作框架协议有关问题的报告》的决议。决定任命鹿辉阳为玉溪市人民政府副市长；决定接受莫晓顺辞去玉溪市第四届人大常委会委员职务，并报市四届人大二次会议备案；免去莫晓顺玉溪市人大常委会副秘书长、办公室主任职务。

10月28日，市四届人大常委会在机关办公楼九楼会议室举行第四次会议。会议议程有4项。会议表决通过市人大常委会关于玉溪市城镇职工和居民医疗保险工作情况的审议意见，作出了关于批准玉溪市2013年市本级财政预算调整方案的决议。免去业宁州市中级人民法院执行局局长职务，免去马云芬市中级人民法院执行局副局长、审判员职务，任命业宁州为市中级人民法院副院长。

12月31日，市四届人大常委会在机关办公楼九楼会议室举行第五次会议。会议议程有8项。会议表决通过市人大常委会关于批准玉溪市国民经济和社会发展第十二个五年规划纲要执行情况的评估报告的决议、市人大常委会关于批准玉溪市人民政府关于通海县撤县设市工作情况的报告的决议、市人大常委会关于召开玉溪市第四届人民代表大会第二次会议的决定、市人大常委会关于确认许可对市四届人大代表董林颉采取强制措施的决定和人事任免事项。

【主任会议】 2013年，市人大常委会共举行8次主任会议，其中，市四届人大常委会第一次主任会议，研究并通过市人大常委会组成人员联系部分人大代表的意见；明确由常委会副主任、秘书长联系县区人大常委会工作；确定了市四届人大一次会议重点督办建议3件：红塔区代表团康德勤等代表提出的《关于加强农村生活垃圾处理的建议》、易门县代表团旃绍平代表提出的《关于加强农村饮用水源地保护的建议》、红塔区代表团高凤兰代表提出的《关于启动中心城区旧城区保护性改造的建议》。同时，谢兴荣对市人大常委会机关建设提出要求：以党的十八大精神为指针，以崭新的精神面貌，投入到人大各项工作中，迎接新挑战，接受新任务，解决新问题，创造新业绩。坚持学习，提高素质，为适应新情况、解决新问题提供保障，为在新一届人大工作中创造新业绩不断加油充电，努力争做不断学习创新的表率。增强服务意识，切实做好服务工作。围绕贯彻落实党的十八精神、市委重大决策部署，以服务代表、服务基层、服务群众和服务机关为重点，深入细致地做好各个环节的工作，保证服务优质、到位。抓班子、带队伍，层层负责，在抓好职责范围内各项工作的同时，注重领导班子和机关干部队伍建设，使之成为团结互助、和谐友爱、务实高效、有为有位的团队。转变作风，严以律己，廉洁从政，遵纪守法，树立良好形象。小到按时上下班，大到捍卫宪法、维护法律尊严，都要遵章守纪，按制度规定办事，严格领导外出报告制度。要清清白白做官、认认真真干事，树立人大的良好形象。市四届人大常委会第五次主任会议，听取讨论了《关于全市库塘蓄水情况的调研报告》，研究了专题询问有关事项，讨论通过了《市人大常委会机关公文处理实施细则》。市四届人大常委会第七次主任会议，听取讨论了通海县撤县设市工作情况的报告、《市四届人大二次会议筹备工作方案》、召开市四届人大二次会议的决定；传达了《党政机关厉行节约反对浪费条例》、《党政机关国内公务接待管理规定》主要内容和精神，并研究市人大常委会机关贯彻意见。市四届人大常委会第八次主任会议，听取和讨论了昆玉红旅游文化产业经济带建设情况的报告、市中级人民法院关于行政审判工作情况的报告和市人大常委会法制工作委员会关于对人民法院行政审判工作的调研报告。

【人事任免】 2013年，市人大常委会按照有关规定，不断改进和规范任免程序，加强与组织部门的沟通联系，对拟提请任免人员由组织部门在常委会会议上向常委会组成人员作人事任免报告，介绍基本情况和任免理由，同时在人事酝酿时负责解答疑问，实行常委会集体审议、投票表决、媒体公告等制度。全年共依法任免国家机关工作人员95人次，其中任命58人次、免职37人次，为促进玉溪科学发展、构建和谐社会提供了组织保障。

【监督工作】 2013年，市人大常委会把推动落实中央、省委和市委决策部署，促进玉溪改革发展稳定和民生改善，推进法治玉溪、美丽玉溪建设作为监督重点，综合运用行之有效的监督方式，加强对"一府两院"的法律监督和工作监督，保证了宪法、法律和行政法规在本行政区域内的有效实施，促进了"一府两院"依法行政、公正司法。把人大换届选举工作作为加强民主政治建设的重要举措，切实加强对县乡人大、村"两委"换届选举工作的指导，完成市级人大换届选举任务，及时任命新一届市人民政府组成人员、市人大常委会工作机构负责人。全市八县一区、50个乡镇依法选举产生新一届县人大代表1 559名、乡镇人大代表2 829名，选举产生新一届县乡国家机关领导人员。确保玉溪市首次实行城乡按相同人口比例选举人大代表，基层代表和妇女代表比例比上届有所上升，少数民族代表、归侨代表比例依法予以保证，圆满完成县乡人大换届选举任务。常委会领导分别多次深入基层指导村"两委"换届选举工作，全市691个村（社区）依法依规完成"两委"换届选举任务。

按照"依法治市、依法执政、依法行政共同推进，法治玉溪、法治政府、法治社会一体建设"的要求，全力支持'一府两院"依法行政、公正司法，大力倡导全民守法，提高全社会法治化水平。听取和审议市人民政府关于玉溪市"三五"依法治市规划实施情况的报告，积极参与"四五"依法治市规划修改、论证工作，依法审议并批准实施《玉溪市第四个五年依法治市规划》，为全面推进平安玉溪、法治玉溪建设提供保障。适时对市人民政府贯彻实施《中华人民共和国农业技术推广法》、《中华人民共和国可再生能源法》、《云南省中小企业促进条例》情况进行执法检查，督促市人民政府制定出台相关实施意见。配合全国人大和省人大相关委员会对玉溪市贯彻实施《中华人民共和国气象法》、《中华人民共和国义务教育法》情况进行执法检查，配合调研《中华人民共和国行政复议法》执行情况、人民法院人民陪审员工作、人民检察院预防和查处贪污贿赂案件工作。跟踪检查《中华人民共和国归侨侨眷权益保护法》、《云南省城市民族工作条例》、《云南省少数民族语言文字工作条例》审议意见整改落实情况，有效推动法律法规在玉溪市的贯彻实施。调研市中级人民法院、市人民检察院工作和市公安局禁毒工作，听取和审议市中级人民法院行政审判工作专题报告，支持“两院”依法行使审判、检察职能，支持公安机关加大禁毒工作力度，推进社会治安综合治理，切实维护社会稳定，促进社会和谐。积极参与《云南省生物产业促进条例》、《云南省农村公路条例》、《云南省高等级公路管理条例》、《云南省预防职务犯罪条例》、《云南省新平彝族傣族自治县水资源保护条例》等10余部法规草案征求意见和立法调研活动。

把保障和促进经济社会持续健康发展作为人大履职的第一要务，高度重视玉溪市国民经济和社会发展，切实加强对宏观经济运行、产业发展、重大项目建设的监督。两次对全市国民经济和社会发展计划及财政预算执行情况进行调研、视察，分别听取和审议市人民政府关于玉溪市“十二五”规划纲要实施中期评估报告、2012年度地方财政决算报告、审计工作报告及审计查出问题整改情况报告、2013年上半年国民经济和社会发展计划执行情况报告、市本级财政预算调整方案和上半年地方财政预算执行情况的报告，督促采取有力措施，依法调整规划，落实计划和预算，为玉溪经济平稳较快发展提供保障。在监督地方公共财政预算、政府性基金预算执行情况的基础上，积极探索对国有资本经营预算和社保基金预算执行情况的监督。加强对市本级部门预算的监督，进一步强化财政预算约束，督促和支持政府管好人民的“钱袋子”。跟踪调研园区建设发展，促进解决项目落地难、审批难、用地难、融资难等问题。听取和审议市人民政府关于低丘缓坡综合开发利用试点情况的报告，为园区建设创造有利条件。组织视察大化产业园区规划建设情况，对产业园区管理机构组建、功能规划方案优化、资源要素整合、基础设施建设提出意见建议。加强对招商引资、项目融资、重大项目推进的调研、视察和检查力度。听取和审议市人民政府与中建交通建设集团有限公司项目合作框架协议有关问题的报告、晋红高速公路建设项目合作框架协议有关问题的报告，支持市人民政府依法融资，加快推进晋江、晋红高速公路建设，为玉溪融入滇中城市经济圈“一区两带四城多点”战略布局奠定基础。

围绕农村发展、农业增效和农民增收这一基础性工作，加强对农村经济社会发展、农业产业结构调整、基础设施建设和重点产业发展的监督。重点对抗旱保民生促春耕，烤烟生产收购，农村危房改造，农村生活垃圾管理，农村饮水安全及水源地保护，中低产田地改造，小水窖建设，农村贫困人口脱贫，林权抵押贷款，社会主义新农村及美丽乡村建设等工作开展调研和检查。特别是面对五年持续干旱、蓄水不足的严峻形势，常委会从保障农业农村生产生活用水的大局出发，适时开展全市库塘蓄水工作情况调研，建议建立增蓄奖励机制，督促解决蓄水工作中存在的困难和问题，全市库塘蓄水是近五年来最好的一年。

把解决人民群众最关心、最直接、最现实的利益问题放在突出位置，着力保障和改善民生。专题询问市人民政府“十件惠民实事”落实情况，对12个政府部门负责人提出20多项询问，并针对存在的问题提出意见建议，制定跟踪监督方案，加强问后落实，确保问出动力、问出实效。听取和审议玉溪市城镇职工和居民基本医疗保险工作情况报告，提出调整职工医保政策、提高居民医保筹资标准、加强定点医疗零售机构管理、完善转院转诊办法等意见建议，督促完善城镇职工和居民基本医疗保障体系，促进改革发展成果更多惠及人民群众。督促和支持相关部门推进中小学生“三免一补”、19万平方米校安工程和6个乡镇卫生院、20个村卫生室标准化建设等工作落实，夯实教育、卫生工作基础。组织视察全市高考、中考工作，督促增强招录信息的透明度，促进教育公平公正。

围绕美丽玉溪建设目标，把“三湖二库”和中心城区生态环境保护治理作为监督重点，督促加大保护治理力度，积极推动落实玉溪争当全省生态文明建设排头兵的各项措施。支持市人民政府实施“四退三还”工程，加快推进抚仙湖北岸万亩生态湿地建设工程、星云湖退田还湖及湖滨带生态修复工程、杞麓湖南岸农田废水净化循环利用工程等“三湖”治理保护项目的实施。组织视察中心城区环境空气质量提升改善暨饮用水源地保护治理工作，对加强“三湖”治理保护，整治企业“三废”污染，推进东风水库和飞井海水库饮用水源地保护治理，巩固扩大拆临拆违成果，实施提升城乡人居环境行动计划等方面提出意见建议。认真落实“三湖”、东风水库、飞井海主要河道河长责任制，常委会领导多次巡查河道、听取汇报、指导工作，分析研判河流污染源和存在问题，制定综合整治规划，细化实施方案，明确责任，筹措资金，落实措施，所负责的河道综合整治稳步推进，效果明显。

围绕把旅游文化产业建成玉溪市新的经济增长点这一目标，不断加大对旅游文化产业发展的监督力度。听取和审议市人民政府关于进一步繁荣发展少数民族文化事业工作情况报告，促进少数民族文化保护与传承，进一步提升玉溪的文化软实力。主任会议专题听取和审议昆玉红旅游文化产业经济带建设工作情况报告，要求抓住建设美丽玉溪、现代宜居城市的重大机遇，加快推进重大旅游文化项目建设，推动“文化旅游兴市”战略深入实施。

【代表工作】 2013年，根据换届后新代表较多的实际，市人大常委会举办了市四届人大代表履职培训班，新当选的市四届人大代表、县区人大常委会机关干部、乡（镇）人大主席和街道人大工委主任共280人参加培训，学习宪法、代表法、人民代表大会制度，增强了代表意识和依法履职意识，提高了代表参与管理地方国家事务的能力和水平。加强常委会与代表、代表与人民群众的联系。常委会组成人员直接联系189名市人大代表，常委会与代表的联系更加密切。要求专门委员会、工作委员会多渠道联系代表，邀请代表参与委员会的相关工

作。315名代表直接联系基层群众945人，代表的桥梁纽带作用进一步发挥。组织代表视察、调研和执法检查活动，听取“一府两院”通报重要工作情况，推荐代表担任人民监督员、监督委员会成员，组织代表参加有关部门的听证会、征求意见会，保障代表知情知政权。加大代表建议的督办力度。及时交办议案、建议，明确办理要求，落实责任，由常委会分管领导率有关委室牵头督办议案，组织部分市人大代表视察市规划局、市水利局、市环保局等部门重点建议办理情况，加大督办工作力度。市四届人大一次会议主席团交付审议的2件议案，主任会议研究确定的3件重点督办建议和其余241件代表建议，已全部办结并作了答复，代表满意率100%，解决率为33.6%，比上年提高2.6个百分点。

2月22日，市人大常委会在机关办公楼九楼会议室召开市三届人大代表建议办理工作表彰会。会议总结了市三届人大常委会以来代表建议办理工作的经验及做法，对全市19家先进单位和40名先进个人进行表彰。会议要求全市各级人大常委会、“一府两院”及各承办部门要进一步提高认识、加强领导，健全制度、创新方法，加强协调、增强实效，加强督办、提高解决率，不断提高代表建议办理工作水平和质量。

5月8日，市人大常委会副主任吴建森出席市政府召开的市四届人大一次会议代表建议交办会。吴建森对代表建议办理提出明确要求：提高认识，加强领导；健全制度，创新方法；加强协调，增强实效；加强督办，提高解决率；坚持时间与质量并重的原则，争取在10月底前办理完毕。9日，吴建森出席市四届人大一次会议代表议案转交办理会议，并对议案办理工作提出明确要求。

7月2～6日 市人大常委会组织玉溪市选举的新任云南省十二届人大代表和市、县区人大常委会主任共27人，参加省人大常委会举办的“新任省十二届人大代表暨州市及县（区）人大常委会主任培训班”的学习培训。

10月14～16日，市人大常委会组织驻玉溪市全国人大代表和玉溪市选举产生的省人大代表，对全市2013年国民经济和社会发展计划与财政预算执行情况及重点建设项目推进情况、工业企业节能减排、中心城区环境空气质量提升改善、饮用水源地保护治理等重点工作进行了视察。视察组采取“听、看、察、访、议”等方式，对大化产业园区规划建设和项目实施、峨山县摆依寨省级民族团结稳定示范村建设、玉溪新兴钢铁公司治污设备运行和节能减排、飞井海水库饮用水源地保护治理、玉水金岸C区标准化建设工地施工管理情况进行了实地视察，了解掌握了有关情况。在视察意见反馈会上，共有20名全国、省十二届人大代表到会，视察组听取了陈勇副市长作的关于2013年1～9月全市国民经济和社会发展计划执行情况的报告，听取了左广副市长对玉溪市大化产业园区建设工作情况的报告，听取了相关部门对中心城区环境空气质量提升改善暨饮用水源地保护治理等情况的报告。视察组认为，2013年1～9月，玉溪市人民政府不断完善发展思路，强化创新发展举措，采取一系列稳增长、调结构、促改革措施，全市经济社会保持了稳中有进、稳中有好、稳中有快的良好态势。视察组建议，市人民政府及有关部门在今后工作中，要进一步坚定信心，在吃透政策、用好政策、用活政策、用足政策上狠下功夫，千方百计，圆满完成好当年的各项目标任务；要充分发挥比较优势，加快经济发展方式的根本转变；要营造发展环境，支持企业改革创新发展，切实做好协调服务；加快推进重点项目建设，拉动经济增长；要以建设美丽玉溪为目标，全力推动玉溪市生态文明建设和城镇化进程；要切实保障和改善民生，让人民群众更多地享受到改革发展成果，为和谐社会建设作出贡献。

【调研、视察、检查】 2013年，市人大常委会按照市委部署和年初工作要点安排，紧紧围绕转方式、调结构、建生态、提质量、增效益、保民生、促稳定等工作，深入开展调研、视察和检查，促进解决有关问题，充分发挥人大在助推全市经济社会发展中的重要作用。一年来，组织专题调研10次，开展执法检查3次，组织视察2次，配合全国人大、省人大开展视察、调研和执法检查14次。通过开展调研、调查、视察和执法检查，形成了市人大常委会关于市第四届人民代表大会代表资格的审查报告，关于补选的市四届人民代表大会代表的代表资格审查报告，关于对玉溪市低丘缓坡土地综合开发利用情况的调研报告，关于对玉溪市人民政府贯彻实施《中华人民共和国农业技术推广法》进行执法检查的报告，关于玉溪市进一步繁荣发展少数民族文化事业工作情况的调查报告，市人大财政经济委员会关于对晋江高速公路工程项目建设资金有关问题的审查报告，关于对玉溪市2013年上半年国民经济和社会发展计划执行情况的调查报告，关于玉溪市2013年上半年地方财政预算执行情况的调查报告，关于玉溪市2012年市级财政决算审查结果的报告，关于玉溪市城镇职工和居民基本医疗保险工作情况的调研报告，关于玉溪市2013年市本级财政预算调整方案的审查报告，关于对《玉溪市人民政府关于晋红高速公路建设项目合作框架协议有关问题的报告》审查结果的报告，关于《玉溪市国民经济和社会发展第十二个五年规划纲要执行情况的评估报告》的审查报告，关于视察代表建议、批评和意见办理工作情况的报告，市人大财政经济委员会关于市四届人大一次会议主席团交付的代表提出的议案审议结果的报告，市人大常委会城建环资工委关于市四届人大一次会议主席团交付的代表提出的议案审议结果的报告，关于全市库塘蓄水情况的调研报告，关于全市行政审判工作的调研报告等，为常委会审议议题、讨论决定重大事项提供了重要依据。

【重要会议】 2013年3月15日，市人大常委会党组书记、主任张玲主持召开市人大常委会党组专题民主生活会，并对加强市人大常委会机关作风建设提出要求：充分认识机关作风建设的重要性和必要性。通过作风建设来保障中央、省委、市委重大部署落实到位。紧紧围绕市委四届三次全会精神的贯彻落实，以牢固树立实事求是、与时俱进、求真务实的思想作风，真抓实干的工作作风，廉洁从俭的生活作风，理论联系实际的学风为主线，在市人大常委会机关开展全方位的作风建设，力求以良好的作风为保障，更好地履行人大机关的职能。要进一步健全完善市人大常委会党组议事规则、机关党委议事规则、市人大机关文稿规范等制度，用制度管人、管事。

5月7日，全市人大民族外事华侨工作座谈会召开，郭开堂要求：充分认识做好民外侨工作的重要性；突出重点，明确思路，抓好全年各项工作落实；认真履职，密切配合，形成工作合力；加强自身建设，提高履职能力和水平。

6月4～6日，全市人大选联工作座谈会召开，雷庆丽要求：增强代表意识，激发代表履职热情；深化闭会期间代表活动的主题和内容；提高代表建议办理的质量和实效；推进基层人大工作，加强对代表依法履职的激励和监督；推进人大代表工作的制度化和规范化建设。21日，市人大常委会在通海县召开县区人大常委会办公室主任培训会。会议听取了各县区贯彻落实市委人大工作会议精神的情况和对市人大常委会办公室工作意见建议；围绕公文处理、人大新闻宣传、"三会"筹备服务、宣传稿件写作技巧作了详细讲解。海之鹤对做好人大办公室工作提出明确要求：加强学习，提高素质；认真履职，勤奋工作；热情服务，敢于担当；协作配合，团结干事；做好表率，带好队伍；改进作风，执政为民。谢兴荣通过书面材料的形式寄予希望：市、县区人大办公室要充分认识做好新形势下人大办公室工作的重要性，增强责任感和使命感；不断适应新形势、新任务的要求，增强政治意识和大局意识；加强学习，努力提高政治和业务素质；善于思考和探索，增强工作的原则性、系统性和预见性；加强自身建设，努力建设一支高素质的办公室干部队伍；严以律已，严格遵守党风廉政建设各项规定。

8月16日，全市人大农工委工作座谈会召开。会议通报了市委工作会相关要求和市级涉农部门工作开展情况，安排部署下半年市人大农工委工作。20日，张玲主持召开市人大常委会机关学习贯彻市委工作会议精神专题会，谢兴荣总结了上半年工作，结合贯彻市委工作会议精神，对推进各项工作的落实作出部署。张玲要求，紧紧围绕市委全年工作要求和市人大常委会年初确定的工作计划，进一步统一思想，增强发展的紧迫感和危机感，结合人大工作实际狠抓落实。以群众路线教育为重点，努力建设学习型机关，与"四群"教育实践活动有机结合，提前准备，科学谋划，为下一步开展党的群众路线教育实践活动打牢基础。切实加强市人大常委会领导班子和干部队伍建设，加强学习，敬业担当，奋发有为，廉洁自律，扎实开展党风廉政建设和反腐败工作，为推动玉溪科学发展、和谐发展、跨越发展发挥好市人大常委会的职能作用。

10月11日，市人大常委会机关邀请41名离退休老干部，以召开座谈会的方式庆祝全国第一个老年节。谢兴荣、张玲、李有明、海之鹤等领导出席座谈会。会议传达学习了玉溪市《关于组织老干部开展全国第一个老年节活动的通知》、《关于深入开展全省离退休干部"同心共筑中国梦"活动的通知》和市委书记张祖林在市委理论学习中心组集中学习结束时的讲话精神；通报了2013年以来市人大常委会工作完成情况及下一步工作安排，听取了与会老干部的意见、建议。会后，市人大常委会领导为老干部发放了慰问金。29日，市四届人大常委会第四次会议举行联组会议，专题询问市人民政府2013年"十件惠民实事"落实情况。这是新一届市人大常委会成立以来组织开展的首次专题询问。市人力资源和社会保障局、市农业局、市卫生局、市文化局、市住建局等12个政府部门负责人，就15位市人大常委会组成人员询问的问题一一作了回答。市委常委、市人民政府副市长鹿辉阳到会通报工作情况，并表示将进一步强化措施，全面落实好"十件惠民实事"；市人大常委会主任谢兴荣对落实询问有关事项，提出了意见和要求。市人大常委会副主任李有明、郭开堂、吴建森、雷庆丽、周继武、叶本功，秘书长海之鹤等30名常委会组成人员出席会议，不是市人大常委会组成人员的市人大常委会机关副处级以上领导（含非领导职务），红塔区、江川县、通海县各一位副主任列席会议。邀请二名市人大代表列席、二名公民旁听会议。

（李万标）

玉溪市人民政府

【重要请示、报告】 2013年1月4日，市政府向省人民政府上报《玉溪市人民政府关于立项建设华宁县阿矣寨至法底公路的请示》，请求省级有关部门将阿矣寨至法底公路列入省通乡油路建设投资计划；请求省将阿矣寨至普茶寨至登楼山段公路改造列入2013年省通乡油路建设投资计划，并给予建设资金补助。8日，市政府向省人民政府上报《关于澄江低丘缓坡土地综合开发利用项目蛟龙潭区块第一期第二批次土地征收的请示》，根据《土地管理法》有关规定上报省人民政府审批。30日，市政府向省人民政府上报《玉溪市人民政府关于设立梁王山省级风景名胜区相关事宜的报告》，为了保护抚仙湖、梁王山、西龙潭水源，保持澄江县经济社会的长远发展和和谐稳定，梁王山不具备设立省级风景名胜区的条件，玉溪市人民政府支持澄江县的意见，建议不要再设立梁王山省级风景名胜区。

2月1日，市政府向省人民政府上报《玉溪市人民政府关于批准玉溪市通海县河西镇省级历史文化名镇保护规划的请示》，请省人民政府给予批准执行。同日，市政府向省人民政府上报《玉溪市人民政府关于请求省人民政府给予玉溪市人民政府关于元江县政府上报元江县供销社农业生产资料有限公司集体企业资产转让有关事宜确认请示的批复再确认的请示》，请省人民政府对市人民政府作出的《关于元江县政府上报元江县供销社农业生产资料有限公司集体企业资产转让有关事宜确认请示的批复》予以再确认。5日，市政府向省人民政府上报《玉溪市人民政府关于2013年度江川县城乡建设用地增减挂钩下营项目区建新区土地征收的请示》，上报省人民政府审批。8日，市政府向省人民政府上报《玉溪市人民政府关于将玉溪商业银行重组为滇中产业新区专业银行有关问题的报告》，请省政府及省级有关部门支持玉溪市商业银行在滇中布局分支机构。25日，市政府向省人民政府办公厅上报《关于玉溪市检察院购置特种通讯系统设备用车的请示》，请省人民政府办公厅给予批准。

3月7日，市政府向省人民政府上报《玉溪市人民政府关于请求给予协调中烟公司云南省分公司支持玉溪烟草配套产业发展的请示》，请省政府协调中烟公司云南省分公司支持对玉溪市商标印刷、水松纸、滤嘴棒、复合铝箔、香精香料、增塑剂、乳胶、金拉线、卷烟带、防伪标识、真空镀铝纸、激光镭射膜、油墨、纸箱（纸板）等配套产品生产企业，在同等条件下给予优先采购本地产品，提高玉溪卷烟配套企业产品占红塔集团的采购份额，同时，鼓励和支持红塔集团和玉溪卷烟配套企业之间建立采购沟通协调机制，定期交流沟通，深化合作。12日，市政府向省人民政府上报《玉溪市人民政府转报新平彝族傣族自治县人民政府关于给予矿产资源税

费补助的请示》，请省人民政府给予补助新平县2012年矿产资源税费5 510万元。19日，市政府向省人民政府上报《玉溪市人民政府关于上报审批江川县九溪镇污水处理厂及配套管网和江川县九溪镇生活垃圾处理工程收运设施项目多划后占江川县基本农田的请示》，请省人民政府同意江川县九溪镇污水处理厂及配套管网工程和江川县九溪镇生活垃圾处理工程收运设施项目占用江川县预留的多划基本农田8.74亩。同日，市政府向省人民政府上报《玉溪市人民政府转报新平彝族傣族自治县人民政府关于调整大红山矿区铁矿石税率标准的请示》，请求省政府按照云南昆钢八街铁矿的税率标准上浮30%，核定大红山矿区铁矿石资源税税率标准。同日，市政府向省人民政府上报《玉溪市昭通市政府关于将化念水库及配套工程产权管理权使用权划归地方政府的请示》，请省政府帮助协调解决。

4月18日，市政府向省发展改革委员会上报《玉溪市人民政府关于推荐滇中产业新区易门稀贵金属资源再生科技产业园申报国家城市矿产示范基地的请示》，请省发展改革委员会协调推荐滇中产业新区易门稀贵金属资源再生科技产业园列为国家城市矿产示范基地。24日，市政府办公室向溪洛渡水电站工程蓄水云南部分移民专项验收委员会上报《玉溪市人民政府办公室关于溪洛渡水电站化念移民安置点移民专项验收情况报告》，对溪洛渡水电站化念外迁安置点的工程项目建设、移民资金拨付和使用、移民接收安置和后期扶持、档案建立和管理等情况进行了自查自验，确保过渡期满前实现移民搬迁入住新居。28日，市政府向省人民政府上报《玉溪市人民政府关于请求补助研和工业园区土地收储和开发整理经费的请示》，请省人民政府补助研和工业园区规划修编、土地收储和开发整理经费2 000万元。

5月3日，市政府向省财政厅上报《玉溪市人民政府关于玉溪市融资工作中审计署提出问题的整改情况报告》，根据《云南省财政厅关于对违规集资等问题进行清查整改的紧急通知》，重点对2012年以来政府部门违法违规融资及担保情况进行全面清理检查整改。9日，市政府向国家发展和改革委员会上报《玉溪市人民政府关于同意玉溪市开发投资有限公司发行企业债券的报告》，报告市人民政府同意玉溪市开发投资有限公司申请发行25亿元“2013年玉溪市开发投资有限公司企业债券”。13日，市政府向省环保厅上报《玉溪市人民政府关于2012年度城市环境综合整治定量考核情况的报告》，认真总结和填报了玉溪市2012年度城市环境综合定量考核结果报表，并进行了自评。同日，市政府向省人民政府上报《玉溪市人民政府关于给予通海县杞麓湖污染底泥疏挖及沿岸湖滨带生态修复工程经费补助的请示》，请省人民政府对杞麓湖污染底泥疏挖及沿岸湖滨带生态修复工程给予立项和资金支持，省、市按7：3的比例给予资金配套。14日，市政府向省人民政府上报《玉溪市人民政府关于请求省政府同意晋宁至江川高速公路经过大河水库水源保护区的请示》，请省政府批准采用大河水库走廊带的方案一，即采用440米桥梁跨越主河道的次级支流的方案。15日，市政府向省人民政府上报《玉溪市人民政府关于认真做好旅游等开发建设活动中文物保护工作情况的报告》，认真研究和自查玉溪市旅游等开发建设活动中文物保护工作情况。23日，市政府向省人民政府上报《关于审查批准县级低丘缓坡土地综合开发利用专项规划的请示》，省人民政府给予批准实施。24日，市政府向中共玉溪市委上报《关于搬迁市政府机关过渡性办公用房的请示》，请求市委同意市政府机关搬迁；请求市委同意租用保安综合大楼作为市政府机关过渡性办公用房，2013年10月底前完成市政府机关过渡性办公用房搬迁工作；请求市委同意租用玉溪恒天生物创新工程有限公司办公楼，优先解决在市政府大院危房内办公的6个单位的办公用房问题，7月15日前完成搬迁任务。25日，市政府向省人民政府上报《玉溪市人民政府关于解决华宁县通红甸彝族苗族乡龙洞河水库至龙村沟公路扩改所需资金的请示》，请省人民政府帮助解决龙洞河水库至龙树沟公路扩改所需资金215万元。28日，市政府向省人民政府上报《玉溪市人民政府关于转报华宁县请求协调体育中心、田径运行场及配套设施项目列入2013年投资计划的请示》，请省政府帮助协调省发改委将华宁县体育中心田径运动场及配套设施建设项目列入2013年投资计划。

6月4日，市政府向省财政厅上报《关于给予通海县杞麓湖污染底泥疏挖及沿岸湖滨带生态修复工程经费补助的请示》，请省财政厅对杞麓湖污染底泥疏挖及沿岸湖滨带生态修复工程给予资金支持4 300万元。同日，市政府向省财政厅上报《关于帮助解决东风水库径流区九溪河综合治理工程经费的请示》，请省财政厅给予5 600万元资金用于九溪河综合治理工程，不足部分由玉溪市自筹解决。7日，市政府向国家公共文化服务体系建设示范区创建领导小组办公室上报《玉溪市人民政府关于申报创建国家公共文化服务体系建设示范区规划的请示》，请国家公共文化服务体系建设示范区创建领导小组办公室给予审批。18日，市政府提请市人大常委会《玉溪市人民政府关于市政府与中建交通建设集团有限公司项目合作框架协议有关问题的报告》，请市人大常委会审议批准，在相应年度财政预算中予以安排每年67 000万元，归还乙方BT项目建安工程资本金，利息具实安排。24日，市政府向省人民政府上报《玉溪市人民政府关于给予玉溪市职教园区建设资金补助的请示》，请省人民政府给予玉溪市职教园区建设补助资金2亿元。

7月1日，市政府向省民政厅上报《玉溪市人民政府关于对澄江县阳宗镇行政区划调整和管理体制意见的报告》，不同意对玉溪市澄江县阳宗镇行政区划调整；撤销托管、恢复澄江县对阳宗镇的行政管理权。16日，市政府向云南省煤炭资源整合领导小组上报《玉溪市人民政府关于提前关闭华宁县铁埂煤矿并保留矿井指标作为异地接替建设芭蕉箐矿井的请示》，请省煤炭资源整合领导小组给予批准提前关闭华宁县铁埂煤矿，并保留矿井指标作为异地接替建设芭蕉箐矿井。29日，市政府向省人民政府上报《玉溪市人民政府关于调整通海县四街镇污水处理厂及配套管网工程建设方案的请示》，请省人民政府同意通海县四街镇污水处理厂及配套管网工程调整建设方案，投资2 451.35万元，新建14.36千米截污管网收集生活污水到通海县第二污水处理厂进行处理。

8月2日，市政府办公室向省金融办上报《玉溪市人民政府办公室关于设立易门融兴小额贷款公司及华宁合丰源小额贷款公司的请示》，申请在易门县设立易门融兴小额贷款有限公司，经审核符合申报条件，请省金融办审批。12日，市政府向省人民政府上报《玉溪市人民政府关于元江县2013年度第一批城镇建设农用地转用及土地征收的请示》，申请办理654.63亩农用地转用和591.20亩集体土地征收手续，请省人民政府审批。23日，市政府办公室向省城乡统筹协调领导小组办公室上报《关于给予补助玉溪市城乡统筹转户工作经费的请示》，请省城乡统筹协调领导小组办公室给予补助玉溪市开展城乡统筹转户工作经费120万元。24日，市政府向省人民政府上报《玉溪市人民政府关于补助玉溪政法工作经费的请示》，请省人民政府给予补助经费1 500万元。28日，市政府向省人民政府上报《玉溪市人民政府关于将新平县磨盘山国家森林公园纳入省级建设项目给予扶持的请示》，请省人民政府将玉溪市新平县磨盘山国家森林公园纳入省级建设项目，并给予1 500万元的扶持建设资金。30日，市政府向省人民政府上报《玉溪市人民政府关于解决东风水库和飞井海水库库区及移民安置区生态环境保护资金的请示》，请省人民政府给予大中型水库库区基金补助6 500万元，其余不足部分自筹解决。

9月4日，市政府向省商务厅上报《玉溪市人民政府关于将云南省玉溪市水果基地申报为国家外贸转型升级示范基地的请示》，请求将“云南省玉溪市水果基地”列为国家外贸转型升级专业型示范基地。同日，市政府向省人民政府上报《玉溪市人民政府关于上报2013年煤炭行业淘汰落后产能任务名单的报告》，淘汰落后产能任务1处，为华宁县铁埂煤矿，产能3万千千克，淘汰方式为关闭退出。6日，市政府办公室向市机构编制委员会办公室上报《玉溪市人民政府办公室关于调整玉溪市地方志编纂委员会办公室机构级别的请示》，请示市机构编制委员会办公室按程序申报申请，将市地方志办公室机构规格调整为副县级，为加快玉溪市地方志事业发展创造有利条件。12日，市政府向省人民政府上报《关于恳请解决溪洛渡水电站外迁化念安置点房建移民自交缺口资金的请示》，请省政府督促昭通市采取相应措施尽快收缴应由移民承担的3 880万元房建缺口资金，以确保化念外迁移民搬迁安置工作顺利开展。13日，市政府向省人民政府上报《玉溪市人民政府关于审查上报征地统一年产值补偿标准修订成果的请示》，同意上报玉溪市九个县区的征地统一年产值补偿标准修订成果，请省人民政府批准执行。17日，市政府办公室向省环境保护厅上报《玉溪市人民政府办公室关于抚仙湖保护与开发情况的报告》，玉溪市将举全市之力，把抚仙湖保护治理放在更加突出的位置，抓紧抓实各项工作。总体目标是确保抚仙湖长期稳定保持Ⅰ类水质。总体思路是实施“四退三还”，即退人、退房、退田、退塘，还湖、还水、还湿地。22日，市政府向省人民政府上报《玉溪市人民政府关于请求批准晋江高速公路涉及江川县三个乡镇、街道办土地利用总体规划方案及多划基本农田使用方案的请示》，请求省人民政府批准晋江高速公路涉及江川县三个乡镇、街道办土地利用总体规划修改方案及多划基本农田使用方案。26日，市政府向省人民政府上报《玉溪市人民政府调整和增加超限运输固定式治超站点的请示》，请省政府结合玉溪市实际批准调整治超站点3个，新增加治超站点6个。

10月9日，市政府办公室向省政府金融办上报《玉溪市人民政府办公室关于对新平县顺安小额贷款有限责任公司开业筹备情况验收结果的报告》，新平县顺安小额贷款有限责任公司（筹）开业筹备情况，符合《云南省人民政府金融办公室关于小额贷款公司开业筹备程序及验收标准的参考意见》文件规定的标准，具备顺利开业的各项条件。14日，市政府向省人民政府上报《玉溪市人民政府关于报送峨山县人民政府教育工作督导评估市级复评意见的报告》，市政府认为峨山县人民政府教育工作已达到云南省“教育工作先进县”要求，同意将峨山县人民政府作为“教育工作先进县”呈报省人民政府评估认定。同日，市政府向省人民政府上报《玉溪市人民政府关于报送易门县人民政府教育工作督导评估市级复评意见的报告》，市政府认为易门县人民政府教育工作已基本达到云南省“教育工作先进县”要求，但鉴于每个州市同年度评估批次中只能申报1个先进县的规定，同意将易门县人民政府作为“教育工作合格县”呈报省人民政府审核认定。30日，市政府办公室向省政府上报《玉溪市人民政府办公室关于对红塔区华信小额贷款有限公司开业筹备情况验收结果的报告》，红塔区华信小额贷款有限公司（筹）开业筹备情况，符合《云南省人民政府金融办公室关于小额贷款公司开业筹备程序及验收标准的参考意见》文件规定的标准，具备顺利开业的各项条件。

11月1日，市政府向省人民政府上报《玉溪市人民政府关于拨付创业小额担保贷款财政贴息资金的请示》，请省政府及时帮助协调解决玉溪市小额担保贷款和创业“贷免扶补”贷款中央贴息资金25 721万元。4日，市政府向省九湖办上报《玉溪市人民政府关于〈抚仙湖流域水污染综合防治“十二五”规划中期执行情况评估报告〉的请示，请省九湖办审查。同日，市政府向省人民政府上报《玉溪市人民政府关于请求帮助解决华宁县青龙镇长海路扩建所需资金的请示》，请省政府帮助解决华宁县青龙镇长海路扩修资金150万元，剩余资金部分由华宁县自筹。14日，市政府向省人民政府上报《玉溪市人民政府转报易门县关于恳请解决岔河水库移民基础设施建设资金的请示》，请省人民政府给予协调解决易门县岔河水库移民基础设施项目建设资金1 000万元。21日，市政府办公室向市委编制办公室上报《玉溪市人民政府办公室关于所属事业单位分类建议的报告》，将办公室所属事业单位分类建议为玉溪市政府机关事务管理局、玉溪市接待办公室、玉溪市地方志编纂委员会办公室建议按行政类事业单位划分；云南省玉溪市人民政府驻北京联络处建议按公益一类事业单位划分。22日，市政府向省旅游发展委员会上报《玉溪市人民政府关于上报审查澄江寒武纪乐园项目控制性详规的请示》，请省旅游发展委员会予以审查批复。同日，市政府向中共玉溪市委上报《玉溪市人民政府关于批准〈玉溪市人民政府关于通海县撤县设区的请示〉的请示，请市委批准。29日，市政府向国家发展和改革委员会上报《玉溪市人民政府关于“2013玉溪开投债”投项目回购资金来源的报告》，为切实保障本期债券投资者利益，监督玉溪市开发投资有限公司严格履行还本付息的责任，玉溪市财政局和发行人就本期募集资金投资项目中的“玉溪市中心城区（李棋）公租房项目、玉溪市中心城区（金家边）公租房项目、玉溪市中心城区（下赫）公租房项目”签署了BT合作协议，协议回购总金额为27.49亿元，并在本期债券存续期内回购。30日，市政府向省人民政府上报《玉溪市人民政府关于请求同意中石油天然气管道红河支线建设项目多划后占红塔区、通海县基本农田的请示》，请省人民政府批准同意。

12月6日，市政府向省人民政府上报《玉溪市人民政府关于解决受灾群众今冬明春生活救助经费的请示》，请省政府给予补助玉溪市受灾群众今冬明春生活救助资金3 000万元。10日，市政府向省财政厅、省环境保护厅上报《玉溪市人民政府关于将抚仙湖作为云南省推荐湖泊参与竞争立项的请示》，请省财政厅、环保厅将抚仙湖作为云南省推荐湖泊参与竞争并转报国家财政部、环境保护部。26日，市政府向省人民政府上报《玉溪市人民政府关于请求同意昆玉铁路扩能改造工程（红塔区高仓段）民房搬迁安置点和配套工程及桃源小学搬迁安置点多划后占红塔区基本农田的请示》，请省人民政府同意昆玉铁路扩能改造工程（红塔区高仓段）民房搬迁安置点和配套工程及桃源小学搬迁安置点多划后占红塔区基本农田67.57亩。同日，市政府向省人民政府上报《玉溪市人民政府关于通海县2013年度第四批城镇建设农用地转用及土地征收的请示》，申请办理407.53亩农用地转用和407.53亩集体土地征收手续，报请省人民政府审批。

【重要通知、指示】 2013年1月7日，市政府印发《玉溪市人民政府关于切实抓好2013年烤烟生产工作的通知》，要求以科学发展观为指导，认真贯彻落实全省烟叶工作会议、市委四届二次全会和《云南省人民政府办公厅关于切实加强2013年烟叶工作的通知》精神，坚持“烟草兴市”发展战略不动摇，全力支持红塔集团实施“5211”品牌发展目标，扎实抓好科技兴烟和优化烟叶结构措施的落实，着力推进现代烟草农业建设，切实转变烤烟生产方式，努力实现控量提质增效的目标。14日，市政府办公室印发《玉溪市人民政府办公室关于印发〈玉溪市人民政府办公室公务员考核实施细则（试行）〉的通知》，加强对公务员的管理与监督、激励与约束，促进机关工作作风的根本转变，提高公务员工作效能和公共服务水平，建设高素质公务员队伍。17日，市政府办公室印发《玉溪市人民政府关于进一步加强抚仙湖水生态环境保护和水资源管理的紧急通知》，要求沿湖三个县人民政府和市直有关单位要进一步增强对抚仙湖水位下降可能引发的生态环境风险严重性、紧迫性的认识，把防范水体污染作为当前抚仙湖保护治理的头等大事来抓，制定防范风险发生的工作方案和应急预案，加强抚仙湖水资源的使用管理，杜绝和防止抚仙湖水生态风险的发生。22日，市政府办公室印发《关于印发玉溪市清理和拆除违规建筑工作实施方案的通知》，按照经依法批准的相关规划，本着尊重历史、消除存量、杜绝增量的原则，采取有力措施，全面开展拆临拆违工作，促进城市土地科学合理利用，优化城市空间布局，配套完善城市功能，推进城乡一体化建设，提高城镇建设质量。28日，市政府印发《关于印发玉溪市土地储备管理办法的通知》，全市土地储备实行统一规划、统一收储、统一整理、统一供应、统一管理，进一步完善土地储备制度，加强土地宏观调控，规范土地市场运行及土地储备融资行为，合理配置土地资源，促进节约集约利用土地，提高建设用地保障能力和经营水平。同日，市政府印发《关于印发玉溪市土地资源配置管理办法的通知》进一步深化投融资体制改革，依法配置土地资源，强化市属投融资公司的市场主体地位，提高投融资公司的融资能力。同日，市政府办公室印发《玉溪市人民政府办公室关于做好规划全覆盖工作的通知》，要求各县区结合滇中经济圈“一区两带四城多点”的产业和城镇规划，对县城总体规划、镇乡总体规划、村庄规划进行完善提升，重点抓好县城总体规划、镇乡总体规划的提升工作，做到高水平规划，高质量建设，高要求管理。29日，市政府印发《关于印发市级部门行政审批项目限时办结服务承诺的通知》，对30个市级部门的83项行政审批项目向社会作出限时办结服务承诺，提高行政服务效能，最大限度地为人民群众提供高效便捷的行政审批通道，打造玉溪一流经济社会发展软环境。30日，市政府办公室印发《玉溪市人民政府办公室关于印发重大节假日免收小型客车通行费实施方案的通知》，进一步提升收费公路通行效率和服务水平，方便群众快捷出行。

2月1日，市政府办公室印发《玉溪市人民政府办公室关于加强和改进工作作风的通知》，要求厉行勤俭节约，反对铺张浪费的行动指南，牢固树立“节约光荣、浪费可耻”的价值观，领导干部带头执行，办公室机关率先垂范，从自身做起、从现在做起、从细节做起，下大力气狠抓制度落实，确保落实要求不打折扣，全面推进办公室各项工作再上新台阶。7日，市政府办公室印发《玉溪市人民政府办公室关于印发玉溪市2013年度农村小额信贷贴息扶持畜牧业发展实施方案的通知》，积极推进畜牧生产方式转变，加快养殖小区、规模养殖、专业村发展，确保畜牧产业持续健康发展，促进农民增收。16日，市政府印发《玉溪市人民政府2013年森林防火命令》，加强遏制森林火灾的发生，确保人民群众生命财产和森林资源安全，促进生态文明建设和社会和谐稳定。20日，市政府印发《玉溪市人民政府关于印发玉溪市市属投融资公司管理办法的通知》，加强对市属投融资公司的监督、考核和管理工作。同日，市政府印发《玉溪市人民政府关于印发玉溪市政府性债务管理暂行办法的通知》，加强政府性债务管理，规范全市各级政府及其所属部门举债和偿还政府性债务的行为，有效防范和化解政府性债务风险，依法管理政府性债务。27日，市政府办公室印发《关于进一步加强土地整治项目管理的通知》，明确全市各级土地整治项目管理职责，规范项目管理运作程序，强化项目管理，提高项目管理水平，提升项目建设的社会效益、经济效益和生态效益。

3月1日，市政府印发《关于解决建设项目落地困难进一步改善投资环境的实施意见》，推进解决长期以来制约全市建设项目落地困难问题，进一步改善投资环境，促进固定资产投资持续快速健康发展。同日，市政府办公室印发《关于印发玉溪市城乡规划管理办法的通知》，进一步加强城乡规划管理，统筹城乡协调发展，加快现代宜居生态城市建设。7日，市政府办公室印发《玉溪市人民政府办公室关于开展非煤矿山安全生产大检查的通知》，加强非煤矿山安全生产工作，有效防范和坚决杜绝群死群伤事故发生，在全市集中开展非煤矿山安全生产大检查。同日，市政府办公室印发《玉溪市人民政府办公室关于印发《玉溪市闲置土地清理处置工作方案》的通知，全面清理全市范围内所有闲置土地，建立健全闲置土地监管长效机制，充分提高土地利用效率。同日，市政府办公室印发《玉溪市人民政府办公室关于印发数字玉溪地理空间框架建设与使用管理暂行办法的通知》，加强数字玉溪地理空间框架建设成果推广，整合全市地理信息资源，避免重复建设，规范基础测绘成果的使用。11日，市政府办公室印发《关于印发玉溪市城乡规划管理办法的通知》，进一步加强城乡规划管理，统筹城乡协调发展，加快现代宜居生态城市建设。市政府印发《玉溪市人民政府关于加快推进玉溪市信息化建设的实施意见》，规划全市信息化建设的中长期战略目标和分阶段工作任务，以需求为导向，以应用促发展，率先在电子政务、社会信息化运用、缴费缴税等方面实施突破，体现信息化建设的作用，通过大力推进信息化建设发展，打造“无线城市、智慧玉溪”。12日，市政府办公室印发《关于印发玉溪市金属非金属矿山整顿关闭工作方案的通知》，改善非煤矿山安全生产条件，提升矿山安全生产水平，有效预防和控制非煤矿山安全事故，促进玉溪非煤矿山安全生产状况持续稳定好转。13日，市政府印发《关于治理农业面源污染提高耕地持续生产能力的意见》，开展治理以塑料薄膜大棚为主的农业面源污染，进一步转变玉溪经济增长方式，改善生态环境，提高耕地质量，发展生态农业、观光农业、可持续发展农业。19日，市政府办公室印发《关于印发玉溪市加快推进煤矿机械化实施方案的通知》，加快推进煤矿机械化，改变玉溪市煤矿单井能力小、技术力量弱、管理水平低的现状，努力实现玉溪煤炭工业科学发展、安全发展、跨越发展。20日，市政府办公室印发《玉溪市医疗机构设置规划2012～2015年的通知》，落实国务院关于深化医药卫生体制改革的一系列指导意见，建立布局合理，分工明确，技术适宜，覆盖城乡的医疗服务体系。同日，市政府办公室印发《玉溪市人民政府办公室关于印发〈玉溪市城乡规划管理技术规定〉的通知》，进一步科学编制城乡规划，加强规划管理，改善城乡人居环境，实现城乡规划设计和规划管理的规范化和法制化，提高城乡规划管理水平。26日，市政府办公室印发《玉溪市人民政府办公室关于做好全市治污项目建设管理工作的通知》，要求各县区人民政府和市直相关单位要高度重视治污项目附属工程建设和正常运行管理工作，统一思想，提高认识，狠抓治污项目建设和正常运行管理工作，确保达标排放。同日，市政府办公室印发《关于扎实做好抗大旱保民生保春耕工作的通知》，各级各部门一定要从加快科学发展、和谐发展、跨越发展的高度，充分认识抗大旱保民生保春耕工作的极端重要性、长期性和紧迫性，增强责任感和紧迫感，始终把抗大旱保民生保春耕作为当前的头等大事和全局工作的第一任务来抓；要把思想统一到省委、省政府对旱情发展趋势的分析判断上来，把行动统一到省委、省政府的安排部署上来；要科学把握旱情，主动应对灾害，牢牢把握工作主动权，把主要精力集中到抗旱救灾上，把问题估计得更充分一些，把措施制定得更周全一些，以最坚决的态度、最扎实的作风、最有力的措施，千方百计抓好抗大旱保民生保春耕工作。

4月3日，市政府印发《关于2013年经济发展主要目标任务责任分解的通知》，强化对经济工作的领导，集中精力抓好落实，确保全年各项目标任务顺利完成。同日，市政府办公室印发《玉溪市人民政府办公室关于进一步加强三湖水生态环境保护的紧急通知》，要求有关县区、市直有关单位要增强对“三湖”水位下降可能引发的生态环境风险严重性、紧迫性的认识，把杜绝污染物入湖，消减入湖污染负荷作为核心，防范水体污染作为当前保护治理“三湖”的头等大事来抓，杜绝和防止“三湖”水生态风险的发生。7日，市政府印发《关于印发玉溪市人民政府改进工作作风密切联系群众实施办法的通知》，进一步改进政府工作作风，密切联系群众。19日，市政府办公室印发《玉溪市人民政府办公室关于开展安全生产大检查的通知》，在全市范围内组织开展安全生产大检查。

5月3日，市政府印发《玉溪市人民政府关于印发玉溪市2013年规模以上主要固定资产投资项目计划的通知》，加快推进项目建设，着力抓好在建项目，形成更多实物工作量，采取切实有效措施抓好新开工项目，做到早开工、快推进，千方百计完成全年固定资产投资目标任务。8日，市政府办公室印发《玉溪市人民政府办公室关于切实做好防汛蓄水抗旱工作的通知》，要求各级各部门切实增强做好防汛工作的责任感和紧迫感，树立防大汛、抢大险、救大灾的思想，坚决克服侥幸心理和麻痹思想。必须提前谋划、精心组织、主动应对，扎实做好当年的安全度汛工作，切实保障好人民群众的生命财产安全。10日，市政府办公室印发《关于深入推进打非治违专项行动的通知》，要求各县区、各部门和各单位必须充分认识玉溪市安全生产形势的严峻形势，充分认识“打非治违”工作的长期性、艰巨性，按照力度更大、范围更广、氛围更浓、效果更好的要求，紧抓不放，持续深入推进“打非治违”专项行动，促进全市安全生产形势进一步稳定好转。28日，市政府办公室印发《玉溪市人民政府办公室关于印发〈玉溪市2013年农村环境卫生综合整治实施方案〉的通知》，全面推进农村生态文明建设，切实加强全市农村环境卫生综合整治，促进城乡面貌迅速改变，建设美丽玉溪。29日，市政府办公室印发《关于进一步加强节能工作的意见》，要求各县区、市直有关单位采取切实可行的措施，确保完成全市2013年度节能目标任务。31日，市政府印发《关于进一步加强地质灾害防治工作的意见》，根据《云南省玉溪市地质灾害防治规划（2011～2020）》（修编）目标，力争到“十二五”期末，使受地质灾害直接威胁的人口数量较“十一五”期末减少25.29%、受威胁的资产减少45.89%，地质环境恶化的趋势基本得到控制。

6月3日，市政府印发《玉溪市人民政府关于印发玉溪市银政合作考核评价办法的通知》，加快推进玉溪经济社会发展，发挥财政资金杠杆作用，积极探索建立财政资金引导和撬动银行信贷资金的激励机制。9日，市政府印发《玉溪市人民政府关于抓重点企业重点项目抓重点环节促进当前工业经济平稳较快发展的意见》，挖掘工业潜力，提振增长速度，进一步做好重点企业发展工作，充分发挥重点企业带动作用。同日，市政府办公室印发《玉溪市人民政府办公室关于进一步明确玉溪市土地资源配置有关事项的通知》，强化市属投融资公司的市场主体地位，提高其融资投资能力。20日，市政府印发《玉溪市人民政府关于印发玉溪市自然灾害求助应急预案的通知》，健全完善应对突发重特大自然灾害应急救助体系和运行机制，规范自然灾害救助行为，不断提升全市防灾减灾救灾能力。同日，市政府办公室印发《玉溪市人民政府办公室关于印发玉溪市“十二五”控制温室气体排放工作实施方案的通知》，围绕控制温室气体排放的重点领域，通过调整优化能源结构、合理控制能源消费，推进“绿色玉溪”建设、增加碳汇，加快调整产业结

构，强化节能和提高能效，控制工业生产过程、农业和废弃物处理领域温室气体排放，加强高排放产品节约与替代等多种手段，有效控制温室气体排放。

7月4日，市政府办公室印发《玉溪市人民政府办公室关于印发玉溪市应急体系建设“十二五”规划的通知》，针对自然灾害、事故灾难、公共卫生事件和社会安全事件四类突发公共事件，坚持预防与处置并重，常态与非常态结合，整合优势应急资源，坚持以人为本，以提升预防和处置能力为核心，着力加强监测预警、应急处置、应急保障、恢复重建等能力建设，构建完善全市应急体系。5日，市政府印发《玉溪市人民政府关于进一步加强矿产资源勘查开发管理的意见》，加强矿政管理，规范全市矿产资源的勘查、开发利用，有效保护矿产资源，促进矿业秩序的根本好转和矿业经济的持续健康发展，有力支撑矿电产业，提高矿产资源对经济社会发展的持续保障能力。8日，市政府办公室印发《玉溪市人民政府办公室关于切实做好森林资源保护禁止毁林开垦的通知》，要求各级各有关部门必须充分认识毁林开垦造成森林资源破坏带来的危害性、修复良好生态的艰巨性，始终把保护和发展森林资源列入政府的重要议事日程，层层落实责任制和行政首长负责制，做到守土有责，坚决遏制毁林开垦，切实增强保护和利用森林资源的责任意识、大局意识、长远意识。16日，市政府印发《玉溪市人民政府关于开展第一次可移动文物普查的通知》，准确掌握和科学评价文物资源情况和价值，建立文物登记备案机制，健全文物保护体系，加大保护力度，扩大保护范围，保障文物安全。同日，市政府办公室印发《玉溪市人民政府办公室关于印发玉溪市2013年食品安全工作要点的通知》，推进全市食品安全监管体制机制进一步完善，各食品安全监管部门的责任进一步明确，监管力度进一步加大，食品行业诚信经营意识和自律机制得到进一步加强，食品安全违法违规行为得到进一步遏制，人民群众对食品安全的满意度进一步提高，食品安全工作更趋规范化、制度化和法制化。19日，市政府印发《玉溪市市本级财政资金审批管理办法的通知》，加强预算支出管理，进一步健全完善财政资金审批制度，促进财政资金管理工作的规范化、制度化和法制化，确保财政资金合理有效使用。29日，市政府印发《玉溪市人民政府关于进一步开放规划和建筑设计市场的意见》，进一步营造统一开放、公平公正、竞争有序的规划、建筑设计市场，不断提升全市各项设计水平和城市建设品位，打造宜居宜业宜行的现代宜居生态城市。

8月8日，市政府印发《玉溪市人民政府关于印发加快装备制造产业发展的指导意见的通知》，进一步统一思想，提高认识，紧紧抓住国内外产业转移与国家振兴装备制造业机遇，立足西南区域市场，面向东南亚、南亚等国际市场，把加快发展装备制造业摆在重要位置，采取有力措施，扬长避短，集中力量，促进装备制造业跨越发展。13日，市政府办公室印发《玉溪市人民政府办公室关于印发玉溪市2013年抚仙湖沿岸蓝莓种植实施方案的通知》，将发展蓝莓种植与抚仙湖环境保护、调整农业产业结构、减少农业面源污染、增加农民收入紧密结合起来，充分利用气候优势、区位优势，以市场为导向，以科技为支撑，以合作组织和龙头企业为主导，以市抚仙湖保护开发投资公司为龙头，动员沿岸三个县广大农户积极参与，采取信贷贴息扶持措施，集约化、规范化、标准化发展蓝莓种植，推进抚仙湖沿岸农业农村经济生态、高效发展。14日，市政府印发《玉溪市人民政府关于印发玉溪市美丽100校园行动计划暨中小学校舍安全工程实施方案的通知》，通过实施美丽100校园行动计划暨中小学校舍安全工程，打造安全校舍和百余所布局合理、结构安全、环境优美、设施齐全的美丽校园，进一步促进教育均衡、协调发展，充分满足广大人民群众上好学的需求 。21日，市政府办公室印发《玉溪市人民政府办公室关于进一步加强全市婴幼儿配方乳粉质量安全工作的实施意见》，加强婴幼儿配方乳粉质量安全工作为突破口，重塑消费者对国产乳粉的信心。通过强化监管、综合施策，全面提高全市婴幼儿配方乳粉质量安全水平，维护人民群众切身利益。26日，市政府印发《玉溪市人民政府办公室关于推进县级公立医院综合改革工作的指导意见》，切实维护县级公立医院公益性质，构建目标明确、布局合理、规模适当、结构优化、层次分明、功能完善、富有效率的公立医院服务体系，为群众提供安全、有效、方便、价廉的医疗卫生服务，努力解决县域居民看病就医问题。27日，市政府办公室印发《玉溪市人民政府办公室关于进一步深化殡葬改革的意见》，要求各县区、各有关部门要从战略和全局的高度充分认识推进殡葬改革重要性，提升政府社会事务管理和公共服务水平，采取切实有效措施，真正把殡葬改革作为民生工程、德政工程扎实推进，促进殡葬事业科学发展。30日，市政府印发《玉溪市人民政府关于印发玉溪市市本级财政结转结余资金管理办法的通知》，切实加强市本级财政结转结余资金管理，优化财政资源配置，提高资金使用效益，增强市政府宏观调控能力。同日，市政府印发《玉溪市人民政府关于改善中心城区空气质量加快推进企业“退二进三”工作的实施意见》，优化产业布局，实现产业转型升级和可持续发展，全面提升全市中心城区环境空气质量，改善城区人居环境。

9月4日，市政府办公室印发《玉溪市人民政府办公室关于印发玉溪市保障性住房分配工作方案》，切实做好保障性住房分配工作，解决好全市城镇中低收入家庭住房困难问题，推进城乡统筹协调发展。10日，市政府办公室印发《玉溪市人民政府办公室关于进一步加强财税工作的通知》，保证全市经济社会事业持续健康发展，要求全市各级政府各部门都必须高度重视财税工作，进一步认清形势，统一认识，克服困难，努力增收节支，开源节流，以财税工作的新突破，促进全市经济的跨越发展和社会事业的全面进步。16日，市政府办公室印发《玉溪市人民政府办公室关于印发玉溪市地震应急预案的通知》，依法科学统一、有力有序有效地实施地震应急工作，最大程度减少人员伤亡和经济损失，维护社会正常秩序。23日，市政府办公室印发《玉溪市人民政府办公室转发省人民政府办公厅关于进一步做好农民负担监管工作意见的通知》，要求各县区和各有关部门高度重视，切实加强组织领导，坚持实行减轻农民负担“一票否决”制度，完善减负工作长效机制，加大检查监督力度，切实维护农民合法权益，防止农民负担反弹，确保农民负担监管工作的各项减负惠农政策落到实处。

10月12日，市政府印发《玉溪市人民政府关于公布第三批市级非物质文化遗产新增名录的通知》，按照

"保护为主、抢救第一、合理利用、传承发展"的工作方针，对列入保护名录的非物质文化遗产项目，制定保护规划，明确目标责任，落实各项措施，传承和弘扬民族优秀传统文化。16日，市政府印发《玉溪市人民政府关于印发〈关于促进当前经济平稳较快发展重点工作任务分解方案〉的通知》，着力解决当前经济运行中存在的突出困难和问题，确保经济平稳较快发展，圆满完成全年各项目标任务。17日，市政府印发《玉溪市人民政府关于进一步加强水文工作的实施意见》，全面推进全市水文工作的发展，充分发挥水文在政府决策、经济社会发展和社会公众服务中的重要基础作用。18日，市政府印发《玉溪市人民政府关于加强机动车排气污染防治工作的意见》，进一步加强机动车排气污染防治，改善空气环境质量，建立完善全市机动车排气污染防治管理机制，进一步提升全市机动车排气污染防治水平。同日，市政府办公室印发《玉溪市人民政府办公室关于进一步规范加强中心城区文明施工管理的通知》，努力营造依法施工、文明施工的良好氛围。

11月5日，市政府印发《关于鼓励社会资本进入医疗服务市场促进民营医院健康发展的实施意见》，鼓励和引导社会资本发展玉溪市医疗服务市场，进一步加快民营医院发展，形成多元办医格局，完善医疗服务体系，缓解群众"看病难、看病贵、看病挤"问题，满足广大人民群众日益增长的多层次医疗保健服务需求。6日，市政府办公室印发《玉溪市人民政府办公室关于印发玉溪市推进民族团结进步边疆繁荣稳定示范区建设四个示范点创建方案的通知》，决定从2013年开始，用3年时间，结合"美丽家园"行动，实施示范区建设"四个一"示范点创建工程，按照"有基础、有特色、能示范、群众积极性高"的原则，选择1个县、1个乡（镇）、100个自然村（社区）、1 000户农户作为示范点，以点带面、推动全局。14日，市政府办公室印发《玉溪市人民政府办公室关于印发玉溪市城乡居民最低生活保障审核审批办法（试行）的通知》，规范最低生活保障审核审批工作，提高社会救助管理水平。20日，市政府办公室印发《玉溪市人民政府办公室关于加强创业小额贷款财政贴息资金管理的通知》，确保全市创业贷款贴息资金能及时拨付给承贷银行，发挥财政贴息资金支持创业促进就业的作用，提高财政贴息资金的使用效益。21日，市政府办公室印发《玉溪市人民政府办公室关于贯彻落实〈云南省少数民族语言文字工作条例〉的通知，要求各县区、各有关单位贯彻《云南省少数民族语言文字工作条例》，及时规范、修订和完善有关政策规定，做好民族语言文字规范化、标准化及健康发展工作，注重培养和配备通晓国家通用语言文字和少数民族语言文字的国家工作人员和各类专业人才，支持少数民族地区的学校在学前和小学教育阶段开展双语教学，依法保障少数民族语言文字在相关领域的应用；加大对开展少数民族语言文字工作的经费支持力度，以保障关于少数民族语言文字的政策法规得到全面贯彻落实。22日，市政府印发《玉溪市人民政府关于加快餐饮业发展的实施意见》，着力打造玉溪美食文化名城，全面推进玉溪餐饮业规模化、品牌化、特色化、规范化、产业化、大众化，促进餐饮业的优化升级，拓宽产业空间，吸纳更多人就业，推动餐饮业健康有序发展。同日，市政府印发《玉溪市人民政府关于进一步加强老龄工作的意见》，进一步做好全市老龄工作，推进老龄事业加快发展。

12月10日，市政府印发《玉溪市人民政府关于2013年11～12月规模以上固定资产投资目标任务分解的通知》，确保完成全市规模以上固定资产投资增长40%以上、力争增长60%的目标，全面完成全年固定资产投资任务。13日，市政府印发《玉溪市人民政府关于做好2013年农村危房改造工作的实施意见》，进一步加强农村危房改造工作，不断提高农村危房改造水平，切实保障和改善民生，促进全市经济社会的可持续发展。25日，市政府办公室印发《玉溪市人民政府办公室关于切实做好80周岁及以上高龄老人保健补助发放管理工作的通知》，决定从2014年起，将有离退休金收入的80周岁及以上老年人也纳入高龄保健补助范围。26日，市政府办公室印发《关于切实做好2014年森林防火工作的通知》，立足于早准备、早安排、早部署、早行动，确保不发生重特大森林火灾和不出现人员伤亡，确保森林资源安全，确保群众生命财产安全。27日，市政府办公室印发《玉溪市人民政府办公室关于重视网上群众关注民生事项的通知》，进一步重视群众关注的民生问题，并采取积极有效措施，切实解决群众网络上反映的实际问题和合理诉求。31日，市政府印发《玉溪市人民政府关于进一步加强和改进消防工作的通知》，进一步提升全市火灾防控和灭火应急救援能力，不断提高公共消防安全水平，有效预防火灾和减少火灾危害。同日，市政府印发《玉溪市人民政府关于组建玉溪市食品药品监督管理局的通知》，切实推进全市改革完善食品药品监督管理体制各项工作。同日，市政府印发《玉溪市人民政府关于开展县乡村医疗服务一体化管理的指导意见（试行）》，推进医药卫生体制改革，整合县域医疗服务资源，切实加强基层卫生服务能力建设，逐步缩小城乡医疗服务的差距，提高农民群众获得基本公共卫生服务和基本医疗服务的可及性。

【重要决定事项】 2013年1月8日，市政府批复市粮食局，同意2013年度市级储备粮轮换计划，同意2013年度轮换市级储备粮791万千克。并要求按照《玉溪市市级储备粮管理办法》的规定，认真做好储备粮采购工作，确保年度市级储备粮轮换工作顺利完成。28日，市政府批复通海、元江县人民政府，原则同意县城集中供水水源地保护区的划分范围和集中供水水源地保护区的水质保护目标。并请按照饮用水水源地保护区划分和水质保护目标要求，采取有效措施，保护饮用水水源地，保障好人民群众的饮用水安全。

3月21日，市政府批复市农业局，同意提高2013年村民一事一议筹资筹劳上限额和以资代劳工价标准，将2013年人均筹资上限标准提高为：红塔区90元、通海县90元、江川县76元、澄江县60元、华宁县75元、易门县60元、峨山县60元、新平县60元、元江县50元。年筹劳上限标准：每个劳动力筹劳不超过10个。以资代劳工价标准提高为：全市统一标准为每个工日（8小时）60元。

4月19日，市政府批复市环保局，同意实施玉溪市重金属污染综合防治"十二五"规划，采取切实有效措施，抓好《规划》的组织实施和监督检查工作，完成规划确定的65个重点项目，确保到2015年实现《规划》确定的环境绩效目标、环境质量目标、污染控制及监督目标。要求各县区产业布局必须符合《规划》要求。各县

区人民政府是其辖区内重金属污染综合防治工作的责任主体，市直有关部门要按照职能职责对做好重金属污染防治给予密切配合，大力支持，做好指导。要按照《规划》要求，制定实施方案，分解工作任务，多方筹措资金，抓好规划项目的组织实施，确保规划目标圆满完成。25日，市政府批复市交通运输局，原则同意《玉溪市2013年市际客运班线及非定线旅游客运运力年度发展计划》，并按省交通运输厅要求及时上报，积极争取列入省交通运输厅市际班线年度发展计划。加强与玉溪市计划新增的客运班线所涉及的地州（市）的沟通协调工作，保持客运市场稳定有序。并按省交通运输厅审定的计划组织实施。

5月9日，市政府批复市林业局《玉溪市林业局关于中心城区东近面山美化工程规划设计采取单位自行采购确定规划设计单位的请示》，原则同意市林业局采取单位自行采购的方式确定规划设计单位，市财政局配合办理相关手续。14日，市政府印发《玉溪市人民政府关于对玉溪大红山矿业有限公司“3·3”高处坠落较大生产安全事故的处理决定》，同意《报告》对事故原因、事故性质及事故类别的认定；同意《报告》提出的对责任单位、责任人员的责任划分及处理意见，经济处罚由玉溪市安全生产监督管理局依法按照有关规定执行；同意《报告》提出的整改意见，请认真落实各级安全生产责任制，加强安全生产管理，防止类似事故发生，确保人民群众生命财产安全。21日，市政府批复市发改委，原则同意《玉溪市城镇污水处理及再生利用设施建设“十二五”规划》、《玉溪市城镇生活垃圾无害化处理设施建设“十二五”规划》，请认真组织实施，充分发挥《规划》的指导作用，认真做好与中央、省有关政策和部署的衔接工作。《规划》若发生重大变更，要严格按程序报批。23日，市政府批复易门县人民政府，同意将易门县列为市级循环经济示范试点县，并按照循环经济试点相关要求开展工作。抓住滇中产业新区建设和资源枯竭城市转型发展的机遇，转方式、调结构，严格按照试点示范县实施方案认真组织实施，全力推进循环经济建设。28日，市政府批复中共玉溪市委党校，同意实施中共玉溪市委党校改扩建工程建设项目。因项目建设在飞井海水库饮用水水源二级保护区内，必须严格遵守《中华人民共和国水污染防治法》，严格按批复的水土保持方案及环评报告的要求落实各项措施，做到校内生活污水不外排，确保项目建设不对飞井海水库水质产生影响。位于玉溪九龙池省级风景名胜区，项目建设要严格执行《风景名胜区条例》和《云南省风景名胜区条例》规定，不得对九龙池风景名胜区景观造成影响，按基本建设程序组织实施。

6月17日，市政府批复市土地储备中心，同意成立玉溪市土地矿产开发投资经营有限公司。该公司是具有独立法人资格的市属国有独资企业，是自负盈亏的经济实体。同意公司名称为：“玉溪市土地矿产开发投资经营有限公司”。公司注册资本及出资方式：由市财政注资3亿元人民币作为注册资本。公司股权结构：玉溪市土地矿产开发投资经营有限公司占100%股权。公司经营范围确定为：负责全市范围内授权土地一级开发整理工作，全市范围内土地开垦整理及低丘缓坡综合开发利用工作，全市范围内属于市级范围内探矿权、采矿权的统筹利用和经营，全市范围内“三旧改造”及棚户区改造回迁安置房建设，以及市政府授权范围内的其他工作。由土地储备中心指导做好公司组建的相关工作，推进公司实施运作。

7月15日，市政府批复江川县、通海县人民政府，原则同意《星云湖流域环境综合整治方案》，同意实施星云湖流域水污染综合防治“十二五”规划项目17项，总投资61 513万元；规划外项目8项，总投资23 698万元。同意实施时间为2013～2015年，到2015年底，星云湖水体水质达到V类水质标准，力争达到地表水IV类水质标准。原则同意《杞麓湖流域环境综合整治方案》，同意实施杞麓湖流域水污染综合防治“十二五”规划项目14项，总投资87 096万元；规划外项目6项，总投资19 300万元。实施时间为2013～2015年，到2015年底，杞麓湖水体水质达到地表水V类水质标准，力争达到IV类水质标准。在抓好工程措施的同时，做好拆临拆违、拆大棚工作，巩固河（段）长责任制，加强城乡环境综合整治，定期开展清洁田园、村庄、湖滩、河道“四清”保洁活动，加大工业点源治理与监管力度，促进种植业结构调整，强化舆论监督，构建美丽江川、美丽通海。统筹抚仙湖和星云湖、杞麓湖的保护治理与开发工作，推进环保基础设施建设运营市场化工作，筹措更多的资金投入星云湖、杞麓湖保护治理。19日，市政府批复玉溪研和工业园区管委会，原则同意研和工业园区2013年经济发展主要指标任务按核心片区2012年实际数进行调整测算，工业总产值按45%增速测算，考核目标为158.4亿元；规模以上工业增加值按40%增速测算，考核目标为20.8亿元；规模以上固定资产投资按50%增速测算，考核目标为30.3亿元；工业投资按50%增速测算，考核目标为20.3亿元。

8月27日，市政府批复玉溪市工业和信息化委员会，原则同意《玉溪市钢铁企业兼并重组方案》，市内钢铁企业经兼并重组后组建云南玉溪钢铁集团有限公司，指导企业及时召开发起人会议和股东大会，制定公司章程，按照现代企业制度完善法人治理结构，督促企业依法经营。其他相关部门要积极支持办理有关手续，确保兼并重组工作稳步推进。

9月29日，市政府批复市质量技术监督局关于《玉溪市中医医院“5·16”电梯井道人员坠落一般事故调查报告》，责令玉溪市中医医院和昆明苏帝电梯有限公司及有关责任人向有关部门写出深刻的书面检查，同意由玉溪市质量技术监督局红塔区分局依据有关法律法规的规定，对责任单位及责任人给予行政处罚，并将结果报事故调查组，同意由卫生主管部门根据相关的规定对玉溪市中医医院的相关责任人进行批评教育和必要的处理，并将情况报事故调查组，同意由玉溪市中医医院根据相关的规定对本单位相关责任人进行处理，并将情况报事故调查组。

11月11日，市政府批复澄江县人民政府，原则同意《云南省澄江寒武纪乐园总体规划》。规划总用地面积712.92公顷，总投资157.82亿元，建设周期5～8年（2013～2020年）。该规划的实施要加强与《抚仙湖—星云湖生态建设与旅游改革发展综合试验区总体规划》的衔接，遵守《云南省抚仙湖保护条例》、抚仙湖保护治理和开发建设等相关规定和要求。要把澄江化石遗产地和抚仙湖环境保护放在首位，严格落实环评和水保措施，加强工程建设中地质灾害防治和防汛工作。由于规划范围内涉及村庄，要对规划区内的村庄建设内容开展进一步的分析研究，并在规划实施过程中加以完善。要严格规划的实施和管理，切实维护总体规划的严肃性、权威性，若需调整需按规定程序报批。12日，市政府批复市发展改革委，原则同意将玉溪市中心城区出租汽车运营价格试行标准转为正式执行标准，进一步做好玉溪市中心城区出租汽车运营价格的补充完善工作，并配合玉溪市交通运输局做好出租汽车运营市场秩序管理工作。22日，市政府批复市公安局，原则同意《关于玉溪市中心城区机动车排气污染环保检测的建站方案》。以市场化方式建设，并以竞争性谈判方式确定投资主体。同意建站地点、建设规模、投资规模方案。请市公安局、市环保局指导和督促项目业主做深做细做实项目前期工作，严格按照基本建设程序加快推进建设工作。请市级相关部门密切配合，为项目建设提供高效优质服务，抓好方案落实，确保项目按期建成。

12月3日，市政府批复玉溪高新区管理委员会《关于设立玉溪高新区投资开发有限公司的请示》收悉，经市人民政府研究，同意设立玉溪高新区投资开发有限公司。公司名称为玉溪高新区投资开发有限公司，属国有独资有限责任公司。注册资本金40 000万元由玉溪高新区管理委员会出资组建，要遵照国家投资开发管理的有关规定，对高新区的相关项目进行投资开发，公司自营业务运作遵循“自愿公平、防范风险、安全稳健、市场运作”的原则，对高新区管委会委托业务遵循“谁委托、谁承担偿付责任”的原则。公司为独立的经济实体，依据《公司法》实行自主经营、独立核算，自负盈亏。

【市政府常务会议】2013年1月15日，市政府召开第三届市人民政府第九十四次常务会议。主要内容：1. 学习贯彻市委工作会议精神，研究安排当前工作。2. 研究2012年财政决算基本情况和2013年财政收支预算安排建议。会议原则同意市财政局提出的2013年财政收支预算建议方案，进一步修改完善，报市委常委会议研究后按程序办理。

3月5日，召开第三届市人民政府第九十五次常务会议。主要内容：1. 研究市政府领导分工调整。2. 研究《政府工作报告（讨论稿）》、《关于玉溪市2012年国民经济和社会发展计划执行情况与2013年国民经济和社会发展计划草案的报告（讨论稿）》、《关于玉溪市2012年地方财政预算执行情况和2013年地方财政预算草案的报告（讨论稿）》起草情况。会议原则同意《政府工作报告（讨论稿）》、《关于玉溪市2012年国民经济和社会发展计划执行情况与2013年国民经济和社会发展计划草案的报告（讨论稿）》、《关于玉溪市2012年地方财政预算执行情况和2013年地方财政预算草案的报告（讨论稿）》，市政府办公室、市发改委、市财政局要按照会议讨论的意见，抓紧对三个报告进行认真修改完善，尽快报送市委常委会议研究。28日，召开第四届市人民政府第一次常务会议。主要内容：专题研究政府领导工作分工。

5月4日，召开第四届市人民政府第二次常务会议。主要内容：1. 研究《玉溪市人民政府工作规则（送审稿）》起草情况。会议原则同意《玉溪市人民政府工作规则（送审稿）》，进一步修改完善后，以市政府文件印发执行。2. 研究在社区（村委会）设立民政信息员有关情况。会议决定在全市694个社区（村委会）各设立一名兼职民政信息员，由社区（村委会）监督委员会负责统筹落实人员、明确工作职责，抓好灾情统计报送、城乡低保管理、民政政策宣传等工作。3. 研究《玉溪市加快推进生物医药产业跨越发展指导意见（送审稿）》起草有关情况。会议原则同意《玉溪市加快推进生物医药产业跨越发展指导意见（送审稿）》。4. 研究《中共玉溪市委玉溪市人民政府加强森林火灾防控确保森林资源安全的意见（送审稿）》起草有关情况。会议原则同意《中共玉溪市委玉溪市人民政府关于加强森林火灾防控确保森林资源安全的意见（送审稿）》，进一步修改完善后报请市委常委会研究。5. 研究为市抚投公司配置政府性资源有关情况。会议原则同意市抚投公司关于配置政府性资源的建议，抓紧修改完善，形成决定报请市委常委会研究。6. 研究《玉溪市抚仙湖—星云湖生态建设与旅游改革发展综合试验区产业督导协调组组建方案》。会议原则同意《玉溪市抚仙湖—星云湖生态建设与旅游改革发展综合试验区产业督导协调组组建方案》，报请市委常委会研究；关于机构设置、人员编制等问题，由督导协调组提出具体方案，报市编委研究。7. 研究《第三届中国聂耳音乐（合唱）周系列活动策划方案》。会议原则同意《第三届中国聂耳音乐（合唱）周系列活动方案》，报请市委常委会研究。8. 研究给予胡本通行政开除处分有关情况。会议同意给予胡本通行政开除处分，市人力资源和社会保障局按人事管理相关程序办理行政开除手续。9. 听取向市属投融资公司暂借项目建设资金有关情况的通报。23日，召开第四届市人民政府第三次常务会议。主要内容：1. 研究解决中小学代课教师问题和原民办教师遗留问题有关情况。会议原则同意《关于妥善解决中小学代课教师问题和原民办教师遗留问题的实施意见（送审稿）》，进一步修改完善，报市委常委会研究通过后，尽快发文执行。2. 研究玉溪市“三五”依法治市规划实施和“四五”依法治市规划起草有关情况。会议原则同意《玉溪市第四个五年依法治市规划（2013～2017年）（草案）》，认真修改完善后，报市委常委会议研究，按程序提请市人大常委会审议，通过后发文执行。3. 研究红塔区平战结合人防工程项目有关情况。会议同意成立由陈勇常务副市长任组长、明正彬副市长任副组长的项目协调推进领导小组，负责组织协调相关职能部门搞好服务，确保项目建设顺利进行。4. 研究给予冯丽行政开除处分有关情况。会议同意给予冯丽行政开除处分，由市人力资源和社会保障局按照程序办理手续。5. 研究《进一步明确玉溪市土地资源配置有关事项的通知》起草情况。会议原则同意《关于进一步明确玉溪市土地资源配置有关事项的通知》，报市土地储备委员会审定。6. 研究《玉溪市人民政府银政合作考核评价办法（送审稿）》起草情况。会议原则同意《玉溪市人民政府银政考核管理办法》，尽快发文执行。7. 研究市政府机关过渡性办公用房搬迁情况。会议原则同意《市政府机关过渡性办公用房搬迁方案》，同意向市委上报《市人民政府关于搬迁市政府机关过渡性办公用房的请示》。8. 研究呈报批准李红星、金云祥、马富良三位同志为烈士有关情况。会议同意由市人民政府报请省人民政府批准李红星、金云祥、马富良三位同志为烈士，由市民政局和县区政府做好对烈士家属的抚恤工作。9. 研究全市安全生产工作情况。会议同意玉溪高新区安全生产监管由红塔区人民政府负责。

6月3日，召开第四届市人民政府第四次常务会议。主要内容：1. 研究《中共玉溪市委玉溪市人民政府关于推进美丽家园行动的意见》（送审

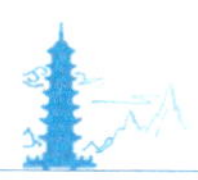

稿）起草情况。会议原则同意《关于推进美丽家园行动的意见》，进一步修改完善后，报市委常委会议研究。2. 研究组建驻京联络处工作情况。会议原则同意市政府办与玉昆钢铁集团有限公司《合作协议》（送审稿），由市政府法制办把好法律条款关，进一步修改完善后，报市委常委会议研究。3. 研究《晋江高速公路项目合作框架协议》有关情况。会议原则同意《晋江高速公路项目合作框架协议》，同意采取资本金BT模式建设晋江高速公路。4. 听取进一步加强地质灾害防治工作有关情况的通报。5. 研究调整城市基础设施配套费有关情况。会议原则同意调整城市基础设施配套费征收标准，同意将征收范围扩大到全市。由市发改委、市财政局按程序上报省物价局和省财政厅审批。17日，召开第四届市人民政府第五次常务会议。1. 研究部署全市安全生产大检查工作。会议原则同意《玉溪市人民政府关于集中开展安全生产大检查的通知》，进一步修改完善后以市政府文件下发，认真组织实施；同意召开全市安全生产大检查动员会议，由解仕清副市长牵头，抓紧筹备尽快召开；原则同意增加安全生产专项经费，由市安监局和市财政局进一步研究后，提出意见按程序报批。2. 研究华宁大龙潭引水工程项目推进情况。会议原则同意“十二五”期间新增建设玉溪市东片区暨“三湖”生态保护水资源配置应急工程，市水利局为责任单位，玉溪市抚仙湖水务管理有限责任公司为项目业主；同意采取工程总承包加BT模式建设该工程。26日，召开第四届市人民政府第六次常务会议。主要内容：1. 研究《玉溪市人民政府关于进一步开放规划和建筑设计市场的意见（送审稿）》。会议原则同意《玉溪市人民政府关于进一步开放规划和建筑设计市场的意见》，进一步修改完善后，以市政府文件下发。2. 研究《2013年新型农村合作医疗中央增资后玉溪市补助标准调整方案》。会议原则同意市卫生局提出的《2013年新型农村合作医疗中央增资后玉溪市补助标准调整方案二》，即按要求如数增加中央、省级财政补助和个人缴纳标准，县区财政配套维持2012年标准不变，市级财政补助在2012年标准上适当下调，人均筹资标准达400元。3. 研究《中共玉溪市委玉溪市人民政府关于推进民族团结进步边疆繁荣稳定示范区建设的实施意见（送审稿）》。会议原则同意《中共玉溪市委玉溪市人民政府关于推进民族团结进步边疆繁荣稳定示范区建设的实施意见》，进一步修改完善后，报市委常委会议研究。4. 研究《玉溪市红塔区新增出租汽车投放计划》。会议原则同意《玉溪市红塔区新增城市出租汽车投放计划》。5. 研究《玉溪市中小学校舍安全工程美丽100校园行动计划实施方案（送审稿）》。会议原则同意《玉溪市中小学校舍安全工程美丽100校园行动计划实施方案》，进一步修改完善后，报市委常委会议研究。6. 研究《玉溪市红塔区国有土地收回收购和房屋征收补偿办法》及《玉溪市红塔区集体土地和房屋征收补偿安置办法》。会议原则同意《玉溪市红塔区国有土地收回收购和房屋征收补偿办法》及《玉溪市红塔区集体土地和房屋征收补偿安置办法》，进一步修改完善后，按照规范性文件管理有关规定，报市政府法制办审查、登记、备案后，由红塔区政府发布并组织实施。

7月5日，召开第四届市人民政府第七次常务会议。主要内容：1. 研究《玉溪市市本级财政资金审批管理办法》。会议同意通过《玉溪市市本级财政资金审批管理办法》，以市政府文件印发，认真组织实施。2. 研究开展《玉溪市中心城区城市设计》工作有关情况。会议同意启动玉溪市中心城区城市设计工作，由市规划局牵头、有关部门参与组成谈判小组，与上海优德达城市设计咨询有限公司谈判达成一致意见后，由市规划局委托该公司开展设计工作。3. 研究昆玉铁路扩能改造工程玉溪西至哨坡隧道进口段预留交通通道需增加投资有关情况。会议原则同意市铁建办代表市政府，在不超出审计增加投资范围内，与铁路建设方开展委托承建协议等前期工作。预留17个交通通道建设所需资金，由市开发投资公司融资解决。4. 研究盘活市直农业系统房地产资产建设市农产品质量安全检验检测中心及现代农业服务中心有关情况。会议原则同意《玉溪市农产品质量安全检验检测中心及现代农业服务中心建设方案》，由副市长李平牵头召集市农业局等相关部门再作调研，进一步修改完善后，报市政府研究。23日，召开第四届市人民政府第八次常务会议。主要内容：1. 研究《玉溪市贯彻落实云南省“产业建设年”三年行动计划实施意见（讨论稿）》。会议原则同意《玉溪市贯彻落实云南省“产业建设年”三年行动计划实施意见》，进一步修改完善、报请市委常委会研究通过后，以市委、市政府文件下发实施。同意成立玉溪市人民政府产业建设年领导小组和指导组。2. 研究《玉溪市市委党校改扩建工程项目采用BT模式融资建设方案》。会议原则同意《玉溪城市建设投资集团有限公司关于玉溪市市委党校改扩建工程项目采用BT模式融资建设方案》。3. 研究2012年行政效能建设目标考评结果。会议原则同意新平县等六个县区为2012年度行政效能建设先进县区；市国土资源局等20个部门为2012年度行政效能建设先进市直部门。同意市财政安排2012年度行政效能建设表彰奖励经费，由市财政局审核后按程序办理。4. 研究《玉溪市人民政府办公室关于进一步深化殡葬改革的意见（讨论稿）》。会议原则同意《玉溪市人民政府办公室关于进一步深化殡葬改革的意见》，进一步修改完善后，以市政府办文件下发实施。5. 研究开展玉溪市第五届双拥模范城（县）命名表彰活动及申报云南省第九届双拥模范城（县）命名表彰工作。会议原则同意市双拥办提出的关于开展玉溪市第五届双拥模范城（县）命名表彰活动及申报云南省第九届双拥模范城（县）命名表彰工作的方案，进一步修改完善后，报市委常委会研究。同意启动申报云南省第九届双拥模范城相关工作。6. 研究《玉溪市加快装备制造产业发展的指导意见（送审稿）》。会议原则同意《玉溪市加快装备制造产业发展的指导意见》，进一步修改完善后，以市政府文件下发实施。7. 研究《晋宁至红塔区高速公路建设项目合作框架协议（BOT）》有关情况。会议原则同意《晋宁至红塔区高速公路建设项目合作框架协议（BOT）》，进一步修改完善、报市委常委会研究通过后，按相关规定和程序报请市人大常委会批准，相应财政资金支出列入年度财政预算问题，请市财政局结合各投融资公司实体化运作和资源配置情况研究提出意见。

8月16日，召开第四届市人民政府第九次常务会议。主要内容：1. 研究《玉溪市市本级财政结转结余资金管理办法》。会议原则同意《玉溪市市本级财政结转结余资金管理办法》，进一步修改完善后以市政府文件印发实施。2. 研究解决市政府大院危房办公单位过渡性办公用房租赁经费。会议原则同意市政府办提出的关于解决市政府大院危房办公单位过渡性办公用房租赁经费的请示，按相关程序报批。3. 研究玉溪市行政审批制度改革相关工作情况。会议原则同意通过取消和下放部分市级行政审批管理服务事项，进一步修改完善后以市政府文件印发实施。同意按照《行政许可法》和《政府信息公开条例》有关规定，由玉溪日报社和政府信息公开网站向社会公布清理改革结果，接受社会监督。同意将市行政审批制度改革工作牵头单位由市政府法制办调整到市委编办。4. 研究《玉溪市钢铁企业兼并重组方案》。会议原则同意《玉溪市钢铁企业兼并重组方案》，进一步修改完善后按有关程序报市政府批复后组织实施。原则同意市内钢铁企业兼并重组后组建云南玉溪钢铁集团有限责任公司。5. 通报省政府玉溪专题会暨抚仙湖保护治理现场会筹备情况。6. 市委副书记、市长饶南湖主持开展四届政府常务会集体法制学习活动。

9月27日，召开第四届市人民政府第十次常务会议。主要内容：1. 研究《玉溪市限价商品住房管理规定（送审稿）》。会议原则同意《玉溪市限价商品住房管理规定（送审稿）》，进一步修改完善后以市政府文件印发实施。2. 研究玉溪市2013年提高机关公务员津贴补贴水平实施情况。会议原则同意《玉溪市财政局玉溪市人力资源和社会保障局关于玉溪市2013年提高机关公务员津贴补贴水平实施情况的报告》。3. 研究玉溪市第三次全国经济普查工作有关情况。会议原则同意市统计局提出的《玉溪市第三次全国经济普查方案》，进一步细化完善。原则同意《玉溪市统计局关于开展玉溪市第三次全国经济普查所需经费的请示》，按程序报请市委常委会研究。4. 研究《玉溪市人民政府关于进一步加强水文工作的实施意见（送审稿）》。会议原则同意《玉溪市人民政府关于进一步加强水文工作的实施意见（送审稿）》，进一步修改完善后，以市政府文件下发实施。原则同意将水文工作纳入地方目标管理责任制考核，探索建立水文发展的稳定长效投入机制，在年度财政预算中安排一定数量的水文事业经费。5. 研究市国资公司参股新平磨盘山樱花庄园旅游开发有限公司有关情况。会议原则同意市国资公司按照《共同出资协议书》，以货币资金方式出资3 900万元投资参股新平磨盘山樱花庄园旅游开发有限公司。6. 研究玉溪市低丘缓坡开发利用试点工作有关情况。会议同意开展低丘缓坡试点项目考核工作，原则同意市国土资源局提出的考核方案。7. 研究红石高速公路建设项目玉溪市境内路段征地拆迁有关情况。会议同意征地拆迁工作、资金筹措及施工环境保障责任主体为新平县、元江县人民政府。同意由市政府与两县政府签订责任书，并由两县在规定时间内采取被征用土地作价入股的方式完成征地拆迁任务。同意地上附着物及青苗补偿费、拆迁安置补偿费、税费由市高等级公路有限责任公司负责筹措解决。同意由新平县、元江县在城市规划区内配置能覆盖上述费用的土地资源给玉溪市高等级公路有限责任公司。8. 研究《玉溪市抚仙湖资源保护费资金管理办法（送审稿）》。会议原则同意通过《玉溪市抚仙湖资源保护费资金管理办法》，进一步修改完善后，以市政府文件下发实施。9. 研究市抚投公司与云南建工集团签订合作协议有关情况。会议原则同意由抚投公司与云南建工集团签订《战略合作框架协议》，进一步修改完善后，报请市委常委会研究。10. 通报玉溪市东片区暨三湖生态保护水资源配置应急工程推进情况。

10月18日，召开第四届市人民政府第十一次常务会议。主要内容：1. 研究玉溪市2013年目标任务综合考评办法。会议原则同意通过《玉溪市县区2013年目标责任综合考评办法》、《玉溪市市直单位2013年目标责任综合考评办法》、《2013年综合考评奖励方案》，修改完善报市委常委会研究。同意玉溪市综合考评领导小组名单，玉溪市问责办公室加挂玉溪市综合考评办公室。2. 研究更新《玉溪日报》报印设备的有关事项。会议同意由市财政安排资金495万元专项用于报社印刷厂报印设备更新，不足部分由玉溪日报社自筹。3. 研究临违建筑拆除和城市改造建设国有集体土地征收与补偿工作程序制定情况。会议原则同意通过《临时建筑拆除程序》、《违法建筑拆除程序》、《国有土地上房屋征收与补偿工作程序》、《征收集体土地工作程序》，进一步完善后，以市政府法制办和市住建局联合发文。4. 研究《玉溪市绿化造林实施方案》。会议原则同意通过《玉溪市绿化造林实施方案（送审稿）》，进一步修改完善后，报市委常委会研究。5. 研究《玉溪市人民政府贯彻落实中华人民共和国农业技术推广法的意见》。会议原则同意通过《玉溪市人民政府贯彻落实中华人民共和国农业技术推广法的意见》，进一步修改完善后下发实施。6. 研究将中央电视台天气预报节目玉溪城市宣传经费纳入2014年财政预算有关事项。会议原则同意由市财政局安排2014年中央电视台《天气预报》栏目玉溪城市宣传费228万元，并在当年10月底前提前预拨。7. 研究《玉溪市鼓励社会资本进入医疗服务市场促进民营医院健康发展实施意见》。会议原则同意通过《玉溪市鼓励社会资本进入医疗服务市场促进民营医院健康发展实施意见》，进一步修改完善后下发实施。8. 研究红塔区西部山区农村公路建设方案。会议原则同意红塔区西部山区农村公路建设方案中提出的6条公路的建设方案。9. 研究《玉溪市争当全省生态文明建设排头兵实施意见》。会议原则同意《玉溪市争当全省生态文明建设排头兵实施意见》，进一步修改完善后，报市委常委会研究。24日，召开第四届市人民政府第十二次常务会议。主要内容：1. 研究《2013年市本级财政预算调整方案》。会议原则同意《2013年市本级财政预算调整方案》，报市委同意后，依法报市人大常委会审议。2. 研究《玉溪市人民政府关于加快餐饮业发展的实施意见》。会议原则通过《玉溪市人民政府关于加快餐饮业发展的实施意见》，进一步修改完善后下发实施；市财政局于2014年安排专项资金，用于鼓励支持餐饮业发展。3. 研究《关于大力培育发展社会组织加快推进现代社会组织体制建设的实施意见》。会议原则通过《中共玉溪市委玉溪市人民政府关于关于大力培育发展社会组织加快推进现代社会组织体制建设的实施意见》，进一步修改完善后，报市委常委会研究。4. 研究玉溪市城镇职工和居民基本医疗保险有关工作。会议原则同意《关于玉溪市城镇职工和居民基本医疗保险有关工作的报告》，进一步修改完善后，依法报请市人大常委会审议。5. 研究市政府机关过渡性办公用房保安大厦租赁有关事项。会议原则同意市财政按实际发生额安排市政府办公用房租赁经费。6. 通报2013年1～9月污染减排进展情况。

11月14日，召开第四届市人民政府第十三次常务会议。主要内容：1. 研究《玉溪市市属投融资公司管理人员薪酬管理办法（送审稿）》。会议原则同意《玉溪市市属投融资公司管理人员薪酬管理办法》；由常务副市长陈勇牵头，有关部门参与，进一步修改完善并制定绩效考核办法，考核办法要将阶段性考核与年度考核相结合，考核内容要包含融资和投资两方面内容，注重综合效益，原则同意国资委提出的考核年限时间计算方法。以市政府文件印发实施，先试行一年。2. 研究市国资公司与重庆德镁股权投资基金管理有限公司融资合作有关事项。会议原则同意市国资公司提出的《关于向重庆德镁股权投资基金管理有限公司融资美丽校园行动计划和校安工程建设资金的建议方案》，进一步修改完善后，报请市委常委会研究。3. 研究市城投集团公司与平安国际融资租赁有限公司融资合作有关事项。会议原则同意《玉溪城市建设投资集团有限公司与平安国际融资租赁有限公司融资方案》，进一步修改完善后，报请市委常委会研究。4. 研究玉溪市2012年、2013年保障性住房建设市级配套资金有关事项。会议决定关于廉租住房建设，2012年市级扣减各县区应上缴“先租后售”售房资金，即按销售已建成交付使用的廉租住房销售面积的30%后，再对县区进行补助。关于公共租赁住房建设，2012年和2013年均按实际建设规模进行配套，每平方米配套100元。2013年由市教育局承建的500套公共租赁房建设项目，市级不再配套资金。2011年由省城乡投玉溪分公司承建的研和工业园区3 500套公共租赁房建设项目、由市住投公司承建的北片区7 000套公共租赁房建设项目，市级不再配套资金。5. 研究全市第三轮禁毒人民战争阶段性工作。会议决定原则同意《玉溪市社区戒毒社区康复人员就业安置工作意见》，进一步修改完善通过后，以两办文件印发实施。禁毒办机构设置、人员配备事项报市编办专题研究后，按规定报请市编委会讨论。原则同意禁毒罚没收入扣除上解部分后，在年度财政预算中全额安排禁毒工作经费。6. 研究加强老龄工作的有关情况。会议决定原则同意《玉溪市人民政府关于进一步加强老龄工作的意见》，进一步修改完善后以市政府文件下发。同意市财政安排2012年至2013年居家养老服务设施配套建设资金。同意将玉溪市80周岁以上有离退休金收入的老年人纳入保健（长寿）补助范围。7. 研究通海县撤县设区工作有关情况。会议原则同意《玉溪市人民政府关于通海县撤县设区的请示》，报请市委常委会研究。

12月21日，召开第四届市人民政府第十四次常务会议。主要内容：1. 研究玉溪市人民政府与华为软件技术有限公司云计算数据中心合作协议。会议原则同意市政府与华为软件技术有限公司云计算数据中心合作协议，进一步修改完善后报市委研究。2. 研究《〈玉溪市国民经济和社会发展第十二个五年规划纲要〉执行情况的评估报告》。会议原则同意市发改委提出的《关于〈玉溪市国民经济和社会发展第十二个五年规划纲要〉执行情况的评估报告》和调整的主要指标，按照会议讨论意见进一步修改完善，报市委常委会议研究决定。市发改委按法定程序做好向市人大常委会报告的准备工作。3. 研究2014年经济和社会发展主要工作建议。会议原则同意市发改委提出的2014年全市经济社会发展预期目标和主要工作建议，进一步修改完善后报市委常委会议研究。4. 研究给予李瑞林、张耀力行政开除处分有关事项。会议决定同意给予李瑞林、张耀力行政开除处分，请组织人事部门按照有关规定办理。5. 研究2013年度全市社会管理综合治理工作及2014年工作安排。会议决定由市社管综治办代表市政府向市人大常委会报告平安法治建设工作情况。6. 研究《玉溪市开展县乡村医疗服务一体化管理指导意见（试行）》。会议原则同意通过《玉溪市开展县乡村医疗服务一体化管理指导意见（试行）》，进一步修改完善后报市委常委会研究。7. 研究晋宁至红塔区高速公路BOT项目特许权协议。会议原则同意《晋宁至红塔区高速公路BOT项目特许权协议》，进一步修改完善后报市委常委会研究。8. 研究《中共玉溪市委　玉溪市人民政府关于争当全省生态文明建设排头兵的实施意见》及《玉溪市争当全省生态文明建设排头兵五年行动计划（2013～2017年）》。会议原则同意通过《关于争当全省生态文明建设排头兵的实施意见》和《玉溪市争当全省生态文明建设排头兵五年行动计划（2013～2017）》，进一步修改完善后报市委常委会研究。9. 研究抚仙湖湖滨缓冲带一期工程融资事宜。会议原则同意制定出台《玉溪市人民政府关于抓好抚仙湖湖滨缓冲带退田退房退塘还湖一期工程建设项目有关事项的决定》，进一步修改完善后，以市政府文件下发实施。28日，召开第四届市人民政府第十五次常务会议。主要内容：1. 研究《玉溪市市属投融资公司管理实施细则（送审稿）》。会议原则同意通过《玉溪市市属投融资公司管理实施细则》，进一步修改完善后以市政府文件下发实施。2. 研究《中共玉溪市委　玉溪市人民政府关于推进“三农”金融服务改革创新的实施意见（送审稿）》。会议原则同意通过《关于推进“三农”金融服务改革创新的实施意见》，进一步修改完善后，报市委常委会研究。3. 通报全市粮食安全保障工作情况。4. 研究玉溪市北片区新医院建设方案。会议原则同意市卫生局提出的建设方案，由北京金大洋控股公司联合云南省医疗投资管理有限公司投资建设“玉溪西南国际医院＋健康产业园”，进一步修改完善方案后，报市委常委会研究。5. 研究澄江化石博物馆建设方案。会议原则同意澄江化石博物馆建设方案，进一步修改完善后，报市委常委会研究。6. 研究改革完善玉溪市食品药品监督管理体制有关事项。会议原则同意市委编办提出的改革方案，进一步修改完善报市编委会研究后，向市委常委会报告。7. 研究《玉溪市大化产业园区组建实施方案（送审稿）》。会议原则同意通过《玉溪市大化产业园区组建实施方案》，进一步修改完善后，报市委常委会研究。8. 研究《玉溪市贯彻〈中共云南省委　云南省人民政府关于建设旅游强省的意见〉实施意见（送审稿）》和《昆玉红旅游文化产业经济带玉溪行动计划（送审稿）》。会议原则同意通过《玉溪市贯彻〈中共云南省委　云南省人民政府关于建设旅游强省的意见〉实施意见》，进一步修改完善后，报市委常委会研究。原则同意组建玉溪市旅游发展委员会。原则同意通过《昆玉红旅游文化产业经济带建设玉溪行动计划》。9. 研究《玉溪市农村公益性公墓管理办法（送审稿）》。会议原则同意通过《玉溪市农村公益性公墓管理办法》，进一步修改完善后，以市政府文件下发实施。10. 研究《玉溪市人民政府关于化解产能过剩矛盾和转型发展的实施方案（送审稿）》。会议原则同意通过《玉溪市人民政府关于化解产能过剩矛盾和转型发展的实施方案》，进一步修改完善，报市委常委会研究通过后，以市政府文件下发实施。11. 研究规范挂职干部待遇管理有关事项。会议原则同意通过《关于规范挂职干部待遇管理有关问题的通知》，进一步修改完善后，报市委常委会研究。12. 研究《玉溪市抚仙湖—星云湖生态建设与旅游改革发展综合试验区项目保证金和抚仙湖保护治理专项资金管理使用办法（送审稿）》。会议原则同意通过《玉溪市抚仙湖—星云湖生态建设与旅游改革发展综合试验区项目保证金和抚仙湖保护治理专项资金管理办法》，进一步修改完善后下发实施。

【表彰奖励】 2013年1月6日，市政府办公室印发《玉溪市人民政府办公室关于兑现2012年烤烟生产组织奖励和烟叶工作责任状奖励的通知》，决定兑现2012年烤烟生产组织奖和烟叶工作责任状奖。对全市烤烟生产优秀单位给予表彰奖励。29日，市政府印发《玉溪市人民政府关于玉溪市第七次（2010~2011年度）哲学社会科学优秀成果奖励的决定》，决定对《山高人为峰—红塔文化管理最新发展》等12部著作、《缅甸与泰国的重要跨国民族—克伦人》等38篇论文、《玉溪培育特色产业集群促进就业研究报告》等10项调研报告进行奖励，以表彰2010~2011年度社科研究人员在科研方面取得的突出成就。

2月4日，市政府办公室委员会印发《中共玉溪市人民政府办公室委员会关于表彰2012年度市政府办先进党支部、优秀共产党员、优秀党务工作者的决定》。7日，市政府办公室印发《玉溪市人民政府办公室关于兑现2012年度农业工作目标责任状奖的通知》，决定对农民增收、粮食增产、畜牧贷款贴息和农村劳动力转移工作给予奖励。25日，市政府办公室印发《玉溪市人民政府办公室关于表彰2012年度全市政府系统政务信息工作先进单位和先进个人的通知》，对2012年度全市政府系统政务信息工作先进单位和先进个人进行表彰。

3月6日，市政府办公室印发《玉溪市人民政府办公室关于对贯彻执行云南省玉溪城市管理条例先进单位和先进个人给予表彰奖励的通报》，对在贯彻执行工作中做出突出贡献的红塔区人民政府、12个市直部门和市政府法制办李尊平等30名工作人员予以表彰奖励。同日，市政府印发《玉溪市人民政府关于表彰奖励2011年煤矿安全生产目标责任考核先进单位的决定》，根据市人民政府与相关县区人民政府签订的责任状，经严格考核，市政府决定对峨山县人民政府、华宁县人民政府、新平县人民政府、元江县人民政府给予表彰奖励。15日，市政府印发《玉溪市人民政府关于表彰玉溪市行政监察工作先进集体和先进个人的决定》，决定对红塔区监察局等15个先进集体和宋元刚等52名先进个人予以表彰。28日，市政府印发《玉溪市人民政府关于表彰奖励2012年荣获中国驰名商标云南省著名商标玉溪市知名商标地理标志证明商标企业及相关部门的决定》，决定对荣获中国驰名商标的“红塑”商标、新认定为云南省著名商标的“邦贝克”等22件商标、新认定为玉溪市知名商标的“星云湖畔”等23件商标和被新核准注册为地理标志证明商标的“华宁柑橘”所属企业（单位）及市工商局进行表彰奖励。29日，市政府印发《玉溪市人民政府关于表彰2012年度烟叶工作先进单位和先进个人的决定》，决定对在2012年烟叶工作中作出突出贡献的峨山县人民政府等42个先进单位和普昌文等86名先进个人给予表彰奖励。同日，市政府办公室印发《玉溪市人民政府办公室关于表彰2012年度招商引资和进出口贸易工作先进单位的决定》，对完成2012年度招商引资、进出口贸易目标任务的县区给予表彰。

4月12日，市政府办公室印发《玉溪市人民政府办公室关于对2012年丘北经验推广工作先进单位和先进个人进行表彰的决定》，根据2012年度工作考核情况，对2012年丘北经验推广工作先进单位和个人进行表彰。17日，市政府办公室印发《玉溪市人民政府关于对2012年度电网规划建设责任考核表彰奖励的决定》，决定对2012年玉溪电网规划建设工作中责任落实较好、圆满完成目标任务的单位给予表彰奖励。19日，市政府办公室印发《玉溪市人民政府办公室关于表彰2012年度消防工作先进单位和个人的决定》，根据市人民政府与各县区人民政府、市消防安全委员会成员单位签订的2012年消防安全责任书，经综合考评决定对6个消防工作先进县区、10个先进单位、20名先进个人予以表彰。

5月27日，市政府办公室印发《玉溪市人民政府关于表彰2012年度县区禁毒工作的决定》，决定对县区人民政府进行表彰奖励。

6月5日，市政府办公室印发《玉溪市人民政府办公室关于评选推荐玉溪市2010~2011年无偿献血先进集体、先进工作者和先进个人的通知》，决定对2010~2011年度无偿献血工作中表现突出的单位和个人进行表彰。同日，市政府印发《玉溪市人民政府关于对2012年度完成全市固定资产投资目标任务的县区和部门进行表彰奖励的决定》，决定对2012年度完成全社会固定资产投资目标任务的县区和部门进行奖励。

7月17日，市政府办公室印发《玉溪市人民政府办公室关于对2012年四季度及2013年一季度工业企业成长达规工作进行表彰奖励的通知》，决定对2012年第四季度及2013年第一季度在推动工业企业成长达规工作中成绩突出的县区人民政府、企业及市级相关部门给予表彰奖励。

8月6日，市政府印发《玉溪市人民政府关于表彰2012年度行政效能建设先进集体的决定》，决定对新平县人民政府等6个先进县区政府、市国土资源局等20个先进市直部门给予表彰奖励。

9月6日，市政府印发《玉溪市人民政府关于表彰玉溪市第十一届老年人体育运动会最佳组织单位、先进单位和先进个人的决定》，决定对通海县体育局等3家单位授予最佳组织单位，对通海县人民政府办公室等11家单位授予先进单位，对钱彦富等25名个人授予先进个人称号。9日，市政府印发《玉溪市人民政府关于表彰奖励2012年~2013年度全市见义勇为先进群体和先进个人的决定》，决定授予张运清等5人“玉溪市见义勇为先进群体”和“玉溪市见义勇为先进个人”荣誉称号，并给予表彰奖励。23日，市政府办公室印发《玉溪市人民政府关于表彰2009~2012年行政执法责任制建设先进集体的决定》，决定对新平县等6个县区政府和市财政局等17个市级行政执法部门予以表彰奖励。

10月16日，市政府办公室印发《玉溪市人民政府办公室关于评选表彰创建国家高新区先进集体和先进个人的通知》，对2010年以来在创建国家高新区工作中做出突出贡献并取得显著成绩的集体和个人进行表彰奖励。

【督促检查】 2013年，市政府办公室高度重视对市政府各项安排部署落实情况的督促检查，坚持把加强政务督查作为狠抓工作落实的重要手段和途径，紧紧围绕省、市重大决策和重要工作部署，对省政府确定的20个重大建设项目、20项重要工作和惠民10件实事工作、市政府工作报告任务分解、市政府常务会议、专题会议、现场办公会、领导交办、批示件等工作，认真开展督查督办工作，有力促进了各项工作落实。全年，共开展各类综合督查、专项督查、跟踪督查、书面督查活动521次，形成重点工作督查专报326期；起草各类文稿10余份；组织实地督查45次、下发督查通知60次；完成督查落实市委、市政府领导交办批示督查件579件，形成领导重要批示督查专报109期；省级相关部门要求督查落实事项21件。

【建议提案办理】 2013年，在“两会”期间人大代表共提出建议244件，交由市政府系统办理的229件，占93.85%，已全部办理完毕，办复率100%，其中满意222件、满意率97%，基本满意的7件、基本满意率3%；已得到解决或采纳的（A类）件78件、占34.1%；列入计划拟解决的（B类）件93件、占40.6%；由于客观条件限制等原因暂不能解决留作参考的（C类）件58件、占25.3%；政协委员及各民主党派共提出300件政协提案，交由市政府系统办理的284件、占总件数的94.7%，办理态度满意的281件、满意率98.9%，基本满意的3件、基本满意率1.1%，办理结果满意的269件、满意率94.7%，基本满意的14件、基本满意率5%，不满意的1件、不满意率0.3%；已得到解决或部分解决的（A类件）110件、占38.7%；正在解决或列入计划解决的（B类件）139件、占48.9%；由于客观条件限制等原因暂不能解决的（C类件）35件、占12.4%。为做好重点督办建议和重点提案的办理工作，市政府办印发《关于认真办理重点督办建议和重点提案的通知》，分别由分管副市长牵头办理，通过各承办单位的努力，3件重点督办建议和重点提案的办理取得了实效，人大代表、政协委员表示满意。

（秦文伟）

决策咨询

【重要文稿起草】 2013年，市政府研究室与市政府办公室协力完成了2013年市政府工作报告、报告起草说明，市政府四届一次全会、市政府廉政工作会等重要会议领导讲话稿起草工作。认真做好市委、市政府重要会议材料起草工作，完成了市委、市政府在云南省政府抚仙湖保护治理工作会上的情况汇报，市政府领导在全市生态文明建设暨绿化造林动员大会上的讲话、核桃产业发展工作现场会上的讲话、拆临拆违工作督查调研讲话、经济运行分析会暨工业运行分析会上的讲话、推进江川通海澄江撤县设区工作专题会议上的讲话、抚仙湖北岸湿地公园及澄江县城规划建设工作会议讲话提纲、市政府与人大政协恳谈会上的讲话提纲、玉溪市招商引资大会上的讲话、玉溪市学习贯彻习近平总书记系列重要讲话暨党的十八届三中全会精神培训班上的动员讲话暨辅导报告等讲话稿30余个。积极做好市政府政策性文稿起草工作，完成或参与完成了市委、市政府贯彻落实云南省产业建设年三年行动计划实施意见、加快高原特色农业发展的实施意见、加强转变烤烟生产发展方式增强两烟可持续发展能力、推进民族团结进步边疆繁荣稳定示范区建设的实施意见等10余个政策性文件的起草修改工作。做好外宣文章的起草和认刊工作，完成了市政府领导在泉州厦门重点产业推介活动上的动员讲话、“美丽云南幸福玉溪”新闻发布词、《中国日报》玉溪市采访提纲、《中国经济导报》玉溪宣传文章、《香港文汇报》“前进玉溪”系列之“美丽玉溪”专题采访提纲、抗旱保民生、春耕备耕和森林防火工作新闻稿等外宣材料，为推介玉溪、扩大玉溪知名度发挥了重要作用。

【调查研究】 2013年，市政府研究室围绕市委、市政府中心工作、热点难点问题及经济社会发展中的重大问题，超前谋划、精选课题，深入实际、调查研究，努力在拓展调研广度上作文章、在强化调研深度上下功夫、在实现研究成果转化上花力气。独立组织或参与省、市有关部门开展了政府工作报告、抗旱救灾、农村自发移民、甘庄街道整乡推进扶贫开发、国营红光农场改革发展、通海九龙街道水塘村经济社会发展、城乡居民基本医疗保障一体化试点、抚仙湖保护治理、保护坝区农田建设山地城镇、基础设施建设、民生、人才战略和人才政策、撤县设区、竹产业发展等30多项调研活动。完成了《玉溪市昆玉旅游带建设机遇及对策分析》、《加快玉溪市服务业发展的思考和建议》、《玉溪市产业发展亮点存在问题及建议》等一批调研报告，报送党委、政府及有关部门，为决策提供了参考。

【课题研究】 2013年，按照市政府领导安排，制定了民生、新型城镇化、高原特色农业、旅游等重点课题研究方案，启动了《昆玉红旅游文化产业带建设玉溪产业发展研究》、《玉溪市保障和改善民生的重点和难点问题研究》等重大研究课题。开展了《打好“三大战役” 推动经济跨越发展》、《玉溪社区管理体制机制调研》等9个专题调查研究工作。

【工作刊物及网站】 2013年，积极做好“玉溪发展网”资料数据更新，多方位多层次展示决策咨询服务工作成效，总点击量累计超过24万人次；充分发挥《领导参阅》作为服务市委、市政府领导及部门实施科学决策的主要信息平台和阵地作用，以增强实用性为目标，积极提供具有实用价值的信息参考，不断扩大决策咨询服务的影响力。全年共编印《中国经济升级版的内涵和打造路径》、《宜兴城市规划建设管理专题》、《“温州模式”的衰败值得总结》、《珠三角经济区产业发展对云南产业发展的启示》、《美丽中国 梦想还有多远》等《领导参阅》48期。做好《2013玉溪政府工作报告汇编》，收录2013年市、县政府工作报告；完成《玉溪发展研究汇编（2011～2012年）》，收录2011年至2012年在《玉溪发展研究》上刊登的25篇文章，以存史资治，供有关领导和部门参考。

（王 娅）

政府法制

【建设法治政府】 2013年，加强对依法行政建设法治政府工作的组织领导。市政府法制工作调整由市长分管，常务副市长协管，各县区政府参照执行。调整全市全面推进依法行政领导小组成员，市长饶南湖任组长，常务副市长陈勇任副组长。着力提高领导干部依法行政的意识和能力。坚持市政府常务会议集体法制学习，组织开展了以“推进依法行政，建设法治政府”为专题的市政府常务会议集体法制学习。邀请云南震序律师事务所主任、全国首届十佳律师马军通过玉溪大讲堂的平台，开展《以十八大精神为指导，运用法治思维抓好五大建设—建设法治政府的思考》为主题的学习活动。对全市2 928名行政执法人员组织开展行政执法培训。加强制度建设，规范行政行为。出台了《玉溪市人民政府关于加强法律服务确保项目建设有序推进的意见》，为依法、有序、快速推进项目落地实施提供有力的法制保障。制定了《临时建筑拆除程序》、《违法建筑拆除程序》、《国有土地上房屋征收与补偿工作程序》和《集体土地征收工作程序》，指导各县区和市直部门规范行政行为，确保依法执行市委、市政府重大决策。强化考核监督，加大督查力度。组织对各县区、市直部门2009～2012年推行行政执法责任制情况进行了评议考核，并对6个县区政府和17个市直单位给予了表彰奖励。

【行政审批制度改革】 2013年，组织开展了压缩审批时限，简化审批环节工作。市级部门保留的187项（含垂管部门）行政审批管理服务项目均按要求在法定时限内压缩了三分之二的审批时限，30个部门的122项行政审批管理项目简化了审批环节。组织开展新一轮行政审批制度改革工作，取消市级行政审批管理服务项目6项，下放市级行政审批管理服务项目20项，进一步推进政府职能转变，为全市招商引资工作打造良好投资软环境。根据中央和省要求，经第四届市人民政府第9次常务会议研究，决定将市行政审批制度改革工作牵头单位由市政府法制办调整到市委编办机构编办。

【法律服务】 2013年，审查市政府规范性文件、政策性措施及招商引资、项目建设等各类合同（协议）151件，其中审查政府性文件111件，参与起草、谈判、审查各类合同（协议）40件，确保了政府行为合法有效。市法制办主要领导深入江川仙湖锦绣项目所在地，驻村3个月，全面掌握项目情况，了解群众诉求，分析研究涉及法律问题和法律关系，提出合法合情合理的解决方案，为确保市委市政府重点项目依法顺利推进发挥了重要的参谋作用。

审查县区政府和市直部门报送登记的18件规范性文件，对符合要求的15件予以登记备案，并向社会进行公告，登记报备率为100%。进一步提高了政府文件质量，切实维护法制统一。

【依法科学民主决策】 抓好全市重大决策听证工作。2013年，全市共组织重大决策听证114件，其中市政府及部门组织11件，县区政府及部门组织103件。做好重大事项社会稳定风险评估工作。对玉溪市人民医院改扩建项目、通海撤县设市工作进行了社会稳定风险评估方案、评估报告的审查，确保了政府及部门决策的合法性和权威性，提高了决策质量和水平。

【完善行政争议解决体制机制】 推进行政复议工作规范化建设。督促和指导各县区开展相对集中行政复议权建立行政复议委员会、行政复议受理工作下移，在全市28个街道、乡镇设立行政复议受理点，开展行政复议受理及法律咨询工作，拓宽行政复议案件受理渠道。市、县区政府和36个具有行政复议权的市级部门全部在政务服务中心设立了行政复议受理点。认真办理行政复议案件。2013年，市政府共收到行政复议申请22件，受理16件，不予受理6件。经审理，维持12件，申请人撤回复议申请、案件终止审理4件。切实维护公民、法人和其他组织的合法权益。加强行政调解工作。当年，全市运用行政调解方式化解社会矛盾纠纷的案件共计7 976件，有效预防、减少和化解了社会矛盾纠纷。认真办理市委、市政府批办件，预防和处理各种争议和纠纷。对峨山棚租煤矿转让、玉溪市建筑总公司反映北海中院强制执行、南京普通公民要求玉溪市住建、卫生等部门提供生活饮用水水质监测信息答复、元江红光农场企业改制涉及土地外来承包户信访等事项提出了法律意见，积极参与和协助政府预防和处理各种争议和纠纷，切实维护社会稳定。

【政府法制机构和队伍建设】 2013年，市法制办新增设行政许可和规范性文件科，新增一名科长和两名副科长职数。市法制办编制8人，设主任1名，副主任1名，科长3名，副科长2名，主任科员1名，干部培养使用取得新突破。

（李尊平）

人　事

【人才工作】 2013年，探索建立完善的人才引进培养制度，努力优化人才发展环境，不断提高人才队伍建设管理水平。做好毕业生就业工作，加强毕业生就业政策宣传和指导，全年为6 000余名毕业生办理报到手续。完善高校毕业生就业见习制度，全市建成见习基地31个，市级16个，县区级15个，组织高校毕业生见习531人，完成市全年指标的106.2%。

【三支一扶】 2013年，继续实施“三支一扶”计划，提供岗位82个，完成招募岗位31个，实际到岗26人。加强对三支一扶大学生的日常管理、平时考核及年度考核，按时发放生活补助。

【人才招聘】 2013年，继续完善人才市场服务体系建设，举办各类人才现场招聘会26场次，进场单位536家次，提供岗位9 094个。办理网上人才招聘信息发布95家，发布职位248个，提供岗位1 417个。规范全市事业单位公开招聘工作，对全市市直及所有县区共381家事业单位招考统一进行网上报名，提供1 219个岗位，笔试报名人数33 118人。

【人事考试】 2013年，完成公务员录用考试9 754人，大学生村官考试131人，职称外语考试887人，二级建造师考试1 704人，药学考试343人，经济类考试680人，计算机应用能力考试1 169人，各类执业（职业）资格考试资格审查8 121人次，各类考试人数达30 579人次。加强人事考试工作的日常管理，改进工作作风，规范考试程序，加强试卷保密管理，确保考试公平、公正。

【公务员管理】 严格公务员考录工作，探索推行“无领导小组讨论面试”，着力提高考录工作科学化水平。2013年，共招录公务员417人，完成公务员初任培训387人，科级公务员任职培训558人。严格审批公务员登记

和公务员职务任免，共登记公务员434人，职务任免338人。在做好公务员年度考核基础上，积极开展“平时考核”试点工作，将市本级和新平县人力资源和社会保障局列为全省“公务员平时考核”试点，探索新的公务员考核方式。

【职业技能人才培养】 2013年，紧紧抓住当前技能人才培养工作的发展机遇，按照全省技工院校招生情况部署公布的院校和专业，积极做好招生宣传。全面完成了技工院校招生的工作任务。已招录并办理入学手续2 413人，完成全年技工院校招生任务1 800人的134%。根据省、市要求，进行了全市机关事业单位技术工人职业资格申报、培训工作，共培训42个专业477人（初级工26人、中级工86人、高级工328人、技师37人）；参加职业技能鉴定477人（初级工26人、中级工86人、高级工328人、技师37人）；经过鉴定，合格477人，其中，（初级工26人、中级工86人、高级工328人、技师37人），高级工和技师材料已上报省厅参加评审。申报技师资格考试报名88人，通过资格审查条件37人。为体现公开、公平、公正的原则，专门成立了人社局、纪委、监察局参与的市直机关事业单位工人技师资格考评领导小组。积极开展职业技能培训鉴定。共开展培训98期168场13 823人，参加职业技能鉴定8 024人，经过鉴定，合格7 335人。加强高技能人才的培养，共培训高技能人才3 917人，其中，高级工3 649人、技师203人、高级技师45人；参加鉴定1 727人，其中，高级工1 626人、技师87人、高级技师14人。鉴定合格1 634人，完成省、市指标1 190人的137%。积极做好职业技能竞赛工作，开展了全市职业技能培训机构、职业技能鉴定机构质量管理评估工作。组织了国家职业资格全国统一鉴定考试和全省统一鉴定考试工作。

【事业单位人事制度改革】 2013年，继续深化事业单位人事制度改革，首次实行评委会委员承诺制，重新组建评审委员会5个。事业单位岗位设置工作全面入轨，进入调整、完善和动态管理，进一步落实用人单位自主权，强化聘后管理，完善和健全考核制度。加强岗位管理，做好聘用合同的鉴证和岗位卡的核发，完善聘任管理。核发“岗位卡”正高40张，副高561张，中级1 308张，初级85张。根据单位的申请，按照省行业指导性意见，对228个事业单位的岗位设置方案进行了调整核准。加强聘后管理，完善和健全考核制度。配合部门指导和督促各单位根据自身业务的特点制定了具体的考核办法，进一步改革完善考核方式方法，切实加强考核结果的使用力度，把考核结果作为续聘、解聘、晋升、奖惩的依据。深化职称改革，坚持标准条件，严把评审质量关，认真做好专业技术职务评聘工作，为用人单位评价和使用人才提供了高效、优质的服务。加强全市各级评审委员会的管理工作，与参加评审会议的评委签订评审工作承诺书。继续做好深化中小学教师职称制度改革试点工作。加强各类专业技术人才的选拔推荐和日常管理工作，充分发挥专业技术人才的激励作用。按期发放终身享受国务院政府特殊津贴人员的津贴。安排部署了玉溪市开展春节期间专业技术人才的慰问活动，做好专业技术人才的选拔工作推荐工作。全年推荐的1位享受“国贴”人选获准；5位“省贴”人选3位获准。

【收入分配】 认真贯彻落实工资福利政策，严格规范津贴、补贴和奖金的审批工作，巩固落实事业单位实施绩效工资制度。结合玉溪市经济、社会发展和2012年全市国内生产总值、社会劳动生产率、职工货币平均工资、社会劳动生产率增长率、城镇居民消费价格增长率、失业率及2013年度宏观经济调控目标等各项指标，合理发布企业工资指导线。1.2013年企业职工货币平均工资增长基准线为9%。2.2013年企业职工货币平均工资增长上线为14%。3.2013年企业职工货币平均工资增长下线为3%。企业支付给提供正常劳动的职工工资不得低于当地最低工资标准（红塔区1 130元/月，各县955元/月）。认真按照劳社部发有关文件精神，对19户企业年金单位进行了备案。完成企业薪酬调查。圆满完成全市350户各类企业的43 853名职工的工资收入调查，23个大项指示，38个细项指示，18个行业，将85万条数据信息录入计算机处理汇总。

【军转干部安置】 2013年，云南省下达玉溪市计划安置军队转业干部30人，其中团职干部7人（正团2人，副团5人）；营职干部16人（正营6人，副营10人）；连排职1人；技术干部6人（技术9级1人、10级3人、11级2人）；自主择业军转干部8人；随调家属4人。按时、按质、按量完成上级下达的安置计划。其中市直单位安置20人、随调家属1人。红塔区安置6人、自主择业6人、随调家属1人。通海县安置1人、自主择业1人、随调家属1人。江川县安置2人、自主择业1人、随调家属1人。澄江县安置1人。30名计划安置的转业干部，分配在党政机关行政部门27人、参公管理的事业单位3人，分别占接收总数的90%和10%。7名团职干部全部在市直机关安置，均安排了相应的非领导职务。做好自主择业军转干部的管理服务工作，积极探索管理的方式方法，在财力上按政策给予配套医疗保险补助；及时、准确、全额按月发放自主择业转业干部的退役金；组织健康检查；召开座谈会，广泛听取自主择业转业干部的意见，帮助他们解决就业和生活中的困难；自主择业转业干部住院期间适时看望，经常与自主择业转业干部保持联系，掌握他们的动向情况；做好子女就读、就业指导和日常管理等方面的工作。做好企业军转干部解困维稳工作，严格落实解困政策，开展走访慰问活动。建立工作制度，完善工作机制，增进了企业军转干部对解困维稳工作的理解，消除了不稳定因素。

【出国培训与外专管理】 2013年，积极推进因公出国（境）培训工作，严格执行有关规定，认真做好因公出国人员的选派、组织及培训等工作。全年组织各类人才出国（境）培训项目2个，培训37人。认真做好引进国外技术、管理人才项目工作，全年执行引进国外技术、管理人才项目3个，引进外国专家7人次，对相关单位的工作起到了较大的促进作用。认真做好外国文教专家聘请资格单位及外国专家的管理和服务工作。全市共有7个单位具有“外国文教专家聘请资格”，2013年共聘请外国文教专家、医学专家18人次，有力地支持了玉溪市文教、卫生等方面社会事业的发展。以基地为依托，做好引进国外智力成果示范推广工作。现有5家“玉溪市引进国外智力成果示范推广基地”，涵盖医疗、科研、种植、加工、养殖等几个方面，相关单位无论从技术、产品或者服务方面，均在全市，甚至全省、全国处在领先位置或者具备较强的竞争力，具有可观的经济、社会效益和较大的示范推广意义。

【人事档案管理】 2013年，认真做好干部人事档案的清理工作。共清理退休、离职、辞职、开除、企业、牺牲病故档案2 954卷。完成了档案个人基本信息录入电脑，实现了档案从人工检索到电脑检索转变，为档案数字化打下了坚实基础。认真做好干部档案的查借阅、整理、转递工作，健全完善干部档案各项制度，对4 665卷在职干部人事档案进行音序排列，实现了档案管理信息化的基础性工作。

（周于娜 吴景洋）

外 事

【因公出国（境）审核报批工作】 2013年，玉溪市外事办认真执行中央和省、市一系列有关因公临时出国（境）文件精神，按照中央的《通知》和《条例》，严格把关，认真做好因公出国（境）审核报批工作。全年共审核报批因公出国（境）团组51批次（含外专培训2批次），123人（含外专培训36人），经费共计455.46万元（含外专培训89.4万元），与上年同期相比减少18个批次、86人、142.65万元，分别减少26.1%、41.1%、23.9%。人员构成情况：地厅级干部13人，相比上年的29人减少16人；县处级干部71人，相比上年的113人减少42人；乡科级干部34人，相比上年的44人减少10人，事业单位及其他人员5人，相比上年的23人减少18人。费用承担情况：市财政承担13人，县区财政承担16人，市属单位承担74人，县区属单位承担18人，外方承担1人，上级有关部门承担1人。参加组团情况：随国家有关部门组团2人，相比上年的16人减少14人；随省有关部门组团42人，相比上年的86人减少44人；随市县组团43人，相比上年的107人减少64人；市外专计划2批，共36人。出访内容：各种培训和学习50人，交流考察21人，参加经贸活动36人，参加会议2人，参加其他活动2人，访问5人，世界遗产保护6人，朝觐1人。出访的国家和地区：2013年，玉溪市因公出国办理的出访国家和地区有36个。分别是：芬兰1人、丹麦1人、澳大利亚7人、新西兰7人、意大利1人、西班牙1人、瑞士2人、德国9人、英国4人、美国19人、加拿大14人、法国2人、瑞典6人、乌克兰3人、捷克3人，新加坡23人、马来西亚3人、印度尼西亚3人、香港12人、澳门10人、泰国27人、老挝5人、柬埔寨5人、沙特阿拉伯1人、印度4人、孟加拉国4人、尼泊尔4人、韩国3人、缅甸1人，古巴1人，墨西哥9人，委内瑞拉1人、巴西2人、阿根廷2人、马尔代夫1人、斯里兰卡1人。市直单位及各县区出国（境）人员情况：市直单位88人，红塔区5人，澄江县5人，江川县2人，通海县1人，华宁县2人，易门县8人，峨山县3人，新平县7人，元江县2人。

【外宾接待】 2013年，共有老挝、英国、孟加拉、柬埔寨、蒙古国、赞比亚、美国、津巴布韦和香港特区等国家和地区的代表团共145人来玉溪参观考察，文化交流、参加会议等。市委、政府主要领导高度重视外事礼宾接待工作，多次出席外事活动指导工作。5月19～20日，应澄江化石地申报世界自然遗产工作总结表彰大会的邀请，英国莱斯特大学地质系教授，国际微体古生物协会主席大卫·斯威特等7位在遗产管理、保护咨询等方面的工作中均做出了重大贡献的专家来玉溪接受表彰，市长绕南湖会见了代表团。同月30日，市委书记张祖林参与了接待马来西亚前总理马哈蒂尔为团长的马来西亚代表团一行46人来玉溪访问通海县纳家营。

【涉外管理工作】 2013年，加强对外国人的管理，努力做好涉外管理工作，具体做法是：1.积极与玉溪市公安局出入境管理支队协作，做好常住玉溪市的外国人和临时来玉外国人的管理及涉外工作。2.适时与市外专局、市教育局、玉溪师院等相关单位保持联系，协助做好在玉溪外籍教师、留学生的管理以及在玉期间的有关工作。3.配合玉溪市检察院对韩国籍人员申根浩被侵害权益案做公开答复。4.根据云南省处置涉外突发事件应急预案，不断地完善《玉溪市处置涉外突发事件应急预案》，做好处置突发事件有关工作。5.加强对境外非政府组织在玉溪活动的管理工作。对来玉溪活动的境外非政府组织，通过玉溪市境外非政府组织在玉活动小范围协调机制和玉溪市加强非政府组织管理联席会议制度依法管理，正确引导，积极与社管综治、民政、公安、工商、税务、宗教、教育、红十字会、国安等部门加强联系和协调，加强对本市有关组织和个人与境外非政府组织开展合作事项的管理和指导。2013年底，根据玉溪市社会管理综合治理委员会文件《关于印发〈2013年度玉溪市社会管理综合治理目标责任创建平安法治玉溪考核细则〉的通知》的要求，牵头对全市八县一区的境外非政府组织在玉溪活动管理工作进行了认真严格的考核。

【外宾参观考察】 2013年，全市外事部门共接待来自老挝、英国、孟加拉、柬埔寨、蒙古国、赞比亚、美国、津巴布韦和香港特区等国家和地区的代表团共11批145人来玉溪参观考察、文化交流、参加会议等。

重要接待：4月11日至12日，应中联部邀请，以孟加拉国民族主义党人权事务秘书纳赛尔·乌丁·艾哈迈德为团长的孟加拉国民族主义党干部考察团到玉溪市参观考察。考察团参观了红塔集团、红塔山公园、烟事博物馆和红塔区大营街社区，详细了解了玉溪市企业经济发展，加强基层党组织建设、新农村建设等方面的做法和经验。并对玉溪市经济社会发展取得的成就表示赞赏。

5月19日至20日，英国莱斯特大学地质系教授，国际微体古生物协会主席大卫·斯威特等7位专家参观了江川李家山青铜器博物馆，并对澄江化石地保护的工作提出了重要建议和意见。27日至28日，香港特区政府高级公务员第二十五期考察团一行30人来玉溪新平县考察经济社会发展。同月27日至6月1日，协助玉溪市教育局接待英国合作学校教师代表3人，增进了双方的了解。同月30日，应南博会官方邀请，以马来西亚前总理马哈蒂尔为团长的马来西亚代表团一行46人来玉溪访问通海县纳家营等地。代表团参观了纳家营清真寺和女子学校，并与当地的穆斯林民营企业家共进午餐。

6月7日，应南博会官方邀请，以老挝工贸部副部长凯玛尼·奔舍那为团长的老挝工贸部代表团一行4人来玉溪考察。代表团参观了红塔集团和抚仙湖风光，对玉溪的工业发展和生态环境保护表达了赞赏。22日至24日，应中联部邀请，以柬埔寨暹粒省委常委、副省长、国会主席顾问毛武提为

团长的柬埔寨人民党干部考察团一行17人来玉溪考察扶贫减贫、农业开发及新农村建设情况。考察团参观了新平县扬武镇，考察了丕且莫扶贫搬迁点建设项目，大营街发展情况和玉溪庄园。详细了解了扶贫减贫，农业开发及新农村建设等方面的做法和经验，表示要将经验带回柬埔寨，以提高柬埔寨人民的生活水平和改善当地居民的人居环境。

9月24日，应云南省人民对外友好协会邀请，蒙古国友好和平机构代表团一行10人到玉溪市通海县兴蒙乡和红塔区进行参观考察，云南省友协领导陪同参观考察。在参观过程中，兴蒙乡党政主要领导与访问团进行了亲切交流。访问团对通海县兴蒙乡的热情接待表示感谢，并认为蒙古国人民和兴蒙乡人民是同一个民族、同一个祖先，希望双方今后能进一步加强交流，促进互访和学习。随后，代表团一行来到红塔区，参观考察聂耳文化广场。考察恰逢玉溪首届中秋国庆大型灯展。访问团一行饶有兴致地参观游览了大型灯展。代表团表示，此次是蒙古国友好和平机构首次来到玉溪，玉溪干净、整洁、井然有序的市容市貌给他们留下了深刻的印象。

11月13日，赞比亚酋长代表团一行6人来玉溪参观考察，就民族工作、民族传统文化保护与发展、民族地区新农村建设和少数民族特色村寨建设等开展交流。15日，美国水滴国际项目发展主管齐海兰女士一行3人到玉溪市社会福利服务中心参观考察。30日，津巴布韦非洲民族联盟——爱国阵线代表团一行4人在中联部、省外办领导的陪同下，到“云南第一村”红塔区大营街居委会参观考察基层党建及新农村建设工作。访问团一行在市外侨办、红塔区政府、大营街街道相关领导陪同下，参观了大营街居委会发展历程图片展览室、观看了宣传片、考察了西古城新农村建设，并深入到农户家中体验新居。在参观过程中，区、街道领导与访问团进行了亲切交流，向访问团介绍了改革开放以来大营街居委会发展历程和取得的成就。

【重要出访团组】 2013年3月，为贯彻落实党的十八大对国家实施对外开放战略提出的新目标和新要求，围绕把云南打造成为“国内一流、国际知名”旅游目的地的目标，新平县政府副县长欧光荣、文旅广体局局长李明团随云南省旅游局组团，赴新加坡、马来西亚、印度尼西亚参加项目推介活动。

5月，玉溪市市长饶南湖、玉溪市招商合作局党组书记李明荣二人随云南省招商合作局组团，赴香港、澳门开展合作交流活动。

6月，玉溪市中级人民法院院长吕召随云南省高级人民法院组团，赴英国进行知识产权司法保护培训。同月，易门县委组织部部长高培洪随云南省委组织部组团，赴德国培训学习。同月，玉溪市旅游局副局长陈川明随云南省旅游局组团，赴泰国、老挝、柬埔寨开展旅游宣传促销活动。

7月，玉溪市人大常委会原副主任郑云龙、副秘书长肖建林和峨山县人大常委会主任陈爱军、新平县人大常委会主任刘振华一行4人，赴印度、孟加拉国、尼泊尔进行访问。同月，何树桐随云南省外国专家局组团，赴加拿大、墨西哥进行境外培训渠道考察。

8月，玉溪市档案局副局长杨长利随云南省档案局组团，赴美国参加“电子档案管理”培训。同月，玉溪市人民检察院副检察长方家明随云南省人民检察院组团，赴加拿大参加检察理论与实务比较研究培训班培训。

9月，玉溪市人民政府副市长杨洋率曾建志等一行8人，赴加拿大、美国、墨西哥对世界遗产地、博物馆进行实地考察。同月，玉溪市政协主席黄宪庭、市政府副市长解仕清、市科技局生产力促进中心主任王亚斌随云南省科技厅组团，赴乌克兰和捷克，进行通用航空项目交流考察。

10月，玉溪市委书记张祖林随云南省委组织部组团赴美国参加城市建设与规划专题培训。同月，玉溪市市委组织部姜山随云南省外国专家局组团，赴美国参加“少数民族地区社会管理和公共服务培训班”学习培训。同月，中共玉溪市纪律检查委员会副书记普光照等一行20人，由玉溪市外专局组团赴新加坡参加生态宜居城市建设与管理培训班。同月，玉溪市高新技术产业开发区党委书记陈兴隆随云南省人力资源和社会保障厅组团，赴英国、法国、德国参加高层人才招聘和项目洽谈活动。同月，玉溪市红塔区文化旅游广电和体育局局长王涛随云南省旅游发展委员会组团赴法国参加“旅游规划与市场拓展管理”培训。同月，玉溪市新平矿业循环经济特色工业园区党工委书记樊成贵随云南省外国专家局组团，赴美国参加工业园区综合服务体系建设管理培训班。同月，共青团玉溪市委副书记王刚随全国青年联合会组团，赴韩国进行友好访问。同月，由玉溪市贸促会组团，会长尹振华率玉溪的相关企业人士赴古巴，墨西哥，委内瑞拉参加古巴哈瓦那国际博览会。

11月，以易门县委副书记周龙武为团长的经贸考察团一行6人，赴泰国曼谷正大集团总部进行经贸交流。同月，以玉溪市农业局调研员李兴春为团长的特色农业与友好合作交流团一行4人，赴老挝、泰国、柬埔寨进行农业合作交流活动。同月，以玉溪农业产业化经营与农产品加工领导小组办公室副调研员吴维忠为团长的特色农业与友好合作交流团一行3人，赴韩国进行农业合作交流活动。

12月，玉溪市政府副市长孙云鹏随云南省旅游发展委员会组团，赴巴西、阿根廷参加旅游促销活动。同月，玉溪市人大常委会党组书记张玲（玉溪市贸促会名誉会长）、玉溪市贸促会会长莫晓顺、玉溪市贸促会翻译郑蓝兰赴美国、加拿大进行经贸合作交流活动。

（潘翠华）

抚仙湖管理

【抚仙湖进入国家重点支持生态良好湖泊名录】 根据《江河湖泊生态环境保护项目资金管理办法》，2013年，国家财政部、环境保护部联合组织开展了江河湖泊生态环境保护竞争立项，由各省、直辖市、自治区各推荐一个湖泊参与竞争，通过竞争方式择优选择15个国家重点支持生态湖泊。玉溪市委、市政府高度重视本次竞争立项工作，市领导带队到国家相关部委和省直相关部门沟通协调，抚仙湖代表云南省参与竞争。按照竞争立项5大类43个小项审核标准，玉溪市逐条对照落实，编制相关申报文本、PPT演示文稿等汇报材料。12月，经过初步审核、现场陈述、答辩、评议、加总排序、公示，抚仙湖被国家列入15个生态环境保护重点湖泊，标志着抚仙湖保护治理工作上升到国家生态保护重点支持层面。

【省政府抚仙湖保护治理工作会议召开】 2013年12月20日，云南省政府抚仙湖保护治理工作会议在澄江县召开，省长李纪恒出席会议并讲话。省人大常委会副主任王树芬、省政府副省长刘慧晏、省政协副主席王承才、省政府九湖督导组组长牛绍尧、省政府秘书长卯稳国，省直相关部门负责人参加调研或出席会议。会议要求全省上下一定要从战略和全局的高度，切实增强紧迫感、责任感和使命感，以“四退三还”、生态修复为基础，以控源截污为前提，以河道治理为重点，以中水利用为关键，以产业调整为根本，坚持工程措施与非工程措施并举，综合治理、标本兼治，全力打好抚仙湖保护治理攻坚战。坚持湖泊优先、生态优先、保护优先；统筹保护与开发的关系；实行源头严控、过程严管、违法严惩三条基本原则。抓好五项重点工作：一要划定并严守生态红线。二要严格控源及彻底截污治污。三要严守健康的湖泊生态系统。四要严防水环境风险。五要确保抚仙湖“十二五”规划项目全面落实。建立长效机制，依法治湖、铁腕治污，强化科技支撑，拓宽投融资渠道，为抚仙湖保护治理工作提供有力保障。确保到2015年末，抚仙湖水污染综合防治规划目标全面实现，入湖污染负荷得到有效消减，湖泊总体水质稳定保持Ⅰ类，流域生态环境明显改善。到2020年，湖泊水质稳定保持Ⅰ类，水资源系统基本维持良好循环的状态，流域生态环境基本得到恢复。市委书记张祖林在会上作表态发言。市委副书记、市长饶南湖代表市委、市政府汇报抚仙湖保护治理工作情况，市级等其他领导出席会议。

【完善抚仙湖保护治理思路】 按照党的十八大提出的加强生态文明建设的有关要求，新一届市委市政府把抚仙湖的保护治理放在了更加突出的位置，围绕抚仙湖的保护管理。2013年以来，召开了抚仙湖水污染综合防治工作现场会、澄江调研会、拆临拆违工作督查暨抚仙湖北岸湿地建设工作会、马料河整治及抚仙湖保护专题调研现场会和抚仙湖旅游项目建设现场整改工作会。并且市委市政府主要领导对抚仙湖保护多次作出重要批示，要求全面加强抚仙湖的保护治理。

按照会议和领导批示精神，抚仙湖管理局不断调整更新思路，创新保护治理办法，针对抚仙湖当前的污染源和污染现状，提出了早保护、早治理，决不走先污染、后治理的老路的总体思路，坚持以“四退三还”为核心、以生态修复为基础、以控源截污为前提、以河道治理为重点、以中水利用为关键、以产业调整为根本，工程措施与非工程措施并举，综合治理，标本兼治。采取沿湖截流断污水，治理面源减污染，补水节水添动力，面山绿化增植被，河道湿地流清水，人口外迁扩新城，依法治湖严监管的措施。着重推进抚仙湖流域重点污染源治理、缓冲带生态构建、坝区产业结构调整、山区、半山区林业生态建设、入湖河流水污染综合整治等，同时，开展流域综合管理体系建设，推动抚仙湖保护治理工作开创新局面。制定五年行动计划，推进“15530工程”（稳定保持抚仙湖Ⅰ类水，用5年时间实施5大类30个项目）建设，力争到2017年末，抚仙湖总体水质稳定保持Ⅰ类；34条主要入湖河流水质达到Ⅳ类；径流区内的8个镇和街道办事处、238个自然村污水收集处理全覆盖，并实现中水回用；面山森林覆盖率达到35%；结构性污染物产生量明显下降，入湖污染负荷量得到有效削减；湖泊生态环境保护与管理体系进一步完善，流域生态文明水平大幅提升，流域生态环境明显改善。

【项目评估】 2013年，推进抚仙湖流域水污染防治“十二五”规划项目建设，对流域水污染综合防治“十二五”规划项目进行中期评估，结合“十二五”规划项目的实施情况，将“十二五”项目调整为五大类27项，调整后规划总投资45.86亿元。按照抚仙湖水污染综合防治“十二五”规划中期评估报告和省政府抚仙湖保护治理会议精神，市委、市政府高度重视，牢固树立责任意识和担当意识，强化措施办法，制定了抚仙湖流域水污染防治“十二五”规划项目两年行动计划，成立了以市长为组长的抚仙湖“十二五”规划项目推进工作领导小组，责任清晰，任务明确，有计划、有步骤地推进抚仙湖流域水污染防治“十二五”规划项目的建设进度。至年底，抚仙湖流域水污染防治“十二五”规划项目已完工项目6项，在建项目15项，开展前期项目7项。规划项目完工率21.43%、开工率75%。

【抚仙湖北岸生态湿地项目建设】 抚仙湖北岸生态湿地项目是“四退三还”工程的重大项目，按照典型引路、以点带线、以线带面的原则，2013年9月，启动了污染较为严重的北岸生态湿地项目建设，把北岸总面积约9 547亩区域内的16户企事业单位、近4 600户农民、14 000人全部迁出，拆除建筑物面积119万平方米，建设万亩生态湿地，通过试点带动，全面推进“四退三还”，最大限度减少人类活动对湖泊的直接影响。项目估算总投资69.23亿元，预计建设周期4年。项目实施后每年可削减入湖总氮104.3千千克、总磷12.8千千克，主要入湖污染负荷得到有效削减。同时，通过项目建设，在项目区内合理利用自然资源发展绿色产业，加快推进城镇化建设，实现产业结构调整的优化与升级，增加农民收入，逐步消除城乡差别，建成“山城、田园、湖面”的美丽澄江，促进和保障流域经济实现循环快速发展。修建性详细规划已完成，正在开展可研编制；一期大河口片区（面积约405亩）、马房村片区（面积约226亩）已基本完工；一期安置地已经完成土地收储632亩，各项工作正按计划快速推进。

【防范水生态环境风险发生】 针对抚仙湖水位持续下降的严峻形势，市委市政府下发了《玉溪市人民政府办公室关于进一步加强抚仙湖水生态环境保护和水资源管理的紧急通知》，按照通知精神，抚仙湖管理局把防范水生态环境风险放在首要位置，印发了《玉溪市抚仙湖管理局关于做好2013年水政水资源管理工作的通知》，制定了《关于加强抚仙湖水生态环境保护和水资源管理的实施方案》。1.实行最严格水资源管理制度，明确当年在上年基础上实现再节水10%的目标，要求取水户进一步制订节水方案和节水措施，对取用抚仙湖水进行了应急管理，暂停了取水许可审批，严厉查处了江川仙湖锦绣、澄江太阳山、江川林大福违规取用水行为。2.切实做好封湖禁渔工作，加大宣传、强化监管、认真落实渔船归港上岸措施，严厉打击偷捕行为，确保水域生态平衡。3.加强污染监管排查，加大巡查和督促检查力度，对沿湖重点企业、宾馆、餐馆排污情况进行重点排查；对工业废弃物保管处置、入湖河道整治和湖滩、景区景点垃圾收集清运、重大项目建设进行重点监管；对各类侵占湖滩水体的违法违规行为进行重点查处。通过综合措

施，有效防范和化解了抚仙湖水生态环境风险的发生。

【建立健全抚仙湖保护管理长效机制】 2013年，抚仙湖管理局按照抚仙湖Ⅰ类水质目标，不断建立健全抚仙湖保护管理长效机制。1.调整充实抚仙湖——星云湖生态建设与旅游改革发展综合试验区管委会，理顺管理体制和机制，赋予试验区管委会决策权，将管委会升格为试验区最高议事决策机构，统筹试验区规划建设、产业发展和开发管理，对试验区实行统一规划，统一审批保护治理和旅游开发项目。制定了建设项目审批管理办法、管委会工作规则等相关制度；组织开展了抚仙湖禁控区规划修编和试验区建设项目清理工作，将禁止开发区面积从原来的84.6平方千米扩展到226.96平方千米，使涉及抚仙湖保护的禁止开发区、控制开发区和生态修复区面积扩大，占流域陆域面积的90%以上，压缩了开发区面积。通过项目清理，试验区重点推进项目11个，在建项目4个，拟开工建设的项目7个。2.建立健全日常运营维护机制，建立常态化的河道管护机制，健全市场化环境卫生管理长效机制，试点已建成的抚仙湖保护治理项目物业化管理机制，确保环保设施正常运转，保护治理项目发挥效益。3.多渠道筹集抚仙湖保护治理资金，设立试验区项目保证金和收取抚仙湖保护治理专项资金，当年，共收取项目保证金5 298.35 万元，保护治理专项资金2 934.45万元，减轻和缓解地方财政投入压力，逐步建立抚仙湖保护治理的长效投融资机制。4.健全完善规范性文件，研究制定《玉溪市抚仙湖保护管理实施办法》等规范性文件，并报市政府讨论同意。法律制度、管理体制的进一步健全，综合协调机制、投融资机制的逐步建立，全面提高抚仙湖保护管理工作的科学化、合理化、制度化和效率化水平。

【完善入湖河道河长责任制】 2013年，由市委张祖林等市级领导出任抚仙湖流域16条主要入河道河长，全面启动入湖河道综合整治活动。以提升入湖河道水质为目标，按照一河一策、建管并重、科学治水的原则，实施以截污、贯通、绿化、加宽、保洁为主要内容的综合治理，严格落实主要入湖河道河长责任制，把每一条河道都作为湿地来建设，搞好源头、河道和末端治理，努力实现河床湿地化、河坎生态化、两岸景观化，通过整治最终实现绿色视廊、生态湿地、达标水体、休闲通道、城乡景观的目标，把抚仙湖主要入湖河流变为清水河。16条河道综合整治工程现已全面开展工作，其中东大河、大鲫鱼河已完工，马料河、山冲河在建，梁王河、牛摩河、玉带河完成前期工作，窑泥沟、马房西沟、代村河、马房中沟、大清沟、洗菜沟、矣渡河、五车河、居乐大河正在开展前期工作。

【抚仙湖环境卫生管理】 2013年，按照市委市政府领导的要求，进一步加大沿湖环境卫生管理力度，加大抚仙湖环境卫生保洁力度，实行分片包干、责任到人的长效保洁、管理、监督全覆盖模式，做到排污有人查、保洁有人清、段段有人护、片片有人管，形成上下联动、权责明确、分工协作、齐抓共管的工作格局。针对抚仙湖环境卫生的突出问题，每月认真组织开展“四清”保洁活动。出动车辆4 867次、人员27 870人次，清运垃圾23 893千千克。针对入湖河口、部分湖湾水体浑浊的问题，制定入湖河口、河湾清淤工作方案。江川县清淤61 459.4立方米，完成工程投资424.2万元；澄江清淤85 912立方米，完成工程投资500万元；华宁县清除沙土6 197立方米、带水淤泥1 938立方米，完成工程投资26.56万元。有效减少了农业、农村生活垃圾及泥沙等固废对抚仙湖的污染。按照“管理科学化、服务社会化、运作市场化”的要求，建立健全抚仙湖环境卫生管理长效机制，积极推行市场化运行，沿湖三个县在市场化运作中找准辖区内环境卫生清扫保洁的薄弱环节，因地制宜，全面启动抚仙湖环境卫生市场化管理，江川县将村庄保洁范围不断向纵深延伸；华宁县增加了水面、湖滨带、路肩和排水沟、沿湖村庄公厕的清扫保洁；澄江县对村庄采取网格化方式管理，以前的环境卫生清扫保洁死角得到了及时有效的清理。沿湖三个县抚仙湖环境卫生管理方式灵活、运作程序规范、保洁效果明显。

【抚仙湖资源保护费征收管理】 积极推进沿湖三个县景区景点建设，推行非机动游船公司化运作，规范资源保护费征收行为。积极探索和创新征费方式，除非机动船外，所有的征费对象全部实行了税费同步征收；加大宾馆酒店个体餐饮户抚仙湖资源保护费催缴和补缴力度，实现宾馆酒店全额征收、应收尽收；加大对企业资源保护费的征缴力度，开征老鹰地旅游度假村房地产企业资源保护费，补征收澄江华业磷矿企业的资源保护费；多方协调争取，经省政府批准同意，抚仙湖资源保护费收费标准试行期满后转为正式标准。截至2013年12月底，全市共计征收抚仙湖资源保护费1 106.53万元，与上年同期779.18万元相比增327.35万元，增42.01%，完成当年征收任务数1 000万元的110.65%，顺利完成了2013年征收目标。

【抚仙湖沿岸拆临拆违工作】 2013年2月18日，市委市政府召开抚仙湖水污染综合防治工作现场会，会上要求拆除抚仙湖一级保护区至环湖公路外侧50米内及玉带河岸两侧50米范围内的所有临时违规建筑物。会后，沿湖三个县委、政府和市直相关部门，按照现场会精神市人大决议和市政府通知相关要求，制定工作方案，及时安排部署，采取有力措施，全力推进拆临拆违工作，共拆除一级保护区至环湖公路外侧50米范围内临时违规建筑2 178宗，21.82万平方米，种植各类树木50万株，清运建筑垃圾72 370.51千千克，市监察局、市委督查室、市政府督查室、市国土局、市住建局、市环保局、市规划局和市抚管局多家部门对拆临拆违工作联合进行了检查验收，圆满完成了拆临拆违工作任务。

【抚仙湖土著鱼增殖放流】 为维护抚仙湖生物多样性，于2013年7月10日和10月10日，组织开展了抚仙湖土著鱼增殖放流活动，由国家农业部、云南省农业厅、玉溪市人民政府主办，市抚仙湖管理局、市农业局承办，共放流抗浪鱼、云南倒刺鲃（青鱼）、抚仙四须鲃（海心马鱼）等土著鱼苗共321 549尾。

【抚仙湖综合行政执法】 截至2013年12月31日，市抚仙湖执法支队共出动执法车1 000余车次，执法船610余船次，执法人员5 000余人次，填写巡查记录491份，编写巡查通报34份，下发督办通知21份，协办、督办处理违法行为830起，收缴推进器15台，收缴地笼700余个、各类网具100余张。

严肃查处了九龙晟景项目涉嫌违法填湖、仙湖锦绣项目违规建筑及破坏界桩、太阳山项目涉嫌违法填湖和违法新建构筑物、樱花谷项目涉嫌违法新建和改扩建构筑物等违法行为。认真开展抚仙湖综合整治专项行动和抚仙湖水域清理地笼专项行动，全面排查抚仙湖沿岸旅游开发建设项目，整治违法违建和排污行为；加强水政渔政执法，严肃查处电力拖捕、灯光诱捕、非法使用电瓶推进器改装机动船入湖行为，严厉打击抚仙湖水域使用地笼进行偷捕的违法行为；开展水上安全检查，加强入湖非机动船只水上安全教育，有效减少了违反水上娱乐安全的行为，确保抚仙湖良好的生态旅游环境。

【举行抚仙湖保护活动日系列活动】 2013年8月26日，市抚仙湖管理局和沿湖三个县抚管局精心组织，紧紧围绕“保护母亲湖，坚守碧水蓝天”的主题开展形式多样的宣传教育活动。组织沿湖三个县的单位干部职工、党员、团员、环保志愿者、生态监护队员和沿湖村组干部群众到抚仙湖边开展清洁村庄、清洁田园、清洁河道、清洁湖滩开展了“四清”保洁活动。通过悬挂、张贴宣传横幅标语、举行“现场咨询”、开展环保宣传展、巡回宣传和电视宣传等活动，向过往群众发放抚仙湖保护宣传手册、宣传单12 000余份。

（徐明汉）

政务服务

【政务服务中心业务办件】 2013年，玉溪市、县区政务服务中心共办理各类审批和服务事项1 033 313件。其中，市中心受理418 957件，办结418 891件，月均办理3.4万件，办结率99.9%。市、县区政务服务中心投资项目并联审批窗口办理投资项目审批516个、760件，投资概算205.45亿元。其中，市中心办理127个、144件，投资概算98.49亿元，县区中心办理389个、616件，投资概算106.96亿元。在所有投资项目审批中，审批类项目285个，概算86.74亿元，核准类项目12个，概算5亿元，备案类项目219个，概算113.71亿元；并联项目65个，联动项目22个，代办项目9个，按时办结率100%。

【完善政务服务中心体系建设】 2013年，全市认真贯彻落实中共中央办公厅、国务院办公厅印发《关于深化政务公开加强政务服务的意见》、《云南省人民政府办公厅关于加快推进和规范全省政务服务中心建设的意见》、中共云南省委办公厅、云南省人民政府办公厅印发《关于深化政务公开加强政务服务的实施意见》文件精神，推进全市政务服务中心体系规范化、标准化建设。玉溪市及所辖八县一区均建成了政务服务中心，全市74个乡镇（街道）全部建成了为民服务中心，建成村（社区）为民服务站617个，建成率100%，开展免费代办服务的村民小组数3 970个，初步建立起立足基层、面向群众、覆盖城乡的市、县（区）、乡镇（街道）、村（社区）四级政务服务中心体系。

【推进公共资源交易中心体系建设】 2013年，全市继续推进和完善市、县（区）、乡镇（街道）公共资源交易中心体系建设，形成市、县（区）、乡镇（街道）三级公共资源交易网络体系。同时，规范运行和管理。政府采购、工程建设招投标、土地使用权和矿业权交易、国有产权交易、司法机关罚没物品拍卖等五类市级公共资源全部纳入市中心交易，县（区）交易中心五类进驻的有2个县，四类进驻的3个县，三类进驻的3个县。实现了各类公共资源交易活动依法办事、规范管理、阳光交易，初步构建起统一、有序、公正、透明的公共资源交易服务平台。1～12月，市、县（区）两级公共资源交易中心共为各类交易活动提供信息服务1 643次，提供场地服务2 041次，受理交易项目1 513个，完成1 347个，成交金额177.9亿元，节约资金3.66亿元，溢出资金2 862.56万元。其中，市公共资源交易中心共为各类交易活动提供信息服务634次，提供场地服务655次，受理交易项目350个，完成交易项目298个，成交金额143.45亿元，节约资金1.4亿元，溢出资金613.33万元。

【召开全市投资项目集中审批暨政务服务中心管理工作会议】 2013年12月13日，全市推进投资项目集中审批暨政务服务中心管理工作会议召开。玉溪市设主会场，县区设视频会议分会场。市直各有关部门主要领导，各县区人民政府县区长、分管政务服务工作的副县区长，县区政府办公室主任，各乡镇、街道主要负责人参加会议。市长饶南湖就推进全市投资项目集中审批暨政务服务中心管理工作作了重要讲话，市政府秘书长李毅昆传达了全省推进投资项目集中审批暨政务服务中心管理工作现场会精神，会议总结了全市近年来的政务服务工作，对全市进一步深化行政审批制度改革、推进投资项目集中审批、加强政务服务管理工作进行了安排布署，切实解决办事难、审批难、项目落地难的问题。

【政务服务管理局党组成立】 2013年12月31日，市委组织部有关文件批

2013年4月19日，云南省预防腐败局副局长唐定文（中）到玉溪市政务中心调研

（市政务服务中心　供稿）

复，经市委组织部部务会议研究并报市委同意，同意成立中国共产党玉溪市政务服务管理局党组。吕宗文任党组书记，郭艾华、张洪坤任党组成员。

（魏　鸿）

信　访

【概　况】　2013年，玉溪市信访局在市委、市政府的高度重视和领导下，全市各级群工和信访部门以党的十八大、十八届三中全会精神为统领，认真贯彻落实中央和云南省、玉溪市关于信访工作的一系列决策部署，深入开展大调研活动，牢牢抓住用群众工作统揽信访工作，积极推动领导干部接访下访，畅通信访渠道，依法规范信访秩序，及时就地解决信访问题，攻坚克难、开拓进取，圆满完成了全年工作任务，为玉溪市科学发展、和谐发展、跨越发展营造了良好的社会环境。当年，全市信访部门共受理群众来信来访14 946件人次。其中，来信499件、个人访1 769批2 822人次、集体访573批11 625人次；开展书记市长接待日9期，共接待处理各类信访案件31件；市长热线（12345）共接处电话23 554件次，按政策直接答复23 221件次，在规定时间内交相关部门办理333件次；书记市长电子信箱共收到群众发来的各类邮件1 086件，按政策直接答复702件，在规定时间内交相关部门办理384件次；玉溪市网上信访系统受理网上信访件331件；全市各级领导接待群众来访1 453批9 378人次，约访群众668批2 271人次，带案下访1 957批9 087人次，共解决问题2 641件。

【群众工作统揽信访工作】　2013年，按照中央关于开展以为民务实清廉为主要内容的党的群众路线教育实践活动的总体部署，积极探索用群众工作统揽信访工作的思路和方法，找准结合点和切入点，紧紧围绕推动玉溪经济社会科学跨越发展这一主题，充分发挥信访工作密切联系群众的政治优势，积极主动服务全市重点项目建设。及时妥善化解了一批涉及群众切身利益的问题，确保了全市拆临拆违、治理农业面源污染等工作的有效实施，中心城区城市综合体、人防工程建设等重大工程项目的顺利推进，有力地维护了全市社会大局的持续稳定。江川县“仙湖锦绣”项目信访工作组，将接待室设到了涉建村庄，将信访工作做到了群众家门口，及时就地解决群众反映的问题，通过大量工作，项目区涉及的群众未发生一起到县、到市上访，群众思想发生了巨大的转变，围堵、阻挠、破坏施工的情况再也没有发生，为重大项目建设群众工作和信访工作积累了宝贵经验。

【完善信访工作体制机制】　2013年，完善信访联席会议制度，对市委联席会议工作机构组成人员和专项工作组进行调整，在原有的7个专项工作小组的基础上，增设了劳资纠纷信访问题工作小组等3个工作小组，重新调整充实了城市建设及城镇房屋拆迁信访问题工作小组，联席会议工作力量得到进一步加强，充分发挥上下联动、左右协调、运转高效的机制效应。市委联席会议7次召开专题会议，及时研究部署重点时期信访工作，认真分析研究突出信访问题。各县区各部门党政主要负责人亲自抓，形成统一领导、部门协调、齐抓共管的工作制度。

【信访信息工作】　2013年，在做好矛盾纠纷排查化解工作的同时，各级信访部门充分发挥作为党委政府“第二研究室”的作用，通过梳理、分析、研判群众来信、来访、来电、电子邮件中对玉溪经济社会发展的意见建议和反映，为党委政府制定完善政策、检验工作得失当好参谋，为玉溪科学跨越发展加油助力。对一些涉及多数人利益的、带有苗头性、倾向性的问题，及时分析预警；对群众到市集体访情况及时准确上报，确保市委、市政府领导在第一时间了解群众意愿、把握工作情况。全年，共收集上报预警信息153期，报送拆临拆违和治理农业面源污染专报16期，中心城区城市重大招商引资项目建设专报12期；其中，领导作出批示7件10次。

【完善信访诉求渠道】　2013年，从方便群众反映问题、减少群众上访成本、提高信访部门办事效率的高度出发，克服人员紧缺的困难，抽调工作人员，在市委市政府办公地点增设群众来访接待室；完善市长热线电话“12345”，书记市长电子信箱、市民意见箱、网上信访等制度，畅通信访渠道；坚持书记市长接待日制度及市政府领导和有关部门领导接听市长热线电话工作制度，促进群众信访问题的解决；重点矛盾纠纷领导包案制，认真推行干部直接联系群众制度，采取轮流接访、重点约访、带案下访等形式，加大领导干部接访下访工作力度。市委市政府领导189次对信访工作和群众信访件做出批示，主要领导对重点时段、重大信访问题亲自过问、亲自安排部署。加强与新闻媒体联系，在《玉溪日报》开设“关注民生”、在玉溪新闻网开办“百姓呼声”、“新闻调查”等栏目，进一步拓宽社情民意表达渠道，促进了社会和谐稳定。

【信访工作调研】　2013年，根据国家信访局和省信访局关于开展以“贯彻十八大·开创新局面”为主题大调研活动部署要求，市信访局高度重视，精心组织，结合实际，制定实施方案，扎实有序开展大调研活动，组成5个调研组，由局领导班子成员牵头负责，分专题开展调研。各县区信访局也成立了调研组开展调研活动。通过深入基层调研，归纳市、县及乡镇各层级信访工作存在的突出问题和共性问题，分析原因，总结一些地方信访工作的实践经验和做法，有针对性地提出建设性意见和建议，推动了信访工作科学发展。

（潘美华）

志鉴工作

【概　况】　2013年，玉溪市的地方志和年鉴工作在全市史志工作者的辛勤努力下，顺利完成了年度内的志鉴工作。12月12日，市地方志办公室在大营街汇龙会议中心召开全市志办主任会议，全市各县（区）志办主任、副主任和为《玉溪年鉴》撰稿的总撰稿人参会。会议对2013年全市地方志工作作了总结，由华宁县、江川县和红塔区交流了二轮修志的经验，安排了2014年的各项工作。会议对2013年的年鉴工作进行考核，经考核，《通海年鉴》、《澄江年鉴》、《峨山年鉴》均能于当年10月前出版发行，其余年鉴都能在年内出版发行，全市地方志和年鉴工作能保持好的发展趋势。

地方志工作。2013年，玉溪市地方志工作取得重大进展，《玉溪市志》共完成8个分志的总纂，《华宁县志》出版发行，《江川县志》定稿印刷，《红塔区志》召开审稿会，进入修改阶段，玉溪市供电局启动《玉溪电力工业志》系列丛书的编纂工作，《玉溪市教育志》等部门志出版发行。一年来，全市市县两级地方志书的编纂成果累累。

年鉴工作。2013年，玉溪市年鉴工作正常开展，在为上级年鉴提供资料中全市方志系统按时、按质完成《云南年鉴》、《云南小康年鉴》的撰稿任务。全市10部综合年鉴均于当年内出版，其中《红塔年鉴》2013年版实现全彩印刷。年内，玉溪市共组织7部综合年鉴参加云南省第十届年鉴系列评奖，其中，《玉溪年鉴》（2011）、《红塔年鉴》（2012）、《新平年鉴》（2012）获综合特等奖，《玉溪年鉴》（2012）、《红塔年鉴》（2011）、《峨山年鉴》（2012）、《澄江年鉴》（2011、2012）、《新平年鉴》（2011）、《红塔集团年鉴》（2011）获综合一等奖，《峨山年鉴》（2011）、《红塔集团年鉴》（2012）获综合二等奖。

【召开《红塔区志》审稿会】 2013年7月25日，《红塔区志》审稿会在玉溪龙马酒店举行。会议由红塔区委办公室主任李永聪主持，红塔区委副书记李永忠致辞，副区长吴光连对《红塔区志》的编纂教程作说明。原省人大副主任吴光范、省志办主任李一是、省年鉴研究会会长何宣、市委党史研究室主任石振武和市志办主任李亚平到会并讲话。

参加评审会的还有原省地方志主任钱成润、副主任郭其泰、省志办副主任袁丽萍、省志办州市指导处处长赵芳以及全市8个县的史志办主任、市委党史研究室原主任何军鹰，会议还邀请了原玉溪市志办主任梁耀武、通海一中原校长杨千成和《红塔区志》的编纂人员参加会议。

会上，参会的各位专家对《红塔区志》的框架结构、体例、史实、语言等各方面作出评审，为《红塔区志》的进一步修改提供了宝贵的借鉴。会后，红塔区史志办再次组织市内部分地方志工作者对志书的修改进行研究，为修改好志书奠定了很好的基础。

【《玉溪市教育志》出版发行】 玉溪市第二轮修志开始后，玉溪市教育局于2008年启动《玉溪市教育志》的编纂工作。经过5年的编纂，2013年12月，《玉溪市教育志》由云南科技出版社出版发行。全志上限始于1991年，下限截至2008年，因首轮修志时编修的《玉溪地区教育志》（1993年出版）未设“人物”专章，故《玉溪市教育志》的“人物”记述时限为1950～2010年。全志共设13章，采用章、节、条目体编纂，前有“大事记”后有“附录”，增加了新的检索方式索引，全志共103万字，全面、客观、真实地反映了18年来玉溪市教育改革与发展的历史进程。

（李亚平）

【澄江县召开年鉴撰稿人培训会】 2013年3月5日，澄江县史志办联合工业商贸和科技信息局召集了县属磷化企业、水电开发企业、电力供应企业、建筑建材企业、机械加工企业、食品加工企业6个行业企业30余个企业30余名《澄江年鉴》撰稿人进行年鉴编纂培训，澄江县史志办主任王基宇为参会者授课。分别从年鉴与工作总结的联系和区别、年鉴反映的年限和表格、年鉴条目的编写原则、编写规范化及编写过程中具体问题的处理为以会撰稿人作了详尽的讲解，各单位年鉴撰稿人就年鉴撰写具体细节问题进行了提问交流。

（适丽招）

【通海县史志办公室制订史志信息工作管理暂行办法】 为推进史志信息工作的制度化、规范化。通海县委史志结合实际，制订并实施《中共通海县委史志办编纂办公室史志信息工作管理暂行办法》。

本办法分总则、要求、组织实施、附则四个部分，从信息宣传内容的深度广度、报送方式的规范化、奖励办法的力度等方面作了明确细致的规定。一是健全信息工作机制，实行“一把手总负责，分管领导统筹安排，全办人员参与信息工作”的工作机制，促进史志信息工作制度化、规范化。二是加强调研、经验交流类信息撰稿，划分史志信息工作中的不同点和侧重点，提高信息质量，使史志信息工作更具有层次性和针对性。三是制订考核奖励办法，按照信息录用的级别、类型、篇数给予奖励，进一步调动全办人员撰写信息的积极性。

（张永伟）

【《华宁县志》出版】 2013年11月25日，中共华宁县委、华宁县人民政府在象鼻温泉度假村召开新编《华宁县志》发行会。云南省地方志办公室主任李一是、原玉溪地委书记段毓华，原玉溪市政协主席孟祖永，原玉溪市人大常委会副主任施以宽，原玉溪市农业局局长刘汝扬，玉溪市委党史研究室主任石振武、副主任段利星，玉溪市地方志办公室主任李亚平等领导应邀出席了会议。县委书记苏绍华、县长黄云鹍、县政协主席白应海、县委常委、宣传部部长李军、县政府副县长李丹、县政协副主席张平，续修第二轮《华宁县志》编纂委员会全体成员、县委史志办全体干部职工，县志发行代表单位县委办、政府办、人大办、政协办办公室主任、县档案局局长、县图书馆馆长、华宁一中校长、玉珠水泥有限公司总经理共43人参加了会议。

发行会上，由参会的县领导及县委史志办主任向发行代表单位县委办、人大办、政府办、政协办、档案局、县图书馆、华一中及玉珠水泥有限公司赠书，由县委史志办主任胡永文介绍第二轮《华宁县志》编纂出版情况，县长黄云、玉溪市地方志办公室主任李亚平、云南省地方志办公室主任李一是在会上讲话，同时进行座谈，应邀出席会议的省、市领导和中共华宁县委书记苏绍华分别作了发言。

（胡永文）

政协玉溪市委员会

【概况】 2013年，政协玉溪市委员会共举行主席会议9次，常委会会议5次，全体会议1次；开展了8项专题调查和11项专题视察，形成19份调研视察报告和1篇评议报告，提出意见建议195条。全年共收到党派、团体和政协委员提案301件，经审查立案交办300件。编辑出版了市政协第十三辑文史资料《见证·玉溪教育》。市政协主办的《政协信息》、《玉溪政协》《社情民意动态》共编辑刊载信息88期467篇（条）；办好玉溪政协网，网站点击率达200万人次。进一步加强同各民主党派、工商联、人民团体的沟通服务与合作共事。积极维护民族团结和社会稳定。为市政协“四群”教育和新农村建设联系点派驻新农村建设指导员2名；市政协共协调抗旱保民生、美丽乡村建设等项目资金500万元；争取到红塔集团为市政协山区民

族教育促进会捐资90万元，对考取大学的115名少数民族生进行资助，对50名山区民族地区乡镇优秀教师进行了表彰；同时，补助山区民族地区中小学校园文化建设资金48万元，帮助基层中小学校改善办学条件。拓宽民主监督渠道，组织委员参加市委、市政府和有关部门的重要会议及相关活动，应邀选派政协委员担任市政府有关部门的行政监察员、行风评议员、特约监督员，对政府职能部门的工作进行民主评议，实施民主监督，参与执法管理和行风建设的监督、检查、评议活动。组织参加滇中经济区四州市政协合作机制昆明会议，共同探讨加快滇中产业新区建设。

【政协四届一次会议】 政协玉溪市四届一次会议于2013年3月22～26日在玉溪举行。应到会委员309名，实到301名。会议全面总结了政协玉溪市第三届委员会5年来的工作，提出了今后5年工作的建议。会议审议通过了常务委员会工作报告和提案工作报告。与会委员列席了玉溪市第四届人民代表大会第一次会议，听取并协商讨论了《政府工作报告》和有关报告。协商讨论了《玉溪市中级人民法院工作报告》和《玉溪市人民检察院工作报告》。会议期间，市委、市政府领导和市直有关部门的负责人到会，听取委员对《政府工作报告》和“两院”报告的意见建议。会议收到提案284件，经审查立案284件。会议审议通过了本次会议决议、政协玉溪市第四届委员会第一次会议关于常务委员会工作报告的决议、关于常务委员会提案工作情况报告的决议。会议选举黄宪庭为政协玉溪市第四届委员会主席，选举陈志芬、汪燕平、马良昌、郭亚钢、贺光明、李少华为副主席，张卫为秘书长，选举出政协玉溪市第四届委员会常务委员54人。中共玉溪市委副书记、代市长饶南湖在会议上作了关于政府工作报告的说明。市委书记张祖林、市政协主席黄宪庭分别在本次会议中共党员大会和闭幕大会上讲话。

【政治协商】 2013年，玉溪市政协重视发挥人民政协协商民主重要渠道作用，积极探索实践协商民主，以全体会议、常委会议、主席会议、专题协商会议等形式，对事关玉溪改革发展稳定的全局性问题集中协商议政，协商讨论了市委四届三次全会工作报告、“一府两院”工作报告、计划财政报告、争当全省生态文明建设排头兵工作、创建国家环保模范城市、地质灾害防治“十二五”规划、重金属污染防治“十二五”规划、红塔区新增城市出租车投放计划、通海县撤县设市等问题。听取了市政府及其相关部门关于全市上半年经济运行和农业、教育、民政、环境保护等工作情况通报。委员们提出的意见建议得到了党委、政府的重视和采纳，促进了决策的民主化、科学化。

【民主监督】 2013年，玉溪市政协注重拓宽民主监督领域，提高民主监督实效。在委员视察中实施监督。组织委员、各民主党派及相关部门，对全市抗旱保民生促春耕工作、拆临拆违、工业园区建设发展、保障性安居工程建设、招商引资工作、生活垃圾处理厂建设运行管理、抚仙湖东大河清水产流机制、农村公共文化服务体系建设、基层体育事业发展、通海县“省级历史文化名城”传统民居保护与开发等11专题视察，形成视察报告11份，提出意见建议112条。在督办提案中实施监督。市政协四届一次会议以来，共征集到委员提案301件，审查立案300件，立案率99.7%，办复率100%，提案所提问题已经解决或建议得到采纳的占38.7%。在开展民主评议中实施监督。通过深入调研、民主测评、问卷调查、座谈交流、反馈意见等形式，对市民政局的工作开展了民主评议，在充分肯定成绩的同时，从抓好队伍建设、管好用好民政资金、加快殡葬改革、加强民政基础设施建设等方面提出了6条意见建议，促进了部门作风转变和工作改进，受到社会各界的好评。充分发挥受聘担任特邀监察员、人民监督员、行风评议员和教育督导员的政协委员作用，通过认真履行监督职责，积极开展各类评议，为促进党政部门的党风、政风、行风建设发挥了积极作用。收集整理编辑报送《玉溪政协》、《政协信息》、《社情民意动态》88期467篇（条），在省、市各种新闻媒体上刊登报道玉溪政协的文章260多篇（条）。认真办好玉溪政协网，为委员反映社情民意搭建信息平台，网站点击率达200万人次。

【参政议政】 2013年，玉溪市政协围绕全市经济社会发展中的重大问题和人民群众关注的热点、难点问题，组织委员和各民主党派、工商联以及相关部门，就农村义务教育教师队伍建设、三要污染物减排、现代农业园区建设、工业园区建设发展情况、民族团结进步示范区建设、侨资侨属企业发展、中心城区公共交通事业发展等重要问题进行深入调研，形成调研报告8份，提出意见建议77条，受到市委、市政府的重视和关注。配合全国政协、省政协做好涉法涉诉信访改革工作、民营医院发展、港澳台侨资企业在滇发展情况、加快云南陆路建设、伊斯兰教和谐发展、抚仙湖保护治理、中医药发展及县级公立医院综合改革试点工作等课题的调研视察，结合玉溪实际，向调研视察组提出意见建议。积极参与市委、市政府的中心工作。市政协领导积极参加市委、市政府重要会议、重大活动，参与重大项目建设，承担了部分重点产业发展和项目建设的组织领导工作。认真履行“三湖”河道河长责任制，协调河道治理资金300万元。按照市委打好“三大战役”工作部署，主动联系服务50 000万元以上建设项目，协调解决烟草簿片、玉山城、抚仙湖湖滨缓冲带“四退三还”工程、得胜家居商业中心、峨山银河化工有限责任公司迁建、沃森生物医药产业园、戛洒江一级电站、羊岔街风电场等项目建设中遇到的困难和问题。参与“三湖”河长责任制、党风廉政建设责任制、综合目标管理、社会管理综合治理、农村劳动力转移培训及阳光工程、实施四项制度等检查考评工作。

【提案工作】 2013年，市政协征集提案301件，审查立案300件，立案率达99.7%，确定重点提案4件，立案的提案已于年内全部办复完毕。提案的内容涉及全市经济和社会发展各个方面，按类别分，经济建设类185件，占61.7%；教科文卫体类71件，占23.7%；政法社会保障类44件，占14.6%。提案解决率大幅度提高，提案所提问题已经解决或建议得到采纳的占38.7%；列入计划拟解决的占48.3%；留作参考的占13%；提案者对提案办理态度满意和基本满意率达100 %，对办理结果满意和基本满意的299件，占99.7%，不满意的1件，占0.3%。

【文史资料工作】 2013年，玉溪市政协重视发挥政协文史资料“存史资政、鉴往知来、团结育人”的作用，按照征集为主、抢救优先、充分利用、服务社会的要求和出精品的标准，编辑出版了市政协第十三辑文史资料《见证·玉溪教育》。

【团结联谊工作】 2013年，玉溪市政协坚持“请进来、走出去”相结合，积极开展联谊活动。以海联会为平台，加强与涉台、涉侨、涉外部门的联系与协作，主动参与招商引资、招才引智工作，为玉溪对外开放和经济发展服务。成功召开玉溪市海外联谊会三届一次理事会，选举产生新一届理事会领导班子。通过举办各界人士新春茶话会、国庆中秋茶话会等形式，多层次、多渠道加强与“三胞”及其眷属、各界人士的联谊交往，引导他们为玉溪经济社会发展多作贡献。对港澳台侨资企业在玉发展情况进行专题调研，积极为企业排忧解难，建议出台支持港澳台侨资企业发展的政策措施。积极争取上级政协对玉溪工作的支持，加强对县区政协的联系指导，建立完善主席会议组成人员分工联系县区政协制度、市县区政协委室对口联系制度，支持县区政协改善办公条件。积极维护民族团结和社会稳定，加强同少数民族和宗教界人士的联系，参加民族宗教节日活动，宣传党的民族宗教政策和国家法律、法规。为市政协办公室“四群”教育和新农村建设联系点澄江县龙街街道办事处及梁王社区派驻新农村建设指导员2名，市政协机关建立“四群”教育联系点11个，47名干部联系群众148户。市政协领导多次深入联系点开展随机调研，深入基层群众听取民意、体察民情、摸准实情，帮助理清发展思路，制定发展措施。组织开展“关爱民生、寒冬送暖”等扶贫助困活动，尽力解决群众生产生活中的困难和问题。在开展“为民务实抗旱先锋行动”中，组成8个视察组分别深入“四群”教育联系点、扶贫挂钩点，视察抗旱保民生促春耕工作，积极协调抗旱保民生、美丽乡村建设等资金5 000 000万元。以山区民族教育促进会为平台，与红塔集团联合开展第三届“百名贫困学子大学圆梦”资助活动，协调落实资金900 000万元，资助困难大学生115名，表彰奖励山区民族地区优秀教师50名，补助山区民族地区中小学校园文化建设资金48万元。

【常务委员会会议】 政协玉溪市委员会三届二十二次常委会议2013年3月11日在玉溪举行。会议听取了明正彬副市长通报市政协三届五次会议以来提案办理情况；会议决定，政协玉溪市第四届委员会第一次会议3月22日至26日在玉溪召开，会期5天；会议原则通过了政协玉溪市第四届委员会第一次会议议程、日程；原则通过了《政协玉溪市第三届委员会常务委员会工作报告》、《政协玉溪市第三届委员会常务委员会关于三届五次会议以来提案工作情况的报告》和市政协各委室五年工作总结；通过了政协玉溪市第四届委员会委员名单；通过了相关人事事项；通过了冷明德为《政协玉溪市第三届委员会常务委员会工作报告》报告人，陈志芬为《政协玉溪市第三届委员会常务委员会关于三届五次会议以来提案工作情况的报告》报告人；通过了《关于授权主席会议主持政协玉溪市第四届委员会第一次会议预备会议的决定》、《关于授权主席会议审定政协玉溪市三届二十二次常委会议未尽事宜的决定》。

政协玉溪市委员会四届一次常委会议4月10日在玉溪举行。会议听取了市委组织部副部长陈开翔对政协玉溪市第四届委员会副秘书长，办公室主任、研究室主任，各专门委员会主任、副主任建议人选的说明；会议通过了政协玉溪市第四届委员会常务委员会2013年会议计划、政协玉溪市第四届委员会常务委员会关于设置专门委员会机构的决定、政协玉溪市第四届委员会副秘书长名单、政协玉溪市委员会办公室主任、研究室主任名单、政协玉溪市第四届委员会各专门委员会主任、副主任名单。。

政协玉溪市委员会四届二次常委会议5月28日在玉溪举行。会议听取了市教育局局长罗江云通报全市教育工作情况；会议通过了《关于玉溪市农村义务教育教师队伍建设情况的调查报告》；通过了人事事项。

政协玉溪市委员会四届三次常委会议8月23日在玉溪举行。会议听取了副市长李平通报全市2013年上半年经济社会发展情况及下半年工作安排；听取了市农业局局长杨正祥通报2012年来全市农业工作情况；听取了市民政局局长方建华汇报近三年来全市民政工作情况。会议通过了《玉溪市现代农业园区建设情况调查报告》；通过了《政协玉溪市委员会全体会议工作规则》、《政协玉溪市委员会常务委员会工作规则》、《政协玉溪市委员会主席会议工作规则》、《政协玉溪市委员会专门委员会通则》；通过了《关于对市民政局工作的民主评议意见》；通过了人事事项。

政协玉溪市委员会四届四次常委会议11月14日在玉溪举行。会议听取了市环境保护局局长张金翔通报全市环境保护工作情况；会议原则通过了《玉溪市主要污染物减排工作情况调查报告》；通过了人事事项。

【主席会议】 2013年3月6日，市政协召开三届四十八次主席会议。会议讨论并原则通过了政协玉溪市第四届委员会委员建议人选名单（讨论稿），讨论并原则通过了有关人事项，决定提请第二十二次常委会议审议。7日，市政协召开三届四十九次主席会议。会议决定3月11日举行政协玉溪市第三届委员会常务委员会第二十二次会议，为召开市政协四届一次会议做准备。18日，市政协召开三届五十次主席会议。会议讨论并通过了政协玉溪市第四届委员会第一次会议主席团、主席团会议主持人和秘书长建议名单，政协玉溪市第四届委员会第一次会议提案审查委员会主任、副主任、委员建议名单，政协玉溪市第四届委员会第一次会议特邀及列席人员名单；原则通过了政协玉溪市第四届委员会第一次会议主席团常务主席和常务主席会议主持人建议名单（草案）；政协玉溪市第四届委员会第一次会议副秘书长建议名单（草案）；政协玉溪市第四届委员会第一次会议主席团执行主席及主持人建议名单（草案）；政协玉溪市第四届委员会第一次会议分组及召集人名单（草案）；政协玉溪市第四届委员会第一次会议期间提案截止日期的决定（草案）；政协玉溪市第四届委员会第一次会议选举办法（草案）；决定将上述草案提交市政协四届一次会议主席团会议审定。

4月7日，市政协召开四届一次主席会议。会议研究了市政协主席会议成员分工；会议讨论并通过了政协玉溪市委员会2013年工作要点（讨论稿）、政协玉溪市第四届委员会常务委员会关于设置专门委员会的决定（讨论稿），决定将讨论稿提交市政协四届一次常委会议审定；会议决定，市政协四届一次常委会议4月10日在玉溪召开。

5月2日，市政协召开四届二次主席会议。会议讨论并通过了刘兴荣委

员提出的《关于加快玉溪高原特色农业发展的建议》、民进玉溪市委提出的《关于把生物药业积极培育为玉溪新的支柱产业的建议》、致公党玉溪市委等七个党派联合提出的《关于提升改造玉溪市中心城区城市道路的建议》、民建玉溪市委提出的《关于开源节流科学用好玉溪市有限水资源的建议》四件提案为市政协2013年度重点提案，分别由市政协主席会议和贺光明副主席、陈志芬副主席、郭亚钢副主席领衔督办；会议确定了市政协办公室、研究室和各专门委员会视察督办的提案；会议讨论并通过了《政协玉溪市委员会委员活动服务管理办法》。17日，市政协召开四届三次主席会议。会议讨论并原则通过了有关人事问题和《关于玉溪市农村义务教育教师队伍建设情况的调查报告（讨论稿）》，决定将这两项议题提交市政协四届二次常委会审议；会议讨论并通过了政协玉溪市第四届委员会各专门委员会委员名单、四届市政协委员和县区政协干部学习培训工作方案、关于进一步加强对县区政协工作联系和指导的意见、政协玉溪市第四届委员会主席会议成员联系市政协委员名单、2013年驻县区市政协委员活动经费分配方案、2013年补助县区政协改善办公条件资金分配方案、市政协机关2013年公务经费包干分配方案、玉溪市政协委室与市属部门联系的意见；会议决定，政协玉溪市四届二次常委会议于5月底在玉溪召开。

8月14日，市政协召开四届四次主席会议。会议通过了《政协玉溪市委员会秘书长会议工作规则》；讨论并原则通过了相关人事事项；讨论并原则通过了《玉溪市现代农业园区建设情况调查报告（讨论稿）》、《关于对市民政局工作的民主评议意见（讨论稿）》、《政协玉溪市委员会全体会议工作规则（讨论稿）》、《政协玉溪市委员会常务委员会工作规则（讨论稿）》、《政协玉溪市委员会主席会议工作规则（讨论稿）》、《政协玉溪市委员会专门委员会通则（讨论稿）》。会议决定，政协玉溪市四届三次常委会于8月22日至23日在玉溪召开。

11月8日，市政协召开四届五次主席会议。会议讨论并原则通过了《政协玉溪市四届二次会议筹备工作方案》；讨论并原则通过了《玉溪市主要污染物减排工作情况调查报告（讨论稿）》，要求人口资源环境委员会认真吸纳主席会议成员的意见修改完善后，提请政协玉溪市四届四次常委会议审议；通过了各专门委员会工作细则；讨论并原则通过了相关人事事项。会议决定，政协玉溪市四届四次常委会于11月14日在玉溪召开。

12月24日，市政协召开四届六次主席会议。会议讨论并原则通过了市政协机关学习贯彻党的十八届三中全会精神的实施方案、市政协四届二次会议大会发言和界别联组会发言题目、各委室2013年工作总结和2014年工作建议以及2014年调研视察课题，要求各委室和相关责任人进一步修改完善；讨论并通过了市政协四届一次会议以来提案办理考核情况；讨论并通过了市政协四届二次会议特邀、列席人员范围；讨论了人事事项，决定提交市政协四届五次常委会审议通过。

【市委四届三次全会报告协商会】 2013年2月22日，市委常委、市人民政府常务副市长黄宪庭，市委常委、市纪委书记李文斌，市委常委、市委统战部部长吕昌会到市政协，就《中共玉溪市委四届三次全会报告（征求意见稿）》与市政协委员和各民主党派、工商联、无党派人士进行协商座谈，听取意见和建议。大家认为，《报告》（征求意见稿）通篇贯穿了科学发展新跨越的主题，实事求是地对过去一年的工作进行了全面总结，明确提出了到2017年和2013年玉溪经济社会如何实现科学发展新跨越的具体目标和措施，报告思路清晰，理念新颖，措施有力，体现了奋起直追、赶超跨越的精神，符合中央、省、市党代会精神和玉溪市实际，宏观指导性和指导性强，是一个鼓舞人心、催人奋进、统揽全局、指引方向的报告。按照报告的要求和措施进行落实，必能实现目标要求，推动玉溪科学发展新跨越。同时，委员们还围绕事关玉溪经济社会发展的有关问题，就全面扩大开放格局，形成全社会招商引资的氛围，不断增强玉溪经济总量；高度重视连续干旱对玉溪经济社会造成的影响，加大水利设施投入，研究调水、引水工程建设，优化水资源配置，保障供水安全，全力抗大旱保民生；农业产业化发展的前提是规模化土地流转，引进龙头企业，加大流转力度；想方设法推进新型工业化创新发展，避免经济高增长带来高污染；城市建设要把原有规划和现在规划有机结合；高度重视民生，建立农村教育保障机制，加强保障性住房建设，推进民族团结进步示范区建设等方面提出了意见和建议。此外，委员们还就报告的有关提法、文字表述、具体字句等提出了修改意见。

【《政府工作报告》协商会】 2013年2月20日，市委副书记、市人民政府代理市长饶南湖率市政府领导班子和相关部门负责人到市政协，听取市政协委员、各民主党派和工商联负责人以及无党派人士对《政府工作报告（征求意见稿）》、《2012年国民经济和社会发展计划执行情况与2013年国民经济和社会发展计划草案的报告（征求意见稿）》、《2012年地方财政预算执行情况和2013年地方财政预算草案的报告（征求意见稿）》的意见建议。大家认为，《政府工作报告》征求意见稿材料充实丰满，对三届市政府及2012年政府工作进行了客观公正、实事求是的总结，提出的工作任务目标明确、思路清晰、鼓舞人心，突出了解放思想、与时俱进、勇于创新、敢于担当的精神。同时，大家还就推进农业产业化、加强抗旱节水保民生工作、大力发展民营经济、加快第三产业发展、加强抚仙湖水资源管理、重视文化产业发展、加强生态建设及报告文字细节方面提出了意见和建议。

【新春茶话会】 2013年2月4日，玉溪市政协在中玉酒店举行2013年各界人士新春茶话会。中共玉溪市委书记张祖林在茶话会上讲话，向与会人员致以节日的问候和祝愿，并通报了全市2012年工作情况和2013年经济社会发展的主要目标任务。张祖林希望全市各级政协组织、各民主党派、工商联、人民团体和各族各界人士切实把思想和行动统一到市委的决策部署上来，多发出“好声音”、多聚合“正能量”，把注意力和兴奋点集聚到“争先进位”上，把智慧和干劲集中到“跨越赶超”上，在玉溪“跨越赶超”进程中最大程度地减少阻力、增加助力、激发活力。

【国庆中秋茶话会】 2013年9月17日，玉溪市政协在中玉酒店举行国庆中秋茶话会。中共玉溪市委书记张祖林代表市委、市政府向各界人士致以节日的祝贺和问候，向大家通报了1至8月全市经济社会发展情况。张祖林希望市政协充分发挥人才汇集、智力密集、视野宽广的优势，在“四种作用”上体现更大作为：一要在凝聚人心的纽带作用上体现更大作为，将各界人士的力量凝聚起来，全力以赴加速工业突破、持之以恒强化园区建设、坚定不移抢抓招商引资，以大投资推动玉溪建设大跨越；二要在集聚智慧的平台作用上体现更大作为，做到政为民所议、言为民所建、策为民所献；三要在扩大开放的桥梁作用上体现更大作为，积极宣传推介玉溪，吸引更多的企业家到玉溪投资兴业；四要在增进和谐的助手作用上体现更大作为，多做聚人心、暖人心、稳人心、得人心的工作，及时帮助解决群众反映强烈的热点、难点和重点问题，促进全社会的和谐。市政协主席黄宪庭代表市政协向大家致以节日的祝福，要求全市政协组织和广大政协委员，适应新形势，把握新机遇，迎接新挑战，进一步解放思想、更新观念，强化责任、扎实工作，在服务科学发展上、促进团结和谐和各方联谊上发挥作用，为实现玉溪科学发展和谐发展跨越发展尽智出力。市政协党组书记冷明德主持会议。

【滇中经济区四州市政协合作机制第五次会议】 2013年7月3～4日，滇中经济区四州市政协合作机制第五次会议在昆明举行。省政协副主席米东生到会指导并讲话。四州市政协主席围绕滇中产业新区建设作了主旨发言。市政协主席黄宪庭作了《抢抓机遇　发挥优势　全力推进滇中产业新区建设》的主题发言。副主席贺光明，秘书长张卫，副秘书长、研究室主任马文荣，经济委主任杨建敏、副主任李近伟，市发改委副主任夏从实等领导出席会议。

【捐资助学助教】 2013年，市政协争取到红塔集团为市政协山区民族教育促进会捐资90万元，开展“百名贫困学子大学圆梦”资助活动，对考取大学的115名少数民族生进行资助，对50名山区民族地区乡镇优秀教师进行了表彰奖励；同时，协调补助支教资金48万元，帮助基层中小学校改善办学条件。

【培训政协委员和政协干部】 2013年6月27～28日，市政协举办四届市政协委员和政协干部培训班，四届市政协全体委员、各县区政协副主席和市政协机关全体干部职工共计340余人参加培训。省政协秘书长车志敏、省政协提案委主任郭文龙和省政协原文史委主任傅仕敏分别为政协委员作《加快推进滇中经济区建设》、《政协提案工作》、《新时期政协委员的职责》专题讲座。市政协主席黄宪庭、党组书记冷明德分别作开班动员讲话和培训总结。

【民主评议】 2013年8月23日，玉溪市政协组织委员对市民政局工作进行民主评议。主要评议市民政局2012年以来履行工作职责的情况。6月17～20日，市政协领导带队，组织委员深入红塔区、江川县、易门县、新平县和市民政局，召开座谈会，进行问卷调查和民主测评，在调查研究的基础上召开评议会。评议会充分肯定了市民政局的工作成绩，并指出存在问题，提出评议意见6条。市政协四届三次常委会审议通过了对市民政局的评议意见。

【全国政协领导到玉溪调研】 2013年5月30日，由全国政协副主席、民革中央常务副主席齐续春率队的全国政协“涉法涉诉信访工作改革”调研组来到玉溪，专题调研涉法涉诉信访工作改革情况，对玉溪市涉法涉诉信访工作改革取得的成绩给予充分肯定。上午，调研组专题听取玉溪市经济社会发展和涉法涉诉信访工作改革试点情况汇报。市委常委、市政法委书记刘宁笙作综合汇报，市中级人民法院、市人民检察院、市信访局等单位领导作补充发言。在市委书记张祖林、市人民政府市长饶南湖、市政协主席黄宪庭、副主席马良昌、李少华、市政协办公室主任刘兴荣、副秘书长汪子兴、市政协民宗法制委主任王云平等陪同下，齐续春一行到红塔集团玉溪卷烟厂参观，了解企业职工工作、生活等方面的情况，听取对进一步做好涉法涉诉信访工作改革的建议、意见。下午，调研组参观了玉溪大河、聂耳音乐广场，考察了抚仙湖保护情况并对玉溪生态建设给予肯定。全国政协社法委委员、最高人民检察院检察委员会专职委员杨振江，全国政协常委、社法委委员李汉柏，全国政协社法委委员、中国社会科学院副院长、党组成员高全立，全国政协社法委委员、最高人民法院副院长、党组成员黄尔梅，省政协副秘书长孟庆红，省政协社会和法制委员会副主任罗石文等参加调研。

10月11日，全国政协教科文卫体委员会副主任、调研组组长黄洁夫带领有关民主党派和部分驻京全国政协委员赴玉溪调研“民营医院发展中的问题与对策”。省政协教科文卫体委副主任李庆生、市政协主席黄宪庭、副主席汪燕平陪同调研座谈。

【省政协领导调研视察】 2013年6月6日，由马来西亚前总理马哈蒂尔带领的马来西亚代表团一行39人在省政协副主席马开贤、云南省外事办主任助理秦治来的陪同下，赴通海县纳古镇纳家营访问，市政协副主席马良昌陪同调研并参观了纳家营清真寺和清真寺女子学校。13日，由省政协副主席喻顶成带队，省铁建办专职副主任王勇任组长，省政协办公厅、提案委，省政府办公厅议案处，省交通运输厅、省金融办，部分省政协委员和提案者组成调研组，深入玉溪就陆路通道建设情况进行调研。调研座谈会上，市政协主席黄宪庭从加快晋–江、呈–澄等公路建设和昆玉铁路改造提升以及玉磨铁路建设步伐，加大征地拆迁、融资、明晰产权的协调力度等方面就玉溪陆路建设发展情况提出了建议。

7月11～12日，省政协常务副主席白成亮率队到玉溪，就玉溪市港澳台侨资企业发展情况进行调研。市政协主席黄宪庭、副市长解仕清、市政协副主席李少华及市级相关部门领导陪同调研。

9月12日，省政协主席罗正富一行到易门县，就滇中产业新区规划、产业布局和基础设施规划建设情况进行调研。省政协秘书长车志敏、市政协主席黄宪庭、市政协副主席贺光明、市政协秘书长张卫陪同调研。

10月16～17日，省政协主席罗正富率省政协秘书长车志敏、副秘书长兼研究室主任马孝初、副秘书长周胡荣到玉溪，对发挥协商民主、加强新形势下的政协工作进行专题调研。市委书记张祖林，市委副书记、市长饶南湖，市委副书记夏立洪，市委常委、市委秘书长李洪云出席调研座谈会。市政协主席黄宪庭全程陪同调研并向调研组汇报市政协工作。市政协党组书记冷明德，副主席陈志芬、汪燕平、郭亚钢、李少华，秘书长张卫陪同调研。郭开堂、杨洋等驻玉省政协委员，三届市政协老领导、各委室负责人，各县区政协主席参加调研座

谈会。调研期间，罗正富主席一行还深入到市政协机关，看望干部职工，与大家合影留念。

11月6～7日，省政协副主席罗黎辉带领由省政协科教文卫体委、文史委，省卫生厅，部分省政协委员、专家组成的视察组，就“县级公立医院改革试点工作”到玉溪市新平县开展重点视察。市政协主席黄宪庭、市政协党组书记冷明德、市政协副主席汪燕平、秘书长张卫、科教文卫体委负责人、市卫生局负责人、新平县政协领导、新平县政府相关部门负责人陪同视察。

12月2～3日，省政协原副主席、省石产业联席会议副总召集人、省石产业促进会会长和占钧率省石产业联席会议办公室相关人员到玉溪市调研石产业发展情况。2日，调研组到江川县江城镇东山雄胜工艺石材厂、宏基石材厂等3个石材加工企业实地参观视察，并与江川县政协和相关部门的同志座谈交流。3日，市政协副主席贺光明主持调研座谈会，市人民政府副市长左广介绍了玉溪市石产业发展情况，市发展改革委、工业信息化委、国土资源局、工商局、统计局、安监局以及市珠宝协会、市奇石根艺收藏家协会等相关职能部门和行业协会的领导结合各自实际分别发言，就发展石产业提出意见、建议。和占钧对玉溪市石产业发展情况给予了肯定，对做强做大玉溪石产业提出了意见和建议。市政协副秘书长毕永富、经济委主任杨建敏及市政协办公室相关人员陪同调研。

（沐德能）

纪检监察

【监督检查工作】 2013年，把监督检查市委、市政府重大决策部署贯彻落实情况作为重要职责，加强对抚仙湖保护治理、拆临拆违、农业面源污染治理、康井路、九龙立交、仙湖锦绣等重点项目、重大工程和重要工作推进情况的监督检查。成立8个督查组，按照5个方面17大项督查内容要求，强化对5亿元以上建设项目的监督检查，开展对水利改革发展、强农惠农、城市规划管理、生态文明建设、路域环境整治等政策措施贯彻落实情况的监督检查，促进了各项工作的顺利实施。健全问责制度，制定相关问责办法，加大督查问责力度，对通海县森林火灾、星云湖沿岸违规建房等172名相关责任人实施问责，其中，县处级15人，乡科级62人，一般干部94人，省纪委指定问责副厅级1人。各派出机构加强对负责部门执行党风廉政建设责任制、《廉政准则》、“三重一大”集体决策等制度的监督检查。对13个市直单位开展巡视和回访巡视工作，发现和纠正问题7个，有效发挥了巡视监督作用。

【作风建设】 2013年，切实履行党章赋予的职责，坚持把严格执行和维护党的纪律特别是政治纪律放在首位，强化监督检查，确保党员干部同党中央保持高度一致。及时参与处置赵锡永招摇撞骗事件等有关工作，有力地维护了改革发展稳定大局。以贯彻中央“八项规定”为重点，突出重点内容、重点场所、关键时间节点抓监督检查，狠刹节日送礼、公款吃喝、公款旅游、铺张浪费等不正之风，坚决纠正“四风”方面存在的突出问题。共查处公车私用16起，违反工作纪律12起，违反会场纪律92人次。对公车私用的，责成单位整改，责任人作出书面检查，补交公车使用费；对违反工作纪律的，责成单位制定整改措施，相关责任人作出书面检查；对违反会场纪律的人员进行通报批评或诫勉谈话。全市1 259名县级以上干部递交了会员卡零持有报告。实行目标任务综合考评制度，提升目标管理综合考评科学化水平，促进全市各级党政机关作风改进。

【查办案件工作】 2013年，把查办案件放在突出位置，坚持“老虎”、“苍蝇”一起打，始终保持查办案件的高压态势。全市纪检监察机关共受理信访举报754件（次），增长21.03%；初核199件，增长17.75%；立案174件，增长22.54%；结案173件，增长20.98%；给予党政纪处分180人，增长21.62%，其中县处级12人，乡科级38人。移送司法机关41人。挽回经济损失1 132.06万元。对全市2010年8月以来审计发现“小金库”情节严重的5个单位主要负责人立案调查。经立案调查，玉溪农业职业技术学院党委书记朱登明，玉溪广播电视事业局党组书记、局长张耀力，玉溪市司法局副局长李瑞林，涉嫌犯罪被移送司法机关。坚持依纪依法、安全文明办案，建立完善办案安全制度和陪护人才库，加强办案设施建设，办案条件得到改善。

【宣传教育工作】 2013年，组织230余名新任县级领导干部、300余名新任科级干部参加廉政教育培训，组织2 000余名干部职工到省、市警示教育基地接受警示教育。《清风拂云岭》、《把好资金关算清明白账》等13部反映玉溪市党风廉政建设成果的专题片分别在云南电视台、玉溪电视台播出。对第一批6个省级、25个市级廉政文化示范点组织复查，对不符合示范点要求的江川县国税局予以摘牌；创建第二批省级示范点3个，命名第二批市级示范点16个。在市公安消防支队建立“玉溪市廉政文化教育基地”。聂耳大众文化小分队“廉政文化进万家”巡演活动受到广大群众的好评。

【源头防治腐败】 2013年，坚持由市级领导带队开展党风廉政建设责任制暨惩防体系建设检查考核，充分运用考核结果，强化责任追究，撤销了市司法局优秀单位称号。认真落实“三谈两述”、党政机关厉行节约等有关规定。严格执行党员领导干部报告个人有关事项等制度。对307名新提拔的县处级领导干部进行了任前廉政谈话，对467名新提拔干部出具了任前廉政意见，为745个评优评先的集体和个人提供了廉政情况。积极开展廉政风险防控工作，全市共梳理权力职数4 967个，编制权力运行流程图1 541个，共排查确定廉政风险内部机构3 134个、风险点6 661个；廉政风险个人岗位7 528个、风险点12 451个。制定相应的内部机构风险防控措施10 764条，个人岗位风险防控措施21 848条。

【回应社会关切】 2013年，开通市纪委监察局在线信访举报网站，制定市纪委监察局领导接待日、下访和约访工作办法等五项制度。推行畅通群众诉求渠道“五级联动”工作，成立群众诉求中心779个，受理群众诉求1 658件，办结1 605件，办结率96.8%。对玉溪广播电视网络公司捆绑收取“续费优惠包”、易门县职业中学强制学生消费电信手机等投诉进行了严肃查办，对审计发现全市250户不符合享受保障性住房实物配租和住房补贴的问题、通海县兴义村挪用农村危房改造资金问题进行专项督促整改。对龙马华庭二期项目违法建设进行了严厉处罚，依法没收违法所得1 382.56万元。改革政风行风评议办法，引入社会评价机制，玉溪政风行风热线更名为“玉溪民情之声”，全年共办理各类咨询投诉160件次。实施最严肃的服务承诺制度、最严格的限时办结制度和最严厉的问责制度，促进“三难”问题的解决，开展“服务基层年、项目落地年、作风转变年”活动，推动办事效率的提升。

【重要会议】 2013年1月18日，云南省纪委副书记赵志彬在市委常委、纪委书记李文斌，峨山县委书记叶本功等的陪同下到峨山县双江街道、岔河乡等乡镇就乡镇街道纪检组织建设、党务公开、农村党风廉政建设等工作进行调研。

3月2日，玉溪市党风廉政建设大会召开。市委书记张祖林强调要深刻认识新形势下改进作风的极端重要性和紧迫性，继续提升纪检监察工作的针对性和实效性，认真贯彻落实中央惩防体系建设2013～2017年工作规划，深入经济建设第一线，建立和完善重大建设项目的监督检查，对园区建设、招商引资、投融资体制改革、生态建设、保障和改善民生等工作落实情况，对发现问题早提醒。会议传达了省纪委九届三次全会精神，通报了2012年度惩治和预防腐败体系建设暨党风廉政建设责任制检查考核结果，对3个优秀县区和20个优秀责任单位进行了表彰，并与各县区委签订了2013年度党风廉政建设责任书。3日，中共玉溪市第四届纪律检查委员会第三次全体会议召开。全会深入贯彻落实十八届中央纪委二次全会、省纪委九届三次全会和市委四届三次全会精神，总结2012年党风廉政建设和反腐败工作，安排部署2013年工作。全会审议通过了市委常委、市纪委书记李文斌代表市纪委常委会作的《深入学习贯彻党的十八大精神，坚定不移把反腐倡廉建设引向深入》工作报告。14日，市纪委召开委局机关、派出机构干部职工和县区纪委分管干部工作的副书记、干部室主任参加的干部教育会议。会议要求全市纪检监察干部必须深入学习贯彻党的十八大和中纪委、省、市纪委全会精神，进一步统一思想、振奋精神，加强党性职业道德修养和个人行为道德修养，切实提高自身履职能力和综合素质，用优良的作风、坚强的纪律、昂扬的斗志、良好的形象，锻造一支忠诚可靠、服务人民、刚正不阿、秉公执纪、严格自律的纪检监察干部队伍。20日，玉溪市行政监察暨纠风工作会议召开。市委常委、市政府常务副市长黄宪庭强调作为肩负着保证政令畅通、维护行政纪律、促进廉政建设、改善行政管理、提高行政效能重要职责的行政监察工作，必须适应新形势、新任务的要求，充分发挥行政监察的职能作用。市委常委、市纪委书记李文斌要求各级纪检监察机关强化监督，进一步加强和改进行政监察工作。会议对2011～2012年行政监察工作中成绩突出的15个先进集体和52名先进个人进行了表彰。

4月8日，全市反腐倡廉宣传教育暨调研工作会召开。会议传达了全省反腐倡廉宣传教育工作座谈会议精神，表彰了廉政文化示范点单位和优秀通讯员。会议要求要加大反腐倡廉宣传力度，扎实开展反腐倡廉教育，推动廉政文化建设创新发展，积极营造良好的舆论氛围；要认真做好反腐倡廉调研工作，不断提高调研工作规范化、科学化水平。

6月20日，由玉溪市公安消防支队建设、玉溪市纪委监察局命名的“玉溪市廉政文化教育基地”揭牌。24日，省纪委常委孔荣华在市委常委、市纪委书记李文斌等陪同下对玉溪市畅通群众诉求渠道工作开展情况进行调研指导。29日，省委常委、省纪委书记书记辛维光在市委常委、市纪委书记李文斌等的陪同下到峨山县调研农村基层党风廉政建设工作。

8月8日，玉溪市纪检监察派出机构领导干部培训班开班。20日，省扶贫办继上年与文山州、临沧市、楚雄州后与玉溪市纪委签订了廉洁扶贫行动合作协议，标志着全市基层党风廉政建设和扶贫工作迈出新步伐。

9月25日至26日，省纪委调研组到玉溪调研村民监督委员会工作。29日，市纪委监察局分别邀请玉溪师范学院马克思主义学院副院长孟端星教授和玉溪市委党校党史党建教研室主任张兴林副教授，为委局全体干部职工和离退休老干部作“责任担当共筑梦想”和“推进生态文明建设建设美丽玉溪”的主题知识讲座。

10月18日，玉溪市纪检监察信息工作座谈会召开。会议通报了全市1～10月的信息工作，听取了各县区纪委、市纪委监察局机关各委室、派出机构关于信息工作的建议意见，安排部署了下一阶段的信息工作。25日，玉溪市纪委监察局召开干部职工大会，专题学习贯彻习近平总书记在参加指导河北省委常委班子专题民主生活会上的重要讲话和市委书记张祖林在全市领导干部会议上的讲话精神。

11月26日至27日，市纪委、市委组织部举办新任县级领导干部反腐倡廉教育培训班，来自全市的238名2012年12月以来新任职的县级领导干部参加了培训。新任职领导干部进行了廉政宣誓，集中观看了反腐倡廉电教片《“四风”之害》和《领导干部警示录——失德之害》。市委常委、市纪委书记李文斌出席开班式并作动员讲话。29日，玉溪市纪委监察局召开委局机关全体党员大会学习党的十八届三中全会精神，通报了薄熙来违纪违法案件情况，安排部署了委局机关“读党报、强素质”活动和2013年度民主评议党员工作。

12月18日，玉溪市纪检监察案件审理联系点工作暨优质案件评审会议召开。会议以“优质案件、优质文书”评审活动为主题，采取分组交叉阅卷、逐案（文）评析、综合分析、共同评议的方法，对各县区选送的18件自办案件和36篇案件文书进行了评审，推选出9件优质案件和12篇优质文书。

（李文山）

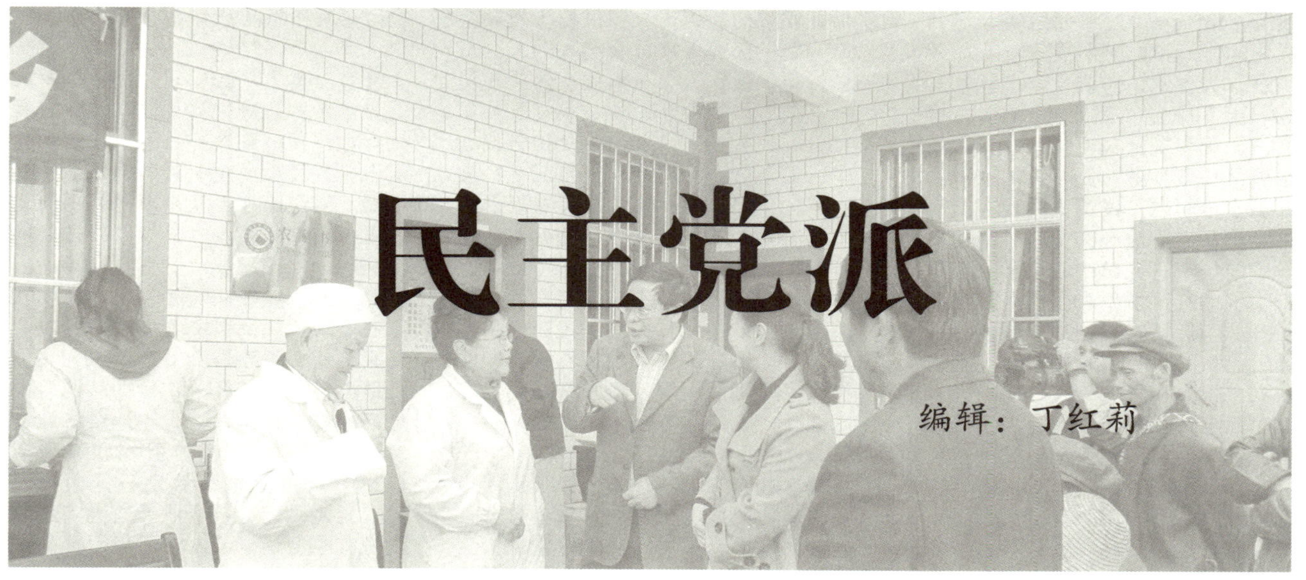

民主党派

编辑：丁红莉

民革玉溪市委

【思想建设】 2013年，民革玉溪市委以抓好学习活动为契机，把提高党员政治素质、增强政党意识、加强思想建设放在首位。市委班子积极参加民革省委全会、参政议政工作交流会及思想宣传组织建设工作交流会，理论水平得到提高，业务能力得到加强。按照民革省委的通知要求，民革玉溪市委组织党员撰写“薪火相传，圆多党合作之梦”的理论文章6篇上报省委。积极征订《团结报》，征订了108份。7月份安排2012年发展的7位新党员到云南省社会主义学院进行学习培训。1人到中央社会主义学院参加第30期民主党派领导干部培训班学习，12月份参加民革中央举办的“坚持和发展中国特色社会主义道路学习和实践活动”理论培训，2次到省委党校参加十八大、十八届三中全会、习近平系列讲话、产业发展研讨班培训学习。

【组织建设】 2013年，民革玉溪市委遵循“巩固与发展”相结合的组织发展原则，按照德才兼备的标准，坚持严把关、细考察、重培养的要求，让年轻的优秀人才充实到民革组织中来，积极发展党员，为发挥参政党作用进一步提供了人才保证。当年，有3人递交了入党申请，待市委考察合格，主委会议审批后，交基层支部讨论通过。全市共有民革党员126人。

【上级领导调研】 2013年5月30日，全国政协副主席、民革中央常务副主席齐续春率全国政协“涉法涉诉信访工作改革”调研组到玉溪调研。民革玉溪市委委员李少华等人汇报了民革玉溪市委参政议政、组织发展等方面的工作。听完汇报后，齐续春充分肯定了民革玉溪市委领导班子政治意识强，合作共事有特色。把参政议政工作作为工作重心，思路清晰，方向正确。成立社会与法制支部，符合民革中央组织发展总体要求，有利于民革组织更好的履行职能。希望委员们不断进取，扎实工作，为地方经济发展、社会进步多作贡献。8月6～7日，民革中央组织部副部长但昭颖、社会服务部副部长李宁一行8人到玉溪华宁县青龙镇开展“同心工程”调研视察和座谈，调研组对青龙镇“同心工程”给予高度评价，并指出：民主党派开展“同心工程”活动是最能体现参政议政的形式，按照民革中央万主席的观点，民主党派参政议政就是要“接地气”，要求民革地方组织深入实际，发挥优势，多做实事。民革玉溪市委主委李少华作了《量力而行尽力而为持之以恒，为促进玉溪科学和谐跨越发展而努力》的交流。

【参政议政】 2013年，民革玉溪市委在人大、政协两会期间，民革玉溪市委提交《关于以棋阳路二期改造为契机，启动老城区改造的建议》、《关于在中心城区实施水资源再利用对策，营造节能良好环境的建议》、《关于在全市逐步推行生活垃圾分类投放制度，建立垃圾分类减量化处理体系的建议》、关于进一步明确玉溪市养老政策目标，加快完善玉溪市养老体系建设的建议》、《关于盘活玉溪滇剧院固定演出场馆，传承和弘扬国家非物质文化遗产的建议》、《关于整顿路居至海口环湖公路农产品交易市场，消除交通堵塞和行人安全隐患的建议》等6件集体提案；联合提案2件，《关于提升玉溪中心城区道路交通的建议》（致公党领衔、六家党派联合）、《关于合理设置八路公交车线路，方便市民出行的建议》（民革领衔、其他党派联合）。在红塔区政协四届一次会议上，民革党员、区政协委员朱惠芬提交了2件提案《关于玉溪市红塔区划片招生的建议》、《关于整顿文化路交通秩序的建议》（联合）。提案面商答复全部结束，所提的提案基本得到相关部门的采纳和落实。并组成调研组，对《玉溪市农村生态环境保护情况》进行调研，形成调研报告，报送中共玉溪市委、市人民政府及相关部门，并进行调研成果转化。

【社会服务】 2013年，民革玉溪市委把社会服务与“同心工程”、“四群”教育紧密结合，改进和创新工作方法，深入联系点问政于民、问计于民、问需于民，使民革的社会服务工作更加体现群众意愿，更加赢得群众的信赖和拥护。与华宁县青龙镇结成定点帮扶对子，为华宁县促成签约总投资4 145万元的永平大桥建设项目、投资800万元的工业园区基础设施建设项目，为青龙镇协调水利工程款20万元，配套资金60万元的4个整村推进名额，配套资金20万元的农村人畜饮水项目一个，建成后将解决1 634人的饮水安全问题。民革省委代表上海民革党员章浩等爱心人士在云南捐资助学，向华宁青龙镇中心小学、紫马龙小学资助贫困学生40名。民革省委组织8位专家到华宁青龙镇开展种植业、养殖业知识培训，青龙镇200余名群众获训，群众积极性较高，纷纷与专家面对面咨询和交流。民革玉溪市委积极协助并配合民革云南省委华宁“同心工程”的多项帮扶和跟踪落实活动。8月17日，民革玉溪市委邀请市人民医院核医学科林明主任等四位专家赴华宁县青龙镇，开展“同心工程”社会服务活动。华宁县政协副主席蔡俊辉亲自安排和现场指导，青龙镇党委政府密切配合。林明为50余名乡村医生作了“骨质酥松防治与误区”的专题讲座。核医学专家同时在镇卫生院为群众进行骨密度检测，共为93名群众检测了骨密度。

（何建刚）

民建玉溪市委

【思想建设及学习培训】　2013年，民建玉溪市委重视思想建设工作，通过召开市委（扩大）会、座谈会、组织生活会、参加专题活动、参加学习培训及发送刊物等多种形式，推动会员理论学习的深入开展，为履行参政党职能奠定坚实的思想政治基础。民建玉溪市委认真组织新会员参加民建省委举办的民建中青年会员培训，认真组织市委委员、支部负责人及民建会员企业家参加玉溪市工商联举办的玉溪市工商联系统会长、秘书长培训会，全年共组织31人次参加培训。与此同时，民建玉溪市委还举办了市委委员、基层组织负责人及民建骨干会员培训会，共40余人参加了学习培训。

【组织建设】　组织建设是民主党派自身建设的基础，是发挥参政党职能的组织保证。在组织发展工作中，民建坚持注重质量、保持特色、优化结构的组织发展原则，结合本会联系经济界的特色和优势，在突出重点和保证质量的前提下，积极稳步发展会员，一批优秀人才被吸纳入会，会员结构得到优化，会员整体素质明显提升，全年共发展会员8名。截至2013年12月，民建会员人数达到280名，其中，男会员158名，女会员122名，会员平均年龄44.1岁；具有大专以上学历的会员254名，占会员的90.7%；具有中高级以上职称的会员142名，占50.7%。组织的不断发展和壮大，改善了会员结构，提高了民建的整体素质，为民建更好地发挥参政党职能提供了坚强的组织保证和必要的人才基础。

【参政议政】　2013年，民建玉溪市委在政协云南省十一届一次会议上，省政协常委、市委主委郭开堂向大会提交《关于加大畜牧专项贴息贷款扶持力度的建议》等3件提案；在政协玉溪市四届一次会议上，民建玉溪市委向大会提交《关于开源节流科学用好全市有限水资源的建议》（该提案被市政协列为重点提案）等10件集体提案，与其他民主党派提出联合提案《关于提升改造玉溪市中心城区城市道路的建议》。民建市、区政协委员向市、区政协全会提交《关于让所有“五保”老人都住进福利院的建议》等13件个人提案。在市人大四届一次会议上，市、区人大代表，会员高凤兰提出《关于启动中心城区旧城区保护性改造的建议》（该建议被列为重点督办建议）。同时，开展了“关于加快玉溪农村土地流转的调查”的专题调研，为玉溪市加快农村土地流转提出对策和建议。

【社会服务】　2013年，民建玉溪市委充分发挥自身优势，立足实际，发挥特色，积极开展“三下乡”活动并组织会员和会员企业开展捐资助学等活动。组织医疗专家赴新平县平甸乡磨皮村及澄江县城、澄江九村开展送医、送药、送科技“三下乡”活动。结合当地产业发展实际，民建市委领导提出加大招商引资力度、引进农业龙头企业、引导群众转变观念，实现土地流转和集约经营，帮助村民多渠道增加收入等建议，为当地经济社会发展出谋划策。积极引导和鼓励会员、会员企业家奉献爱心，回报社会。玉溪民建会员企业云南维和药业股份有限公司、云南汇海集团、玉溪阳成基业房地产公司、玉溪市保安服务有限责任公司等几家企业和会员个人向社会捐资8万余元，向市社会福利服务中心捐赠两棵价值8万余元的绿化树木和价值2 814元的儿童康复训练器材一套。配合民建省委做好对“同心·示范点建设工程”华宁通红甸乡困难户和特困户的走访慰问工作。组织人员积极参加市委统战部组织的“同心工程”系列活动。

（马国富）

民进玉溪市委

【思想建设】　2013年，民进玉溪市委全年共选派会员18人次参加了民进

2013年2月2日，召开民进玉溪市第三届委员会第一次全体大会

（黄蕊仪　摄）

中央、民进云南省委和中共玉溪市委统战部举办的专题学习和各项培训班。印发《民进中央关于学习贯彻十二届全国人大一次会议和全国政协十二届一次会议精神》的通知，要求各基层支部认真学习“两会”精神，结合玉溪实情和会员工作实际加以贯彻落实，并及时将学习情况及成果上报。在民进云南省委举办“参政党与协商民主制度建设”征文活动中，玉溪民进会员积极撰稿参加活动，共提交征文13篇。

【创先争优活动】 2013年，根据民进中央《关于在全会开展创先争优活动的意见》精神和民进云南省委《关于开展创先争优活动实施方案》的安排、部署，民进玉溪市委结合自身实际成立了以主委为组长的“创先争优”活动领导小组，制定了《民进玉溪市委关于开展创先争优活动实施方案》发各基层支部，扎实、有序地开展活动，并取得了成效。民进玉溪市委组织市委委员、各支部主任召开“创先争优”活动推进会。会上，传达学习了“民进云南省委七届四次常委会议精神”及民进省委“关于进一步加强‘组织建设年’工作”精神；会议提出，创先争优活动是民进中央的一项重要决策部署，对夯实多党合作的思想基础、增强组织的凝聚力和向心力、提高会员的思想认识水平、更好地履行参政党地方组织职能有着重要作用；会议要求，按照《民进玉溪市委开展创先争优活动实施方案》，有序推进活动开展，及时报道活动信息。当年，民进玉溪市委有25名会员获得国家、省级、市级、区和单位表彰；有4名会员在国际、国家、省级杂志和刊物上发表文章。

【参政议政】 2013年，在玉溪市政协四届一次会议上，民进玉溪市委提交集体提案10件，委员个人和联名提案10件，共计20件提案，全部立案。内容涉及医疗卫生、城市管理、农业、环保、文化建设、社区安全建设、生物药业、特色旅游等方面内容。其中，集体提案《关于把生物药业积极培育为玉溪新的支柱产业的建议》被立为重点提案，在提案办理中受到了中共玉溪市委领导的高度重视，提案办理单位认真、负责，提案中提出的建议得到了采纳，成立了玉溪市生物药业产业发展领导机构，促使中共玉溪市委、市政府出台了《关于加快推进生物药业产业跨越发展的指导意见》，新增设立了1 000万元的玉溪市生物药业产业发展专项资金，支持玉溪生物药业产业的发展；提案《关于进一步加强玉溪市中小学校园文化建设的建议》被立为政协委室重点视察督办提案，玉溪市教育局提出了建设100所美丽校园的实施计划，提出的建议得到了采纳和落实。当年，民进玉溪市委完成了《全面建成小康社会玉溪的主要短板及对策研究》的调研报告。在中共玉溪市委统战部举办的“2012年度玉溪市民主党派、工商联调研报告评比”中，民进玉溪市委的调研报告《玉溪市中小学校园文化建设情况调查》的报告，获二等奖，受到表彰。圆满完成了云南省政协举办的“打造云南旅游产业升级版”高峰论坛的调研和《做精做强云南生态旅游产品的建议》征文及《关于完善云南省农村义务教育学生营养改善计划工作的对策建议》的调研报告；在民进云南省委提案征集中，民进玉溪市委提交集体提案4件，大会交流发言材料1份。

【社会服务】 2013年5月31日，民进玉溪市委组织会内医疗卫生界会员到玉溪工业财贸学校开展了“同心工程”——疾病预防宣教活动。以“健康伴随青春步履”为主题，为600余名汽车修理系学生开展疾病预防专题讲座。同时，在校园内摆放了有关疾病预防的各类展板，发放了《世界无烟日宣传单》、《手足口病防控知识》和《霍乱防治知识》等9个种类的宣传资料共2 000余份。当年，民进玉溪市委组织、联合玉溪辰信人力资源管理咨询有限公司，为元江县职中60余名教职工开展“素质拓展培训”活动。组织医卫界会员共29人，赴华宁县宁州街道所属村委会普茶寨开展“同心为民、关爱生命、关爱健康、共建和谐”为主题的“同心工程”活动。到澄江县仪凤社区座谈、走访联系点、慰问“四群”教育联系户，并送上慰问品和慰问金，共计2万元。

【宣传工作】 2013年，民进玉溪市委共编辑、编办会刊《玉溪民进》32期，上报信息27条。在2012年度玉溪统一战线系统信息工作评比中获“信息工作先进单位”荣誉，并受到表彰；一名机关专干被评为“玉溪市统战系统信息工作先进个人”。

（黄蕊仪）

民盟玉溪市委

【组织建设】 民盟玉溪市委把2013年作为基层组织建设年，2013年5～11月，对人数多的民盟玉溪机关支部（第四支部）进行调整，新成立第十一、十二支部；对到届的玉溪一中支部、玉溪五中支部、玉溪三医院支部、玉溪三中支部进行换届；新成立玉溪第十五中学（马桥中学）、玉溪二职中支部。截至年底，民盟玉溪市委共有14个支部、5个直属小组。成立了民盟玉溪市委第三届专门委员会，在新一届专委会工作会议上，任命了各专委会负责人。

【提案及调研】 2013年，在玉溪市政协四届一次会议上，民盟玉溪市委提出集体提案4件；联合提案1件；委员个人提案19件；在红塔区政协四届一次会议上提交委员个人提案2件，市、区个人提案共21件。其中，集体提案是：关于取消公厕收费的建议、关于设立玉溪市中小学心理教育专项资金的建议、关于推进工业设计产业发展的建议、加快玉溪市中小学数字化教育工程建设的建议。联合提案是：关于提升改造玉溪市中心城区城市道路的建议（七家民主党派）。委员个人提案是：关于园林绿化采用滴（喷）灌技术设施节约用水的建议、关于加强中心城区犬只管理的建议、关于解决民办学校农民工子女营养餐补助经费的建议、关于完善新型农贸市场功能的建议、加强督促落实职工带薪休假的建议、关于进一步整合玉溪职教资源，提高人才培养质量的建议、关于构建节水型玉溪，缓解水资源压力的建议、关于玉溪一中周边环境综合治理的建议、关于再设立或改扩建1所市属高中的建议、关于进一步推进玉溪市农村社区建设的建议、关于玉溪市交管部门严格管理“各行其道”的建议、关于规范设置中心城区交通信号灯设置和完善交通标志的建议、关于凤凰路上设置红绿灯的建议、关于加快盛世庭园周边农贸市场建设的提案、关于解决红塔区农家书屋现存问题的建议、关于加强红塔区护理人员建设的建议、关于解决第三人民医院停车问题的建议、关于在工业园区建立科协组织的建议、关于建设十大现代农业特色精品庄园的建议、关于建立学校周边安全长效机制的建议、关于抓好村级换届强化基层组织夯实发展基石的建议等21件。

民盟玉溪市委完成了两个调研课题，分别为《关于加快全市学前教育发展情况的调研》和《关于城市管理标准化考察调研报告》已经报送有关领导和相关部门。

【农村教育烛光行动】 2013年，民盟玉溪市委与“农村教育烛光行动”定点学校马桥中学继续深入合作，助推马桥中学校园文化建设。结合“同心工程”，在马桥中学举行专题讲座提升教师专业水平。民盟玉溪市委还应元江县东峨中学、易门县方屯中学的邀请，开展支教活动，举办专题讲座3个，并与马桥中学进行交流学习。成功举办以“梦想与使命”为主题的第三届“农村教育烛光行动”论坛。共征集到论文30余篇，12名盟员围绕论坛主题进行了发言。当年，14名盟员前往江川县雄关镇白石岩村委会，开展医疗义诊和平安玉溪、法治玉溪宣传咨询服务活动。选派5名初中年轻教师参加了民盟中央举办的感受性教育培训学习。

（何有昌）

农工党玉溪市委

【组织建设】 2013年，农工党玉溪市委按照《各民主党派中央关于加强自身建设若干问题座谈会纪要》、《关于民主党派组织发展若干问题座谈会纪要》和《关于进一步做好民主党派组织发展工作座谈会纪要》所确定的组织发展工作的各项方针政策，遵循注重质量、兼顾数量、保持特色、改善结构、组织发展与后备干部队伍相结合的工作思路。在坚持发展主体界别的同时，重点在经济、法律、文艺等非重点界别发展新党员，进一步改善了组织结构。截至年底，共有12个支部，4个党小组，党员210人。

【参政议政】 农工党玉溪市委始终把参政议政作为参政党的重点工作，进一步加强对参政议政工作的领导，围绕中共玉溪市委、市政府的中心工作，开展调查研究，积极履行参政议政和民主监督职能。开展专题调研，搞好参政议政。注重发挥各专委员会的职能作用，紧紧依靠广大党员，切实履行参政议政职能。每年按照中共市委统战部下达的调研课题，抽调精干人员组成调研组，深入基层和有关部门进行调研。组织开展了“玉溪市无公害农产品情况”课题调研，2012年开展的课题调研报告获市委统战部一等奖。提出的意见、建议，得到政府相关部门积极采纳，有力地促进了政府相关工作。通过人大建议、政协提案，积极建言献策。参政议政是民主党派的主要职能，紧紧围绕党委、政府的中心工作和社会关注、人民群众关心的热点、难点问题，组织广大农工党员深入调查研究，了解社情民意，广泛收集相关信息，认真进行分类整理、提炼。以人大建议、政协提案形式，积极建言献策，向玉溪市人大四届一次全会提交人大建议《关于把二类疫苗接种纳入新农合报销范畴的建议》1件；向政协玉溪市四届一次全会提交了《关于解决玉溪市小微企业融资难的建议》、《对玉溪推进基本公共文化服务均等化的建议》、《关于推进城乡居民基本医疗保险一体化建设的建议》等政协集体提案10件；提交了《关于打造通海五金城的建议》、《关于进一步加强乡镇卫生院医疗基础设施建设的建议》、《关于开通城区至九龙池沿线公交车的建议》等政协委员提案3件。向政协玉溪市红塔区四届一次全会提交了《关于增加红塔区基层医疗机构编制的建议》政协委员提案1件。

【社会服务】 2013年，农工党玉溪市委会注重发挥本党医药卫生界别特色，积极探索社会服务工作新思路，并把工作重点放在农村和城市社区，为社会和谐进步积极贡献力量。组织部分党员，到转马都小学，开展捐赠物品活动。到玉溪振兴学校开展捐赠图书活动，组织部分党员，到“玉溪市老年公寓及儿童福利院”，对居住的孤寡老人及残障孤儿的生活状况进行调研。在中秋、国庆佳节到来之际，组织党员到红塔区洛河乡清水河麻风病康复院慰问在院的16位麻风畸残病人，鼓励他们勇敢地面对社会、面对生活，在党和政府的关心和有关部门的帮助下，努力克服身体缺陷所造成的不便，树立起生活的勇气和信心，安度好晚年。组织医疗界12名专家到红塔区高龙潭社区开展调研、送医送药活动。送医送药活动开设了内科、外科、五官科、妇科、儿科、中医科六个科目，共为社区居民诊治200余人。积极参与艾滋病、麻风病防治宣传工作，第十二支部（红塔区疾控中心支部），在玉溪市红塔区疾控中心四楼“温馨家园”举办了“艾滋病、麻风病防治知识强化培训”，培训采用现场讲授与实例示教、讲课老师与学员互动的方式进行，使参加培训的学员能够更直观地亲眼目睹麻风病早期的皮肤症状，及时、尽早发现麻风病患者，消除麻风病的危害；了解当前艾滋病综合防治相关政策与防治措施；提高艾滋病、麻风病防治工作的综合能力，为开展艾滋病、麻风病综合防治工作提供了有力的技术支持和保障。积极参与“同心工程”活动，在中共玉溪市委统战部率领下到“同心工程”联系点通海县里山乡，开展调研、送医送药、科技下乡等活动，6名医疗专家和机关干部参与了调研、送医送药活动，共为群众诊治500余人，以实际行动支持了“同心工程”活动。

（华　旭）

致公党玉溪市委

【参政议政】 2013年，致公党玉溪市委向政协四届二次会议共提交提案10件，其中集体提案5件，个人提案4件，由致公党玉溪市委领衔，七家民主党派联合提案1件。提案内容涉及城市规划建设、城乡医疗保障、星云湖飞井海水库水体保护、华侨农场改革和发展、群众体育健身等，联合提案《关于提升改造玉溪市中心城区城市道路的建议》被列为市政协重点提案进行督办。

配合好致公党云南省委做好《云南省新型城镇化及农业人口市民化问题研究》、《云南省农村小微金融组织发展问题研究》两个课题的调研，积极对接协调元江县、红塔区的被调研单位，带领课题调研组深入实地调研座谈，取得了第一手资料，为省委的课题调研作出了积极的贡献。

【组织建设】 从严要求，积极发展新党员，2013年共发展新党员5人，其中高职2人，中职3人；组织4名新党员参加致公党云南省委举办的新党员培训；1名党员参加云南省委统战部举办的参政议政培训。

【宣传工作】 2013年，致公党玉溪

市委继续编辑发行《玉溪致公》刊物，《玉溪致公》刊物开办了学习园地、组织建设、参政议政、党员风采、致公艺苑、致公简讯等专栏，在内容编辑上继续加强与基层组织和广大党员的互动交流，刊物真正起到了指导党务、传播信息、研讨理论、宣传典型的作用。

与致公党云南省委宣传处积极配合，邀请致公党云南省委党员、中国当代艺术协会副主席、中国作家协会会员李松波，到致公党玉溪市委调研采风，撰写了《云南玉溪致公人诗赞九首》并在《云南致公》刊物上刊登，加大了对致公党玉溪市委成员风貌的宣传力度。为配合致公党拍摄纪录片《云南致公党》，致公党玉溪市委认真组织，精心挑选党员中的典型代表接受采访录制节目，节目较好地展现致公党玉溪市委的工作亮点业绩。致公党玉溪市委积极组织向致公党云南省委网站、玉溪市政协网站等新闻媒体投稿，稿件累计约60余篇，对致公党玉溪市委的工作和党员作了全面的宣传报道，通过一系列宣传活动，扩大了致公党玉溪市委的知名度和影响力。

完成了第一届致公党云南省课题调研和提案工作联席会议、致公党云南省委六届三次常委会议的会务承办工作。

【社会服务】 2013年，致公党玉溪市委为了推进“同心工程”实践，配合致公党云南省委做好“同心工程”联系点的工作，通过技术支持和协调沟通帮助，做好各项前期工作，帮助华宁县华溪镇申报国家绿色低碳示范城镇，协调帮助华溪镇申报全国重点镇和城镇供水项目建设补助资金计划。为配合玉溪市委统战部实施“同心工程”的系列活动，致公党玉溪市委组织医卫界党员和机关干部与中共玉溪市委统战部一起到通海县里山社区开展医疗义诊活动，开设了内科、妇科、儿科、口腔科四个项目，前来就诊群众500余人。致公党玉溪市委按照年初计划，组织医卫界党员及致公党玉溪市委机关工作人员积极开展以医疗义诊服务为主的社会服务工作，分别到党派新农村联系点新平县建兴乡、边远乡镇峨山县龙潭乡，并同市侨联联合，到归侨侨眷安置地红塔区金州社区开展义诊活动。3次义诊活动共接诊病人700多人次。在义诊活动中，根据新平县建兴乡的实际，市人民医院儿科主任医师师廷明、市中医院五官科副主任医师杨黎为建兴乡的乡村医生、乡卫生院部分医生等分别作了小儿支气管哮喘急性发作的诊治和常见眼科疾病防治的专题讲座。

（李培英）

九三学社玉溪市委

【参政议政】 2013年，共征集提案38件，向政协玉溪市第四届委员会第一次会议提交提案20件，其中《关于进一步提高政府职能部门窗口服务质量的建议》评为市政协督办提案，由市政协研究室牵头视察督办。

社市委完成《玉溪市地下水资源开发利用与保护情况调查》课题调研，《玉溪农产品出口调查》获得中共玉溪市委统战部2012年度调研成果二等奖。参加市委、市政府、市政协协商、座谈会议3次，15人次市政协委员参加市政协组织的视察、调研和提案督办活动6次。1名社员担任特邀监察员，参与了市监察局组织的行政监察纠风检查及重点建设项目的监督检查、医德医风监督、“政风行风热线”监督以及全市监察、反腐倡廉情况通报等活动。

【组织建设】 2013年1月8日，社市委贯彻落实社中央《关于进一步加强组织建设的若干意见》，全面推进“人才强社”战略，社市委调整充实了专委会：参政议政委员会，13人。社会服务委员会，10人。组织思想建设委员会，9人。新发展社员6名，有7个支社，社员138人，平均年龄 53.3岁，高中级职称社员达到97.8%，其中高级职称75人和中级职称60人，分别占54.3%和43.5%。选派7名社员参加九三学社云南省委举办的参政议政专题培训班、骨干社员培训班和新社员培训班学习。

【成果奖励】 2013年，社员作为项目主持人或主要完成人共获得厅级以上科技奖励9项，一等奖：“甲型副伤寒沙门菌遗传多样性”、“克隆扩散和传播控制的研究”、“烟蚜茧蜂习治烟蚜技术研究与推广应用”。二等奖：“烤烟漂湿育苗配套技术研究及应用推广”、“三维电标测指导下室性心律失常的射频消融应用研究”、“滇中高原池坝塘养鱼底层增氧技术试验示范”。三等奖：“云南倒刺鲃人工驯养繁殖技术研究”、“磷矿开发对湖泊的影响及控制技术”、“农作物生物降解膜试验研究与示范”、“中药内服外敷促进肛漏电凝术创面愈合疗效观察”。

【先进表彰】 2013年，王美华获得九三学社中央组织部的组织建设“先进组工干部”表彰；九三学社玉溪市农林烟草支社获九三学社云南省委“2011～2013年社务工作先进基层组织”表彰，1人获九三学社云南省委“2011～2013年社务工作先进社员”表彰；1人获得玉溪市人民政府“2010～2012年优秀学科带头人”表彰，2人当选为玉溪市第四批中青年学科技术带头人。当年，社市委对九三学社玉溪第二届市委期间履职突出的25名社员和6个先进支社给予表彰。先进支社一等奖3个、先进社员13名。

【社会服务】 2013年7月，社市委参加玉溪市委统战部组织在“四群教育”联系点就“蔬菜病虫害防治技术”培训50多名村组干部及种植能手。社市委与市科协积极协助九三学社云南省委和云南省科学技术协会在玉溪市成功举办了“百名专家科技下乡”暨“全国科普日”活动。举办农业技术、生态环境保护、青少年心理健康和科技创新、园区经济发展等方面内容的专题培训和讲座共13场，11 000余人参加；向群众发放科普、保健书籍2万多份，展出科普展板307块。2次到省委“同心工程”联系点华溪镇开展调研活动和咨询服务，协调水利项目建设立项工作，对柑橘种植及病虫害技术进行了培训，对城镇水利基础设施建设和城镇经济社会发展出谋划策。

（杨立波）

人民团体

玉溪市总工会

【概　况】　2013年，玉溪市总工会贯彻落实“组织起来、切实维权”的工作方针，按照“党政所谋、职工所需、工会所能”的工作要求，结合实际，深入开展“云岭职工跨越发展先锋活动”和“云岭职工人才工程”，加大工会组建力度，全力推进工资集体协商，职工建功立业等各项重点工作。深入开展“广普查、深组建、全覆盖”集中建会行动，制订了推动企业普遍建立工会组织三年规划，建立完善了组织领导、物质保障、舆论宣传、量化考核、考核奖励等工作机制，不断创新建会模式，以非公企业、中小企业为重点领域，以农民工、劳动派遣工为重点对象，以组建区域性、行业性工会为重点抓手，推动了工会组织建设向纵深发展。截至当年9月底，全市共有职工279 883人（其中农民工111 069人）、基层工会3 674个（涵盖6 798个单位）、工会会员269 349人（其中农民工会员105 394人）。至12月30日止，非公企业建会率和入会率分别达到了93.15%和96.28%。五年来，工会组织数和会员数分别增加了1 476个、85 312人，工会组织涵盖单位增加4 170个。

深入推进74个乡（镇、街道）工会规范化建设，63个乡（镇、街道）工会通过验收，完成率达85%，工会组织作用得到进一步发挥，实现了建起来、转起来、活起来。切实加强县级工会基础设施建设，易门县、通海县、元江县、新平县、华宁县、峨山县、澄江县七个县级总工会新建或改扩建了办公楼，县级工会软硬件环境不断改善，工会文化宫（俱乐部）资产实现了保值增值。

【“一活动一工程”工作】　2013年，根据省总工会的部署，市总工会在全市广大职工群众中广泛开展“云岭职工跨越发展先锋活动”和“云岭职工人才工程”（以下简称一活动一工程）活动，得到各级党委、政府的高度重视和支持。各级工会组织和广大职工群众积极响应，做到领导重视、思想统一，结合实际，切实在服务玉溪经济社会发展上下功夫，在服务职工和促进工会工作上下功夫，从而激发了广大职工干事创业的激情。切实把参与“一活动一工程”与完成各项目标任务紧密结合起来，搭建了广大职工发挥作用的舞台，立足本职岗位“创一流、争优秀”，以一流的态度、技术、作风和业绩来推动市委、市政府各项决策部署的全面落实，也推动了各级工会各项目标任务的全面完成。

【维权维稳促发展活动】　2013年，全市参加“安康杯”竞赛活动的单位共254家，比上年增加52家，增长25.7%；参赛班组2 079个，比上年增加230个，增长12.4%；参赛职工达到47 159人，比上年增加了10 270人，增长27.8%，实现了参赛单位无死亡、无重伤、无重大职业危害事件发生的总体目标。本市恒立建安工程有限公司、玉昆钢铁集团有限公司、易门南鹰陶瓷有限公司成品仓库出库管理科、玉溪市总工会、新平县总工会常务副主席方勇分别被云南省总工会、云南省安全生产监督管理局评为云南省“安康杯”竞赛优胜单位、优胜班组、优胜组织单位、优秀组织者。玉溪锦湖酒店管理有限公司被中华全国总工会评为“安康杯”竞赛优胜单位。

【职工经济技术创新】　2013年，全市开展技术革新223项，提合理化建议2 795件，发明创造36项，总结推广先进操作法72项，获得专利72项，开展岗位练兵活动的企事业单位474个，开展技能比赛的企事业单位770个，技能比赛工种294个，参加技能比赛职工338 112人。通过岗位练兵、技术培训、技能比赛活动提升技术等级职工6 756人，各种职工技能培训机构共培训职工19 960人次，开展“首席员工”、“金牌工人”选树活动的企业152个，选树技能带头人330人，技能人才（劳模）师徒结对1 421对，建立技能人才（劳模）创新工作室的企业42个。通过活动的开展，3项创新成果获省首届职工技术创新成果三等奖，14项获优秀奖，1项获优秀操作法。创建省级劳模创新工作室3个、职工创新工作室1个、职工技师工作站1个。

【劳动模范管理】　2013年，全市共推荐评选全国五一劳动奖章1人，评选省五一劳动奖状单位1个、奖章3人。宣传国家、省、市五一劳动奖章3人，劳模20人。为21名全国劳模发放劳模三金24.88万元；春节、五一走

2013年12月25日，玉溪市工会第四次代表大会开幕，来自全市各条战线的350名工会会员代表出席会议。会议表彰了“玉溪市先进职工之家”50个，“玉溪市优秀工会工作者”50名，“玉溪市优秀工会积极分子”65名，“玉溪市支持工会工作的党政领导”33名，选举并产生了新一届工会领导班子（市总工会　供稿）

访慰问省市劳模110人，发放慰问金6万元；完成了省部级困难劳模两金调查、发放工作，发放省部级困难劳模两金47.52万元。组织4名全国劳模、五一劳动奖章获得者到青岛、厦门疗修养。8月末，全市共有在册健在劳模503人，其中，全国劳模22人，全国五一劳动奖章9人（同时是省部级劳模），省部级劳模225人，市级劳模247人。

【职工医疗互助活动】　2013年，第九期全市职工医疗互助活动共参加单位1 847个，参加人数为156 714人。截至当年12月底，全市第九期补助27 340人次，补助支出11 444 091元。

【宣传教育】　扎实开展“创学习型组织，争做知识型职工”活动，2013年共有2 471个基层工会开展了“创学习型组织，争做知识型职工”活动。其中，玉溪日报社工会被评为云南省2013年度“创学习型组织，争做知识型职工”先进集体，受到省总表彰。继续推进“职工书屋”建设工作，本年度共建设市级以上示范点20家，其中，全总示范点1个，省总示范点4个，市总工会示范点15个。发挥好文化宫、俱乐部的作用，加强了企业文化、职工文化建设，继续开展职工“读一本好书”征文活动，收到征文311篇，100篇市总工会分一、二、三和优秀奖给予表彰奖励，上报省总工会4篇。玉溪市水松纸厂作为企业文化、职工文化建设先进单位推荐到全总评比。

【女职工工作】　2013年，为规范企业劳动用工行为，切实维护女职工的合法权益，玉溪市女职工委员会按照省总女工委的要求，在全市范围内开展女职工特殊保护专项集体合同签订工作，为创建和谐稳定的劳动关系发挥了积极作用。全市已签订女职工集体专项合同2 752份，覆盖企业4 217家，受益女职工84 148人，建会企业签订率达到100%。

【贷免扶补】　2013年，全市工会系统共受理创业申请103份，发放创业贷款人数100人，发放贷款金额626万元，带动了112人实现了就业，还贷率99%以上。从创业人员构成看，大学生8人，占8%；农民工57人，占57%；下岗失业人员35人，占35%；从创业人员性别来看，女性83人，占83%；男性17人，占17%。

（黄建祥）

玉溪市妇女联合会

【宣传思想工作】　2013年，各级妇联根据各自实际，抓住党的十八大首次将“坚持男女平等基本国策，保障妇女儿童合法权益”写入报告的有利时机，利用各种媒介，开展“男女平等基本国策宣传月”宣传，在全市开展男女平等基本国策宣传工作调研，开展了形式多样的宣传活动，做到男女平等基本国策宣传“进机关、进学校、进社区”，扩大基本国策的知晓率、影响力、执行力，促进以男女平等为核心内容的先进性别文化建设，营造宣传贯彻男女平等基本国策的良好社会氛围。把推动实施《妇女权益保障法》作为宣传贯彻男女平等基本国策的着力点，加大法制宣传教育力度，切实加强对妇女权益保障中存在的突出问题的督查，加强对妇女重要信访事项和严重侵害妇女权益案件的督办。

【妇女创业就业发展】　2013年，围绕党委政府的中心工作，贴近妇女群众需要，创新活动载体，运作小额信贷、贷免扶补资金，开展技术培训、协办招聘会，开展创业促就业工作。年内，组织实施贷免扶补3 000人，发放资金19 523万元，带动5 730人就业。运作小额信贷资金1.5亿元，帮助3 165名妇女发展种、养殖业。举办女性专场招聘会4场，71家单位携1 355个岗位进场招聘，进场应聘的1 100余人中有216人达成求职意向。召开“贷免扶补”工作会，确保资金安全运行。选送18名农村种植养殖女能手到省农大参加培训，引导妇女积极投身生态农业和生态旅游产业。当年，云南省妇联副主席郑露到华宁县秉坤养兔专业合作社、宁州香食品有限责任公司、新寨村贵莉佳养鸡场、平寨村花腰傣文化传习馆实地调研妇女创业就业工作。在红塔区举办中国妇基会“可口可乐——520计划”母亲创业循环金项目云南省第三期基础商业技能培训班，200名有创业意愿的妇女参加培训。争取可口可乐520计划公益项目小额贷款项目资金22万元扶持妇女创业。到省外及峨山、新平、元江三个县调研民族妇女刺绣手工艺品开发，积极挖掘和传承民族刺绣技艺，开发玉溪本土民族手工艺品，促进旅游产业发展。与云南省公路投资公司昆明东管理处联合在玉元、元磨高速公路沿线各收费站点开展“巾帼建功”活动，评选出高仓收费站等13个巾帼文明岗。

【争取项目工作】　2013年，市妇联积极争取全国及省妇联资金支持，争取项目25个，到位资金714万元，完成市政府下达任务数432万元的165%。其中，继续在红塔区、江川、澄江、易门、华宁、新平六个县区开展中国温暖“12·1”爱心基金——中国移动关爱行动项目，对80名艾滋病致孤儿童实施关怀行动。在元江县实施春蕾图书项目，配发3.1万元的图书。在八个县区开展省级以上困难三八红旗手困难补助，投入资金1.5万元补助8人。争取资金30万元，在全市实施贫困母亲两癌救助项目，对九个县（区）患“两癌”的农村贫困患者每人给予1万元的救助，推荐4名骨干医生参加全国“两癌”防治项目培训。争取资金3万元，继续实施ESS“乡村青少年助学金”行动，对澄江初中女童班女童进行救助。争取资金30万元在峨山县化念镇实施“水库移民”项目。成功申报全国巾帼现代农业科技示范基地2个，争取到示范基地工作经费10万元。争取贫困地区妇联系统工作经费4万元，分别对澄江和新平县进行补助。继续在红塔区、新平县实施农村妇女“两癌”检查项目，惠及4 000名妇女。争取中国妇女发展基金会项目资金58.8万元在易门县小街乡山后村修建“母亲水窖”一口，解决了山后村群众的饮水困难问题。实施中国妇女基金会的千林营养两代人——营养计划项目，落实物资141.6万元，资金6万元。在华宁县实施“母亲健康快车”公益项目，配发流动医疗救护车1辆。在易门县启动“儿童幸福家园”建设，推荐报送省春蕾高中生6名。

【妇女维权】 2013年，各级妇联以政策倡导、项目实践、活动促进深化妇女合法权益维护。向省、市政协提交《关于尽快建立保护农村妇女土地权益机制的建议》、《关于建立健全村规民约监督机制的建议》、《关于制定出台村（居）民妇代小组长岗位补贴（生活补贴）政策的提案》等议案，向市人大提交《关于尽快建立保护农村妇女土地权益机制的议案》、《关于打造玉溪家政服务品牌的意见》，推进全市妇女维权工作。推动组织民政部门开展调研。在澄江县举办“云南省妇联妇女观察2013年法律培训研讨会”，增强妇女土地维权意识。开展消费维权进家庭宣传活动。开展“三八”妇女维权周活动。做好“六五”普法、禁毒、防艾宣传和流动留守妇女儿童工作。做好社管综治工作，深化平安家庭创建。对挂钩联系新平县禁毒工作点及易门县社管综治、反邪教、艾滋病防治工作进行督导。发挥专家志愿者团队的作用，对特殊困难妇女儿童开展帮教、心理辅导和法律咨询服务。做好信访接待工作，当年，市妇联办理来信来访来电65件76人次。

【云南省“12338”热线项目玉溪试点】 云南省“12338”热线项目玉溪试点工作自2012年4月至2013年3月实施，玉溪是全国的两个试点之一。项目借助对《“12338”热线指南》（以下简称《指南》）的试用，开展社区宣传倡导，搭建以“12338”热线为基点的妇女儿童维权平台，建立完善的维权服务机制，并为专家团队修改完善《指南》及配套资源手册提供第一手资料，使之更贴近各地农村妇女儿童的实际需求。项目召开了协调会，举办了社区志愿者、社区妇女、社区儿童骨干培训，召开了总结研讨会、《指南》试用情况座谈会，开发了挂图，基于试点地区经验修改完善《指南》（农村版），基于试点地区经验编写“12338”《案例资源手册》与《知识手册》读本初稿，提高“12338”热线处理儿童暴力案件的能力，促进试点地区12338热线工作机制的确立及运行。

【社区儿童保护试点项目】 2013年8～12月，围绕社区儿童保护三级预防年度目标，借助《“12338”妇女维权热线指南》试用试点工作在社区的实践，全国妇联、联合国儿基会和省妇联在玉溪市华宁县实施儿童保护项目。项目在华宁县新城和城关社区开展了摸底调查、宣传倡导、危机干预、制度建设、能力提升等五类活动。8月，联合国儿童基金会和全国妇联领导实地考察华宁县新城社区家庭暴力综合防治示范点及城关社区妇女之家、华宁县妇联“12338”热线及社区儿童保护工作情况，召开了2013年社区儿童保护项目规划会，制定了城关和新城社区儿童保护项目工作计划。11月，全国妇联权益部和国际联络部的领导、联合国儿基会驻华代表麦吉莲女士、儿基会爱心大使张曼玉女士一行到玉溪市华宁县考察社区儿童保护工作，并拍摄儿童保护主题公益宣传片。项目整合了“12338”热线、妇女之家、派出所、司法所、综治办等资源，围绕在事先宣传教育预防、事中发现报告和干预调处、事后救济矫治三个环节建立工作机制总目标，将分级干预、联席会议等具体制度纳入平安家庭创建和社会管理综合治理考核，探索儿童保护在社区的有效形式。社区儿童保护试点项目是全国唯一的项目。

【和谐家庭创建】 2013年，深化生态文明家庭创建。各级妇联组织继续围绕构建和谐玉溪的目标要求，以和谐家庭创建为主题，以“家庭素质提升、绿色家庭创建、家庭生态经济发展”三大工程为主要内容，在城乡广泛开展生态文明家庭等各类特色家庭创建，通过抓宣传、抓活动、抓示范，倡导生态文明新理念，促进生产新方式、社会新风尚、家庭消费新模式的宣传和建立。积极参与美丽乡村建设，开展城乡“美化自我、美化家庭、美化家园”三美化行动，动员妇女积极学习文明礼仪，参与环境整治、美化居室环境，为共建共享和谐玉溪作出了贡献。开展“感恩母亲·邮局亲情”活动，全市20所大、中、小学的1 080名学生参加感恩母亲活动。组织开展深化全市巾帼志愿者行动，积极组织全市巾帼志愿者参与禁毒防艾、反邪教、生态文明家庭创建、关爱流动留守儿童、环境保护、交通安全宣传等活动。举办“温暖玉溪——绿色情缘”联谊会，来自市直机关、企事业单位、驻玉军警部队等76个单位的552名适婚单身人士报名参加联谊活动。依托“温暖玉溪——绿色情缘”QQ群，举办了“5·18遇见”主题相亲晚会，徒步野花沟、骑行江川、徒步龙马山、真人CS对抗、浪漫七夕等联谊活动，为全市广大适婚单身人士搭建交流及婚恋平台，促进社会和谐发展。

【妇儿工委工作】 根据《玉溪妇女发展规划（2011～2020年）》和《玉溪儿童发展规划（2011～2020年）》（以下简称“两规”）的要求，编制了《玉溪妇女发展规划（2011～2020年）监测指标体系》和《玉溪儿童发展规划（2011～2020年）监测指标体系》（以下简称两规监测指标体系），召开了玉溪市妇女儿童发展规划监测统计培训会，推进“两规”监测工作。编制印发《玉溪市关于指导推进家庭教育的五年规划（2011～2015）》，调整了玉溪市家庭教育指导中心组成人员和家庭教育讲师团领导成员，提升网上家长学校质量，推进全市家庭教育工作。筹备

召开了2013年全国网上家长学校（玉溪）交流研讨会，开展流动儿童家庭教育现状调查研究。与相关部门联合举办第九届“关爱”夏令营、“中国梦–好书伴我成长”主题征文活动。

【玉溪市妇女第四次代表大会召开】 2013年12月16～18日，玉溪市妇女第四次代表大会召开，280多名来自全市各条战线的妇女代表和60多名特邀嘉宾参加了大会。云南省妇联主席和红梅、市委书记张祖林出席会议并作重要讲话。市委副书记夏立洪主持开幕大会。市委常委方志鸣出席闭幕式并就进一步加快全市妇女事业发展提出要求。市党政领导出席开幕大会。市妇联主席杨丽萍代表市妇联第三届执委会作《工作报告》。大会表彰了2009年以来全市妇联系统先进集体和先进工作者。大会发出《共建美丽家园、共享美丽玉溪——关于在全市开展美丽家园创建活动的倡议书》。

玉溪市妇女第四次代表大会选举了市妇联第四届执行委员会委员26名，第四届执行委员会常务委员会委员10名，玉溪市妇联四届执行委员会第一次会议选举产生了玉溪市妇联主席、副主席、常委，主席：杨丽萍，副主席：郑丽英、高柳涉。

【基层妇女参政议政】 2013年，抓好全市村“两委”与村妇代会同步换届工作，争取政策支持和农村妇女人才储备推优，召开了全市妇联参与村级组织换届暨村妇代会换届工作部署会，通过划片包干等方式，加强对县区换届工作的指导，将女委员实行专职专选等目标纳入相关政策意见，促进女性进村“两委”的比例比上届提高。全市实现了村（社区）“两委”班子中至少有一名女委员的目标，1 601名女性（含交叉任职数）担任“两委”委员，比上届增加202名，增14.4%；三分之一的村（社区）有女性担任书记、主任、副书记和副主任职务，92名女性担任书记、主任，比上届增加47名，增104.4%，135名女性担任副书记、副主任，比上届增36名，增36.4%；女大学生村官担任副书记92名。689名村妇代会主任、社区妇联主席进入村（社区）“两委”，比例达99.7%。

【表彰情况】 2013年，玉溪市妇联被全国妇联表彰为全国维护妇女儿童权益先进集体；被玉溪市妇女儿童工作委员会表彰为2001～2010年玉溪市实施妇女儿童发展规划先进集体；被玉溪市人民政府表彰为2012年度禁毒先进集体；被玉溪市委、玉溪市人民政府表彰为玉溪市2008～2012年依法治市先进单位；被玉溪市计划生育协会表彰为玉溪市计划生育协会工作先进集体；被玉溪市委、玉溪市人民政府表彰为玉溪市2001～2010年扶贫开发工作先进集体。

（化红梅）

共青团玉溪市委员会

【概　况】 2013年，全市有团员97 359名、专兼职团干部2 588名。有基层团委226个，团工委24个，团总支813个，团支部7 543个。有少先队员219 000人，入队率达100%。有市少先队总辅导员1人，县（区）少先队总辅导员10人，乡（镇、街道）少先队总辅导员85人，学校少先队大队辅导员506人、中队辅导员5 190人，辅导员配备率达100%。玉溪市青年联合会现有委员305名，县区青联9个。一年来，共青团玉溪市委围绕贯彻落实科学发展观，以“打牢一项基础工作，突出三项重点工作”为主线，凝聚一切力量，整合全盘资源，积极履行组织青年、引导青年、服务青年和维护青少年合法权益的基本职能，工作取得一定的成效。

【玉溪市第十届“聂耳杯”才艺大赛】 2013年2月2～3日，玉溪市第十届“聂耳杯”青少年才艺大赛（钢琴类）在市青少年宫举办。大赛由共青团玉溪市委、市教育局、市文化局、市少工委、市青年联合会共同主办，市青少年宫承办。比赛分幼儿组、小学A组、小学B组、初中组和高中组5个组别进行，全市八县一区共有385名青少年报名参赛。

【第六届玉溪乡村青年文化节】 2013年2月22日，第六届玉溪乡村青年文化节在江川县九溪镇举行，文化节由共青团玉溪市委、玉溪市青年联合会主办，共青团江川县委、江川县青年联合会、中共九溪镇党委、九溪镇人民政府承办。文化节以“繁荣乡村文化、服务青年发展”为主题，组织开展了专场文艺演出、文化集市、青年创业就业报告会、返乡青年座谈会及农村环境卫生大扫除等一系列活动，江川县其它乡村团组织也同时开展有关文化节系列活动。

【“学雷锋”活动】 团市委号召全市各级团组织“3·5”期间围绕“传承雷锋精神参与志愿服务”开展学雷锋活动。并于2013年3月4日组织50名青年志愿者到农民工子女学校——振兴学校开展志愿服务活动。志愿者们为学校捐赠了价值2万元的体育用品、图书、绿色植物、配镜卡，并为同学们开展了视力筛查、身体检查、交通安全知识宣传、消防安全知识宣传等志愿服务活动。

【举办公益音乐晚会】 2013年4月26日，由团市委、市青联主办，聂耳大剧院、玉溪日报社、市文化馆承办的玉溪市纪念五四运动94周年暨建团91周年“节水抗旱奉献爱心”公益音乐晚会在玉溪聂耳大剧院举行。驻玉部队官兵、各大中专院校学生及部分青联委员、各族各界青年代表、社会各界群众共同观看了晚会。晚会上，参加演出的演员们带来了《梁山伯与祝英台》、《勒过嗦》、《旱灾情》等节目，传递出同甘共苦、大爱无疆的人间真情。

【共青团“希望水窖1+X”公益活动】 团市委从2013年4月份开始启动共青团“希望水窖1+X”公益活动，发动广大团员青年和社会各界人士加入到援建活动中来，共筹集捐款167.13万元，在八县一区建设729口希望水窖，为部分山区群众解决饮用水困难问题。

【“我的中国梦——玉溪青年志在四方”座谈会暨“共青团倾听日”活动】 2013年5月9日，团市委在玉溪师范学院举行“我的中国梦——玉溪青年志在四方”座谈会暨“共青团倾听日”活动。团市委、市直各学校团委书记及学生会主席、优秀青年代表30余人参加了座谈会。会议学习了习近平总书记5月4日参加“实现中国梦、青春勇担当”主题团日活动发表的重要讲话，并就当代青年如何深入践行“云南精神”，共同实现伟大“中国梦”进行了交流发言。

【女生“青春期”知识讲座】 2013年5～6月，团市委组织市12355青少年服务台专家，针对女生青春期生理和心理的变化，在全市各级各类学校中开展“女生青春期”知识讲座共20余场，12 000余名青春期女学生聆听了讲座。

【关爱农民工子女活动】 2013年5月25日，玉溪市“红领巾相约中国梦”进城务工子女庆六一活动在玉溪市青少年宫举行，此次活动由团市委主办、玉溪市青少年宫承办。来自红塔区振兴学校、文兴学校的400余名少年儿童相聚市青少年宫，共同庆祝“六一”儿童节。400余名少年儿童免费参观了时光隧道、生态文明教育展厅、科技互动厅，免费到游乐场游玩，参加了形式多样的游园活动，并参加了“红领巾相约中国梦”进城务工子女庆六一文艺演出。

【英语口语大赛】 2013年7月27日至8月3日，由共青团玉溪市委、市教育局、市少工委、市学联共同主办，市青少年宫承办的玉溪市第九届“聂耳杯”青少年“希望之星”英语口语大赛在市青少年宫举行。比赛分为幼儿组、小学A组、小学B组、小学C组、初中组和高中组6个组别，全市八县一区共有2 117名选手报名参加了比赛。

【开展“关爱”夏令营活动】 2013年7月23～27日，团市委联合市关工委等部门举办了玉溪市第九届“关爱”夏令营。夏令营以留守儿童为主体，77名营员来自八县一区的47所中小学，营员中最小的8岁，最大的45岁，少数民族31人。

【聂耳少儿艺术团国外交流演出】 2013年8月4～8日，由中国非物质文化遗产促进会、奥地利中国文化经济促进会、中国民族音乐促进会、中国国际友好交流促进会主办的第九届“文化中国·维也纳金色大厅”青少年文艺晚会在维也纳金色大厅举行，玉溪市青少年宫聂耳少儿艺术团（管乐团）应邀赴维也纳参加了本次活动，并表演器乐合奏《五声神韵》。

同月4～10日，第16届新加坡世界“金狮奖”舞蹈艺术大赛在新加坡举行，本次大赛由新加坡国际音乐舞蹈艺术家总会、世界音乐舞蹈联盟会、世界标准舞联合会、中国文化艺术教育家联盟会等联合举办。玉溪市青少年宫聂耳少儿艺术团（舞蹈团）排练的哈尼族舞蹈《哈么咪咻》受到了大赛组委会的邀请，一行26人（其中演员22人，辅导教师4人）参加了本次大赛，并在大赛中夺得金奖及组织奖。

【成立青年企业家协会暨玉溪青年商会】 2013年9月29日，玉溪市青年企业家协会暨玉溪青年商会成立大会召开。市委副书记、市长饶南湖，云南省青年企业家协会副会长陈明安为玉溪青年企业家协会、玉溪青年商会揭牌。共有179名青年企业家成为了会员。

【青年创业创新论坛】 2013年9月29日，共青团玉溪市委、玉溪市青年联合会共同举办了玉溪青年创业创新论坛。玉溪市优秀青年企业家杨成云讲述了自己的成长经历和创业历程。玉溪市委常委、常务副市长陈勇作演讲，并向广大青年企业家分析了玉溪经济社会发展面临的机遇，号召大家积极投身玉溪经济社会建设，以解放思想的理念创新创业模式，以奋发有为的精神状态加快企业发展，把企业做大做强，在玉溪经济社会发展中大显身手、再创佳绩。

【举办少先队辅导员培训班】 2013年11月4～6日，团市委在市青少年宫演艺厅举办了2013年玉溪市少先队辅导员培训班。来自各县区团委、教育局分管少先队工作的领导、县区总辅导员、乡镇辅导员和中小学、民办学校的大队辅导员共计176人参加了培训。培训邀请了团省委副书记任远征、团省委少年部部长吴琳等少先队工作专家作了专题讲座，学员观摩了玉溪一小、研和中心小学的优质队课活动，并进行了辅导员工作实战演练、经验交流。

【召开少工委三届三次全委扩大会】 2013年11月6日，团市委组织召开玉溪市少工委三届三次全委扩大会议，来自全市各条战线的176名少先队工作者参加了会议。会议通过了委员卸职替补名单，选举产生了新一届少工委主任，并表彰了玉溪市十佳少先队员、十佳少先队辅导员、十佳少先队志愿辅导员、10所红领巾示范学校。当年，玉溪市共有2个少先队集体、1名辅导员荣获全国表彰，市少工委论文《在中队活动中如何分层培养少年儿童朴素的爱国情感》荣获全国少先队工作理论研究一等奖。

【希望工程爱心圆梦大学行动】 2013年，团市委开展玉溪市希望工程爱心圆梦大学行动，共筹集捐款561 511.4元，帮助118名贫困学生顺利进入大学就读。

【“玉溪青年五四奖章”荣获者】 2013年12月17日，共青团玉溪市委、玉溪市青年联合会授予玉溪市特殊教育学校教务处主任王春丽、新平供电有限公司李佳、玉溪沃森生物技术有限公司李子财、红塔集团玉溪卷烟厂李春华、云南腾达机械制造有限公司杨艳春、残疾人运动员赵旭、玉溪师范学院胡电喜、玉溪市人民医院骨外一病区主治医师徐松、玉溪市公安局禁毒支队毒品查缉机动队副队长郭浩然、华宁县新庄社区龙洞小组组长普春芬等10人为第三届“玉溪青年五四奖章”荣誉称号。

【第四次团代会】 2013年12月20日，中国共产主义青年团玉溪市第四次代表大会在玉溪市青少年宫召开。市领导夏立洪、谢兴荣、李洪云、方志鸣、姜山、汪燕平，团省委副书记任远征，建市以来在团市委工作过的老团干，市直有关单位、人民团体领导，昆明、保山、曲靖团市委领导出席开幕式，并为第三届“玉溪青年五四奖章”获得者颁奖。市委常委方志鸣主持开幕式，团省委副书记任远征、市委副书记夏立洪在开幕式上作讲话，市总工会副主席柏劲松代表人民团体在大会上致辞。罗盛勇代表共青团玉溪市第三届委员会作了题为《坚定信念勇担当团结拼搏重实干为实现玉溪科学发展跨越发展贡献青春》的工作报告。

【“红领巾相约中国梦”主题教育活动】 2013年，按照团中央“我的中国梦”主题教育实践活动总体部署，团市委号召全市各级团组织和少先队组织统一开展了“红领巾相约中国梦”的主题队日活动。各级党政领导、团干部纷纷走进中小学，以“五个一”为活动载体，与少先队员一起话梦想、庆节日、送温暖。六一期间，团市委、市少工委在市青少年宫为进城务工子女民办学校举办了“2013年玉溪市‘红领巾相约中国梦’进城务工子女庆六一活动”，拉开了全市庆六一“红领巾相约中国梦”的序幕。截至12月底，全市少先队活动信息上传中国少年先锋队“未

来网”：课表作品258件，全省排名第三；案例作品67件，全省排名第二；教案作品72件，全省排名第一。

【生态文明宣传教育实践活动】 2013年，团市委坚持以“生态玉溪建设·青春建功行动”为载体，通过《活动简报》、《网页》、《玉溪青年手机报》在全市青少年中广泛宣传生态文明理念，提高广大青少年的生态文明意识。沿湖沿河各级团组织广泛开展五进（环保教育进农村、进社区、进校园、进机关、进企业）活动、“小小抚管监督员”、少先队员“1助1”、青年志愿者“1帮5”等生态实践活动，使青少年在参与中亲身体验，接受教育，从而树立“保护环境、从我做起”的信念，引导青少年把热爱自然、保护生态、改善环境的生态理念内化于心、外化于行，增强了青少年的可持续发展意识。

【“贷免扶补”工作】 共青团玉溪市委把鼓励创业“贷免扶补”工作与加强团的基层组织建设有机结合，争取党政重视支持，积极协调相关部门，认真摸底调查，广泛宣传发动，提供咨询服务，严把资格审查、项目筛选、项目推荐，积极配备导师、全面协调工作，于2013年12月完成当年“贷免扶补”工作任务，共扶持成功创业青年1 000人，配合农信社发放免息创业贷款5 473万元。

【聂耳广场文化活动】 坚持在聂耳文化广场和聂耳音乐广场开展群众性文化活动，至2013年已举办了“天天交谊舞”2 262场、“周末大舞台”64场、“欢乐大家唱”93场、“玉溪大河生态游舫活动”72场、“舞动青春·魅力玉溪”75场，活动促进了群众性精神文明建设，在市民中产生了广泛影响。

【“大团委”建设工作】 2013年，玉溪团市委根据《共青团云南省委关于进一步做好乡（镇、街道）实体化“大团委”建设工作的通知》文件精神，积极开展乡（镇、街道）实体化“大团委”建设的各项工作。截至12月，建立了乡（镇、街道）“大团委”1 835家。

【“两新”组织团建工作】 玉溪团市委坚持以党建带团建、以团建促党建，突出特色、注重实效，不断探索“两新”组织团建工作的突破口，进一步加强对青年的服务力度，创新社会领域共青团工作模式，促进了团的建设和团的工作全面活跃的良好局面。于2013年12月底，在新经济组织和新社会组织中建立“两新”团组织150家。

（甘莉娅）

社会科学界联合会

【社科研究】 2013年，市社科联完成了2012年度社科课题研究结项工作，并组织完成《2012年度社科课题研究报告》。组织社科界申报2013年度研究课题，并对申报的59个课题进行遴选，确定《玉溪市发展高原特色农业的对策研究》等13个课题作为2013年度立项研究课题。为拓展社科研究，创新方法和手段，与玉溪师院科研处合作，确定《重彩画表现形式与区域化民族题材结合的研究》等17个课题作为年度自费研究课题。市委党校《玉溪市城镇化发展面临的问题和对策研究》获云南省2013年学术年会优秀论文奖。组织申报云南省社会科学普及规划项目，玉溪师院申报的《阅读伴成长》、《滇中传统童谣与民俗民情》获省社科联批准立项。

【哲学社会科学优秀成果评奖】 2013年，市社科联组织学会和科研单位积极申报云南省第十七届哲学社会科学优秀成果评奖活动，全市共申报参评成果25项，其中著作7项，论文15项，调研报告3项。

【学会管理服务】 2013年9月下旬，市社科联召开学会工作会议，研究制定《玉溪市社科学会管理办法》，进一步明确学会活动指导思想、学会活动基本程序，进一步规范学会管理，保障学会合法权益，促进学会工作和学术活动顺利开展。指导和筹划古滇国文化研究会“云南省社科学术年会暨2013年社科学术活动月玉溪分论坛”活动，为做好学会工作积累了大量经验。给予市古滇国文化研究会3万元，市图书馆科普基地2万元资金支持，通过各种渠道助推学会和科普示范基地发展。

【社会科学知识普及】 2013年，市社科联积极联动，在市图书馆“云南省社会科学知识普及示范基地”组织社科知识普及讲座1次，邀请云南师范大学教授何跃作《云南桥头堡建设与周边国家安全环境》专题讲座，玉溪各界干部群众260多人参加讲座活动。认真抓好社会科学网站建设，加强社科网站在科普工作中的平台作用。组织社科网站信息员工作会议，确定了15名社科网站信息员，拓宽了信息采集渠道。进一步加强网站质量和安全管理，使其在社科普及中发挥积极作用。组织玉溪市博物馆申报云南省社会科学普及示范基地，并获批准，11月26日，举行揭牌仪式，省社科联、市委宣传部、市文化局和市社科联相关领导出席，标志着玉溪继市图书馆后第二个省级社科普及示范基地成立。

【学术讨论】 2013年11月3日，在党的十八届三中全会召开前夕，由中共云南省委宣传部、省社科联主办，玉溪市社科联、玉溪市古滇国文化研究会承办的“云南省第七届社科学术年会暨2013年社科学术月活动”分论坛——玉溪市古滇国文化研究会第八次学术讨论会在江川县召开。中共玉溪市委副书记夏立洪，云南省社科联副主席雷翁团等省、市、县相关领导出席会议，古滇国文化研究会全体会员共100余人参加学术讨论会。本次讨论会以“深化古滇国文化研究，推进云南特色文化建设”为主题，围绕如何深化古滇文化研究，推动学术成果转化等问题展开研究讨论。本次学术讨论会共收到学术论文65篇，会后将整理出版《玉溪市古滇国文化研究论文集》第八集。

【国际专家考察玉溪水文化建设】 2013年1月27日，在云南省社会科学院国际水历史学会主席、省社科院院长助理郑晓云带领下，国际水协会古代文明中的水与废水技术专业委员会主席、前欧盟水与废水服务国家间委员会主席AndreasAngelakis（安德瑞斯·昂格拉克斯）夫妇，国际水历史协会前主席、南非西北大学教授JohannTempelhoff（约翰·台蒙霍夫），安纳托利亚水文明研究所经理DursunOzden（杜辛·厄兹登）等国际知名水专家对九龙池、出水口生态公园等传统水文化、当代水环境建设情况进行了考察。中国水利报记者刘艳飞，玉溪市社科联副主席范全凯、办公室主任靳雨陪同考察。

专家们对九龙池历史文化充满兴趣，认真听取讲解员的讲解，拍照、询问、记录，并对九龙池的保护和治理提了很多有益的建议。在出水口生态公园，专家们详细了解了“三水归流”以及整个水景建设情况。对玉溪在水文化、水景观方面取得的成就表示肯定，建议加大对九龙池水历史文化的保护投入力度，加大对玉溪独特文化的宣传、包装和推介力度，以此提升玉溪文化的知名度和影响力。郑晓云研究员还表示，将择机邀请《世界地理》栏目组到九龙池制作专题片，让世界了解玉溪了解九龙池。

【成果出版】　2013年，由玉溪市社科联组织专家学者，集中攻关的研究成果《玉溪发展研究报告（2003～2012）》由云南人民出版社出版发行，送相关领导和部门参阅；《玉溪市第七次哲学社会科学优秀成果评获奖成果选编》、《玉溪市社科界2012年度课题研究报告》相继出版。

（新　雨）

工商业联合会

【招商引资】　2013年，市工商联成立以市人大副主任、市工商联主席郭开堂为组长的招商引资工作领导小组，结合实际制定出“863”计划，牵头联系“玉溪仙福钢铁（集团）有限公司3#高炉项目”、“玉溪玉昆钢铁集团有限公司能源综合利用项目”、“新城国际商贸城项目”、“玉溪（福建）滇中工业园”、“通海农资物流中心”等签约项目；通过商会组织开展以商招商，引进重庆南方集团参加“玉溪市高铁新城城市综合体项目”建设，2013年9月25日签订框架协议，投资超过160亿元。当年成功引进市外资金3.37亿元，超目标任务1.37亿元；积极向上争取资金707.6万元，超目标任务171.6万元。

【服务民营经济发展】　2013年5月，市工商联与中国民生银行玉溪支行成立云南省州市级首家小微企业金融促进会，共接到400余户小微企业的贷款咨询，为199户小微企业发放贷款28 445万元；牵头分别与玉溪工商银行、玉溪民生银行签署战略合作协议，获得授信额度20亿元；牵头玉溪市川渝商会和玉溪市温州商会与玉溪市红塔农村合作银行分别签订战略合作协议；向中央统战部（全国光彩会）、省工商联推荐申报“云南阳光食品有限公司‘光彩事业重点项目’和‘扶贫贷款项目’”，申请贷款资金1.05亿元。

【会员维权】　与玉溪市政府法制办、市司法局仲裁委共同设立联络处，开展“在非公企业中推行仲裁法律制度”，2013年共受理仲裁案件25件，成功调处办结12件，涉案金额1 600多万元；与市人力资源和社会保障局、市总工会、市企业家联合会建立三方四部门“协调劳动关系联席会议制度”，四部门按季度轮流定期召开联席会议，研讨全市非公经济发展及企业劳动关系中的相关问题；筹备成立“玉溪市工商联民营企业维权服务中心”，面向会员企业开展法律咨询、法律宣传、矛盾调处等工作；与玉溪市人力资源和社会保障局共同研究，制定下发《关于开展非公有制企业商会（协会）劳动争议预防调解示范工作实施方案》，选择玉溪市沃森生物技术有限公司、玉溪市川渝商会分别作为企业代表和商会代表开展示范工作。

【经贸活动】　2013年1月17日，组织32户民营企业参加全市招商引资大会，参与总投资额1 500多亿元的200余个项目的对接洽谈；9月和11月，派员参与市政府统一组织的分别赴福建、重庆等地的招商引资和项目洽谈活动；组织16户家居、家具行业会员企业参加2013年中国（昆明）泛亚家居红木制品暨森林产品博览会。

【调查研究】　2013年，与市总工会、市工信委、市人社局组成课题调研组，分别深入红塔区、高新区、通海县、峨山县、新平县五个县（区）和云南通变、玉昆钢铁、云南环腾实业集团玉溪市溶剂厂有限公司等10个企业进行调研，形成《玉溪市民营企业劳动关系状况的调研报告》；撰写《星火生辉映彩云和谐发展谱新篇》云南环腾实业集团玉溪市溶剂厂有限公司和谐劳动关系典型事迹材料；撰写《玉溪市小微企业发展情况的调研报告》；与市委党校联合组成调研组，对玉溪市民营经济发展情况调查，形成调研报告。

【参政议政】　2013年，在市政协四届一次会议上提交《关于加快玉溪市战略性新兴产业——物联网产业发展的建议》、《关于进一步加大有机肥推广使用力度的建议》和《关于进一步加大对生物化工龙头企业扶持力度的建议》等8个提案，为全市非公有制经济科学发展建言献策。

【贷免扶补】　截至2013年11月底，全市工商联系统完成省下达的3 500个

玉溪市工商联在联系新平县平甸乡磨皮村过程中，贯彻“智力帮扶”理念，持之以恒地开展以“惠农富民”为主题的农资农药大培训活动。2013年累计培训近750余人次，协调2万余元作为磨皮村科技培训补助资金，协调近万元的农具、农药免费发放给群众

（市工商联　供稿）

鼓励创业“贷免扶补”和50户劳动密集型小企业贷款的指标任务。发放贷免扶补小额贷款1.96亿元，带动就业7 081人；发放劳动密集型小企业贷款7 190万元，带动就业912人。建立市、县区工商联系统贷免扶补导师库且开展跟踪服务，“贷免扶补”及劳动密集型小额贷款还贷率达99.6%，稳居全省工商联系统第一位。

【非公经济人士思想政治工作】 2013年5月31日起，在全市开展以“民营企业与中国梦”为主题的非公有制经济人士理想信念教育实践活动。全市共有各类商会组织103个，非公有制企业472户，非公有制经济代表人士920人参加。各级命名理想信念教育基地16个，建立理想信念教育实践活动示范点14个，建立领导小组联系点82个，派出教育实践活动指导员36名；在全市范围内选择云南环腾集团玉溪溶剂厂和云南太标太阳能集团作为企业文化建设示范单位，并将其作为“非公有制经济人士理想信念教育基地”，举行授牌仪式，开展现场观摩活动；以“理想·信念——玉溪民营企业家的中国梦”为主题，邀请成功企业家进行演讲，结合企业创业发展的历程，忆成长，话梦想，讲贡献，实现自我教育。

【非公企业党建】 截至2013年10月，在全市1 153户非公企业中，有党员6 328名，建立党组织476个，覆盖514户企业，覆盖率为44.6%，比理想信念教育活动前增加15.2个百分点，261户规模以上非公企业实现党组织全覆盖。

【商会组织建设】 指导成立“玉溪市家居建材商会”和“玉溪市汽车商会”，指导筹备“玉溪市江西商会”和“玉溪市江苏商会”。截至2013年底，全市工商联会员数达19 681个，其中，企业会员4 132个；团体会员190个；个人会员15 359个。全市工商联行业商会和异地商会达109个，当年新组建14个，增幅14.7%。全年新发展会员6 261个，新会员增幅达46.6%；企业会员新增1 101个，增幅达36.3%。

【光彩事业和感恩行动】 组织五户房地产企业开展山区小学献爱心活动，捐资捐物合计人民币10余万元；配合省工商联组织省鞋业商会到新平平甸乡磨皮村委会考察，捐资50万元建盖磨皮村完小教学综合楼项目；参与组织六户企业为聂耳音乐（合唱）周文化公益事业捐款400万元；协调完成“民营企业感恩行动华宁行”220万元公益性项目，推荐云南通变电器有限公司、云南宏斌绿色食品有限公司、云南玉溪百信集团有限公司、云南活发集团为社会扶贫先进集体受到省委省政府表彰；推荐活发集团董事长李明定、玉溪玉昆钢铁集团董事长蔡先平、云南玉溪维和集团董事长王维和三位企业家荣获省委统战部、省工商联表彰的“2013年光彩之星”。截至2013年11月，全市2 128户工商联会员（含个体户）响应号召，捐款捐物累计达2 658.14万元，超额完成省委统战部、省工商联下达的各项目标任务。

【学习培训】 2013年1月16日，组织36位民营企业家参与市政府组织的招商引资媒体座谈会。3月22日，组织民营企业界别的市人大代表和政协委员对招商引资工作进行座谈。8月15日，举办全市280余人参加的工商联系统会长、秘书长培训班，分别对党的十八大精神、招商引资、当前经济形势和各级党委政府鼓励民营经济发展的政策措施进行集中培训；同月16日，举办民营企业法律知识专题讲座，请市民营企业法律服务团的专家讲授法律知识。

【宣传信息】 截至2013年12月10日，市工商联编发《商会工作简讯》88期，共刊发信息269篇，平均每月上报省工商联22篇。被全国、省、市各级媒体采用117篇。其中，被《玉溪日报》采用7篇，《云南网》采用3篇，《中华工商时报》采用5篇，《云南商会》采用10篇，《云南商联资讯》采用8篇。

【制度建设】 2013年，市工商联完善下发《关于调整专职领导和机关科室联系会员企业及非公有制经济代表人士的通知》、《玉溪市工商联执委（常委）服务管理办法》；制定《玉溪市工商联关于切实转变作风密切联系群众的具体措施》；完善《中共玉溪市工商联党组工作职责》、《玉溪市工商联（商会）机关内部管理制度》。

（刘亚丹）

玉溪市工商联于2013年8月举办全市280余人参加的工商联系统会长、秘书长培训班，分别对党的十八大精神、招商引资、当前经济形势和各级党委政府鼓励民营经济发展的政策措施进行集中培训 （市工商联 供稿）

残疾人联合会

【残联第三届主席团第五次全体会议】 2013年4月9日，玉溪市残疾人联合会第三届主席团第五次全体会议在玉溪龙马酒店召开，会议总结了2012年度全市残疾人工作，对2013年的工作作了安排部署，对2012年度残疾人工作先进县（区）江川、新平、元江、通海等给予表彰奖励。黄河理事长与各县区残联理事长签订了“2013年度玉溪市残疾人工作目标考核责任制”。

【残疾人康复工作】 2013年完成白内障筛查3 600例，完成任务数的166.7%，实施白内障复明手术1 827例，完成任务数的101.5%；积极开展重性精神患者康复救助服务，全市全年共为6 540例重性精神病患者提供康复医疗救治，为1 240例重性精神病患者提供免费服药救助；抓好0～6岁残疾儿童康复工程和“七彩梦行动计划”，积极为残疾儿童提供人工耳蜗、助听器、肢体矫治手术、康复训练等救助服务，做到早发现、早干预、早康复。全市全年共筛查残疾儿童387人，人工耳蜗手术康复救助2例，聋儿听力语训45名，听力语言残疾儿童家长训练40名，智力残疾儿童康复训练30名，智力残疾儿童家长训练30名；加强对20名脑瘫儿进行康复训练，对10名脑瘫儿童装配了踝关节矫形器，积极为肢体、听力、视力等各类残疾人提供各类辅助器具1 300多件。

【残疾人教育、扶贫工作】 2013年，积极开展春节、助残日走访慰问活动，访贫问苦，把党和政府的关心带给贫困残疾人，让他们真正得到温暖和实惠，切实帮助残疾人家庭解决实际困难。全市全年共走访慰问了贫困残疾人3 586户，发放慰问金113.87万元。

当年，玉溪市残联实施对考取重点高中、大、中专学校的贫困残疾学生及残疾人的子女358名分别给予1 000～3 000元补助，全市共资助经费90.8万元。进一步加大危房改造工作力度，将残疾人危房改造项目纳入建设部门农村地震安居工程同步实施，实施计划350户，市级补助70万元，平均每户补助资金达15 000元。

【残疾人就业工作】 2013年，玉溪市残联拓宽残疾人就业渠道，全年走访登记残疾失业人员家庭288户，登记失业残疾人551人，组织残疾人专场招聘会8次，实名制纳入年度培训计划309人，帮助残疾登记失业人员实现就业92人，其中社会用人单位按比例吸纳就业人数78人，帮助残疾人享受专项扶持113人。当年是玉溪市全面启动残疾人就业保障金地税代征工作，在完成市级征收单位信息采集工作的同时，加强八县一区残疾人就业保障金地税代征的指导和业务培训工作，为确保足额征收就业保障金奠定了基础。到12月底市本级已征收保障金808万元。

【残疾人宣传文体工作】 2013年，认真组织参加全国全省残疾人文艺汇演。在文艺汇演中，《嘞德睇》荣获国家三等奖、省一等奖，《乐乐乐》荣获省一等奖，《无悔的爱》荣获省二等奖，《蝶舞》、《一闪一闪亮晶晶》荣获省三等奖，玉溪市荣获云南省第七届残疾人文艺汇演团体奖和组织奖。

2013年5月30日，玉溪市残联召开玉溪市残疾人联合会第四次代表大会，大会选举产生了市残联新的领导班子和出席省残联第六次代表大会的代表

（任丽萍　摄）

【残疾人维权工作】 2013年，继续对肢体残疾人实施机动轮椅车燃油补贴，实施补贴2 930人，每年每人补贴260元，共补助资金761 800元。做好残疾人法律救助和法律援助服务，积极推行法律援助卡，为残疾人提供了有效的法律援助服务，维护了残疾人的合法权益。全市全年提供法律援助咨询118人次，代理诉讼案19件。高度重视残疾人的来信来访工作，严格按照“分级负责，归口管理”的原则，做到专人负责，主要领导分管的工作格局，切实加强残疾人的信访工作，特别是对市长接待日和市长信箱交办的信访案件及一些重大信访案件，残联主要领导都亲自参与调查、落实和解决，做到件件有落实，事事有答复，积极化解信访问题，切实把问题解决在基层，落实在基层，为社会稳定做出了贡献。全市全年来信来访588例，回复率达100%，无集体上访和越级上访事件发生。

【残疾人状况监测工作】 全国残疾人状况监测是在第二次全国残疾人抽样调查静态数据上，每年进行一次残疾人状况的动态监测。监测问卷内容包括残疾人生存、发展和环境状况，涉及残疾人生活、康复、教育、就业、社区服务、无障碍环境、法律服务等方面的变化情况，目的为制定、调整、评估有关政策、法规、规划提供依据。2013年，玉溪市新平县被列为全国监测小区参与了此项工作，新平县残联严格按照监测方案对嘎洒镇达哈村委会第1调查小区和古城街道纳溪社区第3调查小区79名（不含已死亡5人）残疾人开展状况监测，经过入户访问，认真、准确收集原始资料，反复核查问卷填写内容，严格控制问卷差错和质量，于12月10日完成省级质量验收与上报工作。

【社会各界对残疾人的关心、帮助】 2013年，积极争取省残联的支持，与郑州百消丹药业有限责任公司密切合作，认真组织开展“高原阳光”健康助残行动，免费为持有二代证的残疾人提供微量元素和轮椅，价值达262.6万多元。全年争取上级资金支持1 046万元，超额完成了市委下达的争取上级资金任务。

（项　峰）

玉溪市红十字会

【普及群众性初级卫生救护培训暨启动“六上五进”试点工作会】 2013年1月18日，玉溪市红十字会召开全市开展普及群众性初级卫生救护培训暨启动“六上、五进”试点工作会议。云南省红十字会副会长牛有媛到会并作讲话，市人民政府副市长、市红十字会会长杨洋在会上对全面启动“六上、五进”工作主题实践活动，进一步促进玉溪市红十字事业发展提出工作要求。市人大、市政府、市政协的领导出席会议，全市红十字系统干部、市红十字会理事、试点单位负责人以及红十字志愿者近400人参加会议。

同年11月8日，召开全市“六上、五进”现场工作暨推进会，实地观摩学习红塔区凤凰街道泷水塘社区红十字服务站。全市“六上、五进”工作，采取以点带面的方式推进，市红十字会确定13家市级试点单位，全面督导工作开展，年终进行综合考核，分别评出一、二、三等奖。

【博爱送万家活动】 2013年，市、县区红十字会共开展“博爱送万家”等活动23次，送去粮油、过冬衣服、棉被、毛毯等物资以及慰问金，共计25.17万元。市红十字会春节前夕到元江县因远镇安定村委会、元江县澧江敬老院、红河街道社保服务中心对特困群众和残疾老人进行慰问；入冬以来，积极响应市委号召深入到新平县转马都村、华宁县马鹿塘村开展“寒冬送暖”活动。

【成立应急救护培训部】 2013年1月18日，成立玉溪市红十字会应急救护培训中心培训部。培训部属于社会力量出资兴办的民办非企业单位，性质为非营利性社会团体，参与社会公益事业。培训以公益培训为主，有偿服务为辅。市红十字会对培训部有监管、指导责任。

同年，开展应急救护培训，市应急救护培训部按照“四统一、一标准”的要求，年内完成初级卫生救护员培训60 132人。培训部还积极开展公益性应急救护知识讲座及公益宣传，全年，共开展《红十字法》、红十精神和“三救三献”等公益宣传活动256次，受益群众为50 182人。

【组建志愿者队伍】 2013年1月16日，成立市级5支志愿者队伍，即：救护培训红十字志愿服务队、传递爱心红十字志愿者服务队、救护救援红十字志愿者服务队、联系群众红十字志愿服务队、夕阳红红十字志愿者服务队。志愿者队伍组建后，发挥各自优势，结合实际积极开展了具有影响力的活动，得到市红十字会的肯定，受到群众好评。

2013年9月13日，玉溪市举办“爱的承诺——急救与道路安全”公益活动

（市红十字会　供稿）

【发展志愿者和会员】 2013年，共发展志愿者713人，团体会员单位169家，个人会员471人。组织志愿者培训38期，培训志愿者1 727人（次）。各级红十字会组织志愿者开展筹资劝募、宣传红十字精神、人道救助等公益性志愿服务活动44次，志愿者参与3 017人（次）。

【红十字博爱周活动】 2013年，5.8红十字博爱周以“抗震救灾——红十字在行动”为主题，为四川芦山地震灾区举行募捐活动。通过向社会发出倡议书，号召社会各界慷慨解囊，同时开展系列募捐活动，共筹集善款449 974.6元，并将善款全部汇往灾区。

【“世界急救日”主题公益活动】 2013年9月13日晚，市红十字会联合市交警支队、市消防支队、市急救中心、交通运输集团等多家单位举办大型联合公益晚会，1万多名群众参加晚会。晚会以“爱的承诺—急救与道路安全”为主题，演出文艺节目，举行交通安全宣誓仪式，开展善款募集活动。当晚，共有58家单位和爱心企业现场捐赠善款420 500元。

【宣传采集造血干细胞】 2013年，市红十字会通过在主要街道布置展板宣传，进入大专院校、各行业单位宣传，培训师在开展驾驶员救护培训和团干部培训时进行宣传等多种形式，向广大群众宣传造血干细胞知识，并现场采集血样。全年，共采集血样360份，并将个人的血样检测信息资料录入中华骨髓库等待配型。

（杨　梅）

军 事

编辑：刘仕荣

玉溪军分区

【概　况】　2013年，玉溪军分区按照军委和两级军区党委的决策部署，围绕强军目标，突出坚定信念抓学习搞教育，推进部队学习贯彻习近平主席重大战略思想，把官兵思想认识统一到党中央、中央军委、习近平主席重大决策部署上。吸取王胜初案件教训，开展防间保密教育整顿，严防发生失泄密问题。聚焦能打胜仗抓训练严战备。强化战备值班秩序整治，拟制13类重大突发事件防范应急预案和军分区抗震救灾方案，补充战备物资器材，落实首长机关、民兵营（连）长、民兵分队军事训练，组织基层乡、镇（街道）武装部长参加云南省基层武装部长集训，参加省军区“抗震救灾－2 013”指挥所演习，组织九县（区）民兵应急连检验性拉动演练，提高部队遂行任务能力。扭住改进作风抓班子建队伍。认真贯彻党中央、中央军委和两级军区改进作风有关规定，开展廉洁自律警示教育，制订《分区深化作风建设实施措施》、《分区厉行节约、反对浪费的措施》等，促进部队作风建设常态化开展长效化实施。注重末端落实抓基层打基础，组织基层党委（支部）书记和机关干部进行培训，开展抓学习、强素质、重落实、促发展活动提高官兵能力素质，坚持分区党委常委挂钩帮带、机关部门对口帮建深入基层蹲点调研，抓好“三类”基层武装部规范化建设试点，基层建设质量持续提高。紧扣中心工作抓建设强服务。修订完善抗旱救灾、抗震救灾、扑灭山火等非战争军事行动后勤保障预案，推进民兵应急保障力量建设，加大后勤装备器材建设，配备给养、被装、野营3大类装备器材，全力保障云南省“三项建设”任务部署会筹备召开，后勤保障工作经受了重大任务检验。

【召开中共玉溪市委议军会议】　2013年1月31日，中共玉溪市委召开议军会议，市委常委、市人大主任、市政协主席、市政府联系驻军的副市长、市国动委成员单位领导、玉溪军分区党委常委在军分区主会场参加会议。各县（区）委书记和县（区）长、各县（区）人武部部长和政委利用电视会议系统在分会场参加会议。会上，军分区司令员冯潜汇报了2012年分区部队和全市国防后备力量建设情况，明确了2013年工作任务。会议听取了部分人武部党委第一书记作党管武装工作述职和市直部分单位领导汇报，研究了国防教育活动中心建设、国防后备力量建设工作经费等问题。会议明确，2013年要突出学习贯彻十八大精神这条主线，围绕听党指挥、能打胜仗、作风优良的总目标，坚持举旗铸魂强根本、全面转型建拳头、严训实练真准备、固强补弱促发展，不断探索军地融合式发展玉溪模式，努力推进国防动员和后备力量建设发展上新台阶、实现新突破。会议要求，要明确职责强化军地国防动员职能作用，要认真筹划加快推进民兵组织建设转型，加强保障，努力解决实际问题。

【战备训练】　2012年，军分区按照战备规定，开展战备值班综合整治，相继配备给养、被装、野营3大类装备器材加强抢险救灾队伍，注重两会、“6·4”等敏感时期的战备形势教育和战备制度落实，部队保持了良好的战备状态。按照严训实练真准备、固强补弱促发展思路，坚持按纲施训，突出应用训练，抓好军事训练落实，参训人员达2 530余人。首长机关着重开展参谋业务训练，参加了上级组织的抗震救灾演练，5月，采取网上培训与集中训练相结合的方式组织了一期参谋业务培训，增强首长机关的组织指挥能力。民兵应急分队着重进行处置突发事件、森林防火行动、抗震救灾等应用性训练，支援和储备队伍着重开展专业性训练，全年动用兵力1 600余人次参加森林灭火、抢险救灾、应急维稳等行动，提高了民兵分队应急能力。

【修订应急预案及演练】　2013年3月下旬，军分区按照结合实际紧、情况预想实、处置手段活的要求，对九县（区）人武部防范六类重大安全问题预案和应对13类突发事件防范处置预案进行集中修订会审。5月中旬，军分区以参加上级抗震救灾综合演练为契机，采取机关带红塔区人武部机关和民兵应急分队的方法，利用玉溪国防训练基地，重点完成了指挥所开设与保障、救灾行动指挥与控制、救灾实施程序与方法等内容的演练，检验应急预案的科学性有效性，提升民

中共玉溪市委书记张祖林、玉溪市人民政府市长饶南湖在玉溪军分区司令员冯潜、政委邓绍林陪同下调研“三类”基层武装部建设　（玉溪军分区　提供）

兵应急队伍“双应”能力。6月底至7月初，结合防区可能面临的突发性自然灾害，九县（区）人武部联合国土、水利、地震、卫生等部门采取军地协同组织、依据预案实施、实员实装参演的方式，启动应急预案、收拢集结人员、队伍装载机动、组织现地救援、实施野外保障、队伍回撤归建六个时段，重点对人武部机关、民兵应急连和地方应急救援队伍的收拢集结、灾情分析研判、人员物资装载与机动、紧急避险与道路抢通、灾情报告与传递、搜寻救治伤员、前进指挥所与宿营地保障、野外热食制作等内容进行演练，检验了军地相关部门的组织指挥、快速动员、展开救援、伴随保障等能力。演练行动共出动军地人员1 200余人，运用各类物资器材500余件（套）、车辆120余台（次），机动行程200余千米。

【后备力量建设】　2013年3月，军分区组织民兵大学生军乐队完成为期10天的军事基础和军乐知识集中培训，保持队员更替后乐队的整体能力素质。4月，军分区选派94名现役军官和基层乡镇（街道）武装部长参加云南省基层武装部长集训，各人武部陆续组织了民兵营（连）长和民兵训练骨干集训，提高骨干队伍的组训能力。9月，组织协调部队帮训教官380余人次，完成玉溪师范学院、玉溪体育学校等院校入校新生军事训练，指导九个县（区）完成19 000余名中学生的军事训练。8~10月，执行国防部征兵命令，针对征兵制度改革，加强征兵工作业务培训，多措并举改进工作，从3 500余名应征报名青年中遴选864名新兵入伍。

【“三类”基层武装部规范化试点建设】　2013年6~11月，根据云南省人民政府、云南省军区《云南省国防后备力量建设发展“十二五”规划》，玉溪市在红塔区春和街道武装部、红塔集团武装部、玉溪师范学院武装部开展“三类”基层武装部（乡镇（街道）、企业、院校）规范化试点建设。试点建设坚持立足实际、科学筹划，按纲抓建、协调发展，分类指导、全面推进，点面结合、整体跃升建设原则，按照依据《纲要》抓、按照条令管、作为基层建、结合实际创的建设思路，围绕党管武装坚强有力、武装机构健全稳定、队伍建设全面过硬、政治教育扎实有效、职责制度健全落实、战备训练成效明显、基础设施配套完备、完成任务圆满出色八条基本标准规范，实现基层武装部军政机关高效运转、软硬并举全面规范、秩序正规能力提升的建设目标，为规范全省基层武装部建设提供经验。11月25日，云南省基层武装部建设、民兵转型建设暨预备役部队正规化建设任务部署会在玉溪召开，省直有关部门、驻滇部队、普通高校和各州（市）政府领导200余人参加会议。会议期间，参会代表参观了红塔区春和街道、红塔集团和玉溪师范学院武装部建设，全省计划两年内按照玉溪“三类”基层武装部试点建设模式完成基层武装部规范建设。

【“坚定信念、铸牢军魂”主题教育】　2013年，军分区开展“坚定信念、铸牢军魂”主题教育，活动覆盖全员，主要分两个阶段，上半年为坚定信念、铸牢军魂主题，下半年为强化战斗精神、提高打赢能力主题，围绕五个专题（高举伟大旗帜，坚定“三个自信”；坚信党的领导，实现强国强军梦；强化军魂意识，确保“三个绝对”；弘扬优良传统，振奋革命精神；牢记肩负职责，忠实履行使命）组织实施，重点解决官兵和职工在强化理想信念、强化军魂意识、强化战斗精神、纯洁思想道德上存在的突出问题，引导大家坚定中国特色社会主义信念，坚定奋力实现强国梦、强军梦的追求，锤炼听党话、跟党走的忠诚品格。

（何建辉）

77208部队

【党委班子建设】　2013年，77 208部队党委以能力建设、先进性建设和纯洁性建设为主线，全面推进党委的思想、组织、作风、反腐倡廉和制度建设。根据上级部署，部队党委机关开展了学习贯彻党章、弘扬优良作风教育活动，并与开展以为民务实清廉为主要内容的党的群众路线教育实践活动结合起来，以整风精神解决作风方面的突出问题。制订《党委机关改进作风九项措施》、《改进作风细化措施》等制度规定，党委常委带头落实制度规定，为官兵树立了典范，部队党委被77 200部队表彰为先进党委。

【思想政治工作】　2013年，部队围绕贯彻落实强军目标，统一思想、查找问题，按照“一个思路、四个体系”制订措施，为官兵实现强军梦起了头、引了路。分阶段开展学习贯彻党章，弘扬优良作风教育活动和坚定信念、铸牢军魂主题教育，建立战斗精神基础培育机制，强化了官兵的使命意识。坚持开展形势政策教育、社民情调查、网络舆情收集，组织网上反邪教教育和警示性法制教育，筑牢了官兵的思想防线。加强对教育内容和资源的统筹融合，推行脱稿讲课、推门听课、网上评课，思想政治教育

地震救援队演练　（卫晖升　摄）

的针对性实效性明显增强。持续开展弘扬雷锋精神，争做雷锋传人系列活动，部队被总政治部表彰为“全军学雷锋先进单位”。

【基层建设】　2013年，部队落实上级政治工作规范性文件精神，结合实际规范各项工作，形成了全面抓规范的局面，部队被77 200部队表彰为全面建设先进单位。组织了基层党委（支部）书记、党（团）支部委员、“三互”小组长等5类300余人培训，提高了干部骨干抓规范落实的能力。持续开展党委常委和机关挂钩帮带营、连活动，组织了4批当兵蹲连活动，促进了工作末端落实。

【应急应战能力建设】　2013年，部队细化《应急应战力量建设方案》，完成了相关战备设施建设试点任务，参加了77 200部队应急指挥组带分队演练。成立专项课题组，修订完善了21套战备方案，形成6类创新战法成果。开展应急力量重点岗位人员换岗训练，创建“一条龙”训练模式，定期组织营区外“小驻训”强化训练，建立每周一次夜训制度，全年消耗弹药量为历年之最，训练水平稳步提升。先后5次组织“争先创优破纪录”比武竞赛。适应征兵时间调整和首次征接女兵的实际，组织了新兵的教育训练。圆满完成芦山“4·20”抗震救灾任务，65分队被军区表彰为“抗震救灾先进单位”，通过了云南省地震局组织的年终考评。赴柬埔寨执行扫雷援教任务，展示了军事强国形象。第十一批赴黎巴嫩维和工兵营组建、强化训练、轮换部署、执行任务安全顺利。以地震救援队为主组成实兵演练分队，赴夏威夷参加中美两军首次人道主义救援减灾联合实兵演练，展示了精湛技能和过硬作风。

【干部队伍建设】　2013年，部队认真落实干部分层培训办法，坚持军官夜校制度，安排副连职干部代理连主管。选送多名干部到院校学习，组织新毕业学员岗前培训和排长“能力回炉”集训，干部队伍素质明显提升。改进会风文风，规范机关出操、上班、请销假秩序，推行《干部履职尽责量化考核实施细则》，以机关和干部的良好形象带动官兵自觉改作风。采取分系统、分领域治理的办法，组织“四类专项整治”，解决了超期占用房产、随意借用人员等20类问题。

【宣传工作】　2013年，部队结合当前时事大事，投入两万余元对灯箱、标志牌进行了更换，组织了3次黑板报评比、2次书法摄影展，在政工网开设了十八大、十八届三中全会、强国梦强军梦专题，营造良好政治氛围。组织了“军魂永驻”演讲比赛、第三届“开路先锋”杯篮球比赛、“青春·梦想”老兵退伍文艺晚会等活动，组队参加了77 200部队第二届“铁血荣光”杯篮球比赛，获得了第三名的好成绩。新闻宣传力度大、效果好，截至年底，上稿622篇（幅），其中中央级媒体443篇（幅），4月，全国全省各大媒体集中宣扬了部队“忠于祖国、能打胜仗”的维和劲旅先进事迹，成为全军第一个外宣典型。

【党风廉政建设】　2013年，部队不断提高纪律检查力度和水平，科学构建惩治和预防腐败体系，抓党员干部作风建设，有效遏制不良风气的蔓延，为贯彻落实强军目标提供了坚强有力的纪律支持和政治保证。结合学习贯彻党章、弘扬优良作风教育活动，强化政治自觉和责任担当；结合党委机关蹲连住班和基层调研活动，紧贴一线、贴近营连，查摆不正之风，开展机关基层双向监督、双向展示、双向讲评活动；结合畅通“三线一箱”民主渠道实时掌握基层风气建设动态，将纪律约束与监督效力紧密结合，形成作风建设上齐抓共管的合力和群防群治的局面。

【安全稳定工作】　2013年，部队开展学法规、用法规、守法规活动，贯彻军区“六个管好”系列规章，制订《日常安全管理奖励措施》，规范私家车使用管理秩序，依法治军有效落实。常态化培训“两只骨干”，请交警讲授交通安全知识，组织防震灾害应急演练，官兵的安全防范能力明显增强。坚持安全形势分析研判、安全风险评估和“四防”教育，守住了安全防范关口。坚持落实重要目标日巡查、安全管理周督查、日常工作月检查、安全管理随机通报四项安全管理制度，构建了合力持续抓安全的机制。开展信息安全保密专项整治，组织保密展演示，规范涉密载体管理、交接等六类事项，部队被四总部表彰为“全军保密工作先进单位”。坚持从严纠治倾向性问题，部队秩序更加正规，部队被77 200部队表彰为“安全稳定工作先进单位”。

【保障建设】　2013年，部队启用装备管理信息系统，开展车辆装备保养整治，车辆完好率保持在90%以上。落实财务管理制度，组织国有资产挂账清查及基层财务检查，受到了各级检查组的高度评价。采取复训、集训、送厂家学习、以工代训等方式，培养了164名技术骨干。承办77 200部队工程机械修理工集训暨比武竞赛，在比武中取得了3个第一名和3个第二名的好成绩。粉刷营房外墙，协调关停了有污染的一些厂矿，改善了营区

中美两军首次人道主义救援减灾联合实兵演练合影　　（卫晖升　摄）

内外环境。报废地爆器材销毁处理组织实施方案被77 200部队推广，部队被军区表彰为“地爆防化器材销毁先进单位”。

（代　锐　殷建航　卫晖升）

77216部队

【概　况】　2013年，部队党委认真贯彻习近平主席一系列重要指示，坚决落实上级决策部署，围绕党在新形势下的强军目标，坚持“一打五抓”，扎实工作、开拓进取，有力推进了年度各项工作任务，团队建设呈现出稳步发展的良好态势。部队被军区评为“人才培养先进单位，”连续11年保持了安全稳定。

【思想政治建设】　部队按照区分四个阶段，抓好十项工作，开展六项活动，出一批成果的思路，抓好党的十八大、十八届三中全会和习近平主席重要指示精神学习贯彻，开展“五化”群众性学习实践活动，思想政治教育效果明显。持续推进基层理论学习普及深化，开展学哲学、用哲学、月读一书、周写一文、日答一题活动，坚定官兵“三个绝对”。围绕坚定信念、铸牢军魂，深入开展“强军梦官兵的梦”专题教育，举办听党话跟党走、明使命练打赢主题演讲，确保官兵思想统一。打好意识形态领域斗争主动仗，开展形势政策、“四反”、“五防”教育，确保了部队纯洁巩固。坚持分层次教育、针对性引导、规范化落实，严格思想政治教育“九步法”、脱稿讲课、上门送课、推门听课、开门评课等做法，用好集团军系列针对性教育读本和规范性文件，不断规范政治工作落实。突出野味、战味、兵味开展野外驻训政治工作，依托驻地红色资源，组织官兵参观红军长征纪念馆，深化了思想教育成效。发展先进军事文化，举办军营红色文化节、“强军梦”主题文艺晚会，开展“蛟龙杯”文体比赛和“军歌嘹亮”歌咏、“军魂永驻”读书、军旅DV创作等活动，丰富了官兵业余文化生活。加强政研和新闻报道工作，军区级以上杂志刊稿20篇，中央级媒体上稿34篇。

【基层建设】　2013年，部队按照“一个思路、四个体系”贯彻强军目标，围绕军魂立团、精武强团、法纪治团、风气正团、人才兴团、文化铸团、安全固团研究制订措施，理清了强军兴团思路。采取集中辅导、经验介绍、研讨交流等形式，分批组织基层党委（支部）书记培训，增强了各级自主搞建设、自行解难题、自我强筋骨的能力。落实新毕业学员岗位分层“3+1”帮带，订定干部培养“两表四评”措施，促进了干部队伍建设。坚持常委挂钩帮带、机关对口指导，分批安排机关干部蹲连住班和下连当兵，建立《机关捆绑帮带基层日志》和干部下连当兵档案，提高了机关帮带基层的效能。深入推进“三还两减”减负还权，组织基层各类登统计规范培训，清理规范“八本六薄三表一册”，基层建设秩序不断正规。推进党建带团建促军人委员会，表彰5个先进党支部和28名先进个人，营造创先争优的氛围。63分队被成都军区评为“红旗团支部”，72分队荣立集体三等功。

【安全稳定工作】　2013年，部队持续开展“三责”、“条令学习月”和“百日安全竞赛”活动，强化官兵安全理念。建立四级安全管理责任网络，常态化落实常委督查、机关巡查、基层自查制度，坚持每周抽查、通报和讲评，纠治违纪外出、违章行车、违规喝酒等倾向性问题，开展军容风纪、营区环境、网络安全等集中整治，促进了安全管理落实。紧盯敏感时节、要害部位、重点人员，分层次修订完善方案预案，集中组织安全预案演练和安全大排查，查找整改问题，进一步消除了安全隐患。开展司法审判进军营、“法在我心中”警示教育活动，完成新老兵输送，对新兵和勤务人员进行政治考核。

【双拥共建】　2013年，部队贯彻落实改进作风要求，简朴、务实、高效的原则，开展双拥共建活动。“春节”、“八一”前夕，组织召开军地联谊座谈会，共叙军民鱼水情谊，共话强国梦强军梦，共商军地发展大计，感谢地方党委政府和人民群众对部队建设的关心支持，研究解决双拥工作中的实际问题。参加军地联席会议，协调地方政府为部队解决官兵转业安置、子女入学入托、随军家属就业等方面的实际困难。主动参与平安创建、和谐创建活动，驻训部队及时与驻训地乡（镇）派出所签订《军警协作协议》，开展军警联防联治。召开“三八”、“八一”军属座谈会，组织官兵家属及子女到驻训地参观慰问、到抚仙湖观光游览。组织双拥文化交流，开展军地足球友谊赛和军地联谊“六个一”活动，使广大官兵在潜移默化中增进了军民友谊。发动官兵积极参与新一轮双拥模范城（县）创建活动，巩固和发展“心连心、司呼吸、共命运”的新型军政军民关系。

【解难帮困】　2013年，部队立足驻地实际和自身资源优势，就地就近，力所能及，做好扶贫帮困、助学兴教、医疗扶持和献爱心送温暖等工作。主动与驻地政府、村寨联系，力所能及地帮助驻地群众办好事实事，走访慰问驻地困难群众，清理整治驻训地周边村寨环境卫生，巩固了军政军民关系。“春节”前，由部队领导带队，到驻地雄关乡、小营村、红坡村，走访特困群众、孤寡老人和军烈属。组织部队领导参加“1+1”助学活动，向驻训地八一爱民学校赠送图书、学习用品，积极帮助解决贫困儿童就学问题。组织57名官兵为驻地企事业单位、普通高等学校和高级中、小学职工、师生军训，累计军训17 340人次。开展“3・5学雷锋”便民活动，组织5个小组70余名官兵进入城区及周边村镇街道和敬老院，为驻地人民群众开展理发、义诊、修理电器、打扫卫生等活动，共为群众理发180余人次，修理各种电器家用电器100余件。开展医疗服务活动，为民治病200人次，免费发放价值2.5万元余的药品，组织300多名官兵参加义务献血。开展献爱心送温暖活动，组织1 696名官兵参加向四川芦山地震灾区献爱心捐款活动，共捐款58余万元。

【美化环境】　2013年，部队坚持驻守一方、绿化一方、造福一方的理念。参加抚仙湖、星云湖等重点湖泊河道生态治理，搞好高原湖泊的水体保护，发动官兵参与植树造林、水上巡逻、打捞水葫芦等活动，在绿化、美化、净化环境中展示全团官兵崭新的精神风貌。12月6~20日，部队出动官兵100人，机械车辆10台，历时15天，协助驻地江川县打捞星云湖沿线36千米的湖面水葫芦、水生植物和各类生活垃圾3 000余亩，星云湖水域环境得到了改善。开展国防林、双拥林植树造林活动和生态营区创建活动，最大限度降低或避免军事活动对生态环境的影响，带动营区周边生态文明建设，以实际行动支持美丽玉溪建设。

（徐忠华）

预备役三团

【概　况】　2013年，预备役三团聚焦强军目标，坚持全面抓建设，夯实发展基础，正规“四个秩序”，部队建设整体推进。一是围绕实现“强军目标”，突出抓好党的十八大精神、十八届三中全会精神、全军党的建设工作会议和两级军区党代会精神的学习贯彻，打牢官兵坚决听党指挥、绝对忠诚可靠的思想基础。二是始终把民主集中制建设作为重点，坚持用“十六字”原则规范党委工作，进一步提高了党委科学决策、民主决策、依法决策能力。三是围绕能打仗、打胜仗标准组织军事理论研讨，探索预备役部队战斗力生成模式，抓首长机关训练，提升军事训练水平，推进应急救援力量建设，在参加上级比武竞赛活动中取得了优异成绩。四是按照“大规范、小统一”的思路和“工作生活的基地、军地联系的场所、发挥作用的平台、展示形象的窗口”要求，有力有序推进基层营（连）部规范化建设，达到了营部“七室两库”和连部“四室两库”标准，基层规范化建设水平得到整体跃升。五是坚持抓作风正秩序促安全，持续抓好两个经常性工作落实，开展安全隐患彻查，抓好“四反”和防间保密专项整治，以及倾向性问题专项整治和基层风气专项整治，不断规范部队“四个秩序”。六是推进全面建设现代后勤和“两成两力”建设，规范后装管理秩序，强化依法管理、规范管理的意识，正规了武器装备管理秩序。

送温暖活动　（预备役三团　提供）

【思想政治建设】　2013年，预备役三团开展坚定信念、铸牢军魂主题教育和学习贯彻党章、弘扬优良作风教育活动，突出“强军梦・官兵梦”集中学习教育，进一步增进了官兵对强军目标内涵、要求的理解把握，增强责任意识。开展以“小册子、小演讲、小评比、小讲坛、小论坛、小展评”为主要内容的六小活动，探索群众性自我教育的方法路子，把思想政治教育内化为官兵的自觉追求、转化为日常的行为规范。利用政工网络平台组织政治干部开展岗位练兵活动，加强政治工作理论学习研究，撰写研讨文章，增强开展政治工作能力，锻炼和提升政治干部综合素质。

【党委班子和干部队伍建设】　2013年，预备役三团以党委机关和领导干部为重点，以《团党委机关改进作风十条规定》为基本遵循，以蹲连住班、下连当兵为重要抓手，转变工作作风，抓好思想、组织、作风、制度和反腐倡廉建设。落实省军区《预备役部队现役干部教育管理规定》，严格干部教育管理，增强干部事业心责任感，落实“六项制度”和“两课一讲评”，坚持每月对干部综合情况进行讲评，干部队伍事业心责任感显著增强。把握整组、预任党委（支部）书记培训、预任军官联席会、预任军官回营办公等时机，加强预备役军官的教育管理和联系协调，提高预任干部当兵打仗、练兵打仗、带兵打仗的意识和能力。

【战备工作】　2013年，预备役三团按照定期教育制度化、随机教育经常化、教育内容系列化、教育方法多样化、教育效果具体化的原则，围绕形势政策、职能使命、安全管理等内容，采取课堂教育、橱窗宣传、知识竞赛等形式，结合团队实际开展针对性教育，着力在了解形势任务、熟悉制度规定、增强忧患意识上下功夫，

官兵思想认识得到统一，居安思危观念更加牢固，落实战备工作的自觉性和责任感明显增强；坚持纵向衔接、横向配套的原则，按照研究部署、分头拟制、统一会审的步骤，对各类方案预案进行了全面修订。利用分队成建制训练、战备拉练、应急救援演习等时机全面检验方案，增强了广大官兵对战备方案的熟悉程度，提高了战备方案的可操作性；针对敏感时期社会动向和预编所在地火灾多发、地震易发特点，加强情况搜集掌握，组织器材操作训练，每月开展一次预案演练，每季度组织一次紧急出动，确保遇有情况能有效应对；以正规化建设任务部署会为契机，投入经费近150万元，新建作战室，升级改造其他战备库室；投入经费近30万元，购置各类战备物资器材8类1 000余件（套）。

【军事训练】　2013年，预备役三团按照加强统筹协调、突出实用管用，严格按纲施训、确保训练安全的思路，开展年度军事训练，应急应战能力有所提升。机关建立健全训练档案，以硬性量化指标促进学习训练经常化、制度化和规范化，确保了人员训到、科目训全、时间训足、效果训实；先后完成253人的入队训练、765人的分队成建制训练，增强了部队遂行抢险救灾特别是抗震救灾任务的能力；建立警戒、救护、保障等安全组织，制订安全措施，结合实地条件，科学变更训练计划，协调射击场地，利用友邻单位教学资源和训练器材，最大限度提升了训练效益。

【组织整顿】　2013年2~5月，按照宣传教育、组织准备，调整布局、编组实施，组织点验、总结验收的步骤完成了年度整组，实现了编制落实、制度健全，组织巩固、官兵相识的目标。复转军人比例达到72%，专业对口率达到76.3%，党团员比例达到92%。

【后勤和装备建设】　2013年，预备役三团以师《后勤工作指示》和《装备工作指示》为依据，结合团后装建设现状，动用经费共计40余万元，购买储备军需、营房、卫勤等应急救援保障物资20类，300余件；投入210万余元对办公楼、食堂、弹药仓库以及其他营房设施进行改造。

【安全稳定工作】　2013年，预备役三团坚持以条令条例为依据，以“六个管好”为重点，贯彻依法治军、从严治军方针，开展“三责”、“三互”活动，强力推行分值管理，持续抓倾向性问题整治和经常性基础性工作落实，在强化官兵素质、加强作风纪律、规范部队管理上下功夫，安全稳定工作呈现良好势头。

【第四届“勇士杯”比武竞赛】　2013年7月，预备役三团抽组骨干40人开展针对性强化训练20余天，在参加师组织的应急救援演习暨第四届“勇士杯”比武竞赛中，获得团体第二和两个单项第一的优异成绩。

【基层营（连）部规范化建设】　2013年，预备役三团按照“大规范、小统一”的原则，吃透标准、搞好协调、强化落实，有力有序推进基层营连部规范化建设。经师考评，三营、炮兵营共2个营部、3个连部被评为“达标先进单位”，6个连部被评为“达标合格单位”；二连被省军区评为“基层建设标兵单位”。

【应急救援中队建设】　2013年，预备役三团遵循责权利相结合、军地合建共用原则，按照拟制建设方案、抽组纳编人员、购置装备器材、开展入队训练、完善应急预案的步骤，投入经费80余万元，购置并改装了3辆运兵车，添置通用和抗震救灾两类物资器材400余件（套）。

【新闻报道】　2013年，预备役三团累计在《中国国防报》上稿2篇，《战旗报》上稿4篇，《西南民兵》上稿25篇，《云南国防》上稿8篇，《云南信息报》上稿1篇，《政治工作信息》上稿1篇，全军政工网上稿4篇，成都军区政工网上稿3篇，云南省军区政工网上稿41篇，宣传了团全面建设的经验成果。

（赵贵明）

应急救援训练　　（预备役三团　提供）

武　　警

玉溪支队

【概况】　2013年，武警玉溪市支队依据总部、总队党委总体工作部署，着眼加快现代化武装警察力量建设这个战略任务，坚持举旗铸魂保方向，部队呈现出完成任务出色、基础不断厚实、工作全面提升、内部安全稳定的良好势头。全年，共有12个单位和29名个人受到上级通报表彰，23名官兵荣立三等功，支队被武警部队表彰为“连续18年预防事故案件工作先进单位”“连续5年以上无行政事故、无执勤事故、无案件支队”。

【思想政治建设】　2013年，武警玉溪市支队抓好党的创新理论学习，邀请市委党校老师授课、安排7名党委成员上党课，组织饭前小演讲、时事小点评、热点小讨论等群众性活动，官兵学理论、用理论氛围浓厚，先后在总部、总队政工网转发理论研讨文章39篇。科学设置基本人生观教育4个专题47课内容，投入经费加强营区文化建设，升级完善支队政工网，在参加第二届聂耳音乐合唱比赛中获二等奖。支队被总队表彰为“新闻宣传工作先进单位”。

【中心工作】　2013年，武警玉溪市支队围绕贯彻新《执勤规定》，在峨山县中队召开现场会，进一步规范勤务组织与实施程序，完成执勤设施升级改造，深化治理执勤隐患。利用三期勤训轮换科学统筹年度17个集（培）训内容。选送2名反恐队员参加总部比武竞赛，树立荼绍龙等一批军事训练标兵。在确保执勤目标绝对安全的同时，圆满完成武装押解、城市武装巡逻等临时勤务35起，成功扑救驻地3起森林火灾，做好江川仙湖锦绣工程驻训及常态备勤任务。

【从严治警】　2013年，武警玉溪市支队坚持每月组织正规化管理通报讲评，开展条令知识竞赛，官兵作风养成明显好转；坚持每周三开展警示教育片展播活动，定期分析官兵思想，成功转化3名重点关注人员。坚持主动抓工作，辛苦保安全，先后排查治理安全隐患43处，支队连续18年实现安全无事故。

【基层建设】　2013年，武警玉溪市支队配合总队《纲要》大讲堂，举办党支部正、副书记培训，利用每月政工例会、军事研讨会、司务长集中办公，抓好经常性培训，重点解决制约基层建设难点问题12个。每季度分析基层建设形势，严格落实双向讲评，安排22名机关干部“下连当兵、蹲点住班”，重点帮扶的元江县中队、易门县中队跨入先进行列，5个中队被总队表彰为“基层建设先进单位。”

【后勤保障】　2013年，武警玉溪市支队修订完善后勤6个管理规定，严格落实联审联签、重大经费报告等制度，确保经费正确投向；建立后勤应急战备库，分批举办驾驶员、炊事员、卫生员等后勤专业培训8期296人次；协调市委政府召开议警会，支队本级及县（区）中队反恐装备、“四项设施”、官兵生活补贴经费全部纳入地方财政预算；主动介入元江、华宁营房新建工作，新机关迁建工作取得实质性突破，基层“四项设施”配套率达93%。

【党委班子建设】　2013年，武警玉溪市支队坚持党委中心组学习制度，深入贯彻民主集中制，在大项经费开支、大宗物资采购和大项工程建设上，实行阳光操作，广泛征求意见，深化“五超”治理，年内调整使用47名干部、选派31名技术学兵、推荐17名学员苗子、发展69名党员。清理机关借用官兵8人，纳编营职干部3人，清理违规住房17套，清退率达100%。党委满意度测评达到95%。

【党委扩大会议】　2013年1月27~28日，武警玉溪支队召开党委扩大会议，支队党委成员、机关部门以上领导、各股室负责人、各大（中）队主官参加会议。会议传达总部党委二届四次全会和总队党委三届五次全会精神、总队军事工作会议暨参谋长集训精神和习近平关于厉行节约反对铺张浪费重要批示，听取审议支队党委工作报告、纪委工作报告、干部选拔任用工作报告和玉溪支队党委机关加强作风建设措施；司、政、后三部门分别安排部署2013年工作。会上，支队党委书记、政治委员孔令斌代表支队党委作题为《奋力拼搏打基础，乘势而上求突破，全力推进支队全面建设科学发展新局面》的工作报告；支队党委副书记、支队长王承全以《坚持以党的十八大精神为指导，努力推动支队全面建设稳步发展》为题作讲话；表彰15个先进集体和77名先进个人。中共玉溪市委常委、市政法委书记刘宁笙，玉溪市人民政府副市长、公安局长明正彬出席会议。

7月28日，武警玉溪市支队召开党委扩大会议，党委成员、机关干部、基层全体官兵参加会议。会上，支队党委副书记、支队长王承全传达总部党委书记联席会议和总队党委三届六次全会主要精神。支队党委书记、政治委员孔令斌代表支队党委作题为《深入学习党的十八大精神，夯实部队建设基础，努力推动支队全面建设再上新台阶》的工作报告，会议还总结了2013年上半年部队建设形势，部署下半年工作任务。

【召开第八届军代会】　2013年6月1～2日，武警玉溪支队召开第八届军人代表大会。来自机关、基层共78名代表出席会议。会上，政委孔令斌致开幕词，支队长王承全代表支队作题为《深入贯彻落实科学发展观，充分发挥官兵民主权利，努力推进支队现代化建设再上新台阶》的工作报告，会议全面回顾总结支队一年来的建设情况，客观分析存在问题，并对下步工作提出六个方面的具体要求。会议期间，各代表结合基层实际，向大会提出8类15项意见建议。

【双拥共建】　2013年，武警玉溪市支队深入开展拥政爱民活动，先后20多次派出抗旱小分队，深入旱灾严重的红塔区春和镇波依村委会开展抗旱保民生活动，累计为灾区群众和学校送去灌溉用水50多吨、生活用水30多吨，有效缓解灾区旱情；组织官兵400余人次深入玉溪市红塔区春和镇小东村开展疏通灌溉渠道专项活动，共清理渠道十余千米，清除淤泥、垃圾30

2013年5月4日，开展纪念“五四”运动94周年系列活动。（隋政华　摄）

2013年3月29日，武警玉溪支队帮助红塔区清理灌溉渠道

（武警支队　提供）

余吨；开展捐建青年林捐款仪式，累计捐款9 385元。参与驻地文化建设，出动160名兵力担负第三届中国聂耳音乐（合唱）周启动仪式现场军乐演奏和升国旗任务，组队参加“聂耳杯”合唱比赛。

【扑灭森林火灾】　2013年，武警玉溪市支队完成“4·04”通海县九街镇、“4·19”红塔区研和镇、“4·20”红塔区大营街镇森林火灾扑救任务，累计出动兵力300余名，车辆23台次，砍挖防火隔离带10 500余米，扑灭明火点81处，清理暗火点170余处，扑灭火线17 500余米，火线值守长度7 000余米，运水40余吨。

【临时勤务】　2013年，武警玉溪市支队出动多名兵力，完成元江县第十四届金芒果节活动现场安全保卫勤务，华宁县柑橘节期间武装巡逻勤务，玉溪中秋国庆大型灯会开幕式武装巡逻勤务，774处危险物资武装押运勤务和“1·09”元江监狱、“7·05”江川县看守所、“8·06”峨山县看守所、“10·14”通海县看守所武装押解勤务。

【驻训维稳】　2013年2月1日至4月16日，武警玉溪市支队派出5个批次、224名兵力，担负江川仙湖锦绣工程项目开工现场驻训维稳任务。执行任务中，支队坚决贯彻总队首长和市委、市政府的决心意图，本着积极、慎重、稳妥的方针，高举“三面旗帜”，坚持“三个慎用”，认真研判形势，始终靠前指挥，并与公安干警密切协同，确保任务的完成，保障工程顺利开工。

【反恐突击力量集训比武】　2013年8月16～21日，武警玉溪市支队组织来自13个基层单位的反恐应急班进行反恐突击力量集训比武，完成处置暴力恐怖事件课题演练、自动步枪快速精度射击、400米障碍、楼房攀登、10千米武装越野、反恐战术手语、战术基础动作等科目的训练和竞赛，提高支队反恐应急力量的技战术水平。

【野外综合演练】　2013年3月24～26日，武警玉溪市支队组织330名官兵，动用保障车辆15台，进行新兵野外综合演练。期间，徒步行军102.9千米，摩托化开进92千米，完成八个课目的军事训练以及“三战”训练。

2013年12月16～22日，武警玉溪支队组织343名官兵，采取徒步行军的方式，进行为期7天的实践性野外综合拉练，途经红塔区、江川县和澄江县，行程共计217千米。

【领导视察】　2013年10月23日下午，武警部队政委许耀元上将率工作组一行在云南总队政委张桂柏大校的陪同下，深入玉溪支队通海县中队视察工作。许政委参观中队的图书室和网络学习室，与官兵们亲切交谈，仔细了解官兵的生活和学习情况，对中队官兵过硬的素质充分肯定，并鼓励战士们加强信息化知识和技能学习，力求在部队建功立业。

2013年6月2日，武警部队副司令员戴洪生中将在总队司令员王诚少将的陪同下深入玉溪支队视察工作。戴副司令员听取支队“6·4”、“7·5”和昆明“南博会”期间战备维稳工作情况汇报，并深入江川县中队看望慰问一线执勤官兵，对中队战备、官兵学习、生活、工作情况进行详细的了解，实地查看中队执勤设施设备。

2013年8月11日上午，武警部队后勤部副部长沈金伦少将率总部工作组深入玉溪支队检查机关公务用车专项治理工作开展情况。沈副部长从玉溪支队党委对公务用车专项治理活动重视，执行上级指示命令坚决，清查纠治彻底，反映问题实在等四个方面给予肯定。

【先进集体】　2013年12月26日，武警玉溪市支队被武警部队表彰为“连续18年预防事故案件工作先进单位”。

2013年12月31日，武警玉溪市支队被武警部队表彰为“连续5年以上无行政事故、无执勤事故、无案件支队”。

2003年7月10日，武警玉溪市支队华宁县中队党支部被武警云南总队党委表彰为“先进党支部”。

2003年12月26日，武警玉溪市支队被武警云南总队表彰为“新闻宣传工作先进单位”；支队后勤处被武警云南总队表彰为“先进后勤处”；通信台被武警云南总队表彰为“先进台站”；直属大队一中队被武警云南总队表彰为“基层建设标兵中队”、“军事训练一级达标单位”；峨山县中队、通海县中队、易门县中队、元江县中队被武警云南总队表彰为“基层建设先进中队”。

【先进个人】　2013年8月11日，武警玉溪市支队直属大队一中队班长茶绍龙代表武警云南总队参加武警部队比武获得集体第三名。

2013年11月22日，武警玉溪支队直属大队一中队副中队长孙树鸿被武警部队表彰为“优秀教练员”。

2013年7月10日，武警玉溪市支队政治处组织股股长朱洪彪被武警云南总队党委表彰为“优秀党务工作者”；峨山县中队政治指导员黄绪刚被武警云南总队党委表彰为“优秀共产党员”。

2013年8月28日，武警玉溪市支

队元江县中队副中队长段文海被武警云南总队表彰为“初级反恐特殊人才”。

2013年12月26日，武警玉溪市支队支队长王承全、政治委员孔令斌、司令部通信股股长李良被武警云南省总队荣记三等功一次。副支队长马虎被武警云南总队嘉奖一次。

（汪治国）

消防支队

【党组织规范化建设】　2013年，支队坚持正面教育，组织学习党的十八大精神，部署坚定信念铸牢警魂主题教育，先后举办专题学习讲座、轮流授课20多场次、主题演讲比赛2场次、学习心得交流会5场次，官兵撰写心得体会250篇，进一步筑牢了官兵思想基础。加强基层党组织规范化建设，先后对个党委、支部班子进行了调整。1月，支队成功承办了全省消防部队党组织规范化建设工作会议，支队各项党组织建设经验得到与会者肯定，7月，支队被公安部消防局表彰为先进党委班子。开展“云岭消防党旗红”创先争优活动，评选表彰了一批先进基层党组织和优秀共产党员，年内，70%的基层党组织完成达标建设任务，实现了一个支部一个堡垒、一个小组一块阵地、一个党员一面旗帜的目标。举办政工干部比武竞赛活动，提高政工干部现场利用多媒体进行授课的能力和水平。

【从严治警】　2013年，支队严格落实条令条例和规章制度，深化“五无”创建活动，完善部队、社会、家庭三位一体的监督机制。整合警务、政工、纪检力量，建立健全警务督察工作队伍和运行机制，加强部队督察工作，共开展现场督察80余次，电话和视频督查150余次。制订奖惩措施，落实“三挂钩”，先后对13个单位、33名个人实施问责，部队执行力全面提升。规范干部提拔任用机制，共推荐4名干部参加总队正、副团职领导干部“双考”，提拔交流正团职领导干部1人，提任副团职领导干部2人，调整任用营连职干部21人，把政治上靠得住、工作上有本事、作风上过得硬、群众信得过的干部选拔到了领导岗位上。年内，全市消防部队未发生安全事故和违纪事件。

【文化育警】　2013年，支队按要求全部建成队史馆，培养和发掘部队文艺人才，整合地方文化资源，集中力量创作了一批文艺精品，成功举办“中国梦·消防情”文艺汇演。支队制作的《树立正确的婚恋观追求幸福美满人生》课件在部、局开展的经常性思想政治教育教案课件评比活动中获二等奖。加强廉政文化建设，投入40余万元建成全省消防部队州（市）级规模最大、内容最丰富的玉溪消防廉政文化教育基地，先后接待部队内、外1 400余人参观学习。成功承办了全省公安现役部队廉政文化建设暨警示教育交流推进会。鼓励官兵参加各类在职学习培训，6名官兵报名参加武警学院和地方大专院校函授学习，1名战士考生被武警学院录取，2名大学生士兵直接提干，4人参加外语、11名干部参加心理咨询资格考试均全部通过，合格率为全省第一。

【从优待警】　2013年，支队在经费紧张的情况下补助基层大队营房管理费、卫生事业费、伙食费、车辆装备费等各项经费共计150余万元。在确保各项工作正常开展的基础上，统筹安排官兵休假，全年80%的官兵得到正常休息。2次邀请心理专家来队为官兵疏导，投入40余万元，高标准在培训基地建成一套集训练、游戏、趣味为一体的心理场地，先后培训240余人次，缓解了官兵心理压力。加大从优待警力度，发挥战友互助基金作用，年内共走访慰问官兵及家属10余次，发放慰问金6万余元，协调转业干部安置、子女入学13人次。

【火灾和接处警】　2013年，全市消防部队共接警出动1 157起，抢救被困人员389人，疏散被困人员2 182人，抢救财产价值1 989.9万元。其中，发生火灾505起，死亡6人，受伤0人，直接财产损失474万元。玉溪继续保持了18年未发生重特大群死群伤火灾事故。

【救援队伍建设】　2013年，全市消防部队组建专业队6个，灭火救援攻坚组41个，重点强化攻坚组培训和专业化训练。推进铁军中队达标创建活动，特勤、红塔、大营街、峨山、江川等5个中队通过一、二星级铁军中队验收，部队战斗力明显提升。完成玉溪中秋国庆灯展消防安保任务，成功处置峨山“4·20”森林火灾、江川“5·23”抗洪抢险、红塔区“9·10”煤气泄漏事故等急难险重任务。

年内，抓好执勤中队作战编成规范化工作，以特勤、红塔、大营街中队为试点，科学整合战斗编成。实施全员培训，先后组织大队、中队两级指挥员培训1期、铁军攻坚组、执勤中队长助理及专职队骨干队员培训2期，培训各级指战员80余人次。组织视频战例研讨培训2期，参训官兵400余人次。重视实战练兵，支队组织各类实战演练和装备测试23次，各大中队开展演练400余场次。组织8车、55人参加总队滇南协作区跨区域地震救援实战拉动演练。通过铁军集中比武、拉动演练，营造了比学赶帮、全员练兵的良好氛围，提升了队伍实战能力。

参加滇南协作区跨区域地震救援拉动演练　（消防支队提供）

年内，新建15支政府专职队，总数达到45支，拥有消防车35辆，队员226名，消防力量覆盖全市重点乡（镇）。完成9个编制不足30人的执勤中队增配合同制队员任务，队伍应急救援实力增强。

【科技强警】　2013年，支队开展灭火救援指挥系统和综合集成建设、营区监控系统升级改造、移动执法（办公）终端、3G图传系统等建设工作，实现支队指挥中心与省应急指挥中心平台的互联互通，实现图像、语音、数据资源共享。年内，全市共落实经费300多万元用于音视频综合集成系统建设、视频监控系统改造和公安网络扩容升级。大队电子岗哨管控平台、营区视频监控系统、车辆GPS卫星定位系统安装率达到100%，投入20多万元为各大、中队配齐了无线通信设备，为所有中队配备了卫星电话。完善网络及服务器等硬件建设，开展系统试运行及数据采集工作，强化各级操作人员应用能力培训，以信息化为支撑的现代警务工作模式初步形成。

【基础设施建设】　2012年，支队把推进基础设施建设放在重中之重的位置加以推进，占地84亩，总建筑面积8 421.72平方米，总投资3 000万元，全省州（市）级规模最大、功能最全、设施最完善的战勤保障大队和训练基地投入使用。投入1 800万元的江川大队一级消防站建设已完成。投资2 600万元，占地面积10 000.22平方米，总建设面积5 800余平方米的华宁大队消防站新建项目12月16日开工；高新大队营房建设已进入选址阶段，其余大队正在稳步推进中。

【消防装备建设】　2013年，支队新增消防战斗车12辆，采购各类器材2 133余件（套），配齐了个人防护装备和常规灭火器材，配齐了攻坚组及应急救援队伍装备器材，为10个中队更新破拆工具。全市所有中队实现抢险救援车、举高类消防车、攻坚组器材和综合应急救援队器材4个100%配备。加大战勤保障力度，制订6份重大灾害事故处置及跨区域战勤保障预案，可为全市消防部队提供装备维修、物资供应、技术保障等多项服务。开展了九个县（区）装备评估论证工作，为完善装备建设奠定了基础。

【后勤管理】　2012年，支队修改完善后勤12个规范性管理制度，推进党委决策、预算管理科学化。强化基层单位对预算经费的合理安排，规范经费开支审批制度和经费报销流程，完善财务资料。开展经费标准化管理，最大限度压缩消耗性开支，实现公务接待费、会议费、办公经费等行政性支出比上年度下降。落实官兵定期体检制度，建立健全官兵健康档案。九个中队按标准建成卫生室，配齐常用药品，聘请地方医疗机构医生担任部队兼职医护人员。成立支队基本建设办公室，开展部队营房土地清理工作，规范基本建设管理。

【消防工作社会化】　2013年，支队提请市政府将消防工作统一纳入社会管理综合治理目标责任书考核内容，推动政府落实消防工作领导责任，年内，市政府召开5次专题会议，下发9个专门文件，组织3次专项检查，与各县（区）政府和各职能部门签订消防安全工作目标管理责任书，逐级开展考评。全市77个派出所全面铺开消防监督管理工作，532家重点单位、近1 200余家人员密集场所“四个能力”全部达标，193家单位联网城市消防远程监控系统，消防安全主体责任日益落实。开展公共消防设施达标创建活动和社区消防工作“五个基本”建设，投入专项经费72万元，完成全市10个县（区）、75个乡（镇）、250个重点村委会消防规划编制工作，新增市政消火栓120个、农村（社区）消防器材配置点30个。

【整治火灾隐患】　2013年，支队针对城镇化进程中遗留的大量先天性火灾隐患，以密集行动和高压态势攻坚治理。政府领导挂帅，成立专门机构，职能部门联合执法，先后开展“平安云岭”系列，除火患、保平安，消防安全大排查大整治等6个专项检查行动，自主开展平安玉溪、拆临拆违、“两化”行业等5个专项治理行动，出动人员8 000余人次，检查单位1.4万家，整改火灾隐患2.1万处，查封、取缔、责令“三停”单位73家，罚款224万元，行政拘留、警告21人。7月30日，部消防局局长陈伟明在玉溪督导消防安全大排查大整治工作时，对玉溪取得的工作成绩给予肯定。在全省大排查大整治最后综合评定中，玉溪支队被评为优秀支队。推进网格化管理，以居民小区、楼院和社会单位、场所为单元，分别划分出大网格616个、中网格1 462个、小网格3 588个，75个乡（镇、街道）网格化管理达标。

【执法规范化建设】　2013年，支队出台《规范消防执法六项规定》和《消防执法质量考核评议工作奖惩规定》。落实每季度消防监督执法工作例会、每季度对各大队消防监督执法卷宗进行随机抽查通报制度，提升了消防执法质量和办案水平。推进执法规范化建设，推广大理支队监督执法试点经验，落实消防监督执法5大机制36项制度，消防行政许可全部网上受理、网上审批、网上办结，实现阳光执法。支队和6个大队投入150余万元建成“三区三室一中心”，基层派出所初步形成了“1+1+1”的消防工作模式，全部配置消防移动执法终端。开展建设工程消防监督管理专项治理，推出优化重点工程绿色服务通道、简化建设工程消防监督范围等六项制度。支队业务受理窗口被市政府评为文明窗口，在政风行风评议中被评为优秀，执法监督工作中未出现群众投诉现象。

【消防宣传】　2013年，支队先后推动市政府和相关部门出台《消防宣传教育规定》、《全民消防安全宣传教育纲要实施方案》，举办《纲要》宣传周、119消防宣传月等大型活动。支队制作的17部消防微电影和公益广告网络展播获好评，其中6部作品进入全省排行榜前10名。召开驻玉媒体座谈会，建立与媒体消防宣传合作机制，开设玉溪日报消防宣传专版，拓展“玉溪消防在线”微博品牌，设立“高古楼论坛”消防板块，在通海、新平、峨山、元江等县成立民族消防宣传队，举办消防宣传员培训班，发挥玉溪消防科普教育馆作用，开展“百名村官进红门”、“生命通道体验活动”。推动消防宣传“五进”，建立完善顶层抓地方党政领导、基层抓单位和社会群众、自上而下抓部门系统的立体化培训格局。全年共举办各类培训班35期，培训各类人员4万多人，支队完成中国消防在线稿件454篇、中央级新闻媒体35篇，在省级以上主流媒体刊播稿件1 700余篇（条），举办各类宣传、咨询活动80余场次，播放户外视频520条（次），悬挂横幅680条，发送手机短信30万余条，派发宣传资料15万份，全民消防安全素质提升。玉溪“父子消防队”创始人肖家福继2011年被公安部授予“热心消防公益事业先进个人”称号后，2013年又被公安部评选为“首届全国119消防奖先进个人”。

（朱　静）

8752部队

【总部表彰】　2013年，部队党委以强军目标为统领，按照举旗铸魂抓根本、提高能力抓中心、全神专注抓稳定、打牢基础抓基层、转变作风抓党建、开拓创新谋发展的工作思路，精心统筹，抓落实，部队内部安全稳定，全面建设取得新的进步。部队先后被武警总部表彰为“党风廉政建设先进单位”、“拥政爱民先进单位”、“学雷锋先进集体”，“密码工作先进单位”、“基层农副业生产先进单位”、“营区房地产管理优秀单位”、“新闻报道先进单位”、“管理工作先进单位”，3名个人受到武警总部表彰。

【军事工作】　2013年，部队以实战化训练为牵引，开展苦练兵、练精兵活动，组织了200千米野营拉练和机动专业比武，部队战斗力稳步提升。组建了应急处突、森林灭火、抗洪抢险等4支应急分队，完成了“两会”、“3·14”、“7·5”等9次敏感期战备工作，完成通海地区3起森林灭火任务。加强部队正规化建设，5次组织正规化建设现场会，4次组织条令整训；参与驻地社会治安综合治理，协助公安机关抓捕违法犯罪人员200余人，收缴自制枪支39支，刀具77把、制毒配剂10吨、毒品14.247千克。

【政治工作】　2013年，部队按照“三个绝对”要求，坚持大事大抓，发挥政治工作服务保证作用。严密组织党委机关学习贯彻党章、弘扬优良作风、强化法纪观念、反对拜金主义教育和树立正确理念、明辨是非界限学习讨论活动，进一步坚定政治信念，提升思维层次，强化政治责任，增强核心统领作用。聚焦反对“四风”，研究制订《党委机关转变作风措施》，精简合并会议8次，纠正了训练花架子、考核拼尖子等突出问题，部队会风、文风、训风、考风进一步端正。紧扣“五超”治理，清退超占兵员7人，压缩经费开支114万元，较上年减少30%。开展深知兵、真爱兵活动，开通警营论坛，及时倾听官兵心声，掌握思想动态，部队内部关系和谐稳定。投入30万元，建成12个网络学习室，采购5套野战移动音箱，成立了四支特色文化队伍、三支群众性体育队伍和业余兴趣爱好小组，文体活动开展有声有色。10余次组织抗旱保民生、抗旱保春耕、保护母亲湖——杞麓湖等助民劳动，3次参加无偿献血，资助贫困学生7人5万多元，12次深入村寨学校开展珍爱生命、拒绝毒品禁毒宣传工作，警政警民关系进一步密切。宣传工作成效明显，93篇新闻报道在省部级以上媒体刊载，反映部队参加缉毒行动和禁毒宣传工作的电视片“无罪的罂粟花”，在中央电视7台中国武警栏目播出，并被军内、外主流媒体报道。

【后勤工作】　2013年，部队以武警总部天津会议精神为指导，在提高保障中心能力、创新发展能力和服务保障质量上下功夫。组织驾驶员、卫生员、炊事员等6个专业集训9期，卫生专业参加上级组织比武获第一名。开展野战炊事、战地救护等针对性训练，突出任务中饮食、卫勤、远程机动保障重点，补充干粮、罐头等物资1 000余件。3次邀请驻地医院和疾控中心专家进行卫生常识教育，组织炊管、公勤人员进行健康体检和注射疫苗，每周对生活和办公场所进行不少于3次的消毒，确保官兵身心健康。坚持量体发衣，完成夏季服装和秋季补兵被装发放，官兵适体率100%。为基层官兵购置电视机30台，安装免费电话34部，修建岗哨亭10个，维修房屋31间，配发饮水机90台、风扇60台、冰柜10台、热水器5台，改善了官兵工作生活和执勤条件。

（周　驰）

人民防空

【概　况】　2013年，玉溪市人民防空工作以落实全国第六次人防会议和成都军区第四次防空会议精神为重点，提高人民防空的整体抗毁能力、快速反应能力、应急救援能力和自我发展能力，以应付现代战争及自然重大灾害事故，做好城市防空袭斗争准备。年内，完成警报业务培训，防空警报试鸣，进行人防工程培训，防空警报维护管理，落实了基本指挥所建设土地费和移动指挥所建设立项经省人防办和市政府批准，开展人防知识的宣传教育，强化了结合城市民用建筑修建防空地下室审批等工作。

【警报业务培训】　2013年9月13日，玉溪市人防办在峨山召开全市人防指挥通信业务培训会，参加会议的有各县（区）人防办主任及工作人员、市人防办全体工作人员共35人。会议传达了国家人防办和省人防办对人防指挥通信业务建设的要求，学习了相关文件，通报了全国人防知识大比武的情况。针对各县（区）人员变换多，新进人员对防空警报缺乏了解，周克金对防空警报设备的结构、工作原理、易出现的问题及解决方法进行了讲解，实地进行了防空警报操作程序示范。

【人防工程法规培训】　2013年10月15日，玉溪市人防办在华宁召开了人防工程法规业务培训会，参加会议的有市人防办和各县（区）人防办全体工作人员共43人，针对各县（区）工作人员变动大，人防行政审批权下放到各县（区）人防办后，县（区）对行政审批程序和要求不太熟悉的情况进行了人防工程审批和相关法规的学习，市人防办主任乐士发作了培训动员，工程科长向贵福讲解了人防工程审批流程及要件，在审批中应当注意的事项。

【民用建筑行政审批】　2013年，市人防办依法开展结合民用建筑修建防空地下室审批工作。截至年底，全市审批结合民用建筑修建防空地下室建设项目共12项。其中，市级审批5项；各县（区）共审批7项，全市竣工验收工程10项。全市审批防空地下室易地建设项目134项，其中，市级人防办审批25项，各县（区）人防办共审批109项。市级人防办于10月中旬组织执法检查组，对九县（区）人防工程建设情况实施行政执法检查，跟踪督促各县（区）落实省人防办检查出的存在问题，纠正存在不足，对各县（区）在行政审批执法中存在的问题进行了反馈。

【平战结合工程】　2013年，北京世纪乐地投资有限公司在南北大街、凤凰路、人民路下段等中心商业区

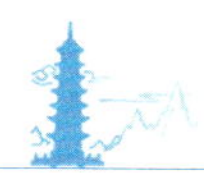

投资近7亿元进行平战结合人防工程建设，平时作为地下商业街，战时作为市民躲避空袭的场所，项目洽谈初期，市人防办参与人防工程项目招商引资事宜，与投资方签订了《玉溪市南北大街人民路凤凰路平战结合人防工程投资项目建设框架协议书》，会同相关单位参与协议书的修改完善，形成《玉溪市红塔区平战结合人防工程投资建设协议书》，配合市住建局、红塔区政府，邀请省人防办专家与红塔区发改局共同完成项目的可行性论证。协调省人防办转报国家人防办审批立项，为项目按时在2013年10月18日开工建设奠定基础，市人防办参与工程建设管理，至年底工程防护桩和防水处理部分完成了投资1 600万元。

【防空警报维护管理】 2013年7月，市政府搬迁办公地址，市人防办从聂耳路34号搬到了南祥路10号，防空警报中央站及市政府2号楼顶的电声警报器也随同进行了搬迁，对中心城区的所有防空警报进行了一次检查维修，对各接收终端的天线进行了调整、更换安装，对天线方向发生改变的进行了调整，对天线基座损坏的进行了更换，并对每个维修后的终端与中央站进行了测试，确保中心城区警报器能按时发放警报信号。由于原高新区管委会转买给商业银行，在拆除广告牌时把警报器的电源和天线一并拆除，二医院由于装修改造门诊楼，电源和天线也被拆除，防空警报器被损坏，导致这二台警报器无法发放警报信号，10月，市人防办对原高新区管委会警报器，二医院门诊楼警报器，原烟厂办警报器三台警报器进行了改造安装，保证警报器处于良好状态。

【防空警报试鸣】 2013年9月18日上午9时至9时11分，玉溪市在玉溪市中心城区和所属八县城统一组织防空警报试鸣活动，防空警报试鸣警种有：防空袭预先警报信号、防空袭紧急警报信号、防空袭解除警报信号。

为确保警报器能按时拉响，玉溪市人防办提前进行警报器的检查维修，为保证试鸣期间的安全，市人防办通过玉溪电视台，玉溪日报，玉溪广播电台，玉溪移动、电信、联通公司发布了试鸣公告，为使八县与中心城区同步进行试鸣，9月13日在峨山县召开了警报试鸣培训会。

【人防宣传】 2013年，玉溪市人防办加大人防知识的宣传教育力度，扩大了宣传覆盖面。玉溪市人防办征订《云南人防》、《中国人民防空》杂志发放到各级政府和部分学校。为保证试鸣期间社会安全，不影响市民的生活，企业生产，为此市人防办进行了广泛宣传协调，利用大众媒介进行了一周试鸣公告的发布，还针对特殊人群进行了特别的告知，9月16日，提请市政府专门召开了试鸣协调会，使每个市民能了解此次试鸣活动，做好心理准备，公安机关加强了警戒，确保了试鸣期间的安全。

抓住玉溪市南北大街、凤凰路、人民路大型人防工程建设的契机，通过施工现场的标语口号、路牌，报纸、网络公告、电视采访、专题节目等形式，广泛宣传人防，开创了人防宣传教育的新模式。

【人防教育】 2013年，市人防办在初级中学开展以防原子、化学、生物武器为三要内容的“三防”人防知识教育。各县（区）人防办会同市县（区）国教办、教育行政主管部门积极行动，继续组织各初级中学开展人防知识教育。各县（区）通过播放人防知识光盘《永远的蓝天》，人防知识宣传手册，国防知识读本，专题讲座等进行了人防知识的教育，开课学校达73所、受教育学生达44 778人。

【准军事化建设】 2013年，玉溪市人防办按照政治坚定、业务精湛、纪律严明、作风过硬、廉政高效的人防机关准军事化建设标准，加强机关自身建设。组织全办人员学习了《领导干部廉洁准则》和高德荣先进事迹，开展随机调研和公务员更新知识培训，严格落实各项制度，严禁干部在行政审批和执法时吃、拿、卡、要。要求在人防工程行政审批和执法检查时依法行政，严格执行“三重一大”集体决策制度、实行行政审批会议制度，制订出台了公务接待、用车、住宿等三项制度，定期学习，定期通报典型案例，按招投标规定及政府采购办公设备。投入48万元编制《玉溪市中心城市地下空间开发利用规划》上报市政府审批。做好群众路线教育实践活动，进村入户开展随机调研，听取群众意见，着力解决人防建设中的突出问题。把人防建设融入城市建设和社会发展中。

组织参加全省人防训练比武竞赛活动，锻造“六通”型领导干部、“六会”型机关人员、“六能”型技术骨干。2013年8月组成了3人的玉溪比武竞赛队，参加省人防办组织的以人防理论、机关工作能力、战时业务技能、基本技能及操作使用为内容的人防训练比武竞赛活动，取得了较好的成绩。

（周克金）

法　　制

编辑：刘仕荣

公　　安

【概　况】　2013年，玉溪市公安机关坚守底线，全力维稳，确保了全市社会稳定。组织了打盗抢、保民安，扫毒害、保平安等一系列专项整治行动，全市治安形势持续向好，玉溪市连续第4年入选中国最安全城市，是云南省唯一入选的城市。年内，全市公安机关以人为本，改善民生，提升了管理服务水平。全程跟进市委、市政府招商引资、重大项目建设、拆临拆违等重点工作，确保了各项工作的推进。加强和改进公安行政管理工作，拓宽服务领域，改进服务方式，提高服务水平，为全市经济社会发展营造了优质一流的“软环境”。强化监督，规范执法，增强了执法公信力。深入推进执法规范化达标创建工作，排查整改了一批执法突出问题，执法办案水平不断提高。着眼长远，固本强基，打牢了公安工作发展根基。坚持重心向下，推进警务前移，以派出所为重点的基层基础工作进一步夯实；公安信息化工作不断迈向深度应用。从严治警，从优待警，打造了过硬公安队伍。着力扭转公安机关纪律作风存在的突出问题，整肃警纪警风，组织开展了形式多样、丰富多彩的警营文化活动，凝聚了警心，激励了斗志。

【维护社会稳定】　2013年，全市公安机关把维护社会稳定作为服务全市经济社会发展的首要任务，采取有力措施，做好各项维稳工作。加强情报信息工作，整合、调动各方情报力量，拓宽情报信息渠道，不断完善情报信息汇总研判机制和预警评估体系，落实各项安保维稳措施，全市没有发生在全国、全省造成重大影响的群体性事件。全市各级公安机关依托77个派出所调解室、196个警务室调解室、15 188名矛盾纠纷信息员开展矛盾纠纷排查调处工作，坚持发现在早、处置在小，采取定期排查、日常排查和集中排查相结合，网上网下两个阵地并重，消除社会不安定因素，全市共排查敏感性、涉众性矛盾纠纷701起，化解452起，排查民间纠纷8 014起，化解7 679起。推进涉法涉诉信访改革工作，做好诉访分离工作，确保信访渠道畅通。年内，全市公安机关共接待群众来信来访359件，办结354件，办结率98.61%。办理上级和其他部门交办（转办、转送）的信访事项138件，做到了事事有着落，件件有回音。

【打击刑事犯罪】　2013年，全市共立各类刑事案件17 210起，破6 444起。同比立案数下降7%，破案数下降10.1%，抓获刑事案件作案成员2 386人，查获犯罪团伙76个374人。持续加大命案攻坚力度，全市全年共发生现行命案57起，同比减少1起，破56起，破案率为98.2%。重拳出击打击黑恶势力犯罪，共打掉恶势力犯罪团伙13个，抓获恶势力团伙成员144名，破获各类刑事案件146起。全年立八类严重刑事案件801起，同比下降7.8%，破获583起，破案率为72.78%，同比上升2个百分点。组织打盗抢、保民安等专项整治行动，坚决遏制“两抢一盗”等多发性侵财犯罪的高发势头，增强人民群众安全感和满意度。年内，全市共立侵财性刑事案件15 842起，同比下降7%，破5 307起，同比下降10%。其中，立盗窃案件14 411起，同比下降6.9%，破4 867起；立“两抢”案件515起，同比下降0.2%，破272起。在所有盗窃案件中，盗窃机动车案立4 352起，同比下降14.5%，破1 448起。

【打黑除恶】　2013年，全市刑侦部门把打黑除恶工作作为维护一方平安、稳定的重大工作举措抓紧抓实。继续完善、落实公、检、法、司联席会议制度和打黑成员单位联席会议制度，加强各部门的沟通和配合，打击黑恶势力犯罪。对容易滋生黑恶势力的歌舞娱乐、洗浴休闲、矿山石场等11类重点区域进行摸排，在日常工作中对聚众斗殴、寻衅滋事、强迫交易、故意伤害等案件及一些治安案件的查处中发现黑恶势力犯罪线索。按照打早打小，露头就打、黑恶必除，除恶务尽的原则，保持对黑恶势力犯罪的严打高压态势。年内，全市共打掉恶势力犯罪团伙13个，抓获恶势力团伙成员144名，破获各类刑事案件146起。

【禁毒战争】　2013年，全市公安机关共查破毒品案件613起，缴获毒品316.02千克，其中冰毒269.10千克，海洛因46.67千克，抓获贩毒嫌疑人588人，同比破案数上升11.3%，缴毒数下

降33%，抓获人员数上升22.5%。其中，破获了包括2起部级目标案件、5起省级目标案件在内的千克级毒品案件49起，万克级毒品案件5起，共缴获毒品238.53千克，在省厅组织的文山片区公开查缉大比武活动中取得了第一名的好成绩。坚持打击零星贩毒和收戒吸毒人员双管齐下，进一步萎缩本地毒品消费市场。全年共破获零星贩毒案件350起，占全部毒品案件数的57%，抓获犯罪嫌疑人322名，捣毁吸毒窝点31个。共收戒吸毒人员1 894人（其中强制隔离戒毒879人、社区戒毒764人、社区康复251人），完成省政府下达1 470人的收戒任务的129%；安置就业2 389人，安置率为60.19%。

【打击经济犯罪】　2013年，全市公安机关开展打假、打传、打击整治发票违法犯罪3个专项行动，推进经侦情报信息、协作机制以及专业化3项建设，稳妥推进重大、敏感案件的侦办工作，预防和打击经济犯罪的能力不断提升。年内，全市经侦部门共立经济案件411起，同比下降21.9%，涉案价值为13 845.8万元，破335起，挽回经济损失2 453.4万元，抓获嫌疑人182人，成功侦破了涉案500余万元的“3·19”销售假冒知名品牌卷烟网络案件、红塔区百花草堂生产、销售假药案等一批大要案件，维护了全市经济安全。

【环湖整治行动】　为积极改善抚仙湖周边社会治安环境，市公安局于3月1日至7月10日，开展了抚仙湖周边突出治安问题专项整治行动。江川、华宁、澄江三县公安机关和市局国保、治安、刑侦、经侦、禁毒、环保分局等部门结合各地、各部门实际，全力以赴开展打击整治工作。通过4个月的打击整治，沿湖三县共破获环湖辖区的各类刑事案件208起，打处各类犯罪嫌疑人114名；查破毒品案件15起，破获经济案件42起，查处治安案件655起，排查矛盾纠纷496件，调处化解429件，开展法制宣传教育97次，受教育群众131 292人次。

【扫“黄”打“非”】　2013年，全市公安机关治安部门共查处卖淫嫖娼案件125起，查处违法人员195人，治安拘留181人，罚款13人。查处引诱、容留、介绍他人卖淫案件5起，治安拘留2人，罚款3人。查处传播淫秽信息案件1起，查处违法人员1人，治安拘留1人。全市共出动警力7 000余人次，查处涉赌案件252件，查获违法人员927人（其中，治安罚款468人，治安拘留457人）。共立赌博刑事案件5件，抓获犯罪嫌疑人32人，其中刑事拘留7人，取保候审14人，转行政处罚9人，2人已宣判，移送起诉32人，共收缴赌资35.22万元，查获赌博机528台，其中单机441台、联机87台、主板506块，检查电子游戏室86家。全年共出动警力5 173人次，检查了出版物市场、个体摊点2 455个次、印刷企业599个次、旅馆业919家次，娱乐场所337家次、网吧287家次，车站81个次、书报亭90个次，收缴非法出版物共325件、查处各类违法经营网吧32家。

【打“四黑”除“四害”】　2013年，全市治安部门深化打”四黑“除“四害”专项行动，打击涉及食品、药品和农资等领域的违法犯罪活动，专项行动取得显著成效，共破获食品、药品和农资类刑事案件22起（其中，破获食品安全类刑事案件14起、药品类刑事案件5起、生产销售伪劣商品案件2起，假冒商标案件1起。），涉案金额2 200多万元，抓获犯罪嫌疑人58人，刑事拘留42人，取保候审20人，移送起诉15人。红塔分局治安大队侦办的玉溪百花草堂诊所销售假药案先后被省公安厅、公安部列为督办案件，抓获犯罪嫌疑人95人，打掉生产销售团伙共计35个，捣毁生产、仓储、销售窝点共计66个，缴获假药1 400箱、大小包装箱3 000个、各种原材料（中草药）40吨、原材料西药2万余件，假药485件，缴获制假设备粉碎机3台，封口机5台，台秤4台，查扣、冻结涉案资金2 500万元，扣押奔驰、宝马、丰田等各种汽车11辆，查封房屋57套，并从犯罪嫌疑人黄兴住处搜查出非法持有的枪支10支、弩1支、气枪弹115 398发、运动步枪弹1 020发，管制刀具336把，该案涉案价值合计9 635.64万元。新平县公安局查获假玉米杂交种“612”4 891.8千克，假玉米杂交种“723”3 572千克，货值13.38万余元。特别是在全省开展的打击食品犯罪保卫餐桌安全专项整治行动工作中，全市治安部门连续破获生产销售病死肉系列案件14起（其中，江川县、通海县和华宁县公安局治安部门破获病死猪肉案件分别为10起、2起和1起），抓获犯罪嫌疑人17人，刑事拘留11人，查获工业盐110.66千克、工业用亚硝酸钠7瓶、屠宰和加工好的病死猪（鸡）肉3 000多千克。

【缉枪治爆】　2013年，全市公安治安部门先后组织了以缉枪治爆为主要内容的13个专项整治行动，共收缴各类枪支739支、子弹70 169发、炮（手榴）弹31发（枚）、炸药2 625.7千克、黑火药87千克、索类1 914米、雷管14 079发、仿真枪230支、管制刀具941把、剧毒化学品21千克和烟花爆竹5 862件。全市没有发生重大涉危案事件。为安全销毁专项行动收缴的枪爆物品，彻底消除隐患，治安支队分6次销毁了各地收缴的爆炸物品。同时，全市治安部门还开展安全大检，共检查涉枪单位323家次、涉爆单位913家次、剧毒化学品从业单位382家次、放射性物品从业单位56家次、易制爆化学品从业单位88家次、管制刀具生产经营单位152家次，排查涉爆人员13人、发现并整改安全隐患224处、删除涉枪涉爆违法信息3 879条。

【治安防控体系建设】　2013年，全市共设置警务岗亭35个、公路查缉检查站14个，布建视频监控1 854路，各级巡防力量处置警情55 693起，盘查可疑人员45 197人，调解矛盾纠纷6 622起，查处治安案件8 284起，破获刑事案件4 202起，抓获违法犯罪嫌疑人9 222人，预防重特大事故6起。全市共有群防群治组织957个13 613人，其中，治保会669个7 267人，护厂（村）队162个1 967人，保安组织5个2 664人。全年群防群治组织共开展各类安全大检查2 790次，整改隐患1 672起，帮教违法青少年912人，提供线索破获刑事案件324起，协助查处治安案件1 219起，抓获各类违法人员1 051人，制止违法犯罪行为353起，调解民间纠纷4 696起。

【环境安全保护】　2013年，玉溪市森林公安机关共查处森林案件1 499起，处理违法犯罪人员1 798人。其中：侦破林业刑事案件197起，抓获犯罪嫌疑人292人；查处林业行政案件1 302起，查处违法人员1 506人；收缴木材3 143.44立方米，野生植物604株，野生动物37头（只），收缴违法所得37.7万元，罚款953.49万元，为国家挽回直接经济损失1 159.59万元。水务治安分局加大环保执法力度，开展抚仙湖周边日常巡查和污染隐患排查整治工作，共检查企业190余家，现场教育整改涉污企业53家，排查污染隐患10处，直接查获环保案件12起，其中行政案件10起，刑事案件2起。

【便民利民服务】 2013年，交警部门共办理机动车业务383 323辆，受理驾驶人业务166 538人，预约科目考试157 983人，办理电动自行车登记105 115辆。出入境部门共受理、审批公民出国（境）申请28 619人次，同比增加7 663人次，增长36.57%。治安部门实行户政E网办证厅24小时预约，共受理预约2 046件，为群众提供方便快捷服务。稳妥推进做好城乡统筹转户工作，全年共完成转户174 373人，完成省政府下达玉溪市转户任务的218%，任务完成率位居全省前列。

【人口管理】 2013年，玉溪市公安机关全年共受理补录遗漏人口登记业务1 556人，其中材料齐全通过审批1 447人、未通过审批109人/次；受理姓名、出生日期、民族等主项变更业务10 543人次，其中材料齐全通过审批9 873人、未通过审批670人；受理户口信息重人删除申请1 002人，其中材料齐全通过审批926人、未通过审批76人。全市全年共录入流动人口系统150 757人，有效人数150 467人，已办理居住证145 209证，办证率达96.51%；新增流动人口48 413人，注销54 805人，修改信息700 518条，新增办理居住证138 950证，注销60 381证。全市全年流动人口待维护共计572 856人，维护571 387人，完成99.74%。

【交通管理】 2013年，全市共发生一般程序交通事故157起，事故造成142人死亡，95人受伤，经济损失为59.9万元，同比分别下降9.8%、1.4%、34.9%和4.4%，四项指数全面下降，连续10年未发生一次死亡10人以上的特大道路交通事故。

【交通安全宣传】 2013年，玉溪市公安局交警支队围绕交管中心工作，以交通安全宣传为抓手，努力营造良好宣传氛围。在总结2010年以来的三年文明交通行动计划实施经验基础上，继续探索文明交通行动计划工作，并联合文明办、教育、安监、司法、交通五部门制订下发《玉溪市2013～2015年实施文明交通行动计划工作方案》，明确下一个三年工作计划，推动文明交通行动制度化、规范化、常态化，形成政府牵头，部门负责，齐抓共管，综合治理的文明交通行动计划工作格局。2013年，全市继续开展文明交通“十二个百”创建评选活动，完成了35家省级创建示范单位申报工作，市级单位创建及个人评选正在同步进行中。协调报社、电视台、电台、网络等开展宣传，发挥“红绿灯”专栏、“畅行中国——文明交通玉溪在行动”直播专栏、文明交通“一路平安”电视专栏、《哇家bebe车》文明交通公益杂志、“古楼交警”、手机公益短信平台、数字电视开机画面、电视公益宣传等平台的作用，宣传交通安全及支队近期重点工作，并实时插播全市路况警示信息，起到了普及交通法规、传播交通安全知识的作用。自2012年开始，先后自筹资金70余万元，在全市各村级完小制作安装508块文明交通宣传专栏；在全市八县一区拘留所设置固定交通安全宣传栏，宣传展板及墙贴式宣传挂图；在中心城区安装40多块空气质量发布灯箱及65个阅板显示屏。同时，支队于2012年着手创意、总投入达117.8万元的“玉溪文明交通映象”文明交通主题文化街项目2013年8月建成，把聂耳音乐文化与交通安全文化相融合，成为支队打造玉溪文明交通文化品牌的一个标志性符号。先后开展了春运、“110宣传日”、“3·25”全国中小学生安全教育日、“4·30”交通事故反思日等重要节点及5月交通安全宣传月、6月安全生产月、交通安全主题宣传周、第二届“平安路，幸福家”道路交通暨消防安全少儿文明交通训练营公益主题活动等集中宣传活动。同时，配合春运工作攻坚战、“大排查、大教育、大整治”货车违法行为专项行动、酒后驾驶专项整治等专项整治行动开展宣传。派出宣传小分队深入各单位、客货运企业、社区、学校、村寨等，通过举办讲座、播放视频、发放宣传材料等形式，传播交通安全知识。2013年，全市交警部门在各级各类新闻媒体刊播稿件11 061篇（条），交通安全专题宣传1 335场次，印发文明交通公益杂志7万余册、宣传材料80万份，电视滚屏提示4万条次，发送手机短信安全提示500万条。

【交通防堵保畅整治】 截至2013年底，玉溪市机动车保有量达70.1万辆，驾驶人56.8万人。面对快速增长的人、车、路等交通要素，交警支队创新管理工作。2013年10月启动中心城区和环抚仙湖货车禁行工作，制订实施方案，建设完善设施设备，做好车辆绕行规划，加大媒体宣传和舆论引导，确保货车限行工作取得实效。曲陀关大型机动车安全技术检测站建设项目正开展规划、土地、环评、能评等手续报批工作，做好检测站规划、项目方案设计、可研报告编制等工作。继续实施城市文明“畅通工程”，在省城市道路交通综合协调办公室及专家组对2010~2012年度城市畅通工程考评中，中心城区继续保持C类城市二等交通管理水平的创建标准，元江、新平、易门三县的创建工作以D类四等管理水平正积极进行。继续巩固和深化平安畅通县市创建工作，建成了部级平安畅通县（区）3个（红塔区、元江县、澄江县），省级平安畅通县2个（江川县、峨山县），华宁、通海、易门2013上半年已通过省级初评，新平的创建工作已通过部级复评。继续实施文明示范路创建活动，争创省级示范路1条（昆洛线的玉元高速和元磨高速玉溪段）、市级示范路3条（玉江大道、通建高速公路玉溪段、易—峨—高二级公路、市级“文明交通旅游线”创建路1条（澄川二级公路），正在有序推进。结合辖区实际，科学进行勤务调整，抓住辖区重点车辆、重点路段、重点时段进行管控。在违法行为上，重点突出超速行驶、无证驾驶、客车超员、酒后驾驶、摩托车违法载人等违法行为；在道路上，重点突出昆磨、通建等高速高等级公路，交通流量大的国道、省道和易发生道路交通事故的危险路段管理；在车型上，重点突出客货运车辆、农村微型面包车、摩托车管理，努力确保交通安全、畅通。2013年，全市共查处各类交通违法行为378 713起，其中：无证驾驶8 843起、饮酒驾驶192起、醉酒驾驶133起、超速行驶152 194起、客车超员145起、货车超载148起、疲劳驾驶41起。

【交管便民服务】 2013年，交警车辆管理部门为方便广大驾驶人员学习考核，在科目一考试中心增加了9个机位、9台电脑和5名工作人员，并从1月1日开始调整上班时间，方便考生考试；对梁王坝科目二小型汽车场地进行改造，按照新的评判标准和要求

进行考试；建设并投入使用小型汽车科目三智能辅助评判系统，玉溪小型汽车已全面实现了科目一、二、三电脑自动评判，确保驾驶人考试工作公正、公平、公开；对机动车驾驶证申领和机动车登记两项业务实行即时/限时办结，压缩行政审批时限，提高效能；扩展网上车管所办理范围，驾校直接在网上受理、预约学员学驾业务，个人可登录网页变更手机号码、固定电话、联系地址等基础信息；6~7月共增加了2 700个小车考试受理名额，为学校师生开通学驾绿色通道。年内，全市共办理机动车业务383 323辆，受理驾驶人业务166 538人，预约科目考试157 983人。设置非机动车管理指导科，负责实施电动自行车的监督管理、业务指导、牌证计划、发放、数据报表、工作情况汇总上报等工作。在全市设立17个电动自行车登记服务站，在较偏远的乡（镇）设立服务点，方便群众进行自行车登记。同时，扩宽其他可以证明车辆来历和合格证明的凭证种类，进一步简化登记流程、最大限度提高工作效率。截至12月20日，全市共办理电动自行车登记105 115辆。截至年底，共接待来访群众51人次，办结各类信访案件49件，其中涉及群众对公安交管工作批评、建议、投诉的47件，对交警部门道路交通事故处理工作不服的2件，共受理玉溪市中心城区快处快赔案件976起。

【执法能力建设】　2013年，全市公安机关以解决执法突出问题为切入点，适应执法环境的新变化，把理性、平和、文明、规范执法的要求贯穿于公安行政管理和执法活动的全过程。年内，全市公安法制部门实现队建制，执法办案场所标准化改造基本完成，单警执法记录仪和车载执法记录仪实现全警应用。抓住执法重点环节，组织取保候审突出问题专项督察工作，清理2011年以来取保候审案件2 556起、人员3 325人。推进劳教制度改革，从2013年1月起暂停劳动教养审批工作，完成了涉及劳动教养制度的7项基础调研工作，为劳教制度改革平稳过渡打下了坚实的基础。推进执法素质养成教育，组织全市327名民警加公安部组织的高级执法资格考试，开展执法培训89场次，培训民警9 000余人次，保障了新刑诉法的实施。看守所在押人员给养费标准由原来的每人每月240元提高到每人每月400元。强化监所管理创新，将中华优秀传统文化引入监所管理教育，深化监所对社会开放，出台了视频会见等一系列人性化管理措施。年内，全市看守所共收押犯罪嫌疑人4 389人，全市拘留所共接收被拘留人员2 826人，没有发生安全事故和超期羁押情况。

【派出所建设】　2013年，全市派出所总警力达到1 264人。加强城乡社区警务建设，严格按照5 000：1的标准配备社区民警。全市80个派出所共建立社区警务室212个，配备了社区和驻村民警470名，社区民警占派出所警力的比例达到48.8%。全市派出所统一勤务模式，区分不同情况实行“三队一室”建制或综合勤务模式，社区民警成中队建制。在县（区）公安机关治安大队成立了社区警务办公室，专司社区警务工作的日常检查、指导和管理。

【信息化建设】　2012年，全市公安机关推进城市报警与监控系统二期建设，江川、通海、元江、华宁、易门五县启动了200万高清摄像头建设，青龙场流动警务站的200万高清摄像头建设已进入招标采购程序。投资400余万元建设了占地680平方米的A类中心机房和涉密机房，整合了市局分散的10个信息化机房，降低了机房运行成本。做好州市级信息中心等级评定工作，市公安局信息中心达到省级二级信息中心标准，和昆明一起成为全省仅有的两个二级信息中心。结合治安需要，搭建了玉溪市汽车租赁行业管理系统运行环境，实现对汽车租赁行业的网上查询和监管。整合11类23 000万条社会信息、41类200余万条公安业务信息，具备全文检索、碰撞比对等15项实用功能的社会信息整合平台建设通过验收，平均每天新增数据量70余万条，使用单位达190余个，正式向全市推广使用，为各类社会管理工作提供了有力的支撑与服务。

【立功创模】　2013年，全市公安机关共有11个单位荣获省、市级先进单位、优秀集体表彰，23人荣获市委、市政府先进个人表彰。在云南省第三届“百姓最喜爱的人民警察”评选中，玉溪市易门县公安局民警经建国获“全省百姓最喜爱的人民警察”称号、红塔分局社区民警魏建坤获提名奖。华宁县公安局盘溪派出所获全省“首届公安机关爱民模范集体”提名奖。

【教育培训】　2013年，玉溪市公安局构建突出警种特点的“大教育、大培训”体系，围绕执法要求和实战需要，分级分类组织民警培训，先后组织了公安部调训5期8人，省厅调训60期333人。制订了年度教育训练计划，共组织各类培训32期1 200人，组织举办市局机关民警轮值轮训培训班7期312人。

【从严治警】　2013年，全市共查处民警职工违纪违法案件9起9人，被采取强制措施7起7人，1名民警因违反五条禁令和《公安机关人民警察纪律条令》被辞退。加大对领导干部的追责力度，对11名领导和6名民警进行问责。

【警务督察】　2013年，全市公安机关警务督察部门共组织明查暗访5 870次，其中，明查5 013次，暗访857次。开展重大警务部署措施等专项督察1 060次，开展五条禁令等警规警纪专项督察1 823次。出动警力2 400余人次，检查刑侦、治安、派出所等基层单位和部门、岗位1 200个次。检查各类中小学、幼儿园256所，保安、治保积极分子等群防群治力量500余人次，提出督察建议27条。受理、核查群众举报投诉104件，查处办结104件。受理民警维权案（事）件4起，查处侵犯民警正当执法权益人员15人。

【从优待警】　2013年，玉溪市公安局统一执行一线实战部门法定工作日之外加班补贴标准。完成全市公安机关民警执法人身意外伤害险的投保工作，走访慰问英模、烈士家属和因公牺牲（致伤、致残）民警家属、患重病和特困民警及家属35人，救助困难民警2人。组织3 100余名民警职工体检，启动医疗绿色通道救治公安民警3次。依法查处侵害民警正当执法权益案（事）件14起，查处侵权行为人31名，维护了25名民警的合法权益。

【后勤保障】　2013年，市公安局按照公安部“210工程”、省公安厅装备建设“十二五”规划具体内容，警务保障处统筹规划，年初，下发了全市“十二五”规划装备建设54个重点项目。经过论证并报局党委通过确定了2013年“一二五”规划建设项目16项，共投入资金2 325余万元，实际中标金额1 628余万元，节约资金614余万元，节约资金率达26.4%。

（吴源锋、吴卫）

检　察

【概况】　2013年，全市检察机共受理移送审查批捕案件1 294件2 209人，同比分别下降12.98%和13.54%，批准、决定逮捕1 157件1 869人，不批捕135件318人，不捕率14.54%；受理移送审查起诉案件2 070件3 615人，同比分别下降12.13%和11.31%；提起公诉1 767件3 108人，决定不起诉127件238人，不起诉率为7.26%。共受理初查贪污贿赂案件84件，立案侦查82件105人，侦查终结82件105人，移送审查起诉81件104人，撤案1件1人。通过办案挽回经济损失1 324.69万元。受理初查渎职侵权案件30件，立案侦查25件29人，同比分别上升39%和61%，提起公诉23件25人，通过办案挽回经济损失167万余元。全市监所检察、民事行政、控告申诉、职务犯罪预防、纪检监察、环保检察、队伍建设、宣传调研、人民监督、检务保障、检察技术、案件管理、司法警察等工作持续平稳健康发展。

【批准、决定逮捕】　2013年，全市检察机关侦查监督部门共受理各类案件1 294件2 209人（其中受理自侦部门移送审查逮捕案件28件28人），同比分别下降12.98%和13.54%；经审查批准、决定逮捕1 157件1 869人，其中附条件逮捕14件24人；不批准逮捕135件318人，不捕率为14.54%，比上年同期的14.34%小幅上升。其中无逮捕必要不捕136人，占不捕人数的42.77%。受理复议、复核案件16件33人，同比上升分别60%和43.48%，审查后改变原决定5件5人，维持原决定11件28人。

【立案监督】　2013年，全市检察机关侦查监督部门共向公安机关发出《要求公安机关说明不立案理由通知书》79份，向自侦部门发出建议报请立案侦查书19份，侦查机关（部门）已立案90件122人，同比分别上升60.71%和60.53%。其中，监督公安机关立案74件103人，监督自侦部门立案16件19人。监督公安机关不应当立案而立案28件，与上年同期持平，公安机关全部作撤案处理。开展危害民生刑事犯罪专项立案监督活动，共审查行政执法案件645件，监督行政执法机关移送案件17件24人，公安机关已经立案9件16人，提请批准逮捕5件7人，其中批捕3件5人，不捕2件2人。

【侦查活动监督】　2013年，全市检察机关共纠正漏捕犯罪嫌疑人64件86人，同比分别下降9.86%和27.12%；追诉漏犯83人，纠正遗漏起诉罪行297件。监督纠正侦查活动违法187件；落实非法证据审查和排除机制，对侦查机关违法收集的22份证据予以排除；深化公诉介入侦查、引导取证工作机制，对重特大、疑难复杂案件适时提前介入侦查11件，引导侦查取证14件；对事实不清、证据不足的案件退回公安机关补充侦查423件（次）。根据新刑事诉讼法的规定全面开展羁押必要性审查工作，共对14件22人被逮捕的犯罪嫌疑人提出羁押必要性审查建议，侦查机关均予以采纳。市院办理延长侦查羁押期限案件87人，其中1件2人做出不批准延长侦查羁押期限决定。

【审查起诉、提起公诉】　2013年，全市检察机关公诉部门共受理各类一审刑事案件2 070件3 651人，同比分别下降12.13%和11.31%。审结1 901件3 274人，其中，提起公诉1 767件3 018人，决定不起诉127件238人，不起诉率为7.26%，同比上升8.67%（其中，决定不起诉职务犯罪案件4人，职务犯罪案件不起诉率为2.85%，同比下降20%）。出席法庭支持公诉1 756件次，其中出席一审法庭1 761件次，出席二审法庭24件次；人民法院作出有罪判决1 655件2 668人，其中判处死刑58人（含死刑缓期二年执行44人），同比上升52.63%。市院公诉处办理二审刑事案件41件80人，其中抗诉案件17件48人，同比分别上升21.42%和71.42%；上诉案件24件32人，同比分别上升7倍和9.67倍。审批县（区）院职务犯罪不诉案件6件6人；受理审查公安机关提请复核案件1件1人。

【打击刑事犯罪】　2013年，全市检察机关履行批捕、起诉职能，共批捕各类犯罪嫌疑人1 869人、起诉3 018人。重点打击严重暴力犯罪、多发性侵财犯罪和毒品犯罪，批捕危害公共安全犯罪嫌疑人60人、起诉448人，其中起诉危险驾驶犯罪嫌疑203人，比上年同期大幅下降。批捕故意杀人、故意伤害等犯罪嫌疑人237人、起诉399人；批捕“两抢一盗”等犯罪嫌疑人752人、起诉946人；持续深入开展打黑除恶专项斗争、禁毒人民战争，批准逮捕黑恶势力犯罪嫌疑人16人，起诉35人。华宁县院审查起诉了胡筱能等19人故意伤害、寻衅滋事案，肃清了当地黑恶势力，为群众营造了一个安全和谐的社会氛围。批捕走私、贩卖、运输、制造毒品等犯罪嫌疑人384

2013年8月，由玉溪市中级人民法院、玉溪市人民检察院、元江监狱参加的“阳光司法”巡回法庭在元江监狱监区内公开开庭审理服刑人员减刑、假释案件，并邀请40余名人大代表、政协委员旁听庭审　　（市检察院提供）

人、起诉366人。依法打击破坏社会主义市场经济秩序犯罪案件，批准逮捕破坏市场经济秩序犯罪嫌疑人65人，起诉88人。红塔区院提起公诉了玉溪晶瑞食用油脂有限公司及高家元等6人生产、销售伪劣产品案，经审判后，玉溪晶瑞食用油脂有限公司被判处罚金20万元，6名被告人均被判处十年以上刑罚并处罚金。

【刑事审判监督】　2013年，全市检察机关公诉部门共提出抗诉案件17件，法院已改判12件（含上年提抗2件），维持原判1件，尚未有结果5件；对审判活动中存在的违法情形，向法院发出检察建议3件，发出纠正违法通知书7件。依法开展量刑建议工作，强化对法官自由裁量权的监督与制约，共对交通肇事等15类案件提出量刑建议1 464人，法院采纳1 201人，采纳率为82.03%。坚持检察长列席审委会、“三书会审”、职务犯罪案件裁判上下级检察院同步审查等制度，共列席同级人民法院审委会讨论案件53件，采纳意见率为96.22%；审查刑事裁判文书1 688份，同步审查职务犯罪案件裁判文书62件82人。

【坚持宽严相济】　2013年，全市检察机关在依法严厉打击严重刑事犯罪的同时，当宽则宽，采取教育、挽救措施，减少对抗，化解矛盾，促进社会和谐。对轻微刑事案件不批捕318人、不起诉238人。注重未成年犯特殊司法保护，推进未成年人刑事检察专门机构建设，两级院10个公诉部门均建立了相应的工作部门；严格执行讯问未成年犯罪嫌疑人时通知其法定代理人到场、听取辩护律师意见等制度，采取分案起诉、亲情会见、犯罪记录封存等保护性措施办理未成年人犯罪案件，不批捕未成年犯80人、不起诉23人。与玉溪市司法局、共青团玉溪市委等部门共同会签了《关于检察阶段合适成年人参与刑事诉讼联动实施意见》，落实合适成年人参与未成年人案件刑事诉讼的工作机制。对未成年犯罪嫌疑人开展社会调查工作，共制作社会调查报告165份，对18名未成年犯罪嫌疑人作出附条件不起诉，附条件不起诉考验期满后不起诉4人。坚持轻微刑事案件快速办理机制，对案情简单、事实清楚、证据确实充分及犯罪嫌疑人、被告人认罪的轻微刑事案件，快速办理562件。开展简易程序案件出庭工作，对603件简易程序案件全部实现出庭。

【环保检察】　2013年，全市检察机关审查批捕破坏环境资源类案件6件7人，不批准逮捕3件5人；受理非法占用农地、盗伐林木等破坏环境资源犯罪公诉案件67件107人，同比件数上升48.88%，人数下降7.75%，其中非法采伐、毁坏国家重点保护植物案由同期的1件剧增为8件。完善依法监督和办理环境资源领域违法犯罪案件工作机制，加强与行政执法部门的沟通和协调，发现刑事案件线索2件，立案监督2件3人；参与环保专项检查活动，配合市抚管局、公安等部门对抚仙湖封湖禁渔工作开展监督检查工作，联合市环保监察支队对通海曲陀关养牛场违法行为进行现场检查。协同侦监部门开展危害民生刑事犯罪专项立案活动，对环保、林业、国土等部门办理的行政执法案件开展排查工作。加强对刑事审判活动的监督，对判决确有错误的案件抗诉1件2人，二审法院采纳了检察机关的意见，依法对二被告人进行了改判。

【反贪污贿赂】　2013年，全市反贪部门共受理初查贪污贿赂案件84件，立案侦查82件105人，同比分别上升10.8%和15.4%，创下97刑法实施以来的新高，其中贪污28件46人，贿赂49件52人，挪用公款4件5人。扣押款物1 297万元，通过办案挽回经济损失1 324.69万元。大要案呈上升趋势，查办大要案76件98人，分别占立案数的92.7%和93.3%，同比分别上升11.8%和18%。涉案金额大幅上升，立案金额3 927.29万元，同比上升78.2%；侦结认定金额6 292.64万元，同比上升147.3%。侦查终结82件105人，移送审查起诉81件104人，撤销案件1件1人；已提起公诉82件110人，不起诉3件3人，人民法院作出有罪判决62件78人；抓获逃犯3人，同比上升3倍。坚持“老虎”、“苍蝇”一起打，既坚决查办大案要案，查处涉案金额100万元以上的9人，对于涉案金额在1万元不满5万元的17个涉及民生民利、损害群众利益的小案也依法坚决查处。立办县级领导4人，其中正县级3人，科级19人；人大代表和政协委员各2人。立办行政机关工作人员27人，司法机关工作人员12人，国有事业单位工作人员18人，国有公司企业工作人员12人，其他依法从事公务的人员32人。

【查办窝案串案】　2013年，全市反贪部门按照在挖窝查串上下功夫，抓系统上求发展的工作部署，重点查办了广播电视系统、司法领域等一批较为典型和具有社会效应的行业系统窝串案件。所立办案件中，窝案串案68件99人，分别占立案数的82.9%和94.3%。其中查办涉农惠民领域贪污贿赂案件28件46人，广播电视系统贪污贿赂案件8件8人，涉及市交警支队、市司法局、峨山县公安局、易门县法院等司法领域腐败案10件11人，国有企业领域犯罪6件12人。

【反渎职侵权】　2013年，全市检察机关反渎职侵权部门共受理各类渎职侵权案件30件，初查30件，立案侦查25件29人，同比分别上升39%和61%。其中，滥用职权类案件12件14人，玩忽职守类案件5件5人，故意泄露国家秘密案4件4人，招收公务员徇私舞弊案3件3人，帮助犯罪分子逃避处罚案1件3人；25件29人中，县处级领导要案1件1人，重特大案件8件8人，占立案件数的36%；侦查终结并移送审查起诉25件28人（其中一名嫌疑人在逃，另案处理），提起公诉23件25人，法院作有罪判决23件25人。侦查认定犯罪造成经济损失1 686万余元，通过办案挽回经济损失167万余元。加大查办新领域、新罪名的渎职犯罪案件力度，市院和江川县院查办了原江川县委组织部副部长、人力资源和社会保障局局长、副局长、公务员股股长等人利用组织人事权实施的招收公务员徇私舞弊犯罪案件；红塔区院查办了原红塔区人才交流中心主任万光明等4人故意泄露国家秘密案。

【职务犯罪预防】　2013年，全市检察机关结合执法办案集中开展预防发生在群众身边、损害群众利益职务犯罪专项工作和进机关、进企业、进乡村、进学校、进社区宣讲活动，注重预防宣传和警示教育，有效防范和减少职务犯罪。选择典型职务犯罪案件开展预防立项85件、案例剖析75件、预防调查76件；发出检察建议68件。受理行贿犯罪档案查询6 677件，13个单位或个人因有行贿犯罪记录，受到相关单位取消投标资格等处置；开展警示教育1 900场（次），受众18万人。围绕“三农”建设、教育、社会保障等重点领域、重点行业和重点项目开展专项预防，加强职务犯罪风险防控，保障国有资产和公共投资安全。结合全市拆临拆违、村委换届等工作，有重点地开展基层预防职务犯罪工作。全面实行惩治和预防职务犯罪年度报告制度，形成年度报告10份，主动向党委请示、汇报预防工作，自觉接受人大、政协和社会各界的监督。加快推进全市警示教育基地建设。在全国检察机关“百优”预防职务犯罪警示教育基地争创活动中，峨山县院预防职务犯罪警示教育基地获评全省检察机关优秀预防职务犯罪警示教育基地。

【控告申诉检察】 2013年，全市检察机关控告申诉检察部门开展涉法涉诉信访改革试点工作，完善检察机关执法办案各环节化解社会矛盾工作机制，及时妥善解决群众合法诉求。依法办理控告217件、申诉456件、举报217件，同比上升87%，把矛盾纠纷化解在初始、萌芽阶段；对693件涉法涉诉案件启动检调对接程序；以息诉罢访为核心，落实首办责任制和“两见面”制定，采取多种措施做好案件执行落实和善后息诉工作，最大限度地维护当事人的合法权益，达到案结事了。办理刑事申诉案件186件，其中立案复查108件，不立案件书面审查78件，经复查有结果108件（维持原决定53件，改变和纠正原决定23件，提出抗诉意见和再审检察建议7件，不予抗诉25件），复查息诉108件，审查息诉78件，同时推进公开审查工作，选择符合规定的案件3件进行公开审查答复，通过公开展示案件情况，在社会监督下，案件当事人充分陈述，促使了案件当事人息诉罢访。协调救助刑事被害人47人，发放救助金额48.42万元。办理国家赔偿案件1件；两级院检察长接待来访202人次，批办案件69件，均已办结；坚守法律底线，妥善处置群体性、突发性事件11件。

【监所检察】 2013年，全市检察机关监所检察部门突出监督重点和监督实效，加大刑罚执行和监管活动监督力度。全年共检察收押（监）4 223人，出所（监）4 143人，检察判决、裁定等法律文书12 971份，监督纠正刑期计算错误、法律手续不全等错误73份，纠正未及时交付执行11人次。检察监管场所拟呈报减刑2 168件，法院裁定减刑1 730件；检察拟呈报假释236件，法院裁定假释222件；检察呈报暂予监外执行70件；书面监督纠正减刑、假释、暂予监外执行不当83件，建议撤销罪犯减刑裁定7件。对1 736件减刑、229件假释案件进行了庭审监督。对监管场所重点部位、重点环节共进行各类安全防范检察245次，发现并建议消除安全隐患139起，市院监所处对监管场所开展巡视检察工作25次。检察监管场所械具使用504次，禁闭156次。针对混关混押、违法提讯等监管活动违法共提出口头纠正意见120次，发出书面纠正违法通知书13份，检察建议书23份。与在押人员谈话377人次，向办案部门提示催办案件296件401人，杜绝超期羁押。配合监管场所开展法制宣传讲座40次，受教育面达12 087人。受理被监管人员及家属控告3件，举报2件，申诉21件，均已办理并答复。检察在押人员正常死亡17人。以修改后刑诉法为指导，全面规范开展羁押必要性审查、死刑执行临场监督等新增监所检察工作，全年开展羁押必要性审查37件43人，向相关办案部门提出变更强制措施书面检察建议35件41人，口头建议2件2人，均获得采纳。参加死刑临场监督10次，监督执行死刑11人。开展交付执行与留所服刑专项检查活动。清理出余刑在3个月以上的20名留所服刑人员及余刑一年以上的违法留所服刑人员1名，并督促纠正全部送交监狱执行刑罚。

【监外执行和社区矫正检察】 2013年，全市检察机关监所检察部门在社区矫正检察工作中加强对监外执行各个环节的执法监督，注重发现违法行为，促进社区矫正工作依法规范开展。监督全市司法行政机关于6月将剥夺政治权利罪犯的监管按照修改后刑诉法规定全部移交公安机关，仅余1名对象因档案不齐全原因仍由红塔区司法局代管。全年检察纠正脱管10人，漏管3人，违反规定4人，监管机关未依法接受社区矫正人员等履职不当5人，终止执行不当3人，监督管理机关教育矫正不当4人，提出收监执行书面检察建议19件，检察收监执行26件。

【监狱检察】 2013年，玉溪市人民检察院驻玉溪监狱检察室对玉溪监狱拟提请呈报的1 215件减刑、112件假释、37件保外就医案件进行检察，对744件减刑、假释案件出庭进行庭审监督，纠正监狱报请减刑、假释不当57件，建议不予呈报保外就医1件；对13件罪犯正常死亡进行检察；发出检察建议书4份，纠正违法通知书1份，报请罪犯减刑、假释不当检察意见书54份，同时辅以口头建议、工作联系协商等多种方式确保检察意见的有效落实。建议收监执行罪犯2人，撤销减刑罪犯1人。检察判决书、裁定书、送达回证、执行通知、释放证等法律文书891份。对监狱监管重点部位、重点环节进行各类安全防范检察25次，发现事故隐患12起，提出口头建议9次，与被监管人谈话22人次，上法制课2次，罪犯受教育面2 500余人，检察禁闭17件17人，检察加戴戒具8件8人，受理罪犯及家属控告、申诉案件7件，初查终结决定不立案案件1件（系上年末受理初查积案），协助市院监所处侦查终结并移送审查不起诉监狱监管警察玩忽职守案件1件1人。

【民事行政检察】 2013年，全市检察机关民行检察部门按照修改后民诉法的规定，认真履行法律监督职能，开展以抗诉为中心的多元化监督格局工作，共办理案件938件，同比上升100.05%。其中抗诉类案件225件、执行监督369件、督促履行职责186件、支持起诉158件、审判活动违法监督100件、行政监督123件，环境保护案件54件、调解监督86件，初查职务犯罪线索1件；对不服人民法院正确裁判的641件民事行政案件做好服判息诉工作；出席再审法庭8件；列席审委会11次；已经作出再审判决、调解、和解41件，采纳改变40件，采纳改变率为97.56%。

【接受外部监督】 2013年，全市两级检察院执行人大及其常委会决议和审议意见，共向同级人大常委会专题报告工作14次，邀请代表、委员视察工作7次。加强与人大代表、政协委员的联络，采取召开座谈会、邀请庭审观摩评议等形式，及时通报工作、听取意见。组织代表委员庭审观摩39件次、听取代表委员意见85次、邀请代表委员参加各种重要会议、重大活动37次。依法保障人民监督员履行职责，7件案件进入监督程序，其中拟不起诉案件6件6人，拟撤销案件1件1人，监督意见采纳率100%。邀请人民监督员参加工作情况通报44次、庭审观摩31件次、案件回访34件次、举报宣传周活动20次、搜查扣押监督18件次，申诉案件答复、信访接待、办案警务区监督、警示教育、犯罪预防宣传等各种重要会议、重大活动55次；组织特约检察员庭审观摩6件次、案件

回访8件次、举报宣传周活动4次、工作情况通报8次，邀请特约检察员参加各种重要会议、重大活动9次。拓宽检务公开渠道，开设玉溪检察官方微博，关注人数达到2.6万余人。

【案件管理工作】　2013年，玉溪市检察机关案件管理部门发挥案件管理办公室管理、监督、服务、参谋职能。开展案件受理、流程监控工作，共受理各类案件3 519件，接收卷宗6 891册，不予受理8件，对审结案件的5 247份法律文书进行了备案，对发现有错误的127份法律文书通知有关办案部门进行了纠正，共接待律师阅卷和当事人查询549次；开展羁押和办案期限预警及案件质量评查工作，共对845件案件进行了羁押和办案期限预警，对168件案件作了执法办案风险评估预警提示，对364件案件进行了案件质量评查，预防和纠正违法办案情形的发生；做好涉案款物的监管，对公安机关移送以及本院自侦部门扣押的涉案款物进行统一登记管理，全市共接收、登记并入库涉案款661万余元，登记并入库涉案物品2 562次。作为检察机关统一业务应用软件的监管部门，完成全市检察机关统一业务软件的本地化设置工作，并进行流程测试，组织完成第一批人员的培训工作，为统一业务应用软件系统上线做好各项前期准备工作。

【表彰奖励】　2013年，全市检察机关有111个集体、217名干警受到省、市、县（区）的表彰。其中，红塔区检察院法警大队被云南省人民检察院荣记集体三等功；市检察院被省委、省政府表彰为全省第六批新农村建设工作先进派出单位，1人被表彰为全省第六批新农村建设工作优秀队员；1人被评为云南省首届公诉人与律师论辩赛优秀辩手，1人获全省检察机关预防岗位练兵、素能比武优胜标兵称号。玉溪市检察机关系统被玉溪市委命名为玉溪市第七届文明行业，市检察院，红塔区、通海、江川、澄江、易门、新平、元江县检察院等八个检察院分别被命名为玉溪市第七届文明单位。

【队伍建设】　2013年，玉溪市检察院根据《玉溪市机构编制委员会办公室关于市检察院领导干部高配的通知》，争取落实内设部门主要领导高配事宜，配合组织部门做好拟高配人员的推荐、考察等工作，4名正县级、17名副县级干部通过任命正式履职，第一批9名正科级领导干部上报审批通过正式任用。全市两级院录用检察人员9人，市院检察官培训中心招聘人员3人，对通过国家司法考试且符合检察官任职条件的14名检察人员上报省院进行初任检察官审核，对省院审核通过的市院机关4人提请检察长任命助理检察员。完成市院张德勋检察长换届选举报请省院提请省人大批准任命相关工作及全市9名基层院检察长换届选举提请市人大批准任命工作。

【教育培训】　2013年，全市检察机关以业务为中心，以需求为导向，鼓励检察人员参加专升本、本升研等学历教育，截至年底，全市568名检察人员中拥有法律硕士和同等研究生水平61人，占总人数的10.8%；本科学历446人，占总人数的78.4%；本科以上人员比例达89.8%，上升0.5个百分点。抓好司法考试培训工作，10人参加省院组织的司法考试培训班。继续加强素能培训，27人次参加了高检组织的各类培训，642人次参加高检《检察机关执法工作基本规范（2013年版）》网络培训，10人参加全省检察机关新刑诉法轮训示范班，同时组织人员参加高检、省院为全国检察机关统一业务应用系统的培训，为实际应用做好准备。20人参加云南省检察机关初任检察官资格培训班，1人参加全省正处级公务员任职培训班，22人参加玉溪第十一期科级公务员任职培训。加强业务培训和岗位练兵，依托各业务部门组织500余人次参加的各类培训，包括反渎、反贪、法警业务培训、检察宣传及微博运用培训、玉溪检察装备技术论坛、全市检察机关保密普查工作培训、玉溪检察移动信息办公平台培训等。组织玉溪市首届公诉人、律师辩论大赛、玉溪市第四届侦监部门业务竞赛、预防职务犯罪岗位练兵等涉及85人的实战竞赛练兵。同时以会带训，突出解决实践难题，全年各业务部门共开展全市检察业务工作总结会、推进会、经验交流会等11次，覆盖了主要检察业务。推进高层次人才培养，推荐3人参加全国检察业务专家评审，9人参加第二批全省检察业务专家评审，年内，新增1名全国检察业务专家，高检系统内人才2人，现有全国检察业务专家2人，全国检察理论研究人才3人，高检系统内人才3人，省院系统内人才4人，市院系统内人才21人。

【检察宣传】　2013年，全市检察机关在各种报刊、杂志、网络发稿549篇（条）。其中，在国家级媒体见稿30篇（条）、省级媒体见稿233篇（条）、市级媒体见稿286篇（条）。共编发《检察工作简报》94期424篇。其中，情况反映25期25篇，综合信息57篇，动态信息143篇，简讯199篇。上报信息被省院采用21篇，省委办公厅采用3篇，高检院办公厅采用2篇。《玉溪检察》出刊四期，制作电子版四期，共计30万余字，开设固定和不

2013年9月6日，首届玉溪市公诉人与律师论辩大赛在玉溪市检察院举行

（宋城春　摄）

固定栏目25个，登载文章84篇，干警书法、摄影作品35幅，图片报道16组67张。《通海检察》出刊2期，《红检文苑》出刊1期，《峨山检察》创刊并出刊2期。

【检察调研】 2013年，全市检察机关在省级以上刊物发表文章16篇。其中，柏利民撰写的《排除合理怀疑之证明标准对公诉质证的新要求》等5篇在《人民检察》等综合类期刊发表，肖志勇、师黎黎撰写的《关于完善刑讯逼供检察监督机制的思考》等11篇在《云南政法研究》等省级刊物发表；6篇文章获奖，市院张德勋和唐江平撰写的2篇论文分别荣获国家级二等奖、全国检察机关一等奖，系玉溪近年来第一次获得检察系统内和检察系统外最高层次奖项；2篇论文获《中国法学会》表彰，2篇获省级表彰；成果数量与成果质量较上年均有大幅提升。玉溪检察理论研究文集第四卷《问题与法治思维》编辑完成，共收录稿件32篇25万字。首次开展玉溪市检察机关优秀检察理论研究成果评选活动，共评选出优秀调研人员2名，优秀检察理论研究成果类一等奖1篇，三等奖7篇。

【重点调研课题】 2013年，玉溪市检察院确定重点调研课题12个，全市检察机关共有市院7个内设机构、8个县（区）院，共42个课题组参加课题竞标，参加竞标误题组比上年增加61.5%。确定重点调研课题立项12个，由17个课题组分别承担研究任务，17个课题组均按时结题提交课题论文17篇，并全部通过评审，其中一等奖3篇，二等奖4篇，三等奖5篇，合格5篇。

【检察委员会工作】 2013年，全市检委会组织建设逐步完善，截至12月25日，全市检委会委员人数为109名，比上年末增加7名，其中，非专职委员95名，占委员总数的87.16%，专职委员14名，占委员总数的12.84%。江川、华宁、峨山、元江县院各新选配2名专职委员，全市仅易门县院和新平县院还未配备专职委员。全市两级检察机关共召开检委会会议126次，审议议题142个，其中，审议案件128件，审议事项14件。执行检察委员会决定142件，其中执行案件决定128件，执行事项决定14件。全市检委会办事机构（检委会秘书）共完成126次检委会142个审议议题的会前程序审查和会务工作，并按照高检院、省院有关检委会文书制发要求规范制发相应会议纪要、检委会决定事项通知书等文书，共督办检委会决定142件，检委会决定全部得到执行、落实。共组织检委会集体学习26次。全市检察机关检察长列席同级人民法院审委会65次，参与审委会审议议题77个，其中，刑事类抗诉案件15件，拟作无罪判决案件4件，检察长提出列席审委会案件6件；民事抗诉案件13件，其他案件42件。77个议题中，发表意见被采纳66件，其中，刑事案件53件，民事案件13件，意见被采纳率为85.71%。

【检察技术】 2013年，全市检察技术部门共受理办结各类检察技术案件501件，其中法医专业类128件（法医临床122件、法医病理6件），司法会计专业类7件，同步录音录像293件。结合新刑诉法对电子证据的补充完善，为自侦案件提供手机和计算机数据检验鉴定67件，提供办案技术协助6次，出具检验报告73份，为自侦部门提供侦查方向和定案依据。投入169万余元，对全院所有的电脑和办公设备进行了更换，并为电脑安装适合的操作系统，配置最优化的操作环境。为高检、省、市三级院召开电视电话会议做好技术保障工作48次，及时处理市院程控电话交换机故障12次，维护电话设备故障30次。

【检察信息化建设】 2013年，全市检察机关按照检察技术服务支持执法办案需要的原则，完善检察技术与检察业务协作机制，实施电子检务工程，开发并投入运行依托手机客户端实施的拥有自主知识产权的玉溪检察移动办公系统。建用并举稳步推进职务犯罪侦查“两化”建设，继续投入资金80余万元购买侦查装备，与13家银行建立快速查询协作机制。同时注重实战应用，侦查信息查询室总计查询基础信息1 692次，人员定位93次，使用定位系统抓捕嫌疑人9人，话单调取421份，话单分析82次。成功举办首届玉溪市检察装备技术论坛暨装备技术展，全市两级院共计200余人、16家厂商参加了展览和论坛，展出内容包括情报信息软件开发、侦查装备、电子取证、心理测试技术、同步录音录像技术装备等，使办案一线干警了解前沿科技装备的性能，强化以检察装备技术现代化助推职务犯罪侦查“两化”建设的意识。以信息化建设创新动态监督工作机制，全市12个派驻监管场所检察室（驻劳教所检察室除外）已全部实现检察专网联网，10个驻看守所检察室已实现数据交换及监控联网。

【内部监督】 2013年，全市检察机关纪检监察部门认真贯彻落实中央八项规定，加强对各县（区）院和市院各部门公务车辆管理、枪弹库管理、公务接待、值班备勤等情况进行督导检查15次。开展作风建设年活动，共查找出问题21个，制订整改措施27条，全体检察人员的工作作风明显改善，经费使用效益明显提高。创新监督机制，推行党组民主生活会督察制度、公务接待报纪检监察部门备案制度和办案说情报告制度，规范检察人员办案行为，严肃办案纪律。加强对领导班子和领导干部的监督，落实“三谈两述”和领导干部报告个人有关事项等制度，全市检察机关上级院负责人与下级院负责人谈话18次，领导干部任前廉政谈话81人次，领导干部述职述廉219人次，报告个人有关事项130人次。强化对“三重一大”事项决策的监督，监督重大决策40次，监督79名领导干部的选拔任用和20名公务员的录用，监督大额资金使用项目共计601.18万元。加强对执法办案活动的监督，联合第六纪工委对全市检察机关贯彻落实新刑诉法、民诉法相关纪律情况和办案安全工作进行专项检查。推进廉政风险防控管理，结合新刑诉法、民诉法的实施及中央八项规定要求，对市院20个内设机构和135名个人重新全面排查风险点，重新制定防控措施336条，绘制权力运行流程图，进一步完善廉政风险防控机制建设，增强廉政风险防控的针对性和时效性。严肃查办涉检违纪违法案件，受理各类涉检举报2件2人，其中1件1人已初核了结，属举报失实；1件1人经审查决定立案，并给予开除党籍和开除公职处分。持续推进党风廉政宣传教育工作，召开警示教育大会4次，检察长上党课1次；创新廉政教育方式，在春节、五一、国庆前利用移动网络信息平台向干警发送廉政短信525条，开展节前提醒教育7次。

【司法警察办案工作】 2013年，全市检察机关司法警察累计完成执行传唤284人（次）；参与搜查231人（次）；执行拘传195人（次）；

协助扣押、查封其他强制措施478人（次）；看管犯罪嫌疑人6 269人（次）；押送、提解犯罪嫌疑人726人（次）；维护来访场所秩序1 297人（次）；参与处置突发事件766人（次），为服务检察中心工作提供有力警务保障。

（杨　菲）

审　判

【概　况】　2013年，全市法院共受理各类案件17 478件，同比下降4.85%；审结16 588件，同比下降5.25%，法定审限内结案率为100%。其中，中院受理各类案件4 709件，同比上升11.27%；审结4 456件，同比上升9.08%，法定审限内结案率为100%。

【刑事审判】　2013年，全市法院共受理一审刑事案件2 002件，同比下降15.74%；审结1 933件，同比下降15.92%。依法严厉打击严重危害人身权利的故意杀人、故意伤害、强奸等犯罪，审结案件424件。依法严惩多发性侵财犯罪，审结抢劫、抢夺、盗窃犯罪案件492件。加大对危害食品药品安全犯罪行为的打击力度，审结玉溪晶瑞食用油脂有限公司及高家元、高建国等6名被告人生产、销售伪劣产品犯罪案件。依法严惩经济犯罪、职务犯罪，审结贪污贿赂、渎职等案件74件。保持打击毒品犯罪的高压态势，审结毒品案件245件。审结交通肇事、危险驾驶犯罪案件357件。推进未成年人犯罪案件审判工作，依法从宽处罚，对112名未成年罪犯判处非监禁刑。严把死刑案件质量关，严格证据审查，坚决排除非法证据，把每一件死刑案件办成经得起检验的铁案。

【民事审判】　2013年，全市法院共受理民商事一审案件7 603件，同比下降8.79%；审结7 198件，同比下降8.67%。调解撤诉4 103件，调撤率为57%。中院受理民商事二审案件745件，同比下降9.15%；审结641件，同比下降16.21%。坚持关注民生司法理念，依法维护当事人的合法权益，重点审理好金融、股权转让、借款、担保、运输、建设工程等事关经济发展的纠纷案件。注重对弱势群体的司法保护，化解涉及群众切身利益的热点难点问题；严厉制裁违约失信行为，推动建立社会诚信体系。坚持为民营企业提供平等司法保护，优化民营经济发展的司法环境。推进社会矛盾大调解体系建设，完善人民调解与司法调解对接机制，大量纠纷解决在诉前、化解在基层。加大民商事二审案件开庭审理力度，中院民商事二审案件开庭率达94%。继续推行小额民事案件速裁机制，降低诉讼成本，提高审判效率，实现案结事了。

【行政审判】　2013年，全市法院共受理一审行政案件52件，同比上升67.74%；审结47件，同比上升67.86%；受理审结国家赔偿案件1件。中院受理行政二审案件26件，审结22件，同比下降4.35%。探索行政争议解决新途径，改善行政审判司法环境，维护行政相对人合法权益。继续坚持行政执法联席会议制度，与市政府联发了《关于建立行政机关与人民法院沟通协调机制的实施意见》，促进行政机关依法行政。

【执行工作】　2013年，全市法院共受理执行案件3 630件，同比下降5.57%；执结案件3 345件，同比下降7.03%。发挥执行联动机制作用，健全完善执行信息管理平台，加大执行工作力度，提高执行到位率。开展涉党政机关执行积案专项清理活动，共清理出执行案件20件，执结20件，执结标的总计为1 104万元。全面推行司法拍卖改革，标的在50万元以上的涉诉司法拍卖全部纳入第三方交易平台，实行电子竞价和网上交易，以保证执行工作的公正、透明和廉洁。中院积极探索创新网络司法拍卖新路径，在全省法院中率先尝试在淘宝网开设司法拍卖网店并首拍成功，2013年共成交5宗。

【审判监督工作】　2013年，玉溪中院加大申请再审案件的审查力度，共受理申诉、申请再审案件91件，同比上升85.71%；审结89件，同比上升85.42%。对裁判正确的案件做好判后答疑工作，教育疏导当事人服判息诉；对确有错误的裁判，启动再审程序依法纠正。进一步加大减刑、假释案件开庭审理力度，中院办理减刑、假释案件3 122件，同比上升18.80%。其中，公开审理1 197件。

【司法为民】　2013年，全市法院全面加强诉讼服务中心建设，推行诉讼引导、立案审查、咨询解答、诉前调解等"一站式"便民措施。建立社会弱势群体、小微企业诉讼绿色通道。依法为当事人减、缓、免诉讼费474件89.54万元。以开展立案信访窗口优质服务年活动为切入点，推进立案信访窗口示范岗建设。坚持院长接待日制度和法官轮流值班制度，接待当事人来访，共处理群众来信334件，接待群众来访8 465人次。

【司法改革】　2013年，全市法院一是继续推进"阳光司法工程"活动。全市法院公开审理精选的"阳光司法工程"案件85件，共有32 573名各界人士到庭旁听，其中人大代表226名、政协委员181名，发放问卷调查表4 205份，推进了司法公开和司法民主。全市法院联动举办法院开放日活动，邀请社会各界代表走进法院参观考察，增进对法院工作的了解和监督。二是完善案件质量评查工作机制。制订《玉溪市中级人民法院案件质量评查办法》，细化案件评查标准，量化考评结果。在全市法院开展对引发申诉信访的民事调解案件、上级法院发回重审案件和执行案件结案方式等三类案件集中评查，将案件质量评查结果纳入绩效考核，建立法官个人办案业绩档案，作为年终考核及奖惩、晋级、晋职的重要依据。三是启动久押不决案件专项清理活动。2013年5月13日至10月30日，玉溪中院启动久押不决案件清理纠正活动，规范全市法院的执法办案程序，从源头上杜绝久押不决案件的发生。经清查，全市两级法院未发现三年以上久押不决案件和两年以上至三年久押不决案件。四是扎实开展涉诉信访改革工作。玉溪中院于2013年2月底启动涉诉信访改革工作。结合实际制订了《涉诉信访改革实施方案》、《案件首办责任制实施办法》、《判后答疑工作规则》、《多元化解涉诉信访工作机制》等配套文件。建立诉访分离机制，理顺涉诉信访入口，明确界定"诉"、"访"范围，将涉诉信访分为可诉、不可诉和已终结三种类型，采取不同措施将涉诉信访导入司法程序妥善解决。经过努力，全市法院一、二审生效裁判当事人服判息诉率达97%，信访总量同比下降6.37%。五是全面推行司法拍卖改革。标的额在50万元以上的涉诉司法拍卖全部纳入第三方交易平台，实行电子竞价和网上交易，以保证执行工作的公正、透明和廉洁。玉溪中院创新网络司法拍卖新路径，在全省法院中率先尝试在淘宝网开设司法拍卖网店并首拍成功。

【队伍建设】 2013年，全市法院一是加强领导班子建设。调整充实了中院领导班子，优化班子结构。二是抓好法官队伍管理。坚持从严治警，健全完善绩效考核、队伍管理、审判管理、司法政务管理等制度，修订完善《玉溪市中级人民法院制度汇编》，以制度管人管事，规范司法行为。坚持从优待警，努力从政治上、生活上关心干警，制订了《玉溪市中级人民法院关爱干警九项制度》，为干警排忧解难。全年共有4个集体和2名个人受到最高法院表彰，有4个集体和1名个人受到省级表彰，有7个集体和5名个人受到市级表彰。三是强化队伍教育培训。制订《玉溪市中级人民法院2013年干警教育培训计划》，开展全市法院审判执行业务骨干培训、全市法院民事法官轮训、预备法官培训、速录员培训等工作。中院与武汉大学法学院联合举办两期民事审判业务、刑事审判业务培训班，全市法院190多名干警参加培训。选派490人到国家法官学院、省高院学习培训。与云南大学法学院签订《院校合作协议书》。四是推进党风廉政建设。实行“一岗双责”，层层签订党风廉政责任书，建立廉政风险防控机制，一级抓一级、层层抓落实，形成责任明确、考核到位、追究有力的责任体系。加大对基层法院的司法巡查、审务督察力度，及时通报巡查、督察结果。对违法违纪行为采取“零容忍”态度，加大对违法违纪干警的查处力度和问责力度。五是加强纪律作风建设。全市法院开展作风改进年活动，把着力点放在征求意见、对照检查、扎实整改、解决问题上。通过召开专题民主生活会、作风改进年活动推进会、听取干警意见建议恳谈会等手段，稳步推进每个阶段的工作。贯彻落实中央八项规定及省市委各项要求，中院及时出台相关制度规定，规范公务用车、公务接待、财务管理、会议管理、公文处理等工作。接待费用、会议次数、文件发文同比明显下降；领导作风、思想作风、审判作风、工作作风、纪律作风明显转变。六是推进法院文化建设。结合法院工作特点和文化建设规律，制订了《玉溪市中级人民法院文化建设中长期规划》，完成中院机关图书室、院史荣誉室、法院文化走廊、廉政文化警示墙、科技法庭等物质载体建设，营造出符合审判特点和现代司法理念的玉溪法院文化氛围。通海法院“‘三个一’工程构筑立体网络”工作，被最高法院评为“全国法院文化建设特色项目”。

【主动接受监督】 2013年，全市法院落实重大事项报告制度，及时主动向党委、人大报告法院重要工作部署、重大案件审理情况。中院就人民陪审员工作、行政审判工作向市人大常委会进行专题汇报。通过全方位多层次传递法院资讯、主动走访联系代表委员、邀请代表委员参加法院重要活动、旁听案件庭审等举措，不断丰富接受代表委员监督的方式和渠道。落实同级检察长列席法院审判委员会会议制度，不断完善诉讼活动监督制约机制。重视加强与新闻媒体的沟通联系，虚心接受社会各界监督。

【玉溪晶瑞公司及高家元等危害食品安全案】 2012年2月1日以来，上诉单位云南玉溪晶瑞食用油脂有限公司（简称玉溪晶瑞公司）先后10次从云南阔海公司（另案处理）以低熔点棕榈油的名义，购进棕榈原油224.5吨，直接或简单调和后向市场销售约184.5吨，销售金额为人民币160万余元。经云南省产品质量监督检验研究院鉴定，该棕榈油酸值超标，为不合格产品。2012年3~5月，玉溪晶瑞公司分3次向五色土公司购进其委托加工的食用猪油合计75吨，在购进的猪油批次与五色土公司提供的检验报告和质检报告等资料不符且丙二醛严重超标的情况下，分别销售到个旧、建水、开远、蒙自、弥勒、版纳、易门等地及红塔区部分餐馆，销售金额为71万元。五色土公司在遂溪县黄略振兴肉联厂没有提供生产许可证和检验报告的情况下，先后从该肉联厂购进饲料油进行加工生产，并使用工业白土进行脱色，将生产成的“晶瑞”牌和“盈盈乐”牌食用猪油销售到玉溪和贵州等地52吨，销售金额为50万余元。被告人秦迈是五色土公司的法定代表人和总经理，覃凤翔是副总经理，秦丙生负责销售和原材料采购。被告人王光尧是遂溪县黄略振兴肉联厂个体经营业主，不具有生产食用猪油许可证，在没有严格审查五色土公司相关资质的情况下，把自已炼制的和从黄永良等人购进的饲料油销售到五色土公司。中院二审认为，上诉单位玉溪晶瑞公司在经营过程中以不合格产品冒充合格产品进行生产或销售，已构成生产、销售伪劣产品罪；上诉人高家元、高建国系上诉单位玉溪晶瑞公司直接负责的主管人员和直接责任人员；上诉人秦迈、秦丙生、覃凤翔系五色土公司直接负责的主管人员和直接责任人员；上诉人王光尧作为个体经营业主，用饲料油冒充半成品猪油销售到五色土公司，以上六上诉人的行为均已构成生产、销售伪劣产品罪，应以生产、销售伪劣产品罪追究刑事责任。一审判决并无不当，中院遂作出终审裁定：驳回上诉，维持原判。玉溪晶瑞公司被以生产、销售伪劣产品罪判处罚金150万元；高家元等6名被告人被以生产、销售伪劣产品罪判处有期徒刑10~15年，并分别判处罚金10~20万元，涉案赃物予以没收处理。

【石海涛等商品房购销合同纠纷案】 2008年5月至2010年4月，石海涛等87人共51户分别与毅力公司签订《商品房购销合同》购买溪园小区商品房，所购买的商品房土地使用年限仅有50年，经住户反映后年限变更为70年。双方因补缴的土地出让金由谁承担的问题产生纠纷。中院二审认为，双方签订商品房购销合同后，因购房户对合同第一条项目建设依据中土地证载明的使用年限提出异议，之后，相关部门在被上诉人补缴了相应费用后，将土地使用权的年限由50年变更为70年，土地证也作了相应变更。因合同的项目建设依据已发生了变更，应由双方重新签订合同或在原合同基础上对该条款的内容进行变更后才能办理备案登记手续。现双方并未重新签订合同，也未在原合同基础上对条款内容进行变更，上诉人要求按原合同约定的内容由被上诉人协助办理两证的理由不成立，不予支持。中院遂依法判决驳回上诉，维持原判。

（吴佳黛）

司法行政

【依法治市】 2013年，市司法局及时调整充实了市、县（区）依法治市领导小组。以市委政府文件下发了

《玉溪市第四个五年依法治市规划（2013—2017年）》、《关于加强法治建设创建平安玉溪的实施意见》、《加强法治建设创建平安玉溪主要任务分工方案》。全市各级党委、政府分别召开推进“四五”依法治市、县（区）工作会议，举办了干部法制讲座。强化法律服务、法律保障、法律监督联动作用，协助市政府在推进重大项目和重点工作上建立新机制，以市政府文件印发了《玉溪市人民政府关于加强法律服务确保项目建设有序推进的意见》。推进以地方治理为主体、以行业治理为重点、以基层治理为基础的依法治市工作，对18个市级民主法治村和18个民主法治社区进行了命名和授牌。城建、工商、环保、安监、质检、卫生监督等部门针对相关行业中的突出问题进行专项整治，依法查处各种违规违法行为。

【法治玉溪建设】　2013年，市司法局围绕建设法治玉溪的总目标，着眼规范司法行为，推进执法规范化建设，细化执法标准，严格执法程序、规范自由裁量权，推行执法依据、流程、结果公开，健全执法巡视、执法评议、案件督办等制度。着眼规范行政行为，促进法治政府建设，推动完善社会管理和公共服务体系、构建综合行政执法体制机制。发挥法治创建的带头作用，进一步完善以法治玉溪、法治县（区）创建为主体，以依法行政、公正司法、法治文化示范点创建为支撑，以乡镇（街道）、村（社区）及企事业单位等为基础的法治创建活动体系。形成公正廉洁执法直接抓、法制宣传教育组织抓、社会管理协调抓、依法行政推动抓的工作模式。调动社会各方面力量投身法治实践，形成法治建设人人参与、法治社会人人共享的工作氛围。

【法制宣传】　2013年，市司法局制定印发了《2013年度普法依法治理工作要点》。以开展法律六进、推进依法治省法制宣传教育主题活动为契机，开展了拆临拆违、抚仙湖保护、“村两委”换届选举、森林防火、安全生产、“6·26”国际禁毒日、“12·4”全国法制宣传日等各类法制宣传活动300余场、发放各类宣传资料38万余份。深入田间地头开展烟叶收购和打假打私法制宣传工作，共出动宣传车1 471辆次，编印发放宣传材料45万份。不断创新法律六进工作，将宗教场所、民族聚居地、景区和家庭纳入法制宣传教育工作范围，变法律六进为“法律宣传6+4”。发挥律师在法制宣传中的作用，在红塔区的文秀社区、葫田社区、紫艺社区签订了《法律服务进社区协议书》，挂牌成立社区法律咨询服务室，为社区居民就近免费提供家门口的法律服务。举办了两期县处级以上领导干部法制讲座和全市普法骨干培训班。组织全市6万余名公职人员参加了2013年“六五”普法考试。

【“六五”普法中期检查验收】　2013年，市司法局认真抓好全市六五普法中期自查自检工作，针对存在的问题，进行查缺补漏。红塔区、市委办、市政府办、市气象局、市防震减灾局、玉溪市工业财贸学校、红塔集团等单位接受了省委依法治省办的抽查。市政协对六五法制宣传教育进展情况进行了视察，推动了“六五”普法规划中期各项任务落到实处。

【调解组织建设】　2013年，全市共建立调解组织1 009个，有人民调解员9 260人，其中乡镇（街道）调委会74个872人，村（居）调委会690个6 782人，企事业单位调委会105个707人，行业性调委会26个238人，接边地区联防联调组织114个661人。在巩固和加强现有调解组织的基础上，又率先在全省州、市中成立了保险人民调解委员会。继续抓好市、县（区）医疗纠纷人民调解委员会工作的指导。2013年是村级班子换届年，全市40%以上的调解主任为新上任，按照分级培训的原则，市、县（区）、乡加强了对村（居）民委会换届选举产生的新任调解主任、调解员的政治业务培训。探索建立调解员一员多用制度，使人民调解员成为了解社情民意的信息员、化解排查矛盾纠纷的主力军、开展法制宣讲的宣传员、协助法院审理案件的人民陪审员，全市共有53名调解员担任了人民陪审员。玉溪市医疗纠纷人民调解委员会、华宁县宁州街道新庄社区调解主任王进福、新平县漠沙镇曼勒社区调解主任白文汉分别被司法部授予“模范人民调解委员会”和“模范人民调解员”称号。

【调解方式创新】　2013年，市司法局抓好以个人名义命名的人民调解工作室建设工作，制订下发了统一的实施方案，统一名称及标识、标牌。全市共建立个人调解室15个，通过召开全市推进乡（镇）人民调解实务微博现场会，推动人民调解实务微博在乡（镇）、街道人民调解委员会的开通使用，成为司法行政机关宣传法律法规和党的方针政策的新窗口，联系群众的新桥梁。2013年，各乡（镇）调委会共发微博10 183条，拥有粉丝11 446人，得到13 722人的关注，解答各种咨询89件112人次，宣传法律4 614条、法规1 440条、政策551条，网上调解2件4人，其他127条。组织全市基层调解人员深入田间地头为群众提供调解服务，帮助群众解决与生产、生活息息相关的实际困难。各级调解组织共开展矛盾纠纷排查3 572次，调解各种矛盾纠纷19 092件，调解成功18 874件，成功率达99%，防止民转刑111件564人，防止群体性上访141件6 186人，防止群体性械斗81件2 769人。

【社区矫正】　2013年，市司法局制订印发了《2013年全市社区矫正工作要点》。在党的十八大召开和首届南博会期间，抓好社区矫正监管措施落实。规范社区矫正工作人员着装管理和持证上岗。加强对2013年1月1日起施行的《云南省社区矫正实施细则》的学习宣传。为进一步提高应对社区矫正工作中的各类突发事件的快速反应能力和实际处置能力，制订了《玉溪市社区矫正工作突发事件应急处置预案》。2013年，新接收社区矫正对象1 268人，解除矫正1 034人，累计接收社区矫正对象5 002人。

【安置帮教】　按照《2013年玉溪市刑释解教人员安置帮教工作要点》要求，加强刑释解教人员的日常监督和信息化管理工作，将工作目标量化和细化，分解到安置帮教工作的各个环节和岗位，定期对刑释解教人员进行摸底排查、准确掌握其思想动态。在全市范围内对刑释解教人员安置帮教工作典型案例进行了征集。2013年，新接收刑释解教人员1 764人，累计在册刑释解教人员5 860人，帮教率达95%以上。

【律师工作】　2013年，市司法局完成了全市31个律师事务所、240名执业律师的考核、申报、换证和财务审计工作。全面推行司法考试全程网络化管理。73人申领了法律职业资格证书。在全市律师队伍中开展严格依法、恪守诚信、勤勉尽责、维护正义为核心内容的律师职业道德教育，在抓好点睛网络律师学院网络远程教育培训的同时，举办了2013年全市360余人参加的执业律师集中教育和实习人员教育培训。在成功举办玉溪市首届公诉人与律师辩论大赛的基础上，组队参加了全省辩论大赛，并取得了团体三等奖的成绩，参赛的律师一名获优秀辩手奖、三名受嘉奖。根据省厅要求，及时组建了玉溪市六大法律服务团，在法律服务专项活动中，共举办法律宣讲53场、提供法律咨询13 000人次、审查合同151件次、办理法律援助案件107件。引导律师参与政府法律顾问、法律援助、服务弱势群体等工作。新海天律师事务所挂牌设立了玉溪市市长热线法律咨询服务所和红塔区区长热线法律咨询服务所，为“市长热线”和“区长热线”提供法律咨询服务25件次，接待来访群众30余人次。恩奇律师事务所与红塔区工会合作，开展对下岗职工、农民工的法律援助工作。在世博律师事务所挂牌成立了玉溪市妇联妇女维权法律援助工作站，为经济困难、需要法律援助的妇女提供服务10件次。2013年，全市律师担任法律顾问654家，办理刑事辩护2 141件，民事、经济代理2 330件，非诉讼代理1 005件，挽回经济损失15 000万元。

【公证工作】 2013年，市司法局对10个公证机构26名执业公证员进行了财务审计和年度考核。加强公证员队伍教育管理，安排公证机构创先争优和公证服务“五进”活动（进企业、进机关、进社区、进乡村、进军营）。以开展公证质量提升年活动为契机，进一步规范公证执业活动和公证服务水平，扩大服务县域、民营、园区经济和特殊人群的范围。不断提升公证执业水平，国立公证处被省司法厅确定为全省规范化建设的试点单位。办理涉及公民切身利益的征地拆迁、环境保护、劳动关系、置产创业、借贷抵押、财产继承、保全证据等方面的公证事项，维护人民群众的合法权益。2013年，共办理各类公证12 535件，其中民事公证8 750件，经济公证2 595件，涉外公证1 150件，涉港澳台公证40件，公证涉及标的774 101万元。

【法律援助】 2013年，市司法局下发《玉溪市流动人口法律援助暂行办法》，举办了全市法律援助工作人员培训。开展了法律援助便民服务、百万法律援助明白人、法律援助知晓率和需求情况问卷调查活动。启动见义勇为人员法律援助工作。加强了对法律援助案件质量的监督管理，对2012年全市各法律援助中心指派的案件进行了评查。法律援助服务的力度，年内，共办理法律援助案件2 625件，其中：办理刑事953件、民事1 671件、行政1件。提供法律咨询1 506人次。为264名残疾人、517名老年人、892名未成年人、758名妇女、594名农民工提供了法律援助。

【司法鉴定管理】 2013年，市司法局下发了《2013年度司法鉴定工作要点》。加强对司法鉴定人的职业道德和执业纪律的教育培训，先后组织156人次参加了省、市司法鉴定业务学习，参学率达100%，及格率达99%。采取由专家评查组抽查的方式，对全市8个鉴定机构所办案件的12个执业类别进行质量评查，进一步提高司法鉴定案件质量。成立了玉溪市司法鉴定协会。年内，共办理各类司法鉴定案件4 062件。其中，援助鉴定98件，出庭作证8件，重新鉴定13件，无违法违纪现象发生。

【基层法律服务】 2013年，全市完成了66个基层法律服务所、172名执业人员的年检注册工作，召开了全市基层法律服务工作业务培训会。年内，共担任法律顾问188家，代理诉讼业务1 019件，非诉讼业务940件，法律援助730件，解答法律咨询23 887人次，避免及挽回经济损失3 090万元。

【驻玉监狱劳教单位协管】 2013年，市司法局对驻玉监狱劳教单位辖区内的9座水库、坝塘和电站进行了防洪应急安全检查。在玉溪监狱、元江监狱和省第三劳教所全面启动“中华魂”读书活动。帮助59户无房警察、职工，申报中心城区北片区首批公共租赁住房，得到市政府的批准。

【基层基础设施建设】 2013年，市司法局按照《云南省司法所规范化建设标准》，加强对规范化司法所建设工作的督促检查和指导。玉溪市申报的3个第二批省级规范化司法所（红塔区高仓司法所、李棋司法所、研和司法所）和2个首批省级规范化司法所（玉兴司法所和凤凰司法所）经省级考核验收，达到规范化司法所建设的标准。

通过加强请示汇报和工作协调，申报了6个县（区）司法局（红塔区司法局、通海县司法局、易门县司法局、峨山县司法局、元江县司法局、澄江县司法局）为2014年中央预算内投资的司法业务用房建设项目。

联通了省、市、县（区）三级基础网络平台和视频会议系统，市局利用视频会议设备，在本辖区内组织召开了全市2013年司法行政工作会议，并参加了全省司法行政工作会议及其他业务工作视频会议。

（乐明霖）

民族工作

【倪慧芳到少数民族村组慰问】 2013年2月5日，民盟中央副主席、云南省政协副主席、民盟云南省委主委倪慧芳一行12人到华宁县少数民族聚居区吗哒等村寨开展春节慰问贫困户活动。倪慧芳深入到平地社区高寨村杨继林、吗哒村委会小寨村张凤珍家中走访慰问，鼓励他们树立生活的勇气和信心。同时还在吗哒村委会为其他的贫困户展开了座谈会，了解生产生活情况。慰问了35户困难户，送去了70袋大米、35桶食用油、18 100元慰问金。

【全市民族宗教工作会议】 2013年2月27日，玉溪市召开民族宗教工作会议。市民宗局局长马良昌作工作报告，总结了2012年民族宗教工作，安排2013年工作任务。会上，副市长明正彬肯定全市民族宗教工作取得的成绩，并就做好2013年民宗工作提出了三点要求：一是以深入学习贯彻落实十八大精神为主线，实施民族团结进步边疆繁荣稳定示范区建设。二是以示范区建设为动力，加快少数民族地区经济发展。三是推动少数民族地区社会事业发展，提高社会事务管理水平和公共服务能力。

会上，明正彬代表市政府与各县（区）分管民宗工作副县（区）长签订了《玉溪市2013年民族团结进步边疆繁荣稳定示范区建设暨宗教工作目标管理责任书》。

【高峰到华宁县通红甸民族乡调研】 2013年5月8日，副省长高峰到华宁县通红甸彝族苗族乡开展“四群”教育工作。分别对通红甸乡产业结构调整，人畜饮水工程，卫生室、学校建设，村委会发展以及县城华宁一中建设、县城市政建设、县体育中心、县职业中学、县人民医院迁建等情况进行了调研，全面了解通红甸乡经济社会发展情况和华宁县社会事业发展情况；与困难户、联系户、村组干部、致富带头人、种植能手、党员及新农村建设指导员座谈，了解人民群众生产生活情况；听取华宁县和通红甸乡工作情况汇报，帮助华宁县和通红甸乡出谋划策，解决教育、卫生、体育、交通、水利、农业以及产业发展等方面的困难和问题。高峰副省长对通红甸乡一年来的发展给予肯定，同时对通红甸乡发展提出四个方面的要求。

【赵立雄到玉溪调研】 2013年6月24～25日，省民委主任赵立雄、副主任马春及相关处室领导一行8人深入新平、华宁、峨山等地调研市民族工作。副市长明正彬汇报了玉溪市民族工作基本情况。在听取汇报后，赵立雄主任对玉溪民族工作所取得的成绩给予肯定。赵立雄指出示范市建设重点要抓好六个结合。一是与经济发展相结合；二是与扶贫相结合；三是与推进城镇化、与新农村的建设相结合；四是与旅游业相结合；五是与抓民族团结示范活动相结合；六是与矛盾隐患纠纷的排查调处相结合。通过示范市建设，确保玉溪市民族关系和谐，民生获得更大改善，社会更加稳定。

【辛维光到峨山调研】 2013年6月29日，省委常委、省纪委书记书记辛维光在市纪委和峨山县委、县纪委相关领导陪同下深入峨山县大白邑社区清真寺查看宗教文化建设情况，与峨山县干部群众亲切交谈，悉心询问回族同胞生产、生活及经济社会发展情况。辛维光提出三点要求：一是要发挥宗教伦理道德的作用，促进精神文明建设。各级党委、政府、纪委要牢固树立“三个离不开”的思想，引导信教群众自觉遵守社会公德、职业道德和家庭美德，坚持服务社会的优良传统，挖掘宗教道德中与社会主义道德相合拍的积极内容，鼓励宗教界继承和发扬爱国爱教、团结进步、服务社会的优良传统，增强国家意识、公民意识和法律意识，在促进国家统一、民族团结等方面形成共识，引导广大信教群众树立知荣辱、讲正气、促和谐的社会道德规范，凝神聚力投身全面建设小康社会的伟大事业，用实际行动见证宗教信仰；二是要充分挖掘与弘扬宗教优秀传统文化资源，促进社会和谐。三是要树立各民族“大团结”理念，尊重宗教信仰，千方百计支持民族地区村组经济社会发展，实现各民族共同发展、团结进步；四是要进一步加强反腐倡廉建设，要强化宣传教育的力度，加强廉政文化建设，强化对重大项目、各级级党委政府决策部署跟踪问效力度，加大案件查办力度，保护群众的切身利益。

【《江川彝族口传文学集》编撰出书】　由江川县民宗局和县文联共同编撰的《江川彝族口传文学集》于2013年7月出版。全书分为三部分，共143页，包括民间故事（神话、传说、故事）27篇，歌谣71篇，谚语26条。

【贫困少数民族聚居区村组干部培训】　2013年10月16日～19日，市民宗局在青少年宫举行2013年贫困少数民族聚居区村组干部培训班，全市815个村民小组的250余名村组干部参加了为期4天的培训。培训班以专家授课和现场参观学习相结合的方式进行，培训内容丰富，贴近农村实际，主要涉及党风廉政建设、种植养殖技术、农村经济管理、农村专业合作社建设等知识，并组织村组干部实地参观红塔区黄草坝、大营街“美丽家园”建设。市民宗局局长沐爱斌、党组书记唐建民分别向村组干部讲授了新时期民族宗教工作基本政策、如何加强农村基层党组织建设的相关知识。

【民宗干部赴临沧等地学习考察】　2013年11月4～9日，市民宗局牵头组织市、县民宗局，组织部有关领导及业务人员一行13人，赴临沧市、大理州、楚雄州，就少数民族干部培养、民族团结进步边疆繁荣稳定示范区建设情况进行学习考察。考察团重点考察了临沧市耿马县贺派乡水平村者卖组、勐简乡大寨村委会帕亚自然村、孟定镇遮哈村芒团组新农村建设情况，镇康县南伞镇红岩村卡贺民族团结示范点、沙田坝彝族示范村、南伞大坝佤族示范村及工业园区建设情况；大理州大理市万花社区城市民族工作及魏山县永建镇打竹村民族特色村寨保护和发展情况；楚雄州武定县狮山镇马豆沟及西和村民族团结示范村创建情况，并听取了当地的经验介绍。

【赞比亚酋长代表团到红塔区参观考察】　2013年11月13～14日，以赞比亚酋长与传统事务部副部长罗伯特·唐迪·驰瑟为团长的代表团一行5人，在国家民委国际交流司副司长吴金光、国家民委国际交流司处长李焕才、省民委副主任岩秒等陪同下，到玉溪市就民族地区新农村建设和少数民族特色村寨建设情况进行考察。代表团一行先后参观了云南猫哆哩食品有限责任公司，春和街道黄草坝村委会田房小组新农村建设、黄草坝小组民族特色旅游村寨建设和大营街街道西古城旧村改造、神龙葡萄种植专业合作社。

【《玉溪飞歌》获创作金奖】　2013年9月14日晚，由玉溪市民宗局、玉溪市文化局共同打造的《玉溪飞歌》参加云南省第二届少数民族文艺会演，获创作金奖，还获了优秀组织奖和最佳音乐奖、最佳演员奖、最佳节目奖、最佳新人奖四项最佳单项奖等。

【宗教目标管理责任制考评】　2013年12月23日，以省宗教局副巡视员王爱国为组长的考评组一行3人到玉溪市就2013年度实施宗教工作目标管理责任制情况进行考评。在听取了市民宗局局长沐爱斌的汇报和查阅文件资料后，考评组认为，玉溪市委、市政府领导高度重视宗教工作，市民宗局认真落实省委“6·15”专题会议精神，关心宗教界人士，在处理宗教领域的热难点问题上旗帜鲜明、坚持原则。此次汇报有观点、有分析、有概况、有图像，总结的五条经验值得认真坚持和发扬，全市宗教工作认识到位，亮点颇多。

【民族团结进步边疆繁荣稳定示范区建设】　按照《玉溪市人民政府办公室关于印发〈玉溪市推进民族团结进步边疆繁荣稳定示范区建设“四个一”示范点创建工作方案〉的通知》要求，2013年，市、县（区）民宗工作部门切实抓好民族团结进步边疆繁荣稳定示范区建设，一是抓好示范引领，发挥参谋助手作用，成立了领导小组，召开了动员大会，制订了主要任务分工方案，市政府分管领导与各县（区）政府分管领导签订了示范区建设目标管理责任书，并纳入政府综合考核。市级财政每年安排1 000万元示范区建设专项资金，安排了476.5万元民族工作专项经费。结合“美丽家园”行动，注重整合资金，从2013年起，用3年时间，开展1个示范县、1个示范镇、100个示范村（社区）、1 000户示范户“四个一”示范点创建工程，以点带面，推动全局。二是打造典型示范，坚持规划先行。启动实施了“四个一”示范点创建工程。新平示范县围绕争当全省民族自治地方经济发展排头兵的目标，把示范县建设与经济社会发展相结合，突出抓好六大产业、打造七个品牌庄园；盘溪示范镇在抓产业培植和民生改善的同时，更加注重协调民族关系；示范村坚持因地制宜，对村庄布局、建筑风格、产业发展、绿化美化、公共设施等制定实施规划。华宁盘溪示范镇4年来累计完成投资6.8亿元，改善了道路、水利等基础设施，柑桔、蔬菜、柿子、畜牧等产业发展初具规模，民族团结日益巩固。整合各类资金3 800余万元，加快实施20个示范村建设，峨山摆依寨、红塔区黄草坝等示范点已发挥示范作用，2013年9月，省委在黄草坝村召开了全省新农村建设现场会。

【矛盾纠纷排查调处】　2013年，市民宗局共17次深入黑树林地区元江片区、峨山县小街镇、华宁县盘溪镇等重点地区调研，排查矛盾纠纷隐患7起、涉及4 925人次，现已化解4起，正在调处3起；排查社会隐患3起，涉及20 000余人次。落实重大节庆活动和敏感时段值班制度和“零报告”制度，对25批次、310人次上访人员开展了思想引导和说服教育工作。认真办理少数民族和信教群众来信来访，全年接待上访36次，接待上访群众220余人次。多次深入元江县，对部分拉祜族、彝族仆拉支系群众因安居房补助引发上访问题进行调研，向市政府主要领导提出了对策建议。

（白宗元）

宗教工作

【马哈蒂尔到通海纳古镇访问】　2013年6月6日，马来西亚前总理马哈蒂尔一行19位马来西亚贵宾在省政协副主席马开贤的陪同下到纳古镇进行友好访问。市委书记张祖林向马哈蒂尔介绍了纳古镇的社会经济发展情况。在清真女寺，马哈蒂尔为新种下的榕树培土，象征友谊长青；马哈蒂尔还同纳家营伊斯兰文化学院的同学交流，学生们则向马哈蒂尔赠送了用阿拉伯语书写的经文。

【全市宗教团体工作会议】　2013年

7月3日，玉溪市召开宗教团体工作会议。会上，各团体分别交流了上半年工作情况及下半年工作计划。市民宗局局长沐爱斌要求：一是希望宏扬传统，在坚持爱国爱教上不动摇，引导信教群众坚持走爱国爱教的路子；二是希望维护大局，在促进科学发展上多出力；三是希望增强责任，在维护民族团结上作表率，宗教团体负责人要讲团结、讲和谐、进一步巩固稳定局面；四是希望强基固本，在加强自身建设上见成效，依法依规建章立制，加强学习、教务、财务等方面的制度建设。

【穆斯林朝觐服务管理】 2013年，玉溪市认真做好穆斯林朝觐人员的组织、管理和服务工作，按照报名排队办法，并选派出5名带队干部，圆满完成工作任务，制止零散朝觐活动。市局被省宗教局、省伊协评为“2013年度朝觐组织服务工作优秀单位”。

【基督教私设聚会点治理整顿】 2013年，全市民宗部门通过实地调查，走访信教群众，广泛听取意见，按照合理布点、便于管理的原则，批准开放了4个（华宁县3个、易门县1个）基督教临时活动点。同时，通过采取堵疏结合、强化日常管理等措施，加大对基督教私设聚会点的综合治理，取缔私设聚会点7个、家庭聚会点9个，治理私设聚会点工作取得成效。

【开展宗教政策法规学习月活动】 2013年6月，全市宗教界开展宗教政策法规学习月活动，在学习月活动期间，全市共组织举办各类专题培训班（会）49次，参加1 814人次（分管宗教领导、宗教专干、教职人员、场所管理人员），宣传栏、展板展出57块次，受教育信徒16 400余人，开展宣传期数53期次，悬挂布标、张贴标语870余条，发放《宗教事务条例》、《宗教法规规章规范性文件汇编》、《宗教界从事公益慈善活动相关政策法规汇编》、《云南省宗教政策和法规宣传读本》、《中华人民共和国宪法相关知识手册》、《法律援助》、《中华人民共和国禁毒法》、消防安全、自救逃生等宣传资料3 520份，光碟12盒。知识竞赛120余场次，900余人次参与，受教育信众约15万余人。

【和谐寺观教堂创建】 2013年，玉溪市在以教风为主题的和谐寺观教堂创建工作中，市民宗局成立了创建领导小组，制订了实施方案，并按照要求开展工作。召开教风建设动员会、座谈会，就如何查找当前教风中存在的问题、加强教风建设等问题进行了讨论，市局和各宗教团体均举办了不同形式的培训。同时，把教风建设与贯彻落实党的十八和十八届三中全会精神、与二个专项工作、与消防安全大排查大整治活动有机结合起来，推动宗教工作的开展。通过创建活动，全市各宗教团体和场所加强了自身建设，逐步形成了教风端正，严守教规教义，有效抵制不良风气的良好局面。

【“反邪防邪”和抵御渗透工作】 2013年，全市开展“反邪防邪”和抵御渗透的宣传教育，使各级干部和各族群众充分认识到邪教和境外势力渗透的危害，树立“反邪防邪”和抵御渗透的责任意识；把“反邪防邪”和抵御渗透纳入社会管理的长效机制，明确责任，齐抓共管，形成合力，抓落实；全市民宗部门配合政法部门、公安机关实施打防并举，对“法轮功”、“门徒会”、“主神教”、“东方闪电”等邪教组织利用合法宗教进行的各种违法犯罪活动进行严厉打击。同时，通过宣传教育，建立健全管理机制，完善规章制度，强化管理，筑牢防线，巩固了全市“反邪防邪”和抵御渗透的工作成果。

（白宗元）

经济管理

编辑：刘仕荣

计划管理

【概况】 2013年，全市生产总值完成1 102.5亿元，增长10.2%，低于计划增速3.8个百分点；规模以上固定资产投资完成393.7亿元，增长37.1%，高于计划增速2.1个百分点；地方公共财政预算收入完成106亿元，增长17.5%，高于计划增速1.5个百分点；社会消费品零售总额完成226.3亿元，增长14%，低于计划增速4个百分点；城镇居民人均可支配收入24 276元，增长13.5%，低于计划增速1.5个百分点；农民人均纯收入8 925元，增长17%，高于计划增速1个百分点；居民消费价格总水平上涨2.8%、城镇登记失业率为3.35%、人口自然增长率为5.49‰、单位生产总值能耗下降3.6%，均控制在目标范围内。

（马庆凯）

【“十二五”中期评估】 根据《中华人民共和国各级人民代表大会常务委员会监督法》第二十一条的规定：国民经济和社会发展五年规划经人民代表大会批准后，在实施的中期阶段，人民政府应当将规划实施情况的中期评估报告提请本级人民代表大会常务委员会审议。规划经中期评估需要调整的，人民政府应当将调整方案提请本级人民代表大会常务委员会审查和批准。2013年4~12月，市发改委在收集整理资料、开展评估、广泛征求意见的基础上，形成了《〈玉溪市国民经济和社会发展第十二个五年规划纲要〉执行情况的评估报告》（送审稿）。12月21日，《纲要》经市政府第14次常务会议审定通过；12月30日，经市委第54次常委会议审定通过；12月31日，经四届人大常委会第五次会议审议通过，并下发了《玉溪市人民代表大会常务委员会关于批准<玉溪市国民经济和社会发展第十二个五年规划纲要执行情况的评估报告>的决议》，批准了《评估报告》。

（任　青）

【固定资产投资】 2013年，全市完成规模以上（500万元）固定资产投资393.7亿元，比上年增长37.1%。其中：城镇投资完成342.5亿元，增长40.4%；农村非农户投资完成51.2亿元，增长18.6%。

【重大项目建设】 2013年，玉溪市规模以上主要固定资产投资计划是57个5亿元以上和63个1~5亿元以上项目建设。57个5亿元以上重大建设项目，年度计划投资158.2亿元，2013年完成投资119亿元，完成计划的75.2%；63个1~5亿元以上重大建设项目总投资140.4亿元，年度计划投资46.8亿元，2013年完成投资35.1亿元，完成年度计划的75%。

【落实固定资产项目资金】 2013年，全市共争取到中央、省下达投资计划资金5.2亿元，其中：中央预算内投资4.4亿元，省预算内投资0.8亿元，共涉及109个项目，其中：新建78个，续建31个。

【重大项目前期服务工作】 2013年，按照市委、市政府的部署及项目基本建设程序，严把项目审批关，开辟绿色通道，缩短项目审批时间，严格审核政府投资，共审批了新西河路二期桥梁工程、玉山一路、玉山二路工程、红龙路道路改扩建及中心城区排水管网改扩建工程等10个项目。进一步加快推进完善城市基础设施建设，现代宜居生态城市建设成效显著。

（赵　鹏）

【“三湖”生态保护水资源配置应急工程项目】 2013年7月31日，市发改委下发《关于玉溪市东片区暨“三湖”生态保护水资源配置应急工程核准的批复》，同意实施玉溪市东片区暨“三湖”生态保护水资源配置应急工程。工程估算总投资198 963万元，采取总承包加BT模式筹建。工程建成后引水流量可达2.5立方米每秒，年引水量为7 013万立方米，可以缓解华宁县城、通海县城、江川县城和玉溪中心城区用水问题，杜绝“三湖”周边区域从抚仙湖取水，有效解决玉溪市东片区暨“三湖”周边地区出现的缺水问题。

（李汝琴）

【抚仙湖被列入国家重点支持生态良好湖泊名录】 根据《江河湖泊生态环境保护项目资金管理办法》，财政部、环境保护部组织了2013年江河湖泊生态环境保护竞争立项工作，在中央已下达湖泊生态环境保护专项资金的35个试点湖泊中，由各省、直辖市、自治区各推荐一个湖泊参与竞争立项，通过竞争方式择优选择15个国家重点支持生态湖泊。2013年12月，

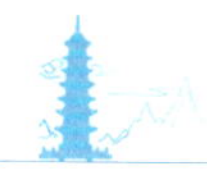

经过初步审核、现场评审、加总排序、公示，抚仙湖被国家列入15个生态环境保护重点湖泊，标志着抚仙湖上升到国家生态保护层面。

【建立主要入湖河道河（段）长责任制】 2013年，为加强“三湖”及东风水库、飞井海水库及其他主要河流河道的水污染防治，从源头上控制和减少入湖污染负荷，玉溪市建立了市、县（区）两级政府，三级管理的河道管理体制，建立市、县（区）、乡镇（街道）三级全覆盖的河（段）长责任制管理网络。对抚仙湖流域16条、星云湖流域8条、杞麓湖流域7条、东风水库流域2条污染严重的河道以及其他红塔区境内8条主要河流河道及飞井海水库环境进行综合整治。

【节能降耗减排】 2013年，市发改委共对53个固定资产投资项目进行节能评估审查，完成了50项节能登记表、2项节能报告表、1项节能报告书审查工作。项目共计能源消耗量折合标准煤33 121.62吨，其中消耗电力25 909.1万千瓦时，消耗柴油88.19吨，消耗新水87 284.72吨，消耗水煤浆1 481吨，消耗天然气6.31万立方米。采用节电、节水及工艺装备革新所带来的综合能耗节约量约为1 058吨标准煤。通过节能评估审查，全年固定资产投资项目节能效果明显，运行过程中各个项目能依据节能措施进行节能管理，促进了全市的节能减排工作。

【易门县被确定为首批国家循环经济示范创建县】 2013年12月，国家发改委下发《关于将北京市延庆县等40个地区确定为2013年国家循环经济示范城市（县）创建地区通知》，易门县作为云南省唯一入选县，被确定为首批国家循环经济示范创建县。在此次公布的示范县名单中，西部仅有7个，国家发展和改革委将对易门县创建实施方案中的重点项目给予支持。

（夏　爽）

【油气项目建设】 2012年4月，国家发改委下达中缅天然气管道（中国境内段）项目核准批复。禄丰至玉溪支线属中缅油气管道支线，在玉溪境内管道长8.27千米，建设投资1 500万元，建设实施主体为辽河油田中缅油气管道工程EPC项目经理部。天然气管线禄丰至玉溪支线工程于2012年11月在红塔区开工，于2013年8月建成通气，玉溪市成为全国第一个用上中缅天然气的地级市。

（李　梅）

审　计

【概　况】 2103年，全市共完成审计（调查）项目998项，比2012年增加81项，增长8.8%。完成年初项目计划的196.8%，人均完成审计项目3.98项。审计查出有问题金额1 139918万元，其中：违规金额58 166万元，损失浪费金额1 120万元，管理不规范金额1 080632万元。审计发现非金额计量问题264个。审计决定应上缴财政23 971万元，应归还原渠道资金1 271万元，应调账处理金额21 510万元。完成固定资产投资审计项目787项，核减工程投资49 887万元，核减率7.5%。审计促进增收节支75 781万元，人均促进增收节支301.92万元。移送司法机关处理事项4件11人，金额188万元；移送纪检监察机关处理事项26件14人，金额2 157万元；移送有关部门处理34件8人，金额96 291万元。审计后提出审计建议1 712条，被批示采纳1 587条。提交审计信息352篇，被批示、采用155篇次。

【政府性债务审计】 2013年，全市审计机关按照国务院和上级审计机关的统一部署，投入全市60%的审计力量，克服时间紧、任务重、覆盖广等实际困难，争取地方政府和有关单位的支持配合，对全市9个县（区）政府性债务情况进行了审计。通过审计，摸清了各县（区）政府性债务的规模和管理情况，揭示了县（区）、乡（镇）政府和有关部门在资金管理、使用以及业务管理方面存在的问题，提出了一系列强化债务管理、防范化解风险、盘活存量资金的意见和建议。

【财政审计】 2013年，全市审计机关坚持以财政收支真实性为基础，以资金、资产、资源、项目为主线，深化财政预算执行审计内涵，从审计预算编制、批复、执行的程序和结果入手，加大对二级和基层预算单位的审计力度，加强对部门承担的重大投资项目、重点专项资金管理、分配、使用及效益情况的审计监督。关注各预算单位结余额度及资金管理，促进财政集中支付制度的实施。在对高新区财政预算执行与绩效结合审计中，重点对招商引资情况进行了审计调查，从而对国有资产、财政资金管理使用过程中的绩效进行分析并提出改进和完善建议。继续组织实施好地税联网审计，实现了省、市、县（区）三级项目联动。

【领导干部经济责任审计】 2013年，全市的经济责任审计工作在“1+N”同级审计模式的基础上，开展市、县（区）两级审计机关上下“1+N”联合审计。开展经济责任行业审计，继续在“结合”、“捆绑”上下功夫，并总结经验加以完善。同时尝试把八项规定和效能政府四项制度的落实纳入审计内容，提升经济责任审计结果运用水平。全年共对68名领导干部进行了经济责任审计。在审计中，树立办案意识，发挥审计在突破大案要案中的专业优势，从细节抓起，着重查处以权谋私、中饱私囊等腐败行为，查处力度进一步加大。根据《玉溪市管干部任职前市委组织部听取市审计局意见以及市审计局回复市委组织部意见试行办法》的相关规定，全年先后向省委组织部、省审计厅回复了对18名领导干部的廉政意见。

【建设项目审计】 前置审计。2013年，玉溪市审计局继续推进建设项目前置审计，前置审计基本覆盖了由政府投资的市、县（区）重点建设项目，主要对其招标文件和招标控制价进行审计，注重清单项目特征描述的准确性，规范了建设项目的招投标行为，发挥了审计机关在政府投资和管理中的监督作用。全年全市共完成前置审计项目361项，审计投资总额为305 027万元，核减22 839万元，核增2 423万元，核减率7.5%。

竣工决算审计。年内，全市审计机关加大竣工决算审计力度，强化对大项目的审计跟进，力求审深、审透，审计涉及农业、水利、交通、建设、环保等系统，主要对市城市污水处理厂、垃圾综合处理厂已完工程，江川县星云湖截污北片区污水处理厂及管网配套工程等关系民生的重点投资工程项目进行了审计，促进了重点建设项目以合理的投入达到预期的建设目的和目标，提高政府建设资金的使用效益。全年共完成竣工决算审计

415项，审计投资总额361 742万元，核减26 961万元，核增146万元，核减率7.5%。

【专项资金审计】 2013年，全市审计机关加大对“三农”、社保、民政、教育、卫生等重点民生领域的审计力度，对专项资金重点部门、重点单位、重点资金、党和政府关注的重点问题、与人民群众密切相关的热点问题的审计，针对宏观管理中存在的苗头性、倾向性、普遍性等问题实施审计，全年共完成专项资金审计69项，审计专项资金总额达321 618万元，查出主要问题金额74 600万元，主要存在违规改变资金用途、扩大开支范围或提高开支标准、资金不到位不落实等问题。

【保障性住房审计调查】 2013年，玉溪市审计局按时完成了8项保障性安居工程跟踪审计，通过重点审查八县政府所属建设、发改、财政、教育、卫生、林业、房管等部门，对全市127个保障性住房项目开展了跟踪审计，揭示了工程建设管理不到位、分配和使用管理不规范等问题。市政府高度重视此项工作，向各县（区）政府和市直相关部门提出了整改意见，并组织专项督察，对审计发现问题督察整改。

【农村危房改造项目资金审计】 2013年，玉溪市审计局组织了对九个县（区）2009～2012年农村危房改造项目资金管理使用情况审计，审计农危房专项资金44 614万元，共查出问题金额2 859万元，审计决定应上缴财政192万元。

【扶贫资金审计】 2013年，全市审计机关完成了九个县（区）财政扶贫资金审计任务，重点抽查33个乡（镇）及街道、425个村民小组，抽查扶贫项目459个，查处了配套资金不落实、挪用及违规发放扶贫资金等问题。

【绩效审计】 2013年，玉溪市审计局牵头完成绩效审计128项，占完成项目数的57.7%。督促65家市直单位纳入行政绩效管理，按规定报送重点事项124项。

【审计结果公告】 2013年，全市审计机关通过政务信息网、发行期刊等形式向社会公告审计结果944篇，实现了所有审计项目除涉及国家秘密和被审计单位商业秘密的内容外全部公告的目标，提升了审计工作的透明度。

【审计信息化建设】 2013年，全市审计机关OA系统和AO系统的应用得到提升，计算机技术在地方政府性债务、财政存量资金、扶贫资金、保障性住房等大项目审计中发挥了重要作用，审计人员在信息化环境下的审计能力逐渐增强。选送审计厅参评的计算机AO实例和方法，获奖数量和层次连续五年位列全省第一；全省信息化综合考评，连续四年位列地州审计机关第一。

【“三公”经费专项督查】 2013年，玉溪市审计局对市农业局、民政局、科技局等10个市级单位2013年1～5月的公务用车购置及运行费用，公务接待费，因公出省、出国（境）培训考察费支出情况进行了专项督查。督查结果显示，“三公”经费支出控制成效明显，与上年同期相比总体呈下降趋势。

【事业单位财经法规执行情况调研】 2013年，玉溪市审计局牵头组成调研组，抽查及审计回访了46个市级事业单位。调研结束后市政府主持召开了市直单位财经法规执行情况通报会，对部分单位存在财经纪律意识淡薄、执行财经法规不严格、财务管理和会计核算不规范的问题进行了严肃通报，市政府领导提出了明确的整改要求。

【编写《审苑警示录》】 2013年，玉溪市审计局收录全市审计发现各级各部门违反财经纪律中具有代表性、典型性、普遍性的60余个案例，编写了《审苑警示录》，这在玉溪市审计系统尚属首次。

（王　曦）

价格管理

【价格专项检查】 2013年，玉溪市共查出价格违法案件51件，查处价格违法金额192.38万元，其中：退还用户27.01万元，没收违法所得110.7万元，罚款54.7万元。

【价格举报工作】 2013年，全市共受理各类价格举报咨询245件，查处价格违法案件29件，其中：退还金额13.908 万元，没收违法所得3.999 万元，罚款2.1万元，经济制裁总额20.007万元。

（和国强）

【农副产品平价商店建设工作】 2013年5月，经市政府批准，市价格调节基金管理委员会办公室起草并下发了《关于推进我市平价商店建设试点的实施意见》。6月，市价调办组织了市监察局、市财政局（市非税收入管理局）、市审计局等相关部门对中心城区的11个平价点进行现场调研和评审，11个平价商店于7月15日先后投入运营。2013年11月，各县（区）均有1个平价商店投入运营。农副产品平价商店品种繁多、价格适宜、质量可靠，每天所销售的蔬菜品种不少于20个，在符合国家食品卫生质量要求的前提下，价格低于同类市场零售均价（市场零售均价由区、县发改局在城区监测点上每星期的平均价格确定）15%以上。粮、油、肉、禽、蛋等产品价格低于同类市场均价5%以上。其中有每千克2元以下的蔬菜（不少于5种），低于市价每千克0.2元以上的大米，以及低于市场每千克2元左右的猪肉。

【城市供水价格调整】 2013年，市发改委就玉溪市城市供水价格改革调整工作进行了调研、测算、分析，并按价格调整程序先后对玉溪市中心城区城市供水价格、澄江县城供水价格、通海县城供水价格进行了改革调整。玉溪市中心城区城市供水价格，居民生活用水调整为3.00元/立方米（含污水处理费0.90元/立方米）；非居民生活用水调整为4.70元/立方米（含污水处理费1.20元/立方米）；特种行业用水调整为15.00元/立方米（含污水处理费1.50元/立方米）。澄江县城供水价格，居民生活用水调整为2.90元/立方米（含污水处理费1.20元/立方米）；非居民生活用水调整为4.20元/立方米（含污水处理费1.60元/立方米）；特种行业用水调整为7.00元/立方米（含污水处理费2.00元/立方米）。通海县城供水价格，居民生活用水调整为4.20元/立方米（含污水处理费0.90元/立方米）；非居民生活用水调整为4.90元/立方米（含污水处理费0.90元/立方米）；特种行业用水调整为16.00元/立方米（含污水处理费

0.90元/立方米）。

（张玉良）

【收费许可证年审工作】 2013年，全市共审验《云南省收费许可证》正本719个，副本781个，新核发收费许可证7个，注销收费许可证105个，涉及收费单位719个，年审率为100%。2012年度，全市行政事业性收费收入79 251.43万元。

【调整星云湖渔业资源增殖保护费收费标准】 根据云南省人民政府《关于发布〈云南省渔业资源增殖保护费征收使用暂行办法〉的通知》规定，市发改委于2013年11月27日起将星云湖渔业资源增殖保护费收费标准调整为每证每年4 500元。

【调整中心城区出租车运营价格】 经市政府同意，市发改委对中心城区出租汽车运营价格进行了调整。自2012年12月1日起，正式执行以下收费标准：基价收费8元，基价里程2千米（含2千米），超过2千米，每千米收费2.00元；10千米内（含10千米）免收空驶费，超过10千米时，每千米加收1.00元的空驶费。夜间价格（22点至次日凌晨6点）：基价收费9.50元，基价里程2千米（含2公里），超过2千米时，每千米收费2.40元；10千米内（含10千米）免收空驶费，超过10千米，每千米加收1.20元的空驶费。等候费：出租汽车载客过程中，停车等候时间累计5分钟内（含5分钟）不收费，等候时间超过5分钟的，每5分钟按2.00元（夜间按2.40元）计费，以此类推。一次租车，多次等候，时间累计计算。如行驶途中遇到修路、车辆肇事、泥石流、大风等不可抗力因素造成的等候，不得收取等候费。93#汽油价格在9元/升以下时，不启动出租汽车运价油价联动机制方案。

【核定新增公交线路票价】 按照《云南省定价目录》有关规定，市发改委发文批复市公交公司新增的7条公交线路票价为1元/人次，自2013年9月16日起执行。

【养犬管理收费】 2013年，省物价局、财政厅批复红塔区收取养犬管理及证照工本费。对登记的犬只按每年每只120元收取管理费、《养犬登记证》（含IC卡）每套20元、犬只标识牌每套20元、识别芯片每只40元。其中：对盲人自用的导盲犬、肢体重残人自用的扶助犬，以及军、警、科研用特殊犬只不收取养犬管理费。

（陈　玲）

工商行政管理

【概　况】 2013年，全市工商系统共查处各类经济违法案件1 753件。年末，全市共有内资企业内资企业2 988户，外商投资企业144户，私营企业9 804户，个体工商户112 286户，农民专业合作社874户，各类市场经济主体稳步发展。年末，全市有效注册商标5 423件，玉溪市知名商标达到261件，云南省著名商标195件，中国驰名商标7件，地理标志商标3件。2013年，市工商局和红塔区工商局、元江县工商局、峨山县工商局、澄江县工商局、易门县工商局获省级“文明单位”和市级“文明单位”称号，6项工作获市委、市政府表彰，7项工作获省工商局表彰。

【企业注册】 2013年，全市工商系统把服务和促进地方经济建设作为一项工作重点，压缩审批时限，简化审批环节，对12项行政审批（服务）项目按照法定时限的80%进行了大幅度压缩，8项压缩为当天办结，实行一站一次办结制；推进定点联系服务制度，对全市330户民营企业实行挂牌联系服务；与工商银行、农村信用社联合社建立政银合作平台，帮助民营企业破解融资难题，培育各类市场主体健康快速发展。年末，全市共登记注册内资企业2 988户，注册资金2 638 483万元，新发展内资企业107户，注册资金232 293万元；个体工商户112 286户，从业人员266 628人，注册资金768 337万元，分别比上年同期增长8.84%、7.8%、32%，新登记注册个体工商户26 870户；私营企业9 804户，注册资金3 751 067万元，从业人员230 300人，分别比上年同期增长9.7%、13.5%、5.1%，新发展私营企业1 148户，注册资金495 110万元，从业人员17 145人；与工行合作为47户企业办理贷款解决了融资难题，融资32 151.28万元；办理股权出质设立登记156件，为企业融资106 528.53万元。

【企业监督管理】 2013年，全市工商系统继续强化各类经济主体日常监管工作。一是服务民营经济发展分战场，对民营经济实行零收费登记，个体验照和企业年检实行零收费。全年共免收个体工商户注册登记费、变更登记费和工本费58.6万元；共免收内资企业分支机构年检费49万元。二是推行信用分类监管。全市实现内资企业（含个体工商户）信用评定122 892户，其中A类117 158户，B类29户，C类5 703户，D类2户。三是推进全市查处取缔无照经营工作。在专项治理工作中，共出动车辆189辆次，出动执法人员1 207人次，检查经营餐饮业的市场主体2 160户，针对经营餐饮的监管对象开展宣传教育活动2 160户次，依法予以取缔58户，罚款4.43万元。检查中已经取得餐饮服务许可证但未取得营业执照涉及14户。检查出安全隐患2处，责令整改2处。查处取缔黑网吧61户，罚没金额3.23万元，查封违法经营场所17处，没收专门用于无照经营的电脑331台套。

【外资企业监督管理】 2013年，新设立外商投资企业1户，新设立外商投资企业分支机构10户，新增名称预先核准6户。办理变更登记46户、注销企业4户（其中，2户企业由外资转为内资）、注销分支机构2户。年末，全市共有外商投资企业144户（其中法人企业56户，分支机构88户），累计投资总额48 704万美元，注册资本25 345万美元，其中，外方认缴出资额13 739万美元，占注册资本总额54.2%。从企业类型分：中外合资26户，中外合作4户，外商独资26户。从行业分：农、林、牧、渔业14户，制造业35户，电力、热力、燃气及水生产和供应业2户，建筑业1户，批发和零售业23户，信息传输、软件和信息技术服务业49户，住宿和餐饮业2户，金融业7户，房地产业2户，租赁和商务服务业3户，水利、环境和公共设施管理业1户，居民服务、修理和其他服务业2户，文化、体育和其他服务业3户。

【高原特色农业红盾助推行动】 2013年，全市工商系统把加快高原特色农业发展作为推进农业产业化和农业现代化进程的一项战略决策来抓，以实施“四个”培育工程为重点，推进高原特色农业发展。截至2013年底，农民专业合作社906户，新发展166户；新发展农民专业合作联社1户，发展家庭农场1户。查办涉农违法违规案件47

件，案值55.79万元，罚没金额33.92万元；全市共培育发展高知名度农产品注册商标153件，其中知名商标87件，著名商标66件，注册地理标志证明商标2件。

【市场管理】 2013年，全市工商系统围绕食品安全，开展整顿、规范市场经济秩序，强化市场监管。截至年底，全市共查办各类经济案件1 753件，其中一般案件742，间易案件1 011件，全市建立食品安全示范店1 691户，其中，市级食品安全示范店785户，县级食品安全示范店906户。一是推广应用电子追溯系统。从3月下旬开始，在全市流通环节食品批发户和超市、商场逐步推广应用电子追溯系统，到年底共办理电子追溯系统144户，注册开通电子追溯系统136户，占应完成数320户的45%。二是开展25项食品安全专项整治。先后开展了鱼翅市场、染色瓜子、特色食品、美素丽儿奶粉等25项专项行动。查扣销毁染色瓜子530.1千克、美素丽儿乳粉共计264听（盒）、查收假冒伪劣商品2.3吨，查处销售假冒伪劣食品案件12件，受理和处理消费者申诉举报2件。三是开展集市及涉安全产品市场整治。全年共开展元旦、春节、烟花爆竹、农畜产品、成品油、卫星地面接收设施、封建迷信用品、商品房格式合同、集市环境及消防安全等12次集市及涉安全产品专项市场整治。共检查市场（超市、商场）4 050个次，检查相关经营户9 670户次，下发责令整改通知书321份，查办市场违法违章案件175件（其中立案查处70件），案值439.13万元，罚没金额63.72万元。查收假冒伪劣等违法物资19种3.2吨，其中卫星地面接收设施28台。四是开展合同监管工作。对全市实施商品房开发销售的90户企业签订的270份格式合同进行取件审查，发现存在问题22处，下发责令整改通知书15份，立案查处7起，罚款20 600元；五是对拍卖活动的监拍和企业动产抵押物的登记工作。共备案监拍拍卖活动25次，办理企业动产抵押物登记228份，为中小企业解决融资31.6亿元。六是开展网络市场监管。2013年，共核实检查和录入网络经营主体239户，开展了对利用互联网从事违法经营活动专项整治，组织市、县（区）网络市场监管人员参加国家总局举办的网络商品交易监管知识集中学习培训。七是推进市场诚信体系建设。2013年全市新增创建县（区）级诚信市场6个，市级3个，推荐参加省级诚信市场创建评比1个；新创建农村文明集市9个。

【消费者权益保护】 2013年，全市系统继续推进12 315行政执法体系“四个平台”建设，强化消费维权的效能和水平，进一步提升消费者满意度。年内，12 315平台共接听消费者咨询、投诉、举报、举报与建议电话5 573个，其中咨询3 880件，受理投诉1 479件，解决1 440件（39件达不成协议），成功调解率为97.36%，为消费者挽回经济损失196万元；受理举报178件，办结177件，办结率为99.43%；受理举报与建议36件；接待消费者来人来访747人次；县级流通领域商品“消费满意示范店”484户，认定市级流通领域商品“消费满意示范店”52户，申报省级流通领域商品“消费满意示范店”5户。

【广告监督管理】 2013年，全市共有各类广告经营单位544户，其中主营广告业务255户，兼营广告业务289户；全市系统以医疗、药品、食品等广告作为整治重点，强化广告监管，全年共监测大众媒介广告2 021条次，发出责令整改通知书109份；全市工商系统共查处虚假违法广告案件27件，罚款19.23万元；2012年全市应参加广告经营许可证年检单位共15户，实检14户，通过年检14户，有1户未参加年检。

【商标监督管理】 2013年，全市工商系统以争创玉溪市知名商标及云南省著名商标为重点，以扶持、培育、争创中国驰名商标为突破口，全面推进商标战略和广告战略实施。年末，全市有效注册商标5 423件，玉溪市知名商标达到261件，云南省著名商标195件，中国驰名商标7件，地理标志商标3件。全市工商系统共查处侵犯注册商标专用权案件22件，罚没金额20.4万元。

【打击传销】 2013年，全市工商系统开展打击传销专项清查整治行动，共出动执法人员2 782人次，执法车辆618台次，检查人员易聚集场所3 058个次；印发宣传资料42 950余份，悬挂横幅宣传牌宣传画等1 588张，设置宣传展板5块，发布警示提示9次，公益广告4次，组织现场咨询活动78次；走访群众1 620余人；走访学校、企业、合作社112家，查处传销案件18起，罚款3 400元，捣毁取缔传销窝点11个，教育、遣散参与传销人员81人，公安机关对涉传组织领导人员2人进行依法刑拘。

【打击走私】 2013年，全市工商系统先后对汽车配件（摩托车配件）市场、非法拼组装汽车（摩托车）、两烟市场、进口商品、冷冻食品等开展专项整治行动，集中力量严厉查处经销无合法来源进口汽车、摩托车、汽配、电器、食用油、成品油、香烟、洋酒、饮料、通信器材、电脑及其零配件等商品的违法行为。共查获无中文标识红牛饮料42 480瓶；查处无证销售卷烟案78件，其中，立案查处4件，简易查处74件，没收违法所得97元，罚款4 900元。

（何志兵）

质量技术监督

【质量兴市工作】 2013年，市局制订下发了2013年全市质量兴市工作要点，指导质量兴市工作开展。对全市31家部门2012年质量兴市工作开展情况进行总结，对工作中涌现出来的7家质量兴市先进单位、2家先进县（区）、11家先进企业进行了表彰。完成2012年全年、2013年上半年全市产品质量状况年度分析报告上报相关部门。通过调查研究和广泛征求意见，起草了《玉溪市人民政府质量管理奖管理办法（送审稿）》并上报市政府。在“质量兴企”工作中，对全市6个省级以上工业园区的244家工业生产企业进行了摸底调查，建立了168家企业的质量信用档案。对全市生产许可证有效期内的106家工业产品生产企业开展了工业产品获证企业分类监管工作，与17家水泥生产企业和6家化肥生产企业签订了“云南省工业产品生产许可证企业承诺书”。

【实施名牌战略】 2013年，全市共有29家企业的35个产品获得“云南名牌”称号。玉溪质监系统还组织了20家企业的22个产品进行“云南名牌”申报工作。对申报中国质量奖、品牌价值构成要素等有关工作进行了专题培训宣传。云南玉溪仙福钢铁（集团）有限公司、云南省玉溪市太标太阳能设备有限公司也进行了2013年品

牌价值评价数据信息填报工作。

【“质量走廊”建设】 2013年，全市共选择91户规模以上企业作为示范单位，继续打造20个质量管理示范企业、20个质量提升示范企业、9个食品企业落实主体责任示范单位、3个农业标准化示范企业、2个AAA级“标准化良好行为”示范企业、1个旅游标准化示范企业、8个能源计量示范单位、7个诚信计量集贸市场（超市）、7个诚信计量医院、7个诚信计量加油站、7个特种设备分业监管试点单位的目标任务，并出资16万元在昆玉高速路桥架上制作宣传牌1块。

【“质量月”活动】 2013年，全市质监系统围绕工业产品质量、食品安全、特种设备安全、计量、标准化等多方面开展宣传咨询。质量月宣传咨询活动在红塔区凤凰路街道办聂耳公园门口开展，通过悬挂标语横幅、摆放展板、发放宣传材料、假冒伪劣商品展示、现场免费检测、向群众解答疑难问题等方式开展宣传咨询活动，发放《质量发展纲要》、《标准化法》、《计量法》、《食品安全法》、《电梯注意事项手册》、《液化气瓶注意事项》等法律法规知识手册17种3 000余份，悬挂横幅标语一条，制作展板15块，现场免费检测血压计5只，向群众解答问题35条，企业对名特优食品、太阳能产品作了展示讲解。质量月活动期间，全市共组织活动5次，制作、张贴宣传画82张，制作发放宣传资料3 500份，制作展板78个，发送宣传短信210条，处理消费者投诉2个。

【标准化工作】 2013年，全市质监系统加大对11个已检查验收完成的国家级农业标准化示范区的管理和指导力度，易门塔拉、通海洋桔梗鲜切花、华宁柿子3个省级农业标准化示范区建设项目通过了省局考核验收，汇龙生态园省级服务业标准化示范项目完成了省局评估验收工作。完成了2013年的烤烟标准仿制样品审定签封工作。配合中国民主同盟玉溪市委员会完成了玉溪市城市标准化调研和方案的起草工作。完成了新平苦瓜、江川萝卜、华宁生猪等6个标准化项目的储备工作。玉溪红塔烟草劳动服务公司、通海餐饮礼仪2个服务业标准化示范项目也申报省质监局。在地理标志保护产品申报工作中，江川大头鱼和华宁陶两个地理标志保护产品省局已立项。

【计量管理】 2013年，玉溪市质量技术监督局组织辖区内56家能源计量审查单位及各县（区）局计量管理人员共70人参加培训。对全市65家生产企业生产的肥料、水泥、大米、茶叶、酱腌菜等11类92批次定量包装商品净含量进行了监督抽查；在计量惠民生、诚信促和谐“双十”工程中，引导并培育112家单位开展诚信计量自我承诺示范活动；为61家中小学校和社区乡镇提供免费计量服务；在集贸市场计量器具、出租车计价器的免费检定和服务工作中，全年共减免检测费30余万元；在4个集贸市场推行了“四统一”管理制度。在金银制品加工和销售领域专项计量监督检查中，完成26家销售企业的监督检查，检查计量器具26台，抽取样品300余件；对55家重点领域安全用计量器具进行了专项监督检查；在烤烟收购期间，对全市范围内各烤烟收购站（点）的烤烟收购计量器具进行了监督检查，共查处6家计量违规站点。

【认证认可工作】 2013年，全市质监系统开展“世界认可日”宣传活动。宣传《认证认可条例》实施成果，提高了认证认可的社会认知度，营造了人人参与认证、人人享受认证的良好社会氛围。按照国家认监委关于开展2013年实验室资质认定专项监督检查的要求，对辖区内40家资质认定实验进行了检查。开展了机动车安全技术检验机构资格管理监督检查和食品农产品认证监管工作检查。对管理体系认证重点领域开展了监督检查工作。

【食品安全监管】 2013年，在食品药品监督管理职能划转的关键时期，全市质监系统以高度的责任感和使命感值好班、站好岗，全面落实食品生产企业质量安全主体责任，严格食品质量监督和风险监测，按照定人、定区域、定企业、定责任的原则对食品生产单位实行分类监管，探索监管新模式。“两节”、“两会”期间，共抽查食品生产企业547家，在风险监测工作中，对251个样品完成抽检。在食品生产许可工作权限调整后，及时制订《玉溪市食品生产许可工作规范》、《玉溪市食品生产许可办事指南》等四个工作规范指导做好食品资料审核工作。年内，共发放生产许可证106家，证书125个，获证总数达到350家399个产品。玉溪市质量技术监督综合检测中心共检验食品样品3 600个，检验合格3 106个，检验合格率达到了86%。

【特种设备安全监察】 2013年，市政府与市质监局签订了《特种设备安全责任书》，各县（区）政府与各县（区）质监局签订《安全生产责任状》，市局下发了《玉溪市质量技术监督局关于认真落实特种设备安全和节能监管领导“一岗双责”的通知》，把特种设备安全监管责任落实到具体人员。各县（区）局还与辖区内的特种设备使用单位签订了《特种设备安全使用责任书》，明确企业对特种设备安全的主体责任。在此基础上，检验机构落实特种设备检验“三确认”制度，形成了监察与检验工作的互补，提高了特种设备安全监管工作的有效性。年内，出动执法人员1 959人次，检查企业（特种设备）1 119家次，检查特种设备16 537台次（含压力管道），查出安全隐患1 170条，挂牌督办重大安全隐患1条，下达特种设备安全指令书128份，对查出的安全隐患，严格依法责令责任单位进行整改。玉溪市质监局还代表市安委会对华宁县进行了4次安全检查督查。在“两节”、“两会”和南博会期间全面开展特种设备专项检查工作的基础上，在辖区范围内组织了电梯安全专项检查、锅炉安全隐患排查、液化石油气瓶专项检查整治、汛期特种设备安全检查、涉氨制冷企业专项检查整治等专项整治和打非治违工作。组织了电梯困人应急救援演练和液氨泄漏应急救援演练。年内，两次组织监管人员业务培训，为强化《特种设备安全法》的培训宣贯，派出13名特种设备监察人员到成都进行学习，派出2人到福州参加国家局组织的涉氨制冷企业特种设备安全监管研讨会议。年内，全市共受理特种设备安装、改造、维修开工告知681份。办理特种设备使用登记1 920台，完成特种设备作业人员考核发证1 689人，换证1 441人，全市经考核合格的特种设备作业人员共有16 363人。全市特种设备总数达16 362台，压力管道1 518条，各类气瓶148 419只，其中液化石油气瓶132 587只，全年新增特种设备1 920台，压力管道59条。2013年，市质监局被市政府评为“特种设备安全监管单位”。

【打假治劣】　2013年，全市质监系统组织对建材、化肥、液化石油气等19类489个批次产品进行了监督抽查，合格批次387个，检验合格率79.1%。全年共出动执法人员7 097人次，检查企业2 662家次，立案查处案件122件，涉案货值金额955.04万元，2起案件移送公安机关处理。震慑了一批质量违法企业，督促了企业进一步规范生产行为。加强“12 365”、“96 128”举报投诉、咨询热线平台建设，畅通群众质量咨询和诉求渠道，共电话受理咨询投诉229人次，全部及时答复和妥善处理，维护了消费者的合法权益。

【产品质量检验检测】　2013年，云南省太阳能检测中心建设工作已进入设备安装阶段，云南省陶瓷产品质量监督检验中心筹建工作进展顺利。全年共检验各类产品5 069批次（其中食品3 604批次，建材轻工产品1 298批次，电器产品14批次、空气洁净度评测16批次、定量包装商品净含量检验137批次），检定、测试各种计量器具42 482台（件）；检验、校验特种设备7 045台，校验安全阀3 347个，检验压力管道40 366米（出具检验报告151份）。帮助企业把好产品出厂检验质量关，为21家企业培训质量检验人员43名。参与审核工业企业生产许可证14家，审核食品生产企业生产许可证118家。组织人员参加分类监管评价工作，对111家企业进行了实地评价。玉溪市质量技术监督综合检测中心完成甲类特种设备综合检验资质的申报工作，17项新增检验项目也同时申报，增强了质监综合检测能力，科技质监建设工作推进有力。

【云南省烟草产品质量监督检验中心建设】　2013年，市质监局完成了云南省烟草产品质量监督检验中心大楼建设的各项工作，检验大楼即将投入使用。为保障搬迁工作顺利进行，精心策划搬迁方案、周密部署搬迁计划、做好各项调试和检查工作，保证重要财产不遗失，主要设备不损坏，为下一步工作奠定良好的基础。

（陶　丽）

食品药品监督管理

【清理行政审批事项】　2013年1月起，玉溪市食品药品监督管理局对行政许可、非行政许可、正常工作管理、初审转报等审批事项进行了全面清理，最终确认保留9项行政审批管理服务事项。分别为：一类医疗器械注册证书核发、审批药品零售连锁企业经营二类精神药品资格、三类医疗器械经营企业审批、餐饮服务许可证核发、非药品生产企业购用咖啡因审批、麻醉药品和精神药品邮寄证明核发、麻醉药品和第一类精神药品运输证明核发、麻醉药品和精神药品的标准品对照品购用证明核发、《药品经营质量管理规范》（零售）认证。

【简化审批环节】　2013年，玉溪市食品药品监督管理局制订了《压缩项目审批时限工作方案》和《行政审批管理服务承诺书》，在合法合理的前提下，对所有行政审批事项的审批时限进行了大幅度压缩，将所有行政审批事项的审批时限压缩了法定办理时限的三分之二以上，并在《玉溪日报》上进行公示公开，向社会进行公开承诺。一类医疗器械注册证书核发由30天压缩为9天，餐饮服务许可证核发由20天压缩为5天，《药品经营质量管理规范》（零售）认证由78天压缩为25天，审批药品零售连锁企业经营二类精神药品资格由20天压缩为5天，三类医疗器械经营企业审批由30天压缩为9天，非药品生产企业购用咖啡因审批由40天压缩为10天，麻醉药品和精神药品邮寄证明核发由20天压缩为2天，麻醉药品和第一类精神药品运输证明核发由10天压缩为3天，麻醉药品和精神药品的标准品对照品购用证明核发由40天压缩为12天。

【事权划分】　2013年，根据《玉溪市人民政府办公室关于印发玉溪市食品药品监督管理局主要职责内设机构和人员编制规定的通知》有关要求，按照属地管理与分级管理相结合的原则，玉溪市食品药品监督管理局和红塔区食品药品监督管理局将市、区两级餐饮食品、药品、医疗器械、保健食品、化妆品监管工作进行了事权划分。明确自2014年1月1日起，由玉溪市食品药品监督管理局负责市级以上（含市级）党政机关、事业单位、国有企业、省市属高校、中小学、幼儿园食堂的餐饮服务许可和监督管理工作；负责玉溪市高新技术产业开发区内药品生产企业的日常监督管理工作；负责云南玉溪医药有限责任公司（批发），市级以上（含市级）医疗机构、企事业单位开办的医务室药品质量的监督管理工作；负责玉溪市高新技术产业开发区内医疗器械生产企业，云南玉溪医药有限责任公司医疗器械（批发），市级以上（含市级）医疗机构、企事业单位开办的医务室医疗器械质量的监督管理工作；负责玉溪市高新技术产业开发区内保健食品、化妆品生产企业，云南玉溪医药有限责任公司保健食品（批发）的监督管理工作。红塔区食品药品监督管理局负责本行政区域内（除市局监管外）各类餐饮服务单位的行政许可、药品生产企业、药品经营和使用单位、医疗器械生产、经营和使用单位、保健食品化妆品生产、经营和使用和日常监督管理工作。

【案件评查】　2013年，玉溪市食品药品监督管理局开展优秀案卷评查活动。市局成立案卷评查领导小组，从各县（区）局和机关抽调16人采取县（区）局交叉评查、交流探讨、以查代训方式，按照《玉溪市食品药品监督管理局行政处罚案卷评分标准（暂行）》，重点从执法主体是否合法、事实是否清楚、证据是否确凿、程序是否合法、适用法律是否正确等方面对市局、县（区）局随机抽取的42个2012年7月以来行政处罚案卷进行了分析和讨论。通过开展案卷评查，对执法工作中存在的一些共性问题进行了探讨，分析了存在问题的主客观原因以及解决这些问题的对策和措施，提高了行政执法水平和办案质量。

【餐饮服务食品安全工作】　示范创建工作。2013年，玉溪市食品药品监督管理局推进餐饮服务食品安全“百千万”示范工程建设，第一批示范创建工作中，全市5个省级示范县、9条省级示范街、20个省级示范店（包括8个示范学校食堂）于2013年7月通过考评验收。第二批示范创建，申报4个云南省餐饮服务食品安全示范县、11条示范街、95个示范户。

量化分级工作。2013年，玉溪市食品药品监督管理局按照省食品药品监督管理局下发的量化分级管理工作实施方案，开展餐饮服务食品安全量化分级管理评定工作，对8 029户餐饮服务单位进行餐饮服务食品安全量化分级等级评定，评定出A级单位113户，B级单位4 481户，C级单位3 435户，量化分级覆盖率达100%。

【食品安全专项整治】 2013年，玉溪市食品药品监督管理局开展餐饮环节鲜肉及肉制品、预防野生菌中毒、学校食堂食品及学生营养餐、H7N9禽流感防控、节假日期间餐饮食品安全专项整治工作。

【保健食品、化妆品安全监管】 2013年，玉溪市食品药品监督管理局通过建立约谈制度、实行备案管理、强化日常监管、开展专项整治、检查与专项抽检相结合等五措并举，保健食品化妆品安全监管工作开创了新局面。一是组织保健食品、化妆品生产经营企业签订《保健食品生产企业承诺书》、《化妆品生产企业承诺书》、《保健食品经营企业承诺书》，强化企业是质量安全主体责任。二是加强备案管理，建立了保健食品数据库，建立了纸质档案和电子档案，做到了静态与动态监管相结合，提高了监管效率。三是组织开展了保健食品“打四非”、保化品违法违规专项检查、伪劣保健食品——健康牌减肥胶囊、化妆品——医圣天下无斑美白祛斑霜专项检查、节日期间专项检查等十余项专项检查。四是完成化妆品10批唇膏、10批指甲油的抽样任务，完成19批辅助降血糖、1批辅助降血压、2批减肥功能的保健食品的抽样任务。

【药械市场监管】 2013年，全市食品药品监督管理系统共出动执法人员7 279人次，监督检查药械生产、经营、使用单位7 892户次，查处假劣药械违法案件145起，涉案金额41.02万元。按照省局的统一部署，开展了“两打两建”、中药材和中药饮片、特殊药品、流通环节疫苗、含麻黄碱类复方制剂、医用氧、口腔义齿、医用敷贴和重大节假药械安全专项整治活动。

【药品安全示范县（区）创建】 2013年，玉溪市食品药品监督管理局按照省局统一部署，及时召开了全市药品安全责任体系评价暨药品安全示范县（区）创建工作动员会，对药品安全责任体系评价和示范县（区）创建工作进行部署，形成了纵向到底，横向到边的网络工作格局，同时将药品安全责任体系评价工作与药品安全示范县（区）创建工作紧密结合，从市级层面和县（区）级层面设立组织领导机构，制订工作方案、明确工作任务、工作时限、工作职责，评价内容、评分标准、评价依据等。全市九个县（区）均通过药品安全责任体系评价初评验收。

【基本药物质量安全监管】 2013年，玉溪市食品药品监督管理局对全市基本药物生产、使用单位的监督检查，抓好基本药物品种药用原辅料来源追溯以及生产过程的物料平衡检查，加强基本药物配送企业监管，落实基本药物全品种电子监管、全品种抽验和工艺核查制度，推进药品生产企业入网和赋码工作。

【特殊药品管理】 2013年，玉溪市食品药品监督管理局对全市5个美沙酮维持治疗点和1个美沙酮药物依赖治疗康复中心每2个月检查1次，对重点医疗机构麻醉药品和一类、二类精神药品使用情况进行重点监督，运用药品电子监管网对特殊药品区域性批发企业、4家市直医疗机构的麻醉药品和精神药品的进销存情况进行动态监控。

【证照管理】 2013年，全市共审核办理许可4 882户，其中：新办许可证1 340户，到期换证3 111户，变更82户，注销餐饮服务许可证347户；全市GSP认证85户，其中：新开办认证35户，到期再认证41户，专项认证9户；共受理新开办药品经营企业申请30家、新开办医疗器械经营企业申请48家；受理变更药品经营许可事项申请72家、变更医疗器械经营许可事项申请39家；受理药品经营许可证到期换证申请44家、医疗器械经营许可证到期换证申请72家。

【新实验大楼竣工】 2013年，玉溪市食品药品检验所新实验大楼竣工。食品药品检验实验室资质认定（计量认证）申请的180个检测项目、食品检验机构资质认定申请的176个检测项目全部通过并获得资质认定证书。新建实验楼安装了计算机网络、楼宇自控、安全防范等智能化系统，配置了先进的通风设备、酸碱废气处理装置、废水处理系统，使经过处理后的废气、废水排放达到国家环保要求，同时配备事故急救处置设施，实验室人员安全及工作环境得到保障，采用合理垂直布局设置，整体达到省内同行业较先进的水平。

【药品监督抽验】 2013年，玉溪市食品药品检验所共完成药品检验1 150批次，其中：监督抽验200批次，不合格药品21个批次，不合格率为10%；基本药物抽验150批次，检验合格149批次，不合格1批次，不合格率0.67%；药品快检快筛800批次。

【药物不良反应与药物滥用监测】 2013年，玉溪市药品不良反应监测中心向省药品不良反应监测中心报送了1 684份《药物不良反应/事件报告表》、2 734份《药物滥用监测报告表》，460份《医疗器械不良反应/事件报告表》，报表数量和质量得到了省食药监局的表彰。

【药品违法广告治理】 2013年，玉溪市食品药品监督管理局开展药品广告专项整治，对辖区内3家电视媒体，1家平面媒体，1家广播电台刊播的药品广告进行24小时不间断监测。全年共监测药械和保健食品、非药品宣传治疗作用广告8个品种共30条，移交玉溪市工商行政管理局查处的严重违法药品广告共5件，向发布违法药品广告的相关广播、电视等媒体下达《关于责令停止发布违法违规广告的警示函》3份，对销售严重违法的降糖胶囊等22个品种采取暂停销售措施，对销售一般违法品种的通知其责令改正。

【助推医药产业发展】 2013年，玉溪市食药监局研究制定了《局领导挂钩帮扶联系重点医药企业制度》，主动了解、帮助解决企业发展过程中存在的困难和问题。全市年内投资建设的项目共计有13个，包括药品生产企业在建和完成的项目11个，批发企业在建或完成的项目2个。项目总投资达9.62亿元（其中：上亿元的项目1个，上千万元的项目8个，300万元以上、1千万元以下的项目4个）。从经济发展规模看，制药产业已成为玉溪市经济发展新的增长点，为促进玉溪市生物医药产业结构优化升级、迅速壮大产业规模，玉溪市食药监局成立了调研小组，通过实地调研、座谈调研与信息调研等多种方式，听取了各家企业对发展医药产业的意见和建议。3月，形成《玉溪市生物医药产业发展规划报告》上报市委市政府审议。市委、市政府于2013年6月出台《关于加快推进生物医药跨越发张的指导意见》，年内，玉溪21家药企（药品生产企业18家、药包材生产企业2家、空心胶囊生产企业1家），通过GMP认证17家，位居全省第二。

（矣琳莉）

【三项监测】 2014年4月，省药品不良反应监测中心组织2013年度药械安全性监测工作五个奖项评比中，玉溪市食品药品检验所取得两个全省第一、三个全省第二的好成绩，即：药品不良反应监测新的严重的报告比例全省第一（新的严重的报告比例62.44%，全省2013年平均比例32.68%）；药物滥用监测综合工作全省第一；药品不良反应监测百万人口报告数全省第二（百万人口报告数779.63，十二五规划要求目标为百万人口报告数400）；医疗器械不良事件监测百万人口报告数全省第二（百万人口报告数208.77，十二五规划要求目标为百万人口报告数100）；医疗器械不良事件洗胃机重点监测工作全省第二。

【“对照药材研制”项目】 2013年5月17日，玉溪市食品药品检验所中药室接到国家药品标准中“对照药材研制”项目的任务。“对照药材研制”是中国食品药品检定研究院中药材标准研制项目，云南省共承担了24个样品。除省食品药品检验所承担9个外，其余15个由6个州、市所承担，仅我玉溪市食品药品检验所就承担了5个，分别为：金荞麦、毛大丁、滇鸡血藤、荜澄茄、胡黄连，占地州所承担总额的1/3。

（苏恩尹）

国土资源管理

【概况】 2013年，玉溪市国土资源局完成了各项目标任务。玉溪市获国家测绘地理信息局授予“全国数字城市建设示范市”称号；市局获“玉溪市2009～2012年行政执法责任制评议考核先进集体”称号。办理市委、市政府领导批示件120件；完成招商引资4.78亿元（超额完成0.78亿元），完成向上争取资金3.43亿元（超额完成1.8亿元）。10个低丘缓坡试点项目批准土地征收转用571.83公顷，向省级争取到低丘缓坡开发利用专项资金6 000万元。全年农用地转用及土地征收659.44公顷，供应项目用地659.47公顷。完成中低产田改造1 048公顷，完成投资3 456.63万元。投资7 333.37万元实施占补平衡项目，新增耕地1 211.29公顷（1.81万亩）。实施大型地质灾害防治项目4个，投资3 085万元；实施中型地质灾害防治项目7个，投资1 200万元；实施地质灾害搬迁项目2个，投资380万元；争取到5个大型以上地质灾害防治项目，投资概算8 322万元。

【汪民到玉溪调研】 2013年7月11日，国土资源部副部长汪民一行在云南省国土资源厅厅长和自兴，玉溪市副市长左广陪同下，到澄江县帽天山调研地质遗迹保护工作。

调研组考察了帽天山澄江动物化石群国家地质公园和地质环境整治现场，听取了动物化石群发现、保护剂周边地质环境治理工作情况汇报后，对玉溪各级政府高度重视化石地保护，采取有效措施进行地质环境治理工作取得的成效给予了肯定。

【农村集体土地确权登记发证工作】 2013年，全市农村集体土地所有权确权登记发证工作进展顺利。截至2013年12月底，全市地籍调查完成24 198宗，面积1 397 453.18公顷，调查率99.6%。登记发证完成23 812宗，面积1 391 433.48公顷，登记率94.8%。全市应该开展农村集体建设用地、宅基地调查的宗地549 574宗，面积22 666公顷，2013年完成调查宗地99 269宗，涉及40个乡（镇）、街道，230个村、居委会、社区。

【低丘缓坡土地综合开发利用试点】 2013年，玉溪市第一批启动的11个低丘缓坡土地综合利用试点项目通过了省级评审，截至2013年12月底，省国土资源厅批准了研和工业园区、红塔区观音山、华宁新庄工业园区、澄江县蛟龙潭工业园区、江川县龙泉山、通海县大石山、易门县公鸡山、新平县桂山工业园区和元江县甘庄工业聚集区干坝项目区、峨山化念移民再就业工业园区等10个低丘缓坡土地综合利用试点实施方案，均已完成在线备案工作，共批复一期开发规模1 658公顷。2013年动工开发面积464.2公顷，土地征收、土地平整、基础设施建设投资5.63亿元，引进或正在洽谈工业企业项目130个，预计总投资117.6亿元。

【土地利用总体规划】 2013年，玉溪市八县一区土地利用总体规划（2010~2020年）进入全面实施阶段，5月，乡级土地利用总体规划通过国土资源部的反馈意见进行修改后，完成了上图入库和汇交审查。在实施过程中，由于低丘缓坡项目的及相关产业导向调整，年内，共调整土地利用总体规划15次。

【土地利用总体规划修改方案进行听证】 2013年7月23日，市国土资源局组织召开听证会，就《玉溪市土地利用总体规划（2006～2020年）修改方案》听取各方意见。

根据《国土资源部办公厅关于规范土地利用总体规划评估修改试点工作的通知》，玉溪市作为云南省唯一一个试点市，先行开展市级土

2013年1月19日，饶南湖代理市长主持召开玉溪市土地储备委员会第一次会议

（国土局提供）

地利用总体规划定期评估和适时修改工作。

16名听证代表中有政府相关工作人员、普通市民代表、人大代表、政协委员、法律工作者等。在审阅修改方案文本的基础上，听取了编制单位的情况介绍，经询问、答疑和讨论，听证代表认为，修改方案紧扣全市经济社会发展与土地资源利用需求，修改内容科学合理、内容翔实、数据清晰，具有可行性。听证代表们从个人、部门和全市的角度出发，对修改完善文本提出了意见和建议。

【建设项目用地预审】 为缩短办事流程，提高工作效率，建设用地预审时间由20个工作日调整至6个工作日。2013年全市办理建设用地预审报件41件，其中，市级审批权限24件（总面积62.497 2公顷），初审转报省厅审批17件。

【用地保障】 2013年，全市共上报农用地转用及土地征收报件37件面积659.44公顷。其中：农用地588.02公顷、建设用地71.42公顷、未利用地7.49公顷。审查报批供地报件134件，面积659.47公顷，其中：低丘缓坡项目试点区内工业项目用地20件面积96.08公顷；保障性住房用地报件5件面积9.75公顷；仓储用地59件面积380.31公顷；商服用地31件面积109.62公顷；住宅用地25件面积140.01公顷；其他用地19件面积29.53公顷。

【土地供应】 2013年，全市共办理土地供应54宗，面积184.61公顷（2 769.15亩），供应总价款14.99亿元。其中：划拨用地13宗，面积23.06公顷，供应价款1.80亿元；协议出让2宗，面积3.07公顷，出让价款0.29亿元；招拍挂出让39宗，面积158.48公顷，供应价款12.91亿元。

【农民建房用地管理】 为了推进美丽乡村建设，节约集约利用土地，玉溪市出台了规范农民建房用地管理的政策措施。市人大常委会2013年6月25日通过决议，玉溪市中心城区红塔区城市规划区范围内涉及的246个居民点，禁止新批一户一宅用地。市政府7月2日决定，自即日起，暂停农民建房宅基地审批，实行新的农民建房用地审批政策，即玉溪市中心城区246个居民点，禁止新的一户一宅用地审批，新建住房按照城市社区建设标准执行；各县县城、城郊结合部农民建房，按照城市社区建设标准执行；其他区域的农村居民建房用地，在符合土地利用总体规划和村庄建设规划的前提下，按照村庄建设规划全覆盖、建设一张图，申请新批宅基地必须把老宅基地交回农村集体经济组织的办法进行审批；做好农村农民房屋所有权和宅基地建设用地使用权抵押工作，支持特色民居建设。

【土地作价入股】 2013年5月，玉溪市出台了《中共玉溪市委办公室玉溪市人民政府办公室关于积极采用被征用土地作价入股确保被征地农民长远生计有保障的通知》，首次提出晋江、晋红高速公路建设征地补偿费折价入股。在江川县和峨山县区域内的市级重点项目征地工作中，开展了被征地农民征地补偿费折价入股的实践探索，赢得了被征地农民的积极支持。在此基础上，研究制定了《玉溪市人民政府关于征地补偿费折价入股的指导意见》，进一步规范了征地费折价入股的范围、原则、操作程序、股权存续期限、股权变现等相关问题，并在全市范围内推广运用。截至2013年12月底，晋江、晋红高速公路、峨山县大化工业园区低丘缓坡范围征收农民集体土地547公顷（其中，晋江路40公顷，晋红路205公顷，大化园区302公顷），兑付青苗补助费、地上附着物构筑物拆迁补偿费等费用7 400万元，征地补偿费（含林地补偿费）折价入股1.8亿元，每年须支付折价入股收益1 400万元。

【占补平衡项目】 2013年，玉溪市安排实施占补平衡项目25个，建设规模4 329.92公顷，新增耕地2 157.98公顷，预算投资1.66亿元。市级投资计划已经分两批下达（第一批17个，第二批8个），建设期限1年。年内，玉溪市共组织实施了市级占补平衡项目11个，项目建设总规模2 651.25公顷，预算总投资9 523.76万元。截至12月底，9个项目通过了检查验收，完成建设规模2 382.07公顷，完成投资7 333.37万元，新增耕地1 211.29公顷（1.81万亩）。

【数字玉溪地理空间框架建设】 2013年4月25日，“数字玉溪地理空间框架建设”项目通过了由国家测绘地理信息局组织的竣工验收，国家测绘地理信息局授予玉溪市“全国数字城市建设示范市”称号，标志着数字玉溪地理空间框架试点建设工作取得阶段性成果。为确保“数字玉溪”基础数据现势性，年内，市局组织开展了三维模型、地名地址数据、基础影像资料的更新工作及“数字玉溪”的日常维护，其中更新全市范围内三维模型2.95平方千米，地名地址数据2万余条，并结合华宁县作为全省首个全国地理国情普查工作试点的工作实际，更新遥感正射影像数据1 313平方千米。完成了对数字玉溪地理信息公共服务平台、数字玉溪国土资源综合服务系统及“天地图·玉溪”的日常维护，实现平台及系统的全天候正

2013年，元江县澧江镇凉水箐土地开发项目将新增耕地出租给元江越楠农业科技公司种植火龙果 （市国土局提供）

常运行。

【基础测绘工作】 2013年，玉溪市组织落实低丘缓坡土地综合开发利用试点地形测图项目，督促各县（区）及时上报测图计划，积极筹措项目资金，并对测图验收工作进行全程监督。年内完成了共计约49平方千米的1∶500低丘缓坡测图项目，同时完成约54.2平方千米城镇化建设1:500地形测图工作。

【执法监察】 2013年，全市共立案查处土地违法案件16宗，面积52.67公顷，其中耕地7.54公顷，拆除建筑物55.66百平方米，收取罚款335.23万元，违法占用耕地案件查处率为100%。立案查处矿产资源违法案件37件，已结案34件，罚款68.62万元。

【土地卫片执法检查】 根据2012年度土地卫片执法检查遥感监测成果，玉溪市图斑共计316个，面积4 647.18亩，其中耕地面积3 547.25亩。疑似违法图斑114个，分割合并后共71宗地，面积1 549.36亩，其中耕地面积1 048.35亩。判定为合法用地的50宗，面积1 305.64亩，其中耕地面积979.36亩。判定为违法用地的21宗，面积243.72亩，其中耕地面积68.99亩。扣除保障性住房、设施农用地、临时用地、空闲地等，全市违法占用耕地面积占新增建设用地占用耕地面积的比例为1.37%。

玉溪市2012年度矿产卫片执法检查共下发图斑48个，经调查，判定为合法的图斑7个，判定为伪变化的图斑2个，判定为违法的图斑39个。违法图斑非立案处理5宗，符合相关政策不进行处理5宗，立案查处结案29宗。10月11~12日，省国土资源厅验收组受省政府委托对玉溪市2012年度土地矿产卫片执法检查进行验收，玉溪市通过检查验收。

【电子政务建设】 2013年全市全力推行建设用地三级联网审批，共联网上报电子报件85件，为全市用地报件的网上报批提供了强有力的信息技术保障。全市共办理电子公文15 416件，审批电子报件1 309件。

【政府信息网上公开】 2013年，全市国土部门在网站发布信息1 595条，其中：国土资源门户网站574条；政府信息公开网站871条；“阳光政府”专栏中重点工作通报71条、重大决策听证2条、重要事项公示32条；工程建设领域项目信息和信用信息公开专栏45条。

【信访工作】 2013年，全市国土资源系统共受理信访事项240件/427人次，同比件数下降2.83%，人次增加10.05%。其中市局受理84件/102人次，同比件数增加10.52%，人数增加45.71%；县局（分局）受理146件/286人次，同比件数下降14.62%，人数下降10.06%。信访案件中，市局收到省厅、市长热线办、市信访局转来信访件33件；网上信访10件；来信11件；来访26批/102人次；电话反映4次，合计84件/102人次。

【法律法规宣传】 2013年，全市共举办国土资源法律法规、业务知识培训43期，受训3 309人次；召开各种会议111期，受宣8 579人次；张贴和书写标语8 946条；广播宣传530次；设立法律咨询台70个，接待咨询3 794人次；黑板报宣传97期；发放宣传特刊、宣传手册、折页等宣传材料共23.11万份（其中《玉溪日报》专刊70 000份）；出动宣传车34辆/42次；制作宣传展板90块/次；播放电视宣传口号45次；投入宣传人员557人；共投入宣传经费27.5万元。

（谢丽红）

土地储备

【管理体制改革】 2013年，玉溪市土地储备中心直属市政府垂直管理，中心主任高配为正县级，副主任高配为副县级，主导全市土地收储、土地一级开发整理、土地委托交易、土地储备融资等工作。

【土地收储】 2013年，玉溪市土地储备中心共签订土地一级开发整理委托合同13个，委托面积1 778.90公顷，收储土地486.14公顷（含大化园区收储面积），完成计划224公顷的217.03%。

【土地委托交易】 2013年，玉溪市土地储备中心共组织上报市储委会审批通过66宗项目用地，面积289.78公顷，其中，市土地储备中心项目用地40宗，面积191.42公顷；上报市储委会审批土地储备方案44宗，面积213.95公顷，其中，市土地储备中心土地储备方案21宗，面积133.13公顷；完成委托交易51宗，面积197.41公顷，其中，市土地储备中心储备土地完成委托交易33宗，面积131.73公顷，完成计划107公顷的123.11%。

【土地储备融资】 2013年，玉溪市土地储备中心共筹集土地储备资金44.47亿元，其中：贷款融资发放24.80亿元（获批49.78亿元，暂未发放24.98亿元），完成计划的165.33%，财政拨入等方式筹集土地储备资金19.67亿元。

【储备土地前期开发整理】 2013年，玉溪市土地储备中心共组织实施了14个储备土地前期开发整理项目，整理面积42.16公顷，完成计划42公顷的100.38%，累计完成投资1.32亿元，确保了新西河路二期道路工程、秀山路延长线道路工程等市政府重点督查的项目按时完工。

【土地储备制度建设】 2013年，玉溪市土地储备中心在充分借鉴外地成功经验的基础上，结合实际，拟制并审批了印发了《玉溪市土地一级开发整理管理办法》、《玉溪市土地储备支出核算管理办法》、《玉溪市引入社会资金参与土地一级开发整理项目办法（试行）》等一系列规章制度，创新了土地收储模式，完善了土地收储、土地供应、土地资金管理等制度，使土地储备管理工作走上规范化轨道。

（周　海）

矿产资源管理

【概况】 截至2013年，全市共发现

各类矿产45种，其中能源矿产2种、金属矿产11种、非金属矿产32种。探明资源储量矿产42种。铁、铜、镍、磷、石灰岩矿为玉溪市优势矿产，铁矿主要分布在新平县、峨山县、红塔区、易门县；铜矿主要分布在新平县、元江县、易门县；镍矿主要分布在元江县、新平县；磷矿主要分布在澄江县、江川县、华宁县，石灰岩矿全市都有分布。

【矿产资源审批】 2013年，玉溪市共办理水泥用灰岩、普通建筑用砂石粘土采矿权共34个，其中：延续登记16个，变更登记9个，注销登记9个。全市一区八县已全部开通联网审批平台，统一窗口收件，配备了专职维护人员，三级联网审批正常开展，全市共完成了116个省级发证矿业权的复审、报审。其中：探矿权73个，采矿权43个。

【矿产资源储量登记管理】 2013年，玉溪市完成33个地质勘查报告、10个储量核实报告和1个闭坑报告审查备案。完成44个矿山资源储量查明、34个矿山资源占用、4个建设项目压覆矿产和1个停办矿山资源储量登记。征收入库2013年度矿产资源补偿费5 999万元。

【“打非治违”工作】 2013年，按照全市的统一部署，玉溪市国土资源局制订了《玉溪市国土资源局“打非治违”工作方案》，成立了工作领导小组，严格安全生产准入条件，开展“打非治违”工作。督查组通过听取县（分局）局工作情况汇报、查阅相关资料，个别走访座谈，随机深入部分矿山企业实地进行检查等方式，对各个县（分局）开展工作情况进行督查。提出书面督查整改意见、整改要求共63条。全市“打非治违”专项行动共查处无证采矿56起、持过期许可证勘查开采25起、越界勘查开采26起；下发停工通知书36份；取缔关闭矿山3个、停产整顿矿山1个、限期整改矿山13个；没收矿产品44吨及违法收入3.2万元；收取罚款62.2万元。

【地质灾害防治】 2013年，全市辖区内通过巡查排查落实了612个重点地质灾害隐患监测点，配备了1 024名监测员。市政府安排了群测群防工作经费234.5万元，组织开展了612个重点监测点地质灾害避灾演练。编印地质灾害防治宣传画张贴到全市612个重点地质灾害隐患监测点群众家中，增强了群众防灾避灾意识。

年内，实施大型地质灾害防治项目4个，投资3 085万元；实施中型地质灾害防治项目7个，投资1 200万元；实施地质灾害搬迁项目2个，投资380万元；向省国土资源厅争取到大型以上地质灾害治理项目5个，总投资匡算8 233万元。争取到省级地质灾害防治切块专项资金规模1 354万元，华宁县宁州街道办王马社区小河小组地质灾害整村搬迁项目省级补助专项资金45万元，年内，争取到省级地质灾害防治工作经费15万元、群测群防工作经费60万元。玉溪市被确定为省级地质灾害防治信息化建设三个试点之一。

【地质灾害“十有县”创建】 2013年1月4日，国土资源部公布了全国第四批地质灾害群测群防“十有县”名单，玉溪市的华宁县、易门县名列其中。至此，玉溪市八县一区全部荣登全国地质灾害群测群防“十有县”。

自2009年国土资源部开展地质灾害群测群防“十有县”（有组织、有经费、有规划、有预案、有制度、有宣传、有预报、有监测、有手段）创建活动以来，玉溪市市、县（区）两级政府和国土资源部门把地质灾害防治作为关注民生的一项重点工作来抓，不断健全各级群测群防网络和预警预报系统建设，加大灾害隐患的治理力度，地质灾害防治工作取得了明显成效。新平县2009年底第一批进入，红塔区2011年1月进入，澄江县、江川县、通海县、峨山县、元江县2012年1月进入。

【地质灾害防治规划听证会】 2013年1月25日，玉溪市国土资源局组织召开《云南省玉溪市地质灾害防治规划（2011—2020年）》听证会，听取社会各方面对规划修改完善建议。依据国家、省关于地质灾害防治工作规划编制要求，玉溪市从2011年底开始启动《云南省玉溪市地质灾害防治规划（2011—2020年）》编制工作，该规划成果于2012年12月26日通过了市级评审。参加此次听证会的32名听证代表由人大代表、政协委员、法律工作者、专家、基层干部等组成。听证会代表在审阅规划文本、听取了编制单位的情况介绍，经询问、答疑和讨论，听证代表对规划文本的修改完善提出了建议。编制单位将采纳听证会代表提出的合理建议，对规划进行修改完善后报省级批准实施。

【地质找矿行动】 2013年，玉溪市国土资源局积极参与、协调、配合做好辖区内全省三年地质找矿行动项目的实施，主动服务，全力推进省地质勘查基金项目区的选定和立项工作。

新平大红山外围铁、铜矿资源勘查项目，面积800平方千米。2013年10月野外工作通过省三年找矿行动计划项目管理中心验收，实际完成投资2 568.16万元，省地质勘基金投入1 981.39万元、企业投入586.77万元。取得的成果：大致查明大红山外围磁异常特征及地层、构造、岩浆岩分布特征，大致查明东么、底巴都重点勘查区矿化分布情况、矿化强度、矿体厚度、矿石结构构造、成矿控制因素及矿床成因，大致了解外围地区矿化分布情况及矿化特征。

云南省峨山峨腊厂地区铜多金属矿重点勘查项目，面积862.79平方千米，是云南省3年找矿行动计划第一批重点勘查项目。野外工作通过省三年找矿行动计划项目管理中心验收，实际完成投资1 099.44万元。取得的成果：不同岩性中找矿工作取得新发现，新增334铜金属量6 000吨左右，新增333类超贫磁铁矿矿石量2 000万吨左右。

完成《云南省峨山县丁皎－总果铁矿普查勘查项目》和《云南省峨山县驴子箐铅锌多金属矿普查项目》2个省地质勘查基金全额投资勘查项目的选区和立项，经费概算为758.52万元，预期将在铁、铅、锌、钨矿找矿方向上有所突破。

【地质环境保护与治理恢复】 2013年，市局积极向省国土资源厅协调汇报，争取易门县矿山地质环境治理工程项目列入国家级示范工程，项目总投资68 689.62万元，其中申请中央补助36 812.87万元，其余不足资金由易门县人民政府筹资解决。该项目可行性研究报告已完成，等待省国土资源厅初评后按程序申报。截至2013年12月底，收取矿山地质环境保护恢复治理保证金10 052.38万元。

（谢丽红）

玉溪矿业

【生产经营】 2013年，玉溪矿业有限公司生产铜精矿含铜3.91万吨，铁精矿63.55万吨，铁球团80.4万吨，锌精矿含锌1.2万吨，电积铜973.63吨，主要产品产量超计划完成；实现营业收入28.93亿元，利润2.17亿元，上缴税费4.3亿元，净资产收益率4.89%，流动资金周转率0.99，经营活动现金流入3.33亿元；安全环保实现“五无”，无职业健康、环境污染事故；各项技术指标进一步优化，节能减排完成上级公司下达的考核目标。公司被评为“云南省质量效益型先进企业”；获云南省“科学技术奖励”三等奖；一人获“云南省五一劳动奖章”、一人获“云南省第七届突出贡献专业技术人才”称号。

【降本增效】 2013年，为有效应对严峻的市场形势，提升盈利能力和竞争力，玉溪矿业有限公司制订了《完成年度利润目标行动方案》，并启动了YDJ2013——稳产降本提质增效A级预警管控，围绕产量、利润、成本三大目标，成立管控单元，明确实施项目，持续改进增效措施，深挖降本潜力，层层分解指标，同步制订YDJ预警管控月度绩效考核办法，实行周控、月结高密度监控，实施周管控、月考核、月兑现考核模式，严格执行兑现、考核。各单位、机关各部室结合方案及指标，制订了本单位、本部门方案和实施细则，公司上下形成了全局一盘棋，整体一股劲的攻坚态势。通过可控可操作的持续改进措施，生产成本明显下降，自产铜精矿含铜单位生产成本26 864元/吨，较预算下降1 178元/吨；实现清仓利库创效1 356万元；三项费用较预算下降2 250万元；九大管控单元各项管控措施落实共创效11 521万元，为完成全年利润目标提供了保障。

【改革创新】 2013年，玉溪矿业有限公司继续深入推进运营转型，将运营转型手段和提质增效目标结合，以铜精矿含铜增量项目、三项费用控制等5个PMO项目为抓手，通过日控、周结、月考核的高密度过程监控，提高了运营系统效率，实现创效5 567.08万元；初步完成了CBS地下矿山生产控制基础模块构建工作；启动了红山球团公司的运营转型工作，举办了运营转型现场问题诊断比武大赛，开展了两期运营转型骨干培训；建立了以岗位价值评估为基础的宽带薪酬与支付办法；以大红山铜矿二工区为试点，开展了以流程为中心的组织优化设计第一阶段工作；启动了公司职位体系建设工作，初步搭建了管理、专业、技术、服务保障和生产操作五大职位序列的总体框架；借鉴兄弟单位经验，探索市场化开放型改革路子；按云铜集团公司人力资源综合配套改革要求，完成了第一阶段人员优化配置工作，进一步优化了人力资源结构。

【科技创新】 2013年，玉溪矿业有限公司实施科研项目28项，为计划29项的96%；完成科技专项投入2 068万元，为计划2 017万元的103%；取得科技成果20项，为计划20项的100%；实现成果推广创效2 676.8万元，为计划3 000万元的89%；申报专利2项，完成了申报2项的目标。获得授理1项，建立了以矿山研究院为研发平台，围绕引进四新技术、科技项目研发、自主研发能力建设、科技人才培养的技术支撑体系和研发能力。全年共完成职工经济技术创新工程成果33项；完成青年创新创效成果34项；注册QC小组33个，完成活动课题36项，有4个成果被推荐申报云南省优秀成果；同时组织了公司首次浮选精矿取制样工技能比武，有效促进了产品质量检测的标准化操作水平。

【信息化建设】 2013年，玉溪矿业有限公司历时三年完成了“云铜集团DIMINE数字矿山软件系统推广应用规范编制综合研究”项目，报请云铜集团验收。通过“大红山铜矿矿山数字化与安全生产保障系统集成融合与应用技术研究”项目的实施，完成了大红山铜矿集控调度中心的升级改造及软硬件系统的配置与集成；完成了矿山数字化与安全生产保障系统15个子项的建设；完成了“大红山铜矿数字矿山建设总体规划”，为数字矿山与安全避险系统集成融合提供了基础条件。同时，2013年还完成了“公司三维地质资源管理体系建设研究”、“基于DIMINE软件的矿井通风系统管理应用技术研究”，加快了公司信息技术的推进。

【系统安全状态评价】 2013年，玉溪矿业有限公司修改、完善系统安全状态评价标准，评价单元拓展到24个，评价标准增加到1 688项，基本涵盖了公司所属各单位生产系统及生产技术、职业健康安全环境、设备能源等管理工作。辨识危险源，评价风险，分析风险程度，制订、实施风险管控方案，调整风险控制思路，有效控制风险转化为事故。公司及所属各单位逐级开展系统安全状态评价，实行《系统安全状态评价报告》季审制度，提高系统安全状态评价的针对性和客观真实性。完善评价工作的程序化思路，评估评价结束，由各评估评价小组出具评估评价报告并进入内部网站公布，提高了评估评价工作结果提供决策的时效性。持续加强重大隐患的管控，重点组织对大红山铜矿中部采空区、狮凤山铜矿设备设施拆除及残脉矿回收、狮子山铜矿地压危害及十六中段通风系统、思茅山水铜业公司大平掌尾矿库重大危险源及露天采矿场东南边坡滑坡、洪鑫公司3 560水平跨落等重大风险项目和重大危险源的管控，云南省挂牌督办的大红山铜矿中部采空区高风险项目于2013年6月29日通过云南省安全生产监督管理局验收摘牌。实施安全生产费用项目计划季度评审，2013年下达安全生产费用项目773项，投入费用7 077万元。

【安全标准化管理】 2013年，玉溪矿业有限公司巩固安全生产标准化对标成果，实行安全生产标准化对标方

案季度评审，共下达现场对标项目421项。依据安全生产标准化策划、执行、符合、绩效的思路，策划、实施《安全生产标准化内审方案》，组织公司所属六个单位开展标准化内审，共查出不符合项420项。开展安全生产标准化队（班）组创建，公司所属各单位共计159个队（班）组通过集团公司验收。101个班组开展“五型班组”创建，全部通过达标验收。规范看板管理，按岗位职责、现场标准、危险类别、防范措施、应急处置、安全提示的框架设置，制订69个岗位工种看板管理标识牌下发各单位执行。启动选矿厂安全生产标准化创建。按《选矿厂安全生产标准化评分办法》11个元素标准，对公司所属各单位选矿厂开展安全生产标准化建设。

【三标体系建设】 2013年，玉溪矿业有限公司持续改进质量、环境、职业健康安全管理体系，针对职业健康安全管理体系新增的9个术语、13个术语定义的修改，以完善目标、指标管理体系、方针释义、各专业部门职责与权限、新增条款补充为主要内容，评审、更新《综合管理手册》、《综合管理分手册》、《程序文件》及《管理规范》。评审管理体系运行的符合性、有效性，公司于7月组织开展质量、环境、职业健康安全管理体系内审，通过审核，查出不符合项194项，在闭合整改不符合项的基础上，8月24～30日，公司机关及所属六个单位通过华夏认证中心第二次监督审核，保持了认证合法有效。进一步落实环境风险防范主体责任，完善环境因素、重要环境因素的识别、管控，开展环保风险评估，在评价风险，分析风险程度的基础上，完善环境因素目标指标管理方案。开展环境应急预案评审及备案，确保监测、应急处置、信息发布等各项措施落实到位。继续推进清洁生产审核工作，开展污染防治技术项目的研究和实施，减少排放、降低能耗、物耗以及废物产生，提高资源综合利用率。落实职业卫生主体责任，制订《玉溪矿业有限公司职业卫生基础建设实施方案》，建立健全职业危害项目申报、职业危害告知、检测监控、岗位职业卫生操作规程及“三同时”管理制度，强化了作业场所职业危害因素的日常监测、警示标识管理。完成公司所属各单位职业危害申报，对职业病危害严重项目开展建设项目职业危害预评价、职业病危害控制效果评价。

【企业文化建设】 2013年，玉溪矿业有限公司以推进五色文化深植落地、提升企业文化品牌价值为重点，持续抓好五色文化理念宣贯。组织了高校毕业生入司企业文化培训，开展了企业文化建设问卷调查，向全司职工发放了企业形象宣传片《五色玉矿》和理念故事集《五色魂》。各单位结合实际，通过实施视觉化工程、建设文化广场、评选明星职工等方式，推进了五色文化深植落地。

【和谐企业建设】 2013年，玉溪矿业有限公司持续开展扶贫帮困工作，坚持实施“四不让”工程和“一帮一”活动，春节慰问困难职工家庭1 405户，发出慰问金44.23万元；开展金秋助学活动，为67名困难职工子女解决助学金14.33万元；坚持厂务公开、以人为本的民主管理理念，坚持民主评议领导干部制度，企业民主管理制度进一步完善；推进“四群”教育工作，继续开展“双挂双联”干部直接联系群众工作；坚持领导信访接待日制度，强化协调、重点防控，各类矛盾纠纷得到有效化解，年内未发生群体上访和非正常上访事件；资源综合利用和绿色矿山工作取得新进展，狮子山铜矿继大红山铜矿后再获国家级“绿色矿山试点单位”，大红山铜矿获国家级“矿产资源节约与综合利用先进适用技术推广应用示范矿山”称号，申报“大红山铜矿资源节约与综合利用示范基地”建设项目，建资源节约型、环境友好型企业；积极配合地方党委政府组建绿汁社区，推进老区社会化移交工作，确保了企业稳定，促进了社会和谐。

【玉溪矿业公司合并吸收云南达亚公司】 2013年，根据上级公司关于压缩管理层级的要求，云南达亚有色金属有限公司于1月14日注销，由玉溪矿业有限公司吸收合并。

【大红山铜矿提升为云铜集团中层副职级单位】 2013年，根据玉溪矿业有限公司大红山铜矿的产能规模、管理难度和为云铜集团改革发展所作的贡献，云铜集团于2013年9月将玉溪矿业公司大红山铜矿提升为云铜集团中层副职级单位，管理隶属关系不变，其党政主要负责人职级为云铜集团中层干部副职。

【资源综合利用和绿色矿山建设】 2013年4月21日，大红山铜矿被国土资源部命名为“矿产资源节约与综合利用先进适用技术推广应用示范矿山”，这是中铝公司旗下唯一获此殊荣的矿山企业。2013年3月，狮子山铜矿被列入“第三批国家级绿色矿山试点单位’。

【公司主导制订两项国家标准批准发布】 国家质量监督检验检疫总局、国家标准化管理委员会于2013年11月27日发布中华人民共和国国家标准公告2013年第23号，玉溪矿业公司主导制订的GB/T29 773–2 013《铜选矿厂废水回收利用规范》和GB/T29 998–2 013《铜矿山低品位矿石可采选效益计算方法》两项国家标准批准发布，实施日期均为2014年8月1日。这两项国家标准的批准发布，标志着玉溪矿业有限公司正式跻身国家标准制订者行列。

【玉溪市人民医院矿业分院成立】 根据《玉溪市人民医院与玉溪矿业医院医疗服务与管理战略合作框架协议》及《玉溪市人民医院与玉溪矿业医院业务合作实施方案》，为解决人民群众看病就医需求，探索新的医疗服务体系和就医模式，成立玉溪市人民医院矿业分院。9月29日下午3时，玉溪市人民医院矿业分院揭牌仪式在玉溪矿业医院举行。

【狮凤山铜矿暂停井下开采】 2013年1月1日，经报请云南铜业股份有限公司同意，狮凤山铜矿暂停井下生产。800多职工通过内部单位分流、与民营企业合作经营等方式，得到妥善安置，保持了矿区和谐稳定。

（吕雪敏）

统　　计

【统计服务】　2013年，玉溪市统计局共提供统计咨询服务762件、编发《统计信息》91篇、《统计简报》97期，及时报送市委、市政府及有关部门，保持了较高的采用率，通过《玉溪统计信息网》、《玉溪网》（阳光政府平台）、《玉溪报》等媒体宣传报道。编印《玉溪市国民经济和社会发展统计公报》1 500份、《玉溪统计年鉴》1 000册，在全市“两会”上进行宣传，得到与会代表和领导的好评。年内，面对全市经济发展下滑的严峻形势，及时组织撰写《发展非烟非矿电产业促进工业结构转型》、我市固定资产投资难于支撑“三个发展”》、《玉溪市农民人均纯收入之差距》，以及《保证2013年目标任务完成的措施建议》、《2012年玉溪市县域经济发展情况》、《2013年上半年玉溪市主要经济指标在西部排位情况简析》、《红塔集团对玉溪经济的影响分析》等12篇综合统计分析，引起了市委、市政府主要领导的重视。

【第三次全国经济普查】　2013年，玉溪市成立经济普查机构，明确目标任务，下发了《玉溪市人民政府关于做好第三次全国经济普查工作的通知》，落实普查人员、经费、办公地点，与32个成员单位签订了《玉溪市第三次全国经济普查目标责任状》；多渠道、多形式宣传经普工作，开通玉溪市三经普网站，同时在市统计信息网站中设立玉溪经济普查网页，通过网站及时将市、县（区）的普查工作简报上挂，将国家、省的有关要求下发县（区），指导好县（区）开展普查工作；全市初步选聘普查指导员1 233人、普查员3 256人，“两员”合计4 489人，市县（区）普查办到位工作人员793人，乡（镇）、街道到位1 541人，全市各级参加经济普查的人员近9 000人；反复核实基本单位名录库数据，全市已清查登记单位数150 787户，其中，法人单位12 736户、产业活动单位17 130户、个体经营户120 921户（有证照77 787户，无证照43 134户），联网直报企业936户，摸清了全市第三次全国经济普查调查单位的基本概况；抓好业务培训和综合试点工作。

【企业一套表改革】　2013年，玉溪市各级统计机构按国家制度规定和企业一套表工作业务流程开展，完成对企业数据的审核、验收工作。一是把报表报送过程中遇到的问题归类梳理，提出解决办法和途径，采取措施及时解决；二是探索实施一套表后数据采集、处理方式和数据质量评估方法，探索建立新的工作模式，为提高数据质量打下良好基础；三是按照国家统计局制订的《单位名录库维护管理办法和实施细则》，做好企业名录库的季度更新维护和审核认定工作；四是按规定督促企业做好联网直报数据填报工作，做到在统一平台上分级审核、查询和验收本地区企业联网直报的统计报表数据，有效防止干预企业独立上报统计数据的行为，以确保企业一套表数据真实可信。

【统计“双基”建设】　2013年，全市169名乡（镇）统计人员全部就位，确保了每个乡（镇）2名以上的统计人员。加强县（区）级统计工作规范管理，加大考核力度，在以2012年为基础的全省县（区）级统计规范化考核评比中，红塔区统计局被评为（县）区级统计机构工作规范先进单位；华宁县统计局被评为县（区）级统计机构规范化建设示范单位；新平县统计局、峨山县统计局、通海县统计局分别被获得县（区）级统计机构规范化建设达标单位，进入全省前60名行列。玉溪市统计局纂写的《加强“双基”建设，谱写统计发展新篇章》一文作为全国统计“双基”建设经验交流印发。

【专项调查】　2013年，市统计局加大专项统计工作力度，一是高质量完成妇女儿童统计监测年报和“两纲”监测统计工作；二是精心组织文化产业统计工作；三是认真做好大城市月度劳动力调查工作，做好人口变动抽样调查工作和劳动工资统计“并轨”工作；四是围绕市委、市政府的中心工作和上级统计调查部门安排，结合经济社会形势及有关部门的需求，组织开展了玉溪市环境满意度调查、安全感调查、警民关系调查、城市管理等专项调查；五是配合完成玉溪市宗教信仰调查任务、玉溪市公共环境保护问卷调查工作、民生调查任务，参与云南省总队州、市的文明测评工作等调查。结合调查信息认真分析研究，撰写专题调查报告。

【统计方法制度改革】　2013年，市统计局一是加强国民经济核算，提高对全市经济社会发展趋势的研判能力，通过对统计数据的横向纵向对比分析研究，查找问题，争取上级部门的指导帮助，加强国民经济核算下管一级工作，确保县（区）数据质量的提高；二是围绕市政府二十项重要工作和十件实事，加强对“四上”（规模以上工业、限额以上批发零售业、限额以上住宿餐饮业、重点服务业）企业的纳规工作。10月底，有23家企业进入国家一套表数据库，纳入规模以上工业企业统计，提前完成市政府年初下达的任务；三是加强“三农”预警统计监测，做好全市“粮、油、畜”统计监测工作，跟踪调查“三农”发展新情况、新问题，及时反映“三农”热点、难点、焦点问题，特别针对玉溪种植业的调整，纂写《玉溪三七种植业发展中的喜与忧》、《玉溪市柑橘产业助推农村经济发展》报告；四是加强节能减排统计工作。结合经济社会发展实际和规模以上工业用能情况，开展县（区）能耗数据联审，对效益低、能耗高的企业向市政府和相关主管部门提出关停、整改等建议，对节能降耗存在的重大问题及时向市政府领导报告，全方位加大能源统计服务地方政府，有序开展节能降耗工作的支持力度。五是加大固定资产投资监测力度，规范项目入库审核，对计划总投资1 000万元以上新开工项目，经省统计局确认同意后才能纳入项目库统计，房地产开发项目当年投资过亿元提供项目形象进度监理单按月上报，明确了建设领域证明材料的审核责任，各级统计部门严格把关，确保了项目的真实可靠，同时对跨州市的投资项目进行跟踪统计；六是城乡住户调查实现一体化，年内，全市住户调查一体化工作驶入正轨，数据处理、质量检验、数据发

布等系列工作按既定程序陆续开展；七是第三产业统计工作得到加强，市委、市政府对第三产业的发展非常重视，采取很多措施，加大对第三产业的投入，市统计局积极应对，在收集工商、国税、地税、编办、民政等部门资料和行政记录的基础上，对全市新增、注销和变更的企业进行了调查核实，同时将服务业重点企业调查纳入企业“一套表”范围，建立了重点服务业联网直报单位库。

【统计信息化建设】 2013年，市统计局共投入资金220万元进行网络建设与更新。市县（区）两级现拥有PC服务器15台，UTM设备1台，防火墙12台，隔离网闸1台，三层交换机3台，VPN设备11台，10KVA8小时延时UPS1台，市级互联网接入带宽100兆，县（区）级互联网接入带宽10-30兆，为各县（区）开通了10兆的专线，明确专人负责信息化建设工作。市局重新划分网络，设立涉密单机，将两个网络合并，把办公OA系统移植到统计专网，并实行高于相应等级的技术防护，保密防范意识确实得到加强，经合并后，市局的网络由4个并为3个，即统计内网、互联网、电子公文交换系统。

【统计法制建设】 2013年，市统计局组织干部职工参加普法知识竞赛，将统计法制宣传教育活动落到实处。加强行政审批制度改革，缩短管理服务项目审批时限，简化审批环节，将审批时限由原来的9个工作日压缩为3个工作日。6月，经省统计局巡查组进行评议考核和巡查，对玉溪市统计行政执法工作中所取得的成绩给予肯定。特别是率先在全省成立统计执法支队，开展统计人员备案工作，做出了表率，在全省总结推广。

（蔡　伟）

高新技术产业开发区

【概　况】 2013年，高新区生产总值为615.81亿元，工业总产值768.58亿元。不含红塔集团，高新区实现生产总值54.08亿元，可比价同比增长14.4%；营业总收入168.1亿元，同比增长25.3%；规模以上固定资产投资22.35亿元，同比增长47.1%；地方公共财政预算收入3.9亿元，同比增长17.6%；招商引资到位国内资金30.2亿元，同比增长128.54%，主要经济指标均完成市政府下达的年度目标任务。

【招商引资】 2013年，高新区实际利用到位国内资金30.2亿元，其中：到位国内、省外资金24.78亿元，到位省内、市外资金5.42亿元，到位外资126万美元。创新招商方式，参加首届中国—南亚博览会暨第21届昆交会和中国第七届生物产业大会等活动。华为集团云计算项目、北京德兆环保公司IS垃圾处理示范厂项目进入实质性谈判阶段；浙大云南玉溪智慧科技城项目已签订战略合作框架协议。项目储备后劲不断增强，年内，在谈储备项目10项，投资总额将在50亿以上，全部都是外来投资的生产性项目。

【产业发展】 2013年，新开工项目25个，投资总额逾45亿元；在建项目29个，投资总额46亿元。重大项目建立项目联系推进责任领导挂钩制，加速项目落地，沃森三期主体土建工程9月完工，设备正在调试；贡润祥年产235吨普洱茶膏、云溪香精香料公司年产1 000吨烟草香精、中汇电力等7个项目即将投入生产运营。全年完成2户企业的纳规，现有规模以上企业22户。1~11月，现代食品加工产业发展势头好，规模以上企业实现工业产值9.35亿元，同比增长13.7%；“两烟”配套产业逐步转好，规模以上企业实现工业产值16.68亿元，同比增长7.18%；生物制药产业迅速复苏，规模以上企业实现工业产值7.47亿元，同比增长14.5%。

【提升创新能力】 2013年，高新区共组织上报国家、省、市级各类扶持专项61项，其中：申报科技部2014年重大新药创制研发2项，申报省发改委西部大开发产业政策专项20项，申报省科技厅专项2项，申报省工信委技术改造、战略性新兴产业发展等专项26项。截至12月底，已收到国家及省、市下达的扶持资金累计逾3 700万元。加强孵化器管理，搭建创新创业平台。引进药用级黄腐酸应用试验及产品研发和生产、大学生创业园等项目。鼓励入孵企业参加第二届中国创新创业大赛和红塔区青年创业大赛等活动。17户高新技术企业稳中有进，全年实现产值31.58亿元，占全部工业总产值的35%。

【园区开发】 2013年8月2日，高新区与江川县政府签订了玉溪国家高新区江川龙泉工业园合作开发的框架协议，9月，市政府成立龙泉工业园区开发建设领导小组，高新区和江川县联合成立了指挥部，完成了概念性规划，组织三轮评审、优化和完善，待市政府审定。相继与新平、通海县人民政府签订了战略合作协议，“一区多园”的拓展实践有序推进。拆临拆违首战告捷，3月底如期完成了高新区昆磨高速以东20米范围内的拆临拆违工作，拆除临时违章建筑9 338.58平方米；完成了该范围内的生态屏障建设，绿化面积23 000平方米。完成明珠路二手车市场占道经营整治和明珠路段废旧金属收购单位搬迁；明珠路片区城市综合体设计方案已完成。推进园区控规编制，高龙潭控规已通过市政府审批；九龙片区控规通过市规委会审议，待市政府审批；南片区控规已完成编制，待市规委会审议。加强九龙片区基础设施建设，建成的一经、二经等12条道路投入使用；完成12条道路的行道树种植、隔离带绿化和二经、王经路主供水管道建设；三经、五经路安全护栏安装和五纬路10千伏电力线路支线工程投入使用；二次加压项目进入施工图设计阶段。做好东近面山绿化工作，推动沃森项目地块内水厂的搬迁。加快九龙片区567.15亩农用地转用征收进度，完成九龙片区中所铁厂等四家单位的拆迁补偿和土地收储；组织上报审批市委党校扩建、韵雅生物等11个项目供地方案，供地1 557亩；清理整治闲置和低效利用土地，收回德恒光电产业有限公司和维和药业公司的部分土地；督促天宏香精香料等7个项目开工建设。推进公租房建设，2 500套公租房建设速度加快，首批公租房已在春节前把钥匙分发到分房户手上。

【中组部调研组调研非公党建工

作】 2013年5月17日上午，中组部调研组对高新区个私协会党委下属的玉溪明珠家居有限公司党支部、滇虹药业集团玉溪生物制药有限公司党支部、玉溪沃森生物技术有限公司党总支基层党建工作进行调研。在明珠家俱商场，调研组来到党员示范店仔细询问了经营状况，看到党员经营户主动亮明党员身份并敢于对顾客做出“六个零”公开承诺时，肯定了党员经营户诚信经营的先锋模范作用。在滇虹药业玉溪生物制药公司，调研组了解了该公司通过成立党员攻坚小组，使党员骨干立足岗位发挥先锋模范作用的典型事例。党员带头在技术难点、新项目开发上下苦功获得了多项发明专利，真正做到了困难面前有党员、攻坚克难有党员，为企业带来了巨大的经济效益，达到了党组织发展与企业发展的互促共赢。在沃森生物技术公司，调研组领导对党员季度考核与年终薪酬挂钩制度表现出了浓厚的兴趣，这一激励措施使党员的考核标准得以量化、细化，激发了党员的工作热情。调研组还对三家企业党组织的建设情况、党员发展情况、党员活动阵地等做了详细了解，并查看了相关的文件和档案，对高新区非公企业党建工作已初步形成制度化、规范化作了肯定。

【二手车交易市场周边环境整治】 2013年9月1~8日，高新区组织了市公安局交警直属大队、市工商局高新区分局、市公安局高新区分局、高新区综合行政执法局及红塔区城市管理综合行政执法局、商务局法制办组成分流及联合执法工作组对明珠路二手车交易市场周边违规占道经营及乱停乱放车辆进行专项整治。这次行动前后出动300人次，对明珠路二手车交易市场周边及星云路、桂山路等违停车辆进行清理。在执法过程中，联合执法工作组对每一位占道车辆经营户都进行耐心劝说，让其将车辆分流到亚太汽车城及程业二手车市场，并进行车辆登记保留了影像资料。这次联合执法行动共疏导清理车辆500余辆，处罚违停车辆50余辆。

【大学生科技创业园落户玉溪高新区】 玉溪高新区提供550.26平方米的创业基地，由市劳动就业服务局打造大学生科技创业园，2013年5月，创业园建设完成后，经过招商宣传、在线报名、制订创业计划书、组织专家评审等流程，从40多个申请入园的创业项目中筛选出20个创业项目。至8月末，20位大学生创业者均与玉溪市劳动就业服务局签订了《入园协议书》，正式入驻玉溪市大学生科技创业园。入园的20个创业项目涉及物联网开发、网络工程、高品质水处理产品研发、电子商务、生物科技、绿色食品开发、网站建设推广等多个领域，项目运行后可提供227个就业岗位。至9月20日，已完成工商登记注册的实体有玉溪云嵌物联网开发科技有限公司、玉溪市思创科技有限公司、玉溪亚石科技有限公司、玉溪市安行网络科技有限公司等。

【市容市貌整治】 2014年11月1~20日，高新区管委会开展园区市容市貌专项整治。整治先后出动执法工作人员540余人次，累计清理占道经营810余起，占道设置广告牌42起，占道施工作业67起，暂扣生产工具及经营物品16件、广告牌5块，清理机动车占用人行道停放160余起、列入处罚52件，清理黑的行为26起，督查建筑物料运输及建筑工地施工17起，督查户外广告设置与审批29家。

（吴　磊）

农业管理

【概况】 2013年，全市完成农业固定资产投资12.67亿元，完成中低产田地改造22.90万亩，建立出口备案种植基地29万亩、生猪标准化养殖场42个，启动建设市农科院现代高效农业示范园，建成甘蔗、油菜现代农业产业技术体系综合实验站和生猪综合试验站，建立农业科技示范户10 006户。玉溪市人民政府获云南省“2012年度粮食生产二等奖”、“2012年度农民增收三等奖”、“2013年中低产田地改造一等奖”。年内，全市实现农林牧渔业总产值198.2亿元，可比增长7.5%，其中：农业总产值115.7亿元，同比增长7.7%；牧业产值72.9亿元，同比增长7.3%；渔业产值2.5亿元，同比增长5.9%；农林牧渔服务业产值2.1亿元，同比增长4.6%。实现农林牧渔业增加值112.4亿元，可比增长7.2%，其中：农业（种植业）增加值74.5亿元，同比增长7.3%；牧业增加值31.7亿元，同比增长7.2%；渔业增加值1.6亿元，同比增长5.5%；农林牧渔服务业增加值1.4亿元，同比增长4.4%。农业总产值增幅高于全省0.5个百分点；农业增加值增幅位居全省第一，高于全省0.4个百分点，与2012年相比，位次上升6位。实现农民人均纯收入8 925元，增长17.0%，农民人均纯收入保持了全省第二位的水平，增幅排位从2012年的第15位提高到第7位。

【督办督查】 2013年，玉溪市农业局把办理信访、市长热线、市委市政府重要工作部署、上级领导批示件和局重大事的作为重点督办内容，共督查事项132件（次），重要批示办结率为100%；首问登记157件；限时办结157件，首问首办数157件，首问办结率100%；发布重要事项公示23件，重点工作通报40件；办理信访案件4件。做到了件件有落实，事事有回音。

【建议、提案办理】 2013年，市农业局共承办人大代表建议13件和政协委员提案18件。及时召开局系统建议提案交办工作会，研究代表和委员所提问题，形成《玉溪市农业局关于认真做好2013年人大代表建议和政协提案办理工作的通知》、《承办人大代表建议和政协提案登记表》，通过定期督办、跟踪督办、会议督办、上门督办等形式，完成了31件建议和提案的办理。刘兴荣委员提出的《关于加快玉溪高原特色农业发展的建议》、陈克华委员提出的《关于加快建设农业庄园实现玉溪农业新跨越的建议》分别被市政协列为2013年主席重点督办提案和视察督办提案，由市农业局主办。市农业局制订办理工作计划，召开了交办会、落实了工作责任制，8月20~21日，市政协主席黄宪庭、市政协党组书记冷明德、市政协副主席等市政协领导率市政协提案委、经济委和提案者对玉溪市高原特色农业发展和庄园建设情况进行视察，市政府副市长李平、市政府办、市农业局、市国土局等相关部门人员陪同视察，听取了市农业局和元江县政府对《关于加快玉溪高原特色农业发展的建议》办理情况汇报，参加协商办理的市政协领导和有关人员对提案的办理和玉溪市发展高原特色农业发表了意见建议，对提案的办理表示满意。市农业局被评为“玉溪市第三届人大代表建议办理先进单位”，局办公室副主任盾文忠被评为“建议办理先进工作者”。

【市农业局获“云南省参加全国第七届农民运动会先进集体”】 2013年3月24日，玉溪市农业局被云南省人民政府表彰为“云南省参加全国第七届农民运动会先进集体”。

【中低产田地改造】 2013年，全市完成中低产田地改造22.9万亩，完成投资27 237.67万元，完成小坝塘19件286.79万立方米，小水池392件6.795 万立方米，小水窖3 451件5.34万立方米，建成沟渠353件482千米，管网40件158.6千米，机耕路233件263.69千米，完成提灌站13座，总装机147千瓦，完成坡改梯0.35万亩，土地平整1.58万亩，生物农艺措施0.42万亩，新增耕地0.07万亩。通过省政府的检查考评，玉溪市中低产田地改造领导小组获“2013年全省中低产田地改造工作先进单位一等奖”，新平县获二等奖，易门县、华宁县获三等奖。

【治理农业面源污染】 2013年，全市对“三湖”流域和过境高速公路、市内高等级公路、坝区城镇主干道沿线等四个生态脆弱区进行以拆除塑料薄膜大棚为主的治理农业面源污染工作。截至12月20日17时，全市2013年四个重点区域塑料薄膜大棚总面积为17 932.4亩，其中：已经核实的科研、种苗大棚面积5 657.6亩，应拆迁大棚面积12 274.8亩，已拆迁大棚面积14 229.6亩，完成进度115.9%。从区域分布情况看，昆磨高速公路玉溪段和玉江高等级公路两侧各200米范围已拆除5 057.9亩，市内高等级公路两侧各200米范围已拆除4 562.4亩，坝区城镇主干道沿线两侧各200米范围已拆除3 589.4亩，"三湖"法定水位线外延300米范围拆除1 019.3亩。从县（区）工作进度看，全市八县一区已全部完成2013年四个重点区域的工作目标任务，其中：红塔区拆除4 702.2亩，占应拆数的101%；江川县拆除2 209.6亩，占应拆数的105%；澄江县拆除896.3亩，占应拆数的105%；通海县拆除982亩，占应拆数的100.5%；华宁县拆除286.8亩，占应拆数的100%；易门县拆除754.8亩，占应拆数的100.2%；峨山县拆除2 362.1亩，占应拆数的388.5%；新平县拆除1 385.8亩，占应拆数的100%；元江县拆除650亩，占应拆数的100%。年内，全市共投入治理资金16 717.2万元。

（周文忠）

【完成6个农业发展规划】 2013年，市农业局完成《玉溪市高原特色农业发展规划》、《玉溪市草莓产业发展规划》、《玉溪市葡萄产业发展规划》、《玉溪市现代农业庄园发展规划》、《玉溪市种植业结构调整规划》和《玉溪市畜牧业可持续发展规划》的编制工作。

【中央农业基本建设项目支持玉溪农业发展】 2013年度，全市争取中央农业基本建设项目27项，项目总投资5 222.54万元，其中下达中央资金3 051万元。

【农业基本建设项目督查】 2013年3月，市农业局组织业务主管科室和各县、区农业（畜牧兽医）局对全市2006~2012年农业基本建设项目进行了一次全面的检查，形成检查报告。4月，对玉溪市抚仙湖管理局的100吨级渔政船建造、红塔区的云南省高原鹅良种繁育场建设、江川县农业有害生物预警和控制区域站建设、江川县星云湖渔政执法快艇购置和通海县杞麓湖管理局渔政快艇购置等5个项目开展了专项检查。

【高原特色农业专项资金】 2013年，澄江县、华宁县获省级高原特色农业专项资金支持项目共2项，争取省级资金支持100万元（每县各50万元）。

【农业规模以上固定资产投资】 2013年，全市已完成农业规模以上固定资产投资完成12.6亿元，比2012年增长196.8%。

（张子伟）

【农业专项扶持资金】 2013年度，中央、省级、市级投入全市农业部门专项扶持资金43 790.16万元（不含烤烟生产扶持）。比上年的42 178.43万元，增加12 074.86万元，增28.6%。其中：中央28 406.72万元；省级9 433.56万元；市级5 949.88万元。

【农资综合直补及农作物良种补贴】 2013年，玉溪市对种粮农民农资综合直补9 899万元，资金通过一折通兑付种粮农民，用于生产资料的购买。农作物良种补贴：水稻良种补贴32.2万亩，每亩直补15元，补贴资金483万元；玉米良种补贴94.64万亩，每亩直补10元，补贴资金946.4万元；小麦良种补贴24.82万亩，每亩直补10元，补贴资金248.2万元；油菜良种补贴28.56万亩，每亩直补10元，补贴资金285.6万元。

【农业保险补贴】 2013年，全市农业保险补贴包括农作物种植保险补贴和养殖业保险。农作物种植保险补贴：水稻8.8万亩，保险金额每亩210元，保险费每亩10.5元，保费补贴173.53万元，其中：中央107.64万元，省级22.83万元，市级42.91万元；玉米18.2万亩，保险金额每亩200元，保险费每亩10元，保费补贴227.55万元，其中：中央113.85万元，省级38.62万元，市级75.08万元；油菜15万亩，保险金额每亩230元，保险费每亩11.5元，保费补贴173.89万元，其中：中央95.23万元，省级26.91万元，市级51.75万元；甘蔗4万亩，保险金额每亩230元，保险费每亩11.5元，保费补贴129.2万元，其中：中央76万元，省级24.7万元，市级28.5万元。养殖业保险：能繁母猪25.87万头，保费每头补贴60元，中央、省、市、县承担80%，农民个人承担20%，保险金额1 000元，保费补贴490.1万元，其中：中央323.87万元，省级64.61万元，市级101.62万元；奶牛0.4万头，保费每头补贴360元，中央、省、市、县承担60%，农民个人承担40%，保险金额6 000元，保费补贴47.41万元，其中：中央18.94万元，省级8.05万元，市级20.42万元。

【中央农产品产地初加工补助项目】 2013年，中央农产品产地初加工补助项目资金502.1万元，其中：通海县200.1万元、新平县302万元，专项用于农产品产地初加工建设。

【现代农业生产发展项目】 2013年度，红塔区、江川县、澄江县、华宁县获得中央农业生产发展——蔬菜产业项目补助资金700万元，其中：红塔区100万元、江川县200万元、澄江县200万元、华宁县200万元，资金主要用于蔬菜基地基础设施、园艺设施、包装及技术推广补助；新平、元江县获得2013年度中央农业生产发展——肉牛产业项目补助资金600万元，其中：新平县300万元、元江县300万元，资金主要用于改造及新建标准化牛舍、建青贮窖、建粪污处理设施、种植优质饲草、购置饲草加工机械、培训肉牛养殖等；易门县获得2013年度中央农业生产发展——生猪产业项目补助资金200万元，资金主要用于改造及新建标准化猪舍。

【基层农技推广体系改革与建设补助】 2013年，玉溪市获中央基层农业技术推广体系改革与建设补助资金790万元，每个县（区）中央补助60~130万元。建立试验示范基地39个、培训技术指导员790人、农业科技示范户7 900户、辐射带动示范户158 000户。项目资金主要用于农业技术推广服务补助、农业科技示范补助、农业技术人员能力建设补助。

【中央财政巩固退耕还林成果项目】 2013年，中央基本口粮田建设项目补助标准由每亩补助标准从600元提高到750元，全市获补贴资金1 288.13万元，建设基本口粮田1.718 万亩；农村能源节柴灶补贴资金27万元，推广节柴灶2 700眼；太阳能补贴资金365万元，推广太阳能3 650户；后续产业建设补贴资金138.27万元，建设畜禽棚厩6 000平方米、青贮窖2 100立方米、饲料地3 000亩；农业技术培训1 400人，补贴资金29.6万元。

【菜篮子扶持】 红塔区、通海县、华宁县、易门县、元江县获得2013年中央菜篮子产品生产扶持资金250万元。菜篮子产品生产扶持——畜牧资金主要用于推进畜禽良种化、养殖设施化、生产规范化、防疫制度化、粪污无害化等建设补助。华宁县华大牧业有限责任公司获得生猪产品菜篮子补助50万元；易门县浦贝乡浪皮树肉鸡养殖场、元江县方燕肉鸡养殖大场获得肉鸡产品菜篮子补助30万元；玉溪市绿源康养殖有限公司、玉溪鑫玉养殖有限公司、通海县云春养殖场获得蛋鸡产品菜篮子补助30万元。菜篮子产品生产扶持——蔬菜项目资金主要用于标准化生产基地建设、应用标准化生产技术、改善生产条件、实施全程质量安全管理等补助。通海县天绿蔬菜专业合作社获得蔬菜产品菜篮子补助50万元。

【农业产业化经营扶持】 2013年，省级财政扶持农业产业化经营资金1 050万元，省级乡镇企业重点投资项目资金260万元，市级财政扶持农业产业化经营资金1 000万元，资金主要用于基地建设、生产线建设、贷款贴息、出口创汇奖励等。2013年省级财政发展生物产业项目资金306万元，资金主要用于品牌生物企业、新星生物企业、基地建设等扶持。

【美丽家园建设项目】 2013年，整合省级财政扶持村容村貌整治项目资金300万元，扶持30个自然村进行美丽家园建设，每个村扶持资金10万元；市级整合农业项目资金1 200万元扶持红塔区黄草坝进行美丽家园建设。项目资金重点用于补助实施村内道路硬化、供排水系统建设、公共厕所及垃圾收集点（站）建设、村内公共绿化建设等。

【省级高原特色农业及现代农业庄园项目】 2013年，省级财政扶持高原特色农业项目建设资金100万元，其中澄江县草莓良种繁育及生产示范基地建设50万元、华宁县柿子标准化生态种植示范基地建设50万元。现代农业庄园项目扶持资金1 000万元，其中高香茶庄200万元、褚橙庄园500万元、云南琴淮庄园300万元。

【村级农业技术推广员工资补助】 2013年，全市700个农技推广员，每人每月300元，市级补助200元，县、区补助100元。

【市级高效农业示范园补助】 2013年，全市新增市级高效农业示范园项目资金100万元，积极推行高效种植、标准化生产、品牌化销售。

【农业高产创建项目】 2013年，中央农业高产创建项目补助资金304万元，开展高产创建活动，创建水稻、冬马铃薯、玉米、油菜等19个示范区；省级粮食生产科技增粮项目资金920万元，开展大春粮食高产创建项目19个，小春粮食高产创建项目11个，粮食作物间套种技术推广项目10项。项目资金主要用于核心示范区种子、地膜、微肥、抗旱剂等部分农资补助，新品种、新技术的引进展示和示范，配套技术集成和示范推广，技术培训。

（颜洪敏）

【市级农业产业化专项资金】 2013年，市级财政继续安排农业产业化专项资金1 500万元，根据《玉溪市市级农业产业化专项资金管理暂行办法》规定，市农业局、市财政局紧密配合，拟订下发了《2013年市级财政支持农业产业化项目申报指南》，举办了项目管理培训，宣传了扶持政策，公开了项目申报信息，通过资格审查、材料审查、实地查看、多部门联审、专家评审、部门会商和政府审定七个工作程序，对51个农业龙头企业（农民专业合作社）的69个项目进行扶持，下达县、区项目经费910万元，其中贷款贴息236万元、无偿补助230万元、以奖代补444万元；美丽乡村建设整合500万元；编制高原特色农业发展专题规划及相关经费90万元。

【新认定农业产业化市级龙头企业】 2013年，根据《玉溪市农业产业化经营与农产品加工市级重点龙头企业认定和运行监测管理办法》规定的认定程序和标准，通海巨大浪宋威进出口有限公司、云南盛衍种业有限公司、云南象腾蔬菜有限公司、云南滇中药业有限公司、云南聚宝源生物科技有限公司、云南江川雄鑫农产品商贸有限公司、玉溪市华宁县兴农蔬果开发有限公司、云南通泰贸易进出口有限公司、华宁华大牧业有限责任公司、通海县福慧科技有限公司、云南通海奥极实业有限公司、新平曾华食品有限公司、华宁县溪杞柑橘种植有限公司、玉溪市河东三高家禽养殖有限公司14户企业被市政府认定为第六批农业产业化经营与农产品加工市级重点龙头企业。

【农产品出口突破5亿美元】 2013年，全市农产品自营出口总额达52 519万美元，比2012年增46.5%，占全市出口总额的77.3%，其中水果出口160 967吨，出口额33 398万美元，占全市出口总额的49.2%，居全市出口产品第一位，新鲜蔬菜出口120 640吨，出口额11 965万美元，占全市出口总额的17.6%，新鲜蔬菜出口额与2012年基本持平。全市共有12户企业出口超过千万美元，分别是云南玉溪百信食品进出口有限公司、澄江恒阳农业开发有限公司、云南荣盛实业有限公司、通海高原农产品有限公司、云南通海宋威农产品进出口有限公司、通海茂源果蔬进出口有限公司、云南江川汇海农产品有限公司、华宁盛泉果蔬实业有限公司，云南易门丛山食用菌有限责任公司、云南象腾蔬菜有限公司、通海巨大浪宋威进出口有限公司、云南通泰贸易进出口有限公司，其中，通海巨大浪宋威进出口有限公司、云南通海宋威农产品进出口有限公司、通海茂源果蔬进出口有限公司、华宁盛泉果蔬实业有限公司出口超额均超过4 500万美元，跻身大中型外贸企业行列。通海巨大浪宋威进出口有限公司以出口11 825万美元的成绩居全市出口农产品企业榜首。

【表彰推进农业产业化工作先进单位和组织】 2013年7月，市委、市政府出台《中共玉溪市委玉溪市人民政府关于表彰玉溪市十佳农业产业化龙头企业十佳农民专业合作组织和推进高原特色农业产业化发展先进单位的决定》，表彰在推进玉溪市农业产业化发展中作出贡献的单位和组织，授予云南宏斌绿色食品有限公司等10户农业产业龙头企业“玉溪市十佳农业产业化龙头企业”称号，授予通海洋丽人洋桔梗专业合作等10个农民专业合作社“玉溪市十佳农民专业合作组织”称号，授予红塔区等九县（区）“玉溪市推进高原特色农业产业化发展先进县区”称号，授予市委农办等15个市直部门“玉溪市推进高原特色农业产业化发展先进单位”称号。

【生物产业发展目获省政府表彰】 2013年，云南省人民政府依照2012年度全省生物产业发展目标责任管理检查考核实施办法的要求，对玉溪市生物农业增加值、生物工业增加值、生物产品出口创汇额、税收、规模以上龙头企业数、生物产业招商引资等指标进行考核和评定，被评为一等奖，。

【组团参加第七届中国生物产业大会】 2013年6月20~23日，由国家发改委、科技部、教育部等多部委的支持，中国生物工程学会联合十多家国家级学会（协会）、中国科学报社和国家生物产业基地所在省共同举办的生物产业领域年度大会，以生物资源、产业机遇为主题的第七届中国生物产业大会在昆明国际会展中心举行。玉溪市由市发展生物产业办公室统筹协调，组织云南南宝生物科技有限责任公司、云南司艾特药业有限公司、玉溪沃森生物技术有限公司、滇虹药业集团玉溪生物制药有限公司等13家生物企业参展，展出产品涵盖了生物医药、生物化工、保健品、药妆美肤化妆品、食品、植物种球共6类近100个产品，集中展示了玉溪市生物产业发展最新成果。

【组团考察台湾农业】 应台湾台北市农经会邀请，由市人大常委会原主任董诗强带队，部分县（区）人大主任、市（县区）农业部门管理人员和农业龙头企业管理者组成的玉溪市现代农业交流考察团一行12人于2013年10月17~24日赴台进行了为期8天的交流考察学习。在台期间，考察团与台北农经会进行了座谈交流，了解台湾现代农业发展的情况，重点考察了休闲农业发展的经验，并参观了台一生态休闲农场、福兴农场、永龄杉林有机农业园区（精致农业园区）、垦丁公园、宜兰头城休闲农场（环保生态教育基地）等休闲农场。

【取消不合格企业市级重点农业龙头企业资格】 根据《玉溪市农业产业化经营与农产品加工市级重点龙头企业认定和运行监测暂行管理办法》规定，对2010年12月31日前认定的第一、二、三批农业产业化经营与农产品加工市级重点龙头企业共77户开展监测工作。在各县、区初步监测的基础上，经市农业产业化经营与农产品加工领导小组成员单位的相关专家审查，报市政府批准，云南玉溪百信商贸集团有限公司等70户企业运行监测合格，继续享有农业产业化经营与农产品加工市级重点龙头企业资格。云南振雄水产开发有限公司等7户企业运行监测不合格，取消其农业产业化经营与农产品加工市级重点龙头企业资格。

【农产品加工】 2013年，全市农产品加工业企业（含个体工商户）达3 818户，其中，规模以上的农产品加工企业92户；全市农产品加工业企业从业人员4.29万人，实现总产值158.43亿元，增21.71%，营业收入153.3亿元，增20.55%；上缴税金4.15亿元，增9.54%。在农产品加工业企业中，特色农产品加工企业411户，从业人员2.9万人，实现总产值127.93亿元，营业收入121.92亿元。

【龙头企业发展】 截至2013年底，全市有市级以上农业产业化经营与农产品加工重点龙头企业121户，其中国家级1户、省级38户、市级82户，从业人员2.3万人，企业固定资产总额38.7亿元，年销售收入110.3亿元，利润总额4.5亿元，税金2.3亿元，带动农户增收总额24.9亿元；全市共有24户市级以上农业龙头企业年销售收入超过亿元，其中云南达利食品有限公司、玉溪滇雪粮油食品工业有限公司年销售收入超过10亿元。

（高瑾、李连兴）

【下放和压缩行政审批事项】 2013年8月，市政府组织新一轮行政审批制度改革工作，并经市人民政府第9次常务会议审议通过，决定将市农业机械安全监理所承办的拖拉机、联合收割机登记这一项行政许可审批事项下放到县、区农业（农业机械）行政主管部门管理。至此，玉溪市农业局目前保留的行政审批项目只有4项即种子生产和经营许可证核发；种畜禽生产经营许可证核发；植物、种畜禽引种、水生动物防疫检疫证书核发；拖拉机、联合收割机操作证核发。

【农业行政执法】 2013年10月18日，市农业局邀请玉溪市中级人民法院行政庭有关领导专家，抽调熟悉行政处罚的市、县有关执法人员组成案卷评查组，开展2013年农业行政执法案卷评查活动。参加此次评查活动的行政处罚案卷共17件，按照一般程序实施，90分以上的优秀案卷有14件；80~89分的合格案卷有3件。根据评查结果选送3件优秀案卷参加了省农业厅的执法案卷评查。

年内，由市、县（区）农业综合执法机构负责牵头组织，在保障农业生产安全和农产品质量安全行政执法中，共检查农资生产、经营单位1.27万户次，罚没款8.91万元。

11月8日，市农业局对签订行政执法责任书的局机关10个科室和局属11个执法单位2013年的行政执法工作进行评议考核。经过听取汇报、查阅相关资料，结合行政执法责任制的贯彻

2013年10月9日上午，2 013第九届中国昆明泛亚国际农业博览会盛大开幕。玉溪市副市长李平在玉溪市农业局局长杨正祥、副局长房红彬陪同下到国际会展中心1号展厅玉溪展馆察看玉溪市各参展企业，并详细了解参展企业的生产、销售和参展等情况　（市农业局提供）

落实以及平时行政执法工作的实际情况，对2013年度认真履行行政执法责任制的有关规定、行政处罚及程序规范、工作中难点有突破、创新出亮点的5个优秀科室和5个优秀执法单位给予了表彰。

2013年9月，玉溪市农业局获玉溪市政府“2009~2012年行政执法责任制建设先进集体”。

（林婕婕）

【农资打假】 2013年，全市农资打假查处问题40起，涉及金额4.6万元，责令整改54起，立案查处65起。出动执法人员6 466人次，检查各类农资经营网点11 529个，取缔无证照企业8家，整治重点区域31个。共发放各种宣传资料11.1万份，媒体宣传19次。指导培训204场，培训人员7 249人次。接到省农业厅关于农药、兽药抽检结果通报后，于8月27日、9月18日下发了《玉溪市农业局农业行政执法督查通知》2件，对涉案的4个县（区）6家营销户依法进行立案查处6件。

（张　明）

【配备农产品质量安全流动监测车】 2012年，由省财政出资243万元为八县一区各配备流动检测车一台，2013年2月检测车到位，检测车上配有农药残留快速检测仪、食品安全综合分析仪、兽药残留检测箱等专用检测设备，可检测指标涵盖了有机磷类农药残留、氨基甲酸酯类农药残留、甲醛等50多个项目参数，同时，检测数据可第一时间汇集到省农产品质量安全检测平台。2013年5月，省农业厅对流动检测车检测技术等做了培训，全市九台流动检测车在县（区）的菜地、果园、猪圈、鸡舍巡回流动检测，5~10分钟出检测结果，实现及时预警处置，提升农产品质量安全监管服务水平。

【农产品公共服务机构配备快速检测仪器设备】 2013年，玉溪市农业局在市财政未安排建设资金的情况下，争取省级财政179万元为通海、澄江、华宁、红塔，新平5个县（区）43个乡（镇）实施了农产品质量安全监管公共服务机构监管能力建设项目，各配备了1~2台快速检测仪器设备。配置有设备的乡（镇）设专门用于农产品质量安全检测的实验室，检测技术人员1~2名，开展蔬菜、水果农药残留日常检测工作，为乡镇农产品质量安全监管、田间生产监督检查和产地准出日常抽样检查提供一定的技术支撑。

【市农产品质量安全检验检测中心投入试运行】 玉溪市农业局争取中央投资1 400多万元建设市级质检中心，2013年市质检中心部分检测设备和人员已经到位，开始试运行。中秋、国庆前期，市质检中心对八县一区共148个市级定点检测点进行了蔬菜、水果、畜禽肉、水产品，蛋，奶的全面抽检，共抽样152个进行农残，兽残的定量检测。

【县级农产品质量安全检测站建设启动】 2013年，玉溪市在全省率先实现县级农产品质量安全检验检测机构建设中央项目全覆盖，共争取中央资金3 040万元。红塔区检测站于2011年建设完成并投入运行；通海县、澄江县、新平县，易门县的农产品质量安全检测站建设已完成；其余县的农产品质量安全检测站建设已启动，2015年完工。

（钱本磊、卢玉娥）

【农村劳动力转移培训】 2013年，省委农办、省农业厅、扶贫办和人社厅联合发文下达玉溪市农村劳动力转移就业特别行动计划培训任务为2.31万人、新增转移1.51万人、举办现场招聘会25场。全市九县（区）都争取到中央阳光工程项目，承担农业职业技能和农业专项技术培训任务6 714人，资金200.1万元；红塔区、澄江县、华宁县、新平县和元江县争取到省级农村劳动力转移培训项目，承担培训任务3 250人，补助资金和示范性劳务招聘会补助90万元。截至2013年12月31日，全市农业系统培训农村劳动力24 198人、转移19 785人、举办招聘会31场，分别完成农村劳动力转移就业特别行动计划任务的104.8%、131%和124%。

（李龙梅）

农村经济管理

【农村土地承包经营权流转】 2013年，全市农村土地承包经营权流转面积已达223 106亩，占家庭承包经营耕地面积的18.59%，与2012年相比，增长25.23%。

在流转方式上，全市以出租方式流转土地189 203亩，占流转总面积的84.81%；以转包方式流转土地28 720亩，占流转总面积的12.87%；以转让方式流转土地823亩，占流转总面积的0.37%；以互换方式流转土地717亩，占流转总面积的0.32%；以股份合作方式流转土地2 391亩，占流转总面积的1.07%；以其他方式流转土地1 252亩，占流转总面积的0.56%。

流转主体中，流转入农户的123 980亩，占流转总面积的55.57%；流转入企业64 754亩，占流转总面积的29.02%；流转入专业合作社13 677亩，占流转总面积的6.13%；流转入其他主体20 695亩，占流转总面积的9.28%。

【农村土地承包经营纠纷】 2013年，全市共发生农村土地承包经营纠纷403件，调处375件，调处率达93.05%，余下28件正在处理中，有效维护了农民的合法权益和农村稳定。

（杨雪莲）

【村干部任期和离任经济责任审计】 2013年，全市农业部门投入审计人员450人，对全市662个村（居）委会、6 189个村（居）民小组的7 317个村组干部开展任期和离任经济责任审计。已审单位资金总额31.08亿元，审计查出4个单位违纪，违纪金额53.33万元，其中贪污案件2件，贪污金额46.9万元，已经全部退赔；7人移交司法机关处理。

【农村集体“三资”管理】 2013年，全市筹集培训经费120.58万元，举办“三资”管理培训班328期，培训乡（镇）“三资”委托代理人员、村组干部、报账员、民主理财小组人员18 663人次，培训内容涉及农村“三资”管理规范化建设、村集体经济组织会计制度、“三资”管理软件系统操作技能等方面。

年末，全市共代管农村集体资金252 305万元；农村集体资产678万件，资产原值475 772万元；耕地46 841块，面积257 571亩；林地725 466块，面积6 750 214亩；果园428块，面积7 086亩；建设用地16 676块，面积51 863亩；水面16 676块，面积51 863亩；矿山4 953宗，面积134 208亩；道路261 002条，长度44 683千米；沟渠6 933 522条，长度25 751千米；其他农用地2 268 760块，面积205 539亩。

【农村集体经济组织收益分配】 2013

年，全市农村集体经济组织实现总收入164 396万元，其中经营收入23 909万元，发包及上交收入34 154万元，补助收入51 834万元，其他收入54 049万元，投资收益450万元。总支出114 364万元，其中经营支出12 009万元，管理费用42 281万元，其他支出60 074万元。总收益50 032万元，加上年初未分配收益6 768万元和其他转入9 653万元，全年实现可分配收益66 453万元。在提取公积公益金48 448万元后，农户分配7 242万元，年末未分配收益9 997万元。

【农村集体经济组织资产负债】　截至2013年末，全市农村集体经济组织资产总额900 924万元，其中：流动资产362 826万元，农业资产421万元，长期资产537 677万元。负债106 489万元，其中：流动负债86 822万元，长期负债19 667万元。所有者权益794 435万元。全市村组负债总额中，兴办公益事业负债12 546万元，占11.8%。全市村均负债162万元，人均负债584元。

（廖树琼）

【农民专业合作社】　2013年末，全市在农业部门备案农民专业合作社共有545个，比2012年增加了83个，增18%，超额完成了市政府下达的新增40个的发展目标。年内18个合作社获得省级示范社称号，10个合作社获得市级示范社称号。参加农民专业合作社的成员47 067人，比2012年增加5 746人，增13.9%；带动非农民专业合作社成员135 768户，参加农户及带动的农户占全市农户数的33.7%，比2012年增7.47个百分点。

玉溪市农民专业合作社围绕农民在产前、产中、产后开展经营服务，服务内容多样，其中实行产销一体化的366个，以生产服务为主的127个，以购买服务为主的6个，以运销服务为主的14个，以加工服务为主的3个，其他29个；合作社主要涉及种植业、养殖业和服务业，其中：种植业有383个占70.3%，养殖业64个占11.7%，服务业51个占9.4%，其他的12个占2.2%；农民牵头的500个，企业牵头的12个，农技组织牵头的11个，其他人牵头的22个；有7个合作社实行了土地股份合作；3个合作社开展了资金互助服务，入股资金5 420万元。年内，全市共有27个合作社获得各级财政扶持资金319万元，比2012年增加126万元，其中：获得中央财政扶持的合作社7个95万元，获得省级财政扶持的合作社9个184万元，获得市、县级财政扶持的合作社11个40万元。

（孙绍珍）

【农村土地承包经营纠纷调解仲裁体系建设】　截至2013年12月31日，各县（区）成立农村土地承包仲裁委员会9个，仲裁委员会由农经、财政、信访、林业、水利、国土等人员组成，全市仲裁委员会组成人员167人（其中农民委员19人），聘任仲裁员199人。先后制定了《农村土地承包仲裁委员会章程》、《仲裁员工作纪律》、《仲裁庭工作制度》、《仲裁庭纪律》、《仲裁原则》和《工作流程图》等规章制度。申报国家发改委、农业部仲裁基础设施项目，华宁、易门和峨山三县已获得立项批复，争取中央项目资金150万元。

（缪丽润、杨雪莲）

【农村土地规模经营面积】　2013年末，全市土地规模经营50亩以上面积达129 238亩，比上年95 298亩增33 940亩，增长35.6%，其中50~100亩的35 028亩，比上年增9 490亩；增长37.2%；100~300亩的54 229亩，比上年增14 989亩；增长38.2%；300~500亩的20 653亩，比上年增3 750亩；增长22.2%；500~1 000亩的9 273亩，比上年增2 226亩，增长31.6%；1 000亩以上的10 055亩，比上年增3 485亩，增长53%。

（缪丽润）

【农民负担】　2013年，全市上交集体各种款项1 348万元，较上年下降458万元，其中土地承包金962万元，比上年减少349万元，减27.4%；其它款项318万元，比上年减少133万元，减29.5%。年内，全市357个村发生了一事一议筹资筹劳行为，比上年减少44个村，筹资782万元，较上年减少152万元，涉及人员17.9万人，人均43.7元，其中道路筹资241万元，较上年减少80万元，水利筹资72万元，较上年减少48万元，其他筹资469万元，较上年减少21万元；筹劳686 273个，比上年减少344 212个，涉及筹劳劳动力劳均负担4.38个，筹资筹劳比上年有所下降。农业生产性收费1 830万元，与上年减少79万元；其中灌溉水费1 039万元，比上年减少26万元，灌溉电费778万元，比上年减少51万元。全市行政事业性收费3 265万元，较上年减少141万元，主要集中在摩托、农机等农用车辆收费上。

【家庭农场】　2013年，全市八县一区共有家庭农场132个，其中42个注册为个体工商户；经营的土地面积为22 107亩，平均每个农场经营167亩；从业劳动力690人，其中家庭劳动力486人，常年雇工204人。从事种植业的76个、畜牧业的40个、种养结合的15个，其他1个。年内，家庭农场农产品总值19 061万元，其中10万元下的9个，10~50万元的57个，50~100万元的24个，100万元以上的42个。

（曾应春、孙志萍）

2013年12月4日，玉溪市农业局组织人员参加玉溪市2013年“12·4”全国法制宣传日宣传活动。（王　曦　摄）

【农村经济总收入】 2013年，市农经站对全市74个乡镇、659个村（居）委会、6 192个村（居）民小组2013年农村经济运行情况进行全面调查统计。全市实现农村经济总收入1 350.54亿元，比上年增129.91亿元，增长10.6%。从经营层次看：乡镇办企业收入1 765 488万元；村组集体经营收入1 502 834万元；农民家庭经营收入10 132 794万元；农民专业合作社收入33 426万元；其他经营收入70 888万元。从行业划分看：农业收入1 119 797万元；林业收入36 087万元；牧业收入545 301万元；渔业收入43 408万元；工业收入6 805 446万元；建筑业收入1 057 236万元；运输业收入791 049万元；商饮业收入2 421 639万元；服务业收入417 015万元；其他收入268 452万元。

【农村经济总费用增加】 2013年，全市农村经济总费用1 188.42亿元，比上年增108.90亿元，增长10.1%。在总费用中：生产费为1 095.50亿元，比上年增130.87亿元，增长13.6%；管理费73.956 亿元，比上年增8.47亿元，增长12.9%。成本费用率为88.0%，与上年的88.44%相比下降了0.44个百分点，各种生产资料价格的上涨，高额人工工资从而导致费用率居高不下。

【农民收入增加】 2013年，全市农村经济可分配净收入总额186.78亿元，扣除上交国家税金20.69亿元元、上交国家有关部门2 716万元等，农民所得总额为146.35亿元。农民人均所得达8 347元，比2012年的7 071元增1 276元，增长18.0%。

【农民人均所得超9 000元乡（镇、街道）】 2013年，全市22个乡（镇、街道）农民人均所得超9 000元，分别是：通海县纳古镇13 335元；红塔区玉兴街道11 911元；凤凰街道11 615元；红塔区李棋街道11 178元；红塔区玉带街道11 095元；华宁县华溪镇10 936元；红塔区春和街道10 892元；红塔区大营街街道10 728元；通海县九龙街道10 723；红塔区北城街道10 418元；通海县秀山街道10 340元；通海县四街镇10 044元；红塔区小石桥乡10 016元；红塔区高仓街道9 826元；红塔区洛河乡9 718元；红塔区研和街道9 591元；峨山县双江街道9 330元；华宁县盘溪镇9 230元；通海县河西镇9 150元；华宁县宁州街道9 146元；通海县杨广镇9 128元；华宁县青龙镇9 088元。

【农民人均所得超8 500元村委会（社区）】 2013年，全市240个村（居）委会、社区农民人均所得超8 500元。其中：红塔区70个、江川县39个、澄江县3个、通海县44个、华宁县46个、易门县9个、峨山县16个、新平县13个。

【农民人均所得突破15 000元村（居）民小组】 2013年，全市30个村（居）民小组农民人均所得突破15 000元，分别是：峨山县甸中镇昔古牙村委会小法竜组43 621元；易门县六街街道柏树社区十八组26 458元；红塔区高仓街道桃源社区四组23 370元；红塔区大营街街道大营街社区一组22 363元；红塔区大营街街道大营街社区一组22 363元；红塔区大营街街道大营街社区一组22 363元；红塔区大营街街道大营街社区二组22 363元；红塔区大营街街道大营街社区三组22 363元；红塔区大营街街道大营街社区四组22 363元；红塔区大营街街道大营街社区五组22 363元；红塔区大营街街道大营街社区六组22 363元；红塔区大营街街道大营街社区七组22 363元；红塔区大营街街道大营街社区八组22 363元；红塔区大营街街道大营街社区九组22 363元；通海县秀山街道城郊社区二组18 403元；新平县漠沙镇曼勒社区曼勒小组18 300元；澄江县龙街街道广龙社区七组17 857元；新平县扬武镇老白甸村委会小鸡寨小组16 857元；红塔区玉兴街道新兴社区五组16 119元；红塔区玉兴街道新兴社区二组16 061元；通海县秀山街道城郊社区八组15 789元；元江县甘庄街道撮科村委会莫期作小组15 714元；新平县漠沙镇曼勒社区新社小组15 570元；华溪镇华溪村委会六组15 459元；红塔区玉兴街道荷花社区四组15 401元；通海县纳古镇三组15 194元；新平县漠沙镇曼竜社区中阿奴小组15 174元；红塔区玉带街道郑井十二组15 145元；新平县漠沙镇曼蚌村委会下坝竜小组15 140元；华宁县华溪镇华溪村委会五组15 135元；通海县秀山街道城郊社区六组15 128元；澄江县龙街街道广龙社区六组15 024元。

（刘 英）

种植业

【种植业生产规模】 2013年，全市完成农作物播种面积414.38万亩，同比增加10.23万亩，增2.5%，其中，粮食166.47万亩，非粮247.91万亩，粮食作物与非粮作物比为40.2:59.8。全年实现粮食总产60 286.78千克，增3.9%。种植油料29.5万亩，产量3 157万千克；种植甘蔗24.2万亩，产量94万吨；种植烤烟71.5万亩，收购烤烟175.7万担；种植蔬菜104万亩，比上年增加6.6万亩，总产量183.1万吨，增加7.6万吨，增长4.3%，蔬菜产业已成为玉溪种植业的第一大产业；新植以柑橘、火龙果、葡萄为主的水果1.5万亩，全市水果面积达40.7万亩，预计水果产量50.9万吨，增加2.3万吨，增长4.6%；种植茶叶7.9万亩，产量0.4万吨；花卉因受拆除塑料大棚的影响，面积减少了0.2万亩；以除虫菊、三七、芦荟、石斛、金银花、露水草为主的生物药原料种植面积超过6万亩，发展势头强劲。

（周文忠）

【粮食生产八年连增】 2013年，全市完成粮食播种面积166.47万亩，同比增4.45万亩，增2.7%。粮食单产达362千克，同比增4千克，增1.1%。总产达60 286万千克，同比增2 273万千克，增3.9%。其中：小春粮食面积53.73万亩，同比增加2.75万亩，增5.7%；总产量7 957万千克，同比减少336万千克，减4%。大春粮食面积112.73万亩，同比增加1.68万亩，增1.5%；总产量52 329万千克，同比增加2 609万千克，增5.2%。

【冬季农业开发】 2013年，全市冬季农业开发面积达105.66万亩，同比增加5.16万亩，增长5.1%。受马铃薯市场高需求量和高位价格的刺激，2013年江川、华宁、新平、易门等县继续加大冬马铃薯的种植力度，种植范围和面积进一步扩大，全市冬马铃薯面积达6.2万亩，同比增加0.89万亩，增15.8%；冬马铃薯价格好、产值高，成为农民增收的主要产业之一。在江川产区，马铃薯最高单产超5吨，最高单价达4元/千克；一般单产均在3吨左右，按平均价2.5元/千克算，平均亩产值7 500元，江川县已出现种马铃薯过10万元收入的农户。在冬季农业生产中，各县、区围绕当

新平漠沙基本农田整理项目　（王　曦　摄）

地资源优势和农民增收，因地制宜的引导农民种植高效作物。华宁县盘溪镇继续保持并扩大高海拔蔬菜种植规模，引导农户种植西葫芦2 500亩，亩产值达6 500元；新平县扬武镇引导群众在烤烟生长后期种植豌豆（长寿仁甜脆豌豆、珍宝豆），全镇共种植豌豆3 078亩，亩收入4 200元以上，使豌豆种植成为继烤烟之后农户的又一增收新亮点；红塔区高仓街道引导农民从事订单生产，在龙树村栽种萝卜2 250亩，收入达400万元以上，户均1.2万元，栽种萝卜成为龙树农户除烤烟以外的又一大收入来源；峨山县大龙潭乡在干热河谷——扒河沿岸引导农民种植冬小瓜800多亩，亩产量达3吨以上，2月中旬上市，为农民增收600多万元。

【蔬菜种植面积突破】　2013年，全市蔬菜种植面积突破100万亩达到103.96万亩（其中小春季蔬菜62.49万亩、大春季蔬菜41.47万亩），比2012年增加6.56万亩，增6.7%；总产量达183.13万吨，比2012年增加7.63万吨，增4.3%；蔬菜产值达36.36亿元，比2012年增加6.1亿元，增20%，蔬菜产值占种植业产值的比重达31%。蔬菜种植主要集中在江川、通海、澄江、新平和华宁等五县，面积达82多万亩，占全市面积的近80%。蔬菜品种以菜豌豆、花椰菜类、白菜类和结球甘蓝类为主，菜豌豆面积达20.8万亩，占20%；花椰菜类14.6万亩，占14%；白菜类13.2万亩，占13%；结球甘蓝9.9万亩，占10%。

【科技增粮措施】　2013年，全市继续推广粮油作物高产创建、间套种和地膜覆盖栽培等三大科技增粮措施。一是全年共实施粮油作物高产创建56片，其中：部级19片，省级28片，市级9片。粮油作物高产创建完成总示范面积61.43万亩，其中，水稻高产创建示范区16.09万亩，玉米高产创建示范区23.79万亩，小麦高产创建示范区2.30万亩，冬马铃薯高产创建示范区5.52万亩，油菜高产创建示范区13.73万亩。粮油作物高产创建示范区平均亩产524.6千克，比当年非示范区亩增产148.9千克，增产39.64%；实现增产粮食8 046万千克，增产油菜籽921万千克。二是完成农作物间套种191.01万亩。其中，粮食作物间套种151.82万亩，占农作物间套种面积的79.5%；非粮作物间套种39.19万亩，占20.5%。据农业部门调查与测算，151.82万亩粮食作物间套种，按0.9的保收系数和0.8的缩值系数测算，有效面积为109.31万亩，平均每亩增加粮食产量65.6千克，共新增粮食产量7 171万千克。三是完成粮食作物地膜覆盖栽培51.33万亩，其中，玉米地膜覆盖面积43.47万亩，占85%。据各县、区测产统计，玉米实施地膜覆盖栽培，每亩比未盖膜的增加44.8千克，按0.9的保收系数和0.8的缩值系数测算，玉米地膜覆盖栽培有效面积为31.3万亩，共增加玉米产量1 402万千克。

【尹绍兴、李国富再获全国种粮大户荣誉】　峨山县双江街道高平村李国富和新平县平甸乡弥勒村者味莫小组尹绍兴两位农民继2012年获全国种粮大户荣誉后，采取土地租赁、承包等方式，进一步扩大粮食种植面积，2013年玉米种植面积分别为601亩和890亩，比2012年分别增加291亩和40亩，分别增94%和5%；粮食产量分别为152吨和374吨，分别比2012年增加28吨和17吨，分别增23%和4.8%。两位农民的申报材料已通过云南省农业厅审核，呈报农业部拟命名为2013年全国种粮大户。

【有机作物示范】　2013年，在峨山岔河有机农业示范园区，组织实施有机水稻346.5亩、有机玉米1 199.9亩、有机油菜956.3亩，水稻、玉米分别比2012年增加176.5亩、879.9亩，分别增103.8%和275%，油菜实现零的突破。

（李顺德）

【小春作物受旱】　2013年，全市降水持续偏少，尤其2月降水量属特少年份，与历年同期相比，各县、区偏少96～100%，出现了土壤墒情不足等旱情，给小春作物造成了极大损失。据农业部门统计，干旱造成全市小春作物受灾面积102.27万亩，占播种面积的67.2%，成灾68.15万亩，占44.8%，绝收21.9万亩，占21%。其中：粮食作物受灾40.64万亩，占粮食播种面积的75%，成灾27.7万亩，占51.1%，绝收15.3万亩，占28.2%。干旱造成小春粮食产量同比减少0.73万吨，减8%。

（秦　婧）

【烤烟联产联质承包】　2013年，市农业局组织市、县农业部门14名科技人员组成联产联质承包工作组，组装配套完善KRK26、原种K326和NC196的优质适产栽培技术，在红塔区、华宁县、易门县、新平县、元江县六个点开展科技联产联质承包活动，承包面积10 500亩，其中：“KRK26”品种6 000亩、原种“K326”品种3 900亩、“NC196”品种600亩。目标任务是单产130千克，上中等烟比例为95%以上。通过各承包点组织实施，6个承包点共完成示范面积11 434亩（KRK26完成6 700亩、原种K326完成4 114.3亩、NC196完成619.9亩），比计划任务数10 500亩增加934亩，增加8.9%；统一品种、规格化移栽、科学施肥、封顶打权等科技措施到位率达100%；除新平县的大寨点因前期干旱长势稍差外，其他5个点田间烟株长势平衡，清秀整齐，起到了典型示范的作用，共完成烟叶收购量157.61万千克，交售收入4 183.70万元，平

均单价26.54元；上中等烟收购量达154.684 万千克，比例达98.14%；烟叶平均单产达137.8千克。

（李庭金）

【公路沿线油菜种植补助】 2013年，在红塔区、江川县、通海县、华宁县、易门县公路沿线新增油菜种植项目补助资金110万元，新增公路沿线油菜种植面积0.35万亩，每亩补助315元，主要用于化肥、农药等生产性物资及种植补贴。

（颜洪敏）

【元江臧建花卉公司被认定为国家高新技术企业】 元江臧建花卉公司2013年被国家科技部认定为国家高新技术企业。截至2013年，全市有三家花卉企业被科技部认定为国家高新技术企业。

【花卉自主知识产权新品种达15个】 2013年，云南云秀花卉公司自主研发的玫瑰新品种“金辉”，通海锦海农业科技发展公司自主研发的玫瑰新品种“红唇”、“心相印”、“吻别”、“圣洁”通过国家林业局新品种测式、专家评审，认定为自主知识产权玫瑰新品种。截至2013年，全市已有自主知识产权花卉新品种15个，其中玫瑰13个、百合2个。

【花卉主栽品种标准化种植】 2013年，云南瑞园花卉公司制定的《洋桔梗鲜切花地方规范》被云南省质量技术监督局认定为云南省地方标准。截至2013年，全市有1家花卉企业制定的标准认定为国家标准，2家企业制定的标准认定为云南省地方标准，3家企业制定了企业标准，全市花卉主栽品种实现标准化种植。

（夏 宁）

【水果产业】 2013年，全市水果种植面积达40.7万亩，比2012年的39.23万亩，增加1.5万亩，增长3.8%；水果总产量达50 930万千克，比2012年的48 650万千克，增加2 280万千克，增长4.7%；水果产值13.97亿元，比2012年的13.2亿元，增加0.77亿元，增5.8%。全市水果龙头企业9家，其中，省级龙头企业2家，市级龙头企业7家。

2013年，玉溪市出口水果16 096.7万千克，比2012年的10 588.1万千克增52.0%，出口创汇金额33 398万美元，比2012年的19 248万美元增长73.5%，水果出口额占全市出口总值的49.2%，为玉溪市第一大出口农产品，占全省同类产品出口总值的54.9%。全市共有10户企业开展水果出口业务，其中：通海巨大浪宋威进出口有限公司、华宁盛泉果蔬实业有限公司、云南易门丛山食用菌有限责任公司水果出口占公司外贸业务比重的90%以上。主要出口品种有葡萄、石榴、柑橘、柿子、苹果、梨、李子、桃子、橙等。主要出口国家有越南、泰国、马来西亚。

【蔬菜标准化生产】 2013年，全市有5家蔬菜生产加工企业10个产品获中国绿色食品发展中心颁发的A级绿色食品认证，累计认定绿色蔬菜种植面积达55 276亩，13家蔬菜生产加工企业22个产品获无公害认证，累计认定无公害蔬菜种植面积62 586亩。

【新品种引进试验】 2013年，玉溪市经作站从四川引进新西兰红梨、丰水、圆黄、翠冠等4个优质梨品种在江川县光山村试验20亩。引进青梗白花、红皮火葱2个蔬菜品种在通海万家村分别试验2.5亩、3亩。引进红袖添香、九九、甜查理、玛利亚等4个草莓品种分别在通海县高大和河西共试验5亩，取得了较好的试验示范效果。通过引进果、菜新品种筛选和展示，为品种升级换代、优化品种结构以及大面积推广提供了科学依据和技术储备。

【园艺作物标准示范园创建】 2013年，玉溪市经作站协助有关县（区）完成水果、蔬菜标准示范园创建7个（其中：水果示范园5个、蔬菜示范园2个），水果、蔬菜标准示范园创建规模达8 400亩，总投资10 800万元，实现年总产量4 119万千克、年总产值17 210万元。

【山地油菜避旱技术及高产创建】 2013年，由市经作站负责实施的华宁县山地油菜高产创建示范点，涉及华溪和宁州2个乡镇7个村委会4 489户，完成高产创建示范面积12 155.0亩，主推品种为花油6号。共开展技术培训12场次，培训农民1 256余人，印发资料8 000份。3月18日，项目通过了由市级组织的专家组进行抽样复测验收，山地油菜高产创建示范区实收总产162.27万千克，折合单产133.5千克，比非示范区平均亩产83.79千克，增49.71千克，增长59.3%，各项亩产量都超过了考核指标。

【甘蔗生产】 2013年，全市甘蔗种植面积为24.19万亩，其中，糖料甘蔗栽植面积22.62万亩，水果甘蔗面积1.57万亩；总产量93 660万千克万吨，甘蔗平均单产3 870千克；甘蔗产值48 861.9万元。

【火龙果种植】 元江县自2006年引进种植火龙果以来，经过几年的发展已初步形成规模，种植效益开始显现。元江县丰年农业发展有限公司“钰钿”牌丰年火龙果2013年4月被中国绿色食品发展中心认定为绿色食品A级产品。公司基地建设规模达到1 300亩，产量达10万千克，平均单价

峨山县富良棚乡农民种植万寿菊丰收景象 （新 松 摄）

2013年3月25日，国家柑橘产业技术体系岗位专家彭抒昂教授到玉溪市柑橘科学研究所（华宁县牛山柑橘试验场）作田间指导 （市农业局 提供）

12元，实现收入120万元。在丰年公司的示范带动下，到2013年12月元江县火龙果种植面积已达8 800亩。

【红塔区葡萄种植】 至2013年12月，红塔区葡萄产业已发展到14 800亩，成立了神园、神农、高原高、亮之上、满园红等多个葡萄专业合作社，注册了“高原高”、“映农”、“神园”等商标，与省外及东南亚市场建立了销售合作关系。

（马锦东）

畜牧业

【概况】 2013年，全市肉蛋奶总产量达445 622吨，比上年增加19 998吨，增长4.3%；畜牧业现价产值达73.58亿元，比上年增加9.31亿元，增长14.5%；农民人均畜牧业纯收入703元，比上年增加115.88元，增长19.7%。

【生猪生产】 2013年，全市生猪存栏169.15万头，比上年增加6.04万头，增长3.7%；其中能繁母猪存栏17.86万头，比上年增加0.91万头，增长5.3%。肉猪出栏273.61万头，比上年增加21.53万头，增长8.5%。

【畜禽生产】 2013年，全市家禽存栏1 948.06万只，比上年增加149.68万只，增长8.3%，家禽出栏3 854.51万只，比上年增加383.09万只，增长11%。生产禽蛋110 686吨，比上年增加14 002吨，增长14.5%。全市大牲畜存栏31.74万头（匹），比上年增加0.35万头，增1.1%，其中牛存栏28.95万头，比上年增加0.46万头，增1.6%。肉牛出栏17.08万头，比上年增加1.19万头，增长7.5%。全市山绵羊存栏40.58万只，比上年增加2.21万只，增长5.8%。肉羊出栏27万只，比上年增加1.93万只，增长7.7%。全市牛奶产量7 149吨，比上年增加512吨，增长7.7%。

【畜禽养殖小区及专业村建设】 2013年，全市新增市级畜牧养殖小区及养殖专业示范村项目补助150万元。全市新建畜禽养殖小区11个，其中：生猪养殖小区3个、家禽养殖小区5个、肉牛养殖小区2个、肉羊养殖小区1个；全市累计建设畜禽养殖小区127个，其中：生猪养殖小区66个、家禽养殖小区38个、肉牛养殖小区21个、肉羊养殖小区2个。全市累计建设养殖专业村228个，其中：年内新建专业村20个，具体是养猪专业村14个，合计养猪户1 899户，年末存栏生猪14 621头，全年出栏肉猪26 781头，平均每村出栏1 913头；养牛专业村4个，合计养牛户329户，年末存栏牛7 179头，全年出栏肉牛6 327头，平均每村出栏1 582头；养羊专业村1个，养羊户6户，年末存栏羊566只，全年出栏肉羊366只；养鹅专业村1个，养鹅户67户，年末存栏鹅2 159只，全年出栏肉鹅4 262只。

【畜禽养殖大户建设】 2013年，全市累计建设畜禽养殖大户1 128户，其中：年内新发展规模养殖大户113户，具体是发展规模养猪大户57户，边建设边生产，年末存栏生猪10 994头，全年出栏肉猪19 530头，平均每户出栏343头；发展规模养禽大户28户，年末存栏蛋鸡（鸭）11.8万只、肉鸡6.7万只，全年出栏25.3万只、产蛋165.9吨，平均每户出栏禽0.9万只、生产禽蛋5.9吨；发展养牛大户28户，年末存栏牛1 477头，全年出栏肉牛1 516头，平均每户出栏54头。

【执业兽医资格考试】 2013年，玉溪市报考执业兽医资格考试127人，通过资格审核113人，取得兽医全科类执业兽医师资格13人，占考试人数的13.7%，达到兽医全科类执业助理兽医师分数线19人，占考试人数的20%。

【畜牧贴息贷款】 2013年，玉溪市继续实施畜牧专项贴息贷款扶持政策，贷款利率按人民银行基准利率年息基础上上浮15%，即按年息7.072 5%向养殖户发放贷款，贷款利息由市级财政承担2%、县级财政承担1%、养殖户承担4.072 5%。信贷资金使用周期为两年。全市发放畜牧专项贴息贷款3亿元，其中：农村信用社发放25 727.5万元，邮政储蓄银行发放4 272.5万元，贷款养殖户3 871户，投资拉动畜牧业快速发展。

【能繁母猪及奶牛保险】 2013年，由中保财险公司和太平洋保险公司开展畜牧业保险业务，全市共承保能繁母猪158 700头、奶牛2 390头。能繁母猪保险金额为1 000元/头，保费60元，其中：中央财政补助50%，即30元/头，省财政补助6%，即3.6元/头，市级财政补助10.67%，即6.4元/头，县、区财政补助13.33%，即8元/头，养殖户承担20%，即12元/头。奶牛保险金额为6 000元/头，保费360元，其中：中央财政补助50%，即180元/头，省财政补助10%，即36元/头，市级财政补助15%，即54元/头，县、区财政补助15%，即54元/头，养殖户承担10%，即36元/头。

（郭丛荣）

【实施草原生态保护补助】 2013年，澄江、华宁、峨山、新平和元江五县继续实施草原生态保护补助奖励

机制政策，5个项目县共获得补助资金1 986.19万元，其中：牧草良种补助项目资金170.5万元，兑付到户的补奖资金1 815.69万元，其中：澄江县58.02万元，华宁县159.59万元，峨山县338.79万元，新平县806.06万元，元江县453.23万元，受益农户达86 886户。

【畜牧良种补贴项目】 2013年，红塔区、江川县和易门县实施中央生猪良种补贴项目，补助对象为项目区内使用良种精液开展人工授精的养殖户（小区、场）。补助标准是按照每头能繁母猪每年使用4份精液，每份精液补贴10元。三县、区生猪良种补贴5.5万头，中央财政补贴资金220万元，其中：红塔区补贴1.2万头、江川县补贴2.3万头、易门县补贴2万头。通海县实施中央奶牛良种补贴项目，补贴对象为项目区内的奶牛养殖场和养殖小区，补贴标准：每支优质国产奶牛冻精补贴15元，平均每头奶牛按两支冻精实施补贴。全县荷斯坦奶牛良种补贴0.289 万头，中央财政补贴资金8.67万元（奶牛良种补贴资金实行省级政府采购，资金直接拨付省农业厅系统）。

【生猪标准化规模养殖场（小区）建设项目】 2013年，全市实施生猪标准化规模养殖场（小区）建设项目33个，主要建设内容是：猪舍标准化改造32 730平方米；建沼气池及污水处理池2 658立方米，排污沟12 900米，建微生物发酵床260立方米，堆粪区1 417平方米；水、电、路、防疫等配套设施建设。项目总投资2 052万元，其中：中央补助资金950万元，企业自筹资金1 102万元，补助资金主要用于猪舍标准化改造、建设沼气及污水处理、微生物发酵床、水电路及防疫等配套设施建设。

【生猪调出大县建设】 红塔区获2013年中央投资的生猪调出大县资金奖励建设项目，项目建设总投资529.93万元，申请2013年中央生猪调出大县奖励资金250万元，养殖场自筹279.93万元。建设内容为：进一步完善生猪防疫、检疫监督、良种猪精液监管设备，强化生猪防疫服务和良种猪精液监管工作，扶持12个养殖场，建设公猪站1个、改扩建猪舍3 190平方米，引进纯种猪480头，建设污水处理池530立方米，购置设施设备44台（套），扶持生猪屠宰加工企业贷款1 000万元，给予贷款1 000万元贴息3.5%的扶持。通过项目建设，11个项目承担单位年出栏肥猪达3.23万头，销售商品仔猪0.5万头，生产销售良种猪5 500头，实现销售收入7 136万元，年获利713.6万元。年可为养殖户提供良种猪精液4万份，带动农民新增人均纯收入50元以上。

（郭丛荣）

【动物防疫工作补助】 2013年，省级下达玉溪市中央基层动物防疫工作补助经费175.42万元，其中强制免疫工作经费159.32万元，专用器械、消毒药品及疫苗冷藏、防护用具等购置补助16.1万元。村级动物防疫员工资市级继续补助，补助标准每人每月200元，县、区补助标准每人每月不得低于100元。2013年，新增村级动物协检员工资，市级补助标准每人每月200元，县、区补助标准每人每月不得低于100元。为村级动物防疫员购买人身意外伤害保险，人均年度保费100元，市、县（区）各承担一半，全市村防疫员人均年补助1 462元。

（郭丛荣、颜洪敏）

【良种猪繁育场】 2013年，全市24个良种猪繁育场（包含2个供精站点）存栏纯种猪4 260头，其中长白公猪110头、母猪855头，杜洛克公猪259头、母猪521头，约克公猪113头、母猪2 346头，PIC祖代母猪49头、公猪2头，存栏本地种公猪5头。销售纯种猪3 963头、LY母猪9 016头、商品仔猪65 982头、猪精液29.04万头份。

【良种禽场】 2013年，玉溪市新广种禽场存栏父母代种公鸡1.5万羽、母鸡21万羽，销售种鸡3.5万羽、销售商品肉鸡苗1 974万羽。

【申办省级证书】 2013年5月，由云南省农业厅畜牧处、省家畜改良站主持，对玉溪市红塔区云南玉溪新广家禽有限公司、江川县公猪站及华宁县云南汇科园兔业生物发展有限公司，申领省级《种畜禽生产经营许可证》进行实地考核验收。按云南省《种畜禽生产经营许可证》考核量化标准，对三个养殖场（站）进行现场评分，均为合格，达到领证条件，成为玉溪市持省级《种畜禽生产经营许可证》的三个种畜禽企业。

【引种及引种审批】 2013年底，全市累计引进种猪1 399头，其中纯种猪引进519头、LY母猪及托佩克引进880头；引入良种公羊45只、母羊350只。

【种公猪精液质量现场抽检】 2013年，市畜牧局对红塔、江川、易门三县（区）生猪良种补贴项目供精单位的种公猪精液质量进行了现场抽检。共检测种猪常温精液425头份，其中421头份外观、精子活力、剂量、直线前进运动精子数均达到国家标准，有4头份外观、剂量、直线前进运动精子数等三项指标均达到国家标准，仅精子活力介于0.5到0.6之间，不符合国家标准（0.6以上）。根据检测结果，对4头种猪不得用于种猪常温精液的生产，作淘汰处理。

【生猪良种补贴】 2013年，江川县、红塔区和易门县实施的生猪良种补贴项目，三个县（区）共有供精站（点）17个，共发放生猪良种精液78.7万份，累计配种能繁母猪39.5万头，母猪受胎37.13窝，总受胎率达94%。三个县（区）共销售生猪良种精液245 245头份，累计配种能繁母猪122 677头，受胎106 395头，受胎率为87%。

【奶牛良种补贴】 2013年，通海县实施的奶牛良种补贴项目，尊宝奶牛养殖小区存栏能繁母牛384头，云江奶牛养殖场存栏能繁母牛960头，奶牛良种补贴冻精8 400支，每支国家补助15元，合计补助资金12.6万元，奶牛冻精改良配种1 921头。

【发酵床养猪技术推广】 2013年，全市推广发酵床养猪户215户，累计建设发酵床面积53 824平方米，当年度新增养猪发酵床39户，新建设发酵床面积5 941.7平方米，年度发酵床养猪98 666万头。至2013年9月，养猪发酵床养猪户累计有225户，年度新建养猪发酵床10户，年度新建发酵床3 228平方米，年度发酵床养猪4万余头。

【行政审批】 2013年，对申请核发《种畜禽生产经营许可证》的红塔区任永卫养殖场、大营街镇龙潭杨庆雄养殖场、元江县宝树实业有限公司三个养猪企业，严格按照相关法律法规对现场和申报材料进行审查；自企业提交合格配套材料、组织人员考核验收到发证，均在7个工作日之内办结。

【发酵床养猪技术成果获奖】 经云南省农业厅学术委员会评审，玉溪市畜禽改良站、玉溪综合试验站、江川区域推广站完成的“保育猪生物发酵床环保养殖技术研究与示范”项目成果获“2012年度云南省农业技术推广奖一等奖”。

【兑现种牛（羊）引种补助经费】 2013年12月，根据《玉溪市2012年畜牧兽医工作意见》，按照基本引种补助条件（市外引种、引种审批或备案、外品种杂交牛、体重200千克以上、搞好防疫等）进行检查落实，对符合种牛引种补助条件的12户，引进的能繁母牛195头、种公牛6头；76户引进种公羊96只给予补助。按照当年种牛、羊引种补助政策，引进种公牛每头补助2 000元、种母牛每头补助800元、引进种公羊每只补助500元，共兑现2012年市级引种补助经费21.6万元。其中：种公牛引种补助1.2万元；能繁母牛引种补劫15.6万元；种公羊引种补助4.8万元。

（张 谷）

【畜产品质量监测】 2013年，全市完成配合饲料、蛋白饲料、饲料产品药物残留抽检58批；生鲜乳抽检3批；畜产品抽样90批，检测项目为盐酸克伦特罗、磺胺类、沙丁胺醇，氟喹诺酮类等，经省兽药饲料检测所检验，样品检测全部合格。

【畜产品例行监测】 2013年，云南省农业厅组织有关具备资质的检测机构对全省畜产品开展例行监测工作，玉溪市由大理市动物疫病预防控制中心代表省分两次进行抽样检测，分别于4月11日和12月17~19日对易门县、峨山县屠宰场、养殖场、超市和农贸交易市场抽检样品118批次，其中：易门县78批（（猪肉7批；鸡肉10批；鸡蛋5批，猪尿56批）；峨山县40批（猪肉6批、鸡肉12批、鸡蛋6批，猪尿16批），监测项目为：氟喹诺酮类药物、磺胺类药物残留等；猪尿为克伦特罗、沙丁胺醇、特布他林、氯丙那林残留，118批样品经检测全部合格。

【瘦肉精检测】 2013年，全市完成瘦肉精专项检测育肥猪养殖场52个、肉牛（羊）养殖场2个，每个养殖场抽检尿液样品2个，每个样品监测三种瘦肉精即：盐酸克仑特罗、莱克多巴胺、沙丁胺醇；监测对象为年出栏50~500头生猪养殖场和年出栏10~100头的肉牛（羊）养殖场。检测样品全部合格。

【生鲜乳专项整治】 2013年，市畜牧局在全市范围内开展生鲜乳乳违禁物质专项整治行动，先后两次对4个生鲜乳收购站进行检查，全年出动检查人员120人次，检查生鲜乳收购站12次、生鲜乳运输车辆18辆次，全市未发生生鲜乳质量安全事故。

【草原畜牧业发展方式转变项目】 2013年华宁县、新平县获得草原畜牧业发展方式转变项目资金各200万元。华宁县新建羊圈6 000平方米、青贮窖1 305立方米、草地改良4 175亩、人工种草460亩；新平县新建标准化牛圈3 200平方米、羊圈2 600平方米、青贮窖1 625立方米、改良草地5 100亩，购置铡草机3台（套）。

（颜洪敏）

【草原监测】 2013年，玉溪市澄江、华宁、峨山、新平和元江五个草原生态保护补助实施县，市畜牧局组织技术人员对所辖范围内开展草原监测，共监测37个调查点，监测样方111个，入户调查182户，其中澄江监测6个样地18个样方、入户调查60户，峨山监测6个样地18个样方入户调查30户，华宁监测9个样地27个样方、入户调查30户，新平监测6个样地18个样方、入户调查29户，元江监测10个样地30个样方、入户调查33户。监测数据均按时上传农业部。

【青贮氨化饲料推广】 2013年，全市完成推广青贮氨化饲料452.1万吨，其中青贮饲料40.82万吨、氨化饲料11.28万吨，种植牧草25 158亩。

（刘双玲）

【动物防疫物资】 2013年，做好防疫物资的计划、调运、贮备、发放，累计发放主要生物制品38种，共计5 455.71万头份（毫升），其中重大动物疫苗4 619.65万头份（猪瘟脾淋苗634万头份、猪口蹄疫疫苗552.2万头份、牛羊口蹄疫疫苗229.7万头份、猪高蓝耳病活疫苗415万头份、禽流感疫苗2 588.75万毫升）；其他常规疫苗新城疫、鸡痘、鸭瘟、猪副伤寒疫苗、猪肺疫、丹毒、伪狂犬、细小病毒、牛出败、炭疽、狂犬病（15.43万）、山羊痘（25万）等疫苗836.06万头份。

【动物疫病免疫、监测】 2013年，2013年，全市累计发放主要生物制品38种，共计5 455.71万头份（毫升），其中重大动物疫苗4 619.65万头份（猪瘟脾淋苗634万头份、猪口蹄疫疫苗552.2万头份、牛羊口蹄疫疫苗229.7万头份、猪高蓝耳病活疫苗415万头份、禽流感疫苗2 588.75万毫升）；其他常规疫苗新城疫、鸡痘、鸭瘟、猪副伤寒疫苗、猪肺疫、丹毒、伪狂犬、细小病毒、牛出败、炭疽、狂犬病（15.43万）、山羊痘（25万）等疫苗836.06万头份。

全市累计免疫畜禽14 888.274 1万头（只），其中重大动物疫病免疫5 767.033 1万头只，其它普通疫病免疫9 121.241 万头只。2013年，全市共开展18个大类，29种畜禽疫病监测，共监测畜禽29 964（只）。

（逯 强）

【动物产地检疫】 2013年，玉溪市动物卫生监督机构对全市374个规模化养猪场、105个规模养牛场、119户规模养羊户及428户规模养禽户申报的动物开展了100%的产地检疫工作。全年对报检的2 206.9万头（只）畜禽全部实施了产地检疫，其中：检疫生猪257.66万头，检出病猪647头；检疫牛6.97万头，检出病牛3头；检疫羊9.66万只，检出病羊7只；检疫家禽1 932.61万只，检出病禽2 205只。对检出的病畜禽按规定进行了处理。

【动物屠宰检疫】 2013年，玉溪市动物卫生监督机构在全市39个生猪定点屠宰场、11个牛羊屠宰场（点）依法实行100%屠宰检疫。全年共屠宰检疫畜禽521.00万头（只），其中屠宰检疫生猪75.46万头，检出病害生猪544头；屠宰检疫牛羊5.40万头（只），未检出发病牛羊；屠宰检疫禽类440.14万只，检出病害禽1 581只。对检出的病害动物及其产品，监督畜主进行无害化处理。

【畜产品安全监管】 2013年，全市动物卫生监督机构对1 026个规模畜禽养殖场、8个超市、75个经营畜产品的农贸市场、2个畜产品仓储单位、7个畜禽产品加工厂进行了动物卫生条件、动物防疫、兽药安全使用、档案资料及经营持证、进货台账等内容进行监督管理。同时，对全市109个畜禽及其产品交易市场进行了的监督管理。年内，全市监督检查畜类81.28万头（只），禽类474.29万只，动物产品44 688.52吨，分别补检畜类11.28万头（只）、禽74.33万只、动物产品

4 564.25吨。对进入屠宰场的生猪进行瘦肉精监管抽检工作，到目前为止，全市已对入场肥猪进行了6 569批次的检验，结果全部为阴性。

【动物卫生监督行政执法及委托执法】 2013年，全市动物卫生监督机构行政处罚案件共立案31件，办结31件。其中：动物卫生监督案件6件，兽药监管（委托）案25件。年内，对五类场所动物卫生监督执法次数累计3 338次；对兽药经营企业监督执法累计1 136人次，检查兽药门市1 550个（次），抽检兽药22.41万盒（包），查出不合格兽药产品7 127盒（包），货值1.51万元，没收9 152盒（包），罚款23 928元；对饲料门市监督执法累计3 265个（次），检查饲料品种7 673个（次），计4 792.14吨，不合格品种6个，计0.032 吨，给予没收。全年重点开展兽药无证经营专项整顿治理，共出动执法人员1 250人次，向395个兽药经营店宣传发放告知书728份，通过宣传后375户兽药经营行业自动退出兽药经管，20户经营兽药者经反复宣传告知后仍然未纠正违法行为的，依法立案查处。

【兽药经营质量管理认证】 2013年，全市收到兽药GSP检查验收申请24个（户），开展现场检查企业24个（户），24通过率达100%，对通过现场检查验收的兽药经营企业，由市农业局全部进行公示公告，签发《兽药经营许可证》，至此全市共255户兽药经营企业通过了兽药GSP认证。

【动物诊疗机构清理整顿】 2013年6月，市动物卫生监督所对动物诊疗机构进行全面摸底调查，对不符合管理要求的诊疗机构吊销或注销了14个，清理后全市有动物诊疗机构7个，其中红塔区4个，通海县2个、澄江县1个；共有专业兽医人员43人，其中执业兽医师14人，执业助理兽医师3人。同时，各县、区均建立了对动物诊疗机构的日常监管制度，定期开展执法检查。

【动物疫病可追溯体系建设】 2013年，全市74个乡镇100%推广使用了动物标识，年内，共佩戴动物标识147.3万个，同比基本持平。其中佩戴猪标识130.65万个，牛标识7.7万个，羊标识8.98万个。在中央数据库极不正常或经常暴满的情况下，全市仍上传溯源戴标信息136.54万条。

【动物引种审批】 2013年，根据相关法律法规规定，严格了引种审批手续，共审批44批次，批准引进种猪1 592头，种牛50头，种羊380只。

【生猪规模养殖场无害化处理】 2013年，全市动物卫生监督机构对50头以上生猪饲养量规模养猪场共707户的病死生猪督促畜主采取了以高温焚烧、深埋为主的无害化处理措施。

（杨晓橙）

乡镇企业

【乡镇企业主要指标】 2013年，全市乡镇企业实现总产值1 319.34亿元，比上年增长8.29%；实现营业收入1 512.96亿元，比上年增长10.49%；实现利润总额59.01亿元，比上年减少2.25%；上交税金31.63，比上年减少6.06%；年末，全市乡镇企业发展到98 031个，其中：集体企业66个、股份合作企业5个、联营企业2个、私营企业2 701个、其他企业12个、个体户94 798个，从业人员47.2万人，比上年增加1.5万人、增长3.28%。

【农产品企业】 2013年，全市有乡镇企业规模以上特色农产品加工企业92户，从业人员1.91万人，总产值107.89亿元，占全部农产品加工业总产值的68.1%，实现营业收入103.56亿元、占全部农产品加工业营业收入的67.56%，利润总额6.21亿元，占全部农产品加工业利润总额的67.18%，上交税金3.38亿元，占全部农产品加工业上交税金的81.55%。

【固定资产投资】 2013年，全市乡镇企业固定资产投资项目189个，新开工项目148个；计划总投资190.19亿元，实际完成投资111.46亿元，比上年增加41.96亿元、增60.37%；建成投产项目120个，新增固定资产53.28亿元。其中工业投资项目138个，完成投资85.21亿元，占乡镇企业固定资产投资的76.4%。

【休闲农业】 2013年，全市休闲农业经营户287户。其中：农家乐237户、休闲农庄25户、休闲农业园8户、民俗村2个、其他类型15户；从业人员5 707人，比上年增59.06%；接待人次638万人，比上年增14.54%；营业收入4.74亿元，比上年增128.99%。玉溪市乡村休闲农业发展已从单纯的吃饭、住宿向利用田园景观和农业资源，提供观光、采摘、垂钓、民俗文化娱乐、休闲拓展。

（周文忠）

【乡镇企业扶持】 2013年，云南省共有10个县获中央农产品产地初加工项目资金补助，新平县、通海县名列其中，共获502.1万元的资金扶持。

【乡村旅游接待单位星级认定】 截至2013年底，全市123户乡村旅游经营主体被玉溪市乡村旅游质量等级评定委员会评定为星级乡村旅游接待单位。其中：四星级单位14户，三星级单位77户，二星级单位32户。

（聂红英）

渔　业

【水产品总产量】 2013年，全市水产品总产量达15 871吨，比2012年的15 501吨，增370吨，增2.4%。其中：养殖产量达13 870吨，占本年度水产品总产量的87.4%，捕捞产量2 001吨，占总产量的12.6%。

【水域水产品产量】 2013年，池塘（含坝塘）养殖产量达6 967吨，平均亩产349千克，比2012年的6 938吨增29吨，增0.4%；湖泊养殖产量3 230吨（其中星云湖2 030吨、杞麓湖1 200吨），比2012年的3 110吨增120吨（其中星云湖增120吨、杞麓湖与上年持平），增3.9%；水库养殖产量3 164吨，比2012年的3 101吨增63吨，增2.0%；稻田养鱼产量455吨，比2012年的395吨增60吨，增15.2%。

【水域捕捞水产品量】 2013年，抚仙湖捕捞产量1 872吨，比2012年的1 781吨增91吨，增5.1%；江河捕捞产量129吨，比2012年的120吨增9吨，增7.5%。

【渔业经济】 2013年，全市总养殖面积158 690亩，比2012年的160 711亩，减2 021亩。全市渔业经济总产值达52 260.98万元，比2012年的47 776万元增4 484万元，增9.3%。其中渔业第一产业产值（含捕捞产值、养殖产值、苗种产值）25 051.49万元，比2012年23 859.17的万元增1 192.32万元，增5%。

【增殖放流】 2013年6月6日，向星云湖投放了大规格大头鲤2 070千克，规格100-300克/尾，大头鲤夏花鱼苗108万尾，规格3.5厘米至6厘米；9月18日，向元江放流元江鲤50万尾，体长5厘米以上；7月、10月分两次向抚仙湖投放鱇鲏鱼大规格苗种70余万尾；7月、12月，向抚仙湖投放抚仙四须鲃鱼苗6万尾，云南倒刺鲃10万尾。

【稻田养鱼】 2013年，元江、新平、易门、峨山等县开展了稻田养鱼技术示范推广，示范面积2 000亩，推广面积30 350亩，示范面积平均单产达20千克、推广面积平均单产达55千克，稻田养鱼产量达455吨。

【“滇中高原池坝塘养底层增技术试验示范”获奖】 由玉溪市水产工作站实施的“滇中高原池坝塘养底层增技术试验示范”分获2013年“玉溪市人民政府科学技术三等奖”、“云南省农业厅农业技术推广三等奖”、“玉溪市农业局农业技术推广二等奖”。

【领导视察】 2013年10月21~22日，农业部南海区渔政局副局长郭锦富率督查组一行6人到玉溪市开展清理整治违规渔具专项行动督查工作。9月26日，上海渔业船舶检验局局长周全一行到玉溪市抚仙湖开展渔业船舶检验工作。10月10日，由农业部渔业局、云南省农业厅、玉溪市人民政府主办，云南省农业厅渔业处、玉溪市抚仙湖管理局、玉溪市农业局承办的鱇鲏鱼增殖放流活动在抚仙湖畔举行，此次活动共向抚仙湖投放了鱇鲏鱼苗13万尾，农业部渔业局局长赵兴武参加了此次放流活动。

【水产品质量安全管理】 全市涉渔农资有：水产苗种8个、饲料生产及经营门市17户、渔药门市7个、渔具门市2个（不含垂钓渔具门市）。2013年，市农业局加强水产品质量安全管理，组织开展涉渔农资打假行动，对辖区内包括水产苗种、渔药、饲料、渔具等涉渔农资市场进行排查，深入养殖户，加强源头监管，登记其详细资料，建立数据库；全市共出动执法人员1 204人次，检查生产经营养殖户（场）612家，举行各种媒体宣传15次，发放宣传材料10 592份，没有发现销售和使用有毒有害物质及违禁药品的行为发生；对养殖户进行水产品质量安全法律、法规培训150多人次，对养殖户在生产中出现的问题给予技术指导，确保水产品质量安全；配合省农业厅做好2013年农业部对玉溪市水产品产地抽检工作，2013年9月11~13日，浙江省宁波市渔业环境与产品质量检验检测中心对玉溪市红塔区、通海两县抽取草鱼、鲤鱼样品13个，合格率达100%。

（王宝云）

2013年6月6日，江川县星云湖大头鲤人工增殖放流活动在星云湖畔举行。此次活动共向星云湖投放大头鲤2 070千克和夏花鱼苗108万尾

（市农业局　提供）

【渔船安全】 2013年12月，市农业局对全市渔业船舶进行全面摸底，全市渔船共有296艘（不含三个湖泊）；通海、华宁两县检验站开展渔业船舶检验，经检验，通海县52艘、华宁县33艘渔船质量合格。

【渔业执法】 按照农业部要求，每年4月1日至6月1日在珠江实施珠江禁渔期制度，玉溪市境内珠江流域涉及华宁县、通海县、峨山县、红塔区、江川县、澄江县及抚仙湖、星云湖、杞麓湖三个通江湖泊。珠江玉溪段的各县、区禁渔；珠江玉溪段支流的通海县、峨山县、红塔区、江川县、澄江县（境内重点打击电、炸、毒鱼非法捕捞；抚仙湖、星云湖、杞麓湖通江湖泊，按湖泊管理条例和有关规定执行。8月，全市开展清理整治违规渔具专项行动工作。通过专项行动，湖泊、江河等天然水域的迷魂阵、绝户网、底拖网、密眼网等违规网具得到取缔，毒鱼、炸鱼及非法电捕鱼现象有大幅下降，三无渔船基本禁绝，进一步规范了捕捞生产秩序。

（梁用本）

【水产健康养殖示范场创建】 2013年8月，玉溪市在2012年申报的古生态鱇鲏鱼科研保护中心成为了农业部（第七批）水产健康养殖示范场创建单位。2013年11月，元江县锦源水产养殖场作为农业部（第八批）水产健康养殖示范场创建单位，已通过考核，待农业部审核。

【玉溪市获2项渔业中央项目】 2013年，玉溪市获2项渔业中央项目，分别是通海县茂隆水产养殖专业合作社和江川县大众渔业有限公司承担实施的农业部“2013年渔业种质资源保护水产养殖养殖生态环境修复示范“项目，两项目总投资135.76万元，其中：渔业有限公司和合作社社员自筹35.07万元，中央财政共补助100万元。

（张忠祥）

农村能源

【农村能源技术服务】 2013年，全市农村沼气服务网点达471个，配置专用设备233台，其中：出粪车39台，拖拉机42台，摩托车152辆；出料设备466台，检测设备321台，拥有从业人员676人，其中持证人员571人。服务

网点覆盖沼气户数178 858户，网点建设模式有个人领办和专业合作社。开展换料的网点274个，出料农户9 045户，换料农户7 304户，维修主池1 034户，管道维修8 030户，灶具维修10 117户，开关11 307户。

【沼气安全管理】　2013年，各县、区集中开展沼气安全生产宣传教育活动，安全巡查168 153户，安全维护67 853户，病池修复数1 034户，沼气综合利用技术指导71 489户，对农户进行安全管护培训11 613人次，普及了沼气安全生产知识，提高了沼气用户的安全防范意识和应急处理能力。

【农村能源建设】　2013年，玉溪市农村户用沼气池建设任务400口；节能改灶任务20 000眼；太阳能热水器项目340台；乡村沼气服务网点任务107个；养殖小区联户沼气建设任务7个点，推广高效照明灯任务40 000只。实际完成"一池三改"沼气池建设任务400口，其中：华宁县200口，易门县100口，元江县100口，完成计划的100%。完成节能改灶任务15 433眼，其中：红塔区1 122眼，江川1 548眼，澄江1 600眼，通海县1 350眼，华宁县2 200眼，易门县4 000眼，峨山县1 113眼，新平县1 500眼，元江县1 000眼，完成计划的126.37%。完成太阳能热水器4 851台，其中：红塔区100台，江川县900台，澄江县951台，通海县300台，易门县1 900台，峨山县200台，新平县500台，完成计划的100%。完成乡村沼气服务网点建设9个，其中：江川2个，华宁3个，易门4个，完成计划的100%。完成养殖小区联户沼气建设任务38个点，其中：红塔区3个点，江川5个点，澄江县5个，通海县5个，易门县5个，峨山县个，新平县5个，完成计划的100%。完成大中型沼气工程1处。

（曹秀玲）

【农村能源建设补助】　2013年，农村沼气项目中央基建投资474.6万元，其中养殖小区和联户沼气池建设42个、补助资金393.6万元，乡村沼气服务网点建设18个、补助资金81万元。省级农村能源建设项目补助资金462.13万元，其中农村沼气建设400口、补助资金80万元，推广节柴灶9 100眼、补助资金182万元，补助2012年巩固退耕还林工程节柴改灶3 113眼差价31.13万元，推广太阳能热水器1 200套、补助资金120万元，农村能源乡村服务网点建设9个、补助资金45万元，农户技术培训4期、补助资金4万元。市级农村沼气池管护经费69.77万元、维护沼气池232 492口。

（颜洪敏）

种子管理

【农作物种子打假】　2013年4月10~19日，市农业局组织农作物种子打假护权市场执法专项检查工作。这次农作物种子市场执法共检查种子经营门店89家，涉及7个县（区）、16个街道（乡镇）、21个市场。扦取种子样品30个，其中玉米17个、水稻8个、蔬菜5个。执法人员针对检查过程中部分种子经销商存在不规范的问题，责令限期整改，并督促当场立案查处1件，抽查样品检测统一由指定的元江县农作物种子质量检测中心进行净度、水分及发芽率检测30个，会泽县农作物种子质量检测中心进行玉米品种纯度田间种植鉴定17个。

（张　明）

【春季种子市场专项检查和整治】2013年1~5月，全市种子管理部门联合工商、质监等部门，对辖区种子市场进行了专项监督检查和整治，共出动执法人员296人（次）、执法车辆60台（次），检查了九个县（区）、24个乡（镇、街道）、33个集贸市场、129个种子经营门店，检查以"两杂"为主的主要农作物品种300余个（次），检查种子包装、标签500余个，共扦取样品30个（其中：蔬菜种子样品5个、杂交玉米种子样品17个、杂交水稻种子样品8个）作净度、水分、发芽率三项种子质量指标的检测，结果30个样品三项指标全部合格。

【农资打假"夏季百日行动"】　2013年9月10~12日，玉溪市种子管理部门到峨山县富良棚乡、双江镇、新平县扬武镇、华宁县宁州镇、江川县大街镇等农资市场进行检查并对各县（区）开展农资打假"夏季百日行动"工作进行督查，共检查26个种子、农药、化肥农资经营门店，全面摸排制售假劣农资等违法线索，彻查质量不合格、来源不清的农资产品，确保秋季备耕期用上优质安全的农资产品。

【杂交玉米制种基地巡查和质量抽检】　2013年8月，玉溪市种子管理站组织市、华宁县两级种子执法人员和种子检验员联合开展玉米杂交制种基地巡查和田间质量抽检行动，共巡查杂交玉米种子生产经营企业2户、制种基地3个、品种3个、面积1 300亩。经实地查看和田间随机抽检，云南秋庆种业有限公司、云南盛衍种业有限公司两家企业均按种子生产许可证规定的地点、品种生产种子，生产技术操作基本规范，制种隔离区设置和田间去杂合格，无生产假冒品种行为。

【种子经营管理】　截至2013年12月，玉溪市持有省级核发的种子生产经营许可证的种子企业2个；持有市本级核发的种子经营许可证企业3个。根据云南省农业厅《关于开展农作物种子打假护权专项行动的通知》要求，通过对5个持证种子企业的生产经营资质、设施设备、技术人员、种子质量检验人员、注册资本、生产经营档案的制作保存、品种授权、标签标注、种子去向等详细检查，5个种子生产经营企业证照齐全，资质有效，档案制作保存较齐全，无超范围生产经营种子和无侵权行为，守法、诚信、规范的生产经营种子。开展种子经营代销商户业主资质检查和清理，年内，全市备案在册持有《玉溪市农作物种子经营备案书》的种子经营代销户1 135户，经营代销种子资质符合种子法及《云南省农作物种子条例》的规定和要求。

【经营品种和数量备案登记】　2013年，全市通过审核，给予备案、准予经营销售的农作物品种共有717个（次），备案登记种子数量为125.21万千克。其中：常规水稻25.83万千克、品种76个（次）；杂交水稻11.39万千克、品种196个（次）；玉米81.65万千克、品种298个（次）；小麦1.73万千克、品种9个（次）；油菜0.83万千克、品种13个（次）；蔬菜3.78万千克、品种125个（次）。

【培训种子经营户】　2013年，全市共组织辖区内的种子经营（代销、委托经销）商户业主、从业人员进行有关种子法律法规知识、种子识别及种子使用基本知识培训考核12期（次），参加培训考核人员达1 467人次。

【查处种子违法案件】　2013年，全

市种子管理部门共立案查处无证经营种子、经营未审先推种子、拆包零售种子、经营无标签或标签标注不合法及经营套牌与套用许可证号假劣种子、未按规定备案登记销售种子、未按规定制作保存种子经营档案等违法案件31起，涉案种子4 951.2千克、涉案种子货值金额11.39万元，没收违法种子2 628.9千克，没收违法所得0.2万元，处于罚款3.12万元。调处种子纠纷45起，为农户挽回经济损失59.43万元。

【种子质量监督抽查检验】　2013年，全市种子管理部门开展种子质量监督抽查。全市春季市场监督抽查经销商户156户，抽取样品389个，其中杂交玉米种子235份，杂交水稻种子58份，常规水稻种子58份，蔬菜种子38份；经检验合格样品374份，合格率96.1%。小春市场监督抽查经销120户，抽取样品71份，其中油菜样品21份，小麦样品5份，大麦样品1份，蚕豆样品1份，豌豆样品25份，蔬菜样品18份；经检验合格样品68份，合格率95.8%。对检验不合格的种子，已按相关规定进行了处理。

【救灾备荒种子储备】　2013年，根据《玉溪市市级救灾备荒种子储备管理暂行办法》规定和要求，玉溪市种子管理站经公开招投标，签订储备合同，由云南金秋种业有限公司储备杂交玉米种子“金峰一号”4万千克；由云南盛衍种业有限公司储备杂交玉米种子“路单8号”2.5万千克、“会单4号”2.5万千克、油菜种子“A35”品种0.64万千克。2013年共储备农作物种子9.64万千克，储备期限到2014年4月30日止。

【现代种业农作物种子质量检测中心建成】　玉溪市农作物种子质量检测分中心建设项目是玉溪市种子管理站争取到的2011年省级现代农业种业发展项目，项目建设资金280万元。经近两年建设，2013年6月30日完成项目建设投资审定，7月19日通过验收。现可开展种子分子标记、同工酶普鉴定等品种真实性、品种纯度鉴定的种子质量检验检测工作。

【农作物新品种种子试验种植评价】　2013年，由云南金穗种业有限公司、云南西都种业有限公司、云南大天种业有限公司、沈阳北玉种子科技有限公司、云南石丰种业有限公司等11家种子企业申请参加玉溪市级2013年度试种玉米杂交种：圣禾一号、云金3号、毕单18号、西单8号、西单4号、宗单6号（朴金6号）、子玉2号、西抗18、曲辰11号、红单6号、北玉20号、北玉33号、园玉093、路单7号、路单13号、路单15号、红单12号、迪卡007共18个。玉溪市种子管理站按照《云南省农作物种子试验种植管理办法》的规定对18个申请试种品种提交的材料审核，组织各县（区）在不同海拔区域进行试验种植，并在试验种植期间，按照核定的试验种植方案进行实地核查和组织专家进行田间鉴评。12月2日由市农业局组织相关领导和专家召开评审会议，会上根据试验种植期间的实地核查、鉴评情况及形成的试种报告和试验汇总结果的真实性承诺，通过了参加玉溪市级2013年度试种的玉米新品种18个，准予在全市不同县（区）、海拔区域内备案和应用。

【主要粮油作物良种面积】　2013年，玉溪市主要粮油作物良种推广面积162.4万亩，其中：小麦良种推广面积23.17万亩，良种比率98.5%，主推品种是云麦42、云麦53、川麦107、绵阳20等；油菜良种推广面积27.10万亩，良种比率99.7%，主推品种是A35、花油3号、花油6号、云花油早熟1号、玉红油1号等；蚕豆良种推广面积5.61万亩，良种比率98.1%；玉米良种推广面积76.12万亩，良种比率99.4%，主推品种是路单8号、会单4号、宣黄单4号、云瑞88、云瑞8号、兴黄单892、北玉16、金峰1号、中单808、路单12号、雅玉889、辽单527、正大615等；水稻良种推广面积30.40万亩，良种比率99.0%，其中杂交水稻良种推广面积16.42万亩，主推品种是宜香3 003、冈优22、丰优香占、内香8 518、冈香707、Ⅱ优6号、中优177、冈优900等；常规稻良种推广面积13.98万亩，主推品种是楚粳28号、楚粳27号、楚粳26号、云粳26号、云粳19号、楚粳29号、合系39号等。

（周仕荣）

【农作物良种补贴】　2013年，全市中央良种直补面积达170.22万亩。省级预拨玉溪市油菜补贴资金292.9万元，实际种植油菜28.56万亩，已兑付良种补贴资金285.62万元，预拨的资金结余72 790元。预拨小麦补贴资金238.7万元，实际种植小麦24.82万亩，已兑付良种补贴资金248.2万元，预拨的资金还缺口9.5万元。预拨水稻补贴资金483.3万元，实际种植32.2012万亩，已兑付良种补贴资金483.018 万元，预拨资金结余2 820元。预拨市玉米补贴资金748.6万元，实际种植玉米84.64万亩，已兑付良种补贴资金8 463 510元，预拨的资金还缺口97.75万元。以上四项相抵后，省级预拨全市的农作物良种补贴资金还缺口99.69万元。

（李庭金）

玉溪市农科院红塔区龙潭试验点山地油菜传统种植技术与避灾种植技术田间对比效果

（杨进成　摄）

农业机械

【购机补贴】　2013年，玉溪市共完成农业机械购置中央补贴资金3 200万元，拉动农民投入购机资金7 467万元，直接新增农机总价值10 666.7万元，受益农户达13 852户，全市新增各种新型农机具15 065台套。

【农机总动力达24.8亿瓦特】　2013年，全市农机总动力实现2 479 728.49千瓦，比2012年增57 693.94千瓦，增2.3%；全市拥有拖拉机54 336台，比2012年增1 475台，增2.78%；拥有耕整地机械72 974台，比2012年增11 053台，增17.8%；拥有联合收获机械135台，比2012年增22台，增19.5%。

【农业机械作业面积】　2013年，全市完成机耕面积228.36万亩，比2012年增6.73万亩，增3%；水稻机械化插秧面积45 791亩，比2012年增11 463亩，增33%；机电灌溉面积94.01万亩，比2012年增1.16万亩，增1.2%。

【农机抗旱和春耕备耕】　2013年，全市组织农机力量投入抗旱和备耕生产工作，各县（区）成立农机具、配件、油料供应协调组，农机具调度组，农机修理组3个工作组开展农机抗旱和春耕备耕工作。共参加农机抗旱和春耕备耕工作的107 898人次，其中农机部门工作人员1 200人次；检修农机80 867台次。共投入农机152 191台，其中：拖拉机25 561台、配套农具27 710台套、联合收割机50台、排灌机械27 649台、微耕机51 146台；共完成农机机耕面积89万亩，机耙面积89万亩，农机抗旱灌溉面积65万亩。

（祝琳静）

【拖拉机及联合收割机牌证管理】　2013年12月31日，全市拥有拖拉机54 678台，在册拖拉机45 517台，其中G型16 779台、H型22 121台、K型6 617台。全年全市共注册登记拖拉机2 243台，联合收割机3台，转入拖拉机26台，转出拖拉机16台，注销拖拉机9台，补领换领拖拉机号牌、行驶证和登记证书555台，共检验拖拉机达22 580台。

【农机驾驶人员管理】　2013年12月31日，全市拥有各类拖拉机从业人员45 397人，在册拖拉机驾驶员41 287人，其中G型21 136人，H型15 057人，K型5 094人。全年全市共举办拖拉机驾驶员培训考试35期，合格发证2 632人，迁入本辖区38人，迁出本辖区10人，补证1 703人，期满换证2 860人，驾驶证注销数为4人。培训联合收割机驾驶人16人，核发驾驶证16本。

【农机安全生产检查】　2013年，全市共投入安全生产资金7.74万元，排查农业机械8 054台，排查驾驶操作人员12 596人，排查一般隐患1 033个，整改1 033个，整改率达100%。

（范承东　李　翔）

【水稻机械化育插秧推广】　2013年，全市拥有水稻插秧机74台，比2012年增14台，完成水稻机械化插秧4.57万亩。玉溪市农机技术培训推广站与玉溪市农科院合作，依托玉溪庄园凤窝园，在峨山县岔河乡建成一个200亩的水稻全程机械化示范区，推动水稻全程机械化。结合全国农业科技促进年活动，依托国家现代农业产业技术体系和全国农业技术推广示范县项目，全市在关键技术环节集中开展主导品种和主推技术的示范展示和培训，指导科技示范户推广应用，推进良种良法配套，水稻机械化育插秧推广面积将达到45 791亩。

【洋芋收获机示范推广】　2013年，玉溪市农机技术培训推广站与农机经销商联合，引进HF-800型洋芋收获机械，配套8-15马力手扶拖拉机，在通海、易门等县进行试验、示范；在通海县召开玉溪市2013年洋芋机械化收获现场会。全市推广洋芋收获机械4台，完成洋芋机械化收获930亩。

【小型稻麦联合收获机械示范推广】　2013年，玉溪市农机技术培训推广站与富博农机工贸有限公司合作，引进刚毅牌GY4L-0.6小型全喂入轮式稻麦联合收割机在新平县戛洒镇召开玉溪市小型稻麦联合收割机现场演示会；在新平县已经成功推广10台，并已投入到2013年的大春水稻收获中，成效明显。

【农机操作培训机构规范化建设】　2013年，全市严格按照行政许可法、道路交通法、农业部三个部长令和两个工作规范的要求，清理农业机械培训机构教学资质，建立农业机械培训教学情况检查制度，进一步规范各项农机培训业务，提升教学质量，从源头把好农机安全操作关。农机培训机构办学水平评定，通海、易门县为A级，红塔区和峨山、新平、元江、澄

为深入了解农机安全生产情况，农机监理部门共组织宣传车1 190车次，组织宣传员4 004人次，深入乡（镇）集市838次，深入村寨1 835次进行宣传，与机手签订安全责任书26 982份。图为玉溪市农业部门派出有关专家深入田间地头进行农机安全生产检查和宣传教育

（范承东　摄）

江县为B级，华宁、江川县为C级。培训拖拉机驾驶员2 197人；培训农机操作手1.12万人。

（普文学）

土肥植保

【测土配方施肥】 2013年，全市在水稻、玉米、油菜、烤烟、蔬菜、马铃薯、柑橘等作物实施测土配方施肥和推广测土配方施肥面积234.43万亩，覆盖651个农业行政村，涉及农户47.43万户；配方肥施用面积87万亩，配方肥施用总量达5.31万吨；完成肥效试验3 414试验21组，其他试验230组；创建各类示范样板113个，示范面积21万亩，项目区总增产14.17万吨，总减不合理施肥量5 257.41吨（纯量），总节本增效24 313.82万元。全年共组织采集土样3 620个、植株样采集64个，分析化验土样3 222个、植株样94个；全年共举办各类培训班665期，培训技术骨干3 890人次，培训农民17.69万人次，培训营销人员5 649人次，发放培训技术资料21.33万份，广播电视宣传47次，报刊简报69，墙体广告（条、横幅）265条（张），网络宣传142条，科技赶集56次，召开现场会69次；土壤信息施肥建议书上墙公示710个村（含自然村和集市）；发放施肥建议卡56.82万份，研究确定配方81个，为39.16万户农户提供测土配方施肥服务。完成红塔区、澄江县、易门县、峨山县、新平县、元江县测土配方施肥耕地地力评价工作并通过省部级验收，完成了江川县路居镇整建制推进测土配方施肥及其他项目县（片区）20个行政村整建制推进测土配方施肥农企对接推广配方肥工作。

2013年，玉溪市测土配方施肥补贴项目到位资金185万元，其中：中央财政投入165万元，省级财政投入20万元；项目实施涉及玉溪市一区八县。项目资金主要用于测土配方施技术推广、试验等。

（金　萍）

【春季肥料市场抽查】 玉溪市土壤肥料工作站于2013年3月12~27日组织出动车辆18车次，人员70余人次，与各县（区）农业局、土肥站、执法大队和基层农科站配合，开展肥料市场检查。此次检查依照《肥料登记管理办法》对备耕农资投入品肥料进行实店现场联合检查，重点是对销售商和生产企业所生产销售的肥料的复混肥、有机肥、水溶肥生物肥和调理剂等登记证、标识和质量等进行检查，每县（区）主查1~2个肥料销售较为集中的乡（镇），共抽查12个基层乡（镇），每乡（镇）抽查3~5户肥料经销商户，实查48家经销户。

（舒波、杨义三）

【耕地地力评价项目通过省级验收】 2013年6月5~6日，云南省农业厅在昆明组织对全省第二批测土配方施肥耕地地力评价22个县（区）项目进行验收。验收由云南省农业厅主持，邀请云南农业大学、云南省农业科学院、云南省中低改办和土壤肥料等单位的专家组成项目验收专家组，对全省22个县（区）县耕地地力评价项目进行省级集中验收。玉溪市红塔区、澄江县、易门县、峨山县、新平县、元江县参加了此次项目验收，专家组听取了六县（区）工作汇报，审核了地力等级划分、县域耕地资源管理信息系统、障碍因素、地力养分、《耕地地力评价成果报告》、审阅了六县（区）耕地地力评价成果图件，进行了质询。认为六县（区）测土配方施肥耕地地力评价专项成果达到验收标准，同意通过省级验收。此次耕地力评价基本弄清了全市耕地地力等级、障碍因素、土壤肥力分布、建立了县（区）耕地养分数据库，为划定永久性基本农田保护区、推广测土配方施肥、作物产业布局、环境保护等将提供支撑。

（贾平、杨义三）

【复混肥检测能力验证】 自农业部启动国家测土配方施肥补贴项目以来，玉溪市土壤肥料检测中心承接了22 080个样品的化验分析，为国家测土配方施肥补贴项目的实施提供了保障。为更好地服务基层农业发展，提高农化分析水平，中心积极参加权威机构组织的检测能力验证，继2012年通过全国农技推广中心组织的土壤检测能力验证之后，2013年又通过了云南省技术质量监督局组织的复混肥检测能力验证。

（贾　平）

【农作物病虫害监测预警及防控】 2013年，玉溪市、县（区）发布主要农作物病虫害发生情报、简报、信息123期，其中小春47期、大春76期，在玉溪市农业信息网内发布信息259条、手机农讯通278期次，电视报道31期次，《玉溪日报》报道6条，向省植保站报送资料50份次。年内，玉溪市农业有害生物灾害发生764.05万亩次，防治面积1 502.12万亩次，其中开展绿色防控和专业化统防统治224.56万亩次，挽回粮食损失34 679.63吨。其中水稻病虫发生71.26万亩次，防治196.65万亩次；玉米病虫发生99.40万亩次，防治134.54万亩次；油菜病虫发生54.34万亩次，防治70.14万亩次；小麦病虫发生24.79万亩次，防治43.43万亩次；果树（柑橘和其他）病虫发生30.65万亩次，防治61.07万亩次；蔬菜病虫发生156.57万亩次，防治313.46万亩次。其他经济作物病虫发生74.69万亩次，防治241.46万亩次；草害发生143.16万亩次，防治208.63万亩次；鼠害发生84.10万亩次，防治186.63万

2013年12月9日，农业部种植业管理司司长叶贞琴一行在省农业厅副厅长王平华等领导的陪同下，莅临玉溪调研指导油菜高产创建、测土配方施肥、病虫害绿色防控等农业生产工作（市农业局提供）

亩次。

【绿色防控技术推广】　2013年，玉溪市针对水稻、水果、蔬菜、烤烟、花卉等优势经济作物建立绿色防控示范点89个，推进性诱、色诱、光诱和生物防治等绿色防控技术，全市推广应用面积112.74万亩次，其中性诱剂21.37万亩次、色板19.66万亩次、杀虫灯15.81万亩次、生物防治55.90万亩次。各县（区）绿色防控面积分别是：红塔区示范推广面积6.00万亩次，江川县示范推广面积11.70万亩次，澄江县示范推广面积4.59万亩次，通海县示范推广面积16.73万亩次，华宁县示范推广面积9.31万亩次，易门县示范推广面积17.56万亩次，峨山县示范推广面积21.65万亩次，新平县示范推广面积16.65万亩次，元江县示范推广面积8.55万亩次。

【植保统防统治及应急专业化防治队伍建设】　2013年，全市累计成立植保专业化合作社59个，其中原有53个，新增6个，已在工商注册46个，从业人员1 426人，拥有植保机械5 356台，2013年出动专业化队伍，针对水稻、蔬菜、烤烟、柑橘、芒果、草莓、葡萄等作物主要病虫害，开展专业化防治面积111.82万亩次，开展专防培训场次201次，培训专业化统防人员11.58万人次，发放宣传资料27.16万份。

【农作物病虫草鼠害发生种类普查】　2012年10月至2013年4月，玉溪市植保站组织县（区）完成了以油菜、小麦为主的冬季农作物病虫草鼠害普查工作，全市七县（区）调查23个乡镇57个点，共查到油菜病害7种、虫害6种、草害13种、鼠害3种；小麦病虫病害5种、虫害3种、草害10种、鼠害3种。

【农药市场监督管理】　2013年，全市累计开展农药市场检查工作150余次，出动车辆304车次，发放宣传材料27 354份。累计出动执法人员1 409人次，依法检查农药经营门市3 090户次。查处违法经营案件53件，并对53件违法经营行为进行立案查处，涉及农药经营户45个。共查获违法产品55个，数量349千克。货值10 857.55元，没收违法所得16 548.5元，并处罚款45 034.5元。查获的违法产品中，无农药登记证或临时农药登记证的产品26个、假农药产品14个、标签不合格产品2个、违规高毒农药产品4个、其他违法产品9个。

【农药产品质量抽查】　2013年，玉溪市植保站组织各县（区）完成了省站下达的农药产品质量检测抽样工作任务，抽送农药样品22个（下达任务20个），省站检测20个，有4个不合格产品。其中，假农药产品1个（假冒生产），劣质农药产品1个（假冒生产），标签不合格农药产品2个。上述4个违法产品已督导相关县（区）依法立案进行了查处。

【农药残留检测】　2013年，全市植保部门运用蔬菜农药残毒快速检测网，每月对全市范围内各主要农贸市场，以及红塔区城区四大超市内销售的蔬菜进行常规抽检，抽检结果每月按时上报上级主管部门。2013年全市累计抽检蔬菜（含部分水果）样品21 471个，检测合格率为95.63%，怀疑部分2.98%，不合格率为1.39%，检测合格率总体保持平稳。

【植物检疫】　2013年，全市实施植物和植物产品调运检疫签证合计319批次，4 404 846千克和144 000株（盆）。其中，省间调运种苗检疫签证270批次，4 309 816千克和135 000株（盆），省内调运种苗检疫签证49批次，95 030千克和9 000株（盆）。产地检疫11 322亩。调运检疫签证的植物和植物产品主要有：种苗主要是烟种、蔬菜种、茉莉花苗、玫瑰花苗、蓝莓种苗等，植物产品主要是商品玉米和白菜、花椰菜、洋葱、洋芋等蔬菜，香蕉、芒果等水果及茉莉花茶等花卉和中药材等。

【蓝莓病虫害调查】　2013年，玉溪市植保站对江川、澄江和华宁等三县蓝莓病虫害防治调查指导，为全面了解蓝莓病虫害发生的种类，玉溪市植保积极组织专业技术人员多次到蓝莓种植基地调查，据初步调查，市内蓝莓病虫害主要是锈病、叶斑病、叶枯病、根腐病、僵果病、缺素症、介壳虫、金龟子。

（王田珍）

农业科研

【“抚仙湖北岸农业区蔬菜控肥技术研究与应用”项目通过鉴定】　2013年1月22日，玉溪市农业科学院等单位完成的《抚仙湖北岸农业区蔬菜控肥技术研究与应用》项目通过由云南省科技厅科学技术奖励办公室邀请省内知名农业专家组成鉴定委员会的成果鉴定。专家组认为课题研究提出的抚仙湖北岸农业区菜豌豆、西兰花、韭菜及大葱的控肥技术创新明显，实用性强，研究成果总体处国内先进水平，建议进一步完善技术标准，加大成果推广应用力度。

【“油菜避灾栽培”项目现场鉴

玉溪市农科院江川氮磷控制示范基地　（王曦摄）

评】 2013年1月26日，受云南省科技奖励办公室委托，由玉溪科技局主持，邀请省内有关专家对玉溪市农业科学院开展的“烟后山地油菜避灾高效栽培技术研究与应用”项目通过了现场鉴评。项目于2010~2012年针对云南省冬春严重干旱的实际，对油菜品种筛选、播种时间、栽培密度、栽培区域、施肥量、除草剂种类等方面进行了系统研究，构建了在烤烟收获末期，植烟山地油菜免耕直播的避灾高效栽培技术体系。实现了在播种期、种植模式、精准管理及综合效益等方面的突破，特别是播种期明显提前，提高了对土地、热量、降雨及烟地肥料的利用效率，有效地避免了干旱、低温冻害、蚜虫、杂草等自然灾害。拓展了优良油菜品种的栽培区域和增产、增收潜力，形成了山地油菜避灾种植的操作规程，是山地烟区油菜栽培高效技术的集成创新，申报相关专利已获受理。

【山地油菜高产创建通过抽样复测】 2013年1月26日，玉溪市农科院设在红塔区大营街龙潭4组的山地油菜高产创建百亩核心区通过玉溪市农业局组织的农业专家组的抽样复测。2012~2013年玉溪市山地油菜高产创建项目按照“百亩方（核心区）、千亩片（展示区）、万亩区（示范区）”的模式设立的油菜高产创建示范区。该示范区采取早播套种避旱栽培技术措施。

【“江川早春马铃薯施肥技术研究与应用”项目通过验收】 2013年2月2日，玉溪市农业科学院等单位完成的《江川早春马铃薯施肥技术研究与应用》项目由玉溪市科技局和玉溪市农业局共同主持，邀请有关专家组成的验收组的验收。项目针对江川县早春马铃薯在施肥过程中存在的诸多问题，总结出了氮、磷、钾肥施用量与早春马铃薯植株养分吸收量、养分利用率及土壤耕作层养分流失量的关系，明确了马铃薯的N、P、K肥利用率与施用量的关系施肥用量与流失量的关系，综合分析研究提出了以施肥结构和施肥量及施肥方法为核心的江川早春马铃薯施肥技术，降低了氮、磷对星云湖水质的污染负荷，新增纯收益2 907.61万元，经济、生态及社会效益显著。

【“农作物生物降解膜试验研究与示范”项目通过验收】 2013年2月24日，玉溪市农科院等单位完成的《农作物生物降解膜试验研究与示范》项目通过由玉溪市科技奖励办公室、玉溪市农业局共同主持，邀请省市有关专家组成的验收组的验收。项目针对玉溪市普通塑料地膜使用量大而回收利用率低，且残存量逐年增加，白色污染日趋严重，而具有优良使用性能、废弃后可被环境微生物完全分解，最终被无机化的生物可降解膜在农作物上的应用研究滞后等问题，围绕玉溪市生态立市和农业可持续发展战略，降低白色污染、保护农田生态环境、有效推进粮食生产可持续发展为目标，通过整合省级农作物生物降解膜、高产创建和间作套种项目，初步摸清了玉米、花椰菜等作物应用生物降解膜的增产效果和增产机理，因地制宜遴选出了适宜不同作物的生物降解膜，完善、组装集成了玉米和花椰菜应用生物降解膜栽培技术操作规程在玉溪粮食生产上大面积示范，所得出的玉米应用生物降解膜测产验收方法降低了产量验收成本，总体技术水平和实施规模属省内领先水平。

【油菜新品系通过田间鉴评】 2013年3月13日，玉溪市农科院“甘蓝型油菜新品系‘Y05-84-5-1’（玉油1号）”项目通过南省农作物品种审定委员会田间鉴评。该油菜新品系是玉溪市农科院2004年从红塔区种子站引进示范的双低品种A35与优良变异单株“Y05-84”进行筛选，采用系统选育方法，经多年加代选育于2009年定型而成，并已通过2010~2012年云南省油菜区域试验。

【多项研究项目获奖】 2013年10月14日，玉溪市农业科学院为第一完成单位的“抚仙湖北岸农业区蔬菜控肥技术研究与应用“项目获玉溪市政府科学技术奖二等奖，同时获玉溪市农业局农业技术推广奖一等奖和云南省农业厅农业技术推广奖二等奖。

2013年10月14日，玉溪市农业科学院为第一完成单位的“农作物生物降解膜试验研究示范“项目获玉溪市政府科学技术奖三等奖，同时获玉溪市农业局农业技术推广奖二等奖。

2013年10月14日，玉溪市农业科学院为第一完成单位的“江川早春马铃薯施肥技术研究与应用“项目获玉溪市政府科学技术奖三等奖，同时获玉溪市农业局农业技术推广奖二等奖和云南省农业厅农业技术推广奖三等奖。

【玉粳11号通过验收】 2013年12月31日，玉溪市农业科学院完成的“优质抗稻瘟病高原粳稻新品种玉粳11号选育应用”项目通过由玉溪市科技局和玉溪市农业局共同主持，邀请省、市有关专家组成的验收组的验收。该品种是玉溪市农业科学院与云南省农业科学院粮作所等合作，针对云南稻作生产实际和社会发展需求，以优质、高产、抗病为目标，开展技术交流合作，于2000年利用地理远缘的南京农大水稻所提供的直立穗型粳稻材料作母本和云南弯曲穗型粳稻材料作父本进行杂交，采用系普法经7年8代选育而成具有自主产权的水稻新品种（系），和一批株型优良、丰产、抗病强和品种优的高世代材料中间材料，这些材料为玉溪市乃至云南省水稻育种增加了丰富的种质资源储备。玉粳11号于2 010已年通过我国水稻新品种审定。

（杨天艳）

【八项成果获云南省农业技术推广奖】 根据云南省农业厅关于表彰2012年度云南省农业技术推广奖获奖单位和人员的决定，玉溪市共有8项成果获奖。由玉溪市畜禽改良站主报的“保育猪生物发酵床环保养殖技术研究与示范”获一等奖；由玉溪市农科院主报的“抚仙湖北岸农业区蔬菜控肥技术研究与应用”、红塔区种子管理站主报的“优质油菜新品种玉红油2号的选育”、玉溪市农机技术培训推广站主报的“玉溪市水稻机械化插秧及配套技术示范应用”获二等奖；由易门县农业技术推广站主报的“易门县小麦抗旱技术的集成与应用”、峨山县植保植检站主报的“峨山县玉米灰斑病发生特点及防治技术研究与应用”、玉溪市农业科学院主持申报的“江川早春马铃薯施肥技术研究与应用”、玉溪市水产工作站主报的“滇中高原池坝塘养鱼底层增氧技术试验示范”获三等奖。

【施德林获省政府特殊津贴】 经云南省第七届选拔有突出贡献优秀专业技术人才评议委员会评审通过，报云南省人民政府同意。玉溪市种子管理站高级农艺师施德林被评为2013年度享受云南省人民政府特殊津贴。

【杨文昌获全国科教兴村杰出贡献

奖】　2012年，农业部启动科教兴村杰出贡献奖评选，华西集团向中华农业科教基金会捐赠的华西仁宝基金提供项目资助经费，三年共资助100名农业科教兴村杰出带头人，每人资助5万元，主要资助对象为村支书、村主任、农民合作经济组织带头人和大学生村官。经层层推荐选拔，农业部组织专家评审，玉溪市新平县漠沙镇曼勒社区党总支书记、苦瓜协会会长杨文昌，荣获全国科教兴村杰出带头人称号，并于2013年6月24日出席了在江苏省江阴市华西村举行的颁奖表彰会。

【王德林获农业部全国农业科技推广突出贡献奖】　根据农业部关于2011~2013年度全国农牧渔业丰收奖获奖情况的通报，玉溪市新平彝族傣族自治县农村环保能源工作站站长、农艺师王德林获全国农牧渔业丰收奖农业科技推广突出贡献奖。

【玉溪市第四批中青年学科技术带头人评选】　2013年，根据《玉溪市关于选拔培养中青年学科技术带头人的实施意见》，经个人申请、单位及主管部门推荐、专家评审、综合组审定，玉溪市农业局推荐的玉溪市水产工作站站长、高级农艺师夏黎亮；玉溪市经济作物工作站副站长、高级农艺师杨云光；玉溪市动物疫病预防控制中心副主任、高级兽医师杨耀兰；玉溪市农科院农业生态与环境资源研究所副所长、高级农艺师张艳军、玉溪市农科院油料作物研究所副所长、高级农艺师安正云等五名农业科技人员被评为玉溪市第四批中青年学科技术带头人。

【第五届云南省拔尖农村乡土人才评选】　2013年，经层层推荐选拔，省委组织部、省人社厅、省农业厅、省财政厅组织专家评审，玉溪市宋子波、向士亮、汪家富、付云龙、梅清林、李元俊被评为第五届云南省拔尖农村乡土人才。

（张光和）

【科技论文获奖】　2013年，在玉溪市科协第七届优秀学术论文评选中，由玉溪市农学会推荐的7篇科技论文获奖，占本届获奖论文总数69篇的10%。其中，一等奖2篇，分别是：吕艳玲等的《香施肥量对抚仙湖北岸水稻土氮磷钾垂直迁移的影响》，杨绍聪等的《中前作、土壤有效氮及烤烟施氮对烟叶产量和产值的影响》。二等奖3篇，分别是王树明等的《4种性诱剂产品对甜菜夜蛾种群的诱集效果比较》；夏黎亮等的《底层增氧新技术在库坝塘中的应用试验》；沈祥宏等的《引进外国智力及种质资源在水稻育种上的研究与应用》。三等奖2篇，分别是杨进成等的《玉溪市油菜产业发展现状、问题与对策分析》；张艳军等的《漂浮育苗不同基质配比对除虫菊苗素质的影响》。

【调研报告获奖】　2013年，在玉溪市第七次哲学社会科学优秀成果评奖中，由玉溪市农学会推荐的2篇调研报告获调研报告、课题类三等奖，占该类获奖总项数10项的20%。分别是：冯习钊完成的《玉溪市农民收入结构调查及政策重点研究》；张光和等完成的《玉溪市新农村建设中新型农民教育培训调研报告》。

（黄莲英）

林　　业

编辑：王竹能

林业管理

【概　况】 2013年，市林业局积极争取中央和省、市级财政资金，全市林业项目投资创新高。截至12月31日，各级对全市林业投资30 880.03万元，比上年增加3 007.93万元，增长10.79%。其中，中央投入资金19 724.73万元，占总投资的63.88%；省级投入资金8 878.63万元，占总投资的28.75%；市级投入资金2 276.67万元，占总投资的7.37%。全年还争取使用林业贴息贷款1.64亿元。全市通过林权流转筹资6 722.53万元，比上年增长42.34%；林权抵押贷款9 281.7万元。同时，完成招商引资任务2.4亿元，为市政府下达的2亿元任务的120%；完成营造林40.67万亩，其中，人工造林22.34万亩，封山育林18.33万亩；完成低效林改造任务20万亩（发展核桃和竹子产业，含国家和省下达计划任务）。全市林业总产值39.49亿元，比上年增长27.55%。全市林地面积1 555.75万亩，占全市国土面积2 248.42万亩的69.2%，其中，有林地面积1 188.11万亩，森林覆盖率为54.2%，活立木总蓄积4 623万立方米。森林防火实现了大旱之年无重大森林火灾、无人员伤亡事故的发生。林政管理大力支持重大项目、工业园区和低丘缓坡土地综合开发利用建设。公益林管护完成了全市公益林林地落界工作及上年度省级公益林生态效益补偿项目绩效评价工作。全市林业有害生物防治面积43.76万亩，防治率92.79%，种苗产地检疫率99%。全市森林公安查处森林案件1 499起，处理违法犯罪人员1 798人（次），为国家挽回直接经济损失1 159.59万元。

【生态文明建设暨绿化造林动员会】 2013年10月29日，全市生态文明建设暨绿化造林动员大会在聂耳大剧院召开。市委、市人大、市政府、市政协领导，市级相关单位主要负责人，中央、省驻玉有关单位主要负责人，驻玉军（警）部队主要负责人，以及各县（区）党政主要领导、分管林业工作的副县（区）长、林业局长、水利局长，各乡（镇、街道）党（工）委书记、乡（镇）长（办事处主任）共361人参加了会议。省林业厅厅长侯新华和市党政领导张祖林、饶南湖、夏立洪、谢兴荣、黄宪庭、张玲、冷明德、王跃等出席了会议。市委书记张祖林在对生态文明建设和绿化造林工作提出了要顺时应势，深化认识，切实增强推进生态文明建设的责任感等要求。市长饶南湖对绿化造林工作进行了全面的安排部署。省林业厅长侯新华对全市生态文明建设和绿化造林工作给予了高起点、大手笔的高度评价。红塔区、新平县分别作了绿化造林经验交流。市政府与9个县（区）政府签订了《2013～2015年玉溪市绿化造林责任状》。

【生态文明建设】 2013年冬至2015年，全市将重点实施道路绿化工程、城区面山绿化工程、村庄绿化工程、“三湖”周边防护林带工程、林业生态建设五大工程，大力植树造林，全面提速生态文明建设步伐。实施道路绿化工程，着力构筑绿色生态走廊。以高等级公路两侧绿化为框架，以省道、县乡道路沿线绿化为主线，在市境内道路沿线两侧，按照有路必有树，有树必成林，栽植大苗木、打造大景观的要求，形成高标准绿色通道。实施以生态屏障建设为主的城区面山绿化工程，着力改善城市生态环境。城区面山绿化以八县一区县城为重点，建设以环城防护林、城郊森林公园、城市绿化美化为主要内容的上档次、上水平、上色彩的城市森林生态体系。实施以美丽家园行动计划为平台的村庄绿化工程，着力改善乡村生态环境。实施“三湖”周边防护林带工程，着力恢复湿地生态系统。实施林业生态建设工程，着力发展生态林业和民生林业。积极争取国家和省重点林业建设项目支持，继续实施巩固退耕还林成果林业项目、退耕还林荒山荒地人工造林、天然林保护工程、石漠化治理、陡坡地生态治理、低效林改造等林业生态建设工程。到2015年，全市将新增植树4 337.59万株，造林85.98万亩，森林覆盖率新增2个百分点，森林总蓄积量达到5 000万立方米以上，年森林生态服务功能价值达450亿元以上。

【林业改革发展成效宣传月活动】 2013年8月1日至8月30日，全市组织开展了林业改革发展成效宣传月活动。活动成立了以局长资武为组长的领导小组，制定了活动实施方案，明确宣传主题和宣传重点。活动围绕生态建

2013年11月28日，市政府在峨山县召开全市核桃规范种植管护现场推进会，参会人员到峨山县富良棚乡千亩核桃连片种植区、塔冲核桃规范管理示范区进行观摩。图为饶南湖市长（前排中）带领参会领导到峨山县塔冲核桃规范管理示范区观摩

（蒋志东　摄）

设、林业产业发展、集体林权制度改革、资源保护，组织省、市级新闻媒体深入林业一线，对全市林业改革发展的典型、亮点进行专题采访，在云南网上进行连续报道，在《玉溪日报》开辟"生态玉溪绿色发展"专栏进行系列报道，由市电视台"天天看玉溪"栏目制作播出林业改革发展成效专题片4期，集中力量、集中时段、集中版面，开展有特色、有声势的宣传活动，全面展示了全市林业改革发展取得的最新进展、辉煌成就和宝贵经验，以及建设生态林业、民生林业的成功实践和给人们生活带来的巨大变化，形成了全社会关心林业、支持林业、爱护林业的良好局面，为促进全市林业科学发展、和谐发展、跨越发展创造了良好的氛围。

（师红艳）

【林地林木流转量价齐升】　截至2013年底，全市累计林权流转面积15.78万亩、流转金额19 885.38万元。其中，2013年完成流转面积4.77万亩、流转金额6 722.53万元，比上年完成的3.8万亩、4 722.92万元，分别增长25.53%和42.34%；平均每亩流转价格由上年的1 242.9元提高到1 409.3元，每亩增加166.4元。

【林权抵押贷款】　至2013年底，全市林权抵押贷款累计抵押面积17.43万亩，贷款余额47 319.85万元，比上年底累计抵押面积13.95万亩和38 038.15万元，分别增长24.95%和24.40%。

（杨艳芬）

【林农专业合作社省级示范社】　2013年，根据省林业厅、财政厅、供销合作社联合社《关于开展第二批林农专业合作社省级示范社申报工作的通知》要求，全市采取自下而上，逐级审核的方式，推荐上报13户林农专业合作社作为省级示范社。经省林业厅、财政厅、供销合作社联合社共同认定，新增10户林农专业合作社省级示范社。全市林农专业合作社省级示范社达17户，占全省林农专业合作社省级示范社260户的6.5%。

【林业产业省级龙头企业】　2013年，省林业厅组织对申报林业产业省级龙头企业（含参加复评的第七批龙头企业）的相关情况进行评审，决定授予82户企业为省级龙头企业。其中，市内5户企业榜上有名。全省第七批林业产业省级龙头企业58户通过了复评。其中，市内4户通过了复评。至此，全市林业产业省级龙头企业达25户。

【兑现林业省级龙头企业扶持金】　2013年，根据《玉溪市市级林业产业化龙头企业扶持（暂行）办法》的规定，全市对符合规定要求的15户省级龙头企业，兑现林业贷款贴息补助资金100万元，拉动龙头企业投资1.65亿元进行节能减排、提质增效、扩大产能。同时，对认定为林业产业省级龙头的企业，开展新产品、新品种（新技术）、品牌建设及质量认证，对年度销售收入达标的省级龙头企业等实行以奖代补，兑现资金100万元。

（邵永保）

植树造林

【营造林】　2013年，全市准备林木种子49 050千克，准备穗条66.7万条，完成育苗0.13万亩，培育可供造林苗木1 658.5万株，完成营造林40.67万亩（人工造林完成22.34万亩），封山育林完成18.33万亩，完成低效林改造任务20万亩（发展核桃和竹子产业）。全民义务植树466.22万株。各级领导办样板林22块，完成0.35万亩，其中，市级样板林完成0.02万亩。7月19日，市政府在中心城区东近面山金钟山举办义务植树活动，市委书记张祖林、市长饶南湖、市人大主任谢兴荣、市政协主席黄宪庭等领导，同当地干部群众一起参加了义务植树活动，种下冬樱花、香樟、蓝花楹等700多棵，掀起中心城区面山绿化美化高潮。

【启动绿化造林实施方案】　2013年，结合全市实际，市林业局制定《玉溪市绿化造林实施方案》（2013年冬至2015年）。从2013年冬季开始，通过实施5项绿化造林工程和推广种植杨树，到2015年，全市新增植树4 337.59万株，造林面积85.98万亩，森林覆盖率新增2个百分点，森林总蓄积量达到5 000万立方米以上，林业产值超过50亿元，林农从林业中获得的人均年收入达到2 000元以上，年森林生态服务功能价值达450亿元以上，基本形成全市生态屏障框架，森林生态体系更加完备，林业产业体系明显提升。

【制定森林玉溪建设实施方案】　2013年，结合全市实际，市林业局制定森林玉溪建设实施方案，总体目标任务是把全市建设成为森林生态系统结构更加合理、林业产业更加发达、生态文化更加繁荣、人与自然更加和谐的"森林玉溪"。依托省和国家林业项目，以《玉溪市绿化造林实施方案》为重点，到2017年，完成营造林

2013年7月19日，市委书记张祖林（右一）、市长饶南湖（左一）在金钟山义务植树（蒋志东 摄）

153.74万亩，其中，人工造林71.17万亩（含杨树推广种植2.5万亩），封山育林82.57万亩，全市森林覆盖率达到57%以上，森林总蓄积量达到5 400万立方米，林业总产值超过60亿元，农民从林业中获得的人均年收入达到2 000元；到2020年，全市森林覆盖率达到60%以上，森林总蓄积量达到6 000万立方米以上。

（陈桂芬）

【种苗生产经营检验员岗位培训】 2013年7月15日至7月16日，市林业局首次为城镇绿化建设种苗生产经营单位专题举办检验员岗位培训班，来自全市已取得林木种子生产、经营许可证的部分林木种苗生产经营单位检验员及各县（区）种苗站站长86人参加了培训。培训结束后进行了考试，对合格者颁发了《云南省林木种苗质量检验岗位培训合格证》。

【建设云南松种质资源基因保存库】 2013年，由国家发展改革委和国家林业局联合下达的全国林木种苗工程—云南松种质资源保存库在市国营玉白顶林场启动建设。该项目将建设云南松种质资源收集区1 200亩，其中，优良单株收集区600亩，收集优良单株500个以上；种源收集区（优良林分）500亩，收集保存云南松种源（优良林分）150个以上；个体类型收集区100亩，收集个体类型3个以上。项目建设期6年，即2012年10月至2017年9月。项目建成后将成为中国最大的云南松种质资源基因库及生物多样性研究与保护中心，为云南松的选育及研究探索有效途径，从而推动云南松产业的可持续发展。

（杨春江）

林业科技推广

【林业技术培训】 2013年，市林业局发挥市级教育培训基地的作用，采取办培训班、现场示范、专题讲座、发放资料等多种形式，开展林业技术培训171期（次），累计培训专业技术和林农15 449人次，发放《核桃栽培管理技术要点》、《核桃栽培管理月历》、《竹子低产林改造技术》等12.5万份。

【大砂壳核桃通过省林木良种审定】 华宁县的大砂壳核桃原产于华宁县羊槽、麦勒果一带，为全省核桃传统栽培四大良种之一，是经过长期的大自然选择和人工筛选培育所形成的林木品种，至2013年已有710年历史。其果大、壳薄、味香，种植后5～6年开始开花结实，第7至12年为初果期，13年后进入盛果期，树龄可达百年以上。2008年以来，先后推广到大理、昆明、曲靖、红河等州、市和浙江省。2013年12月，大砂壳核桃通过了省林木品种审定委员会的林木良种审定。

【育苗技术规程进入省地方标准】 2013年6月1日，省质量技术监督局新发布8项地方标准，其中，由新平县林业局起草的《云南甜龙竹育苗技术规程》和《麻竹容器育苗技术规程》名列其中，分别规定了云南甜龙竹育苗、麻竹容器育苗的圃地选择、整地作床、育苗方法、苗期管理、苗木出圃等技术内容，于9月1日起实施。

【编著《核桃采穗圃营建技术》】 2013年，市林业科技推广站、市林学会的科技工作者结合多年核桃栽培实践，参考国内外相关资料编著出版了《核桃采穗圃营建技术》。该书从云南核桃生物、生态学特性入手，详细介绍了核桃良种采穗圃圃地选择与规划，砧木选择与培育，接穗选择嫁接与接后管理，采穗核桃树的土壤、水、肥管理和整形修剪，穗条生产与贮藏，档案建立与管理，主要病虫害防治等一整套核桃采穗圃营建技术，并插入了100多幅图片，做到图文并茂、通俗易懂，集学术性、科普性和实用性为一体，是基层农林技术员和核桃种植户的实用技术手册。该书由云南人民出版社出版。

【自编教材获表彰】 2008年至2013年，市林学会组织相关林业科技人员，结合核桃栽培实践，先后编印了《核桃栽培技术》、《核桃幼树规范化管理技术手册》、《核桃良种采穗圃营建技术手册》、《核桃大树改接换优技术手册》、《核桃栽培管理技术要点》等5本核桃栽培管理系列丛书。2013年12月，省农村致富技术函授大学表彰2013年度地方特色优秀专业自编教材30本（套），市林学会5本核桃栽培管理技术系列丛书榜上有名。

【林业科技推广获省科技工作先进集体荣誉称号】 2013年2月21日，在全省林业科技工作会上，市林业科技推广站被省林业厅授予“全省林业科技工作先进集体”，新平县林业科技推广站的朱正明、元江县林木种苗工作站的刘菊丽等11名基层林业科技人员，同时被授予全省林业科技工作先进个人荣誉称号。多年来，全市林业科技工作者坚持为生态文明建设提供科技支撑这一主线，按照“搞示范，做给林农看；抓培训，教会林农干”的工作思路，紧紧围绕林业生产建设重点、深化集体林权制度改革和推进林业产业建设，在森林资源培育、林业技术推广、林木良种繁育、林业科

易门县铜厂乡万宝厂村开展核桃冬季管理技术示范　（杜剑波　摄）

普宣传、林业科技人才培养等方面取得新进展；“十一五”期间，建立了2.55万亩竹子示范基地、620亩核桃采穗圃、2 200亩核桃示范林，编印1.45万册培训教材，培训专业技术人员5 310人次、林农29.81万人次。

（蒋志东）

森林保护

【森林防火】 2013年，全市发生森林火灾12次，为省控制指标75次的16%，其中，一般火灾3次，较大火灾9次，过火面积407.57公顷，受害面积73.49公顷，受害率0.09‰，低于省控制指标0.91个千分点；当日扑灭率100%，高于省控制指标2个百分点；火案查处11起，查处率92%，高于省控制指标12个百分点，圆满完成省政府下达的各项目标任务，被省政府考评为年度森林防火目标管理责任状执行情况一等奖。

【森林防火通道建设】 2013年，市财政安排130万元、县（区）配套130万元，分别在易门县、红塔区、通海县实施防火通道建设，新建防火通道49公里。

【国家重点森林火险区综合治理二期工程项目】 全市于2009年启动的国家重点火险区综合治理二期项目，涉及易门县、峨山县、新平县和红塔区，经过市、县（区）建设单位的共同努力，到2013年底，已全部完成建设任务。项目工程建设计划总投资717.77万元，其中，中央556.29万元，地方配套161.48万元，实际完成项目建设资金741.38万元；完成建设内容为新建了望台7座、瞭望台配套设施水窖15个、太阳能供电系统5套，新修防火公路10公里，新建生物防火隔离带10公里，新建防火检查站19个，购置了通信设备、防扑火装备、办公设备，完成物资储备库建设、专业队营房建设，购置运兵车8辆，建永久性宣传碑12块等。其中，为使森林火灾能得到及时、高效、安全处置，市政府、市森林防火指挥部同意组建60人的市级专业扑火队和建设市级森林防火物资储备库。市林业局积极协调、整合国家、市级资金，投入资金120万元，建成物资储备库721平方米、专业队营房989平方米。

【森林火灾保险】 2013年，全市森林火灾保险投保总面积1 468.25万亩，其中，公益林826.70万亩、商品林641.55万亩，保费总计587.30万元。全市审核获取理赔案件11起，理赔金额44.52万元，获赔农户计61户。

（王　怡）

【林业有害生物防治目标管理】 2013年，全市林业有害生物发生面积47.16万亩，防治作业面积43.76万亩，防治率93%。其中，无公害防治面积43.01万亩，无公害防治率98%；成灾面积2.13万亩，成灾率1.78‰。测报准确率95%。种苗产地检疫率99%。8月6日，北京林业大学副校长骆有庆、中国林科院森保专家张真研究员专家组一行深入到红塔区、澄江县、白山林场进行小蠹虫及林业有害生物调研、防治指导工作，对全市小蠹虫及林业有害生物防治工作取得的成绩给予了充分肯定，并希望开展林业有害生物信息科研基地合作，科学与实践相结合，共同研究出防治林业有害生物新的防治技术措施，保护好森林健康。

（何海波　陈飞舍）

【林区治安】 2013年，全市森林公安机关查处森林和野生动植物案件1 499起，其中，侦破林业刑事案件197起，查处林业行政案件1 302起，处理违法犯罪人员1 798人；收缴木材3 143.44立方米、野生植物604株、野生动物37头（只）；收缴违法所得37.7万元，罚款953.49万元，为国家挽回直接经济损失1 159.59万元。

【林地清理整顿】 2013年7月10日至10月31日，市政府决定在全市开展为期4个月的打击破坏林地资源违法犯罪专项整治行动。此次专项整治行动突出了政府牵头，高位推动；部门参与，形成合力；以森林公安为主，强化打击；分片包干，碰硬啃难等方面的亮点。行动期间，全市查处各类涉林案件1 250起，其中，林业行政案件1 188起，刑事案件62起；查处涉案人员1 292人，打掉团伙4个；查处林地面积2 198.44亩，没收活立木545株、木材626.21立方米；罚款281.03万元。

【保护森林和野生动植物资源专项行动】 2013年，按照省森林公安局的统一安排，全市森林公安集中开展了“象牙等濒危物种及制品非法贸易清理整治行动”、“野生动物及其制品网络犯罪和非法贸易专项行动”、“保护鸟类资源专项行动”、“打击破坏野生动物资源违法犯罪专项行动”等专项行动。行动期间，侦破了江川县汤某某系列盗窃林木案、华宁县非法占用农用地案等一批社会影响较大的涉林案件；清查野生动物驯养繁殖场所61处，检查野生动物活动区域28处，救助国家二级保护动物草原雕1只；清查收缴猎枪、汽枪、射钉枪、火药枪共4支、铜炮子弹20发、爆炸物品黑火药0.01千克；破获刑事案件16起（重大案件2起），抓获犯罪嫌疑人32人，打掉犯罪团伙1个；查处行政案件139起，行政处罚153人；林政罚款155.15万元；收缴国家2级保护动物1只，国家重点保护植物2株，为国家挽回直接经济损失200余万元。

【林区禁毒】　2013年1月至5月，全市森林公安组织开展了“扫毒害保平安”严打整治行动。6月，组织开展了“禁毒宣传月”活动。行动期间，深入林区村寨、田间地头、保护区、林场宣传31次，播放《与死神共舞》视频25场次，深入林区踏查可疑地块668处，清理林区出租房588间，张贴图片标语800余份，发放宣传单3 310份、宣传册及禁毒宣传扇子7 100余份。10月19日至25日，组织开展了林区公开查缉毒品专项行动，查获毒品案件8起，抓获犯罪嫌疑人8人，缴获毒品2 682克，涉案车辆1辆。由于各项工作突出，市森林公安局禁毒工作被省森林公安局评为三等奖。

【平安林区创建】　2013年，全市森林公安充分履行职责，积极推进林区治安防控体系建设，创建平安林区。由森林公安牵头，当地林业、村民委员会等相关单位组成构建林区治安防控体系领导小组，并建立完善36本基础台账，强化三情、四网、两管理基础工作，全面收集整理林区情况数据，建立林地林木登记表、陆生野生动物种类及分布统计表、居民人员登记表等相关台账，做到底数清、情况明。同时，抓好点、线、面的防控工作，设立林区治安报警点及警示标牌，对外公布报警电话，加大对各地段及重要部位的巡查力度，建立接边联防网络，完善联防协作机制，布建治安信息员，构建多方位信息平台；实行“一警一区、一警多能、双警联勤、责任到人”的林区警务模式，责任包干，层层落实，做到防控不缺位、不留死角；在林区主要路段、重点路口安装视频监控探头，有效震慑违法犯罪分子，打击涉林违法犯罪行为；深入林区、村组开展法制宣传，形成“防范在先，预防控制”并举的工作格局。通过一年的努力，有效整合现有森林资源保护力量，联合基层综治组织，实现林区安全稳定。其中，澄江县“平安林区”创建工作突出，被省林业厅表彰为全省先进集体。

（冯建团）

水利建设

【概　况】　2013年，全市完成水利水电投资217 358万元，比上年增长9.27%，占计划的103.5%。其中，水利基建完成投资81 001万元，占计划的101.25%；小农水完成投资90 857万元，占计划的100.95%；水电完成投资45 500万元，占计划的101.11%。全市完成固定资产投资17.8亿元。全年水利部门下达水利资金70 454.91万元，其中，中央25 492.32万元，省26 617.30万元，市4 954.91万元，县13 390.38万元。全市库塘蓄水总量达4.5亿立方米。全市建成农村饮水安全工程336件，完成投资6 438万元，解决了14.43万人的饮水不安全问题；建设完成16 000口“爱心水窖”；治理水土流失面积195.8平方千米；改造中低产田地1.49万亩；征收水资源费900万元。

【水利前期工作】　2013年，元江县鲁布水库和易门县苗茂水库的项目建议书已经省发改委批复，可行性研究报告已经省发改委和省水利厅评审，待批复，省水利厅已下达规划行政许可证。新平县洋发城水库扩建工程已编制完成了可行性研究报告，并上报省级待评审。华宁县矣则河水库扩建工程可行性研究报告正在编制之中。澄江县虎山河水库扩建工程可行性研究报告已通过评审。红塔区平滩箐水库、新平县横山水库、华宁县核桃冲水库的初步设计报告已经市级批复，并通过了省烟草公司组织的评审，待国家烟草公司组织评审及批复后，即可开工建设。易门县团结水库、元江县小拉史水库的初步设计报告已编制完成，并已经省级评审。峨山县箐川水库的初步设计报告已根据评审意见修改完成，经市级批复，上报省烟草公司组织评审。

【水利基本建设】　2013年，全市在建的基建项目15件。其中，建设任务已全面完成的有易门县芦柴冲水库、华宁县糯节河水库、新平县依施河水库和费拉莫水库、通海县元山坝扩建工程，正在进行竣工验收资料的收集整理工作；已完成主体工程建设任务的有峨山县玉河水库、红塔区龙母箐水库、江川县白河水库；工程建设正在推进的有新平县马鞍山水库，工程累计完成投资6 542万元，完成工程总投资58%；峨山县尼去本水库工程和易门县铜厂龙潭坝水库工程于10月底开工建设。工程竣工投入使用的有元江县西拉河二期东线分干渠主体工程，于8月22日试通水成功；元江县章巴水库东沟防渗加固工程建设任务全面完成投入运行；新平县黄草坝水库除险加固工程按计划全面建设完成，于11月13日通过省水利厅主持的竣工验收；玉溪市中心城区应急供水（清水河引水）工程已竣工投入运行。

【三湖生态保护水资源配置应急工程】　三溪市东片区暨三湖生态保护水资源配置应急工程由中国有色金属第十四冶金建设集团公司采用工程总承包加BT方式进行工程建设。项目总投资196 266.80万元。2013年6月19日正式启动项目建设，12月2日正式签订合作协议。市水利局负责组织项目设计等前期工作。该工程水资源论证工作由省水文水资源局承担，于3月26日开展工作，5月20日完成报告编写。可行性研究设计工作由市水利电力勘测设计院承担，于4月初开展野外测量、地勘等外业工作，5月30日编制完成可行性研究报告（代项目建议书），6月18日由市发改委组织评审。水土保持专题报告由市水利电力勘测设计院编制完成。7月22日，《水资源论证报告》通过专家评审。市水利局于7月31日对《玉溪市东片区暨三湖生态保护水资源配置应急工程水土保持方案可行性研究报告书》进行批复。这一系列前期工作的快速推进为项目落地创造了条件。为确保高标准、高质量按预期计划建设好该项工程，市水利局组织精兵强将投入项目的建设管理。局党组书记杨明、原总工程师曾明贤负责项目组织协调和管理，全力快速推进项目建设。除下属单位市水利电力勘测设计院承担该工程技术设计外，局机关工程师室、水利建设管理与质量安全技术监督站全程进行项目跟踪管理，其他职能科室各自承担了职责范围内的工作。市设计院水工、地质、规划等专业设计代表常驻工地为工程建设做好技术服务。截至年底，应急工程累计完成投资约33 479.3万元；累计完成土石方开挖1 234 931立方米、C15混凝土16 962立方米、道路级配料铺筑62 980立方米、道路土夹石填筑144 815立方米；隧洞进口至三级泵站已通车，隧洞工程掘进顺利，累计掘进1 219米，其中，进口掘进626米，出口掘进593米。工程全线征占地放线测量工作基本完成，已提交县、乡征地协调组进行征地工作。技术含量高，难度大的机电设备采购已进行招投标工作。

【黄草坝水库除险加固工程竣工验收】　新平县黄草坝水库除险加固工程于2011年10月8日开工建设，至2013年7月2日按批准建设内容完成。11月13日，由省水利厅主持，在新平县举行黄草坝水库除险加固工程竣工验收会议。黄草坝水库位于新平县境内哀牢山脉中段、挖窖河流域上游，海拔1 795米，距县城135千米。工程通过对水库各枢纽部位的除险加固，达到减少坝体渗漏，增加水库运行的稳定性和安全的目的，使水库能正常发挥社会效益，促进地区经济稳定发展。黄草坝水库工程于1992年工程竣工开始蓄水，大坝坝型为分区坝，总库容3 460万立方米，最大坝高54.20米。除险加固主要建设内容为拦河坝除险加固防渗采用塑性混凝土防渗墙，取消隧洞泄洪功能，溢洪道位于大坝左坝肩，除险加固改造为控制段底板高程降至正常蓄水位，拆除原溢洪道底板及边墙，在原溢洪道轴线的基础上新建钢筋砼槽身断面，另建交通及挑流消能设施；针对大坝坝身存在的病险情况，在大坝下游左右岸各新建1条排水洞，左岸排水洞全长173米，右岸排水洞全长87米。黄草坝水库除险加固工程初步设计由省水利厅、省发改委批复，批准概算总投资2 568.12万元。资金来源为中央补助1 514万元，省级配套541万元，市、县级配套216.05万元。至竣工验收时，该工程实际到位资金2 249.98万元，其中，中央资金1 514万元，省级补助541万元，市、县级配套194.98万元。经审定，该工程实际完成投资2 434.34万元，形成交付使用资产2 434.34万元，完成投资与批复概算相比，节约投资133.78万元。新平县黄草坝水库除险加固工程已按批准的设计内容建设完成，工程质量合格。工程已经过竣工审计，投资控制合理，财务管理规范。水保、档案已通过专项验收。工程试运行期间运行正常。验收委员会同意新平县黄草坝水库除险加固工程竣工验收，交付运行管理单位管理使用。

【农村小型水利建设】　2013年，全市完成中低产田地改造1.49万亩，占计划任务的149%。全市实施中央财政小型农田水利建设项目7件（重点县3件，专项工程4件），其中，实施中央财政小型农田水利重点县建设的华宁县、易门县和通海县项目进展顺利，澄江县、易门县、新平县4件中央小农水专项工程已按到位资金完成建设任务。至12月底，完成投资6 815万元，其中，中央财政4 200万元，省级财政2 500万元，市、县财政配套115万元。主要工程量完成渠道改造总长95.6千米、管道9条91.9千米，建成提水泵站12座装机2 055千瓦，小坝塘新建及整治4座总库容7.8万立方米，小水窖701口。工程实现受益灌溉面积6.82万亩，其中，新增灌溉面积3.31万亩，改善灌溉面积2.51万亩，新增节水灌溉面积0.32万亩。同时，完成一批高效节水灌溉项目前期工作及开工准备。其中，组织完成了2013～2020年高效节水灌溉规划，规划高效节水灌溉工程180件，总面积45.95万亩，估算工程投资121 046万元；组织完成了15件高效节水灌溉工程的审查批复，设计灌溉总面积26 779亩，概算总投资7 256.22万元；完成了华宁县规模化节水灌溉增效示范项目2013～2015年实施方案和2013年度实施方案编制，概算总投资5 592.16万元，设计灌溉面积40 771亩，2013年度项目概算总投资770.12万元，设计灌溉面积8 646亩，正在抓紧组织实施。此外，小型灌区改造完成了澄江县龙街虎山河灌区和江川县白河水库灌区2个小型灌区节水配套改造项目。54件小（二）病险水库除险加固工程完成投资11 605.52万元。这些工程的建设，为农业生产农民增收增强了动力。

【农村饮水安全】　2013年，全市建成农村饮水安全工程336件，完成投资6 438万元，解决了14.43万人的饮水不安全问题，占计划任务的120%；全市

2013年建成的五小水利工程——澄江县海口镇小水塘　（市水利局　提供）

16 000口“爱心水窖”建设已完工，完成投资9 387万元，新增蓄水容积33.8万立方米，解决改善5.06万人的饮水问题。

【冬春农田水利基本建设】 2012～2013年度，全市冬春农田水利基本建设完成投资171 024.5万元，其中，中央水利投资75 454.1万元；群众投入工日532.6万个，出动机械台班81万台，完成土石方1 677.3万立方米，其中，土方1 328.6万立方米、石方255.3万立方米、混凝土93.4万立方米，新修和维护小型水源工程13 400件，完成修复水毁工程1 978处，完成干支渠防渗205.3千米、田间渠道391.1千米，疏浚河道28.2千米，清淤沟渠2 628.1千米，建设村镇供水工程12处，新增蓄水能力539万立方米，新增灌溉面积5.68万亩，恢复和改善灌溉面积48.46万亩，新增节水灌溉面积13.61万亩，年新增节水能力66.63万立方米，改造中低产田13.02万亩，新增供水受益人口26.94万人，治理水土流失面162.6平方千米。

【水利改革】 2013年，全市9县（区）农村小型水利工程管理体制改革工作全面完成，“十二五”水价改革实施方案逐步贯彻实施，部分县（区）、部分工程水价改革工作已取得实质性成果，国有水利工程管理体制改革成果得到进一步巩固。同时，按照新的农业技术推广法要求，开展加强基层水利服务体系建设调研工作。全市水务一体化工作已起草完成改革指导意见，上报市委办。市政府已批准成立市水务有限责任公司，进一步提高水利投融资能力，优化水资源配置，增加水利产业投入，提高政府投资的效率和效益。

（赵传安　杨云川）

防汛抗旱

【库塘蓄水】 2013年，由于连续干旱，全市库塘蓄水严重“透支”，面对严竣的蓄水形势，各级水利部门一库一策分析研究，制定安全度汛和蓄水方案，加强汛期防汛工作，实行24小时库塘监测制度，确保库塘安全。至7月10日，全市库塘蓄水降至最低点，仅蓄水1.8亿立方米。进入雨季后，尤其是10月下旬以后，水利部门紧紧抓住降雨比常年偏多的有利时机，分解任务，实行奖补，实施抗旱应急增蓄工程111件，采取蓄、引、拦、截、提等措施，千方百计增加蓄水，仅111件增蓄工程就增加蓄水1 836万立方米。全市全年增加蓄水2.65亿立方米。12月30日，全市库塘蓄水总量达4.5亿立方米，占蓄水计划的90%，比上年多9 805万立方米；水窖、水池96%以上蓄满水，蓄水总量达495万立方米。红塔区、华宁县、通海县、新平县、峨山县、江川县、澄江县已完成了全年的蓄水计划。蓄水偏少的只有东风水库和易门县、元江县，蓄水量分别为2 393万立方米、4 070万立方米、8 020万立方米，分别占计划蓄水量的38%、59%、92%。

红塔区高仓团结坝溢洪道施工现场　（市水利局　提供）

【抗旱救灾】 2013年，全市遭受严重干旱第5年，加之连续几年干旱叠加效应凸现，全市旱情十分严峻，工农业生产和城乡供水、人畜饮水、生态安全受到严重影响。全市因旱造成27.44万人、8.15万头大牲畜饮水困难，因旱总损失9.34亿元。全市累计投入抗旱人数28.32万人次，投入抗旱资金19 006.6万元，其中，中央6 620万元，省级1 298万元，市级2 272万元，县级2 224万元，群众自筹6 592.6万元，临时解决27.44万人、8.15万头大牲畜饮水困难。

【防汛救灾】 2013年，全市八县一区38个乡镇21.87万人受灾，房屋倒塌70间，死亡1人，造成直接经济总损失1.33亿元。全市投入防汛抢险人力62 998人次，防汛抢险资金96.49万元，防洪减灾经济效益1 182万元。

【中小河流治理】 2013年，全市完成水毁工程修复74件，其中，江河、湖泊堤防28处9千米，河道清障36处40千米，闸涵10座，完成土方27万立方米、石方4.15万立方米、砼方0.33万立方米，完成各级投资1 340万元。易门县扒河治理二期工程、清水河元江县城段治理工程、元江干流元江县城段治理工程、元江县南溪河防洪治理工程、华宁县青龙河治理工程5个项目批复总投资28 155万元，批复治理河长29.72千米。全年完成投资9 300万元，治理河长25.5千米。其中，易门县扒河河道治理二期工程、元江县清水河县城段防洪治理工程主体工程已完工，正在编制竣工资料；华宁县青龙

虎山河灌区、窑泥灌区和2012第一批饮水安全项目县级验收

（市水利局　提供）

河河道治理工程、元江县南溪河防洪治理工程省厅要求生态方案调整，12月初已开工建设；元江干流元江县城段治理工程完成总工程量的70%。峨山县化念河治理工程、三乡河峨山县甸中镇段治理工程、三乡河易门县十街镇段治理工程、新平县大春河治理工程等4个工程项目已完成招标工作，批复总投资10 024.66万元，治理河道长度31.7千米。

（赵传安　杨云川）

水资源管理

【水行政执法】　2013年，全市征收水资源费900万元，占计划数500万元的180%；化解水事矛盾纠纷45起，其中，协商处理40件，地方政府处理3件，挽回直接经济的损失17.5万元；查处水违法案件38件，其中，现场处理29件，立案查处38件，结案38件；警告24件，罚款3.1万元，没收违法所得0.3万元；责令限期拆除39件，责令采取补救措施2件，当事人自动履行15件，采取强制措施执行24件。同时，围绕落实最严格的水资源管理制度，启动了全市水资源管理“三条红线”控制指标的分解工作，审批9个地表水和2个地下水取水工程水资源论证报告。全市取水计量设施安装率达75%以上，较大取水户取水计量设施安装率达100%。

【水源保护】　2013年，全市加大依法管水治水力度，开展集中式饮用水水源地综合整治，保护好水源区，积极组织和推进各县（区）县城饮用水水源地保护区划的编制工作，为保障水资源的可持续利用创造条件。针对飞井水库由备用水源转身成为中心城区主要人饮水源点的实际，为确保供水水质安全，市、区两级水利部门认真贯彻落实市委、市政府的决定精神，紧紧依托当地政府，切实抓好飞井水库水源保护区综合整治工作，拆除原定红线内所有养殖17户、餐饮5户，拆除临违建（构）筑物面积39 207平方米，其中，鱼塘面积26 128平方米，建筑物面积13 079平方米，清运建筑垃圾11 000多立方。

【节水型社会建设】　2013年，按照水利部和省厅要求，继续稳步推进节水工作，编制完成了《玉溪市节水型社会建设试点终期自评估报告》。全市节水型社会建设试点于11月19日通过水利部组织的验收。

【水土保持生态环境治理】　2013年，全市全社会完成水土流失综合治理面积195.8平方千米，占计划数190平方千米的103%，超额完成了年度目标任务；完成总投资15 298.31万元，完成土石方686.33万立方米，完成群众投工31.5万个。

【水保重点项目】　2013年，全市水利部门组织实施的水土保持重点工程为易门县大腊主小流域水土保持综合治理二期工程、峨山县三乡河小流域水土保持综合治理二期工程、华宁县世家河清洁型小流域综合治理一期工程和新平县帕纳箐小流域坡耕地水土流失综合治理工程，计划治理水土流失面积7.38平方千米，总投资1 750万元，其中，中央预算内投资1 160万元，省级投资445万元，市级配套135万元，县级配套10万元。4个项目县治理工程顺利实施，完成水土流失治理面积6.08平方千米，占总计划数7.38平方千米的82.4%；完成投资919.7万元。易门县大腊主小流域水土保持综合治理二期工程、峨山县三乡河小流域水土保持综合治理二期工程为2012年中央预算内水土保持工程，截至2013年11月，2项目县治理工程已顺利完成，完成水土流失治理面积3平方千米，占总计划数3平方千米的100%；完成投资200万元。其中，易门县大腊主小流域治理工程完成治理面积0.4平方千米，完成投资100万元；峨山县三乡河小流域治理工程完成治理面积2.6平方千米，完成投资100万元。华宁县世家河清洁型小流域综合治理一期工程为省立项的地方重点治理工程，计划治理水土流失面积2平方千米，计划总投资300万元，全部为省级投资。新平县帕纳箐小流域坡耕地水土流失综合治理工程为2013年中央预算内水土保持工程，计划完成水土流失治理面积2.38平方千米，其中，坡改梯238.39公顷；总投资1 250万元，其中，中央1 000万元，地方250万元。工程已完成水土流失治理面积1.07平方千米，其中，坡改梯107.3公顷；完成投资419.7万元，计划2014年全部完成治理工程。

2013年5月22日，市委书记张祖林（左1）、市长饶南湖（左2）在市水利局局长乔正喜陪同下查看重要水源地工程建设。（市水利局　提供）

【水土保持监督执法】　2013年，全市水土保持监督执法进行执法检查343次，检查各级开发建设项目284个，审批开发建设项目水保方案166个，其中，市级28个，县级138个，征收水保“两费”291.2万元，验收水保设施31项，水保设施验收工作逐步规范。此外，查处水保违法案件2起，依法行政工作得到加强，人为水土流失得到有效控制，减少了工程建设对生态环境的影响。

【水利普查】　历时3年的全市第一次全国水利普查工作于2013年3月顺利完成。全市普查对象为水利工程基本情况普查，涉及233 039个对象，经济社会用水情况调查，涉及2 718个用水对象，河湖治理保护情况专项普查清查，普查河湖取水口5 008个，水土保持情况专项普查土壤侵蚀普查，涉及150个调查单元，水利行业能力建设情况普查，填表单位178个；灌区专项普查成果为总灌溉面积119.2961万亩；地下水取水井专项普查地下水取水井109 588眼；空间数据成果为全市空间数据标绘与处理普查对象3 639个；完成各类成果报告13个，形成水利普查档案成果240盒627卷。

（赵传安　杨云川）

工业管理

【重大项目建设和技术创新】 2013年，市工信委采取积极有效措施应对各种不利因素的影响，全力推进重大项目建设，工业投资保持平稳增长；同时，实施工业项目“双百”工程，筛选支持100个在建和新建重点工业项目，滚动储备100个重点工业项目。全年开工建设投资1 000万元以上重点项目187个，其中，续建项目98个，新建项目89个。全市完成规模以上工业投资124.6亿元，增长26.2%，占全社会固定资产投资的比重为31.6%，超额完成省下达的106亿元责任目标。其中，非电工业投资完成115.2亿元，增长31.5%。红塔集团烟叶仓库及复烤厂搬迁、烟草薄片、大红山800万吨铁矿采选扩建等一批在建重点项目及银河化工整体搬迁、二道河100万吨采选等重大项目得到有力推进。全市工业企业大力实施技术改造和技术创新，重点组织实施50项重大技术改造项目和40项重点技术创新项目，加快企业自主创新体系建设，不断提高企业自主创新能力。市工信委验收认定蓝晶科技股份有限公司、新兴仁恒有限公司等2户市级企业技术中心，上报认定了德新纸业有限公司、通印股份有限公司、宏斌绿色食品有限公司等3户省级企业技术中心。至年底，全市市级企业技术中心达到38户，省级企业技术中心达到21户。

【产业结构调整】 2013年，市工信委坚定不移地实施产业建设年推进计划，以产业发展为核心，加快构建现代产业体系，提高工业整体质量和效益，优化产品结构，延伸产业链，增加附加值。红塔集团进一步推进烟叶和卷烟产品结构调整，巩固提升烟草产业主导地位，继续坚持做大、做精卷烟骨干产品规模，努力打造全国一流的卷烟配套产业基地，烟草及配套产业实现工业增加值347亿元、增长1.6%。市委、市政府制定了《玉溪市钢铁企业兼并重组方案》，全力推进钢铁企业兼并重组，于8月30日揭牌成立了玉溪钢铁集团，在推进全市钢铁工业结构优化升级，调整全市钢铁产业组织结构，优化产能布局的道路上迈出了实质性的步伐。全年矿冶产业实现增加值164亿元，增长4.8%。市委、市政府出台了《关于加快推进生物医药产业跨越发展的指导意见》，生物医药重点新兴产业保持了较快发展，以新药为龙头，以普药为基础，以原料药为后盾，以疫苗产品为特色的产业区域特征基本形成。全市生物医药产业实现增加值6亿元，增长21.6%。市委、市政府出台了《玉溪市加快推进装备制造产业发展的指导意见》，改造提升装备制造业，并成功举办了加快装备制造产业发展高层研讨会。全市装备工业投资新建、续建项目27个，完成投资14亿元，一批续建项目相继建成或投产，2户企业入围全省百强企业，装备制造业实现增加值12.8亿元，增长23%。新能源新材料发展提速，以光热光电为重点的新能源新材料产业，成为具有独特优势的新兴产业，已经形成覆盖产品研发、原材料加工、生产、销售、服务等环节的完整产业链，产业聚集程度明显提升。全市新能源实现增加值2.1亿元，增长16%；新材料实现增加值1.5亿元，增长11%。

【工业生产要素保障】 2013年，市工信委采取了一系列有效措施，加大煤、电、油、运、资金等企业生产要素的协调。全社会用电量124.9亿千瓦时，比上年增长7.9%。其中，工业用电量110亿千瓦时，比上年增长7.7%，为经济发展提供了强大的电力保障。全市累计销售成品油56万吨，比上年增长38.3%。全年生产原煤50万吨，业内估计调入煤炭500万吨，燃料供应充足。铁路完成货物运输总量390.2万吨，比上年增长16.4%，工业原料和产成品运输通畅。工业从业人员预计达到18.5万人，比上年增加7 000人，能满足工业企业用工需要。全市纳入工信部门统计的11户中小企业担保机构完成担保笔数385笔，涉及365户企业，新增贷款担保总额12.3亿元，有效缓解了中小企业融资难问题。同时，市工信委积极组织申报各类国家、省级发展扶持资金，已上报3个项目申报国家产业振兴和技术改造资金、7个国家中小企业技术改造资金、10个项目申报省级跨越发展资金、10个项目申报省级技术改造资金支持、28个项目申报省民营经济暨中小企业专项资金，共申报资金2.3亿元。其中，国家中小企业技术改造资金批准项目5个，下达资金1 021万元；省级技术改造资金批准11个项目，下达资金总额为1 470万元。市工

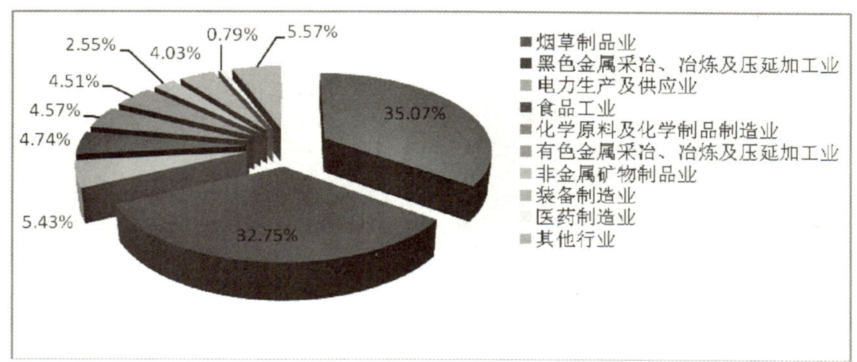

2013年全市各主要行业工业产值占全市规模以上工业产值比重表

信委全年累计争取到上级各类资金2.3亿元。

【民营经济】　2013年，市工信委全面贯彻落实《中共云南省委、云南省人民政府关于加快民营经济发展的决定》，努力克服市场需求不足、工业品价格回落等不利因素，以调结构、转方式为目标，以项目建设、招商引资、园区建设为抓手，进一步优化发展环境，强化协调服务，着力缓解企业融资难、用地难、审批难等突出问题，促进民营经济持续平稳发展。至年底，全市民营经济有11.1万户，比上年末增加1 958户，增长1.79%；工商登记从业人员48.9万人，增加2.3万人，增长4.9%；实现增加值365.9亿元，增长12.9%，占全市GDP的33.2%（扣除卷烟占47.8%），比上年提高0.8个百分点；上交税金30.57亿元，增长61.5%；完成社会消费品零售额167.9亿元，增长11.2%；完成固定资产投资190.4亿元，增长23.6%，分别占全市的74.2%和48.4%；实现进出口额7.14亿美元，增长34%，其中，出口6.79亿美元，增长35.7%。民营经济三次产业结构为9：54.2：36.8。

【成长型中小企业培育】　2013年，市工信委继续加大成长型中小企业和小型微型企业培育扶持力度，以突出企业创新能力建设为重点，筛选了150户发展速度快、科技创新能力强、管理规范的中小企业列为市级成长型中小企业，其中，有94户企业被列为省级成长型中小企业；同时，建立完善成长型企业运行监测机制，加强生产要素配置协调力度和资金扶持力度。全市150户成长型中小企业完成销售收入138.7亿元。其中，销售收入过亿元企业49户。维和药业有限公司被评为“2013年中国中小企业创新100强”。斯贝佳、溶剂厂、恩典科技被评为“2013年中国中小企业优秀创新成果企业”。同时，实施“扶助小微企业专项行动”，加大对小微企业在技术改造、新产品开发、市场开拓等方面的支持力度；举办了中小企业银企对接与金融产品推荐活动，到12月末，全市银行业金融机构中小微企业贷款余额317.4亿元，占全部贷款余额的44.8%，比上年增加52.5亿元，增长12.8%；加强与深圳国开证券、深圳前海股权交易中心合作，积极探索企业股权融资新途径，全市已有10户企业在交易中心正式挂牌；组织一批具有地方特色和民族特色产品参加南博会、第十届中国中小企业博览会和聂耳音乐（合唱）周玉溪名特优产品展销会，并开展“滇之粹”、“翔计划”网上促销行动，鼓励企业展示形象，提升市场开拓能力。全年有30户小微企业进入规模以上企业，新增产值16.6亿元。高新区建成小企业孵化基地。

【节能降耗和淘汰落后产能】　2013年，全市单位GDP能耗比上年下降3.6%，超额完省政府下达的单位GDP能耗比上年下降3.3%的节能目标。年初，市政府与县（区）政府和105户“千家节能行动”企业签订了节能目标责任书，层层分解落实年度节能目标责任。市工信委加大节能目标任务的监测分析，及时协调、解决出现的困难和问题，强化工业能源消费量调控目标管理制度，严格控制高耗能企业能源消费量；以钢铁、磷化工、建材三大耗能行业为重点，深入推进水泥窑纯低温余热发电、钢铁冶炼余热余压回收利用、磷化工余热及尾气利用、循环流化床锅炉及三废混燃炉应用、电机系统节能、能量系统优化等节能技术；积极组织申报节能示范项目，列入省级重点节能示范项目15项，建立市级节能重点示范项目10项，节能项目总投资17.98亿元，节能量35.77万吨标煤，获得省级节能专项资金1 138万元，为全省总量的六分之一；组织3家太阳能热水器企业推广热水器1 636台/套申报国家节能产品惠民工程，争取中央财政补贴资金42.4万元；推广节能灯94.6万只，超额完成省分任务80万只的118.2%，争取中央财政补贴773.9万元。同时，从源头控制高耗能、高污染、低水平建设，把节能评估和审查作为固定资产投资项目备案、核准、开工建设的强制性前置条件，全年完成节能审查项目16个，其中，市级审查14个，转报省审查2个；强化能源审计工作，完成51户工业企业能源审计，提前完成“十二五”能源审计目标；举办2期重点企业能源管理培训班，全市140户重点企业和各县（区）工信局分管负责人参加了培训；以“践行节能低碳，建设美丽家园”为主题，充分发挥电视、广播、报纸等传统媒体优势，积极运用微博、网络、手机等新兴媒体加大节能宣传力度，发送节能公益短信10万余条，发放节能宣传单3 000余份，节能宣传小礼品6 000份。全年淘汰炼铜密闭鼓风炉2台，落后产能5万吨；淘汰水泥机立窑6座，落后产能74万吨，全面完成年内淘汰落后产能目标任务。

【新型墙体材料推广及管理】　2013年，全市新增新墙材企业2户，新增生产能力2.5亿块标砖。新墙材企业51户，固定资产投资达5亿余元，取得云南省新型墙体材料产品认定证企业22户，合计生产能力可达21亿标砖。全年新墙材产量12亿标砖，新墙材应用面积180万平方米，综合利用工业固体废弃物约250余万吨，节约耕地450余亩，利用农作物秸秆约5万吨，节约标煤3.7万余吨，减少工业固体废弃物堆放场地80亩，减少SO_2排放1 100吨，减少CO_2排放14万吨，减小粉尘排放245吨。新墙材推广应用逐年递增，新墙材占墙材总量比例达到75%以上，特别是蒸汽加压混凝土砌块在全市得到良好推广应用。市工信委以贯彻落实《云南省发展新型墙体材料条例》工作为契机，在全市开展“禁实限粘推新”调研及企业普查工作，摸清了市粘土砖企业户数、生产规模和经营情况。全市仍有粘土砖企业31户，每年可生产3亿标砖。淘汰、关停江川县粘土烧结砖生产企业21户，组建江川县昊源新型墙体材料有限公司，实现

2013年11月13日，省工信委主任岳跃生（中）调研全市工业经济发展情况（市工信委　提供）

产业转型升级，并筹备成立市新墙材协会。

【无线电管理与监督检查】　2013年，全市共计受理无线电频率台站行政审批事项49件，指配超短波频率51条，审批台站388台（座）。行政许可工作有序开展，审批程序合法有效，各项措施完整规范，符合省、市各级政府指定的各项行政许可监督管理制度和要求，未出现违规行为或被投诉情况。至年底，全市共有各类无线电台站204.4万台（部），其中，公众移动电话203.6万户。需审批设置的台站8 161台，其中，包含移动通信基站3 172座、广播电视台站112座、陆地移动台站3 843台、集群通信移动台1 030台、微波接力台站99座、业余通信台站17台。对当前存在的频率使用、台站设置和管理等方面的一些频率使用手续不全、台站设置不规范、日常管理制度不健全、整改措施不到位的问题进行专项整治，完善了47家单位的频率台站设置使用手续，查处了一批不符合国家频率规划、不具备设台手续的无线电台站，无线电设台秩序进一步好转。在9月份国家在数据库数据检查中，全市无线电频率台站数据库软件检查准确率达到100%。同时，积极协调省工信委和相邻州市、驻地方部队，为全市气象网改造、驻地部队的无线电频率使用、4G建设、通用直升机场的前期调研提供技术支持和保障；为全国普通高校招生考试和医师资格考试提供无线电保障，发现并查获利用宾馆、出租屋、停车场进行无线电作弊案件3起，收缴无线电台、电源、耳机等涉案设备，移交到公安部门进行调查处理，切实保障了考试的公平公正。全年受理无线电干扰案件11起，采取行政强制错措施7起，行政罚款9 600元。全年征收频率占用费18万元，做到了应收尽收。

【信息化建设】　2013年，市工信委出台了《玉溪市信息化建设实施意见》、《玉溪市电子政务建设实施方案》，积极开展全市协同办公系统推广工作，电子公文交换系统运行情况稳定，使用效益明显。全市接入单位共1 600余家，收文157.2万次，发文9.6万次，极大提升了行政效率。同时，积极与华为公司洽谈，发展全市云计算产业，起草编制《玉溪市云计算产业发展战略规划》，打造云数据中心，提出一期达到1万平方米，最终达到3万平方米规模的云计算数据中心机房的构想；积极参与全国信息消费试点城市申报，已获得首批国家信息消费试点城市资格；开展以“玉溪网”为核心的政府网站升级改版及站群建设，完成市政府门户网站主站点建设。市工信委与中国移动云南省分公司、中国电信云南省分公司、中国联通云南省分公司三大基础电信运营商签订“无线城市-智慧玉溪”招商引资合作项目框架合作协议，3家通信运营商共计在投资3.1亿元。全市信息电子产业实现产值32亿元，增长14%。

【举办招商引资专题报告会】　2013年4月8日，市工信委在玉溪会堂举办了招商引资专题报告会。市发改委、市招商局、市工商局、市国税局、市地税局、高新区管委会、各县（区）工信局、工业园区管委会等部门参加培训。报告会特邀浙江省浙商投资研究会副会长兼秘书长蔡骅教授主讲，对招商工作进行了独到的分析和阐述，并针对招商项目的成功经验进行了案例教学。

【举办玉溪名特优商品展销会】　2013年7月21日，由市工信委承办的第三届中国聂耳音乐（合唱）周玉溪名特优商品展销会在市博物馆隆重开幕。市工信委精心挑选了全市60多家具有代表性的企业，集中展示医药、食品、旅游工艺品等行业的名优特新产品，同时邀请了50多家来自昆明、红河、楚雄等兄弟州市的企业参展。展会期间，每天有2万多观众进场，共计有10余万人次进场观展；120余家参展企业现场实现550万元销售金额，签订合同和订单金额800万元，总共实现1 350万元的交易额。

【举办大数据时代下的社会服务及应用专题讲座】　2013年11月19日下午，市工信委举办了“大数据时代下的社会服务及应用”专题讲座。市工信委全体干部职工、红塔区工信局、高新区经发局中层以上领导参加了讲座。讲座特邀信息化专家卢宇作主讲，讲授了信息化与工业强市战略及两化融合方面的专题。

【举办首期“玉溪大课堂”暨新工业革命与新型工业化道路专题讲座】　2013年12月3日，全市举办了首期“玉溪大课堂”学习活动。市级四套班子领导、市直各单位、中央、省驻玉单位主要负责人参加了学习活动。讲座由现任中国电子信息产业发展研究院院长罗文主讲，讲座内容丰富，案例深刻贴切，见解独到深刻、理念先进超前，极大地启发了各级领导干部的工作思路，为今后推进全市工业经济发展起到了有力的促进作用。

（张建文）

工业生产

【概　况】　2013年，全市工业以烟草及配套、钢铁、电力、有色金属、

化工、建材、装备制造、食品、生物制药、新能源、新材料等为主导产业，形成了具有一定规模，富有地方特色，门类相对齐全的工业体系。主要工业产品有卷烟、生铁、钢材、铜、镍、黄磷、水泥、机床、变压器、五金机电、太阳能热水器、发电量、蓝宝石基片、白糖、药品、特色食品等。全市有规模以上企业312户，其中，产值100亿元以上1户，50亿元以上4户，10亿元以上11户，亿元以上152户。全市有高新技术企业57户，市级企业技术中心达到38户，其中，省级企业技术中心达到21户，是除昆明市外企业技术中心最多的州市。全市拥有中国名牌产品3个，国家驰名商标5个，省级名牌产品42个，省级著名商标195个。全年实现工业增加值634.2亿元，增长8.7%。工业增加值占GDP的比重达61.2%，对GDP的贡献率达53.0%，拉动GDP增长5.4个百分点。工业创造税收341.6亿元，增长6%，占全市财政总收入448.3亿元的76%。152户亿元以上企业实现产值1 259.6亿元，占全市规模以上产值的94.8%。大企业大集团优势明显，独资、合资的红塔、云铜、云天化、云锡、昆钢、电力6大集团以及4大民营企业（仙福钢铁集团有限公司、玉昆钢铁集团有限公司、活发集团有限公司、太标集团）实现产值887.9亿元，占全市规模以上工业总产值的67%。红塔、云铜、云天化、云锡、昆钢、电力6大集团实现产值658亿元，占全市工业总产值的43%。园区经济贡献突出，工业园区实现工业总产值1 288.3亿元，占全市工业总产值的79.7%，拉动工业总产值增长9个百分点。

【工业经济运行】　2013年，在市场需求严重不足、企业生产经营压力加大、国内经济增速逐渐减弱的宏观形势下，全市工业和信息化战线认真贯彻落实市委、市政府的各项决策部署，以“工业强市”战略为统领，认真落实“转方式、调结构、稳增长”各项措施，坚持稳中求进，努力提质增效，积极调整卷烟产业与非烟产业结构，全力以赴抓工业投资、产业升级、节能减排、目标考核、服务保障，工业经济整体运行平稳，全年实现全部工业总产值1 616亿元，增长6.8%，工业增加值634.2亿元，增长8.7%，规模以上工业增加值579亿元，增长6.8%，为全市经济持续、快速发展作出了应有的贡献。低速增长的主要原因是烟草、矿冶两大支柱拉动作用减弱。烟草、矿冶两大优势产业占全市规模以上工业增加值的59%。红塔集团生产卷烟比上年减少7.1万箱，实现增加值增长了1.5%，拉动规模以上工业增长1个百分点，是近8年以来对全市工业经济拉动最弱的一年。矿冶业受需求不足、市场低迷、能耗控制等不利因素影响，增加值增长3%，拉动规模以上工业增长0.7个百分点。

【烟草制品业】　2013年，在卷烟市场发生深刻变化，云南中烟实施推进“两统一、两整合”重大改革举措的新形势下，红塔集团发展思路由规模效益型向结构效益型转变，全年卷烟产量比上年减少，但工业销量、商业销量比上年增加，产品结构有所提升。集团全年生产卷烟373.2万箱，比上年减少7.1万箱；销售卷烟393万箱，比上年增加20万箱，增长5.4%。在市内实现产值462亿元，增长1.7%；实现增加值337亿元，增长1.5%。

【钢铁行业】　2013年，受产能加快释放以及需求不足影响，钢铁行业运行困难较大。全市生产生铁567.8万吨，比上年增长9%；生产钢材732.7万吨，比上年增长26.7%。规模以上黑色金属采选业、冶炼及压延加工业累计完成产值435.3亿元，增长1.7%；完成增加值103亿元，增长3.1%。全市主要市场钢材库存量为44.2亿元，比上年增长31.5%。虽然已连续3个月持续回落，但与年初相比，仍上升4亿元。受需求不振以及产能释放过快等因素影响，钢材价格呈现波动下行态势，为3年来最低点。线材年平均价格为3 620元/吨，比上年价降600元/吨。为推进钢铁企业兼并重组，市工信委研究制定《玉溪市钢铁企业兼并重组方案》，组织重组企业召开了发起人会议、股东大会、董事会议、监事会议，签署重组协议，登记注册了云南玉溪钢铁集团有限公司，并于8月30日揭牌成立，标志着全市在推进钢铁企业兼并重组的道路上迈出了实质性的步伐，为做大做强全市钢铁产业奠定了坚实的基础。集团由市内现有重点钢铁企业，按照政府引导、企业自愿、市场化运作的原则，共同出资组建，属区域性钢铁集团有限公司。

【有色金属业】　2013年，全市有色金属行业生产增速明显放缓，效益明显下滑，运行形势仍不乐观。全年生产铜选矿产品4.5万吨，负增长8.5%；生产精炼铜1 121.5吨，增长50%；生产粗铜999吨，增长3.4%；生产镍1 012.3吨，负增长4.5%。规模以上有色金属采选业、冶炼及压延加工业累计实现产值60亿元，增长1%；实现增加值27.5亿元，增长7.6%。铜选矿、精炼铜、粗铜、镍的价格波动起伏较大，呈现“前高后低”的运行态势。精炼铜从年初的5.7万元/吨，每月以14%左右的速度下跌，到年末下降至5万元/吨，年均价比上年每吨低了4 200元。电解镍价格从一季度12.6万元/吨的最高价位一直呈直线下滑，跌至9.5

2013年8月22日，全市举办中小微企业政银企对接活动，共有8 300余人参加，举办了2个专场活动和6个专题讲座　（市工信委　提供）

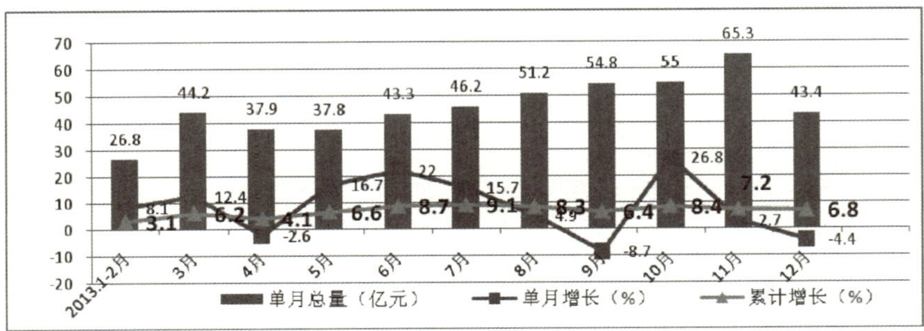

2013年1～12月全市规模以上工业增加值单月总量、增速、累计增速比较表

万元/吨，年均价比上年每吨低了2万元。

【化工行业】　2013年，化工行业总体呈现缓中趋稳的运行态势。全市生产黄磷万14吨，负增长2.6%；生产磷矿石120.6万吨，负增长23.9%。规模以上化工行业累计实现产值60.7亿元，增长8.2%；规模以上化工行业累计完成增加值19.2亿元，增长13.3%。黄磷均价从年初的1.6万元/吨，一直跌倒8月份的1.42万元/吨左右，9月份开始回升，至年末在1.5万元/吨左右。因受执行延长丰水期电价、电价基数补贴等多方面政策刺激的影响，全年整体情况较好，生产正常，价格先涨后跌再涨。

【建材行业】　2013年，全市水泥生产平稳，但受市场疲弱乏力影响，水泥企业库存积压严重，价格上涨动力匮乏。全年生产水泥1 068万吨，增长9.1%；生产瓷质砖1 646万平方米，增长56.8%。规模以上非金属矿物制品完成产值33.9亿元，增长10.9%；完成增加值10.4亿元，增长17.1%。水泥（425#）市场均价年初在292元/吨左右震荡下行至年中270元/吨左右，从7月份冲高296元/吨左右又回落至年末的265元/吨左右，年末比上年回落40元/吨左右。

【生物医药制造业】　2013年，市委、市政府出台了《关于加快推进生物医药产业跨越发展的指导意见》，财政新增1 000万元专项资金用于扶持生物医药产业发展，生物医药重点新兴产业保持了较快发展，初步形成以沃森生物技术公司为代表的新型疫苗生产基地，以万方公司、万绿公司为代表的植物原料药、植物中间提取物生产研发基地，以维和药业公司为代表的三七优质种源繁育和示范种植及系列产品加工提取物基地。同时，围绕烟草产业配套的香精、香料工业初具规模，一批具有区域特色的，集中药材种植加工于一体的提取物项目处在发展过程中。全市生物医药产业发展在全省生物医药产业发展的布局中，以新药为龙头，以普药为基础，以原料药为后盾，以疫苗产品为特色的产业区域特征基本形成，具备实现跨越发展的产业基础。全年生物医药产业（不含生物提取）实现产值10亿元，增长13%；增加值6亿元，增长19%。

【制糖业】　2013年，全市甘蔗总量与较好年份相比减少较多，企业开榨晚，停榨早，于2012年12月31日开榨至2013年4月27日收榨，榨季维持4个月。本榨季虽然甘蔗产量、食糖产量与上榨季比上年均有略有小幅增长，但由于食糖市场价格大幅下降，制糖企业整体亏损。5户制糖企业共收榨甘蔗面积165 879亩，与上个榨季190 257亩相比，减24 378亩，减12.81%。甘蔗入榨量766 018吨，与上个榨季638 786吨相比，增加127 232吨，增19.92%。白砂糖产量100 113吨，与上个榨季84 379吨相比，增加15 734吨，增16.65%。酒精生产7 192.63吨，与上个榨季1 851.87吨相比，增288.4%。糖产品销售收入38 990.26元，与上个榨季43 547.64元相比，减10.47%。企业利润总额负4 022.95万元，与上个榨季317.43万元相比，减116.74%。企业税金总额2 526.26万元，与上个榨季3 380.14元相比，减25.26%。

【装备制造业】　2013年，全市装备工业投资新建、续建项目27个，项目概算总投资28.7亿元，完成投资14亿元；生产金属切削机床10 327台，增长16.6%；生产变压器38.4亿千伏安，负增长19.8%。装备制造业实现产值53.6亿元，增长18.2%；实现增加值11亿元，增长20.3%。市府出台了《玉溪市加快推进装备制造产业发展的指导意见》，着力推进装备制造产业跨越发展，并安排市级铸造产业基地建设专项补助经费100万元支持6户企业发展。装备制造业因市场萎缩、成本上升，呈现出产、销、效全面下滑局面，但行业总体朝着企稳的方向发展，生产增势缓中见稳，转型升级稳步推进，调结构政策效应进一步显现。6月25日，成功举办了全市加快装备制造产业发展高层研讨会，来自省内和国内的20名行业知名专家和知名企业代表与市内50余位装备制造业同行和政府部门负责人参会，为推动新型装备制造业转型发展、科学发展提出了宝贵的意见和建议。

【新能源新材料产业】　2013年，全市新能源实现产值6.2亿元，增长16%；增加值2.1亿元，增长16%。新材料实现产值2.8亿元，增长11%；增加值1.5亿元，增长11%。以光热光电为重点的新能源新材料产业，成为具有独特优势的新兴产业，形成覆盖产品研发、原材料加工、生产、销售、服务等环节的完整产业链，产业聚集度明显提升。以太标太阳能为龙头的11户太阳能生产企业年产能已超过200万套，在全省热水器市场中占到了60%以上份额，已成为西南最大太阳能光热产业聚集区。以蓝晶科技、汇龙科技为代表的骨干企业，在同行业中的市场占有率、产能、技术能力都达到国内领先水平；企业核心竞争力不断增强，产业技术创新体系逐步完善，形成了以企业技术中心、研究院所、大专院校等为依托的产学研创新体系，具备了从基础研究、应用技术研究、产业化工艺和制造技术的全方位科研开发能力。

【煤矿生产管理】　2013年，全市生产原煤43.99万吨，比上年下降31.49%；工业产值近2.9亿元，比上年下降33.46%；发生事故1起，死亡1人，与上年持平，没有突破省下达煤矿安全生产死亡控制指标。6月至9月，全市煤矿企业集中开展安全生产大检查，严格落实“全覆盖、零容忍、严执法、重实效”的刚性要求，确保100%的生产煤矿全覆盖检查、100%的重大安全隐患挂牌督办、100%的企业建立安全检查档案。同时，责令峨山县政府挂牌督办塔甸煤矿瓦斯经常超限的安全隐

2013年6月21日，省非公经济督导组在力高（云南）箱包有限公司检查指导
（市工信委　提供）

患，塔甸煤矿投资900余万元完成固定瓦斯抽采系统建设。全市监管人员对所有煤矿进行安全生产检查96矿次，下达各类行政执法文书184份，查出各类事故隐患343条，隐患整改率99.9%，处罚企业2户，罚款50.2万元。全市认真开展“保护矿工生命，矿长守职尽责”主题实践活动，下发宣传图片1 300余张，张贴标语和宣挂横幅540条，印发《煤炭安全手册》、《煤矿安全质量标准化评分方法》等相关书藉资料560本。全年培（复）训各类煤矿从业人员80期4 395人次，确保培训率、合格率、持证率达到100%的要求。全市按计划、按时限、按要求完成“紧急避险系统”建设，煤矿企业在年度安全质量标准化考核评级中均达到省三级。

（张建文）

工业园区

【园区建设】　2013年，全市着力提高工业园区建设管理水平，市委、市政府出台了《关于进一步加强工业园区建设的意见》。全市规划建设10个工业园区，各工业园区均配备了强有力的领导班子，管理机构逐步健全，管理和服务工作日趋规范。在以烟草及其配套、钢铁、装备制造、生物制药等为特色主导产业集群带动下，形成产业集聚格局，园区基本框架建立，以龙头企业为主建设的园中园（基地）稳步发展。同时，积极开展园区提档升级工作，在不懈努力和积极争取下，华宁工业园区晋升为省级重点工业园区，红塔工业园区的生物产业示范基地已通过省级专家评审，高新区和江川工业园区签订了战略合作协议，大化工业园区建设稳步推进。

【园区经济运行】　2013年，全市工业园区累计完成工业总产值1 288.3亿元，占全市工业总产值的79.7%，拉动工业总产值增长9个百分点；入园企业户数达821户，其中，规模以上企业200户，就业人数达11万人，园区经济地位贡献突出。园区基础设施建设和标准厂房建设不断加快，全市工业园区完成标准厂房建设50万平方米，积极开展园区老旧厂房拆除工作，拆除老旧厂房17.9万平方米，拆除率100%。

【高新技术产业开发区】　2013年，市高新区升级为国家高新区。全区实现生产总值（不含红塔集团，下同）54.08亿元，比上年增长14.8%；营业总收入（技工贸总收入）168.1亿元，比上年增长25.3%；全部工业总产值92.6亿元，比上年增长12.2%；规模以上固定资产投资22.35亿元，比上年增长47.1%；地方公共财政预算收入3.9亿元，比上年增长17.6%；进出口总额3 625万美元，比上年增长10.8%；社会消费品零售总额36.47亿元，比上年增长26.1%；招商引资到位国内资金30.2亿元，比上年增长128.54%，到位外资126万美元；规模以上工业增加值26.96亿元，比上年增长14.4%；规模以上工业主营业务收入83.72亿元，比上年增长5.9%；规模以上工业利税总额8.65亿元；规模以上工业利润总额5.77亿元。

【红塔工业园区】　2013年，红塔工业园区规模以上工业总产值完成748.32亿元，比上年增长16.3%；主营业务收入完成718.03亿元，比上年增长14.2%；实现工业增加值419亿元，比上年增长11.1%；上交税金完成219.75亿元，比上年减少8.8%；固定资产投资额完成46亿元，比上年增长148.9%，其中，工业项目投资完成26亿元，比上年增长84.4%。园区主要经济指标均比上年有所增长，园区经济呈现出平稳发展的良好态势。12月，红塔工业园区（生物产业）经努力争取，成功晋级国家新型工业化产业示范基地，进一步提升了园区的品牌价值和综合竞争力，给红塔工业园区的发展注入巨大的生机和活力。

【研和工业园区】　2013年，研和工业园区经济总收入203.10亿元，比上年增10.38%；企业营业收入199.44亿元，比上年增10.63%；工业总产值118.76亿元，比上年增8.70%；规模以上工业增加值11.65亿元，比上年减21.50%；规模以上固定资产投资16.55亿元，比上年减17.99%；工业投资7.44亿元，比上年减44.82%；地方财政收入8 589万元，比上年减13.49%；农民人均纯收入10 351元，比上年增18.01%；招商引资实际到位资金27.95亿元，比上年增110.16%。

【通海五金产业园区】　2013年，通海工业园区入驻76户企业，完成工业总产值50.02亿元，比上年增63.09%，完成市目标任务的125.68%；完成规模以上企业工业总产值28.59亿元，比上年增71.51%；完成工业企业固定资产投资6.77亿元，比上年增40%，完成市目标任务的100%；完成税收8 130万元，比上年增2.53%，完成市目标任务的116.14%；签订招商引资项目协议资金达7.05亿元，完成市级目标的100.68%，实际到位资金1.32亿元。园区新增开发面积646亩，累计开发面积达总体开发面积2.23平方公里。

【新平矿业循环经济特色工业园区】　2013年，新平工业园区实现工业总产值176.6亿元，比上年增长

2013年6月3日，市委书记张祖林、市长饶南湖等领导深入研和工业园区检查指导工作 （市工信委 提供）

13.7%，完成市政府下达目标任务225.2亿元的78.42%；实现工业增加值57.4亿元，比上年增长18.8%，完成市政府下达目标任务66亿元的86.9%；上交税金13亿元，比上年增长17.12%，完成市政府下达目标任务13亿元的100%；完成固定资产投资23.5亿元，比上年增长53.59%，完成市政府下达目标任务23亿元的102.2%；园区基础设施建设投入8 200万元，完成市政府下达目标任务0.8亿元的102.5%；收储土地1 037亩，完成目标任务500亩的207.4%；完成招商引资8亿元，完成市政府下达目标任务7亿元的114.3%。

【易门陶瓷特色工业园区】 2013年，易门工业园区全年实现工业总产值79.1亿元，比上年增45.5%，完成市下达任务78.8亿元的100.3%；实现规模以上工业增加值18.2亿元，比上年增42.3%，完成市下达任务17.9亿元的101.7%；固定资产投资完成20.8亿元，比上年增32.6%，完成市下达任务23.6亿元的88.3%；工业投资完成6.3亿元，比上年增67.1%，完成市下达任务6.2亿元的101.6%；招商引资签约项目27个，签约资金43.4亿元，实际利用市外国内资金11.5亿元，完成市下达任务7亿元的164.3%；完成土地收储及开发整理1 538.7亩，超额完成市下达1 000亩任务；完成基础设施投入1.2亿元。

【华宁工业园区】 2013年，华宁工业园区完成工业总产值51.2亿元，增长32.3%，完成市级下达目标任务44.8亿元的114.3%；完成规模以上工业增加值5.6亿元，增长36.8%，完成市级下达目标任务5亿元的112%；完成固定资产投资10.1亿元，比上年增长53%，完成市级下达目标任务9.9亿元的102%；引进市外国内招商引资资金4.049 亿元，完成市级下达目标任务4亿元的101.2%；竣工投产企业12户，新增入园企业6户，入园企业达58户，资产总额24.6亿元，从业人员4 070人。华宁工业园区顺利通过省级综合考核评定，晋升为省级工业园区。

【举办工业企业暨工业园区职工技能选拔大赛】 2013年10月19日，由市工信委、市人保局、市总工会主办，市技师学院承办的第二届工业企业暨工业园区职工技能大赛选拔赛在市技师学院正式开赛。市政府副市长解仕清、市工信委主任李长金等相关部门领导出席活动并现场观看了比赛情况。比赛进行了普通车工、维修电工、工具钳工3个项目的理论竞赛和实际操作角逐，前3名选手将通过强化训练后参加全省第二届工业企业暨工业园区职工技能大赛。比赛引领推动了全市工业企业职工学技术、练本领的潮流，形成爱岗敬业、比学赶超的良好氛围。

（张建文）

电力工业

【概 况】 2013年，市供电局围绕“攻坚克难争创先固本强基促发展”的主题，抓创先、强基础、转作风、促发展，圆满完成了全年各项目标任务。截至年底，全局资产总额38.53亿元，固定资产原值65.35亿元；管辖35千伏及以上变电站55座，其中，2座500千伏，12座220千伏，43座110千伏，3座35千伏，总变电容量1 067.38万千伏安；运行维护35千伏及以上输电线路2 994.8千米，10千伏配电线路1 414.5千米，直供客户17.38万户。市局获国家电力监管委员会“居民用电服务质量监管专项行动先进单位”。

2013年全市供电局经济技术指标表

指标名称	计量单位	本年完成	上年完成	同比增减	备注
供电量	万千瓦时	1140497	1041919	9.46%	
售电平均单价	元 / 千千瓦时	447.0	448.0	-0.22%	含税
最高日供电量	万千瓦时	3721	3509	6.04%	
最高日负荷	万千瓦	172.9	161.1	7.23%	
平均日负荷率	%	87.95	91.44	-3.49 个百分点	
线损率	%	4.04	4.33	-0.29 个百分点	

续　表

指标名称	计量单位	本年完成	上年完成	同比增减	备注
主设备完好率	%	100.0	100.0	0	
综合电压合格率	%	99.60	99.53	0.07 个百分点	
综合供电可靠率	%	99.958	99.90	0.057 个百分点	
电费回收率	%	100.0	100.0	0	
企业总资产	万元	385275	334711	15.11%	
固定资产原值	万元	653500	579344	12.80%	
固定资产净值	万元	3610847	329933	9.44%	
主营业务收入	万元	418311	379039	10.36%	不含税
上缴税金	万元	16648.1	14378	15.79%	
全员劳动生产率	万元 / 人年	82.13	79.92	2.77%	按增加值 / 全局人员 /

【安全工作】　2013年，市供电局坚持将安风体系思想融入核心业务，理清四大风险管理脉络，建立风险联动机制，实现多部门、跨专业、动态持续的风险管控；梳理电网十大安全风险，制定30项防范措施，每月进行动态、闭环管控；编制设备主要风险及重点维护策略，强化分层、分级、分类、分阶段的设备风险管控模式，从抓好底线控制、流程控制、文件控制、监督检查等方面实现作业管控闭环。同时，全面开展安全生产大检查，发现问题和隐患816项，整改率达100%。安全管理机制流程更加优化，风险管理工具得到普遍运用，安全生产步入持续改进的良性轨道。生产管理系统以指标为驱动提升生产计划管理水平，生产作业计划完成率94.3%，比上年上升2.8个百分点。此外，开展"设备健康质量提升年"活动，提高输电专业化管理水平，强化变电运行二次管理，完善配网基础台账资料，全面推进抢修业务精益化管理，生产管理基础不断夯实。并圆满完成中秋国庆灯会等45次重要保供电任务，开展应急演练40项，成功应对山火50起。

【科技进步】　2013年，市供电局启动岗位绩效管理质量提升试点工作，构建714个岗位的绩效管理指标库；开展制度、流程梳理，修编制度808项、部门业务手册25个；加强班组管理，41个班组评级三星及以上；发挥管理论坛、QC活动等平台作用，开展87项课题研究，8项QC成果获省级奖励。同时，完善信息化管理制度，首次开展县级供电企业信息化水平评价，信息安全管理体系通过认证后的第一次监督审核，信息化水平评级达A级；首次开展职工技术创新，完成科技项目26项，5项成果获公司和市级科技奖励，12项获国家专利授权，2项获软件著作权，科技创新成效明显。

【供电工作】　2013年，市供电局服务地方措施有力，主动走访工业园区及用电大客户，提前做好负荷增长和供电能力预测安排；开展电网与城镇化、产业化协同发展专题研究，服务生态城市和工业园区建设；做好招商引资重点项目跟踪服务，保障重点民生工程用电，并积极支持风电等新能源发展。

【优质服务】　2013年，市供电局积极应对持续干旱、经济形势复杂等不利因素，努力挖掘潜力，增供扩销成效明显，客户服务全面提升。新增项目用电量占增长电量的90.78%。同时，开展客户全方位服务体系建设软课题研究，建立了客户需求传递机制、客户服务协同机制和客户服务评价机制；完成营销1部4中心机构调整，理顺管理职责和流程。营配信息集成基础功能全面应用，客户信息核查100%完成。计量管理开展提升年专项活动，电能计量实验室通过国家实验室认可复评审。业扩精细化管理开展提升活动，业扩办理时间全口径比上年缩短4.3个工作日。服务群众认真落实4项举措，建成45个城市"十分钟缴费圈"，并组织"居民、媒体看电力"活动，树立企业良好社会形象。节能减排方面，参与国家"万家企业节能低碳行动"，完成2 000吨标准煤的节能目标；为16家大客户开展节能诊断，通过合同能源管理模式配合建设完成1个余热发电项目；加强节能办公管理，万元产值办公能耗比上年下降6.33%。

【电网建设】　2013年，市供电局电网规划不断深化，完成中心城区、红塔工业园区电力专项规划编制，年度规划滚动修编报告通过评审，完成110千伏及以上项目可研9项、核准12项，"十二五"内110千伏及以上电网规划项目可研和核准完成率达94%和88%。同时，规范基建项目管理，初步建立项目全过程风险管理模型，完善承包商监督管理机制，约谈承包商4次，1 547名作业人员通过上岗认证。通过狠抓"六项"管理，项目建设成效显著，18个电网项目投产，1项工程获南网优质工程奖，2个业主项目部分别获公司"优秀业主项目部"及"五星班组"称号。

【农电工作】　2013年，市供电局制定促进农电发展实施细则，量化分解116项措施，完成农电管理职责界面调整，深化从战略执行到业务管理的全方位管理延伸。并完成县级供电企业管理评价，将供电所和台区规范化建设作为县级供电企业创先载体深入推进，供电所规范化建设比例达48%，为进一步加强农电管理奠定基础。

【创先工作】　2013年，市供电局系统谋划全面创先。按照公司全面创先工作部署，把创先扩展为"全覆盖、全口径、全指标”，实现局部创先到全面创先的转变。同时，制定中长期发展战略宣贯方案，采取集中宣贯、部门学习等多种形式，强化全员认知、认同；制定全面推进创先工作方案，修编县级供电企业战略实施（创先）方案，明确了2013～2015年工作目标、关键举措和行动计划，全部完成204项市局年度创先行动计划、1 034项县级供电企业年度创先行动计划；开展各专业系统内外对标学习，多渠道宣传创先动态及成效，营造全面创先的良好氛围。创先关键指标落实6个领域25项行动计划、79条实施措施，狠抓可靠性提升，全口径综合、城市、农村客户平均停电时间分别为14.01小时/户、2.74小时/户、15.61小时/户，比上年减少25.17小时/户、11.02小时/户、27.29小时/户；加大安风体系建设力度，提升体系思想融入应用水平，体系现场审核得分率80.09%，安全生产标准化达标评级得分率92.4%，分别达“四钻”和“一级”标准；加强全方位客户服务，全口径第三方客户满意度73分，比上年提高2分；不断加强线损管理，全口径综合线损率6.01%，比上年降低0.35个百分点。

（许晓云）

【电力生产及供应】 2013年，全市全社会用电量124.92亿千瓦时，比上年增长7.92%。工业电量为110.01亿千瓦时，比上年增长7.74%，其中，轻工业用电量7.01亿千瓦时，比上年增长21.26%；重工业用电量103.00亿千瓦时，比上年增长6.93%。市供电局完成供电量114.05亿，比上年增长9.56%；完成售电量109.44亿千瓦时，比上年增长9.79%。全年最高日网供电量3 508.9万千瓦时，最高网供负荷161.1万千瓦，分别比上年3 343.9万千瓦时和148.8万千瓦增长4.9 3%和8.27%。城市、农村网供电可靠率分别为99.96%、99.83%，城市、农村网综合电压合格率为99.6%。全市共有中小水电站106座（总装机49.5万千瓦），在运行发电的97座（装机47.9万千瓦），工信委口径统计全年发电量11.4亿千瓦时，比上年增长6.6%。另有18家企业建设有余热余压利用电站（总装机容量达18.3万千瓦），工信委口径统计全年发电量5.3亿千瓦时，比上年增长69.1%。全市合计地方自发电量16.7亿千瓦时，比上年增长20.6%。

（张建文）

【农村水电站增效扩容改造】 2013年，全市农村水电站增效扩容改造项目已获水利部、财政部审查批准。项目包括元江县依萨河二级水电站、新平县挖窖河一级、三级、五级、六级水电站、华宁葫芦口水电站。7座水电站总投资10 970万元。工程实施后可新增装机0.5万千瓦。

（赵传安　杨云川）

【500千伏宁州输变电工程建成投运】 500千伏宁州输变电工程位于华宁县宁州镇，2011年12月5日获国家发改委核准，总投资3.89亿元，装设主变1组，变电容量100万千伏安，新建500千伏线路2×13.5千米，建设相应的无功补偿、通信和二次系统工程。2013年5月18日工程建成投运，为市境内第二个500千伏输变电工程。

【华宁磨豆山风电场竣工投运】 磨豆山风电场工程位于华宁县磨豆山，总装机容量48MW（24×2MW），概算总投资45 856.85万元，由中广核华宁风力发电有限公司投资建设。2012年8月27日获省发改委核准，同年开工建设。2013年12月24日，24台风机正式并网运行，为全市第一个风电项目。

（李　梅）

烟草管理

【概 述】 2013年，玉溪烟草产业工作继续实施“两烟”富市发展战略，全力保障红塔集团品牌发展对优质原料的需求，战胜了旱洪涝风雹等多种自然灾害，在国家实施控制总量实际收购量比上年减少30万担的情况下，采取多予政策，着力抓好控量提质增效有效措施，烤烟生产整体水平得到有效提升，确保了收购总量得到有效控制，烟叶收购均价、上等烟比例和烟农总收入再创历史新高。2013年，全市完成烟叶种植面积71.5万亩，完成计划71.4万亩的101%；烟叶收购量175.7万担，完成收购计划的100%，比上年减30.36万担；上等烟比例达到69.47%，比计划69%增0.47个百分点，比上年增2.13个百分点；收购均价达到25.96元/千克，比上年增3.17元/千克，增幅为13.9%；烟农总收入实现了市政府年初确定的25亿元目标，达到了25.44亿元，比上年增0.32亿元；实现烟叶税5.02亿元。烟区基础设施进一步得到夯实。

【抗旱保生产】 2013年，突出重点抓关键，烤烟生产整体水平得到有效提升。聚力打好抗旱保生产攻坚战。各级各部门积极应对5年连续严重干旱、土壤墒情极差、库塘蓄水严重不足的严峻形势，全力抗旱、科学抗旱，确保了在5月9日前全面完成71.4万亩移栽任务，比上年提前6天；彰显节水抗旱、适时早栽、减工降本增效的膜下小苗移栽技术取得新突破，全市实施膜下小苗移栽技术38.31万亩、占全市移栽面积的54%；提高品种纯度工作成效显著，为红塔集团实施“5211”品牌发展战略提供优质原料保障，入库品种纯度率达到了94%以上；揭膜培土措施取得新突破。全市完成揭膜培土40.42万亩、占盖膜面积的86.2%，比省下达指标高出6.25个百分点，比上年增16.8个百分点；优化烟叶结构措施取得较大突破；新品种试验示范工作取得明显成效。

【烟叶收购】 2013年，烟叶收购体现了烤烟生产水平和规定种植品种特性，做到了平稳和谐收购，烟农满意。各相关部门加强勾通、协调，认识高度统一，从统一样品眼光制作到收购每一阶段、每一环节，烟叶收购等级水平充分体现了年内的生产水平和规定种植品种特性，体现了最大的包容性，做到平稳和谐收购，烟农满意。

【扶持政策】 2013年，全市烟叶收购均价增幅为13.9%，坚持以烟农为本，认真贯彻落实国家烟叶收购政策，整合资金调整完善烤烟生产扶持政策，确保烟农种烟积极性和种烟效益比国家政策提价幅度10%高出3.9个百分点；整合资金，调整完善产前、产中、产后补助政策，对烟农的直补(品种和烤煤补贴、优化烟叶结构补贴、散烟收购补贴、受灾保险赔付）达到了2.63亿元。

【基础设施建设】 2013年，烟草产业办抓好烟叶生产基础设施和烟草重点水源工程建设。全年实施烟叶生产基础设施建设11个项目区、3 878件工程（其中烟水路土地整理配套工程2 585件、新建卧式密集烤房1 000座、烘烤工场附属设施1件、购置农用机械292台套），项目总投资17 258万元（其中烟草行业补贴资金1 490万元），受益面积9.89万亩；烟草重点水源工程建设项目——塔区龙母箐水库工程进入扫尾和峨山尼去本水库开工建设，红塔区平摊箐水库、华宁县核桃冲水库、新平县横山水库初设通过省级评审上报国农烟草专卖局审批（预计工程总投资3.08亿元、申请烟草援建资金2.91亿元）。

（于 敏）

【烤烟新品种试验示范】 2013年，为突出品牌特色，满足红塔集团“5211”品牌发展的需要，2013年引进“K346”、“NCT13”、“NC-YATAS-1”、“云烟119”和“云烟206”5个烤烟新品种，以原种“K326”为对照（CK），在红塔区、易门县和新平县进行正规小区试验。通过试验，对5个新引品种的特性有了一定了解，为此后的示范推广奠定了基础。5个新引品种大田生育期为134～139天，株高、节距、茎围、有效叶数、腰叶长和宽等主要农艺性状都符合生产优质烟叶的株型要求，“K346”和“云烟206”2个品种的抗病性和外观质量明显低于原种“K326（CK）”。“云烟119”和“NCT13”2个品种的单位产值、均价、上中等烟比例、产指和级指优于原种“K326（CK）”，其他3

个品种不如原种“K326（CK）”。经专家评吸，“K346”品种相对最接近“K326”品种，其次是“云烟206”和“云烟119”2个品种，“NCT13”和“NC-YATAS-1”2个品种明显不如原种“K326（CK）”。综合考虑种植效益和卷烟工业配方需要2个因素，可以适度扩大“云烟119”示范种植。

2013年，新品种示范11 434亩，收购烟叶157.61万千克，其中“KRK26”品种示范6 700亩，完成计划面积6 000亩的111.67%，收购烟叶94.38万千克，交售收入2 526.72万元,均价26.77元/千克，上中等烟比例97.92%；原种“K326”品种示范4 114.1亩，完成计划面积3 900亩的105.49%，收购烟叶48.82万千克，交售收入1 308.34万元，均价26.8元/千克，上中等烟比例100%；“NC196”品种示范619.9亩，完成计划面积6 000亩的103.32%，收购烟叶8.76万千克，交售收入228.03万元，上中等烟比例97.54 %，均价26.05元/千克。

【特色专用肥的试验示范】　2013年，为筛选出生产优质烟叶的特色专用肥配方，以满足红塔集团“5211”品牌发展需要，2013年，改进后的特色专用肥在红塔区进行正规小区试验和示范。通过试验示范证实，改进后的特色专用肥和常规专用肥一样能使烟株早生快发。施用特色专用肥可以提高单叶重和烟叶外观质量，施特色专用肥的单叶重、上等烟比例和亩产值均高于施常规专用肥。经专家评吸，含油量2%的特色专用肥生产出来的烟叶与施常规专用肥的相当。

（杨其久）

烤烟生产及经营

【概　况】　2013年，全市烟草公司系统有总资产59.49亿元、固定资产净值5.37亿元、流动资产51.09亿元、资产负债率19.90%，三项费用率9.79%、比上年下降0.83个百分点。全年实现“两烟”销售收入66.45亿元，比上年增长15.28%；“两烟”税利26.03亿元，增长17.89%；“两烟”利润16.05亿元，比上年增长24.45%。种植烤烟71.52万亩，完成8.78万吨（175.7万担）烤烟收购任务，烟叶工作连续三年获省政府表彰。全市销售卷烟41.75亿支(8.35万箱），比上年增长0.48%，实现销售收入21.57亿元，连续三年获省局（公司）表彰。继续推进专卖管理及规范化建设，查处达到国家局标准的重大涉烟网络案件4起，获国家局通报表彰。科技建设取得突破，“烟蚜茧蜂防治蚜虫技术”获国家局科技进步一等奖，填补了全省烟草公司系统30年来科技工作一等奖的空白。

【烟叶生产】　2013年，面对宏观经济增速放缓和烟叶生产前期严重干旱、后期连续遭受重特大自然灾害的巨大压力，市局（公司）全力抗旱、团结抗旱、科学抗旱，下达抗旱资金3 080万元，补水204万立方米，保障近47万亩烤烟移栽用水，打赢抗旱保生产攻坚战，实现抗大旱、稳规模、保增长水平持续提升。玉溪市种植烤烟71.52万亩，其中：田烟25万亩、地烟46.52万亩。种烟县（区）9个、乡（镇）68个、村委会467个、村民小组3 399个，签订种植合同44 688份，种植“K326” 59.89万亩、占83.74%，“NC297” 3.97万亩、占5.55%，“NC71” 3.9万亩、占5.45%，“红大”品种2.55万亩、占3.57%，“KRK26”0.61万亩、占0.85%，“PVH1452”0.5万亩、占0.7%，“云烟110”0. 1万亩、占0.14%。全市收购烟叶175.7万担，同比增加2.21万担。全年烟叶生产呈现出“两增两实现”的特点：均价25.96元/千克，比上年增加3.17元/千克，增幅13.9%；上等烟比例69.47%，比上年增加2.09%。完成农特税5.02亿元，烟农交售烟叶收入22.81亿元，累计收入25.44亿元，实现烟农总收入25亿元目标，户均收入 2.25万元，176万农业人口人均烤烟收入1 445元，圆满实现“提质增效、稳定发展”目标，达到政府、烟农、工业企业三方满意。国家局工商交接等级合格率62.06%，收购等级质量检查合格率83.1%；省公司收购等级合格率77.24%，工商交接等级合格率76.54%。年内，玉溪市局（公司）被省政府评为烤烟生产优秀单位。

通海县种植烤烟6.2万亩，收购烟叶0.77万吨（15.4万担），上等烟叶比例70.12%；烟叶交售金额2.00亿元，实现烟叶农特税4 408.83万元，亩均烟叶交售收入3 227元，加上各项补助后，亩均收入3 515元。收购均价26.03元/千克，比上年增加3.53元/千克；烟农交售烟叶总收入（含品种补贴及优化烟叶结构补贴）2.18亿元，户均种烟收入1.68万元，比上年增加1 799元。

易门县种植烤烟9万亩，其中，田烟2.7万亩、地烟6.3万亩。收购烟叶1.10万吨（21.9万担），上等烟比例67.74%，比上年增5.5个百分点；均价25.41元/千克，比上年增加2.87元。烟农实现种植烟叶收入3.03亿元，比上年增加0.02亿元,其中：优化结构补贴和上中等烟补助2 420万元；支付烟叶收购金额2.78亿元。上缴烟叶税6 122.25万元，比上年减少95.32万元。

【膜下小苗移栽技术】　2013年，全市编印膜下小苗移栽技术手册3 500余份，制作科教片300余套，设置近1 000个示范点，开展1 000多场培训。全市完成膜下小苗移栽38.31万亩，占移栽总面积的54%，覆盖大部分山地烟区，比全省平均水平高近20个百分点。

面对五年连续旱灾的严峻形势，红塔区将烤烟膜下小苗移栽技术推广应用作为2013年抗旱保生产的“助推剂”，推广烤烟膜下小苗移栽技术26 769.2亩，占总面积的60.84%，全区烤烟移栽工作较2012年提前10～15天完成。

通海县首年推广膜下小苗节水抗旱移栽技术，分公司采取技术培训，示范引导等方式加强推广力度，推广面积2.63万亩，成为近年来推广速度最快、烟农接受程度最高的一项实用技术，烤烟移栽节令比2012年提前7天。

峨山县重点推广膜下小苗抗旱移栽技术，实施膜下小苗抗旱移栽51 216.8亩，占当年烟叶总种植面积的64.8 %，收购烟叶970万千克，实现了当年推广当年受益的目标。全县的烟叶移栽也比原定目标提前2天，比上年提前5天。

【揭膜培土技术推广】　2013年，全市完成揭膜培土40.44万亩，占盖膜面积的86.25%，比上年增加10.3万亩、提高16.81个百分点，其中峨山县再次发挥引领示范作用，揭膜培土完成率达100%，成为玉溪市烤烟生产技术推广的一次历史性突破。

峨山县继续将揭膜培土作为提高烟叶生产管理水平的重要措施。全县实施揭膜培土6.93万亩，占当年烟叶总种植面积的 87.7 %，比上年增加1.93万亩，栽后管理能力和管理质量

进一步提高，全面扭转烤烟生产“重栽轻管、以膜代管”的老观念。烟叶种植经受住严峻的极端天气考验，烤烟的田间长势、烟叶产质量等均突显出优势，充分体现全县以揭膜培土为中心狠抓科技兴烟的重要作用。

【优化烟叶结构】　2013年，全市开展市、县、乡（镇）级优化烟叶结构专题培训280场次，开展烟农座谈会及培训会5 227场次，张贴标语746条，发送短信11 651条，树立广告牌384块，发放宣传册50 088本、告烟农书16.48万份，利用广播宣传2 605次、电视宣传146次、报纸宣传1次，出告示（黑板报）1 334次。全年清除不适用烟叶面积71.24万亩，占计划面积的99.6%；清除不适用烟叶11.07万吨，亩均清除不适用烟叶155.18千克，处理的烟叶压入茶园、果园、林地、稻田处理3.15吨，集中堆捂发酵做农家肥处理7.51万吨，其他综合利用方式处理0.41万吨。全市收购下部叶占9%，较上年同期减少5个百分点；中部叶占72%，较上年同期增加10个百分点；上部叶占18%，较上年同期减少5个百分点。同时，烟农优化结构补贴收入增加，全市兑现不适用烟叶清除补贴1.22亿元，比上年增加0.65亿元。

【散叶收购】　2013年，玉溪市红塔区、澄江、峨山整县实施散叶收购试点，收购41.2万担，烟农交售金额5.39亿元，均价26.19元/千克，上等烟比例71.54%。散叶收购全部对口红塔集团。

【烟农专业合作社建设】　2013年，澄江县庄园农民专业合作社继续作为行业示范社进行创建。合作社服务范围覆盖18个种烟村（居）委会，种烟面积19 620亩，种烟农户2 908户，收购烟叶4.96万担。合作社拥有烟草移交育苗工场1个，占地面积57亩，建有三联体大棚22个，配备手自一体遮阳系统、计算机自动控制系统、温湿度检测仪、水源过滤系统、滴灌施肥系统、雾喷施药系统，实现育苗信息自动化管理，育苗工场投资183.23万元。合作社现有农机131台，总购置金额265.7万元（其中烟草投资220.9万元）。年内，新建1个烘烤工场，占地13.5亩，拥有密集烤房50座，配套专业化散叶分级设施，投资249.78万元。合作社通过开展育苗、机耕、植保、烘烤、分级5个重点环节的专业化服务，实现专业化、技术服务覆盖100%。合作社总经营收入247.69万元，实现收益47.22万元，实现减工、降本、增效的目标。

【现代烟草农业基地单元建设】　2013年，玉溪市建设现代烟草农业基地单元8个，7个对口红塔集团“红塔山”、“玉溪”品牌，1个对口浙江中烟集团。8个单元收购烟叶42.2万担，收购金额5.52亿元，均价26.15元/千克，上等烟比例70.54%，上中等烟比例96.40%，烟叶收购等级合格率及工商交接等级合格率80%以上。年内，玉溪市烟田基础设施建设投入烟草补贴资金1.64亿元，建设项目3 586件；建设彩虹水窖1万口；投入烟草援建资金1.48亿元，建设红塔区龙母箐、峨山县尼去本2个水源工程；提报水源工程3项，行业补贴资金2.49亿元。基地单元建设扎实推进，新建基地单元3个，其中江川特色优质烟叶基地单元调拨特色优质烟叶5万担。

【基地单元特色优质烟叶开发】　2013年，玉溪市烟草公司与云南中烟工业有限责任公司、云南省烟草农业科学研究院合作，启动江川前卫基地单元特色优质烟叶开发工作，在原料生产上形成了“工业+商业+合作社+烟农”的新型基地单元建管模式，实施烟叶生产规模化种植、专业化服务和集约化经营，实现“种植专业户、家庭农场、种植专业合作社”3种生产组织方式全覆盖。江川县前卫镇特色优质烟叶基地单元种植烤烟3.16万亩，收购烟叶7.37万担，上等烟比例75.29%，上中等烟比例95.9%，平均亩产量2.47担，亩产值3 272.55元，均价26.86元/千克。

【玉溪庄园成为高原特色农业旗舰】　2013年，玉溪庄园从烟草向大农业延伸，按照中央、省委省政府、国家局的要求，建成国家生态旅游示范区、优质安全农产品供给保障和出口基地，围绕有机生产、生态观光休闲旅游、科普教育、国家生态旅游示范综合开发等，在抚仙湖畔打造一条有机、绿色、生态、环保的庄园经济、高原特色农业产业链。同时探索出烟叶生产转型升级、维护烟草行业形象、巩固烟草专卖制度、破解“三大课题”的新路子，成为全省探索庄园经济、擦亮高原特色农业品牌的名片，成为全省庄园经济、高原特色农业的旗舰，成为全省探索实践“三大课题”的试点单位之一。

【烟叶生产基础设施建设】　2013年，玉溪市完成烟叶生产基础设施建设项目14个，投入烟草行业补贴资金13 969.6万元；完成烟叶生产基础设施建设项目4 183件，其中：烟水配套项目2 758件（水池292个、容量41 897立方米，水窖2 308件、容量33 000立方米，管网34件、管道长80.7千米，沟渠99条、总长154.76 千米，提灌站8件，坝塘17座、总库容313万立方

2013年10月31日，环保部副部长周建（右二）考察玉溪庄园

（玉溪市烟草公司　提供）

米），机耕路43条、总长82.8千米，密集烤房1 001件，烟草农用机械375台（套），土地整理6件、2 358.6亩。基本烟田受益面积18.47万亩（尚未审计审定）。

2013年，通海县投入烟水工程建设资金905.63万元（其中烟草补贴808.81万元），建成里山乡大凹项目区干水沟水库工程，水库容积44.3万立方米，沟渠长900米，受益面积6 550亩，受益农户1 500户。建设标准化普通烤房5群（50座），烟草行业补贴150万元。年内，整合抗旱资金880.28万元（其中烟草投入177万元），投入人力1.68万人，修建抗旱水利设施195件，为1 130个水池、10 751口小水窖拉水补水15.4万立方米，投入抗旱用电6.73万度，用油11.8吨。有效保障4.03万亩缺水烟区的烤烟生产用水。

易门县投资1 828.73万元,实施绿汁镇竹子项目区和绿汁镇梅子树项目区烟水、烟路项目建设223件，涉及绿汁、竹子2个村民委员会12个村民小组，受益农户1 528户、19 496人，受益面积14 612亩。投资250万元（其中烟草投资210万元），建设卧式密集烤房 7群70座，涉及韩所、罗尹、小街、棚苴、者拉5个村（居）民委员会7个村民小组，受益农户205户，受益面积1 750亩。投资1 755.43万元实施对铜厂烟站、小街烟站狮子山烟点改扩建和六街烟站新建。上述工程项目全部实现当年竣工。

峨山县尼去本水库是全省烟草系统重点水源建设工程。2013年9月6日，工程通过公开招投标，年末，工程建设顺利启动。工程概算总投资7 644.65万元，申请烟草行业补贴5 790.96万元，地方政府配套1 853.69万元。水库建成后可满足21个村民小组7 302亩（其中基本烟田5 000亩）农业灌溉用水，并兼顾15个村民小组3 319人的生活用水和2 323头大牲畜用水。

元江县烟叶生产基础设施建设项目实际完成209件，其中：水池75件，总容量5 300立方米；沟渠工程22件，总长74 485米（主干渠1件、总长4 964米，支渠Ⅰ型21件、总长69 521米）；管网工程8件，总长12 372米；机耕路4件，总长20 976米；完成2.7×8米以上新建密集式烤房(含编烟棚）100座。完成工程项目总造价2 125.07万元,烟草行业补助资金2 030.23万元。

【生物防治技术应用】　玉溪市烟草公司承担的国家局重点项目“烟蚜茧蜂防治烟蚜技术研究与推广应用”自2010年实施以来，核心技术取得了重大突破，推广应用取得了明显成效，得到了卷烟工业企业、各级地方政府和烟农的关注和认可，生态、经济和社会效益显著。2013年，项目被国家烟草专卖局鉴定为“国际先进水平”，并被评为中国烟草总公司“科技进步奖一等奖”，这是云南省烟草公司系统获得的首个国家局科技进步奖一等奖，也是2013年度国家局颁发的唯一一个一等奖。

【承办全国行业烟蚜茧蜂防治烟蚜技术培训】　2013年10月21日至11月13日，玉溪市烟草专卖局承办了由国家烟草专卖局科技司和中国烟叶公司共同组织的全国烟草行业烟蚜茧蜂防治烟蚜技术培训。贵州、河南、四川、福建等16个省（自治区、直辖市）烟草商业系统的260余名学员参加了培训。培训分四期，其中前三期为技术人员培训，第四期为副处级以上管理人员培训。

【卷烟营销】　2013年，玉溪市公司按照“稳中求进、全面创优”的工作总要求，平稳培育品牌市场，深挖农村市场消费潜力，规范经营，实现卷烟销售收入（含税）21.57亿元，单箱销售收入（含税）25 835.65元/箱，比上年增加1 699.76元/箱、增长7.04%。玉溪市辖区卷烟销售41.75亿支（8.35万箱），比上年增长0.48%。

【品牌市场培育】　2013年，玉溪市公司确立“促一、增三、降四、稳五”（即促进一类烟销售，保持三类烟增长，降低四类烟销量占比，保持五类烟销量）思路，打造玉溪“精品市场”。一类卷烟市场通过消费者买赠、客户上柜激励等活动，多措并举开展品牌培育。同时，借助现代终端信息化经营，探索面向消费者的数据库营销模式，开展“品味云烟、品质生活”消费回馈活动，提升云烟品牌在玉溪市场的影响力，实现云烟系列卷烟销售10 667箱，比上年增加626箱、增长6.23%，其中销售600元/条以上云烟406.63箱，比上年增加144.54箱、增长55.15%；以玉溪（软小庄园）新品上市为契机，努力打造玉溪品牌的又一个消费热点、效益增长点，实现玉溪品牌销售11 466.57箱，比上年增加1 110.76箱、增长10.73%。其中：玉溪（16支庄园）销售148.43箱，比上年增加13.23箱、增长9.79%；玉溪（软小庄园）销售24.78箱。

【婚庆营销】　2013年，玉溪市以婚庆营销为平台，借助婚庆营销已形成的社会效应和消费基础，重点推进婚庆营销“1+3”主题创新活动。通过消费引导和体验营销，利用人员较为集中的时点开展宣传，发放宣传资料5 000

2013年10月11日，参加玉溪庄园国家生态旅游示范区技术评估考核验收会的云南省旅游发展委员会副主任徐光佑（前左二）一行考察玉溪庄园高原特色农业种植示范园
（玉溪市烟草公司 提供）

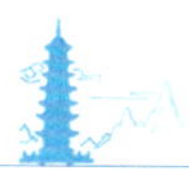

余张，开展品吸活动10余场，创新利用LED显示屏滚动宣传，营造品牌消费氛围。截至12月31日，全市在1 317个信息点(酒店、客堂）开展宣传。开展婚庆营销活动8 254场，其中城市2 776场，农村5 478场。市政府所在地——红塔区城区成功率96.22%，县级城区促销活动成功率109.92%，农村成功率59.04%。涉及婚宴41.27万桌，影响人口412.7万人次。

【零售终端建设】 2013年，玉溪市以市场信息自动采集、分析及应用试点为引领，高效推进终端信息化建设。全市有106户首批试点客户安装使用零售终端信息平台，零售户通过扫码销售，把购销存管融入日常经营之中，卷烟扫码率在80%以上、客户在线率保持在95%以上。

【卷烟物流】 2013年，卷烟物流中心仓储出库卷烟8.35万箱、分拣8.35万箱、送货8.35万箱。仓储卷烟破损416条，破损率0.009‰；分拣破损275条，分拣破损率0.013‰；卷烟送货破损率为零；收到准运证857份，准确率100%。仓储出入总量4 160.16万条，差错率为零，分拣效率8 430条/小时。零售客户满意度96.13%，“T+0”和“T+1”送货客户数在95%以上，名列全省前茅。加强工商协作，控制卷烟仓储库存，月平均库存4 054.58箱，存销比0.72，库存周转率20.59，居全省第三名。开展烟箱回收循环利用，回收烟箱19.69万只，其中：红塔集团回收烟箱15.56万只、红云红河集团回收烟箱4.13万只。

【专卖管理监督】 2013年，玉溪市烟草专卖管理建立“点、线、面”结合的防控网，提升监控水平；全面推进卷烟市场网格化管理，强化“两个终端”建设；开展“天价烟”、烟草制品市场整治等专项行动，市场得到有效净化。全市查获涉烟案件901起，涉案金额6 622万元，查获卷烟75 508条、烟叶1 835吨，移送工商机关无证经营案件302起，移交公安机关案件134起，刑拘31人，逮捕14人，判刑9人。破获涉烟网络案件4起，其中：“3·19”案件查获卷烟35 196条，涉案金额560万元，是近年来玉溪侦办的最大涉烟网络案件，获国家局通报表彰。同时，严格执行“三项工作”议题申报制和项目审批制，建立健全“三项工作”管理委员会职责和工作规则，提高决策的民主性、科学性和透明度。强化集中管理，扩大公开招标比例，实施采购计划归并打包，切实做到变分散采购为集中采购，变零星采购为批量采购。全年采购171项次，涉及金额4.02亿元，其中：公开招标项目107项、占全年采购数的62.57%，涉及金额3.67亿元、占91.36%。

红塔区有持证零售户2 274户。查获违法违规案件307起，查获涉案卷烟9 871.65条，查获无证运输烟叶1 619.41吨，上缴罚没款298.3万元。联合公安部门成功破获2起国家局标准涉烟网络案（“2·22”非法经营烟叶网络案件，“7·16”假烟网络案）。

江川县有持证卷烟零售户1 027户。全年查处涉烟违法案件80起，查获涉案卷烟18.81箱、烟叶57.16吨，上缴罚没款0.45万元。

澄江县出动执法人员2 219人次，执法车辆405辆次，检查涉烟经营户7 916户次，查处违法经营卷烟案件53起，查获卷烟704.3条，烟叶15.93吨，罚款3 212.26元，进一步规范“两烟”市场经营秩序。

通海县有持证卷烟零售户1 106户。全年查获涉烟案件89起，其中破获网络烟叶案件1起，查获涉案烟叶83.82吨，案值314.09万元。累计查获涉案卷烟8 277.9条、烟叶83.82吨，烟丝600千克，案值9.0万元，烟丝660千克；上缴罚没款35 961.38万元。公安拘留违法人员3人，法院逮捕1人。

华宁县有持证零售户874户。全年查处涉烟案件94起，比上年增加12起，增长14.63%；查获涉案卷烟7.55万支、烟叶70.59吨，总案值约98.52万元；公安机关立案侦办涉烟犯罪案件3起，抓获8人，刑拘8人,逮捕7人。同时查处2起大要案，查处涉案烟叶39.4万千克，合计涉案金额60.2万元。联合相关执法单位，组织开展非规定品种清理专项行动，查处大量非规定品种和自育苗，合计可移栽大田面积34 727.2亩。

易门县有卷烟持证户861户。开展市场清理检查205天次，联合执法专项行动5次，出动执法人员1 388人次，出动车辆338台次。查获非渠道进货卷烟案件25起，涉案卷烟89.7条，案值4 807.50元；查获无证经营31起，涉案卷烟138.3条，案值9 572.95元；查获擅自收购烟叶案件14起96 376.4千克初烤烟叶，案值114.08万元；共查获无证运输烟叶案6起59 820千克初烤烟叶，案值约105.38万余元。

峨山县有持证零售户743户。查获涉烟案件75起，涉案卷烟37 785.7条。其中一般案件10起，卷烟2 394条，案值102 925元，罚款23 472.9元；非渠道进货案件31起，涉案卷烟101.8条，案值5 390.5元，罚款362.92元；无证经营案件30起，涉案卷烟93.4条，案值6 795元（已移送工商处理）；涉嫌非法经营烟叶案3起，涉案烟叶145 250千克，案值2 227 309元，刑拘23人，逮捕10人，判刑2人，拘役2人；涉嫌非法经营走私假烟案1起，即“3·19”网络案件，涉案卷烟品牌44个、35 196.5条，案值560.17万元。

新平县联合出动执法人员978人次，出动执法检查车辆477台次，全面检查 10个乡镇2个街道办事处卷烟零售户9 290户，查获各类涉烟违法案件69起，涉案卷烟859.8条，涉案烟叶7 482千克，罚没收入1 201.9元。

元江县有持证卷烟零售户775户。全年查处烟草专卖违法案件74起，查获违法卷烟325.83万支（其中真品卷烟159.63万支、假冒卷烟42.2万支、走私卷烟124万支），涉烟案值221.5万余元。其中：破获“5·15”运输假烟案件，查获假烟2 000条，涉案金额44.3万元；破获“9·7”运输走私烟案件，查获走私烟（金冠）6 200条，涉案金额104万余元，取保候审1人。

【网格化管理】 2013年，以全市卷烟市场状况及持证零售户分布为细分市场的基础，全市确定1个一级网格、9个二级网格、28个三级网格、83个四级网格，建立了“横向到边，纵向到底，以网定责，以责定人，分级管理，层层履责，网格到底，责任到人”的卷烟市场监管网络，实现管理区域全覆盖，实现对零售户的精细化管理、对违法行为的精准打击及对市场终端的精确控制。

【企业管理】 2013年，玉溪市局（公司）获年度购置计划2 829.4万元，实际执行1 317.55万元；获投资计划项目17个、5 135.16万元，均实际开工实施。组织8个县（区）11个项目区基础设施建设项目招投标；组织市局公司本部采购116项，涉及金额15 732.08万元。同时编制的《2014年投资计划和购置计划》通过“三项工作”管理委员会审议。年内，按照效率指标、效益指标、费用指标、烟叶生产经营指标、卷烟品牌培育指标、专卖规范管理指标和服务指标7个方面、51项“对标”指标开展全市系统“对标”工作。持续改进10个专项业务管理体系，ISO9000质量管理体系连续三年通过第三方认证。完成国家局一号工程数据采集及卷烟“两打三扫”统计数据采集日报工作，全年报送报表3285份；采用同比和环比方法进行经济运行分析，编制和发布《玉溪市公司系统经济运行通报》12期。

【烤烟经济效益】 2013年，红塔区种植烤烟4.4万亩，收购烟叶总量0.55万吨（10.9万担）。烟叶交售总金额1.43亿元，烟叶农特税3 151.7万元;上等烟比例71.38%，比上年增加0.09个百分点；均价26.29元/千克，比上年增加3.11元/千克；亩均烟叶交售收入3 255.95元，加上各种补贴后，亩均种烟收入到4 012.87元，比上年增加293.7元；烟农人均收入7 969.92元，比上年增加839.33元。全年销售卷烟11.05亿支（2.21万箱），实现含税销售收入6.83亿元，比上年增加5 877.62万元，增长9.40%；累计单箱销售收入（含税）30 942元/箱，比上年增加2 518元，增长8.86%。

江川县种植烤烟10.1万亩，收购烟叶1.25万吨（24.90万担），中上等烟叶比例96%；收购均价26.55元/千克，比上年增加2.95元/千克；烟农总收入3.60亿元，比上年增加0.03亿元；户均种烟收入8.14万元，比上年增加0.19万元；人均种烟收入3 953.24元，比上年增加602.35元。全县销售卷烟4.60亿支（0.92万箱），比上年增长0.44%。实现卷烟销售收入2.29亿元，比上年增长11.13%。

澄江县签订烟叶种植合同2 919份，种植烤烟4.4万亩，收购烟叶0.55万吨（10.9万担），完成计划任务的100%，比上年减少0.15万吨（2.84万担）；上等烟比例71.55%；收购均价25.94元/千克，比上年增加3.23元/千克；收购金额同比减少1 469.24万元；烟农人均烤烟收入1 451元，比上年增加68元；实现烟叶税3 110.05万元，比上年减少323.23万元。销售卷烟3.14亿支（0.63万箱），完成年销售计划的100%，比上年增长0.47个百分点；销售金额1.80亿元，比上年增长4.83%；单箱销售金额28 657.85元/箱，比上年增长4.3%。

华宁县种植烤烟10.9万亩，其中田烟3万亩、地烟7.9万亩；收购烟叶1.34万吨（26.8万担），其中：上等烟比例为70.58%，比上年提高2.23个百分点；中上等烟占比95.34%，比上年提高0.47个百分点。收购金额34 588.06万元，比上年增加190.23万元；均价25.81元/千克，比了年提高3.30元/千克，增幅14.7%；降变级损失260.89万元，担烟降变级损失9.70元/担。全县烟农种植烤烟收入3.76亿元，种烟农户户均收入 3.1万元，比上年增加5 279.57元。销售卷烟3.38亿支（0.67万箱），完成全年销售计划的100%，一类卷烟销售838.37箱，完成全年目标任务的107.48%；销售金额1.46亿元，比上年增加1 240万元，增幅9.29%；单箱收入2.16万元/箱，比上年增加1 746.8元/箱，增幅8.09%。上缴税收1.4亿元，其中：地税9 168.2万元、国税4 851.7万元，比上年增加859.6万元。

元江县种植烤烟8.5万亩，处理不适用鲜烟叶8.5万亩，清除不适用鲜烟叶13 130.12吨，收购烟叶1.05万吨（20.9万担），收购均价26.62元／千克，中上等烟占95.68%，烤烟农特税及附加税0.61亿元。烟农收入（含补贴）3.03亿元，户均收入2.25万元。全年销售卷烟3.26亿支（0.65万箱），完成年销量计划的100%；实现卷烟销售收入1.45亿元，比上年增加1 156.2万元；毛利率24.51%；单箱销售收入22 375元/箱，比上年增长8.11%。

【现代烟草农业建设】 2013年，红塔区划分为春和、大营街2个基地单元。全区有19个烤烟种植专业合作社，5个经营型专业合作社。在大营街基地单元成立红塔区惠兴烤烟综合服务专业合作社，春和基地单元成立红塔区春晓烤烟综合服务专业合作社，2个综合服务专业合作社成立育苗、机耕、植保、烘烤、分级专业队63支，为全区烤烟生产关键环节提供专业化服务。

【烟叶生产GAP管理】 2013年，环球烟草公司在江川县前卫镇推行烟叶生产GAP（良好农业操作规范）管理项目。分公司按照要求，落实质量管理责任制，全面提高烟叶安全、人员安全和生态环境的保护，完善生产各环节技术标准和作业标准，推进良好操作规范，统一田间操作规程，使片区内烟株长势长相均匀、内在质量一致，达到批量化生产。

【特色优质烟叶开发】 玉溪市烟草公司与云南中烟工业有限责任公司（红塔集团）、云南省烟草农业科学研究院合作，启动江川前卫基地单元特色优质烟叶开发工作。2013年种植烤烟3.16万亩，品种 “K326”，收购烟叶7.37万担，均价28.67元，上中等烟达100%，其中上等烟81.83%，基地单元内烟叶长势长相及烟叶质量效益均好于其他种植区域，起到辐射带动作用。通过“工商研”共建原料与品牌协同发展机制，健全工业主导、商业主体、科技主力的工作机制，转变发展方式，加大科技创新，突出工商合作，突出品种纯度，突出GAP管理，突出优化结构，彰显“清香型”风格。

【推广先进适用技术】 2013年，江川县分公司大力推广农家肥施用，与综合服务社签订服务协议，全县依托服务社堆捂农家肥2 500余吨，施用面积0.5万亩；并发动烟农积极做好农家肥堆捂施用，全县烟农堆捂农家肥4.53万吨，施用面积9.05万亩。同时，加大生物、物理防治技术推广应用，全县实施性诱剂诱杀田间害虫面积1万亩（其中：性诱剂诱杀田间害虫0.5万亩，黄板、蓝板诱杀0.5万亩）；建设烟蚜茧蜂繁蜂小棚550个，全面覆盖烤烟种植区。加强烤烟中耕管理，县委政府召开会议研究中耕管理，加大揭膜培土考核力度，至6月15日前全面完成揭膜培土工作。

【基地单元与合作社建设】 2013年，澄江县烟草分公司围绕基地单元“三化”建设要求，首先进行龙街基地单元建设的规划与论证工作，并参与省局（公司）的规划评审。基地单元建设过程中重点从特色优质烟叶开发、标准化生产技术的实施、专业化服务体系建设等方面开展系列工作。种烟大户、家庭农场、种植合作社3种生产组织形式100%覆盖整个龙街基地单元。其中：种植合作社3个，入社农户471户，种植963.5亩；综合服务型专业合作社1个，社员2 466人，传统种植户1 818户,种植8 963.5亩；有种植专业户673户，种植9 693亩，规模化连片种植水平提高。

【现代烟草农业建设】 2013年，华宁县投入基础设施建设行业补贴资金1 523.69万元。其中：烟田基础设施建设投入烟草补贴资金692.69万元，建成沟渠3条、水窖1 066口、水池39个、机耕路2条、泵站2座、管网5件；卧式密集烤房建成277座，投入烟草行

业补贴资金831万元。

（朱光宏）

卷烟生产

【概　况】　2013年，红塔集团卷烟产销平稳协调，品牌整体发展稳中有进，经济效益稳步提升。全年，集团境内外生产卷烟564.6万箱，销售卷烟588.11万箱。“玉溪”品牌商业销售145.17万箱，比上年增加21.73万箱，增长17.60%，其中300元及以上价位产品销售7.27万箱，比上年增加1.56万箱，增长27.38%，单箱商业批发额首次突破5万元；“红塔山”品牌商业销售298.27万箱，比上年下降2.32%；“红梅”品牌商业销售111.9万箱，比上年下降3.78%。集团省内合并实现税利558.35亿元，比上年增加62.11亿元，增长12.51%，其中利润87.45亿元，比上年增加25.43亿元，增长41.01%，净增税利连续两年保持60亿元以上，超额完成云南中烟下达的税利增长考核目标。红塔辽宁公司实现税利51.6亿元，比上年增长13.68%；海南红塔公司实现税利16.88亿元，比上年增长19.1%，实现了共同发展目标（以上数据为快报数）。

【原料物资和物流保障】　2013年，红塔集团初烤烟工商交接499.26万担，完成年度采购计划的97.89%，采购烟叶的等级结构、品种纯度较往年有所提高。品牌导向型烟叶基地建设扎实推进，基地烟叶采购量占计划总量的82.9%，有机烟叶采购3.75万担，比上年增长184%。积极探索科技物流、精益物流、人本物流建设，安全高效完成了烟叶、卷烟等物资储运任务，全年库存片烟霉变损耗率、卷烟成品破损率指标均达到集团下达的挑战值，下半年通过公开招标，节约卷烟运输费用3 761万元。

【品牌建设和市场营销】　2013年，红塔集团加强品牌战略管理，进一步整合优化品牌管理资源，成立了品牌管理委员会，明确集团两大品牌的发展定位，强化品牌运营管理，全面开展品牌宣贯活动，集团品牌管理的系统化、专业化水平进一步提升。持续深化精准营销，着力高端突破，“玉溪”品牌市场拓展取得新成效，形成了1个4万箱、4个2万箱、27个1万箱的标杆省级市场，比上年分别增加1个、2个、12个。新产品上市步伐加快，年内先后上市的“红塔山”（硬欣经典）、“玉溪”（软弘毅、软庄园），表现出价格挺、动销快、口碑好的发展态势。国际市场拓展力度进一步加大，重点品牌有税市场拓展步伐加快，老挝寮中红塔好运公司、香港红塔国际公司的技术改造全面实施，境外实体企业运作能力明显提升。

【技术创新】　2013年，红塔集团扎实推进技术创新体系建设，依托联合实验室和重点实验室，实施重大专项课题研究，全年获授权专利61项，获云南中烟优秀知识产权奖68项、科技进步奖13项。新产品研发力度加大，新型烟草制品研究起步高、效果好。原料使用范围进一步拓宽，烟草薄片、梗丝和自主调香技术的应用研究取得新成果，工艺技术和产品质量维护工作得到加强，集团卷烟产品在行业各级质量监督抽查中，合格率均为100%。玉溪卷烟厂复烤一车间技改调整方案得到国家局批复同意，各项重大技改项目扎实推进，集团装备工艺技术水平进一步提升。

【基础管理】　2013年，红塔集团严格执行国家局有关文件要求，招标范围进一步扩大，招标比例进一步提高，工程、物资、服务类公开招标金额率分别达到99.63%、85.81%、57.60%。预算执行监督考核力度进一步加大，对董事会决策的重大事项及时跟进，全面督导落实，工程投资预算执行率较往年有大幅提升，审批性费用严格按照批准计划执行。深入推进对标、创优和管理创一流工作，在国家局公布的1～9月份行业32项对标指标中，集团有23项超过行业平均水平，19项与上年同期相比明显改进，三项费用率比上年下降1.2个百分点，成本费用利润率比上年提高10.13个百分点，卷烟万元产值综合能耗、万元增加值能耗、单箱综合能耗比上年分别下降6.72%、10.03%、3.18%。多元化经营管理进一步加强，运行质量稳步提高，按同口径纳入统计的46家企业，全年实现税利149.16亿元，比上年增长17.43%，投资公司本部实现投资收益10.8亿元。ERP及外围系统改造项目和企业风险合规控制项目（GRC）全面有序推进，有力促进了管理与信息化深度融合。同时，人才队伍建设、青工创新创效、离退休人员管理服务、安全生产管理、信访和维护稳定等各项工作都扎实开展，取得了较好成效。

【“红塔山”（欣经典）上市】　2013年1月1日，红塔集团10元价位段的卷烟新品“红塔山”（欣经典）率先登上了昆明市场。随后，该烟陆续在曲靖、大理、楚雄、红河、文山、昭通、玉溪、普洱8个州市上市。

“红塔山”（欣经典）是红塔集团针对省内消费市场研制开发的“红

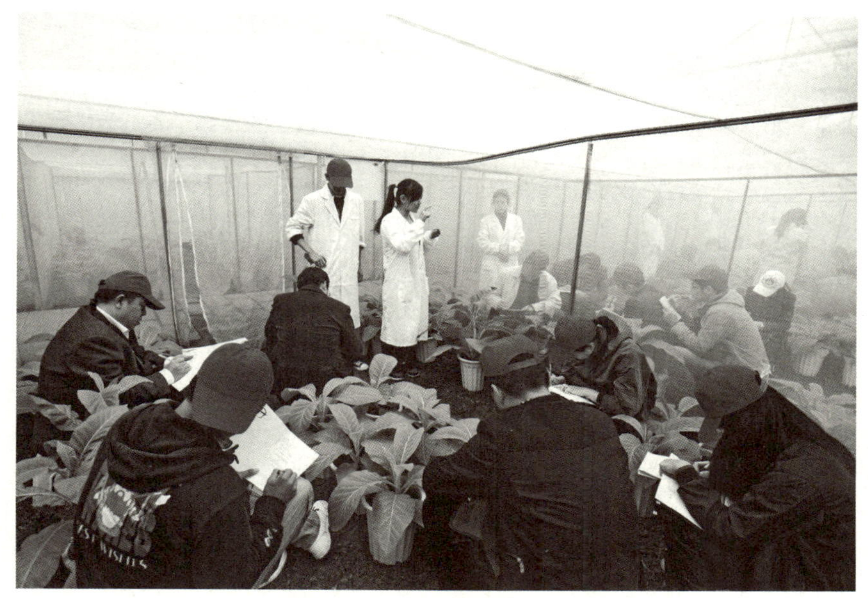

2013年10月28日，全国烟草行业“烟蚜茧蜂防治烟蚜技术”四期培训班在玉溪举办

（玉溪市烟草公司　提供）

塔山”经典系列的最新力作，产品专销云南省内，是云南省烟草专卖局和红塔集团强强联合、共同打造的智慧结晶。工商联合的研发模式不仅丰富了云南卷烟市场10元价位段的卷烟产品，同时为行业的产品研发探索找到了新的方向。截至1月6日，“红塔山”（欣经典）在昆明市累计销量达到了213.24大箱，在其他8个州市累计销量达到了198.94大箱。“红塔山”（欣经典）的烟包采用尊贵帝王亮金色，以钞线方式雕刻底纹，同时采用二维码科技防伪，可以说外包装高档大气；从内在品质来看，烟气清香甜润，口感丰满舒适，好抽顺喉，在10元价位段上是一包品质上乘的好烟。

【红塔集团最新低焦产品在丽江上市】 2013年1月4日，红塔集团最新的低焦产品“红塔山”（HTS都市）（零售价160元/条）率先登录云南丽江市场。红塔集团大力推进低焦油品牌培育，是实现“卷烟上水平”的必然要求。同时推出“红塔山”（HTS都市）旨在进一步提升红塔山品牌结构，丰富、完善红塔山产品线，加快推进“做强做大红塔山品牌”的战略工程。“红塔山”（HTS都市）是国际系列的升级产品，是更高档、更时尚的国际红塔山。新品焦油量6毫克，突出新颖的复合清香口味，烟包以“夜蓝色”为主色调，整体简约、质感、透发时尚品味。新品以追求时尚、有一定中高档烟消费需求的都市白领群体为主要目标群体。

【“卷烟工厂标准化建设”专题成果交流会暨结题会议在玉溪召开】 2013年1月18日，由玉溪卷烟厂牵头的“卷烟工厂标准化建设”专题成果交流会暨结题会议在玉溪召开。国家局经济运行司、云南省质量技术监督局、云南中烟公司、7家专题组成员单位的领导和专家以及长沙、昆明、南昌、青岛、郑州、杭州、乌兰浩特、贵阳、红塔辽宁、楚雄、大理、昭通共12家卷烟厂应邀参加了此次会议。红塔集团副总裁夏开元代表集团向参会来宾致欢迎词，对专题的顺利结题表示祝贺，对各成员单位在专题开展过程中做出的努力表达感谢。

为落实国家烟草专卖局关于以专题为载体推进“优秀卷烟工厂”创建活动要求，由玉溪卷烟厂牵头，南京、蚌埠、滕州、驻马店、延安、延吉6家卷烟厂共同参与的“卷烟工厂标准化建设”专题于2011年4月正式启动并实施。专题紧紧围绕提升转型后工厂“产品制造水平”和“基础管理水平”两大目标，以达到“横向加强交流，纵向深入推进”的工作目的为指导，历经22个月的日常研究与定期总结评审推进，先后召开7次50人以上规模的集中研讨和交流，最终在此次交流会上完成项目结题，并形成了专题成果——《卷烟工厂标准化建设实践》用于行业内交流推广。专题组组长、玉溪卷烟厂厂长马云参代表专题组汇报了专题创建的总体情况及研究成果，并就玉溪卷烟厂专题开展情况及SOPS标准体系构建情况作交流汇报。

会上，专题组各成员单位就专题在本厂的开展情况作交流汇报。昆明、青岛、南昌、杭州等其他专题牵头单位分别对专题取得的成果及研究的过程方法作了深入的探讨和交流。云南省质量技术监督局标准化专家石克燕对专题成果作了系统评价及高度认可。最后，国家局经济运行司企业管理处主任李胜男及云南中烟公司企业管理部主任张相波对专题的丰硕成果和会议的圆满举行表示肯定，并就今后工厂“创优”工作的开展和专题工作的进一步深化指明了方向、提出了要求。

【“玉溪”（软弘毅）在全国大部分省、市陆续上市】 2013年1月17日，“玉溪”品牌2013年贺岁产品“玉溪”（软弘毅）在吉林、山西、新疆、西藏、重庆、山东、大连、河南、天津、广西、安徽、辽宁、黑龙江、江西、陕西15个省、市陆续上市。

“玉溪”（软弘毅）焦油量：8毫克，烟气烟碱量：0.7毫克，烟气一氧化碳量9毫克 。“中国红”是中国人的文化图腾，也是中国人的精神皈依，代表着庄重、大气、吉祥、团圆与喜庆。正逢龙年岁末，“玉溪”（软弘毅）的上市无疑为2013的春节又增添了一丝喜气。在包装设计上“玉溪”（软弘毅）沿袭了软玉溪包装风格特点，经典简约。同时，在传承“玉溪”（软）清香风格的基础上，在口感上形成丰富成熟的个性化清香风格特征，重点突出烟香的自然感和丰富性，在保持较好满足感的同时，体现较好的烟香细腻柔绵感和口感舒适性。在技术上，“玉溪”（软弘毅）通过开发集成应用“减害降焦”、“生物增香保润”等新型技术，尽管焦油量下降至8 毫克,依旧保持口味清香自然、圆润绵长；外包装采用软包硬化技术，有效克服软包卷烟烟包、烟支容易变形的不足。

【精益六西格玛成果获全国优秀项目称号】 2013年2月28日，玉溪卷烟厂2项精益六西格玛课题荣获2012年度全国质量技术奖优秀项目称号。

中国质量协会近期发布了“关于2012年度中国质量协会质量技术奖励的决定”的通知，对全国质量技术奖优秀六西格玛项目、精益管理优秀项目等进行了表彰。玉溪卷烟厂推荐的1项“优秀六西格玛项目”和1项“精益管理优秀项目”顺利通过评审，分别成为全国256项“优秀六西格玛项目”和30项“精益管理优秀项目”之一。自实施精益六西格玛管理以来，已结题JY6-F课题21个，JY6-V课题2个，正实施JY6-F课题11个，JY6-V课题4个。

【云南省烟草公司与红塔集团举行“红塔山”（硬欣经典）品牌培育座谈会】 2013年3月11日，云南省烟草公司与红塔集团在昆明举行“红塔山”（硬新经典）品牌培育座谈会，云南省烟草公司杨经建副总经理、红塔集团金亦斌副总裁出席。

座谈会上，营销中心云南省区负责人介绍了“红塔山”（硬欣经典）自1月1日上市以来的整体运行情况，截至3月8日，全省共销售4739.48箱，各项工作进展顺利、各方反映良好，初步达成预期目标，品牌培育取得初步成功。15个州市烟草公司分管销售副经理对各自市场新品培育情况进行了介绍与经验交流，省公司销管处处长赵强对全省新品运行情况进行了总结。副总裁金亦斌对云南省烟草商业各级领导给与“红塔山”（硬欣经典）的关爱和鼎力支持表示感谢。副总经理杨经建对红塔山（硬欣经典）进行了阶段性总结，16州市烟草公司分管销售副经理、营销中心主任、红塔集团营销中心王智书记、中心各部室、云南省区人员参加座谈会。

【玉溪卷烟厂推进协同营销工作】 2013年3月22日，红塔集团营销中心党总支书记、副经理王智到玉溪卷烟厂就协同营销工作进行交流。玉溪卷烟厂厂

长马云参，党委书记陈俊松，副厂长李向东，副厂长彭涛，纪委副书记李红林，厂办公室、党群工作科、工艺质量科等相关人员参加会议。

会上，集团营销中心党总支书记、副经理王智介绍了红塔卷烟的市场销售情况，对当前营销所存在的困难与不足作了分析说明。厂长马云参对玉烟的协同营销工作开展情况进行介绍，党委书记陈俊松强调玉烟将对协同营销工作给予支持配合。

【红塔集团通过质量、环境和职业健康安全管理体系认证注册资格审核】 2013年3月29日，红塔集团就质量、环境和职业健康安全管理体系外部监督审核举行末次会议，会议确认红塔集团继续保持认证注册资格，同意标准转换认证注册。

会上，北京新世纪认证有限公司审核组专家介绍集团基本概况，同时介绍管理体系审核所覆盖的部门、产品、过程和服务以及法律法规和强制性标准遵守情况、法律地位和资质证明查证情况。各审核小组负责人分别对集团各中心、省内各厂、各职能部门和相关场所审核期间的情况进行通报和审核确认。审核组专家对集团建立和实施的质量、环境和职业健康安全管理体系进行综合评价，提出改进意见和建议。审核结论最终认为红塔建立并实施的质量、环境和职业健康安全管理体系持续符合标准要求，同意保持认证注册资格；红塔集团按GB/T28001—2011标准建立的职业健康安全管理体系运行有效，同意标准转换认证注册。

【大理卷烟厂完成首台ZJ17卷接机组中修】 2013年4月6日，大理卷烟厂卷包车间卷烟修理组自主中修的首台ZJ17软包7号卷接机组正式进入带料调试阶段，并于当日早班生产出合格烟支38万支，随后进入三班运行调试阶段。

ZJ17软包卷接机，是大理卷烟厂主要的卷接设备之一，对顺利完成年度生产任务有着重要的作用。工厂于2007年底，前后共计引进10台，依据中修要求，设备已达到中修时间。按照2013年大理卷烟厂年度修理计划，卷包车间有三台套ZJ17卷接机组进行专项中修。由于是首次自主修理ZJ17卷接机，车间领导高度重视此次中修，保证中修时间充分及其修理质量。中修前及早作好安排部署，召开专题会议，对中修内容、修理人员、零配件准备、安全注意事项、ERP订单下达均作了充分布置准备，确保中修工作圆满完成。

中修期间，结合云南中烟2013年开展的设备价值管理体系，卷包车间技术人员对ZJ17卷接机组的关键功能位置进行摸底、检修、记录，以便下一步对其进行全面预防监控管理。通过这次ZJ17卷接机组自主中修，进一步锻炼了卷烟修理队伍，加强了团队建设，人员修理技能素质得到有效提升。

【优秀QC成果发布】 2013年4月11日，为期两天的红塔集团2012年度优秀QC成果发布会在集团技术中心圆满落幕。经专业评委和专家的评审，8个QC成果荣获一等奖。

参与红塔集团2012年度优秀QC成果发布会的31个QC成果分别来自玉溪、楚雄、大理、昭通四厂，是从275个成果里，经过层层筛选产生的优秀成果。31个QC小组通过图文并茂、生动直观的演示和讲解，展示了集团2012年QC小组攻关、发明和创新的水平。海南红塔QC小组的“降低烟支重量的标准偏差”和红塔辽宁QC小组的“减少YF17通道烟支堵塞次数”也参与发布交流。此次QC成果发布会评委会成员由何丽萍、周耘等10名集团内QC成果发布专业评委及专家组成，严格按《质量管理小组活动管理实施细则》的有关规定执行，成果评审坚持“公平、公开、公正”的原则。

发布会闭幕式上，集团经济运行部企业管理科负责人及“管理创一流”项目负责人对2012年集团QC活动开展及“管理创一流”活动推进情况作了介绍，就“红塔集团员工职业技能通道体系构建”等三个“管理创一流”活动成果作了展示交流。

经过两天的发布，“降低12t线烘丝机入口振槽故障次数”等8项成果获一等奖；“降低煤场落煤口粉尘浓度”等7项成果获二等奖；“减少条包端部阻皱烟条数量”等16项成果获三等奖。玉溪卷烟厂厂长马云参马云参等为获奖团队及个人颁奖。

【境外经销商恳谈会】 2013年4月24日，红塔集团领导与红塔境外代理商、免税商店代表负责人在玉溪召开2013年境外经销商恳谈会。红塔集团董事长柳万东、云南中烟国际有限公司总经理李力与来自南美、欧洲及东南亚缅甸、泰国、越南和中国香港的19家红塔境外代理商和免税商店代表负责人一起，共叙红塔国际化市场开拓情况。

柳万东在致辞中结合国际、国内烟草市场环境变化，介绍了红塔国际化市场战略、销售渠道、品牌建立、市场占有等情况。柳万东希望来宾们畅所欲言、献计献策、精诚合作，实现新形势下的互惠互利。李力介绍了云南中烟拓展国际市场，在重点品牌、重点市场、市场管理等方面取得的成绩，对开展个性化营销方案、销售网络建设、增进与经销商合作信任关系等品牌培育重点工作做了说明，并详细介绍了云南中烟2013年拓展国际市场的目标、任务、总体思路和工作措施。各来宾就所在国的人口结构、市场环境、吸味风格、税收政策、资金投入、销售现状、品牌产品投放、渠道建设等内容畅所欲言，提出了自己的意见和建议。

【楚雄卷烟厂复烤生产工作结束】 2013年4月26日，楚雄卷烟厂打叶复烤生产圆满结束。生产任务从2012年10月16日开始，至2013年4月26日结束，历时6个多月。累计生产加工初烤烟61.57万担，加工量与2012年基本持平，生产成品41.41万担，初烤烟出片率达到了67.25%。

为确保首次在世界首条拥有自主知识产权的烟叶可用性分类打叶复烤生产线上完成任务，楚雄卷烟厂生产科制定了打叶复烤生产任务方案，确保新线生产组织工作有序展开；为最大限度减少初烤烟储存损失，确保烟叶加工品质，生产、工艺、仓储、动力等相关部门及复烤车间全体干部职工团结一心，连续生产，积极应对新生产线工艺流程、加工路线、控制方法等方面比老生产线都有较大变化的挑战，克服新设备投运和磨合期带来的各种困难，实现叶基和非叶基分切后分别打叶复烤打包；叶基和非叶基分切后分别打叶后合并复烤打包；叶基和非叶基分切后分别打叶，非叶基单独复烤打包，叶基按相邻等级合并的原则进行复烤打包的三种加工模式生产，按厂部生产计划，按时按质按量完成了复烤生产任务。

【楚雄卷烟厂首批回收周转烟箱投入生产使用】 2013年5月6日，楚雄卷烟厂分两批次开始使用“红塔山”（硬经典）回收周转烟箱，这是可回收烟箱首次在楚烟投入生产使用，预计本月将投入使用25 550只。

按照云南中烟工商物流一体化项目的要求，在不影响产品质量的前提下，各卷烟生产企业将开展烟用包装箱回收循环使用工作，旨在体现低炭、环保的物流理念，实现较好的经济效益和社会效益，红塔集团2013年的回收量为30万箱，涉及省内16家烟草分公司。按照云南中烟和红塔集团要求，楚雄卷烟厂自5月开始在“红塔山”（硬经典）卷烟产成品上部分使用回收周转烟箱。各相关部门积极参与到回收周转烟箱使用工作中，积极深入到车间和仓库部门，了解、沟通工作细节，并根据回收整理纸箱数量不断调整辅料采购计划，做到既保障纸箱供货不断档，又不因回收周转箱的使用造成库存的积压。。

【大理卷烟厂科技项目获云南中烟科技进步一等奖】 2013年5月11日，云南中烟工业公司发布2012年度科技进步奖评审公告，大理卷烟厂科技项目《优质红大品种烟叶的品质特性研究》获一等奖，《红塔集团大理原料基地特色优质烟叶质量保障体系研究》获二等奖，取得了突出的成绩。这两个科技项目均由烟叶生产质检科完成。《优质红大品种烟叶的品质特性研究》项目研究历时3年，首次全面系统地对代表性的优质红大品种烟叶的内在化学成分进行了剖析和对比研究，首次提出优质红大烟叶特征化学指标筛选的原则并确定23个特征指标，为红大品种烟叶的评价、种植和应用提供科学有效的方法。《红塔集团大理原料基地特色优质烟叶质量保障体系研究》首次根据品牌对烟叶原料化学成分的要求，结合聚类分析对不同部位的烟叶原料分类结果，综合3个部位结果筛选出适合于红塔品牌需求的烟叶原料及区域，并进一步对不同品牌符合度的烟叶原料从外观质量、致香成分、感官质量等多角度进行对比研究，为国内首创。

【红塔集团一季度入库“三税”136亿元】 2013年5月12日，红塔烟草（集团）有限责任公司一季度入库云南省国税系统卷烟工业“三税”136.76亿元，比上年增收12.97亿元，增长10.48%。

2013年前两个月销量继续保持增长是入库税收实现增长的基础。1～2月销售省内计税卷烟115.8万箱，比上年同期增加5.69万箱，增长5.17%。销售结构提升是增收的重要因素。一季度销售70元以上消费税率56%的计税卷烟45.27万箱，比2012年同期增加5.43万箱，增长13.62%。其中：玉溪品牌卷烟销量44.25万箱，比上年同期的38.69万箱增加5.56万箱，增长14.38%。

企业所得税申报期限由按季调整为按月，拉动一季度入库税收增加5.44个百分点，占红塔集团卷烟工业“三税”入库增收额的51.97%，成为拉动一季度入库税收增长的第一大重要因素。

【国家局安全检查组到楚烟检查指导安全工作】 2013年5月21日，国家局行业安全生产第十二检查组在福建中烟工业有限责任公司安全处副处长钟可金组长的带领下，到楚雄卷烟厂检查指导安全工作。

检查组依据《国家烟草专卖局办公室关于开展2013年行业上半年安全大检查的通知》文件要求，在云南中烟企业管理部副部长代宏熙，红塔集团安委会专职副主任、安委办主任牛进坤，楚雄卷烟厂厂长助理布旭亮等领导陪同下，通过听汇报、看资料、提问题、综合评价等形式，对楚烟办公场所、配电设施、特种设备、烟叶仓库、高架库、露天货场等进行了检查。并于5月22日下午召开了反馈会。红塔集团巡视员、安委会常务副主任蒋顺华，楚雄卷烟厂党政领导李泽良、王敏慧、朱明言、彭黎明、张志勇等出席了会议，各部门负责人，安保消防科安全管理人员参加了会议。反馈会上，检查组对楚雄卷烟厂的安全工作给予充分肯定，楚雄卷烟厂经过安全生产标准化一级企业达标现场评审后，持续提升安全生产标准化达标水平，安全工作取得了很好的成效。一是认真贯彻落实安全生产责任“一岗双责”制，领导对分管范围内的安全工作负总责，各部门各职能层级层层签订责任目标，每月检查考核完成落实情况。二是安全管理组织机构完善、职责明确、制度健全、目标落实措施有力。三是持续提升安全生产标准化达标水平，有计划地开展岗位达标、专业达标基础性工作。四是全面开展安全文化建设，提炼整理楚烟特色安全文化，形成安全文化专题片和安全管理手册。在肯定成绩的同时，检查组向楚烟反馈了检查过程中发现的问题和建议。

【玉溪庄园大理园工程项目进展】 2013年5月23日，在各级领导的大力帮助下，经玉溪庄园大理园工程项目指挥部及相关单位的共同努力，玉溪庄园大理园工程项目建设工作稳步实施，各项工作取得阶段性进展。

由大理市交通运输局主体负责，玉溪庄园大理园工程项目指挥部配合实施的马厂—老环海路—干海子进村道路路基工程全面启动。在6月10日前完成路基加宽、改直、边沟修建等工

2013年5月15日，云南省副省长丁绍祥（前右二）在玉溪烟区调研

（玉溪市烟草公司 提供）

程。另外，项目的水土保持方案、环境影响评价、地质灾害危险性评估、矿产压覆报告已分别通过专家组评审，并获得相关部门的批文。地质勘查工作已全面完成，庄园管理中心的规划设计已转入施工图设计阶段。庄园的天鹅湖提水补水工程设计方案也已通过专家组评审，正在进行立项申报工作。

【中烟施伟策（云南）再造烟叶项目建设】 2013年6月2日，中烟施伟策（云南）再造烟叶项目由红塔集团、云南中烟、中国双维投资公司、红云红河集团、施伟策—摩迪国际（中国）有限公司共同投资。自2011年8月项目开展实施，大部分土建基础工作将于年内完成，目前土建工程已完成总工程量的85%。其中，联合工房、地下室及联合工房屋盖系统已进入局部收尾工作；联合工房砌筑、抹灰、墙板工程进行局部施工；动力区维修车间进入装饰工程的施工，并配合设备安装的相关工作；锅炉房土建继续进行主体工程的施工；干煤棚进入屋盖系统、墙体工程、地坪工程的施工工作；办公楼工程已进入一层地坪混凝土的浇灌工作和屋面工程的施工，并进入内外装的大面积施工工作；原料库工程已进入配合消防工程等专业工程的施工工作。

设备安装于2012年12月开始进行，2月份起大量的设备进场进行安装工作，5月份电力试运行，7月份清水处理和空压试运行，2013年9月开始设备调试。

【“红塔山”（硬欣经典）工商协同培训】 2013年6月4日，玉溪烟草红塔区公司与红塔集团市场营销中心举行“红塔山”（硬欣经典）工商协同培训。

这次培训为红塔区优秀卷烟零售户代表进行“红塔山”（硬欣经典）产品推介，为零售户讲解“红塔山”（硬欣经典）高档贵气，质感精细，香醇顺喉，科技防伪4大超值点。同时介绍了消费者购买“红塔山”（硬欣经典）的三大理由：超值欣升，20元的品质，10元的价格；绿色净爽，植物保润，食品级加工标准；纯正满足，配方降焦，够劲过瘾。

在提升烟草零售户门店经营能力的讲座中，红塔集团市场营销中心品牌部主讲人为零售户讲授了经营理念和形象塑造、品牌培育和推荐技巧、客户服务和管理技巧。主讲人认为零售户要积极寻找客户，并提高经营意识，主动推荐产品，配合好烟草公司；要提升门店形象，营造舒适的购物环境，维护诚实守信的经营形象；要做好产品陈列，方便购买，刺激销售。这次培训还介绍了烟草专卖管理工作，讲授烟草专卖法律法规知识以及手机上网订货业务操作方法。

【发明专利获得公布】 2013年6月12日，红塔集团物流中心员工王林参与完成的一项发明专利“一种在卷烟物流中烟箱缺条的自动分拣装置”获得国家知识产权局公开，专利号：201310072450.7。该专利是物流中心成立以来申请的第一个发明专利。

该项发明涉及烟草行业的卷烟物流传输技术领域，尤其是卷烟企业在卷烟出库发货过程中对缺条烟箱的分拣，适用于高速传输和分拣过程中对缺条烟箱的剔除或分流，其最大的技术新颖性在于卷烟出库发货过程中不用扫描烟箱上的条码，就能直接对缺条烟箱进行剔除或分流。该项发明具有结构简单、安装调试方便、屏蔽扫描信息及开启灵敏、分拣缺条烟箱准确等特点。

该发明在物流中心高架库作业区自动分拣线上长时间运行，具有稳定高效的特点，在成品发放过程中杜绝了缺条少条烟箱的出库，为集团卷烟成品按质按量发放出库提供了有力保障，同时也提升了红塔现代物流建设水平。

【楚雄州2013年烤烟仿制样品审定签封工作结束】 2013年6月17～19日，楚雄州烟草专卖局（公司）和楚雄州质量技术监督局联合组织召开2013年烤烟国标样品仿制审定签封会。会议传达学习2013年全国烟叶基准样品审定会和省烟叶国家标准仿制样品审定会有关精神，现场观摩国家局基准样品和省仿制样品，统一楚雄州烤烟国标仿制样品的制作水平和制样眼光。会议严按照国家局的审样程序进行，通过初审、复审、总审，审定签封10个市县公司送审的两个品种162套37个等级5 688把烤烟实物仿制样品。样品等级界限清晰，水平尺度把握较好，样品的包容性、代表性和可操作得以充分体现。楚雄卷烟厂派出5名烟叶质检技术骨干全程参与仿制样品的审定签封工作，以科学、严谨、高效的工作态度与楚雄州烟草公司技术人员一起进行技术上的交流、研讨，特别是针对K326的品种特性，在样品审定时对烟叶颜色的均匀度、残伤、杂色做了适当的放宽，统一眼光，为2013年烤烟工商交接工作奠定了良好的基础。

【德国虹霓公司到楚雄卷烟厂进行技术交流】 2013年6月20日，德国虹霓公司一行3人到楚雄卷烟厂进行技术交流。楚雄卷烟厂设备技术科、技改办、工艺质量科、制丝车间相关领导及工程技术人员参与交流，双方就楚雄卷烟厂2013年申报并获国家局批复同意购置引进的KT2-S160切丝机等进行技术交流探讨。通过交流，对KT2-S160切丝机的技术先进性有初步了解，并对设备适配该厂制丝工艺控制技术文件进行了初步确认，为下一步设备引进奠定了基础。交流结束后，在相关人员陪同下，虹霓公司一行到制丝车间进行走访，进一步了解KT2-S150切丝机计划的工艺布置及该公司在楚雄卷烟厂的制丝设备运行、产品质量控制情况。

【红塔集团完成国家局质量管理体系建设交叉评价审核】 2013年6月20～21日，国家局质量管理体系交叉评价组到红塔集团开展2013年行业工商企业质量管理体系建设检查工作。检查组一行7人在全面了解红塔集团体系建设创一流五项工作的总体情况基础上，重点对质量目标和体系文件两项工作进行审核。检查范围涵盖红塔集团管理体系中所覆盖的产品、过程及场所等。

检查组认为，在质量管理体系建设中，红塔集团紧紧围绕品牌发展战略目标，通过对质量管理体系的全面审视，进一步开拓管理思路，具有特色并突出亮点。能够发挥目标引领作用，初步构建出具有红塔特色的管控模式，对文件进行统一策划和整体规划，在细化品牌合作生产品质业务流程、品牌规划及品牌形象策划等方面也展示出了不少亮点。同时，审核组还对集团在目标指标体系策划及加强文件之间协调性等方面提出完善和改进意见。

云南中烟副总经理谢昆或、红塔集团副总裁夏开元、云南中烟公司企业管理部副部长顾树东、集团各中心及玉溪卷烟厂相关人员参加会议。

【红塔集团ERP项目专家开展ERP及外围系统改造项目培训】 2013年6月24日，红塔集团ERP项目总顾问杨剑波教授到昭通卷烟厂，为昭烟全体中层以上管理人员进行为期一天的ERP及外围系统改造项目培训。厂长胡发明、党委书记张学忠等厂领导班子成员参加了在办公楼二楼会议室举行的培训。ERP培训是根据国家局、云南中烟和红塔集团信息建设工作的统一要求，结合集团未来的发展战略规划，为进一步推进集团管理同信息化的深度融合，充分发挥信息化在集团发展中的支撑作用，建立集团ERP及信息化的持续改进流程，实现集团管理信息化、财务一体化、数据标准化、业务流程化、流程制度化等目标而开展的。

胡发明和张学忠分别在培训后表示，此次培训内容丰富、信息量大、内涵深，要求参加培训的中层管理人员要高度重视集团此次启动的ERP及外围系统改造项目对推进工厂和集团转型发展的重要性，加强自身对ERP及外围系统改造项目的学习消化，全力以赴做好ERP及外围系统改造项目在工厂的实施，表示昭通卷烟厂将不折不扣地完成这项工作，用实际行动为集团的转型发展提供有力的支撑。

【楚雄卷烟厂设备技术科机修QC小组成果】　2013年6月25～27日，由云南省质量协会主办的云南省第三十五次质量管理小组代表会议在云安会都召开，全省各行业QC同仁近400人参加了会议。此次发布会分为3个分会场，共发布QC小组活动成果97个、质量信得过班组成果20个，这些成果分别来自电力、冶金、移动、化工、铁路、交通运输、监狱管理等各行各业，是全省各行业层层发布后选送的优秀成果。楚雄卷烟厂设备技术科机修QC小组的成果《大力启运器的研制》与集团选送的其他3个优秀成果一起参加了发布。

在角逐中，楚雄卷烟厂设备技术科机修QC小组凭借自身实力，以娴熟的发布技巧、直观的动画演示和清晰生动的讲解获得了不同行业评委及观众的广泛认同，取得了3个会场成果发布的最高分92.8分。27日上午的总结会上，云南省质量协会秘书长郑国安宣布了最后的得分情况，楚雄卷烟厂设备技术科机修QC小组发布的成果——《大力启运器的研制》在本次发布会上以“发布加材料预审”综合得分93.5分的好成绩名列榜首，成为云南省选送参加全国第三十五次质量管理小组代表会议的唯一成果！这是该成果继集团发布获得第一名、云南烟草工业发布获得一等奖之后取得的又一个佳绩，也是楚雄卷烟厂QC小组活动在省级发布中取得的最好成绩。

同时，楚雄卷烟厂复烤车间QC小组、设备技术机修QC小组与集团推荐的其他小组一起被授予了本年度“云南省优秀质量管理小组”称号。云南省烟草行业在本次发布会取得好成绩的还有大理卷烟厂复烤车间QC小组，他们以发布分会场综合得分第二的好成绩与楚雄卷烟厂设备技术科机修QC小组一起被推荐为“全国优秀质量管理小组”。

【红塔集团召开产品质量管理专题会】　2013年6月27日，红塔集团产品质量管理专题会在楚雄召开。红塔集团党委书记、总裁李穗明，巡视员张国良，副总裁张建华，总裁助理郭勇及各中心、省内四厂分管质量工作的领导，楚雄卷烟厂厂领导，质量管理部门相关人员参加会议。

会议由张国良主持，李穗明在会上肯定各中心、各厂在质量管理方面所取得的成绩，并强调，在行业竞争压力加剧的背景下，只有真正把艰苦奋斗、服从大局、真抓实干的共同价值观落实到质量管理工作中，才能在“转方式调结构”的攻坚战中赢得先机。同时针对今后的质量管理工作他提出了相关要求。集团副总裁张建华、总裁助理郭勇就质量管理工作的重点和难点问题进行了探讨，并提出要确保集团质量管控体系的可靠性，加强与品牌合作生产点的沟通交流，进一步提升品牌合作生产点的产品质量。省内四厂分管质量工作的相关领导和技术中心负责人也结合实际工作情况作了发言。

会上，集团质量监督检测站负责人还通报了集团2012年至2013年5月产品质量情况；技术中心相关负责人分别从集团产品质量考核办法的修订、加大烟用材料的技术推广和管理力度、搭建省内四厂质量管理的交流平台以及积极推进省内四厂国家级实验室的认证工作作了交流。

【复烤工作结束】　2013年7月17日，玉溪复烤工作圆满结束。本烤季历时270多天，配方组模复烤投料共77 846.13吨，出成品517 272.76吨。在时间紧、任务重、人员少的情况下，复烤人员圆满完成了整个复烤生产任务。为了提高分级效率，本烤季实行全员分级，3 300人同时进行烟叶分级，保障了复烤工作的正常进行。复烤人员积极配合技术中心开展各种实验，如：小模块实验、叶片直接干燥实验、烟叶快速回潮实验，为新工艺、新技术的研发搭建了良好的平台。车间积极举办5S现场管理培训，开展现场管理活动，有效改善了车间环境安全、工艺、设备、生产组织信息及办公五大专业现场。车间面临搬迁。为了尽早掌握新设备、新流程，车间先后3次组织共90多名员工到楚雄复烤车间进行交流学习。同时，与复烤搬迁项目组积极沟通交流，配合做

2013年1月7日，云南省委常委、常务副省长李江（右二）到红塔集团楚雄卷烟厂调研

（李晓林　摄）

好新车间建设工作。

【玉溪卷烟厂举办评标工作规范管理培训】 2013年7月19日，玉溪卷烟厂举办评标工作规范管理培训。此次培训由工厂采购办组织开展，邀请了集团整顿办、采购办负责人主讲。工厂“三项工作”管理委员会成员、各专业领导小组成员、监督小组成员、评标专家库成员及各部门项目负责人等75人参加培训。此次培训主要对《烟草企业采购管理规定》、《红塔集团采购管理规定》进行宣贯学习，解读《红塔集团评标纪律》，对评标现场的管理、监督要求进行学习，培训的最后是由评标系统构建方项目负责人就评标系统的使用方法进行详细讲解和现场演示。

玉溪卷烟厂厂长马云参就此次培训作了总结发言并提出要求，厂党委书记陈俊松对此次培训的效果表示肯定，同时对招投标活动的组织部门和监督人员提出更高要求。

【国务院安委会督查组到红塔集团督查安全生产工作】 2013年7月19日，以国家发展改革委副主任连维良为组长的国务院安委会第一综合督查组一行11人，在省政府副秘书长姚国华、云南中烟副总经理谢昆或等领导的陪同下，到红塔集团督查安全生产大检查工作。

红塔集团党委书记、总裁李穗明，红塔集团巡视员蒋顺华，集团安委办和玉溪卷烟厂及物流中心主要领导代表集团接受了督查组的检查。会上，督查组观看了红塔集团宣传短片，听取了集团巡视员蒋顺华关于红塔集团安全生产及安全大检查工作情况汇报，汇报主要包括红塔集团基本情况、安全生产工作基本情况及安全大检查情况三个方面。督查组就汇报中的有关问题进行了深入交流，并进行了指导。督导组对红塔集团安全生产大检查布置开展情况及台帐资料进行了认真细致的检查后，督查组深入玉溪卷烟厂制丝二车间、卷包二车间、物流中心高架仓库和消防专职队等区域进行了检查，并与车间部门及员工进行沟通交流。

督查组对红塔集团认真贯彻各级开展安全生产大检查的要求和隐患排查治理工作给予了充分肯定。

【玉溪卷烟厂QC成果再夺行业桂冠】 2013年7月23～24日，烟草行业第二十四届优秀质量管理小组成果发布会在北京举行。会上，来自行业工商企业的58个质量管理小组发布了成果。玉溪卷烟厂卷包一车间“勇攀高峰QC小组”发布的成果《降低GDX500包装机五轮故障停机频次》荣获一等奖，这是玉烟继2012年QC成果荣获行业一等奖后再次获此殊荣。

此次发布会发布成果多，质量水平高，课题涉及广，参与热情高，交流氛围浓。玉溪卷烟厂勇攀高峰QC小组凭借着严谨详实的成果材料、新颖的发布形式、清晰美观的PPT展示、熟练生动地讲解，得到了评委一致好评，最终在众多优秀QC小组中脱颖而出。此次QC小组活动注重解决实际问题，通过运用机械与电气维修相结合的方法，大大降低了GDX500包装机五轮故障停机频次，有效地提高了设备效率，降低了原、辅料的消耗，充分体现了玉烟精益制造的理念。该成果通过层层评选、不断完善，先后荣获玉溪卷烟厂、红塔集团、云南中烟一等奖，并与其他两个成果一同代表云南中烟参加行业发布。据悉，该QC小组已被推荐为“全国优秀质量管理小组”。

【玉溪卷烟厂黑带项目获全国六西格玛大会奖励】 2013年8月6日，2012年度全国质量技术奖励大会暨第十届全国六西格玛大会在成都举行。会上，玉溪卷烟厂申报的两个黑带项目均获得中国质量协会质量技术奖。其中《降低废弃梗签含丝率》获得“2012年度中国质量协会质量技术奖优秀六西格玛项目”奖励；《降低卷烟煤耗0.4KG标煤/箱》获得“2012年度中国质量协会质量技术奖精益管理优秀项目”奖励。玉溪卷烟厂自2011年起就开始着力于精益六西格玛方法的引入和推进，目前共培养了中质协六西格玛黑带6名，其中一名获得云南中烟首个中质协注册黑带认证。同时，玉溪卷烟厂也注重学习和积累国内外先进的六西格玛管理经验和项目经验，连续两年派出代表参加全国六西格玛大会。此次会议中，玉溪卷烟厂的五名代表全程参与课题发布与专题演讲，并就精益六西格玛管理方法和经验与各行业代表进行了交流。

【红塔集团位居2013云南百强企业排行榜榜首】 2013年8月23日，云南省企业联合会暨省企业家协会发布2013年云南企业100强，同时发布的还有民营企业100强。红塔集团以营业收入909.43亿元位居2013年云南百强企业排行榜榜首。

2013年云南百强企业排名前10位的分别是：红塔烟草(集团）有限责任公司、红云红河烟草(集团）有限责任公司、昆明钢铁控股有限公司、云天化集团有限责任公司、云南电网公司、云南铜业(集团）有限公司、中国石油化工股份有限公司云南石油分公司、云南建工集团有限公司、云南煤化工集团有限公司和云南冶金集团股份有限公司。

这是云南省企业联合会、云南省企业家协会根据“中国500强排序”原则和指标体系开展的第八次“云南企业100强排序”活动以及首次“云南民营企业100强排序”活动。排序以2012年营业收入为主要指标。进入本次排序的企业分别来自烟草及其配套、有色金属、能源、化工、钢铁、建筑施工、物流、电信及IT、机械、医药、综合投资、房地产、食品、商贸、新闻出版和旅游15个行业。结果显示，有22户企业的营业收入超过100亿元，比上届新增5户。首次出现营业收入超过100亿元的民营企业——俊发地产有限责任公司和奥宸地产(集团）有限公司。

【红塔集团位居中国企业500强行业第二】 2013年8月31日，中国企业联合会、中国企业家协会在昆明发布2013年中国企业500强榜单，红塔集团以909.43亿元的营业收入位列2013年中国企业500强第132位，位居烟草行业上榜企业第二、云南上榜企业榜首。

通过多年来的快速发展，中国大企业的规模不断扩大，其中中国企业500强2012年的营业收入规模相当于美国500强的2/3，已经成为全球重要的大企业群体之一。2013年中国企业500强首次跨上50万亿元台阶，500强实现营业收入50.02万亿元，较上年增加了5.12万亿元；500家企业营业收入总和已经相当于2012年度GDP的96.32%，在国民经济中的地位更加凸显。500强资产总额达到150.97万亿元，突破了150万亿元大关。

中石化以2.83万亿营业收入连续九年排名第一，中石油和国家电网以2.68万亿、1.88万亿紧随其后，工商银行、建设银行、农业银行、中国银行、中国移动、中国建筑、中海油分列四至十位。2013年500强总营业收入超50万亿，但增速回落12个百分点。

2013年中国企业500强的整体规模继续扩大，但自国际金融危机以来，中国企业500强营业收入增速已经显著放缓。2013年中国企业500强营业收入总额增长了11.41%，增速大幅回落12.22个百分点；资产总额增长了15.99%，增幅下降4.41个百分点。2013中国企业500强的入围门槛提高到了198.67亿元，增长了13.48%。

中国企业500强由中国企业联合会比照国际上通行的做法，由企业自愿申报并经第三方确认，依据企业销售收入或营业收入按年度排出，在此基础上通过与世界企业500强进行综合对比分析，进而有针对性地提出促进企业做强做大做久的对策建议。从2005年开始，中国企业联合会以同样标准每年推出中国制造业企业500强和中国服务业企业500强。

【“云烟”（紫）在海南红塔公司落地生产】 2013年9月2日，质量合格的云烟（紫）卷烟在海南红塔公司卷包车间下线，标志着“云烟”（紫）在海南红塔公司成功实现落地生产。

为贯彻落实云南中烟“两红”集团品牌内部互动的举措，红塔集团十分重视“云烟”（紫）在海南红塔的落地生产工作，与红云红河集团技术人员配合，在工艺调整、设备改造等方面给予了支持和指导。7月4～5日，红云红河集团专家组到海南红塔公司就“云烟”（紫）合作生产工作进行了工艺现场写实调研，并就“云烟”（紫）的工艺要求、设备调整、原料供应、烟用材料及香精香料采购、物流运输、生产时间安排、销售等环节与海南红塔公司进行了沟通协调和交流探讨。

为顺利实现“云烟”（紫）落地生产，海南红塔公司做了大量前期准备和整改工作。公司从6月份开始多次召开相关专题研讨会，成立专项工艺小组、设备小组，按计划开展了生产调研、工艺写实、设备改造等工作，先后完成了制丝中控系统改造、叶线后端加料系统改造、烘丝热风系统功能调整、卷包设备调整等多项设备改造，并组织了工艺技术要求和标准的培训。8月29日，“云烟”（紫）烟丝首批试验成功，产品质量的稳定性和各项工艺参数的控制均达到了技术要求。

根据云南中烟实现品牌互动的要求，海南红塔公司年内将生产5 000箱“云烟”（紫），并定向海南市场销售，将实现“云烟”（紫）“落地生产，落地销售”的品牌发展战略，进一步减少物流成本。品牌合作生产是推进以品牌为核心资源配置方式改革的必然选择和落实“卷烟上水平”的关键举措，“云烟”（紫）成功落地海南红塔公司，标志着技改后海南红塔公司生产制造水平的提高，为海南红塔公司努力打造优秀卷烟加工中心迈出了新的步伐。

【打造“玉溪”（软小庄园）】 2013年9月2日，红塔集团倾力打造的“玉溪”品牌一款高端产品——“玉溪”（软小庄园），在云南、广东、河南、江苏、浙江、西藏、深圳、广东、山东、甘肃、青海、内蒙古、山西、大连等省市自治区的22个城市上市。

红塔集团积极倡导“玉溪”品牌“向往自然、体验自然、回归自然”的品牌理念，建造了中国第一座烟草庄园，推出了“玉溪”（硬庄园16支），“玉溪”（软小庄园）是“玉溪”（硬庄园16支）的续作产品，零售价格每条600元，软包20支装，在延续玉溪（硬庄园16支）主体风格基础上，选用玉溪庄园烟叶，进一步丰富庄园烟叶特征香韵，形成个性鲜明的风格特征，倾力打造“庄园清香，清新自然”的产品理念，重点突出烟香的自然优雅感，丰富细腻的香气质感，强调烟气醇和湿润感和口感舒适性；“稻谷色调，枯梗机理”的“自然风”烟包设计风格，低调优雅，质朴天然，如同亲临金黄稻谷满仓、洋溢丰收喜悦的庄园田间；在产品理念上，“玉溪”（硬庄园16支）强调“回归自然”，而“玉溪”（软小庄园）则突出“体验自然”。

9月12日，为保证集团卷烟高端新品“玉溪”（软小庄园）在中秋期间的全面上市，集团各部门加班加点，倾力打造“玉溪”（软小庄园）。

“玉溪”（软小庄园）是“玉溪”（庄园）一脉相承之作，依托红塔集团技术中心强大的研发力量和人才优势，小庄园自2009年玉溪庄园诞生之初便开始了不断的探索与尝试。契合庄园烟叶特质的产品设计，调香师的反复斟酌，集团重点技术领域最新成果的运用，降焦减害、增香保润技术的融入等等，确保了小庄园能够最大限度发挥庄园烟叶的清香禀赋，成为具备一流品质的高端卷烟产品。8月初，集团经济运行部、生产制造中心、玉溪卷烟厂等各部门就开始着手生产准备。玉溪卷烟厂为此专门召开准备会，对烟丝、辅料等物料供给水平进行评估，并进行实时跟踪，同时玉溪卷烟厂确定了卷包二车间的一台软包硬化机组生产“玉溪（软小庄园）”，为了保证卷烟辅料上机后的正常运行，卷包二车间对每一种新到的辅料都进行上机测试，并在开产前十多天就进行设备的维护保养，确保设备正常运转。由于工艺要求，“玉溪（软小庄园）”的专用水松纸克重比普通水松纸要大，对搓接工艺要求较高，卷包二车间为此专门组织了一个修理班组对设备进行调试、优化，同时为了消除小包擦痕出现，对包装机的“小包添加烟库”进行改进，对“小包美容器”加热控制进行测试优化，保证了烟包的外观平整美观。“玉溪（软小庄园）”的条盒采用的手工包装、手工封标，因此，条盒包装工作全部在玉溪卷烟厂中试车间手工班完成。由于前期准备充分、各部门高度重视，“玉溪（软小庄园）”首批300箱的供货任务已于8月底完成。

【世界最先进滤嘴棒复合机引入红塔集团】 2013年，玉烟复合滤嘴棒车间引进最先进的滤嘴棒复合机——多元滤嘴棒复合机MERLIN。MERLIN是一款创新型滤嘴棒复合机，2013年从德国HAUNI公司引进，其生产速度最高可达600米/分钟，主要由软模块、传送模块、KDF4成型部分、切割输出部分及辅助设备等组成，可以生产多达5个滤嘴棒单元的复合滤嘴。独特的模块化设计简化了产品更换程序，使设备具备很高的灵活性。AMK驱动系统、电控柜以及烟枪全部采用水冷，以减少灰尘和降低噪音。所有控制及质量监控系统为总线连接，采用德国BECKOFF公司工业控制，保证了

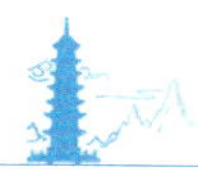

整套系统的可靠性和稳定性，实现了高质量、高安全性、高系统智能化的特点。

12月13日，对1#机组进行为期三天的验收测试工作。此次验收测试由复合滤嘴棒车间、设备科、生产科、质检科、装备技术部装备管理科、项目管理科等相关部门的配合下进行。测试期间，HUANI公司调试人员坚守机台，悉心处理设备运行过程中出现的每一次故障，测试人员认真记录下每一次设备开机时间、停机时间、停歇时间及停机原因，并对当天的生产效率、产量及废品进行详细统计，作为原始记录存档备案。经过设备效率测试，设备生产效率均达到95%以上，其余三元软模块的验收测试待时机成熟进行交验。1#MERLIN多元滤嘴复合机组顺利通过验收，交由复合滤嘴棒车间投入使用。设备顺利验收后，车间组织相关人员尽快掌握熟悉设备操作和维修技能，通过车间内部理论及实操培训及外出培训学习，不断提升操作、维护保养和维修技能，保证设备高效运行。12月19日，玉溪卷烟厂复合滤嘴棒车间所有项目顺利开展。

经过玉烟复合滤嘴棒车间团队全体成员与HAUNI公司专家的共同努力，多元滤嘴棒复合机MERLIN现已具备生产3个滤嘴单元复合滤嘴棒的能力，将承担“玉溪”(和谐)、“玉溪”（大成）等高端品牌卷烟的滤嘴棒加工任务，在一定程度上促进了卷烟产品降焦减害、有效适应市场需求、持续推进高端突破工作的落实，填补了产品开发需求链，对进一步实现精益制造目标、加快红塔高端品牌发展提供了有力支撑。

【玉溪卷烟厂2012年度科技进步奖评审结果揭晓】　2013年9月24日，玉溪卷烟厂科技进步奖评审结果揭晓，共有“玉溪卷烟厂新制丝生产线工艺优化测试研究”等21项优秀科技项目获得玉溪卷烟厂2012年度科技进步奖。

参加此次评审的项目共30项，涵盖了卷包、制丝、复烤、工厂管理等领域，其中一项为中烟立项，其余为集团立项项目。来自玉溪卷烟厂各部门的22位评审人员组成评审专家组，根据《红塔集团科技进步奖奖励办法》和玉溪卷烟厂科技进步奖评审规程，按照公开、公平、公正的原则，对参评项目进行了评审。通过听取项目介绍、现场答疑、评审专家独立打分、工作人员统计分数等程序，最终评选出一等奖4项、二等奖5项、三等奖12项。

玉溪卷烟厂科技进步奖自2010年开展评审以来，至今已成功举办3届，科技进步奖的评审进一步激发了玉溪卷烟厂广大科技工作者的积极性，促进了项目承担部门对科技成果的梳理、整合、提高和宣传，有效提高了科技成果对工厂生产、管理的实际服务效果。

【玉溪卷烟厂开展“玉溪品牌”质量控制培训】　2013年10月21日，针对“玉溪品牌”多点生产的实际特点，为进一步做好“玉溪品牌”过程质量控制工作，技术中心在集团教培中心举行质量控制培训，玉溪卷烟厂、昭通卷烟厂从事工艺质量工作的相关人员共70余人参加培训。

技术中心的培训老师分别围绕“过程质量控制”、“卷烟成品质量判定”和“感官质量评吸”三个方面作了专题培训，对影响质量控制的统计、判定等主客观因素作了分析说明，以全面提升工艺质量人员的业务素质与水平，进一步促进多点间的沟通与交流，强化维护品牌质量稳定的统一观念，为严格把控好“玉溪品牌”质量做出保障。

“玉溪品牌”是集团“转方式、调结构”的关键，也是云产卷烟实现跨越发展的关键。为确保品牌质量，玉溪卷烟厂不断强化质量管理，通过继续加强过程控制，促进生产加工精细化，进一步完善了质量控制预案及预警机制，构建了以“制造、检验、管理、决策”为一体的质量管理体系，同时制定了“玉溪品牌”卷烟生产质量控制工作方案，成立了专项工作小组从生产过程质量控制、感官质量控制两方面做好质量保障工作，持续强化对“玉溪品牌”卷烟生产过程质量控制工作，全力保证“玉溪品牌”内在质量和外观质量的稳定。

【红塔集团“三标一体”管理体系内审结束】　2013年10月25日，红塔集团质量、环境和职业健康安全管理体系内部审核举行末次会议，通报审核情况。根据集团《2013年管理体系运行工作计划》的安排，由经济运行部、集团安委会、五中心、省内四厂抽调人员共同组成审核组，于10月21～25日，对集团各部门开展了“三标一体”管理体系运行现场审核。

此次审核旨在通过检查和评价集团各级标准文件执行效果，不断提升标准建设水平，继续强化标准执行监督工作，切实发挥标准对实际业务工作的规范指导作用，保证和提升质量、环境和职业健康安全管理体系的规范性和有效性。按照“重基础、严管理、促规范”的思路，本次审核围绕国家局《关于2013年行业工商企业质量管理体系交叉评价情况的通报》内容，采用“集中式”和“授权制”相结合的方式，重点突出质量目标和体系文件两个方面，在关键质量目标的设定、标准动态提升作用以及体系文件是否全面覆盖和有效受控方面进行认真查找。五大中心、省内四厂实行“授权制”审核；其余职能部门由集团从各卷烟工厂抽调部分中层干部和业务骨干组建审核小组实施集中审核。审核工作有序进行，审核程序符合要求，审核沟通情况良好。

通过审核分析表明，集团绝大多数部门能够自觉按照QEHS管理体系标准要求开展各项企业管理活动，为推进集团改革发展奠定了坚实的基础。审核组一致认为，集团所建立的质量、环境和职业健康安全管理体系在各部门得到持续、有效运行。

【红塔集团品牌上榜驰名商标榜单】　2013年10月26日，《品牌观察》杂志联合中国品牌研究院评选、发布了2013年中国驰名商标品牌价值500强榜单。在500强榜单中，共有红塔山、三溪、云南白药等5个云南驰名商标品牌上榜，分别是红塔集团的“红塔山”和“玉溪”，云南白药集团的“云南白药”以及红云红河集团的“云烟”和“红河”。这5个品牌总价值达1 758.34亿元，品牌价值均值为351.67亿元。

榜单显示，红塔山以品牌价值530.62亿元摘得云南品牌的桂冠，在

500强中排名第24位。其他4个分别是，玉溪品牌价值460.26亿元，500强中排名第31位；云南白药品牌价值362.56亿元，排名第41位；云烟品牌价值306.51亿元，排名55名；红河品牌价值98.39亿元，排名第208位。

【“玉溪”（硬）正式在大理卷烟厂生产】 2013年11月19日，“玉溪”（硬）正式在大理卷烟厂实现落地生产。年内，大理卷烟厂围绕集团“转方式，调结构”战略任务和“5211”品牌发展目标，以生产玉溪品牌卷烟为内生动力，切实推动全面建成“优秀卷烟工厂”和工厂“六个能力”的提升，明确工厂奋斗目标和工作任务，通过全厂干部职工的共同努力，大理卷烟厂于 10月16日顺利实现二期就地技改新制丝线的按期投产，11月19日又实现了玉溪（硬）在大理卷烟厂的落地生产。两大目标的实现，为大理卷烟厂“对标”、“创优”奠定了坚实的基础，标志着大理卷烟厂已经迈进行业高端卷烟生产工厂行列。

【基地提升式发展】 2013年11月25日，普洱市烟草公司局长杨跃一行，到红塔集团与副总裁张建华及集团原料部门有关人员就2013年双方基地建设工作情况充分交换意见，谋划2014年红塔普洱基地共建工作框架。双方一致认为，2013年红塔集团和普洱在基地建设和工商交接等方面的合作富有成效，年初签署的合作协议认真履行，实现了红塔普洱基地烟叶的快收快调，顺利完成了普洱烟叶的工商交接工作。

针对行业2014年烟叶原料上的方针特别是在总量调控和品种布局上的调整，局长杨跃阐述了普洱烟叶如何走从数量发展型转变为质量提升型道路以及如何保障红塔集团原料需求的思路。副总裁张建华代表集团感谢普洱市烟草公司多年来对红塔集团品牌发展在原料上和营销上的支持，肯定了普洱生态烟叶对红塔品牌配方的作用，表达了深化双方合作的意愿并提出明年工作的要点。双方围绕共谋双赢和长期发展大局、特别是如何提升烟叶质量保障红塔集团品牌发展等，充分真诚地交换了意见，找到了进一步深化合作的着力点，并就2014年合作的有关事宜达成共识。

【玉溪卷烟厂组织开展操作类SOPS评审会】 2013年12月5日，玉溪卷烟厂组织开展操作类SOPS评审会，对卷包二车间、复烤二车间、中试车间、膨胀烟丝车间、动力车间开发的118个SOPS成果进行评审。玉溪卷烟厂SOPS项目推进办公室成员、安保消防科安全工程师及车间主要开发成员、工艺员、设备员、安全员等20余人参加会议。

评审严格按照《SOPS构建规范》要求，重点围绕标准操作步骤、关键节点图示、技术要求、管理要求、工作要求及环境因素危险源等内容进行评审，并就细节问题进行了深入探讨。通过此次评审会，集中解答了SOPS构建过程中出现的疑惑和问题，提升了各部门对SOPS工具的应用水平，有助于在下一步的工作中强化SOPS成果的推广运用，有效发挥标准对生产的指导作用，规范员工的操作行为，促进产品质量和生产效率的持续提升，进一步夯实工厂的基础管理工作。SOPS（标准作业程序体系）作为一项创新性探索与研究，是标准化建设专题的重要研究组成部分，有助于理顺过程接口，提升运营效率，增强过程运作的系统性。为落实烟草行业“卷烟上水平”的任务要求，实现基础管理上水平，深入推动“优秀卷烟工厂”的创建工作，发挥工厂在创建工作中的主体作用。玉溪卷烟厂操作类SOPS已覆盖卷包、制丝、复烤、动力、滤嘴棒、膨胀等多个业务领域，并已将大多数成果制作成看板投入现场管理使用，促进了工厂生产、业务过程的规范化和系统化，为提升工厂精益制造水平奠定了坚实基础。

【昭通卷烟厂发布设备价值管理体系文件】 12月5日，按照《云南中烟工业有限责任公司设备价值管理绩效评价办法（试行）》和《红塔集团设备管理考核办法》要求，昭通卷烟厂设备技术科于2013年4月制定了2013年设备价值管理标准化体系工作计划，启动了厂级设备管理文件和车间设备管理细则编制工作。经过半年的努力，完成了19个厂级文件和4个车间级文件的内部评审和管理评审，两级文件于2013年11月30日经管理者代表批准，2013年12月1日起实施。

新实施的设备价值管理体系管理文件，保留了传统设备管理的优点，同时更多地融入了现代设备管理的理念，将设备ABC分类管理、员工成长性管理作为重要管理方法，不断提高设备基础管理水平，同时依托设备价值绩效评价方法，对设备管理的A类、B类、C类和D类绩效指标进行细化分解，纳入设备方针目标管理，通过年度有效评价，将设备价值管理融入设备管理中。

车间设备管理细则注重7项管理基准和8类工作计划的分解和实施，逐步推行设备现场“6H”、“4M”管理 。同时推行设备关键功能管理，逐步建立A类和B类设备关键功能台帐，定期进行关键功能部位的功能符合率、性能符合率验证、检测，并完善设备保养技术标准、维修技术标准和维修作业标准，不断提升设备基础管理水平。

【楚雄卷烟厂完成2013年度烟叶工商交接工作】 2013年12月5日，楚雄卷烟厂2013年度烟叶工商交接工作顺利结束。楚雄卷烟厂负责接收楚雄烟叶60万担、保山烟叶5万担，共计65万担。接收工作于8月16日开始，共历时112天，截至12月5日，所有烟叶全部入库。在接收过程中，楚雄卷烟厂相关部门紧密配合，整个工作做到了安全、高效、顺畅，为下一步工作打下了坚实的基础。

【楚雄卷烟厂动力车间举行QC成果发布会】 2013年12月6日，楚雄卷烟厂动力车间举行2013年度的QC成果发布会，来自车间电工班、机械修理班、锅炉运行班、电梯班、动力班、技术组的14个QC成果参加了发布。楚雄卷烟厂动力车间本次发布会成果主要涉及了节能减排、减少设备故障率、提高班组有效管理等方面的内容，包含了攻关型和管理型两个类型，突出展示各个班组自主开展QC小组活动的成效。发布会上，发布者认真的讲述QC成果的活动过程，评委们悉心审视每一个课题，并提出问题和建议，帮助小组成员拓展思路、明白自己的

不足。特别是针对QC工具运用的现场指导，更是让小组成员受益非浅。最终，发布会共决出1个一等奖、4个二等奖和9个三等奖。

【“‘红塔山’品牌专用制丝生产线核心技术研究”项目通过国家局验收】 2013年12月19日，“红塔山”品牌专用制丝生产线综合评审会在楚雄召开。会议由国家烟草专卖局经济运行司组织，红塔集团承办。国家局经济运行司生产处处长孙姝军及科技司、烟机公司、郑州烟草研究院、云南中烟公司相关部门领导，行业内知名工艺专家袁行思、胡达骁、罗登山，红塔集团常务副总裁蒋顺华，楚雄卷烟厂厂长李泽良、副厂长彭黎明等30余人出席了会议。

会上，红塔集团项目组作项目工作报告和技术报告，郑州烟草研究院作专线测试报告，与会专家还对楚雄卷烟厂打叶复烤线和卷烟生产线进行现场考察，通过质疑答辩并形成综合评审意见。评审委员会一致认为：“红塔山”品牌专用制丝线完成了中式卷烟制丝生产线重大专项实施方案规定的研究内容，达到规定的技术经济指标要求，产生显著的经济效益和社会效益，在品牌原料保障技术、高档产品精细化加工技术、常规产品均质化加工技术等方面都有显著创新。国家局经济运行司生产处处长孙姝军认为该项目中提出的“大工艺”的理念很有创新性，解决了不同工艺、加工基础情况下的均质化生产，楚雄卷烟厂新生产线的工艺和控制技术达到了国内领先水平。建议下一步通过工艺的突破实现产品的提升，并加速对“大工艺”理念的推广应用，实现多点生产的可复制和实现在高档产品上的应用。

“‘红塔山’品牌专用制丝生产线核心技术研究”项目是国家烟草专卖局“中式卷烟制丝生产线”重大专项项目，该项目于2010年5月在国家烟草专卖局立项。项目以实现“红塔山”品牌的做大做强为最终目标，历时3年，从原料品质、配方模块、加工模式设计、智能化控制技术等方面开展研究，研究及验证工作已完成。以项目的研究成果为依托建设的楚雄卷烟厂新生产线已经于2012年7月正式投产，该生产线能够满足集团高档高端和中低档两种卷烟生产模式加工要求，工艺流程先进，柔性化、精细化和自动化水平较高，整体达到了国内领先的水平，目前主要生产“玉溪”、“红塔山”和“红梅”三大系列品牌卷烟。

（曹晓军　金世祥）

交通·邮电

编辑：王竹能

公　　路

【概　况】　2013年，市交通运输局完成交通固定资产投资21.21亿元，全市公路通车总里程达16 582.5千米，其中，高速公路232.7千米，一级公路105.75千米，二级公路575.6千米，三、四级公路15 209.8千米。公路密度按国土面积和总人口计算，分别达到每百平方千米107.65千米和每万人拥有公路77.48千米。全市实现了100%的乡（镇）通油路或水泥路的目标，初步形成了以市区为中心，以国、省道为骨架，以县、乡村公路为支线的路网体系，路网结构渐趋合理，公路养护质量水平逐年提高，交通运输保障能力逐年增强，在促进全市城乡经济增长、社会发展和桥头堡建设中发挥了重要作用。

【公路建设】　2013年10月23日，省发改委批复晋红高速公路估算总投资86.5亿元。该项目起于昆明绕城高速公路西南段（安晋高速）K32+300，止于已建成的玉元高速公路，与规划中的市外绕城高速东南段连接，路线止点K49+540，全长49.38千米。全线在宝峰、北城、观音山、大营街设置4处立交和连接线，全长8.96千米。11月28日，省发改委批复晋江高速公路估算总投资77.3亿元。该项目起于晋宁县晋城镇小寨，接昆玉高速公路，止于江川县大寨，接江通公路，全长58.14千米。11月18日，省发改委批复呈澄高速公路估算总投资39.5亿元。该项目起于呈贡县马金铺乡高家庄互通，止于澄江帽天山新村，全长25.52千米。市交通运输局按照市委、市政府“突破、确保、创新”的攻坚目标，在敢于创新、勇于担当上下功夫，高速公路建设实现了“六个创新”。即建设主体创新，玉溪市与昆明市联合组成建设主体，建设晋红、晋江、呈澄3条高速公路；规划创新，把路网与产业发展、城市发展相融合，实现产业与城市“路产、路城、产城”三融合，3条高速公路与“昆玉红”旅游文化产业经济带、“寒武纪乐园”历史文化旅游项目、抚仙湖周边旅游开发、低丘缓坡开发结合起来，相互促进；征地拆迁创新，全面推行村集体土地作价入股，既用少量资金解决了建设用地问题，又解决了部分资本金问题；资源配置创新，按照“建项目、配资源、全覆盖”的原则，把高速公路沿线的部分住宅、商业用地配置给市高等级公路公司，依据未来每年还本付息的金额来开发土地、出让土地，确保不发生债务违约；建设模式创新，把现行的BOT模式改为“差额补贴BOT模式”，通过招商引资，引进有实力的企业以“差额补贴BOT模式”建设高速公路，市政府与中国水利水电第十四工程局有限公司、中国水电建设集团路桥工程有限公司和中国水利水电第四工程局有限公司签订了晋红高速公路BOT合作框架协议；前期工作推进创新，把前期工作之间的具体程序进行压缩，做工可的同时开始初步设计，报初步设计的同时开始施工图设计，报施工图设计的同时开始勘测定界，勘测定界的同时开始征地拆迁，征地拆迁的同时组织施工单位进场。晋红、晋江、呈澄高速公路实现了当年申报立项、当年完成前期工作、当年开工建设，创公路建设新纪录。同时，市交通运输局配合完成了石屏–红龙厂高速公路征地拆迁工作，开展新平–临沧高速公路（玉溪段）前期支撑性报件编审工作，并配合省级完成工可上报；启动了红江通高速公路项目前期工作，并上报可研；积极支持配合新平县、元江县开展新平县（河口）至元江县一级公路前期工作，并上报可研。农村公路通畅工程建设按照交通运输部关于农村公路优先建设连片开发的贫困地区、石漠化地区、藏区、通边口岸地区的政策，全市一区八县均达不到安排计划项目的条件，经市交通运输局多次向省交通运输厅反映汇报全市农村公路存在的困难，省厅下达给全市建制村通畅工程项目18个，总建设规模238.6千米，涉及峨山县、新平县、元江县、易门县。全市农村公路通村油路建设重点是推进上年农村公路通畅工程扫尾工作。上年农村公路行政村通畅工程项目34项，建设规模356.7千米，完成项目30项计331千米，其余4项25.7千米正在抓紧建设，全年共计完成投资16 750万元。

【公路养护管理】　2013年，市交通运输局立足公路养护管理工作实际，进一步理清思路，转变发展方式和理念，提高管理能力和服务水平，有效发挥路网整体功能，深化管理体制和养护运行机制改革，以加强日常养护

2013年10月28日，晋红高速公路举行开工仪式　　（普江泉　摄）

和大中修工程项目工作为重点，制定年度责任目标，明确了县（区）、乡（镇、街道）、村（居委会）三级责任主体的责任和农村公路管养机构的职责，完善了农村公路管养考核体系，对各县（区）的工作进行检查指导，建立健全了农村公路管养的长效工作机制，并突出农村公路养护管理的基础性地位，细化措施，强化巡查，加强日常监督检查，做到预防性养护、日常性养护、周期性养护协调发展。公路养护重点实施了玉通、澄川、玉江等路面的养护、县乡路养护、国道213线改造前期工作，完成大修项目12个，中修项目34个，完成路基工程134 804立方米，路面工程262 659.76平方米，防护工程2 413处6 173.8立方米，排水工程1 558处12 995.13立方米，桥梁48座2 482.18延米，涵洞327道1 918米，安保工程27 111.785 立方米，完成投资39 448.6万元。农村公路县道优良率71%，乡道优良率47%，村道优良率47%。全市农村公路通行条件明显改善，公路服务水平明显提升，有力地推进了农村经济社会的发展。

【路政管理】　2013年，全市路政管理开展路域环境综合整治，实施路政巡查，加大路政执法力度，通过对违法设施、破坏公路设施等违法行为的查处，对偷逃费及阻塞收费通道的车辆进行处罚，有效减少了对公路的损坏，维护了辖区内路产、路权和公路设施，路政管理能力明显提高。8月，市政府启动了“清门户，除垃圾，保畅通，还路权，美家园”路域环境专项整治活动。在巩固昆玉高速红塔区段生态建设的基础上，按属地落实责任，拉开全市国道、省道、县乡公路两旁6～20米范围内绿色生态走廊建设序幕，开展以提高人民群众生活质量、改善人居环境、提升生活品质为目的的道路交通和环境卫生综合整治工作，全力打造具有现代都市气息的宜居城市。全市集中开展违章建筑清除活动，二级以上高等级公路累计拆除违章建筑2 689宗34.91万平方米，清理垃圾4.43万吨，清除非公路标志1 357块，变更公路指示标牌495块，治理泼洒漏车辆3 197起，有效净化了路域环境，提升了行车质量，减少了安全隐患。各县（区）政府多方筹集资金6.92亿元，用于路域环境专项整治工作。其中，投入路面修复资金2.3亿元，修复破损路面548.99万平方；投入绿化资金2.9亿元，栽植补植树木334.68万株，公路沿线的绿化体量大幅增加，绿化层次明显提升，营造了森林公路、绿色大道等现代化人文景观，提高了公路沿线的生态质量，优化了行车环境。全市建立了滇中城市群治超联动机制，市治超办于7月10日组织昆明市、曲靖市、楚雄州治超办成员召开了“第三届滇中城市群治超工作联席会”，决定将4个州市在执行《云南省人民政府关于加强非法超限超载车辆治理工作的实施意见》过程中的一些共性问题形成报告，以4州市治超办名义向省治超办报告，同时成立滇中城市群治超联动机制协调办公室，进一步加强各州市、各部门之间的联系，为治超工作的联合联动搭建平台，为共同创建滇中城市群道路交通安全，维护城市群区域内公路安全畅通探索出一条新路子。梅园立交“治超”工作按照产权属于谁、谁就是管理主体的原则，明确了各责任主体的职责。昆玉高速公路路政大队负责昆玉高速公路梅园收费通道及立交桥的治超工作，严禁昆玉高速公路55吨以上的车辆从该收费路口驶出进入梅园立交区域。省管路政支队红塔大队负责老213线的治超工作，严禁55吨以上车辆从老213线驶入梅园立交区域。红塔区交通运输局路政大队负责玉昆钢铁公司一侧农村公路的治超，严禁55吨以上的车辆进入梅园立交区域。由市交警支队协调昆玉交警大队，对立交桥采取交通管控措施，控制货车单车、单向通行。红塔区交运局推进新桥建设工作，协调土地部门加快土地报批工作，并负责设置该立交区域的监控设施，对从昆玉高速公路、玉昆钢铁公司一侧农村公路、老213线三个方向进入立交桥的车辆情况进行监控录像。市运政处牵头加强源头治超工作。红塔区治超办积极协调辖区公安、交警、北城街道办事处及周边社区做好治理期间的宣传和社会稳定工作。全年发生路政案件317起，查处317起，查处率100%，经济损失索赔355万元，查处超限运输车辆共计19.7万辆次，卸货29.463 万吨，收取超限运输罚没款442万元。

【运政管理】　2013年，全市交通运政管理坚持稳中求进、稳中求好、稳中求快，坚守安全这根红线，以转变发展方式为切入点，以提高发展质量和效益为抓手，努力构建高效便捷、安全可靠、绿色环保、规范诚信的道路运输服务体系，全面推进道路运输业转型发展、安全发展和创新发展。全市出动执法人员15 265人次，检查车辆52 597辆次（查扣“黑车”160台），查处各类道路运输案件6 835起，罚款853.2万元，验收汽车客运站32个，发放包车牌895块，临时线路牌497块。全市已建成农村客运站48个，开通运行农村客运线路192条，从事农村客运的车辆1 938辆，其中，公交线路52条，公交车518辆（不含红塔区）。澄江县率先实现了所有乡镇（街道）客运公交化。易门县实现行政村客运车辆100%覆盖。全年完成道路运输从业人员诚信考核64 358人，营运车辆审验45 635辆，考核危货运输企业18家，考核普货运输企业153家。同时，对全市培训机构进行考核评定，评选出AAA级（优良）驾校5家，AA级（合格）驾校3家；换发新版教练员证1 600多本，办理教练员年度诚信考核1 600多人次。全年举办驾驶员培训班108期，培训从业驾驶员1万余人，发放培训合格证1 090本。各县（区）地方海事处签订乡镇船舶安全管理四级责任制书1 438份，签订率100%。全市应达标的34户道路运输客运、危货企业，按期完成达标。此外，严格执行“一站式受理、一条龙服务、限时办结制”的工作方式，受理服务承诺事项15 762件，办结率100%，无举报、投诉事件。全市新增道路运输经营从业人员6 658人，从业人员总数达90 125人，拥有营运车辆61 651辆，累计完成客运量为3 436万人千米，比上年增长10.2%；总客运周转量为25.24亿人千米，比上年增长10.7%；货运量为4 775万吨千米，比上年增长11.2%；货运周转量为115.49亿吨千米，比上年增长11.7%；总周转量为118.02亿吨千米；比上年增长11.7%。

【城市公交】 2013年，市交通运输局紧紧围绕建设现代宜居生态城市的目标，开展了城市公共交通专项整治工作，规范了城市公共交通秩序，提高了从业人员的服务意识和服务质量，方便了市民的出行，缓解了城市乘车难、交通拥堵的问题。市交通运输局制定了《玉溪市公交线路优化方案》，对公交线路进行了优化。市公共汽车服务公司贷款610万元购买了20台大型客车和10台中型客车投入运营，全市营运公交线路由18条增加到26条，营运车辆由126辆增加到198辆，营运线路总长度达到207.49千米，比优化前增加56.35千米。市交通运输局组织局属相关单位、区交通运输局，开通了红塔区北片区公交车。对北城、春和、李棋3个办事处的农村专线客运262辆专线微型车辆进行了整合，于6月1日投入24辆公交车开通北城至中心城区公交营运，7月1日投入18辆公交车开通九龙池、上龙池村至中心城区2条公交营运线路。市公共汽车服务公司开通李棋片区的公交客运。市交通运输局采取措施对三路、六路公交车进行整合，把六路公交线路中2辆个体车辆退出该线路，并入三路公交线路经营，市公共汽车服务公司经营的三路公交车1辆退出三路公交线，不再经营该线路，三路公交线路（三角公园经凤凰路至果木林场）由大营汽车运输有限公司申请许可经营，按行业技术标准要求更新车辆，严格执行行业管理规范、标准，服从公交线路网络适时优化调整，规范管理，实行公司化经营。整合后的三路公交车安装IC卡刷卡消费系统，执行老年人免乘规定，经营者享受与市公共汽车服务公司同等的政府补贴政策。大营汽车运输有限公司于9月1日更新7辆公交车投入营运。市交通运输局加快中心城区公交车站点建设，城市规划区新建改造公交车停靠站点116个，其中，新建候车亭50个，改造站点66个。站点建设改造遵循“边设计、边审批、边施工”的原则，116个站点的建设改造均办理了规划、市政、绿化等部门的审批手续。

【城市出租车】 2013年，市交通运输局组织城市规划区原有的10家出租车公司，按照依法、自愿、有偿的原则，重新整合为4家出租车公司，改变了原来小、散、弱的局面，向公司化管理迈出了重要一步。市交通运输局依据市场需求，适时投放出租汽车，并按照市政府批准的《玉溪市交通运输局“十二五”综合规划》、《玉溪市城市出租汽车管理办法（试行）》规定，制定城市出租汽车行业发展规划、新增运力计划，报市政府批准后，按重大事项听证、招投标管理办法等程序，组织投放城市出租汽车200辆，并完成李棋片区专线微型车按2∶1比例转换为出租汽车33辆，投入市场营运。市公交出租车辆管理处开展出租车客运市场专项整，通过上路稽查、网络举报、电话投诉、GPS监控等检查手段，加大对服务质量差、拒载、不使用计价器、经营行为不规范等违章行为的监督检查力度，出动稽查人员1 646人次，检查出租车13 825辆次，处理违章案件196起，罚款93 900元，有效打击违法违规经营行为；接到投诉752件，答复率100%；接受乘客失物查找574件，找回354件，找回率61.68%。市公交出租车辆管理处完成了公交出租汽车服务管理信息系统建设，主要包括1套终端、3个中心、9个系统及配套的设施，提高了对出租汽车行业运行状态的全面掌握及应对各类突发事件的处置能力。

【安全工作】 2013年，市交通运输局坚持“安全第一，预防为主、综合治理”的方针，认真开展安全生产宣传教育、打非治违、隐患排查治理、安全生产大检查、道路客运安全年等专项活动，取得了一定的成绩，交通运输系统安全生产工作有序开展，圆满完成了交通运输系统安全监管任务。全年发生客运安全事故8起，死亡12人，伤45人，没有突破生产经营性道路交通47人的控制指标。市交通运输局由行政第一责任人任组长，认真落实政府部门安全生产的监管责任，全面负责安全生产工作的领导、监督、协调，分管领导任副组长，具体负责安全生产工作的组织、实施、

2013年，市政府领导、市政协委员深入基层调研中心城区公共交通
（谢 俊 摄）

检查，局属各单位负责人为成员，负责本单位安全生产工作的组织实施。3月21日，市局与局属各单位、各县（区）交通运输局签订《安全生产责任书》15份。认真组织干部职工深入学习安全生产有关的法律法规和规章，及时传达国务院、省、市有关安全生产的方针、政策和重要指示，建立和完善安全生产教育宣传长效机制，突出抓好重大节日、重要时段、重点环节的安全教育，切实抓好在建公路水路工程参与者的安全教育，采取多种形式，进行安全知识、安全技能培训，利用网络、客运站、站台、公交车、出租车等平台加强安全生产宣传，认真组织开展营运驾驶员继续教育，扎实开展“六月安全生产月”活动。市交通运输局认真落实约谈、黑名单、通报、形势分析、事故报告、应急演练检查、会议、考核等制度，建立健全了安全生产长效机制。市交通运输局积极开展“十看十查”、“打非治违”、“隐患排查治理”、“安全生产大检查”、“道路客运安全年”、“标准化建设”、“平安交通”等专项专项活动，切实加强安全生产监管，落实交通运输安全生产监管主体责任。开展打非治违专项行动，市局组织督查组检查5次，出动车辆10台次，出动人员45人次，各县（区）交通运输局组织检查组82个，出动人员7 589人次，检查企业104个，检查车辆27 989辆次，打击非法、违法、治理纠正违规违章行为2 884起罚款173.44万元；隐患排查治理排查生产经营单位1 571家，覆盖率100%，排查一般事故隐患2 762项，整改2 570项，整改率93%，排查治理重大事故隐患6项，累计落实隐患治理资金586万元；安全生产大检查，各单位组织开展大检查宣传活动32次，参加人员3 000人次，排查企业1 394户，企业自查1 394户，主管部门抽查1 394户，排查一般隐患164项，整改164项，整改率为100%，排查重大隐患1项，正在整改中，查处非法违法行为423起。

（谢　俊　普江泉）

铁　路

【概　况】　2013年，昆玉铁路公司拥有固定资产原值57 309万元，完成货物运输量575.1万吨（含玉蒙线通过运量185.1万吨），比上年增加195.4万吨，增长51.4%。其中，发送货物61.4万吨，比上年减少5.7万吨，下降8.4%；到达货物328.7万吨，比上年增加34.9万吨，增长11.8%；货物周转量36 800万吨千米，比上年增加12 500万吨千米，增长51.4%；经营总收入17 648.7万元（含玉蒙线通过运费1 962.4万元，旅客运输收入903.1万元），比上年增加4 809.4万元，增长37.4%；旅客发送完成92 001人。全年实现安全生产。

【运输经营】　2013年，国家经济增速进一步减缓，昆玉铁路公司受货源变化影响，运输上量十分艰难。面对严峻的经营形势，公司把抓运输经营、增收创效、追求效益最大化作为公司的中心工作来抓，本着帮货主更是帮自己的互利共赢原则，实实在在为货主解难题、办实事，以服务促进营销，以方便货主稳定货源，转变服务理念，破解经营工作难题。在走访货主时了解到由于调车取送对位不及时，影响到石油公司车辆占用成本上升，公司及时汇报路局对专调机车实施“一体化”管理，有效解决了调车效率问题，加速了车辆周转。在南环线站改施工关键时期，由于运能紧张，一度造成新兴钢铁公司铁矿石货源面临断档、炼钢炉濒临熄火的困难局面，在钢铁公司领导为解决货源问题焦急万分、一筹莫展的时刻，及时带领钢铁公司领导跑路局，主动汇报协调，及时解决了铁矿石运输难题，为企业解了燃眉之急。在日常检查中，当了解到待发的铁矿粉不能与硫铁矿混堆在同一场地时，立即安排货运部门把容易造成污染的货源及时清理到另外的场地堆放，尽力满足货主的要求，为货主提供最大的便利，稳住了既有货源。在钢材价格下滑，钢产品发送日趋减少的情况下，主动开展货源流失调查，把限吨装载、过度加固捆绑的真实情况向领导汇报，路局迅速组织了装载试验并重新制定了装载方案，为货主减少装车成本支出、扩大了盈利的空间，赢得了货主的赞誉。同时，以客、货运改革为重点，转变服务理念，扎实做好有效惠及货主的工作，实现了运量增长、收入增加的经营目标。客、货运实现玉蒙铁路开通营运，增加过轨运量185.1万吨，增加货运收入1 962.4万元。玉蒙铁路从4月28日起开行旅客列车，玉溪站共发送旅客92 001人，实现客运收入903.1万元。玉溪石油库完成改造投入使用，全年成品油到达5 993车31万吨，增加运输收入1 500多万元。公司各项主要经济指标再创历史新高，货物运输量比上年增长51.4%，经营总收入比上年增长37.4%。

【安全生产】　玉蒙铁路自2012年9月开通营运以来，昆玉铁路由尽头线变成了区段线，尽头站也变成了中间站，玉溪南站行车设备由原来的7股道改为到发场7股，调车场6股，玉溪南站H10号道岔由无联锁道岔改为电气联锁道岔，玉溪南站信号由半自动闭塞改为玉溪方向半自动闭塞和蒙自方向单线自动站间闭塞，特别是4月28日起，开行旅客列车后，安全生产压力明显增大。公司认真开展安全大检查及“回头看”活动，认真落实安全风险管理要求，始终把安全摆在各项工作的首位，强化班前提醒和现场检查督促，突出把“接发列车、装载加固、调车作业，车辆防溜、道口监护、劳动安全”作为日常防范的重点盯住不放，把职工落实标准化作为现场监督的关键要素卡死管严。由于昆玉铁路全程为开放式线路，道口多、闲杂人员上道情况突出，给客车安全运行带来较大威胁，重点针对路外防伤工作开展了集中整治。公司投入财力物力，新建了道口房，砍伐了沿线数千棵危树，配置了预警设备，整治了道口铺面及防护栏，安装了栏木机，封闭了4千米线路，聘请25名巡线队员实行包段包干上铁路巡线，负责清理、劝阻闲杂人员上铁路散步、行走，并为巡线队员配备了“位置通”、800兆BBJ、移动电话等巡线设备，外伤隐患得到了控制。截至12月31日，公司实现无责任一般D类事故598天，行车安全、劳动安全、货运装卸以及消防安全保持稳定。

【旅客列车恢复开行】　昆玉铁路自1994年10月正式投入营运，1998年12月10日起开行旅客列车至2008年2月旅客列车停运。随着玉溪至蒙自铁路建成通车投入营运，中断5年多的昆玉铁路旅客列车自2013年4月28日起恢复开行。昆明至蒙自北每天开行旅客列车2对，10月1日起增开临客1对，3对客车运行时间和票价完全相同。昆明至蒙自北全长258千米，全程运行时间3小时55分。沿途设有昆明、玉溪、通海、建水、蒙自北5个停靠站。昆明至玉溪南由内燃机车牵引，玉溪南至蒙自北由电力机车牵引。往返两地的车次为K9 652/3、K9 654/1次列车。其中，K9 652/3次列车上午8点42分由昆明站发车，10点32分到达玉溪站，12点37分到达蒙自北站。K9 654/1次列车则是上午9点03分由蒙自北站出发，11点05分到达玉溪站，13点01分到达昆明站。昆明至蒙自北票价49.50元，昆明至玉溪票价29元。4月28日至12月31日止，玉溪站共发送旅客92 001人，实现客运收入903.1万元。

【设备整治】 2013年，为认真贯彻落实省委、省政府关于昆明至蒙自开行旅客列车的工作要求，公司突出对线路、道口、客运、消防、路外安全工作集中进行整治，投资345万元更换线路失效混凝土轨枕3 900根，扣板扣件更换为弹条扣件17 000套，整治站线3 000米，昆玉线正线失效轨枕、再用轨、扣件已全部更新完成；投资469万元新建道口房19间，接通了水电、铁路电话，配置了栏木机及相关设备和人员，所有道口均安装了道口预警设备（其中，DX3型7套、800M型17套），对昌家营道口进行了大修，所有道口均安装了视频监控设备；投资141.9万元对玉溪站站房防水层、玻璃、吊顶、墙面粉刷装饰、水电管线更换等进行大修，同时配齐了客票系统、安检系统、视频监控系统、旅客候车座椅以及消防设施、客运设施设备。玉溪站站房大修后，面貌一新，功能齐全，满足了客运需要。此外，还投资45万元，协调砍伐沿线危树5 000多棵。公司积极配合昆明工务段，加大与红塔区、晋宁县地方政府及护路办的协调联系，强化对当地村委会及树木所有人维护铁路运输安全的宣传力度，讲清政策，依法办事，使铁路沿线危树砍伐得以顺利进行，确保了防洪期间，昆玉铁路危险地段始终保持可控状态。并投资6万元建盖了3处防洪看守点用房，按规定配备了相关设施设备，投入19.5万元聘请18名防洪看守人员，确保了防洪期间行车安全。投资380万元改建玉溪南站货场道路及货位14 000平方米，修复改造被雨水冲坏的货场围墙80米、排水设施100米。投资64万元对玉溪南站H10号道岔进行了集中联锁改造。投资85万元全面更新了昆玉铁路平调设备。通过整治，公司行车设备状况得到了很大的提高和改善。

【护路联防】 2013年，针对昆玉铁路存在线路等级低、全线无封闭、道口多，铁路经过玉溪、昆阳2个村庄密集地区，闲杂人员上铁路散步、行走、玩耍情况突出，路外安全隐患突出等问题，公司每天安排中层以上干部乘机车对铁路沿线治安、防洪、施工等情况进行安全检查，发现问题及时研究处理；聘请25名巡线队员实行包段包干上铁路巡线，负责清理、劝阻闲杂人员上铁路散步、行走，并给巡线队员配备了“位置通”、800兆BBJ、移动电话等巡线设备。同时，投资19.8万元在闲杂人员易上道的30处地点安装了太阳能列车接近预警装置；投入宣传资金27万余元，印发《中华人民共和国铁路法》30 000份、《铁路运输安全保护条例》30 000份、《违反（铁路运输安全保护条例）行政处罚实施办法》30 000份、《中华人民共和国治安管理处罚法》30 000份、《致铁路沿线广大群众的一封信》20 000份、学生作业本（护路宣传）10 000本等护路宣传资料，会同红塔区、晋宁县护路办到昆玉铁路沿线村庄、厂矿企业、学校开展护路宣传，到村民家中发放宣传材料，并要求接受护路爱路教育的群众签字，涉及乡（镇）7个，学校11所，受教育农户4万余户；制作布标30条，在铁路沿线墙体上制作宣传标语70条，对上铁路散步、行走闲杂人员进行警示教育，积极预防和减少危害铁路正常运输的违法行为，保障铁路安全畅通。

【消防整治】 2013年，公司对玉溪客运站消防隐患组织了整改，将车站站房外面消火栓3具（站房两侧各1具，运转室门口1具）、候车室内1具恢复通水，配置水龙带11卷（候车室7卷、运转室门口4卷），并在车站站房内配置5千克ABC干粉灭火器30具，其中，候车室配24具，售票室和票据室配6具；组织铲除玉溪南站货场内可燃干枯杂草，清理货场杂草面积5 000平方米，消除了火灾隐患。公司成立19年来未发生火灾事故，连续19年实现消防安全年。

（张耀国）

邮　政

【概　况】 2013年，全市邮政遭遇了前所未有的困难，经营发展陷入了较为艰难的困境，虽然在转变发展方式、调整业务结构、推进全员营销向专业化营销转型和改革，推进经营产品、经营业务向经营客户、经营服务的转型和改革，推进专业化经营机制的创新和改革，推进粗放管理向精益型、集约化管理的转型和改革，推进企业两个文明建设、企业文化建设和民主管理进程等方面做了大量的工作，并取得了一定的成效，但最终的经营成果与省公司党组的要求及市局年初确定的目标还有极大的差距。在严格按省公司《关于做好财务收支审计工作的通知》要求冲销虚列收入和成本的情况下，全市邮政实现业务收入7 249.70万元，完成年度省公司下达预算8 695万元的83.38%，差进度16.62个百分点，欠预算值1 445.30万元。三大业务板块均未能完成全年预算，邮务类、代理金融类、代理速递物流类欠计划进度分别为6.92、10.11、46.14个百分点，收入占比为39：46：12。全市16个经营单位均未完成年度预算。从专业来看，仅集邮、包裹、电子商务、国际包裹4个专业完成并超过计划进度。全市实现有效收入4 839.37万元，预算完成率77.05%；实现邮政总利润-837.69万元。为适应专业化经营的需要，全市组建23支营销团队，以市场为导向，以客户为中心，促进企业营销人才的整合。同时，加大教育培训及职鉴工作力度，制定《玉溪市邮政局员工教育培训管理办法》及《玉溪邮政内训师管理暂行办法》，全年累计培训2 147人次，组织160名员工参加邮政技能培训和鉴定，124人鉴定考试合格并取得资格证书，合格率77.5%；继续加强职业道德建设、规范行业行为、提高服务质量、树立行业新风，以建设诚信邮政为重点，整体推进全市邮政行业精神文明建设的创建巩固工作，建成省级文明单位3个、市级文明单位2个、县（区）级文明单位4个，国家级、省级青年文明号各1个，市级青年文明号4个，24个农村支局所完成“职工小家”建设。

【邮　务】 2013年，全市邮政调整函件业务发展结构，以国内小包、重要专函为抓手，积极拓展寄递类市场，做大账单规模。全市6个县局与农信社签订账单寄递服务协议，8个县局提供交通罚款帐单寄递服务。市级社保账单项目成功运作。集邮业务扩规模、提效益，以新春主题产品和

为适应专业化经营的需要，全市邮政组建23支营销团队，以市场为导向、以客户为中心，促进企业营销人才的整合。图为2013年8月23日举行营销团队授旗仪式

（郑 波 摄）

主题营销项目为突破，全年完成收入1 218.30万元，比上年增长16.91%。报刊业务向规模与效益并重转型，提升专业综合效益，做好文化礼盒、校园市场、商务期刊项目营销，开展助学惠民图书巡展活动，积极配合政府宣传部门开展两会图片征订工作，并圆满完成全市115所学校春秋季教材发行，配送211.98万册；完成报刊发行收入754.87万元，比上年增长10.79%。电子商务业务完成收入212.63万元，比上年增长37.65%。以代理航空、铁路客票为重点，加快票务骨干网点建设，全市销售航空机票3 668张、火车票14 403张、彩票103.02万元；加大代收款业务发展，全市代收话费3 227笔、代收电费1 531笔、代收卷烟款46 303笔，累计交易金额15 064.75万元，代收“两油”款实现资金归集5 006.78万元。扩大邮乐购品牌影响，地方板块招商6家，上线30余款玉溪特色产品。同时，积极发展大宗商包、爱心包裹、母亲邮包，巩固校园包裹、军营包裹，包裹业务完成收入73.88万元，比上年增长30.74%。加强机要通信基础管理，深入开展“巩固达标成果、确保机要安全”大检查活动，推进机要通信业务实施标准化管理，处理进出口机要邮件2.66万件，质量全红。

【代理速递物流】 2013年，全市邮政以质量为切入点，深化网络运营和服务方式转型，建成17个揽投站，为代理速递物流业务快中求好提升竞争力打下基础。同时，进一步加大协议客户开发力度，加强烟草项目客户维护，提高卷烟配送到户率、配送及时率、直配率等配送服务质量，搭载卷烟配送物流平台，实现全市500多个移动公司营业网点的物流配送；开通玉溪市区至江川县、华宁县、通海县的互寄快递业务，有效弥补中心局发运邮车时限空白。受外围市场及政策因素影响，思乡月饼、挂历台历项目营销进展未能达到预期目标。试运行云冠冰糖橙商销项目，实现销售额61.6万元。高考通知书项目收寄地方高校通知书、学生档案5 099件，实现收入6.79万元。全年完成结算收入853.10万元。

【代理邮政金融】 2013年，全市邮政在落实代理金融转型升级年各项工作中，采取动态调整发展政策，开展网点进位升级活动，推行积分考核制度，实行中层干部挂钩网点包保责任制，开展全方位营销技能培训和规章制度学习培训等办法，通过构建专业化管理体系，强化专业化管理，推进网点转型，同时加强基础设施建设和投入，着重抓好网点能力建设和队伍能力提升，加大对效益网点、代理金融网点的建设改造力度和硬件设施投入，提升营业平台的市场竞争力。全年投入资金187万余元，用于建设改造江川县明珠路支局营业网点、安装16台ATM自助机具、改造8个代理金融网点监控系统，强化渠道服务能力，并完成邮政营业厅内统一公示内容的标准化建设，进一步规范营业窗口服务标准。全市完成业务收入3 308.07万元，完成全年计划的89.89%，比上年增长2.79%。存款余额规模为201 167.32万元，市场占有率3.49%，比上年年初下降0.27%，全省排名第9位。年度新增余额1.13亿元，增长5.97%，仅完成全年发展目标的22.67%，增幅全省排名第14位。活期存款占比为28.32%。销售大理财产品33 727.19万元。代理保费434.24万元，市场占有率（含邮储银行）为2.92%。

【安全内控】 2013年，全市邮政开展“加强环节管控，提高通信服务质量”等专项整治及检查活动，逐级签订“综治创安责任书”、“金融资金安全责任书”，细化安全管理责任；认真落实金融安全评估，采取防控措施强化金融资金安全；开展安全生产重点工作检查及枪弹、消防安全检查；圆满完成“两会”、“南博会”安全服务保障工作。同时，有效解决屡查屡犯问题，并配合禁毒部门有效遏制毒品流入邮政渠道。全市邮政未发生安全和资金案件，邮政通信质量达标。

【网络支撑】 2013年，全市邮政加强对网运生产作业时限频次及运行质量管理，配合限时分拣前期准备工作，实施了邮件随到随分、人员整合、班务调整、调整市趟运输满足出口干线频次要求等改革，邮件分拣按白、夜班2个频次轮作，出口邮件及进口邮件的内处时限均提速0.5天。同时，提升投递网服务能力，完善城市投递计件计量工资制度，探索农村投递体制改革途径，进一步稳定投递队伍，确保城乡普遍服务标准履行到位；加快推进社区委办代投点建设，在城区补建代投点以缓解投递压力；配置投递用面包车2辆、电动三轮车22辆，提高投递效率；组织实施全市营业网点线路MSTP光纤提速改造、个人业务会计稽核系统、火车票联营销售网点、电子商务电商小包、公司业务系统2.0上线等，保证技术维护支撑。

【企业机制改革】 2013年，全市邮政以优化组织机构、优化管理体系为切入点推进企业机制改革，组建市局金融业务局，负责全市代理金融、保险业务经营管理及合规经营、风险防控，构建金融业务管理体系，明确金融业务机构设置、工作职责、岗位设置和人员配备，强化省、市专业局经营管理水平。按照现代商业零售银行发展规律和市场竞争的要求，以满足客户需求为核心推进代理金融网点转型，设立市级速递物流局和分销业务机构，强化市、县领导对专业的经营责任，理顺专业的经营管理体制。加大揽投能力建设，增强速递物流专业活力和市场竞争力，取消红塔区现业局管理层级，实行市、县合并的运行管理模式，提高工作效率。

【普遍服务和“三农”服务】 2013年，为使全市人民享受优质普遍服务，保障广大人民群众的通信权利，全市邮政在成本居高不下、市场竞争激烈的情况下，认真执行规范经营“八条禁令”和投递服务“五条禁令”，其他快递公司不愿服务的偏远乡镇，邮政依然按规定的频次、时限和深度投递。为满足用户越来越高的个性化服务、直投服务要求，积极探索农村投递体制改革途径，加快推进社区委办代投点建设，在城区补建代投点以缓解投递压力，确保城乡普遍服务标准履行到位。截至年底，全市有邮政支局（所）80个，设置服务网点86个，其中，农村支局所60个，占网点总数的75%，妥投点50 042个；开通邮路46条，城市投递段道达1 463千米（单程），农村投递线路达8 133千米（单程），其中，自行车4 374千米，步班投递线路达3 759千米（单程）。全市邮政免费收寄义务兵函件和盲人读物0.37万件，投递国际国内平常函件688.43万件、给据函件41.71万件、银企对账单2.99万件、各类通知单及汇款单25.40万件、商业信函49.53万件、国际国内包裹26.16万件、代理速递物流108.31万件、报刊1 569.56万份，处理退转和再投函件4.82万件。全市邮政积极推进三农服务点建设，发展农资连锁配送及其他农（副）产品运输配送，通过函件和报刊发行渠道，向广大农村宣传国家农业政策，提供先进的农业技术推广资料，拓展农村的信息来源；积极做好农村金融服务，为农民提供小额贷款等服务，做好农村各项补助金的发放工作；做好“三农”延伸服务，为全市广大城镇、乡村用户提供代收款服务。全市所有邮政网点都开办了飞机票、火车票销售业务，为民众提供方便。

（陈坤华）

电　　信

【概　况】 2013年，市电信公司全面落实中国电信“一去两化”的要求，进一步加快“智慧玉溪”信息化建设，探索推进智慧先行城市。市公司积极争取省公司投资5 400余万元，用于宽带提速、3G网络优化、光进铜退等。同时，在市委、市政府的指导下，全面推进“桥头堡”战略，打造全国智慧运行先行城市。中小企业信息化、总机服务VPN群组网（简称V网）服务、烟草e通项目、出租车GPS媒体广告项目、销售管家业务、视频会议系统、工商食品溯源系统合作、协同办公OA、翼机通、天翼对讲以及外勤助手、旺铺助手等信息化项目的推广为实施“智慧城市”奠定了坚实基础。坚持以优化牵引建设，移动网络能力持续增强。本地城域网已建成了2*40G的出口和各县（区）至市区2*10G的互联网络，承载了全球眼、iTV、互联网专业、客户专网等业务，保持了电信在本区域内的领先和主导优势。人防工程涉及的光缆、接入设备、全球眼设备的迁建工程顺利实施。202局、206局ATM上行设备割接改造，完成了年度IP城域网改造、城域网扩容、新IDC机房建设、全市营业厅全球眼接入、大IP网优和DSLAM设备退网阶段性工作。中心城区解决DO速率问题，增补11个站增强红塔区各生活小区的DO速率。并落实宽带服务5项承诺，提高装维效率，开展了“装维诚信守时”专项行动。年初，实施了营业厅服务质量提升项目，针对各县（区）主营业厅进行巡检收集主营业厅服务存在问题，并聘请专业公司对各营业厅服务规范、服务礼仪、服务管理进行培训，建立起一支掌握服务标准的教练团，每月定期现场巡查现场纠偏；提升客户感知，聚焦3G和宽带业务，把工作渗透于企业经营“全方位、全过程、全员”之中，启动“天翼满意”活动，积极推进“打10000号装宽带”工作，分别对“天翼满意在营业厅”、“天翼满意在10000号”、“天翼满意在网络装维”和“天翼满意在政企客户”4个专项行动，不断提升用户满意度；同时，加强行风建设，坚决纠正电信行业损害群众利益的突出问题，推动电信行业规范服务工作的顺利开展。根据市工信委要求，成立了专项行动组织领导机构，制定专项行动推进实施方案，坚决执行用户信息实名制受理，保证用户资料完整性。全体干部员工在全市员工范围内开展“我是营业员、我是话务员、我是装维员”体验活动，为服务客户的一线员工解决工作中的实际困

2013年11月21日，“中国玉溪网”系统建设租用项目签字仪式在中国电信玉溪分公司举行，市委宣传部副部长孔施祥、《玉溪日报》社长张存良、总编师跃雄，市电信公司总经理何志武以及市纪委的相关领导和人员参加了本次签字仪式

（张　迎　提供）

难和问题，以员工满意度的提升促进客户满意度的提升，使市公司全业务收入增长达历史新高。

【高清视频会议系统项目验收】 2013年12月19日，由市电信公司承建的市委高清视频会议系统项目顺利验收。7月，经过公开招投标，市电信公司成功中标。该项目开通了市级直联省级平台，市级到八县一区共10个接入点的高清视频会议系统。

【签订协同办公OA系统建设框架合作协议】 2013年11月15日，玉溪市协同办公OA系统建设框架合作协议签约会在市电信公司举行。副市长解仕清、副秘书长戴兴德及市委办、市工信委、市发改委、市财政局、市移动公司、市联通公司和市电信公司的相关领导和人员参加了本次签约会。智慧玉溪项目是市电信公司近两年来政企重点推广项目之一。玉溪市协同办公OA系统是一个统一开放的平台，主要解决市级、县级各单位的办公系统。通过该平台，能实现市级到县级和市级之间的主要办公文件和邮件处理、公文流转与文件交换的系统。该系统还可以实现移动、联通、电信手机和平板电脑的接入，实现随时随地都能无缝接入该系统，极大地提高了政府公文的流转速度，提升了政府办公效率，实现真正无纸化办公，为建立绿色高效政府打下了良好的基础。会上，在市政府、市委办领导的见证下，市工信委主任李长金与电信、移动和联通公司共同签订了《玉溪协同办公OA系统建设框架合作协议》。

【二级营业厅设立客户服务台】 2013年，为进一步落实省公司关于调整各州市分公司营业厅现场投诉处理职责的相关要求，市电信公司将二级以上营业厅的客户投诉现场接待和处理职责调整到市公司，主要负责现场投诉处理、咨询解答、承接投诉派单、投诉分析以及配合督促营业厅服务标准和服务规范等服务提升工作的落实。9月1日起，市电信公司正式在珊瑚路营业厅现场设立客户服务台，安排业务能力较强的投诉处理人员现场承接红塔区珊瑚路营业厅的现场投诉及涉及珊瑚路营业厅的10 000号电子投诉工单。营业厅现场客户服务台的设置，进一步提高了投诉处理效率，提升客户感知，减轻渠道服务压力；同时，通过客服人员下沉营业厅，倾听客户声音，了解客户需求，收集服务热难点问题，牵头解决客户反映的问题，不断提升客户满意度。

【签约市政府两大办公区信息化项目】 2013年8月19日，市电信公司总经理何志武与市政府办公室领导正式签订了市政府两大办公区的信息化系统租用合同。市电信公司将负责承建政府两大办公区整套的综合布线系统、高清视频监控系统（含管理软件）、网络交换机、机房建设等完善的网络办公系统。该项目11月1日投入使用。

【首家推出“翼支付”业务】 2013年7月15日、16日，市电信公司对全市21个翼支付加油站点进行升级，在全省首家开通了翼支付号码支付业务。

【“烟草e通”项目正式落户】 2013年6月上旬，市电信公司成功签署了“烟草e通”框架合同，标志着“烟草e通”在全市八县一区正式落户，实现了烟草公司卷烟销售业正式进入移动智能办公时代。

【地震应急疏散演练及通信物资展示】 2013年10月6日上午9：20分，市政府模拟红塔区春和街道发生5.5级地震，演练内容主要包括应急避震、应急疏散撤离以及应急救援装备、物资展示。市电信公司接到物资展示任务后，积极与应急演练领导小组办公室沟通联系，及时准备应急通信展示物资，勘查展示地点，成立应急通信团队，携带展示物资到达指定地点。展示物资有应急通信发电车、海事卫星电话、单兵全球眼、有线全球眼等，并在现场解说和解答问题咨询。

【抗震救灾应急演练】 2013年5月，省军区要求下辖各军区在5月12日到15日期间参加省军区“抗震救灾-2013”指挥所演练。演习要求在野外开设指挥所，并实现实时视频语音通信。市电信公司接到前端需求后，及时安排技术人员与军分区联系，同时通知各县（区）技术人员做好配合。市电信公司的通信保障工作得到了省军区、玉溪军分区领导的一致肯定。

【承办中小企业信息化服务信息发布会暨中小企业信息化培训启动会】 为加快全市中小企业的信息化步伐，顺利推进智慧企业建设，2013年6月26日，市电信公司承办了全市中小企业信息化服务信息发布会暨中小企业信息化培训启动会。本次培训会由市工信委主办，市工信委高级工程师杨林生、市电信公司副总经理冯绍文、八县一区中小企业相关领导和人员共计140余人参加了本次培训。市电信公司根据市政府未来十二五规划对信息化建设的要求，推出了“宽带中国·光网城市·智慧玉溪”发展战略，基于信息化建设需求的各种行业应用将能提升政府行政办事效率，更好地服务人民，服务社会，提升整个城市的软实力，创建一个更加和谐的信息化智慧城市。参加培训的中小企业相关人员到休息区观看体验了天翼对讲、外勤助手、旺铺助手、企业综合办公、销售管家的业务展示，体验各种信息化应用产品。

（张　迎）

移动通信

【概　况】 2013年，市移动公司紧紧围绕“战略转型、改革创新、反腐倡廉”三篇文章，上下团结一心，各项工作扎实推进，客户数量、网络规模均稳步增长，客户数达168余万户，2G基站1 600余个，3G基站640余个。同时，被中华全国总工会授予“职工书屋”等荣誉称号。

【信息通信技术改善道路安全】 2013年“5·17”世界电信日的主题是“信息通信技术与改善道路安全”。作为信息化建设的主力军，市移动公司积极投身信息化建设，深入拓展信息化业务，积极支持智能交通、平安城市项目的建设，在系统建设光缆入地工作中提供了丰富的管线资源。与市交警支队合作推出交通管理短信业务，方便客户通过手机了解车辆违法信息、驾驶员审验信息、扣分信息等。交警支队还通过该平台定期向驾驶人员发送道路交通安全的常识、法律法规的宣传短信，提高了道路交通安全法的宣传力度，达到了和谐警民关系的预期效果。作为道路物流公共信息平台项目的战略合作伙伴，市移动公司以无限通信网络为基础，以无线定位技术为支撑，充分运用LBS定位技术、短信、手机邮箱等服务，为该平台的信息传递和物联网技术服务提供强有力的支撑，确保行业公共信息、物流信息交流以及物流增值服务3个子平台的服务功能得到有效应用和发挥。

【3G网络六期工程建设完工】 2013年，市移动公司3G网络六期工程建设提前完工，所用时间比省公司的规定整整缩短了2个月，实现了全省第一的建设目标。3G网络六期工程建设历时100多天，建设站点263个，包括红塔区95个、新平县35个、江川县29个、通海县26个、华宁县19个、易门县16个、澄江县15个、元江县15个、峨山县13个。优化入网后，移动3G网络将实现城区的深度覆盖和连续覆盖，同时实现覆盖100%的乡镇。

（邹文婷）

联合通信

【概　况】 2013年，市联通公司紧紧围绕“调结构、提质量、强支撑、增活力”总体要求，加快提升市场份额，持续创新体制机制，以教育实践活动促进作风转变，各项工作取得新进展，创造了收入快速增长、市场份额持续提升、效益实现突破的良好经营业绩。累计开通室外基站213个，室内分布基站11个，3G网络实现了所有A类乡（镇）3G覆盖，网络保障能力不断增强。新建集团客户数字专线及互联网专线129条。市公司全力推进宽带升级提速，创建网络优势，促进客户发展和保有。移动网络不断优化，使3G与2G网络质量投诉率大幅下降。同时，继续全面提升管理水平，推进物资采购电子商务平台应用和“内部商城”业务，强化网间结算精细化管理，促进了企业效益提升；坚持民主公开、竞争择优，以业绩为导向组织各类技能培训，使队伍素质持续提高；顺利完成各重大会议、重要活动以及抗击自然灾害的重要通信保障任务。

【客户服务】 2013年，市联通公司携手大满冠商贸有限公司开展了以“3G玩家营，来玩你就赢”为主题的VIP客户俱乐部活动；开展了“联通VIP新春有礼”重要客户维系活动；开展针对钻石卡、金卡目标重要客户赠送100元充值卡并赠送太平洋保险公司提供的“随心保”保险卡活动。澄江县公司维系中心在禄充笔架山庄开展了以“青春同行，沃拍抚仙行”客户成长活动。

【应急通信保障】 2013年，市联通公司充分发挥通信运营商的优势，对全市各项大型活动进行了通信保障，确保通信安全。6月，进行了元江县芒果节通信保障行动。7月，进行了峨山县火把节通信保障行动。9～10月，进行了中秋国庆大型灯会通信保障行动。11月，进行了市政法委网格化会议通信保障行动。12月，进行了通信抢险保障行动和江川县开渔节通信保障行动。

【签署合作协议】 2013年5月9日，为全面推进“桥头堡”战略部署，加快推进“无限互联——智慧玉溪建设及信息化应用”工作，市工信委与市联通公司签署了“无限互联——智慧玉溪建设及信息化应用”建设投资项目合作协议书。市联通公司在原有资源基础上，进一步加大信息化基础设施、平台和重点智慧应用领域等方面的投资，提供基于“无限互联——智慧城市”的信息服务和解决方案，推广应用重点工程。本次合作协议的签订，标志着“无限互联——智慧城市”工作进入了实施阶段。

【开展“实名制”检查】 2013年，根据工信部电话用户实名登记实施方案要求及省分公司的总体部署，为保障电话用户实名登记工作落实，市联通公司明确各县（区）分公司总经理为电话用户实名登记工作第一责任人。8月20日，市联通公司组织八县一区分公司通过视频方式进行电子实名客户端培训。8月30日，通过视频方式对电话用户实名登记实施方案宣贯。12月5日，组织八县一区分公司对近期工信部及省管局实名制工作检查情况通报做宣贯，同时对下一步实名制工作进行安排。12月9～13日，对各县分公司渠道进行暗访，被抽查的4个代理渠道中有1个渠道无电子实名客户端安装使用；抽查的59个合作厅中只有19个做过宣传推广及安装。对不合规的情况，已在全市做了通报，要求各分公司认真做好电子实名客户端的推广使用。自12月起，要求县分公司每月组织社会渠道交叉检查及暗访工作，全面做好自查工作。对屡罚不改的代理商实行抓住典型、公开通报，取消合作的从严处罚。对自查中出现违规销售的网点，由该网点渠道经理实行上门坐班培训及监督销售，直至该网点不再出现违规销售行为，实现了店店有宣传，人人会操作的目标。

（魏渝荣）

城建·环保

编辑：王竹能

城乡规划

【概　况】　2013年，市规划局充分发挥规划的引导和调控作用，围绕市委、市政府的工作部署和重大目标任务，紧紧跟踪城市建设和发展重点工作任务，超前研究，积极主动提供规划意见和实施方案，先后对市委、市政府关于城市综合体、交通环境综合整治、道路和地下管网改造、拆临拆违、街区美化、美丽家园等一系列重大决策部署开展研究论证。全年完成了荷花池、泷水塘、康井路、高铁新城4个城市综合体的项目规划和招商工作，并组织开展了红塔区主要街道沿线拆临拆违87块闲置土地规划专题研究，按照“统一规划、因地制宜、城市设计”的原则提出处置意见，为市委、市政府科学决策提供参考依据，为建设美丽玉溪奠定了基础。同时，精心组织，科学编制各类城乡规划。截至年底，全市中心城区控规覆盖率已达90%，8个县城总规修编率达100%，乡镇街道总体规划覆盖率达100%，村庄规划覆盖率达100%。为提升规划管理效能，进一步完善规划管理机制建设，规范行政许可行为，切实提高依法行政水平，提出“规划服务前移，工作重心下移”新思路，简化审批程序，提高办事效率。全市57个5亿元以上重大项目及玉溪师院成教学院异地重建、市一幼改扩建、职教园区建设、市医院改扩建等，市规划局都积极主动与有关部门对接，加大配合协调力度，采取提前介入项目选址、规划设计等环节，建立绿色通道，提高审批效率，确保项目顺利推进。

【城乡发展规划研究】　2013年，市规划局开展《“三湖四区、双百宜居”——新玉溪城市发展规划纲要》、《玉溪“三湖生态城市群”山地城镇建设总体发展规划》编制工作，完成初步方案。按中心城区“一城四点”的城市空间结构布局，初步完成高新区、北城新区控规成果，逐步完善了规划体系，为拓展城市空间，优化城市功能，为全市融入滇中经济圈提供发展支撑。

【中心城区各层次规划编制】　2013年，依据新一轮《玉溪市城市总体规划》，市规划局组织编制完成春和和高仓街道片区及明珠路两侧的控制性详细规划及太极路（州大河—玉江大道）两侧概念性规划，启动《常里温泉旅游区规划控制导引》、《红塔区大营街街道片区控制性详细规划》编制工作。同时，完成中心城区给排水、工程管线、城市道路交通、环境卫生设施规划及中心城区城市设计初步方案，并配合相关部门编制完成商业网点、交通体系、绿地系统、消防、地下空间利用等一系列专项规划，为城市各项工程建设、实施和管理提供决策依据。

【提升县级总体规划编制水平】　2013年，市规划局加强对市、县（区）规划设计、村庄规划的技术审查和指导工作，参与、审查和指导县（区）规划技术审查几十项。县城总体规划修改工作均已完成并上报市政府审批。其中，华宁县、江川县城总规已获市政府批复。乡镇街道总体规划覆盖率达100%，部分乡镇还开展了规划修改工作。省级确定的13个特色小镇总体规划已经全部通过省级审查，完成备案。“三湖生态城市群”所涉及的3个县，《江川片区规划纲要》已完成，澄江、通海片区规划正结合总规修改启动编制工作。各县县城城市设计、商业网点、交通体系、绿地系统、消防、地下管网、地下空间利用等专项规划编制工作正全面推进。市规划局还加强对市、县（区）规划设计、村庄规划的技术参与、审查和指导工作，参与、审查和指导了《玉溪市现代农业庄园发展规划》、《玉溪市中心城区东近面山绿化修建性详细规划》、《北城街道办事处刺桐关居委会一、二组村庄整治修建性详细规划》、《北城街道100户以上村庄规划》、《春和街道100户以上村庄规划》、《玉溪音乐城概念设计方案》、《玉溪市红塔区黄草坝美丽彝乡建设规划》、《北城新区控制性详细规划》、《玉溪市中心城区环境卫生设施专项规划（2011～2030）》、《红塔工业园区总体规划》、《江川区总体规划纲要》、《通海河西镇历史文化名镇保护规划》、《元江镍产业特色工业园区干坝工业集聚区控规》、《滇中产业城镇空间布局规划专项规划》、《玉溪市高龙潭片区控制性详细规划》、《华宁县绿地系统规划》、《新平县文化产业园二期修规及单体方案》、《新平县给排水专项规划》、《澄江县工业园区蛟龙潭片区控规》、《澄江县右所镇大湾村庄修建性详细规划》、《仙湖山水国际休闲旅游度假园总体规划环境影响》、《玉溪市高新技术产业园区城市综合体区域城市设计》、《玉溪市高新技术产业园区九龙片区控规》、《玉溪市高新区南片区控规》、《易门县天然气利用专项规划》、《澄江县城总体规划》、《江川县烟花爆竹产业发展规划》、《峨山双小片区轻工业产业园区控规》、《玉溪大化产业园区总规》、《玉溪市研和产业园区总体规划修编》等重要规划的编制工作。

【提升完善全域村庄建设规划】 2013年，市规划局积极参与到中小学校舍安全工程和美丽100校园行动计划及建设美丽家园行动中，编制完成《黄草坝特色村庄规划》、《小瓦房村特色村规划》。按照省政府工作部署，指导八县一区5 620个（行政村548个、自然村5 072个）村庄规划编制工作。按照市规委会要求，指导提升完善100户以上村庄规划工作，实现村庄规划全覆盖。

【健全城乡规划管理机制】 2013年，市规划局进一步理顺各级管理部门的规划管理工作职责，为全面实施规划管理工作提供了保障。新修订的《玉溪市城乡规划管理技术规定》颁布，为规划编制和建设项目审批提供了法定依据。《关于中心城区禁止一户一宅模式进行民房建设的决议》、《玉溪市民房建设管理办法》、《关于进一步开放规划和建筑设计市场的意见》、《玉溪市中心城区旧城、旧村、旧厂改造实施意见》一系列相关文件的出台和报批，确保了城市规划建设管理更加规范。同时，加强法规宣传教育培训，全年组织行政执法人员资格培训21人次，已有34人取得行政执法证、3人取得法制督察证；积极参加全国住建系统稽查执法工作、全省规范性文件、“六五”普法骨干等培训；组织红塔区农村住房规划审批业务培训1次、元江县规划行政处罚业务培训1次；向各县（区）住建、城管部门以及市级有关部门发放城乡规划法及云南省城乡规划条例宣传册1 400册。市规划局逐步建立和完善了执法风险防控机制，全面清理和分项梳理了城乡规划行使的12项职权，编制了《玉溪市规划局职权目录一览表》，并绘制了“内部职权运行流程图”，对涉及规划编制、建设项目审批、干部任用、行政支出预决算、财务报销、政府采购、资产管理等内部职权运行的各个环节、责任主体、办理时限等进行规范。

（雷　霞）

城乡建设

【中心城区城市建设】 2013年，市委提出“建设具有现代都市气息的生态宜居城市”的号召，把中心城区城市建设推向新的高潮。中心城区水、电、路、气、地下管网、城市综合体等一批重大基础设施和公用设施建设全面实施。全年完成棋阳路改造二期、康井路、烟厂库区专用道路、九龙立交改扩建等市政道路建成通车，完成投资7亿元；平战结合人防工程、高仓立交改扩建、红龙路改扩建、武警玉溪支队迁建、市人民医院改扩建、区雨污管网改造、玉山城片区玉山一路二路、玉溪植物园、中心城区燃气管道敷设工程等9个重大项目全部开工建设，总投资超过40亿元；同时，成功招商引进上海红星美凯龙、江苏三胞集团、重庆南方集团、浙江新天地公司，预计引资投入375亿元，打造泷水塘老工业片区、荷花池片区、康井路片区、高铁新城四大城市综合体。

【城市扩容提质】 2013年，全市城市建成区面积达84.2平方千米，新开工建设城市道路47千米，全市城市道路累计达595.26千米。全市22个治污项目建成投入运营21个项目，1个项目调试运行，累计完成投资10.43亿元；建成污水处理厂10座，建设截污管网514千米，城市污水集中处理率67%、垃圾无害化处理率83%。全市建成燃气门站1座，敷设燃气管网37.23千米，燃气普及率55.3%。通海县、易门县、华宁县、江川县、元江县县城供水设施和管网改扩建工程步伐加快，分别完成投资1 179.65万、1 169.5万、1 400万、979.3万和650万元，全市城镇用水普及率98.2%。建筑节能监管体系逐步建立，可再生能源建筑应用示范城市进入验收阶段，第一个277KWp太阳能光电建筑应用示范项目通过验收实现并网运行，第一个二星级绿色建筑上报住建部评审。

【乡镇建设】 2013年，市住建局继续抓好13个省级特色小镇、23个市级重点镇、10个市级旅游小镇的建设工作。戛洒花腰傣、哀牢山旅游文化宣传推介工作加强，提高特色小城镇在国内的知名度。元江县龙潭乡、新平县者竜乡、建新乡、新化乡被列为省第七批生态乡镇。通海县河西镇被省政府命名为省级历史文化名镇。全市8个村落被列入2013年“国家传统村

2013年5月28日，张祖林书记（中）调研高仓立交改扩建工程

（市规划局　提供）

2013年6月16日，广西壮族自治区党委常委、南宁市委书记余远辉（左三）一行在在市委、市政府主要领导陪同下考察玉溪城市建设　　（潘　泉　摄）

落”名录。同时，启动实施小城镇“一水两污”项目建设，盘溪、九街、纳古、化念集镇供水项目建设和甸中、扬武、龙街、江城、曼来、富良棚乡等集镇供水工程可研报告、初步设计通过省级专家评审，预计争取国债资金3 000万元；九溪镇污水处理工程完成投资1 967万元；盘溪镇生活垃圾处理工程已于年底实现开工。

【城乡人居环境改善提升】　2013年，市住建局以实施或配合实施拆临拆违、街区整治、公路沿线村容村貌整治、美丽家园行动、城乡环境综合整治行动、美丽乡村建设、生态文明建设、抚仙湖保护治理等为抓手，全面改善和提升城乡人居环境。其中，实施重点区域、重点街道、重要通道周边拆临拆违工作，拆除地块20 587块，面积214.92万平方米；拆除抚仙湖一级保护区至环湖路外侧50米范围内的临违建筑21.8万平方米；开展26条主要街道净化、绿化、美化、亮化、商业化提升工程，完工21条，整治街区48千米；实施昆磨高速两侧村容村貌整治，完成墙面改造99.51万平方米，屋顶改造3.02万平方米，种植各类植物5.4万株，绿化面积88.77万平方米；开展美丽家园行动，整合资金8 900万元；实施27个试点村特色民居建设，红塔区黄草坝“美丽彝乡”建设圆满完成。至此，以“城乡规划全覆盖、蓝天、碧水、绿化”四大工程为主要内容的城乡环境综合整治完成年度目标。

【园林绿化】　2013年，通过大力推进绿化造林行动、城市近山面山绿化工程，中心城区不断巩固和完善国家园林城市成果，各县城积极开展创建国家和省级园林县城，全市园林绿化工作成效明显。全市建成区绿地面积2 645.9公顷，建成区绿化覆盖率36%，公园地面积997.2公顷。易门县、华宁县成功获得国家园林县城称号。市住建局组织参加中国第十四届梅花腊梅展获优秀组织奖，“生态玉溪”、“踏雪寻梅”2个室外主题展分别获得特金奖和金奖。

【招商引资及争取上级资金】　2013年，市住建局引进招商引资项目3个，均为保障性住房项目，实际到位市外资金6.12亿元，按分成协议占比70%计算，合计金额4.28亿元，完成任务总额的107.1%；争取到中央、省给予的公租房、廉租房、农危房改造等补助资金43 705.65万元。

（李绍伟）

房地产业

【保障性安居工程建设】　2013年，全市续建2011年、2012年保障性住房41 390套，年内完成投资26.97亿元，累计完成投资58.09亿元，除2012年的高层项目外，其余续建项目已基本建成。全市新开工建设保障性住房12 212套，开工率100.7%，完成投资12.4亿元，超出年度计划投资3个百分点；新增发放租赁补贴880户，共发放5 270户。《玉溪市限价商品住房管理规定》、《玉溪市保障性住房分配工作方案》发布实施。各县（区）也相应制定了公共租赁住房分配方案。全年分配保障性住房6 965套，其中，廉租住房分配入住1 835套（红塔区225套、华宁县288套、通海县276套、澄江县360套、新平县268套、元江县418套），公共租赁住房分配5 010套（通海县308套、澄江县904套、高新区351套、新平县733套、元江县504套、中心城区万裕生态城2 210套），国有工矿棚户区120套。全省首个限价商品房项目“万裕·润园”启动预售工作。全市完成农村危房改造拆除重建9 800户、修缮加固9 004户，完成投资超过10亿元，近6万群众受益。

【房地产业发展和房价调控】　截至2013年末，全市有房地产开发企业229家、房地产中介机构98家、物业服务企业71家。全年商品房施工面积1 035.68万平方米，增长20.45%；商品房竣工面积117.93万平方米，增长70.52%；商品房销售面积143.97万平方米，下降5.78%；商品房待售面积50万平方米，增长97.01%。房地产业收入156亿元，增长38.2%。中心城区新建商品住房（预售备案）平均价3 875.56元/平方米，与上年相比增长6.1%。

【中心城区二手房交易及房屋产权登记】　2013年，中心城区二手住房成交数量2 885件，成交面积34.66万平方米，比上年增长92.66%；完成房屋登记24 317份，总面积479万平方米；办理房屋租赁登记备案凭证4 103本，办证面积为43.59万平方米；审验房屋租赁登记备案凭证307本，审验面积为72.36万平方米。市直公房出租率100%。

【中心城区住宅维修资金管理】　2013年，中心城区新增交存住宅维修资金金额1 962万元，累计交存小区107个，累计交存金额2.12亿元；新增维修支出48.6万元，累计支出79.44万元。8县累计交存维修资金1.09亿元。

【住房公积金管理】　2013年，全市完成住房公积金归集额142 405万元，比上年增长5.97%；共计31 091人提

2013年10月24日，玉溪市第七届房地产展示交易会开幕　（张　权　摄）

取住房公积金102 757万元，比上年增长11.36%；发放个人住房贷款3 577笔，贷款金额84 079万元，比上年增长13.04%；发放保障性住房建设项目贷款30 000万元，收回贷款50万元。截至年末，全市个人住房公积金账户数117 019户，累计归集住房公积金1 078 011万元，归集余额417 288万元；累计发放个人住房贷款总额606 857万元，贷款余额274 078万元，存量贷款16 314笔。全市逾期贷款19万元，逾期率0.01%。全市住房公积金存贷比72.86%，比上年增长12.57个百分点。全年实现增值收益7 727万元，比上年增长14.03%。

（李绍伟）

建筑业

【建筑企业及从业人员】　2013年，全市新办建筑业企业资质19家，增项资质10家，7家资质升级初审通过上报省厅审核，1家企业被注销资质。截至年末，全市有建筑施工企业193家，其中，一级施工总承包资质3家，一级专业承包资质2家，二级施工总承包资质41家，二级专业承包资质23家，三级施工总承包资质72家，三级专业承包资质49家，一级劳务企业3家；质量检测机构13家；监理企业9家，其中，甲级资质企业1家，乙级监理企业1家，丙级资质企业6家，丙级资质基本合格1家。全市建筑业从业人员近10万人，有职称工程技术和管理人员15 000余人，其中，高级职称近500人，中级职称近3 000人，建造员2 100人，一、二级建造师1 700人。主要从业工种已做到了85%的持证上岗率。各类机械设备共20 000多台。全市有296个工程开工建设，合同价款金额达72亿元，开工面积近559万平方米。全市建筑业总产值完成96.7亿元，增长36.20%。

【质量安全监管】　2013年，市住建局通过签订《安全生产目标责任状》、实施安全生产工作“一岗双责”制度、加大安全生产隐患大排查力度和按季开展质量安全生产大检查活动等措施，严防建筑质量和安全生产事故。全年组织大规模检查5次，下发《建设工程质量安全监督执法检查告知书》53份，提出检查意见建议645条，建议当地住建部门下达工程暂停令3项，各检查项目安全隐患已基本整改完毕。全年建设工程质量管理工作稳步推进，未发生重大工程质量事故；发生建筑生产安全事故2起，死亡4人，建筑生产安全形势较为严峻。

【招投标和建设工程交易】　2013年，全市完成限额以上工程招投标475个，招标工程造价77.85亿元，中标造价75.27亿元，节约造价2.58亿元，工程造价降低3.31%；完成限额以下工程招投标114个，招标工程造价为5 218.96万元，中标价5 054.22万元，节约造价164.74万元，工程造价降低3.16%。

【清欠工作】　2013年，市住建局完成省、市有关部门交办清欠案件3件，解决拖欠工程款700多万元；接待来人举报11人次，清理付款1 500多万元；办理来电、来信、来函举报6件，解决拖欠工程款近5 000万元。

（李绍伟）

环境保护

【概　况】　2013年，全市环保部门坚持实施“生态立市”战略，围绕市委、市政府“稳增长、调结构、促消费、抓改革、扩开放、建生态、惠民生”的工作目标，落实上级环保部门的决策部署，全面落实环境保护“一岗双责”，坚持污染防治与生态保护并重，切实做好各项环保工作，努力改善区域环境质量。全市层层签订“三湖”水污染综合防治目标责任书，加大以“三湖一库”为重点的生态环境保护力度，抓好抚仙湖良好湖泊生态环境保护试点项目的推进，实施星云湖紫根水葫芦净化水体示范工程，组织开展东风水库水19个污染综合整治项目，完善了主要入湖入库河流河道的保洁清淤长效机制和河段长负责制。同时，强力推进减排工作，完成重点减排项目96个；强力推进城乡环境综合整治工作，落实《玉溪市城乡规划管理办法》，拆除临时建筑和违章建筑206.61万平方米；实施蓝天工程，八县一区启动了县城区环境空气质量监测工作；实施碧水工程，八县一区完成饮用水源地保护区规划；实施绿化工程，完成对拆临拆违闲置地块的绿化美化工作；抓好重金属污染防治、危险废物规范管理和辐射环境安全监管工作；加强建设项目环境监管，对省确定的“三个一百”项目、全市5亿元以上建设项目和其他重点项目加快审批，审批建设项目环评文件524项，办理了50家企业的试生产，对186项建设项目办理了竣工环保验收手续。全市深入开展环保专项行动，严查重处环境违法违规行为，立案查处环境违法案件82件，限期整改并完成197件；征收排污费3 373.16万元，完成省下达计划1 700万元的198.42%；处理群众电话投诉和上级部门转来信访投诉案件361件，处理率100%，较好地维护和保障了群众的环境合法权益。重点污染源在线监控系统市、县监控中心完成建设，安装企

玉溪市是省住建厅、省工信委2012年确定的全省推广应用高强钢筋的示范城市之一。图为2013年5月17日高强钢筋推广使用工地现场。11月21日，经住房和城乡建设部、工业和信息化部组成评估检查组实地查验，认为全市在高强钢筋推广应用力度、统计方式、信息交流平台建设等方面值得全国推广学习，并一致通过对高强钢筋推广应用示范工作的评估验收　（施水伟　摄）

业现场端97户，与市级监控中心联网85户。第二批生态文明建设试点积极开展争当全省生态文明建设排头兵工作。农村环境整治加大以奖促治项目实施。“创模”规划修编完成，指标攻坚工作全面推进。市中心城区环境空气质量日报发布365期。八县一区均开展了PM2.5的监测工作。8所学校和8家社区被公示拟命名为省级绿色学校及绿色社区，绿色创建工作继续走在全省前列。

【“三湖”水污染综合防治】　2013年，全市继续将湖泊水污染综合防治作为重中之重的工作来抓，市政府先后组织召开了湖泊水污染综合防治专题会、现场会、督查推进会等一系列会议，研究部署湖泊水污染防治工作；并与沿湖4县政府及市直有关部门签订了“十二五”及2013年湖泊水污染综合防治目标责任书，落实湖泊水污染综合防治目标责任。同时，对2012年目标责任书执行情况进行了考核，开展了“三湖”流域水污染综合防治“十二五”规划中期评估工作。为确保目标责任书落到实处和各个项目按计划完成，市委、市政府还成立了“三湖”水污染综合防治督导组，定期不定期地对“三湖”水污染防治工作进行督促指导。各级各有关部门分工负责，协调配合，倒排工期计划，倒逼工作目标，着力推进目标责任书项目实施。市环保局编制了《星云湖、杞麓湖流域环境综合整治方案》、《玉溪市抚仙湖保护治理重点工程实施方案（2013～2017）》，切实抓好抚仙湖良好湖泊生态环境保护试点项目，并积极做好参加财政部、环境保护部联合组织的江河湖泊生态环境保护竞争立项的筹备工作，使抚仙湖成功进入了全国15个湖泊重点支持范围，其治理保护进一步得到国家的重视，治理资金渠道得到拓宽。经过一年来的真抓实干，“三湖”流域水污染综合防治“十二五”规划项目按计划顺利推进。至年末，“三湖”水污染综合防治“十二五”规划项目66项，中期评估后，抚仙湖项目调减2项、调增1项，实为65个项目，规划总投资61.2亿元。年底完工23项，在建30项，开展前期工作12项，开工率81.5%，完工率35.4%，完成投资13.76亿元。抚仙湖继续保持Ⅰ类水质。市、县政府和环保等有关部门认真落实省政府杞麓湖水污染综合治理现场办公会精神，积极实施会议确定的16个项目（其中，杞麓湖补水工程项目被取消），开展前期工作1项，在建2项，完工12项，开工率93.3%，完工率80%，计划投资6.42亿元，完成投资5.09亿元。主要入湖河道综合整治攻坚战全面打响，并强化非工程措施。针对连年干旱导致抚仙湖、星云湖、杞麓湖水位下降可能带来的水质污染风险，市政府下发了《关于进一步加强抚仙湖水生态环境保护和水资源管理的紧急通知》和《关于进一步加强三湖水生态环境保护的紧急通知》，市三湖办下发了《关于进一步加强星云湖杞麓湖水污染防治防范水污染风险发生的通知》。各级各部门认真分析排查“三湖”水位下降面临的水生态环境风险，制订防范风险发生的应急预案和工作方案，采取切实措施，严防“三湖”水污染风险。沿湖4县广泛动员干部群众开展“清洁河道、清洁湖滩、清洁村庄、清洁田园”“四清”保洁活动。市级对工作开展情况进行了督促检查，确保保洁工作取得实效。针对绝大部分污染负荷都是入湖河道带入湖泊的实际，坚持把河道治理作为重要环节来组织实施。市委、市政府下发《关于进一步完善三湖主要入湖河道河长责任制的通知》，制定了考核办法，在沿湖4县对“三湖”64条主要入湖河道实行河段长责任制的基础上，筛选污染严重的31条主要河流，由市委书记等市级领导亲自担任河长，进一步强化入湖河道河长责任制，高位推进综合整治工作。各条主要入湖河道的河长纷纷到实地调查研究，编制完善综合整治方案，千方百计争取资金投入，逐步推进综合整治项目。

【“生态”创建】　2013年，市委、市政府加快生态文明建设步伐，积极争当全省生态文明建设排头兵。市环保局根据市政府的安排，草拟了《玉溪市争当全省生态文明建设排头兵的实施意见》及“五年行动计划”，广泛征求市人大、政协，省、市有关专家，八县一区政府和市级相关部门的意见和建议，形成送审稿报市政府。同时，积极组织、加强指导，组织各县（区）编制完成《生态环境保护规划》并批复实施；积极推进生态县建设规划的编制，8个县（区）规划已批复实施；深入开展生态乡镇创建活动，已有55个乡（镇、街道）编制完成并报批实施了乡（镇）环境规划，7个乡（镇）环境规划已通过专家评审将报批实施，余下的10个乡（镇）均已委托相关技术人员或具备资质的专业机构开展规划编制工作。华宁县通红甸乡被命名为第八批省级生态文明乡（镇）。农村环境综合整治工作继续推进，红塔区大营街道赤马村等4个农村环境综合整治专项资金项目完成了验收和成效评估工作。环境保护专项资金项目储备库申报项目54个，积极争取中央农村环保专项资金和省

2013年9月10～11日，省“九湖”水污染防治督导组现场调研抚仙湖保护治理工作（张汝贵　摄）

级生态建设资金支持。至年底，全市落实中央农村环保“以奖促治”和省级生态建设专项资金支持农村环境综合整治项目3个，生物多样性保护项目1个，生态文明建设示范创建“以奖代补”项目1个，前期方案编制项目2个，争取到中央和省级资金910万元。

【“创模”工作】　2013年，市政府部署开展《玉溪市创建国家环境保护模范城市规划》修编工作。为切实做好2013年度“创模”工作，市政府办公室于6月27日下发《玉溪市人民政府办公室关于印发玉溪市2013年度创建国家环境保护模范城市工作实施方案的通知》。各县（区）政府和市直相关部门也相应制定及实施年度“创模”工作实施方案。市“创模”办切实做好“创模”档案资料的收集整理，完成了2009～2011年度“创模”档案资料的归档工作，并对“创模”指标达标情况进行了总结分析。为推进“创模”工作取得新的进展，在资金紧缺的情况下，市政府仍安排落实了“创模”资金，中心城区集中式饮用水源地保护、玉溪大河综合治理、环境管理能力建设等“创模”重点工程得到继续推进。“创模”工作正朝着既定的目标一步步迈进。

【污染减排】　2013年，省政府下达全市的年度污染减排任务为化学需氧量和氨氮排放总量分别控制在33 500吨、2 844吨以内，比上年的34 010吨、2 888吨减少1.50%；二氧化硫和氮氧化物排放总量控制在29 389吨、33 617吨以内，比上年的30 873吨、34 042吨分别减少4.81%、1.25%；需完成重点减排项目为96个，其中，工程减排69个，管理减排14个，结构减排13个。为确保减排任务顺利完成，全市上下高度重视，层层签订目标责任书，将责任分解落实到各有关部门、企业和乡（镇），并要求严格按照目标责任书的要求，采取多种措施，积极推进减排工作。市环保局、市政府督查室、市监察局、市工信委等相关部门加大对减排项目的督促检查力度，全年开展了7次专项督查活动。市人大、市政协也高度重视减排工作，分别组织减排工作组和调研组，对重点减排项目实施情况开展调研、督促检查。各县（区）政府及其相关部门也定期不定期进行现场检查，促进减排项目按进度实施。针对少数减排项目（污水处理厂）进度滞后的问题，分管环保工作的副市长代表市政府对项目所属的县政府进行了督促。县政府相关领导随之约谈污水处理厂运营管理公司负责人，要求对存在问题进行限期整改，召集水泥和钢铁减排企业负责人会谈，要求其尽快完成工程任务。为切实做好农业污染源项目的减排工作，市相关部门还对基层农业、环保工作人员进行了集中培训，就如何完成减排任务作了指导。同时，高度重视减排项目的核查核算工作，做到提前安排，逐级审核，按质按量做好减排项目资料，保证核查核算数据的真实性和准确性，并切实加强污染减排统计和监测体系建设，污染源自动监控数据传输有效率达75%，自行监测结果公布率达80%，监督性监测结果公布率达95%。市政府出台了《玉溪市十二五污染减排目标任务年度考核实施办法》，明确奖惩措施，落实减排经费200多万元，用于减排企业的奖励性补助及年度考核性奖励，有效增强了各级政府和减排企业工作的积极性和主动性。至年末，全市96个重点减排项目全部完成，完成率为100%；投入资金约1.97亿元，新建7套烧结烟气脱硫设施、5套水泥窑脱硝设施并全部投入运行，关停拆除7户造纸厂、2户钢铁厂、3户水泥厂。全市的污水厂及配套管网项目全部建成投运，扣除新增排放量后，4项指标的排放量均控制在责任书要求的指标范围内。

【城乡环境综合整治】　2013年，市环保局强力推进城乡环境综合整治工作，红塔区、江川县、华宁县、易门县、峨山县、新平县、元江县7个县（区）均完成了城市总体规划、县城控制性详细规划及城市绿地专项规划、城市综合交通专项规划、城市地下管线专项规划、城市给排水专项规划等专项规划的编制工作。八县一区完成了村庄规划编制工作。同时，认真落实《玉溪市城乡规划管理办法》，全市完成临时建筑和违章建筑拆除20 154块，拆除面积达206.61万平方米；实施蓝天工程，全市均于4月在全省率先启动了县城环境空气质量监测工作，对县（区）内的SO_2、NO_2、PM10等指标进行监测，并于每月上、中、下旬向社会公布；实施碧水工程，八县一区均已完成饮用水源地保护区规划，完成标志牌、界桩及防护网等保护区立标界定和建立水源地水质例行监测制度，定期开展监测工作；强化集中式水源地监督评估，自查评估了中心城区东风水库、飞井海集中式饮用水源地，开展全市县城11个集中式饮用水源地的评估工作，并对全市13个集中式饮用水源地进行监测分析；积极组织开展东风水库水19个污染综合整治项目，争取到省环保厅东风水库治理专项资金250万元，并完善了主要河流河道的保洁清淤长效机制和河段长负责制。

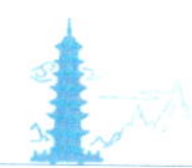

【建设项目环境管理】 2013年，全市环保部门进一步加强和改进建设项目环境影响评价管理，努力提高“环评”工作的预见性、主动性和有效性，提高工作效率和服务质量。按照“提前介入、依法审批、主动服务、急事急办、难事巧办”的原则，对项目实行专人负责、跟踪指导、全过程参与；对国家扩大内需的项目和省、市重点推进的项目，及早进行了解和研究，积极主动配合业主和“环评”文件编制单位，做好文件编制工作，明确专人跟踪服务，提供必要的材料，提出加快推进“环评”工作的意见和建议，及时解决“环评”文件编制过程中存在的问题，对符合环保要求的项目，协调相关部门尽快审批。同时，切实做好工业园区“环评”管理工作，与各县（区）委、政府以及园区管委会、业主共同研究入园项目“环评”审批事项，并配合园区管委会，对项目业主及其委托的“环评”机构负责人进行培训，对项目进行集中评审，缩短审批时限；进一步解放思想，拓宽思路，强化服务，帮助协调解决业主在办理环境影响评价手续上遇到的问题，加快“环评”的速度。对“环评”中介机构切实加强管理，建立行之有效的“环评”中介机构管理制度，从源头上杜绝“‘环评’难”、“‘环评’慢”的问题发生。在优化服务的同时，严格把好项目准入关，对不符合环保法律法规、不符合有关规划和产业政策、不符合清洁生产要求，达不到排放标准和总量控制目标的建设项目，一律不予批准。环保部门还创新工作机制，全面开放“环评”市场，完善“环评”审批程序，简化审批环节，提高办事效率，切实加强建设项目“三同时”监管和竣工验收。对项目完工但达不到试生产条件的，要求建设单位进行整改，达到要求后方准予投入试生产；对验收不合格的，要求建设单位限期进行整改；对环境风险防范措施落实不到位，环保投诉和信访问题突出，群众合理环境诉求未得到解决的项目，一律不予验收。全市环保部门审批建设项目“环评”文件524项，重点建设项目环境影响评价制度执行率为100%；批准50家企业投入试生产，对186个竣工项目进行了环保验收，重点建设项目“三同时”制度执行率为100%。

【辐射监管】 2013年，全市环保部门严格履行辐射监管责任，每季度对核技术应用单位开展一次现场安全检查，重点检查其安全防范措施是否到位，并及时收贮闲置放射源，严防污染事故发生。根据省环保厅的有关通知要求，全市组织开展辐射安全许可证换、办证工作，对145家核技术应用单位到期的辐射安全许可证进行换证办证。同时，在全市范围内组织开展了辐射安全检查专项行动，成立了专项行动领导小组，制定了“实施方案”，明确了指导思想、检查目的、检查范围内容、进度安排等。全市上下严格按照“实施方案”开展了行动，确保了辐射环境安全，全年未出现放射源失控、丢失和被盗情况，未发生辐射污染事故及安全隐患。市环保局对12个输变电建设项目的环评文件进行了审批，对属于省环保厅验收的2个输变电项目及其审批的3个涉及电磁辐射的项目出具了意见，对10个输变电竣工项目、9个核技术应用项目进行了环保验收。

【环保专项行动】 2013年，按照国家和省的安排，全市继续开展“整治违法排污企业保障群众健康环保专项行动”。市政府高度重视这一工作，调整和充实了市环保专项行动领导小组成员。市政府办公室下发了《整治违法排污企业保障群众健康环保专项行动实施方案》，要求各级各有关部门认真贯彻实施。在专项行动中，各级各有关部门齐心协力，加强联动，形成合力，认真查处群众反映强烈的大气污染和废水污染地下水的环境违法问题；加强对钢铁、水泥企业以及燃煤锅炉除尘、脱硫设施运行情况的监管，严查二氧化硫、氮氧化物、烟（粉）尘超标排放的违法行为；加大对企业废水排放的排查力度，严查利用暗管、渗井（旱井）、渗坑（坑塘）、裂隙和溶洞排放、倾倒含有毒污染物废水的违法行为；加强对城镇污水处理厂和涉铅、汞、镉、铬和类金属砷排放的有色金属矿采选冶炼、铅蓄电池、皮革鞣制和电镀等重点行业、重点企业的监督检查；全面排查整治医药行业环境污染问题，严肃查处医药企业超标排放、偷排漏排、采用非法手段转移偷排废水等环境违法行为；认真排查城市河流型集中式饮用水水源地污染隐患，加大治理保护工作力度。在落实上述措施的同时，开展了重点污染源的专项检查和督查，落实挂牌督办事项，对华宁县、通海县、江川县、澄江县、元江县、峨山县、新平县和易门县8家污水处理厂的未运行、超标排放、擅自停运污水处理设施、未合并排污口的问题，江川县、通海县、澄江县、峨山县辖区内的6户重点企业的环境问题，易门县、华宁县、红塔区范围内的工业园区环境综合整治等问题以及群众反映强烈、社会影响恶劣的重大环境污染问题和环境违法案件进行了挂牌督办。

【环境监督管理】 2013年，全市环保部门进一步保持环境执法高压态势，开展以“三湖”、污水处理厂、饮用水源地、新上项目、节能减排项目为重点的环境现场监督检查。全市出动11 934人（次），现场监察排污企业4 550家（次），立案查处环境违法案件98件，结案率100%，限期整改并完成229件。坚持如实申报、收费标准、依法全面三个吻合，做到排污费征收原始资料、票据齐全的原则，全市征收排污费3 373.16万元，圆满完成省下达计划任务。并对21户企业实施排污费征收稽查，追缴排污费306.13万元。同时，切实加强环境污染矛盾纠纷排查化解工作，依托“12369”及时解决群众关心的热点环境问题，接到群众电话投诉和上级部门转来信访投诉案件361件，处理率100%，较好地维护和保障了群众的环境合法权益；开展环境安全大检查和环境应急管理工作，出动监察人员1 432人次，检查企业371家次（含尾矿库33座），下达整改通知13份；编制、完善《玉溪市突发环境事件应急预案》及《玉溪市环境保护局突发环境事件应急响应预案》，强化环境应急管理，督促企业完善应急预案各项措施，编制全市国控重点企业备案各类突发环境事件应急预案55份。12月4日，市环保局在抚仙湖环湖公路大海底路段成功举行了环境突发事件应急演练，并以远程传输的方式，检验了污染源自动监控系统的会议视频功能。

【环保宣传教育】 2013年，全市环保部门与有关部门协作配合，深入开展环保宣传教育工作，先后印发《2013年玉溪市环境宣传教育工作要点》、《关于认真组织开展2013年“六·五”世界环境日纪念活动的通知》、《关于组织开展2013年“环保科普进校园”活动的通知》等一系列文件，认真安排，周密部署。市环保局、科协、教育局3家合作，组织人员，深入华宁县、通海县的8所中、小学开展了“环保科普进校园”活动。为做好“6·5”世界环境日宣传工作，市环保局投入20多万元，征订宣传材料，在全市范围内发放宣传。“6·5”期间，在聂耳文化广场组织开展了环保公众开放宣传日活动，举办了环保文艺晚会。在这2项活动中，发放宣传材料2 000多份，1 000多名观众观看了演出。其间，还通过市移动、联通、电信和环保、卫生、教育网站，宣传世界环境日主题。市环保局向全市发布了《2012年度玉溪市环境状况公报》。自5月3日开始，每天在《玉溪日报》、玉溪电视台、玉溪网和玉溪环保网向社会发布中心城区环境空气质量状况，按月分旬向社会发布各县县城环境空气质量状况。

【“绿色”创建】 2013年，市绿色学校（社区）创建工作领导小组办公室及时转发省级绿色学校、社区和环境教育基地2013年度创建工作文件，积极组织申报的学校、社区和市、县（区）环保局相关负责人参加省级绿色创建工作培训会，并组织已建成绿色学校的学校参加国际生态学校项目培训班，使其了解掌握创建国际生态学校的基本知识，全市“绿色”创建工作进一步推进。为确保省级绿色学校、社区创建工作取得成效，市绿色学校、社区创建工作领导小组办公室人员深入江川县、澄江县、峨山县，红塔区等县（区），对其申报工作进行指导。全市11所学校和10个社区申报材料经过了市级绿色创建工作领导小组办公室审核，推荐到省级绿色创建工作领导小组进行评审。全省第七批省级绿色学校、第五批省级绿色社区和第三批省级环境教育基地命名结果揭晓，全市有18所学校被命名为省级绿色学校，1个社区和1个单位分别被命名省级绿色社区和省级环境教育基地，18名教师、1名社区干部和1名环境教育基地干部被评为创建工作先进个人。市环保局在省级绿色学校创建工作中再次获得组织奖。

【环境监测与科研】 2013年，市环境监测部门开展了“三湖一库”及入湖河流、玉溪大河、元江、南盘江、绿汁江、曲江等月报监测和中心城区环境空气质量监测工作和地级城市、县级城镇集中式生活饮用水源地水质监测工作，实施了国控、省控重点污染源以及重点减排项目的监督性监测，以及上级下达的各种指令性监测任务，完成各类监测报告312份，出具监测数据39 178个，发布中心城区环境空气质量日报365期，向国家环境监测总站上报抚仙湖孤山水质自动站水质周报52期，监测数据50 856个；同时，开展环境空气质量监测工作，按旬公布全市县（区）空气质量状况报告27期。自4月初开始，八县一区均开展了PM2.5的监测工作。中心城区环境空气质量监测指标日平均值均符合《环境空气质量标准》二级标准，全年空气质量均达到优良。此外，还完成了抚仙湖、星云湖、杞麓湖2012年度水质分析报告和2013年水质分析报告；完成了“环境与健康”预调查土壤环境质量现状监测分析工作；协助中国环境规划院完成《抚仙湖生态环境保护规划（2011～2025年）》，编制完成《2013年星云湖流域环境综合整治方案》、《玉溪市中心城区集中式饮用水源地东风水库水污染综合整治工作方案》、《玉溪市中心城区集中式饮用水源地东风水库水污染综合整治项目可行性研究报告》等；与省环科院合作完成了抚仙湖、星云湖、杞麓湖水污染综合防治“十二五”规划中期执行情况评估报告编制工作，并完成了星云湖、杞麓湖生态安全调查及评估技术大纲编制工作；组织开展了《抚仙湖不明漂浮物成因调查研究》、《星云湖蓝藻“除藻船”除藻控藻效果研究》课题现场监测与调查工作；开展编制《星云湖水污染综合治理实施方案（2013～2015年）》、《杞麓湖水污染综合治理实施方案（2013～2015年）》等项目。

【环境法制及自身建设】 2013年，全市环保部门组织开展了《玉溪市重金属污染防治“十二五”规划》、《玉溪市曲江流域综合治理规划（2011～2030）》和《玉溪市创建国家环境保护模范城市规划（修编本）》3个重大决策事项的听证会；组织开展人大建议9件和政协提案11件的办理工作，面商率、会商率、满意率均为100%；依法审核行政处罚案件36件，审核排污费稽查案件9县44家企业。同时，强化环境监测执法能力建设，抓好重点监控企业在线监控系统建设工作，完成企业现场端监测设备安装97户，与市级监控中心联网85户，通过验收76户，验收率达78%；建设完成全市环境空气自动监测系统监测数据实时上报系统，2014年1月1日正式上传数据；积极推进6个新建县级监测站的建站工作，全市10家政府公益性监测站全部通过计量认证并获得CMA证书。

（文妍霞）

贸　易

编辑：王竹能

商　务

【概　况】 2013年，全市对外贸易再创历史新高，全年实现外贸进出口总值7.14亿美元，比上年增34%。其中，出口6.79亿美元，比上年增35.7%；进口0.35亿美元，比上年增7.6%；分别完成省、市下达的6.18亿美元和6.4亿美元目标任务的115.5%和111.6%，全省排名第五位，对全市GDP增长的贡献率达11%。同时，实现进出口总值突破7亿美元、单月进出口值突破1亿美元、单户企业出口值突破1亿美元。全市实现社会消费品零售总额226.3亿元，比上年增14%，增幅排名全省第二位，比上年前进5个位次，占全市GDP比重达20.5%。限额以上零售额所占比重达62%。批发业实现367.3亿元，比上年增19%。零售业实现217.1亿元，比上年增19.4%。累计争取上级资金5 497.78万元，完成全年目标任务5 290万元的103.9%。

【参展昆交会】 首届中国-南亚博览会暨第21届昆交会于2013年6月6～10日在昆明国际会展中心同期举行。全市对外贸易实现成交额19 150万美元，比上年增30.2%；国内贸易实现成交额24.3亿元，比上年增10.8%；集中签约招商引资项目19个，其中，内资项目18个，总投资235亿元，外资项目1个，总投资1.6亿美元，拟利用外资410万美元。参展企业累计实现展品销售额139.9万元，达成意向性签约16 175万元，比上届增5 975万元；集中签订了6个蔬菜贸易合同，出口3 846.5万美元，内销34 500万元。

（任红萍）

【进出口企业】 2013年，全市有进出口经营权企业375户，比上年增54户；有进出口实绩企业90户，其中，21户为当年新开展进出口业务，是历史有进出口实绩、新增有进出口经营权企业户数最多的一年。全市进出口值上千万美元企业18户，累计进出口值58 488万美元，比上年增40.7%，占全市进出口总值的81.9%；进出口值500～1 000万美元企业6户，累计进出口值4 128万美元，比上年增55.1%，占全市进出口总值的5.8%。企业出口信用保险运用意识增强，全市有9户外贸企业向中国信用保险省公司进行出口货物投保6 111.6万美元，通过保单融资向市中国银行、市工商银行、市广发银行等金融机构融资20 052万元。另有8户企业通过小微企业“信保易”模式进行投保。

【县（区）外贸发展】 2013年，通海县凭借出口企业多、果蔬和五金机电产品出口多、出口上规模企业多的优势，进出口值连年攀升，实现进出口值33 862万美元，比上年增60%，占全市进出口总值的47.4%，遥遥领先于其他县（区）。红塔区依托百信食品进出口有限公司和众多外贸公司，澄江县、江川县借助3～4户磷化工和果蔬出口龙头企业，华宁县依靠2户果蔬出口企业，对外贸易稳步发展，进出口值均迈上6 000万美元台阶。高新区、易门县、元江县以2～3户龙头企业为带动，进出口值超过1 000万美元。

【农产品出口】 2013年，全市出口农产品52 519万美元，比上年增46.5%，占全市出口总值的77.3%。其中，出口水果33 398万美元，比上年增73.5%，占全市出口总值的49.2%，占全省同类产品出口总值的54.9%；出口新鲜蔬菜11 965万美元，比上年增1.9%；出口冻猪肉3 842万美元，比上年增50.9%，占全省同类产品出口总值的96.8%；出口干果807万美元，比上年增32.1%；出口熟制萝卜丝725万美元，比上年增1.8%；出口鲜切花（叶）628万美元，比上年增20.1%；出口洋葱酥528万美元；泡菜类产品首次实现自营出口。

【进出口商品结构】 2013年，随着全市以蔬菜为重点的农产品出口转型升级工作的有效拓展，磷化工出口总值比重逐渐减小，农产品出口比重日益加大，进出口商品结构不断优化，磷化工、农产品、五金机电、高新及生物制药、纺织轻工烟等占全市出口总值比重分别为11.4%、77.3%、3.7%、1.7%、5.7%。首次实现铁矿石自营进口，11～12月，方圆商贸有限公司从老挝进口577万美元铁矿石7万吨，有效弥补了全市外贸进口增长乏力的缺陷，促成了进口、出口共同发力的良性循环增长模式。

【贸易市场多元化】 2013年，全市在稳保东南亚市场的同时，积极开拓欧美、非洲等新兴市场，出口商品达25个类别114个品种，市场已拓展到亚洲、非洲、澳洲、欧美等62个国家和地区。全市对亚洲出口值比上年增32%，占全市出口总值的94.3%。全市对东盟出口值52 412万美元，比上年增40.6%，占全市出口总值的77.2%。其中，出口越南22 137万美元，比上年增56.8%；出口泰国17 687万美元，比上年增57.7%。对非洲、欧洲、北美洲、澳洲出口实现成倍增长。外贸龙头企业境外营销网点建设稳步推进，宋威农产品进出口公司、茂源果蔬进出口公司、高原农产品公司、通泰贸易进出口公司的国际营销服务平台项目于12月启动建设。至此，全市8户农产品出口企业在境外建立了15个营销服务网点。

【跨境贸易人民币结算】 2013年，全市有30户企业开展跨境贸易人民币结算业务，结算金额达16.12亿元，比上年增33.3%。主要涉及农产品、五金机电和矿产品。

【农产品出口基地建设】 截至2013年末，全市有蔬菜、花卉、水果、茶叶、人工菌等各类农产品出口种植基地40.5万亩，生猪养殖基地35个（养殖生猪10.09万头），水产基地2个（养殖面积36亩）。企业在基地建设中累计投入资金5.36亿元。市内、市外蔬菜出口共基地23.6万亩（市内17.9万亩、市外5.7万亩）、水果出口基地9.9万亩。全市稳步推进“国家级蔬菜出口专业型示范基地”建设，所实施的国际营销服务、试验检测、技术研发、质量可追溯体系、公共物流等9个外贸公共服务平台已建设完成并通过了省检查组的验收。市商务局、市财政局于12月对通过验收的外贸公共服务平台进行了授牌公示。同时，结合全市水果产业发展和出口现状，申报省级水果出口基地。11月，市水果基地被认定为省级农产品出口基地。

（赵翠玲）

【压缩行政审批时限】 2013年，市商务局进一步转变工作作风，简化审批环节，积极再造审批流程、出台行政审批事项办理实施细则，将所涉及的外商投资企业设立、变更、终止的审批，外国投资者并购国内企业、外商投资股份有限公司设立的初审，设立旧机动车鉴定评估机构审批，成品油零售经营资格审批的审批时限进行了大幅压缩，均由法定审批时限压缩为3个工作日。审批时限压缩位列市直部门首位。

【万村千乡市场工程】 2013年，全市继续实施“万村千乡市场工程”，开展了“万村千乡市场工程”回头看工作，对全市2005年以来实施的“万村千乡市场工程”项目（包括农家店、配送中心、乡镇商贸中心、信息化改造项目）、2011年以来实施的“南菜北运”项目组织实施了绩效评价，以评价促提升，强化项目规范管理。同时，推进了2个配送中心、1个乡镇商贸中心、20个农家店的建设。

2013昆交会，市长饶南湖（市交易团团长）检查指导参展工作（刘东红　摄）

【家电下乡】 2013年1月31日，执行了4年的家电下乡政策全面停止。2009年3月至2013年1月，全市销售家电下乡产品44.8万台，销售额11.1亿元。其中，红塔区销售8.2万台，销售额2.2亿元；江川县销售5.6万台，销售额1.3亿元；澄江县销售3.4万台，销售额0.8亿元；通海县销售7.7亿元，销售额2亿元；华宁县销售3.7万台，销售额0.85亿元；易门县销售2.8万台，销售额0.65亿元；新平县销售5.7万台，销售额1.4亿元；元江县销售3.8万台，销售额0.93亿元。

【生猪定点屠宰管理】 2013年，以让消费者吃上“放心肉”为重点，全市强化行业监管。通过开展生猪定点屠宰资格审核清理，实施屠宰行业资源整合、分类定级，搬迁新建不符合定点屠宰规范管理要求的县级屠宰场，改造提升乡镇集中屠宰场（点），开展生猪定点屠宰环节专项整治，加大对私屠滥宰等违法行为的打击力度，切实保障了居民肉品消费安全。全市39个生猪屠宰厂（场）屠宰生猪121.37万头，比上年增28.88%，创历史新高。在6～12月为期半年的生猪定点屠宰环节专项整治行动中，多部门联合开展执法检查，出动执法人员4 216人次、车辆953车次，查处违法案件2起，接举报电话24个，核实处理举报电话24起，没收注水、病害猪肉411.1千克，进一步净化了猪肉市场秩序。

【专业市场建设】 2013年，全市着力推进专业市场、乡镇集贸（农贸）市场、农产品交易市场和社区便民农超建设，完成了通海县蔬菜、华宁县和新平县水果批发市场的前期可行性和初步选址规划工作；推进了精品建材城、南亚农产品交易配送中心二期工程、新平县明珠家具市场等一批交易量大、带动性强的专业市场；完成了2012年度6个省级和10个市级农贸市场的后续工作，实施了2013年7个省级、8个市级农贸市场建设项目；启动了中心城区便民农超试点建设，依托百信集团完成了10个示范店的建设，有效解决了城市居民“买菜难”问题。

【南菜北运】 全市“南菜北运”试点项目于2011年正式启动，通海县汪家富蔬菜公司和高原农产品公司被国家商务部列为2 011、2 012连续2

年试点项目承建企业。2013年，新增2户“南菜北运”试点企业，即通海县金茂农产品公司和东绿食品公司。11月，由通海县汪家富蔬菜公司和高原农产品公司分别承建的北方地区终端零售网点、农产品公共信息服务平台、拓展农产品产地集配中心项目和冷链物流货运配送服务项目通过了验收，共销往北方市场蔬菜25.1万吨。项目总投资2 987万元。

【酒类流通管理】　2013年，全市继续推进酒类流通备案工作，累计完成4 054户酒类经营者的备案登记。其中，酒类批发业（批零兼营）287户，零售业2 355户，餐饮业1 266户，酒吧等娱乐业143户，其他3户。

【商网规划修编】　2013年，市商务局、市规划局顺应现代商业发展趋势、结合全市“三旧”改造及区域控制性规划，委托市规划设计研究院对2 006版《玉溪市中心城区商业网点规划》进行了修编。经过多次修改完善，11月29日，修编规划通过了专家组评审，最终形成《玉溪市中心城区商业网点规划》（2013～2030年）。这次修编兼顾城市定位、产业特点、历史人文资源等要素，对中心城区未来商业网点的商业功能、结构、空间布局和建设规模进行了统筹设计，重点突出、特色明显、规划引导准确，为商业发展提供了美好蓝图。峨山县、澄江县也相继完成商网规划编制并先后通过了专家评审。

（苗　莉）

【成品油供应】　2013年，市中石化、中石油2家石油公司认真做好成品油零售价多次调整的应对工作，保证了全市成品油市场的总体运行平稳，供求稳定。2家石油公司累计销售汽柴油55.9万吨，比上年增1%，其中，汽油销售17.2万吨，柴油销售38.7万吨。至年末，全市持有《成品油零售经营批准证书》的加油站（点）215座，批准加油站原址改造或搬迁重建21座、新建3座。

【汽车销售】　2013年，全市品牌汽车销售15 176辆，比上年增6.7%；实现销售额193 635万元，比上年增20%。全市交易二手车以载重车和小汽车为交易主流，交易18 152辆，比上年增6.5%；成交金额64 630万元，比上年增10%。

2013年，对通海县宋威农产品进出口公司的泰国国际营销平台进行授牌

（赵翠玲　摄）

【拍卖市场】　2013年，全市市内拍卖公司举行拍卖会43场，比上年增38.7%；拍卖成交金额18 467万元，比上年减52.7%；拍卖从业人员30人，拍卖师9人。市外拍卖公司备案5场。

【培育商贸流通企业】　2013年，全市加大商贸流通企业纳限力度，着力培育县（区）规模以上商贸流通企业，新增限额以上商贸流通企业71家，为全市社会消费品零售总额的增长提供有力保障。同时，着力培育大型商贸流通企业，积极向省级推荐申报项目，使百信商贸集团成为省拟培育的20家大型商贸流通企业项目之一。

【餐饮业管理】　2013年，市商务局向国家申报通海县为“中国生态美食名县”，汇龙生态园、鸿源饭店、宏盛酒店、江川县世生饭店、宏云饭店为“中华餐饮名店”，鸿源饭店的酱油鸡为“中国名菜”，千层浪饭店的“好吃饼”为“中国名小吃”，并正式通过中国烹饪协会的评审认定批准并授予了相关证书。同时，着力发展大众餐饮业，在中心城区开办了新兴自助餐厅、绿树林自助餐吧、万缘、乐德、福润鑫自助餐馆等多户大众自助餐饮店。并研究出台了发展餐饮业促进政策，市政府印发了《玉溪市人民政府关于加快餐饮业发展的实施意见》，积极打造美食文化。

【家政服务行业】　2013年，市公共保洁与家政服务行业协会开展了优秀家庭服务企业创建活动，黄姨妈母婴服务公司、玉清物业服务公司、佳洁家政清洁服务部、格瑞设备清洗公司、童缘家政服务中心5家企业获得了市人社局颁发的优秀企业称号。市公共保洁职业培训站联合就业局、人社局对城市失业人员和农村劳动力举办了2期家政服务员初级职业技能等级培训，培训学员155人，考核鉴定后有153人拿到了国家职业资格技能证书。

【再生资源回收利用体系建设】　2013年，全市再生资源回收利用体系建设试点工作全面推进，至12月末，完成了150个标准化回收站点的规划工作及分拣、拆解中心厂房建设，正在开展交易市场的顶棚建设，已完成生产经营性工程总量的90%，完成建设投资1.1亿元。项目计划2014年竣工。

（普金标）

【药品流通管理】　2013年，市商务局开展了《药品批发企业物流服务能力评估指标》、《零售药店经营服务规范》等5个药品流通行业标准的宣传贯彻，并制作了《药品流通行业管理工作有关资料选编》。12月5日，召开了全市药品流通行业管理工作会议，就药品流通行业管理5项标准、中药材流通追溯体系向全市17家药品批发企业、37家大型零售企业负责人进行了集中培训讲解。

（徐　婷）

【外商投资企业审批管理】　2013

2013年2月16日，市委书记张祖林一行到百信超市看望春节期间坚守岗位的工作人员　（市商务局　提供）

年，全市办理外商投资企业审批事项33项，其中，新批1项，增资1项，进口设备9项，股权变更5项，经营范围变更2项，解除股权质押1项，股权质押1项，注销2项，经营期限变更3项，董事会成员变更3项，转报事项5项。截至年底，全市累计批准外商投资企业181户，其中，变更为内资企业、公司合并、终止、注销、迁往外地、以及被工商部门吊销的企业共109户，长期停业或未经营过的企业22户，正常经营的外商投资企业47户。1～12月，全市统计外资6 742万美元，其中，纳入商务局部统计实际到位外资485万美元，纳入省统计外资6 257万美元。

【外商投资企业联合年检】 2013年4～6月，市商务局牵头，联合市财政、税务、工商、统计等部门，对全市外商投资企业进行联合年检。全市应参检企业50户，实际参检49户。49户参检企业中，投产开业44户，筹建3户，停产2户，从业人员4 496人；盈利企业22户；亏损企业27户。44户投产开业企业的销售收入合计317 808.53万元，纳税总额合计29 040.33万元。

（郭艳波）

【商贸及现代服务产业招商引资】 2013年，全市引进商贸产业招商项目11个，到位省外资金4.86亿元，完成市下达目标任务4亿元的121.5%。其中，油气管道工程项目实际使用省外资金3.11亿元，占63.9%；加油站、油库建设实际使用省外资金6 692.7万元，占13.8%；城市燃气工程项目使用省外资金3 978.1万元，占8.2%；市场建设项目实际使用省外资金6 860万元，占14.1%。

（王滟萍）

【对外经济技术合作】 2013年，全市新报批境外直接投资企业4户，分别是通海县通暹进出口贸易公司到泰国投资成立通暹罗进出口公司、高原农产品公司到柬埔寨成立高原国际农业（柬埔寨）公司、澄江县德安磷化工公司和台湾友发化工股份公司共同投资在台湾成立百盛材料科技股份公司、易门县新龙矿业公司和方圆商贸公司共同到老挝成立和泰商业公司。市商务局圆满完成了5户境外投资企业的联合年检，并协助市内2个境外直接投资项目申报获得省实施“走出去”战略发展专项资金245万元的扶持。外经外贸联动取得新突破，在上年元江县永发水泥公司投资设备出口的基础上，外经企业实现对外投资设备及替代种植化肥出口、产品返销进口1 006万美元。12月13日，玉溪市已被列为第一批全省对外劳务合作服务平台建设仅有的3个试点州市之一，并正式授牌。

（刘东红）

【“三外”企业安全生产监管】 2013年，市商务局坚持不懈地抓好全市“三外”企业及大型商贸流通企业的安全生产监管，组织开展了火灾隐患的排查整治和为期4个月（6月21～9月20日）的集中安全生产大检查以及涉氨制冷企业的安全隐患排查整治工作，确保商贸流通领域和“三外”企业的安全生产。8月6日，以张治礼副司长为组长的商务部安全生产大检查督查组一行到全市开展安全生产大检查督查工作，对全市商务系统集中开展安全生产大检查的工作和所取得的成效给予了充分肯定。

（严　华）

【商务信息化建设】 2013年，市商务局针对机构改革和职能划分变动，及时改版了网页，购买正版软件并对全局计算机进行了安装。全年在商务部地方之窗、市商务局网站、政府信息公开网发布信息1 205条；组织部分县（区）参加了商务部举办的新农村商网2013年夏季农产品网上购销对接会；指导通海县商务局完成了农村商务信息服务试点县申报工作，使通海县继保山隆阳区和楚雄元谋县之后成为云南农村商务信息服务试点县。

（郭艳波）

粮油经营

【概　况】 2013年，全市粮食工作紧紧围绕提高粮食安全保障能力这一目标，按照“守住管好天下粮仓，做好‘广积粮、积好粮、好积粮’三篇文章”的总部署，坚持以“稳增长、调结构、促消费、强改革、扩开放、惠民生、保供给、稳粮价、兴产业、抓特色”为工作重心，全面克服了连续干旱、H7N9禽流感和国际低价粮冲击、谷强米弱、饲料价格异常波动、税负增加等不利因素的影响，不断推进粮食购销体系、调控体系、粮食仓储体系、粮食加工体系和粮食流通监督检查体系建设，着力提高粮食产业化、企业规模化、管理科学化水平，在国有粮食企业提质增效、粮食基础设施建设、质量监测检测能力提升、科学储粮、放心粮油工程推广、平价粮油销售等方面都取得了新的成绩，在全省粮食行政首长负责制考核中连续8年获得全省粮食行政首长负责制“优秀”奖，全市粮食工作迈上了新台阶，为促进了全市经济社会发展作出新的贡献。全市统计内企业购进粮食（原粮）48 823万千克，比上年增加5 558万千克，增12.85%。其中，国有粮食企业购进粮食16 476万千克，比上年增加1 520万千克，增10.67%；非国有粮食企业购进20 359万千克，比上年增加4 704万千克，增30.05%。市内粮食收购以玉米为主，玉米收购

增加984.8万千克，增19.42%。购进油料8 828万千克，比上年减少1 072万千克，减11.91%。全市销售粮食（贸易粮）42 907万千克，比上年增加4 136万千克，增10.67%。其中，国有粮食企业销售粮食14 177万千克，比上年减少350万千克，减2.40%；非国有粮食企业销售粮食16 828万千克，比上年增加4 722万千克，增39.01%。销售油脂9 982万千克，比上年增加1 662万千克，增19.97%。全市商品粮库存（原粮）4 889万千克，其中，国有粮食企业商品粮库存2 644万千克，非国有粮食库存1 188万千克。油脂库存1 219万千克，比上年减少1 134万千克，减48.19%。全市国有粮食企业完成粮油销售收入57 738.6万元，比上年增1 947.4万元，增3.49%。企业费用总额5 720.0万元，比上年增186万元，增3.36%，其中，销售费用1 892.7万元，比上年减少88万元，减4.44%；财务费用1 168.1万元，比上年增加5.7万元，增0.49%；实现利润794.2万元，比上年增51.1万元，增6.88%。全市15户国有粮食企业全部盈利，创1996年以来经营最好水平。

【粮食收购】　2013年，为保护农民利益，保证市场供应，促进大旱之年农业稳定发展，全市粮食部门及早安排部署粮油收购工作，积极组织开展粮食收购，鼓励各类具有资质的市场主体入市收购，确保农民增收。市内粮油收购期间，市、县（区）粮食部门进一步加强对粮食收购工作的检查、指导，督促国有粮食企业带头执行国家粮油收购政策，充分利用现有仓库、资金、网点等优势，敞开收购粮油，并在收购点陈列样品，坚持等级标准，公示等级和价格，不压级压价，不短斤少两，不代扣代缴各种税费，不打白条。在小春粮油收购中，还积极开展放心粮油销售、兑换业务，满足农村不同层次的需求；对水份、杂质超标的粮油为售粮农民提供场地、工具，方便群众翻晒整理，做到应收尽收，掌握粮源，切实保护种粮农民利益。同时，广泛动员各类粮食企业从省外、市外购入适销粮食，保障全市粮食市场供给，丰富粮油市场。通过落实各项积极的粮油收购措施，全市统计内企业购进粮食（原粮）48 823万千克，比上年增12.85%；向生产者收购粮食8 534千克，其中，国有粮食企业向生产者收购粮食4 557.7万千克。

【粮油保供稳价】　2013年，全市继续全面落实省政府惠民生保供给粮油平价销售政策，积极推进粮油平价销售工作，在上年建成33个平价粮油供应点基础上，华宁县、易门县、元江县新增设4个供应点；同时，积极配合市发改委做好农副产品平价商店建设，市级新建成农副产品平价商店11个，使平价粮点覆盖到中心城区和人口较多的乡镇、街道，让广大城乡居民普遍得到实惠，为保障全市粮油供应，稳定市场粮油价格和食品安全提供有力保障。1～12月，全市按略低于市场价累计销售粮食1 129.9万千克，其中，籼米99.9万千克，粳米990.9万千克，面粉39.1万千克；销售菜籽油106.5万千克。市、县（区）粮食部门不断改进服务方式，按时按质按量完成军粮供应任务，为部队建设提供后勤保障。全市及时供应救灾救济粮258万千克，为保障民生、维护稳定尽最大努力。全市粮油市场商品充裕、品种丰富，满足了广大群众的消费需求，价格基本稳定，涨幅在省确定的目标内且低于毗邻州市，没有出现市场粮油供应脱销断档，全面完成保供稳价目标任务。

【粮食产销合作】　2013年，全市高度重视粮食产销合作工作，支持鼓励国有粮食企业同省内外粮食主产区建立长期、稳定的粮食购销合作关系。国有粮食企业认真履行市政府同吉林省白城市政府签订的粮食产销合作框架协议，完成大米动态储备、储备粮轮换任务和优质稻采购，带动更多省外优质粮进入市内，丰富了粮食市场。全市粮食企业（纳入统计范围）从省外、市外购进粮食30 080万千克，购进油脂7 645.8万千克，保障了市场需求。其中，红塔区、通海县、峨山县国有粮食收储企业从广西、黑龙江、吉林、内蒙等省调入粳稻1 521.6万千克、大米375万千克、高粱220.7万千克；红塔区国有粮食收储企业从广西购进豆油374.2万千克。各县（区）国有粮食收储公司从昆明、曲靖、文山、红河、楚雄等州市购入粳稻691万千克、籼稻1 657万千克、大米1 322.6万千克、玉米1 624.5万千克，其他粮食53.2万千克。同时，还开展同东南亚国家粮食贸易业务，从品种上、数量上满足了政策性粮食供应和市场需求。

【放心粮油示范工程】　2013年，市粮食局认真贯彻落实《国家粮食局办公室关于印发〈深入推进放心粮油进农村进社区示范工程的实施意见〉的通知》和中国粮食行业协会《关于开展放心粮油进农村进社区示范企业试点工作的通知》要求，本着“百姓得实惠，企业得市场，政府得民心”的原则，积极推进放心粮油进农村、进社区示范工程建设。全市粮食系统充分利用已建成运营的平价粮油销售店这一平台，将粮油平价销售与放心粮油工程结合起来，努力将所有粮油平价销售店打造成为放心粮油示范销售店，积极推进放心粮油工

2013年放心粮油企业授牌仪式　　（市粮食局　提供）

程。全市有14户粮油企业的27个销售点、1户配送中心荣获省粮食行业协会授予的“放心粮油进农村进社区示范企业”荣誉称号，占全省第三批示范店的68%，放心粮油示范工程又上了一个新的台阶。全市放心粮油示范店完成“放心粮油”销售1 236.4万千克，比上年增加890.6万千克，增257%；放心粮油示范加工企业销售额达10.3亿元，比上年的7.8亿元增2.5亿元，增32%。

【粮安工程】 2013年，全市粮食系统牢牢把握国家实施“粮安工程”、改造“危仓老库”这一发展机遇，在“早”字上下功夫，做到建设项目“早谋划、早安排、早行动”，进一步加大项目、资金争取力度，加快推进“危仓老库”维修改造工作，不断加强粮食仓储基础设施建设，完成国家粮食储备库仓库大修和功能提升项目可研和立项审批，把粮情监测系统改造完毕，并新建大棚简易仓2 400平方米，新增590万千克仓容。红塔区日产35吨大米加工生产车间和器材库已建成投产。江川县拆除重建37万千克储油罐建成投产，300万千克粮食仓库开工建设。易门县已完成新建2 500万千克仓容立项。华宁县甸尾粮库搬迁工作稳步推进。其他县（区）“危仓老库”修复和扩建仓容等项目也进入调研、方案上报阶段。“危仓老库”改造及时启动，全市已投资526万元用于国有粮食企业仓储设施修缮改造。

【农户科学储粮专项建设】 2013年，为减少农民产后损失，增加经济效益，全省农户科学储粮专项建设项目启动实施。按照项目建设相关要求，全市积极组织农户科学储粮小型粮仓项目建设工作。通过努力，全市争取到农户科学储粮小型粮仓建设指标1.1万套，中央、省、市、县补助配套到位资金297万元。项目确定在产粮较多的新平县、易门县、元江县组织实施，于9月开工建设，经2个多月的共同努力，建设发放任务于11月全部完工，完成农户科学储粮小型粮仓建设发放11 552套，超额完成省级下达的建设指标要求。农户科学储粮小型粮仓建设项目受到了广大农民群众的认可和欢迎，也极大地提升了市、县（区）粮食部门的影响力。

【粮食质量检验监测】 2013年，为从源头上确保粮食质量和食用安全，按照国家粮食局推进粮食质量安全检验监测体系建设的要求，市粮食质量监测中心积极争创，于6月被正式批准为第五批国家粮食质量监测机构，加挂国家粮食质量监测站牌子，成为国家粮食局纳入规划和投资建设的检测机构之一。至年底，市粮食质量监测中心粮食质量安全检验监测能力建设项目已立项批复，市政府已安排相应建设资金预算，待上级资金下达后即可实施。市粮食质量监测中心全年承检各类粮油样品174份，从源头上确保了全市的粮食质量安全，保护了粮食生产者、经营者和消费者的合法权益，确保了粮食市场竞争有序和粮食质量安全。

【粮食应急网点布局】 2013年，全市粮食部门不断完善粮食应急工作，按照粮食应急预案的要求，制定建立了市级粮食应急加工企业和销售网点，明确了6家市级粮食应急加工企业，并由各县（区）粮食局选择确定了48家市级粮油应急销售网点。为保证紧急情况下的粮食供应，县（区）粮食收储企业和国家粮食储备库还承储一定数量的大米等成品粮，市级建立了200万千克大米动态储备规模，并出台《玉溪市市级动态成品粮储备库存管理办法》，强化监管。县（区）认真落实粮食行政首长负责制关于成品粮库存考核的要求，县（区）政府所在地和人口密集区的重点粮食流通企业大米商品库存（含小包装成品粮油）均达到7天以上的销量，全市成品粮库存保有量达10天左右，且定期开展监督检查，确保落实到位。同时，积极完善国家粮食储备库、红塔区、澄江县、新平县、江川县、元江县、易门县等国有粮食企业的大米加工设施，保证在紧急状况下能将储备稻谷及时转化为大米。

【国有粮食企业经营】 2013年，市、县（区）粮食部门认真落实国家、省加快国有粮食企业改革的政策措施，结合全市实际，重点从深化国有粮食企业改革、加强对粮食市场的培育和监管、全面落实粮食行政首长负责制、确保粮食安全等方面贯彻落实好《国务院关于完善粮食流通体制改革政策措施的意见》和《云南省人民政府转发国务院关于完善粮食流通体制改革政策措施文件的通知》精神，深化国有粮食企业改革。全市通过争取补贴政策、强化目标责任管理、加强粮食经济运行分析、深入开展以分配制度为核心的“三项制度”改革、狠抓企业内部管理，国有粮食企业经济效益稳定提高。全市国有粮食企业克服了谷强米弱、境外廉价大米冲击、饲料市场异常波动等困难，销售粮食14 177万千克、油脂552.1万千克，主营业务销售收入57 738.6万元，比上年增3.49%，实现利润794.2万元，比上年增6.88%。全市15户国有粮食企业全部盈利，创1996年以来经营最好水平。

【粮食流通监督检查】 2013年，为切实保证全市节日期间的粮油食品安全，市、县（区）粮食部门认真组织开展了元旦、春节、五一、中秋、国庆等重大节庆期间的粮食安全检查和巡查，配合有关部门开展节日食品安全专项检查，确保节日市场粮食数量充足、质量良好、市场流通秩序正常。全面完成《粮食收购许可证》年度检审工作，全市有80户粮食收购经营户取得粮食收购资格。全市国有粮食企业开展库存检查，在县（区）粮食局组织开展粮食库存自查工作的基础上，市局对江川县、澄江县、峨山县、新平县、通海县、红塔区和国家粮食储备库进行重点复查。经检查，全市粮食库存账实、账账、账表相符，库存粮食质量良好，储存安全。夏粮收购组织开展专项检查，切实保护农民利益。按照国家粮食局加强对政策性粮食购销活动监督检查的要求，组织各县（区）加强对政策性粮食购销活动的监督检查力度，严肃查处政策性粮食购销活动中的违规行为，实现政策性粮油经营的规范运作。

【主食产业化工程】 2013年，按照国家、省关于打造主食产业骨干企业

的相关要求，全市结合发展实际，积极发展扶持壮大了一批极具地方特色的主食生产加工骨干企业。生产“马老表”牌方便过桥米线（卷粉）系列产品的天方食品公司是一家集研发、生产、销售为一体的清真食品企业，已成为了全省农业产业化经营企业、省级重点龙头企业，被国家民委、财政部、人民银行认定为“十二五”期间全国民族特需商品定点生产企业，销售配送网络健全，产品除在玉溪、昆明畅销外，主要销往北京、上海、广州等一线城市，产品供不应求，全年实现产品销售收入4 800万元，利润240.4万元。通海县杨广面条也通过整合重组成立了杨广红达食品公司，实现了生产规模扩大、工艺升级、品牌壮大的目标，被授予农业产业化经营市级龙头企业、省著名商标荣誉。通海县面条面粉企业产量大幅提升，生产面条面粉4 578.4万千克，比上年的1 625.8万千克增加2 952.6万千克，增181.61%，产值近2.2亿元。

（姚　梅）

供销合作

【概　况】 2013年，全市供销社系统实现经营总额69.9亿元，比上年的60亿元增16.5%；完成销售总额69.2亿元，比上年的59.3亿元增16.6%；供应各种化肥56.9万吨，比上年的53.3万吨增6.7%；实现利润总额4 309万元，比上年的3 549万元增21.4%；实现农副产品销售23.45亿元，比上年的16.78亿元增39.7%；上缴各种税费2 624万元，比上年的2 466万元增6.4%。全年组织各类培训14 200人次，农产品经纪人持证培训1 239人，农民专业合作社理事长或综合服务社店长培训143人。3月，市供销合作社联合社荣获省供销社“2012年度全省综合业绩考核优胜单位一等奖”。红塔区、通海县、新平县、易门县供销社荣获省供销社“2012年度综合业绩先进单位”称号。9月，市供销合作社联合社被中华全国供销合作社总社授予2012年度全国供销合作社农民实用技能签定与农产品经纪人星火科技培训工作优秀单位。11月，市供销社系统领办创办的峨山县化念群力养鸭专业合作社、元江县果洛垤林果专业合作社被中华全国供销总社评为2013年农民专业合作社示范社。11月，国际合作社联盟和中华全国供销合作总社共同主办的亚太地区合作社国际贸易培训班在昆明市举办，来自埃塞俄比亚、印度、越南、肯尼亚、蒙古等国家合作社的专家和学员参观了市供销合作社百信物流配送中心、北苑小区城市消费合作社、玉溪庄园及澄江县供销合作社藕粉厂。12月，在中国农业生产资料流通协会发布的最新一期“2012年中国农资流通企业综合竞争力排名（前100名）”名单中，红塔区供销社农资公司跃居第70位，排名比2011年的第92位上升了22位。

【农资供应】 2013年，全市供销社系统认真履行服务“三农”职责，加强领导，切实做好购销调存各个环节的工作，组织、协调、动员全系统农资经营企业加强与农资生产企业、流通企业的沟通衔接，充分发挥市、县（区）供销社农资经营企业在构建农资连锁经营网络中的主导作用，落实年度货源供应计划，千方百计筹措资金，组织货源进库，做到化肥、农药、农膜等农资商品不断档不脱销，保证供应；充分树立“质量第一、服务第一”的思想，严把进货关，坚决杜绝假冒伪劣、不合格农资商品进入供销社的流通渠道；严格按照国家对农资商品的作价原则，合理定价；积极主动配合质监、工商、农业等部门，加大了对农资商品的稽查力度，规范农资市场；改变经营模式，开展送放心肥下乡、送农资科技进村入户和惠农让利销售活动。通过一系列举措，在大旱之年，全市供销社系统做到了不误农时，满足农业生产需求，充分发挥了供销社的主渠道作用，市场占有率仍然保持在85%以上。全系统组织购进各种化肥42.4万吨、农药4 586吨、农膜650吨，供应各种化肥56.9万吨、农药8 279吨、农膜1 302吨。

【农村现代流通网络体系建设】 2013年，全市供销社系统整合优势资源，日用消费品经营网络建设稳步推进。以“万村千乡”市场工程建设为契机，重点抓好农业生产资料、日用消费品配送中心提档升级和连锁经营网点、农副产品购销经营网点的改造提升，提高了商品配送率，扩大了连锁经营规模。全系统改造提升农资、日用消费品、烟花爆竹配送中心及各类连锁经营网点3个，其中，新发展2个，改造乡村集贸市场1个。

【“两社一会”质量提升活动】 2013年，全市供销社按照全国供销合作总社对加强基层组织体系建设的工作部署和《云南省供销合作社关于加强基层组织体系建设抓好“两社一会”质量提升年活动的指导意见》的要求，强化合作经济组织的发展、规范，制定出台了《玉溪市供销合作社联合社关于加强基层组织体系建设切实抓好“两社一会”质量提升的指导意见》，围绕推进高原特色产业发展，抓好特色蔬菜、食用菌、竹子、核桃、葡萄、荷藕、热带水果、畜禽等专业生产合作社的发展。全年发展各类专业合作社120个，发展公共管理型专业合作社51个，发展城市消费合作社4个，创办农民专业合作社联合社2个，申报创办省供销社农民专业合作社示范社46个，农村劳动力转移就业2 570人。元江县果洛垤林果专业合作社、峨山县化念群力养鸭专业合作社被中华全国供销总社评为2013年农民专业合作社示范社。各类合作组织的建立和发展，有力促进和带动了农产品的生产和销售，全年生产、销售农产品15.5万吨，帮助农户、社员增加收入10.6亿元。市供销合作社联合社荣获“2012年玉溪市推进高原特色农业产业化发展先进单位”称号。供销社领办、创办的通海县高大酸菜山柑桔专业合作社、元江县果洛垤林果专业合作社、峨山县化念群力养鸭合作社等5个合作社荣获“玉溪市先进农民专业合作组织”称号。凤凰生态食品公司、宏斌绿色食品公司荣获“玉溪市先进龙头企业”称号。

【农资农产品信息】 市供销社与市

气象局合作，利用气象信息平台发布农资农产品信息，对指导农民购买农资、发展生产、销售产品起到了积极作用。自2009年6月1日发布第一期信息开始，经过4年的努力，信息发布工作不断完善，各县（区）社拥有稳定的信息员，信息采取点由原来的18个增加到21个，信息采集质量进一步提高。2013年，全市收集信息8 082条，发布信息5 587条。其中，农资信息收集4 636条，发布4 636条；农产品信息收集3 446条，发布954条；通过供销社信息网发布农产品信息3 009条，收集食用菌价格信息500条。

【项目建设】 2013年，全市供销社系统加强项目建设，将项目建设作为“二次创业”的重要抓手，争政策、争扶持、加快发展，扎实推进项目建设。红塔区凤凰生态食品公司、易门县康源菌业公司、山里香食品公司、元江县瑞丰名特食品公司等一批社属涉农龙头企业自筹资金4 000多万元，投资建设冷库、产品出口加工生产线、产品检测、展示中心和块菌菌根菌种树苗促繁基地以及芒果新品种引种等项目。全系统争取中央、省级资金586万元，申报国家农业综合开发供销总社合作示范项目1个、省社“乡村流通工程”项目6个、食用菌产业发展项目2个；获批总社资金补助建设项目2个，补助资金296万元；省社“乡村流通工程”建设项目4个，补助资金75万元；省食用菌发展项目3个，补助资金100万元。这些项目的建设不仅对企业扩大生产，提高产品竞争力起到决定性作用，同时发挥了供销社在推进全市高原特色产业发展中的推动作用。

【教育培训】 2013年，全市供销社通过各种途径，根据农民需要举办各类培训班，组织各类人员培训，提高劳动者素质。培训内容涉及农产品经纪人、庄稼医生、蔬菜、水果、茶叶栽培、新化肥、新农药的科学施用技术等。市供销社发挥合干校教育培训的平台作用，联合各县（区）供销社、企业及乡（镇），采取自办、联合等方式组织各类培训14 200人次。其中，供销社系统管理人员及员工培训1 473人次，农产品经纪人培训3 300人次，农产品经纪人持证培训1 239人，农民专业合作社理事长或综合服务社店长培训143人。通过培训，提高了农村基层干部和广大农民群众的科技意识和商品意识，对提高农产品质量、搞活农产品流通、助农增收有明显成效。

（何剑虹）

财政·税务

编辑：王竹能

财　政

【财政收支】　2013年，全市财政总收入完成4 483 380万元，比上年增收446 662万元，增长11.1%。全市地方财政收入完成1 236 571万元，比上年增收112 112万元，增长10%。全市地方财政支出完成2 047 496万元，比上年增支193 959万元，增长10.5%。全市公共财政预算收入完成1 059 687万元，比上年增收157 491万元，增长17.5%。其中，税收收入完成790 358万元，比上年增收36 014万元，增长4.8%；非税收入完成269 329万元，比上年增收121 477万元，增长82.2%。全市非税收入占公共财政收入的比重高达25.4%，比上年提高11.9个百分点。从预算级次看，市本级地方公共财政预算收入完成456 950万元，比上年增收32 372万元，增长7.6%；县（区）地方公共财政预算收入完成602 737万元，比上年增收125 119万元，增长26.2%。按县（区）增幅排名，江川县30.2%，华宁县24.7%，元江县23.5%，峨山县21%，澄江县和新平县20.2%，红塔区18.6%，高新区17.6%，易门县17.2%，通海县17%。全市公共财政预算支出完成1 862 788万元，比上年增支244 561万元，增长15.1%。其中，一般公共服务支出完成207 759万元，比上年增支34 676万元，增长20%。从预算级次看，市本级一般公共服务支出完成50 436万元，比上年增支8 414万元，增长20%；县（区）一般公共服务支出完成157 323万元，比上年增支26 262万元，增长20%，平均增幅与市本级的增幅持平，增幅达20%以上有8个县（区），支出总量最大的是红塔区和新平县，分别完成29 518万元和24 060万元。政府性基金预算收入完成176 884万元，比上年减收45 379万元，下降20.4%；政府性基金预算支出完成184 708万元，比上年减支50 602万元，下降21.5%。

【严控“三公”支出】　2013年，全市各级各部门认真贯彻中央“八项规定”、国务院“约法三章”和《党政机关厉行节约反对浪费条例》精神，加强预算执行管理，严格规范公务接待、公务用车、因公出国（境）经费支出，确保“三公经费”支出“零增长”。全市“三公”经费支出2.59亿元，比上年下降12.5%。

【安居工程保障】　2013年，省财政厅、发改委、住建厅下达全市农村危房改造任务拆除重建4 800户，修缮加固9 004户（5 004户由省级补助资金，4 000户由州市自筹资金）。拆除重建及省承担的修缮加固资金中央和省已下达6 403万元。州市自筹资金完成修缮加固任务4 000户，按每户2 000元标准，市、县（区）按6∶4比例承担，市级财政配套安排资金480万元。中央、省、市资金已全部下拨至县（区）。

【非税收入征管】　2013年，全市进一步加强非税收入征收管理，八县一区完成财政电子化管理改革，实现了政府非税收入收缴的全程监控，确保了非税收入的迅速增长。全市非税收入完成269 329万元，比上年增收121 477万元，增长82.2%，占公共财政收入的比重高达25.4%，比上年提高11.9个百分点，成为拉动公共财政预算收入增长的重要力量。

【基金征收】　2013年，全市按规定征收并上缴省级国库大中型水库库区基金120.36万元，完成全年计划的134%；征收价格调节基金935万元。

【财政票据年检】　2013年，全市开展打击发票违法犯罪活动、财政票据年检和非税收入专项检查，财政票据年检单位1 259家，年检手工票61 230本、微机票513.5万套，单位自查率为100%，重点检查单位876家，重点检查率为70%。通过财政票据年检，促进了非税收入管理工作更加科学化、规范化、制度化，为地方经济社会发展贡献出更坚实的力量。

【医疗卫生保障】　2013年，全市继续认真贯彻落实有关深化医药卫生体制改革政策措施，继续实施城乡基本医疗保障均等化方案，不断提高基本医疗高补偿、大病救助全覆盖、老年慢性病有保障的目标；继续贯彻执行国家基本药物制度，全市73个乡镇卫生院、1个社区卫生服务中心、645个村卫生室共719个基层医疗卫生机构全部配备使用基本药物，取消药品加成，实施基本药物零差率销售；继续加强基层医疗卫生机构基础建设，继续提升乡村医生素质，进一步加强中医、县级医院能力建设，启动县级公立医院改革试点工作；继续加大投入，落实重点传染病防控，新农合筹资标准再次提高，从上年的人均360元提高到400元（高于全省平均水平60元），其中，各级财政补助340元，农民个人缴费60元，就医报销补偿比例也进一步提高。

【就业保障】 2013年，面对日益严峻的大学生就业形势，为支持做好包括高校毕业生在内的就业工作，市财政不断加大促进就业资金的投入力度，筹措安排各级就业资金，争取就业专项资金4 884万元，实现了逐年增长。市级财政筹集安排了选聘高校毕业生到村任职专项资金348.14万元及高校毕业生走出去就业奖励、高等学校毕业生校园招聘活动专项资金10.4万元。在加大资金投入的同时，加强调查研究，跟踪政策执行效果，及时了解新情况、解决新问题，确保资金拨付到位，安全运行。

【养老保险】 2013年，全市按照个人缴费、集体补助、政府补贴相结合的原则，财政、人事部门协同配合，认真做好养老保险试点工作，做到吃透政策、把握市情、抢抓机遇，争取上级资金补助新农保和城镇居民养老保险中央、省专项资金2.22亿元，并已全部安排下达到各县（区）。新农保基础养老金和城镇居民养老保险基础养老金中央和省、市共安排支出17 031.62万元，有25.23万人领取了新农保和城镇居民养老保险基础养老金，全部实行社会化发放，发放率达100%。

【争取上级资金】 2013年，全市进一步加强向上争取资金支持力度，各县（区）完成争取上级支持资金686 832万元，完成目标任务数756 336万元的90.8%，比上年增加56 552万元，增长9.0%。市直部门完成争取上级支持资金844 109万元，完成目标任务数844 528万元的99.95%，比上年增加16 903万元，增长23.6%。

【投融资体制改革】 2013年，按照市委的整体部署，市财政局、市国资委牵头拟定了《玉溪市市属投融资公司管理办法》、《玉溪市市属投融资公司绩效考核暂行办法》、《玉溪市市属投融资公司注资办法》、《玉溪市市属投融资公司利润留成办法》、《玉溪市市属投融资公司公益性项目亏损补偿办法》和《玉溪市政府性债务管理暂行办法》。通过完善法人治理结构、健全内部管理和激励约束机制，使市属6个投融资平台公司走上了自主经营、自负盈亏、自筹还贷、自我发展之路，融资能力得到提升，为缓解财政困难、推动全市经济跨越发展增加了新的动力。

【扩大投融资规模】 2013年，市属5户投融资公司完成协议融资金额173.25亿元，超额完成目标任务的15.5%，其中，市高等级公路有限责任公司88.98亿元，市抚仙湖保护开发投资有限责任公司42.07亿元，市建设投资集团有限公司23.66亿元，市开发投资有限公司10.24亿元，市国有资产经营有限责任公司8.3亿元。按融资方式分，BOT84.48亿元，BT47.33亿元，金融机构贷款15.6亿元，信托10亿元，融资租赁8亿元，企业债券7.24亿元，企业借款0.6亿元。市属投融资公司重点推进1亿元以上的8个大项目建设。其中，市抚投公司投资20亿元的华宁盘溪引水工程和抚仙湖保护重点项目陆续开工建设。市高等级公路公司投资154亿元建设的晋江、晋红高速公路按时开工，到年底已完成实际投资额15亿元。市城投集团负责建设的玉山城一路、二路和中心城区排水管网改扩建等市政工程项目及市开发投资公司负责建设的昆玉铁路电气化扩能改造工程和保障性住房项目均在建设之中。

【融资性担保监管】 2013年，为更好地履行财政职能，支持和促进融资性担保业务规范发展，进一步加大对经济社会薄弱环节的支持，积极推动建立功能完善、服务全面、运作规范、监管有效的融资性担保服务体系，全市开展了全省融资性担保机构违法违规经营风险排查工作，保留融资性担保机构经营许可24户，撤销许可1户，新设立1户，保留数量位居全省第二位。其中，有16户企业入选全省百户融资性担保机构重点培育对象，入选户数位居全省第二。同时，根据《融资性担保业务监管部际联席会议关于建议加强融资性担保机构风险处置和建立监管责任制的函》，从重大风险事件报告、应急管理、处置责任三方面对各县（区）提出要求，采取公司自查、县（区）实地检查、市级定期不定期抽查的方式对全市融资担保行业进行检查，进一步规范融资担保行业风险处置，强化监管责任。

【家电下乡补贴】 根据《家电下乡操作细则》等有关文件规定，至2013年1月31日，全国家电下乡政策全部执行到期。自2009年3月1日开始执行家电、汽车（摩托车）“两下乡”政策以来，全市“两下乡”产品销售达到625 935件（辆），总销售额为26.838 亿元。其中，汽车18 571辆，销售金额8.58亿元；摩托车159 199辆，销售金额7.12亿元；彩电91 001台，销售金额2.77亿元；冰箱147 901台，销售金额3.57亿元；洗衣机73 031台，销售金额9 503.7万元；计算机16 321台，销售金额6 463.8万元；空调1 434台，销售金额530.2万元；热水器94 990台，销售金额2.816 亿元；微波炉5 140台，销售金额493.7万元。全市累计向购买家电、汽车、摩托车产品的农户兑付财政补贴资金2.93亿元，确保了惠民政策落实到位，对活跃农村市场消费起到了积极的推动作用。

【农业综合开发】 2013年，全市实施的农业综合开发高标准农田建设项目5个、中低产田改造项目10个、生态治理项目3个，涉及9个县（区）。批复建设高标准示范2.5万亩、改造中低产田3.4万亩、生态治理1.68万亩；批复总投资9 524万元，其中，中央财政投资4 385万元，省级财政配套资金2 364万元，市级财政配套资金1 177万元，县级财政配套资金1 145万元，群众投工投劳折资453万元。项目于11月开工，计划2014年6月完成建设任务。

【会计考试培训】 2013年，财政部启动了全国会计专业技术资格（初级职称）无纸化考试。玉溪市为全省3个首批试点州市之一。9月14日至16日，全市有904人参加了考试（应考人数为1 372人）。云南财经大学在职会计硕士研究生班招收学员85人。新一轮农村财会人员财政支农政策培训在村“两委”换届结束后开展，培训更注重实用性，形式也更多样性。全市培训9 095余人，超计划完成培训任务。11月11～15日，举办乡镇财政干部培训，全市115人参加了培训。由于培训的主要内容切合实际并具有很强

的针对性，培训收到预期效果。截至年底，全市共有会计从业人员23 959名，其中，高级会计师44名，执业注册会计师64人，初级职称3 846人，会计师职称979人，获省高级会计管理人才称号的14人。

【行政事业资产管理】 2013年，全市继续加强行政事业单位资产管理信息系统管理，建立资产管理动态数据库，并以动态数据库为基础，建立数据查询和综合分析子系统，规范资产管理工作流程，建立“财政部门－主管部门－行政事业单位”三级资产业务管理平台，实现了中央与地方之间及财政部门与主管部门、行政事业单位之间资产管理信息的畅通；同时，加强各行政事业单位国有资产的日常管理，促进行政事业单位国有资产监管水平进一步提升。全市资产总额1 581 061.14万元，其中，流动资产501 814.85万元，固定资产1 011 868.86万元，对外投资/有价证券1 989.03万元，无形资产917.06万元，其他资产113 149.88万元。

【行政事业资产处置】 2013年，市级行政事业单位共处置资产181宗，账面原值42 660.62万元，涉及105个单位。其中，土地316 820.63平方米，账面原值4 063.31万元；房屋81 744.67平方米，账面原值4 767.02万元；水库（无偿划转8座），账面原值21 756.6万元；通用设备账面原值8 382.58万元，专用设备512.64万元；公务用车及执法执勤用车160辆，其中，无偿划拨7辆，报废152辆，被盗核销1辆，账面原值3 178.47万元。

【非行政事务支出】 2013年，全市继续对民族团结进步边疆繁荣稳定示范项目给予资金保障，在安排500万元示范区项目建设资金的基础上，又新增安排150万元支持峨山县双江街道摆衣寨村民小组创建省级民族团结示范村建设，安排150万元用于补助近5万名人口较少民族参加新农合个人应缴费，并将宗教工作经费由原来的92万元提高到150万元，提高市级3个宗教协会工作人员的待遇，为构建和谐社会打下良好基础。同时，继续做好第三轮禁毒人民战争的经费保障工作，单独安排禁毒工作经费150万元，对毒品查缉任务较重的元江县青龙厂警务站投入近200万元，采取政府购买服务岗位的办法，招聘缉毒协警60人，加强毒品查缉的力量，并根据青龙厂查缉点位于高速公路存在安全隐患需要重建的情况，安排150万元解决查缉建设资金缺口的问题。按照有关规定足额安排创新社会管理工作相关经费，综治维稳经费按全市总人口人均1元进行安排，流动人口管理经费按全市总人口人均0.3元进行安排。针对近年来医患纠纷矛盾增多的具体情况，积极支持成立了市医疗纠纷调解办公室，安排30万元工作经费，尽可能将矛盾解决在萌芽阶段。

【文化旅游发展】 2013年，市财政安排400万元、市委宣传部自筹400万元举办第三届中国聂耳音乐（合唱）周大型文化活动，持续打造聂耳文化品牌。市级安排1 000万元支持抚仙湖—星云湖生态建设与旅游改革发展综合试验区和县区旅游基础设施建设及帽天山世界文化遗产地旅游设施建设，并积极争取资金开展旅游规划和客源地宣传促销，支持旅游产业“二次创业”工作。全市争取旅游项目基础设施建设资金1 850万元，用于帽天山古生物文化遗址、昆玉红文化旅游带、磨盘山游客服务中心、元江太阳城文化广场配套设施等建设。

【外债利用管理】 至2013年，全市累计实施12个外债贷款项目，其中，世行贷款项目7个，外国政府贷款项目4个，国际农发基金贷款项目1个。其中，2个项目本息已经全部清偿，9个项目处于债务存续期，1个项目已获批准开工建设。外债资金主要支持了教育、卫生、环保、农村、林业和通信等领域。12个项目总投资26 340万元，其中，协议贷款金额折合2 200万美元（按2013年12期汇率折算，下同），折合人民币13 505万元；实际使用贷款资金折合1 491万美元，约合人民币9 152万元；累计归还到期本金849万美元，折合人民币5 211万元；年末外债余额折合604万美元，折合人民币3 706万元；1个项目本金挂账122万个特别提款权，折合人民币1 149万元；2个项目获本金减免折合38万美元，折合人民币235万元。1月31日，中国与国际农业发展基金签订云南省农村综合发展项目贷款协定。12月11日，省财政厅与市政府正式签署转贷协议。省财政厅同意将国际农业发展基金提供的4 013 310元个特别提款权贷款转贷，用于实施新平县农村综合发展项目。全市全年获得省财政厅安排的项目配套资金661.65万元。

【金融财务监管】 2013年，市财政局完成了9个农村信用社、1家城市商业银行、1户村镇银行的年度财务决算报告，开展了地方金融企业国有资产产权登记年检、国有资产保值增值的审核、确认和上报工作，并受财政厅委托开展了9户农村信用社绩效评价工作。至12月底，全市11户地方金融企业资产总额589亿元，比上年增长24.52%；实现利润总额6.98亿元，比上年增长31.09%；上缴税金3.26亿元，比上年增长24.43%。

【小额担保贷款】 2013年，全市争取到中央财政贴息资金11 822万元、省级财政贴息资金1 325万元、小额担保贷款管理工作奖补资金772.87万元，办理小额担保贷款15 924笔，新增贷款金额11.03亿元，带动和吸纳就业人员33 255人，为105户劳动密集型小企业解决了资金问题。其中，小额担保贷款7 504笔，贷款金额4.56亿元；“贷免扶补”贷款8 315笔，贷款金额4.96亿元；劳动密集型小企业贷款105笔，贷款金额1.51亿元。自2008年以来，全市共争取上级小额贷款贴息资金达3.6元（约占全省此项贴息资金量的15%）。同时，充分发挥财政资金的杠杆作用，引导金融资金投向，撬动银行资金发放小额贷款38.5亿元，财政资金放大10倍，惠及创业就业人员近7万人和劳动密集型小企业265户。

【清理整顿专项借款】 2013年7月，市财政局归还了省财政厅借款本金9 927.25万元，获减免利息435.37万元。至此，全市累计清理整顿农村合作基金会中央专项借款120 000万元，累计已还本金113 759万元，借款余额6 241万元，累计偿付利息17 821万元。截至年末，累计支付中央专项借款本息合计131 580万元。

【涉农贷款奖励】 2013年，全市符合奖励条件的县域金融机构6个，按财政部规定的奖励政策，申报中央财政承担70%奖励资金690.94万元，实际收到中央财政承担部分奖励资金559.67万元，获得奖励的县域金融机构5个。市财政及时安排下达到了各县财政，并要求各县财政将中央财政奖励资金连同本级应配套30%部分资金及时足额拨付到获奖励的县域金融机构。

【村镇银行补贴】 根据中央财政规定，对上年贷款平均余额比上年增长，上年末存贷比高于50%且达到银监会监管指标要求的村镇银行，按其上年贷款平均余额的2%给予补贴。2013年，市财政局就红塔区兴和村镇银行农村金融机构定向费用补贴向上级财政提出964.96万元补贴申报，实际获得上级财政安排补贴资金964.96万元。

【农业保险补贴】 2013年，市财政安排下达中央、省和市级农业保险保费补贴资金1 743.36万元，其中，中央1 070.4万元，省252.31万元，市级420.65万元，为全市46万亩油菜、水稻、玉米和甘蔗4种农作物、1 468.25万亩森林、15.87万头能繁母猪和0.209 万头奶牛投上了保险，为农业和林业生产提供了61.72亿元的保险保障，财政资金放大了248倍，较好地发挥了财政资金“四两拨千斤”的杠杆效应。全部参保对象获保险赔付1 288.2万元，其中，森林火灾受灾面积1 113亩，保险赔付44.52万元；种植业受灾面积101 434.48亩，保险赔付515.58万元；养殖业出险5 681头，保险赔付728.1万元。政策性农业保险真正为农民撑起了保护伞。

【交通事故救助基金】 2013年，市财政局委托诚泰财产保险股份有限公司作为第三方代理机构，代理本市的交通事故社会救助基金垫付、追偿等相关事宜，并开启了首笔道路交通事故社会救助基金垫付业务，垫付资金8.99万元。全年涉案垫付道路交通事故共4起，救助受伤害人员7人，垫付金额23.4万元，其中，抢救费15.38万元，丧葬费8.02万元。

【支出绩效评价】 2013年，全市组织完成“云南省2012年度小型农田水利建设项目”、“2012年度新型农村合作医疗财政补助资金”、“2 012城镇居民基本医疗保险财政补助资金”3个财政支出项目的绩效评价。评价项目涉及资金总额66 796.4万元，其中，财政资金56 876.6万元，社会投入资金9 919.8万元。绩效评价从项目任务完成情况、项目管理情况、资金管理情况、综合效益情况、群众满意度情况5个方面进行了客观、公正的综合考评，评价结果均为“优”。

【预算绩效管理】 2013年，市财政局在2014年部门预算编制中加大预算绩效管理工作推进力度，明确申请市级预算50万元（含50万元）以上的单个项目支出全部纳入全过程预算绩效管理试点范围，建立从项目绩效目标申报、预算执行跟踪监控到项目完成绩效评价及结果运用整个过程的管理机制，初步实现了预算绩效管理对市直部门的全覆盖。

【财政信息管理】 2013年11月20日，平台及一体化财政管理信息系统通过了项目验收。该系统自2012年上线运行以来，将财政基础管理工作纳入了科学化、规范化管理轨道，形成了“纵向到底、横向到边”的财政业务网络，上连省财政厅，下连8县2区74个乡镇财政部门，横向连接近1 350个预算单位和200个代理商业银行网点。该系统的应用提高了财政工作的科学化精细化管理水平，更好地服务于全市经济社会发展。

【公务卡改革】 2013年，市财政局进一步规范预算单位财政授权支付业务，提高预算单位财务管理水平及公务支出透明度，严格执行现金限额审批，控制预算单位现金流量与现金风险。截至年底，全市累计发放公务卡42 986张，发卡面突破81%，达到公务员人手一张公务卡的目标，发卡率突破80%。单位报销通过公务卡累计还款额25 568万元。

【“一事一议”财政奖补】 2013年，省财政厅对上一年全市村级公益事业建设““一事一议””财政奖补项目进行了专项考核。2012年，全市共实施村级公益事业建设“一事一议”财政奖补项目768个，其中，“普惠制”项目736个，“试范村”项目32个，覆盖了829个自然村，覆盖率14%，有10万多户近30万农民受益于这项惠农政策。经省财政厅专项考核，全市以94.88分高于全省平均分数的91.49分，列全省16个地州市第二名。2013年，全市实施“一事一议”财政奖补普惠制项目404个，美丽乡村建设项目54个；投入“一事一议”财政奖补资金1.48亿元，其中，中央、省12 690万元，市级473.5万元，县（区）1 352.4万元。

【美丽乡村建设】 2013年，全市完成“一事一议财政奖补美丽乡村”98个项目约3.68亿元的工程实施方案评审，使27个“美丽家园”项目及其他美丽乡村能更好、更顺利地争取到中央和省财政资金的支持。

【基建资金管理】 2013年，全市加强建设项目竣工决（结）算及财务决算投资评审，认真规范基建财务资金决算管理，提高财政资金的使用效益，节约财政支出。市财政局对涉及环保、城市道路、教育、医疗卫生、行政机关等社会事业累计概算11 965.44万元的13个基建工程项目进行了竣工决（结）算投资评审，送审投资11 803.06万元，审定实际投资10 361.64万元，净审减投资1 441.42万元，平均净核减率达12.21%。审定投资比批准概算净节约1 597.8万元，节约了大量的政府性资金，减轻了各级政府及项目使用单位的投资资金筹措压力，避免了不必要的支出，并收回市级财政资金335万元。

【农林水支出】 2013年，全市财政农林水事务支出为279 104万元（含省直拨扶贫专户资金10 220万元、粮食风险基金专户农资综合补贴9 899万元），比上年增加43 775万元，增长19%。其中，农业支出99 769万元，比上年增加16 414万元，增长20%；林业支出30 550万元，比上年增加3 910万元，增长15%；水利支出63 100万元，比上年增加6 381万元，增长11%；扶贫支出14 145万元（含省直拨扶贫专户资金10 220万元），比上年增加8，333万元，增长143%。

【强农惠农补贴】 2013年，全市兑付中央种粮农民补贴资金11 668.65万元，其中，农资综合补贴9 899万元，水稻良种补贴412.95万元，小麦良种补贴228.3万元，玉米良种补贴858.4万元，油菜良种补贴270万元；兑付中央草原生态保护补助奖励资金1 986.19万元，其中，禁牧补助690.12万元，草原平衡奖励1 125.57万元，牧草良种补贴170.5万元；争取农机购置补贴资金3 310万元，其中，中央农机购置补贴资金3 200万元，省级扶持农机专业合作社资金110万元，用于补贴农机具购置15 065台（套），使13 852户农户受益。

【支持农业产业发展】 2013年，全市争取中央现代农业生产发展项目7个，中央资金1 500万元，比上年增加3个项目，增加资金150万元。其中，争取蔬菜产业项目4个700万元，肉牛

产业项目2个600万元，生猪产业项目1个200万元。7个中央现代农业生产发展项目整合资金2 166.44万元，其中，整合财政性资金1 065.7万元（省级190万元、市级74.6万元、县级801.1万元），引导社会投入资金1 100.74万元（企业投入资金23.3万元，农户自筹资金1，077.44万元）。

【扶持农业企业发展】 2013年，为加快全市农业产业化发展，扶持农业龙头企业，全市积极筹措资金，调整支出结构，安排1 500万元专项资金扶持农业企业和农民专业合作组织。在项目单位自愿申报的基础上，经过市级相关部门对项目单位资格审查、申报材料审查、实地查看、部门联合审核、专家组集中评审等程序，市财政投入资金910万元，对县（区）推荐申报的118个农业产业化项目中符合规定的69个项目进行了扶持，扶持单位51个（农业龙头企业46个、农民专业合作社4个、其他1个）。按扶持方式分，无偿补助230万元，贷款贴息236万元，以奖代补444万元。按县（区）分，红塔区216万元，通海县224万元，江川县73万元，澄江县96万元，华宁县42万元，峨山县30万元，易门县36万元，新平县113万元，元江县80万元。

【支农资金整合】 2013年，全市严格按照中央、省市相关要求，积极组织各县（区）认真开展2012年度财政支农资金整合工作，财政支农资金整合规模达39.08亿元，其中，金融、信贷、企业等工商资本投入25.56亿元，达到县（区）本级整合支农资金总额的398.75%。从资金性质来看，财政投入资金8.79亿元，社会投入资金30.29亿元。从资金来源层级看，中央资金3.66亿元，省级资金2.67亿元，市级资金0.79亿元，县（区）级资金2.19亿元，企业筹资3.07亿元，金融、信贷资金22.49亿元，乡（镇、街道）资金0.09亿元，村、组、农民自筹资金4.12亿元。在对9个县（区）2012年县级财政支农资金整合工作进行量化综合考评打分基础上，推荐上报了新平县作为奖励备选县。新平县在2012年全省县级财政支农资金整合工作考评中被省财政厅评为二等奖，获得了2013年县级财政支农资金整合考评中央奖励资金300万元。该资金将专项用于支持新平县发展当地优势农业产业柑桔产业发展，具体用于高效推进种苗基地建设，力推特早熟、早熟温州柑品种，打造“云冠”（储橙）、“高原王子”冰糖橙品牌，加快推进“褚橙庄园”等项目建设，推动新平县高原优势特色产业发展壮大。

【畜牧贴息资金】 2013年，为加快养殖小区、规模养殖、专业村发展，促进农民增收，全市年度畜牧专项贴息资金规模增加为30 000万元（红塔区4 000万元，江川县3 000万元，澄江县1 800万元，通海县3 200万元，华宁县2 500万元，易门县3 500万元，峨山县3 000万元，新平县7 000万元，元江县2 000万元），比上年增加10 000万元。信贷资金由市农村信用合作社联合社办事处承贷25 000万元，市邮储银行承贷5 000万元，市级财政按2%、县级财政按1%给予贴息补助。

【整乡整村推进扶贫】 2013年，省级下达全市整乡推进扶贫试点项目资金2 604万元。按照“县为单位、整合资金、整体推进、连片开发”的思路，全市整乡推进扶贫试点项目严格按照实施方案组织实施，进展快，质量好。易门县浦贝乡稳步推进整乡推进扶贫工程建设。新平县者竜和华宁县通红甸2个整乡推进项目被列为全省整乡推进扶贫试点乡，正严格按照上级要求有序组织实施，各项工作稳步推进。全市实施整村推进扶贫项目298个，其中，省级195个，市级120个；投入财政扶贫资金4 725万元，其中，省级2 925万元，市级1 800万元。省级下达全市贫困村互助资金150万元，其中，元江县互助资金项目投入财政资金100万元，新平县互助资金奖补项目50万元。项目已启动实施，正有序推进，组建工作进展顺利，。

【劳动力培训转移】 2013年，省级下达全市贫困地区劳动力转移培训指标1 500人，补助资金120万元。按照“就业导向、技能为本”的原则，全市已完成全年农村劳动力培训转移目标任务。

【扶贫贷款贴息】 2013年，省级下达全市扶贫项目贴息贷款资金指标10 500万元，贴息资金315万元。至年底，贴息资金已全部下达，贷款资金运转正常，效益明显，有27 940户102 413农民间接受益。

【新能源建设】 2013年，全市争取到省级项目2个，投入财政补助资金200万元，在红塔区和易门县已实施整村推进项目且连片集中的自然村，选择2 000户符合补助条件的农户按照《云南省扶贫整推进太阳能热水器建设项目管理暂行办法》进行试点。该项目建成后，将有2 000户贫困群众得以直接受益，更加充分地享受改革开放的成果，不仅为支持贫困地区推进再生能源、清洁能源利用水平，还提高了贫困群众生活质量，促进贫困村生态良性循环，同时还为全市贫困地区推广扶贫整村推进太阳能热水器建设项目总结了经验，做出了示范。

【革命老区建设】 2013年，全市实施革命老区开发项目22个，投入财政资金580万元，其中，省级380万元，市级配套资金200万元。革命老区项目进展顺利，进度较快，大部分项目已完成主体工程，正抓紧组织实施扫尾工作。项目建成后，有5个县6 113户21 752人得以直接受益。

【支持林业发展】 2013年，围绕市委、市政府提出的建设2个100万亩核桃竹子基地的目标和要求，市林业局研究出台了《玉溪市核桃竹子产业发展考核奖励办法》、《玉溪市市级林业产业化龙头企业扶持（暂行）办法》等相关扶持奖励政策。市级财政安排1 150万元用于扶持核桃竹子产业，其中，800万元用于扶持核桃和竹子基地建设，200万元用于扶持龙头企业发展，150万元用于项目管理和奖励资金。全年投入森林防火资金602万元，其中，争取省级资金182万元，市级安排420万元，积极开展森林火灾保险工作，确保大旱之年无大灾，森林受害率逐年下降。全市投保总面积1 468.3万亩，缴纳保费587.3万元，理赔11起，赔付金额44.52万元，获赔农户61户。全市纳入国家级、省级补偿的公益林面积709.64万亩，公益林生态效益财政补偿资金8 688.18万元，有64个乡（镇）475个村委会4个林场4个自然保护区受益。

【“爱心水窖”建设】 2013年，全市建设“爱心水窖”任务数为16 000口，截至12月20日，16 000口“爱心水窖”建设工作已全部完成；收到省级补助资金2 400万元，其中，省级财政补助资金1 200万元，第一批捐赠资金592万元，第二批捐赠资金608万元。省级财政补助资金1 200万元已下达，捐赠资金1 200万元已由省水利厅“爱心水窖”捐赠资金专用账户下达市水利局专户。项目完成后新增蓄水容积40万立方米，进一步改善了山区“靠天吃饭、靠雨种田”的被动局面，解决了44 918人的饮水困难，有效改善了山区、半山区群众生活生产条件。

【农田水利建设】 2013年，在全省择优选择的27个县（区）中，红塔区、澄江县被列为全省第五批小型农田水利重点县。重点县建设分期分批开展，每一批重点县建设期限为3年，每年中央财政补助每个县1 500万元，省级财政补助每个县800万元。已收到第五批小型农田水利重点县年度中央和省级补助资金4 600万元，其中，中央补助资金3 000万元，省级补助资金1 600万元。项目的实施将进一步改善全市农业生产条件，增强农业抗御灾害的能力。

【推进教育发展】 2013年，全市积极争取中央、省扶持资金3 427万元，专项用于农村义务教育薄弱学校改造，为212所学校购置多媒体远程教学设备480台、图书37套、教学仪器1 155套，进一步提高了全市农村义务教育学校教学仪器设备配备水平。

【学生营养餐补助】 2013年，为保证全市农村义务教育学生营养改善计划顺利实施，市财政早计划、早安排，通过提前预拨、优先安排，及时下达学生营养改善补助资金4 160万元。全市209 718名农村义务教育阶段学生从中受益。

【“三免一补”政策】 2013年，市级财政积极筹措资金76 176元，对人口较少民族聚居的284个村在市直学校就读普通高中生实行“三免一补”（免学费、免住宿费、免教科书费，补助生活费）。市级在校较少民族在读普通高中生23人受益。同时，为了推进九年义务教育的均衡发展，在全国义务教育阶段实行“二免费”（免杂费、教科书费）基础上，全市义务教育阶段学生实现“三免费”（免杂费、教科书费、免文具费）。市、县财政共筹措资金555.6万元，按20元/生·年补助标准，对全市义务教育阶段公办中小学生实施文具费补助。全市277 794名中小学生从中收益。

（廖忠华）

国家税务

【概　况】 2013年，市国税局紧紧围绕省国税局提出的“科技强税年”工作主题，充分发挥科技在优化服务、加强征管、规范执法、创新管理等方面的引领和支撑作用，在全市范围内大力推广网上办税，以科技助推事业发展，以科技激发内生动力，以营业税改征增值税试点工作为主线，各项税收工作取得了显著成效。全市国税系统累计组织税收收入329.05亿元，比上年309.31亿元增收19.74亿元，增长6.38%。征收的5个税种“三增二减”，即消费税入库220.26亿元，比上年增收19.17亿元，增长9.53%；企业所得税入库27.41亿元，比上年增收4.68亿元，增长20.6%；车辆购置税入库3.69亿元，比上年增收0.84亿元，增长29.66%；增值税入库77.69亿元（含营改增收入4 955万元），比上年减收4.95亿元，扣除营改增部分同口径减收5.44亿元，下降6.59%；储蓄存款利息个人所得税入库29万元，比上年减收38万元，下降56.72%。工业卷烟税收累计完成286.99亿元，比上年增收19.59亿元，增长7.33%，占全市收入的87.35%，比上年占比提高0.9个百分点。拉动全市税收增长6.33个百分点，工业卷烟税收支撑全市收入呈低速增长态势。全年中央收入与地方收入均实现增收，中央级收入增幅高于地方级收入，中央级收入298.30亿元，比上年增长6.7%；地方级收入30.75亿元，比上年增长3.38%；剔除营改增后入库地方收入30.25亿元，比上年增长1.72%。县（区）发展不均衡，全市10个征收单位呈“五增五减”。“五增”中华宁县增幅最高，达到16.83%（不含营改增，下同），其次为开发区7.1%、红塔区6.17%、澄江县4.03%、元江县1.97%；“五减”中降幅最大的峨山县下降16.11%，其次为新平县下降8.88%、江川县下降4.04%、通海县下降3.94%、易门县下降3.51%。

【红塔集团税收】 2013年，红塔烟草（集团）有限责任公司累计上缴国税税收423.84亿元，比上年增加28.88亿元，增长7.31%，是近三年来增速最低的一年，比2011年的15.28%下降了8个百分点，比2012年的17.36%下降了10.08个百分点。其中，入库消费税328.28亿元，比上年增加30亿元，增长10.05%；入库增值税76.12亿元，比上年减少6.9亿元，下降8.31%；入库企业所得税19.44亿元，比上年增加5.78亿元，增长42.31%。红塔集团入库的以上税收中，在玉溪入库286.99亿元（其他在楚雄、大理、昭通和红河入库），比上年增加18.7亿元，增长7.33%。其中，入库消费税219.17亿元，比上年增加19.22亿元，增长9.61%；入库增值税51.26亿元，比上年减少5.08亿元，下降9.02%；入库企业所得税16.56亿元，比上年增加5.45亿元，增长49.05%。红塔集团税收增长的主要原因是卷烟销量增加和结构提升。1～11月，红塔集团计税卷烟销售373.56万箱，比上年增加11.86万箱，增长3.28%。其中，“玉溪”品牌卷烟销售139.16万箱，比上年增加17.68万箱，增长14.55%；“红塔山”品牌卷烟销售135.96万箱，比上年减少1.21万箱，下降0.88%；“红梅”品牌卷烟销售98.32万箱，比上年减少4.64万箱，下降4.5%。卷烟结构的提升，带动卷烟平均单箱“两税”达到10 640元/箱，比上年增加234元/箱。而红塔集团入库的增值税表现减收是由于期初增值税进项税留抵数比上年的期初留抵数多8.34亿元，增长的增值税被期初留抵数所消化。

【矿电产业增值税】 2013年，全市矿电产业累计增值税除前4个月增收外，后8个月均表现下降。全年累计入库矿电产业增值税12.32亿元，比上年减收9 748万元，下降7.33%。重点监控的7个行业只有生铁和电力实现增长，有色金属、钢材钢坯、矿产品、煤炭、化工产品均下降。生铁增值税入库4 415万元，比上年增收648万元，增长17.2%；电力增值税入库2.69亿元，比上年增收280万元，增长1.05%；有色金属增值税入库4 325万元，比上年减收1 169万元，下降21.28%；钢材钢坯增值税入库9 434万元，比上年减收1 339万元，下降12.43%；矿产品增值税入库6.15亿元，比上年减收7 757万元，下降11.2%；煤炭增值税入库1 881万元，比上年减收76万元，下降3.88%；化工产品增值税入库1.47亿元，比上年减收335万元，下降2.23%。

【非公经济税收】 2013年，全市入库非公经济税收14.22亿元，比上年14.93亿元减收0.71亿元，比上年下降4.76%。从非公经济类型来看，呈现“两增三减”。“两增”即外商投资企业入库税收0.93亿元，比上年增收0.2亿元，增长27.4%；个体经营入库税收4.11亿元，比上年增收0.88亿元，增长27.24%。“三减”即私营企业入库税收8.01亿元，比上年减收0.92亿元，减少10.31%；港澳台商投资企业入库税收1.05亿元，比上年减收0.76亿元，减少41.99%；其他入库税收0.11亿元，比上年减收0.12亿元，减少52.17%。矿电产业增值税受继续负增长的影响，私营企业入库税收大幅减收，降幅达41.99%。上年登记注册类型为个人独资企业的企业400余户，在系统升级之后全部转换为私营独资企业，导致上年增长518.35%的其他企业减收52.17%。但结构性减税政策的落实大力促进和支持了个体工商户发展，个体工商户比上年增长了27.24%，增强了非公经济在地方经济发展的权重。

【特色产业税收】 2013年，全市立足区位优势和特色产业发展，为单一的经济税源增添了新的活力，但生物制药、现代食品加工以及机械制造等特色产业发展受市场影响，税收情况呈现出增减变化。医药制造业上缴国税税收7 736万元，比上年度的10 558万元减少2 822万元，下降26.73%。其中，增值税4 656万元，比上年下降18.17%；企业所得税3 080万元，比上年下降36.72%。沃森生物技术公司上缴国税税收5 274万元，比上年度减收2 129万元，下降28.76%，占全市医药制造业国税收入减收额的75.44%。设备制造业（包含通用设备制造业和专用设备制造业）上缴国税税收6 292万元，比上年度4 698万元增加1 594万元，增长33.93%。其中，增值税4 864万元，比上年增长30.44%；企业所得税入库1 415万元，比上年增长50.37%。随着全市招商引资力度的加大，研河工业园区数控机床企业生产经营逐渐正常，投资建厂时购置机器设备的进项税逐渐抵扣完或留抵进项税额逐渐减少等因素，缴纳税金逐渐增加。食品制造业上缴国税税收8 202万元，比上年度的5 443万元增收2 759万元，增长50.69%。其中，增值税入库5 699万元，比上年增长49.70%；企业所得税入库2 462万元，比上年增长53.40%。龙头企业达利食品公司引领全市食品行业国税收入高速增长，上缴国税税收7 054万元，比上年增长55.27%，占全市食品制造业国税收入的86%，增长速度明显高于全市食品制造业的税收增长速度，成为年纳税额在7 000万元以上的重点税源企业。

【增值税管理】 2013年，全市国税结合日常工作管理情况，开展增值税风险管理交叉督导检查，从检查内容、形式、时间等事项专门作了要求，并通过检查，提出了建议和意见。同时，认真贯彻落实农产品增值税进项税额核定扣除试点实施办法，开展试行农产品增值税进项税额核定扣除企业上年投入产出情况核实工作，对全市纳入试行农产品增值税进项税额核定扣除的13户企业上年7月1日至12月31日的税收情况进行了核实；继续加强增值税一般纳税人资格认定管理工作，对年应税销售额未超过小规模纳税人标准及新开业户申请认定一般纳税人，按规定落实好查验工作，按程序进行认定，并根据行业经营特点、企业实际经营规模等关键要素，合理确定发票使用量、发票最高开票限额，落实好增购发票预缴增值税规定，尤其是对小型新办企业的发票用量和增量严格审核；加强纳税申报“一窗式”管理，做好抵扣凭证的发票认证、稽核比对和异常发票核查工作；落实好农产品收购发票进项税抵扣审核的各项规定。至12月底，全市共有增值税一般纳税人3 682户。

【营业税改征增值税】 2013年4月底，全市国税系统“营改增”试点工作拉开序幕。在“营改增”试点第一阶段（即交通运输业和部分现代服务业营业税改征增值税试点）工作中，国税部门成立了“营改增”试点工作领导小组，制定了详细的试点工作方案和任务分解方案，组织领导全市国税系统有序顺利开展“营改增”第一阶段试点工作，实现了“三个确保”的工作目标，即确保了试点纳税人8月1日起正常开票，确保了试点纳税人9月1日起正常申报纳税和确保了试点工作不影响国税部门的纳税服务质量。市局“营改增”试点工作得到省局试点工作领导小组的认可和肯定，被推荐为集体二等功表彰的2个州市局单位之一。截至12月底，全市共有“营改增”纳税人4 051户（交通运输业2 564户，部分现代服务业1 487户），其中，增值税一般纳税人155户（含混业经营的102户），交通运输业一般纳税人66户，现代服务业89户。“营改增”自8月1日起在全市正式启动至12月底，全市入库“营改增”增值税4 955万元，其中，交通运输业3 978万元，现代服务业977万元。“营改增”税收呈现逐月提高的趋势，8月入库130万元，9月入库851万元，10月入库894万元，11月入库1 358万元，12月入库1 722万元。为确保2014年1月1日起铁路运输和邮政业“营改增”试点工作的顺利运行，市国税局于12月16日迅速召开了“营改增”试点工作领导小组会议，深入研究讨论了“营改增”试点第二阶段的工作任务、工作要求和面临的形势，要求全市国税系统在全面总结“营改增”试点第一阶段工作经验基础上，不断改进和完善工作方法，确保全市“营改增”试点第二阶段工作圆满完成，并在会后迅速制定了《玉溪市国家税务局铁路运输和邮政服务业营业税改征增值税试点实施方案和任务分解方案》。经过短短半个月工作，全市完成70户试点纳税人的数据采集、核实、录入工作，并对其中10户一般纳税人进行了税种登记、一般纳税人认定、防伪税控的发行以及减免税文书制作等上线准备工作。全市营改增试点第二阶段工作顺利运行。

【消费税征收】 2013年，全市消费税入库220.26亿元，比上年增收19.17亿元，增长9.53%。其中，工业卷烟消费税增收19.22亿元（含烟丝，下同），酒减收952万元。1～11月计税卷烟为373.56万箱，比上年的361.7万箱增加11.86万箱。其中，70元以上56%消费税率的计税卷烟为140.31万箱，比上年的123.43万箱增加16.89万箱，增13.68%。但本期出口烟丝预征入库消费税比上年减少42万元，跨年度入库比上年减少1 685万元。酒入库1 605万元，比上年减少952万元，下降37.23%。主要是重点税源企业玉林泉酒业公司比上年减收1 111万元，减收因素是本期销量减少2 329吨（本期销量2，156吨，上年同期4 485吨），销售收入减少3 907元（本期销售收入3 170万元，上年同期7 077万元）。

【企业所得税管理】 2013年，全市国税落实新一轮西部大开发优惠政策，做好西部大开发企业所得税优惠

2013年，县（区）国税局干部深入“营改增”企业调研货物运输情况

（杨有德　摄）

政策审核确认、备案管理及政策辅导工作；同时，认真完成上年度企业所得税汇算清缴工作。全市国税系统2012年度应参加汇算清缴企业4 391户，实际参加4 372户，比上年的3 918户增加了454户，增长11.59%，汇算面99.57%。经汇算清缴，实际应纳所得税额合计24.76亿元，比上年的23.71亿元增加1.05亿元，增长4.44%。2012年度全市共有483户企业享受各类企业所得税优惠政策，减（抵）免企业所得税5.34亿元（税基优惠已折算为减免税）。其中，减（抵）免税1.58亿元，占实际减免税总额的29.62%；免税收入、减免税所得等税基优惠额15.03亿元，折算为减免税3.76亿元，占实际减免税总额的70.38%。在汇算清缴期间，及时监控、分析所得税申报数据，加强企业所得税风险控管，先后下发37批8 391个疑点清册，提高了汇算清缴数据质量。全市国税系统外商投资企业联合年检应参与年检外资企业49户，经检审通过49户，通过率100%。此外，做好非居民企业所得税征管工作，截至12月底，全市非居民企业所得税入库918.34万元。

【车购税管理】　2013年，全市国税系统组织入库车辆购置税3.69亿元，比上年增收8 438万元，增长29%。征税车辆总数为68 996辆。1～12月，办理符合免税条件车辆369辆，免征税款1 809万元，比上年增307%，创历史新高。免税车辆类型数量最多的5类车型依次为公共汽电车125辆、垃圾专用车72辆、混泥土泵车69辆、吊车67辆、绿化喷洒车18辆，大力支持了城市公交、环境卫生、城市绿化和城市建设的发展。此外，还开展总局、省局的车购税专项检查，有效地促进了车购税管理工作的改进。并在各地设立代征点，实行摩托车车辆购置税委托县交警部门代征，解决了纳税人多头跑、多次排队的局面。

【纳税评估】　2013年，全市国税继续实施“任务统筹、职责归一、资源共享、力量整合”的综合纳税评估工作机制，充分运用计算机系统为依托，运用科学的技术手段和方法，对纳税人提供的涉税情况进行综合审核、分析，并做出相应税务处理。全市共评估企业433户，存在问题户数216户；评估入库税款3 076.76万元，其中，增值税1 785.6万元，消费税17.97万元，企业所得税1 273.19万元，补缴滞纳金316.68万元，评估调增所得税应纳税所得额7 549.43万元，弥补亏损9 033.04万元。

【出口退税】　2013年，国家税务总局先后出台了出口退税新政策，为便于全市出口退税岗位人员和出口企业尽快熟悉和掌握新政策，全市国税从新政策解析、退税申报、退税审核等方面积极制定计划，于4月27日、28日组织培训，帮助出口企业和税务干部更好地掌握出口退税政策，提高退税电子化操作技能和退税申报准确率。为进一步推进下放生产企业出口货物审核权限工作，市国税局于6月24～27日，7月1～4日，分别举办了2期出口退税业务跟班培训，进行一对一、面对面、手把手的学习交流，提高了培训人员的业务水平和实际操作能力。全市共认定出口退税企业197户，实际申报办理出口退税59户，审批办理出口货物退（免）税1.91亿元，比上年增收4 528.18万元，增长31%。其中，退税额1.75亿元，比上年增长5 000万元，增长40%；免抵税额1 628万元，比上年减少472万元，下降22.5%；审批办理人民币结算出口退税6 188万元，充分发挥了跨境贸易人民币结算对涉外经济的推动作用，有力地推动了对外贸易的发展。全市的出口产品以农产品为主，包括水果、蔬菜、花卉、分割猪肉等，占全市出口量的70%以上；其次是服装、机械设备以及部分传输带、LED照明衬底片、中药等。出口国别主要在越南、老挝、缅甸、马来西亚、泰国等东南亚，部分产品正在向英联邦、欧盟发展。

【网上办税推广】　2013年，全市国税系统把推广网上办税作为各单位的“一把手”工程来抓，认真开展网上办税的宣传辅导，做好内外培训工作，并针对不同类型的纳税人采用不同的方式推行网络办税，在推广过程中及时帮助纳税人解决运用网上办税系统遇到的问题。通过全市国税系统的共同努力，全市网络办税工作迈上新的台阶。截至12月底，全市共有3 253户增值税一般纳税人实现网络申报，占所有申报户数3 682的88%；有413户增值税一般纳税人实现网上认证，占全部认证户2 567户的16.09%；有1 411户防伪税控增值税一般纳税人实现网上抄报税，占全部抄报税2 446户的57.69%；有1 217户实行查账征收并使用机打发票的小规模纳税人实现网络申报，占应推行户数的81.03%；有4 756户企业所得税纳税人实现网络申报，占企业所得税纳税人的94.22%。

【国税稽查】　2013年，全市国税继续深入实践和探索一级稽查，认真开展税收专项检查、分级分类稽查，狠抓大要案查办，认真做好举报和协查工作，加大税务稽查查账软件的推广和运用，电子账务检查水平不断提高。全市重点检查纳税户78户，已检查完毕72户，查补收入2 598.98万元

（不含纳税评估和自查），比上年增加277.55万元，增长12%。其中，税款2 163.41万元，滞纳金368.55万元，罚款67.02万元，入库查补收入2 577.62万元，调减企业亏损311.43万元。曝光案件9件，选案准确率达93.6%，结案率达92.3%，入库率达99.18%。同时，坚持“打击与建设相结合、治标与治本相结合”原则，积极会同公安、地税、工商、卫生、监察等部门继续深入开展虚假发票整治工作。全年检查纳税户85户，其中，有问题户49户，缴获各类违法发票（收据）15 813份（商业零售发票179份、增值税专用发票23份、交通运输发票17份、其他发票或收据15 594份），查补税款543.41万元，加收滞纳金24.16万元，罚款42.69万元，共计610.17万元。检察院移送国税部门查办案件1起，与公安部门联合办案3件，检察院起诉公诉案件3件，涉及被告人3人。“裕华专案”的3名涉案人员均被法院判处有期徒刑，并公开曝光案件2起，对发票违法犯罪分子起到了较大的震慑作用。

【纳税服务】 2013年，全市国税结合全国第22个税收宣传月活动开展宣传服务。通过座谈会、业务培训、新闻网络媒体、进企业、进学校、进社区活动开展宣传辅导，提高广大纳税人税法遵从度，同时，拓展纳税服务的实现方式和途径，尽力满足纳税人的多元需求。峨山县局开通了税务官方微博，通过微博途径解答咨询问题21条。红塔区、通海县、澄江县、华宁县、易门县、峨山县、元江县7个局开通短信发送平台，开展税法简要宣传、纳税提醒、会议通知等服务，覆盖20 182户纳税人，全年发送短信83 258条。红塔区、江川县、通海县、华宁县、峨山县、易门县、新平县、元江县8个局建立税务QQ群，与848户纳税人建立QQ群，帮助纳税人解决咨询、服务等问题，提供了远程服务功能，为纳税人提供一对一网上技术支持服务。此外，开展纳税服务检查以及纳税人满意度调查走访，有针对性地整改纳税服务中存在的问题，为进一步提高纳税服务工作质量和效率掌握第一手资料。继续抓好办税服务厅规范化建设，各县（区）局结合实际设置了办税服务区、自助办税区和等候休息区，设置了综合受理岗，办理申报征收、开业登记，还设立了车购税、代开专用发票、代开普通发票等岗位，窗口设置比较合理，提升了办税服务能力。认真落实办税公开、全程服务、限时服务、延时服务、预约服务、提醒服务、首问责任、一次性告知等各项服务制度，优化服务措施，提高了服务效能。开展纳税信用等级复查，全市获得纳税信用等级的纳税人共计350户，比上年的407户减少57户，其中，A级纳税人215户，比复查前的212户增加3户，B级纳税人126户，比复查前的187户减少61户，C级纳税人9户，比复查前的8户增加1户。

【税收执法】 2013年，全市国税坚持把普法宣传与税收宣传月、日常管理和法制宣传日活动相结合，加大法治宣传，优化法治环境。全市国税系统于10月参加了全市“六五”普法统一考试，参考率达100%。通过对近年来新修订法律的培训学习，以考促学，促进了广大国税干部学法、遵法、用法的良好氛围。1月1日启动对县（区）局的依法行政综合绩效考核，依法行政综合绩效考核内容全部纳入质量控制考核系统，采取日常考核和集中考核的方式，避免了多头重复考核的问题，有效减轻了基层负担。重大税务案件审理委员会审理案件20件，维持初审意见15件，改变调查部门处理意见3件，返回复查2件。重大税务案件审理涉及的税款、罚款合计3 171.3万元，其中，增值税1 742.58万元，企业所得税1 364.82万元，罚款63.91万元。全年无税务行政复议和行政诉讼案件。同时，运用“税收执法管理信息系统”进行事前、事中、事后的预警监控管理，每月启动2期补正通知，及时纠正运行过程中出现的偏差，促进执法行为的不断规范，减少执法人员的执法风险。全市执法业务量为357 758项，考核出现10项过错，执法过错率为万分之0.28。在市局和各县（区）局全面自查的基础上，分别对峨山县局、新平县局、江川县局进行重点检查，重点检查面达到30%以上。并运用市国家税务局日常税务行政处罚辅助管理信息系统深化案件评查工作，通过对各环节风险点的提示，有效降低了案件处理中的执法风险，提高了案件质量。市局和各县（区）局均成立了减免税集体审批领导小组，审批案件先由减免税领导小组办公室进行形式审查后再召集领导小组会议进行集体研究。全市国税系统行政审批时限均在法定的审批时限基础上压缩了三分之二。截至12月底，市局办理行政审批事项297件，其中，出口货物退（免）税审批事项292件，协定国居民（非居民）申请享受协定税收待遇确认事项4件，增值税一般纳税人跨地区设置非独立核算分支机构增值税预征–结算审批1件，均在承诺时限内完成。全市受理行政许可申请442件，全部为防伪税控最高开票限额的审批，经审查后准予许可427件，不予许可11件，正在办理4件。

【税收优惠政策】 2013年，全市国税依法落实各项税收优惠政策，支持地方经济跨越发展，在切实减轻企业负担，壮大中小企业发展，惠及民生等方面起到了积极的助推作用。全市落实结构性减税政策，551户增值税一般纳税人申报抵扣固定资产进项税额4.78亿元；落实促进残疾人就业税收优惠政策，40户福利企业共退增值税4 918万元；落实资源综合利用税收政策，为5户资源综合利用企业共退增值税695万元。全市共有1 509户纳税人享受免征增值税，免税销售收入78.21亿元。同时，认真落实起征点税收优惠政策，全市对不达起征点的57 729户个体工商户免征增值税2.51亿元；落实行政事业性收费减免政策151.91万元，其中，扣除部分应收发票印刷费的冠名发票后，实际免征税务发票工本费138.46万元，比上年的98.29万元增加40.17万元，比上年增加40.86%，惠及全市7万余户纳税人；对新开业和办理变更税务登记的纳税人免收税务登记证工本费13.45万元。

（孙　燕）

地方税务

【概　况】 2013年，全市地税系统面对严峻复杂的经济形势，全面、客观分析组织收入形势，严格落实组织收入原则，建立收入督导制度，加强重点税源控管，抓好税收收入分析，强化征管措施，大力开展稽查，努力挖掘增收潜力，牢牢把握组织收入主动权，尽最大努力降低各种减收因素的影响，遏制了地方税收收入下滑态势，地方税收收入经历了由降转增，增幅稳步提高的过程。全市地税系统组织各项税费收入1 255 938万元，比上年增长9.54%，增收109 412万元。其中，地方税收入库834 592万元，比上年增长6.12%，增收48 124万元；征收社会保险费336 902万元，比上年增长15.72%，增收45 768万元；征收地方教育附加、文化事业建设费、抚仙湖资源保护费、残疾人保障金、价格调节基金、工会经费共计84 444万元，比上年增长22.52%，增收15 520万元。征收的14个税（费）种有企业所得税、个人所得税、耕地占用税、契税4个税种减收，合计减收28 598万元，带来全市地方税收下降3.64个百分点的减收影响。其中，企业所得税下降19.75%，减收14 846万元；个人所得税下降2.02%，减收1 140万元；耕地占用税下降16.00%，减收6 303万元；契税下降22.24%，减收6 309万元。其余10个税（费）种增收，除营业税、烟叶税增幅较低外（营业税增长5.16%，烟叶税增长1.48%），其他8个增收税（费）种均实现了2位数增长。其中，土地增值税增长较为突出，增长40.64%，资源税、教育费附加增幅超20%，房产税、城镇土地使用税、印花税增幅超15%，城建税、车船税增幅超10%。规费总体收入呈两位数增长，除市属价格调节基金因政策原因影响比上年下降外，其他费种比上年都实现了增长。其中，社会保险费、抚仙湖资源保护费、残疾人保障金呈2位数增长，比上年增长分别达15.72%、52.72%、22.94%；工会经费增长8.75%，实现了年初预定5%的增长目标。中央级收入明显下降，省级收入、地方级收入小幅增长。其中，中央级收入比上年下降12.15%，减收9 591万元；省级收入比上年增长8.42%，增收13 050万元；地方级（市级、县区级）收入比上年增长8.08%，增收44 665万元。

2012年全市地税组织收入分税（费）种完成情况表

单位：万元

序号	税（费）种	2013 年完成数	2012 年完成数	± 额	± %
1	一、各项税费收入合计	1255 937	1146 526	109 411	8.71%
2	二、税收收入小计	834 592	786 468	48 124	5.77%
3	营业税	170 954	162 564	8 390	4.91%
4	资源税	33 968	26 798	7 170	21.11%
5	城市维护建设税	227 664	199 893	27 771	12.20%
6	个人所得税	55 252	56 392	–1 140	–2.06%
7	印花税	10 949	9 235	1 714	15.65%
8	土地增值税	22 404	15 930	6 474	28.90%
9	城镇土地使用税	21 990	18 931	3 059	13.91%
10	房产税	16 438	13 736	2 702	16.44%
11	车船税	7 525	6 772	753	10.01%
12	企业所得税	60 342	75 188	–14 846	–24.60%
13	烟叶税	51 983	51 226	757	1.46%
14	耕地占用税	33 100	39 403	–6 303	–19.04%
15	契税	22 057	28 366	–6 309	–28.60%
16	教育费附加	99 922	82 015	17 907	17.92%
17	其他收入	44	19	25	56.82%
18	三、其他非税收入小计	421 345	360 058	61 287	14.55%
19	文化事业建设费	278	335	–57	–20.50%
20	地方教育附加	68 681	53 721	14 960	21.78%
21	社会保险费	336 901	291 134	45 767	13.58%
22	其中：养老保险费	209 470	179 140	30 330	14.48%
23	医疗保险费	98 493	85 866	12 627	12.82%
24	工伤保险费	8 920	8 162	758	8.50%
25	生育保险费	3 566	2 925	641	17.98%
26	失业保险费	16 452	15 041	1 411	8.58%
27	残疾人保障金	660	537	123	18.64%
28	工会经费	13 111	12 056	1 055	8.05%
29	价格调节基金	947	1 773	–826	–87.22%
30	抚仙湖资源保护费	767	502	265	34.55%

【依法治税】 2013年，为全面推进税收法治工作，市地税局制定并印发《玉溪市地税系统“依法行政”工作目标检查考核办法（试行）》，组织实施对各县（区）局2012年度贯彻落实“依法行政”工作情况的实地检查考核，并积极开展创建依法行政示范单位活动。同时，聘请滇玉律师事务所的4名律师担任全市地税系统法律顾问，还制定《法律顾问工作制度》。自聘请法律顾问以来，共协助市局法规科审议各类合同协议7件、代草拟协议1件，对保障税务部门在日常经济活动中的合法权益，促进地税事业的健康发展起到积极的推动作用。全市地税系统及时清理税务行政审批事项，市地税局印制《行政审批事项办理实施细则》和《税务行政审批服务承诺书》，公开审批事项及服务承诺，审批时限压缩三分之二以上，延期缴纳税款审批时限由20个工作日压缩为6个工作日内，公路货物运输业自开票纳税人认定由30个工作日压缩为10个工作日内，城镇土地使用税困难性减免审批由26个工作日压缩为8个工作日内，西部大开发企业所得税优惠政策审核确认由50个工作日压缩为16个工作日内。华宁县地税局作为省局行政审批试点，进一步梳理各项行政审批的环节，重塑流程、规范审批文书。对直征分局、华宁县地税局、江川县地税局、峨山县地税局和易门县地税局5个征收单位进行行政执法案卷评查。对直征分局、红塔区县地税局、易门县地税局、峨山县地税局、华宁县地税局和江川县地税局6个单位进行税收执法督察和案卷评查。此外，抓好税收规范性文件清理、登记、公告、备案、审查等管理工作，建立健全协税护税工作机制。认真组织“六五”普法统一考试，积极参与“12·4”普法宣传活动。通过推行税收执法责任制，强化税收执法监督考评等方式，推进依法行政工作取得显著成效，被市政府评为“2009～2012年行政执法责任制建设先进集体”。

【税收减免】 2013年，全市地税系统立足建设职能型地税的要求，采取及时依法减免、及时集体审批、及时接受监督、及时审批办结、及时跟踪问效、及时统计分析的措施，认真落实结构性减税政策。通过找准服务地方经济发展与落实税收优惠政策的结合点，将政策宣传作为重点，通过玉溪地税门户网站，定期进行税收优惠政策解读。通过“蹲企服务”大活动，把税收政策送进企业，主动为符合优惠政策的企业解决涉税问题，切实将各项地方优惠政策落实到位，受惠于民。全市地税系统为75 938户纳税人减免各项税收52 650万元，其中，营业税19 004万元，企业所得税14 476万元，资源税4 706万元，土地增值税5 935万元，契税1 857万元，房产税1 506万元，城镇土地使用税953万元，其他税收4 173万元。从减免项目看，改善民生减免10 315万元，促进小微企业发展减免8 302万元，节能环保减免5 062万元，促进区域发展减免3 011万元，支持农业减免3 498万元，支持金融资本市场减免3 306万元，鼓励高新技术减免5 530万元，支持文化教育体育减免225万元，转制升级减免172万元，支持其他各项事业（交通运输、医疗卫生、商品储备等）减免13 229万元。

【税收稽查】 2013年，全市地税稽查结合实际，提出“人员集中管理，科学合理选案，重点派出稽查，严格依法审理，加大执行力度”的稽查工作要求，8～10月，在全市地税系统开展“稽查业务比看”活动，对5个行业、27户企业开展稽查交叉检查。同时，成立专项工作组对2个县（区）18户矿山企业进行耕地占用税清理，补缴耕地占用税840万元。加大发票违法犯罪活动的打击力度，举办专题新闻发布会1次，联席会议1次，检查企业102户，查处发票使用违法企业21户，查处非法发票48份，查补税款26.1万元，加收滞纳金3.05万元，罚款6.95万元。开展医药卫生行业发票使用情况专项检查，实施检查79户/次，补缴税款、滞纳金、罚款共计7.46万元。通过开展重点检查、专项检查、重大案件查处、举报案件查办，严厉打击发票买方和卖方市场，做到各项工作齐头并进。1～12月，全市组织企业自查1 609户/次，实现稽查查补收入10 902.16万元，选案准确率99%，结案率100%，入库率100%。

【所得税管理】 2013年，全市地税系统加强企业所得税专业化管理，根据实际征管需要，把跨年度事项、税收优惠事项、资产损失和亏损弥补等重要事项作为后续管理的重要内容建立健全台账，并建立企业所得税优惠政策检查巡视制度，对企业所得税税收优惠事项，进行定期巡视，对相关事项进行跟踪监督，检查税收优惠政策的贯彻落实情况，做到监督管理到位。同时，做好2012年度企业所得税汇算清缴工作。全市企业所得税汇算2 346户，已汇算2 346户，汇算面100%。其中，查账征收1 099户，核定征收户1 247户，亏损企业585户。全市企业所得税汇算清缴调增所得额94 370.84万元，调减所得额96 401.37万元，补（退）所得税15 971.25万元。全市享受企业所得税各项税收优惠的企业共有184户，减免税额7 563.09万元。个人所得税征管截至2013年3月28日自行纳税申报期结束，受理2012年度年所得12万元以上纳税人自行纳税申报人数2 347人，比上年增加131人，增长5.91%，完成上级下达任务指标2 327人的100.86%，超额完成省局下达的申报计划；申报年所得额88 203.74万元，应纳税所得额77 902.44万元，应纳税额14 442.24万元；已申报（扣）缴纳税款14 390.57万元，申报补缴税额为30.06万元，减免税额21.61万元。

【纳税服务】 按照“始于纳税人的需求，基于纳税人的满意，终于纳税人的遵从”的要求，2013年，全市地税系统全面实行首问责任制，大力推行12366纳税咨询服务。1～12月，接受12366纳税咨询31次，咨询满意率为100%。全力打造五星级办税服务厅，全市11个办税服务厅进一步加大对办税服务厅的硬件和软件建设的投入，健全完善相关管理制度，对办税服务厅的建设逐一进行完善，对办税服务厅的功能、职责进行相应的整合，将纳税人发起的200项涉税事项逐步前移至办税厅办理，实现办税服务再优化。同时，创新服务理念，在办税服务厅设置纳税咨询台或领导值班台，全面推行限时服务、延时服务、导税服务、预约服务、提醒服务等服务制度，优化服务流程，加强工作衔接，逐步把办税厅从侧重于办税服务型转型为集办税服务、税法宣传、咨询辅导、基础管理、权益保护和征纳沟通等多种服务于一体的实体化综合服务管理场所。围绕全国税收宣传月主题和省局工作思路，认真开展第22个税收宣传月。通过建立纳税服务邮箱，启动云南移动“企信通”平台等方式进一步优化纳税服务，并通过市政府的批准，与市国税局联合在《玉溪日报》表彰了全市100强纳税大户，在全市营造出了纳税光荣的氛围。

【“营改增”试点】　2013年8月1日，全省交通运输业和部分现代服务业营业税改征增值税正式运行。为做好“营改增”试点工作，全市地税系统结合实际，通过动员、汇报、建立、核实、宣传、检查几个步骤，积极推进“营改增”试点工作，力争使“营改增”试点工作做到“数据准，资料详、手续全、对接稳，工作顺”。5月16日，全市地税系统召开“营改增”试点工作动员会。随后，与市国税局建立《玉溪市国家税务局、玉溪市地方税务局“营改增”试点工作联席会议制度》，并于6月7日召开了首次“营改增”试点工作联席会，就“营改增”试点工作的相关问题进行了沟通、协调，达成共识，形成工作合力。随着“营改增”政策的进一步明确，双方进一步协商、实地核查以及再次确认后，于7月29日确定“营改增”试点管户移交清册（第三次）上报省局，确定移交管户1 797户（企业787户、个体1 010户、交通运输业750户、现代服务业1 047户）。8月1日，各县（区）国税、地税签订“云南省营改增纳税人信息划转确认书”，正式移交“营改增”纳税人1 797户。

【分行业开展“蹲企服务”活动】　2013年，为确保全年“蹲企服务”大活动取得实效，市局研究制订《玉溪市地税系统2013年蹲企服务大活动实施意见及实施方案》，提出蹲企服务活动做到领导带头，突出蹲企的服务性；做到分行业蹲企，突出蹲企的针对性；做到以蹲企服务检验干部业务素质，提升地税队伍的综合素质；明确每个局领导、每个蹲企小组分别负责一个行业。全年顺利完成对太阳能制造业、采矿业、金融保险、房地产业、建筑业、水电供应、批发零售业、住宿餐饮业、租赁商务业、信息传输服务业、大型农业等11个行业的“蹲企服务”。全市地税系统累计蹲企414户，干部蹲企742.5天，召开税企座谈会388次，举办税收政策辅导280次，收集工作建议267条，解决政策疑问215个、征管疑问45个、纳税服务问题36个、其他问题38个，帮助企业解决问题71个，其余均按时限要求书面回复。针对企业反映的热点问题，编印《玉溪市地方税务局“蹲企服务”热点问题解答》宣传册，并将宣传册送给企业。全年形成《关于对玉溪太阳能产业发展专题蹲企服务的报告》、《玉溪建筑业的现状与展望》、《玉溪采矿业发展现状调研》、《关于玉溪柑桔产业发展的调研报告》、《酒店业如何应对市场新形势》、《玉溪制糖产业发展现状调研》等多篇高质量的专题调研报告，并报送市委、市政府，供领导决策时参考。其中，《关于对玉溪太阳能产业发展专题蹲企服务的报告》得到了市政府的高度重视，并组织相关部门召开专题会议。

【地税征管】　2013年，全市地税系统全面推行定额含发票的征管方式，对80户（企业78户、个体2户）纳税人进行了纳税信用等级评定，评定A级64户（全部是企业），B级16户（企业14户、个体2户）。对评定为A级的纳税人颁发证书，并在地税网站公告。同时，与国税局联合组织开展2012年度税务师事务所及其注册税务师年检。与工商、质监等部门联合对全市的涉外企业进行网上年检，应参检企业78户，实际参检企业48户，参检率达100%。对制造业（混凝土行业）和房屋租赁业组织开展纳税评估工作。积极开展税收征管调研及数据清理工作。坚持先预征后清算的管理模式，加强土地增值税管理，全年组织入库土地增值税22 404万元，比上年增收6 474万元，增长41%。加强欠税管理，全年公告欠税13户次，欠税金额158.11万元，清缴欠税30.10万元。市地税局、财政局、社保局还组成联合工作，组深入到通海县、峨山县、新平县对社会保险费欠费清欠进行督促检查。

【税收信息化】　2013年，全市车船税征收管理系统成功上线，财税库银横向联网推广扩面，并开展好省局在红塔区地方税务局开展减免税统计核算试点工作，由市局负责，对存量房交易评估系统中涉及市中心和红塔区各乡镇的1 965个标房数据进行维护，属全省首创。9月2日，全市房地产、建筑安装、餐饮、住宿和娱乐5个行业网络发票系统推广上线成功。市地税局作为全省地税股权转让管理系统的试点单位，经过5个月的努力，顺利完成个人股权转让管理系统业务需求分析，于11月29日该系统在市局成功上线。县（区）国税局在办税服务厅设立“地税征收窗口”，华宁县、易门县已实现与国税局联合办理税务登记证。全面实现考试无纸化，自主开发了基于地税专网的网上考试系统，实现从传统考试方式向网上考试的转变，最大限度降低总投入成本，实现全市范围内地税学习资源共享。

【发票管理】　2013年，全市地税系统全面加强发票管理，严格按照《中华人民共和国发票管理办法》及其《实施细则》规定，规范发票领用、填开、保管等各个环节的管理工作，按承诺时限发放发票领购簿，严格执行发票专用章备案、验旧领新和出入库登记管理制度，督促纳税人规范开具、使用和保管发票，加强对丢失发票和发票库房安全管理，确保发票安全。对冠名发票的管理按照法定程序受理、审核自印冠名发票申请，并按期上报省局进行审批。1～12月，全市受理12户35套自印冠名发票申请，无因地税局工作失误或拖延，遭到冠名发票申请企业投诉现象。加强和规范税务机关代开普通发票管理，规范代开发票对象、附报资料和发票样式，建立代开发票台账，严格登记代开发票信息，定期开展发票专项检查，严肃查处发票违法行为。贯彻落实免收发票工本费优惠政策，1～12月售出发票1 749 679本、份，免收发票工本费201.4万元。网络发票推广上线工作按照省局的安排部署，在房地产、建筑安装、餐饮、住宿和娱乐行业试行应用网络发票，9月1日上线试行，11月1

日在全市推广应用，至12月，有1 300户成功开具网络发票85 302份。

【税收调研】 2013年，市地税局积极开展税收调研，为完善税制，促进地方经济发展建言献策。通过对全市铁矿石开采企业资源税政策的贯彻执行情况、生产经营情况和税费负担情况进行调查并撰写调研报告，配合市政府、新平县政府向省人大调研组汇报，积极向省财政厅和省地税局反映，得到了省局的认同，最终得到省政府的同意，已以《云南省财政厅云南省地方税局关于调整大红山矿区铁矿石资源税税率的通知》正式下发。文件规定自10月1日起，新平县大红山矿区铁矿石资源税税率按现行相关等级税率上浮30%征收，即入选露天矿、入选地下矿、入炉露天矿、入炉地下矿分别按照18.2元/吨、14.3元/吨、27.3元/吨、26元/吨的税率执行。同时，按省局要求，完成全市煤炭行业税费负担情况的调研、分析、测算工作，为推行煤炭资源税从量改为从价征收作好积极准备。完成全市铁矿石资源税的调研工作，积极向省人大调研组和省局提出调整大红山矿区铁矿石资源税税率标准的建议。此外，对全市粮食储备企业承担储备粮取得的4类财政补贴收入，提出了只对保管费用补贴、轮换费用补贴按照“服务业–仓储业”税目征收营业税，利息补贴和轮换差价补贴不征营业税的意见。该意见得到了省局的认同，并在全省执行。为了支持农村金融发展，解决农民贷款难问题，国家出台了“自2009年1月1日至2013年12月31日，对金融机构农户小额贷款（单笔且该户贷款余额总额在5万元以下）的利息收入，免征营业税”的税收优惠政策。为了使纳税人更好地享受税收优惠政策的扶持，地税部门加大政策宣传力度，及时下到纳税户开展纳税辅导，列明享受税收优惠政策需要的资料，明确减免程序，使符合条件的金融机构享受到了税收优惠政策。自2009年1月1日至2012年12月31日，全市商业银行、邮政储蓄银行、农村信用社等37户金融机构享受了该条政策的税收优惠，减免营业税3 658万元，924 682户（次）农户间接得到了实惠，缓解了贷款难的问题。

（阚璐蕊）

金融·保险

编辑：王竹能

金融管理

【概　况】 2013年，市人行继续贯彻执行稳健的货币政策，积极推动辖区金融改革创新，不断提高金融服务水平，切实维护金融稳定，努力促进全市经济社会的健康发展。年末，全市金融机构人民币各项存款余额1 129.2亿元，比年初增加127.3亿元，增长12.7%。全市贷款余额708.4亿元，比年初增加75.5亿元，增长11.9%。其中，短期贷款余额321.20亿元，比年初增加28.60亿元，增长9.77%；中长期贷款余额378.42亿元，比年初增加44.35亿元，增长13.27%。全市股票交易量达383.59亿元，比上年增加165.13亿元；累计新开账户2 624户，比上年减少510户。全市代理基金销售12.10亿元，比上年减少1.75亿元；基金赎回14.92亿元，比上年增加1.75亿元。

【货币信贷】 2013年，市人行通过制订信贷指导意见、组织召开金融支持工业园区推进会、金融运行通报会、出台金融支持抗旱救灾专项指导意见等措施和手段加强“窗口”指导和政策传导，引导督促金融机构加大对地方经济发展的支持力度；充分运用再贷款、差别存款准备金率、宏观审慎管理等政策工具，增强地方性金融机构活力，新增发放支农再贷款5 000万元，并对辖内7家县级农村信用社通过考核给予下调1个百分点存款准备金率的政策优惠；积极向上级行争取，调增地方法人金融机构信贷规模，全市地方金融机构信贷规模多增加9.73亿元，增长30%，全年新增贷款规模达42.55亿元。同时，围绕市委、市政府加大招商引资工作力度，加快推进投融资体制改革的部署，积极协助市政府与金融机构沟通协调，促成市政府与15家省级银行机构和3家全国性投融资公司签订了“金融战略合作协议”；围绕支持县域经济发展，推动促成峨山县政府与市级金融机构以“会商会”的形式召开银政座谈会，推进市级金融机构支持县域经济发展；围绕支持小微企业发展，与市工信委等部门联合举办大规模“中小微企业银企对接与金融产品推介活动”，帮助中小微企业畅通融资渠道，扶持中小微企业发展。

【推进“两管理、两综合、一保护”】 2013年，市人行积极推动“两管理、两综合、一保护”工作，即新设银行业金融机构开业管理、重大事项报告、综合评价、综合执法检查和金融消费者权益保护，积极探索将日常监测与“两管理、两综合、一保护”工作结合起来，切实加强对金融机构的管理与服务。全年累计对13家金融机构开展了综合评价工作，完成了5个新设银行业金融机构申请加入人民银行业务系统的审核、批复工作，登记了8项重大事项报告事项，组织完成了对地方法人金融机构的稳健性现场评估工作，顺利完成对辖区2家银行的3个市级和2个县级机构的综合执法检查，并依法对其违法行为予以行政处罚3万元。同时，进一步完善监管措施，首次对辖区违规签发空头支票的单位实施“黑名单”管理，有效约束支付结算违规违法行为；利用“3·15”消费者权益保护日的契机，组织全市金融机构开展金融消费者权益保护知识宣传活动，认真做好金融消费者投诉受理及办理督查工作，切实维护消费者合法权益，并在前期试点基础上，实现了金融消费权益保护全覆盖。

【金融统计】 2013年，市人行以全面提升数据质量为核心，加大统计数据审核力度，不断夯实金融统计业务基础，为金融运行分析等材料提供多视角的数据支持。按照“全面引导督促、重点攻关突破”的工作思路，重点抓好市商业银行的金融统计标准化实施工作。在人行昆明市中支及市中支的统筹指导下，市商业银行金融统计标准化存贷款抽样统计数据测试报送取得成功。这是全省首家进行存贷款抽样统计测试工作，也是全省金融统计标准化工作的一次重要检验。从测试结果反馈看，全市多年来推进金融统计标准化工作取得重要进展和突破，数据总体通过率较好，为下一步全省深入推进标准化工作积累了有益经验。在全面分析基础统计信息、广泛开展调查研究和充分把握货币政策取向的基础上，顺应“大数据”时代要求，不断完善和加强各项统计监测工作，服务领导决策。同时，根据《关于鼓励县域法人金融机构将新增存款一定比例用于当地贷款的考核办法（试行）》文件要求，认真做好2012年度县级农村信用社的考核工

作。经过重重把关，多方审核，确保了数据、考核机构的完整性和真实性，以及考核结果的准确性。

【农村及中小企业信用体系建设】2013年，市人行在辖区实现了贷款卡发放、年审电子化录入数据。资料由企业自行网上下载，极大地提高了贷款卡发放、年审效率。截至年末，共审核新办贷款卡 552 户，年审 2 342 户，为自然人配卡 154 户。同时，积极做好个人征信管理工作，加强对辖区金融机构的管理工作。采取以会代训的方式，加强数据库使用管理和查询，规范非接入金融信用信息基础数据库机构查询，做到合规查询，提升服务质量。全年累计受理个人信用报告查询 13 366 人次。结合农村实际，充分调动地方政府、涉农金融机构和广大农户的积极性，大力推进农村和中小企业信用体系建设工作。截至年末，全市采集农户信用档案 42.4 万户，评定信用户 20.6 万户，创建信用乡镇 11 个、信用村 71 个、信用组 410 个，导入农户信用信息系统农信社农户信息 35.66 万条，自行采集农户信息 34 356 条。全年先后在江川县安化乡、红塔区小石桥乡、新平县新化乡、易门县铜厂乡、峨山县甸中镇、元江县曼来镇、通海县兴蒙乡、澄江县九村镇成功创建信用乡镇。年末，全市信用乡镇数量比上年增加 8 个，增长 2.67 倍。通过协同市财政局和市工信委各方力量，加强中小企业信用信息的采集与更新管理，建立完善信用信息服务机制，加强对企业的检查和管理等措施，推进辖区中小企业信用体系建设工作。全年收集中小企业信息档案 987 户，征集过程中累计为 2 455 户中小企业办理了贷款卡，累计取得银行融资中小企业 499 户，金额 4 411 226 万元。

【支付结算】2013年，市人行积极推动农村金融基础设施建设，改善农村支付环境。截至年末，全市农村地区已有128个网点接入现代化支付系统，占农村地区金融机构网点总数的49.0%，比上年提高16.9个百分点。全市新建成“刷卡无障碍示范街”3条，新增惠农支付点290个，实现全市有需求行政村惠农支付业务的全覆盖。全年585个惠农支付服务点完成交易32万笔，金额9 137.4万元，比上年增加7 444.1万元，增长4.4倍。同时，大力推进烤烟、甘蔗、蔬菜、柑桔等农副产品收购非现金结算工作，全市烤烟收购非现金结算22.78亿元，比例达100%，减少现金投放11.1亿元。金融支付结算统筹管理实现第二代支付系统在全市成功上线，保证了资金支付清算的安全高效运转，全年完成支付清算136万笔，金额1.69万亿元。

【国库和人民币管理】2013年，根据上级行统一部署，市人行积极采取有效措施，确保了省国库会计数据集中系统（TCBS）的成功上线运行，实现了国库核算系统的平稳过渡，确保了全市国库资金运转的真实、准确和完整。同时，结合制度要求，做好辖区凭证国债和储蓄式国债的发行管理、收单兑付和销毁工作；认真做好现金供应和人民币流通管理，保障元旦春节期间全市现金供应充分、券别结构合理；有序组织现金投放、残损人民币回收、复点等工作，积极配合公安机关严厉打击制贩假人民币的犯罪行为，维护辖区人民币的流通秩序。

【外汇管理】2013年，市人行围绕全省沿边开放和全市经济发展实际需求，贯彻落实国家推进贸易投资便利化措施，简化工作流程，提高外汇管理服务效率，做好外向型金融服务，促进全市对外贸易健康发展；同时，创新外汇管理方式，针对企业报关金额与收汇金额超出一定比例差额的企业进行风险提示，有效降低企业贸易风险，提高出口企业合规经营能力。全市跨境收支6亿美元，跨境人民币结算收支总额16.1亿元，比上年增4亿元，增长33.3%，有效降低了出口企业的汇兑成本和汇率风险。

【信息调研】2013年，市人行切实加强对信息调研和金融研究工作的统筹和管理，为上级行、地方党委、政府及有关部门及时了解金融情况提供了大量的信息资料，在提供决策依据、推动各项工作发展方面发挥了积极作用。全年累计编辑上报政务信息126期，其中，被国办刊用1篇，总行刊用1篇，被成都市分行刊用29篇，被昆明市中支刊用36篇，在成都市分行和昆明市中支考核中均居地州市第三名；被省政府刊用6篇，被市委、市政府刊用47篇，居市政府考核前列，成效较为突出。

（飞传鹤）

银行业监管

【概　况】2013年末，全市银行业金融机构23家，营业网点379个，总资产1 290.61亿元，总负债1 235.14亿元，本外币存贷款分别达到1 140.29亿元和713.99亿元，分别比年初增长12.96%和12.28%。市银监局通过实施科学的监管措施，辖区各类金融风险得到有效管控，金融改革创新持续深入，法人机构综合实力明显增强，银行业整体抗风险能力和服务实体经济能力不断提高。

【重点领域风险管控】2013年，市银监局积极防控房地产贷款风险和产能过剩行业贷款，高度关注新政策下的房市，加强融资风险全口径监测，严密关注资金流向，防范好房地产行业信贷风险；督促辖区银行业金融机构推进实施绿色信贷，持续监测“两高一剩”行业贷款风险，重点关注和防范钢贸、煤焦冶电等行业信贷风险，严防企业多头融资、过度融资；重点关注行业、区域风险发酵，针对辖区某行业出现不良贷款情况，提前预判行业、区域风险持续发酵可能，较短时间内全面掌握潜在风险状况，对涉及的多家银行及时提示风险，提前着手应对，并督促银行业切实加强贷款质量管理。年末，全市银行业金融机构不良贷款余额5.99亿元，比年初减少0.5亿元；不良贷款率0.84%，比年初下降0.18个百分点，不良贷款整体持续保持“双降”。同时，全面布防表外业务关联风险，针对理财业务和票据业务进行风险提示，组织开展了代销业务风险排查；专门召开银行代理保险产品风险提示会，对部分寿险产品可能存在到期不能按预期给付红利的潜在风险进行提示；开展辖内银行业金融机构银行承兑汇票和贴现业务现场检查，突出贸易背景真实性检查，有效推进“实贷实付”信贷新理念。

【政府融资平台风险化解】2013年，市银监局持续按照中国银监会平台贷款管理相关规定缓释贷款风险，积极协调政府按照既定偿债方案稳步推进平台风险化解工作，全市银行业政府融资平台贷款降旧控新成效明显，缓释目标逐步实现。年末，全市平台贷款余额89.81亿元，比年初减少0.51亿元。全年累计收回平台贷款18.03亿元，新增贷款17.52亿元。新增贷款主要为土地储备贷款和保障性住房贷款，符合平台贷款管控政策要求。

【金融案件防范及综治维稳】 2013年，市银监局高度重视金融案件防范工作，督促辖区银行业金融机构持续保持案防高压态势。市局案防工作领导小组全年对辖区70个机构网点2012年度案件防控工作情况进行现场考核评价，对17个机构网点进行案防督查，对23个机构网点“平安银行”创建活动进行考核。同时，集中开展银行业安全生产大检查，针对发现的安全隐患和问题督促其整改落实，促进了基层网点安保力量的投入和案防能力的提升；牵头组织开展了防范打击非法集资宣传月活动，宣传日当天发放《云南省处置非法集资宣传手册》3 000份，现场咨询讲解500余人次，活动取得实效。

【支持金融服务薄弱环节】 2013年，市银监局积极支持金融服务薄弱环节，持续改善小微企业金融服务，组织开展“小微企业金融服务宣传月”活动，搭建小微金融联席会议平台，与市人行、市工信委联合开展小微金融展会、专题讲坛，组织银企对接会；构建小微金融专营网络，加强小微企业金融业务体系和服务渠道建设，提高小微企业贷款满足率。年末，全辖区小微型企业贷款292.53亿元，比年初增56.75亿元，增速24.07%，高于全部贷款增速。同时，积极配合地方政府、市委农办、市人行实施“三农”金融服务改革创新，推进农村金融“三大工程”，着力提高农村金融服务普惠度，全面提升金融支农质效；支持农村中小金融机构建设村级便农自助服务终端，下沉金融服务触角；引导涉农机构创新信贷产品，探索开展“三权”抵押试点。年末，全辖涉农贷款余额350.3亿元，比年初新增59.8亿元，涉农贷款增速为20.59%，实现“两个不低于”目标。

【银行业改革发展及创新】 2013年，市银监局引导辖区银行业金融机构积极应对利率市场化加快推进带来的挑战，并重点加强了法人机构的监管引领。同时，支持农村合作金融机构通过利润转增资本等形式持续增强资本实力，加快以股份制为主导的产权制度改革和发展步伐。年末，农村合作金融机构股本金达10.49亿元，各项贷款突破200亿元，主要监管指标持续良好，为继续发挥支农主力军作用夯实了基础。对市商业银行稳妥推进新资本管理实施辅导式监管，使其顺利通过中国银监会公务卡业务行政许可，增强了金融服务功能。全年该行发行23期65款理财产品，丰富了市民理财投资渠道；机构网点实现了辖区八县一区全覆盖，增强了县域金融服务。在村镇银行发展上，坚持培育与监管并重的原则，由成都市农村商业银行作为主发起人的澄江县中成村镇银行已开业；引领兴和村镇银行“做小、做散、做出特色”，突显全省首家村镇银行示范效应。邮储银行持续加快二类支行改革速度，已完成20个二类支行改革工作，于年内实现成立6年来首次扭亏为盈。新成立的市银行业协会督促其发挥“自律、维权、协调、服务”作用，为提升银行业整体形象、营造良性竞争环境作出积极贡献。

【金融消费者权益保护】 2013年，市银监局组织开展“金融知识进万家”宣传服务月活动。全辖区375个银行业金融机构网点参与宣传，设立户外集中宣传点56个，出动宣传人员780人次，发放各类宣传材料32万余份，接待金融消费者咨询16 700人次，发送公益短信38万余条，取得较好的宣传实效。并组织开展辖区银行业从业人员消费者权益保护知识竞赛活动，培训2 000余人次，普及性知识竞赛参与率超过90%；编制播放《金融消费者警示案例DVD光盘》，深入校园、社区进行警示宣传。同时，畅通信访渠道，提高信访处置率，搭建与辖区银行业金融机构的信访处置平台，保证第一时间对信访投诉进行归集处理。全年收到信访件5件，均已办理完毕。

【提升监管质效】 2013年，市银监局注重夯实监管基础，提升工作质效，监管措施的联动效应得到充分发挥。全辖区实行市场准入挂钩制度，将动态监管指标、案件防控、现场检查整改情况与市场准入挂钩，引导银行业金融机构科学合理布局，构建功能健全、服务高效的金融服务体系；强化高管人员动态履职监管，组织好拟任高管任职资格考试，全年组织188人次拟任高管人员任职资格考试；进一步发挥非现场监管职能作用，结合报表审核结果有针对性地开展调查研究，全年100余篇信息被市委、市政府采用，发挥好决策参谋作用。同时，加大现场检查及违规整纠力度，促进银行规范化发展。全年累计组织实施检查项目19个，检查金额369.64亿元，提出整改意见132条；对经营管理中存在违规行为和工作推进缓慢的20名高管人员进行了约见谈话；对2012年度现场检查和非现场监管中涉及的相关违规责任人员67人进行了合规履职测试。

（徐志敏）

商业银行

【市农发行经营概况】 2013年，市农发行抓深、抓实、抓好业务发展，存贷款双增且增幅较大，风险防范稳健，中间业务实现历史最好水平。全年累计发放贷款17.66亿元，比年初增9.16亿元，增幅107.89%；各项贷款余额29.15亿元，比年初增长7.15亿元，增幅32.50%；各项存款余额6.19亿元，比年初增1.45亿元，增幅30.59%；实现中间业务收入94.7万元，比年初增39.1万元，增幅70.32%；贷款利息收回率达99.61%，清收不良贷款15万元，不良贷款占比0.12%，不良贷款实现双降；实现账面利润4 608万元。

【支持粮油及储备肉业务】 2013年，市农发行全年累计发放粮油购销储贷款2.60亿元，比上年增加0.76亿元，支持企业购销储粮油约1.94亿公斤，为促进粮食安全、维护粮食市场稳定和保护农民利益发挥了积极的作用。并配合政府做好各县（区）地方储备粮的轮换和增储工作，增强了地方政府粮食调控能力。同时，积极支持国家和省级肉专项储备，重点支持凤凰生态食品有限公司国家储备冻肉及省级储备肉贷款业务，努力促进重要物资市场稳定。全年累计发放国家储备肉全额补贴贷款7 497.60万元，比上年增1 649万元，支持企业入储中央冻猪肉3批3 300吨；累计发放省级储备肉贷款4 590万元，比上年增4 590万元，支持企业入储省级冻猪肉2 000吨。

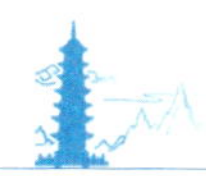

【支持涉农实体经济企业发展】 2013年，市农发行抓住地方特色产业发展特点，重点支持油脂、食糖、化肥、制药、蔬菜等产业化龙头企业，全年累计向红塔区农资公司、维和制药股份公司和滇雪粮油食品工业公司等重点客户发放商业性贷款2.73亿元，有效缓解企业资金紧张问题。此外，还为企业开办票据业务，缓解信贷资金规模紧张、企业融资难的问题，帮助企业解决短期资金需求，累计办理票据贴现2.48亿元。

【支持新农村建设】 2013年初，市农发行紧紧围绕省分行与市政府签订的战略合作协议要求，认真落实列入合作协议督办信贷项目，进一步加大新农村建设贷款业务的支持力度，有效搭建政府分管领导、管理部门、承贷主体和农发行四合一体的联动机制，积极介入土地收储、土地复耕、水库建设、水厂扩建、湖泊治理等列入市政府战略协议督办的8个项目，并获批项目4个，贷款资金8.6亿元。至年底，已全额发放，实现了银政共赢。

【中间业务与国际业务】 2013年，市农发行实现中间业务收入94.7万元，比年初增39.1万元，增幅70.32%，实现了历史性突破。同时，着眼于业务多元化发展，以红塔区农资公司、维和制药股份公司为重点，针对客户的不同需求，做好银行承兑汇票承兑和贴现业务。全年累计完成票据贴现业务24 800万元，比上年增5 704万元。全年国际业务结汇62笔，结汇金额794万美元，实现汇兑收益2.67万元，收益增长50.85%，业务量增长82.35%，结汇金额增长119.94%。

（马莉青）

【市工行支持重点企业发展】 2013年，市工行围绕地方政府发展园区经济和县域经济两大主线，围绕落户大中型实体企业，进一步稳定和扩大卷烟及其配套企业贷款，瞄准医疗卫生、先进制造业、现代物流业、生物制药业等优势企业，强化产品创新、服务创新，全力拓展贸易融资业务，最大限度地满足客户融资需求。年末，公司贷款385 202万元，比年初增加48 109万元，增幅14.27%。公司贷款占各项贷款总额的55.96%。

【小微企业贷款】 2013年，市工行把发展小企业贷款作为调整信贷结构的重要方向，在全行组织开展了为期1个月的“小微企业金融服务宣传月”活动，建立了小企业贷款客户资源储备制度，将管理规范、信息透明、诚信度高、财务指标好、抗风险能力强的小企业客户，以及为核心企业客户提供上下游配套服务的小企业客户纳入目标客户库，作为重点培育对象和首选客户，结合小微企业特点创新产品服务。其中，办理小企业林权抵押贷款700万元，实现该项业务零突破。年末，小微企业贷款51 120万元，比年初增加25 519万元，增幅99.68%。

【个人贷款】 2013年，市工行积极增强个人贷款市场营销能力，加快个人贷款结构调整步伐，在抓好个人住房贷款市场营销的同时，全力营销个人经营类贷款、个人消费贷款，积极营销推广个人助业贷款、个人家居消费贷款等新产品，推广个人循环贷款、网贷通、卡贷通、理财产品质押贷款、黄金质押贷款等新业务。年末，个人贷款279 636万元，比年初增加11 905万元。

【理财服务及电子银行业务】 2013年，市工行充分发挥品牌、服务和业务资源优势，依托网点、客户经理和电子银行三大渠道，适时调整产品销售结构，最大限度满足广大群众理财需求。全年累计销售法人理财产品54 635万元，实现“如意人生”理财产品销售日均余额1 388万元，代理销售基金59 459万元，销售各类个人理财产品476 026万元，代理保险2 851万元，完成贵金属交易类销售70 256千克，完成贵金属实物类销售113千克。同时，积极调整电子银行发展思路，加强电子银行业务宣传，普及电子银行业务安全知识，开通网上银行缴纳党费功能，扩大电子银行交易类业务覆盖面。年末，全行企业网银行证书存量客户1 710户，个人网上银行证书存量客户71 311户，手机银行（WAP）存量客户76 655户，电子银行交易额700亿元。

【提升经营能力和服务质量】 2013年，市工行重点关注政府融资平台、房地产企业等重点调控领域的信用风险，关注小微企业、个人贷款投向风险，加大潜在风险贷款的排查退出力度，严格贯彻“三个办法”，切实做好贷后管理工作，加大不良贷款监测力度，健全不良贷款管理台账，突出工作重点，抓好不良贷款的清收管理工作。全年清收处置不良贷款2 209万元，年末不良贷款占比0.2%，实现不良贷款“双控”目标。同时，以“防案件、防事故、防灾害，保平安、保发展、保形象”为总体要求，以风险预测和风险防范为管理路径，全面推动保卫工作向安全预防管理、安全防范评估、外部风险监控、技术防范建设为一体的安全管理型转变，努力打造“最安全银行”的品牌形象。江川县支行在建设“最安全银行”活动过程中，荣获总行“安全管理星级支行”称号。全行牢固树立“客户至上，服务为本”的经营理念，深入开展“服务品质提升年”主题活动，成立了服务管理委员会，加强服务服务质量、服务效率、服务态度、服务规范的非现场监测管理，及时纠正和解决服务工作中存在的问题，提高员工做好服务工作的自觉性。红塔山支行继续保持省文明规范服务示范单位称号。邓映辉荣获“总行级服务标兵”荣誉称号。

（瞿　敏）

【市农行经营概况】 2013年，市农行积极实施“发展、转型、创新、控险、强管、增效”的业务经营方针，业务经营呈现出规模增长、结构优化、质量提升、效益提高的良好局面。年末，各项存款（含同业）余额156.70亿元，比年初增加10.67亿元；各项贷款余额111.90亿元，比年初增加7.91亿元；累计签发银行承兑汇票5.53亿元。

【支持“三农”和县域经济】 2013年末，市农行县域贷款余额79.72亿元，占全行各项贷款余额（111.9亿元）的71.24%。累计发放惠农卡301 103张，办理惠农卡的家庭占全市农户总数的40%以上。全市已建成186个惠农支付点，开立新农保专用惠农卡10万多张，满足了农民朋友办理小额取现、汇款、消费、查询以及养老金缴存、支取等金融服务的需求。至年末，发放农户小额贷款52 958万元，发放农村个人生产经营贷款17 181万元，发放针对农村妇女的妇联扶贷贴息农户贷款15 000万元，发放创业促就业小额担保贷款19 681万元。

【支持优势特色产业】 2013年，市农行累计发放农业产业化龙头企业贷款52 204万元，通过信贷资金支持，实现企业增效、农民增收、银行提质的良好共生效应。同时，大力推进“万村千乡”市场工程，加快完善农村商品流通网络以及基础设施建设，加大对小微企业支持力度。年末，全市农行小微企业贷款余额13.83亿元。

【放贷推动民生工程】 2013年，市农行作为四大国有银行分支机构主动承担保障和改善民生的社会责任，截至年末已发放保障性住房贷款2.52亿元，有效支持全市保障性住房开工及建设的进度。市农行还率先与市公交公司合作，在全省范围内首家开通IC卡应用业务，并成功发行农行公交IC卡，方便市民的出行，实现银行卡行业应用新突破。

【提升管理水平和服务质量】 2013年，市农行加大对信贷、财务、科技、安全保卫、案件防范、员工行为规范等重点领域的风险管控，坚持稳健、创新的风险偏好，进一步完善“横向到边、纵向到底”的大风险管理制度和组织体系，重点加强信用风险、市场风险、操作风险、流动性风险及声誉风险等全面风险管理措施，开展网点服务软、硬转型，加快网点全面转型，不断优化网点布局和整合力度，深化了网点的服务转型。截至年末，全市投放自助终端278台、自助银行16个，努力为广大市民提供全面优化的金融服务。

（马　利）

【市中行经营概况】 截至2013年末，市中行人民币各项存款余额593 053万元，比上年末增72 959万元，增幅14.03%；余额市场占有率（金融机构口径）5.25%，比上年末增0.06%。外汇存款余额1 556万美元，比上年末减102万美元，减幅6.15%。人民币各项贷款余额384 860万元，比上年末增27 362万元，增幅7.65%；余额市场占有率（金融机构口径）5.43%，比上年末减0.22%。全年实现净收入20 900万元，比上年末增2 807.68万元，增幅15.52%，完成全年预算目标（23 109万元）的90.44%；实现税后利润10 855.66万元，比上年末增2 387.56万元，增幅28.2%，完成全年预算目标（10，574万元）的102.66%。

【支持中小微企业】 2013年，市中行推出服务中小微企业的“中银信贷工厂”授信新模式，旨在加大对中小微企业的信贷支持力度。年末，中小微企业贷款累计余额183 860万元，比上年末增21 087万元，增幅13%。其中，涉农贷款余额139 719万元，比上年末增12 989万元，增幅10.3%。中行中小微企业授信客户主要集中在金属制品行业、商贸批发、农产品加工及进出口、物流、采矿业及化工行业。

【推进新设支行和自助渠道建设】 2013年，市中行在全市的机构网点布局实现较大突破，4月17日，红塔区支行顺利开门营业，7月17日，新平县支行顺利开门营业。市中行还分别完成了市第二医院、元江县清水河电站、玉带路、通海县纳古镇自助银行的装修和投入使用，渠道建设取得较大发展。

【提升业务技能和服务水平】 2013年，市中行制定了员工业务技能练兵及达标测评的管理办法，实现各单位员工的综合能手率与年度绩效考核挂钩。由工会组织优秀技术能手到各单位进行巡回辅导，每周组织参测员工进行模拟考试，通报成绩并对达不到能手的督促其增加练习次数。在举行业务技能比赛的基础上，选拔出优秀选手10名，采取强化训练，参加省行业务技能比赛。通过制定管理办法和组织开展活动，有效促进了全行业务技能的提高，使全行综合能手率达到了100%。通过全行干部员工的共同努力，市中行被评为总行“模范职工之家”，市分行营业部获得了省分行“巾帼文明示范岗”荣誉称号。

（张　德）

【市建行经营概况】 2013年，市建行积极推进结构调整，资产负债业务平稳发展，资产质量不断提高，中间业务收入大幅增加，经营效益稳步增长，盈利状况持续向好，持续保持了无案件发生。全行一般性存款余额1 436 503万元，比年初增加195 777万元，增长15.78%。其中，对公存款余额918 344万元，比年初增加121 404万元，增长15.23%；个人存款余额518 159万元，比年初增加74 373万元，增长16.76%。各项贷款余额851 038万元，比年初增加104 942万元，增长14.07%。其中，公司类贷款余额583 154万元，比年初增加52 899万元，增长9.98%；个人类贷款余额267 884万元，比年初增加52 043万元，增长24.11%。

【定向资产管理计划支持区域经济发展】 2013年，市建行进一步创新金融服务，千方百计拓宽融资渠道，筹措资金支持县（区）经济的发展。其中，采取证券定向资产管理计划的模式，积极为政府牵线搭桥，促成部分县（区）政府与证券公司合作，倾力支持全市的民生工程建设。自4月起，在红塔区、通海县、江川县、峨山县、华宁县、新平县、易门县与相关券商联手开展定向资产管理计划，签约合同金额18亿元，成功募集9.17亿元资金用于保障房、工业园区和城市综合整治项目建设。

【优化融资平台贷款管理】 2013年，市建行完成了市高等级公路公司、市开发投资公司融资平台贷款现金流全覆盖的风险定性调整。红塔区国有资产经营公司实现退出平台，按一般公司类客户管理的申报方案获总行审批。市开发投资公司融资平台贷款风险分类由关注调整为正常。在市委、市政府召开招商引资大会上，促成市委、市政府与省分行高升亮行长签订了战略合作协议，存量融资平台贷款客户达7户，贷款余额13亿元，余额位列当地金融机构第一。

【支持住房和城镇化建设】 2013年，市建行积极开展城镇化建设业务，及时向大营街实业（总）公司投放了2个亿的城镇化建设贷款，实现了全省城镇化建设贷款的第一单。住房资金归集余额403 150万元，比年初增加55 035万元。公积金贷款稳步增长，余额261 917万元，比年初新增43 454万元。保障性住房项目贷款新增29 950万元。

【中小企业和个人贷款业务营销】 2013年8月，市建行组织参加了由市政府主导，市工信委、人行、银监局、人才市场、博物馆主办的为期3天的中小微企业银企对接与金融产品推介活动会。通过广泛与企业面对面洽谈、交流和开展中小企业如何融资及金融理财产品知识讲座，进一步扩大了建行的影响力，树立了建行的良好形象，获得了良好的社会效益。此外，组织参加全市第七届房交会，通过在当地影响力较大的高古楼网站进行会前宣传、房交会现场布置展台接受客户现场业务咨询等多种形式，全力营销个贷产品。在为期5天的参展期间，发放宣传资料近1 000份，现场接受客

户业务咨询500余人次，并与近百名客户达成的个人住房贷款及其他产品交易意向，取得了良好的营销效果。“要买房、到建行”的营销理念更加深入人心。

【经营效益和资产质量保持良好】 2013年，市建行全年实现中间业务收入11 810万元，比上年增加3 480万元，增长42.1%。资产质量在市场和系统持续保持良好状态，不良贷款余额473万元，比年初增加87万元，不良率仅为0.06%；财务效益达到预期，实现拨备前利润31 677万元，比上年增加6 763万元，增长29.1%。创先争优工作持续加强，市分行、江川县支行、通海县支行、华宁县支行被评为市级文明单位。

（罗厚富）

【市交行经营概况】 2013年，市交行加大改革力度，在发展中推进改革，以改革推动发展，各项存款保持了平稳增长，客户结构得到进一步调整，盈利能力不断提升。全年人民币各项存款余额43.49亿元，比上年增加5.81亿元，增幅15.4%。时点储蓄存款增加额在省分行排名第一。日均存款突破40亿元关口。全年完成经营利润10 310万元，人均创利89万元。各项存款在市、区两级银行业机构中的市场占比分别比上年提升0.49、0.75个百分点，实现了跑赢大市的目标。

【支持地方经济建设】 2013年，市交行针对全市经济热点难点，积极提供金融服务，推出解决方案，支持地方经济发展。一方面继续扩大政府平台和重点项目贷款支持份额，提供3亿元授信额度，积极支持民生工程市级公租房项目。同时，加大对“三农”贷款的支持力度，涉农贷款较年初稳步增长。在全行对公贷款减幅24.79%的情况下，全年涉农贷款比年初增加0.9亿元，增幅40.82%。此外，积极支持学校、出租车等民生项目建设，合力打造地方城市名片。

【银卫安康项目成功上线】 2013年，市交行大力提升对医疗卫生行业的金融服务能力，积极培育医疗卫生行业优质客户群，加强与市医院合作，积极推进“银卫安康”——交通银行医疗卫生行业金融服务方案。针对市人民医院加快信息化建设的需求，积极向上级行争取政策，与市人民医院合作开发、投资近300万元的自助医院诊疗“一卡通”项目立项审批通过，于5月23日正式签署合作协议，6月份正式启动一期项目上线，提升了医院的信息化管理水平，标志着银医合作新平台成功搭建。

【完成省辖行矩阵式改革】 2013年，市交行按照总、分行要求和部署，不断优化和调整人员结构，充实营销队伍，精减机关，充实前台，经营人员和客户经理占比得到提升，人员调整和配置达到了方案确定的年内目标。改革后，机关管理部门人数占比和会计族群占比分别下降1.87和1.27个百分点，营业网点人员占比和客户经理占比分别提高1.2和1.27个百分点，实现了打造“强大前台、高效中台、集约后台”的目的，顺利完成存量省辖分行矩阵式改革。

【提升服务水平】 2013年，市交行抓实细节管理，着力打造全市银行业最佳服务品牌，为业务发展提供支撑。一方面不断完善服务基础档案，对全行网点环境进行整改规范，规范后的网点环境更加优美，更具人性化；同时，明确管理责任，实行值班行长制，进行厅堂巡视，对厅堂内外的服务秩序及服务行为进行规范管理监督；组织实施了嘉讯公司“精点计划”，有效提升了内部服务及客户营销流程；开展了“走进交行、感受温馨”主题活动，开展“服务风采”、寻找“最美笑脸”评比等活动，营造服务文化，充分展示员工精神风貌和服务经验成果。市交行在省分行的服务排名中从上年的19名提升至第8名，服务提升再上新台阶。

（巨立群）

【市广发行经营概况】 截至2013年末，市广发行全行本外币各项存款余额256 413万元，比上年减少19 885万元，降幅7.2%。其中，人民币各项存款余额255 829万元，比上年减少19 839万元，降幅7.2%；外币存款余额96万美元，折合人民币584万元，比上年减少4万美元，折合人民币减少46万元，降幅为4%。人民币各项存款余额为255 829万元，其中，人民币对公存款余额199 217万元，比上年减少10 173万元，降幅为4.8%，占人民币各项存款余额的77.9%。人民币储蓄存款余额56 612万元，比上年减少9 665万元，降幅为14.6%，占人民币各项存款余额的22.1%。信用卡成功发卡2 337张，完成全年发卡任务目标的116.85%。累计完成3 485.4万美元的国际结算量。表内、外贷款余额合计23.6亿元，比年初数22.51亿元增加1.09亿元，增幅4.84%。

【支持中小企业发展】 2013年，市广发行小企业金融中心通过前期的“民营100”活动、“好融通”推广等活动的持续开展，在当地政府、同业以及中小企业中均树立了较好的社会形象和口碑。同时，及时推出了“生意通”、“生意人”系列个人经营性贷款，以套餐式组合产品服务满足中小微企业的多元化需求，充分满足小微企业中长期资金融通需求。截至年末，在市广发行的32户授信企业中，“中小微”企业（不含融资平台）共计27户，占比84%。全年新增授信客户9户，全部为“中小微”企业客户，贷款金额合计43 261万元，金额占比28%；表外授信36 739万元，占比67%。

【营业部再获“千佳文明示范单位”称号】 2013年，市广发行高度重视文明规范服务工作，严格贯彻执行银行业关于文明规范服务工作的相关政策精神，在广发银行“诚信、责任、创新、笃行”的企业文化的指导下，狠抓落实，增强员工的服务意识和敬业精神，努力打造银行服务优质品牌，树立良好社会形象。从2008年至2013年，市分行营业部已连续3次荣获“中国银行业文明规范服务千佳示范单位’。此外，市广发行于6月27日顺利完成了朱瑾路支行的搬迁及更名工作，朱瑾路支行搬迁后更名为山水支行。

（叶芳旭）

【市华夏行经营概况】 2013年，市华夏行各项经营稳健、快速发展，截至年末，实现本外币各项存款44.8亿元，其中，对公存款32.96亿元，储蓄存款11 84亿元；各项贷款余额30.55亿元。全年实现利润1.27亿元，无不良贷款。

【提升经营管理水平】 2013年，市华夏银行积极贯彻“中小企业金融服务商”战略，不断提高为实体经济服务的能力和水平，着力打造“华夏服务”品牌。通过持续强化全流程管理和信用风险统筹、突出重点领域风险防控、优化客户基础，不断提升整体抗风险能力；通过强调综合收益、突出发展低资本占用业务、持续提升整体经营效能，不断提高资本回报水平；通过贴近市场，强化专业化、特色化、精细化、品牌化发展，不断提升金融服务能力；通过持续优化行业投向、区域投向、客户结构和收入结构，不断提升可持续发展能力。同时，稳中求进，围绕全市经济发展重点产业，坚持把推动经济与金融持续协调发展紧密结合，有效发挥金融对地方经济发展的支撑作用。年底，支行被分行授予先进支行一等奖、最佳创利单位奖，营业部荣获总行年度“青年文明号”。

【风险管理】 2013年，市华夏行结合客户定位及风险特征，严格深入贯彻“三个办法一个指引”，着力解决授信真实性问题，实施精细化管理，强化贷款“三查”，确保信贷资金真正服务于实体经济发展；同时，狠抓授信资料真实、授信需求真实、风险揭示真实、资金支用真实、贷后检查真实，以不规范经营专项治理作为强化内部、规范经营行为的良好契机，把合规经营、规范操作、案件防范作为内部管理工作的重中之重来抓。通过一系列措施，提高了支行廉防、案防建设的能力和水平，强化监督和自律，不断深化“两防”体系建设，实现了“零案件”目标。

（丁兆成）

【市浦发行加强银政合作】 2013年3月4日，市委、市政府与浦发银行昆明市分行举行高层座谈会，勾画全市经济社会发展的蓝图。在全市招商引资大会上，浦发行昆明市分行与市政府签订了《银政战略合作协议》，浦发银行将加大信贷支持力度，力争对全市的资金支持达到50亿元。

【金融服务和业务宣传】 2013年9月17日，市浦发行借举办中秋国庆灯展的契机，加大宣传力度，出资9.5万元支持和打造当地特色旅游文化活动。8月22日，出资5.95万元参加市工信委举办的全市中小微企业产品推介活动。9月1日，参加由市银监分局举办的“金融知识进万家”宣传服务月活动，广泛宣传金融知识、金融产品。

【银企合作】 2013年7月，市浦发行与红塔烟草（集团）公司携手合作，首次开通银企直连业务，提高了集团公司的资金管理效率。

（杨思明）

【市民生行服务小微企业】 2013年，市民生行创新产品，大力发展小微业务，创新性提出银企共建的“合作社”概念，成立了4个合作社，分属不同行业，几乎囊括各个行业的客户群体。至年底，合作社已经遍布全市各个县（区），为300余名小微客户解决了3亿余元的资金需求。同时，大力发展微贷业务，特别是消费类微贷，仅红塔区微贷项目已为80人发放了1 700余万元贷款。

【服务县域、园区、民营经济】 2013年，市民生行主要以供应链、产业链业务发展为目的，以工业园区、行业特色客户为目标，重点开发了当地农业产业化龙头企业、通海县里山、红塔和研和工业园区企业、烟草配套企业，力求贴近市场，贴近客户。认真践行市委、市政府提出的大力发展园区经济的发展方针，为全市的经济发展提供金融支持。

【风险管理及网点建设】 2013年，市民生行大力推进合规文化建设，从操作风险、经营风险、道德风险方面进行全面的梳理排查，严控操作风险和道德风险，开展警示教育活动，以合规字典为指导，抓好内控合规建设。同时，为逐步理顺支行财务、运营的管理职能，提升支行财务专业化管理能力和支行运营支持效率，成立了风险管理部和运营管理（计划财务）部，提升了管理水平。全行始终把服务作为一项重要工作放在日常工作的首位，针对服务，从厅堂到柜台，从业务到服务，抠细节、抓重点，真正为客户提供高效优质的金融服务，真正做到“用心微笑、真诚服务”，使服务工作常态化。此外，完成了新网点的搬迁工作，改善了服务环境，并新建了3家离行式自助银行，增强了服务的覆盖面，提升了服务水平。

（杨　励）

【市农信社经营概况】 2013年，市农村信用社不断提高金融服务“三农”的水平，各项业务实现了健康持续发展的良好态势。年末，全市农村信用社各项存款余额371.66亿元，比上年增57.92亿元，增长18.46%；各项贷款余额206.01亿元，比上年增30.21亿元，增长17.18%；拨备覆盖率219.8%，比上年提高39.64个百分点；资本充足率13.13%，比上年提高0.55%；不良贷款余额比上年下降3 928万元，占比下降0.43个百分点；电子银行交易金额444.96亿元，并进一步改善了电子支付结算环境，业务前端系统实现了图形化。

【“三农”扶持】 2013年，市农村信用社做优小额农贷品牌，全力解决农业生产和抗旱保春耕贷款需求。全年建立农户经济档案42.36万户，占全市总农户数的82.37%。农户贷款余额77.67亿元，其中，累计发放抗旱救灾贷款4.24亿元，扶持受灾企业24户、受灾群众79 547人，及时解决了农民抗旱生产自救的所需资金。同时，贷款重点向特色农业、高效农业、规模农业和专业合作社倾斜，做好高原特色农业产业金融服务工作，产生了良好的规模效应和经济效益。全年开展信用乡镇建设评定信用乡（镇）11个、信用村77个、信用小组410个、信用户205 894户，为“三农”融资便利化提供了良好的信用环境。年末，涉农贷款余额145.43亿元，占各项贷款的70.59%，比年初增23.77亿元，增速为19.54%，充分发挥了支农金融主力军的作用。

【助力中小微企业发展】 2013年，市农村信用社强化中小微企业金融服务，坚持风险控制和有效投入原则，对产品有市场、经营前景好的中小微企业通过产品创新、服务创新、担保方式创新等方式给予信贷扶持。全市农信社树立“省市县上下一盘棋”观念，加大对政府重点项目的支持力度，形成合力，抱团支持，并积极从外地州市引进社团贷款参与本市优质客户的贷款扶持。年末，中小微企业贷款余额89.05亿元，占各项贷款的43.22%，比年初增16.19亿元，增速为22.22%，切实解决中小微企业资金需求。

【推行民生金融服务】 2013年，市农村信用社积极推广政策性贴息贷款业务，全年累计发放贷免扶补贷款49 634万元、创业促就业小额担保贷款6 451万元、劳动密集型小微企业贷款8 209万元、畜牧贴息贷款25 355万元，全力支持全市创业促就业工作。同时，全力推进新型农村及城镇居民社会养老保险代理工作，全年为114.05万人代发养老金，代发金额5.85亿元；继续做好财政直补资金代发工作，全年代发补贴资金2.52亿元。全市农村信用社共设立惠农支付业务服

务点394个，有效地解决了部分农村及偏远地区由于金融机构缺失导致的取款难问题。此外，按照“组织推荐、农信审批、有限贴息、多方共管”的管理方式，积极融资支持“美丽家园”建设及“三湖”治理工程。

（杨益民）

【市邮储行经营概况】 2013年，市邮储行完成业务收入5 656万元，完成年计划的113.38%，比上年增长50.10%，净增1 888万元，收入及利润超额完成了省行下达的计划指标。银行个人存款余额25.71亿元，比年初增长1.86亿元；公司存款余额1.53亿元，增长0.288 亿元；发放小企业贷款3.38亿元，发放个人贷款5.17亿元。各项贷款余额9.67亿元，在全省邮储行排名第四。至年末，拥有营业网点58个，其中，银行自营网点15个，邮政代理金融网点43个。全行不良率0.157 %，不良率比年初下降0.05个百分点，保持了良好的资产质量。

【金融服务】 2013年，市邮储行根据人行、财政部、人力资源部和社会保障部关于进一步改进小额担保管理，积极推动创业促就业的通知精神，继续为全市下岗失业人员发放1.06亿元再就业贷款，对维护社会稳定，繁荣地方经济起到了积极的作用。针对小微企业融资需求特点，相继推出了小额贷款、个人商务贷款、小企业贷款等，采用额度循环支用的贷款使用模式和灵活的还款方式，最大限度地帮助小微企业节省利息开支，降低融资成本，有效满足了其对资金需求“短、小、频、急”的特点。全年投放小企业贷款3.38亿元，为广大小微企业融资开辟了一条“绿色通道”。面对全市连续干旱的情况，市邮储行为540户农户提供了4 400万元的贷款支持，帮助农户解决了抗旱资金困难。为支持农村产业结构优化调整，开办了畜牧贷款、烟农贷款、柑橘贷款等，仅2个月就为全市533户养殖户提供了3 900万元的资金支持，为柑橘种植户提供了500多万元的资金支持。此外，加强商业模式开发，围绕核心产业链条开发服务小微企业信贷产品，创新了保证、联保、质押等多种担保方式，推出了“互惠贷、增信贷”业务，有效解决了小微企业无抵押或抵押不足难贷款的问题，极大地丰富了小微企业贷款产品线，提升了小微企业的金融服务能力。

【推进银政合作】 2013年1月17日，邮储行省分行副行长郑家志代表省分行与市政府签订了《金融战略合作协议》。市邮储行按照省分行部署要求，认真履行“协议”，发挥自身的资金、网络、渠道及多样的金融产品优势，为全市地方经济发展提供全方位的金融服务。

（杨学明）

【市商业银行经营概况】 2013年，市商业银行强化基础管理，坚持服务实体经济，严守风险底线，实现“保经营稳定、保换届顺利、保合规经营、保风险控制”的总体目标，公司价值和品牌形象显著提升。截至年末，资产总额达到166.27亿元，比上年末增加46.94亿元，增长39%。其中，各项贷款余额54.15亿元，比上年末增加10.65亿元，增长24%；负债总额153.48亿元，比上年末增加41.91亿元，增长38%；各项存款余额122.59亿元，比上年末增加23.58亿元，增长24%；实现利润总额2.32亿元，比上年末增加0.53亿元，增长29%；实现净利润1.78亿元，比上年末增加0.42亿元，增长31%。各项监管指标均达到监管要求，其中，资本充足率15.98%，核心资本充足率14.94%，拨备覆盖率283.05%，资产利润率1.25%，资本利润率17.33%，存贷比44.21%，流动性比例49.71%。

【完善公司治理】 2013年，市商业银行加快新资本管理办法实施步伐，加大培训力度，以信用风险、市场风险和操作风险为核心，编制了《玉溪市商业银行新资本管理办法实施方案》。同时，积极落实增资扩股计划，完成了19 300万股的增资计划，并通过实行内源性的资本补充机制，对2012年利润分配采取送股形式，增加股份3 871万股。截至年末，总股本达到66 453万股，核心一级资本净额达到122 683万元。制度建设方面修订了公司章程，加强了股权管理，研究制定了股权实施细则。根据《商业银行公司治理指引》，修订了股东大会、董事会、监事会相关议事规则，新设了监事会监督委员会。在风险管理方面，进一步落实呆账核销管理办法及操作风险、流动性风险、市场风险、信息科技风险管理等试行方案。在公司治理运作方面，进一步强化问责制度，加强工作的督办查办力度。市商业银行稳步推进网点建设，不断扩大服务覆盖面，完成了元江县支行、昆明市金碧支行的开业工作，昆明市关上支行、玉溪市万商汇支行获批筹建。截至年末，全行有20个对外营业机构，包括1个分行（昆明市分行），下设营业部、曙光支行、金碧支行，1个专营机构（小企业信贷中心），16个总行直属支行（8个县域支行）。

【业务转型】 2013年，市商业银行零售、中小企业等战略性业务规模不断扩大，成功发行“玉溪财富”理财产品25期，销售额10.77亿元，带动储蓄存款显著增加，年末储蓄存款余额

2013年3月27日，红塔区惠农支付业务推进会暨惠农支付服务点商户授牌仪式

（王淑勇 摄）

17.50亿元，比上年末增加6.39亿元，增长58%。将支持中小微企业发展作为全行战略发展的根基，截至年末，小微企业各项贷款余额34.02亿元，占全行贷款余额的62.83%，比上年末增加8.66亿元，比上年增量多增3.9亿元，增速34.16%，比全部贷款增速高9.66个百分点，实现了小微企业贷款增速不低于当年贷款平均增速，增量不低于上年同期水平的目标。涉农贷款方面，年末涉农贷款余额21.88亿元，比上年末增加5.77亿元，增幅35.84%，占全部贷款余额的40.41%，比上年末上升3.37个百分点。

【打造经营特色】　2013年，市商业银行紧跟国家“十二五”规划方向，贯彻落实国家产业金融政策要求，以产业链金融和供应链金融业务为抓手，创新商业模式，加大两烟配套、生物医药、文化产业、服务业等特色业务发展，推进业务转型。全行立足于行业集聚客户、核心企业关联客户、资源类客户、弱周期客户等4大类客户群体，重点支持主营业务突出、管理优良、财务稳健、经营效益与发展前景良好的客户，持续优化信贷客户结构。同时，加大信贷产品整合与创新力度，灵活运用商业票据、交易融资等信贷产品组合和综合信贷经营手段，对县域经济、民营经济的授信余额分别达到18.28亿元和39.13亿元；对基础设施、开发区和园区标准化厂房、中心城区城市综合体建设等项目中有条件、有能力支持的项目提供投融资34.7亿元；深入推进金融服务进社区活动，为社区居民提供金融消费便利，建立常态化的服务机制，着力解决社区居民的实际问题，带动小微金融、个人业务的发展；加快理财产品的开发步伐，全年累计发行“玉溪财富”系列理财产品24期，销售余额10亿元；深化小微金融服务，通过实施支行转型，扩大小微金融覆盖面，在玉带支行、银河支行设立了小微金融服务分中心；对现有客户经理进行分组，在红塔区内建立多层次的营销机制，进一步强化了红塔区内小企业贷款的规范性。此外，以支持零售战略转型为重点，加快推进产品及服务的提升。支付宝快捷业务、银联在线支付业务快速发展，有效提升了红塔卡的使用率。全年2项业务累计办理31 697笔，比上年末增加29 038笔，增幅1 092%；交易量达到1 009万元，比上年末增加923万元，增幅1 073%。还推出短信银行、短信客服，引入微信等多媒体服务渠道，整合信息发布、产品宣传功能，向着立体化、专业化的电子服务体系迈进。积极惠及民生，助力民生金融建设，累计发放小额创业担保贷款1 238笔，发放贷款0.74亿元，支持创业人员近1 500人。年末，小额创业贷款余额达到1.73亿元。

（金　超）

【兴和村镇银行经营概况】　2013年，兴和村镇银行秉承“兴三农、构和谐、创新机”的经营理念，立足服务“三农”、服务社区经济、支持中小企业发展，各项业务有了长足的发展。年末，资产总额13.61亿元，比上年末增49.57%；负债总额11.82亿元，比上年末增44.74%；各项存款突破10亿元，余额达11.24亿元，比上年末增45.89%，实现了历史性跨越。全年各项贷款余额6.85亿元，比上年末增28.46%。其中，小微企业贷款余额5.95亿元，占贷款总额的86.89%；农户贷款余额2.8亿元，占贷款总额的40.83%。不良贷款率仅为0.01%。全行实现总收入5 961万元，比上年增36.50%；总支出3 203.14万元，比上年增31.66%；实现经营利润2 985.49万元，比上年增27.39%。

【业务创新】　2013年，兴和村镇银行在传统贷款业务的基础上，推出“兴农、兴业贷”、“种植联合担保”等新的贷款品种，有效解决传统农户贷款难问题，得到农户的一致认同和好评，为支持农户和小微企业的发展探索了新的模式。全年积极调剂信贷规模，完成了大营街社区旧村改造一期257户3 584万元的贷款发放工作，为推进美丽新农村和城镇化建设，重塑云南第一村形象作出了努力。同时，积极开办签发银行承兑汇票、贴现、转贴现业务，为企业融资开辟新渠道；启动兴和村镇银行“新兴卡”（IC借记卡）工程，以增强金融服务功能和手段。

【风险防控】　2013年，兴和村镇银行强化信贷风险管理，成立关联交易及风险排查领导小组，定期进行风险排查。通过开展贷款风险排查，准确进行贷款五级分类，关注和揭示贷款风险，对可能产生的风险，一户一策，及时化解。同时，扩大支行信贷授信额度，简化贷款审批流程，引导支行结合当地实际情况开展信贷业务，完善操作流程；不断强化合规经营意识，合理控制贷款发放节奏，完善内部制度、流程管理的建设，加强业务风险的监控力度，建立风险预警机制，避免不良贷款的产生；展开全行内控制度梳理、修订、完善工作，以完善制度设计和安排，保障业务的健康运行；制定、修订了《玉溪兴和村镇银行案件问责管理暂行办法》、《玉溪兴和村镇银行工作人员违规行为处理办法》、《信贷业务风险监测与预警管理办法（试行）》、《种植联合担保业务管理办法》等内控制度。年内，还组织开展稽核检查，对下辖4个机构1月至10月的学习培训、柜面业务操作、员工行为排查、落实案件防范工作、对账情况、反洗钱报送、信贷管理、表外业务等方面情况开展现场检查，提出了整改要求和检查建议。在安全管理方面，认真开展各机构安全评估的自查，并通过了各级公安部门的复查验收，均达到优秀标准。“平安银行”创建通过了市银监分局的复查验收。

（贺志娟）

财产保险

【概　况】　2013年，市人保财险公司深入贯彻落实总公司“围绕一个总纲、强化两大支撑、抓好三个关键”的工作思路，坚持“学习、创新、高效”的工作目标，全面落实“速度、效益、服务”领先的市场战略，深化公司改革转型，面对市场竞争白热化，广大干部职工群策群力，开拓创新，扎实推进“八项工程”，各项经营指标保持了良好的发展势头。至12月底，公司实现保费收入62 576.6万元，比上年增加3 393.8万元，比上年增长5.73%，完成年度计划96.46%；实收保费62 724.1万元，比上年增加2 926.8万元，增长4.89%，完成年度计划98.31%；实现账面利润（利润总额）7 493.2万元，比上年增加了946.5万元，增长14.46%，完成年初计划100.45%，实收保费利润率为11.95%；列支直接赔款34 977万元，综合赔付率56.31%，综合费用率29.87%，综合成本率86.18%；累计现金流量净额10 676.3万元，比上年减少2 009.3万元；市场份额56.89%；上缴国家税收3 038万元。全年为全市承保财产和提供保险保障2 937.5亿元。

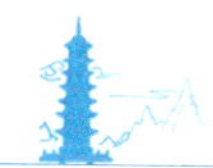

公司强化管理、锐意进取、团结奋进、攻艰克难，多项工作取得显著成绩，在当地同行业及系统创下了12个第一（市场份额居当地行业第一，所辖的高新区、红塔区支公司保费规模居全省系统地州市级支公司及当地行业支公司第一，盈利水平居全省系统第一，电销规模居全市行业第一，文明建设连续获市七届文明单位居当地行业第一，车险续保率居全省系统第一，车险保费增量市场份额第一，公司出单速度名列全省系统第一，获全省系统首届营销技能大赛团体及个人第一，员工网络教育培训获全省系统考核第一，理赔技能大赛团体连获全省系统第一，理赔2项指标考核获全省系统第一），并连续2年进入全国百强理赔中心。公司党风、综治、档案、单证、工会5项工作经考核，全市系统实现优秀满堂红，并保持全省系统先进水平。市公司获全省系统党风廉政建设责任制和综治维稳先进单位。新兴支公司获全省系统先进单位和省级标杆支公司称号。刘菊芬、陈兵、张海玲等17人被省公司表彰为先进个人，并涌现出一大批各级先进集体和个人。

【开展客户节活动】 2013年，为了打造PICC第一服务品牌，以服务促进业务发展，让客户感受人保，享受优质服务，提升客户满意度，人保财险开展了以“携手中国人保，共创美好生活”为主题的客户节，面向社会推出6项主题活动：“多快好省”理赔服务、“倾听心声、绿动中国”活动、4 001 234 567人保电话车险“真情回馈、心系车主”活动、“保险e体验”——EPICC网上人保24小时不打烊活动、“人保在行动”公益系列活动、“十一”黄金周客户自驾游服务活动。同时，公司还围绕“人保在行动”主题开展了一系列的公益活动。按照总公司的部署，市人保财险公司在开展6项主题活动的基础上，结合实际，因地制宜推出特色优质的服务举措，开展丰富多彩的客户节主题活动。具体为强化全员“大服务”意识，严格落实大堂经理岗位职责和服务标准化实施细则。各支公司还开展职场行为和话语的规范化和职业化培训。树立和强化“规范服务、主动服务、高效服务和技能服务”服务意识，把一句温馨话语、一瓶矿泉水、一份理赔指南和一次满意度回访“四个一”服务始终惯穿整个理赔服务中。同时，为便于客户能在出险后享受快速的查勘定损服务，现场查勘人员向客户发放《保险服务联系卡》，搭建了客户与理赔人员快速绿色通道。采取差异化政策，制定一系列解决业务发展速度、经营效益、理赔资源、客户服务水平等措施。各产品线主动收集市场信息，研究客户的需求方向，创新延伸服务内涵，并与4S店及综合修理厂制定了“一店一策”、“一厂一策”提升服务考核办法。分公司理赔中心、车险部、车商部和同城3家支公司与各修理厂、4S店签订《业务服务合作协议》、《人保财险玉溪市分公司汽车经销商、修理厂代理业务管理办法》，建立了公司对汽车经销商、修理厂业务管理小组，根据实际情况和业务的不同类别，有针对性地向其提供差异化服务，逐步建立和完善相应服务流程，实现咨询、投保、定损以及直赔等功能的“一站式”服务。以感恩之心回报社会，组建了篮球队、足球队和网球队，与红塔集团、教育局、公检法、学校、通信等行业、系统开展联谊比赛，成功协办并参加“七彩云南全民健身运动会”第三届足球比赛，进一步彰显了公司“用感恩之心回报社会”的企业文化，也为保险与客户、客户与客户之间搭建了一座情感沟通的桥梁，彰显了公司的品牌优势，促进了业务的发展。

2013年6月1日，市人保财险公司与市交警支队在聂耳广场开展“平安路，幸福家”、“PICC关爱儿童安全，共创美好家园”为主题的道路交通暨消防安全少儿文明交通训练营公益活动　（市人保财险公司　提供）

【执行行业“车险自律公约”】 2013年，《云南省机动车辆保险行业自律公约（2 013版）》于3月15日正式实施。市人保财险公司严格执行行业“车险自律公约”，主动、自觉引领市场规范，以营造规范、合规的保险市场环境。4月11日，市人保财险公司牵头在市保险行业协会召开实施“车险自律公约”会议。市保险协会会长李德龙、秘书长迟忠智等相关领导，市人保财险、太保产险、平安产险、华泰产险、天安产险、大地产险、永安产险、安邦产险、阳光产险、永诚产险、人寿产险、渤海产险、诚泰产险13家公司的主要负责人参加了会议。各产险公司总经理对4月1日以来实施《云南省机动车辆保险行业自律公约（2 013版）》的执行情况作了汇报发言，讨论研究开展《云南省机动车辆自律公约（2 013版）》自律检查的具体内容和措施，并签订了《玉溪市机动车辆保险市场自律规范承诺书》。

【服务“三农”保险】 市人保财险公司一直以来把“人民保险造福于民”的企业发展定位与全市中心工作相结合，积极履行企业社会责任，大力提升服务品质，为全市经济社会发展、构建和谐社会提供了有力的保险保障。公司大力开展“情系三农，服务三农，送保险下乡”活动。截至2013年末，已在全市建设覆盖县（区）、乡（镇）及村组的各类服务机构202个，农村服务网点92个。公司结合市委、市政府“深入实施农业稳市战略，推进农业现代化、产业化经营”的农村工作思路，积极参与社会主义新农村建设，更加深入扎实地做好涉农保险工作。继续推进农房统保、能繁母猪统保，积极试点油菜、水稻、玉米等种植业农险。同时，围绕民生谋划“三农”分散性保险，继续推进农村学幼险、“吉祥农村”、“农村小额意外伤害保险”等特色保险，用多元化的农村保险有效降低农业生产中面临的各种灾害风险，把党的支农惠农政策落实到广大农村。公司全年开办的能繁母猪、奶牛、油菜、水稻、玉米、甘蔗等政策性农业保险，实现保费收入1 843万元，提供风险保障2.69亿元，支付农业保险赔款1 306万元。

【为见义勇为人员提供保险保障】2013年，为进一步弘扬中华民族传统美德、发扬见义勇为精神，推动见义勇为事业发展，市社管综治办、市见义勇为促进会与市人保财险公司积极探索开展无记名见义勇为救助责任保险机制。市见义勇为促进会与人保财险新兴支公司签订了《玉溪市无记名见义勇为救助责任保险协议》，为全市见义勇为者提供稳定的经济补偿保障。该保险协议为每一位见义勇为人员投保10万元的人身伤亡保障和2万元的医疗费用保障，有效解除了见义勇为人员的后顾之忧。

（吴秀萍）

【市太平洋财险经营概况】 2013年，市太平洋财险公司围绕以“客户需求为导向”的战略转型，按照“稳增长、重价值、促转型、增效率”的工作要求，向着“诚信经营在保险”的方向发展，全年实现保费收入14 355万元，比上年上升30.90%，完成年度保费（任务10 815万元）进度企划的132.73%，市场份额13.05%，经营业绩创历史新高。其中，企财险保费收入2 227万元，车险保费收入8 832万元，农业险保费收入2 202万元，责任险保费收入153万元，货运险保费收入409万元，意外伤害险保费收入511万元。累计支付赔款7 104万元，综合赔付率49.49%，综合费用率37.82%，综合成本率92.26%，上缴国家税金1 351.45万元，为全市人民提供风险保障398.48亿元。

【优质服务】 2013年，市太平洋财险公司高度重视客户服务工作，始终坚持以客户需求为核心，以消费者满意为目标，以提高理赔速度为重点，以“成为在你身边的保险公司”为转型愿景，不断提升服务能力和服务水平。公司推行的保姆式服务是一套全程车险跟踪服务方案，是以理赔管理考核指标为衡量标准的综合理赔服务管理模式，其基本理念是以贴心、优质、快速的服务标准为导向，以清晰、便捷、高效的服务流程为支撑，以专业、诚信、稳健的服务技能为推动力。公司率先引用信息化技术——“3G移动视频查勘”，创新理赔服务模式。即针对车险小额案件，客户无需拿着各类单证、不用再亲自跑到保险公司提供纸质材料进行索赔，这些工作均由公司理赔人员通过使用3G移动视频查勘系统，现场对客户的各种证件材料通过3G网络视频系统转换为电子文件，直接传送至后台理赔系统。通过前后台工作同时跟进，一般情况下1小时内客户就能收到公司的赔款确认通知，体现了真正的绿色无纸化理赔。

【烤烟保险】 2013年，市太平洋财险公司立足地方特色经济发展需要，大力发展烤烟保险，走出了一条有特色的农业保险之路。公司全年承保了江川县、峨山县、易门县、新平县和红塔区41.4万亩烤烟的保险承保和理赔工作，为烟农提供了5.94亿元的风险保障。为做好烤烟保险，公司成立烤烟保险领导小组，由总经理担任组长，下设工作组。各组成员分工明确，责任到人，并确立了不利于烟草发展的事不做，不利于烟草发展的话不讲，全过程服务必须保证无有效投诉的服务宗旨。同时，广泛宣传，使烟农了解相关条款、政策，制作了5万份服务宣传手册下发各村委会；派出工作组深入各县开展现场走访、调研和协调工作；做好相关费用、物资及人员的准备工作，提前配置了手持GPS测量系统，租赁了越野车等必要车辆，为查勘员配备了雨衣、水鞋、草帽、干粮、水等保障物资，确保查勘顺利进行；组织开展学习和加强培训工作，详解工作重点和难点，从承保、出险、报案、系统录入、查勘准备、公示、单证理算、理赔等各个环节详细讲解。至年底，公司支付烟农赔款2 643.86万元，赔付率为120.13%。

【快处快赔】 2013年，市太平洋财险公司为配合交警部门解决“小事故，大堵车，理赔难”的道路交通事故问题，切实落实“快处快赔”处理程序，将交通事故快速处理和保险快速理赔无缝连接，实现事故后的快速撤离、快速定责、快速定损、快速赔付，保障道路交通的有序、安全和畅通。此举发挥了保险机制在调控交通安全风险中的作用，用商业手段解决责任赔偿等方面的法律纠纷，提高道路通行效率，充分发挥保险业辅助社会管理的功能，并让客户彻底摆脱小额事故出险后耗时耗力的索赔烦恼，现场获得赔款后，即可轻松上路，撤离出险现场，还可以任意选择修理厂或4S店。

【政府采购服务】 2013年，市太平洋财险公司成功取得市级行政事业单位、通海县行政事业单位、华宁县行政事业单位、元江县行政事业单位、峨山县行政事业单位、新平县行政事业单位公务用车定点保险的承保权。为进一步做好服务，公司采用365度无缝的服务保障体系，积极加强与政府采购中心的联系沟通，总结以往经验，突出服务承诺，把握好每一个细节，以专业的服务和诚信的理念赢得了多家行政事业单位的信任。

（丁　芳）

人寿保险

【概　况】 2013年，市人保寿险公司以“创新驱动快发展，强司富员尽责任”为总要求，紧紧围绕“攻坚克难，稳中求进，奋力拓展”的总基调，全面贯彻落实“两个满意、两个符合、五大工程”的发展战略，确保完成“稳增长、调结构、转方式、防风险”的总任务，面对复杂多变、竞争激烈的市场形势，通过理性管理，创新展业模式，灵活运用有效的销售策略，积极分析应对市场，激情销售，有效推动了公司的业务发展和经营管理。全市系统实现总保费50 376.44万元，比上年上升4.0%；实现长期寿险保费49 397.67万元，比上年上升5.0%；实现短险保费4 113.47万元，比上年上升20.2%。

【渠道创新发展】 2013年，市人保寿险公司结合自身实际大力支持创新发展，把创新当作破解发展难题、走

出困难局面、突破瓶颈、引领未来发展的一把“金钥匙”，通过“猎鹰行动”创新个险增员模式，以“黄金风暴”、“七星升级”、“定村突破”、“颗粒归仓”、“顾问销售”等系列销售模式掀起个险销售热潮。同时，以“精品网沙”、“我爱三千三”等项目的推广，推动银保业务快速增长。通过资源的不断整合，创新与多家单位的合作方式，拓宽团险展业领域，凭借良好的服务水平，成功获得红塔集团、玉溪烟草、太标集团等大企业的员工保险和企业年金业务。在总结往年计生保险的基础上，与市计生委、计生协协商一致，改变以往以户承保的模式，实行“一人一卡”承保，有效提高了承保率，全年实现计生险保费超过650万元，保费总量名列全省系统第二。

【保险先进村建设】 2013年，市人保寿险公司从战略的高度加深对拓展农村保险市场重要意义的认识，加强营销服务网点的规范化建设和管理，通过强化培训，提高管理人员的综合素质，稳步推进乡镇网点建设。各级销售单位围绕“保险先进村”创建工作，因地制宜，稳步推进，在实践中逐步形成了各具特色的县域业务发展模式，为创建“保险先进村”营造了良好的氛围，创造了条件。截至9月30日，全市系统累计成功创建196个保险先进村。

【稳固市场地位】 2013年，市人保寿险公司同时面对复杂的市场环境和省公司各项政策性支持大幅减少的双重压力，但规模和市场份额仍保持稳中有升。截至年底，公司市场份额达40.77%，比上年上升1.2个百分点，成为全市寿险市场上唯一一家市场份额正增长的公司，与同业第二名的差距拉开了20个百分点之多，牢牢确定了中国人寿在全市的市场主导地位。

【强化信息化管理】 2013年，市人保寿险公司业管水平、客户服务水平、单证、印章管理水平、信息技术、理赔等各项管理工作得到进一步加强，逐步实现靠制度、规矩管理公司。年初，配合省公司完成理赔统一作业平台和理赔辅助系统的先期测试，认真研究和制订了全市的推广方案和行事历，将作业模式标准统一、流程统一，提升效率，逐步降低了运营成本。通过系统的上线，基本达到赔案处理24小时反馈制，实现98%的案件5日结案率。同时，运用信息技术手段重点管控单证领用人员和核销系统使用情况，进一步开展单证、印章管理自查自检，严格执行管理规范。印章管理严格遵守总、省公司统一规定，实行分级分类管理、上机管理，印章刻制遵循总公司统一审批、省公司统一制作的管理原则。

【风险管控】 2013年，市人保寿险公司又一次迎来满期给付高峰，在行业总体分红水平不高的情况下，公司提前做好预案，将各项工作任务层层分解，责任到人。各部门、上下各层级围绕重心，通力协作，切实做好各项服务工作，简化业务流程，确保快速有效处理满期给付；上下联动，严防死守，有效防范了群体性事件等风险，成功渡过了满期给付、退保的高峰期，确保公司运营稳定，守住了不发生区域性、系统性风险的底线。同时，深入推进领导干部思维模式和思想观念的转变和提升，把公司的一系列发展思想、工作思路不折不扣地落到实处，着力解决执行问题，加大对执行各类管理措施、规章制度和落实企划方案等的监督和检查，保证业务发展有具体可行的计划、方法和措施，避免只重形式、喊口号、摆样子的工作方法。对安排布置的每一项工作，一步步、一件件，扎扎实实地抓好落实；对于业务发展，所有单位的班子和部门树立强烈的荣誉感和责任感，为全体员工的收入而战，为荣誉而战，调动全员的积极性，激发所有员工的创造力，切实杜绝各种“不作为”现象。

【中标烟草企业年金业务】 2013年，市人保寿险公司在省分公司的协助下，以公司雄厚的实力、稳健的年金投资管理业绩、专业的服务能力，成功中标玉溪烟草企业年金基金投资管理人资格，累计新增投资管理基金规模1.2亿元。

【开展“我与客户面对面”座谈会】 2013年，为了进一步了解广大客户的心声，加强与客户的沟通交流，公司开展了“我与客户面对面”座谈会，邀请了保险行业协会、消费者协会、新闻界、客户代表和销售人员代表等社会各界人士参加了座谈。所到参会人员从客户的角度对公司的服务提出了许多宝贵的意见和建议。针对参会人员提出的疑问，公司参会人员进行了详细介绍，直至大家满意。此项活动的开展，为公司今后不断提升服务水平，提高公司形象和信誉奠定了坚实基础。

2013年7月8日，市人保寿险公司开展保险宣传日宣传活动 （张 萍 摄）

证 券

【市太平洋证券营业部经营概况】 2013年，A股市场走势高低点相差较大，盘面波动比较剧烈，受制于整体流动性紧张、传统企业业绩增长不济等因素，证券市场依然表现低迷，上证指数整体下跌6.75%。在此行情下，市太平洋证券营业部对经纪业务进行了创新业务转型，并相继取得了约定式购回、股票质押式回购以及融资融券等一系列创新业务资格。至年末，营业部有客户资金账户3万余户，全年总交易量300亿元。同时，营业部立足本地市场进行了深入的市场调研及客户摸底，根据调研结果及市场分析，上报了在江川县设立轻型营业部的方案。营业部自5月14日接到省证监局关于新设网点的批复后，开始了江川点的筹建工作，并于12月9日顺利上线，开始营业。

【业务创新】 2013年，随着营业部取得的多项金融创新业务资格，相继推出了红珊瑚1号、太平洋证券14天现金增益集合资产管理计划、太平洋红珊瑚稳盈债券分级集合资产管理计划、睿富1号、睿富2号、睿富3号、睿富5号、睿富6号等8个理财产品。在为老客户盘活资产的同时，也为他们提供了其他增值服务。在非交易性金融资产引进方面，营业部在公司总部的支持下，通过各方面不懈努力，顺利完成了限售解禁股份托管1亿多元。

（万会琼）

【市大同证券营业部经营概况】 2013年，中国证券监督管理委员会向大同证券经纪有限责任公司核发了新的经营证券业务许可证，经营范围增加为证券经纪、证券投资咨询，与证券交易、证券投资活动有关的财务顾问，证券投资基金代销，代销金融产品，融资融券新业务。注册资本达到人民币5亿元。大同证券旗下有37家分支机构，主要分布于北京、上海、广东、江苏、浙江、山西、云南等13个省区市，被评为A类A级证券公司。市营业部在全年市场行情低迷的情况下，坚持公司创新改革步伐，执行公司管理制度，注意行业发展动向，在恶劣市场环境下实现营业收入在上年保有的基础上小幅增长。同时，配合并有效完成上级有关部门为市人行、省证监局安排的重要工作，保障了上级部门工作的开展。

（魏　东）

景区建设与促销

【概　况】　2013年，全市加快推进滇中经济圈发展战略，积极推进昆玉红旅游文化产业经济带和试验区建设，全面实施大项目带动大发展战略，加大旅游产业发展投入，加强旅游基础设施建设，全面夯实旅游发展基础，进一步优化旅游发展环境，加快推进全市旅游二次创业，促进旅游经济持续健康快速发展。全市接待国内旅游者1 756.38万人次，比上年增长20.19%；接待海外旅游者4 363人次，比上年增长9.49%；实现旅游总收入85.58亿元，比上年增长21.27%，顺利完成市政府下达的旅游接待人次增长10%以上和旅游总收入增长16%以上的目标任务。其中，抚仙湖接待游客476.14万人次，比上年增20.4%；实现旅游收入21.32亿元，比上年增21.05%。春节黄金周接待游客85.49万人次，比上年减少67.17%；实现旅游总收入3.10亿元，比上年增长65.12%。“十一”黄金周接待游客99.25万人次，比上年增长99.26%；实现旅游总收入3.5亿元，比上年增长76.65%。

【旅游重大项目建设】　2013年，全市继续坚持“大项目带动大发展”战略，实施旅游项目推进机制。全年纳入省、市政府旅游工作目标责任制考核督查的20个旅游重大项目，1～12月份共投入资金25.84亿元，完成年度投资总额的105%，累计完成投资94.05亿元。太阳山国际生态旅游休闲度假社区、湖畔圣水、抚仙湖国际养生园、玉山城、九龙国际会议中心、仙湖锦绣、玉水金岸五星级酒店、新平县五星级酒店及民族文化产业园、易门县南屯湖生态旅游园等9个项目已完成年度投资计划，帽天山历史文化旅游项目有序推进。8月23日，市政府与上海百汇星融投资控股有限公司签订了合作协议，由政府与企业合作建设澄江县寒武纪乐园及化石地博物馆项目，确定了项目选址，并委托上海华东规划研究院编制寒武纪乐园总体规划、博物馆设计方案，明确寒武纪乐园项目包含化石地博物馆、寒武纪梦幻乐园、国际养生园、仙湖旅游小镇和湿地公园5个子项目。11月11日，市政府批复《云南省澄江寒武纪乐园旅游总体规划》。11月17日，澄江县政府完成《云南省澄江寒武纪乐园旅游开发控制规划》审查，并于11月21日上报省政府请示。12月3日，省旅发委组织专家对控规进行论证，并获得通过。12月9日，省旅发委下发了专家认证会审查的修改意见和建议。通海县投资140余万元，实施了秀山古建筑群安防工程、名木古树保护工程。澄江县投入300余万元，完成禄充景区榕树湾片区公园草坪铺设，更新旅游标识、标牌。海口湖滨旅游区基础设施建设项目已通过省发改委批复，申请到中央资金1 500万，主要用于沿湖7公里的湖滨改造、湖岸景观打造，建设生态停车场、旅游厕所和污水截污管网等基础设施。竹海箐生态旅游度假村景区投资40万元完善了游路和绿化设施。华宁县投入500万余元对象鼻温泉度假村接待设施进行提档升级改造，新建体育休闲中心，进一步完善了度假村的功能。新平县投资4 000多万元基本完成了哀牢山生态旅游景区南恩瀑布、石门峡、茶马古道、金山原始森林的基础设施和服务设施的建设，完成了建兴洼坪景区建设游客接待中心及旅游厕所基础建设，完成了“哀牢山·红河谷”自驾旅游标识系统、县城游客服务中心、磨盘山－照壁山旅游环线建设。磨盘山国家森林公园累计完成投资3.14亿元，按照国家4A级景区标准进行打造，完成国家4A级景区申报工作。元江县完成了“云海梯田”观景台建设。

【民族特色旅游村寨建设】　2013年，市旅游局积极向省政府申报了红塔区春和街道办黄草坝村、新平县戛洒镇南蚌村委会漩涡小组、元江县羊街乡垤霞村委会尼戈上寨小组、易门县龙泉街道中屯社区平滩村、华宁县华溪甫甸村委会上拖卓村等5个民族特色旅游村寨建设项目，已获得批准，并启动了民族特色旅游村寨建设工作。

【乡村旅游建设】　2013年，市旅游局积极配合烟草部门完成了玉溪庄园申报国家级生态旅游示范区工作，通过了省国家级生态旅游示范区评定领导小组初评，经上报国家级生态旅游示范区评定领导小组，于11月3日由国家旅游局、环保部批准并进行公示。同时，积极配合农业部门将笔架山旅游开发有限公司等4户企业成功申报为省级休闲农业与乡村旅游示范企业，成为休闲农业、乡村旅游和农村第三产业等融合发展的标兵；进一步加强14个特色旅游村的建设指导，完成了5家申报四星级乡村旅游经营户、4家特色民居客栈、1家三星级温泉企业、2家经济型酒店、1家五星级温泉企业的评定及“哀牢山－红河谷”自驾车旅游线标识建设等。

【市场促销】 2013年5月29日，市旅游局参加省旅发委组织的赴柬埔寨、老挝、泰国旅游交流与促销活动。通过参加推介会和交易会促进了与东南亚国家旅游界的交流与合作。在昆明国际旅游交易会期间，市旅游局和新平县政府在云南城投大厦共同举办了“相约花腰傣探秘哀牢山2013年新平哀牢山·红河谷大型系列品牌车自驾游活动新闻发布会暨云南省旅行社协会、16家旅行社与新平县政府战略合作签约仪式”。协议达成自11月2日至12月2日起，分6个批次，300俩车，约1 200余人进入新平县。11月，市旅游局组织八县一区部分旅游企业参与省旅游发展委员会举办的首届全省旅游商品评选暨创新设计大赛。市旅游局组织了初赛活动，从参赛的32件商品中，评出一等奖4个、二等奖5个、三等奖8个给予奖励。经过严格筛选后，选送了15件商品参赛。12月14至15日，组织市旅行社、2A级以上旅游景区、三星级以上饭店在南屏广场联合昆明市旅游局进行昆玉旅游联合营销。

【会展宣传促销】 2013年4月18日，市旅游局组织部分县（区）旅游行政管理部门和旅游企业参加了中国（贵阳）国内旅游交易会，进一步宣传全市旅游资源和旅游产品。5月，组织具有地方特色的演出队伍赴昆明市参加了由国家旅游局、省政府共同主办的“2 013中国昆明国际文化旅游节”。通过参与巡游、广场演出等方式，着力突出“天人合一·休闲玉溪”的活动主题。5月17日，组织部分县（区）旅游部门和旅游企业参加了2 013中国西部旅游产业博览会，发放《玉溪旅游地图》和自驾车旅游折页等宣传资料3 000余份，全面展示了“天人合一·休闲玉溪”和“西方日内瓦东方抚仙湖”旅游品牌形象。5月26日至30日，组织新平花腰傣艺术团24人赴银川市参加中国（西部）旅游景点推介及旅游剧目展演活动，以花腰傣服饰和歌舞展现了浓郁的民族风情，吸引了各地游客，促进了旅游宣传与营销。8月30日至9月1日，组织红塔区、澄江县、新平县、江川县、易门县、元江县文旅广体局参加了在石家庄市举办的第十八届中国北方旅游交易会，以展台色彩靓丽、内容鲜活、风情浓郁的特色，一开馆即吸引了大量的参会来宾。参展团主动与各省、市同行进行广泛交流，与河北及周边地区的旅行社进行深入沟通，进一步提高了玉溪的旅游知名度，对旅游招商引资也起到积极了的推动作用。9月8日至11日，组织红塔区、澄江县、新平县、通海县、易门县、元江县文旅广体局参加了在厦门市举办的第九届海峡旅游博览会，发放宣传资料3.8万份，接待参展嘉宾1万余人次。通过抓宣传、促交易、卖产品，交易会成效显著，达到预期目的。10月24日至27日，组织八县一区文化旅游广电和体育局及华宁县舒氏陶艺、易门县滇鉴陶、高香万亩生态茶文化旅游区等旅游企业近100余人，赴昆明市参加2 013中国国际旅游交易会，购买12个旅游展区展位，参展面积108平方米，以彰显历史文化积淀厚重的澄江化石和神秘美丽的哀牢山为主要元素搭建展台，别具特色，吸引了很多参会人员驻足，极好地宣传了玉溪旅游。

【媒体宣传】 2013年，市旅游局继续加强与媒体的合作，采用不同的方式，突出宣传主题，强化玉溪旅游品牌形象。在省内主要客源地一昆明和大理持续发布玉溪旅游形象户外广告，在昆明长水国际机场、大理火车站等市区人流集中路段放置近400平方米户外广告。并与康辉旅游汽车公司合作，发布了10辆旅游大巴近500平方米的玉溪旅游形象车身广告。同时，密切与省内旅游文化主流媒体的广泛联系，与《云南画报》、《文汇报》、《春城晚报》、《昆明日报》、《云南信息报》、昆明《加油周刊》、《都市时报》、《生活新报》等多家媒体保持良好合作关系。年初还在云南电视台《旅游新时空》栏目播出玉溪旅游形象短片。5月15日在佳七影院“经典云南”旅游栏目播出玉溪旅游形象短片共8次。在中央电视台综合频道、新闻频道和国际频道播放玉溪旅游形象广告，6月4日、5日，在中央电视台中文国际频道《远方的家》大型系列节目《百山百川行》栏目播放了新平县、红塔区、通海县、江川县、澄江县、华宁县的2期拍摄专集。与市广播电台合作加入全国《飞越城市》60家电台连线对播，每周三、周六分别播出《绿色之声城市漫游》节目2期。与昆明《假日旅游》编辑部合作出版发行了春季玉溪旅游专刊（辑）。在重庆举办的2013年国际汽车消费节期间，在重庆汽摩电视频道九州栏目播出玉溪旅游宣传片。

【签订旅游合作发展协议】 2013年1月17日，玉溪市与昆明市签订旅游合作发展协议，以贯彻落实省委、省政府提出的建设滇中城市经济圈发展战略，加快昆玉旅游文化产业经济带建设。双方以两市特殊的区位条件和丰富的旅游资源为依托，坚持“加强联合、统筹发展，构建区域旅游一体化”的指导思想和“政府主导、部门联动”的工作要求，积极建立健全两市旅游合作发展机制。合作内容包括建立政府及旅游部门联席会议制度，设立固定的联合工作和联络机构，不定期轮流召开两市协调会议，研究确定区域旅游合作发展的战略、方针与机制，协调解决区域旅游合作发展的重大问题；加强旅游规划及项目建设、旅游信息、统计、人才等工作交流，协调发展区域旅游经济；全方位加强两市旅游宣传的深度合作，共同打造两市精品旅游线路，实现两市官方旅游网站的相互链接，积极宣传两市旅游产品和旅游节庆活动；建立旅游诚信信息系统和诚信披露制度，建立旅游突发事件的应急处理机制，及时处理违规事件和旅游投诉；支持旅游企业加强合作，鼓励大型旅游企业、著名旅游管理公司和知名旅游品牌实现跨市经营、连锁经营和品牌输出，提升两市旅游产业整体素质；积极推进无障碍旅游，引导两地景区、酒店、旅行社等旅游企业互惠合作，提供优惠待遇，推进两地无障碍旅游绿色通道建设；允许两市旅行社可以不经地接社，自主定房、定餐、购票，支持旅行社跨区域设立分支机构开展业务。

（徐晓秋）

旅游节庆活动

【米线文化节】 2013年2月21日，2013中国·玉溪米线文化节在汇龙

生态园举行了隆重的开幕仪式。米线节为期4天，以“美丽大营街，快乐米线节”为主题，由大营街街道办事处主办，汇龙生态园承办，市饮食协会协办。红塔区文旅广体局作为活动举办的参与部门之一，充分利用自身优势，制定方案、宣传营销、组织文艺演出、摄影展等。红塔区文工团在开幕式后举行了盛大的文艺演出，以舞蹈、歌唱、花灯等形式凝练地展示了聂耳故乡、云烟之乡、花灯之乡的“三乡”风采。大营街街道各社区组成的舞龙、舞狮、扇舞和花鼓队、彝族原生态舞举行巡游演出。除了演出，还聚集了21家声名远扬的特色风味米线经营户、25家名优特产展销商，举行了妙趣横生的吃凉米线擂台赛，还有摄影、书法、刺绣以及陈氏浮雕文化会馆等民间民俗文化展示，让大家在品尝到风味独特的玉溪米线盛宴的同时，感受到红塔区文化的魅力。据统计，米线文化节期间，汇龙生态园园区内接待游客19.8万人次，销售米线、卷粉33.8吨，16.9万碗，销售名特商品500多种，总销售额达183.79万元。此次玉溪米线文化节的举办，受到了广大人民群众的喜爱和好评，展示了传统民俗文化的影响和魅力，扩大了红塔区的对外影响力，有力地推动了红塔区经济持续快速发展。

【二月二戏会】　2013年3月13日，易门县历史最为悠久、名声最为响亮、最具代表性的群众性民俗民间文化活动——二月二传统戏会，在龙泉国家森林公园隆重开幕。来自昆明、安宁、楚雄、玉溪等地的游客以及易门县数万群众欢聚龙泉国家森林公园、龙泉河景区和龙泉文化广场，参加以戏会友文化活动，共度传统戏会，表达对新一年的美好祈盼。开幕式当天，龙泉国家森林公园和龙泉河景区游人如织，人山人海。据不完全统计，全县接待1日游游客5万余人。此次二月二传统戏会活动历时3天，安排有滇剧、龙灯、舞狮等传统节目，还有商品展贸等，并举办“御景龙园杯最美易门”主题摄影作品展。二月二戏会在加强民族团结、促进商贸流通、繁荣地方经济、展示易门形象等方面起到了良好作用，不仅成为了全县各族人民的传统节日，还成为了以戏会友、以戏搭桥、以戏经商、以戏扬名的重要平台，吸引了众多县内外游客，扩大了易门知名度。

【花腰傣风情沐浴节】　2013年“五一”节，新平县花腰傣风情沐浴节在飞溅的水花中魅力绽放。各地游客“纵情沐浴欢歌，畅享花腰风情”，享受沐浴迎宾及三跨红线祝福，欣赏花街水岸·水之韵花腰傣歌舞晚会，体验畅快淋漓的沐浴泼水活动，品尝名扬四方的汤锅美食，采购精致、古老的花腰傣传统手工艺品。更有根据市场需求，“五一”小长假隆重推出的散客、标准、中档、高档4个不同档次的《花腰宴舞》套餐，深受外地游客的青睐。花腰傣风情沐浴节对县域经济具有较大的拉动作用，据统计，“五一”小长假期间，新平县接待游客9.93万人次，比上年增长46.47%，其中，过夜游客2.24万人次，一日游7.69万人次；实现旅游收入3 277.42万元，比上年增长57.07%。磨盘山、哀牢山游人如织，磨盘山接待游客2 245人次，比上年增长45.68%；哀牢山景区共接待游客12 585人次，比上年增长93.62%。

2013年2月12~15日，新平县以“相约中国最美浪漫栖居地·牵手新平花街情人节之旅”为主题的花腰傣花街节在戛洒镇和漠沙镇举行　（市旅游局　提供）

【柑橘旅游文化节】　2013年9月9~11日，华宁县举办了一年一度的柑橘旅游文化节。本届柑橘旅游文化节坚持“旅游活县”战略，走生态、文化、旅游相结合的发展路子，坚持勤俭办节、突出亮点、全面展示的方针，坚持政府引导、社会参与、办出特色、办出水平、办出效益的宗旨，本着立足市内、面向全省，加大对外宣传力度的思想，努力提升“中国泉乡”文化品牌。节日期间，活动内容丰富多彩，举办了文艺演出活动，举行柑橘节开幕迎宾文艺演出、“橘乡之夜”文艺晚会和“滇中民歌大赛”暨大赛颁奖晚会；组织了多项文化展示活动，举办华宁县陶艺大赛、书画大赛、楹联大赛、文艺创作大赛等系列文化活动；开展了招商引资活动，进行项目开工、奠基典礼和项目推介、签约仪式，展示华宁招商引资、项目建设成果；举行商贸会展活动，组织华宁名优特产展、商贸街，举办柑橘节车展，丰富节庆商贸活动；推出多项参与性、趣味性强的体育旅游活动，举办斗鸟、钓鱼比赛、篮球邀请赛，举办炊锅宴、自助烧烤、生态烧烤、传统特色美食品尝活动，举办桔园观光、采摘活动及农家乐篝火晚会等，同时发放旅游指导图。通过以上活动的开展，充分展示了“泉、桔、湖、陶”的自然资源和历史、人文资源，提升“中国泉乡”文化品牌。节日期间，全县接待国内旅游者5 267人次，其中，过夜游客1 749人次，1日游游客3 518人次，实现旅游收入219.12万元。

【中秋国庆大型灯会】　2013年10月17日，在聂耳音乐广场玉溪大河市举办了为期1个月的“2 013玉溪中秋国庆大型灯会”。此次举办中秋国庆大型灯会旨在丰富城乡群众文化需求，弘扬玉溪优秀传统文化，搭建优秀文化平台，打造玉溪特色旅游文化新品牌，促进第三产业快速发展，推进现

2013年3月8日，新平县千桌万人磨盘宴暨磨盘山赏花节活动在磨盘山国家森林公园举办。活动举办1个月时间，磨盘山景区接待游客7.3万人次，实现旅游入2 116.3万元，其中，景区门票收入255万余元　（市旅游局　提供）

代宜居生态城市建设，展示全市各行业日新月异的巨大变化，把干部群众加快发展的愿望以艺术化、形象化的形式展示出来，提高玉溪知名度和美誉度，促进和谐社会建设。本次灯会采取政府服务保障、企业市场运作的方式进行，属规模较大、彩灯品种较多、科技含量较高、持续时间较长、文化内涵较为丰富的灯会。灯会围绕“高标准、高起点、高效益”标准和“红红火火、塔塔生辉、山山壮美、川川秀丽”主题，突出“惠民生，促和谐，增喜庆，全力打造玉溪旅游文化产业新亮点”目标，以灯展为核心同步开展国际啤酒节、名特优商品展、小吃一条街、摄影比赛、楹联征集、猜灯谜、优秀花灯展演、民俗文化展示等14项活动。灯会展出大、中、小型及水上、散点灯组86组，在突出气势磅礴、灯组奇巧、工艺精湛、地方风情浓烈等特色外，还有各类互动灯组参与，让灯会达到集观灯赏景、娱乐互动为一体的效果，将传统的“看灯会”变为“玩灯会”，为观众提供一场视觉盛宴，让大家在感受喜庆节日氛围的同时得到多元化、高层次的艺术享受。灯会接待市内外、省内外游客60余万人次，极大地丰富了城乡人民群众精神文化生活，吸引了大批市外游客涌入玉溪，强力带动了住宿、餐饮等消费，极大地促进了旅游文化产业发展，达到了预期目的。

【春节黄金周】　2013年春节黄金周，天气晴朗，阳光明媚，全市接待游客85.49万人次，比上年增长67.17%；实现旅游总收入3.09亿元，比上年增长65.12%。其中，接待过夜游客16.32万人次，1日游游客69.17万人次。主要景区抚仙湖接待游客12.11万人次，比上年增长15.44%；旅游收入0.43亿元，比上年增长29.82%。进出全市的机动车总通行量849 615辆，自驾车通行量718 637辆，其中，进入的自驾车通行量385 465辆，离开的自驾车通行量333 172辆。整个黄金周期间接到旅游投诉18起，其中，14起投诉游船公司，另4起为游客投诉酒店和客栈。通过值班人员及时、细致地了解和认真协调处理，投诉得到了妥善解决和答复，游客较为满意。

【五一小长假】　全市2013年五一小长假接待旅游者38.13万人次，比上年增长25.23%，其中，过夜游客8.45万人次，1日游游客29.68万人次；旅游总收入1.26亿元，比上年增长40.98%。各县（区）推出了丰富多彩的活动，赢得了游客的青睐。主要景区抚仙湖接待游客人数为6.29万人次，门票收入23.18万元。其中，禄充风景区接待游客3.25万人次，门票收入19.01万元。整个小长假期间，自驾游市场持续火爆，全市主要景区、饭店、餐馆的停车场爆满。自驾游客主要来自昆明及周边县、市，有自驾游车辆460 640辆次，其中，进入的238 218辆次，离开的222 422辆次。由于节前作了大量安全和服务质量的宣传检查工作，景区安全问题和服务质量有保证，全市各大景区均未出现安全质量和服务质量方面的的投诉。

【十一黄金周】　2013年十一黄金周，全市各主要旅游景区举办了丰富多彩的节庆活动，加之各项假日旅游准备工作充分、到位，带来了较高的人气和较好的经济效益。整个黄金周全市接待游客99.25万人次，比上年增长99.26%；实现旅游总收入3.5亿元，比上年增长76.65%。其中，过夜游客16.45万人次，1日游客82.80万人次；平均客房出租率达到48%。主要景区抚仙湖接待人数为11.74万人次，比上年增长12.24%；旅游收入0.46亿元，比上年增长21.80%。其中，门票收入为35.97万元。红塔区主要景区接待游客4.73万人次。新平主要景区接待游客4.29万人次，门票收入为72.2万元。通海县主要景区接待游客40.93万人次，门票收入为21.81万元。整个黄金周进出的机动车总通行量为940 080辆次，进出的自驾车通行量为650 671辆次，其中，进入的自驾车通行量为361 989辆次，离开的自驾车通行量为288 682辆次。整个黄金周全市接到旅游投诉5件，其中，3起投诉旅游景区，1起投诉酒店，1起投诉出租车。经过值班工作人员细致了解、认真沟通，及时组织双方当事人协商，投诉都得到妥善解决，双方当事人对投诉处理结果较为满意，没有上升为重大投诉，也没有给玉溪旅游业带来负面影响和较大经济损失，假日旅游工作基本实现了“安全、秩序、质量、效益”四统一的目标。

（徐晓秋）

旅游行业管理

【导游年检】　2013年4月15～27日，市旅游局分2期举办了2012年度导游年审培训班，来自全市各旅行社、景区及红塔工业旅游接待中心的204名导游参加了培训。其中，持国家导游资格证导游有185人、景区导游证导游19人通过了年检培训考核。此次培训班聘请了省、市有较高知名度的专家学者授课，内容涉及政策法规、反邪教知识、国家安全知识、食品安全知识及常见传染病预防知识、导游业务知

识、《导游服务规范》（DB53/T308-2 010）、《导游服务质量等级划分与评定》、导游人员职业道德教育等多方面。

【星级饭店评定复核】　2013年9月至10月，市旅游局依照《旅游饭店星级的划分与评定》（GB/T14 308-2010）国家标准，开展了年度全市星级饭店的复核工作。经过复核，43家旅游星级饭店通过年度复核的34家，通过评定性复核的共2家，限期整改的2家（凯迪宾馆、贵元酒店），取消星级的5家（天子苑酒店（三星）、熙苑宾馆（三星）、龙泉山庄（二星）、高原明珠假日酒店（二星）、向阳酒店（二星））。

【旅游市场综合整治】　2013年，市旅游局加大旅游市场整治力度，积极参加市工商局组织开展的“3·15”活动，发放《游客如何保护自己的权益》、《理性消费品质旅游出行提示》、文明理性消费等旅游宣传资料1 000余份，接待市民咨询200余人次，增强了市民的旅游维权意识。全年开展专项检查行动34次，出动人员87人次，检查了全市旅行社及旅行社服务网点、涉旅汽车公司、景区、星级酒店，检查率达99%。通过一系列的措施管理，有力地巩固了旅游安全，确保来没有重大旅游安全责任事故发生。同时，制定和完善了《游投诉咨询受理须知》、《游执法工作程序》、《旅游市场检查工作制度》等规章制度，整顿规范了旅游市场秩序，严厉打击和全面治理无证照和超范围经营、假导、野导、零负团费、虚假广告、索要回扣、毁约失信等违法违规行为。根据《云南省旅游局转发国家旅游局关于开展2013年第一次旅游市场检查周活动的通知》和保“两会”顺利召开等要求，联合公安、工商、交通、卫生、质监等部门，在2 013第一届中国－南亚博览会等重要节庆期间，开展以安全、服务质量为重点的旅游市场综合治理和执法检查，营造文明舒适的旅游环境。

【旅游安全管理】　2013年，市旅游局根据安全生产工作规定，市、县（区）旅游行政管理部门健全机构，明确责任，签订社会管理综合治理工作责任书等，层层落实安全生产目标管理责任制，认真修订应急处理预案，提高处置事故的能力，并联合相关部门不定期开展安全培训和应急救援演练活动，建立联动机制，形成完整、健全的旅游救援体系。同时，认真履行“一岗双责”，完善工作措施，狠抓工作落实，在全行业牢固树立起了“没有安全就没有旅游”的思想。认真加强黄金周假日旅游工作，制定了《玉溪市人民政府办公室关于加强玉溪市假日旅游工作的通知》和《关于做好2013年黄金周假日旅游安全工作的通知》，做到早安排、早部署。认真组织参加“安全日”和“旅游安全生产月”宣传活动，进一步加强了全市旅游安全生产宣传教育，提高了全市行业安全生产意识，加大了旅游安全生产工作力度。全年未发生重大的旅游安全责任事故。

【旅游投诉受理】　2013年，市旅游局开通24小时旅游投诉专线电话96 927，受理旅游投诉31件，办结31件，结案率100%；接听各类咨询、帮困电话达46起，做到件件有回音，件件有答复，未发生群体性上访事件、较大以上旅游投诉和行政复议案件。

【旅游培训】　2013年，市旅游局加大旅游教育培训工作力度，先后举办了旅游饭店管理培训班、旅行社管理人员培训班、旅游信息员培训班、导游年检培训班、星级饭店评定检查员培训班、《旅游法》培训班等。县（区）旅游部门分别举办了酒店从业人员培训班、旅游车船公司从业人员培训班、乡村旅游从业人员培训班、旅游统计人员培训班、应急抢救培训班、导游人员旅游专题培训班等。全年累计培训从业人员达6 000多人次，在全行业营造了比、学、赶、超的良好氛围，进一步提高了旅游从业人员服务意识和服务技能，有力地促进了旅游从业人员整体素质的提高。

【荣获“中国最具特色生态旅游名县”荣誉称号】　2013年，由国际文化旅游促进会、中国旅游品牌协会、中国生态旅游发展协会、中国旅游经济网联合举办的第二届国际文化旅游品牌节暨中华旅游品牌示范地推广活动在北京举行。在本次活动中，新平县以“生态环境良好，自然人文景观独特，是休闲观光的最佳去处”而荣获“中国最具特色生态旅游名县”荣誉称号，并作为“最值得向游客推荐的旅游目的地”进行推广。第二届国际文化旅游品牌节暨中华旅游品牌示范地推广活动旨在促进中国旅游市场繁荣，展示中华文化旅游的风采。活动邀请了国际旅游组织、旅游产业投资规划机构、旅游业专家、旅游县（市）、境内外旅行商、旅游景区等近百余嘉宾出席了此届盛会。作为最值得向游客推荐的旅游目的地，专家给予新平县的评价是：“物华天宝，人杰地灵，花腰傣之乡云南新平，独特的自然和人文景观正等待热爱生态旅游的八方朋友的到来，认识新平，了解新平，走进新平，让我们去感受远离都市的自然生态和神秘浪漫的民族风情。”

【省级服务明星】　2013年，为有效促进玉溪旅游业服务质量的提升，促进广大旅游从业人员树立“为民服务、创先争优”的旅游服务意识，市旅游局组织各县（区）旅游从业人员积极参与省旅发委、省旅游行业协会组织的“旅游行业服务明星”评比活动。经过省旅游行业协会复核、省旅发委审定等环节，红塔集团工业旅游接待中心杨坤等7位旅游从业人员最终荣获“2013云南省旅游行业服务明星”称号。

（徐晓秋）

科学技术

编辑：王 斌

科技管理

【科技项目建设】 2013年，玉溪市政府与省政府签订建设创新型云南行动计划年度考核目标责任书，与市科技局签订建设创新型三溪建设目标责任书。加强项目申报指导，开展创新基金申报培训，组织企业学习创新基金申报政策、掌握申报技巧，积极向国家和省申报项目。申报国家级科技计划项目39项，列项20项；申报省级科技计划项目67项，列项39项。争取国家和省科技项目经费5 867万元（国家1 787万元，省级4 080万元），因部分项目的资金分几年拨付，实际到位的上级资金4 465.75万元。充分发挥创新基金促进企业技术创新的重要作用，带动企业增加科技投入资金2.4亿元。

【企业科技认定】 2013年，市科技局组织申报高新技术企业11户，认定10户，使玉溪的高新技术企业复审认定总数达到57户，居全省第二。开展省创新型试点企业认定。5户企业被认定为第八批云南省创新型试点企业；进行了3户高新技术企业上市前培育工作；在试点培育的基础上，玉溪市旭日塑料有限责任公司认定为云南省第四批创新型企业；组织开展省第一批科技小巨人认定申报。经严格审定云南创新新材料股份有限公司、云南大红山管道有限公司两户企业被认定为云南省科技小巨人；3个企业新认定为省级农产品深加工科技型企业，省级农产品深加工科技型企业总数达12家。5个企业通过了省级优质种业基地认定。组织申报农村经济合作组织12家，认定3家。

【科技人才培养】 2013年，在省科技厅的支持下，香料和食品添加剂专家、中国工程院院士、北京工商大学副校长孙宝国院士及北京工商大学、云南农业大学专家团队与云南省畜产品加工工程技术研究中心组成的院士工作站在玉溪建成，实现了玉溪院士专家工作站建设零的突破。工作站主要以孙宝国院士在天然级肉味食品香精制造方面的科研成果为基础，组织企业和院校进行云南特色资源风味调料研发及产业化开发，为企业搭建对外科技合作的平台，引进先进技术、培养高端人才，提高企业自主创新能力和核心竞争。

修改完善《玉溪市关于选拔培养中青年学科技术带头人的实施意见》。对第二、三批学科技术带头人进行考核，考核确定优秀27人，合格73人，10人因退休和调离等原因不再担任玉溪市中青年学科技术带头人。33人新遴选为第四批玉溪市中青年学科技术带头人，其中：工业类6人、农业类10人、医疗卫生类10人、教育文化类7人，玉溪市学科技术带头人已达129人。积极推荐优秀科技人才申报云南省中青年学术和技术带头人后备人才及省技术创新人才培养对象，玉溪有4人入选省级学术技术带头人和后备人才，9人入选省级技术创新人才和培养对象，均居州市第二。近三年来，学科技术带头人共开展科研课题200余项，其中28项获省科学技术奖励；开发新产品29个，获专利授权200件（其中发明专利57件，实用新型61件）；参加各类学术交流和培训300人次，在国内各类刊物上发表科技论文480多篇，发表学术专著6部；80人次获市科学技术奖励。

【科技惠农项目】 2013年，市科技局组织实施红塔区葡萄立体生态复合养殖科技示范园建设、蓝莓科技示范园建设、茨菇科技示范园建设等高原特色科技示范园建设等4个特色科技示范园建设；组织实施《红塔区出口型生猪技术集成及产业化示范》等2个国家级科技富民强县专项计划项目，实施《分级提取高纯度芦荟乙酰化多糖产品实施芦荟产业开发》等4个国家级农业成果转化资金项目。实施“水耕种植蔬菜及深加工技术”等省级非公经济专项。服务支柱产业发展，组织实施省市科技成果《有机、绿色烟叶专用有机肥、除虫菊生物农药科技成果推广示范》工程，在峨山双江、岔河和易门铜厂创建900亩的3个除虫菊高产示范区，年研发推广应用有机、绿色烟叶专用有机肥10万亩以上，通过项目实施，烤烟上等烟比例田烟提高2.9～5.4个百分点，地烟提高3.4～7.9个百分点。

组织红塔区参加云南省粮油高产创建活动，在研和街道和洛河乡设立油菜高产创建百亩核心区、千亩展示区、万亩示范区各一个，示范面积20 000亩，带动全区油菜高产优质高效生产技术的推广应用。实施市级林下生态地方土鸡养殖示范、滇重楼人

工规范化栽培等市级农业科技项目。组织新平县白达莫村岔河和华宁县盘溪镇富民村富母士申报省科技抗旱光伏取水示范工程项目。《通海县废蔬菜叶资源利用处理技术研究及示范工程》被列为省重点督查专项，实施情况良好；抓好《玉溪市铁皮石斛良种繁育基地认定》等生物医药项目，已建成年产600万丛铁皮石斛种苗组培实验室和生产车间，带动200余户农户种植石斛2 000亩。落实“仙湖蓝星”燎原行动，继续组织实施省国际合作项目“蓝莓引种试验及规模种植”，起草了《玉溪市2013年抚仙湖沿岸蓝莓种植实施方案》，进行了两轮2 000多人次的蓝莓种植技术培训，编写发放《蓝莓栽培管理技术》小册子2 000多份。

【科技惠民工作】　2013年，市科技局为“三湖”治理、保护、利用提供科技支撑，为玉溪可持续发展提供有利支持。通过杞麓湖省长办公会重大科技项目《杞麓湖南岸农业面源污染治理技术研究与示范工程》的实施，已建成一座7 455平方米平均处理规模6 000m³/d2的“组合型生态湿地”处理系统，圆满完成省科技计划项目检查评估和绩效评估；组织实施了《吸附无细胞百白破联合疫苗生产批件注册及产业化》等省生物科技重大专项，完成疫苗产业化工艺放大研究。申报并实施《云南省新平县少数民族干旱缺水区域高落差高扬程管网输水技术应用与示范》省科技惠民专项，应用成熟、先进的管网输水技术，开展高扬程输水技术示范工程、高落差输水技术示范工程和水资源统调统配智能化系统的建设，将解决新平县费拉莫水库片区和扬武镇2个村9个村民小组的基本饮用水和经济作物的灌溉用水问题。实施《玉溪市大气负氧离子监测预报研究》等一批市级科技惠民专项，加强民生领域的科研工作，推动科研成果转化，惠及百姓生活。

【创新平台建设】　2013年，市科技局认定市级重点实验室1个，工程技术研究中心3个。全市有国家级企业技术中心2个，省级工程技术研究中心3个，市级重点实验室和工程技术研究中心23个，市级企业技术中心38个（其中18个被认定为省级企业技术中心），省级高新技术特色产业基地4个，自主创新实力不断增强。

院校合作向更深层次和更宽领域发展，玉溪市人民政府与云南师范大学签订战略合作协议。云南师范大学与市科技局、云南太标太阳能集团、玉溪快大多畜牧科技有限公司签订了合作协议，玉溪中烟种子有限责任公司等8家企业与云南师范大学进行洽谈并取得合作意向。组织申报省院省校合作计划项目3项，国际科技合作计划5项，均已通过省科技厅组织的专家论证。

贯彻落实《国家税务总局关于印发〈企业研究开发费用税前扣除管理办法（试行）〉的通知》和《关于印发云南省企业研究开发费用税前加计扣除实施办法（试行）的通知》的有关规定，市科技、市国税、市地税共同推进科技创新政策的落实，积极落实企业研究开发费用税前加计扣除、高新技术企业减按15%税率征收企业所得税等激励企业科技创新的税收优惠政策。鼓励企业开展研究开发活动，增加研究开发投入，增强自主创新能力。

【知识产权工作】　2013年，全市完成专利申请1 046件，占28年累计专利申请总量的20%，获专利授权688件，超额完成全市发明专利拥有量增长11%的目标任务。发明专利拥有量432件。组织并推荐申报云南省专利申请费用和年费资助467项，其中：已获批准资助287项，兑付资助金额共计165 285元，另有163项正在审理之中；审核专利奖励680项，其中：648项已获市政府批准，授奖金额共计624 440元。

举行“4·26世界知识产权宣传周”活动，开展以“尊重知识、崇尚创新、诚信守法”为核心的多种形式、多种内容的知识产权系列宣传。对50余名县区知识产权管理人员进行玉溪专利信息平台运用培训，结合网络信息平台，对专利信息平台运用、专利统计信息、云南省专利资助系统、专利检索进行操作培训。承办省科技局在玉溪举办的专利行政执法培训，全市高新技术企业、重点骨干企业和县区知识产权管理人员146人参加。

推进专利行政执法管理，与市区工商部门组成联合执法组，开展知识产权宣传和联合执法检查活动，与红塔区知识产权局在红塔区内开展专利联合执法专项行动，检查涉及民生商品400多件，对专利标识不规范和涉嫌假冒专利行为进行了处理。

【科普宣传】　2013年，市科技局连续5年在《玉溪日报》上开设“科技玉溪”专栏，在《云南科技报》开设“创新型玉溪行动”栏目，积极开展科技宣传工作。在峨山县双江街道柏锦社区开展全市的文化科技卫生“三下乡”集中示范活动，市委宣传部、市科技局等部门现场向柏锦社区赠送价值600多万元的项目资金、物资、书籍等，市科技局支持资金6万元，在该社区率先实施“新能源应用示范工程”项目，帮助西河村、王家村等地安装太阳能照明路灯47盏。在“防灾减灾日”宣传活动中，市科技局牵头12个部门在聂耳文化广场开展以“识别灾害风险，掌握减灾技能”为主题的玉溪防灾减灾宣传教育活动。

5月19日，市科技局、市委宣传部和市直相关部门在红塔区县研和办事处举行玉溪市科技活动周启动仪式，全市的宣传活动随之全面展开。在这些大型科普宣传教育活动中，各相关部门都设立咨询服务台，开展科普知识宣传及科技咨询服务，发放《科技宣传手册》等宣传资料近20 000册，展出各类展板200块，通过科普宣传使民众科技素养和科技意识不断提高。

（李　真）

科技成果

【科学技术奖评审】　根据《玉溪市科学技术奖励办法（试行）》规定，2013年10月14日《玉溪市人民政府关于2012年度科学技术奖励的决定》对有力推进玉溪市科技进步和经济社会发展的50项优秀科技成果进行奖励。授予《纸基铝塑八层复合包装材料研发与运用》等4项成果为科技进步类一等奖，授予《6 000吨/年变压器外焊片式散热器产业化》等12项成果为科技进步类二等奖，授予《烟用香菇香原料开发应用》等34项成果为科技进步类三等奖。50项获奖成果中，工业15项，占30%；农业12项，占24%；卫生19项，占38%；教育文化4项，占8%。

【获省科学技术奖项目】　2013年度，玉溪市共有12项科技成果获云南省科学技术奖，云南昆钢耐磨材料科技股份有限公司李祖来参与完成的《高效低成本钢铁耐磨材料制备技术及应用》获技术发明奖一等奖。玉溪大红山矿业有限公司参与完成的《大红山式铁矿资源高效分选关键技术及产业化》获科技进步奖一等奖。玉溪市农业科学院参与完成的《早熟、广适油菜品种花油8号的选育与应用》、《云南省玉米主要叶斑病监测及控制技术研究与应用》，云南省烟草公司玉溪市公司参与完成的《抗TMV烤烟系列品种的选育及应用》，玉溪沃森生物技术有限公司参与完成的《细菌性多糖蛋白结合疫苗关键技术研究及应用》获科技进步奖二等奖。玉溪市畜禽改良站等单位完成的《保育猪生物发酵床环保养殖技术研究与示范》，红塔烟草（集团）有限责任公司完成的《红塔山品牌减害降焦技术体系研究及应用》、《红塔集团烟叶核心原料模块加工技术的研究和应用》，云南省玉溪市溶剂厂有限公司完成的《改善烟用滤棒成型过滤性能“HT-2增塑剂”开发与应用》，云南创新新材料股份有限公司完成的《纸基铝塑八层复合包装材料研发与应用》，云南通变电器有限公司完成的《非晶合金铁心变压器研发及产业化》获科技进步奖三等奖。

【纸基铝塑八层复合包装材料研发与应用】 纸基铝塑八层复合包装材料研发与应用项目由云南创新新材料股份有限公司陈涛、李子华、许铭等人完成，2010年12月3日，通过云南省科学技术奖励办公室组织的科技成果鉴定，获2012年度玉溪市科学技术奖科技进步类一等奖。企业依靠自身技术力量研发出一种以原纸为基体，与塑料、铝箔或其他阻透材料挤压复合而成，供卷筒给纸式无菌灌装机包装液体食品用的新型复合包装材料，解决了依靠进口，生产成本居高不下的问题。采用双面三联共挤复合生产工艺，用改性LDPE与低成本DPE树脂，生产八层纸基铝塑复合包装材料的技术路线，不仅材料属性不变，成本大幅降低，还提高了产品的热封温度、抗污染等综合性能，解决了生产、运输过程中的包装速度、破包、漏包等问题。打破了纸基铝塑复合包装材料被国外公司垄断的格局，填补了西南地区生产空白。项目获国家发明专利受理3项，实用新型专利授权5项、受理3项，外观设计专利授权1项。产品经北京汇源、新希望乳业使用得到认可，现已实现规模化生产，2010～2012年的销售收入达27 555.51万元，上缴利税1 518.6万元，新增利润5 851.43万元。

【非晶合金铁心变压器研发及产业化】 非晶合金铁心变压器研发及产业化项目由云南通变电器有限公司文天福、刘振林、冯民权等人完成，2012年11月2日，通过云南省科技厅验收，获2012年度玉溪市科学技术奖科技进步类一等奖。企业根据“十一五”期间能源消耗降低20%的目标要求和市场需求，解决了控制噪声、降低机械强度、提高抗短路能力和铁心退火处理等关键技术，开发出非晶合金配电变压器，并建成年产非晶合金变压器60万kVA、非晶合金铁芯1 000吨的产业化能力。由于非晶态合金的强度、韧性、耐磨性明显高于晶态合金，具有高饱和磁感应强度、低矫顽力、低损耗、低激磁电流、良好的温度稳定性，所以非晶合金变压器运行过程中的空载损耗远低于硅钢变压器（优质硅钢变压器只能将空载损耗降低20%～30%左右，而非晶合金变压器能降低65%）。成果的应用，降低了损耗提高了电力利用率，减少了废气排放，取得很好的经济社会效益。产品通过云南省新产品鉴定，获实用新型专利1项，累计新增产量48.56万千伏安，新增销售收入8 110.14万元，新增利润660.93万元，新增税收600.96万元。

【保育猪生物发酵床环保养殖技术研究与示范】 保育猪生物发酵床环保养殖技术研究与示范项目由玉溪市畜禽改良站等单位张先勤、盛清凯、张青等人完成，2013年3月5日，通过云南省科学技术奖励办公室组织的科技成果鉴定，获2012年度玉溪市科学技术奖科技进步类一等奖。该项目在引进消化吸收相关技术的基础上，针对滇中地区生猪养殖现状和环境条件，开展保育猪生物发酵床的菌种研发、垫料制作、猪舍设计等系统研究，形成了一系列创新性技术成果：应用微生物发酵原理，研发了安全、高效、具有自主知识产权、与垫料养殖配伍的复合发酵床专用菌种；结合当地资源，采用甘蔗渣替代木屑制作发酵床，降低了粉尘和垫料制作成本；结合滇中地区生态环境条件研发出适宜发酵床的保育猪猪舍建设方案3套。项目获国家发明专利3项、实用新型专利3项、出版专著2部、发表论文13篇、制订企业标准1项。该技术降低了保育猪腹泻率，保育猪成活率达98%以上，降低保暖费27.2元/头，有效改善养殖和生态环境，经济、社会和生态效益显著，在玉溪广泛推广应用，累计出栏保育猪189.6万头，增收1.81亿元，培训技术人员6 000多人次。

【甲型副伤寒沙门菌遗传多样性克隆扩散和传播控制研究】 甲型副伤寒沙门菌遗传多样性克隆扩散和传播控制研究项目由玉溪疾病预防控制中心等单位的王树坤、阚飙、闫梅英等人完成，2012年12月24日，通过玉溪市科技局和卫生局验收，获2012年度玉溪市科学技术奖科技进步类一等奖。该项目首次联合采用传染病生态学与流行病学技术，持续11年检测分析15 500个疑似甲型副伤寒病例、血培养4 543个甲型副伤寒沙门菌分离株，通过研究认识其遗传多样性、克隆构成变化过程，获得基因突变和选择事件出现后克隆扩散病原学证据。发现其分离株NAR决定区基因突变与PFGE型无联系，验证分离株NAR和氟奎诺酮药物低敏感性联系，证实环境特征、人源性环境、蔬菜污染、季节变换、地理区位、病原菌生长存活与病例分布或病原菌传播有联系。提出传染病生态学预防控制理念与策略、以及不同流行强度区域预防控制的主导策略和资源分配策略，取得研究区域人群发病率持续下降，部分重点区域每年发病率低于5/10万的防治效果。在国内外杂志上发表相关研究论文20篇，其中，美国SCI等数据库收录5篇，总影响因子IF达13。技术成果已通过中国疾病预防控制中心等单位在全国推广应用，在高、中、低流行区域实施。

【变压器外焊片式散热器产业化】 6 000吨/年变压器外焊片式散热器产业化项目由云南通变电器配件有限公司段文斌、朱江、蒋惠等人完成，2012年5月18日，通过省科技厅验收，获2012年度玉溪市科学技术奖科技进步类二等奖。该项目完成了外焊片式散热器的生产线改造和新建，并形成6 000吨/年生产能力，新增了滚压、冲剪、点缝焊、酸洗磷化、涂漆烘干等设备，对管片焊接、管片组合、法兰盘焊接等关键工艺进行了研究，开发了320毫米、480毫米、520毫米三种规格的系列产品和鹅颈式200毫米、250毫米、300毫米、400毫米四种长度差规格产品。产品经行业相关质量机

构检测，达到JB/T5 347-1 999标准要求，产品散热性能、节油性能、外观等优于行业同类产品，获国家、云南省重点新产品证书，项目实施期生产销售2 631吨，产品销往云南、贵州、缅甸等地，获实用新型专利2项、外观设计1项。2010～2012年，新增销售额2 490.7万元、利润79.11万元、税收188.48万元。

【单张纸多色一次烫印技术研究】 单张纸多色一次烫印技术的研究项目由云南玉溪印刷有限责任公司李为刚、普自荣、纳绍和等人完成，2012年12月14日，通过玉溪市科技局验收，获2012年度玉溪市科学技术奖科技进步类二等奖。成果在引进消化吸收再创新的基础上，进行二次开发，使用国产设备解决了在97克薄纸上一次走纸完成两次烫金的生产工艺，套烫误差小于0.15毫米，改进和调整电化铝剥离吹风使烫印能适用薄纸和特殊纸张（转移纸、玻璃卡纸）的生产，废电化铝收卷装置实现收卷速度与主设备生产速度同步的单纸张多色一次烫印技术的研究应用，达国内先进水平。成果获外观设计专利4项，在省级专业刊物发表论文2篇，2010～2012年，累计新增销售额4 619万元、利润1 154.1万元、税收691.9万元。

【HT-2增塑剂】 HT-2增塑剂项目由云南省玉溪市溶剂厂有限公司的蒋海明、杜云忠、赖正波等人完成，2009年4月25日，通过云南省工业和信息化委员会组织的新产品新技术鉴定，获2012年度玉溪市科学技术奖科技进步类二等奖。HT-2增塑剂采用天然提取物及生物技术合成，各项理化指标检测结果达到和优于国家相关产品标准，符合企业Q/HTJ29-2008标准，用户2005年起使用验证，认为该产品能降低卷烟刺激性，提高烟气柔和度，增强口腔湿润感，使口感更加柔顺、舒适，有效提升了卷烟抽吸品质。产品在生产酯化中，采用复合催化剂、无脱水剂脱水合成工艺，确保了品质的稳定性，固化速度满足在线滤棒高速机发射对接的需要，产品属创新型产品，有良好的推广应用价值和市场前景。成果获发明专利2项、实用新型专利1项，2010年～2012年累计新增销售额19 300万元、新增利润538万元、新增税收1 922万元。

【科技创新公共服务平台建设】 玉溪市科技创新公共服务平台建设应用项目由玉溪市科技情报研究所罗江云、王亚斌、杨志芬等人完成，2012年2月14日，通过玉溪市科技局验收，获2012年度玉溪市科学技术奖科技进步类二等奖。该项目针对玉溪科技创新需求，搭建了玉溪科技信息创新服务软硬件等资源保障系统，完成了玉溪市科技创新公共服务平台的建设。建设了玉溪科技门户网站及管理系统，创建“科技人才、科技文献、科技项目、专利、科普、创新机构等6个服务平台，结合玉溪市重点产业，引进和自建特色数据库12个，整合科技文献资源2 850余万篇，整理加工特色资源5万多条和3 060部科普视频片。网络采用防火墙和三层交换机的配置，有足够的扩展和升级余地。系统采用Windows2003AdvancedServer＋SQLServer2005构架，运用ASP.NET3.5、java等编程技术开发，平台后台管理系统和数据库软件设计合理，技术路线先进成熟，运转安全可靠。是云南唯一的开放式科技信息综合服务平台。

【抚仙湖北岸农业区蔬菜控肥技术研究与应用】 抚仙湖北岸农业区蔬菜控肥技术研究与应用项目由玉溪市农科院杨绍聪、李成春、吕艳玲等人完成，2013年1月17日，通过云南省科技奖励办公室组织的科技成果鉴定，获2012年度玉溪市科学技术奖科技进步类二等奖。项目针对抚仙湖北岸农业区蔬菜种植面积逐步扩大，大量化肥及不平衡施用突出，土壤中N、P等养分的残余量及淋溶流失量增加，农业面源污染加重，对抚仙湖水质产生不良影响的实际问题。于2005～2012年连续8年，采用田间试验与室内检测，试验研究与示范应用并举的方法，从施肥－土壤养分－植株营养－产量和产值等方面开展研究。通过16组小区试验及174组同田对比试验，探讨了不同施肥结构、施肥量及施肥方法对蔬菜产量和产值的影响，明确菜豌豆、西兰花、韭菜及大葱的养分吸收量、土壤残留量，以及氮、磷、钾施肥量与植株吸收量的关系，提出以“施肥结构和施肥量及施肥方法”为核心的菜豌豆、西兰花、韭菜及大葱4种蔬菜作物的控肥技术，该技术可比习惯施肥平均减少施N量13.6%~21.3%、施P_2O_5量31.0%~52.6%。于2006~2012年度在抚仙湖北岸农业区，共推广应用面积27.43万亩，不但新增蔬菜产品1 692.76万千克，而且减少N190.71万千克、减少P_2O_5 81.39万千克、减少K_2O108.13万千克。减少肥料投入1 959.01万元，新增产值7 718.57万元，新增纯收益9 632.61万元。有效降低了氮磷对抚仙湖水质的污染，生态、经济及社会效益显著。

【烤烟漂湿育苗配套技术研究及应用推广】 烤烟漂湿育苗配套技术研究及应用推广项目由云南省烟草玉溪市公司李春明、田泽华、计思贵等人完成，2012年6月1日，通过中国烟草总公司组织的科技成果鉴定，获2012年度玉溪市科学技术奖科技进步类二等奖。该项目在烤烟漂浮育苗和湿润育苗技术的基础上，开展漂湿育苗烟苗根系生长相关性、生理生化特性以及农艺性状研究，并对漂浮转湿润及剪叶的最佳时期、适宜施肥浓度等关键技术进行探索，研究集成漂浮育苗与湿润育苗的技术优点，形成漂湿育苗技术，编织了企业标准《玉溪市烤烟漂湿育苗技术规程》。应用表明，漂湿育苗技术能有效增强烟苗的根系活力及抗旱性，缩短还苗期3~4天，提高烟苗素质。成果获发明专利3项，发表论文2篇，2009～2010年，累计推广烤烟漂湿育苗37.378 万亩，实现平均亩增产5.9千克，亩增利润90.22元，获得了较好的经济效益和社会效益，整体达到国内同类研究的先进水平。

【优质油菜新品种“玉红油2号”选育】 优质油菜新品种“玉红油2号”选育项目由玉溪市红塔区种子管理站刘庆荣、戴荣珍、张仕莲等人完成，2010年11月15日，通过玉溪市农业局等单位验收，获2012年度玉溪市科学技术奖科技进步类二等奖。“玉红油2号”是红塔区种子管理站从中国农科院油料所引进双低高代材料“20-5”，采用系统选育方法选育而成，2011年通过云南省农作物品种审定委员会审定。根据农业部农产品质量监督检验测试中心（昆明）分析结果，该品种芥酸含量未检出，硫甙含量27.19μmol/g，粗脂肪含量40.65%，品质达到国家“双低”油菜品种标准。参加省区测试结果：生育期181天，株高151.2厘米，有效分枝15.3个，单株有效角果数369.5角，每角粒数19.8粒，千粒重3.81克，单株生产力22.1克，比对照“花油8号”植株矮，角粒数多，千粒重高，单株生产力高，9个试点18个点次13增5减，平均亩产

208.86千克，比对照“花油8号”增产8.02%；该品种生育期适中，有效分枝部位低，抗倒伏性好。2006～2012年在玉溪、曲靖、保山、楚雄等州（市），累计示范种植面积达11.87万亩，比当地主推品种加权平均亩增19.5千克，累计新增油菜总产量230.81万千克，新增油菜总产值1 020.19万元。为大面积推广应用奠定了基础，经济、社会效益显著，总体达到省内先进水平，品质达到国内先进水平。

【需氧厌氧培养瓶配对在血（体）液细菌培养中的临床价值】 需氧厌氧培养瓶配对在血（体）液细菌培养中的临床价值项目由云南省玉溪市人民医院储从从、吴惠玲、孔繁林等人完成，2013年1月29日，通过玉溪市卫生局验收，获2012年度三溪市科学技术奖科技进步类二等奖。成果紧扣国内外先进血培养技术应月的研究热点，采用BacT/ALDRT3D血培养技术，在国内率先运用需氧和厌氧配对培养瓶11年内共检测血（体）液38 839例病例，分离到7 327株感染细菌，为感染性疾病的临床诊断和治疗提供了科学依据，为细菌病理学、分子流行病学的研究提供了菌种资源。通过对38 839例病例进行血（体）液需氧和厌氧配对培养，分析了血（体）液需氧和厌氧配对培养与培养阳性率之间的关系，即仅做单一需氧培养漏检率为13.31%，单一厌氧培养漏检率为17.05%；虽然本资料专性厌氧菌仅占全部分离菌的0.53%，但放弃厌氧培养不仅专性厌氧菌被漏检，还有12.78%的兼性厌氧菌被漏检，厌氧培养不仅可以培养专性厌氧菌，还能更多的培养出只在厌氧瓶中生长的兼性厌氧菌。因此同时做需氧和厌氧配对培养，可有效减少漏检，提高细菌培养阳性率和诊断的准确率。结果显示细菌在需氧厌氧培养瓶中的阳性报警速度与菌属菌种有关。如仅凭临床经验很难做到准确选择。因此，两种培养瓶配对培养既解决了培养结果的早期快速问题，又提高细菌检出率，在临床上有良好的应用推广价值，在国内处于领先水平。

【部分脾动脉栓塞治疗难治性ITP的临床研究】 部分脾动脉栓塞治疗难治性ITP的临床研究项目由玉溪市人民医院路萍、童宗武、张雄军等人完成，2012年12月25日，通过玉溪市卫生局验收，获2012年度玉溪市科学技术奖科技进步类二等奖。部分脾动脉栓塞治疗是通过微创技术破坏部分脾脏功能，既能代替脾切除治疗，又保留了少部分脾脏组织，使脾脏组织功能得以保障，避免了常规外科脾脏切除的手术创伤及术后出血、血栓形成等并发症，避免了难治性ITP患者长期应用于大剂量糖皮质激素的不良发应。成果通过对17例行部分脾动脉栓塞治疗与20例行脾切除治疗难治性ITP患者在治疗有效性、并发症、术后感染发生率等进行了对比分析，提示PSE治疗与脾切除治疗临床疗效相近。采用聚乙醇颗粒为栓塞剂使疼痛等并发症明显减少，并发症发生率、感染发生率较低，创伤小、安全性高、费用相对较低，操作简单易行，并能明显缩短平均住院日，避免了难治性ITP患者长期应用大剂量糖皮质激素的不良发应，是难治性血小板减少性紫癜一种相对安全、有效的治疗选择，为临床PSE治疗难治性ITP提供了理论依据，也可以作为有激素使用禁忌症或者不适用相关药物治疗患者的新选择，具有一定的临床应用及推广价值，达到国内先进水平。

【三维电标测指导下室性心律失常的射频消融应用研究】 三维电标测指导下室性心律失常的射频消融应用研究项目由玉溪市人民医院郝应禄、梁梅、陈鸿云等人完成，2012年12月26日，通过玉溪市卫生局验收，获2012年度玉溪市科学技术奖科技进步类二等奖。顽固频发的室早/室速，严重影响患者的生活质量，药物治疗效果差且不安全。项目选取玉溪市人民医院2009年9月～2012年10月室性心律失常病例80例，将患者随机分为研究组和对照组各40例。对照组口服胺碘酮片、普罗帕酮或美西律治疗，观察各项指标，研究组采用三维电解剖标测（carto）指导下行室性心律失常的射频消融术。平均随访1～37月。研究结果显示三维标准系统指导下，冷盐水灌注导管消融室性早搏/室性心动过速的显效率92.5%，总有效率97.5%，其中特发性室速8例均消融成功，并发症发生率5%（2/40）；对照组显效率45%，总有效率57.5%例，并发症发生率为15%（6/40）。研究组的总有效率及并发症率明显优于对照组。提示三维标测指导下的心内射频消融治疗特发性、快速性室性心律失常是极有前景的治疗方法，值得推广和应用，达到省内领先水平。

【全责连续整体护理排班模式研究】 全责连续整体护理排班模式研究项目由玉溪市人民医院蔡德芳、李长琼、段红静等人完成，2013年1月4日，通过玉溪市卫生局验收，获2012年度玉溪市科学技术奖科技进步类二等奖。项目通过改革功能制及小组责任制护理排班模式，结合优质护理服务工作标准，确定“护士包病人、层级扁平化、护理全责化、管理动态化、工作小时化”的以病人为中心的责任制整体护理排班模式．同时从改进护理工作模式入手，对护理工作时间、工作模式、工作内容、职责划分、夜班形式等方面进行重组和改造，按照护士工作能力大小分管相应数量及等级的病人，护士全程对病人实施完整连续的照顾，包括专业照顾、病情观察、治疗处理、康复训练、健康指导、心理护理等。自2011年2月实施后，促进了优质护理服务工作的进一步深化，该模式对护理工作具有明显的促进作用，且成效显著，具有科学性、先进性、实用性和广泛推广价值，达到省内领先水平。

【抗菌药物合理应用综合干预及其成效研究】 抗菌药物合理应用综合干预及其成效研究项目由云南省玉溪市人民医院陈晋、蔡德芳、汤子孝等人完成，2013年1月9日，通过玉溪市卫生局验收，获2012年度玉溪市科学技术奖科技进步类二等奖。该项目采用PDCA循环加强抗菌药物应用管理，重点加强对结合实际制定出的相应综合干预策略的落实，多部门联合监督执行，并对所取得的成效进行综合分析，逐步建立、完善抗菌药物临床应用管理相关制度、指标体系和长效工作机制，干预成效显著。玉溪市人民医院抗菌药物使用率由干预前的75.94%降至55.14%，门诊抗菌药物处方比例由干预前的34.10%降至18.61%，抗菌药物使用强度降至39.9DDD/100人天，Ⅰ类切口、抗菌药物使用率下降明显，达到国家卫生部要求，具有较强的先进性、科学性和实用性，发表论文8篇，达到国内先进水平。

（连　梅）

科协工作

【概　况】 2013年，市科协按照整

体推进、重点突出，拓展领域、强化服务，改革创新、提升水平的工作要求，和“1136”即围绕一个重点（《全民科学素质行动计划纲要》实施）、深化一项改革（学会改革）、拓展三个领域（招商引资工作、企业科协建设、社区科普益民）、巩固六项成果（项目实施管理、农函大办学、“六个一”科普活动、科技扶贫示范、青少年科普教育、科普组织建设）的工作思路，全面推进各项工作，使整体工作取得了新的进展。

《全民科学素质行动计划纲要》实施特色明显。全市《纲要》实施工作已步入常态化轨道，并注重体现地方特色，市科协联合市环保局、教育局及各县区科协共同承办了以“科技推动发展建设美丽家园”为主题的“2013年云南省百名专家科技下乡”活动；连续第二年开展了“环保、科普进校园”活动；支持市反邪教协会开展科普文艺作品创作并组织专家对选定的14个文艺作品进行修改编辑，刻录、编印了《反邪优秀文艺作品集》下发到各县区编排演出、播放宣传，探索了一条“文化反邪”的科普工作路子；在社区推广红塔区“六进社区”科普模式，并按照“不拘一格、创新发展”的思路继续探索、总结社区科普工作新模式，红塔区金州社区把科普元素融入湖畔公园，利用电子屏、树种标示等手段打造科普主题公园；北苑社区创新手段，制作点题石，打造科普文化小广场；泷水塘社区开展“五共享、五培养、五带动”活动；新兴社区实施花蕾、美丽夕阳、勇敢再就业、关爱“四项科普行动”。

2013年，全市科协系统共组织1 000多人次专家深入全市八县一区的363个居委会（村办）、81个社区、73所学校等区域开展科普宣传活动，共发放各种资料（书籍、挂图）31.3万份；举办讲座、报告131场；免费发放了价值数万元的各种药品、物品，受益群众18.2万名；在乡村巡回放映科教片7 100场，观众达110万人次；举办各类提高农民科学素质培训班951期，培训10万余人次；农函大玉溪分校在全市72个乡（镇、街道）共开办251个专业29个教学班，招收学员12 501人次。

围绕发展高原特色农业，积极发挥农村科普助推特色产业发展的作用。市科协邀请云南农大教授专题为乡镇干部、农科人员、农技协会员举办“高原特色农业发展之路”科普讲座，并结合新平发展哀牢山滇重楼产业、华宁发展“三棵树”（核桃、柑橘、柿子）产业、易门县发展板栗产业、峨山县发展金银花产业等，通过建基地，搞示范，帮助组建农技协，开展技术培训，引进新品种、新技术，引进企业解决产品销路等，积极助推产业发展。围绕发展蓝莓产业，市科协配合有关部门编制了《蓝莓栽培管理技术》。澄江县科协认真履行县蓝莓产业领导小组办公室职责，协同相关部门积极推动滇中蓝莓种苗基地和高原特色蓝莓科技示范园建设，为蓝莓企业、种植户提供蓝莓种苗的销售信息，到田间指导蓝莓管理、修剪及种苗的培育，帮助引进蓝莓小苗，组织开展专题培训，先后共培训1 300多人次，并主持编印了《澄江县蓝莓栽培技术》5 000册发给种植户。江川县科协积极配合有关部门举办抚仙湖及东风水库径流区蓝莓种植培训班，先后培训种植户300多人次。

学会改革发展稳步推进。为提升学会凝聚力、公信力、服务力和自我发展能力。2010年市科协提出“学会共建”的创新发展思路，分别与市卫生局、农业局、林业局、气象局、环保局签订了7个学会的三年共建协议。2013年9月共建期限已满，市科协启动了测评工作，设计了目标实现情况测评表和主要指标统计表。经过对共建期内（2010～2013年）附件资料的查询和综合资料的汇总，客观地撰写了《玉溪市学会共建工作评价报告》，为进一步推进学会发展提供依据。

【争取上级资金】 2013年，为完成争取上级资金420万元，市科协把项目培育管理实施列为重中之重的工作，通过组织调研、集中培训、项目分组指导、入库储备、市级项目培育补助等措施，共争取上级资金424.99万元，其中：中国科协的基层科普行动计划补助资金190万元，省级科普惠农兴村计划项目补助资金40万元，省级科普专项补助资金120万元，其他资金74.99万元。

【基层科普组织建设】 2013年，全市新成立的企业科协4个，学校科协2个，县级老科协3个，县级反邪教协会3个，农技协16个；创建科普示范学校4所，科普示范社区17个。玉溪市及澄江县老科协开展“送医送药送健康”下乡活动；新平县反邪教协会通过“八课堂（固定、网络、家庭、流动、短信、媒体、文体、多功能）”开展反邪教警示教育；峨山县反邪教协会在彝族火把节期间举办了“崇尚科学反对邪教”专题文艺晚会；华宁县职业中学科协组织800名师生分5个大类24个项目进行了职业技能竞赛；省级科普教育基地——玉溪市聂耳图书馆为妇女同志举行了《如何识别身体的求助信号》女性保健知识公益讲座；通海县竹子协会开展竹林下天麻种植示范，建成2 000亩种植基地；13家企业科协开展了“讲、比”活动，共有286名科技人员参加活动，被采纳的合理化建议47条。

【青少年科技创新大赛】 2013年，在第二十八届青少年科技创新大赛中，市科协共收到321件作品，其中：学生科技创新研究项目83项，科技实践活动7项，少年儿童科学幻想绘画130幅；教师科技创新竞赛项目34项、论文67篇。评出市级获奖项目213项。推荐153件作品参加省级竞赛，获省级奖81项，其中：学生创新研究项目一等奖3项、二等奖2项、三等奖46项，科技实践活动一等奖1项、二等奖1项、三等奖1项，少儿科幻绘画一等奖1幅、二等奖6幅、三等奖2幅；教师科技创新竞赛项目一等奖2项、二等奖2项、三等奖12项，教师论文三等奖2篇。6件作品被省级推荐至全国参加竞赛，获科技实践活动二等奖1项，学生创新研究项目三等奖1项，教师创新竞赛项目三等奖1项，科幻绘画三等奖1幅。红塔区青科中心荣获省级优秀组织单位，红塔区青科中心的丁艳丽被评为省级优秀组织工作者，玉溪二职中的李雁、通海杨广中学的岳修彦被评为省级优秀科技教师。玉溪第三中学通过开展青少年科技创新教育实践活动，有31项学生科技发明作品获得国家实用新型专利证书并在创新大赛中全部获奖。

【环保科普进校园活动】 由玉溪市科协牵头，组织市环保局、市教育局，于2013年5月27～31日，在通海、华宁的8所中小学及幼儿园开展以“节约能源资源，保护生态环境，保障安全健康，促进创新创造”和“六五”世界环境日“同呼吸，共奋斗”为主题的2013年“环保科普进校园”活动。为期五天的活动，共举行科普报告8场、巡回展出科普展具17件、3D立体科普展板48块，发放系列科普知识手册4种8 000份，开展科普知识有奖竞答，发放活动奖品1 800份，共计5 100名师生参与了活动。

【机器人竞赛】 2013年，玉溪四小组队代表玉溪参加云南省青少年机器人竞赛的两个队，分别荣获小学组FLL工程挑战赛两个三等奖和足球赛两个三等奖。

【青少年学科竞赛】 2013年，组织玉溪一中103名高中学生参加2013年全国中学生生物学联赛云南分赛，获得一等奖4名、二等奖15名、三等奖28名。生物学竞赛获奖总数位居全省第二，3名学生晋级国家级竞赛（全省共8名），这在玉溪属于首次。

【参加高校科学营活动】 2013年，选派玉溪一中、红塔区及新平县的20名在校高中学生和2名科技教师前往北京化工大学、湖南中南大学参加云南省科协组织的“高校科学营”活动。

【学术论文评选】 2013年，玉溪市科协第七届优秀论文评选共征集到论文121篇，经过初审，符合条件的有114篇，其中：农学类52篇、医学类44篇、环境地理类18篇。评审工作分为初审、复审、终审三个环节，复审和终审均实行盲评。为体现论文评审的公平、公正，从本届起成立了由科协领导和纪工委领导组成的评审监督委员会，全程监督终审过程。8月22日的终审会上，医学、农学、环境地理三个专家组的评委，根据论文的创新性、科学性、实用性和逻辑性对每篇论文进行综合评价，提出获奖等次建议，经评审委员会审定，评出特等奖1篇，一等奖11篇，二等奖22篇，三等奖35篇。评审结果在玉溪科普网上进行了公示。

【“百名专家科技下乡”暨玉溪市“全国科普日”活动】 2013年9月16日，以“科技推动发展，建设美丽家园”为主题的云南省“百名专家科技下乡”暨玉溪市“全国科普日”活动，在玉溪工业财贸学校启动，参加启动仪式的有省政协副主席、九三学社云南省委主委曾华、省科协副主席赖永良，玉溪市委常委、宣传部长杨兴荣，玉溪市政协副主席、九三学社玉溪市委主委郭亚钢等16位省市有关单位的领导、8位专家和工业财贸学校的近7千名师生。

省科协副主席赖永良主持启动仪式，玉溪市委常委、宣传部长杨兴荣致辞，省政协副主席、九三学社云南省委主委曾华作讲话。玉溪市政协副主席、九三学社玉溪市委主委郭亚钢宣布活动启动。

启动仪式结束后，在玉溪工业财贸学校报告厅举办了首场专家讲座——“心理健康教育”，其余专家奔赴各县讲学，未参加讲座的学生观看了3D科普展板，市科协向同学们发放了科普知识小册子。

据统计，活动期间全市共举办科普讲座15场，听众5 544人次，发科普资料95 976份，展出展板908块，播放科普节目11个，为近500人次提供了咨询、义诊服务，受众近5万人次。活动覆盖了49个村，26个社区。

2013年8月22日，玉溪市科协第七届优秀论文评选，终审会上，医学、农学、环境地理三个专家组的评委，对每篇论文进行综合评价 （张丽萍 摄）

【云南省农函大玉溪分校获表彰】 在2013年度的云南省农函大量化考核交叉检查评比中，农函大玉溪分校及9个县区的农函大辅导站，荣获全省农函大办学先进集体一等奖。农函大玉溪分校和新平县农函大辅导站同时荣获“2013年农函大优秀分校”称号，受到中国农函大的表彰。

玉溪市林学会结合当地的气候特点、水土条件自编的《核桃良种采穗圃营建技术手册》、《核桃幼树管理技术手册》、《核桃栽培技术》、《核桃栽培管理技术要点》、《核桃大树改接换优技术手册》五本培训教材，被省农函大评为“2013年度地方特色专业优秀自编教材”，受到省农函大表彰。

（张丽萍）

防震减灾

【概　况】 2013年，玉溪的防震减灾工作深入贯彻落实《国务院关于进一步加强防震减灾工作的意见》、《云南省防震减灾条例》及省政府十项重大措施；认真贯彻落实全国、全省防震减灾工作联席会议精神；玉溪市防震减灾中心、地震科普馆等重大建设项目进展顺利；启动实施《玉溪市防震减灾“十二五”规划》重点项目；作为省地震局指定的牵头单位，做好滇南—滇西南震情跟踪监视工作；地震应急避难场所建设及地震安全示范社区建设取得新突破；配合有关部门做好农村民居地震安全工程和校安工程的实施工作；做好玉溪开展防灾应急“三小”工程示范活动实施工作；广泛深入开展防震减灾科普知识宣传教育工作；加强防震减灾基础能力建设。

2013年，市防震减灾局获2013年度全省州市防震减灾工作综合考核一等奖及全国地市级防震减灾工作综合考核先进单位；2013年度地震趋势研究报告获全省第二名；多项地震监测

资料参加全省、全国评比中获三等奖以上好成绩；获2013年度云南省强震动台站质量管理考核二等奖；2013年地震短波通信获全省第二名；三项成果获2012年云南省地震局防震减灾优秀成果三等奖。红塔区高龙潭社区被评为省级和国家级地震安全示范社区。

【地震活动】 2013年1月1日至12月31日，玉溪市八县一区境内共发生ML≥1.0级地震328次。其中1.0～1.9级288次，2.0～2.4级34次，ML≥2.5级6次。最大地震事件为10月25日峨山小街街道发生的3.1级地震，震源深度14千米，地震发生时震中附近震感较为强烈，峨山县城部分人有感。2月20日普洱市墨江县发生4.8级地震时，元江、新平县部分人有震感。4月20日四川省雅安市芦山县发生7.0级地震，震时玉溪红塔区10层以上高层住户少部分人有震感。

2013年，玉溪的小震活动强度偏低，活动频次偏少，地震活动水平总体不高。地震相对集中在易门、元江两县和通海、峨山交界处的曲江断裂上，新平县境内的扬武断裂北段东侧也有小震集中分布现象。地震具体分布为：易门县147次，新平县65次，元江县48次，通海县18次，峨山县16次，澄江县15次，江川县8次，红塔区6次，华宁县5次。

【地震监测预报】 根据2013年度全国、全省地震趋势会商结论，市防震减灾局作为省地震局指定的震情跟踪工作牵头单位，把工作重点放在滇南至滇西南地区的震情跟踪监视上，加强震情跟踪监视工作。做到确保信息畅通、数据快速传递和各类监测仪器正常运转，坚持每周震情会商、每月编印《震情动态》、《玉溪市震情跟踪工作月报》、季度编印《玉溪防震减灾信息》报当地党政领导、省地震局和有关部门，及时反映地震监测预报情况和防震减灾工作动态。在日常震情监视工作中，做好宏、微观异常跟踪落实，遇有突变异常和震情做到及时处理、及时上报。2013年核实处理红塔区和通海、江川、新平等县水库、井水发浑、机井水位上升、水温突升等宏观异常9起。根据《云南省2013年度震情跟踪工作方案》要求，结合玉溪震情形势和震情跟踪工作实际，制定了《玉溪市2013年度震情跟踪工作方案》和《玉溪市地震应对工作方案》。作为牵头单位，制订了《滇南至滇西南地震危险区2013年度震情跟踪预测工作方案》和《2013年滇南至滇西南重点危险区震情跟踪工作安排》。并严格按照《2013年度震情跟踪工作责任书》的要求，进一步明确职责和落实任务，使震情跟踪工作落到实处。

【震害防御】 2013年，按照市委、市政府提出的加强软环境建设、减化审批程序、压缩审批环节和时限、提高办事效率的要求。市防震减灾局及时制定了《玉溪市防震减灾局行政审批服务实施细则》，简化了市防震减灾局承担的“建设工程抗震设防要求确定”审批程序，压缩了审批时限，向社会公开了服务承诺。加强对玉溪建设工程抗震设防管理工作。加大对晋红、晋江高速公路及玉溪“三湖”生态保护水资源配置应急工程的协调力度，按照市政府的要求，完成了地震安全性评价工作任务。先后对玉溪玉山城岚园、玉溪城南交通枢纽中心（汽车客运站）等24个建设工程项目提出了抗震设防意见。

参与农村民居抗震设防指导及校安工程的督促检查工作。市防震减灾局充分利用每年的科普日、地震纪念日以及科技“三下乡”等活动，深入各县（区）、乡（镇）开展农村民居抗震设防咨询服务，并有针对性地编印了有关农村民居建设的宣传册子。积极配合有关部门对实施工作进行指导和对竣工项目的验收。按照市政府的分工安排，市防震减灾局具体负责峨山县校安工程的督促检查工作。市防震减灾局派出人员与市校安办和峨山县校安办联系、沟通，及时了解峨山县校安工作情况，多次深入校点对校安工程项目进行督促、检查。

【防震减灾科普宣传】 为增强全民的防震减灾意识，市防震减灾局按照“主动、慎重、科学、有效”的原则，采取多种宣传渠道和形式，在全社会大力开展防震减灾知识的普及和教育。2013年5月12日，开展以“识别灾害风险，掌握减灾技能”为主题的防灾减灾宣传教育活动，在红塔区春和街道和聂耳文化广场展出展板20块，接受群众咨询150余人次，发放《地震应急自救互救手册》、《防震避震常识》、单张彩色宣传资料及防震减灾科普扑克5 000余份。此外，市防震减灾局还积极开展防震减灾科普知识进校园、进社区、进机关、进企业、进部队、进乡村的“六进”活动。先后到市第二幼儿园、老干活动中心、王溪巨戈有限责任公司等单位讲授地震科普知识，指导地震应急疏散演练。协助市人力资源和社会保障局，在全市事业单位1 500余名工作人员初聘培训中，讲授地震基本知识和应急避震知识。市防震减灾局金志林局长为民政局975名基层民政工作人员作《防震减灾你我同行》专题报告。坚持以《玉溪防震减灾》报、防震减灾宣传网进行宣传，2013年编印《玉溪防震减灾》报6期，每期2.55万份，随《玉溪日报》免费发放，扩大防震减灾宣传面。

【高龙潭社区获地震安全示范社区称号】 红塔区凤凰街道高龙潭社区于2012年12月荣获玉溪市地震安全示范社区称号，在此基础上，高龙潭社区不断健全完善制度、机构和软硬件建设，2013年11月，向云南省地震局申报并获得了云南省地震安全示范社区称号，同年12月，由云南省地震局向中国地震局推荐并获得国家地震安全示范社区称号。

【修订《玉溪市地震应急预案》】 为健全完善地震灾害应急救援体系和运行机制，不断提高玉溪的地震灾害应急救援能力。由市防震减灾局代市政府起草的《玉溪市地震应急预案》已修订完毕，经征求省地震局和市抗震救灾指挥部各成员单位的意见后，形成上报市政府的审定稿。2013年9月13日，市政府办公室以《玉溪市人民政府办公室关于印发玉溪市地震应急预案的通知》的文件印发各县区人民政府、市直各单位、中央省属驻玉单位和军警部队组织实施。新修订后的《玉溪市地震应急预案》进一步细化了市抗震救灾指挥部各成员单位的职责分工，更具实战性和操作性。

【地震应急疏散演练】 为深入贯彻落实《中华人民共和国突发事件应对法》、《中华人民共和国防震减灾法》、《云南省防震减灾条例》等法律法规，促进防灾应急“三小工程”的开展，进一步熟悉新修订的《玉溪市地震应急预案》，增强全民防震减灾意识，提高突发公共事件下的应急反应能力和自救互救能力，全面提高防震应急工作水平。市人民政府于2013年11月6日上午9:30～11:30在高新科技大楼（市委机关）和高龙潭社区举行地震应急疏散演练活动。

上午9时30分，市防震减灾局局长金志林向市人民政府副市长解仕清报告：地震应急疏散演练准备就绪。解副市长宣布：2013年玉溪市地震应急疏散演练开始。随后，市人防办的指挥车拉响灾害警报，整个高新科技大楼内的全体工作人员和高龙潭社区居民共700余人开始应急避震和疏散撤离。应急疏散演练结束后，解副市长对此次演练活动进行了点评，之后，全体参演人员参观了由市民政局、卫生局、住建局、防震减灾局、供电局、移动公司、电信公司和消防支队展示的应急救援装备和物资展示，并参观了高龙潭省级地震安全示范社区。

（钱宝运）

气象科研

【概　况】　2013年，玉溪市气象局地面气象测报、农气测报和各种气象观测资料传输及时率高于省气象局考核要求；综合天气预报质量获评全省第三；气象服务能力和服务水平得到增强和提升，各项气象服务尤其是气象防灾减灾和“三农”气象服务工作成效显著，受到市委、市政府充分肯定；人影减灾稳步推进，全市人工增雨作业增加降水18%，人工防雹取得较好防灾减灾成效；气象法规建设和防雷安全社会管理进一步加强，行政执法体制改革和投资项目并联审批稳步推进，雷灾事故和雷灾经济损失比上年大有下降；县级气象机构综合改革各项工作稳步推进，并初显改革成效；气象科技创新和学术工作取得新成绩，一批气象科研项目获立项支持并通过验收获奖，多篇学术论文在国内核心期刊、相关期刊发表，受到上级表彰奖励；山洪地质灾害防治气象项目建设取得进展，气象防灾减灾水平和效益得到进一步提升。年度综合目标管理被考评为优秀单位，受到省气象局表彰奖励。

【地面气象观测】　2013年，玉溪市气象局加强基础业务管理和仪器设备维护，针对气象基础业务切换调整开展重点培训，分别举办业务调整改革、新地面气象观测技术、新型自动气象站安装应用等培训3期及地面气象测报竞赛1次。为全市除江川、新平两县外的县区气象局安装新型自动气象站7套，使观测资料的传输及时率得到有效保证。组织完成全市气象台站大气探测综合环境评估和指导易门气象局完成新地面观测站建设工作，使基层气象观测设备设施、气象资料数据上传保障能力得到进一步加强，业务能力和科技水平得到进一步提升，促进了地面测报质量稳中有升。年内，全市地面测报基数126 355.1分，错情率0.0‰，农气观测总基数17 485.8分，错情率0.0‰。各种观测设备运行正常，观测资料传输及时率高于省气象局考核要求。各类资料传输及时率分别为：大监站99.89%：土壤水分观测站96.94%，常规观测100%，磨盘山无人站98.03%。全年验收通过“百班无错”34个、“250班无错”8个。

【气象监测预报服务】　2013年，玉溪市气象局开发大气监测网观测资料处理程序，完善精细化预报业务系统，开展精细化地质灾害预报业务和烤烟气象观测、农业小气候观测，使预报业务有拓展有提高，服务质量、服务成效有提升。第四季度预报质量获评全省第一，全年综合预报质量获评全省第三，受到表彰奖励。市气象台一人获全国优秀预报员称号，一人获云南省重大气象服务先进个人称号。

公益服务。市气象局在加强常规电视、广播、电子显示屏公共气象信息制作、发布管理外，从手机短信平台、“12121电话”、气象网站专栏、玉溪日报天气栏等发布气象综合信息、农村经济综合信息、科普、法律法规知识宣传等信息52万条；发布干旱、大风、地质灾害等天气预警信息23万条，发布雨情、抗旱节水、森林防火、安全生产等信息600多条。为公众出行和安排生产生活提供了及时信息；尤其春耕气象服务工作，准确预测春旱、初夏旱和雨季开始期；准确预报冬季强降温霜冻天气，并及时发布信息，为全市民众投入抗旱保民生保春耕和保暖防冻工作起到积极作用。

专项专业服务。市气象局针对全市烤烟气象服务需求，制作报送旱情评估重要气象信息专报、烤烟气象旬报、烤烟气候预测、烤烟气候影响评价、高原特色农业调查资料及全市降水统计分析资料54期（份次），通过手机短信平台发送雨量实况和重要天气消息短信168 600条（次）。针对农业气象服务需求，制作发送农业气象专题服务、小春作物产量预报、大春及全年粮食产量预报、春耕春播、夏收夏种、秋收秋种服务材料、病虫害预报、关键农事季节和作物生育期气象服务等材料71期。做好昆玉、元磨高速公路交通气象站监测预报；制作完成地质灾害专题、森林火险专题、财产保险专题气象服务材料65期，及时发送并放入网络服务平台供各专业用户适时调取决策安排指导工作，广

2013年2月，玉溪市人工影响天气中心获共青团中央“2011～2012年度全国青年文明号”称号。这是市人工影响天气中心第二次获此殊荣。

（褚二忠　摄）

受服务用户好评。

决策服务。市气象局针对年内气候特点及市委、市政府“抗旱保民生保春耕及森林防火”工作部署，采取加密天气监测会商，做好气候预测和适时开展人工增雨等措施全力为春耕生产、增加库塘蓄水和森林防火服务，使各项服务工作卓有成效。年内，发布干旱服务材料、干旱原因分析、干旱评估报告9期，干旱橙色预警信号5次，发布重要性、转折性天气、降温降水天气等重要天气消息130多期，发布手机预警预报决策服务信息24万余条。编写雨情实况实时查询程序，让市委、市政府和有关部门领导能及时查询全市降水信息，正确决策指挥工农业生产。

【人工影响天气工作】 2013年，玉溪市、县两级人工影响天气中心在汛期前对XDR雷达、无线通信网、计算机宽带网、区域自动站网进行了全面维护维修；对高炮、火箭发射装备进行了性能检测、检查、检修；完成4个标准化人影作业点建设和通海、峨山、澄江三县人影指挥平台建设，使人影工作软、硬件建设进一步加强。在人影作业实施前和进行中，派人参加了省级人影指挥培训并举办了市、县两级人影作业点点长、作业人员培训，开展人影安全检查，保证和促进人影工作的科学、安全和有效开展。

人工增雨。市人工影响天气中心在1～5月结合非汛期工作实际，遇到有利人影作业天气过程及时启动24小时人工增雨值班，抓住22个天气过程组织通海、峨山、元江县10个人影作业点实施地面人工增雨作业121点次。6月进入主汛期后，充分利用人影作业点多面广及雨季云水优势，在认真做好防雹减灾工作的同时，加大人工增雨工作力度，抓住51个天气过程组织32个作业点实施地面人工增雨作业293点次。同时，全省启用2架飞机开展常态化飞机人工增雨作业，于3月8日首次实施增雨作业取得成功。进入6月后，省人工影响天气中心又实施了以玉溪为重点的飞机增雨作业20多架次，使玉溪降雨量多次得到增加。据评估测算，实施增雨作业后约使全市增加降水18%，为缓解旱情、增加蓄水起到了积极作用。

人工防雹。全市进入主汛期后，市人工影响天气中心根据往年经验和针对该年夏季强对流天气频发、雹云生成突发性强等气候特点，于6月1日开始组织各县（区）102个防雹点上阵实施防雹作业，市、县（区）400多名人影指挥、作业人员24小时值班坚守岗位，时刻关注天气变化，严防死守4个月，有91个防雹点实施防雹作业599点次，发射各种类型防雹箭弹4 825枚，保护烤烟种植面积47.2万亩，其它农作物种植面积35万亩。经统计，防雹期间设防区内烤烟受灾仅为2.03%，而防区外受灾达10.65%。

【防雷减灾工作】 2013年，玉溪市闪电定位仪监测到全市雷闪38 883次，其中，强度在20～50千安的有24 162次，50～100千安有3 244次，100千安以上的有448次。据不完全统计，强雷闪造成全市发生雷击灾害5起，因雷击致死1人、伤1人，建（构）筑物受损2起，单位电子设备雷击事故3起，多套办公电子、监控设备受损，全年雷灾直接经济损失达10多万元，雷灾事故和雷灾经济损失均比上年大有减少和减轻。

市雷电中心遵循开展防雷装置安全技术检测是找出雷击事故隐患最有效手段的工作原则，在雷雨季节前抓紧进行易燃易爆场所、烟草、红塔集团等防雷重点单位的防雷装置安全检测，对全市10 000余幢（组、套）防雷装置进行了安全技术年度检测。对检测后发现的雷击事故隐患，及时提出意见和督促整改。对55项建设项目开展防雷设计技术审核、分段检测等工作。防雷设计图纸、防雷装置竣工验收许可率达100%以上；易燃易爆场所检测面达100%；督促防雷隐患整改检测面达40%。为玉溪相关建设项目防雷设计和施工提供依据，进行雷击风险评估项目56个。利用已建立的闪电定位仪、大气电场仪等雷电监测资料，研究开发雷电科研及技术服务项目15套，为红塔集团玉溪卷烟厂的雷电预警服务和向外州、市、县的推广应用中显示出了较好社会效益。

【山洪地质灾害防治气象项目建设】 2013年，玉溪市气象局按照中国气象局“山洪地质灾害防治气象业务系统”项目建设要求，组织实施了“玉溪中小河流防汛预报预警业务系统”、“山洪地质灾害防治综合气象业务平台”、“区域自动气象站及雷达数据共享分发系统”项目的研发和实施方案的拟定，于4月上旬完成，并通过评审，启动玉溪山洪地质灾害防治气象业务系统项目建设。通过年内项目建设，初步实现了玉溪各中小河流和水库的气象资料自动采集、统一数据存贮、精细化强降水预警预报产品分析处理、集约化综合信息制作发布等功能的增大增强，并建立起层次分明、功能全面、技术先进、快速高效的气象灾害监测预警和风险评估服务体系，实现对灾害防治区突发性强降水及其引发的中小河流洪水、山洪、地质灾害等的气象监测、预警和风险评估，使气象防灾减灾水平和效益得到有效提升。

【县级气象机构综合改革】 2013年5月，玉溪市气象局按照上级“关于全面推进县级气象机构综合改革工作的通知”要求，开始实施玉溪县级气象机构综合改革各项工作。配合省气象局完成了县气象局气象台站综合改革的前期人员情况分析；制定上报了《玉溪市气象局县级气象机构设置方案》，获得省气象局批复。

《玉溪市气象局县级气象机构设置方案》确定：玉溪市设红塔区、江川、澄江、通海、华宁、易门、峨山、新平、元江县气象局9个县级气象局，依法履行县级气象主管机构的各项职责，机构规格为正科级。为强化公共气象服务和社会管理职能，按照政事分开、局台（站）分设的要求，县级气象局分别设置管理机构和直属业务单位。管理机构为：县级气象局内设办公室、法规科、防灾减灾科；直属业务单位为：县级气象局设置气象台（气象站）、气象服务中心。其中，红塔区气象局、元江县气象局增设雷电防御中心。经地方编制管理机关批准设立的地方气象机构（如气象防灾减灾、人工影响天气、雷电灾害防御、为农服务等），根据当地情况，可单独设立，也可以在气象机构加挂牌子、合署办公。各管理机构和直属业务单位的主要职责，由玉溪市气象局研究确定。

按照该方案要求，市气象局已于年内对符合参照公务员管理条件的22名县气象局人员进行了过渡选拔，并按要求进行了身份登记及工资套改，完成了事业单位分类改革前期信息填报，为县气象局实行政事分开、职能转变奠定了基础。

【气象法规建设】 2013年，玉溪市气象局贯彻落实国务院《全面推进依法行政实施纲要》要求，深入推进气象行政执法体制改革和投资项目并联

2013年，玉溪市气象局指导新平县气象局在实施“三农”气象服务建设中，结合县政府打造“高原特色农业示范县”目标要求，在戛洒镇新寨梁子“褚橙庄园”建成新平首个特色农业气候站　　（褚二忠摄）

审批工作，在市政务服务中心设立了气象行政许可窗口，派一名工作人员在市政务中心办理行政许可业务，出台了《玉溪市气象行政许可实施细则（试行）》，进一步规范气象行政许可工作，实现市、区两级气象主管机构分级办理气象行政许可。开展气象法制宣传教育，加强气象普法依法治理工作取得成效，气象法律法规纳入玉溪市“六五”普法规划。市气象局被市委、市政府授予“2008～2012年度依法治市先进集体”称号。

年内，市气象局执法支队加大对县区执法活动的监督指导，与县区气象局开展联合执法，帮助新平县局制止了一起破坏气象探测环境的违法行为。发出防雷装置报审通知书13份，督促13家单位依法办理防雷装置设计审核行政许可手续；发出执法通知书245份，发出责令停止违法行为通知书16份。依法办理施放气球活动审批82件；办理防雷装置设计审核152件；办理防雷装置竣工验收164件；编写《气象行政许可实用手册》，组织进行了《烤烟气象观测规范》地方标准编著和专家验收评审，8月7日由省技术质监督局第15号公告发布实施。

【人才队伍建设】2013年，玉溪市气象局按照党政领导干部选拔任用规定，注重选拔配强科级干部和以培训学习、交流煅炼等方式，加强干部队伍建设，使部门干部队伍素质得到提升。按竞争性方式选拔科级干部5名，开展年轻干部交流煅炼2名。录用院校毕业生4人。以竞争上岗的方式对4个空缺专业技术岗位进行了竞聘，进行了3名高级专业技术职称申报材料的审核及申报推荐。到年底，全市大专以上学历职工有102人，占职工总数的86%；中级以上职称任职资格的有82人，占70%。其中，高级职称任职资格的有21人，大专以上学历及中级以上职称比例均高于全国、全省地市级气象部门平均水平。

【气象科技创新】2013年，玉溪市气象局组织科技人员自主开发了“气象业务科研管理系统”，在全市推广应用，实现了对气象预报、测报、科研、学术、科普、灾情等的自动管理和市、县气象局上下实时联动，促进了预报准确率、测报质量以及科研能力、学术水平的进一步提高。年内，市气象局10个科研项目获省、市立项支持。其中，“森林火灾气象风险预报研究及应用”获玉溪市科技局立项；“复杂地形精细化对流有效位能计算及应用研究”、“云南省强雪雨倒春寒天气过程的分析研究”等2项预报员专项获省气象局立项；“短时局地暴雨影响系统、特定区域雷电预警预报、水稻冷害综合气候指数研究、区域自动站气象资料质量控制、雷电灾害技术评价、业务科研管理、县局气象决策服务系统”等7项自设项目获市气象局立项。由科技人员完成的“云南冷锋切变影响无强降水天气总结”、“哀牢山沿线暴雨特征、影响系统和成因研究”两项科研成果通过省气象局验收。“西行台风造成玉溪降水的预报指标研究”、“玉溪市气象业务科研管理系统”、“红塔区多因子物理集成短期气候预测模式的建立”等3个项目通过市气象局验收。“新农村气象信息服务体系建设研究及推广应用”项目获省政府科技进步二等奖，主持该课题研究的市气象局解福燕在云南省科技创新大会上受到表彰奖励。

玉溪市气象局制定气象学术工作激励奖励机制，加大科技论文奖励力度，充分调动了广大气象科技人员参与学术工作的积极性，使气象科技论文质量有很大提高。年内，编辑出书《玉溪市气象文集》，收集论文33篇；在省内和国内相关期刊上发表论文14篇。其中，核心期刊4篇、国内期刊10篇，论文作者获得了云南省气象局的表彰奖励。

（褚二忠）

教育管理

【概 况】 2013年，全市教育系统以提升广大人民群众教育幸福指数为目标，以全面提高教育教学质量为核心，紧紧围绕市委、市政府对教育工作的安排部署，采取一系列针对性、前瞻性、创新性举措，调结构、转方式、促发展，各项工作目标任务得到全面落实，教育改革发展取得显著成效，有力促进了全市教育事业的转型发展、创新发展和科学发展。

一年来，玉溪市教育局从加强教育软件和硬件建设两方面全力抓好教育工作，着力改善教育民生，保障教育公平、提升教育品质，教育事业健康协调持续发展，全市教育改革发展取得新突破，开创了全市教育改革发展新局面。美丽100校园行动计划暨校安工程建设创新提出统一建设、统一筹资、统一还款的"三统一"建设模式，有效破解校安工程资金筹措难、审批程序繁、推进速度慢等关键问题，项目建设全面提档加速。教育综合改革迈出新步伐，研究制订《教育改革20条》及高中招生和质量评价两个配套文件，在落实省定各项试点任务的基础上，积极探索全方位改革。职教园区建设按照市委、市政府提出的高起点规划、高标准建设的要求，重启规划建设并取得实质性的进展。引入新机制，妥善解决民办代课教师问题工作，成为全省各州市中首个一次性辞退经济补偿兑现率突破99%的市。全面落实教育惠民政策，并率先把红塔区6所民办学校3 036名进城务工人员子女全部纳入农村义务教育营养改善计划，在全省首家实现了民办学校农民工子女享受营养改善计划零的突破。各类教育实现新发展，学前教育普惠发展初见成效，学前儿童毛入园（班）率达92.1%。义务教育均衡发展扎实推进，完成了红塔区、江川县、澄江县的初步均衡评估，义务教育各项指标居全省前列。普通高中规模质量稳步提高，全市10所一级高中有4所学校进入全省一级高中综合评价排名前30名。职业教育快速发展，全年投入9 380.5万元，基础能力建设明显提升，工财校、通海职中等学校代表云南省参加全国职业技能大赛，获1个一等奖、2个二等奖、8个三等奖，是云南省代表队中获奖层次和数量最多的州市。创新继续教育模式，推进"中高职教育衔接"改革，两所开放学院共有7 783人就读。紧扣目标促进各项工作再上新台阶，教师队伍建设不断加强，全市教师专业化水平进一步提高。素质教育深入推进，全市9个县区青少年学生校外活动中心建成投入使用，有3个被省教厅评为优秀。对外合作与交流工作呈现出规范化、常态化发展。校园安全常抓不懈，10所学校被表彰为省级"平安校园"，21所学校被认定为市级"平安校园"。

全市现有各级各类学校937所，其中，幼儿园243所，小学557所，初中93所，普通高中21所，职业高级中学9所，普通中专3所，成人中等专业学校8所，普通高等院校1所，高等职业学校2所，特殊教育学校1所。在校学生40.6万人，教职工2.8万人。

（杨 雪）

【学前教育】 2013年，市教育局坚持"政府主导、社会参与、公民办并举"的思路，大力发展公益性、普惠性幼儿园。投入3 790万元，完成占地13.53亩、建筑面积9 798平方米的市一幼改扩建。投入1.9亿元全面实施国家、省学前教育项目建设，73个项目建成投入使用，全市75个乡（镇、街道）已有64个建成了1所以上的公办或公建民营幼儿园。安排公用经费大力扶持学前教育发展，采取以奖代补的方式对具有办学资质、年检合格的公办和民办学前教育机构实行每生每年100元（市、县按1：1承担）的公用经费补助。2011～2013年，学前儿童毛入园（班）率从84.23%提高到92.1%，学前三年幼儿园毛入园率从51.72%提高到64.3%，"入园难"问题初步缓解，为到"十二五"末基本普及学前三年教育奠定了坚实基础。

【义务教育】 2013年，市教育局坚持统筹城乡教育为抓手，推进美丽100校园行动计划、校安工程、薄弱学校改造、教育信息化建设"四位一体"的标准化建设，促进教育资源的合理配置。购置2 556套各类教学装备和2 131套多媒体设备，开展了6 000人次的教师及管理人员培训，实现了教学点数字教育资源全覆盖，有力提升了广大农村教师运用现代手段教学的能力。以均衡发展督导评估为手段，按照时间表、路线图要求，完成了红塔区、江川县、澄江县的初步均衡评估，对215所学校开展了督导评估，所有学校全面开展责任督学挂牌督导工作。2013年，全市义务教育各项指标居全省前列，均衡发展水平得到进一步巩固和提高。

【普通高中教育】　2013年，全市教育系统充分挖掘办学潜力，稳步扩充普通高中规模，增强高中学校招生能力，全年完成招生13 775人，超计划825人、比上年增招356人，高中阶段毛入学率达83.4%。高中质量实现止跌回升，全市12 723名考生参加高考，上线人数12 700人，上线率99.82%，比上年90.69%提高9.13个百分点。文科一本上线率为7.13%，居全省第6位，比上年的第7位提高1位；二本上线率为17.53%，居全省第7位，与上年持平。理科一本上线率19.04%，居全省第6位，比上年的第7位提高1位；二本上线率为23.97%，居全省第8位，与上年持平。全省一级高中综合评价排名中，全市10所一级高中有4所学校进入前30名，大部分高中学校排名均实现上升。玉溪一中、师院附中被省教育厅认定为全省普通高中特色化发展试点学校。

【职业教育】　2013年，玉溪投入9 380.5万元，完成了玉溪二职中教学楼、新平职中实训楼建设，职业学校基础能力建设明显提升。启动工财校近2亿元的三期工程、江川职中等学校的改扩建。广泛开展校企合作，极大改善实训条件，红塔集团捐赠1亿多元的数控及机电设备作为工财校的实训装备，市直职业学校生均设备值达12 059元、县区职业学校生均设备值达3 183.3元，比上年分别增加9 038.2元和831元。加强学籍管理，开展专项督查，未发现学校“虚假注册”、“双重学籍”等情况。2013年全市职业院校招生12 125人，学生就业率多年保持在95%以上，在校生达3.25万人，校均规模2 708人。机电、烹饪等省级骨干精品专业建设成效明显，工财校、通海职中等学校代表云南省参加全国职业技能大赛，获1个一等奖、2个二等奖、8个三等奖，是云南省代表队中获奖层次和数量最多的州市。

【民办教育和继续教育】　围绕“积极鼓励、大力支持、正确引导、依法管理”的方针，有力促进民办教育发展。2013年，积极争取项目28个、资金189万元，市级安排专项资金50万，支持民办教育建设发展，给予民办中小学生均公用经费补助，纳入“营养餐”保障范围，对民办幼儿园给予100元生均公用经费补助，以优质公办校捆绑民办校开展达标晋升级等活动并给予奖励，切实做到同城同教。创新继续教育模式，推进玉溪开放学院、红塔开放学院“中高职教育衔接”改革，探索一校多区资源共享、校际之间学分互认办法，促使传统教育与网络教育相互融合，两所开放学院共有7 783人就读。大力开展农村劳动力实用技术培训，全年共培训43.95万人次，为新农村建设提供有力支撑。

（王韶琨）

【美丽100校园行动计划暨校安工程建设】　2013年，玉溪的校安工程建设创新提出统一建设、统一筹资、统一还款的“三统一”建设模式，有效破解校安工程资金筹措难、审批程序繁、推进速度慢等关键问题，项目建设全面提档加速，全年拆除重建16.97万平方米，加固改造31.80万平方米，完成任务数的173.16%和301.61%，开工率和竣工率均为全省第一，扭转了校安工程长期在全省排名靠后的局面。同时，加固改造新技术运用取得突破，B、C级校舍加固项目玉溪一中星华楼实施屈曲约束支撑新技术，列入省“科技惠民计划”项目，是国内第一家使用此项技术的单位，工期28天完成，成本降低一半，为B、C级校舍加固改造这一全省性难题积累了成功经验。

【教育综合改革】　2013年，玉溪的教育改革深入开展质量提升大讨论活动，围绕国家、省教育综合改革的要求，自加压力，集中梳理投入保障、队伍建设、教育管理、教育咨询四大类20个方面的问题，研究制定《教育改革20条》及高中招生和质量评价两个配套文件，在落实省定各项试点任务的基础上，积极探索全方位改革。

【职教园区建设工作】　2013年，市教育局按照市委、市政府提出的高起点规划、高标准建设的要求，职教园区重启规划建设，在深入调研考察的基础上，制定了园区建设方案，明确了园区规划选址和用地规模。园区规划占地4.7平方千米，投资63亿元，入驻15所学校左右，在校生规模6万人左右。园区以高原特色农业和生物医药产业为特色，突出科技研发和成果孵化功能及城市副中心功能，按照盘活资源、综合开发、市场运作的方式筹集建设资金，采取BT、BOT等模式共建共享。

【解决民办代课教师问题】　2013年，玉溪投入经费1.2亿元，认定兑现民办代课教师25 867人，认定率、兑现率和总参保率均为100%。玉溪在兑现工作中，首家引入自动放弃机制，大大提高了兑现进度，成为全省首个一次性辞退经济补偿兑现率突破99%的州市。

【落实教育惠民政策】　2013年，玉溪共安排下达政策补助5.03亿元（中

2013年7月1日，玉溪市美丽100校园动员会启动仪式在玉溪一小山水校区举行（杨争鸣　摄）

央、省3.81亿元，市1.22亿元），其中：农村义务教育营养改善计划1.65亿元（中央、省1.03亿元，市6 199.9万元），“三免一补”9 615.1万元（中央、省6 217.5万元，市3 397.6万元），生均公用经费1.42亿元（中央、省1.2亿元，市1 867.3万元）。全市实现了“三免一补”、农村义务教育营养改善计划、学前教育到高等教育学生资助体系的“三个全覆盖”，全市中小学生基本全免费上学，10.8万名、22.7万名中小学生分别享受到生活补助和营养补助，确保每一位贫困学子都能接受普惠性教育，切实保障学生接受义务教育的权利。

逐年扩大保障范围惠及特需学生，2013年，投入200多万元率先在全省把红塔区6所民办学校3 036名农民工子女全部纳入农村义务教育营养改善计划，实现民办学校农民工子女享受营养改善计划零的突破，让最需要享受“营养餐”的这部分学生共享普惠政策的阳光，有力促进教育公平。

【教师队伍建设】　2013年，市教育局按照“盘活存量、增加专项编制、调整配置标准、实施特岗计划”的思路，不断优化教师队伍结构，完成360名音体美教师新增编制的配备工作，2010年招聘的57名特岗教师全部转为正式编制。构建“国培”与“省培”相结合、教师全员培训与骨干教师培训相结合、校本培训与远程培训相结合的教师培训体系，每年培训1.5万人次，辐射面90%以上。举办500名骨干教师培训班，选拔43名校长赴省外挂职锻炼，开展校级后备干部班，山区教师夏令营等培训活动，全市教师专业化水平进一步提高，专任教师学历合格率小学、初中、高中分别达到98.96%、99.46%、98.19%，比2010年的98.09%、98.91%、96.71%，提高了0.87、0.55和1.48个百分点。

（杨　雪）

【素质教育】　2013年，市教育局组织开展“我的梦·中国梦”、“红领巾向党”等弘扬和培育民族精神教育实践活动，抓好基本道德规范教育和基本文明行为习惯的养成教育，积极开展文明学校创建活动，对符合要求的玉溪一中等10所学校重新申报为省级文明学校。加强青少年校外活动场所建设与管理，全市9个县区青少年学生校外活动中心建成投入使用，并开展丰富多彩的活动，成为素质教育的示范基地，在省教育厅评估中有3个被评为优秀。充分发挥课堂教学在实施素质教育中的主渠道作用，全面推进课堂教学改革，培养学生的创新能力和实践能力，开发学生智力，减轻学生负担，让孩子们快乐健康成长。

【对外交流与合作】　2013年，玉溪一小、玉溪四小、新平一小3所小学成功申请“中英校际联系主题课程共建项目”，是云南省唯一获得该项目的学校。玉溪一中获批开设德语课程，接收玉溪实验中学首届德语班（30人）全部学生进入高中学习。完成了玉溪赴瑞典教育代表团、教师赴泰国任教、玉溪一小师生外出交流工作和“加拿大教育联盟”、“韩（国）美（国）学生体验”项目洽谈。玉溪一中、玉溪师院附中、玉溪三中、玉溪五中4所学校具备国家外专局认定的“聘请外国专家单位资格”，弥补了玉溪涉外聘请专家工作中只有外国经济专家、没有外国文教专家的空白。其中，玉溪三中被省教育厅认定为学生出国留学语言培训基地，与企业合作成立的“玉溪三中国际学校”已报省教育厅批准，开辟了外语教学的新基地，教育对外合作与交流工作呈现出规范化、常态化发展。

【学校安全工作】　2013 年，玉溪的学校安全工作坚持“安全第一、预防为主”的方针，建立健全信访和矛盾纠纷排查调处工作机制、舆情信息报告制、公共事件应急预案等制度，全面开展安全隐患大检查和大整治行动，切实做到警钟长鸣、常抓不懈。积极创建“平安校园”，10 所学校被表彰为省级“平安校园”，21 所学校被认定为市级“平安校园”。加强学校消防安全、交通安全、饮用水、食品安全特别是学生营养餐安全管理工作，全力维护学校正常的教育教学秩序和生活秩序。年内，配合药监、工商等部门及时处置了网帖发布的“魔爽烟”、“面包发霉”事件，向社会公开“魔爽烟”是三无产品并进行了查处，还原“营养餐”供应的面包是学生没有食用长期摆放导致变质的事件真相，正确引导了舆论，得到了家长和社会的充分肯定。全年，无重大安全事件、群体性事件和非正常上访事件发生。

（王韶琨）

【教学质量监管】　2013年，市教科所深入全市50多所中小学开展调研，启动“玉溪市小学教育过程及教学质量评价体系”工作，对红塔区、华宁县、新平县的学校进行教学质量管理、教师能力和教师成长调研，完成“云南省贫困民族地区义务教育教学质量调研子项目委托书”项目调研，参与玉溪市教师队伍现状调研和全省小学心理健康教育教师调查，对15所小学进行了实地调查，并形成相关调研结果。

制订《玉溪市提高普通高中教育教学质量工作意见》，组建高考学科专家组指导高中学校复习备考，举办“玉溪市2013年高考研讨交流会”，全市800多名高中教师参加研讨。组织全市24 435人参加云南省高三毕业生复习统一检测考试、12 439人参加市高三毕业生仿真检测考试。举办2013年玉溪市初中学业水平考试研讨会，1 560多位教师参加了研讨交流。圆满完成玉溪市2013年初中学业水平考试7个学科（含德语）的命题、制卷、评卷和省抽考3个学科的评卷工作。召开“玉溪市中小学教改经验交流研讨会”，全市小学、初中、高中共300多位教师、校领导参加三个学段的交流研讨，有效促进了全市教改工作的深入推进。

【教师培训】　2013年，市教育局组织596名中小学教师参加“国培计划（2013）”各类项目培训，审核推荐233名农村中小学幼儿园教师参加“省培”项目培训，选派3名中小学校长参加未来教育家成长计划项目，完成对3 610名教师远程网络培训项目的督察。

有效实施玉溪市“51 515名师名校长队伍建设工程”，制定《玉溪市中小学校中青年骨干教师选拔培养实施方案》，审核500名教师作为玉溪市中小学校中青年骨干教师培养对象，完成第一阶段培养任务；选派43名校（园）长赴省外名校挂职锻炼学习，举办51名学校中层干部参加的“玉溪市第六期校级后备干部培训班”；举办“玉溪市《3～6岁儿童学习与发展指南》及课程培训”和“玉溪市幼儿教师《幼儿园多元智能主题活动》课程培训”，210名公办、民办幼儿园园长、教师、幼儿专干参加培训；举办玉溪市第二期市县区教研员培训班，市县区66位教研员参加培训。

【教学竞赛】　2013年，市教育局组织中小学教师参加全国目标教学研讨会教学展评活动，18人获一等奖、16

人获二等奖；举办玉溪市小学科学教师课堂教学竞赛，全市10位教师参加角逐，观摩教师达100多人；举办2013年玉溪市第四届高效课堂教学竞赛与研讨，16个学科的166位教师参加角逐，48人获一等奖、67人获二等奖、38人获三等奖，观摩教师达9 000多人次。

召开第八届职业院校师生技能竞赛经验总结会，举办玉溪市第九届职业院校师生技能竞赛，以技能竞赛为切入点，探索构建职业标准、专业课标准、技能标准、文化课评价标准，打造职业院校“双师型”教师，引领职业教育教师专业发展。

【名师工作室建设】 2013年，市教育局实施名师工作室建设工程，制定了《玉溪市中小学（幼儿园）名师工作室管理办法》、《玉溪市中小学幼儿园名师工作室实施细则》，召开名师工作室主持人会议，启动名师工作室建设。全市组建17个名师工作室，其中普通高中2个、初中4个、小学8个、幼儿园2个、特殊教育学校1个。

【课题研究】 2013年，市教育局组织专家对申报市级课题的26个项目进行论证，批准立项25项，对全国规划教育部重点课题“中小学感受性教育”的37项子课题进行评审论证，批准立项课题37项。完成《玉溪市中小学养成教育理论与实践研究》、《玉溪市少数民族地区教师队伍建设的行动研究》、《校本教研制度建设与研究》3个国家级课题结题及成果验收，组织遴选5项成果参加玉溪市科技成果评选，3项成果获玉溪市科技进步三等奖。

整理编印《玉溪市中小学生养成教育理论探索》、《玉溪市中小学生养成教育典型案例集》、《小学生养成教育活动手册》(3册)、《初中学生养成教育活动手册》共6本研究成果集，整理编辑《玉溪市校本教研制度建设与实验研究》物化成果——《制度建设篇》、《我与校本教研同成长》、《教学模式》、《教学设计》、《论文篇》5册。

【教育书刊编辑】 2013年，《玉溪教育》第六次获“全国教育内部优秀期刊”荣誉。编撰出版了《玉溪教育志》、玉溪市名师成长系列丛书《卓越—特级教师专辑》、《引领——学科带头人专辑》、《探求——骨干教师专辑》、《历练——教学能手专辑》。启动玉溪市中小学教育读本《聂耳》、《美丽抚仙湖》、《澄江化石地》的编写工作，预计于2014年提供全市中小学生使用。

【推普工作】 2013年，市教育局组织第十六届“推普周”活动，选送49件作品参加“中国梦·红土情·成才志诗歌散文创作大赛和朗诵大赛”，获一等奖2名、二等奖5名、三等奖12名、优秀奖30名。完成8所中小学幼儿园省、市级“语言文字示范校”、“普通话达标学校”的创建申报及验收工作。组织教师、学生、公务员和其他人员5 447人次参加普通话水平等级计算机辅助测试，选送14名教师参加2013年云南省普通话口语提高培训班、8名教师参加云南省第十七期普通话测试员培训班。做好三类城市语言文字达标的规划和宣传，分步实施达标工作，预计到2020年全部完成达标工作。

（教科所）

新平县水塘镇小学举行素质教育成果展示汇演　（市教育局提供）

高等教育

【师院招生工作】 玉溪师院面向全国25个省区、直辖市招生，招生工作稳步推进，办学规模进一步扩大。2013年招生人数3 200人，创历史新高。毕业学生2 472名，净增728人，在校生人数超过11 000人。本科文史、理工录取最低成绩均在省控制线以上，其中文科高出最低控制线12分，理科高出最低控制线5分；专科文史、理工最低成绩均在三本控制线以上。第一志愿考生数量稳定，省内生源较为充足。学校招生继续面向玉溪籍考生的倾斜政策，为峨山、元江、新平三个民族自治县的民族考生争取到40个本科预科专项计划，进行单独投档录取，为玉溪当地少数民族人才培养做出贡献。

【师院学科建设】 2013年，玉溪师院科研课题项目立项实现新突破，共获准立项纵向科研项目81项，立项经费160万元。其中：国家级科研项目3项；省部级科研项目12项，地厅级科研项目66项。学校积极加强重点学科和学科团队建设，推进硕士研究生导师培养。玉溪师院教师受聘到西北师范大学、云南师范大学、云南艺术学院等高校担任硕士研究生导师26人。

【师院学分制改革】 2013年，玉溪师院稳步推进并不断完善以选课制、导师制、弹性学制等为主要内容的学分制改革工作。积极拓展课程资源，开设全校性通识教育选修课87门；为准备考研的毕业生开设数学、政治、英语等考研课程公共选修课，有104名同学考取硕士研究生。

不断强化教学质量工程项目。组织师生200人次申报省级、校级质量工程项目，获准立项80项，教育教学质量明显提高。

【师院与西北师大联合培养研究生】 2013年，西北师范大学研究生院院长

李朝东等一行4人到玉溪师院就两校联合培养研究生工作进行考察，师院召开与西北师范大学联合培养硕士研究生工作推进会，为学校第一批获得西北师大硕士研究生指导教师资格的6名教师颁发了聘书。9月西北师大派出艺术硕士、体育硕士、工程硕士3个专业学位研究生到玉溪师院进行学习。

【师院受表彰】　2013年，玉溪师院获得“云南省五四红旗团委”等省级集体荣誉表彰12项，“省级三好学生”等个人表彰66人次；组织学生参加校外比赛，获得“云南省第五届大学生创业计划大赛金奖”等省级奖项25项。

在2013年全国大学生数学建模竞赛中玉溪师院由李怀珍老师指导，刘争早、周蓉、林莺三名同学组成的参赛队获得云南赛区唯一的全国一等奖，也是学校的第一个全国一等奖。

（师　院）

【农职院创建省级特色骨干院校】　2013年，玉溪农职院根据省级特色骨干高职院校建设工作的要求，结合实际研究制定了实施方案，全面启动创建工作。作为全省4所遴选院校之一参加了云南省2013年度省级高职高专特色骨干院校评审会，特色骨干院校创建工作迈上了一个新台阶。

【农职院教学质量工程建设】　2013年，玉溪农职院成功申报了7个省级教学质量工程项目。农学专业被评为“云南省高等学校教学团队”，毛绍春被评为“省级教学名师”，《农资营销》、《种苗生产技术综合实训》两本教材被立项为云南省高等学校十二五规划教材建设项目，《烟草病虫害防治》被立项为省级高职高专精品课程建设项目，食用菌开发研究中心被立项为云南高等职业院校专业实习实训教学基地建设项目，《高职烟草专业双元制课程体系耦合研究》被立项为云南省高等学校教学改革研究项目。烟草栽培技术专业提升专业服务产业发展能力项目通过了中期验收，《专业产业深度交融，助推地方经济发展》的专业建设案例被遴选为教育部“高等职业学校提升专业服务产业能力”建设项目典型案例在全国进行推广。公共体育课教学评估评定为优良等级，被授予云南省第一轮学校体育教学评估达标单位。

【农职院科研工作】　2013年，玉溪农职院教职工公开发表论文63篇，其中核心期刊19篇；获省职业技术教育学会优秀论文评选三等奖1项；获省农业教育研究会优秀论文评选一等奖1项，三等奖1项；获市科协优秀论文评选一等奖1项，二等奖2项，三等奖3项；省教育厅科研基金立项4个，市科技局、社科联立项3个；院级课题立项16个；各类课题结题21项。钟建明、李明福当选为第四批玉溪市中青年学科技术带头人。

【农职院专业建设】　2013年，玉溪农职院新开设了会计、测绘工程技术、室内设计技术、电子商务、农畜特产品加工、计算机网络技术、种子生产与经营、园林技术等8个五年制高职高专专业。新设置作物生产技术、生物技术及应用、动漫设计与制作、食品加工技术4个三年制高职高专专业。学院共设置30个三年制高职专业，37个三年制高职专业及专业方向，开办11个五年制高职专业。

【农职院招生就业工作】　2013年，玉溪农职院对分省计划进行部分调整，开始在广东进行招生尝试，扩大五年制招生规模，重新进行中专招生。高职专科招生计划1 130人，实招862人，五年制专科计划370人，实招133人，中专计划90人，实招36人。就业方面，针对16个专业896名毕业生，组织了十余次小型招聘会，60余家企业到校进行招聘，就业率为88%。

【实验实训基地建设】　2013年，玉溪农职院完成与市农科院基地共建协议的签订，并对市农科院研和基地84亩的土地进行规划设计，对该实训基地进行了前期建设；投入185万元对种子一体化教室、园林设计网络室、会计一体化实验室、硬件实验室、软件实验室、园林设计网络室和动物疾病实验室进行了改建和扩建。

【举办第三届职业技能大赛暨校企合作大会】　2013年，玉溪农职院第三届职业技能大赛暨校企合作大会，共有3 539人次参加了38个项目的比赛，决出一等奖38名，二等奖76名、三等奖114名，优秀奖180名，33家合作企业的领导和企业友人参加了校企合作大会。

【参加技能竞赛获佳绩】　2013年，农职院在“首届全国高校数字艺术作品大赛”中，获得集体奖1项、教师个人二等奖1项、学生一等奖1个、二等奖2个、三等奖2个；在中国大学生计算机设计大赛中通过省赛，有5项进入国赛；在“2013年大学生计算机作品大赛”获得1项三等奖；在第九届“用友新道杯”全国大学生沙盘模拟大赛获云南总决赛冠军；在云南省高等职业院校学生技能大赛中，获得7个项目的三等奖，环境艺术设计组的1个二等奖，会计技能个人三等奖1个；在云南省第四届体育舞蹈锦标赛总决赛中荣获大学普通院校6人校园恰恰恰比赛第三名。

【职业技能培训鉴定】　2013年，农职院被确立为“云南省现代农业技术培训基地”，荣获“云南省职业培训鉴定会员‘双十佳’先进单位”称号；完成2 293人的各类社会培训鉴定和2 827人毕业生工种培训和鉴定工作。50余名党员干部深入到红塔区、华宁、新平、元江等县的村组社区进行烟草、果树、蔬菜、花卉、食用菌等栽培技术的培训和指导，举办培训23班次，参训农民1 380余人。

【对外合作交流】　2013年，农职院加入中国食品药品职业教育联盟，与江苏食品药品职业技术学院签订校际合作协议，并派出20名学生进行为期两个月的学习交流活动；与台湾环球科技大学、台湾国立屏东商业技术学院、台湾屏东科技大学建立合作意向；与省科技厅农业科技服务中心合作，培训南亚、东南亚10国的24名学员；与云南盟福力公司、新平盛康食用菌开发有限公司签订校企合作协议。

（农职院）

职业技术教育

【工贸学校举办技能体育艺术周】　2013年12月，玉溪市第九届职业院校师生技能竞赛暨2013年度技能体育艺术周在工贸学校举行。以技能、体育和文化艺术三大活动为主。技能类47个项目，1 936名同学参赛，768名同学分别获得一、二、三等奖；体育类12个项目，15 000余人次参赛，产生14个单项奖及7个团体奖项；艺术类4项专题竞赛活动，产生13个团体奖和24个单项奖。

【工贸学校举办中华经典诵读大赛】 2013年12月，玉溪工贸学校举办中华经典诵读大赛，全校6 500多名在校生参赛，把中华经典诵读比赛与养成教育汇报表演紧密融合起来。财经系荣获特等奖，机电系和汽车技术系荣获一等奖，建筑与生物工程系、数控技术系、计算机系荣获二等奖。

（工贸学校）

【卫校受表彰】 2013年，玉溪卫校获云南省中等职业学校“天堰杯”护理技能大赛团体二等奖和个人二、三等及优秀奖4名。获评市级先进班集体1个，省级优秀毕业生29人，省级“三好生”1人，市级“三好生”7人、优秀学生干部3人；省政府奖学金获得者5人。2013年护理专业应届毕业生参加国家护士执业资格考试，合格率为66.99%。

【成人教育工作】 2013年，玉溪卫校完成中南大学网络教育学院护理学专业（专科）招生86人；学校被评为“2013年度中南大学网络教育优秀校外学习中心”，2人分别被评为2013年度中南大学网络教育“教材管理工作先进个人”和“招生管理工作先进个人”。开展乡镇卫生院业务骨干人员合理用药培训及中医药知识培训225人次。

（卫　校）

【体校被命名为国家高水平体育后备人才基地】 2013年，玉溪体校向国家体育总局申报国家高水平后备人才基地并通过了国家体育总局的专家考评组检查。4月下旬，国家体育总局下发《国家体育总局关于命名北京市什刹海体育运动学校等335所体校为“国家高水平体育后备人才基地（2013-2016）”的决定》，玉溪体校列名其中。

【参加省年度赛获佳绩】 2013年1～2月，玉溪体校组织拳击、摔跤、中长跑、竞走、击剑、射击、武术套路、柔道、自行车、排球、篮球共11个项目参加云南省年度比赛，取得42枚金牌、36枚银牌、39枚铜牌的佳绩。其中，在云南省排球年度赛中，分获男子、女子第二名；篮球项目在年度比赛中，男子篮球队获第三名，女子篮球队获第四名。

【参加省十四运会预赛获佳绩】 2013年7、8月，玉溪体校组织270人参加云南省第十四届运动会预选赛的射击、沙排、武术套路、自行车、游泳、皮划艇、篮球、射箭、击剑、排球、田径11个项目，261人取得参加云南省“十四运会”的决赛参赛资格，进入决赛运动员比例达97%。团体项目排球获男子甲组第二名（2金）、女子甲组第二名（2金），沙滩排球获女子组第二名（1金）；男子篮球获乙组第二名（1.5金）、女子篮球获乙组第三名（1金）；其他项目共获金牌34枚、银牌39枚、铜牌26枚。

（体　校）

普通教育

【玉溪一中高考工作】 2013年，玉溪一中继续坚持“质量立校，管理稳校，文化兴校，人才强校”的办学理念，积极创建云南省普通高中特色化发展实验学校，稳步提高教育教学质量。2013年高考，600分以上共169人，占全省600分以上人数的5.08%；理科一本上线率85.79%，本科率99.73%，文科一本上线率71.7%，本科率99.37%。3人进入全省理科前50名。

【玉溪一中教学竞赛获佳绩】 2013年，玉溪一中教师招聘制度、老带新制度、青年教师汇报课、教育教学竞赛制、考核奖惩制等各项制度得到进一步落实。教师参加教学竞赛，获国家级一等奖3人，二等奖1人；市级一等奖4人，二等奖3人。教师发表论文59篇，其中，国家级12篇，省级18篇，市级5篇；论文获奖4篇，其中，国家级一等奖1篇，省级3篇。

【制度建设工作】 2013年，玉溪一中管理逐步实现了由传统的“管人”向“育人”转变，进一步完善教学管理方案、教学奖惩措施，加强教学常规检查，严格教学常规制度，落实扶优促差办法，规范各种教学行为。深化德育管理，完善“学校、家庭、社会”三位一体的协调机制，增强德育工作的针对性和实效性，开展了5个专题教育，3个专题知识讲座，“文明劝导队”、“卫生督导队”、“校风纠察队”等师生组织积极有效地开展各项活动。教育教学科研管理制度、“健心杯”“求索杯”教育教学竞赛制、导师制、学生评价教师制进一步得到落实，1个国家级课题、15个校级课题结题。

（玉溪一中）

【玉溪民中高考工作】 2013年，玉溪民中高考取得佳绩，招生入学700人，高考上线700人，100%上线，其中697人上本科线，本科率99.5%，3人上专科线，占0.5%，600分以上3人居玉溪市同类校第一。其中提前录取23人，一批录取214人，二批录取382人。

【云南国际教育博览会在玉溪民中举办】 2013年6月26～27日，第九届云南国际教育博览会在玉溪市民族中学召开，来自不同国家、院校的60多个展区的招生办工作人员对来访人员进行详细讲解并签约，深受广大学子及家长青睐，取得了良好效果。

【玉溪民中对外交流与合作】 2013年10月27日，美国威斯康星州立大学与玉溪市民族中学合作办学签字仪式在玉溪市民族中学礼堂举行。两所学校合作将促进中美文化的交流，为玉溪民中教师提供科研、教育、教师交流的平台。

12月18日，玉溪民中与英国泰勒斯教育集团（TellusEducationGroup，U.K.）举行合作签字仪式，玉溪民中党委书记丁家平和英国Tellus教育集团代表出席签字仪式并在协议上签字。为玉溪民中学生拓展学习渠道，共同推动中英两国的友谊以及文化交流搭建了交流的平台。

【省高中物理名师工作室在玉溪民中成立】 2013年，“云南省高中物理名师工作室”在玉溪市民族中学成立，由玉溪民中高级教师甘霖担任主持人，由来自于不同学校的物理名师10人组成。12月召开研讨会，集中研讨物理名师工作室相关工作内容，充分发挥名师的示范作用，整合优质师资，打造骨干教师队伍，推进玉溪物理教育均衡优质发展。

【玉溪民中参赛获奖】 2013年，玉溪民中学生参加全国中小学生性、毒品与艾滋病健康教育电子小报竞赛活动，高一学生祁鑫楠制作的《爱的红丝带》获二等奖，袁瑜制作的《我们的青春》获三等奖，张开瑞制作的《防毒小报》获优秀奖，指导老师陈建平获优秀指导教师。

由中国教育学会目标教学学术委员会举办的“2013年南京全国目标教

学研讨会”优质课评比活动中，玉溪民中数学老师李燕祥和化学老师罗蓉在327位中小学参赛老师中脱颖而出，均荣获一等奖。

（玉溪民中）

【师院附中高考工作】 2013年，玉溪师院附中高考再创佳绩。589人报考，总上线率100%，本科率99.2%，一本率40.8%，二本率90.3%，最高分623分（理科）。一本和二本成绩连续两年分别突破40%和90%，领先于同批次学校，且全部为应届生成绩。

【获全省学校体育舞蹈大课间比赛一等奖】 在2013年7月云南省教育厅举办的全省学校体育舞蹈大课间比赛中，玉溪师院附中代表队荣获中学组校园维也纳华尔兹项目一等奖，是全市唯一一所获得该等级殊荣的学校。

【入选云南省首批“特色高中”】 2013年12月，云南省教育厅对全省15个州市的89所申报学校进行综合评议，公布了全省首批25所普通高中特色化发展实验学校（简称“特色高中”）名单，玉溪师院附中榜上有名，并获得20万元的项目创建奖补经费。

【校园文化建设】 2013年，师院附中开展了“中国梦·彩云梦·学子梦”等形式多样的校园文化活动，举行校级征文大赛，有51篇作品获奖；组织校级专题书法作品竞赛，获奖作品31件，推荐14件作品参加华文书法国际文化节“首届华文杯青少年国际书法大赛”，来自近20个国家及全国各地的青少年作品数万件，获奖作品约400件，云南省获奖作品8件，师院附中2件作品获大赛优秀奖。

（师院附中）

特殊教育

【玉溪特殊学校获省级“平安校园”称号】 经云南省“平安校园”考评组评审，玉溪特校于2013年5月被云南省教育厅、云南省社会管理综合治理委员会办公室和云南省公安厅授予“平安校园”称号。

【实施“七彩梦行动计划”康复项目】 2013年，玉溪特殊学校在做好听力残疾、视力残疾和智力残疾在校学生康复训练的同时，充分发挥学校资源优势，为未达到入学年龄残疾儿童提供康复训练，承担中残联实施的“七彩梦行动计划”贫困聋儿助听器、贫困聋儿人工耳蜗和孤独症三个康复项目，受训残疾儿童25名，深受社会和家长的好评。

【参加“残疾人艺术汇演”获奖】 2013年，玉溪特校器乐节目《嘞德睇》代表云南省参加“第八届全国残疾人艺术汇演”，获得三等奖。7月，代表玉溪参加第七届云南省残疾人艺术汇演，器乐节目《嘞德睇》、舞蹈《乐、乐、乐》获一等奖，声乐节目《无悔的爱》、《蝶舞》获二等奖，小品《一闪一闪亮晶晶》获三等奖。

2013年，在云南省特殊教育教师三项技能竞赛中，玉溪特校教师吴金廉荣获一等奖。

（侯树平）

学前教育

【市一幼改扩建顺利完工】 2013年9月，经过三年施工市一幼改扩建工程顺利竣工，改扩建后的幼儿园占地13.53亩，建筑面积9 798平方米，总投资3 790万元，办园规模为20个班，可招收800名幼儿入学。

2013年，市一幼以全新的教育理念强化办园特色，设置满足幼儿操作和发展需要的多功能活动室、科学探究室、美术工作室、生活体验馆、图书馆、游泳馆、跆拳道馆等功能房，为幼儿个性化和社会化的发展提供了广阔的空间，发挥幼儿教育示范基地的作用。

（市一幼）

【市二幼走进博物馆开展主题教育活动】 2013年，市二幼与市博物馆举行“走进博物馆——探索奇妙世界”主题活动，并签订了园馆共建合作协议。组织大班的幼儿、家长及教师共400余人参观博物馆，激发幼儿爱家乡、爱祖国的情感。

【市二幼开展读书活动】 2013年10月，市二幼开展走进图书馆读书活动，与市图书馆共同举行的“书香悦读·第二课堂·阅读越美”读书仪式，向小朋友发放“书香悦读”阅览卡来提高孩子们的阅读兴趣，收到了良好的活动效果。

（市二幼）

文化管理

【概 况】 2013年，玉溪文化工作按照建设云南民族文化强省和玉溪实施“文化旅游兴市”战略目标要求，认真落实“基层文化建设年”的各项目标要求，努力推进公共文化服务体系建设，打造聂耳文化品牌，加大艺术作品创作演出力度，加强文化（新闻出版、版权）市场管理，促进文化遗产保护和文博事业发展，全市文化事业和文化产业发展成效蜚然。

公共文化设施网络建设日趋完善，公共文化服务供给能力不断增强。按照全国公共文化服务体系建设示范区的标准要求，积极做规划，拿方案，通过申办活动，进一步推动基层公共文化服务体系建设，完善各项基础工作，为下一步立项建设打下坚实基础。以扎实推进文化惠民办实事为重点，新建和改扩建30个综合文化站、1个文化广场和5个文化惠民示范村等一批文化基础设施；补助70支优秀业余文艺队。进一步提高公共文化场馆免费开放的服务水平和内容，不断满足人民群众日益增长的文化需求。以创建全国楹联文化市为突破，全面促进城市建设、新农村建设和“美丽乡村”建设。市委办、市政府办联发文件成立工作领导小组，制定创建方案，召开全市工作推进会议，新平县被中国楹联学会授予“中国楹联文化县”称号。以持续推进农家书屋建设与管理为抓手，为“美丽乡村”建设提供文化条件。累计投入农家书屋建设管理经费70万元，新建自然村书屋13个。全市现有的708个农家书屋切实发挥作用，为农民群众学习文化和科技知识提供便利条件，深受农民群众喜爱。

节庆活动丰富多彩。元旦春节期间，各县区开展形式多样、内容丰富的文艺演出、书画作品展、摄影展、联欢晚会、广场电影放映、“大家乐”广场舞蹈大赛、民俗文化展演等活动，深受群众喜爱；中秋国庆期间，在聂耳文化广场组织举办首届中秋国庆大型灯会。各县区乃至乡镇每年都要举办一次代表本地民族特色的重大节庆活动，有的在省内外形成较强影响力，如红塔区米线节、元江芒果节、易门野生菌交易会等。全市每年有组织的文艺、美影书法等广场群众文体活动达900多场，仅聂耳文化广场组织各类文艺演出及宣传活动达130场次。全市各级文化部门积极组织开展文化“三下乡”活动，累计开展文化惠民演出713场。市文化局与市委宣传部、市纪委联合，分别开展了玉溪市聂耳大众文艺小分队“十八大精神进万家”和“廉政文化进万家”巡演活动。

新创艺术精品不断涌现。7支专业艺术表演团队全年演出586场，观众123.6万人次，其中市花灯剧院、市滇剧院、红塔区聂耳文化演艺有限公司演出近百场。大型滇剧《水莽草》参加第十三届中国戏剧节获优秀表演、编剧、导演奖。花腰傣群舞《裙儿摆摆秧箩情》参加文化部举办的第十届全国舞蹈比赛荣获国家文华舞蹈节目优秀表演奖，音诗画《玉溪飞歌》参加云南省少数民族文艺汇演获综合音乐创作一等奖及若干个人单项奖，“花鼓花鼓”、“阿哥小普”荣获第十届中国艺术节优秀演出奖，舞蹈《乐·乐·乐》获云南省残疾人文艺调演金奖。玉溪聂耳竹乐团参加昆明2013国际茶花节开幕式演出，并通过互联网与美国俄勒冈州萨勒姆市威拉米特大学进行艺术交流。聂耳大剧院软硬件设施设备得到改造提升，组织举办各类主题性大型演出15场。

文化遗产保护工作深入发展。玉溪市县（区）8家文物管理所以文物保护单位“四有”工作为基础，积极争取各级党委政府的重视和支持，全面推进文物保护管理工作。开展文物保护单位申报定级工作，新增26项市级文物保护单位，禄冲渔洞、哈尼梯田、哀牢山古驿道等新型文化遗产被分别公布为省、市级文物保护单位，玉溪窑址、金莲山学山遗址群、文兴祥商号旧址和陇西世族庄园被公布为国家级文物保护单位。现有国家级文物保护单位6项，省级23项，市级文保单位53项，县级文物保护单位188项，玉溪成为全省文物大市之一。争取到省级资金120万元，对4项省级文保单位进行维修。大力开展文物调查和考古发掘，对通海白塔山出土器物进行整理，对易门十街脚家店恐龙化石保护区重新划定保护范围。成立非物质文化遗产保护中心，组织培训一批专业骨干队伍。全市被列入国家级“非遗”名录项目有6个，省级20个，市级160个。组织申报云南省第三批“非遗”项目，开展“玉溪市民族民间工

艺师”传承保护工作，落实国家、省级传承人年度保护经费。编辑出版第5本非物质文化遗产保护系列丛书《工艺美术篇》。成功举办第八届“中国文化遗产保护日”系列活动，举行非物质文化遗产保护宣传活动专场文艺晚会。

【玉溪瓷文化创意产业园开工建设】2013年9月，云南玉窑文化传播有限公司在玉溪工业财贸学校成立玉溪窑发展研究中心及云南玉溪窑陶瓷研究会。年内，完成玉溪青花瓷器的复烧工作及高温色釉瓷板画艺术品创作，云南普洱茶茶储产品创作、创意开发，烧制了帽天山古生物系列、抚仙湖系列、江川古滇国青铜器系列等玉溪特色文化陶瓷产品。初步形成了以玉溪窑发展研究中心为龙头，以玉溪瓷文化创意产业园等为载体，以云南玉瓷文化传播有限公司、易门滇鉴陶艺、华宁宁州陶等7家骨干文化企业（作坊）为支撑的陶瓷文化创意产业体系。

2013年11月30日，玉溪瓷文化创意产业园开工建设，该项目由玉溪复观瓷文化创意有限公司与中国轻工业陶瓷研究所拟共同投资3.2亿元建设。主要从事陶瓷产品的设计、创作、生产以及销售。玉溪瓷文化创意产业园选址玉溪市红塔区研和工业园区内，占地面积88.8亩，总建筑面积59 390平方米，分为6大功能区域：陶瓷文化展览区1 600平米、陶瓷艺术品交易区3 600平米、陶瓷文化创意孵化区2 970平米、陶瓷文化创意旅游体验区3 600平米、陶瓷生产基地27 720平米、陶瓷物流配送中心4 000平米。计划：2014年3月第一期竣工投产，2015年5月第2期竣工投产。2015年11月，实现全面投产达标，达到年产高端日用瓷器80万件套，高端陶瓷酒瓶20万件套。实现年销售收入5.2亿元。

（董　莹）

【玉溪画院成立】2013年4月10日，玉溪市编办发文同意在玉溪市文化管理服务中心加挂“玉溪画院”牌子，市文化管理服务中心主任黄庆明兼任玉溪画院院长。玉溪画院特聘云南画院院长、云南美术馆馆长、国家一级美术师罗江及玉溪师范学院美术学院院长、云南美术家协会副主席郭巍为名誉院长，特聘玉溪师范学院美术学院教授任宏志、赵芳、李华、张汉东、李小兵，副教授王玄、郭仁海、缪远洋、吴婉希，助教张小东为玉溪画院画家。中国文联副主席、中国美术家协会主席、解放军艺术学院美术系教授、主任刘大为为玉溪画院题字。年内，玉溪画院在聂耳大剧院举办了玉溪摄影作品展、玉溪师范学院美术学院设计系教师作品展、玉溪师范学院美术学院09届毕业生作品展、第四届视觉镜像美术作品展、“魅力玉溪——庆祝建国64周年玉溪美术作品展”等大型展览。

（李婷鑫）

【“扫黄打非”工作】2013年，玉溪市新闻出版版权局、玉溪市“扫黄打非”领导小组办公室联合玉溪市“扫黄打非”各成员单位深入开展以封堵和查缴政治性非法出版物为主的“清源行动”，以扫除淫秽色情文化垃圾为主的“净网行动”，以打击侵权盗版和非法出版物为主的“秋风行动”，迎接全国“扫黄打非”办的检查。

在聂耳大剧院设立全国统一举行的“4·26”世界知识产权保护日侵权盗版制品及各类非法出版物集中销毁活动玉溪分会场，销毁查获收缴的非法音像制品和非法书刊4万余件。全国“扫黄打非”工作小组授予玉溪市1人为全国“扫黄打非”先进个人，云南省“扫黄打非”领导小组办公室授予玉溪市新闻出版版权局新闻出版科为云南省“扫黄打非”工作先进集体。

【文化市场监管】2013年，玉溪市文化局进一步加强和完善文化市场管理队伍建设，积极推进全市网吧连锁经营和“绿色上网专区”建设工作，推进文化市场行政审批规范化建设和综合行政执法规范化建设，行政审批大检查和综合行政执法大练兵大比武活动效果突出，受到省好评。农村文化市场、“扫黄打非”、“六个一”建设工作稳步推进，农村文化市场经营秩序进一步好转。以抓好预防青少年犯罪、打击走私贩私、取缔无证经营、净化社会文化环境为重点，组织开展文化、新闻出版、版权市场各类治理整顿工作。

进一步推广义务监督员制度，发动“青年志愿者”、共青团组织等社会力量参与文化市场监督工作，加强“12318”电话举报工作的落实，建立举报奖励制度。进一步加强对文化经营场所安全生产的监督和管理，建立安全生产经营检查督查责任制度，组织开展文化市场“清剿火患”行动。“平安文化市场”创建和文化市场禁毒防艾宣传工作成效明显。12月，玉溪市文化局、红塔区文旅广体局、通海县文旅广体局被云南省文化厅表彰为2013年度全省“平安文化市场创建”先进单位，6人荣获2013年度全省“文化市场禁毒宣传工作”先进个人的称号。

截至2013年12月底，全市有文化经营单位1 799家，其中：歌舞娱乐场所500余家，网吧210家，演出团体6家，音像制品经营单及出版物零售594家，印刷企业121家（紫光印务等12家印刷企业被列为云南优秀文化企业名录），打印复印影印企业335家，基本形成发展速度快、场所分布广、门类品种全，集欣赏娱乐、健身休闲为一体的文化娱乐产业。

【版权管理和保护工作】2013年，玉溪市新闻出版版权局大力推进软件正版化工作，市级累计投入财政经费872万元，县级政府及市县党政群机关投入经费430万元，实现玉溪市、县、乡三级党政群机关600余家单位、6 500余台计算机及服务器软件正版化，并顺利通过国家、省多次检查，受到好评。

4月26日，市新闻出版版权局与玉溪市第四中学联合举行“拒绝盗版、拥抱梦想、绿书签行动”千名学生签名活动，宣传《著作权法》及打击侵权盗版保护知识产权专项执法的相关内容。

（董　莹）

【省级“非遗”入选名录】2013年11月23日，云南省政府下发《云南省人民政府关于公布第三批省级非物质文化遗产名录的通知》，公布90项省级非物质文化遗产名录和36项省级非物质文化遗产扩展项目名录。玉溪有11个项目入选，传统音乐类的四腔（峨山）、五三腔（华宁）、撒弦乐（江川），传统舞蹈类的花鼓舞（新平），传统美术类的滇南石狮（通海），传统技艺类的青花瓷烧制技艺（玉溪技师学院）、华宁陶制作技艺（华宁）、浦贝陶制作技艺（易门），传统杂技类的高跷舞狮（通海），民俗类的米线节（红塔区）、花街节（新平）。截至2013年，玉溪被列入国家级非物质文化遗产名录的项目共有6项，省级25项，市级165项。

（张培学）

【中国文化遗产日系列活动】2013年6月8日是全国第八个文化遗产保护

日。由市文化局主办，市博物馆、市文物管理所、市花灯剧院、市滇剧院、通海县文化局联合承办中国文化遗产日玉溪系列活动在市博物馆举行开幕式，市文化局及市直文化单位主要负责人出席了开幕式。在市博物馆举办了2013中国文化遗产日主题活动图片展——《文化遗产与全面小康》，展示了玉溪市文物保护事业近30年的历程和文保工作取得的成绩，列述玉溪各级文物保护单位262项，其中国家级文保单位6项，省级23项，市级53项，县级180项，涉及玉溪古建筑、古墓葬、古遗址、近现代重要史及代表性建筑、石窟寺、石刻等；在市博物馆举行文化遗产日主题讲座——“秀色可餐——秀山赏读记”，由原通海一中校长、文化学者杨千成主讲，主要介绍秀山美丽的自然山色、杰出的文化人士和诗词匾联的历史、艺术成就。在聂耳广场举行“玉溪市非物质文化遗产专题晚会”，并进行《云南省非物质文化遗产保护条例》的宣传活动，散发1 000余份宣传单。

在三乡酒店召开玉溪市国家级、省级“非遗”项目代表性传承人座谈会，并举行“传承人责任书”签字仪式。通海县开展文化遗产体验活动，带领15名通海文化遗产体验活动体验者参观省级文物保护单位——通海文庙，观看省级非物质文化遗产保护项目——者湾书画之乡书画作品展，参观国家级文物保护单位——秀山古建筑群。

（张培学　解景然）

文学艺术

【第三届中国聂耳音乐（合唱）周系列文化活动】　2013年7月20日上午，由中国音乐家协会、中共云南省委宣传部、中共玉溪市委、玉溪市人民政府主办的第三届中国聂耳音乐（合唱）周开幕式在玉溪聂耳广场举行。中国文联、中国音乐家协会和云南省及玉溪市的有关领导出席开幕式。市委副书记、市长饶南湖主持开幕式，市委书记张祖林，省委宣传部常务副部长、云南省文产办主任尹欣分别致辞，省委常委、省委宣传部部长赵金宣布“第三届中国聂耳音乐（合唱）周大型文化系列活动开幕”。开幕式举行了《国歌唱响中国梦》文艺表演，以“花灯彩扇崴起来”、“花腰姑娘走过来”、“花鼓飞花跳起来”、“中国梦想唱起来”4个章节精彩呈现，采用大型灯扇舞、汉族龙狮舞、民族花鼓舞、通海高台等独具地方特色的艺术形式和情景再现手法，表达了聂耳故乡人民对聂耳的怀念、对祖国的赞美和对中国梦的憧憬。云南电视台进行现场直播。

7月20日晚，在聂耳大剧院举行《中国梦·云南美·玉溪情》晚会。晚会由“序”和“时代旋律”、“美丽云南”、“幸福家园”、“尾声”4章组成，是一台独具特色的文艺晚会，颂扬云南改革创新取得的辉煌成就，表达对聂耳故乡玉溪的热爱、对美丽云南的赞美、对中国梦的诠释，唱响共产党好、社会主义好的时代主旋律。

7月21日晚，大型原创舞台音乐剧《国之歌》在玉溪聂耳大剧院举行首场演出。《国之歌》全剧分上下半场，以标准四幕音乐剧形式呈现，聂耳的《义勇军进行曲》、《卖报歌》、《铁蹄下的歌女》、《毕业歌》、《梅娘曲》、《雪花飞》等20多首作品穿插于演出中。以聂耳的母亲彭寂宽、三哥聂叙伦、好友张天虚，革命战友田汉、夏衍及工作中的挚友金焰、王人美、阮玲玉等诸多当年上海滩的风云人物为主线，全景展现《义勇军进行曲》诞生的全过程，为观众还原一个真实的聂耳，赞扬聂耳的爱国主义精神。

7月22日晚，《上海爱乐乐团交响音乐会》在玉溪聂耳大剧院奏响。气势磅礴的管弦乐序曲《红旗颂》拉开了交响音乐会的序幕，由当代著名指挥家陈燮阳担任指挥，黄国真任首席小提琴。上半场演奏了江苏民歌《茉莉花》，芭蕾舞剧《红色娘子军》、《白毛女》选段以及《瑶族舞曲》、管弦乐《我的中国心》等中国经典乐曲，突出中国风、民族情；下半场演奏了《金银圆舞曲》、《第四十号交响曲》（第一乐章）、电影《音乐之声》主题集锦、芭蕾舞剧《胡桃夹子》选段《花之圆舞曲》、《第四交响曲》第四乐章等世界名曲。

7月23日晚，随着《祖国晨曲》唱响，第三届中国聂耳音乐（合唱）周系列活动——田丰作品专场音乐会在玉溪聂耳大剧院拉开帷幕。音乐会演绎了合唱组曲《云南风情》和交响合唱《毛泽东诗词五首》等田丰先生的心血之作，由著名指挥家陈燮阳执棒，邀请著名抒情花腔女高音歌唱家吴碧霞、男中音歌唱家马金泉、女高音歌唱家赵一颐及云南女高音歌唱家高书琴、董娴、彝族青年男高音歌唱家者建周联袂加盟，组成100人的演出阵容，为市民献上了一场精彩绝伦的音乐大餐。

7月22～24日，第三届中国聂耳音乐（合唱）周“‘聂耳杯’合唱大赛”在玉溪聂耳文化广场和玉溪聂耳大剧院举行。全市21个代表队参赛，经过两轮初赛遴选出10支优秀队伍进入决赛。最终，通海代表队和江川代表队凭借对《嫂子颂》和《星湖渔歌》的精彩演绎，共同获得本次比赛一等奖；澄江、华宁县代表队和玉溪师范学院代表队获二等奖；红塔区代表队、元江县代表队、峨山县代表队、易门县代表队和玉溪市党政代表队获三等奖。同时，组委会还评选出优秀演唱奖11名，优秀创作奖、优秀指挥奖、优秀伴奏奖和优秀组织奖各5名。

7月21～25日，第三届中国聂耳音乐（合唱）周系列活动之一的“玉溪名特优商品展销会”在玉溪市博物举行，以“培育名特优畅享玉溪情”为主题，全面展示玉溪市名特优产品及新兴工业化发展成果。

（董　莹）

【大型滇剧《水莽草》】　2013年，大型滇剧《水莽草》剧组邀请著名导演熊源伟（熊源伟多次荣获文化部文华奖导演奖、中国话剧金狮奖导演奖、中国曹禺戏剧奖优秀导演奖、中国人口文化奖最佳导演奖，中央戏剧学院学院奖导演奖获得者）出任该剧新一任导演，以及灯光、舞美、音响等多位国内著名专家对其予以打造提高。经数月排练，于2013年7月13日晚，在玉溪聂耳大剧院进行公演。中国剧协分党组书记、驻会副主席季国平，中国剧协分党组原副书记、秘书长王蕴明，中国剧协副秘书长周光、《中国戏剧》杂志主编庚续华，中国剧协副主席、著名剧作家罗怀臻，上海文艺基金会理事长郦国义，云南艺术学院院长、云南省戏剧家协会主席吴卫民，玉溪市市长饶南湖等领导和专家出席观看。11月《水莽草》赴苏州参加第十三届中国戏剧节演出，获优秀编剧奖，优秀导演奖，优秀表演奖以及剧目奖4项大奖，获奖数量位列全国首位，是云南省唯一入选此次戏剧节的优秀剧目。12月22日，《水莽草》参加云南省新剧目展演，获得

云南省第十二届新剧目展演戏曲类新剧目特别奖，编剧、导演、主演、作曲、舞美、音乐、配器7个单项一等奖，配角、编舞、灯光二等奖及其他3项三等奖。

（杨 婷）

【花灯戏《踏摇娘》获“优秀剧目奖”】 2013年12月26日，玉溪花灯剧院创作演出的花灯戏《踏摇娘》在昆明春城剧院参加云南省第十二届新剧目展演，荣获“优秀剧目奖”、表演一、二等奖、服装设计一等奖、舞美设计二等奖、音乐设计三等奖、编剧二等奖等。

花灯戏《踏摇娘》是市花灯剧院首次以大型古装宫廷戏并以文戏武戏兼容的艺术形式参加展演，采用讲故事的方式，讲述唐朝民间艺人踏摇娘，在长安街市咏唱踏摇，被丈夫苏中郎醉打却无人相助。征战归来的军士崔十郎路过此地，路见不平，出手相助，苏中郎反口诬陷，十郎愤怒之下误杀苏中郎，酿成命案。两人入狱时，逢玄宗大赦天下，十郎以带罪之身，征战南诏，踏摇娘女扮男装、追寻十郎足迹，从大唐都市走向南诏山水的传奇故事。

【玉溪花灯剧院向省内外扩展】 受云南省滇剧院邀请，玉溪花灯剧院导演、化妆造型、舞美设计等艺术创作人员，为云南省滇剧院制作的传奇滇剧《京娘》，于2013年4月27日在四川成都参加全国梅花奖大赛，一举获得第26届梅花奖；受文山州壮剧团邀请，玉溪花灯剧院于7～10月赴文山州富宁县壮剧团，以整体剧目承包的形式，为壮剧团导排打造6场大型风情史诗壮剧《彩虹》，2013年8月参加内蒙古全国第三届民族艺术节调演，取得优异的成绩，导演、音乐、编导、舞美、灯光、表演均获优秀奖。

受贵州省安顺市歌舞剧院的邀请，玉溪花灯剧院于8～10月赴安顺市指导新创作苗族历史歌舞剧《亚鲁王》，参加2013年10月15日贵州省第五届民族艺术节，夺得金奖第一名。受云南省京剧院邀请，玉溪花灯剧院赴云南省京剧院导排了一台以表现闻一多先生在云南与国民党反动派白色恐怖作不屈斗争的史料为背景的现代京剧《红烛魂》，该剧12月9日参加云南省第12届新剧目展演，获“新剧目大奖”，导演、演员均获各类奖项。

（沐荣贵）

【聂耳竹乐团节目获奖】 2013年，在第二届少数民族民间文艺会演中，聂耳竹乐团节目《草皮街》获“节目奖”；第八届云南省民族民间歌舞乐展演中，小型竹打乐重奏《绿穿花》获铜奖。11月2日，聂耳竹乐团通过互联网与美国威拉米特大学进行艺术交流，视频展示了竹乐器的制作技艺和竹乐表演。

（李婷鑫）

【《玉溪飞歌》参加省少数民族文艺汇演获奖】 2013年9月14日，玉溪市代表团参演的大型民族音画《玉溪飞歌》参加由云南省民委、文化厅、广电局主办的云南省第二届少数民族文艺汇演并荣获多项奖项。荣获综合奖项：创作金奖。最佳单项奖：市文化馆李安明、张亚林，峨山县文工队曾晓伟获最佳音乐奖；峨山县文工队钱俊宏、红塔区文化馆文静获最佳演员奖；市文化馆陈虹羽、峨山县文化工作队龙娜伊获最佳新人奖；声乐作品《诺赛鸟》获最佳节目奖。单项奖：市花灯剧院严伟、市文化馆李晓春、市花灯剧院二团沈建南、市花灯剧院一团严林、峨山县文工队张郭伟获导演奖；市花灯剧院舞美办公室马雪峰（舞美），市花灯剧院演员解睿（灯光），市舞协褚永英（服装）获舞美奖；峨山县文工队毕晓芳、市花灯剧院高娜、刀宇获演员奖；《草皮街》、《花腰俏卜少》获节目奖。玉溪市代表团获优秀组织奖。

《玉溪飞歌》由玉溪市民族宗教局、玉溪市文化局共同打造，以傣族、彝族、哈尼族等少数民族非物质文化遗产音乐、舞蹈元素为核心，由“火映山乡”、“花腰俏”、“彝山韵”、“哈尼谣”、“花鼓飞花”五章14个节目组成。演出的《诺塞鸟》、《阿哥小普》、《教牛歌》、《草皮街》等优秀作品，生动、艺术地展现了玉溪世居少数民族的鲜明特点。

（李晓春）

【全国音乐考级】 2013年全国音乐考级于2013年7月21～24日在玉溪市文化馆举行。有钢琴、电子琴、音乐听力、古筝、少儿歌唱、成人歌唱7个专业，1 243人报考，其中：钢琴667人、电子琴33人、音乐听力6人、古筝441人、少儿歌唱75人、成人歌唱21人。报考人数比上年增加206人，其中钢琴和古筝人数报考人数较多，电子琴报考人数有所减少。手风琴因报考人数少，已停止考级。

（陈 婷）

【参加省第二届农民工文化节】 2013年6月14～18日，由云南省农民工工作联席会议办公室、省人力资源和社会保障厅、省文化厅主办、省社会文化指导中心、省文化馆承办的“建设者之歌——云南省第二届农民工文化节农民工美术书法暨手工艺品展览

2013年6月25～27日，由云南省文联、云南省作家协会主办的滇东文学创作年会在玉溪举行。广西作家协会主席东西，云南省作家协会主席黄尧，云南省作家协会副主席杨红昆，昆明、曲靖、昭通、红河、文山、普洱、西双版纳和玉溪八个州市的文联领导、作家和文学爱好者共90余人参会。会议对受表彰的李海明等12名滇东文学奖和张庆国等6名第二届“百家”文学奖获奖者进行颁奖，并宣读云南省作家协会重点作品扶持、津贴名单 （杨 勇 摄）

展销”活动中，玉溪文化馆选送的农民工工艺美术作品获得一等奖2名、二等奖3名、三等奖5名、优秀奖2名、23人作品入选的好成绩，市文化馆荣获“优秀组织奖”。全市选送美术类作品：木雕作品1件、石雕作品1件、刺绣作品7件、土陶作品4件、竹编作品15件、葫芦画作品2件；国画书法作品54件；油画作品4件。

（李 荣）

【《聂耳乡韵》音乐会晋京演出】 2013年9月24日，玉溪聂耳民族乐团在北京中山音乐堂举行专场音乐会。音乐会由中国民族管弦乐协会、乐器改革与制作专业委员会、聂耳基金会、玉溪市文化馆主办，由《中国民乐》杂志、北京新坐标文化发展有限公司承办。乐团演出了聂耳的作品《金蛇狂舞》、《翠湖春晓》、《山国情侣》等主要器乐曲，同时，应用高中低3个声部的四耳胡琴演奏经典作品《卡农》及《二泉映月》。音乐会还邀请著名演奏家、国家一级演奏员张永智先生演出《家住安源》，青年二胡演奏家郭晓演出《洪湖随想曲》。

9月26日，召开《聂耳乡韵》四耳胡琴改革座谈会，就四耳胡琴晋京汇报演出做交流，讨论四耳胡琴的研发改进。出席会议的原中国民族管弦乐学会副会长、现任专家委员会副主任张殿英，著名京胡演奏家、国家一级演员、原中国民族管弦乐学会副会长郭一，著名作曲家、指挥家吴华，中国民族管弦乐学会二胡专业委员会副会长兼秘书长、国家一级演员高扬，中国东方演艺集团乐器改革专家、原中国电影民乐团首席、中国音协二胡学会常务理事孙凤忠，乐器改革专家、中国京剧院李希陵等专家就音乐会的成功举办及四耳胡琴的研发改革给予了赞赏和肯定。

（陈虹羽）

【农村题材小戏小品剧本征集活动表彰会】 2013年1月21日，由市委宣传部、市文明办、市文联共同举办的玉溪市农村题材小戏小品剧本征集活动表彰会在玉溪会堂召开。市委常委、宣传部部长董文献，省戏剧家协会名誉主席乔嘉瑞，云南省曲艺家协会名誉副主席杨昌一出席会议并为获奖作者颁奖。

玉溪市农村题材小戏小品剧本征集活动自2012年5～12月面向全市征稿，共收到各类作品84件，包含小戏、小品、方言、快板等各种体裁，这些作品内容丰富，形式多样，风格各异。经过省市专家的认真评选，共评选出一等奖2名、二等奖3名、三等奖5名、优秀奖8名，其中杨应昌创作的花灯小戏《争嫁妆》和周少金创作的戏剧小品《冬天里的故事》荣获一等奖。

会议表彰了在征集活动中获奖的20位作者。并对此次征集活动收到的作品进行了研讨。乔嘉瑞介绍了剧本创作的一些关键技巧和方法，对玉溪的戏曲发展和文艺繁荣提出了意见和建议。其他几位评委也分别结合自己的创作经验，向全市戏曲创作骨干和戏曲爱好者介绍了小戏小品创作的基本方法和技巧。

【“玉溪文学奖”评奖活动】 2013年1月28日，由玉溪市文联、《玉溪》编辑部主办的“玉溪文学奖”评奖结果揭晓，李海明的中篇小说《幸福大道》荣获小说奖，何建良的诗歌《何鸟的诗》荣获诗歌奖，马玫的散文《那些遗落在时光中的底片》荣获散文奖，梁艳波、郭芸分别荣获新人奖。“玉溪文学奖”由玉溪市文联、《玉溪》编辑部设立，评选范围是当年发表在《玉溪》文学杂志上的文学作品，旨在不断发现和培养文学人才，扩大文学交流，繁荣文学创作。“玉溪文学奖”每年评选一次，共设5个奖项，小说、诗歌、散文各1名，新人奖2名。

【《情愫抚仙》出版】 2013年8月，由市文联、市抚仙湖管理局主编的《情愫抚仙》一书由云南人民出版社出版发行。《情愫抚仙》分为散文卷和诗歌卷，主要收录了当代诗人于坚和作家贾平凹、刘庆邦、张笑天、海男等人描写抚仙湖的散文和诗歌作品，以及在2012年“抚仙湖杯”散文、诗歌大赛中获奖的优秀作品，这些作品思想深刻、文字生动、描绘细致、情感细腻，字里行间透露出对抚仙湖发自内心的喜爱和赞美。《情愫抚仙》内容丰富，较为全面地收集了描写抚仙湖的优秀篇章，其中不乏著名作家的倾力之作，具有较高的文学价值和艺术品质。

【中国文联文艺志愿服务“戏剧培训项目”在玉溪举行】 2013年9月23～29日，由中国文联主办，中国戏剧家协会、中国文联文艺志愿服务中心、中共玉溪市委宣传部、玉溪市文联、玉溪市文化局承办，玉溪市艺术创作研究所协办的中国文联文艺培训志愿服务“戏剧培训项目”在玉溪举行。60余名来自玉溪市八县一区文化馆及市艺术创作研究所、滇剧院、花灯剧院的戏剧创作人员参加了培训。中国文联、中国戏剧家协会和《剧本》杂志等单位的12位专家学者就地方文艺发展和戏剧创作等问题举办了专题讲座并对玉溪本土剧作家创作的花灯小戏《争嫁妆》、话剧《冬天里的故事》、现代滇剧《柳嫂》等14件本土题材原创剧本进行了点评和指导。本次培训调动了玉溪戏剧创作队伍的创作积极性，提高了玉溪基层文艺工作者的艺术素养和专业技能。

【五县（区）文学联展评奖活动】 2013年10月22日，由玉溪市文联主办，红塔区、通海县、江川县、华宁县、澄江县轮流承办的五县区文学联展评奖活动在江川县举行。云南省作家协会副秘书长、作家胡性能，《云南艺术》杂志主编、诗人雷平阳作为评委出席颁奖典礼并为作者授课，五县区的文学爱好者和获奖作者共50余人参会。有16位作者获奖，其中廖会芹的短篇小说《紫红色纽扣》、周兰的组诗《陌上》、江雁的散文《阅尽人间脸色》分别荣获小说、诗歌、散文一等奖。雷平阳、胡性能分别作了专题讲座。

【举办戏剧小品创作培训班】 2013年11月2～4日，玉溪市文联戏剧家协会、曲艺家协会、江川县文化馆在江川县共同举办“戏剧小品创作培训班”，来自江川县各乡镇文化站和基层的戏曲创作骨干23人参加了培训。培训班邀请了市剧协主席李钟发、理事宋佳良为学员授课。两位老师结合自己多年的创作体验，从观察生活、搜集素材、把握结构、开掘主题等方面做了深入浅出的介绍与讲解，对剧本写作格式和唱词音韵方面的要求也作了详细说明。两位老师还对此次培训班收到的7件作品进行了点评。

【文学创作笔会】 2013年11月20～23日，玉溪市文联、玉溪市作家协会共同举办了玉溪市2013年文学创作笔会。会议邀请鲁迅文学院常务副院长白描，云南省作家协会副主席、秘书长杨红昆，云南省作家协会副主席、《滇池》主编张庆国，云南省作家协会副秘书长胡性能为玉溪作者授

2013年9月29日至10月8日，市文联、市美协在聂耳大剧院举办“魅力玉溪——庆祝建国64周年玉溪美术作品展”　（杨　勇　摄）

课。全市的重点作者和文学爱好者共50余人参加会议。白描作了题为《优秀作家素质解析》的文学讲座。张庆国、胡性能对参会作者的作品进行了详细点评，指出了其中存在的不足和修改意见，并针对作品存在的问题讲述了小说创作的基本技巧和方法。杨红昆重点讲述了在创作中如何选准题材，并详细介绍了省作协的主要工作。

【多件文艺作品在国内获奖】　2013年4月，玉溪剧协主席李钟发创作的大型滇剧《铁血流芳》荣获中国戏剧学会、全国戏剧文化奖评委会主办的“第八届全国戏剧文化奖·大型剧本金奖”，并应邀出席了在江苏海门举行的颁奖仪式和采风活动。曲协会员创作的舞蹈《裙儿摆摆秧箩情》，于6月27日至7月4日到山东省临沂市参加第十届全国舞蹈决赛，荣获第十届全国舞蹈大赛群舞组文华舞蹈优秀表演奖。10月，由曾晓伟、李琳、李安明等音协会员创作的女声小合唱《阿哥小普》参加由文化部、山东省政府主办的第十届中国艺术节，荣获“群星奖·优秀节目奖”。摄影协会会员荣获了2个国际奖项和3个国家级奖项，其中官朝弼的两组专题作品《瑶族男子成人仪式——“度戒”》、《红河金平哈尼族糯比支系葬礼》分别荣获由联合国教科文组织举办的第八届国际民俗摄影“人类贡献奖”年赛传统礼仪类记录奖；张本聪的《天路》荣获中国摄影家协会和西藏网、西藏摄影家协会主办的首届“印象西藏”摄影大赛银奖，有3幅作品入选在国家大剧院展出；罗涵的《最美山村教师》获国家民委和中国摄影家协会联合主办的全国民族题材摄影大赛优秀奖；李华海的《乡村盛事》荣获中国摄影家协会和石屏县政府联合举办的第二届“玉龙湖杯”全国摄影大展银质收藏奖。

（杨　勇）

群众文化

【“三下乡”集中示范活动】　2013年1月25日，由玉溪市委宣传部牵头，市直30多个部门和单位联合组成的文化科技卫生“三下乡”集中示范活动启动仪式在峨山县双江街道柏锦社区举行。玉溪市文化局精心筹备，组织了70人的队伍开展送戏、送书、送楹联文化下乡活动。市滇剧院集滇剧折子戏、音乐、歌舞的演出为示范活动拉开了序幕。在本次活动中，玉溪市图书馆赠送图书83册，杂志240册，总计价值5 960元。玉溪市新华书店赠送图书价值6 000元。玉溪市诗联学会赠送楹联600幅。

（高　洁）

【“廉政文化进万家”巡演】　玉溪市委宣传部、玉溪市纪委、玉溪市文化局组织下，玉溪市滇剧院组成聂耳大众文化小分队到各县区进行“廉政文化进万家”主题巡演。2013年10月8日，聂耳大众文化小分队“廉政文化进万家”晚会在聂耳文化广场进行大型活动启动仪式，随后到各县巡演。演出节目为《乡长来调研》、《百姓爱那清廉的官》等10余个节目。截止12月15日，小分队共计演出21场，观众6 000余人次，为宣传党的大政方针政策做出了积极贡献。

（杨　婷）

【聂耳文化广场群众演出活动】　2013年，玉溪市文化管理服务中心在聂耳文化广场组织各类公益性群众文艺演出及宣传活动多达150场次，观众达10万人次。聂耳文化广场群众文化中心不仅每周周末上演专场文艺演出，而且在春节、“三八”妇女节、“五一”劳动节、世界文化遗产宣传日等重要节日，组织开展专题性系列活动和主题宣传日。春节期间，除了专业演出团队外，各县级、乡级文艺队也共同参与春节系列演出活动，9～10月在中秋国庆大型灯展活动期间，广场群众文化中心连续组织演出31场。

（李婷鑫）

【玉溪花灯剧院庆祝建团六十周年】　2013年1月18日晚8时，玉溪花灯剧院举行庆祝建团成立六十周年大型庆典晚会《花灯灯亮六十春》，文化部、中国剧协、中国京剧院、中国戏曲学院、云南省花灯剧院、云南省滇剧院等数十家院团发来贺电。原中国艺术研究院副院长薛若琳、中国艺术研究院特约研究员徐培成、省委宣传部常务副部长尹欣、省文化厅厅长黄俊、省文化厅副厅长花泽飞、玉溪市副市长杨洋等省市领导和应邀来宾观看了演出。晚会连续演出2场，分“序、“忆往峥嵘岁月”、“心向党红色记忆”、“竟风流玉花争艳”、“群星璀璨”5个章节进行，以“花灯灯亮六十春”为主题充分运用现代多媒体技术和现代舞美技术，将历史照片、录像、光碟和现场表演融为一体，向观众全面展示了玉溪花灯的过去、现在和未来。

1月19日，在聂耳大剧院召开玉溪花灯研讨会，原中国艺术研究院副院长薛若琳、中国艺术研究院特约研究员徐培成、云南省戏剧家协会秘书长王健等省市领导及专家参会，以“人才培养求发展，市场开拓求生存”为题，对剧团六十年来的历史及晚会进行总结，就玉溪花灯六十年来的成就和未来的发展进行研讨。

【玉溪花灯剧院开展宣传演出】　2013年1月，玉溪花灯剧院组建“十八大精神”宣传小分队，赴八县一区进行宣传演出，演出剧目有：廉政小品《一次也不行》，花灯小戏《梨熟了》、《背官》，花灯舞蹈《灯魂》，现代歌舞《和谐中国》及独唱、独奏等节目。演出中还开展了“十八大知识有奖抢答”活动。演出历时18天，共18场次，让广大群众在娱乐中进一步学习了解“十八大精神”。

【玉溪花灯周末大舞台演出】　为传承弘扬发展国家非物质文化遗产——玉溪花灯戏，玉溪市花灯剧院将近年来创作演出的《莫愁女》、《蟒蛇记》、《典妻》、《屠夫状元》、《三子争父》、《巧凤》、《白蛇传》、《天仙配》、《窦娥冤》、《白兔记》、《仇大姑娘》、《目连救母》、《假报喜》等20台优秀保留剧目，经过再次加工提炼，在玉溪花灯剧院进行玉溪花灯周末大舞台演出。2013年4月25日开始首场售票演出，每周更新一个剧目，玉溪花灯周末大舞台影响力不断扩大。截止10月18日，玉溪花灯大舞台共演出21场。

（沐荣贵）

【第二届农民书画展】　2013年8月，玉溪市举办“玉溪市第二届农民书画展”，以“优秀的作品鼓舞人”为宗旨。全市近百位农民的作品入选这次展览，作品内容涉及面广，题材形式多样，表达出浓浓的淳朴生活气息。此次展览，为来自基层的农村文化提供了展示的机会，使众多农民书画爱好者的作品走进城市，推动城乡文化交流，为丰富聂耳音乐活动周增添亮点。

（李　荣）

文物博物

【新增国家级重点文物保护单位及市级文物保护单位】　2013年3月，国务院公布第七批全国重点文物保护单位，玉溪市新增4项国家级文物保护单位：玉溪窑址、澄江金莲山学山遗址群、文兴祥商号旧址、陇西世族庄园。5月15日，玉溪市人民政府核定公布第二批市级文物保护单位26项。至此，玉溪市共登录不可移动文物667项，有各级文物保护单位262项，其中国家级文物保护单位6项；省级文物保护单位23项；市级文物保护单位53项；县级文物保护单位180项。

（张琼梅）

【对研和王家山清代龙窑遗址进行勘探调查】　2013年3月，云南省文物考古研究所、玉溪市文物管理所、红塔区文物管理所联合组队，对红塔区研和王家山窑址进行调查勘探，开挖探沟6条。4月18日至5月18日，玉溪市博物馆联合红塔区文物管理所对位于红塔区研和街道东山村委会的王家山清代古陶瓷窑遗址开展全面勘探调查工作。初步探明王家山窑址年代大致为清代中晚期，为保存较为完整的龙窑遗址，大致存在2～3条龙窑，窑址分布面积大约为500平方米，依据出土瓷器的器形、釉色、花纹图案等，判断为一个主要烧制东山土司和村民的日常生活瓷器的民窑窑址。

通过大量清代青花瓷片的发现，证明其与明代玉溪窑青花瓷一脉相承，该窑址的发现，填补了从明代到清代玉溪青花瓷烧造的空白，对研究玉溪的陶瓷烧造历史和玉溪窑青花瓷的深入研究有着重要的意义。

（解景然）

【通海白塔心火葬墓群发掘】　白塔心火葬墓群因建设通海县里山五山工业园区发现，2010年1～2月，玉溪市文物管理所、通海县文管所联合发掘，发掘面积约1 000平方米发掘火葬墓175座，葬具以陶罐为主，少部分为瓷器，发现1个铜器。随葬品为金、银、铜、铁片、海贝、钱币等。2013年3～9月，玉溪市文物管理所、通海县文物管理所对这批出土器物进行室内整理工作，修复器物475件，其中出土器物325件，采集品150件。确认通海白塔心火葬墓群有2个重大发现：时间跨度大且具有连续性，从宋代一直延续到清代；发现一批有纪年的墓碑，记录了大理国的14位皇帝年号，对研究大理国时期的历史提供了丰富的史料，同时也对研究火葬习俗提供了史料。

【划定脚家店恐龙化石群保护区】　2013年10～11月，市文物管理所会同易门县文化馆对易门脚家店恐龙化石群保护范围和建设控制地带进行重新划定工作，并对出露的3个恐龙化石点进行清理，获取220件标本，其中化石保存率超过80%的有2具个体，保存率达50%的有1具个体，待鉴定属种的恐龙头骨1具（已制成套箱）。脚家店恐龙化石群1987年公布为县级文物保护单位，保护区面积10平方公里。2001年公布为市级文物保护单位。近几年随着当地荒山流转工作的进一步推进，恐龙化石群保护管理工作与当地生产经济发展需要之间的矛盾更加凸显。

市文物管理所会同易门县文化馆和易门县十街乡人民政府及相关站所，经对原保护区进行全面调查和重点区域考古勘探后，选择化石埋藏集中且尚未成片流转到私人的区域，作为新的保护区。新保护区分两块，分别处于原保护区中心区域和东南部，面积分别为725亩和699亩。同时，对雨水冲刷后暴露出来的3个化石点进行抢救性清理。

2013年7月21日，大型原创舞台音乐剧《国之歌》在聂耳大剧院上演

（李万东　摄）

【启动“三湖”流域文物考古调查工作】　玉溪的“三湖”流域考古工作最早始于20世纪70年代，发现并发掘了江川李家山墓地；20世纪80年代及21世纪初，又陆续调查发现了通海海东贝丘遗址、江川甘棠箐遗址、江川光坟头遗址、澄江金莲山墓地及澄江学山遗址、通海碧山墓地等早期文明遗存。随着“三湖”流域周边人类活动加剧，对原有的古文化遗址造成了潜在的威胁，并且那些未知的地下埋藏随着近年来盗墓活动的猖獗日见显现。为了保护国家珍贵的历史文化遗产，有必要对该区域展开文物考古调查工作，为下一步的开发利用工作提供依据。“三湖”流域的文物考古调查，计划用3年时间来完成，2013年已经启动该项工作，并对抚仙湖北岸澄江段进行了调查。

（张琼梅）

【国际博物馆日系列活动】　2013年5月18日是第37届国际博物馆日，市博物馆围绕博物馆日主题——博物馆（记忆+创造力）=社会变革，开展博物馆日系列活动。市文化局和市直有关单位领导出席了“玉溪市非物质文化遗产展览”开展仪式。“玉溪市非物质文化遗产展览”筹建于2011年10月，经过1年多的设计施工和陈列布展，于2012年12月竣工并对外试运行开放，该展览以翔实的资料和珍贵的实物，通过现代化的陈展手段，集中展示玉溪市国家级、省级、市级有代表性的“非遗”项目26项，展现玉溪以非物质形态存在的、世代相承的传统文化表现形式。市博物馆还举办4个临时展览：《奋进中的回眸——爱国主义教育大型图片展》、《人民的音乐家冼星海生平事迹图片展》、《南滇翰墨——通海馆藏古代书画文物精品展》和《滇中民居文物图片展》，以突出国际博物馆日鲜明的主题。市博物馆专业技术人员还开展免费文物咨询鉴定活动。

【《玉溪博物与收藏》创刊】　2013年6月，由玉溪市博物馆、玉溪市收藏家协会联合创办的刊物《玉溪博物与收藏》第一期正式刊出。该刊物为内刊，一年两期。设置文物研究、博物工作、聂耳研究、文物精粹、收藏论坛和工作动态6个版块，收录和展示广大文博工作者和民间收藏家的业务成果和研究心得，旨在促进玉溪文博事业的繁荣和发展，增强社会各界收藏爱好者之间的交流与合作。

【第三届古玩艺术品博览会】　2013年11月16～21日，玉溪市收藏家协会、玉溪日报社、玉溪市博物馆共同举办2013玉溪市第三届古玩艺术品博览会。古玩艺术品博览会旨在贯彻落实“文化旅游兴市”战略，推动玉溪文化产业发展，为收藏爱好者搭建一个交流与合作的平台，扩大玉溪与全国各地艺术收藏品的交流、研究，促进滇中地区文化繁荣与发展。内容包括古玩赛宝会、玉溪市收藏家协会会员藏品展示、专家鉴定会、古玩鉴定知识讲座、古玩艺术品展销等系列活动，吸引省内外120余家经营古玩、陶瓷、茶叶、茶具、翡翠、玉器、红木、奇石、根艺、民间工艺品的商家前来参展，受到社会各界高度关注。通过严格筛选、专家评选、民间投票等方式，从30件民间精品藏品中评选出“2013年玉溪市民间收藏十大珍宝”。

博览会期间，北京故宫博物院研究员杨静荣，首都博物馆研究员、北京市文物鉴定委员会委员、文化部文化市场发展中心艺术品评估委员会委员王春城，文化部文化市场发展中心艺术品评估委员会委员、中央电视台《鉴宝》、《寻宝》栏目原主编方书华为广大收藏爱好者免费进行文物鉴定咨询活动和知识讲座。同时，还举办玉溪市收藏家协会会员大会和“玉窑神韵”——玉溪窑发展研究中心成果展，向收藏爱好者展示玉溪窑青花瓷。

【玉溪博物馆被评为省社科普及示范基地】　2013年11月26日，玉溪市博物馆被云南省社会科学联合会评为云南省社会科学普及示范基地，成为玉溪市继市图书馆之后，第二个省级社科普及示范基地，云南省社科联副主席靳昆萍、玉溪市委常委、宣传部部长杨兴荣共同为云南省社科普及示范基地揭牌。玉溪市博物馆自建馆以来，承担着云南省爱国主义教育基地和科普教育基地的双重职责，在文博业务开展、文化交流传播和社会宣传教育等方面成为玉溪一个重要的窗口和阵地。

【玉溪博物馆建立古生物合作研究基地】　2013年12月6日，云南大学云南古生物研究重点实验室与玉溪市博物馆合作研究基地揭牌仪式在市博物馆举行，云南大学副校长王建华、市委宣传部部长杨兴荣、副市长杨洋共同为合作研究基地揭牌。建立合作研究基地能进一步加大合作交流，创新工作方式方法，借助玉溪市博物馆的平台广泛宣传澄江古生物化石，让民众树立保护世界自然遗产的意识，并进一步推动澄江化石地科研合作交流。

【聂耳纪念馆共建工作】　2013年1月14日，聂耳纪念馆与中国人民解放军96201部队举行签约挂牌仪式，共建“红色教育基地”。自2009年免费开放以来，聂耳纪念馆已与8家单位签约挂牌共建，与上海国歌展示馆共建“友好姊妹馆”，与广东冼星海纪念馆共建“友好兄弟馆”，与玉溪市消防支队、红塔区消防大队、玉溪师范学院、玉溪农业职业技术学院等单位签约共建“爱国主义教育基地”。聂耳纪念馆不断加强单位共建工作，为共建单位提供展览、培训讲解员、爱国主义教育主题讲座等服务，发挥教育基地与文化活动基地的作用。

【南滇翰墨——通海馆藏古代书画文物精品展】　2013年4月9日，“南滇翰墨——通海馆藏古代书画文物精品展”在玉溪市博物馆开展，展期3个月。时任云南省博物馆馆长马文斗，原云南省文物局副局长、国家文物鉴定委员会委员张永，市委宣传部副部长普洪光、赵莉萍等有关单位领导和专家出席了开幕式。展览通过展示半个多世纪来通海县所珍藏的明清五十余位书画家约100多幅书画作品，让观众领略到明清以来云南书画独树一帜的艺术魅力，感受到“礼乐名邦”通海秀美的自然景观和深厚的文化底蕴，体现通海文博工作者对古字画文物及书画艺术的保护和传承。展览期间举办学术研讨会，从不同的视角对此次书画展作深入的探讨和交流。

【穿越古滇文明之光——云南玉溪文物精品展包头巡展】　2013年8月23日，玉溪市博物馆携大型巡回展览“穿越古滇文明之光——云南玉溪文物精品展”走进内蒙古包头博物馆，进行为期1个月的展出，此次展览精选了市博物馆馆藏文物157件，展示和介绍玉溪古老的历史文化，包括距今5.3亿年前的“澄江动物群”化石；新石器时代生活在玉溪“三湖”流域的人类先民使用过的石器和陶器；江川李家山出土的战国至西汉早期滇国的青铜器；元明时期玉溪窑烧造的青花瓷器；“人民的音乐家”聂耳的相关文物、历代名人书画和丰富多彩的非物质文化遗产等展品。该展览是继2012年9月，包头博物馆携“内蒙古包头博物馆岩画、唐卡、文物精品展”在玉溪市博物馆展出之后玉溪市博物馆的回访展览。“穿越古滇文明之光——云南玉溪文物精品展”是玉溪文物精品首次集中、大规模在异地展出，开启了玉溪市博物馆文物精品全国巡回展的第一站。

【澄江化石地艺术创意与科普展】　2013年12月6日，由澄江化石地世界自然遗产管理委员会和澄江县人民政府主办，玉溪博物馆、玉溪师院传习馆和玉溪日报社承办的“创意帽天山，认识寒武纪——澄江化石地艺术创意与科普展”在玉溪博物馆开展。云南大学副校长王建华、云南省博物馆馆长戴宗品、市委宣传部部长杨兴荣、副市长杨洋、市政协副主席郭亚刚等领导出席开幕式，特邀澄江动物群的发现者侯先光教授及英国莱斯特大学和牛津大学的3位古生物学教授莅临现场。王建华副校长和杨洋副市长为云南省古生物研究重点实验室与玉溪市博物馆合作研究基地揭牌。展览展示了澄江动物群艺术作品和“申遗”过程，多角度诠释澄江化石地在自然、人文、艺术等领域的价值和影响，向公众普及澄江动物群科普知识。参会领导、嘉宾和观众还出席了“创意帽天山，认识寒武纪——澄江化石地科学与艺术创意”主题论坛。

【举办“秀山文化”系列讲座】　自2013年4月1日起，玉溪市博物馆于每月推出一期专题讲座，邀请原通海县文化馆、博物馆馆长、文管所所长李景泰，原通海一中校长、文化学者杨千成，通海县文联主席、秀山文化研究学会、诗词学会、楹联学会、孔子研究学会会长林启龙等专家学者，以“秀山文化”为主题，为观众讲授“此地文物盛——通海古代文物收藏”、“秀色可餐——秀山赏读记”、“我的文化母土——通海地方文化的唯一性与世界性”、“惟有饮者留其名——品读诗酒人生”等4场专题讲座。讲座从自然、历史和人文等多方面对通海作深度的挖掘和分析，解读礼乐名邦千百年文明的演进和文化传承，使社会公众全面和深入地认识和了解通海传统文化。

（解景然）

图　书

【玉溪图书馆图书服务工作】　2013年，玉溪市图书馆总藏量408 672册，其中：图书356 547册，报纸合订本19 318册，过刊合订本28 104册，地方文献1 292册，视听文献3 411件。完成书刊外借册次201 938，接待流通人次392 288，提供馆内读者阅览书刊册次1 609 796。全年共办证2 828个、退证114个、办理赠阅证546个。向玉溪市五县一区和部队、监狱等26个汽车流通点及2个分馆配送图书4次，共计配送图书8 100册，累计行程4 000余公里。

【“图书馆服务宣传周”及“科普宣传周”系列活动】　2013年5月12日至6月3日“科技活动周”和“图书馆服务宣传周”期间，玉溪市图书馆围绕“科技创新·美好生活”、“书香玉溪——阅读引领未来”主题举办9次公益活动，参与人数8 075人次。举办公益讲座、游园活动、科普影视放映、科普展等形式多样、内容丰富的读书活动；深入山区学校举办游园、赠书活动，普及科学知识、推进社会阅读、宣传图书馆服务，充分发挥图书馆在文化引领风尚、教育人民、服务社会、推动发展的积极作用。

【举办公益讲座】　2013年，玉溪市图书馆定期邀请省、市文化、教育等不同领域，具有广泛影响的学者专家授课，共举办24次讲座，2 934人参加。继续邀请玉溪师院吴正荣教授在每月第二个周末，举办“正心读书”公益系列讲座，共举办11期讲座，吸引1 555位读者参加；举办3场“保健知识”系列公益讲座；邀请“云岭大讲堂”客座教授、云南师范大学教授何跃举办《云南“桥头堡”建设与周边国家安全环境》专题讲座，共230名听众参加；6月14日，举办“投射测验在心理咨询中的应用”公益讲座。

【少年儿童阅读推广活动】　2013年，玉溪市图书馆根据少年儿童自身特点，积极组织开展寓教于乐的活动38次，58 555名少年儿童参与。“走进聂耳图书馆”一日读书培训活动，红塔区振兴学校、黄官小学以及元江哈尼族彝族傣族自治县那诺乡浪树村完校等9所学校259名留守儿童学生代表参加活动，共举办6期。内容有心理健康、知识教育讲座、影视放映、计算机培训等；春节寒假、暑假少儿读书活动，包括“快乐寒假（暑假）我与图书馆”征文活动和“我是小图书管理员”公益体验活动；每逢周六与玉溪市一幼、二幼开展“书香阅读第二课堂”系列读书活动，全年共进行24次，接待教师、学生、家长2 671人；六一节前夕，到新平县水塘镇大口小学举办“六一”系列读书活动；2013年共播放161场少儿影片，所涉猎的内容包括经典名著改编电影、优秀国产儿童影片、世界地理探索等，接待少儿读者达3 567人。

（雷　蕾）

新闻·广播电视

编辑：王　斌

新　闻

【概　况】　2013年，玉溪日报社进一步统一思想，坚定信心，理清思路，明确任务，按照采编、新媒体、经营和行政管理“四轮驱动”的工作思路，围绕中心，服务大局，全面加快报社的改革发展步伐，推动报社各项目标任务的圆满完成，报社发展上了一个新台阶。

以“唱响主旋律、传播正能量、发出好声音”为方向，报纸质量有了新提高。一年来，《玉溪日报》紧紧围绕市委、市政府的中心工作，紧扣全市改革、发展、稳定的大局，按照“领导满意、读者爱看、市场接受”的要求，加强重大宣传报道策划，进一步优化栏目、编好版面，采编质量有了明显提高。特别是加大市委做好解放思想、改革创新、招商引资三篇大文章的宣传力度，紧扣产业发展、抚仙湖保护治理、拆临拆违、城市综合体建设、美丽乡村建设、重大民生项目建设以及打击网络谣言等方面，采写刊发了一大批消息、通讯、评论、图片，在监督类报道上也得到进一步加强。认真落实“走转改”和“三贴近”要求，切实转变作风、改进文风，稿件向“短、实、新”方向转变。

以玉溪网建设为标志，新媒体发展迈出新步伐。按照打造“省内一流、全国知名”门户网站的要求，集中精力、抽调得力人员，全力抓好玉溪网建设。随着玉溪网的建设，初步形成纸媒与玉溪网、手机报等新媒体共同发展的格局，为全媒体发展打下了坚实基础。

以报印设备更新为契机，基础条件得到新改善。市财政投入专项资金495万元、报社自筹资金100万元，对报印设备进行彻底更新。实现了“花最少的钱，配最好的设备”的要求，报纸印刷质量大幅提高。以制度建设为抓手，管理上新台阶。在充分调查研究、反复听取意见、学习借鉴先进媒体经验的基础上，全面推进报社的制度建设，推动管理的规范化，确保运转高效、规范有序。调整完善了《报纸采编工作考核规定》、《月度好新闻奖评选办法》。出台加强县区通讯员队伍建设的意见，完善特约通讯员选用、管理、考核制度。制定《执行主编负责制的规定》，调整充实执行主编队伍。明确部室工作目标，落实部室主任责任，强化部室作用。健全党组会、社务会、编委会、工作例会等制度，规范决策程序和工作流程。

【对十八届三中全会报道】　中国共产党第十八届中央委员会第三次全体会议，于2013年11月9～12日在北京举行。《玉溪日报》在开设“十八大精神在基层”专栏继续深入宣传十八大精神的同时，于会前开设了“聚焦十八届三中全会”专栏，刊发《实现中国梦的重要保障——十八大以来民主政治建设述评》、《来之不易的稳中向好成绩单——党的十八大以来经济成就综述》、《民生最关情——党的十八大以来改善民生新进展述评》等；会中在头版整版刊发了《中共十八届三中全会在京举行》，在二版刊发了人民日报社论《让改革旗帜在中国道路上飘扬》、《为实现中国梦提供根本保证》等；会后开设了“认真学习贯彻十八届三中全会精神”专栏，刊发了《市委召开常委会议传达学习党的十八届三中全会精神》、《基层干部群众热议十八届三中全会公报等稿件，全面反映全市各级各部门学习贯彻全会精神的情况和所取得的成效。

【市委工作会报道】　2013年1月14～15日市委工作会召开，《玉溪日报》围绕各级各部门如何按市委要求“做好解放思想、改革创新、招商引资三篇大文章”强力推进各项工作展开系列宣传报道，16日用整个头版刊发《市委工作会议提出：做好三篇大文章推动玉溪科学发展新跨越》、《玉溪踏上新征程——市委工作会分组讨论侧记》，配发评论员文章《正确认识玉溪　奋力推进发展》。会后，对解放思想、改革创新、招商引资工作作了跟进宣传，全方位报道了招商引资大会的召开，并配发了《做好招商引资这篇大文章》、《以思想大解放推动招商引资大发展》、《全力打造一流投资环境》等5篇系列《玉溪日报》评论员文章。4月起开设了“解放思想求真务实”专栏，先后刊发40多篇消息、通讯和理论文章，推动了解放思想大讨论的深入开展。及时对全市招商引资大会集中签约重大项目推进、重点园区招商引资情况、园区新建项目进展、县区招商引资活动及南博会等进行集中报道。

7月30日至8月1日召开的市委工作会议，《玉溪日报》专题报道组跟随500多名领导干部、两天行程500多公里、10多个观摩点、每天8个多小时的观摩路程，一路走、一路看、一路见证玉溪市半年来产业发展、城市规划建设、招商引资、生态建设、重点项目建设取得实实在在的成绩。采写刊发《市委工作会议要求：突出重点攻坚克难确保完成全年目标任务》、《体现“玉溪效率”刷新“玉溪速度”——市委工作会议首日观摩侧记》、《看亮点找差距促发展——市委工作会议第二天观摩侧记》、《这样的会议开得实在——市委工作会议参会干部观感》及每天两次的《观摩学习小结》，配发了评论员文章《求真务实的为政新风》、《咬定目标不放松攻坚克难抓落实——贯彻落实市委工作会议精神》。会后，开设了“落实市委工作委会议精神确保全年目标任务完成”专栏，刊发了《我市专项整治公路路域环境》、《峨山：园区经济成工业发展新引擎》等稿件，配发了《统一思想　鼓足干劲　确保完成目标任务》的评论员文章，集中报道各级各部门为全力完成年初下达的各项目标任务所采取的措施、办法，特别是在推进重点工作方面的新举措、新突破，有力地配合了市委、市政府的中心工作。

【“两会”报道】　2013年3月22日，政协玉溪市四届一次会议开幕。3月24日，玉溪市第四届人民代表大会第一次会议开幕。为做好“两会”报道，《玉溪日报》、新闻网、手机报三个媒体联合策划，多部门协同联动进行宣传报道，开设了“代表委员议发展”、“两会每日评”、“现场”、“我替市民问局长”、“我从一线来”、“两会直击”、“观点·声音”、“拍两会”、“代表委员风采”、“建睿智之言献务实之策”、“两会之外问民生”、“报网互动”专栏，特别在正报、晨刊同时开设“两会专题报道”专版，共刊发19个大版、17个小版，刊发社论《承载春天　期望共谋跨越发展——热烈祝贺市四届人大一次会议、市政协四届一次会议开幕》、《踏上新征程　建设新玉溪——热烈祝贺市四届人大一次会议、市政协四届一次会议圆满闭幕》。同时在玉溪新闻网开设“2013玉溪两会”专页，在玉溪手机报开辟两会专栏。文章与图片、图表并茂，多角度广覆盖全面报道“两会”盛况，拓宽宣传渠道，扩大宣传范围，实现了宣传的广泛、深入、有效。

【聂耳音乐（合唱）周报道】　2013年7月第三届中国聂耳音乐（合唱）周期间，在《玉溪日报》用16个版，在玉溪新闻网开设“第三届中国聂耳音乐（合唱）周”专页，配发了《玉溪日报》评论员文章《唱响实现中国梦的时代主旋律》，刊发《聂耳：一个民族的心跳》、《第三届中国聂耳音乐（合唱）周20日开幕》、《聂耳音乐（合唱）周三大亮点引人关注》、《大型音乐剧《国之歌》在玉首演》、《“聂耳杯”合唱大赛拉开序幕》、《上海爱乐乐团玉溪奏响华美乐章》、《聂耳精神在歌声中传承》等图文稿件和视频，推动音乐（合唱）周的顺利举行。

【抚仙湖保护系列报道】　2013年，为配合市委、市政府不断出台的相关政策和有力措施，全力推进抚仙湖的生态保护工作，《玉溪日报》连续推出抚仙湖保护系列稿件。刊发了《澄江9 000人用水依靠抚仙湖　沿湖群众期盼杜绝污染行为》、《抚仙湖一级保护区缓冲带建设完成投资2 400多万元》、《抚仙湖畔温泉洗浴场被取缔》、《把抚仙湖保护放在首位　澄江全面推进生态文明建设》、《永葆抚仙湖Ⅰ类水质　努力建设美丽玉溪》、《谁保护谁开发　实现抚仙湖保护与经济发展双赢》等图文稿件，在广大读者中引起强烈共鸣，起到了良好的宣传作用。

【招商引资报道】　2013年，《玉溪日报》开设专栏，及时对全市招商引资大会集中签约重大项目推进、重点园区招商引资情况、园区新建项目进展、县区招商引资活动及南博会等进行集中报道，在玉溪新闻网开设“2013玉溪大招商”专页，刊发了《1 500多亿200余项目招商　700余企业代表齐聚玉溪》、《空前规模的招商引资给玉溪带来了什么》、《31个项目在招商引资大会上签约　总投资额202亿元》、《2013年第一批13个招商引资项目集中开工》，配发了《以思想大解放推动招商引资大发展》、《全力打造一流投资环境》、《借助外力推动产业结构优化升级》等玉溪日报评论员文章，为玉溪招商引资工作营造了良好的舆论氛围。

【城市综合体建设系列报道】　城市综合体建设是市委、市政府提升玉溪城市品位的重要举措，为营造良好的舆论氛围。2013年《玉溪日报》刊发了《建城市综合体激发玉溪城市活力》、《红塔区与重庆南方集团签约　160亿建高铁新城城市综合体》、《中心城区首个城市综合体——红星国际广场开工建设》、《玉溪新天地商业广场项目开工》等稿件，配发了《综合体建设是我市经济发展新引擎》、《宜居城市不能没有综合体》等言论稿件，新闻网和手机报也开设了相应的栏目，有消息、通讯、言论、图片及相关背景资料等，图文并茂，体裁多样，内容充实，形成了规模报道的态势，起到了良好的宣传导向作用。

【拆临拆违报道】　2013年，《玉溪日报》围绕市委、市政府开展的拆临拆违及拆除塑料薄膜大棚工作，开设“爱美丽玉溪　做文明市民”、“美丽玉溪是我家　希望人人都爱她”等栏目，对红塔区重点区域、重点街道、重要通道周边，抚仙湖周边拆临拆违工作，各县城镇开展拆临拆违工作进行重点报道，刊发了《老党员带头拆除临时建筑》、《抚仙湖东岸华宁段临违建筑全部拆除》、《玉带河两侧临违建筑开拆》、《塔甸镇快速拆除塑料薄膜大棚》等消息、通讯近百篇，采访深入、形式多样、重点突出，内容翔实，全方位、多角度、宽领域，观点新颖，为推动此项工作营造了良好的舆论氛围。

【《看苏南谋发展》报道】　2013年8月25～27日，玉溪日报社派记者跟随市委宣传部组织采访小分队，奔赴江苏宜兴、武进等地参观考察，于9月10日推出“看苏南谋发展”专栏，刊出《既要绿水青山，也要金山银山》、《园区建设招商引资效能建设“三驾马车”引领经济发展》、《“拆”与“建”，城市发展的必经之路》等系列稿件，报道苏南在园区建设、产业提升、招商引资、生态保护、城市规划建设以及城乡统筹发展等方面取得的新成效、走出的新路子，以期学习先进，促进玉溪经济快速发展。玉溪的差距在哪儿？我们该向苏南地区学什么？如何结合自身实际加快发展？从9月18日起，又连续推出县区委书记

和部分部门负责人访谈，以各人之思考为加快发展提供更多视角和思路，刊发了《以生态为基础推进城市建设——访市委常委、红塔区委书记董文献》、《建设具有现代都市气息的宜居生态城市——访市住房和城乡建设局局长陆绍明》等系列稿件。

【殡葬改革系列报道】 围绕市委、市政府要求，2013年《玉溪日报》开设了"推进殡葬改革建设美丽玉溪"专栏，集中报道昆明等地殡葬改革的经验成效、玉溪殡葬改革的现状情况、殡葬改革的重大意义及政策依据、惠民措施等，并对殡葬改革各方面工作进行持续深入的报道。刊发了《全面深化殡葬改革将给玉溪百姓带来什么？》、《直面玉溪殡葬改革》、《全市殡葬改革工作现场推进会提出确保2015年火化率达100%》、《玉溪殡葬改革稳步推进》等图文稿件，并连续推出了《聚焦玉溪殡葬改革》系列深度报道，配发了《推进殡葬改革转变观念要先行》的《玉溪日报》评论员文章和《殡葬改革任重而道远》等评论文章。为玉溪推行殡葬改革营造了良好的舆论环境。

【开设《印证·真相》栏目】 2013年3月起，《玉溪日报·晨刊》改造原"报网互动"栏目，推出《印证·真相》栏目，从原来的注重网友和现实间的互动、反馈，变为对网络谣言的调查回应，针对网络热点和谣言事件，进行全面客观调查报道，深入分析形势背景，准确解读党委政府的方针政策，借助党报媒体的权威性和公信力，还原事实真相，消除社会误解，推出了如《网曝玉溪红会培训部招聘存陷阱　红会称招聘启事已写明有试用期》、《网帖称排山小学临时教学点条件太差　区教育局表示明年3月新教学楼可用》、《抚仙湖"挟尸要价"真相调查》、《网友称中秋节为乞讨老人求助遭拒　红塔区救助站回应老人自己不愿意》等一批报道，并在"时评"版刊发了《发出好声音　传递正能量》、《网络监督亟需监督》、《打击网络谣言不能全靠"止于智者"》等言论稿件，增强了对社会情绪的引导，推动形成理性健康的社会心态，在正确引导舆论，扑灭网络谣言方面发挥了积极作用。

【加强舆论监督】 2013年3月，《玉溪日报》刊发了《你敢下红旗河游泳么？》、《飞井海污染》、《玉溪南大门污染状况调查》、《玉溪北大门污染状况实录》、《核桃产业重栽轻管之忧》等监督性报道，其中《玉溪南大门污染状况调查》一文，直接促进了通海县治污工作的开展；《核桃产业重栽轻管之忧》，则推动了全市核桃产业的良性发展。晨刊部记者采写的《驾照代扣暗访》一文，促使公安局5部门成立联合执法组，对该现象进行了打击，体现了党报的社会责任感。

【宣传"玉溪最美司机"刘东良】 2013年1月9日22时许，澄江县3路公交车驾驶员刘东良在行车中突发脑溢血，陷入半昏迷状态，左手左脚不能动弹，但他拼尽全力将车停靠在路边，车上17名乘客安然无恙，道路两旁的群众生命财产毫发无损。刘东良在被送往医院急救后于次日抢救无效死亡。玉溪日报、玉溪新闻网、玉溪手机报第一时间对刘东良的事迹进行了报道，刊发了《突发脑溢血　公交车司机刘东良将车安全停靠路边还叫人来接班》、《惜别刘东良》、《众媒体聚焦最美司机　各地网友致敬刘东良》、《玉溪日报员工为玉溪最美司机家属捐款》、《刘东良被追授为"敬业奉献道德模范"》等，引起了广泛的社会影响，人民网、新民网、新浪、搜狐、云南日报、云南电视台等多家媒体迅速作了转载，各地网友也纷纷转发和评论并向他致敬，许多网友还在玉溪新闻网论坛和微博留言，表达对刘东良的敬佩、惋惜、怀念之情，并在网上进行祭奠。

【《玉溪日报》受表彰】 2013年1月13日，"中国传媒大会·2012年会"在海南三亚召开，会上发布了2012年度"金长城传媒奖"榜单，《玉溪日报》荣获"2012中国十大公信力地市党报"称号。全国州市报有10家获此奖，《玉溪日报》是云南报业中唯一获此殊荣的地市党报。

3月22日，中国报协第四届四次理事大会暨纪念中国报协成立25周年大会在北京召开，进行了"中国报业经营管理奖、杰出报人奖和先进个人奖"等评选活动。玉溪日报社被授予"中国报业经营管理奖"，成为云南唯一获此殊荣的地市党报。

9月22日，第六届中国品牌媒体高峰论坛在宁夏银川举行。会上发布了中国媒体品牌影响力（软实力）排行榜，《玉溪日报》荣获"2012～2013中国品牌媒体百强——地市党报品牌影响力10强"，玉溪新闻网荣获"2012～2013中国最具品牌价值传媒"，玉溪手机报荣获"2012～2013中国最具投资价值传媒"。

【《玉溪日报》增刊】 2013年7月12日起，《玉溪日报》"加强管理，向现有队伍要效益，进一步提高新闻报道数量和质量"，加强策划、改进文风、做强主题宣传、做深专题报道、加强舆论监督、增加新闻评论，由周五刊增至周六刊，元旦、清明、五一、端午、中秋等五个国家法定假日正常出报，国庆、春节黄金周期间增出3期。

【推出"掌上玉溪"客户端】 2013年8月初，玉溪日报社推出"掌上玉溪"客户端，受到手机用户的热捧和好评，截至2013年底安装下载量已破万。

"掌上玉溪"是玉溪日报社为顺应当今新媒体发展趋势，更好地服务大众，推出的一个便捷传播、适应现代人消费方式的"集本土新闻、生活类应用为一体的APP平台"。"掌上玉溪"依托于强大的云平台，采用智能插件、应用容器等先进技术，包含"天气、新闻、本地服务、广场、视频、投票、我的、扫一扫、报料"9大板块，涵盖时政、交通、旅游、公共事业、医疗、教育、金融、购物、美食、服饰、汽车、房产、家居等多方面信息，并通过智能手机终端为市民提供全方位资讯及应用服务。

"掌上玉溪"已同步登陆IOS和Android两个平台，对所有智能手机用户免费开放。读者可以通过互动功能，实现一键咨询、爆料及投诉，还可以进行个性化定制服务，如随时收藏、转发微博、微信和分享喜欢的文字、图片，并发表个人观点，参与评论。

【主办"星云渔歌"网络摄影大赛】 2013年5月11日上午，由玉溪新闻网、江川县委宣传部主办的"星云渔歌"网络摄影大赛颁奖仪式在玉溪日报社举行。本次大赛于2012年12月启动，共收到参赛作品240余件。经评委认真评选，共评出一等奖1名、二等奖2名、三等奖3名、优秀奖10名。

【举办义卖捐资助学公益活动】 2013

2013年1月11日，在云南媒体记者迎新春才艺大赛中，玉溪日报社选送的舞蹈《嗨，女孩》获三等奖　（报社提供）

年8月23日，为了让更多贫困学子进入大学深造，以实际行动支持教育事业，玉溪日报社与市教育局，联合玉溪宏云商贸有限责任公司举行五粮液·京酒义卖捐资助学公益活动，中国电信股份有限公司玉溪分公司等11家单位、企业及商户积极参与义卖义购捐资活动，捐赠资金5.5万元，为11名贫困大学新生解除燃眉之急，帮助他们圆了大学梦。

【组织“爱心被褥”活动】　2013年1月10日，玉溪日报社组织的历时半个月的“爱心被褥”活动顺利结束。在市文明办、市教育局、市工商联、玉溪日报社等单位的共同倡导下，玉溪5家地产企业伸出援助之手，为红塔区小石桥乡中心小学响水小学、峨山县塔甸镇大西小学、易门县六街街道白龙小学、华宁县通红甸山羊母小学和元江县那诺乡打芒小学5所山区、半山区寄宿学校的孩子们送去价值近10万元的620套被褥，缓解了这5所学校超过600名住校生配给不足、需要两人甚至多人挤用一床被褥的窘况。本次活动受到了社会各界的广泛关注，《云南日报》派出记者随行采访，1月12日刊发了《千套“爱心被褥”送进山区学校》的报道。

（舒　勇）

2013年度新闻奖

奖项名称	奖次	姓名		类别	作品标题
		作者	编辑		
云南新闻奖	二等奖	李　梅	徐瑞伟	通讯	玉溪上演见义勇为救人大接力
	三等奖	周家颍	徐志强	通讯	用奉献书写高原情怀 以生命诠释大山品质——追记华宁县青龙镇糯租村委会绿塘子村民小组组长共产党员陶应全
	三等奖	吕向群、张家春、李文雯郑云华、蔡传斌、白诚颖	刘黎　徐瑞伟	系列报道	玉溪计生 30 年
	二等奖	杜丽 黄春龙 王鹏李海燕		专项	我推荐我评议玉溪好人
云南报业新闻奖	一等奖	吕向群 张家春李文雯等	刘黎　徐瑞伟	深度调查新闻奖类	玉溪计生 30 年（规模报道）
	二等奖	杨雪　攸莉	杨雪　攸莉	名牌专栏奖类	“副刊红塔”专栏
	二等奖	高　晶		突发新闻奖类	通海暴雨成灾
	二等奖	徐瑞伟 冯天娇熊长青	徐凤祥	创新策划奖类	数字背后的温度
云南报纸副刊好作品奖	二等奖	杨　雪	攸　莉		流水汤汤走红河
	三等奖	徐云松	徐云松		米线节：如何出点文化

续表

奖项名称	奖次	姓名		类别	作品标题
		作者	编辑		
玉溪新闻奖	一等奖	周家颖	徐志强	通讯	用奉献书写高原情怀 以生命诠释大山品质——追记华宁县青龙镇糯租村委会绿塘子村民小组组长共产党员陶应全
	一等奖	李　梅	徐瑞伟	通讯	玉溪上演见义勇为救人大接力
	二等奖	张家春　侯　燕	徐志强	通讯	新寨村千人签名挽留支书龚家祥
	二等奖	郑云华	卢　超	通讯	“无息贷款”资金使用情况调查
	二等奖	刘　跃	卢　超	消息	澄江化石地成为中国第一个化石类世界遗产
	二等奖	李志能	徐凤祥	消息	先拿出养老保险金 再捐献7年打工收入（引题） 老党员徐开忠修成“幸福和谐路”（主题） 原因：“就想为困难的乡亲们做点事”（副题）
	三等奖	李铎业　高　晶	徐凤祥	消息	郭伟阳成玉溪奥运金牌第一人
	三等奖	赵琳　李晓兰	徐志强	通讯	师燕忠和他的民情日记
	三等奖	高　晶	徐瑞伟	新闻照片	通海暴雨成灾
	三等奖	邓慧祥	赵　恩	版面	王老倌治“未病”

2013年度论文奖

奖项名称	奖次	姓名		体裁	作品标题
		作者	编辑		
中国地市报论文奖	二等奖	李向文			做有影响力的新闻
	二等奖	舒　勇			地市党报如何确立“后危机时代”有利地位
	二等奖	徐云松			地方党报如何发出自己的声音
	三等奖	徐志强			浅论新时期报纸编辑的素质要求
	优秀奖	舒　勇			创新思想政治工作　服务报业转型发展
	优秀奖	徐志强			怎样做一名专业时政编辑
云南报业新闻论文奖	二等奖	徐志强			怎样做一名专业时政编辑
	三等奖	徐云松			地方党报如何发出自己的声音
	三等奖	李向文			做有影响力的新闻
中国报纸设计大赛	优秀奖	邓慧祥	赵　恩	版面	王老倌治“未病”

广播电视

【概　况】　2013年，玉溪广播电视系统解放思想，抢抓机遇，改革创新，真抓实干，一心一意谋发展，深入开展转作风、促发展等主题实践活动，各项工作迈上新台阶。把握正确舆论导向，完成各项宣传任务；把安全播出工作常态化落到实处，重视安全播出工作，完成安全播出监测监管平台一期工程建设，确保全年安全播出无事故；整合频道资源，理顺管理体制机制，推进玉溪人民广播电台、玉溪电视台、玉溪有线电视台三台改革，整合和盘活频道资源，完成三台资产清查；进一步建立和完善村村通长效运行维护机制；率先在全省圆满完成第二批1.5万户直播卫星户户通工程建设任务；圆满完成2013年度农村公益电影“村村放”任务；推进电台、电视台节目改版，提高舆论引导能力，促进广播电视事业全面、稳步发展。

围绕市委、市政府中心工作，市广播电视媒体深入推进节目改版创新，积极尝试广播电视宣传新手段、新方法，组织实施“解放思想大讨论”、“保护抚仙湖”、“特色民居建设”、“拆临拆违”、“城市综合体”、“路域整治”、“殡葬改革”、“美丽乡村”、“对话新玉溪”、“看苏南、谋发展”、“认真学习贯彻十八届三中全会精神”、“攻艰克难抓落实比学赶超促发展”等宣传战役，舆论引导作用明显。

2013年，玉溪人民广播电台播出本地新闻5 942条，国内国际新闻4 870条，上报中央台播出14条，省台播出387条；玉溪电视台制播新闻9 430条，在云南电视台播出新闻404条，在中央电视台播出23条，均比2012年度有大幅度增长。玉溪电视台和玉溪人民广播电台分别获全省新闻宣传先进集体称号。

【治理非法卫星电视接收设施整治行动】　2013年，市广播电视局与市工信委密切配合，开展对卫星地面接收设施生产的摸排调查，对全市企业进行认真摸排调查，排查表明：玉溪没有发现生产卫星地面接收设施企业和行为。与工商、公安、文化等部门密切配合，严厉打击无经营证照或超出经营范围销售卫星电视广播地面接收设施的行为，依法查处违规经营户。全市共出动765人次，132车次，联合执法62次，查处拆除非法接收设施101套，暂扣非法销售设施265套、天线294个、高频头183个、接收机216台，取缔销售和安装点40家，并对相关店主进行批评教育，责令立即停止非法销售活动。严格落实销售、安装和使用卫星地面接收设施许可制度。严厉打击擅自接收、传送境外卫星电视广播节目的行为，重点查处宾馆、酒店存在违规传输广播电视节目的行为，对违规单位下达责令改正通知书，并拆除违规安装的设备。全市共暂扣接收境外节目设施4套、天线1个、高频头一个、接收机2台，取缔销售和安装境外节目设施6家。

【获奖广电节目】　2013年，在云南省2012年度广播电视政府奖新闻类奖项评选中，玉溪共有14件广播电视作品获奖。玉溪人民广播电台选送的《澄江化石地申遗成功》获广播类短消息一等奖，《生命的承诺》获广播类公众性节目一等奖，《一分钱处方是呼唤看病不花冤枉钱》获广播评论类三等奖，《幸福城市——玉溪》获广播特别节目三等奖。玉溪电视台选送的专题片《天境抚仙湖》获电视外宣类一等奖，短消息《澄江化石地申遗成功填补我国古生物化石遗产空白》获电视新闻类一等奖，专题片《燃情岁月》获电视专题类一等奖，另有多件作品分获二、三等奖。

在第十四届“玉溪市优秀新闻奖”（2012年度）评选中，玉溪人民广播电台、玉溪电视台共计10件作品获奖。玉溪人民广播电台5件作品获奖，《澄江化石地申遗成功》、《定格在绿塘子的春天》获广播一等奖，《民众热议一分钱处方是呼唤看病不花冤枉钱》、《玉溪市抢抓时机为325座水库坝塘“清理肠胃”》获广播二等奖，《玉蒙铁路全线铺通　力争年内开通运营》获广播三等奖。玉溪电视台5件作品获奖，综合频道报送的《生命的力量》和《“一分钱处方”引发的思考》两件作品获电视一等奖，公共频道报送的《永修的遗产》获电视二等奖。另有《男子无证驾车被查获交警执法遭暴力》和《四年连旱抚仙湖水质依然保持Ⅰ类》两件作品获电视三等奖。

【安全播出监测监管平台一期工程完工】　2013年，玉溪市广电局完成《玉溪市广播电视监测网系统方案》规划，明确“十二五”期间玉溪广电要建立一个技术先进、功能齐全、反应快捷、数字化、网络化、高度自动化的广播电视安全播出监测监管系统，提高玉溪市广播电视安全播出基础设施及管理水平，确保安全优质播出。5月，市广播电视局投入近30万元，完成安全播出监管平台一期工程项目安装、开通和调试工作，并于11月份顺利通过省广播电视局验收，实现了市区无线发射节目监测，使安全播出监测工作上了新的台阶，向方便、快捷、高度自动化的安全播出监测迈出了第一步。

【广播电视三台改革合并】　按照中央、省、市关于文化体制改革工作的安排部署，进一步规范广播电台电视台合并和深化文化体制改革，加快文化产业发展。市广播电视局党组决定从2013年4月8日起，由玉溪电视台全盘接手玉溪电视台公共频道运营管理工作。公共频道所使用的银行帐户和财务冻结，印章暂时封存。公共频道的新闻宣传、节目制作、安全播出、广告经营、职工管理等运营管理工作全部由玉溪电视台负责。新发生的固定资产购置、财务收支等全部由玉溪电视台负责。公共频道的职工按照自愿的原则决定去留，愿意留下的，由玉溪电视台进行统一管理，重新签订劳动合同、支付薪酬。广告、节目经营交由玉溪电视台统一运营管理，合同未到期的由玉溪电视台负责继续履约。

7月，市广播电视局启动玉溪人民广播电台、玉溪电视台、玉溪有线电视台三台合并工作，撤销玉溪人民广播电台、玉溪电视台、玉溪有线电视台，组建具有独立法人资格的玉溪市广播电视台。玉溪市广播电视台由市广播电视局实施行政管理，机构规格为副县级。9月，《玉溪人民广播电台玉溪电视台玉溪有线电视台机构改革方案》经市委常委会批准同意。与市财政局、国资委研究“三台”的资产清查工作，年末，会计师事务所完成资产清查工作，出具资产清查专项审计报告、经济鉴证报告，完成了“三台”资产清查工作。

【玉溪电视台改变广告经营管理模式】　2013年，为盘活资源，做好电视台广告经营管理工作，玉溪电视台决定通过公开招投标方式，按照“强

强联手、互利共赢”的共同目标，寻找实力雄厚、诚信经营的专业电视广告公司代理其广告时段。经过公开招投标，玉溪电视台与云南昆明众旭广告公司签订协议，每年由众旭广告公司支付电视台586万元广告承包费用，自2015年起以每年5%的价格递增，有效保障玉溪电视台经营创收。

【直播卫星“户户通”工程】 2013年5月，省直播卫星公共服务领导小组办公室发出通知，下达玉溪市第二批户户通建设任务1.5万户。10月16日，玉溪市广播电视局召开党组中心学习组学习暨2013年度“户户通”建设检查会，对全市2012年第一批直播卫星“户户通”建设工程省级考核情况进行通报和总结，及时将1.5万户任务分解下达各县区，对第二批建设任务和下一步工作提出意见和要求。落实市级财政配套资金和全部县区配套资金共计105万元。截至2014年1月5日，玉溪市第二批“户户通”工程录入15 663户，录入率104.42%；开通15 147户，开通率100.98%，设备录入率和开通率均处在全省前列，圆满完成当年建设任务。

【建立完善“村村通”长效机制】 2013年，玉溪市广播电视局重点抓好“村村通”长效机制建设，在乡镇（街道）文化站加挂广播电视站牌子，建立完善市、县、乡镇三级村村通维护管理组织机构；落实经费，市财政配套落实村村通维护管理经费80万元，为村村通维护管理提供经费保障；建立健全村村通维护管理制度，制定印发《村村通运行维护经费管理使用办法》（暂行）和《村村通设备运行维护管理办法》（暂行），对规范使用村村通运行维护专项经费提出明确具体的要求，确保村村通长期通、优质通；创新村村通维护管理手段，发挥乡镇广播电视站的作用，建立面向农村的乡镇维修服务网点，提升服务水平和质量。加强监管，建立健全村村通维护管理考核制度，各县区开展村村通维护管理自检自查工作。全市累计完成4 000多台（次）设备维修维护，村村通设备完好率均达99%以上。

【乡（镇、街道）文化站加挂广播电视站牌子】 为进一步夯实玉溪市广播电视基层基础，建立完善农村广播电视公共服务体系，实现由“村村通”向“户户通”、“长期通”、“优质通”的转变。2013年11月11日，市广电局在峨山县富良棚乡文化站举行“乡镇广播电视工作站集中授牌仪式”，市政府、市发改委、市财政局、市广电局相关领导及各县区分管副县长，文旅广体局局长、分管副局长参加挂牌仪式。为全市75个乡镇（街道）文化站加挂广播电视站牌子，目的在于通过落实县乡镇广播电视机构的公共服务职能，进一步完善农村广播电视公共服务体系，切实保障人民群众基本收视权益，实现广播电视服务均等化目标。

【启动玉溪电视台综合频道无线覆盖工程】 2013年，玉溪市投入近160万元，启动玉溪电视台综合频道无线覆盖工程。年初，结合人口分布、地理条件、地方节目信号源传输条件。市广播电视局合理选点，不断优化，通过现有和新增无线台站的发射覆盖，以实现“地方节目地面数字电视人口覆盖率达90%”为目标。按照市级3套电视、2套广播，县级1套电视、1套广播进行规划，制定《玉溪市地方广播电视节目地面数字电视广播覆盖网发展总体规划》和《玉溪市广播电视局地方节目无线覆盖网技术方案》，提出：2013年玉溪市结合实际建设现有五脑山、老尖山、照壁山、老窝底4个市局直属高山骨干发射台和易门底尼象山1个县级高山发射台站的地方节目发射覆盖。12月，国家广电总局核准频率，下达批文。市广电局和广电网络玉溪分公司签定合同，由公司负责将玉溪电视台两套节目和玉溪人民广播电台一套节目编码打包，用光缆传输到5个高山台站。12月30日完成建设5个发射台站的发射机及天馈系统的公开招标工作，建设工作取得阶段性成果。

【移动广播直播市委工作会】 2013年7月，玉溪市委工作会召开期间，玉溪人民广播电台首次使用移动广播对会议进行直播。

此次市委工作会议创新开会方式，共分两个阶段进行：第一个阶段安排两天时间，现场观摩学习；第二个阶段用半天时间集中召开大会。在两天的观摩学习过程中，参会干部到各县区，参观学习10多个观摩点，在观摩车上听取各县区的相关情况介绍。玉溪人民广播电台广播直播车与观摩学习车队同行，对9个县区及观摩点的相关情况、观摩学习小结、会风会纪等情况进行直播，累计时长达16小时，播出稿件近30篇，25 000多字，直播工作受到好评。500多名领导干部在两天的观摩学习中，一路走、一路看，一路听直播，对9个县区及观摩点的情况有了深入了解，对加深认识、理清思路、推动发展起到积极作用。

【《看苏南谋发展》系列报道】 2013年9月1～6日，玉溪电视台安排骨干记者参加市委宣传部组织的赴苏南采访行动，在江苏宜兴、武进两地进行深入采访。采访结束后，摄制组加班加点，完成六集系列报道《看苏南谋发展》，分别从产业发展、园区建设、城市规划、新农村建设等六个方面，对宜兴、武进两地的先进经验进行报道。同时，每篇报道都以“它山之石”的形式对两地经验进行了凸显，以“记者感言”的形式，配发评论，对玉溪市如何学习进行阐述。

随后，玉溪电视台又组织摄制组奔赴玉溪市八县一区，采访参与苏南考察的11位县区委书记、党组书记，摄制播出人物专访11期，为推进全市学习苏南经验，解放思想加快发展的工作起到积极作用。

【农村电影“村村放”】 2013年，玉溪市广播电视局努力推动和全面实施全市农村数字电影放映工程，确保完成全市每个行政村一个月放映一场公益电影的服务目标，不断提高服务质量和放映效果。全市601个村委会全年完成放映场次7 333场，比目标任务的7 212场超额121场，超额完成1.68%，观众人数894，978人，平均每场观众121人，放映覆盖率达100%。全年放映故事片86部，其中主旋律影片30部，科教片35部，涉及栽培、卫生、森林、农村防盗、雷电防护等科教片放映场次3 100场，“文企联姻”放映广告宣传片1 803场（次）。

【广播电台节目改版】 2013年10月21日，玉溪人民广播电台完成节目改版创新。增加新闻播出量，拓宽信息总量。在每天9:30分重播《早新闻》、从10:00开始到16:00的每个整点都安排5分钟的《新闻快报》，实现高密度的新闻播出，满足受众的新闻信息需求。调整后新闻节目时长由原来的110分钟增加到155分钟。打造精品栏目，提升节目档次。在每天

7:30～8:00开设《红塔早安》文学节目，播出抒情小文、短文、散文、杂文等。在21:00～22:00开设《玉溪夜话》节目，播出有关玉溪的话题。在每周二、六9：00～10：00的《梨园春秋》节目中进一步加大京剧的播出量。

【电视台节目改版】 2013年底，玉溪电视台根据新闻综合、大众公共两个频道的定位、职责，开始新的策划和运作，进行节目改版。

玉溪电视台新闻综合频道以“丰富的节目形态打造玉溪电视观众晚间城市文化生活地带；开发商业、地产、消费等经济类资源，以节目营销开启创收增加、节目资源整合和社会化制作的路子”为宗旨，以“内容新颖的公共话题汇读，及时全面的玉溪发展纪录，资讯丰富的时尚消费聚焦，健康个性的生活乐点放松”为定位，推出《亮见》、《见政》、《消费慧时尚》、《健康开讲》等新栏目。其中：《亮见》下设《你挨我说》、《正能量》、《时事话你知》等节目版块；《你挨我说》通过一期一个议题，形成一个民生议题类的节目形态；《正能量》以公益类的短故事传递类似“玉溪好人”的正能量；《见政》下设《在基层》、《对话时间》、《新视野》等节目版块，《在基层》以系列节目形态为主报道基层一线最新、最真实的工作动态；《对话时间》以玉溪当下发展的阶段性重点为谈话议题的面对面交流谈话节目；《新视野》是与协办单位的合作节目；《消费慧时尚》是一档经营性栏目，下设《“购”时尚》、《“慧”情报》、《好家居》等版块，涵盖玉溪的吃、喝、玩、乐、购物等消费时尚的大搜寻；《健康开讲》是一档经营性的、面向大众的健康知识普及类节目，下设《寻医问药》、《健康加油站》、《女人爱美丽》、《练练看》等版块。

公共频道以“关注民生、服务大众、引领时尚、倡导文明”为宗旨，以“民生、服务、娱乐节目为特色的电视综合频道”为定位，对原有的《大众新闻》、《警示窗》、《法庭纵横》进行改版。《大众新闻》强调服务性、故事性、现场感、趣味性，通过特别策划和创新角度、手法，赋予民生新闻更深广的社会意义。《警视窗》强化观众互动，改进故事讲述方式，提高收视率上下功夫。《法庭纵横》增加法官说法、律师说法、强化法律为民服务理念。

新栏目《哇家玉溪》以方言说故事，土话说玉溪，是一档平民视角的方言新闻节目。新栏目《美食江湖》做美食与观众之间的桥梁。这些改版的节目，于2014年1月1日起全新推出。

【广播栏目《玉溪民情之声》】 2013年10月21日，玉溪人民广播电台对原《政风行风热线》更名为《玉溪民情之声》。《玉溪民情之声》栏目的名称、定位与百姓生活实际贴近，通过节目反映群众的诉求，节目每周一11：15～12：00播出，每周安排一个部门或市、县（区）领导参与节目。“玉溪民情之声”通过开通热线电话和短信交流互动的方式，认真倾听每一位听众的来信、来电，解决听众所反映的实际问题。栏目秉承“倾听百姓呼声、展示部门形象、搭建监督平台、促进政风行风”的宗旨，在参与节目的部门中，甄选一些百姓关心、关注的热点问题，及时回应百姓呼声。全年共播出节目46期，受理群众各类咨询106件、投诉48件、建议6件，共计160件。

【广播外宣栏目“飞越城市”】 2013年5月，玉溪人民广播电台与市旅游局合作，加入飞越城市联盟体，每周六上午10:00～11:00播出“飞越城市”节目，与全国六十多家电台合作，采用连线直播的方式，向省内外的听众宣传玉溪的经济社会发展、秀美山川、人文历史等。年内与安徽阜阳、云南保山、江苏连云港、广东肇庆等城市电台连线直播，受到联盟体当地听众的欢迎和好评。

（尚　薇）

卫 生

编辑：王 斌

卫生管理

【概 况】 2013年，玉溪市深化医药卫生体制改革，整合县域资源，实行“县乡村医疗服务一体化管理”。在总结峨山小街试点经验的基础上，将县域医疗卫生服务联为一体，由县级医疗机构托管乡镇卫生院，农民群众在家门口就能享受到县级医疗卫生服务，全市9个县区、13个县区医院和中医医院、34个乡镇启动一体化管理工作；探索县级公立医院改革，新平、江川县作为国家和省县级公立医院改革试点县，通过取消药品加成实行零差率销售、调整医疗技术服务价格、财政给予适当补助及新平县试行“先住院后结算”医疗服务模式等措施，加快县级公立医院改革进程。

开展基层医疗机构综合改革，充分调动医务人员积极性。各县区制定政府办基层医疗卫生机构综合量化考核方案，将考核结果与政府补助和医务人员收入挂钩。红塔区探索和完善绩效工资分配制度，将奖励性绩效工资提高到40%。通海县作为乡村医生签约服务国家试点县，制定实施方案和绩效考核办法，先行在四街镇、高大乡开展乡村医生签约服务试点工作。红塔区北苑社区中心开展全科医生团队签约服务，与辖区近200户家庭签订服务协议。华宁县宁州卫生院开展创建“强化落实首诊负责制”示范点工作，基本建立县、乡、村三级医疗机构之间分工合理、资源共享、互为补充、转诊畅通的服务机制，初步实现“小病在乡村、大病进医院、康复回乡村”的分级诊疗目标。制订优惠政策，鼓励社会办医步入新轨道。全市共有民营医院42个，总资产达43.86亿元，编制床位1 884张，开放床位2 496张，占全市病床总数的22%，高于全省3个百分点。市人民医院与玉溪矿业医院签订《医疗服务与战略管理框架协议》，探索社会资本对公立医院进行多种形式的公益性支持。

推进高水平医院建设发展。医院重点项目加快建设，大力推进县级公立医院能力建设和加快中医药发展“两个行动计划”，2家市级医院被评为三级医院，8家县医院被评为二级甲等医院。市人民医院被确定为云南省事业单位法人治理结构建设省级试点单位，将加快建立现代医院管理制度步伐。

新农合覆盖范围不断扩大，保障水平稳步提高，全市新农合参合率达97.55%，筹资水平人均达400元。基本公共卫生服务均等化工作取得明显成效，居民电子健康档案平均建档率达到88.1%，老年保健管理及慢性病、重性精神疾病管理质量明显提升。公共卫生服务体系建设列入重要议事日程，各级财政加大投入，不断加大公共卫生服务体系建设力度。全力做好传染病防控工作，全市传染病发病率为158.6/10万。以慢性病管理为重点突破，提高全市慢病管理水平，红塔区、易门县分别通过国家级和省级慢病示范区考评。继续实施第三轮禁毒防艾人民战争，探索开展重点乡镇（街道）社区艾滋病综合防治模式，男男性行为人群干预取得新突破，有效遏制艾滋病的传播和蔓延。

全面实施“妇幼健康计划”，孕产妇死亡率创历史新低，为13.74/10万。婴儿死亡率为6.32‰，较上年下降0.59‰。依法行政和综合监督水平不断提升，食品安全风险监测工作和饮用水卫生监管走在全国、全省前列。在巩固玉溪市创建国家卫生城市成绩的同时，易门、新平、澄江县成功创建国家卫生县城。

【卫生机构及卫生队伍】 截至2013年12月，玉溪市共有各级各类医疗卫生机构1 416个，其中基层医疗卫生机构1 267个。市、县区、乡镇三级卫生部门医疗卫生机构135个。三级卫生机构中，市县区级综合及专科医院15所，中医医院9所，卫生监督局10所，疾病预防控制中心10所，妇幼保健院10所，市级中心血站1所，急救中心9所，个体诊所479个，民营医院39所，乡镇卫生院67家。全市共有各类卫生人员15 392人，其中私营和其他部门医院6 212人，卫生部门市、县区、乡镇三级医疗卫生机构在职人员9 180人。各类卫生人员中共有卫生技术人员11 379人，平均每千人口拥有医生2.02人，拥有注册护士1.82人。市县区级卫生监督局共有职工140人，其中卫生技术人员127人；市、县区级卫生部门综合医院共有职工4 015人，其中卫生技术人员3 297人，占职工总数的82.1%；中医医院共有职工1 254人，其中卫生技术人员1 071人，占职工总数的85.4%；乡镇卫生院共有职工1 825人，其中卫生技术人员1 575

人，占职工总数的86.3%；市、县区疾病预防控制中心共有职工486人，其中卫生技术人员396人，占职工总数的81.5%；市、县区妇幼保健院共有职工508人，其中卫生技术人员424人，占职工总数的83.5%；全市共有村卫生所642个，乡村医生1 676人，卫生员181人，个体诊所、医务室共554个，卫技人员1 626人。2013年末全市实有病床总数11 349张，其中私营医院和其他部门医疗单位2 744张，市、县区、乡镇卫生部门医疗卫生单位8 605张（市县级综合医院4 828张、中医院1 669张、妇幼保健院251张、乡镇卫生院及社区卫生服务中心1 857张），病床总数较2010年9 950张增加1 399张，全市平均每千人口拥有病床4.85张。

【医疗业务与收治量】 2013年，全市市、县区级医院门诊量5 596 488人次，比上年增加8.14%；入院病人301 079人次，比上年增加4.02%；病床使用率为83.24%。

【出台《医疗机构设置规划（2012～2015年）》】 2013年3月19日，玉溪市出台《医疗机构设置规划（2012～2015年）规划对全市医疗机构的设置、必需床位数、必需医师数、乡村医生数、医疗技术的配置、医用设备的配置等作出了科学、合理的规定。至2015年，全市将新设置1所三级综合医院，8～10所二级综合医院，新设置8～10所专科医院，2～4所康复医院，1～2所护理院，市级新设置1所三级儿童医院。每个乡镇设置一所由政府举办的乡镇卫生院。按照街道办事处范围或3至5万居民规划设置1个政府举办的社区卫生服务中心。到2015年，全市每千人口拥有床位数4.0张，拥有医师数2.0人，拥有护士数1.7人，原则上一个村卫生室配备乡村医生2名以上，乡村医生逐步达到中专以上水平，并取得乡村医生执业证书。

深化公立医院改革，建立有责任、有激励、有约束、有竞争、有活力的机制。改革人事制度，完善分配激励机制，推行聘用制度和岗位管理制度，实行以服务质量及岗位工作量为主的综合绩效考核和岗位绩效工资制度，有效调动医务人员的积极性；建立公立医院与基层医疗卫生单位分工协作机制，鼓励城市三级医院与基层医疗机构建立医疗联合体，实现优势互补；积极推进乡村一体化管理，通过实行乡村一体化管理，合理规划和配置乡村卫生资源，提高服务能力，促进全市医疗卫生事业健康持续发展。同时，鼓励和引导社会资本举办医疗机构，在调整和新增医疗卫生资源时优先考虑社会资本，形成投资主体多元化、投资方式多样化的办医体制。

【县级公立医院综合改革】 2012年，新平县被列为国家县级公立医院改革试点县，江川县被列为云南省县级公立医院改革试点县。2013年，玉溪制定出台《玉溪市推进县级公立医院综合改革工作指导意见》，破除以药补医机制，取消药品加成，实行零差率销售。从2013年1月1日起，新平县医院、新平县中医院、江川县医院取消药品加成，实行零差率销售。3家医院共销售药品5 855.35万元，让利群众735.13万元；呈现“两降三增”的良好态势，“两降”：门诊、住院药品费用所占比例比上年分别下降5.75%和21.03%；“三增”：门诊、住院患者比上年分别增长4.94%和8.02%，业务收入比上年增长10.33%。

新平县从2012年11月1日起，在全县公立医疗机构推行“先住院后结算”的医疗服务模式。参合、参保的患者将《新平县城乡居民基本医疗保障就医证》或社会保障卡原件、身份证或户口簿复印件交医疗机构保管，不需交纳住院押金即可入院治疗。待住院痊愈后，患者或家属到医疗机构出院处办理出院结算手续，交纳、结清自付费用后即可出院。“先住院后结算”的服务模式简化了就医流程，改善了医疗服务，增进了医患和谐。

【重点项目建设】 市人民医院原址改扩建项目：2013年，市人民医院利用医院北侧原制药厂24亩土地，进行规划和市场化运作，将医院内职工生活区、紧邻医院的市交通局、红塔区广电局、工商银行职工住房、办公用房进行置换，安置职工及住户。统一规划医院功能分区和医疗流程，用三年时间，完成改扩建。建成后的市人民医院病床设置1 500张，改扩建面积93 400平方米，估算投资5.16亿元。房屋拆除工作自10月17日启动，截止12月31日，已拆除面积约18 000平方米。地勘于12月20日进场施工。

玉溪市儿童医院项目：12月8日市政府召开专题会议研究决定：新建玉溪市儿童医院病床设置由原确定的300床调整为500床，用地规模51.2亩不变，建筑面积由24 000平方米增加到65 000平方米（其中：地上建筑45 000平方米，底下层建筑20 000平方米），概算投资由0.99亿元增加到2.85亿元。预计2015年建成投入使用。项目建设已完成设计招标、工程招标、环评招标、工程监理招标、供电招标、供水招标方案设计、水保等前期工作。项目已完成地勘工作。

市中医医院改扩建项目：2013年，因市中医医院南片区纳入泷水塘片区改造，造成市中医医院后勤保障用房不足，通过协商方式，整合市中医医院周围土地资源，利用拆临拆

2013年5月10日，副省长高峰（前排左2）在红塔区研和镇卫生院调研农村卫生及医改工作 （杨燕梅 摄）

违的空地规划建市中医医院辅助功能用房，建筑面积6 000平方，概算投资2 000万元，预计2015年建成投入使用。

市急救中心项目：按照《玉溪市医疗卫生机构设置规划》，拟新建的玉溪市急救中心建筑面积8 000平方米（其中：地上建筑6 000平方米，底下层建筑2 000平方米），概算投资3 400万元，预计2015年建成投入使用。截至2013年12月31日，已完成项目征地及三通一平、可行性研究报告、规划建设方案、矿产压覆、环境影响评价、地质勘探、初步设计、绿化设计等一系列前期工作。

北片区三级综合医院项目：根据《玉溪市医疗卫生机构设置规划》的要求，规划新建北片区三级综合医院，设置病床1 500张，建筑面积250 000平方米，概算投资由15亿元。2013年4月7日至5月10日，玉溪通过国家级和省级相关媒体发布了《玉溪北片区新医院建设项目寻求合作伙伴的公告》，玉溪与北京、上海、广东、四川、香港、台湾等地区的14家企业和医院进行了洽谈。12月28日，市政府常务会讨论选定了北京金大洋集团联合云南省医疗投资管理有限公司的建设方案，建筑面积9.3万平方米，计划投资5亿元。

【卫生信息化建设】　玉溪的卫生信息化建设于2012年底启动实施，以国家“3521”建设规划和省“3531-2-1”建设思路为指导，结合玉溪实际，突出公共卫生、医疗服务、医疗保障、基本药物制度和综合管理等业务应用，建设居民电子健康档案、电子病历2个基础数据库和1个专用网络。以市为单位建立数据中心，通过集中部署模式连接各级各类医疗卫生机构，该系统能够满足基层医疗机构管理和服务的基本需求。截至2013年12月，系统使用率达日均4 000多人，已累计完成门诊诊疗140余万人次、入出院6 000多人次、结算费用6 000多万元。

【市卫生局荣获“中国控烟先进单位奖”】　2013年12月，玉溪市卫生局荣获中国控烟协会授予的“中国控烟先进单位奖”。市卫生局在做好本单位控烟工作的同时，督促指导下属各医疗卫生单位做好创建无烟医疗卫生机构的相关工作，确保控烟各项创建工作落到实处：设置禁烟标识，室内工作场所和公共场所全面禁烟；通过控烟知识竞赛活动，表彰先进单位等多渠道、多形式广泛开展控烟宣传教育活动，提高全系统职工的控烟意识；开展戒烟门诊服务，不断推进创建活动；以创卫、创等级医院为契机，有效开展医疗卫生系统控烟工作。

在2013年4～6月全省范围无烟医疗卫生机构暗访中，玉溪市获得总分82.7分排名全省第一的好成绩（其中：卫生行政部门、医疗机构排名第一，州市卫生局排名第4，公共卫生机构排名第5）。年内，玉溪市已经连续多次在全国暗访、全省暗访、交叉检查、年度考核中保持排名全省第一。

【实施国家基本药物制度工作】　2013年，玉溪市在基层医疗卫生机构全面实施基本药物制度，做到“三个100%”，即100%的基层医疗机构配备和使用基本药物，100%的基层医疗机构对基本药物和备案使用的非基本药物实行零差率销售，100%的基层医疗机构实行药品网上采购，全市网上采购基本药物1.82亿元，其中：基层医疗卫生机构网上采购基本药物7 805.73万元。

【基本药物配送】　2013年1月，玉溪按照《云南省卫生厅省招标局关于进一步规范药品集中采购配送工作的通知》要求，成立玉溪市基本药物配送企业遴选工作领导小组，制定《玉溪市基本药物配送企业遴选工作方案》。1月6日采取公开招标的方式遴选出9家配送企业。1月14日，组织配送企业进行配送包选择，确定每县区3家基本药物配送企业。

9～10月，组织开展全市药品集中采购专项监督检查工作。实施国家基本药物制度以来，全市基层医疗卫生机构患者门诊和住院药品费用大幅下降，滥用药物现象得到一定程度扭转。同时，以投入换机制，推动基层医疗卫生机构补偿机制、运行机制和人事、分配制度综合改革，改变了以往长期形成的“以药养医”补偿机制，使基层医疗卫生机构的功能定位更加明确，基本医疗服务逐步规范，公益性明显提升。

【打击非法行医】　2013年，依法严厉打击非法行医、严肃查处医疗服务过程中的违法违规行为，全市共出动卫生监督人员810人次，取缔58户，行政处罚45户，罚款7.5万元，移送涉嫌犯罪案件9件；完成了全市基层医疗机构集中整顿和监督检查工作。各医院均聘请行风监督员对医疗机构进行独立评价和监督。

（李艳芬）

卫生监督

【饮用水卫生监督】　2013年，全市共有供水单位6 087家，其中：城市市政供水单位9家、城市自建供水单位15家、城市二次供水单位1 178家、农村集中式供水单位64家、农村简易集中式供水点3 869个、农村分散供水点749个、农村学校自建设施供水单位203个。全市开展了“生活饮用水卫生专项整治”及“饮用水卫生监督监测网络直报”工作，重点监督检查各类供水单位602家，实监督检查各类供水单位585家，监督率97.18%，实监督户次数1 347次，监督合格率为99.78%。水质不符合国家卫生标准8户，责令限期整改，各罚款1.1万元的处罚。

【饮用水水质监测】　2013年，全市卫生监督部门监测水样1 121件，合格1 021件，合格率91.08%。其中：城市公共供水监测样品369件，合格352件，合格率95.39%；乡镇公共供水监测样品224件，合格150件，合格率66.96%；自建设施供水监测14件，合格14件，合格率100%；二次供水监测样品514件，合格505件，合格率98.25%。

【放射卫生监督】　2013年，全市有放射诊疗单位117户，取得《放射诊疗许可证》89户，持证率76%；有放射工作人员370人，持有《放射工作人员证》345人，持证率93%；放射诊疗设备214台。重点检查放射诊疗单位117户，检查率100%；放射工作人员370人，接受个人剂量监测363人，检测率98%；放射工作人员应体检370人，实体检370人，体检率100%；配备放射工作人员防护用品113户，配置率96.6%；配备受检者防护用品的113户，配置率96.6%；设置辐射警示标志的117户；应做建设项目职业病危害（放射防护）预评价报告审核13户，实审核13户，审核率100%；应对建设项目职业病危害（放射防护）控制效

2013年9月，卫生监督人员在红塔区大营街街道进行饮用水宣传周活动
（陈有祥　摄）

果评价报告审查和竣工验收11户，实审查验收11户，审查验收率100%；经检查对存在违法行为的4户，给予警告3户，罚款1户，给予1 000元的罚款。

【职业卫生培训】　2013年，玉溪市有职业卫生服务机构7家，其中：健康检查机构4家，职业病诊断机构2家，建设项目职业病危害评价（放射防护）资质1家。全市从事职业病诊断的医师23人，职业健康检查主检医师3人。为实现每县区有1家职业健康检查机构，每个职业健康检查机构应具备有职业病诊断医师资格人员的要求，组织14人参加"云南省职业中毒诊断医师资格"大理培训班培训，通过职业病诊断医师资格考试合格13人，合格率92.87%。

【餐饮具集中消毒】　2013年，全市餐饮具集中消毒单位有37户，从业人员156人，体检人员147人，体检率为94.2%，监督覆盖率100%，监督合格率98.28%。监督检查160户次，监督覆盖率100%。监督抽检餐饮具279件，合格251件，合格率为90%；下达监督意见书37份，限期整改18户，向食品药品监督管理局通报5户，在媒体公告9户。

【食品安全标准跟踪评价】　2013年，全市卫生监督部门完成《食品安全国家标准蜂蜜》（GB14 963-2 011）、《食品安全国家标准预包装食品标签通则》（GB7 718-2 011）等8项食品安全国家标准跟踪评价工作。调查61个单位（包括监管、检验、生产企业、经营等部门），问卷调查相关人员204人。通过对26种48个样品的检验，18个糕点样品有2个样品中的色素不符合要求，不合格率11.11%；5个蜂蜜样品4个样品标签不符合要求，不合格率80%。

【学校卫生监督】　2013年，全市共有学校664所、实监督1 068户次、覆盖率95.44%、达1.6户次，监测非产品样品1 176项。对597所学校水源卫生防护、蓄水设施定期清洗消毒、水质检测、教学环境、生活设施卫生进行监督检查。联合各级疾控中心对学校的教室、课桌、采光、照明、噪声、学生宿舍、生活设施进行监督和监测，制定传染病突发事件应急预案。将健康教育纳入年度教学计划学校593所，设立保健室或卫生室的学校有189所，配备卫生专业技术人员或专兼职保健教师学校216所，有专人负责疫情报告学校560所，有晨检记录的学校571所，有因病缺勤病因追查与登记记录的学校572所，有新生入学接种证查验登记记录的学校557所，有学生健康档案的学校295所，参加本年度体检的学生有81 426人，其中，视力不良学生有33 648人。

【医疗机构许可准入】　2013年，全市共审查医疗机构新、改、扩建项目13个；新准入医疗机构27户，变更141户，校验926户，暂缓校验4户，延续448户，暂停执业7户，注销27户。新准入母婴保健技术服务机构1户，变更5户，校验5户，暂缓校验0户，延续73户，暂停执业3户，注销1户。

【执业医师及护士注册】　2013年，全市执业医师和执业助理医师首次注册255人，乡村医生执业注册首次注册67人，注销注册3人。护士首次注册857人，变更注册757人，延续注册1 230人，注销注册2人，补办1人。母婴保健技术考核新发证105人，复审278人。对22名遗失《出生医学证明》的人员进行补发。并开展相应证件发放，资料完整，程序规范工作。

【传染病防治监督、监测】　2013年，全市应监督各级各类医疗机构1 346家，监督检查1 346家，监督覆盖率100%。全市卫生监督部门抽检了341家各类医疗机构的非产品样品1 734个，进行微生物学指标检测，合格1 594个，合格率91.93%；使用中的消毒液样品434个，合格430个，合格率99.08%；医务人员手样品369个，合格326个，合格率88.35%；无菌器材样品243个，合格242个，合格率99.59%；检测压力蒸汽灭菌器68个，合格63个，合格率92.65%；检测紫外线灯108盏，合格76盏，合格率70.37%。

【实验室生物安全监督】　2013年，全市卫生监督部门对149个各级疾控中心和医疗机构实验室的菌株使用情况、菌株使用后的灭活情况、实验室环境和器械的消毒灭菌情况、实验室安全工作制度和实验室档案的建立和落实情况以及医疗废物的管理情况进行监督检查，为防止发生实验室感染起到了积极作用。

【采供血机构和临床用血监督】　2013年，市卫生监督局对市中心血站的执业人员资格、血源管理、血液储存、发放、运输、疫情管理、消毒药械的使用、试验诊断试剂的购买、消毒实施、医疗废物及污水处理等情况进行监督检查。全市对59户临床用血医疗机构及11个基层血库的血液来源和管理、血液储存及发放、临床用血中执行有关制度、临床用血文书的使用等情况进行监督检查，对存在问题提出整改意见。

【母婴保健技术服务监督】　2013年，全市对72户开展母婴保健技术服务医疗保健机构的《母婴保健技术服

务执业许可证》持证情况、《母婴保健技术考核合格证》持证情况、母婴保健技术服务项目的开展情况及《出生医学证明》管理及发放情况进行监督检查，并开展校验工作。其中：持证72户，持证率100%；有4家《母婴保健技术服务执业许可证》过期；从事母婴保健技术服务的有956人，956人取得《母婴保健技术考核合格证书》，持证率100%。

【公共场所卫生监督管理】　2013年，全市共有公共场所4 922户，有效许可证持证率100%，实监督9 029户次，覆盖率95.71%，达1.8频次。有从业人员12 247人，健康培训证持证率97.57%。监测产品样品2 353件，合格率92.99%；非产品样品13 766项次，合格率99.77%，行政处罚警告59户，罚款73户（金额25 400元）。不断完善加强各类公共场所的卫生监督管理，公共场所卫生监督覆盖率、卫生许可证持证率、从业人员健康证持证率、公共场所行政处罚数量等方面都有很大的提高，公共场所卫生监测数量及监测合格率逐年提高。

对全市住宿、美容美发、游泳、沐浴、文化娱乐等3 431户重点公共场所进行量化分级管理，至11月份，评定A级单位65户、B级单位443户、C级单位2 352户，另有571户督促整改未进行评级。

【消毒产品监督检查】　2013年，卫生监督部门对全市消毒产品生产企业18家，消毒产品经营单位307家，从业人员151名进行监督检查。所检查的水消毒产品生产企业卫生许可证均有效，持从业人员健康证、卫生知识培训合格证的有149名，持证率98.7%；对消毒产品经营单位所经营的消毒产品是否符合《消毒产品标签说明书管理规范》，台账、索证、保值期、生产日期以及从业人员健康证、卫生知识培训证等方面进行检查，经检查少数消毒产品经营单位在从业人员健康证、卫生知识培训证办理方面还存在问题，卫生监督员检查后均下达整改意见，责令其进行限期整改。

【卫生监督行政执法案卷评查】　2013年11月28～29日，对2012年全市的卫生行政许可及处罚案件开展抽样评查。参评人员由市级和各县区卫生局、市卫生监督局相关领导和各专业科室负责人等43人组成，分四组进行交叉评查。抽取案卷38卷，其中：卫生行政许可案件23卷，卫生行政处罚案卷15卷。整个评查工作严格按照《云南省行政执法案卷评查办法》逐项进行，并做出评查意见。还邀请了市中级法院、红塔区法院、市法制办及新海天律师事务所的有关领导和专家参与评查和点评。

【卫生监督手持机工作】　2013年，卫生监督手持机实现了业务系统、移动OA、录拍摄三大功能，配备了便携式A4彩色打印机。全市共完成公共场所、医疗机构、生活饮用水、传染病防治、学校、消毒产品、放射和职业卫生共八个专业的定制349项次，其中卫生许可（项目）98项次、经常性监督91项次、行政处罚160项次；手持机模拟练习1 071次；手持机现场执法应用及上传上报各类数据共7 698条，其中卫生许可661条、经常性监督6 136条、监督监测773条、行政处罚128条；共发现问题154个，定制补充用语490条，提出建议71个，卫生监督覆盖率名列全省第一。

【卫生监督行政处罚】　2013年，全市共查处案件217件，其中公共场所74件、医疗机构62件、传染病70件、放射卫生6件、饮用水5件；罚款人民币203 550元；没收违法所得9 596.3元，移送司法机关案件3起。经对查处案件稽查：主体合法、程序合法、事实清楚、证据确凿。全市共接到投诉举报31起，办理结案有31起。

（汤春仙）

医疗服务

【预约诊疗】　2013年，市医院、二医院、中医院3家三级医院通过现场、网络、电话、短信、12580等方式开展预约诊疗服务99 682人次，预约复诊600 467人次。

【临床路径管理】　2013年，市卫生局组织辖区内20家二级以上医院全面开展临床路径管理工作，20家二级以上医院选择129个专业次、344个病种次开展临床路径工作，进入临床路径病例数达23 207例。

【优质护理】　2013年，全市20家二级以上医院选择153个病区开展优质护理服务工作。市级3家医院做到优质护理全覆盖。并制定《玉溪市二级医院优质护理病区（房）验收标准（试行）》，于2012年12月和2013年12月分两批对全市优质护理服务病区（市医院除外，由省卫生厅组织验收）的验收工作，共95个病区通过验收。

【等级医院创建】　2013年，玉溪市人民医院顺利通过国家卫生计生委组织的三级甲等综合医院带教评审；市中医医院于2013年1月7日被国家中医药管理局批准为三级甲等中医医院，并进行了授牌。年内，市三医院、江川、通海、澄江、易门、峨山、新平、元江县等8家县（区）人民医院被省卫生厅批准为二级甲等综合医院。

【光明工程】　2013年，全市为2 813例白内障患者实施复明手术。市卫生局与市残联通力协作、密切配合，共同完成光明工程病源筛查工作。通过实施“光明工程”白内障复明手术，让广大白内障患者真正得到实惠。

【尿毒症透析】　2013年，全市各县医院血液透析室已基本改造完成，相关人员按要求进行了培训。2013年，开展尿毒症透析治疗患者数为212人（血透106人、腹透106人）。

（李艳芬）

【市医院受表彰】　2013年3月6日，市医院肿瘤科荣获全国总工会授予的“全国五一巾帼标兵岗”荣誉称号。8月，市人民医院副院长米跃升荣获中国医院协会授予的“中国医院协会第一届医院后勤管理先进个人暨第一届医院优秀后勤管理奖”，成为云南省州市医院唯一获此殊荣的副院长。10月19日，在中国药学会举行的“2013年中国医院药学奖”颁奖典礼上，市人民医院药学部获得中国药学会授予的“中国医院药学奖——优秀团队奖”，成为全国唯一一家获此殊荣的地市级医疗卫生单位。

【成功救治华宁野生菌中毒患者】2013年7月12日，华宁县盘溪镇6个村委会6个自然村的村民各自在家中食用了火炭菌（稀褶黑菇）等野生菌后，相继出现中毒现象，其中26名患者被运送至市医院进行救治。经市医院重症医学科、肾内科、急诊医学科及市儿童医院等多科的全力抢救，除3名重症患者涉及多脏器损伤抢救无效死亡，1名病情危重患者家属放弃治疗自动出院，其余患者均康复出院。

【首台3.0T核磁共振投入使用】 2013年9月，市医院引进的飞利浦Ingenia3.0T核磁共振投入使用。该机是业内最先进、最高端的磁共振系统，也是全市首台3.0T核磁共振。其投入使用标志着市医院在医学科学研究和临床诊断方面的综合实力又上了一个新的台阶，将为临床提供更加详实的影像信息，更利于患者疾病的早期诊断、微小病灶的诊断治疗。

【重点专科建设项目】 2013年10月，玉溪市人民医院骨科被省卫生厅确定为云南省临床重点专科建设项目。市医院共有1个国家级临床重点专科项目（临床护理专业），2个省级临床重点专科建设项目。

（王　涛）

【中医护理重点专科】 2013年9月，国家中医药管理局医政司在全国范围内遴选一批国家中医护理重点专科，组建中医护理重点专科协作组以开展协作工作。玉溪市中医医院在此次遴选中，被国家中医药管理局医政司列为国家中医重点专科护理协作组成员单位，将承担梳理、验证和优化新的13个优势病种的中医护理方案，并完成国家中医护理重点专科协作组的其他相关工作任务。

【中医项目获省科技厅立项】 2013年4月22日，玉溪市中医医院的云南省应用基础研究面上项目“彝药‘金基痹痛舒’治疗类风湿性关节炎的药效学、毒理学及作用机制研究”获云南省科技计划项目立项。该研究项目针对经多年临床实践总结的治疗类风湿性关节炎的以彝药为主的“金基痹痛舒”合剂进行药效学研究，通过观察其对胶原诱导的类风湿性关节炎大鼠血液中相关细胞因子表达水平，及滑膜组织病理学的研究，探讨其治疗类风湿性关节炎的可能作用机制，明确药效，证实“金基痹痛舒”合剂可调节模型大鼠血清中IL-1β、IL-6、TNF-α的水平，具有显著的抗炎消肿止痛的治疗作用；将通过毒理学研究明确“金基痹痛舒”合剂的毒性及安全性。

【中医项目获发明专利】 2013年5月8日，玉溪市中医医院骨伤科“金腰带在制备治疗急性脊髓损伤的药中的应用”获得中华人民共和国国家知识产权局授予的发明专利证书。

【承办国家中医药管理局继续医学教育项目研讨会】 2013年10月18～19日，由云南省中西医结合学会、云南省中西医结合学会骨伤专业委员会主办的2013年度国家中医药管理局继续医学教育项目“中西医结合骨关节疾病诊疗进展”、省级继教项目“骨关节外科诊疗”研讨会在玉溪举行，来自全国45家医院共100余名骨科医务人员参会。会议就中西医结合骨关节疾病和传统中医药治疗老年退变性疾病诊疗技术方面最新的研究成果进行研讨交流。

18～20日，云南省针灸临床研究中心主办，市中医医院承办的国家级继续医学教育项目“针灸、推拿新进展暨管氏学术流派传承”、省级继续医学教育项目“中医特色适宜技术”和“灸法的量化规范及相关临床应用”学习班在玉溪举行，学习班就针灸、推拿、骨伤、理疗及康复诊疗技术方面最新的研究成果进行学习交流。来自全国26家医院的100多名学员参加了学习。

（康雪俊）

2013年10月14日，市医院与来自泰国清迈大学医学院MaharajNakon医院签署合作协议。双方将在医院发展、科室合作、学术交流等方面进行深入合作

（何记恒　摄）

【医学会心理咨询治疗专业委员会成立】 2013年3月，玉溪市医学会心理咨询治疗专业委员会成立。6月7～10日，玉溪市医学会心理咨询治疗专业委员会首届学术年会在红塔区召开，昆明、曲靖、楚雄、普洱、保山、红河等州市及市内医疗单位医务人员和其他单位心理卫生工作从业者共150人参加会议，会议主题为“内在与超越—健康心理构建美好生活”。

【精神病治疗】 2013年，市二医院收治精神病患者住院3 711人次，门诊45 360人次。市二医院与公安、民政、残联、疾控等多部门协作，深入各县区乡镇，关注弱势群体，现场进行精神疾病诊断评估工作，派出技术骨干专家126人次用240个工作日，筛查、登记重性精神病人2 843人，其中：免费服药822例，复核诊断822例，门诊治疗999例，危险性评估419例。为基层提供诊断、治疗、评估技术支持，开展《精神卫生法》、《重性精神疾病患者家属护理培训》等精神疾病专题讲座3期，培训人员304人次。

【提高农村重性精神病治疗报销比例】 为帮助生活困难的重性精神病患者减轻医疗费用，在2013年1月执行包干结算报销比例70%的基础上，市卫生局制定《玉溪市2013年新型农村合作医疗补偿方案调整意见》，从8月1日起，全市农村重性精神疾病治疗包干费用新农合报销比例提高到90%，急性期住院治疗患者一个周期30天，限额标准为6 500元，因病情需要经批准住院治疗至45天，限额标准为7 800元。

【对口支援】 2013年，按省卫生厅安排，市二医院对口支援文山州西畴县、马关县重性精神病筛查诊断工作，共筛查诊断评估精神病患者1 935人，其中确诊重性精神病患者1 480人，院外服药327人，建议住院1 235人，随访253人，培训当地医务人员30人。

（火红艳）

疾病预防

【甲乙类传染病】 2013年，全市无甲类传染病报告。报告乙类传染病16种，3 436例，死亡15人，传染病发病率、死亡率、病死率分别为158.6/10万（云南省为219.6/10万）、0.7/10万（云南省为4.1/10万）、0.44%，发病数率与上年同期相比下降5.6%。

【疫情报告管理】 2013年，全市建成健全以大疫情报告系统为主体，多个专报系统为补充的网络化报告系统，实现了疫情报告的系统化、规范化、网络化；强化日常督导检查，县级医疗机构及中心城区民营医院指导覆盖率100%；开展传染病疫情报告管理及疫情漏报工作，对红塔区、元江县、通海县及市级33家单位进行传染病漏报调查，共抽查门诊日志、检验及影像登记和出入院登记357 385人次，查出14种法定报告传染病295例，漏报5例，漏报率1.71%，报告及时率90.2%。

【突发公共卫生事件应急处置】 2013年，全市报告突发公共卫生事件27起，累计发病464人，波及8 377人，报告死亡9例，病死率1.44%。其中：传染病爆发疫情15起，食物中毒8起，其它公共卫生事件4起。在27起事件中，Ⅲ级事件2起1，Ⅳ级事件19起，未分级事件6起（丙类传染病），均按照“属地管理、分级响应”的原则进行了处置。

【鼠疫监测防治】 2013年，全市疾控部门加强疫情“三报”及“零”报告工作，“零报告”99月次，报告符合率、及时率均为100%；抓好鼠疫检测质量控制的工作。对元江、新平、华宁、江川、峨山、易门6县现场抽检鼠血清120份进行复判，符合率100%；强化对宿主及媒介的监测工作，全市共设监测点113个，布鼠笼64 761个，捕鼠1 661只，鼠密度2.57%；全市完成鼠脏器培养3 433份（完成率105.31%），鼠蚤培养1 371组，结果均未检出鼠疫杆菌，鼠血清检测1 471份，未检出F1抗体阳性标本。

【霍乱监测防治】 2013年，霍乱监测防治工作坚持“逢泻必检、逢疑必报”的原则，以肠道门诊为监测前哨，以腹泻病人为监测重点，以外来海产品及外环境污水监测为补充，全年共检测腹泻病人粪便标本1 178份、外来海产品132份、外环境污水标本364份，均未检出霍乱弧菌。

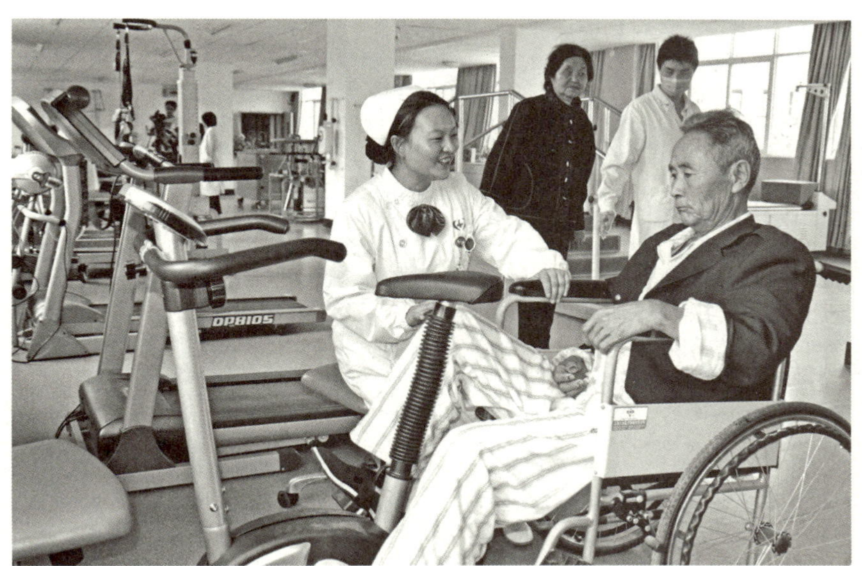

市医院矿业分院康复医学科护士协助患者做康复治疗　　（何记恒　摄）

【结核病监测防治】 2013年，全市登记接诊初诊病人5 490例，共发现结核病患者735例，其中活动性肺结核病人724例；全市医疗机构结核病防治参与率100%，医疗机构报告肺结核病人或可疑病人2 464例，其中，已到结核防治机构就诊1 194例，转诊到位率52.86%；需追踪的1 065例，三实追踪1 064例，追踪率99.91%，追踪到位1 044例，追踪到位率98.03%，总体到位率99.07%；涂阳病人治疗满2个月痰菌阴转率94.92%，治疗满3个月痰菌阴转率98.05%；新发涂阳病人治愈率96.64%，复治涂阳病人治愈率83.33%；涂阴肺结核病人完成疗程率98.60%。

【流感、禽流感监测与防治】 2013年，全市流感监测哨点医院报告的流感样病例数475人，占门诊病例总数的0.14%。对流感样病例数均采集咽拭标本进行流感病毒MDCK细胞分离培养，其中，阳性数为30份，阳性率6.32%，其中：乙型流感病毒14份，季节流感病毒H3N2.5份，型甲型H1N1流感病毒11份；全市共报告聚集性流感疫情13起，无死亡病例，采集暴发疫情病例标本81份，通过快速核酸RT-PCR检测，共检出核酸阳性标本47份，阳性率为58.02%，其中乙型流感29份，占61.70%，新型甲型H1N1流感病毒16份，占34.04%；建立健全与畜牧部门的联动机制，排除通海县上报的一例疑似H7N9禽流感病例，完成100份野鸟标本检测，结果未检出H7N9禽流感病毒。

【手足口病监测防治】 2013年，全市共报告手足口病6 859例，其中重症病例73例，未出现死亡病例。累计采集并检测病例标本643份，检出阳性277份，阳性率43.08%。病毒构成EV71共84份，占30.32%，COA16有725份，占25.99%，其它肠道病毒114份，占41.16%。

【狂犬病防治】 2013年，全市共接种狂犬疫苗16 780人份，人狂犬免疫球蛋白11 360支；全市共发生一犬伤多人事件12起，所波及47人均采取免疫措施，随访3个月，未发生狂犬病；加大对犬伤门诊的检查指导力度，提高犬伤人员规范处置水平；卫生部门做好与畜牧部门沟通、协调工作，实现信息互通、信息共享。全市共发生犬伤病例2例，卫生、畜牧等部门通力合作，科学划定疫点、疫区，进行规范处置。

【麻风病防治】 2013年，全市采取查、治并重的麻风病防控策略，共走访疫村74个，访问1 236人，走访非疫村5 815个，访问75 595人，体检患者家属257人。共报告麻风病线索64条，均由专业人员进行核查，核查率100%。发现麻风病4例，全部进行了联合化疗。全市累计发现麻风病2 392例，其中：多菌型1 161人，少菌型1 231人。累计治愈1 933例，累计死亡377例，红塔区、江川县、澄江县、峨山县、新平县、元江县已达到国家规定的麻风病控制指标并通过省级验收达标。

【疟疾防治】 2013年，全市完成发热病人血检18 354例，完成率96.1%，RDT检测950人，完成率97.8%。疟疾发病3例（输入性病例2例），发病率为0.15/10万。江川、通海两县在全省率先通过消除疟疾考核验收，为全省消除疟疾工作起到了良好的示范作用。

【疫苗冷链运转】 2013年，全市疫苗运转渠道逐步规范和理顺，一类疫苗入库692 940人份，发苗671 089人份，二类疫苗入库404 447人份；发放399 338人份。

【常规免疫接种率监测】 2013年，全市卡介苗实种23 923人，接种率99.87%；脊灰疫苗实种79 003人，接种率99.82%；百白破疫苗实种80 005人，接种率99.79%；麻疹组分疫苗实种27 514人，接种率99.83%；乙脑疫苗实种27 883人，接种率99.78%；乙肝疫苗全程实种27 313人，接种率99.84%，首针实种数23 184人，首针接种率99.97%，24小时及时接种21 827人，及时接种率94.11%。

【AFP、新生儿破伤风、麻疹、乙肝主动监测】 2013年，全市共报告疑似麻疹病例138例，经市级麻疹实验室检测，确诊麻疹病例54例（除澄江外均有病例报告），风疹27例。报告AFP病例8例，新生儿破伤风1例（红塔），15岁以下乙肝新发病例2例。

【碘缺乏病监测防治】 2013年，全市完成碘盐监测2 700份，合格碘盐2 654份，合格率98.1%。

【克山病防治】 2013年全市克山病筛查1 702人，发现慢型克山病3人，潜在克山病3人。

【死因监测】 2013年，全市死因监测13 949人，死亡率6.43‰，县级报告及时率85.46%。

【高血压、糖尿病管理】 2013年，全市完成65岁及以上老年人健康管理169 034人，完成率103.47%；完成高血压患者管理141 574人，管理率102.19%，规范管理率93.15%，血压控制率30.7%；完成糖尿病患者管理33 031人，健康管理率101.56%，规范管理率92.85%，血糖控制率73.00%。

【放射卫生监测】 2013年，全市完成2 059人份个人剂量监测，未发现超标准现象；完成13家放射单位普通医用X射线机房、CT机房、DR机房、钼靶机房等23台医用诊断X射线机房的预评价；完成11家放射单位普通医用X射线机房、CT机房、DR机房、钼靶机房等的控制效果评价；完成客户委托射线装置防护监测47台次。

【环境卫生监测】 2013年，疾控部门开展公共场所集中空调通风系统卫生监测工作，共监测集中空调通风系统7家60个点；水质检测情况：完成城市市政供水650件检测，合格268件，合格率为41.23%；完成农村学校自建供水68件检测，合格5件，合格率为7.35%；完成城市自建式供水22件，合格9件，合格率40.90%。完成农村饮用水385件，合格104件，合格率27.01%，其中，农村集中式供水出厂水102件，合格33件，合格率32.35%，农村集中式供水末梢水222件，合格54件，合格率24.32%，农村分散式供水59件，合格17件，合格率28.81%。

【职业卫生监测】 2013年，疾控部门完成了78个厂矿12 844名职工职业健康体检，发现疑似职业病8人，调离岗位5人，职业禁忌症47人。职业病诊断：发现患尘肺病92人，年内新增尘肺病病例29人，分别为壹期尘肺病20人，贰期尘肺病6人，叁期尘肺病3人，职业病报告0人，职业中毒0人；职业卫生监测评价：完成16个岗位54个点次噪音卫生监测评价，合格51个点，合格率99.4%；完成生产性粉尘24个点次卫生学监测，合格率100%；职业卫生网络报告：报告尘肺病31份，农药中毒355份，有毒有害作业工人健康监护卡78份，作业场所职业病危害因素监测卡7份。

【食品卫生监测】 2013年，疾控部门完成样品检验669件，完成率100%。开展化学污染物及有害因素监测工作，完成7大类10小类242件样品常规项目检测，完成率106.6%，检出超标样品17件，超标率7.0%。完成5大类8小类187件样品专项抽检项目检测，完成率108.7%，检出超标样品3件，超标率1.6%。完成4大类6小类240件样品食源性致病菌检测，完成率100%，检出超标样品3件，超标率1.5%。共报告食源性疾病55起，发病405例，死亡4例。

【学校卫生监测】 2013年，全市共体检学生48 000名。通过统一全市中小学教学环境监测报告模版，加强全市各县区开展中小学校教学环境监测工作；以落实学生因病缺课报告为突破口，切实重视学生常见病、多发病监测防治工作，开展学生营养餐专项督察工作，完成学生营养餐网络直报工作。

【公共服务从业人员体检】 2013年，全市完成公共服务从业人员健康体检及健康证办理34 655人，其中，市疾控中心完成2 901名从业人员健康体检，发现甲肝6例，检测率0.21%；戊肝11例，检测率0.38%；痢疾6例，检测率0.21%；肺结核2例，检出率0.06%。为体检合格的2 876人办理了健康证。

【健康教育】 2013年，市疾控中心开展健康教育进学校、进社区、进企业活动，在中心城区9所学校开展健康教育讲座20场，受众27 458人，在玉湖等9个社区开展健康教育讲座9场，受众1 126人，在红塔集团开展健康教育讲座2场，受众400人。以各种宣传日为契机，积极开展广场、社区专项宣传教育活动，充分利用报刊、电视、短信、网络、板报等平台开展健康教育工作，共发放各种宣传材料25种61.3余万份（条）。

【病媒生物监测及防制】 2013年对322家医疗机构进行消毒质量监测，采样1 861份，合格1 730份，合格率92.96%；对109家医院污水进行监测，采样317份，合格216份，合格率

68.14%；对55家托幼机构进行消毒监测，采样375份，合格321份，合格率85.60%；设21个鼠监测点，布夹621个，捕鼠10只，鼠密度1.61；设蟑螂监测点21个，布纸210张，捕获蟑螂934只，密度4.45；设蝇监测点24个，布笼72个，捕蝇1 819只，密度25.26；设蚊监测点24个，布捕蚊灯24盏，捕蚊86只，密度0.3。

（李顺祥）

【艾滋病防治】　2013年，全市扩大艾滋病监测检测覆盖面，深入推进医疗机构主动提供咨询检测服务，最大限度发现艾滋病病毒感染者；扩大预防母婴传播覆盖面，有效减少新生儿感染；扩大综合干预覆盖面，高危人群行为干预扎实有效，减少艾滋病病毒传播几率；扩大抗病毒治疗覆盖面，提高治疗水平和可及性；积极推进感染者管理、抗病毒治疗、高危人群干预、关怀救助等工作。

2013年，全市完成艾滋病抗体检测273 876人份，新报告感染者/病人首次随访率达100%，既往艾滋病感染者/病人随访管理率为97.5%；母婴阻断措施落实率达100%；累计收治1 812名海洛因成瘾者到门诊接受治疗，累积收治1 735人参加艾滋病抗病毒治疗，年新增治疗481人，完成全年任务的115.9%；中医药累计治疗356人，在治270人，完成全年任务的135%。通海县列为省级艾滋病综合防治项目县，红塔区、江川县、华宁县连片申报国家级艾滋病综合防治示范区工作进展顺利，有力推动全市防艾工作向纵深发展。艾滋病疫情快速上升的势头得到有效遏制，减少新发感染、降低病人病死率、提高感染者和病人生存质量“两降一升”的防治目标初步显现。

【男男性行为人群（MSM）管理】 2007年玉溪首次报告男男性行为人群（MSM）HIV阳性感染者。为进一步推进男同干预工作，将国家和省级经费及时拨付到执行机构的同时，在市级“防艾”专项经费中加大男男性行为人群干预工作补助力度，安排8万元经费用于各项干预活动，其中重点安排“红塔情缘”工作室3万元，保障其开展延伸干预工作。2013年8月3～4日在江川县举行的“红塔情缘”成立四周年庆典暨全市2013年MSM人群干预联谊活动中，对来自9县区的目标人群150人进行干预，发放安全套400余只，健康知识宣传手册50余份，现场完成111人份MSM人群血清学检测和行为学问卷调查。2013年，全市开展男男性行为人群干预的县区比例达100%，男男性行为人群月均高危行为干预覆盖率达96.2%，累计HIV检测率92.2%，

【消除疟疾行动】　玉溪市9县区历史上均有过疟疾流行，经过长期努力，除新平、元江两县外，其余县区疟疾流行先后得到了有效控制。根据国家分步实现消除疟疾并最终给予认证的规划要求，江川县从1982年至今连续31年，通海县从1987年至今连续25年无本地感染疟疾病例，符合消除疟疾目标要求。2013年11月，省、市组成消除疟疾考核评估专家组，分别对江川县和通海县消除疟疾工作进行考核评估。综合考评得分分别为：江川县92.63分，通海县90.75分，均达到国家消除疟疾考核验收标准，考核验收通过。

【重性精神疾病管理】　2013年，按照重性精神疾病工作实施方案，以国家重性精神疾病“686”项目工作管理为支持，在全市各县区逐步开展疑似精神病人症状线索登记筛查工作。充分整合国家重性精神疾病“686”项目和基本公共卫生服务均等化项目，将日常管理和专项工作有机结合，与民政、残联等部门协调沟通，落实重性精神疾病患者急性期住院治疗报销、稳定期维持治疗民政医疗救助及残联救助等各项政策，推进治疗康复实施进度；与公安部门协调配合，做好重性精神疾病患者肇事肇祸信息交换及监管工作，对排查出的肇事肇祸精神病人及可能肇事肇祸的精神病人制定管控方案，降低重性精神病人对社会造成的危害。2013年，全市筛查管理重性精神疾病患者6 990例，筛查率为3.04‰。2013年，重性精神疾病患者稳定期门诊治疗累计6 089人次，重性精神疾病患者急性期住院治疗累计1 452例。

（李艳芬）

2013年12月1日，第26个“世界艾滋病日”，市、区“防艾”办组织市区部分“防艾”委主要成员单位、市区疾控中心共50余人，在聂耳音乐广场进行现场宣传咨询　（罗珠珠　摄）

妇幼保健

【妇幼保健主要指标完成情况】　2013年，全市活产数21 838人；产妇数为21 721人；孕产妇系统管理率97.55%；住院分娩率99.43%，新法接生率99.93%；高危孕产妇11 059人，高危孕产妇检出率50.9%，高危孕产妇保健管理率99.99%，高危孕产妇住院分娩率99.93%。全市孕产妇死亡3例，死亡率为13.74/10万。全市7岁以下儿童145 835人，其中5岁以下儿童106 139人，3岁以下儿童66 027人；7岁以下儿童保健覆盖率96.86%，3岁以下儿童系统管理率97.20%；婴儿死亡率6.32‰，5岁以下儿童死亡率8.75‰。

【新生儿听力筛查】　2013年，全市医疗保健机构开展新生儿听力筛查，筛查16 152例，筛查率为77.49%，筛查出听力障碍可能35例，最终确诊听力障碍10例；各县区全部实施了新生儿听力筛查工作。

【农村妇女乳腺癌检查】　2013年，红塔区、新平县被国家确定为实施农村妇女乳腺癌免费检查项目县，全年完成农村妇女乳腺癌检查4 009例，彩色B超检查4 009人，乳腺X钼钯摄片12人，查出乳腺癌8例。

【妇女病筛查】　2013年，对全市20岁～64岁妇女开展妇女病筛查62 552人，筛查率29.14%，查出妇女病人数23 726人，患病率37.93%，其中阴道炎患病率21.24%，宫颈炎患病率13.79%，尖锐湿疣患病率6.39/10万，宫颈癌患病率14.39/10万，卵巢癌患病率1.60/10万。

【婚前医学检查】　2013年，全市免费婚前医学检查29 091人，有36 050例办理了结婚登记，婚前医学检查率80.70%。

【预防艾滋病母婴传播】　2013年，全市对新婚登记人群进行HIV免费检测31 333例，检出阳性56例，其中男29人，女27人，阳性率0.02%；有29 349例孕产妇在孕、产期接受了HIV抗体检测，检测覆盖率99.82%，检查阳性62例，HIV抗体阳性孕产妇检出率0.21%，新感染阳性率0.01%。有64例HIV阳性孕产妇进行了母婴阻断综合措施，其中终止妊娠31例、宫外孕1例；住院分娩32例已分娩的HIV阳性产妇中，抗HIV病毒药物服药率100%；HIV阳性产妇所生婴儿服用抗病毒药32例，服药率100%。阳性产妇所生婴儿18个月龄结案29例，其中28例阴性结案，成功阻断率96.55%，阳性率1例阳性（元江县流动人口），阳性率为3.45%。

【预防梅毒母婴传播】　2013年，全市对新婚登记人群中进行梅毒免费检测31 333例，检出阳性33例，其中男16人，女17人，阳性率0.01%；有29 353例孕产妇在孕、产期接受梅毒免费检测，检测覆盖率99.86%，检查阳性71例，梅毒抗体阳性孕产妇检出率0.24%。有80例梅毒阳性孕产妇进行了母婴阻断综合措施，其中终止妊娠29例、宫外孕1例；住院分娩49例，其中48例活产，1例死亡（澄江县7天内死亡），已分娩的梅毒阳性产妇中，药物治疗43例，服药率87.76%；梅毒感染产妇所分娩的儿童中，1例（澄江县）死亡；排除感染10例，无18月拒绝检测和失访现象的发生。

【新生儿遗传代谢病筛查】　2013年，市妇幼保健院（云南省新生儿疾病筛查玉溪分中心）完成新生儿遗传代谢病筛查19 825例，在当年出生的20 610例新生儿中，筛查率96.19%为，检出G6PD阳性43例，确诊苯丙酮尿症（PKU）4例，先天性甲减4例。

【产前筛查】　2013年，市妇幼保健院完成产前筛查12 666例，检出高风险孕妇749例（包括年龄高风险），确诊20例染色体异常，其中：唐氏综合症（21三体）9例、爱德华氏综合症（18三体）3例、帕陶氏综合征（13三体）1例、双胎、特纳综合征3例、常染色体平衡易位1例、性染色体臂内倒位1例、其他异常2例。其中的16例诊断为严重致残致畸类，通过遗传咨询、引导、均全部实施终止妊娠。染色体检查730例，遗传咨询5 591例。开展无创产前DNA检测，271人次接受检测。

【农村孕产妇住院分娩补助项目】　2013年，全市实施农村孕产妇住院分娩补助经费支出726.92万元，农村孕产妇住院分娩补助人数18 171人，补助覆盖率95.01%，比上年同期增长1.46个百分点。全市共使用高危和贫困孕产妇救助专项资金108.30万元，累计救助高危和贫困孕产妇507人。通过农村孕产妇住院分娩免费补助项目的实施，全市住院分娩率达99.43%。

【出生医学证明管理】　2013年，全市各医疗保健机构首次签发出生医学证明24 829套、换发541套，补发48套；医疗保健机构外出生（家庭接生员）签发589套，在医疗、保健机构因为打印、填写错误造成证件作废的350套，当年全市共使用25 768套；年内出现出生医学证明遗失1套，已上报卫生行政部门，并请当地公安机关协查无果、登报声明作废1套。

（杨新燕）

农村卫生

【新型农村合作医疗】　2013年，玉溪提高新农合参住院报销比例：乡镇级为95%～100%，县区级为80%～90%，省、市级为55%～70%。

建立具有玉溪特色的新农合大病救助制度。参合农民无需再缴纳大病保险费，由新农合筹资统筹解决。2013年，参合农民单次住院费用超过1万元的，扣除按新农合规定报销金额后，对符合新农合报销政策的自付部分，大病救助补偿按照三个费用段分别再次给予50%、60%和70%的报销补助。即单次住院费用1万元以上（含）不到3万元、3万元以上（含）不到10万元、10万元以上（含）的，扣除按新农合规定报销金额后，对符合新农合报销政策的自付部分，再次分别给予50%、60%、70%的报销补助。1～7月，全市大病救助最高报销年封顶线为25万元。从8月起，全市提高大病保障水平，取消报销封顶线限额，凡符合新农合报销政策的就医费用均可据实按比例报销。

全市新农合共减免补偿497.93万人次，补偿新农合基金63 500.20万元，受益面307.86%。2011～2013年，共有111 110人次获得门诊慢性病补偿，医药总费用2 456.46万元，补偿1 260.83万元，门诊慢性病实际补偿比由2011年的61.71%提高到67.52%。

【门诊限额补偿管理】　2013年，玉溪将重性精神疾病、血友病、Ⅰ型糖尿病、终末期肾病透析治疗、甲亢、结核病、恶性肿瘤门诊放（化）化疗等14个至24个疾病纳入门诊慢性病统筹管理，新农合补偿比例均不低于70%，如血友病年补偿封顶线为8万元，恶性肿瘤门诊放（化）疗年补偿封顶线为3万元。在国家和省要求提高农村儿童先心病、白血病、艾滋病机会性感染、耐多药肺结核等20种重大疾病保障水平的基础上，新增儿童苯丙酮尿症、尿道下裂症纳入重大疾病保障范围。

【城乡居民基本医疗保障一体化试点】　2013年，新平县在全省率先开展城乡居民基本医疗保障一体化试点工作，将新农合和城镇居民基本医疗保险并轨实施，实行筹资标准、报销政策、用药目录、诊疗项目和管理机

构“五统一”管理，成为统筹城乡发展、统筹城乡保障水平的成功范例。

【基层卫生基础设施建设】　2013年，市卫生局加强基层医疗卫生服务体系基础设施建设，提升基本医疗卫生服务上水平。完成6个乡镇卫生院建设任务，建设规模4 400平方米，总投资计划800万元。已完成20个标准化村卫生室建设任务，建设规模3 733.31平方米，总投资365.57万元。

【参与卫生下乡】　2013年1月25日，市卫生局组织市直医疗卫生单位的相关医疗卫生人员，前往峨山县双江镇参与全市开展“科技、文化、卫生三下乡”集中宣传活动，向峨山县双江镇困难群众捐款、捐药献爱心。“卫生下乡”活动中，共义诊400余人次，免费测量血压300余人次，现场咨询答疑农民群众近600人次，免费发放价值1.6万元的药物，捐款3万元。

（李艳芬）

血液管理

【无偿献血】　2013年，全市共招募无偿献血者17 703人次；采集血液4 764 500毫升；建立稀有血型者档案194人；连续8年实现全市医疗临床用血100%来自自愿无偿献血。

【血液检测】　2013年，市中心血站完成血液检测17 563人次；血液检测率为100%；血型检测准确率为100%；血液标本漏检率为零；血液检测报告发放准确率为100%；质量安全事故率为零。

【成分输血】　2013年，玉溪积极推广成分输血，临床供应全血2 000毫升、悬浮红细胞22 183.5U、新鲜冰冻血浆12 926.5U、冰冻血浆4 283.5U、洗涤红细胞192U、冷沉淀2 458.5U、机采血小板4 250U、解冻去甘油红细胞84U。成分血分离率达到99.76%。

【无偿献血进校园】　玉溪市中心血站分别于2013年5月6日、5月24日在玉溪农业职业技术学院、玉溪师范学院开展“健康教育之无偿献血进校园知识讲座”及无偿献血宣传采血活动。活动中共有500多位大学生参加无偿献血知识讲座，261人无偿捐献血液52 900毫升。此次活动扩大了无偿献血在高校的影响力。

【首个移动式献血屋建成】　2013年8月8日上午，玉溪市中心血站首个移动式献血屋在红塔区棋阳路小庙街对面亮相并正式运行。这座移动式献血屋外观大方漂亮，其内部结构科学合理，集无偿献血宣传、采血服务为一体。屋内设有采血区与休息区，各种献血服务配套设施齐全，功能区分明显，能为献血者提供更加温馨、舒适、优良的献血环境。车身前后装有两块LED显示屏，作为无偿献血宣传的流动窗口，滚动播放无偿献血科学知识、政策法规及相关信息。

（沈佳佳）

【无偿献血先进】　2012年12月，卫生部、中国红十字会总会、中国人民解放军总后勤部卫生部，公布了2010～2011年度无偿献血奉献奖金奖等奖项获奖者名单，玉溪市第三次荣获全国无偿献血先进市殊荣，3人获“2010～2011年度无偿献血奉献奖”金奖，14人获银奖，65人获铜奖。玉溪市连续3次荣获2006～2007年度、2008～2009年度、2010～2011年度三届全国无偿献血先进市荣誉称号。

（李艳芬）

爱国卫生

【创建国家卫生县城】　易门、新平、澄江县重视县城的基础设施建设和环境综合治理，按照全国爱卫会制定的国家卫生县城的标准，举全县之力，上下联动创建国家卫生县城。经省爱卫会和玉溪市爱卫会的多次检查指导，2013年12月29日被全国爱卫会命名为国家卫生县城。

【省级卫生乡村】　2013年12月26日，云南省爱卫会命名玉溪市红塔区北城街道继续保持“云南省卫生镇”称号；命名红塔区李旗街道办事处玉河社区上郭井村为“云南省卫生村”。

【市级卫生村】　2013年11月，玉溪市爱卫会命名：红塔区李棋街道康井社区居民委员会、红塔区大营街街道赵桅社区居民委员会；通海县河西镇下回村村民委员会、通海县秀山街道办事处万家社区居民委员会；易门县铜厂乡沙衣村民委员会巴拉母村民小组；峨山县小街街道小街社区居民委员会一组、峨山县双江街道宝山村民委员会摆依寨组；新平县桂山街道办事处凤凰社区居民委员会革棚村民小组、新平县桂山街道青龙社区居民委员会克租克村民小组、古城街道办事处古城社区上古城居民小组、古城街道办事处古城社区中古城居民小组；江川县江城镇海门村民委员会、江川县安化彝族乡早谷田村民委员会；华宁县盘溪镇盘江社区居民委员会认一村民小组、华宁县华溪镇甫甸社区居民委员会上拖卓村民小组；元江县因远镇安定居民委员会安定村民小组、元江县甘庄街道甘庄社区居民委员会那骂螺蛳寨村民小组；澄江县凤麓街道仪凤社区居民委员会、澄江县凤麓街道揽秀社区居民委员会、澄江县龙街街道忠窑社区居民委员会、澄江县右所镇小溪村民委员会为“玉溪市卫生村”。

【农村改厕】　2013年3月，玉溪市圆满完成2012年重大公共卫生农村改厕7 120座的任务。12月实施重大公共卫生农村改厕项目8 160座，其中红塔区2 700座，江川县70座，澄江县600座，通海县2 600座，华宁县170座，易门县150座，峨山县1 500座，新平县220座，元江县150座。项目要求在2014年3月30日前完成。

（罗维奇）

体　育

编辑：王　斌

体育管理

【概　况】　2013年，玉溪市体育工作认真落实体育事业发展“十二五”规划各项内容。群众体育以贯彻落实《全民健身条例》为主线，组织实施“七彩云南全民健身工程”和《玉溪市全民健身实施计划（2011～2015）》。

组织开展全民健身活动。成功承办云南省“全民健身日”启动仪式暨“七彩云南全民健身运动会”启动仪式。“全民健身日”期间，举办国民体质检测、乒乓球、篮球比赛、科学健身大讲堂、玉溪市首届乡镇篮球联赛等大型群众健身活动150余项次，参加活动人数达10万多人次。市体育局组织举办的主要赛事活动有：玉溪市（区）元旦春节万人环城跑、玉溪市首届羽毛球公开赛、首届围棋锦标赛、网球公开赛、玉溪手机报杯足球赛等全民健身活动。玉溪组队参加云南省少数民族传统体育运动会锦标赛、全国幼儿体操比赛、中国国际健身气功博览会等赛事均取得优异成绩。大力实施“七彩云南全民健身基础设施建设工程”。争取落实2013年省“七彩云南全民健身基础设施建设工程”1个县级项目，5个乡镇项目，70个行政村项目，项目资金共计560万元。组织各县区申报2014年省级“七彩云南全民健身基础设施建设工程”储备项目，包括3个县级项目，28个乡镇项目，194个村级项目，申报项目资金1 762万元。加强体育组织队伍建设。市体育局制定下发《玉溪市全民健身组织建设工程和活动示范工程实施办法》，加大社会体育指导员培训力度，提高指导员的技能、组织能力。在全市开展大学生村官社会体育指导员培训，建立玉溪师院、玉溪体校两个社会体育指导员培训基地。举办一、二级社会体育指导员培训班及健身气功、柔力球等培训班，共培训各类体育骨干人员400余人。截至2013年底，全市拥有社会体育指导员2 302人。

成功举办国际国内系列重大赛事。举办了环抚仙湖全国公路自行车冠军赛暨首届玉溪自行车公开赛、国际网联男子巡回赛中国玉溪站比赛、“羽林争霸”红牛城市羽毛球赛云南赛区玉溪站比赛、第七届云南·玉溪抚仙湖公开水域游泳邀请赛、第五届西南地区跆拳道馆公开赛等国际国内重大比赛。赛事成功举办促进了玉溪体育旅游发展，提高了玉溪知名度。

竞技体育完成省第十四届运动会预赛参赛工作。玉溪运动队参加省十四运会田径、游泳、自行车、皮划艇、击剑、篮球、体操等14个项目的预赛，共获得金牌47.5枚，银牌45枚，铜牌38枚，圆满完成参赛任务，为省运会决赛阶段比赛打下良好基础。玉溪运动员参赛第十二届全国运动会成绩优异，代表云南省参赛的18名运动员共获得3枚银牌，1枚铜牌，2个第四，1个第六，1个第八的好成绩，为云南参赛全运会工作做出积极贡献。加强省竞技体育“三星”工程第三周期业余训练点训练工作，进一步巩固基层业余训练网点建设。积极开展培养体育后备人才传统项目试点校创建工作，玉溪体校成为“国家高水平体育后备人才基地”。加大教练员、运动员、裁判员管理、培训力度，全年共组织选派基层教练员、裁判员13批39人次参加了全省、全国各种业务培训。市级举办全市幼儿体操教练员培训班，市、县区举办各类裁判员培训班，近1 500人次参加培训。

【第六次全国体育场地普查】　2013年12月5日，玉溪市第六次全国体育场地普查动员暨业务培训会在市体育局举行。市体育局副局长黄绍林、市旅游局副局长杨英泽作动员讲话，市教育局、市统计局相关领导出席会议。来自市体育局机关及全市八县一区文化旅游广电和体育局的40人参加了动员暨业务培训会议，会上传达了省第六次全国体育场地普查会议精神，对业务人员进行了培训。普查标准时点为2013年12月31日。按照《玉溪市第六次全国体育场地普查工作实施方案》，体育场地普查工作按筹备、布置、实施、总结四个阶段进行。

【体育彩票销售】　2013年，玉溪体育彩票销售管理工作以“安全为本、销量第一”为指导思想，全市划分为三个市场部，完成309个网点形象建设工作，优化“11选5”网点结构，更换部分终端机，组织培训、会议82场，圆满完成省体彩中心下达的销售任务。全年销售体育彩票266 774 506元，其中概率游戏销售172 727 492元、传统足彩销售7 423 444元、竞彩

游戏销售19 154 470元、即开彩票销售67 469 100元。

（解家敏）

群众体育

【全民健身基础设施建设】 2013年6月18日召开“玉溪市全民健身工程推进会”。各县区文化旅游广电和体育局分管体育工作的副局长及全民健身工程工作负责人、市体育局及直属单位领导、科室负责人参会。会议传达了省全民健身工程培训班内容，并提出2013年玉溪市全民健身工作实施意见。各县区做了交流发言。市体育局党组书记、局长雷毅就推进2013年全民健身工程做了安排和布署。

争取落实2013年省“七彩云南全民健身基础设施建设工程”县级项目1个、乡镇项目5个、行政村项目70个，项目资金560万元。同时组织各县区申报2014年省级“七彩云南全民健身基础设施建设工程”储备项目，包括3个县级项目、28个乡（镇）项目、194个村级项目，申报项目资金1 762万元。同时争取省“七彩云南全民健身基础设施建设工程”向华宁县捐赠篮球架、乒乓球桌、全民健身路径等体育健身器材43套268件，价值59万元。

玉溪“七彩云南全民健身基础设施建设工程”推进快速，落实到位，成效显著，达到省体育局实施工程的目标要求，通过省体育局检查考核。市体育局投入体彩公益金100万元，用于全市“美丽家园”7个项目建设。

【玉溪残疾运动员获佳绩】 2013年8月4日，在保加利亚索非亚结束的第二十二届夏季听障奥运会上，玉溪残疾人运动员何悦悦勇夺女子200米、400米、800米自由泳、200米蝶泳、400米混合泳5个项目金牌及4×200米自由泳接力铜牌，同时打破400米混合泳、200米蝶泳听障奥运会和听障世界纪录。

【全民健身组织建设工程】 2013年，市体育局制定下发《玉溪市全民健身组织建设工程和活动示范工程实施办法》，加大社会体育指导员培训力度，提高指导技能、组织能力。与市委组织部共同发文，在全市开展大学生村官社会体育指导员培训。建立玉溪师院、玉溪体校两个社会体育指导员培训基地。举办一、二级社会体育指导员培训班及太极拳、健身气功、柔力球等培训班，共培训各类体育骨干人员800余人。2013年玉溪共向省体育局申报审批一级社会体育指导员70人，市级批授二级社会体育指导员308人、三级36人，县区审批三级425人。截至2013年底，全市拥有社会体育指导员2 302人，其中国家级20人，一级51人，二级766人，三级1 465人。

【承办云南省全民健身日启动仪式】 2013年8月8日上午，“全民健身日”云南省启动仪式暨“七彩云南全民健身运动会”启动仪式在玉溪聂耳文化广场举行。省体育局局长杨宁、市委书记张祖林等省市领导出席。张祖林宣布启动，省体育局副局长沈俊镔讲话，副市长杨洋致辞。启动仪式后，“七彩云南全民健身运动会”玉溪市、区群众健步走拉开了系列活动的序幕。省体育局局长杨宁为健步走活动鸣枪，杨宁、张祖林、沈俊镔、杨洋等省市领导与6 000余名群众一起参加健步走活动。

云南省“全民健身日”主会场展演活动同时在聂耳文化广场进行。来自市直老体协、红塔区、通海县、峨山县、新平县、市柔力球协会、市跆拳道协会等近2 000人表演了千人太极拳、舞龙、柔力球、银铃健身操、跆拳道、腰鼓、街舞等全民健身精品项目。

省、市体育局全天为玉溪市民举行了国民体质测定与科学健身咨询、乒乓球对抗赛、跑步机健康跑、体育彩票销售等活动。下午在市体育馆举办“全民健身日科学健身大讲堂”科学健身知识讲座。邀请国家体育总局运动医学研究所主任医师、运动营养专家黄光民教授和国家体育总局中国报业总社“科学健身指导中心”专家委员会办公室主任王宏授课，讲座主题为“科学健身、强身祛病——送你一把健康保护伞”，市直单位职工及市民1 000多人参加讲座。

8月8日是国务院确立的第五个“全民健身日”，来自社会各界的1万多名群众参加了当日各项全民健身活动，活动主题为：每天锻炼一小时，幸福生活一辈子，全民健身、全民共享，我参与、我健康、我快乐。当天，市体校、少体校、体育馆、老年人体育文娱活动中心等体育场馆向社会公众免费开放。6～10月“全民健身日”期间，玉溪根据自身特色组织开展了154项健身活动，参加活动人数达10万多人次。

【玉溪被命名为“全国柔力球之乡”】 2013年，中国老年人体育协会开展创建“全国柔力球之乡”活动。中国老年人体协柔力球专项委员会对玉溪市等城市的申报材料进行认真审核，提出审批意见，经中国老年人体育协会主席会议研究，于2013年11月21日正式命名玉溪市等20个城市为“全国柔力球之乡”。

2014年01月13日，中国老年人体协决定批准玉溪的沈尤格、董良顺为柔力球国家级教练员，陈英、李松植为柔力球国家级裁判员。

【参加省少数民族传统体育运动会锦标赛】 2013年8月13～19日，云南省少数民族传统体育运动会锦标赛在迪庆州香格里拉县举行。由50人组成的玉溪市代表队参加了陀螺、射弩、民族健身操3个项目比赛，健身操项目《嬉蟮乐》获金奖，射弩项目获1枚金牌、2枚银牌、3枚铜牌，陀螺项目获1枚银牌、1枚铜牌，第四名至第七名19个的优异成绩。玉溪获奖牌总数及总分名次在全省17个代表队中名列前茅。

【参加健身气功交流比赛】 2013年9月6日，“古井贡年份原浆”杯首届中国（亳州）国际健身气功博览会暨第五届华佗五禽戏养生健身交流赛在安徽省亳州市结束。由4名运动员组成的玉溪健身气功队代表云南省参赛，夺得易筋经集体一等奖、五禽戏集体二等奖。个人赛中，王雷雷夺得易筋经个人第二名，殷成丽夺得八段锦个人第三名，任建谕夺得五禽戏个人第五名的好成绩。

7月16～19日，市体育局组织市武术协会建身气功爱好者12人参加七彩云南全民健身运动会健身气功交流比赛暨云南省第三届健身气功交流比赛。玉溪代表队参加了五禽戏、八段锦集体项目比赛和易筋经、五禽戏、六字诀、八段锦个人项目比赛，两个集体项目均获第二名，个人项目分获第一、第六和第八名。

【元旦、春节环城赛】 2013年1月18日，玉溪市、区元旦、春节环城赛跑活动在中心城区举行。出发仪式

2013年5月14～17日，玉溪市健身气功培训班在市老年人体育文娱活动中心举办　（解家敏　摄）

上，市人大副主任范志华宣布活动开始，副市长杨洋致辞。本次活动由玉溪市全民健身指导协调委员会、红塔区全民健身协调领导小组主办，市体育局、市总工会，区文化旅游广电和体育局、区总工会承办。来自市直和红塔区机关、企事业单位、社会团体的120多个单位集体方队及竞赛组共10 000多人参加环城跑活动。本次活动主题为：全民健身与生态和谐城市建设共进。设青年男、女子组（14～35岁）、中年男、女子组（35～60岁）、老年男、女子组（60～70岁）及单位、老年集体方队。

【全国城市羽毛球赛玉溪站比赛】2013年4月21日，“羽林争霸”红牛城市羽毛球赛云南赛区玉溪站比赛在玉溪体育馆结束。本次比赛由玉溪市体育局、红牛维他命饮料有限公司主办，市体育馆、市羽毛球协会承办。来自全市的32支代表队250多名运动员参赛，玉溪瑞森地产队夺得冠军，羽客一队获亚军，两队代表玉溪参加云南赛区决赛。在比赛现场参赛队员、教练及观众为四川雅安芦山县地震遇难同胞默哀并向灾区捐款。

“羽林争霸”2013红牛城市羽毛球赛是国内规模最大的业余羽毛球赛事，比赛项目为五人制混合团体赛，包括男单、女单、男双、混双。赛事覆盖全国30个省、直辖市的163座城市，参赛人数超过5万人。云南赛区设昆明、玉溪、曲靖、大理、文山5个城市赛，4月20日，玉溪、曲靖同时开赛，城市赛的前两名进军云南赛区决赛，云南赛区决赛产生的前2名参加6月下旬在成都举行的“羽林争霸”南区决赛。

【羽毛球公开赛】2013年5月25～26日，首届“伟士—赛点体育杯”玉溪羽毛球公开赛在市体育馆举行。设团体赛（男单、男双、混双）项目，来自昆明、普洱、玉溪等州市的60支代表队500多名运动员参赛，是玉溪近年来参赛队伍和人数最多，规模最大的一次跨州市羽毛球赛事。经过激烈角逐，昆明机电学院队夺得第一名，昆明讯佳达队获第二名，玉溪瑞森地产队获第三名。

10月2日，“七彩云南全民健身运动会”玉溪市羽毛球公开赛在市体育馆落下帷幕。比赛由玉溪市体育局主办，市羽毛球协会承办。共有来自昆明、曲靖、文山、普洱、西双版纳、玉溪等州市的38支代表队458名羽毛球爱好者参赛。比赛设混合团体赛（混双、男女单、男女双），分甲乙两组，甲组由省内各州市参赛队伍组成，乙组由玉溪各企事业单位参赛队伍组成，比赛采用国家体育总局审定公布的最新羽毛球比赛规则。经过两天比赛，甲组前三名分别被玉溪宝源俱乐部队、曲靖市羽毛球协会队、芭蕉扇俱乐部队夺得；乙组前三名分别被纯乐一队、玉溪中建集团、羽客一队夺得。

【太极拳培训】2013年11月5日晚，“七彩云南全民健身运动会”玉溪市太极拳培训班开班仪式在市委办公大楼前举行。张祖林、饶南湖、夏立洪、方志鸣、李洪云、杨洋、汪燕平、陈志芬、马良昌等市党政领导和400多名太极拳爱好者一起参加了太极拳培训。

本次培训由市体育局主办，市武术协会承办，培训时间为11月5～10日每晚7～9点。培训内容为传统沙式太极拳、二十四式简化太极拳和传统杨式八十八式太极拳，由玉溪市武术协会主席刘光倧担任总教练，聘请云南沙氏太极拳知名教练沙俊杰、李斌等省内经验丰富的太极拳名家授课，是玉溪市近年来规模最大、规格最高的一次太极拳集中培训活动，旨在推动玉溪全民健身活动广泛深入开展。

【健身气功培训】2013年5月14～17日，市体育局在市老年人体育文娱活动中心举办玉溪市健身气功培训班。来自全市45家单位61名学员参加培训。

培训内容为马王堆导引养生术、导引养生功十二法两套功法，是国家体育总局健身气功管理中心组织创编的以脏腑经络学说、阴阳五行学说、气血理论为理论依据，把导引与养生、肢体锻炼与精神修养融为一体的新功法。由健身气功国家级社会体育指导员、国家一级健身气功裁判王明朝和健身气功一级社会体育指导员牛双琼担任教练，培训中通过示范、讲解、展演等多种方式，达到较好培训效果。市体育局、市防范和处理邪教问题办公室领导出席开、闭幕式及展演活动。

【柔力球培训】2013年6月25～28日，由市体育局主办，市体育馆承办，市柔力球协会协办的玉溪市柔力球培训班在市体育馆举办。来自八县一区及市直部门的50多家单位共80人参加培训，由沈尤格、董良顺授课。培训内容为柔力球套路和竞技柔力球。培训班旨在通过在职工中推广柔力球运动，从而以点带面地推动玉溪全民健身活动的开展。

【云南·玉溪抚仙湖游泳邀请赛】第七届云南·玉溪抚仙湖公开水域游泳邀请赛于2013年7月13日在江川县孤山风景区举办。比赛由云南省体育局、玉溪市人民政府主办，市体育

局、省游泳协会、江川县人民政府承办，江川县文旅广体局、昆明勋业集团、玉溪市游泳协会、昆明福吉加油站协办。

下水仪式上，市体育局局长雷毅致开幕辞，省体育局副局长、省游泳协会主席沈俊镔讲话，原省人大副主任、省游泳协会名誉主席李树基宣布比赛开始。

本届比赛是2013年云南省“七彩云南全民健身运动会”重要活动之一，共有来自省内外及香港、澳门、台湾的19支代表队620人参赛，是历年来参赛人数最多，规模最大的一届，港澳台游泳爱好者前来参赛，表明这项赛事的影响力进一步提升。比赛设大众A组（18～29岁）、大众B组（30～44岁）、大众C组（45～59岁）、半专业组（大专院校、游泳专业学校及体校游泳专业学生）、畅游组等组别。比赛距离为2 000米，省、市、县领导为各组别获奖的114名男女运动员颁发证书。

【主办西南地区跆拳道馆公开赛】 2013年8月11～14日，“七彩云南全民健身运动会”第五届西南地区跆拳道馆公开赛在玉溪市体育馆举行。比赛由云南省社会体育指导中心、玉溪市体育局主办，市跆拳道协会等单位承办。来自四川、贵州、福建、湖南、云南、重庆等8个省、市的58支代表队840名跆拳道选手参加了品势、竞技、威力、特技、自卫术、跆拳舞、双节棍、绳操等项目比赛。第五届西南地区跆拳道馆公开赛是国内迄今为止比赛项目最多的跆拳道综合大赛，比赛分男、女个人和团体项目，设儿童、少儿、少年、青年、成年等不同组别、级别。中国国家跆拳道示范团参加开幕式表演。经过4天角逐，玉溪市青少年宫跆拳道培训中心、贵州六盘水跆拳道培训学校、昆明市盘龙区青少年宫跆拳道培训中心分获团体总分第一、二、三名。

【首届县区乡镇篮球大联赛】 2013年8月4日晚，“七彩云南全民健身运动会”玉溪市首届县区乡镇（街道）篮球大联赛在玉溪师院开幕。共有9支男队、6支女队参加比赛，经过4天激烈角逐，华宁县宁州街道代表队获男子组一等奖，江川县大街街道、通海县秀山街道代表队获男子组二等奖，易门县龙泉街道、元江县红河街道、澄江县凤麓街道代表队获男子组三等奖；易门县龙泉街道代表队获女子组一等奖，新平县桂山街道代表队获女子组二等奖，江川县大街街道、红塔区春和街道代表队获女子组三等奖；峨山县小街街道、元江县澧江街道代表队获体育道德风尚奖；新平县桂山街道男队、红塔区洛河乡男队、华宁县宁州街道女队获优秀组织奖。8月8日上午，在“全民健身日”云南省主会场系列活动暨“七彩云南全民健身运动会”启动仪式上进行了篮球大联赛颁奖仪式。

【举办围棋赛事】 2013年8月10日，玉溪市“青年杯”围棋锦标赛少儿组比赛在市老年大学举行。比赛由市体育局主办，市围棋协会承办，设少儿组和成人组。少儿组共有90名小学及幼儿园围棋爱好者参加，选手根据所在年级被分为2段以上组和1段组进行角逐。经过2天9轮的紧张对决，最终根据选手积分高低决出名次。成人组比赛于8月17～18日在市老年大学举行，共有49名围棋爱好者参加，选手根据所在段位分为成年高段组（弈城4段以上）和低段组（弈城3段以下）两个组别参赛。

8月29～30日，由市体育局、市教育局主办，市围棋协会承办的“七彩云南全民健身运动会”玉溪市首届围棋锦标赛举行。市委书记张祖林、市人大副主任叶本功、副市长杨洋、市政协副主席汪燕平等领导出席开幕式。比赛设中学组、小学组和成人组，其中中学组、小学组设团体赛和个人赛，成人组设个人赛。中、小学组均采用积分编排制，比赛7轮，每方50分钟包干，各队个人成绩相加为该单位团体成绩。来自全市的围棋爱好者202人参赛，是玉溪规格最高、规模最大的一次围棋盛事。省围棋队教练邱继红、省围棋队王垚六段到场观赛并指导工作。

经过两天七轮激烈角逐，玉溪一小一队、二小一队、二小二队分获小学组团体前三名；红塔区、玉溪一中、师院附中代表队分获中学组团体前三名；易门、江川代表队获体育道德风尚奖，新平、元江、师院附中等代表队获优秀组织奖。玉溪市近年来围棋运动发展迅速，市体育局、市围棋协会先后举办了玉溪市围棋定级定段赛、少儿围棋锦标赛、小学生围棋团体赛、青年杯围棋赛等众多赛事。自2011年以来，在玉溪市幼儿园和小学开展了围棋普及活动。

【第十一届老年人运动会】 2013年9月9日，玉溪市第十一届老年人运动会在通海开幕。本届运动会由玉溪市人民政府主办，中共通海县委、县人民政府承办。来自全市八县一区及市退管中心10个代表团327名运动员参加了塑质地掷球、气排球、柔力球和舞蹈4个项目的比赛。

经过2天角逐，通海、易门、元江、新平代表团获体育道德风尚奖；红塔区、通海、元江获气排球男团前三名，通海、红塔区、市退管中心获女团前三名。市退管中心、澄江、易

2013年8月11～14日，“七彩云南全民健身运动会”第五届西南地区跆拳道馆公开赛在玉溪市体育馆举行　　（解家敏　摄）

门获地掷球前三名。红塔区等5个代表队获柔力球优胜奖、新平县等6个单位获优秀奖。市政府办公室等3家单位获最佳组织奖；通海县政府办公室等11个单位获承办工作先进单位奖；25人获先进个人奖。

【第十五届玉溪网球公开赛】 2013年11月16～17日，“七彩云南全民健身运动会”玉溪第十五届网球公开赛在红塔网球中心举行。本次比赛吸引了110名网球爱好者参赛，年龄最小的9岁，最大的50岁。比赛由市体育局主办，市少体校、市网球协会承办，共设男单、女单、男双、女双、男女双打、混合团体等项目。团体赛参赛球队有14支，运动员84人，玉溪各网球俱乐部及网球爱好者组队参赛。团体赛由男子双打、混合双打、无差别双打3场单项比赛组成，采用3场2胜制。男子双打，两名参赛运动员年龄相加须满80周岁；混合双打，女运动员不限年龄，男运动员须满40周岁；无差别双打，性别、年龄不限。团体赛分为8个小组进行，第一阶段采用分组单循环赛制，第二阶段采用小组前两名交叉淘汰赛，最终玉溪市商业银行网球队力克昆明、普洱等地劲旅，勇夺第一名。

【玉溪手机报第三届足球赛】 2013年11月2日，“七彩云南全民健身运动会”金鼎投资杯玉溪手机报第三届足球赛在玉溪体育场拉开帷幕。比赛由市体育局、玉溪日报社主办，红塔区文旅广体局、玉溪日报社文化产业部、玉溪新兴文化传播有限责任公司、红塔区足球协会承办。来自全市的20支球队400多名运动员参赛，比前两届足球赛增加4支球队，场次由32场增加到64场。赛事从11月2日至12月22日利用8个双休日进行。

经过激烈争夺，红塔物业队以3：2击败玉昆钢铁队夺得冠军，获8 000元奖金，玉昆钢铁、汇龙科技分获亚军、季军。红塔教育队获公平竞赛奖，云之南队获道德风尚奖，金鼎蓝鲨队获最佳组织奖。闭幕式颁奖后，主办方举行捐款活动，参赛的20支球队捐赠爱心善款8 470元，用于以后足球比赛的开展和受伤球员治疗。

【受国家、省、市表彰命名的先进单位和个人】 2013年8月第十二届全国运动会期间，国家体育总局对全国群众体育工作先进单位和个人进行表彰，玉溪红塔区玉兴街道新兴社区、通海县、新平县文化旅游广电和体育局、华宁县文化旅游广电和体育局、江川县文化旅游广电和体育局、玉溪体校等被授予“2009～2012年度全国群众体育先进单位”称号。曹坤、刘永俊、尹俊武、张开兰等被授予“2009～2012年度全国群众体育先进个人”称号。

1月，红塔区青少年体育俱乐部被国家体育总局命名为国家级青少年体育俱乐部，玉溪八县一区实现了国家级青少年体育俱乐部全覆盖。

3月，省政府授予玉溪市体育局“云南省参加全国第七届农民运动会先进集体”，授予张万林、段兆艳、袁双平“云南省参加全国第七届农民运动会先进工作者和优秀教练员”。

12月，玉溪体育运动学校杨国才被国家体育总局田径运动管理中心评为“田径耐力性项目高原人才开发计划”优秀基层工作者。

12月，省体育局、省摄影家协会举办首届“体彩杯”七彩云南全民健身摄影比赛，玉溪市作者李红的作品《民间运动会》、徐志的作品《赛场上的音符》、潘泉的作品《技高一筹》分别荣获一、二、三等奖，解家敏的作品《健身潮涌抚仙湖》等十余幅作品分获优秀奖和入选奖。

（解家敏）

竞技体育

【参加省十四运会预赛】 2013年，玉溪组织运动队参加云南省第十四届运动会田径、游泳、自行车、皮划艇、击剑、射击、射箭、武术套路、篮球、排球、沙滩排球、网球、乒乓球、体操共14个项目的预赛，获得金牌47.5枚，银牌45枚，铜牌38枚。参赛运动员329人，其中320人获得2014年省运会决赛参赛资格。

【参加十二届全运会】 第十二届全国运动会于2013年9月12日在沈阳闭幕。共有20名玉溪运动员参赛，其中代表云南参赛的18名运动员获得3枚银牌，1枚铜牌，2个第四名，1个第六名，1个第八名的好成绩。

在9月2日举行的铁人三项男子个人决赛中，代表解放军队参赛的玉溪籍运动员白发全，以2小时1分33秒61的总成绩获得该项目金牌；9月2日举行的全运会蹦床男子团体决赛，代表福建队参赛的玉溪籍运动员杨松与队友密切合作，以216.300的团体总分获得该项目金牌；9月6日结束的全运会场地自行车男子个人全能赛中，代表云南参赛的玉溪籍运动员师涛，经过行进间计时赛、记分赛、淘汰赛、个人追逐赛、捕捉赛和计时赛6个单项的角逐，以27分的成绩，排名该项目第3名，为云南代表团夺得1枚铜牌。9月4日结束的自行车男子场地团体追逐赛中，玉溪籍运动员师涛、伍文国与队友合作，以4分3秒868的成绩获得该项目第四名；9月7日举行的全运会女子自由式摔跤55千克级比赛中，玉溪体校培养输送的运动员周本仙在预赛中一路过关斩将，闯进决赛，为云南代表团拼得一枚银牌；9月8日举行的全运会田径男子3 000米障碍决赛中，玉溪体校培养输送的云南、解放军队双记分运动员张中记以8分38秒97的成绩获得该项目银牌。

2014年1月26日，云南省政府召开第十二届全国运动会云南代表团总结大会，在会上，省人力资源和社会保障厅、省体育局授予玉溪市体育局“云南省参加中华人民共和国第十二届运动会集体嘉奖”，为玉溪运动员周本仙、张中记、李建芳记二等功、师涛记三等功，刘浩获个人嘉奖。

【承办全国公路自行车冠军赛】 2013年4月6～9日，“玉溪杯”全国公路自行车冠军赛暨首届玉溪自行车公开赛在玉溪举行。比赛由国家体育总局自行车击剑运动管理中心主办，云南省体育局、玉溪市人民政府承办，是当年举办的第一项全国性公路自行车赛事，是玉溪市承办的规模最大、水平最高的一次全国性专业自行车赛事。省体育局局长杨宁、市委书记张祖林、省体育局副局长赵建军、副市长杨洋等出席自行车赛开幕式，张祖林宣布赛事开幕，杨洋致辞，省、市领导分别为比赛鸣枪。

来自北京、上海、辽宁、广东、云南、解放军等22支代表队共171名专业运动员参赛，其中男子组105人，女子组66人，共进行了专业组个人计时赛、城市绕圈赛、个人赛3个项目及公开组比赛。赛事日程为：4月6日：男子40千米、女子20千米个人计时赛，起、终点：玉溪高新区科技大楼。4月7日：男子80千米、女子60千米城市绕圈赛，起、终点：玉溪河滨路兰溪桥。4月8日：男子190.6千米个人赛，

2013年4月9日，“玉溪杯”全国公路自行车冠军赛暨首届玉溪自行车公开赛圆满结束，图为山东选手王美银夺得男子个人赛冠军　（解家敏　摄）

4月9日：女子102千米个人赛，地点：抚仙湖沿岸。

经过4天比赛，个人计时赛男女冠军被山东队赵京彪和解放军、云南双计分选手普译娴夺得。城市绕圈赛中，辽宁队单双拔得男子组头筹，云南红塔山队姜坤、赵康分获第三、四名，女子组冠军由山东队刘晓英获得，云南红塔山队张雅获第五名。男子个人赛冠军由山东名将王美银夺得，女子个人赛冠军由山东选手郇静夺得。

为促进本地自行车运动的发展，为广大业余自行车爱好者提供参与高级别赛事的机会，4月7日专业组城市绕圈赛后进行了首届玉溪自行车公开赛，设公开组男子40千米、女子20千米城市绕圈赛。

玉溪是第一次举办全国性公路自行车专业赛事，赛事承办工作得到了国家体育总局自剑中心、各参赛队、新闻媒体及玉溪市民的充分肯定。新闻媒体对本次赛事进行了密集宣传，中央电视台、新华社、中国体育报、中国旅游报、云南日报、春城晚报、云南网等中央、省、市媒体对赛事进行了多次报道。玉溪电视台、玉溪日报、玉溪新闻网制作专题节目和专栏进行了全方位报道。

【承办国际男子网球巡回赛玉溪站比赛】　2013年“玉商杯”ITF国际男子网球巡回赛中国玉溪站比赛，4月20～28日在玉溪红塔网球中心举行。赛事由国际网球联合会（ITF）批准，国家体育总局网球运动管理中心、玉溪市人民政府主办，玉溪市体育局、云南羽润立盛文化传播有限公司承办，红塔网球中心、玉溪市少体校、市网球协会协办，玉溪市商业银行冠名赞助。来自俄罗斯、德国、韩国、日本、中国等13个国家和地区的100多名职业运动员参赛。比赛设单打、双打两项，单打预选设64个位置，单打正选设32个位置，双打正选设16个位置，总奖金1.5万美元。经过激烈角逐，来自澳大利亚的尼克获得单打冠军，日本选手内山靖崇、守屋宏纪获双打冠军。玉溪籍运动员陶俊楠、王瑞凯、王瑞旋参加本站比赛，陶俊楠在单打32进16的比赛中成功晋级，获得1分的ITF积分，在男子双打1/4决赛中，陶俊楠和队友成功晋级半决赛，同样获得积分，这是玉溪网球选手第一次获得国际网联积分。

【承办省级赛事】　2013年1月28日，云南省青少年乒乓球冠军赛在玉溪市少体校开拍，比赛为期4天。来自昆明、昭通、大理、玉溪等州市的110多名选手参加，当日进行了男女团体共39场次比赛。本次比赛由省体育局主办，市体育局、市少体校承办。比赛按照年龄规定划分为甲、乙、中学三个组别，设男女团体、男女单打、双打和混合双打项目，采用国家体育总局审定公布的乒乓球最新竞赛规则进行。市少体校、市乒乓球培训中心2支代表队、34名乒乓球选手参赛。

1月27日至2月1日，云南省青少年拳击冠军赛在玉溪体育运动学校举行。比赛由省体育局主办，市体育局、玉溪体校承办。参赛人员为各州、市获得2012年云南省拳击锦标赛各级别前16名的运动员。来自大理、昭通、昆明、玉溪等州市的10支队伍参赛，参赛人员达155人。竞赛项目设男子甲组12个公斤级、男子乙组12个公斤级、女子组8个公斤级，比赛采用单败淘汰制。玉溪共有4名男、女子运动员参赛。

2月2～6日，云南省青少年武术套路冠军赛在玉溪体校举行。比赛由省体育局主办，市体育局、省武术协会、玉溪体校承办。来自各州市及武术训练点、武术馆校的15支队伍参赛，参赛人员146人。比赛项目设甲组（男、女各12项）拳术、传统器械、短器械、长器械、对练5个大项，乙组（男、女各10项）拳术、短器械、长器械3个大项。玉溪代表队共有14名男、女运动员参赛。

【参加全国幼儿体操比赛】　2013年5月21～25日，通海县第二幼儿园体操队参赛“中南杯”全国幼儿体操比赛获得优异成绩。本次比赛由中国关心下一代工作委员会、中国宋庆龄基金会、中国下一代教育基金会等单位联合主办，在江苏省南通市举行，来自全国各省、市、自治区，各行业体协的46支基层幼儿园代表队参赛。通海二幼代表队在比赛中荣获甲组金奖、优秀完成奖、建制幼儿园通讯评比“三连冠奖”、开展幼儿体操活动“先进单位”等奖项。

通海县第二幼儿园于1992年在玉溪市率先开展了“幼儿体操”训练，屡次荣获全国、全省金奖，曾获得全国体操“三连冠”等多项荣誉，评为“全国体操建制通讯一等奖”，被省、市体育局定为“省、市体育重点项目后备人才培训基地”，形成了以体操为优势的体育艺术教育特色。

【全市少儿田径、游泳、篮球赛】2013年7月21～23日，由市体育局、教育局主办，红塔区文化旅游广电和体育局承办的玉溪市少年儿童田径比赛在玉溪体育场举行。来自全市八县一区共9支代表队参赛。比赛设男、女少年组：100米、200米、400米、800米、1 500米、3 000米、5 000米、3 000米竞走、5 000米竞走、100米栏（男）、80米栏（女）、4×100米接力、4×400米接力、跳高、跳远、三级跳远、铅球、铁饼、标枪、三项全能共19项；男、女儿童组：60米、100米、200米、400米、800米、1 500米、3 000米、2 000米竞走、跳高、跳远、铅球、掷垒球、三项全能共13项。经过3天比赛，红塔区、通海县、元江县、易门县、江川县、澄江县代表队分获团体总分前六名。易门县、红塔区代表队获体育道德风尚奖。红塔区代表队3名运动员在3个项目中5次打破玉溪市田径比赛儿童组记录。本次比赛提高了玉溪市少年儿童体育竞技水平，为体育后备人才选拔搭建了平台。

7月25～26日，一年一度的玉溪市儿童游泳比赛在玉溪体校举行。比赛由市体育局主办，玉溪体校承办，来自全市7个县区的180余名运动员参赛。本次比赛设8～12岁年龄组，项目设置为男、女8岁组50米蛙泳腿、50米自由泳腿；9-10岁组和11～12岁组100米蛙泳腿、100米自由泳腿、蝶泳全能、仰泳全能、蛙泳全能、自由泳全能。最终红塔区、华宁县、江川县代表队分获男、女团体总分第一、二、三名，华宁、通海县代表队获体育道德风尚奖。一年一度的全市少儿游泳比赛是已形成制度的单项赛事，成为发现选拔玉溪游泳苗子的大平台。

8月1～4日，由市体育局、教育局主办，新平县文化旅游广电和体育局承办的玉溪市少年篮球比赛在新平县举行。比赛共有6支男队、7支女队152名运动员参加。经过4天角逐，澄江县、新平县、易门县、红塔区、元江县和江川县分获男子组前六名，澄江县、易门县、红塔区、通海县、新平县和元江县分获女子组前六名。新平县男队和红塔区女队获体育道德风尚奖。

（解家敏）

【参加全国高原耐力项目挑战赛】 2013年7月27～28日，由国家体育总局田径运动管理中心主办，贵州省体育局承办的“第三届高原耐力项目挑战赛”在贵州省清镇训练基地举行。玉溪体校20名中长跑运动员参加比赛并取得不俗成绩：苏馨钰获女子12～13岁组2千米越野和4千米越野第一名；叶财获男子12～13岁组6千米越野和8千米越野第一名；张赛获男子16～17岁组8千米越野第一名；陈国俊获男子16～17岁组6千米越野第二名，8千米越野第三名；罗琴会获女子12～13岁组3千米竞走第二名。

本次挑战赛分为12～13岁、14～15岁、16～17岁三个年龄段男女竞走、越野跑两个竞赛项目。贵州、云南、青海、甘肃、内蒙、西藏6个西部省区运动队参加。玉溪体校20名运动员通过集训选拔后入选云南省代表队参赛。西部6省区都建立了相应的耐力项目专项训练基地，形成了高原省份体育特色文化。

（普云红）

【玉溪抚仙湖帆船队创佳绩】 2013年，由玉溪市体育局、云南云湖水上运动有限公司共同组建的玉溪抚仙湖帆船队，作为第一支内陆湖泊帆船队首次亮相国内顶级俱乐部赛事就取得较好成绩，开创了云南航海运动的历史。

10月6日，主题为“美丽厦门·扬帆远航”的第九届中国俱乐部杯帆船挑战赛在厦门五缘湾帆船港结束第一阶段比赛。经过3天角逐，首次组队参赛的玉溪抚仙湖队以小组第7名的成绩顺利挺进16强。11月8～11日，晋级的16支船队在厦门进行对抗赛，玉溪抚仙湖队在比赛中被淘汰。

10月26日，为期3天的第七届中国杯帆船赛在深圳大亚湾举行，此赛事是亚洲规模最大的帆船赛事，来自35个国家和地区的100支船队参赛。玉溪抚仙湖帆船队参加IRC组别比赛，该组别共有10支船队参赛。在首日的比赛中，玉溪抚仙湖帆船队抓住时机，两轮比赛获得第五名。在第二天比赛中玉溪抚仙湖帆船队两轮比赛获得第七名。10月28日，玉溪抚仙湖帆船队在最后一天的场地绕圈赛中发挥稳定，两轮比赛最终排名第七名。

【举办三人篮球赛】 2013年10月19～20日，由中国篮球协会、百胜餐饮集团中国事业部主办，玉溪市体育局、肯德基地方公司承办的肯德基全国青少年三人篮球冠军挑战赛云南赛区玉溪分赛区常规赛在红塔区举行。比赛设16～19岁男子青少年组，分常规赛和季后赛（市级赛、省级赛和全国总决赛）。通过网络报名，来自玉溪的13支代表队参加了常规赛。经过角逐，蜂鸟一队积分最高，代表玉溪参加云南市级赛。

10月26日至11月2日，由玉溪市体育局主办，市篮球协会承办，云南红牛维他命饮料有限公司冠名的玉溪市“红牛杯”三人篮球赛在玉溪聂耳文化广场篮球场举行。比赛设18岁以上男、女两个组别，共有9支男子代表队和4支女子代表队参赛。本次旨在为广大篮球爱好者提供一个展示自我、以球会友的平台，促进全民健身运动广泛开展。

（解家敏）

【运动员输送及裁判员批授】 2013年，玉溪各县（区）向玉溪体校输送运动员45人，向市少体校输送20人。玉溪向省优秀运动队输送运动员3人，向省体育运动职业学院输送运动员5人。

2013年市体育局批授二级运动员124人，二级裁判员373人，三级裁判员670人。省级体育部门批授玉溪等级运动员：一级运动员15人，一级裁判员18人，二级裁判员6人。

（普云红）

社　　会

编辑：王　斌

人口与计划生育

【概　况】　2013年，全市人口和计划生育系统坚持以稳定低生育水平为目标，以创新体制机制为动力，用“和美家庭”工程统领工作，着力提升管理服务水平，全市人口和计划生育工作取得较好发展。

圆满完成2013年度人口计划。据计生统计年报，2013年全市年末总人口216万人，出生人口19 156人，政策内生育的17 648人，符合政策生育率92.13%，人口出生率8.91‰。自然增长人数6 527人，自然增长率3.04‰，优选节育率达82.77%。全市累计领取《独生子女父母光荣证》97 496人，其中：2013年新领证1 600人，领证率22.56%，领证率比上年同期增加0.54%。2013年，全系统共处理来信来访4 647件，办结率100%。

【计划生育指标完成情况】　据计生统计年报：2013年，全市出生婴儿19 156人，比上年同期少出生1 812人。其中：男性9 894人，女性9 262人，男、女婴儿性别比107：100，与上年同期持平。从分孩次出生婴儿看：一孩出生11 842人，一孩率61.82%，性别比106：100；二孩出生7 034人，二孩率36.72%，性别比107：100；多孩出生280人，多孩率1.46%，性别比137：100。与上年同期相比：一孩减少897人，一孩率上升1.06个百分点；二孩减少957人，二孩率下降1.39个百分点；多孩增加42人，多孩率上升0.33个百分点。

在出生的19 156人中，政策内生育17 648人，符合政策生育率为92.13%，比上年同期下降1.65个百分点。分孩次计划生育率分别为：一孩94.83%，二孩90.06%，多孩29.64%。计划外出生1 508人，比上年同期多204人，计划外生育率7.87%，比上年同期高1.65个百分点。计划外多孩出生197人，比上年同期增加29人，计划外多孩生育率1.03%，比上年同期增加0.23个百分点

全市已婚育龄妇女432 113人，占全市总人口2 160 037人的20.00%，比上年同期减少3 298人。累计落实各种节育措施379 434人，比上年同期减少3 577人；综合节育率87.81%，比上年同期下降0.16个百分点。其中：长效节育人数357 666人，与上年同期相比：减少4 188人，优选节育率82.77%，下降0.33个百分点；采取针药及避孕药具避孕21 768人，增加611人，针药具避孕率5.04%，上升0.18个百分点。

【人口和计划生育责任目标落实情况】　2013年，省下达玉溪人口和计划生育事业费投入1 080万元，完成1 305.29万元，超额225.29万元。不断强化乡级人口和计划生育管理服务职能，中共玉溪市委机构编制办公室下发《玉溪市乡镇人口和计划生育服务所职责规定》文件，做到有编制、有人员，职责明确。

建立人口信息化联动机制。根据省人口计生委要求，以试点县新平县为基础，全市9县区75个乡镇均建立以政府为主导，统筹多部门参与的人口信息联动机制，实现人口信息资源共享。

稳定低生育水平。据2013年计生统计年报，全年出生人口19 156人，人口出生率8.91‰，自然增长人数6 527人，自然增长率3.04‰，完成省下达12‰的指标任务；其中：计划内出生17 648人，符合政策生育率92.13%，完成省下达90%指标任务。

优生促进工程。抓好19项国家基本免费孕前优生健康检查项目，累计免费检查21 007人次，检查率91.78%，超出省下达任务11.78个百分点。

流动人口服务管理。充分发挥流动人口服务管理均等化试点领导小组办公室作用，做好均等化服务，完成《同一片蓝天》的编撰工作。加强信息化建设，圆满完成五县区14个样本点280户流动人口抽样评估检测和全国流动人口服务管理均等化试点工作任务。

推进“诚信计生”工作。全面推进“诚信计生”工作，村（居）民自治效果较好，行政处罚和社会抚养费征收案卷评查合格率100%，奖励扶助和特别扶助等卷宗合格率100%，依法行政工作合格率100%，各项工作都有经验有总结。圆满完成了人口和计划生育工作成效综合评估8项指标考核。

【人口和计划生育工作会】　2013年

3月8日上午，市政府召开全市社会事务口工作会议。会上，副市长杨洋提出了2013年人口与计划生育工作思路及目标，市政府与各县区政府签订目标管理责任书。下午，市人口计生委召开全市人口和计划生育工作会暨计划生育家庭意外伤害保险工作会议，会议进一步明确2013年各项工作的重点和要求，并通报了2012年度对各县区目标管理和流动人口均等化服务的考核及奖惩情况。市人口计生委与各县区人口计生局签订了2013年度目标管理责任书，安排部署2013年度全市计划生育家庭意外伤害保险工作，并与各县区签订计划生育家庭意外伤害保险目标责任书。

【计划生育宣传教育】　2013年，玉溪的人口与计划生育宣传教育工作以“婚育新风进万家”活动为载体，开展好“5·29”、“三下乡”等活动，办好《计划生育》专栏、计生服务网站，组织群众喜闻乐见的人口计生文艺活动，充分利用网络、广播电台、报刊等传媒工具，加大人口文化、婚育新风、计生政策的宣传力度，人口计生宣传品入户率95.6%，计生知识群众知晓率95.2%。

1月25日，玉溪市2013年文化科技卫生“三下乡”集中示范活动在峨山县双江街道举行，市人口计生委和峨山县人口计生局相关人员一起到“三下乡”集中示范活动点，发放计划生育政策、生殖保健、避孕节育等宣传材料4 800份、挂历500张、安全套8 000只、避孕药具660盒、印有宣传图画的购物袋300个，解答计划生育政策31人，免费体检182人，并向双江街道柏锦社区捐赠资金10 000元。

参加玉溪市“12·4”全国法制宣传日活动，向群众发放计划生育政策宣传挂历、流动人口“五免费”宣传小折页和计划生育服务指南、生殖保健、避孕节育等宣传材料，共发放宣传挂历1 000张、安全套4 000只，宣传材料1 000张，现场解答计划生育政策13人。

【计划生育技术服务】　2013年，玉溪市的计划生育技术服务以提升优质服务，精心推进免费孕前优生健康检查项目，坚持民需我为，主动上门为群众服务，满足群众的生育生殖健康需求。

国家免费孕前优生健康检查项目。争取易门、元江县纳入2013年度国家免费孕前优生健康检查项目试点县，率先在全省实现国家免费孕前优生健康检查项目全覆盖。认真抓好19项国家基本免费孕前优生健康检查项目，累计免费检查21 007人次，检查率91.78%，超出省下达任务11.78个百分点，红塔区临床检验室间质评名列全省第一。对申请病残鉴定的17名儿童进行病残儿医学鉴定。

叶酸调供服务工作。在全市范围内建立出生缺陷一级预防、农村妇女免费增补叶酸、免费孕前优生健康检查项目“三合一”工作机制，率先在全省全面实施优生促进工程，免费发放叶酸15 573人份。

计生药具工作。开展计生药具专项治理整顿和廉政风险防范工作，新增35个免费避孕药具发放网点，投入资金100万元新配备11台药具自助发放机，建设VI形象店2个，药具应用率达99.28%、随访率达99.5%。继续实施推广使用安全套预防艾滋病工程，发放宣传资料22 598份、安全套451.2万只，宾馆、酒店等重点场所保持100%摆放安全套。

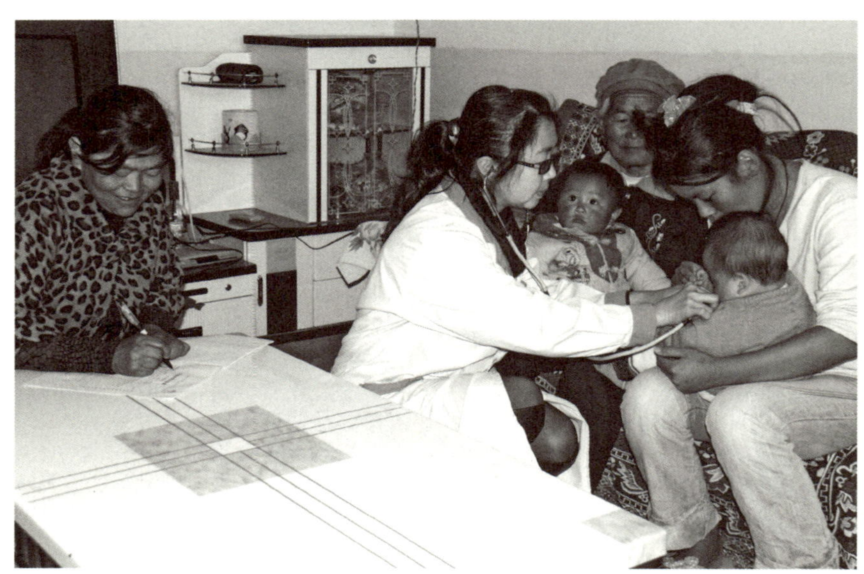
2013年1月28日，新平县计生服务站工作人员到平甸乡入户走访（市计生委　提供）

女性生殖健康知识讲座。邀请省市有关专家开展女性生殖健康知识巡回讲座、现场咨询等服务，全年举办讲座19场次，2 800余人次参加，接受咨询690余人次、免费义诊880余人次。

“青春健康”和“关爱女孩”行动。组织开展“关怀儿童健康成长、生殖健康知识进社区到农家、青春健康进校园”知识讲座6期，覆盖3 600余人次。

计划生育优质服务先进单位创建活动。完成易门县创建全国计划生育优质服务先进单位申报工作，全市9个区县中，峨山、红塔、华宁、新平、江川、通海6个县区先后荣获“全国计划生育优质服务先进单位”称号，“国优”比例位居全省第一。

技术人员培训。11月4～6日，邀请省第一人民医院、省人口计生科研所、省计生药具站、市人民医院有关专家对全市人口计生系统专业技术人员和药具管理人员130余人进行业务技术培训。

【计划生育法制工作】　2013年，市人口计生委以开展基层行政执法专项活动、“重点帮扶”、“诚信计生”等工作为载体，推行执法责任制度，强化法制培训，规范执法行为。举办全市计划生育依法行政培训班2轮次，组织未取得行政执法证件的1人和行政执法证件到期的8人统一参加市政府法制办组织的行政执法人员资格培训和考试，全市人口计生系统执法人员持证率达100%。完善行政决策程序，举行重大决策事项专家论证2次，重大决策事项合法性、合理性、可行性和可控性风险评估2次。行政执法专项检查，未发现违反相关法律法规和“人口和计划生育群众工作纪律”的行为和现象。

加强依法行政工作。实施3轮人口计生系统基层文明执法专项活动和行政执法案卷评查，完成9个依法行政示范乡镇工作，处理信访积案15件。创新执法方式方法，联合法院、卫生、

药监等部门开展3轮综合整治违法生育、非医学需要的胎儿性别鉴定、选择性别引产等违法行为的清查和计生药具市场清理整顿。办理行政处罚案件704件，处理“两非”案件1起，办理社会抚养费征收案件379件，申请法院强制执行116件，无行政复议案件和行政应诉案件。

深化“诚信计生”工作。加强人口计生工作的规范化、法制化建设，落实行政执法人员执法资格管理制度，落实“两个工作纪律”和“八不准”的规定；加大计划生育法制宣传力度，举办法制知识讲座，增强干部群众的法制意识。畅通“96128”政府政务信息专线及网上公众信箱，开展“请农民兄弟姐妹评计生”和“请流动人口农民工评计生”活动，评议结果综合满意率分别为98.89%和98.16%；积极组织参加市政府纠风办的“政风行风热线”和省政府“金色热线”直播节目，以公开带动“阳光管理”、“阳光服务”、“阳光维权”；做好3个县9个乡20个村的诚信计生示范点工作。

深化行政审批制度改革。制定玉溪市人口计生委《关于贯彻落实市政府〈加强法律服务确保项目建设有序推进的意见〉的通知》，深化行政审批制度改革，梳理下放县区2项审批权限。认真落实复议案件主办人制度，全年无行政诉讼案件，未收到行政复议申请，无未经行政复议直接提起行政诉讼和行政复议决定作出后提起行政诉讼的案件，行政复议渠道畅通状况良好。

计划生育执法案卷评查。10月29～30日，采取交叉评查的方式对18件计划生育行政执法案卷进行评查，其中：社会抚养费征收案卷9件，行政处罚案卷9件，18件案卷评分均在90分以上。

【流动人口计划生育服务管理】 2013年，玉溪市的流动人口计划生育服务管理重点抓实七项工作：健全党政领导下实现全体社会成员基本公共服务均等化的工作新机制；改进服务措施，强化优质服务，切实为流动人口提供医疗卫生、劳动就业、子女就学、计划生育、住房保障、维权保护、政策法规以及养老保险等全方位的均等服务；推进网格化建设，健全实有人口动态管理机制；继续开展创建流动人口综合服务示范站工作；认真做好“农转城”的相关衔接工作；加强监督检查及流动人口动态监测工作；深入开展均等化服务课题研究，做好全面反映玉溪流动人口计划生育均等化服务试点工作成果《同一片蓝天下》的编辑工作，巩固提升均等化服务与科学管理水平。围绕七项工作，以创新流动人口计划生育均等化服务管理，强化基层基础工作，突破重难点问题为发力点，认真开展“两项活动”、推行“三公开”、落实“五免费”服务，健全宣传倡导、信息管理、动态监测、综合服务管理和流动人口计生协会网络，人口计生重难点工作取得新突破，圆满完成国家卫计委下达的280户流动人口动态监测抽样调查任务，全市登记录入流动人口172 435人，流动人口计生政策法规和公共服务信息知晓率95.3%，流动人口免费计划生育技术服务落实率81.33%。深化流动人口计划生育区域协作，两地或多地间协调互动、齐抓共管、信息共享、责任共担、情况互通、合作共赢的长效工作机制运行良好。

5月30～31日，省人口计生委到玉溪对流动人口服务管理工作和2013年流动人口动态监测工作进展情况进行调研督查，督查组深入到红塔区、峨山县、通海县进行实地调研督查，实地抽查3个县（区）各一个乡（镇、街道）、社区的流动人口基层计划生育台账，查看了3个县（区）各一个流动人口动态监测抽样调查样本点的动态监测入户调查问卷，并深入流动人口被调查对象群众家中进行调查问卷回访。通过听取工作汇报、查看调查问卷填写情况、查阅流动人口计划生育基层统计台账及相关基础工作后，对玉溪的流动人口服务管理工作给予充分肯定：玉溪市2013年的动态监测工作通过建立动态监测领导机构、认真选派调查人员、保障动态监测经费、组织调查人员培训、进行逐级审核把关、实施统一集中录入，于5月31日前圆满完成14个样本点280户调查问卷录入和上传任务，流动人口管理基层基础工作扎实有效，台账健全，运转正常，玉溪的流动人口服务管理、基层基础工作、均等化服务试点工作等方面均值得在全省推广。

【药具管理工作】 2013年，计划生育药具管理与服务工作强化“五抓一构”，全面提升药具管理与服务水平。市、县区、乡镇把药具工作纳入人口与计划生育工作中，同安排、同管理、同布置、同考核，明确责任，层层落实。认真实施推广使用安全套防治艾滋病工程，安全套摆放率和业主责任书签订率均达100%。投入经费，用于药具宣传培训、仓储设施、办公设备、新型药具的推广应用以及发药员补贴等。抓特色亮点，创新服务领域，在全市建立统一规范的流动人口育龄群众生殖健康、避孕药具发放随访服务档案；在75个乡镇设置流动人口避孕药具展示柜，保证流动人口免费避孕药具供应，实现流动人口药具服务与管理全覆盖。由市政法委牵头，人口计生委等多部门合作，启动以“两项活动”、“三公开”、“五免费”、“六个制度”为主要内容的试点工作，破解流动人口计划生育盲点、难点、重点问题，确定“流动人口生殖健康定点服务单位”78个，设立“流动人口温馨家园”72个和382个避孕药具发放点，设立9个县级检测点和78个乡级、2个厂矿（企业）流动人口监测点，定期开展流动人口需求调查。把药具管理融入到优质服务工作中，实现一县一品、各具特色的计划生育药具优质服务。抓岗位培训，提高队伍素质，采取集中培训和以会代训的方式对县乡两级药管人员培训，药具人员持证上岗达100%。构建品牌形象，创新服务摸式，投入13万元打造“云南计生药具管理VI系统”形象店和标有“云南计生药具管理”标识的药具展示柜在服务中心（站）大厅内摆放，市级配套每个县区4 000元，各县区配备一台计划生育药具自动免费多功能型发放机，实现计划生育药具发放工作的智能化、信息化、网络化，做到24小时向服务对象提供自助式产品与信息服务。全市共有药具自助发放机11台，均安装在县（区）计划生育服务中心（站）和县（区）政府便民服务大厅，并接入国家计生药具免费发放机后台管理监测系统。截止12月底，计划生育药具执行率100%。

【计划生育协会工作】 加强协会组织建设。2013年6月20日，市机构编制委员会办公室同意增设市计划生育协会机关内设机构综合科、项目管理科，设科长2名；增加市计划生育协会机关事业编制3名，调整后，玉溪市计划生育协会机关事业编制8名。结合村级换届选举，指导基层协会及时调整充实协会理事会和工作人员，调整率达90%。截至2013年末，全市有协会组织822个，其中：市级1个、县级9个、乡（镇）级74个、村级669个，企业协会27个，流动人口协会42个，企业和流动人口建会率达应建数的55%；有团体会员85个，个人会员21.5万人，占总人口的9.23%；协会理事9 881名，会员小组6 194个，“会员之家”762个，建立会员联系户133 242户；按照中国计协和省计生协的要求，扎实做好人口计生基层群众自治示范村（居）工作，推荐上报2个省级示范村（居）、7个国家级基层群众自治示范村（居）。

广泛宣传，传播新型人口文化。2013年，省计生协确定协会工作为“群众性计划生育宣传年”，省计生协捐赠价值6 000元的人口文化书籍800余册，在易门县梅营村、峨山县小街建立“人口文化书屋”。市计生协在澄江县龙街街道办事处忠窑社区、元江县澧江街道红侨社区建立“人口文化书屋”，捐赠价值6 000元的790余册图书。开展形式多样的宣传服务活动，利用“5·29”会员活动日、“7·11”世界人口日、“12·1”预防艾滋病日等重要活动日，印发宣传品10余种28万份，发展协会宣传服务阵地1 307个，建立文艺队1 291支，组织文艺演出30场次38 400余人次观看演出，广播宣传224次，出板报195期，发放各类人口计生宣传资料宣传单9万份、“青春健康”教育宣传折页6万份、“生育关怀·幸福玉溪”挂历10万份；为育龄妇女免费提供生殖健康医学服务11 188人次，义诊、量血压等4 565人次，查环、查孕、查病11 188人次，发放安全套14 805盒、避孕药4 680人份，组织培训6 079人次，群众咨询11 855人次，慰问独生子女、双女困难户及困难计生工作者671户、发放慰问金82 196元，慰问品价值9 500元。加强与媒体的合作，《玉溪日报》刊载专版12期，玉溪电视台开播专栏7期，提高宣传覆盖面和群众知晓率。

生育关怀行动。利用92万元计划生育基金，启动实施第四轮“少生快富”帮扶项目，帮扶计生困难户96户，受益群众364人。其中：独子户47户、双女户31户，其它计生困难户18户；种植52户、养殖29户、经商10户、其他12户。新平县计生协争取政府投入50万元建立生育关怀基金，扩大计生帮扶户33户。年初，省计生协投入10万元资金，在易门县实施“幸福工程—救助贫困母亲”项目，开展“治穷、治愚、治病”工程，帮扶10位计生贫困母亲发展生产，提升家庭发展能力。与三八妇乐公司合作，持续开展以“落实生育关怀·传播健康知识”为主题的“生育关怀—女性生殖健康知识讲座”活动，全市共举办讲座32场6 023人次。与昆明送子鸟医院合作，开展“生育关怀—助孕工程”项目活动。与云南九洲医院合作，持续抓好“生育关怀·幸福家庭”项目活动，通过动员不孕不育家庭积极诊疗，2对夫妻成功怀孕生子。

青春健康教育项目。省计生协投入5万元资金，市计生协配套9 000元，筹建新平县青春健康教育培训示范基地，在新平县戛洒中学开展青春健康教育活动，并辐射全县中小学，把生育关怀延伸到校园；市计生协印制了《青春健康知识》折页发到各县区中小学生，对青春健康教育知识进行宣传普及，举办专题知识培训讲座，为中小学生提供生理、心理健康咨询服务。

2013年8月29日，市、区计生部门在红塔区中卫社区开展计划生育药具服务宣传活动

（市计生委提供）

“防治寄生虫病·促进健康行动”项目。2013年6月在峨山县组织基线调查，宣传寄生虫病的危害和健康知识，免费为妇女儿童发放宝塔糖，做好跟踪服务，促进家庭文明卫生习惯的养成。截止年末，中国计生协投入项目经费3万元，驱虫药品宝塔糖20 000瓶。在各县区张帖标语1 755条，挂横幅7条，发放宣传折页585份、宣传单2 000余张，发放宝塔糖驱虫药35件7 000瓶，群众反映较好。结合新农村建设、城乡环境卫生整治和创建卫生城镇等活动，落实改水、改厕、改善环境等综合性防治措施进行传染源控制，努力提高农村安全饮用水和无害化厕所覆盖率，改善家庭和公共环境卫生，提高群众健康水平。

计划生育家庭意外伤害保险工作。坚持政府主导、计生协宣传发动、计生家庭参与、保险部门配合的工作模式，红塔区、新平县、元江县争取到政府补助政策。2013年省下达保费任务300万元，截止年末，共有140 999户计生家庭294 330人参保，保单245 535份，收取保费614.27万元，完成率204.76%，其中：政府补助18.15万元，占2.95%；理赔案件2 054件，赔付金额330.15万元，赔付率53.75%。

“服务社区·城乡共发展”活动项目。该项目全省仅昆明、玉溪两个点，项目资金2.5万元，2013年下半年在红塔区玉带街道郑井社区开展试点，项目文本和项目实施方案已上报省计生协，相关活动按方案陆续开展。

“手拉手·心连心·送温暖”活动。按照幸福工程云南省组委会、云南省计划生育协会的要求，市计生协采取项目救助、爱心捐助、结对互助、节日慰问、随访服务、志愿者服务等形式在全市深入开展“手拉手·心连心·送温暖”活动。在“5·29”活动期间，市计生协组织慰问组到红塔区春和街道、李棋街道，江川县雄关乡，通海县九龙街道、秀山街道和扶贫联系点新平县水塘乡邦迈村委会等地，对21户独生子女户、8户双女户、3名困难计生工作

者、4名贫困母亲共计36户进行走访慰问，为每户送去慰问金300元，共计10 500元。

创建幸福家庭活动。玉溪是全国开展创建幸福家庭活动32个试点市之一，按照“五年三步走”实施，试点先行，分类指导，2013年最后一批澄江、通海、元江3个县开展创建活动，形成了全市整体推进的局面。

【计划生育协会第四次会员代表大会暨表彰会】 2013年12月23～24日，玉溪市计划生育协会第四次会员代表大会召开，省计划生育协会副会长易会安、中共玉溪市委常委方志鸣到会并讲话。会议选举产生了玉溪市计划生育协会第四届理事会理事35名、常务理事23名，理事会会长1名、专职副会长1名，聘任名誉会长1名、秘书长1名，原市人大主任董诗强当选玉溪市计划生育协会第四届理事会会长。会上，表彰奖励了计划生育协会工作先进集体60个、先进个人100 名。

【“和美家庭”建设】 2013年，玉溪市人口和计划生育委员会把“人口和计划生育综合改革”、“婚育新风进万家”、“流动人口服务均等化”、“幸福家庭创建”4个国家级试点工作整合为“和美家庭”工程。

年初，市人口计生委组成3个工作组对“和美家庭”建设工程和重点帮扶的元江、新平、峨山、华宁等4县的8个乡开展基线调查，摸清基层基础工作情况和群众需求变化，完善“和美家庭”建设工程年度工作计划，围绕提升优质服务质量，把“和美家庭”工程纳入建设美丽乡村方案和行动计划的内容，争取市级财政投入150万元在红塔区、江川县、新平县3个县区9个乡镇27个村开展试点，建立规范的工作规程、设置6大制度模块，初步构建具有玉溪特点的“党政主导、计生牵头、部门配合、社区互动、家庭参与”的人口计生工作新路子。对181个村（居）委会计划生育规范化建设进行摸底排查和筛选，开展对育龄群众“四查”工作，加强孕情跟踪服务，严格大月份引流产管理，推进出生人口实名制管理、再生育审批、案件评查等工作，分季度、分阶段、分类别开展工作督查，总结推广红塔区“问需百姓创和美”、江川县“三点连一线、和美进万家”、新平县“一条主线、六个结合”的经验，把家庭发展与社区发展融为一体，形成各具特色的品牌。

10月23日，玉溪市人口计划生育委员会在红塔区下赫社区召开“和美家庭”工程现场推进会，省指导组专家，市、县人口计生部门和先行试点单位领导等86人参加会议，与会人员听取了红塔区人口计生局、新平县人口计生局、红塔区李棋街道办事处、江川县雄关乡白岩村委会、红塔区李棋街道下赫社区等单位经验交流，实地观摩了“和美家庭”先行试点工程成果演示。省专家组以授课培训的方式向与会人员解读了“和美家庭”的内涵和工作目标，现场总结推广经验，即席开展“和美家庭”工程推进培训。会议确定玉溪市“和美家庭”应在打造特色品牌上下功夫，力争打造一县一品牌、一地一特色、一村一亮点的新格局。

【重点帮扶工作】 2013年，玉溪市人口计生委针对全市人口计生工作发展不平衡的实际，坚持“抓两头带中间”的工作思路，成立重点帮扶工作领导小组及工作班子，召开重点帮扶工作推进现场会议，按照“一对一帮扶”的思路，采取党组成员挂钩联系、科室结对帮扶、资金重点倾斜等方式，着重对4县8乡（新平县水塘、建兴乡，元江县红河街道、咪哩、那诺乡，华宁县通红甸乡，峨山县小街街道）实施重点帮扶，建立委党组成员、科室帮扶乡镇工作制度，细化责任，明确职责，集中时间和精力开展摸排调查，摸清帮扶地区的现实情况、工作缺项和群众需求变化，形成8个各具特点的重点帮扶工作方案，促进后进地区的工作。

坚持“宣传教育为主、避孕为主、经常性工作为主”的“三为主”工作方法，着眼夯实基层基础工作，制作规章制度模板，帮助帮扶地区建章立制72项；制作基础台帐模板，规范统计台帐，提高基础信息准确率；强化避孕工作，组织30多轮次便民服务活动，主动上门开展“三查”，大幅提高以长效为主的避孕节育措施的落实；强化宣传倡导，编排系列群众喜闻乐见的文艺节目，开展“和美家庭”文艺巡演，加大计划生育国策宣传普及；加强依法管理，督促帮扶县乡开展违法生育的清理清查，提高国策执行的严肃性；发挥计生协会功能，创新计划生育群众自治方式；加强基层计生队伍培训，稳定工作队伍。

在8个乡镇选择基础相对好的3个村作为示范点，完善制度，规范台帐，建立规程。召开3次重点帮扶工作推进现场会，推广先进地区的经验。

重点帮扶工作以项目的形式列入市、县、乡的财政预算，确保帮扶工作有资金。市人口计生委与8个乡镇分别签订目标考核责任书，明确帮扶工作要达到的目标要求。

每月定期上报工作开展情况，及时帮助解决存在困难和问题。委党组成员不定期分别到帮扶点开展工作指导、检查，形成工作督察情况专报，推动工作开展。

通过资金倾斜，加大对重点帮扶地区的经费投入，市级对重点帮扶的每个乡镇补助工作经费10万元，县级补助工作经费6万元，乡级投入不少于4万元，帮扶资金做到专款专用，确保工作经费及时到位。

【创建幸福家庭】 2013年，重点围绕创建“幸福家庭”活动内容和“幸福进万家”主题，以人为本，结合群众需求，在全市开展“五进家五提高”服务活动：婚育文明进家，提高群众文明程度；优生优育进家，提高家庭优生优育能力；健康服务进家，提高群众幸福指数；创业帮扶进家，提高家庭发展能力；生育关怀进家，促进家庭和睦温馨。各县区结合实际，开展特色创建活动，积极打造地方特色的幸福家庭创建品牌，有效推进创建“幸福家庭”活动的深入开展。如：红塔区打造的平安幸福红塔及流动人口“爱心超市”，大营街推行全人口生命周期“一条龙”服务；新平县积极服务于贫困的彝族山苏群众，开展“魅力计生—幸福在山苏”活动；峨山县打造“和美彝乡、幸福家庭”品牌；江川县江城镇的“生育文化一条街”宣传效果突出；澄江县的计生群众自治志愿者服务成效明显；易门县十街乡的“文明幸福家庭”活动，以文明倡导促进幸福家庭的创建；华宁县宁州街道开展的“家庭人口文化进万家”活动，倡导文明新风促进社会和谐；通海高大乡克呆村的“慈孝文化建设”，促进群众形成良好的社会主义道德观念。

【湖北省计生协到玉溪考察交流】 2013年3月21日，由湖北省人口计生委巡视员、计生协副会长裴大新带队的计生协考察团一行6人，在云南省计生协会秘书长张丽萍的陪同下到玉溪市考察交流“生育关怀——创建幸福家庭”活动开展情况。在座谈会上，玉溪计生协会会长施以宽介绍了玉溪市经济社会和人口计生工作情况，市人口计生委主任、计生协常务副会长雷毅和市计生协专职副会长秦光秀介绍了玉溪市计生协会发展现状、生育关怀行动成果和开展创建幸福家庭活动等情况。湖北省计生协副会长裴大新称赞玉溪市作出的努力和取得的成绩经验，特别是对“计划生育综合改革、创建幸福家庭活动、婚育新风进万家活动、流动人口均等化服务”进行整合，进行项目形式运作颇具特色，值得学习借鉴。双方对一些存在的共性问题进行了探讨交流。

【人口计生干部综合培训】　2013年10月28日～30日，玉溪市人口计生委在元江县举办人口计生系统综合培训班，市、县、乡人口计生干部232人参加培训。培训班围绕“人口形势”、“行政执法和文明执法”、“计划生育宣传教育”、“流动人口计划生育服务管理”、“如何开展和美家庭工程创建活动”、“计划生育公文写作”、“计划生育基层组织建设”等课题进行专题培训。

【“国际家庭日”和“协会纪念日”活动】　2013年5月15日是第二十个“国际家庭日”，联合国经济和社会理事会确定的主题为“推进社会融合和代际团结”；5月29日是中国计生协会成立33周年纪念日，也是第十五个全国“协会会员集中活动日”。全市各级计生部门结合实际，把“贯彻十八大精神、关怀计划生育群众”为主题的宣传服务活动和“手拉手·心连心·送温暖”活动有机结合起来，以丰富多彩的形式和内容开展宣传倡导、走访慰问、咨询服务等活动。两个纪念日活动期间，全市各级计生部门召开座谈会30场次，组织文艺演出36场次，观众3.8万余人次，广播宣传224次，出板报195期，发放各类计生宣传资料6.5万余份，为育龄妇女免费提供生殖健康医学服务1.12万人次，义诊、量血压4 565人次，发放避孕套1.4万余盒、避孕药4 680人份。开展慰问计划生育困难、伤残家庭和计生工作者的“送温暖、献爱心”活动，慰问独生子女、双女困难户及困难计生工作者671户，投入资金8.22万元，发各种慰问品折合人民币9 500元。

（普风岚）

劳动和社会保障

【城镇及困难群体就业情况】　2013年，玉溪实现城镇新增就业人员2.065万人，完成省目标任务1.95万人的105.9%，完成市目标任务1.8万人的114.7%；城镇下岗失业人员再就业0.76万人，完成省市目标任务0.6万人的126.1%；帮助0.584万就业困难人员实现就业，完成省市目标任务0.44万人的132.7%；开发公益性岗位4 171个，完成省市目标任务4 000人的104.3%；确保零就业家庭成员至少1人实现就业，城镇零就业家庭保持动态清零；全市城镇登记失业率3.35%，控制在省市指标4.5%以内。

【创业带动就业】　2013年，玉溪市新增发放失业人员小额担保贷款45 575万元，扶持创业7 504人，完成省目标任务7 500人的100.1%；新增发放劳动密集型小企业贷款15 079万元，扶持企业105户，完成省目标任务105户的100%，其中，就业机构推荐贷款7 540万元，扶持50户，完成省目标任务50户的100%；全市由就业经办机构、工会、共青团、妇联、工商联、个私协、教育部门共同开展的贷免扶补小额贷款新增发放贷款49 573万元，扶持创业8 315人，完成省目标任务8 315人的100%，其中就业机构完成新增发放贷款2 304万元，扶持创业人数400人，完成省目标任务400人的100%。

【农村劳动力培训转移】　2013年，全市实施农村劳动力转移特别行动计划，培训农村劳动力6 354人，完成省市指标6 000人的105.9%，转移农村劳动力11 214人，完成省市目标任务6 000人的186.9%，组织专场招聘11场，完成省市目标任务10场的110%。

【大学生创业】　玉溪市采取资金来源多渠道、运营管理多形式的方式大力推进大学生创业园建设工作。继已建成的玉溪市大学生文化教育创业园被省政府认定为省级大学生创业示范园区之后，2013年，在玉溪市高新技术产业开发区科技创业园10楼建成玉溪市大学生科技创业园。玉溪市大学生科技创业园首次采用政府全额投资租赁场地、统一装修、统一配置办公设备、统一提供创业服务的方式，为大学生创业提供免租金、免收费、一站式服务的创业平台，园区面积550.26平方米，可容纳20个创业项目入驻，创业园为入园大学生创业实体提供两年的孵化期限。孵化期内，除免费提供办公场地和基本办公设备外，还为入园大学生创业者优先提供“创业促就业”小额担保贷款、“贷免扶补”小额贷款和劳动密集型小企业贷款，提供免费创业培训、创业指导和政策咨询等服务。

2013年8月，经过招商宣传、在线报名、制定创业计划书、组织专家评审等工作流程，从40多个申请入园的创业项目中筛选确定入驻创业园的20个创业项目。项目入园后，市劳动就业服务局为大学生创业团队提供免费创业培训，协调市工商部门为入园创业者开辟绿色通道办理《工商营业执照》。入园的20个创业项目涉及物联网开发、网络工程、环保技术、电子商务、绿色食品开发、网站建设推广等多个领域，均具有一定的科技含量。年末，入园创业实体的业务量从无到有，营业额逐步增长，部份公司已开始招聘员工，所有入园创业项目全面进入创业实体经营阶段。入园项目正常运营后预计可为社会提供就业岗位200余个，创业带动就业的比例可达1比10以上。

【家庭服务业】　2013年，玉溪人社部门按照“一二百千”总体工作思路，做好发展家庭服务业促进就业工作，以建设一个健全的中心城市家庭服务体系为重点，以规范化和职业化“两化”建设为基础，以千户百强企业创建为载体（2012年玉溪5家单位分别被评为全国千户百强家庭服务企业），深入开展“千户百强”家庭服务企业创建活动；树立一批知名家庭服务品牌，培育一批市场开拓能力强、辐射带动作用大、管理服务水平高的企业群体，扎实推进千户百强家庭服务企业创建活动。表彰“优秀家庭服务企业”20户。2013年家庭服务从业人员达2万人以上，真正实现发展家庭服务企业促就业目标。

【劳动关系】　2013年，按照《劳动合同法》的要求，全市共有9 269户企业与职工建立劳动关系，已签订劳动合同336 217人，劳动合同签订率90.04%；建立企业有效集体合同3 274份，184 966人，集体合同签订率72%。9月启动劳务派遣行政许可审批

工作，开展对全市有劳务派遣资质的73户（红塔区50户，高新区13户，易门县4户，元江县3户，江川县1户，新平县1户，峨山县1户）单位调查；发布《劳务派遣行政许可实施办法》和申请办理事项通告，收集劳务派遣经营许可受理材料，实地复核；统一标准，集中研究和审批劳务派遣行政许可，市级审批9户，红塔区10户，通海县1户，备案4户。严格退休审批和上报提前退休工作，严格执行国家和省的企业退休政策，全年审批退休3 476人，其中：正常退休1 704人，民办达龄退休1 425人，提前退休347人。劳动能力鉴定工作严格执行《云南省劳动能力鉴定办法》，已通过劳动能力鉴定人数1 044人。

【城镇职工养老保险】　2013年，全市参加城镇职工基本养老保险人数28.39万人，完成省厅下达目标任务27.69万人的102.53%，其中：企业养老保险参保从业人员16.14万人，完成省厅下达目标任务15.89万人的101.57%；收缴企业养老保险基金129 361万元，收缴率99%，补收历年企业欠缴养老保险费719万元，完成省厅下达目标任务500万元的143.8%，支付40 322名离退休人员基本养老金80 699万元，支付丧葬抚恤费1 412万元。全市为36 973名退休人员调整增加了养老金，人月均增加208元，调整后人月均养老金1 718元。收缴机关事业单位养老保险费106 675万元（其中：职工个人缴费6 191万元），收缴率达97%，支付20 331名离退休人员基本养老金95 317万元。

【工伤保险】　2013年，全市参加工伤保险人数21.18万人，完成省厅下达目标任务21.15万人的100.14%；收缴工伤保险费9 349万元，收缴率99%，支付3 920人工伤保险待遇7 559万元。全市为261名1—4级工伤和310名工亡职工供养亲属调整增加按月领取伤残津贴、护理费、供养亲属抚恤金。调整后，人月均伤残津贴1 709元；护理费1 051元；供养亲属抚恤金726元。

【生育保险】　2013年，全市参加生育保险人数17.6万人，完成省厅下达目标任务17.5万人的100.57%；收缴生育保险费3 574万元，收缴率99%，支付4 835人生育保险待遇3 164万元。

【失业保险】　2013年，全市参加失业保险人数13.95万人，完成省市目标任务13.4万人的104.1%，其中，参加失业保险的农民工人数为18 943人。失业保险基金收入18 933.68万元，支出5 134.34万元。全市全年共有5 989名失业职工享受失业保险待遇，681名农民合同制工人领取了一次性生活补助。

【城镇基本医疗保险】　2013年，全市参加城镇基本医疗保险人数49.39万人，完成市全年指标的100.7%，其中：城镇职工24.97万人；城镇居民24.42万人。城镇职工医疗保险市级统筹更加完善，省内异地就医购药联网结算范围进一步扩大，实现了城镇职工、居民的全省无障碍持卡结算。强化定点服务协议管理，规范“两定单位”医疗服务行为。完善内部控制制度，构建医疗保险廉政风险防控机制。开展付费制度改革，提升经办管理水平。稳步提高基本医疗保险待遇水平，建立城镇职工基本医疗保险20种重大疾病保障机制，重大疾病政策范围内住院费报销比例提高到90%，取消统筹基金的最高支付限额。

【城乡居民养老保险】　2013年是城乡居民社会养老保险全覆盖参保、续保的第一年。围绕省、市下达的目标任务，以提高参保续保率为核心，以城乡居民自觉缴费参保续保为重点，以城乡居民老有所养为落脚点，全市新型农村和城镇居民社会养老保险两项制度的试点工作均已实现全覆盖。2013年，全市城乡居民养老保险应参保人数123万人，实际参保人数120.79万人，参保率98.20%，续保缴费率94.90%；参保人数已完成省目标任务113万人的106.89%，市目标任务119.5万人的101.08%。其中：新型农村社会养老保险应参保人数117.75万人，实际参保人数115.63万人，参保率达98.20%；城镇居民社会养老保险应参保人数5.25万人，实际参保人数5.16万人，参保率98.29%。

【被征地农民养老保险】　2013年，全市共上报土地征用报件11件，计划征用土地131.964 公顷，其中:水田、菜地66.248 公顷，旱地、园地51.244 公顷，林地及其它14.473 公顷。根据《玉溪市被征地农民养老保险暂行办法》的规定，全市应收取进入财政专户的社保安置补助费3 758.905 万元，已全部进入县（区）财政专户，上划到市级专户的社保安置补助费累计结余6.94亿元。全市累计有被征地农民人数30.77万人，参加被征地农民养老保险人数达7.65万人，领取待遇人数有2.65万人，基金累计结余5.52亿元。

【社保基金监督】　截止2013年底，全市社会保险基金累计结余达74.76亿元，较2012年增长13.49亿元，增长率22%，基金总体安全，运行平衡。2013年，社保基金监督工作紧紧围绕确保基金安全完整这一中心任务有序开展，严格社保基金预算制度，与市财政局、市卫生局联合下发《玉溪市社会保险基金预算绩效考核暂行办法》，进一步提高基金管理水平；加强和完善社会保险经办机构内部控制，建立基金安全长效机制；加大监督检查力度，开展城乡居民社会养老保险基金和医疗保险基金专项检查；积极研究探索基金保值增值渠道，开展社会保险基金利息收入及存储情况专题调查；完成审计整改落实，规范基金管理。

【劳动保障监察】　2013年，继续依法行政、依法办事，加大劳动保障监察执法力度，不断扩大劳动执法年审覆盖面，完成各类用人单位劳动执法年审8 747户，涉及劳动者20余万人，追发劳动者工资等待遇132.5万元。认真开展农民工工资日常巡查，追讨农民工工资4 465.6万元，涉及农民工0.559 7万人。继续推动劳动保障监察“两网化”建设，红塔区、峨山县、澂江县、江川县、新平县实现劳动保障监察网格化管理全覆盖。认真贯彻实施《云南省农民工工资支付保障规定》，全市预存农民工工资保证金18 971.8万元。

【劳动信访仲裁】　2013年，全市共受理劳动争议仲裁案件836件，当期结案826件，结案率98.8%。共办理和接待群众来信来访2 170件次，3 478人。加大仲裁院建设力度，率先在全省实现仲裁院建院率100%的目标。强化培训，组织全市143名专兼职仲裁员参加仲裁业务培训，切实提高仲裁员队伍素质建设。认真开展非公有制企业商会（协会）劳动争议预防调解示范工作，在全市确定了20个非公企业和商会（协会）示范户，通过分期分批、以点带面的推动工作，逐步在全

2013年10月，市人社局举办全市企业退休人员健身操舞比赛（人社局提供）

市建立企事业单位、商会（协会）及乡镇街道劳动人事争议调解委员会预防调解工作与人民调解、诉讼调解、调解仲裁工作相对接的机制，努力将劳动人事争议化解在萌芽状态，解决在基层。

【工伤认定】 2013年，全市受理工伤认定申请2 763件，工伤认定行政复议13件，行政诉讼一审20件、二审11件、审查2件，无败诉、撤销发生。开展工伤事故预防工作，2013年2月联合市安监局对辖区内200多家事故多发、收不抵支、发生工伤死亡事故的企业下发《工伤事故预防建议书》。其中对25家企业负责人进行座谈，现场送达《工伤事故预防建议书》，告知工伤保险参保、认定情况。督促企业改善生产环境，加强安全生产工作，减少预防工伤事故的发生。

【企业退休人员管理服务】 2013年，全市企业退休人员管理服务工作以提高管理服务质量和水平为目标，以社区管理为重点，全面推进社会化管理服务进程。全市范围建立起一个机构健全、制度完善、管理规范、服务到位的社会化管理服务体系，全市纳入社会化管理服务范围的企业退休人员44 416人，社会化管理率达100%，其中进入乡（镇、街道）、社区管理43 896人，社区管理率达98.8%。通过健全管理服务制度，规范管理，强化服务，积极开展生病住院看望、节日走访、落实待遇、医疗互助等活动，退休人员权益得到有效保障。举办了2013年全市企业退休人员门球、老年排球、健身操舞比赛等文体活动，丰富了企业退休人员的文化生活。2013年，玉溪市企业退休人员管理服务中心被国家老龄工作委员会授予首届全国“敬老文明号”荣誉称号。

【信息化建设】 2013年，信息化建设工作取得较大进展，全市人力资源和社会保障业务专网联网点扩大至558个，经办机构和乡镇劳动保障所联网覆盖率达100%，新建了数据市级集中的机关事业养老、工伤、生育保险信息系统，实现了人才招聘信息与省部联网，新建了与工商系统信息联网的就业反欺诈查询系统，新建了市级社会保险数据容灾备份系统，社会保险数据实现昆明、玉溪“两地三备份”，确保了全市各大社会保险信息系统的平稳运行和数据安全。

（周于娜　吴景洋）

安全生产监督

【安全生产事故指标控制情况】 2013年，玉溪发生各类伤亡事故49起、死亡60人（不含消防火灾事故），与上年相比分别下降32.88%、20%。其中：发生生产经营性道路交通伤亡事故33起、死亡36人，同比分别下降31.25%、23.4%；发生工矿商贸死亡事故14起、死亡22人，同比分别下降33.33%、8.33%；发生煤矿伤亡事故1起、死亡1人，同比持平；发生农业机械伤亡事故1起、死亡1人，同比均下降66.67%。已连续11年杜绝了一次死亡10人以上的重特大事故。

【落实安全生产责任制】 2013年，市安监局健全完善政府安全生产目标、部门安全监管、企业安全生产主体责任和领导干部“一岗双责”责任体系，层层落实以指标控制为中心、以责任状为载体的安全生产责任制。市政府与9个县区政府、12个市直部门、6户大型企业签订安全生产目标责任书。全面推进安全生产“一岗双责”制度，明确市长、副市长安全生产责任，市长与副市长签订安全生产责任书。严格安全生产责任考评，兑现2012年度安全生产责任制考核奖励134.4万元。健全落实安全生产目标考核奖惩、随机督查检查、社会举报奖励、事故隐患挂牌督办、警示、约谈、通报、黑名单等制度，有效推动政府、部门、企业安全生产责任的落实。

【安全生产大检查】 2013年，市安监局认真贯彻落实国务院和省、市政府的安排部署，按照“全覆盖、零容忍、严执法、重实效”的总要求，采取聘请专家参与检查、分片包干、定期通报、随机督查检查、表格式精细化检查等措施，开展全方位安全生产大检查，取得明显成效。全市统计上报的3 993户企业、6 489个重点行业领域监管单位100%开展检查、100%建立安全档案、查出的重大安全隐患100%进行政府挂牌督办。组织开展大检查“回头看”活动，开展油气管道、城市燃气、涉氨制冷、成品油、烟花爆竹等行业领域专项检查，进一步推动大检查工作的落实。

【安全生产专项整治】 2013年，市安监局采取治本措施，持续开展重点行业领域安全生产专项整治。非煤矿山以地下矿山机械通风系统、提升运输系统和露天矿山高陡边坡整治为重点，强化隐患治理，关闭21座矿山。危险化学品开展“两重点一重大”安全监管摸底排查和建档工作，29项重大危险源全部建立台账资料，健全完善监测监控系统。烟花爆竹积极推进生产企业整顿、规范，严厉打击烟花爆竹非法违法生产经营行为。在24户企业开展职业卫生基础建设试点工作，组织开展石棉制品、石英砂加工等职业危害专项治理，585户企业完成职业危害项目申报。

【安全隐患排查治理】 2013年，市安监局以“治大隐患、防大事故”为

目标，出台《玉溪市安全生产事故隐患排查治理办法》、《玉溪市安全生产重大事故隐患整治专项补助资金管理办法》，健全完善“专家查隐患，政府搞督查，部门抓监管，企业抓落实”的隐患排查和整改机制，常态化、制度化、规范化开展安全隐患排查治理，排查整改一般隐患17 370条，市、县政府挂牌督办重大安全隐患93项。建立重大隐患排查治理项目资金补助和以奖代补制度，市政府增加安全生产专项经费500万元，督促引导企业筹集整改资金2.2亿元进行隐患整改。

【安全生产“打非治违”】　2013年，市安监局贯彻落实全国“打非治违”工作推进视频会议精神，保持“打非治违”高压态势，下发《关于深入推进“打非治违”专项行动的通知》，落实县乡政府“打非”责任，结合安全生产大检查、事故隐患排查治理、企业安全标准化创建等工作，严格落实停产整顿、关闭取缔、从重处罚、严肃问责“四个一律”措施，对安全生产非法违法行为“零容忍”，打击非法违法、治理纠正违规违章行为5万余起，取缔关闭企业6户、停产整顿144户、限期整改579户，经济处罚75.82万元。

【安全生产基层基础建设】　2013年，市安监局开展安全生产“十看十查”活动，全面规范安全生产基层、基础工作。全面推进企业安全标准化建设，全市212座非煤矿山和尾矿库、230户危险化学品生产经营单位、9户烟花爆竹批发企业、130户冶金等工贸企业创建安全标准化。积极推进技术装备建设，15座非煤地下矿山完成安全避险“六大系统”建设，4座三等以上尾矿库全部安装在线监测系统，完成“两客一危”道路运输车辆GPS更新任务。投入资金300万元，建设易门、通海等县安全监管信息平台，为烟花爆竹应急救援、煤矿和非煤矿山应急救援队伍配备了应急救援装备，急救援队伍及装备建设不断加强。

【安全监管长效机制建设】　2013年，市安监局不断加大力度，积极探索和创新安全监管长效机制。创新安全检查方式。按照“抓铁有痕，踏石留印”的要求，实施规范化、精细化、表格式检查，层层签字把关，严格建立档案，做全做深做实基础工作。建立专家参与安全检查工作制度。依托行业协会、科研院所、国有大型企业和安全技术服务机构的技术力量，采取政府购买服务的方式，聘请专家参与安全检查，排查隐患、指导整改。建立“四不两直”暗访暗查工作制度。不发通知、不打招呼、不听汇报、不用陪同接待，直奔基层、直插现场随机开展安全生产暗访暗查，增强安全检查的针对性、实效性。建立举报奖励制度。出台《玉溪市安全生产举报奖励办法》，公布举报电话，充分调动全社会力量举报安全生产非法违法行为和重大安全隐患。

【安全监管能力建设】　2013年，市安监局积极争取市委、市政府支持，加强安全监管部门领导班子和干部队伍建设，配备市安监局党组书记，新增市安全生产监察执法编制6名。争取上级资金支持，投入500余万元为市、县区安监部门配备了一批安全监管专用装备。设立市、县区安监部门职业安全健康监管机构，落实监管人员，下发《关于职业卫生监管部门职责分工的通知》，划转调整职业卫生监管职能。明确市、县（区）安监部门安全生产应急管理职责和机构；进一步完善预警制度，加强应急值守和统计调度工作，组织开展液氨泄漏、火灾事故等应急救援演练。

【安全宣传教育培训】　2013年，市安监局坚持面向基层、面向企业、面向群众，创新宣传方式，拓展宣传渠道，组织开展6月“安全生产月”、“119消防宣传日”、“122道路交通安全宣传日”、“职业病防治法宣传周”等活动，在《玉溪日报》等新闻媒体开设专栏，宣传安全生产法律法规和安全生产知识。全年共开展各类宣传教育活动4 750次，参与人数110万余人。组织开展非煤矿山、冶金、职业健康安全监管等安全生产专题培训。制定贯彻国务院安委会加强安全培训工作决定的意见，举办“三项岗位”人员培训94期、培训7 251人。

（代会虹）

民政事务管理

【概　况】　2013年，玉溪受自然灾害影响，全市因干旱、洪涝、风雹、滑坡、冰雪冷冻等自然灾害造成113.1万人次受灾，其中，因灾死亡2人，506人紧急转移安置；因灾倒塌民房222间，严重损坏1 652间，一般损坏1 383间；农作物受灾面积12.6万公顷，成灾面积8.7万公顷，其中3.52万公顷绝收，直接经济损失14亿元。各级民政部门严格执行各项防灾减灾救灾工作政策，建立救助人口台账，共投入救灾救济资金2 862万元，先后发放救灾粮食2 880吨，救助13.48万人；发放衣被4.26万件（套），救助2.13万户；投入228.47万元资金用于解决群众饮水困难和其它因灾临时生活困难，受益人口7.76万人次，投入226.14万元，对725户倒损民房实施恢复重建。

全市共有保障城乡低保对象95 215户133 318人，累计支出低保金2.28亿元，城市低保月人均补差比上年同期增长31元；农村低保月人均补差比上年同期增长22元。城市居民最低生活保障标准从290元/月·人调至334元/月·人；提高农村最低生活保障标准从1 800元/年·人调至2 070元/年·人。城市医疗直接救助5.23万人次，支出资金920万元。提高大病救助水平，对重大疾病最高补助20 000元。

2013年5月，江川县撤县设区申报方案由云南省政府呈报国务院。通海、澄江撤县设市（区）工作正有序开展。

【全市民政暨老龄工作会】　2013年4月12日，玉溪市政府召开全市民政暨老龄工作会议，市人大常委会副主任李有明、市政府副市长解仕清、市政协副主席李少华等领导出席会议，各县区分管民政工作的副县（区）长、民政局长、老龄委主任、办公室主任，直属有关单位负责人，市民政局全体干部职工共140余人参加会议。市民政局党组书记、局长方建华作工作报告，总结2013年民政和老龄工作，安排2014年工作任务；市政府副市长解仕清作讲话，充分肯定了2013年玉溪民政和老龄工作取得的成绩，并就下一步的工作提出了明确的要求。会上，解仕清副市长代表市政府分别与各县（区）签订了《2013年度民政工作目标责任书》。

【玉溪市慈善总会成立】　2013年12月27日上午，玉溪市慈善总会成立暨第一次会员代表大会在中玉酒店举行。云南省慈善总会秘书长李勇、市人大副主任李有明、市人民政府副市长解仕清、市政协副主席郭亚钢、原市人大主任普朝和、市人民政府副秘书长戴兴德、市民政局局长方建华等领导出席会议。会议审议通过了《玉溪市慈善总会章程》、《玉溪市慈善总会受捐善款管理使用办法》。选举产生了第一届理事会会长、常务副会长、副会长、秘书长和26名常务理事、64名理事，普朝和当选为第一届理事会会长，方建华当选常务副会长，戴兴德、普昌文等18人当选为副会长，马正祥当选为秘书长，聘请副市长解仕清为第一届理事会名誉会长。理事单位现场进行了举牌捐赠活动，共捐款人民币1 003.5万元。截止年底共筹集资金1 051万元。

【“寒冬送暖、关爱民生”活动】 2013年11月至12月，市民政局组织在全市范围内开展“寒冬送暖，关爱民生”走访慰问活动。全市558个单位，3.13万名干部职工参加，捐款326.64万元，捐赠衣服、被褥、粮油和其它生活物资3.76万件（套），走访慰问受灾群众、农村低保户、五保户、残疾人、孤儿、老党员等困难群体、弱势群体、特殊群体1.49万户，4万余人从中受益。

【民政信息员培训】 2013年6月，市委办、市政府办下发了《关于设立村（社区）民政信息员的通知》，在全市694个村（社区）各配备了一名民政信息员，负责灾情信息统计报送、城乡低保日常管理、民政政策宣传等工作。8月，市民政局对全市近1 000名基层民政干部和民政信息员分2期、每期3天进行全方位的业务培训。市民政局党组书记、局长方建华、市防震减灾局局长金志林、市气象局高级工程师解福影等相关领导就“如何做好基层民政工作”、“防震减灾知识”、“气象灾害及预防”、“优抚政策解读”、“老龄工作的基础理论、政策及方法”、“提高认识、转变观念、切实深化殡葬改革”等11个专题进行授课。

【防灾备灾工作】 2013年，市民政局通过建应急避难场所、完善救灾设施、畅通信息通道等措施，进一步提升全市预防和处置自然灾害的能力。在红塔区、江川县等七个县区共投入280万元资金实施应急避难场所建设；为全市75个乡镇（街道）各配备了一辆民政救灾车；在694个村（社区）各配备一名民政信息员，保证信息渠道畅通无阻。制定完善自然灾害应急预案，与相关部门密切配合实施联动应急，确保灾后24小时内救灾人员、救灾资金、救灾物资和各项救灾措施全部落实到位。

全年发放救灾粮2 880吨，救助13.48万人；发放衣被4.76万套，救助2.13万人。红塔区北苑社区、高龙潭社区、新兴社区，易门县龙泉街道西环路社区和新平县桂山街道青龙社区等5个社区被国家减灾委、民政部授予“全国综合减灾示范社区”。

【城乡低保工作】 2013年，市民政局针对全市低保工作中存在的“搭车保”、“骗保”、“关系保”、“人情保”等问题，制定《玉溪市农村低保规范管理实施方案》、《玉溪市城乡低保审核审批办法》等，对全市65 722户低保家庭进行重新审核审批，经过4个月认真排查，全市共清退出农村低保对象10 751人，新增农村低保对象12 271人，在原来的基础上增加1 520人，切实将符合条件的城乡困难群众纳入保障范围。

2013年8月提前完成“十二五”期间全省城乡低保补助水平年均要提高15%以上的工作目标。从2013年7月1日起，城市居民最低生活保障补助标准由每人每月290元提高到334元，农村居民最低生活保障标准由每人每年1 800元提高到2 070元。全年共发放城乡低保金2.28亿元，为90 556户129 897人提供了保障，其中:支出城市低保补助资金1.12亿元，29 584户、40 866名城市低保对象实现应保尽保，占非农人口的8%，月人均补差247.6元；农村低保共保障60 972户89 031人，累计支出低保金1.16亿元。2013年底城市低保月人均补差比2012年底同期增长31元；农村低保月人均补差比2012年同期增长22元。社会化发放率达100%。

【医疗救助】 2013年，市民政局认真落实相关医疗救助政策，继续巩固城乡医疗救助“一站式”即时结算方式，医疗救助效果显著。各县区积极在各乡镇卫生院、县级医疗机构全面推行了“一站式”即时结算方式，截至2013年年底，全市城乡医疗直接救助20 797万人次，支出资金2 243.25万元，其中:城市医疗直接救助5 406万人次，支出资金699.94万元，农村医疗直接救助15 391万人次，支出资金1 543.31万元。全额资助7.9万名农村低保、五保供养对象参加新农合；全额资助符合条件的4.69万名城镇困难居民参加城镇居民基本医疗保险。加大大病救助补助力度，补助金额最高2万元。

【五保供养】 2013年，全市共支出农村五保供养金1 848万元，为4 827户4 992名农村五保对象提供保障。市民政局以玉溪市社会福利服务中心城乡福利院为平台，积极探索五保老人集中供养新模式，8月29日，红塔区24名五保老人入住玉溪市城乡福利院，是玉溪市城乡福利院的首批入住老人，也是全市首批享受国家集中供养的人员，真正实现了五保老人分散供养转为集中供养的模式。入住玉溪市城乡福利院的五保老人每月享受国家支付的534元生活补贴，中心每月还会发放一定数额的零花钱，供老人自己使用。玉溪市城乡社会福利院建筑面积达2 632平方米，投资770余万元，设置床位120张，主要用于收养城市“三无”老人。

【临时救助】 2013年，全市实施临时救助7 295人次，共支出救助金696.4万元，其中，对城市贫困居民实施临时救助1 158人次，支出114.7万元；对农村实施临时救助6 137人次，支出581.7万元。同时，玉溪市民政局还积极开拓救助新渠道，以市福彩公益金为平台，对全市500名特困大学生进行资助，共投入150万元福彩公益金。

【流浪乞讨人员救助】 民政部门坚持自愿受助、无尝救助的服务宗旨，及时制定实施系列文件，向社会公布救助站联系地址、联系人及联系方式，加强对流浪乞讨人员的救助，实现变被动救助为主动救助的服务模式。2013年全市共救助3 345人次，其中，玉溪市救助站救助988人次。

12月30日晚上19时30分至31日零时，市民政局与红塔区民政局、卫生局、工商局、残联、城市综合执法局、红塔公安分局、各街道办事处、玉溪市义工联合会，联合开展了“寒冬送温暖节日送温馨”专项救助行动。截至31日零时，在玉溪中心城区搜寻到流浪乞讨人员8名，为他们送上干粮、食品、饮用水、棉衣、被子等，并劝说他们去市、区救助管理站

食宿，安排车辆接送。

【村（社区）换届选举】 2013年，全市民政部门认真组织开展第五届村民委员会和第四届社区居民委员会换届选举工作，共落实换届经费1 860.5万元。为营造风清气正换届环境，市民政局先后对全市131个重点、难点村（社区）进行排查整顿。共登记选民1 522 527名。通过换届选举，全市691个村（社区）共选举产生3 609名村（社区）党组织班子成员（不含专职专选大学生村官），3 369名村（居）民委员会委员，1 987名村（居）民监督委员会委员，推选出27 523名村（居）民代表，5 332名小组党支部书记、6 541名小组长、4 284名副组长。2 316名干部新进入村“两委”班子，占“两委”委员总数的33.2%。

【和谐社区示范单位创建活动】 2013年，根据《民政部关于开展第二次全国和谐社区建设示范单位创建活动的通知》文件要求，市民政局在公平、公正、公开的基础上，通过自查推荐、明察暗访、专家评审、群众座谈和满意度测评、媒体公示等多种方式，推荐申报第二次全国示范城区1个，玉溪市红塔区；示范街道5个，红塔区玉兴街道办事处、凤凰街道办事处，新平县桂山街道办事处，澄江县凤麓街道办事处，华宁县宁州街道办事处；示范社区15个，红塔区玉兴街道北苑社区、凤凰街道葫田社区、大营街街道大营街社区，江川县大街街道大街社区，澄江县凤麓街道揽秀社区，华宁县宁州街道城关社区，易门县龙泉街道西环路社区，新平县古城街道锦秀社区，峨山县双江街道登云社区，元江县澧江街道玉和社区，红塔区李棋街道金州社区，江川县大街街道下营社区，易门县龙泉街道兴文街社区，华宁县宁州街道西门社区，元江县红河街道红河社区。

【社区管理】 2013年，市民政局扎实推进社区民主管理工作，完善村民会议和村民代表会议议事规则、议事内容、议事程序及监督措施，认真落实以村民自治章程和村规民约为主要内容的民主管理制度，制订了《党务、村务、财务公开工作实施意见》，对“三公开”的内容、形式、时间、程序和监督管理进行统一规范。建立“三公开”工作台帐，“三公开”的各项内容、公开时间、公开地点、责任人、监督小组和民主理财小组的审核意见以及群众提出的问题和对问题的答复、处理结果，记录在案，整理归档。村（居）务公开民主管理制度实现100%覆盖，群众满意率达95%以上。进一步加快推进105个城市社区活动场所建设工作，已完成67个，在建38个。认真落实社区干部报酬，积极协调资金，为社区干部争取生活补助经费969.4万元。

【社会福利设施建设】 2013年，玉溪市民政局按照社会福利社会化的工作思路，突出“一老一小”两个重点，新建、改扩建6个农村敬老院、45个居家养老服务中心，申报农村幸福院项目70个，全市每千名老人养老床位从上年的10.2张增加到12张。全市共有城市公办养老机构5个，民办养老机构2个，农村敬老院77所，共有各类养老床3 528张。争取到居家养老服务项目69个，上级补助资金1 870万元。玉溪市社会福利中心现入住老人115人。峨山、江川县社会福利服务中心建成投入使用，华宁、易门县社会福利服务中心建设进入扫尾阶段。

【民政精神病医院建成】 玉溪市民政精神病医院于2011年12月23日开工建设，2013年12月12日进行工程终验，下一步将交给玉溪市第二人民医院投入使用。该项目共投资1 670万元，占地面积6.3亩，总建筑面积6 839.91平方米。项目的实施将进一步加大对“三孤”人群、流浪乞讨人员、精神病人以及肇事、肇祸精神病人收治力度。

【孤儿保障工作】 2013年，市民政局认真落实国家相关政策，在全市范围内执行国家散居孤儿625元/人·月、机构供养孤儿1 000元/人·月的保障标准。市级财政另补助50元/人·月。全年共投入孤儿生活补助资金363.92万元，保障了486名孤儿的基本生活。

【福利彩票销售】 2013年，玉溪市福利彩票销售稳定增长，全年销售突破3.2亿元，比上年增5 600万元，增长21.1%。结合本地实际，开通“快乐十分”销售点275台，电脑福利彩票销量明显上升。共筹集福利彩票公益金2 350万元，争取省级公益金项目92个，资金2 340万元，市本级下达189个项目1 402.9万元。

【殡葬改革】 2013年，玉溪市认真贯彻落实国务院、省相关殡葬工作法规、规章、政策，结合实际，出台了《玉溪市人民政府办公室关于进一步深化殡葬改革的意见》、《玉溪市殡葬改革目标责任考核办法》、《关于调整玉溪市殡葬改革领导小组的通知》、《玉溪市国家公职人员违反殡葬管理法规政策问责规定》、《玉溪市人民政府办公室关于加快推进农村公益性公墓建设的意见》、《玉溪市殡葬改革工作三年行动计划》、《关于推行移风易俗促进文明殡葬的实施意见》、《玉溪市农村公益性公墓管理办法》等政策及规定。各县区把殡葬改革列入县区重点工作，列入党政一把手工程。结合当地实际，制定了殡葬改革政策，截止年底，全市建成农村公益性公墓92个；元江县、新平县、易门县殡仪馆建成投入运行；“玉溪殡仪馆”搬迁完成选址。全市火化率由2012年的19%上升到26.8%。

【双拥优抚安置工作】 2013年，全市共投入资金4 506.62万元，为17 585名（户）“三属”、伤残军人、在乡老复员军人、带病回乡退伍军人等优抚对象解决住房难、医疗难、生活难问题，切实保障其生活权益。优抚对象抚恤补助100%发放到位，义务兵家属优待面100%覆盖。投入军休管理费1 300.92万元，保障好军休干部、无军籍退休职工各项待遇。

市民政局坚持开展全民国防教育和爱国主义教育，深入驻玉军警部队、优抚对象、军休干部开展走访慰问，共投入慰问经费145.2万元，安置随军家属就业12人。加强革命烈士纪念建筑物保护管理，投入263.25万元对零散革命烈士纪念建筑设施进行维修改造。组织开展创建云南省第九届、玉溪市第五届双拥模范（先进）城（县）推荐申报和考核工作。

【退役士兵安置】 2013年，全市共接收退役士兵740人，通过“双考”安置87人，办理自谋职业、自主择业653人，发放自谋职业、自主择业一次性补助金1 084.75万元，安置率达100%。

【《玉溪政区大典》编纂工作】 2013年，玉溪市民政局扎实推进《政区大典·三溪分卷》编纂工作，及时成立了由市长任顾问，分管副市长任组长，政府办、民政、统计、住建、市志办等部门组成的《政区大典·玉溪分卷》编纂工作领导小组，制定《政区大典·玉溪分卷》编纂工作实施方案，抽调民政、市志办部分人员组成办公室，具体负责政区大典的编纂工作。经过各市直单位、各县（区）的齐心协力，近40万字的《政区大典·玉溪分卷》稿件在2013年已通过市编纂办审定，并上报省民政厅。其内容涵盖市、县（区）、街道、乡镇政区概况，行政区域地图，政区历史沿革。

【社会组织管理】　2013年，玉溪市民政局加强对817个社会组织的监管，充分发挥社会组织的载体作用。全年共登记社会组织73个，变更385个，对698个社会组织进行年检，参检率为98%。对6个社会组织进行撤销登记的行政处罚，对8个市属社会团体进行了评估。

根据社会组织评估办法等相关规定，经市属社会团体评估委员会审核通过，市民政局决定给予玉溪市个体私营经济协会、玉溪市建筑业协会、玉溪市矿业协会、玉溪市风景园林学会、玉溪市消费者协会、玉溪市房地产协会、玉溪市环境科学学会、玉溪市高新技术产业开发区个体私营经济协会8家社会团体评估等级为3A。

【婚姻登记管理】　2013年，全市民政部门进一步强化婚姻登记规范化管理，依法开展结婚登记20 339对，离婚登记4 693对，涉外婚姻登记13对，涉外离婚登记1对，合格率100%。

【界线管理】　2013年，继续加强对4条州市界线和市内县区12条边界线的管理，按照《行政区域界线管理条例》的规定，在做好界线联合检查的同时，在全市开展和谐平安边界创建工作，及时消除和划解边界线上存在的一些不稳定因素，有效维护了边界的安宁。自2008年以来，全市共投资近150万元经费，全面推进了玉溪与楚雄、玉溪与昆明、玉溪与红河、玉溪与普洱边界线和市内9个县区12条边界线平安创建工作。

【地名管理】　2013年，根据省民政厅部署，全市开展了地名清理整顿工作，清理不规范地名114条，命名地名82条，制作安装玉溪中心城区地名标志牌320块。

（陈　芳）

扶贫工作

【概　况】　2013年，市扶贫办累计争取到位中央、省、市扶贫资金39 044万元，同比增加7 423万元，增幅为23.5%。其中：中央和省级财政资金9 995万元，同比增加3 130万元，增幅为45.6%，完成市委、市政府下达任务数8 759万元的114%，剔除发改委国债异地搬迁项目因素后，占计划任务数的121.3%。市级财政资金3 549万元，同比增加1 293万元，增幅为57.3%；到户贷款资金指标15 000万元，同比增加1 300万元，增幅为9.4%；项目贷款资金指标10 500万元，同比增加1 700万元，增幅为16%。扶贫项目资金重点投向4个革命老区县和2个革命老区乡镇，同时兼顾其他县的贫困自然村和扶贫龙头企业。通过认真组织实施并抓好整乡推进、整村推进等十二大类扶贫项目建设，进一步加大全市革命老区、民族地区、边远山区的扶持力度，社会扶贫形式多样，取得显著的扶贫成效，使14.5万农村贫困群众直接受益，帮助51 391人的农村贫困人口实现了脱贫，超额完成了市委、市政府下达的5万农村贫困人口脱贫任务。

【整乡推进扶贫】　2013年，市扶贫办组织实施了浦贝、者竜和通红甸3个整乡推进项目。稳步推进易门浦贝整乡推进扶贫工程建设。项目规划总投资9 691万元，其中：财政扶贫资金1 200万元，整合资金7 170万元，信贷资金270万元，群众自筹资金1 051万元。全年累计完成投资7 762.15万元，占年度项目投资计划总额3 520.85万元的220.5%，其中：财政专项补助资金827.02万元、整合部门资金3 575.93万元、信贷资金578万元、社会扶贫资金14万元、群众投工献料折算2 767.2万元；累计建成人饮工程22件、50千米，进村公路硬化2件、10.6千米，村内道路硬化17件、26.2千米，安居房157套、科技培训室13个、2 008平方米，硬化活动场地2 145平方米，公厕6个、198平方米，电子显示屏2块，补助种植核桃5 000亩、竹子2 600亩，扶持养殖7 678头，培训10期、2 500人次，沟渠1件、15.2千米，标志牌22块，改造危旧房153 830平方米，安装太阳能498套；累计有4 836户、17 084人直接得以受益。浦贝乡实施整乡推进后，基本实现了“基础产业得到夯实、基础设施显著改善、基本素质明显提高、基本保障初步建立、基本队伍坚强有力”的总体目标。及时启动并推进投入财政扶贫资金2 000万元的新平县者竜和华宁县通红甸两个整乡推进项目，计划总投资15 278万元，其中：者竜6 641万元、通红甸8 637万元。截至12月31日，两个整乡推进项目严格按照《实施方案》有序组织实施，各项工作稳步推进。累计完成总投资4 077万元，其中：者竜834万元、通红甸3 243万元，完成两年计划投资15 278万元的26.7%。

【整村推进扶贫】　2013年，市扶贫办计划完成整村推进扶贫项目200个，实际争取省级整村推进项目213个，其中：自然村整村推进项目173个，2个整乡推进折算为40个自然村整村推进（1个整乡推进折算为20个自然村整村推进）；争取项目比市政府下达完成的200个考核任务数增加13个，超额完成6.5%。落实省级整村推进项目资金2 925万元（包括11个深度贫困自然村整村推进的项目资金，不包括整乡推进项目折算资金600万元和被市级美丽家园行动项目整合的资金1 800万元）。由于组织到位、措施有力，各项工程稳步推进，项目工程任务圆满完成。全年累计建成人饮工程13件、17千米，村内道路水泥硬化143个村、116千米，科技培训室106个、29 600平方米，硬化活动场地29 278平方米，公厕77座、2 460平方米，补助种植核桃1 200亩，培训645人次，沟渠20件、5千米，标志牌157块；累计完成整村推进项目205个，完成财政投资3 075万元，比计划任务数增2.5%；累计有17 685户、62 775人贫困群众直接受益于整村推进扶贫项目建设工程。项目建设区域农民的人均纯收入比实施前明显增加，贫困程度得到有效缓解，自我发展能力得到增强，村容村貌有较大改善，贫困群众综合素质得到较大提高，村级组织建设得到明显加强，加快了贫困地区增收产业形成的进程，干部群众精神面貌发生了深刻变化。

【易地搬迁扶贫】　2013年，市扶贫办新争取省级易地扶贫搬迁指标600

人，人均补助资金6 000元，补助资金360万元，安排在新平、澄江和峨山3个项目点实施建设，累计完成人饮工程2件、9千米，村内道路硬化2件、2千米，安居房188套，高压电2件、1千米，其它项目1件。截至12月31日，财政补助资金已下达县区，各个迁入的项目建设有序推进，累计有36户、88人已迁入新居。加之，县区自行组织实施的易地扶贫搬迁项目完成464人，截止12月31日，累计完成安排房340户，转移安置1 544人，占计划任务的155%。

【到户贷款扶贫】　2013年，市县扶贫办、妇联协作配合，共同组织实施，由农行发放贷款，圆满将15 000万元到户贷款全部发放到贫困地区群众手中，重点支持了贫困地区群众发展种、养、加等产业。有3 165户、1 184人获得贷款支持，先后扶持种植核桃6 545亩、茶叶1 800亩、烤烟6 218亩、蔬菜5 971亩、甘蔗3 500亩、其它作物2 931亩，养猪43 265头、养牛1 385头、养羊1 699只、家禽408 840只。加大宣传，多方协调，扎实工作，按期收回2012年度发放应收回的到户贷款13 700万元，准时赔还银行。到户贷款真正体现了“雪中送炭、雨中送情”的情怀，有力地促进了贫困群众增产增收，为获贷农户实现脱贫致富打下坚实的基础。

【产业扶贫发展项目】　2013年，市扶贫办计划争取省级财政产业扶贫资金300万元，实际到位900万元，增加600万元，超额完成200%。安排在红塔区种植核桃5 000亩，华宁县种植柿子1 200亩，易门县种植柑桔2 000亩、核桃10 000亩、重楼250亩，峨山县种植核桃2 000亩，新平县种植核桃5 000亩，通海县种植天麻250亩，元江县种植油桃4 000亩、柿子1 200亩。各县区严格按照省、市审批同意的《实施方案》和有关要求，抓好项目实施前期的准备工作，依据品种特点，按节令种植、分批引种，严格按照相关规定要求完成各项工作任务。项目建成后，将有6 113户，21 752人直接受益。通过专业合作社或龙头企业的扶持，加速了贫困地区特色支柱产业的形成，进一步带动贫困地区群众稳步增加经济收入，为贫困群众实现稳定脱贫致富奠定坚实基础。

【劳动力培训转移】　2013年，全市完成贫困地区劳动力技能培训1 500人，投入资金120万元，圆满完成市政府下达的指标任务。按照省、市的要求，市县校三级联动，瞄准劳动力市场需求，健全制度，强化管理，及时跟踪服务，建立稳定的就业保障机制，扎实推进培训与转移工作。将培训任务1 500人分解落实到各个县区，其中元江县200人、新平县180人、峨山县300人、易门县100人、华宁县100人、通海县200人、澄江县120人、江川县180人、红塔区120人。通过加强组织领导、把好学员招收关、紧绕劳动力市场要求确定培训专业、做好跟踪服务等有效措施，有效保证转移学员安全就业、乐于就业、稳定就业。全年实际完成培训1 500人，培训率达100%；实际转移1 484人，其中省内就业1 297人、省外就业187人，就业率达98.9%。

【贫困村互助资金项目】　2013年，市扶贫办组织实施贫困村互助资金项目2个，投入财政扶贫资金150万元，其中元江县1个100万元，新平县1个50万元，计划投入到6个村委会11个村民小组。由于2013年省级项目资金下达较晚，截至12月31日，两个县都能够严格按照贫困村互助资金试点项目管理办法的规定，认真准备、采取措施，有序推进各项工作的落实。

【扶贫安居工程】　2013年，扶贫部门实际完成安居工程项目560户、每户补助1万元，投入财政资金560万元，圆满完成年初计划任务。为认真贯彻落实市委、市政府关于加快少数民族贫困地区深度贫困群体脱贫的意见，在重点投入革命老区县的深度贫困农户改善住房条件、解决住房困难，同时兼顾相对发达地区的特困群众的要求，分别下达给元江县110户、新平县130户、峨山县70户、易门县70户、华宁县50户、通海县30户、澄江县30户、江川县40户、红塔区30户。截止2013年12月末，560户安居工程建设项目就已全部完工，实现了让贫困农户当年迁入新居的建设目标。

【贴息贷款】　2013年，市扶贫办实际组织发放贴息贷款资金10 500万元，其中：元江县2 000万元、新平县900万元、峨山县750万元、易门县3 150万元、通海县800万元、江川县900万元、红塔区2 000万元，比年初计划10 000万元增加500万元，超额完成5%。同时按年利率3%的标准下达财政贴息资金315万元。全市各级扶贫、财政部门严格把关，扶持了一批扶贫龙头企业，通过银政合作，带动项目区域群众增加经济收入，增强了贫困农户的自我发展能力，推动了贫困地区产业链的逐步形成。据统计，项目建成后，将有27 940户、102 413人直接得以受益。

【革命老区开发扶贫项目】　2013年，计划完成20个革命老区项目建设。按照“突出重点、确保解决革命老区最薄弱、老区人民最期盼的问题”，“对革命贡献大的地方优先扶持，对贫困程度深的村寨给予优先照顾”的要求，用于解决特殊困难、特殊领域、特殊人群的脱贫致富问题，省市革命老区项目都集中投入到4个革命老区县和2个革命老区乡镇。截至12月31日，争取省级项目10个，补助资金380万元；市级安排项目24个，补助资金200万元；累计安排项目34个，比市政府下达的考核任务数增加14个，增幅70%。市级革命老区项目进展顺利、进度较快，12月初已完成验收工作，累计有16个乡镇、32个行政村、24个自然村、7 042户、27 260人直接受益；省级革命老区项目工程建设全部完工，累计完成投资585.5万元，完成财政投资的100%，有10个乡镇、10个行政村、13个自然村、804户、3 393人直接受益。

【太阳能热水器建设】　2013年，玉溪争取到省级项目2个，投入财政补助资金200万元，安排在红塔区和易门县，选择2 000户符合补助条件的农户按照《云南省扶贫整推进太阳能热水器建设项目管理暂行办法》进行试点。该项目工程当年全部完成，帮助2 000户贫困群众从根本上解决了实际困难，更加充分地保证了贫困群众享受改革开放的成果，不仅为支持贫困地区推进再生能源、清洁能源利用水平提供了条件，还提高了贫困群众生活质量，促进贫困村生态良性循环，同时还为本市贫困地区推广扶贫整村推进太阳能热水器建设项目总结了经验、做出了示范。

【挂钩扶贫】　2013年，各定点挂钩扶贫部门和单位紧紧围绕市委、市政府提出的帮助贫困村“出主意、想办法、促发展”的要求，将定点挂钩扶贫和‘四群”教育、基层组织建设年紧密结合，定点挂钩扶贫取得了显著成效。据统计，市级118个党政机关、社会团体和企事业单位共帮扶118个村委会；驻村帮扶129人，其中：处级及以上17人、科级以下112人；入村考察调研2 178人，其中：处级及以上582人、科级以下1 596人；部门直接投入1 212.3万元，其中：资金1 009.1万元、物资折款203.2万元；引进项目87个、引进资金2 480万元；引进人才4人、引进技术42项；举办科技适用技术培训班129期，受训人数14 904人次；组织劳务输出2 778人，资助困难学生524人。通过广泛宣传、组织发动，并认真抓好定点挂钩扶贫工作，充分调动了各挂钩扶贫单位积极性，定点挂钩扶贫工作取得了显著成效。

【外资项目】　2013年，玉溪市首次争取到国际农业发展基金贷款新平县农村综合发展项目1个，概算总投资7 885万元人民币（折合1 252美元），其中：基础设施建设4 969.54万元，占63.03%；提升农业生产力1 342.52万元，占17.03%；开发价值链与拓宽市场渠道990.82万元，占12.57%；项目管理582.13万元，占7.37%。项目建设期为5年（2013年—2017年）。全用国际农业发展基金会贷款625.6万美元（折合3 941.3万元人民币），国内配套资金3 943.6万元人民币。项目投入新平县戛洒、漠沙、新化、老厂四个乡镇，涉及20个村委会216个村民小组，主要组织实施农村道路、田间道路、灌溉沟渠、农村安全饮水、环境卫生工程以及扶贫农业发展和技术文化推广等项目，2013年已全面启动，待整个项目建成后，将有10 127户、42 186人的农村人口进一步改善生产生活条件，解决出行难问题，受益人口的农业生产技能得到较大提高，项目区农业综合市场进一步得到开发和提升。

【对口帮扶】　省委、省政府安排玉溪市对口帮扶迪庆州德钦县，市级财政每年安排项目资金1 000万元。2013年5月，由市扶贫办牵头，市财政局、市发改委、市第二纪工委领导及有关业务人员组成对口帮扶工作组，代表市政府赴迪庆州德钦县进行了帮扶工作考察，完成了项目的选定，提出了《2013年德钦县拖顶乡洛玉村委会推拉小组易地搬迁综合开发项目的意见》，并以玉溪市扶贫开发领导小组的名义制定出台了《玉溪市对口帮扶迪庆州德钦县项目管理暂行办法》。截止12月31日，项目工程按计划组织实施，已拨付项目资金700万元，建成房屋38套，各项工作有序推进。在深入检查督促的同时，完成了2014年项目工程的前期调研工作。

（吴正洪）

移民工作

【化念移民安置房屋和基础设施配套工程】　2013年，严格按照省、市确定的时间节点，狠抓化念镇移民安置房和基础设施配套工程建设，年内共完成投资4.42亿元，累计完成固定资产投资5.86亿元。移民安置房建工程于2013年1月15日开工，4种户型670套安置房建筑占地面积70 200平方米，4个安置点670套移民安置房于9月底建成，并通过了单体检测验收。9月底安置点基础设施、供水、教育卫生设施扩建、土地整理、化念水库东西大沟修复等工程相继建成完工，10月中旬具备搬迁入住条件。

2013年，已交清建房款的316户，已签订协议230户，领钥匙207户，符合接收安置条件的移民已全部搬迁入住，移民搬迁安置的相关对接工作以及移民村组基层组织建设等工作有序推进。

【化念水库产权划归地方】　2013年，经省政府专题会议明确：化念水库产权和管理使用权，由三峡公司出资4 000万元、省政府出资2 000万元，有偿划归地方，使长期困扰地方经济和社会发展的问题得到有效解决。

【新建电站移民】　2013年，完成了戛洒江一级水电站和元江桥头电站移民安置的前期工作，并做好元江鲁布和易门苗茂两个中型水库的实物指标调查细则和移民安置规划评审工作，新建电站各项工作正在稳步推进。

【移民新村建设】　2013年，完成了新平县漠沙镇曼勒村委会新社小组、曼线村委会幸福小组2个移民新村建设任务；巩固提升元江县曼莱镇曼莱村委会箐门口、马鹿洞、桥边、石脚地和新平戛洒镇达哈村委会复兴小组5个移民新村创建成果；红塔区飞井6组移民新村开工建设。8个移民新村共投资1 741万元，其中移民专项资金1 255万元，整合及自筹资金486万元。

【移民直补资金发放】　按照“移民一人一卡通”，及时足额发放了2012年第四季度和2013年一至四季度直补资金共1 404.07万元，有效解决了移民群众生产生活中的困难。

【移民项目扶持】　2013年，加大移民项目扶持力度，共完成道路硬化、村容村貌整治等各类扶持项目建设6批97项，总投资4 821.79万元，其中移民专项资金4 302.3万元，整合及自筹资金519.49万元。

【库区和安置区稳定工作】　2013年，严格执行《大中型水利水电工程建设征地补偿和移民安置条例》，切实维护移民的合法权益。组织开展了“平安库区”创建活动，制定了《移民信访工作管理暂行办法》和《化念安置区突发事件应急管理办法》。针对化念安置区接收安置外迁移民工作的特殊需要，组建了业主委员会和4个现场接待点，保证移民诉求反映渠道畅通。加强化念安置区社会面管控，深入细致做好移民和当地群众的思想宣传和引导工作，认真落实矛盾纠纷和隐患排查化解工作，保证库区和安置区社会稳定，没有出现过移民群体性上访和越级上访问题。

（白孝伟）

红塔区

【自然概貌】 红塔区位于云南省中部、玉溪市西北部，处于东经102° 17′ 32″ ~102° 41′ 37″，北纬24° 08′ 30″ ~24° 32′ 18″ 区间。东与江川县相连，东南与通海县毗邻，西南与峨山县交界，北与昆明市晋宁县接壤。距省会昆明88千米。区境平面形态呈北宽南窄不规则三角形状，区境四面环山。市区中心——州城海拔1 630米，境内最高点（高鲁山）海拔2 614米，最低点（玉溪与通海交界处的曲江河滩）海拔1 502米。幅员周边长161千米，国土面积1 004平方千米。区内水系比较发育，玉溪大河横贯其间，河流的主干和支干流总长350多千米，水资源年均总量4.3亿立方米，其中地下水占29%。境内自然资源丰富，有动物、植物1500多种。矿藏有铁矿、硅矿、煤等16个矿种。2013年平均气温16.9℃，极端最高气温31.5℃（6月15日），极端最低气温－3.1℃（12月19日）。全年日照时数2190.4小时，日照率50%。霜降从2012年12月16日开始至2013年2月6日止，共25天；全年降雨110天，降雨量781.5毫米。主要气象灾害有冰雹、旱灾、霜冻等。

【行政区划】 全区设玉兴、玉带、凤凰、北城、大营街、研和、李棋、春和、高仓9个街道和洛河、小石桥2个彝族乡，下辖村委会（社区居委会）104个，其中社区94个，村委会10个；有村（居）民小组1 106个，其中社区居民小组1 035个，村民小组71个。自然村437个。

【人口、民族】 2013年末，全区总户数171 576户、户籍总人口433 291人。其中农业人口185 546人，非农业人口247 745人；少数民族人口66 750人，占总人口的15.4%。有30个民族，其中世居民族有汉、彝、回、白、哈尼5个。乡村从业人员17.9万人（其中男劳动力9.1万人），其中从事第二、三产业11万人。人口密度432人/平方千米，人口自然增长率3.86‰。

【综合经济指标】 2013年，红塔区实现地区生产总值（现价）583.60亿元，比上年增4.8%。人均实现生产总值116 254元。在生产总值中，第一产业增加值13.03亿元，第二产业增加值446.03亿元，第三产业增加值124.54亿元。三次产业在生产总值中的比重由上年的2.1%、78.5%、19.4%调整为2.2%、76.4%、21.4%。区属生产总值238.42亿元，其中第一产业增加值13.03亿元，第二产业增加值109.01亿元，第三产业增加值116.38亿元。不含红塔集团的三次产业在生产总值中的比重为5.5%、45.7%、48.8%。

【工　业】 2013年，红塔区实现工业总产值（现价，下同）完成919.4亿元、同比增3%，其中规模以上工业总产值881.14亿元，同比增2.9%。区属工业总产值457.71亿元，同比增4.4%，其中规模以上工业总产值419.44亿元，同比增4.3%。矿电产业总产值325.13亿元，与上年基本持平，占区属工业总产值的71%。卷烟配套产业总产值33.42亿元，同比增10.1%，占7.3%。生物制药产业总产值9.14亿元，同比增17.1%，占2%。

主要工业产品年产量：卷烟产量373.2万箱，水泥产量159.13万吨，生铁产量537.84万吨，粗钢产量535.82万吨，钢材产量552.61万吨，塑料制品产量5.5万吨，金属切削机床产量10 327台。

【乡镇企业】 2013年，红塔区有乡镇企业 22 807户，其中集体45户、私营696户、个体22 066户；营业收入785.42亿元，同比增8.66%；乡镇企业总产值（现价）592.52亿元，同比增3.54%；乡镇企业工业总产值401.29亿元，同比增4.06%；缴税16.03亿元，同比减11.39%；利润总额22.69亿元，同比减12.90%；从业人员16.75万人，同比增1.21%。

【农　业】 2013年，红塔区实现农业总产值26.09亿元，比上年增7.5%。其中，种植业产值10.87亿元，占农业总产值的41.7%，同比增长7.8%；畜牧业产值14.79亿元，占农业总产值的56.7%，同比增7.4%；其他产值0.43亿元，占农业总产值的1.6%，与上年持平。农民人均纯收入10 629元，比上年增17.2%，扣除价格因素，实际增13.9%。

年末，红塔区有常用耕地9 468公顷，比上年减少19公顷；农作物播种面积22 666.8公顷，比上年增1.6%，复种指数239.2%。全年粮食总产量

6 264.94万千克，比上年增0.1%。烤烟总产量561.96万千克，比上年减14.2%，上等烟占71.4%，比上年下降1.4个百分点。油料总产量889.74万千克，比上年减22.9%。蔬菜种植4 301公顷，比上年增13.2%，蔬菜总产量8 976.59万千克，比上年增8.9%。花卉种植870公顷，比上年减1%。粮经作物种植比例由上年的38.2∶61.8调整为37.6∶62.4，经济作物比重比上年上升0.6个百分点。

年内，生猪出栏56.26万头，增6.6%；出栏肉牛0.8万头，增5.2%；出栏家禽788.52万只，增10.0%。全区肉蛋奶总产量9 158.73万千克，同比增9.4%；猪、牛、羊肉总产量5 216.26万千克，同比增7.2%，其中猪肉产量5 001.23万千克，同比增7.2%；禽蛋产量2 157.4万千克，同比增16.0%。

全年完成义务植树70.17万株，工程造林237.6公顷，低效林改造466.67公顷。推进生态屏障建设——在高等级公路沿线和中心城区东近面山实施绿化美化工程。全区承保森林火灾保险面积5.97万公顷，发生森林火灾2起，火灾保险理赔金额11.12万元，从而降低林业经营风险。年内，林业有害生物发生2.4万亩，发生率2.7%，成灾率1.13‰；防治0.15万公顷，主要是采取人工清理方法防治松小蠹虫及柏肤小蠹，防治率92.3%，无公害防治率95.5%。

年内，全区在洛河法冲、研和玉屏、大营街大密罗、小石桥玉苗、响水5地完成中低产田地改造0.16万公顷，实施“一事一议”财政奖补项目49个，投资4 917万元。完成6个养殖小区沼气项目建设；在春和孙井、李棋金家边、高仓龙树、大营街赵桅4个点实施农村太阳能项目300套，建成农村节能改灶800眼。全年投资609万元对3座小（二）型病险水库实施除险加固工程；龙母箐水库工程建设提前蓄水；羊歇窝提水泵站工程完工投入使用，解决小石桥乡人畜饮水困难。

【基础设施建设】　年末，中心城区建成区面积45.49平方千米，绿地总面积898万平方米，城市绿地率35.8%，绿化覆盖率40.5%，人均公共绿地面积15.6平方米。城市道路126条、长595.26千米。城市建设投资6.3亿元。年内，红塔区市政道路续建、新建、改扩建项目9个。污水处理厂1座，建设截污管网514千米，城市污水集中处理率67%，垃圾无害化处理率83%，日平均处理垃圾216.39吨；全年清掏粪便4 300吨，收取垃圾处理费500万元。建成燃气门站1座，敷设燃气管网37.23千米，燃气普及率55.3%。红塔区投资3 000余万元完成刺桐关片区环境综合整治工程，扮靓玉溪北大门，改善刺桐关居民的居住环境。

截至年末，境内有铁路55.4千米，设大古城、莲池、玉溪、玉溪南4个车站。公路通车里程1 380.8千米，其中国道91.1千米，省道 22.2千米，县道162.7 千米，乡村道路1 104.8千米。公路网密度137.5千米／百平方千米。自然村通车率100%。

年末，本地电话交换机总容量458.3万门，同比增加135万门。固定电话机总数8.1万部，同比减少1.5万部；移动电话用户67.7万户，同比增加6.6万户。电话普及率151部/每百人，其中移动电话普及率134.9部/每百人。互联网宽带用户快速增长，用户13.72万户，同比增长6.8%。

【商贸物流】　2013年，完成社会消费品零售总额108.95亿元，同比增14.1%。其中：城市消费品零售额104.68亿元，同比增23.6%；农村零售额4.27亿元，同比减60.3%；批发零售贸易业零售额97.75亿元，同比增15.8%，占全区消费品零售总额的89.7%；住宿餐饮业11.20亿元，同比增1.7%；公有经济零售额39.63亿元，占36.4%，同比增22.8%；非公有经济零售额69.32亿元，占63.6%，同比增9.7%。

年末，全区货运周转量878 052万吨千米，其中公路841 348万吨千米，铁路36 704万吨千米，同比分别增17.9%、16.6%、58.9%；客运周转量163 505万人千米（均为公路），同比增8.7%。货运量2 154.5万吨，其中公路1 581万吨，铁路573.5万吨，同比增20.7%、11%、58.9%；客运量1 853万人，其中公路1 741万人、铁路112万人，同比增7.8%、1.3%。

【旅　游】　2013年，成功举办米线节、聂耳合唱周及中秋国庆等节庆活动及大型灯会，多方宣传红塔区旅游资源和产品。截至年末，全区有国家级4A级景区2个（映月潭修闲文化中心、汇龙生态园）、2A级景区1个（九龙池公园）和四星级乡村旅游接待点3家、三星级乡村旅游接待点6家、二星级乡村旅游接待点1家。有国际旅行社2 家，国内旅行社14 家；区内高、中、低档宾馆、饭店、招待所总床位1.44 万张；7 家星级饭店平均床位出住率56.6%，比上年提高2.4个百分点。全年接待中外旅游者 575.46万人次，同比增18.1%；实现国内旅游收入28.89亿元，同比增19.61%；其中接待海外旅游者（含港澳台同胞）1 039 人次，同比增7%，实现外汇收入35.6万美元，与上年基本持平。

【固定资产投资】　2013年，完成规模以上固定资产投资147.59亿元，同比增40%。其中民间投资79.22亿元，同比增30.1%，占全区投资的53.7%。城镇固定资产投资85.85亿元，同比增70%；房地产开发企业投资50.74亿元，同比增10.3%；农村非农户固定资产投资完成10.99亿元，同比增23.4%。第一产业投资1.14亿元，同比增84.8%；第二产业投资40.84亿元，同比增22.0%（其中工业投资40.78亿元，同比增21.8%）；第三产业投资105.61亿元，同比增48.1%。

【招商引资】　2013年，红塔区加强招商引资组织领导，成立工业、现代农业、商贸及现代服务产业、文化旅游等11个产业招商总局。出台《玉溪市红塔区全国区域招商引资代理人工作实施意见（试行）》，首批聘请全国区域招商引资代理人法人5名、自然人17名，进一步创新招商方式，拓宽招商渠道。“平战结合人防工程”、“城市综合体”、“玉溪福建商会大型建材市场”、“新兴钢铁钒钛钢”、“烟叶仓库及配套设施建设”、“烟草薄片”、“沃森疫苗产业园三期”、“玉山城生态休闲康体”等重大招商项目顺利推进。年内，红塔区实施市外国内招商引资项目83项，引进资金130.02亿元，同比增537.7%，总量排名全市第一，其中到位省外资金8.99亿元；实施外资项目7项，合同投资额3 999万美元。

【进出口业务】　2013年，全区完成进出口总额8 948万美元，同比增加3 217万美元，增56.1%。其中出口总额7 899万美元，同比增加3 541万美元，增81.3%；进口总额1 049万美元，同比减少23.6%。

【财税、金融、保险】　2013年末，红塔区完成财政总收入27.58亿元，同比增21.6%。完成地方财政收入18.59亿元，同比增38.9%。全区地方财政支

出25.21亿元，同比增23.6%。

境内有金融机构14家，年末，金融机构各项存款余额618.24亿元，比年初增10.7%；各项贷款余额（境内）383.72亿元，比年初增增长7%。金融机构存贷比62.1%，比上年降低2.1个百分点。

有26家保险公司驻红塔区，全年仅车辆保险保费收入4.56亿元，同比增20.52%，占全市8.26亿元车辆保险保费收入的55.17%。

【科　技】　2013年，全区组织申报国家、省、市科技计划项目42项，其中国家级4项，省级27项，市级11项。已批准列项实施的国家科技计划项目4项，省级科技计划项目10项，市级科技计划项目11项，争取上级科技项目补助经费1 460万元。年内，申请专利434件，授权363件，比上年分别增加34件、93件。召开2013年科技工作暨科技奖励大会，对全区获2012年度科技创新、科技进步奖和专利奖的先进单位和个人进行奖励，兑现政府财政科技奖励金221.9万元。通过考核并荣获科技部授予的“全国科技进步先进县区”，成为全省已具备申报国家知识产权强县工程示范县区的2个县区之一。

【教　育】　2013年年末，红塔区境内有110所学校，其中有2所高等院校，3所中等专业学校，24所普通中学，2所中等职业学校（1所成人中等专业学校、1所职业高中学校），1所特殊教育学校，78所小学。在校学生99 603人，同比增0.3%。全区有专任教师5 716人。农村义务学生营养改善计划稳步推行，义务教育阶段农民工子弟学校（在校学生2 408人）与坝区公办学校同标准供应营养餐，未出现一例食品安全责任事故。继续实施农村义务教育阶段家庭经济困难寄宿制生活补助资金431.14万元，同时免除就读二职中、高中学费769.75万元。红塔区被评为“2013年云南省生源地助学贷款先进集体”。

【文　化】　2013年年末，全区有4个文艺表演团体，2个群众艺术馆，1个博物馆，2个文物管理所，2个公共图书馆，藏书81.3万册，其中市图书馆藏书61万册，区图书馆藏书20.3万册。全年有66.5万人次参观博物馆、纪念馆等活动。年内，联合省、市文物考古部门，对新发现的研和东山清代青花窑址进行考古发掘。完成11个乡、街道文化站评估定级和米线节省级保护名录的申报。境内广播覆盖率和电视覆盖率均达到99.9%。有8件广播电视作品获省级以上奖，其中2件获国家级奖。

【体　育】　2013年，全区组织举办各类体育赛事12次。全区有老体协团体组织29个、会员4.98万人。有38家单位上报申请安装全民健身器材，完成全民健身工程、文体广场建设工程11件，在2个村委会建成全民健身路径2条24件。在玉溪市青少年田径、游泳、篮球等项目年度赛中，以总分481分的好成绩获田径赛团体第一名，其中有3项五次破市少年儿童田径赛纪录；女子游泳队以团体总分147分、男子游泳队以团体总分116分的成绩分获女子、男子游泳团体第一。

【卫　生】　2013年年末，境内有卫生机构318个，其中医院（卫生院）36个。卫生技术人员4 509人，医院和卫生院床位4 551张。全区有20.52万名农民参加新型合作医疗，参合率99.89%，新型农村合作医疗筹资标准为每人每年400元。有已婚育龄妇女8.64万人，领取独生子女证2.89万人，独生子女证领证率34.44%，比上年提高1.03个百分点。

【社会保障】　2013年年末，红塔区境内参加医疗保险单位（含市级）2 185个，其中企业（个体）1 572个，机关及事业单位613个；参保人数11.47万人，其中企业（个体）7.88万人，机关及事业3.36万人；收缴基本医疗保险金43 283万元。参加城镇居民基本医疗保险12.89万人。年内，为城乡低保对象8 407户9 993人发放补助金2 428.21万元，为2 185名重点优抚对象发放抚恤及生活补助费1 074.37万元，为农村五保对象413人发放救助金181.06万元。全年为45 208人次发放医疗救助金264.71万元，受益群众6.44万人；救助临时困难群众209户，救助资金55.08万元。红塔区发放“贷免扶补”、小额担保贷款8 848.5万元，扶持创业人员1 250人；实现农村劳动力转移就业3 976人；政府购买公益性岗位安置就业150人；城镇新增就业人数4 300人；完成城镇下岗失业人员再就业2 800人；城镇登记失业率3.43%。

【人民生活】　2013年，红塔区城市居民人均可支配收入25 067元，同比增13.7%，扣除价格因素，实际增10.5%，其中工资性收入18 560元，同比增13.6%。城市居民人均生活消费性支出14 593元，同比增5.6%。农村居民家庭人均纯收入10 629元，同比增17.2%，扣除价格因素，实际增13.9%，其中工资性收入5 754元，同比增28.3%；农村居民人均生活消费支出10 588元，同比增26.2%。城市居民人均住房34平方米。城市居民家庭每百户平均拥有家用汽车67辆、家用电脑77台、健身器材14套、移动电话265部。农村居民人均拥有生活住房面积56平方米，每百户农民家庭拥有彩色电视机117台、电冰箱83台、摄像机1台、家用电脑42台、家用汽车46辆、摩托车66辆。

【领导干部】　区委书记夏立洪（2013年3月离任）、董文献（傣族，2013年3月任），副书记张小良(彝族）、李永忠（2013年5月任）、程睿涵。人大主任毕继芬（女，2013年1月离任）、殷绍焜（2013年1月任），副主任马亮伟（回族，2013年1月任）、赖正东（2013年1月任）、姜永祥（2013年1月任）、董晋红(女，2013年1月任）、飞志刚（2013年1月离任）、朱知良（2013年1月离任）、任新明（2013年1月离任）。区长张小良(彝族），副区长殷绍焜（2013年1月离任）、普东海（2013年5月任）、普云辉（2013年1月离任）、马利兴（布依族）、曾逵、王红（女）、吴光连（2013年1月任）、梁士洪（2013年1月任）、蔡琼（女）。政协主席杨德运（2013年1月离任）、王文平（2013年1月任），副主席白发福（彝族，2013年1月任）、李家金、孟国平、马亮伟（回族，2013年1月离任）、张燕华（女，2013年11月离任）。纪委书记张亚波（2013年3月任）。

【平战结合人防工程开工】　玉溪市平战结合人防工程项目涉及红塔区南北走向与东西走向的3条主干道（南北大街、凤凰路、人民路），工程主体位于车行道路下，总长度1 770米。其中南北大街用地北起玉兴路口北侧，南至凤凰路；凤凰路用地西起南北大街，东至东风中路路口西侧；人民路用地西起珊瑚路，东至南北大街路口西侧。工程建筑总面积4.2万平方米，总投资约7亿元。主体工程于2013年10

月18日开工，至年底，完成总投资的40%。

【城市雨水基础设施建设工程开工】 玉溪市中心城区雨水管网改扩建工程（一期）建设项目起点为凤凰路二职中地下通道、止点为云溪宾馆前玉带河，全长3 434米，工程建设内容：在凤凰路路面下修建2.0×3.0米、2.0×2.0米的钢筋混凝土箱涵。项目投资3944.42万元。工程于2013年10月28日开工建设，至年底，主体工程除人防工程凤凰路段未完工外，其余完工。

【玉溪城市建设投资集团有限公司成立】 2013年1月，玉溪城市建设投资集团有限公司（简称“城投公司”）成立。集团是隶属国资委的国有独资企业，承担着投融资、土地一级开发、建设和经营职能，内设综合管理部、人力资源部、财务管理部、投资管理部、融资管理部和资产管理部。下辖玉溪市供排水有限公司、玉溪市市政开发建设有限公司和玉溪城投房地产开发有限公司三个全资子公司和玉溪能投佳亨燃气产业有限公司一个参股公司，有职工237人。年内，成教学院、东风游乐场和东风广场公益性资产实质性划转到城投公司，集团资产规模达6.4亿元；玉溪市第一幼儿园产权划转工作正在办理中。

【红塔区“省级玉米高产创建示项目”通过验收】 2013年，红塔区洛河乡、大营街街道被确定为“省级玉米高产创建示范区”，示范区面积是百亩核心区150亩、千亩展示片1 330亩、万亩示范区12 829亩，非示范片区400亩。根据不同区域选择相应耐旱、高产、抗病、抗倒伏品种“海禾1号”、“云瑞8号”、“北玉2号”。采用抗旱节水地膜覆盖栽培，宽窄行条播，最佳节令播种，合理密植，测土配方施肥，病虫害综合防治，人工辅助授粉等技术。9月25日，验收小组分头进行“百、千、万和非示范片区”按好、中、差分别选择具有代表性的田块各3块，计12块、面积664.722平方米进行实地产量验收，验收结果显示：百亩核心区单产764.46千克/亩、千亩展示片单产721.01千克/亩、万亩示范区单产666.67千克/亩,示范区平均单产672.75千克/亩，比非示范区平均单产454.46千克/亩增产218.29千克，总产值增加780.88万元。“省级玉米高产创建项目”通过验收。

【“全国基层农技推广示范县项目”会议在红塔区召开】 2013年11月27日，“2013年全国基层农技推广示范县项目”会议在红塔区云溪宾馆召开，全区六大产业（油菜、蔬菜、葡萄、草莓、蓝莓、生猪）技术指导员、六大产业示范户代表、玉溪日报记者和红塔区电视台记者等150人参加会议。会议就基层农技推广示范县项目相关工作作了具体安排。区农业局领导与六大产业技术指导员代表签订《技术指导服务合同》，技术指导员又与六大产业示范户代表签订《技术指导员服务协议》。红塔区有130名科技指导员、1 300名科技示范户，项目示范推广新品种18个，新技术21项，技术到位率98%，良种良法覆盖率98.75%，示范推广面积1.6余万亩，示范推广良种畜禽39 815只，实现农业总产值26.09亿元。其中，种植业产值10.86亿元，畜牧产值14.78亿元。示范户平均增收1 259元，农民人均纯收入10 629元，比上年增加1 559元。

2013年9月6日，“全省‘美丽乡村’建设工作会”及“全省新农村建设工作座谈会”在红塔区召开，16个州市和129个县（区）近300人参会，红塔区在“美丽家园”建设经验会上交流。图为解说员在为省、市领导讲解红塔区“美丽家园”建设规划 （蒯学庆 摄）

【国家级高新区授牌】 玉溪高新区机构升格经省委、省政府同意，上报中央编办。2013年7月4日，在科技部与省政府2013年部省工作会商会议上，全国政协副主席、科技部部长万钢向玉溪授牌。8月1日，市委书记代张祖林表市委、市政府向玉溪高新区授牌。

【昆玉铁路旅客列车恢复营运】 昆玉铁路自1994年10月投入营运，1998年12月10日开行旅客列车，2008年2月，旅客列车停运。玉溪至蒙自铁路建成通车后，中断5年多的昆玉铁路旅客列车自2013年4月28日恢复开行。昆明至蒙自北每天开行旅客列车2对，从2013年10月1日起增开临客1对。昆明至蒙自北全长258千米，全程运行时间3小时55分。沿途设有昆明、玉溪、通海、建水、蒙自北5个停靠站。昆明至玉溪南由内燃机车牵引，玉溪南至蒙自北由电力机车牵引。往返两地的车次为K9652/3、K9654/1次列车。其中：K9652/3次列车上午8点42分由昆明站发车，10点32分到达玉溪站，12点37分到达蒙自北站。K9654/1次列车则是上午9点03分由蒙自北站出发，11点05分到达玉溪站，13点01分到达昆明站。

【玉兴路街道】 2013年，全街道总人口67 371人，其中男33 156人，女34 215人；少数民族人口1 516人，占总人口的11.31%。人口自然增长率2.9‰。农村劳动力8 110人，其中从事第二、三产业的8 020人，占总劳动力的98.89 %。

2013年年末，全街道有耕地265亩，复种指数87.1%。全年粮食总产

35吨，比上年增12.9%；油料总产22.3吨，比上年增8.25%；农业人口人均产粮23千克。年末，生猪存栏2 000头，比上年减27.96%；肥猪出栏 4 300头，比上年增 6.75%。水利化程度100%。

2013年有企业2 312个（其中个私企业2 311个），比上年增22个；从业人员14 326人，比上年减0.1%；企业总收入554 674万元，比上年增15%；实现税利 30 928万元，比上年增8%。

2013年，全街道农村社会总产值（现价）29.51亿元，比上年增9%。工农业总产值（现价）2.8亿元，比上年增0.47%，其中，工业总产值2.69亿元，比上年增0.45%；农业总产值0.11亿元，与上年持平。农村经济总收入58.48亿元，比上年增15.02%，三次产业的比重0.2：13.15：86.65；农民人均纯收入11 911元，比上年增17.29%。

2013年，全街道财政总收入41 376.7万元，比上年增6.4%，其中地方财政收入19 059.1万元，比上年减9.9%，财政支出3 038.02万元，比上年减10%。

街道党工委书记师吉明，人大工委主任吴婷，办事处主任雷双菠。

【玉带路街道】 2013年，全街道总人口28 740人，其中男14 081人，女14 659人；少数民族人口1 395人，占总人口的4.86%。人口自然增长率5.99‰。农村劳动力10 552人，其中从事第二、三产业的12 706人，占总劳动力的120.4%。

2013年年末，全街道有耕地 2 636亩，复种指数183%。全年粮食总产52.1吨，比上年减81.1%；油料总产24吨，比上年减43.48%；烤烟总产83.4吨，上等烟占70.64%。农业人口人均产粮188.77千克。年末，生猪存栏2 000头，比上年减63.9%；肥猪出栏8 000头，比上年减56.2%。水利化程度80%。

2013年，全街道有企业 2837个（其中个私企业 2 836 个），比上年增1个；从业人员17 247人，比上年减0.7%；企业总收入443 887万元，比上年增17.69%；实现税利20 513万元，比上年增8.64%。

2013年，全街道农村社会总产值（现价）6 019万元，比上年减27%。工农业总产值（现价）21 851万元，比上年增29.1%，其中，工业总产值15 893万元，比上年增16.43%；农业总产值5 958万元，比上年减27.76%。农村经济总收入455 001万元，比上年增17.71%，三次产业的比重 1.8：19.6：78.6；农民人均纯收入11970元，比上年增18.08%。

2013年，全街道财地方财政收入8 447万元，比上年增 2.2 %，财政支出2 036万元，比上年减22.21%。

街道党工委书记杨文武，人大工委主任谢家平，办事处主任邹明佑（2013年7月任）、张云春（2013年7月离任）。

【凤凰街道】 2013年，全街道总人口83 083人，其中男43 433人，女39 650人；少数民族人口1 726人，占直管总人口的15.12 %。人口自然增长率3.2‰。

2013年年末，全街道有耕地1 425亩，复种指数160.3%。全年粮食总产656.6吨，比上年减5.64%；油料总产55.5吨，比上年减21.2%；烤烟总产18.2吨，比上年减26.5%，上等烟占56.2%。农业人口人均产粮383.1千克。年末，生猪存栏2 514头，比上年增1%；肥猪出栏 5 483头，比上年增12.5%。水利化程度98%。

2013年，全街道有企业3 838个（其中个私企业 3 831个），比上年增1 149个；从业人员16 440人，比上年减0.5%；企业总收入47.2亿元，比上年增6.4%；实现税利49 531万元，比上年减1.9%。

2013年，全街道农村社会总产值（现价）17.72亿元，比上年增0.81%。工农业总产值（现价）17.72亿元，比上年增0.81%，其中，工业总产值17.52亿元，比上年增0.7%；农业总产值0.2亿元，比上年增0.91%。农村经济总收入48亿元，比上年增6%，三次产业的比重为0.5：44.6：54.9 ；农民人均纯收入11 615元，比上年增12.56%。

2013年，全街道财政总收入1.79亿元，比上年增4%，其中地方财政收入1.12亿元，比上年增 4.8%，财政支出2 108万元，比上年减6.3%。

街道党工委书记徐汝青（2013年1月离任）、柳洪（2013年1月任）、柳洪（2013年7月离任）、徐惠琼（女，2013年7月任），人大工委主任夏云艳（女），办事处主任柳洪（2013年1月离任）、徐惠琼（2013年1月任，6月离任）、邹著（2013年 6月任）。

【大营街街道】 2013年，全街道总人48 563人，其中男23 831人，女24 732人；少数民族人口6 291人，占总人口的12.9%。人口自然增长率3.64‰。农村劳动力28 256人，其中从事第二、三产业的18 524人，占总劳动力的65.56%。

2013年年末，全街道有耕地20 880亩，复种指数207%。全年粮食总产10 528.1吨，比上年减4%；油料总产1 890.7吨，比上年减5.23%；烤烟总产580.8吨，比上年减22.5%，上等烟占70.05%。农业人口人均产粮224千克。年末，生猪存栏4.5万头，比上年增4.7%；肥猪出栏9.6万头，比上年增6%。水利化程度88%。

2013年有企业873个（其中个私企业 853个），比上年增104个；从业人员23 988人，比上年减7.75%；企业总收入163.08亿元，比上年增1.75%；实现税利45 139万元，比上年减34.01%。

2013年，全街道农村社会总产值（现价）90.89万元，比上年减2.17%。工农业总产值（现价）90.89亿元，比上年减2.17%，其中，工业总产值 87.07亿元，比上年减2.8%；农业总产值3.82亿元，比上年增14.8%。农村经济总收入190.14亿元，比上年增4.75%，三次产业的比重2：91：7；农民人均纯收入10728元，比上年增8%。

2013年，全街道财政总收入19 800万元，比上年减12.7%，其中地方财政收入8 011万元，比上年减10.9%，财政支出2 888.2万元，比上年减13 5%。

街道党工委书记杨美琼（2013年1月任），人大工委主任曹杰，办事处主任杨美琼（2013年1月离任）、王晋（2013年1月任）。

【研和街道】 2013年，全街道总人口46 498人，其中男22 914人，女23 584人；少数民族人口6 228人，占总人口的13.39%。人口自然增长率4.3‰。农村劳动力26 613人，其中从事第二、三产业的11 100人，占总劳动力的41.13%。

2013年年末，全街道有耕地19 193亩，复种指数280%。全年粮食总产11 571.6吨，比上年减6.9%；油料总产1 409.7吨，比上年减18.8%；烤烟总产501吨，比上年减9.4%，上等烟占62.7%。农业人口人均产粮259.05千克。年末，生猪存栏2.6万头，比上年增15.26%；肥猪出栏7.8万头，比上年增10.64%。水利化程度98.6%。

2013年有企业 3 606个（其中个私企业3 598个），比上年增1536个；从业人员21 706人，比上年增28.27%；企业总收入199.44亿元，比上年增10.63%；实现税利52 460万元，比上年减31.6%。

2013年，全街道农村社会总产值（现价）203.1亿元，比上年增10.38%。工农业总产值（现价）122.71亿元，比上年增9.04%，其中，工业总产值118.76亿元，比上年增8.7%；农业总产值3.95亿元，比上年增20.16%。农村经济总收入203.1亿元，比上年增10.38%，三次产业的比重2：56：42；农民人均纯收入10 351元，比上年增18.01%。

2013年，全街道财政总收入20725.4亿元，比上年减3.22%，其中地方财政收入8 588.9万元，比上年减13.48%，财政支出2 852.3万元，比上年减14.72%。

街道党工委书记吴小郎（2013年7月离任）、李剑（傣，2013年7月任），人大工委主任蔡德琪（2013年9月离任）、史永清（2013年11月任），办事处主任张希也（女）。

【春和街道】 2013年，全街道总人口57 887人，其中男28 360人，女29 527人；少数民族人口9 294人，占总人口的16%。人口自然增长率4.2‰。农村劳动力29 295人，其中从事第二、三产业的 20 925人，占总劳动力的60%。

2013年年末，全街道有耕地34 171.5亩，复种指数206%。全年粮食总产10 103.5吨，比上年减3.48 %；油料总产854.9吨，比上年减63.73%；烤烟总产1 420吨，比上年减14.4 %，上等烟占71.08%。农业人口人均产粮181.6千克。年末，生猪存栏4.18万头，比上年减7.3%；肥猪出栏11.79万头，比上年增6.7 %。水利化程度77.4 %。

2013年，全街道有企业3 018个（其中个私企业3 016个），与上年持平；从业人员24 041人，比上年增3.25%；企业总收入72.37万元，比上年增19.01%；实现税利57 858万元，比上年增6.8%。

2013年，全街道农村社会总产值（现价）75.79亿元，比上年增17.1%。工农业总产值（现价）38.04亿元，比上年减6.49%，其中，工业总产值32.81亿元，比上年减7.58%；农业总产值5.23亿元，比上年增1.16%。农村经济总收入75.8亿元，比上年增17.1%，三次产业的比重5.85：62.52：31.63；农民人均纯收入11 665元，比上年增27.86 %。

2013年，全街道财政总收入1.74亿元，比上年增8.2%，其中地方财政收入6 920万元，比上年增9.6 %，财政支出3 451万元，比上年增19.82%。

街道党工委书记周德梅（女，哈尼族），人大工委主任冯勇（2013年3月离任）、曹炳勇（2013年4月任、7月离任）、沈安平（2013年7月任），办事处主任金忠武。

【李棋街道】 2013年，全街道总人口32 519人，其中男15 596人，女16 923人；少数民族人口844人，占总人口的2.6%。人口自然增长率5.49‰。农村劳动力18 036人，其中从事第二、三产业的14 791人，占总劳动力的18%。

2013年年末，全街道有耕地3 622.5亩，复种指数267%。全年粮食总产2 629.6吨，比上年减11.1%；油料总产492.2吨，比上年增27.8%；农业人口人均产粮80.9千克。年末，生猪存栏5 500头，比上年增1.79%；肥猪出栏12 800头，比上年增6.44 %。水利化程度100%。

2013年有企业1 513个（其中个私企业1 513个），比上年减 55个；从业人员17 460人，比上年减5.7%；企业总收入44.46亿元，比上年增16.7%；实现税利4.82亿元，比上年增50.1%。

2013年，全街道工农业总产值（现价）5.01亿元，比上年增4.16%，其中，工业总产值4.27亿元，比上年增5.13%；农业总产值7 439万元，比上年减2.63%。农村经济总收入46.75万元，比上年增15.2%，三次产业的比重1.3：30.6：68.1；农民人均纯收入11 767元，比上年增17.56%。

2013年，全街道财政总收入2.08亿元，比上年减31.1%，其中地方财政收入1.8亿元，比上年减33%，财政支出4 068.1万元，比上年增27.4%。

街道党工委书记朱学祥，人大工委主任杨劲松，办事处主任封伟（白族）。

【北城街道】 2013年，全街道总人口61 944人，其中男30 110人，女31 834人；少数民族人口9 050人，占总人口的14.6%。人口自然增长率2.31‰。农村劳动力36 376人，其中从事第二、三产业的 26 180人，占总劳动力的72%。

2013年年末，全街道有耕地26 070亩，复种指数237%。全年粮食总产10 181.6吨，比上年减8.69%；油料总产1 170吨，比上年减28 %；烤烟总产620吨，比上年减27.61%，上等烟占72.7%。农业人口人均产粮176.4千克。年末，生猪存栏22 016头，比上年增26%；肥猪出栏77 360头，比上年增8%。水利化程度95%。

2013年，全街道有企业3 521个（其中个私企业 3 406个），比上年增4个；从业人员28 673人，比上年增13%；企业总收入106.21亿元，比上年增20.1%；实现税利34 423万元，比上年减34.3%。

2013年，全街道农村社会总产值（现价）115.25亿元，比上年增19.7%。工农业总产值（现价）105.03亿元，比上年增21.9%，其中，工业总产值100.86亿元，比上年增22%；农业总产值4.18亿元，比上年增14%。农村经济总收入122.36亿元，比上年增21%，三次产业的比重 3.4：88.4：8.2；农民人均纯收入10 418元，比上年增 15.74 %。

2013年，全街道财政总收入12 552万元，比上年减23%，其中地方财政收入4 915万元，比上年减28%，财政支出3 475万元，比上年减13%。

街道党工委书记孙旭（2013年10月离任）、施毅（彝，2013年10月任），人大工委主任高连俊，办事处主任郑应平。

【高仓街道】 2013年，全街道总人口21 971人，其中男10 742人，女11 229人；少数民族人口3 105人，占总人口的14.1%。人口自然增长率1.83‰。农村劳动力12 255人，其中从事第二、三产业的5 566人，占总劳动力的45.42%。

2013年年末，全街道有耕地13 060亩，复种指数210%。全年粮食总产5 161吨，比上年减0.1%；油料总产671.3吨，比上年减32.9%；烤烟总产743吨，比上年减14.1 %，上等烟占71.7 %。农业人口人均产粮237.24千克。年末，生猪存栏5.81万头，比上年减9.22%；肥猪出11.6万头，比上年增11.53%。水利化程度90%。

2013年，全街道有企业33个（其中个私企业33个），比上年增3个；从业人员2 838人，比上年增16.3%；企业总收入298 302万元，比上年增

7.3%；实现税利26 265万元，比上年增143.6%。

2013年，全街道农村社会总产值（现价）37.76亿元，比上年增14.58%。工农业总产值（现价）32.72亿元，比上年增14.58%，其中，工业总产值28.79万元，比上年增25.03%；农业总产值3.93亿元，比上年增13.6%。农村经济总收入37.76亿元，比上年增14.58%，三次产业的比重10∶56∶34；农民人均纯收入10619元，比上年增17.84%。

2013年，全街道财政总收入5 932万元，比上年减28%，其中地方财政收入3 110万元，比上年增41%，财政支出1 874万元，比上年减22.83%。

街道党工委书记任峻宏（2013年7月离任）、康德勤（2013年7月任），人大工委主任王家宏（2013年7月离任）、杨志文（2013年7月任），办事处主任康德勤（2013年7月离任）、王家宏（2013年7月任）。

【洛河彝族乡】 2013年，全乡总人口9 991人，其中男4 991人，女5 000人；少数民族人口8 882人，占总人口的89%。人口自然增长率2.33‰。农村劳动力4 477人，其中从事第二、三产业的2 266人，占总劳动力的50.6%。

2013年年末，全乡有耕地11 596.5亩，复种指数280%。全年粮食总产3 333.4吨，比上年减29.2%；油料总产1 192.2吨，比上年增8.45%；烤烟总产576.1吨，比上年增16.6%，上等烟占75.62%。农业人口人均产粮334.6千克。年末，生猪存栏1.12万头，比上年增33.72%；肥猪出栏2.4万头，比上年增11.67%。水利化程度95%。

2013年有企业200个，比上年减262个；从业人员849人，比上年减52.9%；企业总收入49 369万元，比上年减78.43%；实现税利745万元，比上年减减97.82%。

2013年，全乡农村社会总产值（现价）153 580万元，比上年减67%。工农业总产值（现价）104 184万元，比上年减60.28%。其中，工业总产值86 557万元，比上年减64.76%；农业总产值17 627万元，比上年增13.25%。农村经济总收入78 732万元，比上年减70%，三次产业的比重26∶63∶11；农民人均纯收入9 718元，比上年增34%。

2013年，全乡财政总收入1 860万元，比上年减71.1%，其中地方财政收入1 067万元，比上年减64%，财政支出1 446万元，比上年减9.28%。

乡党工委书记白发福（彝族，2013年1月离任）、方勇云（2013年1月任7月离任）、王飞（2013年7月任），人大工委主任赵永彦（2013年1月任），乡长童进彪（彝族）。

【小石桥彝族乡】 2013年，全乡总人口6 451人，其中男3 249人，女3 202人；少数民族人口2 837人，占总人口的43.98%。人口自然增长率4.4‰。农村劳动力400人，其中从事第二、三产业的1 032人，占总劳动力的25%。

2013年年末，全乡有耕地9 510亩，复种指数211.5%。全年粮食总产8 371.9吨，比上年增19.77%；油料总产1 117吨，比上年减12.1%；烤烟总产1 070吨，比上年减17.6%，上等烟占73.2%。农业人口人均产粮381千克。年末，生猪存栏1.33万头，比上年增3%；肥猪出栏2.16万头，比上年增8.8 %。水利化程度70.3%。

2013年，全乡有企业52个（其中个私企业51个），比上年增9个；从业人员1 018人，比上年增17.1%；企业总收入26 639万元，比上年增12.47%；实现税利2 191万元，比上年增15.14%。

2013年，全乡农村社会总产值（现价）43 356万元，比上年增18%。工农业总产值（现价）37 790万元，比上年增7.8%。其中，工业总产值21 581万元，比上年增9%；农业总产值16 209万元，比上年增24%。农村经济总收入43 356万元，比上年增18%，三次产业的比重35.5∶53.5∶11；农民人均纯收入10 016元，比上年增10.58%。

2013年，全乡财政总收入4 029万元，比上年增18.1%，其中地方财政收入3 319万元，比上年增38.11%，财政支出2 047万元，比上年增66%。

乡党工委书记张燕华（女，2013年7月离任）、曹炳勇（2013年7月任），乡人大工委主任曹忠寿，乡长左红余（彝族）。

（俊 明）

江川县

【自然概貌】 江川县地处滇中，位于东经102°34～102°55′，北纬24°12′～24°32′之间。县城驻地大街距省会昆明102千米。东南与华宁、通海县交界，西南与红塔区接壤，西北和晋宁、澄江县相邻。县境由湖泊、盆地、中低山组成。县城南北最大纵距33.7千米，东西最大横距31.9千米，总面积850平方千米，其中山区、半山区占71.67%，坝区占15.69%，湖泊水面占12.37%。整个地势为四周高、中部低，西部九溪略向玉溪倾斜。境内最高峰谷堆山海拔2 648米，最低点九溪河口村海拔1 690米。境内主要河流有16条，河道总长184.8千米，属珠江流域西江水系，最大洪水流量315立方米/秒，多数为季节性河流。县境中部有高原断陷湖泊星云湖，辖有抚仙湖三分之一水面。星云湖总面积34.7平方千米，最大水深10米，平均水深7米，容水量1.84亿立方米，正常水位海拔1 722米，属富营养型湖泊，十分适合鱼类生长，被誉为“天然养鱼塘”。抚仙湖总面积212平方千米，其中江川辖水面68.94平方千米，占水面总面积的32.5%。

2013年，境内平均气温17.0℃，比上年同期偏低0.5℃。极端最高气温为31.3℃（6月14日及16日）；极端最低气温为－3.7℃（12月17日）。全年日照时数为2269.6小时，比2012年同期偏少272.1小时。初霜期为2012年12月11日，终霜期为2013年2月6日，霜期共58天。全年降水量761.0毫米，比2012年同期偏多152.3毫米。

【行政区划】 2013年末，全县辖大街街道办事处及江城、前卫、九溪、路居、安化（彝族乡）、雄关4个镇2个乡；设73个村民委员会（社区），其中社区居委会20个，村委会53个；村（居）民小组462个，其中村民小组299个，居民小组163个。全县自然村355个。

【人口、民族】 2013年末，全县常驻人口预计28.4万人，其中，城镇人口10.6万人，城镇化率37.2%。户籍总人口27.7万人，比上年增0.3%，其中农业人口21.8万人，非农业人口5.8万人。全年出生人数2 640人，死亡人口1 771人，人口自然增长率3.15‰。总人口中，少数民族1.9万人，占总人口的6.9%。

【综合经济指标】 2013年，全县完成地方生产总值（GDP）555 292万元，比上年增12.1%。其中:第一产业增加值完成139 226万元，增7.3%，占GDP的比重为25.1%，对GDP增长的贡献率为15.8%；第二产业增加值176 122万元，增20.7%，占GDP的比重为31.7%，对GDP增长的贡献率为52.7%；第三产业增加值239 944万元，增8.9%，占GDP的比重为43.2%，对GDP增长的贡献率为31.5%。人均地方生产总值19 594元，比上年增11.8%。全年工农业总产值完成819 972万元，比上年增加159 558万元，增24.16%。产业结构发生明显改变，第一、第三产业比重下降，第二产业比重明显上升。三次产业结构由上年的25.5：30.4：44.1发展变化为25.1：31.7：43.2，其中：第一产业比重比上年下降0.4个百分点，第二产业比重比上年提高1.3个百分点，第三产业比重比上年下降0.9个百分点。2013年，全县非公经济增加值达到299 690万元，比上年增加37 556万元，增13.4%，非公经济增加值占GDP的比重为54.0%，比上年提高0.2个百分点。

【工业和建筑业】　2013年，全县完成工业总产值591 621万元，比上年增加130 788万元，增28.4%。其中：规模以上工业产值322 378万元，增25.2%；规模以下工业产值269 243万元，增加58 803万元，增27.9%。在全部工业总产值中，轻工业产值268 717万元，比上年增41.8%，占全部工业总产值比重为45.4%；重工业产值322 904万元，比上年增19.0%，占全部工业总产值比重为54.6%。完成工业增加值125 447万元，其中：规模以上工业增加值112 485万元，比上年增加23 441万元，增24.1%。全社会完成建筑业增加值50 675万元，比上年增加8 305万元，增18.2%。资质以上建筑业14户，完成建筑业总产值48 435万元，增49.7%。

主要工业产品产量：磷矿石（折含五氧化二磷30%）469 747吨，黄磷28 872吨，机制纸及纸板38 681吨，纸制品67 346吨，水泥933 309吨。

【农　业】　2013年，全县农林牧渔业总产值完成228 351万元，比上年增14.4%。其中：农业总产值135 809万元，比上年增12.6%；林业总产值3 360万元，比上年增7.6%；牧业总产值76 370万元，比上年增19.0%；渔业产值7 189万元，比上年增9.3%；农林牧渔服务业产值5 623万元，比上年增9.7%。

全年农作物总播种面积367 803亩，比上年增加12 265亩，增3.4%。其中：粮食播种84 255亩，比上年增加4 837亩，增6.1%；油料种植38 491亩，比上年增加608亩，同比增1.6%；烤烟种植104 165亩，比上年减少510亩，同比下降0.5%；蔬菜种植132 587亩，比上年增加7 212亩，同比增5.75%；花卉种植7 771亩，比上年增加74亩，同比增0.01%。全年粮食总产4 159万千克，比上年增201万千克，增5.1%；油料总产745万千克，比上年增加14万千克，同比增1.9%；蔬菜总产27 870万千克，比上年增加2 443万千克，同比增9.6%。全年收购烟叶1 245万千克，上等烟比率72.59%，比上年上升0.84个百分点；收购单价为26.55元/千克，比上年提高2.95元/千克；收购金额为33 053万元，比上年减少821万元，下降2.4%。

全年完成人工造林22 000亩，特色经济林12 800亩，核桃移植12 800亩，防护林9 100亩（旱冬瓜、杉木），封山育林20 900亩，森林抚育10 000亩。共育种木苗13亩，可供苗木145万株，义务植树60.96万株，零星植树60.96万株。全县森林覆盖率40.66%。

畜牧业生产规模扩大，畜禽产品产量增加。2013年，全县肉蛋奶总产量41 723吨，比上年增6.6%。其中肉类总产30 498吨，增2.7%。年内出栏肥猪286 785头，增加14 789头，增5.4%；全年出售营销仔猪1 062 677头，增加10 096头，增1.0%；年末，生猪存栏259 765头，增加6 058头，增2.4%。其中能繁殖母猪46 418头，增加1 409头，增3.1%。

全年水产品产量达3 998吨，其中星云湖2 030吨，抚仙湖511吨。

【交通运输和邮电业】　2013年，全县交通运输、仓储及邮政业增加值35 177万元，比上年增加2 563万元，增6.5%，增速比上年下降0.1个百分点。年末，全县公路总里程达881.24千米，其中：一级公路15.07千米，二级公路54.16千米，三级公路196.54千米，四级公路575.47千米，等外公路23.99千米。年末，全县拥有载货汽车8 772辆，载客汽车134辆。

全年邮电业务总量22 982万元，其中邮政业务总量586万元，增加88万元，增13.06%；电信业务总量2 567万元，增加622万元，增31.98%；移动公司通信业务总量18 222万元；联通公司通信业务总量1 607万元。年末，电话用户229 325户，其中固定电话用户14 712户，移动电话214 613户。互联网用户22 585户。

【固定资产投资】　2013年，全县规模以上固定资产投资完成285 103万元，比上年增加29 684万元，增11.6%；工业投资完成81 332万元，比上年增加19 498万元，增31.5%，其中：房地产开发投资完成106 362万元，比上年减少9 292万元，下降8.0%；城镇固定资产投资完成173 011万元，增加39 715万元，增29.8%；农村非农户固定资产投资5 730万元，减少739万元，下降11.4%。

【贸易和消费物价】　2013年，全县社会消费品零售总额152 132万元，比上年增13.5%。按经营地统计，城镇消费品零售额84 274万元，增10.6%；乡村消费品零售额67 858万元，增17.2%。按行业统计，批发贸易业消费品零售额9 472万元，增13.9%；零售贸易业消费品零售额105 045万元，增14.1%；住宿业消费品零售额9 509万元，增5.9%；餐饮业消费品零售额28 106万元，增10.6%。按经济类型统计，公有经济消费品零售额31 494万元，增1.4%；非公有经济消费品零售额120 638万元，增17.1%。销售额营业额合计212 287万元，增17.9%。其中：批发业销售额26 900万元，增长10.2%；零售业销售额126 254万元，增20.0%；住宿业营业额15 818万元，增13.6%，餐饮业营业额43 315万元，增18.6%。

2013年，居民消费价格比上年上涨2.4%，商品零售价格比上年上涨1.7%，农业生产资料价格比上年上涨3.3%。

【财政、金融】　2013年，全县完成财政总收入61 378万元，比上年增收10 245万元，增20.0%。地方财政收入完成50 925万元，增收10 396万元，增25.7%。地方财政支出145 873万元，增支27 100万元，增22.8%。

金融机构各项存贷款余额继续保持快速增长。年末，全县金融机构各项存款余额848 176万元，比上年增16.1%，其中居民储蓄存款余额535 968万元，增15.4%。各项贷款余额513 765万元，增15.4%，存贷比为60.6%，比上年降低0.4个百分点。

【教育、科技、文化、体育和卫

生】 2013年末，全县共有公立学校78所，其中：乡（镇）中心完小12所，村完小42所，一贯制学校5所，教学点3个，乡（镇）中学11所，普通高中2所，职中1所，进修学校1所，县幼儿园1所。有教学班1 153个，其中：幼儿学前班214个，小学574个，初中258个，普通高中72个，职业高中35个。在校生46 908人，其中：在园（班）幼儿数6 814人，小学20 088人，初中13 103人，普通高中5 581人，职业高中1 322人。小学毛入学率111.49%，小学学龄儿童入学率99.97%，辍学率0.23%，毕业率99.84%，小学毕业生升学率98.94%，年巩固率99.8%，新招一年级新生受过一年学前教育率99.88%，学前幼儿毛入园（班）率85.19%，15周岁初等教育完成率99.85%。初中毛入学率125.07%，初中毕业率99.68%，初中辍学率1.09%，年巩固率99.15%，17周岁初级中等教育完成率98.91%。有教职工2 680人，其中正式教职工2 418人，临时教职工202人；专任教师合格率高中达99.65%、初中达99.53%、小学达97.58%。

全年共向国家、省、市推荐申报科技项目和科普专项共25个，其中国家级科技项目3个，省级科技项目8个，市级科技项目4个；国家级科普项目1个，省级科普项目4个，市级科普项目5个。申报成功的国家、省、市各类科技项目12项，其中国家级2个，省级6个，市级4个。申报成功的国家、省、市各类科普专项6项，其中国家级1个，省级2个，市级3个。全年申请专利32件，专利授权量9件，专利拥有量193件。

文化产业持续发展，继续保持了“全国文化先进县”的称号。年末，全县共有大小文艺队321个，全年举行文艺比赛13次；组织文艺活动127次；有文化厅、室105个，全年共举办展览40期，举办各种培训班68期。

各协会体育活动蓬勃开展，营造出全民参与体育活动的积极氛围。全县六个乡（镇）、一个街道均成立了全民健身领导小组，挂牌成立了“全民健身指导站”，拥有晨晚训练点41个。拥有社会体育指导员258人，其中国家级4人，一级4人，二级112人，三级138人。全年承办市级以上体育比赛活动5次，举办县级体育比赛活动12次，组织基层体育比赛活动8次，全县体育人口达37 %。举办全民健身活动10次，人数1.3万人次；年末，全县拥有体育场地319个，体育局拥有体育场地5个，年内开放使用6万人次；举办培训班3期，参加培训180人次。竞训体育有省布传统游泳项目1个点，在训运动员28人；市布传统训练项目（田径、柔道、自行车）3个点，在训运动员45人；县布训练项目（篮球、武术）2个点，在训运动员35人。全年参加体育达标学校26 所。

年末共有卫生机构12个，其中医院2个、卫生院7个，妇幼保健院1个，疾病预防控制中心1个，卫生监督检验机构1个。卫生技术人员489人，其中执业医师和执业助理医师234人，注册护士146人。医院和卫生院床位712张。乡（镇）卫生院7个，床位267张，卫生技术人员153人。村级卫生室75个，乡村医生264人。全县有236 793人参加了新型农村合作医疗，参合率97.8%。

【外经和旅游】 全年招商引资项目共实施68个，其中结转项目15个，新建项目53个。年内实际利用县外国内资金425 748万元，比上年增加280 048万元，增192.0%，其中市外国内资金425 748万元，增加286 688万元，增206.0%；省外资金349 558万元，增加229 048万元，增190.1%。利用外资2 843万元人民币，为外资企业境内人民币投资458.6万美元。

2013年，全县共接待游客 223.4万人次，比上年增加34万人次，增18.0%。旅游总收入达到98 142万元，增加 25 084万元，增34.3%。

【人民生活】 全县在岗职工15 351人，比上年末增加1 159人，其中：国有单位在岗职工6 365人，增加180人；城镇集体单位在岗职工356人，减少6人；其他单位在岗职工8 630人，增加1 345人。全年在岗职工平均工资35 528元，增加2 804元，增8.6%，其中：企业51 474元，增加4 469元，增长9.5%；事业单位47 615元，增加4 958元，增11.6%；机关50 389元，增加6 074元，增13.7%。

城镇居民家庭人均可支配收入23 967元，比上年增加2 869元，增13.6%。农民人均纯收入8 499元，增加1 241元，增17.1%。

【就业和社会保障】 2013年共开发就业岗位416个，新增就业2 058人，下岗失业人员再就业571人，城镇登记失业率3.4%，有序组织劳务输出703人。

社会保障体系逐步完善。年末，全县共有391户企业9 410人参加养老保险统筹，全年共发放养老金3 091万元；有280户7 092人参加失业保险统筹，发放失业救济金146.48万元；有30 245人参加医疗保险统筹，支付医疗保险金3 613.81万元；参加农村养老保险178 537人，支付农村养老保险金3 028.9万元；参加工伤保险统筹企业374 户8 545人；参加生育保险统筹企业218户3 488人。

全年对城市低保受益户3 769户5 670人发放低保金1 504.94万元。对农村低保受益户8 994户9 732人发放定期生活救助1 465.06万元，对农村五保户681户721人发放定期生活救助301.77万元。年末，共有优抚对象10 021人，全年共对3 206人发放各类补助金1 104.15万元；兑现义务兵家属优待金273人123.18万元。

【领导干部】 县委书记马文龙，副书记葛勇（2013年5月离任）、钱兴（2013年5月任）、张金翔（2013年5月离任）、石伟（2013年7月任）、吕元海(2013年3月离任，挂职）、付伟（2013年3月任，挂职）。人大主任赵少春（2013年1月离任），李东林（2013年1月任），副主任杨生明（2013年1月离任）、杨本忠、刘跃宁（2013年1月任）、史云德、陆富仙（女）。县长葛勇（2013年5月离任）、钱兴（2013年5月任副县长、代理县长），副县长李东林（2013年1月离任）、罗跃岗（2013年1月离任）、石伟（2013年7月离任）、张文彬（2013年1月任），李志刚（2013年7月任）、牛旺林、王波、杨军苹（2013年1月任）、普朝鹏（2013年1月任）、李启红（2013年7月任）。政协主席黄文柱（2013年1月离任）、罗跃岗（2013年1月任），副主席刘跃宁（2013年1月离任）、郭开明、杨吉英(女）、李绍华。纪委书记郭永生（2013年10月离任）。

【举办“中国云南江川第九届开渔节”】 2013年12月24日下午，“中国云南江川第九届开渔节”开幕，同期举办的大型文艺演出《鱼跃中天》在渔文化广场隆重上演。整台文艺演出由江川人自编、自导、自演，歌舞《开渔欢歌》，独唱《海门楼》、《古滇王国》，情景合唱《回家》等极具浓郁江川风情的精彩节目逐一上演。演出分为“星湖渔歌”、“锦绣江川”、“思乡恋曲”、“情满两湖”四个篇章，演出颂扬了江川独具特色的民间、民俗、民族文化和高原水乡渔文化，展示了江川的渔业成就和锦绣山水。2013年开渔节期间，江川县共接待游客29万人次，与上年同期相比负增长22.66%；实现旅游收入8 407.5万元，与上年同期相比增长5.18%。

【中国联塑云南江川生产基地奠基】 2013年3月12日，中国联塑云南江川生产基地在江川县龙泉山生态工业园区举行奠基仪式。玉溪市相关领导，江川县委书记马文龙，县委副书记、县长葛勇，县委副书记张金翔等出席奠基仪式并为生产基地奠基培土。中国联塑云南江川生产基地位于江川县龙泉山生态工业园区，占地350亩，包括工业厂房、仓库、物流中心，办公研发中心及值班宿舍等，计划分两期开发建设，总投资逾4亿元人民币，完全建成投产后，预计年产塑料管材及管件可达10万吨，年产值可达10亿元人民币。

【星云湖截污治污在线自动监控系统通过验收】 2013年3月14日，市、县环保部门组成验收组，对江川县星云湖截污治污工程南片区污水处理厂污染源在线自动监控系统进行验收。验收组采取现场检查、听取汇报、查阅资料等方式对该厂污染源在线自动监控系统建设情况进行了详细了解。验收组认为，该厂污染源在线自动监控系统按照环保部门的批复，完成了所需建设内容，开展了比对监测，监测误差在国家允许范围内，达到《玉溪市污染源自动监控系统验收规程（暂行）》规定的内容，同意该厂污染源在线自动监控系统通过验收。星云湖截污治污工程南片区污水处理厂在线自动监控系统的验收，是江川县自2012年开展污染源在线自动监控系统建设以来的第一家通过验收单位。

【晋江高速公路建设】 晋江高速公路起于晋宁县晋城镇小寨，接昆玉高速公路，经牧羊村，在十里铺附近接昆明东南绕城高速公路，借用东南绕城高速公路至化乐后，路线沿S103走廊西侧山坡布线，经大西坡、四家、大河水库、黄家庄、新房子，穿隧道进入江川县境内，经菸通铺，茶尔山水库、招益村，在张官营设置江城互通，经桃园、海埂、弯河，沿星云湖东岸山体布线，经海门桥、螺蛳铺、在象鼻山以南设置螺蛳铺互通，路线经大四、摆寨以东，至项目终点大寨互通，连接江川至通海公路。建设里程约58.14千米，共线2.81千米，江川县境内路线里程约34.11千米。全线工程总投资估算约为773 150.5万元，平均每千米造价13 971.93万元。全线按照高速公路标准建设（双向四车道、六车道，设计时速80千米／小时和100千米／小时）。

该工程于2013年6月25开工建设，截至12月底，晋江高速公路江川县境内完成K37+700～K60+725段（江磷集团门口至大寨立交）公路主线以及大寨立交区土地征用，共计完成征地1 555.83亩，完成投资情况为：征地费补偿9 141.37万元（作价入股），青苗及附着物补偿费1 122.33万元，大街镇境内坟地补偿费107.1万元，路居和江城坟地补偿费预计金额234万元，林地补偿费1 110万元，征地费用第一年股息732万元，弃土场租地费用50.67万元（其中大寨二组1.96亩，47 190元，三组31.44亩，459 490元），水毁农作物补偿费2.29万元，水毁房屋补偿费0.45万元，小庙搬迁补偿预付款2万元，资料制作费2万元，工作经费371.17万元，业务费18.10万元，森林植被恢复费56.78万元，林可编制费5万元，其他费用约为50万元，合计13 005.25万元。

【大街街道】 2013年，全街道总人口80 158人，其中男40 257人，女39 901人；少数民族人口2 768人，占总人口的3.45%。人口自然增长率3.73‰。农村劳动力38 609人，其中从事第二、三产业的18 735人，占总劳动力的48.5%。

2013年年末，全街道有耕地19 136亩，复种指数267%。全年粮食总产7 284.3吨，比上年减8%；油料总产1 433.8吨，比上年减2%。农业人口人均产粮145千克。年末，生猪存栏53 026头，比上年减0.86%；肥猪出栏76 235头，比上年增2.48 %。大牲畜存栏769头，比上年减16.5%。水产品产量239吨，比上年增3.46%。全年投入水利建设资金3 552.4万元，水利化程度91.94%。

2013年有个私企业4 161个，比上年增6个，从业人员26 816人，比上年增30.1%。企业总收入496 632万元，比上年增10.8%；实现税利38 034万元，比上年增8.4%。

2013年，全街道生产总值168 368万元，按可比价增16.8%。工农业总产值367 037万元，比上年增21.28%。其中，工业总产值329 061万元，比上年增22.56%；农业总产值37 976万元，比上年增11.15%。农民人均纯收入8 510元，比上年增15%。

办事处党工委书记张文彬（2013年3月离任）、靳永春（2013年3月任），人大工委主任李忠兴，办事处主任蒋文（2013年8月离任）、胡正鸿（2013年8月任）。

【江城镇】 2013年，全镇总人口71 326人，其中男35 819人，女35 507人；少数民族人口1 175人，占总人口的1.65%。人口自然增长率2.8‰。农村劳动力47 626人，其中从事第二、三产业的11 092人，占总劳动力的23.29%。

2013年年末，全镇有耕地36 946亩，复种指数242.2%。全年粮食总产15 052吨，比上年增8.3%；油料总产1 951吨，比上年增1.52%。农业人口人均产粮252.6千克。年末，生猪存栏6.92万头，比上年减0.35%；肥猪出栏8.86万头，比上年增5.8%。大牲畜存栏2 960头，比上年增0.85%。水产品产量34.22吨，比上年增1.85%。全年投入水利建设资金1 648万元，水利化程度87.7%。

2013年有个私企业2 772个，比上年增605个，从业人员10 438人，比上年增7.32%。企业总收入131 988万元，比上年增15.5%；实现税利18 233万元，比上年增10.44%。

2013年，全镇生产总值106 908万元，比上年增5.9%。工农业总产值128 358万元，比上年增5.9%。其中，工业总产值69 900万元，比上年增1.8%；农业总产值58 000万元，比上年增11.2%。农民人均纯收入8 659元，比上年增17.05%。

年末，各项存款余额114 797.84万元，比上年增6.84%；人均储蓄存款余额16 095元，比上年增6.2%。

镇党委书记邓春元（2013年8月离任）、李忠海（2013年8月任），人大主席李江润（2013年1月任），镇长胡正鸿（2013年1月任，8月离任）、郭峰（2013年8月代理）。

【前卫镇】 2013年，全镇总人口48 731人，其中男24 346人，女24 385人；少数民族人口2 205人，占总人

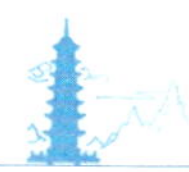

口的4.5%。人口自然增长率2.45‰。农村劳动力29 704人，其中从事第二、三产业的9 030人，占总劳动力的30.4%。

2013年年末，全镇有耕地22 132亩，复种指数265%。全年粮食总产7 210.1吨，比上年增3%；油料总产1 073.8吨，比上年增0.5%。农业人口人均产粮174.7千克。年末，生猪存栏53 500头，比上年增2.3%；肥猪出栏54 658头，比上年增5.9%。大牲畜存栏503头，比上年增5.7%。水产品产量342.4吨，比上年增3.1%。全年投入水利建设资金555.83万元，水利化程度68.4%。

2013年有个私企业1 374个，比上年增4个，从业人员5 730人。企业总收入75 851万元，比上年减16.9%；实现税利435万元，比上年减90%。

2013年，全镇生产总值81 604万元，比上年增26.5%。工农业总产值128 216 万元，比上年增28.5%。其中，工业总产值85 614万元，比上年增36.2%；农业总产值27 866万元，比上年增12.7%。农民人均纯收入8 582元，比上年增17.1%。

年末，各项存款余额48 400万元，比上年增13.39%；人均储蓄存款余额9 932元，比上年增25.9%。

镇党委书记刘绍宏，人大主席李江辉（2013年1月任），镇长莽嘉慧（2013年1月任）。

【九溪镇】 2013年，全镇总人口26 899人，其中男13 447人，女13 452人；少数民族人口3 207人，占总人口的12%。人口自然增长率4.71‰。农村劳动力19 397人，其中从事第二、三产业的7 081人，占总劳动力的36.5%。

2013年年末，全镇有耕地15 666亩，复种指数239%。全年粮食总产4 067吨，比上年增6.2%；油料总产1 119.5吨，比上年增5.9%。农业人口人均产粮185.7千克。年末，生猪存栏31 902头，比上年增7.3%；肥猪出栏25 299头，比上年增7.3%。大牲畜存栏790头，比上年增5.3%。水产品产量192吨，比上年增6.1%。全年投入水利建设资金420万元。

2013年有个私企业762个，比上年增3个，从业人员2 609人，比上年增2.6%。企业总收入19 470万元，比上年增34.59%；实现税利1 786万元，比上年增28.3%。

2013年，全镇生产总值38 082万元，比上年增10.9%。工农业总产值39 241万元，比上年增15.9%。其中，工业总产值13 477万元，比上年增13.3%；农业总产值2 576万元，比上年增17.3%。农民人均纯收入8 280元，比上年增17.2%。

年末，全镇各项存款余额26 665万元，比上年增21.8%；人均储蓄存款余额4 337元。

镇党委书记李志刚（2013年8月离任）、蒋文（2013年8月任），人大主席杨辉（2013年1月任，7月离任），镇长何眉(2013年1月任）。

【路居镇】 2013年，全镇总人口29 142人，其中男14 705人，女14 437人；少数民族人口427人，占总人口的1.5%。人口自然增长率4‰。农村劳动力 19 408人，其中从事第二、三产业的4 446人，占总劳动力的22%。

2013年年末，全镇有耕地16 726亩，复种指数2.72%。全年粮食总产474吨，比上年增4.87%；油料总产122吨，比上年增2.08%。农业人口人均产粮16千克。年末，生猪存栏30 252头，比上年增7.3%；肥猪出栏19 232头，比上年增21.3%。大牲畜存栏1 253头，比上年减15%。水产品产量47吨，比上年增4.4%。全年投入水利建设资金200万元，水利化程度82%。

2013年有个私企业393个，与上年持平，从业人员2 725人，比上年减4%。企业总收入20 975万元，比上年减19%；实现税利1 140万元，比上年减19%。

2013年，全镇生产总值36 687万元，比上年增7.8%。工农业总产值44 464万元，比上年减3.6%。其中，工业总产值21 435万元，比上年减15.3%；农业总产值17 890万元，比上年增10%。农民人均纯收入7 792元，比上年增14.4%。

年末，各项存款余额26 700万元，比上年增9.9%；人均储蓄存款余额9 162元，比上年增9.4%。

镇党委书记李菊（2013年8月离任）、普学化（2013年8月任），人大主席李江华（2013年9月离任），镇长杨兴华（2013年1月任，9月离任）、张培龙（2013年9月代理）。

【雄关乡】 2013年，全乡总人口11 080人，其中男5 661人，女5 419人；少数民族人口349人，占总人口的3.15 %。人口自然增长率2.89‰。农村劳动力7 472人，其中从事第二、三产业的1 429人，占总劳动力的19.1%。

2013年年末，全乡有耕地8 677亩，复种指数3.3%。全年粮食总产1 397.8吨，比上年增51.1%；油料总产626吨，比上年增2.6%。农业人口人均产粮126千克。年末，生猪存栏14 856头，比上年减0.3%；肥猪出栏14 685头，比上年增13.2%。大牲畜存栏884头，比上年减1 %。水产品产量146吨，比上年增4.4%。全年投入水利建设资金97.02万元，水利化程度85%。

2013年有个私企业318个，比上年增3个，从业人员856人，比上年增1%。企业总收入18 664万元，比上年增11%；实现税利1 928万元，比上年减7%。

2013年，全乡生产总值20 352万元，比上年增15.5%。工农业总产值17 661万元，比上年增18.2%。其中，工业总产值6 934万元，比上年增16.3%；农业总产值10 727万元，比上年增17%。农民人均纯收入8 156元，比上年增12.5%。

年末，全乡各项存款余额11 031万元，比上年增17.3 %；人均储蓄存款余额9 955.8元，比上年增17.6%。

乡党委书记周瑜（2013年3月离任）、李德坤（2013年3月任），人大主席杨志韦（2013年1月任，8月离任），乡长岳东芬(2013年1月任）。

【安化彝族乡】 2013年，全乡总人口9 392人，其中男4 847人，女4 545人；少数民族人口8 929人，占总人口的95%。人口自然增长率2.13‰。农村劳动力6 422人，其中从事第二、三产业的941人，占总劳动力的14.7%。

2013年年末，全乡有耕地9 280亩，复种指数175%。全年粮食总产4 191吨；油料总产1 079吨。农业人口人均产粮458.1千克。年末，生猪存栏7 055头，比上年增22%；肥猪出栏7 391头。大牲畜存栏1 634头，比上年增6%。水产品产量130吨，比上年增6.6%。全年投入水利建设资金1 556万元，水利化程度81%。

2013年有个私企业2个，从业人员86人，比上年增56%。企业总收入5 050万元；固定资产投资600万元，投资项目1个。

2013年，全乡生产总值15 659万元，比上年增13.8%。农民人均纯收入7 368元，比上年增16.4%。

年末，全乡各项存款余额7 349万元，比上年增23%。

乡党委书记赵琦，人大主席雷永彪（2013年1月任），乡长李永华（2013年1月任）。

（盛文芬）

澄江县

【自然概貌】　澄江县地处云南省中部，位于东经102° 42～103° 4′、北纬24° 29～24° 55′之间。东沿南盘江与宜良交界，西与呈贡、晋宁两县接壤，南跨抚仙湖与江川、华宁两县为邻，北含阳宗海与昆明市宜良县毗连。县城位于舞凤山下，海拔1 755米，距省会昆明52千米，距玉溪市驻地红塔区93千米。南北长47.5千米，东西宽26千米，总面积773平方千米。其中，山区占总面积的73.43%，水面占18.6%，坝区占7.97%。形成“七山二水一平坝”的天然格局。境内有淡水湖泊抚仙湖、阳宗海。“滇中第一山”梁王山为境内最高点，海拔2 820米；境内最低海拔1 327米，绝对高差近1 500米，立体气候明显。常年气候温和，四季如春，平均气温16.5℃。2013年，县境内平均气温17.2℃，属于偏高年份，与历年平均值比偏高1.1度，与2012年比偏高1.2度。极端最高气温30.4℃（5月4日），极端最低气温－2.7℃（12月30日）。境内雨量充沛，常年降雨量900～1 200毫米。2013年，降雨量707.6毫米，属于略少年份，与历年平均值比偏少217.3毫米，与2012年比偏少26.3毫米。日照充足，常年日照时数2 141.8小时，常年平均总辐射量为每平方厘米12 220千卡。2013年日照时数2 446.3小时，与历年平均值比偏多381.5小时，与2012年比偏多336.3小时。

【行政区划】　2013年，全县辖2个街道办事处，4个镇，有326个自然村。即：凤麓、龙街2个街道办事处，阳宗、右所、海口、九村4个镇，下辖18个社区居民委员会，22个村民委员会，162个居民小组，218个村民小组。

【人口、民族】　2013年末，全县常住人口为17.3万人，出生率11.64‰，死亡率6.18‰，人口自然增长率5.46‰。按公安部门提供年末户籍人口统计，全县总户数56 442户，总人口142 592人。其中，农业人口98 464人，占总人口的69.1%，非农业人口44 128人，占总人口的30.9%。少数民族人口11 186人，占总人口的7.8%。

【综合经济指标】　2013年，全县完成现价生产总值(GDP）576 705万元，按可比价计算比上年增11.7%。分产业看：第一产业增加值89 180万元，增7.1%，拉动GDP增长1.2个百分点，对GDP增长的贡献率为10.0%；第二产业增加值251 389万元，增长9.8%，拉动GDP增长4.3个百分点，对GDP增长的贡献率为37.1%；第三产业增加值236 136万元，增长15.7%，拉动GDP增长6.2个百分点，对GDP增长的贡献率为52.9%。三次产业结构由上年的15.7：45.4：38.9调整为15.5：43.6：40.9。全县人均生产总值(GDP）达到33 432元，比上年增11.0%。全县非公有制经济增加值达331 265万元，按可比价计算比上年增0.2%，占GDP的比重为57.4%，比上年下降7.3个百分点。

【工　业】　2013年，全县实现现价工业增加值174 919万元，按可比价计算比上年增8.2%（增加值增幅均为可比价），拉动GDP增长2.5个百分点，对GDP增长的贡献率为21.6%。完成现价工业总产值502 730万元，同比增加20 545万元，增4.26%。其中，20户规模以上工业企业完成现价总产值331 127万元，同比增长1.48%，占全县工业总产值的65.9%；实现工业增加值109 700万元，按可比价计算，同比增长5.0%；规模以下工业企业完成现价总产值171 603万元，同比增长10.08%，占全县工业总产值的34.1%。水泥制造业完成工业总产值45 753万元，同比增长17.3%；实现增加值14 023万元，同比增长24.1%。铝压延加工企业完成工业总产值16 225万元，同比增长25.8%；实现增加值4 098万元，同比增长30.8%。规模以上化学原料及化学制品制造企业完成工业总产值190 413万元，同比下降2.8%；实现增加值70 710万元，同比增长4%。其中，基础化学原料制造企业完成工业总产值160 002万元，同比下降2.4%；实现增加值62 609万元，同比增长3.9%。规模以上发电、供电企业完成工业总产值51 818万元，同比增长4.3%；实现增加值13 360万元，同比增长6%。其中，发电企业完成工业总产值5 678万元，同比增22.6%，实现增加值2 148万元，同比增23.8%；供电企业完成工业总产值46 141万元，同比增长2.4%，实现增加值11 212万元，同比增长3.2%。化学原料及制品制造业、建筑建材、有色金属冶炼及压延加工业、电力生产及供应业等形成了多点支持发展的局面，完成产品销售收入248 136万元，比上年增1.0%。主要工业产品产量：发电量17 399万千瓦小时，供电量 120 988万千瓦小时，黄磷69 135吨，磷酸 78 553吨，磷酸一铵（实物量）22 893吨，磷酸二铵（实物量）89 161吨，盐酸水泥熟料112.6万吨，水泥 151.8万吨，砖123 850万块，塑料制品 1 630吨，饲料 44 456吨，食品添加剂6 599吨，铝材9 532吨。

【农　业】　2013年，全县完成现价农业总产值114 123万元，比上年增加11 618万元，增11.3%；其中，粮食产值11 203万元，比上年减少97万元，减0.8%，占农业产值的9.8%；烤烟产值15 341万元，比上年减少723万元，减4.5%，占农业产值的13.4%；蔬菜产值 78 800万元，比上年增加13 356万元，增20.4%，占农业产值的69%；花卉产值6 287万元，比上年增加603万元，增10.6%，占农业产值的5.5%。2013年，全县农作物总播种358 865 亩，比上年增加10 014 亩，增2.9%；粮豆作物播种100 095 亩，增1%；蔬菜种植202 920 亩，比上年增加 13 215亩，增6.9%。全县烤烟种植46 777 亩，比上年减少3 981亩，减7.8%。复种指数由上年的357.1%上升到372.8%，上升了15.7个百分点。全县粮食作物播种面积与非粮食作物播种面积比例由上年的28.4：71.6调整为27.9：72.1，非粮食作物比重比上年上升0.5个百分点。

主要种植业产品产量：粮食总产量3 960.49万千克，粮豆总产量3 960.49万千克，蔬菜总产量21 628.47万千克，烤烟总产量591.05万千克。

全县林业用地面积53.44万亩，其中，有林地53万亩，森林覆盖率33.17%。全年完成义务植树40万株，共发生各类破坏森林资源和野生动植物案件151起，查处150起，综合查处率99%。实施森林病虫害防治面积3.03万亩，防治率达到100%；采伐木材5 593立方米，木材调运检疫1 276立方米，苗木调运检疫808 494株。

2013年，全年实现畜牧业产值36 883万元，比上年增加3 761万元，

增11.4%，其中，生猪产值20 692万元，比上年增加1 711万元，增9%；家禽11 346万元，比上年增加1 267万元，增12.6%。全年肉类总产量1 483万千克，比上年增2.3%；牛奶产量148万千克，增3%；禽蛋产量253万千克，增11.5%。大牲畜年末存栏16 617头，减0.78%；出栏 5 888头，增2.99%。生猪年末存栏 77 262头，增3.55%；出栏105 437头，增1.71%。羊年末存栏34 598只，增8.62%；出栏 13 441只，增4.44%。家禽存栏89万只，增1.14%；出栏 218万只，增6.34%。肉类总产量1 483万千克，增2.35%。其中，猪肉产量 932万千克，增3.1%；家禽肉产量 434万千克，增1.64%。

2013年，全县水产品产量1734吨，比上年增加173 吨，增11%。

2013年，全县建设水利工程1 239件，水利建设投入资金7 938.5万元，完成58件人畜饮水工程。新增有效灌溉面积750亩，改善灌溉面积12 600亩，治理水土流失面积15平方千米。拥有水库、坝塘83座，其中，中型水库2座，小（一）型水库5座，小（二）型水库29座，坝塘52座。总库容4 075.74万立方米，蓄水工程设计供水能力3 846.9万立方米。

【固定资产投资】 2013年，澄江县全年完成规模以上（500万元以上）固定资产投资408 527万元，同比增加117 557万元，增40.4%。其中，城镇投资295 029万元，同比增长35.3%；房地产开发投资 167 779万元，同比增长90.5%；农村非农户投资 113 498万元，同比增长55.6%。按三次产业划分，第一产业完成投资16 504万元，同比增长141.2%；第二产业完成投资26 858万元，同比增长53.4%；第三产业完成投资365 165万元，同比增长40.0%。

【国内贸易】 2013年，澄江县实现社会消费品零售总额136 190万元，比上年增13.6%。按经营地统计，城镇消费品零售额107 475万元，增9.9%；乡村消费品零售额28 715万元，增30.1%。按消费形态统计，批发业销售额14 557万元，增1.1%；零售业销售额77 665万元，增16.3%；住宿业销售额16 236万元，增20.7%；餐饮业销售额27 733万元，增10.1%。按经济成份统计，公有经济39 570万元，增 12.2%；非公有经济96 621万元，增14.2%。

2013年8月7日，云南省旅游副局局长何池康（前左一）到澄江县帽天山考察（金云龙　摄）

【对外经济】 2013年，全县招商引资实际利用市外国内资金45.5 亿元，比上年增加28亿元，增160%。重点包装、宣传、推介项目20个。

【物　价】 2013年，居民消费价格（CPI）比上年上涨2.8%。从结构上看：食品类上涨6.0%，烟酒及用品类上涨0.2%，衣着类上涨4.7%，家庭设备用品及维修服务类上涨1.4%，医疗保健和个人用品类上涨 0.2%，交通和通信类上涨0.5%，居住类上涨1.3%，娱乐教育文化用品及服务类持平。2013年，商品零售价格上涨2.5%；农业生产资料价格下降0.3%。

【交通运输】 2013年末，全县境内公路通车里程904.59千米(含石安公路过境线10.2千米）。其中：按行政等级划分，国省道98.13千米，县道114.5千米，乡道614.5千米，村道57.4千米，专用公路9.9千米；按技术等级划分：二级公路90.6千米，三级公路17.4千米，四级公路786.4千米。公路密度1.17千米/百平方千米。年末，全县拥有各种机动车辆47 439辆，其中，大型汽车1 323辆，小型汽车11 492辆，摩托车34 534辆，三轮汽车、低速货车691辆，其他车辆81辆。开通了县城第一路至第十三路公交车，共投放运力90辆，覆盖全县2个街道、3个镇。

【邮电通信】 年末，全县固定电话机用户10 579户（其中，住宅电话5 346户），移动电话用户136 775户，互联网用户14 580户。2013年，国内函件132 718 件；订销报纸1 050 151份，杂志 50 029 份，报刊期发 51 727份，杂志期发数 36 567份，集邮业务量 306 264枚，其中集邮册数2 446 册。

【旅　游】 2013年，全县接待国内外游客243.78万人次，接待海外旅游者230人次，实现旅游总收入115 204.14万元，同比分别增长18.23%、19.79%和21.45%。门票收入为433.8万元，与上年同期增长26.58%。

【财政、金融】 2013年，全县财政总收入完成80 706万元，同比增加11 962万元，比上年增17.4%。地方财政收入完成57 570万元，同比增加7 590万元，增15.0%，地方公共财政预算收入完成46 606万元，同比增加7 821万元，增20.2%，其中国内增值税完成3 372万元，增1.7%；营业税17 523万元，增77.7%；企业所得税2 023万元，增37.0%。完成地方财政支出122 642万元，同比增加20 013万元，增19.5%，完成地方财政一般预算支出完成111 571万元，比上年增21.7%，其中，用于农林水事务、教育、医疗卫生、社会保障与就业的支出分别增51%、31.7%、2.9%和21.8%。

全县税收收入完成66 718万元，同比增9 222万元，增16.0%，其中，地税收入44 503万元，同比增22.47%；国税收入22 215万元，同比增5.0%。

2013年，全县金融机构各项贷

款余额346 641万元，比上年同期增76 281万元，增长28.2%。金融机构各项存款余额615 058万元，比上年同期增加98 950万元，增19.2%，存贷比1∶0.6。城乡居民储蓄存款余额356 914万元，比上年同期增加41 152万元，增13.0%。

【科教文卫体】　2013年，澄江县向国家、省、市科协申报科普项目，获立项支持5项；举办科普宣传及展览3次，办科普宣传展板301块，发放科普宣传资料10 250份，观众21 500人次；举办实用技术培训班28期，培训人员2 461人次。

年末，全县有中小学、幼儿园及职业学校69所，其中，普通中学6所，职业高级中学1所，小学39所，幼儿园23所。全县在校中小学生共23 174人（含职业中学，不含幼儿园），其中，职业高级中学631人，普通中学9 170人(高中2 159人、初中7 011人），小学13 373人。在园幼儿4 145人(学前班772人）。全县共有教职工1 826人，其中，专任教师1 602人，普通中学有专任教师687人，小学777人，幼儿园135人。全县有教学班722个，其中：普通高中36个，初中134个，小学409个，幼儿及学前班123个。全县小学学龄儿童入学率101.66%，少数民族儿童入学率99.81%，小学毕业生升学率93.78%，巩固率99.42%，辍学率0.46%；初中阶段毕业生入学率99.88%，初中学龄人口毛入学率113.8%，升学率40.13%。全县有888名考生参加高考，上线人数888人，比上年增加4人，其中，本科上线381人。“三免一补”政策惠及学生86 340人次，免补资金1 537.04万元。

2013年，全年开办电视栏目210期，共播出电视新闻稿1 616条，其中，有660条被省、市电视台及广播采用，播出新闻直通车节目312条。年末，全县广播覆盖率100%，电视覆盖率99.99%。有线电视入网用户达38 500户，有线电视覆盖率达90.6%。年内新增有线电视入网用户1 648户。

2013年，澄江县开展文化“三下乡”活动，放映电影407场（次），观众5万人（次），其中“2131”工程放映349场（次），观众3.2万人(次），广场电影周放映58场（次），观众1.8万人(次）。年末，全县有公共图书馆1个，图书室39个，总藏书量21万册，总流通25.5万人次，总流通图书26.5万册次，读者10.5万人次，外借图书12.5万册，阅览12.1万人次。

年末，全县共有卫生医疗机构62个，其中，镇及镇以上卫生机构13个，村级卫生所27个，个体医疗诊所25家，床位数403张。在职职工533人，其中，卫生技术人员475人（执业医师188人、职业助理医师26人、注册护士220人），占总人数的89.12%。每千人拥有卫生技术人员3.53人，拥有病床数3.53张。门诊人数686 857人次，住院人次14 627人。2013年，全县新型农村合作医疗参合37 437户、118 244人，参合率97.83%。县内传染病发病率176.16/10万人，五苗覆盖率100%，食品合格率100%，餐具、饮具合格率100%。全年孕产妇建卡管理人数3 566人，管理率100%，孕产妇系统管理人数3 565人，管理率99.97%，7岁以下儿童保健人数17 610人，儿童保健管理率为99.86%，3岁以下儿童保健人数8 435人，管理率为99.04%。

2013年，全县经常参加体育活动人数达2.7万人，占全县总人口比重的18.6%。年末，全县共拥有体育场地180块，其中标准体育场地145块，占80.55%，非标准体育场地35块，占19.44%。

【人民生活】　据农村住户抽样调查资料表明：2013年，澄江县农民人均食品支出占生活消费支出比重(恩格尔系数）为29.1%。农民人均居住面积为59平方米，较上年增加8.5平方米，增16.8%。农民人均总收入14 102元，比上年增加1 902元，增15.6%；农民人均纯收入9 327元，较上年增加1 355元，增17%。农民人均生活消费支出8 206元，其中：食品支出2 384元，衣着支出528元，居住支出2 376元，家庭设备用品及服务支出511元，交通和通讯支出1 042元，文化教育娱乐支出520元，医疗保健支出698元，其他商品和服务消费支出147元。

城镇居民生活水平进一步提高。据城镇居民住户抽样调查资料显示，2013年，县城居民人均可支配收入24 658元，比上年增加2 952元，增13.6%。生活消费支出14 507元，在生活消费支出中：食品支出4 524元，衣着支出1 285元，居住支出1 117元，家庭设备及服务用品支出665元，医疗保健支出941元，交通和通讯支出3 091元，教育文化娱乐及服务支出2 448元，其他商品和服务消费支出436元。人均住房面积57.33平方米。

年末，全县单位从业人员10 698人，其中，在岗职工9545人；单位从业人员劳动报酬45 001万元，比上年增3.9%，其中，在岗职工工资总额42 995万元，比上年增11.5%，在岗职工年平均工资42 060元，比上年增7.8%。

【社会保障】　2013年，全县参加基本养老保险参保人数15 450人，其中，机关事业养老保险参保缴费人数5 679人，企业缴费人数6 805人。全年养老保险应征基金4 559万元，实际征收4 534万元，基金收缴率99.45%；企业事业单位失业保险参保单位437户，参保人员7 897人；企业工伤保险参保缴费人数5 996人，应征收保险基金289万元，实际征收保险基金282万元，收缴率97.58%；生育保险参保人数5 669人，应征收保险基金150万元，实际征收保险基金147万元，收缴率98%；基本医疗保险参保单位529户，参保职工12 601人，全年应收基本医疗4 775万元，实收4 771万元，收缴率99.92%。应收大病补充医疗保险304万元，实收304万元，收缴率100%。

2013年，全县享受优抚对象的人数1 251人，发放优抚金总额496.07万元。集体办敬老院5个，实有床位109张，年末在院人数76人；社会困难救济539人次，支出35.48万元；已享受居民低保的户数4 380户，人数5 900人，其中，城镇居民1 559户、2 135人，发放低保金630.21万元，农村居民2 821户、3 765人，发放低保金557.08万元。全年发放低保资金1 187.29万元。

【领导干部】　县委书记杨兴荣（2013年8月离任）、葛勇（2013年8月任），副书记葛勇（2013年4月任，2013年8月离任）、李朝伟、康凌华、窦志梅。人大主任许绍锦（2013年1月离任）、张同安（2013年1月任），副主任华丽萍（女）、石洪、马金瑞（回）（2013年1月离任）、李晓勇（2013年1月任）、李菊英（女）（2013年1月离任）、马汝乾（回，2013年1月任）。县长李朝伟（2013年1月任），副县长李自乔（2013年1月离任）、师燕忠（2013年1月任）、李荣坤、吴运龙、吴正坤、陈挺（2013年11月离任）、刘燕萍

2013年9月11日，举行澄江抚仙湖北岸生态湿地建设启动仪式举行

（金云龙　摄）

（2013年1月任）、张猛（2013年2月挂职）、刘世祥（2013年12月任）；政协主席李自乔（2013年1月任），副主席李树明、马金瑞（回族，2013年1月任）、张丽萍（女，2013年1月任）、郭亮（2013年1月任）。纪委书记汤之德（哈尼族）。

（王基宇）

【凤麓街道】　2013年，全街道总人口21 312人，其中，男10 721人，女10 591人；少数民族1 261人，占总人口的6%。人口自然增长率3%。农村劳动力4 424 人，其中，从事第二、三产业的2 712人，占总劳动力的61.3%。

2013年年末，全街道有耕地 928亩，复种指数 516%。全年粮食总产1 170吨，比上年增10.26%；农业人口人均产粮8 702千克。年末，生猪存栏3 951 头，比上年增10%；肥猪出栏5 148头，比上年增4.4%。大牲畜存栏50头，比上年增35%。全年投入水利建设资金32.2万元，水利化程度98%。

2013年，有个私企业 9 357个，从业人员11 708人；企业总收入76 310万元，比上年增10.5%；实现税利4 831.7万元，比上年增 21.4%。

2013年，全街道农村社会总产值（现价）2 642万元，比上年增20.69%。工农业总产值（现价）63 599万元，比上年增6.64%，其中，工业总产值61 164万元，比上年增4.21%；农业总产值2 435万元，比上年增68.2%。农村经济总收入44 401万元，比上年增7.5%；农民人均纯收入10 453 元，比上年增18.1%。

2013年，全街道财政收入5 593.3万元，比上年增31.1%；财政支出2 014万元，比上年增110%。

街道党工委书记高正刚，人大工委主任陈彦坤，办事处主任钱凯。

（张朝燕）

【龙街街道】　2013年，全街道总户数21 833户，其中农业家庭户16 564户，非农业家庭户5 269户。总人口58 247人，其中，男28 826人，女29 421人。农业人口46 095人，非农业人口12 152人。少数民族4 995人占总人口的8.58%。人口自然增长率4.94‰。农村劳动力35 348，其中，从事第一产业的25 026人。

2013年年末，全街道有耕地30 581亩，其中田23 276亩，地7 305亩，复种指数280.2%。全街道农作物总播种面积85 687亩，其中粮食作物23 940亩，经济作物、蔬菜及其他作物61 747亩。全街道粮食总产926.11万千克，油料种植796亩，总产8.92万千克。年末，生猪存栏17 819头，肥猪出栏40 049头，大牲畜存栏4 055头。

2013年有个私企业和个体工商户1 196个，完成营业收入289 008万元，利润总额9 833万元，上缴税金6 130万元，从业人员9 719人。

2013年，全街道完成现价生产总值（GDP）146 622万元，按可比价计算比上年增14.1%。其中，第一产业增加值29 370万元，增7.1%；第二产业增加值85 917万元，增18.0%；第三产业增加值31 334万元，增15.0%。农村经济总收入247 219万元，比上年增15%。农民人均纯收入9 033元，增12%。

2013年，完成地方财政收入7 112万元，完成目标任务数6 677万元的106.5%。

街道党工委书记沈绍坤，人大工委主任李春林，办事处主任戎胜凯。

（马菊芬）

【右所镇】　2013年年末，全镇总人口39 472人，其中，男19 541人，女19 931人；少数民族人口1 290人，占总人口的3.3%。人口自然增长率6‰。农村劳动力24 469人，其中从事第二、三产业的3 993人，占总劳动力的16.3%。

2013年年末，全镇有耕地18 842亩，复种指数295%。全年粮食总产800吨，比上年减6.4%；油料总产70吨，比上年减12.3%。农业人口人均产粮210千克。年末，生猪存栏17 642头，比上年增0.5%；肥猪出栏24 255头，比上年增0.4%。大牲畜存栏1 777头，比上增3.9%。水产品产量600吨，比上年减14.3%。全年投入水利建设资金809.1万元，水利化程度93%。

2013年年末，有个私企业870个，比上年减1个，从业人员4 050人，比上年减336人；企业总收入60 650万元，比上年减 51.5%；实现税利1 192万元，比上年增1.88%。

2013年年末，全镇农村社会总产值（现价）347 77万元，比上年增11.5%。工农业总产值（现价）167 791万元，比上年增58.1%。其中，工业总产值129 021万元，比上年增80.9%；农业总产值38 770万元，比上年增12%。农村经济总收入93 333万元，比上年增3.5%；农民人均纯收入9 018元，比上年增10.7%。

2013年年末，全镇财政收入10 026.86万元，比上年增77%。各项存款余额45 855.75万元，比上年减2.52%；人均储蓄存款余额11 806元，比上年减2.51%。

镇党委书记刘世祥，人大主席李晓林，镇长赵昌。

（徐绍光）

【九村镇】　2013年，全镇总人口11 616 人，其中，男6 026人，女5 590人；少数民族人口248人，占总人口的2.13%。人口自然增长率4.58‰。农村劳动力7 474人，其中，从事第二、三产业的1 144人，占总劳动力的15.3%。

2013年年末，全镇有耕地14 111亩，复种指数316%。全年粮食总产

608.2万千克，比上年增7.1%；油料种植132.5亩。农业人口人均产粮906.5千克。2013年末，生猪存栏13 893头，比上减5.46%；肥猪出栏13 074头，比上年减3.89%。大牲畜存栏3 429头，比上年减8.36%。水产品产量80吨。全年投入水利建设资金836.8万元，水利化程度75%。

2013年有个私企业19个，比上年增2 个，从业人员2013人，比上年增5%；企业总收入14.5亿元，比上年增9.1%；实现税利6 201万元，比上年增21.9%。

2013年，全镇社会总产值（现价）183 647万元，比上年增2.14%。工农业总产值（现价）177 591万元，比上年增3.75%，其中，工业总产值160 400万元，比上年增10.1%；农业总产值17 191万元，比上年增11.2%。农村经济总收入173 184万元，比上年增11.1%；农民人均纯收入9 464元，比上年增12%。

2013年，全镇财政收入6 625万元，比上年增30.25%；财政支出 万元，比上年减 %。各项存款余额15 978万元，比上年增79.7%；人均储蓄存款余额13 755元，比上年增79.7%。

镇党委书记余安全，人大主席主任 张纹云，镇长陈永林。

（阮梅萍）

【海口镇】 2013年，全镇总人口11 673人，其中，男5 913人，女5 760人，少数民族人口3 035人，占总人口的26%。人口自然增长率3.7‰。农村劳动力7 773人，其中. 从事第二、三产业的人占总劳动力的13.69%。

2013年年末，全镇有耕地10 149亩，复种指数287%。全年粮食总产6 711.7吨，比上年增0.29%；油料种植1 429亩，比上年减4.09%。农业人口人均产粮741.6千克。年末，生猪存栏9 073头，比上年减3.3%；肥猪出栏9 377头，比上年增1.27%。大牲畜存栏2 771头，比上年增5.6%。水产品产量138吨，比上年增7.8%。全年投入水利建设资金910万元，水利化程度80%。

2013年有个私企业310个，从业人员605人，比上年减3.9%；企业总收入8 155万元；实现税率45万元。

2013年，全镇社会总产值27 800万元，比上年增12%。工农业总产值18 048万元，比上年增12.6%，其中，工业总产值8 555万元，比上年增3.1%；农业总产值9 493万元，比上年增13.26%，农民人均纯收入8 910元，比上年增15.2%。

2013年，全镇财政收入3 306万元，比上年增33.15%；财政支出1 215万元，比上年增40.76%，各项存款余额1 144万元，比上年减17%。

镇党委书记郭恩达，人大主席鲁建波，镇长李国皇（2013年11月离任）

（王开柳）

【阳宗镇】 2013年，全镇总人口25 100 人，其中，男 12 607人，女12 493人；少数民族359人，占总人口的1.4%。人口自然增长率4.55‰。农村劳动力 14 887人，其中，从事第二、三产业的 2 742人，占总劳动力的18.4%。

2013年年末，全镇有耕地22 584亩，复种指数388%。全年粮食总产5 370吨，比上年增35.4%。农业人口人均产粮261千克。年末，生猪存栏11 284头，比上减1.8%；肥猪出栏13 534头，比上年增0.01%。大牲畜存栏 4 435头，比上年增0.3%。水产品产量260吨，比上年增266.19%。全年投入水利建设资金1 053万元，水利化程度82%。

2013年有个私企业31个，比上年增3个，从业人员1 012人，比上年增3%；企业总收入2.6亿元，比上年减8.13%；实现税利312万元，比上年增8%。

2013年，全镇工农业总产值（现价）5.07亿元，比上年增长17.35%，其中，工业总产值2.14亿元，比上年增长27.29%；农业总产值2.93亿元，比上年增17%。农村经济总收入23 531.51万元，比上年增长21.5%；农民人均纯收入8 288元，比上年增15%。

2013年，全镇地方财政一般预算收入2 518万元，比上年增45.3%；财政支出2 732万元，比上年增1.7%。年末，各项存款余额33 146万元，比上年增57.1%；人均储蓄存款余额13 205元，比上年增57%。

镇党委书记简勇，人大主席洪冬，镇长洪志华。

（赵腾蛟）

通海县

【自然概貌】 通海位于云南省中南部，东经 102°30′26″～102°52′53″、北纬 23°55′11″～24°14′49″之间。是历史有名的滇南重镇及经济和手工业发达的地区，有“秀甲南滇”、“冠冕南州”、“礼乐名邦”之美誉。县城所在地秀山街道为云南省级历史文化名城。全县总面积 721 平方千米，东西最大纵距 37.97 千米，南北最大横距 36.32 千米。县人民政府驻地秀山街道距玉溪市政府所在地红塔区 47 千米，距省会昆明市 125 千米。通海县东与华宁县接壤，南与红河州石屏县、建水县交界，西与峨山县、红塔区相邻，北与江川县毗邻。通海属坝区县，县境以中山、平坝、河谷三大地貌组成，其中中山占 77.07%，平坝占 21.63%，河谷占 1.3%。在平坝中部镶嵌有 36 平方千米的杞麓湖，是坝区用水及调节气候的重要因素，杞麓湖四周为平坦肥沃的农田，是全县粮食和经济作物的主要产区。全县湖、山、河相间，风光秀美，景色秀丽。县城海拔高度1 815 米，最高峰为位于河西镇的螺峰山，海拔 2 441 米；最低处为位于红河州建水县与通海县交界处的马脖子，海拔仅为 1 350 米，高差 1 091 米。通海属中亚热带湿润凉冬高原季风气候，冬无严寒、夏无酷暑，全年气候宜人，雨量充沛。2013 年平均气温为16.4 摄氏度，极端最高气温为 30.7 摄氏度（6 月 14 日），极端最低气温零下 3.8 摄氏度（12 月 17 日）；全年降水量为 911.1 毫米，最大日降水 57.7 毫米（5 月 23 日）；全年无霜期为 328 天；年日照总时数为 2 510.8 小时，日照率 57%。

【行政区划】 2013年，全县设2个街道、4个镇、3个乡，即：秀山街道、九龙街道、河西镇、四街镇、杨广镇、纳古镇、里山彝族乡、兴蒙蒙古族乡、高大傣族彝族乡。下属44个村委会、27个社区居委会，330个村民小组、214个社区居民小组，361个自然村。

【人口、民族】 据公安人口统计年报，2013年年末，全县户籍人口95 883户284 451人，分别比上年增加1 377户1 147人。在总人口中，男性140 467人，占总人口的49.4%，女性143 984人，占50.6%；农业户53 162户，农业人口174 937人，占总人口的61.5%；非农业户42 721户，非农业人口109 514人，占总人口的38.5%；少数民族人口46 179人，占16.2%。

2013年年末，全县常住人口为

30.9万人，比上年增0.2万人。其中城镇人口13.9万人，城镇化率45.1%，比上年提高1.9个百分点。

据人口与计划生育局统计，2013年，全县出生2 871人，出生率为10.06‰；死亡1 957人，死亡率6.86‰；自然增长人口914人，自然增长率3.20‰，比上年下降1.76个千分点。全县累计“三术”人数49 858人，三术率为83.80%，比上年下降升0.05个百分点。全县计划生育率达90.7%，比上年下降1.5个百分点。

2013年，全县有少数民族乡（镇）4个，少数民族村委会20个，少数民族人口占30%以上的村民小组98个，少数民族31种。全县少数民族人口46 179人，占全县总人口的16.23%。

【综合经济指标】 2013年，全县实现生产总值741 363万元，按可比价格计算比上年增11.8%。分产业看，第一产业增加值134 156万元，增7.4%；第二产业增加值306 015万元，增15.3%；第三产业增加值301 192万元，增10.0%。三次产业比重为18.1：41.3：40.6。一、二、三产业对GDP增长的贡献率分别为11.2%、55.1%、33.7%，分别拉动GDP增长1.3、6.5、4.0个百分点。全县人均生产总值（按推算常住人口计算）24 070元，比上年增加2 487元，增10.9%。非公经济蓬勃发展，创造增加值444 455万元，比上年增14.0%，占全县GDP的比重达60.0%，比上年提高0.6个百分点。

2013年，全县共完成规模以上固定资产投资225 011万元，比上年增21.4%，在总投资中，完成工业投资106 654万元，增32.3%，占总投资的47.4%。其中，城镇投资完成142 691万元，增44.6%，占总投资的63.4%；房地产开发投资53 116万元，减24.7%，占总投资的23.6%；农村非农户投资29 204万元，增81.3%，占总投资的13.0%。按产业划分：第一产业完成7 545万元，增402.7%；第二产业完成106 654万元，增32.3%；第三产业完成110 812万元，增7.4%。施工房屋35.87万平方米，其中，住宅13.22万平方米；竣工房屋17.92万平方米，其中，住宅6.76万平方米，房屋竣工率49.9%。

【工　业】 2013年，全县实现工业总产值1 805 163万元，比上年增8.1%；完成工业增加值271 992万元，比上年增15.0%，拉动GDP增长5.8个百分点，对GDP增长的贡献率为48.7%。产值按轻重工业分：轻工业468 831万元，增8.6%；重工业1 336 332万元，增7.9%。按经济类型分：国有企业69 427万元，增9.3%；集体企业16 163万元，增16.7%；股份合作企业29 833万元，增31.4%；股份制企业698 279万元，增8.5%；外商及港澳台投资企业28 684万元，增10.1%；其他经济类型962 777万元，增6.9%。完成规模以上工业企业总产值741 748万元，增10.8%；完成规模以上工业企业增加值180 161万元，增19.6%，拉动GDP增长5.0个百分点，对GDP增长的贡献率为42.6%；实现规模以上工业销售产值（现价）701 966万元，增长5.5%，产销率为94.6 %，比上年下降4.8个百分点。

主要工业品及产量：面粉、面条271 315吨，多色印刷品212万对开色令，纸制品55 208吨，合成氨47 631吨，碳氨257 061吨，氮肥43 957吨，甲醛13 870吨，精甲醇9 446吨，油墨1 780吨，水泥67.46万吨，散热器647吨，成品钢材859 341万吨，变压器383.72万千伏安，金属制品83 245吨，铸件92 462吨，发电量964.63万千瓦时，供电量150 866万千瓦时。

【乡镇企业】 2013年，全县有乡镇企业（不含个体户）452户，其中，集体企业10户，股份有限公司3户，有限责任公司182户，私营企业246户。在乡镇企业中，采矿企业3户，制造业319户，交通运输及仓储企业13户，批发零售业52户，住宿餐饮业2户，其他企业63户。乡镇企业总数比上年减少49户，减少9.7%。年末，有职工人数26 894人，比上年的26 214人增加2.5%。全县乡镇企业拥有固定资产净值253 389万元。实现营业收入（现价）1 162 308万元，比上年增加7.6%。完成现价产值1 234 697万元，比上年增加13.5%。年内完成新上技改、扩建投资项目16项，新增固定资产14 531万元，比上年减少28 004万元。

【农　业】 2013年，全县完成农作物间套种17.50万亩，完成计划任务的113%。推进农产品加工流通体系建设，扶持发展联户经营、专业大户、家庭农场，积极探索“庄园经济”。当年支持云菜集团新建新型低温保鲜库及现代化农产品信息服务平台，推荐东绿食品有限公司创建“通海县大树村蔬菜庄园”，推荐汪家富蔬菜有限公司“2万吨外销蔬菜加工厂及流通服务体系建设”项目申报2013年云南省农业产业化重点项目，推荐杨氏天然产物有限公司“年产60吨食用天然色素项目”申报2013年省级财政发展生物产业专项资金项目；当年已完成新建农民专业合作社16个，总数达85个。组织实施4个乡（镇）农业科技推广机构条件建设。加强农产品质量安全，制订《通海县2013年农产品质量安全监管工作实施方案》、《通海县2013年农资打假专项治理行动实施方案》，成立工作小组，对专项行动工作进行安排，集中开展各项专项执法检查行动。查处违规销售农药案、种子等行为；以通海县农残检测中心为主，重点对生产、流通领域的蔬菜等鲜活农产品开展抽查检测，合格率达97.82%，无重大农产品质量安全事故发生。

2013年，全县畜牧业持续稳定发展。年末，生猪存栏139 097头，比上年增3.5%。肥猪累计出栏278 938头，比上年增1.8%；出栏率207.6%，比上年上升0.1个百分点。大牲畜年末存栏15 494头，比上年减0.1%。牛累计出栏17 793头，比上年增5.1%；羊累计出栏21 198只，比上年增7.6%。肉类总产量3 695.7万千克，比上年增3.9%。禽肉总产1 221.52万千克，比上年增5.5%。禽蛋产量6 114.28万千克，比上年增13.9%。奶类产量537.8万千克，比上年增8.5%。全县水产品产量3 065吨，其中：杞麓湖产量1 200吨。

2013年，全县拥有农业机械总动力55 910万瓦特，比上年增183万瓦特，其中，大中型拖拉机2 739台，排灌动力机械5 924万瓦特。

2013年，全县植树造林1 818亩，义务植树61.58万株，育苗7.4亩。

主要农产品产量：粮食产量315.81万千克（其中，稻谷342.60万千克，玉米2 608.33万千克，小麦418.45万千克，豆类136.10万千克，薯类162.55万千克），油料总产150.30万千克，烤烟总产783.77万千克，蔬菜总产59 432.42万千克，水果总产1 096.03万千克。

【交通、邮电】 2013年末，全县公路通车总里程达1 009.3千米。其中，省道118.7千米，县道111.0千米，乡村公路779.5千米。在公路总里程中，高速公路14.7千米，一级公路25.1千米，二级公路39.0千米，三级公路102.2千米，四级及以下公路828.3千米。全县机动车拥有量113094辆(含拖拉机），比上年增加4 392辆，其中，汽车41 671辆，大中小型拖拉机10 865台，摩托车60 411辆，挂车135辆。全县公路营运货车10 573辆，吨位36 921吨，营运客车231辆，客座5 126座。

2013年，全县邮电业务总量58 210万元；固定电话用户达27 302户，其中住宅电话14 346户；移动电话用户达289 367户；电话普及率102.8部/百人；互联网宽带网用户32 966户。

【贸 易】 2013年，通海县共有外贸企业51户，其中当年有进出口实绩的企业20余户。外贸进出口实现顺差，当年共24户外贸进出口企业实现外贸进出口总额3.39亿美元，与上年同期相比增60.7%，完成全年目标任务2亿美元的169.5%。

2013年，完成引进市外国内资金18.7亿元，完成引资目标任务的110%，与上年同期相比增49%，其中引进省外资金15.2亿元，完成引资目标任务的101%，与上年同期相比增52%。实际到位外资70万美元，完成目标任务的17.5%。

2013年，全县社会消费品零售总额达211 203万元，比上年增13.7%。按销售地区分：城镇实现消费品零售额133 888万元，增15.1%，乡村实现77 315万元，增11.5%。按行业分：批发业、零售业、住宿业、餐饮业分别完成7 676万元、148 131万元、15 454万元、39 942万元，分别增11.8%、14.0%、13.3%、13.3%。按经济成份分：公有经济实现27 220万元，增18.8%，非公经济183 983万元，增13.0%，占全县社会消费品零售总额的87.1%。

2013年，消费价格基本稳定。居民消费价格比上年上涨2.2%，全县城乡消费市场呈现平稳增长、物价总体呈平稳态势。

【财政、金融、保险】 2013年，全县完成财政总收入71 584万元，比上年增8.9%。地方财政收入完成46 816万元，增17.0%。公共财政预算收入完成41 448万元，增17.0%。税收收入完成31 366万元，增4.3%，其中增值税完成4 301万元，增0.3%；营业税完成8 810万元，增4.5%；企业所得税完成1 705万元，减5.4%。

2013年，地方财政总支出151 470万元，增19.5%。公共财政预算支出143 098万元，增21.0%，其中一般公共服务支出12 928万元，增20.4%；教育支出28 902万元，增19.2%；社会保障和就业支出23 237万元，增32.9%；农林水事务支出18 054万元，增17.2%；医疗卫生支出15 667万元，增7.1%。

2013年，金融存、贷款和城乡居民储蓄存款稳步增长。年末，全县金融机构各项存款余额1 003 067万元，增13.2%，其中城乡居民储蓄存款余额754 219万元，增14.0%。各项贷款余额679 723万元，增13.9%，其中中长期贷款302 405万元，比上年增5.9%，存贷比为1：0.68。

2013年，中国人民财产保险股份有限公司通海支公司共开办5大类险种计41个，各项保险保额 1 520 000万元，实现保费收入5 836.08万元。全年已决赔案数8 722件，支付各类赔款3 199.43万元，综合赔付率49.15%，上缴税利276.96万元。

2013年，中国人寿保险股份有限公司通海县支公司共开办险种180种，年度保险费总额5 948.89万元，比上年减9%；总给、赔付额1 832.52万元，比上年增28%。参保人数15.3万人，比上年减9%。综合赔付率57%，比上年同期减23%。上缴税利36.99万元，比上年同期减5%。

【科 技】 2013年，通海县2011～2012年科技进步工作通过2013年全国科技进步考核并已通过公示。全年共组织申报上级各类科技计划项目40项。其中，国家级20项，省级别14项，市级6项），获立项33项。其中，国家级14项，省级14项，市级5项；县级立项实施科技计划项目12项。全年专利申请量143件，其中发明专利26件、实用新型91件、外观设计26件；获专利授权87件。其中发明专利7件、实用新型60件、外观设计20件。5家企业通过科技部高新技术企业审核并公示结束，云南通印股份有限公司通过省科技厅省级创新型试点企业审核并已公示结束。至当年底，通海县高新技术企业达12家，占全市高新技术企业的21%。同时与云南机械研究院、云南师范大学、云南农业大学、河北工程机械研究院、中国农业大学、瑞士先正达等国内外30多家高校、科研院所建立了合作关系。年内获市科学技术一等奖1项，二等奖1项。

2013年，全县企事业单位共有各类专业技术人员5 043人，其中正高级职称9人、副高级职称477人、中级职称1 987人、初级职称2 333人、在岗未评聘237人。

【教 育】 2013年，全县中、小学、中等职业学校共67所，其中高级中学2所，完全中学1所，初级中学8所，中等职业学校1所，小学55所，其中小学教学点2个。全县中、小学、中等职业学校班数1 017个，其中初中班231个，高中班78个，职业高中班26个，小学班682个。全县在校学生总数42 288人，其中普通高中4 725人，初中12 088人，中等职业学校880人，小学24 595人。全县有幼儿园10所，班数283个，在园幼儿数11 292人，比上年减少16人。全县专任教师2 644人，其中普通中学1 072人，中等职业学校62人，小学1 335人，幼儿园175人。全县毕业生人数10 377人，其中高中1 659人，初中3 876人，中等职业学校525人，小学4 317人。学龄儿童入学率达99.98%，小学升学率96.71%，初中升学率47.21%，3～6岁儿童入园率99.77%。

【文 化】 2013年，举办昆明市呈贡区现代绘画暨摄影书画展览，举办2013年通海县迎新春“大家乐”广场舞蹈大赛，春节期间举办了“2013年迎春民俗文化展演”活动、“礼乐名邦、美丽通海”书画摄影展和京剧清唱活动，组织高台、高跷狮子、高跷彩扇参加玉溪市第三届“中国聂耳音乐（合唱）周”开幕式表演，七街社区被玉溪市文化馆命名为（成人、少儿）文化活动示范基地。选送15件农民工艺美术书法作品参加“建设者之歌——云南省第二届农民工艺美术书法暨手工艺品展览展销”；举办内蒙古锡林郭勒职业学院赴通海文化交流演出活动。通海县4处遗址被玉溪市人民政府公布为第二批市级文物保护单位，完成白塔心火葬墓群出土器物整理修复工作，完成《九龙池大寺修缮方案》编制，参与承办2013中国文化遗产日玉溪系列活动，完成通海县第一次可移动文物普查工作。申报3个项目为云南省第三批非物质文化遗产项目通过玉溪市专家评审。至年底，4人

被市政府授予“玉溪市第三批民族民间工艺师”称号，1人被评为省级民族民间工艺师。

2013年，全县有文化馆1个，公共图书馆1个，乡（镇、街道）文化站9个。被列入国家级“非遗”名录项目2个，保护单位1个；省级项目3个，保护单位1个；市级项目11个，保护单位1个；县级项目5项，保护单位1个。国家级非物质文化遗产代表性传承人1人，省级10人，市级7人，县级6人。

2013年，全县广播和电视综合覆盖人口29.20万人和29.21万人，覆盖率达95.11%和95.15%；调频转播发射台2座，调频发射机2部，电视转播发射台2座，电视发射机2部。年末，全县数字电视用户数54 227户，其中，农村用户数42 695户，城镇用户数11 532户。

【卫　生】 2013年，全年共有240 493人参加新农合，参合率为98.18%，较2012年增加了3 041人。至当年10月31日，新农合资金支出6 927.71万元，基金使用率72.02%。全县享受新农合补偿的参合居民有542 736人次，受益率为225.68%。全县有医疗卫生机构198个，其中，医疗机构193个，预防保健机构2个，卫生监督机构1个，计划生育技术服务机构1个。在医疗机构中，医院8个，其中，卫生部门所属医院2个，其他医院6个，乡（镇）卫生院8个，工业、其他部门所属医务室及个体办医111个，村卫生室66个。全县医疗机构有病床1 263张，其中卫生部门所属医疗机构有病床922张。全县医疗卫生技术人员1 425人，其中卫生部门所属机构卫生技术人员728人（包括合同工、长期临时工），其他机构及个体诊所卫生技术人员697人。全县每千人拥有医院病床4.45张，拥有卫生技术人员5.02人。年内全县传染病发病率141.19/10万。孕产妇系统管理人数3 196人，孕产妇系统管理率98.95%，建卡率100%，住院分娩率100%；7岁以下儿童保健人数20 118人，保健管理率98.33%，3岁以下儿童系统管理人数9 153人，系统管理率98.61%，无孕产妇死亡，婴儿死亡率4.64‰，5岁以下儿童死亡率8.36‰，出生缺陷发生率219.87/万。

【旅　游】 2013年，全县共接待国内旅游者199.56万人次,较上年同期增长17%；接待海外旅游者2 159人次，增9%。实现旅游总收入8.06亿元人民币，增21%。

【体　育】 2013年，共完成2012年省“七彩云南”全民健身工程项目9项，县级全民健身工程21项。全年向上级单位输送体育人才6人，组队参赛取得较好成绩。通海籍运动员白发全参加全国第十二届运动会获得铁人三项比赛金牌，实现了通海籍运动员获得全运会金牌“零”的突破；师涛代表云南参赛获全运会铜牌。参赛2013年“中南杯”全国幼儿体操比赛，荣获甲组金奖、优秀完成奖、建制幼儿园通讯评比“三连冠奖”、开展幼儿体操活动“先进单位”等奖项。参加玉溪市少年儿童游泳比赛、玉溪市少年儿童篮球比赛、玉溪市少年儿童田径比赛均获好成绩。

2013年，举办县内各种竞赛活动30次，参赛人数30 000人次，参加国家、省、市比赛1 000人次，获一等奖24块、二等奖60块、三等奖70块；向上级输送运动员2人。

【环境保护】 2013年，全年下达《环境违法行为改正通知书》16份、《环境违法行为限期改正通知书》31份，立案查处9件环境违法案件，结案6件，罚款36.6万元。加强排污费的征收和管理，全年共征收排污费91万元。实施重点企业清洁生产审核。当年共有7家企业开展重点企业清洁生产审核工作。监测站于当年6月份通过省计量认证专家考核组考评，获得47项监测能力的资质。开展各项监测工作，制订了通海县《2013年环境监测工作方案》，按方案开展污染源在线监测比对与污染源监督性监测。

【社会保障】 2013年，全县参城镇职工养老保险人数为21 518人，其中，企业8 595人，个体、自谋职业者7 110人，机关事业单位5 813人。参加新型农村和城镇居民养老保险人数162 330人，其中，新型农村养老保险人数159 810人。参加城镇基本医疗保险人数33 708人，其中，参保职工22 642人，参保城镇居民11 066人。参加工伤保险职工人数16 336人，生育保险职工人数14 672人。参加新型农村合作医疗保险人数240 493人，参合率98.66%。参加失业保险的职工人数13 324人，本年失业人员再就业人数1 317个，年末，全县城镇登记失业率为3.62%。全县有城乡敬老院6个，有床位105张。为全县7 618户9 091人城乡最低生活保障户提供最低生活保障金1 828.52万元，为466名在乡复员、退伍军人发放定补金241万元；为“三属”、革命伤残军人及义务兵家庭、优抚对象发放抚恤、补助金381.2万元，为32 919人自然灾害救济对象安排口粮20.1万千克、提供救济衣被4 042件（条）、救助资金81.44万元。

【人民生活】 2013年末，全县单位从业人员25 528人，比上年增加1 862人，增长7.9%。其中，在岗职工人数23 862人，增加1 105人，增4.9%。全年从业人员劳动报酬99 550万元，增20.0%，其中，在岗职工工资总额94 133万元，增16.3%。全部从业人员年平均劳动报酬38 760元，增加3 165元，增8.9%，其中，在岗职工年平均工资40 014元，增加3 441元，增9.4%。城镇居民人均可支配收入24 262元，比上年增加2 923元，增13.7%；农民家庭人均纯收入10 594元，比上年增加1 555元，增17.2%；城乡居民人均储蓄存款24 408元，比上年增加2 866元，增13.3%。

【领导干部】 县委书记张延明，副书记资武（2013年4月离任）、卢维江（壮族，2013年4月任）、魏德武（彝族，2013年1月离任）、赵振峰（满族，2013年9月任），于强（2013年3月任，挂职）。人大主任刘广聪（2013年1月离任）、魏德武（彝族，2013年1月任），副主任叶永元、普家伟（傣族，2013年1月任）、周清（2013年1月任）、钱秀琼（女，2013年1月任）。县长资武（2013年4月离任）、卢维江（壮族，2013年4月代理县长），副县长：李庆华、喻学超、赵南方、方维、朱珠（女、2012年7月26日任）、孙军伟（2012年9月6日任）。政协主席周艳芬（女，2013年1月离任）、钱润光（2013年1月任），副主席陈永春（2013年1月任）、尚学寿、杨文良、吴云（女，2013年1月任）。纪委书记刘世伟

【兴蒙乡举行蒙古族文化教育传承基地揭牌仪式】 2013年3月15日，在兴蒙学校举行了中国西南蒙古族文化教育传承基地揭牌仪式。内蒙古锡林郭勒职业学院师范教育系陶都格日勒等老师和通海县相关领导及兴蒙学校的部分师生参加了揭牌仪式。蒙古族文化教育传承基地的建立得到了县委、政府、内蒙古锡林郭勒职业学院的关

心和支持，旨在加强兴蒙蒙古族乡和内蒙古自治区的联系。内蒙古选配优秀的教师到学校教舞蹈、马头琴、蒙语等蒙古族文化。

【秀山公园绿化统计调查】 2013年5月7～23日，由通海县住建局、旅游局、秀山历史文化公园组成调查组，对秀山公园辖区的秀山、西山、通海文庙、枪杆山、白马山开展绿化情况调查，调查面积共2.47平方千米。通过调查，有经过西南林学院、昆明植物研究所专家鉴定的名木古树79棵，植物种类70余科200余种，有公园绿地3个、防护绿地1个，绿地总面积2 384 511.72平方米，绿化覆盖总面积2 388 211.19平方米，乔木总数305 325棵。其中，在公园绿地中，面积1 728 512.92平方米，覆盖面积1 730 262.39平方米，乔木174 126棵；在防护绿地中，面积655 998.8平方米，覆盖面积657 948.8平方米，乔木131 199棵。综合绿地率96.45%，综合绿化覆盖率96.61%。

【参加2013年“中南杯”全国幼儿体操比赛获佳绩】 2013年5月21～25日，2013年“中南杯”全国幼儿体操比赛在江苏省南通市举行，此次比赛共有全国省、市、自治区、各行业体协的46个基层幼儿园代表队参赛。通海县作为“幼儿体操传统校点”县第二幼儿园组队参加，荣获甲组金奖、优秀完成奖、建制幼儿园通讯评比“三连冠奖”、开展幼儿体操活动“先进单位”奖项。

【马哈蒂尔到纳古镇友好访问】 2013年6月6日，到云南出席南博会的马来西亚前总理马哈蒂尔携夫人一行共19位马来西亚贵宾在省政协副主席马开贤的陪同下到纳古镇进行友好访问。玉溪市党政领导张祖林、饶南湖、左广、马良昌，县党政领导张延明、卢维江、钱润光、赵南方、朱珠及镇主要领导张兴友、马恒骧、纳立凡等陪同参观。马哈蒂尔一行首先来到镇政府，同市、县、镇领导和部分企业家代表进行座谈并共进午餐。玉溪市委书记张祖林向马哈蒂尔介绍了纳古镇的社会经济发展情况。马哈蒂尔对纳古镇的经济发展表示赞赏，对穆斯林群众的热情表示感谢。他说，自己曾2次到访云南，到纳古是第一次，纳古的发展比想象中要好，并祝福纳古越来越好。在清真女寺，马哈蒂尔与大家一起为新种下的榕树培土；同纳家营伊斯兰文化学院的同学们亲切交流，学生们则向马哈蒂尔赠送了用阿拉伯语书写的经文。

【通海舞龙队参加云南省“全民健身日”启动仪式展演】 2013年8月8日，在玉溪举行的“2013年云南省全民健身日启动仪式”主会场上，通海县组织六一社区、兴蒙乡的4支舞龙队参加展演。在“金蛇狂舞”激烈明快的乐曲中，舞龙队展示了精湛技艺，受到现场领导、观众的一致好评。

【举办通海县首届旅游素食文化节】 2013年10月1～7日，通海县首届旅游素食文化节在秀山公园举办。本届素食文化节以“修心·养生”为主题，分别在三元宫、清凉台、涌金寺、白龙寺等秀山景点举办品美食、览秀色、享健康为主题的美食餐饮活动；在文庙和清凉台举办每天2场女子洞经音乐展演；在秀山公园正门蒙泉景观处，举办地方特色产品展销活动。10月2日，在秀山景区涌金寺举办了隆重的主尊佛像开光仪式，仪式由仲巴活佛（丽江市政协副主席、省佛协副会长）、崇化大和尚（省佛协副会长、大理崇圣寺、昆明宝华寺方丈）、演志大和尚（曲靖市佛协会长、大觉寺方丈）、能寿大和尚（昆明盘龙寺方丈）、宏胜大和尚（鸡足山祝圣寺方丈）、印信大和尚（鸡足山报恩寺大士阁住持）等藏传、汉传、南传佛陀三大教派的高僧大德举行开光、诵经、祈福、说法等活动。素食节期间，来自昆明、红河、楚雄、保山、丽江等地宗教团体，全省和临近省的游客、善男信女到通海秀山礼佛参拜、品尝素食、参观游览。受素食节因素的拉动，“十一黄金周”期间，通海共接待游客43。84万人次。

【云南通印股份有限公司荣获省级企业技术中心称号】 2013年10月14日，云南省第十六批省级企业技术中心名单正式公布，全省共计38家企业技术中心通过认证，云南通印股份有限公司技术中心被认定为省级企业技术中心。

【中央联合调研组到通海调研】 2013年10月18日，中央统战部、教育部、国家民委等五部门领导组成联合调研组，在省、市相关部门领导陪同下亲临通海，对通海伊斯兰教经堂教育进行调研。县委常委、县委统战部部长牛建明，副县长、县公安局局长赵南方陪同调研组先后深入纳古镇古城清真寺、纳家营清真寺，参观学生教室、宿舍，了解伊斯兰教经堂教育工作开展情况，并听取相关情况介绍。

【举办云南省诗词学会第六次会员代表大会】 2013年10月26日，由通海诗词学会承办的云南省诗词学会第六次会员代表大会在通海通印大酒店召开。来自全省各地州、市、县诗词学会和老年诗书画协会的会员代表参加了会议。此次代表大会完成了修改章程，诗词学会工作报告和领导班子换届选举等事项。

【克呆村文化示范村通过市级验收】 2013年，高大傣族、彝族乡克呆村文化示范村通过市级验收，获首批“市级文化示范村”荣誉称号，成为通海县唯一获此殊荣的自然村。克呆村是高大乡民族风格较为浓郁的彝家村寨，历史文化悠久，建筑独具彝家风格，村民能歌善舞。近年来，克呆村夯实基础，搭建平台，创新载体，把发展弘扬先进文化作为切入点贯穿于新农村建设的全过程，取得了可喜成效。

【负压式烟草播种机获国家专利】 2013年，通海烟草分公司科技员与通海四街镇四寨育苗业主马占发、张建雄共同研制出“负压式播种机”。该机由于体积小、重量轻、结构简单、操作方便、播种效率高（是人工播种的30倍）、播种质量好而荣获国家专利。

（张永伟）

【秀山街道】 2013年，全街道总人口66 393人。其中男32 614人，女33 779人；少数民族人口3 695人，占总人口的5.6 %。人口自然增长率3.6‰。农村劳动力26 524人，其中从事第二、三产业的8 252人，占总劳动力的31.1%。

2013年年末，全街道有耕地14 887亩，复种指数246%。全年粮食总产114.91吨，比上年增64%；农业人口人均产粮3千克。年末，生猪存栏20 686头，比上年增3.4%；大牲畜存栏677头，比上年减0.9%。水产品产量59吨，比上年减4.8%。全年投入水利建设资金989万元，水利化程度97%。

2013年，全街道农村社会总产值（现价）35 3611万元，比上年增13.9%。工农业总产值（现价）

123 567万元，比上年增19.5%。其中，工业总产值92 676万元，比上年增20.83%；农业总产值30 891万元，比上年增15.9%。全年农村经济总收入194 021万元，比上年增7.29%；农民人均纯收入10 340元，比上年增9.01%。

2013年，全街道财政收入10 108万元，比上年增2.49%；财政支出11 450万元，比上年增717.86%。

街道党工委书记普家忠，人大工委主任杨堂聪，街道办事处主任王宏运。

（文　静）

【九龙街道】　2013年，全街道总人口35 986人。其中男17 749人，女18 237人；少数民族人口3 137人，占总人口的8.72%。人口自然增长率3.49‰。农村劳动力23 965人，其中从事第二、三产业的8 226人，占总劳动力的34.3%。

2013年年末，全街道有耕地21 832亩，复种指数 268.4%。全年粮食总产2 583.5吨，比上年增36.8%；油料总产3.9吨，比上年减63.6%。农业人口人均产粮71.8千克。年末，生猪存栏21 660头，比上年增3.7%；肥猪出栏39 190头，比上年增3%。大牲畜存栏1 675头，比上年增0.7%。水产品产量196吨，比上年增8.9%。全年投入水利建设资金1 045.6万元，水利化程度87.92%。

2013年，全街道农村社会总产值（现价）144 512万元，比上年增19.8%。工农业总产值（现价）86 337万元，比上年增13.9%。其中，工业总产值47 835万元，比上年增20.8%；农业总产值38 502万元，比上年增6.3%。全年农村经济总收入165 985万元，比上年增7.3%；农民人均纯收入10 723元，比上年增40.3%。

2013年，全街道财政收入673万元，比上年减1.5%；财政支出2 356万元，比上年增92.5%。年末，各项存款余额67 915.99万元，比上年增15.99%；人均储蓄存款余额17 930元，比上年增154.1%。

街道党工委书记王国雄，人大工委主任王兆春，办事处主任张勤勋。

（柏俊玮）

【河西镇】　2013年，全镇总人口51 934人。其中男25 697人，女26 237人；少数民族人口8 262人，占总人口的15.9%。人口自然增长率3.4‰。农村劳动力31 207人，其中从事第二、三产业的9 727人，占总劳动力的31.2%。

2013年年末，全镇有耕地43 585亩，复种指数214%。全年粮食总产10 534吨，比上年减3.2%；油料总产858.1吨，比上年增0.6%。农业人口人均产粮217千克。年末，生猪存栏30 412头，比上年增3.4%；肥猪出栏61 137头，比上年增2.4%。大牲畜存栏5 540头，比上年减1.1%。水产品产量390吨，比上年减5.1%。全年投入水利建设资金1 996.15万元，水利化程度86.6%。

2013年，全镇农村社会总产值（现价）257 610万元，比上年增13.5%。工农业总产值（现价）216 536万元，比上年增18.1%。其中，工业总产值170 852万元，比上年增20.1 %；农业总产值45 684万元，比上年增9.0 %。全年农村经济总收入192 646万元，比上年增11.6%；农民人均纯收入9 150元，比上年增15%。

2013年，全镇财政收入1 488万元，比上年增16.6%；财政支出2 664万元，比上年增13.3%。年末，各项存款余额103 723.63万元，比上年增16%；人均储蓄存款余额19 972元，比上年增15.6%。

镇党委书记溥发高，人大主席刘伟（2013年11月离任）、余联昌（2013年12月任），镇长储汝学。

（解水银）

【四街镇】　2013年，全镇总人口42 881人。其中男21 225人，女21 656人；少数民族人口41 23人，占总人口的9.6%。人口自然增长率3.53‰。农村劳动力28 165人，其中从事第二、三产业的9 765人，占总劳动力的35%。

2013年年末，全镇有耕地35 285亩，复种指数200%。全年粮食总产5 036.9 吨，比上年增2%；油料总产335.9吨，比上年减10.1%。农业人口人均产粮119千克。年末，生猪存栏24 301头，比上年增3.4%；肥猪出栏50 058头，比上年增2.9%。大牲畜存栏1 802头，比上年增4.8%。水产品产量650吨，比上年减5%。全年投入水利建设资金350万元，水利化程度80%。

2013 年，全镇农村社会总产值（现价）万元，工农业总产值（现价）321 652万元，比上年增20%。其中，工业总产值285 633万元，比上年增21.5%；农业总产值36 019万元，比上年增12.5%。农村经济总收入193 172万元，比上年增24.8%；农民人均纯收入10 044元，比上年增40%。

2013年，全镇财政收入1 575万元，比上年增1.49%；财政支出1 787万元，比上年增111.98%。年末，各项存款余额9.25亿元，比上年增15%；人均储蓄存款余额21 571.3元，比上年增22.63%。

镇党委书记储强，人大主席杨朗建，镇长高应春。

（岳　凤）

【杨广镇】　2013年，全镇总人口50 960人。其中男25 297人，女25 663人；少数民族人口1 846人，占总人口的3.62%。人口自然增长率2.37‰。农村劳动力34 970人，其中从事第二、三产业的10 180人，占总劳动力的29.11%。

2013年年末，全镇有耕地28 047亩，复种指数2.6%。全年粮食总产6 773.2吨，比上年增25.46%；油料总产21.9吨，比上年增606.5%。农业人口人均产粮139.26千克。年末，生猪存栏19 291头，比上年增3.75%；肥猪出栏43 738头，比上年增6.86%。大牲畜存栏2 725头，比上年增0.44%。

2013年，全镇农村社会总产值（现价）417 800万元，比上年增15%。工农业总产值（现价）278 579万元，比上年增19.92%。其中，工业总产值237 779万元，比上年增20%；农业总产值40 800万元，比上年增11.28%。农村经济总收入417 789万元，比上年增15%；农民人均纯收入84 716元，比上年增14.5%。

2013年，全镇财政收入1 551万元，比上年减10.90%；财政支出2398万元，比上年增21.54%。年末，各项存款余额5 556万元，比上年增1.2%；人均储蓄存款余额1 092.23元，比上年增0.92%。

镇党委书记常伟，人大主席葛红华，镇长周杰。

（张建波）

【纳古回族镇】　2013 年，全镇总人口8 904人。其中男4 356人，女4 548人；少数民族人口7 356人，占总人口的82.15%。人口自然增长率9.3‰。农村劳动力5 349人，其中从事第二、三产业的4 377人，占总劳动力的 81.83 %。

2013年年末，全镇有耕地1 331亩，复种指数227%。全年粮食总产59.97吨，比上年增5.6%；油料总产3.49吨，比上年减47%。农业人口人均产粮69.73千克。年末，大牲畜存栏762头，比上年增1.9%。全年投入水利建设资金4.2万元，水利化程度85.5%。

2013年，全乡农村社会总产值（现价）837 948万元，比上年增25.18%。工农业总产值（现价）802 951万元，比上年增19.95%。其中，工业总产值798 463万元，比上年增20.04%；农业总产值4 488万元，比上年增5.97%。农村经济总收入678 128万元，比上年增5%；农民人均纯收入13 335元，比上年增18%。

2013，全镇财政收入2 190万元，比上年减14.75%；财政支出479万元，比上年减52.1%。年末，各项存款余额57 318万元，比上年减16.19%；人均储蓄存款余额64373.3元，比上年减2.52%。

镇党委书记张兴友，人大主席马恒骧，镇长纳立凡。

（纳　杰）

【里山彝族乡】　2013年，全乡总人口8 751人。其中男4 361人，女4 390人；少数民族人口4 326人，占总人口的50.8%。人口自然增长率3.02‰。农村劳动力6 031人，其中从事第二、三产业的1 199人，占总劳动力的19.9%。

2013年年末，全乡有耕地1 6593亩，复种指数218.9%。全年粮食总产5 216.3吨，比上年增7.3%；油料总产295吨，比上年增21.8%。农业人口人均产粮615千克。年末，生猪存栏4 841头，比上年增3.6%；肥猪出栏8 666头，比上年增7.3%。大牲畜存栏976头，比上年增10.7%。水产品产量6吨，比上年增20%。全年投入水利建设资金2 095.06万元，水利化程度55.6%。

2013年，全乡农村社会总产值（现价）122 234万元，比上年增15.84%。工农业总产值（现价）118 200万元，比上年增16.36%。其中，工业总产值102 581万元，比上年增16.81%；农业总产值15 619万元，比上年增13.5%。全年农村经济总收入12 917万元，比上年增18.99%；农民人均纯收入5 408元，比上年增29.3%。

2013年，全乡财政收入715万元，比上年减28.6%；财政支出715万元，比上年减28.6%。年末，各项存款余额17 215.7万元，比上年增43.3%；人均储蓄存款余额19 673元，比上年增42.9%。

乡党委书记师本雄，人大主席奎福华，乡长普安。

（王跃萍）

【高大傣族彝族乡】　2013年，全乡总人口11 464人。其中男5 689人，女5 775人；少数民族人口7 470人，占总人口的65.16%。人口自然增长率2.13‰。农村劳动力8 682人，其中从事第二、三产业的1 048人，占总劳动力的12.07%。

2013年年末，全乡有耕地10 304亩，复种指数257%。全年粮食总产5 201.3吨，比上年减9.41%；油料总产11吨，比上年减34.9%。农业人口人均产粮467千克。年末，生猪存栏15 258头，比上年增3.8%；肥猪出栏26 656头，比上年增2.5%。大牲畜存栏1 184头，比上年减0.17%。水产品产量69吨，比上年增6.15%。全年投入水利建设资金55万元，水利化程度78.79%。

2013年，全乡农村社会总产值（现价）35 646万元，比上年增6.12%。工农业总产值（现价）35 378万元，比上年增5.33%。其中，工业总产值21 590万元，比上年增20.01%；农业总产值13 788万元，比上年增9.9%。全年农村经济总收入17 677万元，比上年增5.04%；农民人均纯收入8 264元，比上年增14.1%。

2013年，全乡财政收入1 099万元，比上年增11.85%；财政支出1 099万元，比上年增71.7%。年末，各项存款余额16 549.5万元，比上年增31.02%；人均储蓄存款余额14 436元，比上年增30.81%。

乡党委书记白明，人大主席吕增伟，乡长周国斌。

（吴　亭）

【兴蒙蒙古族乡】　2013年，全乡总人口5 642人。其中男2 769人，女2 873人；少数民族人口5 464人，占总人口的96.8%。人口自然增长率1.79‰。农村劳动力3 757人，其中从事第二、三产业的1 273人，占总劳动力的33.9%。

2013年年末，全乡有耕地3 308亩，复种指数291.7%。全年粮食总产293吨，比上年增146%；油料总产17吨，比上年减42.8%。农业人口人均产粮54千克。年末，生猪存栏1 703头，与上年持平；肥猪出栏4 481头，比上年增7%。大牲畜存栏153头，比上年增10.1%。水产品产量42.4吨，比上年增23.5%。全年投入水利建设资金57.3万元，水利化程度91.4%。

2013年，全乡农村社会总产值（现价）22 657万元，比上年增15%。工农业总产值（现价）13 449万元，比上年增16.9%。其中，工业总产值8 717万元，比上年增22.1%；农业总产值4 732万元，比上年增8.6%。全年农村经济总收入23 761万元，比上年增23.4%；农民人均纯收入7 438元，比上年增23%。

2013年，全乡财政收入112万元，比上年减27.74%；财政支出503万元，比上年增3.89%。年末，各项存款余额6 318.37万元，比上年增19.58%；人均储蓄存款余额11 198.81元，比上年增19.34%。

乡党委书记黄必权，人大主席夏传海，乡长旃明华。

（官继萍）

华宁县

【自然概貌】　中国泉乡——华宁，地处滇中偏东南，玉溪市东部，位于东经102° 49′ 至103° 09′、北纬23° 59′ 至24° 34′ 之间。以东南西北为序，分别与弥勒、建水、通海、江川、澄江、宜良6县交界，县境东西宽34千米，南北长59千米，总面积1 313平方千米。县城距玉溪市政府所在地红塔区53千米，距昆明市148千米。境内最高海拔磨豆山2 663.1米，最低海拔磨法冲江边1 110米，相对高差1 553.1米。气候总体属亚热带半湿润高原季风气侯，但由于地形地貌复杂，形成南亚热带、中亚热带、北亚热带和南温带4个气候类型区，呈现垂直变化大、季节变化小、干湿季分明、地区差异明显的立体气候特点。2013年平均气温16.6℃，极端最高气温31.2℃，极端最低气温-3.6℃；年日照总时数2 216.8小时，无霜期313天，全年总降雨量933.8毫米。

【行政区划】　2013年，全县辖3个镇1个乡和1个街道办事处，下辖54个村委会、23个社区，共有653个村（居）民小组。

【人　口】　2013年末，全县人口总户数71 324户、210 960人，同比增加2人。总人口中，男性108 073人，女性102 887人；农业人口169 135人，非农业人口42 825人。城镇人口82 274人，城镇化率达39%。少数民族人口62 005人，占总人口的29.39%；人口

自然增长率为3.6‰。

【综合经济指标】 2013年，全县完成县内生产总值（现价）554 363万元，同比增长15.1%。在县内生产总值中，第一产业增加值150 775万元，同比增7.4%；第二产业增加值191 636万元，同比增20.5%；第三产业增加值211 952万元，同比增15.0%。非公经济增加值300 800万元，同比增46 332万元，增长16.9%，占生产总值的54.3%。工业总产值600 119万元，同比增加116 434万元，增24.1%；农业总产值247 351万元，同比增加37 604万元，增17.9%。全年税收收入41 904万元，同比增收6 655万元，增18.9%；实现地方财政收入41 836万元，同比增收8 529万元，增25.6%；地方财政支出130 769万元，同比增加25 436万元，增24.1%。生产总值完成55.4万元，在玉溪市9个县（区）总量排位第6位，增长（按可比价计算）排名第1位。

【固定资产投资】 2013年，全县完成500万元以上固定资产投资总额190 938万元，同比增加67 728万元，增55.0%。其中，城镇投资185 848万元，同比增102.6%；农村非农户投资5 090万元，同比增83.8%。第一产业完成投资1 622万元，同比增18.9%；第二产业完成投资109 183万元，同比增85.8%；第三产业完成投资80 133万元，同比增24.3%。投资对县内生产总值增长贡献率60.47%，同比增15.12%。

【工 业】 2013年，全县实现工业总产值600 119万元，同比增加116 434万元，增24.1%。轻工业产值168 295万元，同比增13.9%；重工业产值431 824万元，同比增28.5%。规模以上企业28户，工业总产值196 759万元，同比增42.8%；规模以下企业工业总产值403 360万元，同比增16.6%；国有经济工业总产值26 756万元，同比增8.3%；集体经济工业总产值2010万元，同比增11.3%；合资股份制工业总产值94 788万元，同比增18.5%；私营及个体经济工业总产值476 565万元，同比增26.4%。

【农 业】 2013年，全县完成农林牧渔（服务）业总产值247 351万元，同比增17.9%，其中，农业总产值（林果、粮食、烤烟、蔬菜等）108 438万元,林业总产值2 732万元，牧业总产值35 520万元，渔业总产值2 590万元，农林牧渔服务业总产值1 495万元。在农业总产值中，“三棵树”（柑橘、核桃、柿子）产值42 945万元，同比增27.3%。其中柑橘产值39 377万元，比上年增加11 187万元，同比增28.5%；柿子产值2 624万元，比上年增加528万元，同比增15.2%；核桃产值944万元，比上年增加183万元，同比增14.1%；烤烟产值23 791万元，比上年增加449万元，同比增6.2%；粮食产值7 550万元，比上年增加334万元，同比增11.9%；蔬菜产值29 255万元，比上年增加4 822万元，同比增10.2%。全年农作物总播种面积47 0961亩，同比增加1 020.0亩，增0.2%。其中，粮食作物播种161 348亩，经济及其他作物播种309 613亩。

【招商引资】 2013年，全县引进市外资金243 900万元，同比增73.6%，其中省外资金225 886万元，同比增加105 724万元，增80.0%。全年完成出口6 268.0万美元，同比增加1 653万美元，增35.8%。

【交通 邮电】 2013年，累计完成交通项目建设13个，建设规模83.57千米，完成投资2 077万元。全县境内公路里程1 747.4千米，其中，二级以上9 402千米，占5.4%；省道80.22千米；县道229.06千米；乡道1 393.04千米；村道35.98千米；专用道9.08千米。全年共完成通村油路项目2个共36千米。其中华咱路（县城——断碑）21.7千米，投资723万元；乐法路（乐士堂——法高村委会）14.3千米，投资476万元，全部投入1 199万元。全县列养公路1 738.08千米，其中省道地方管养40.27千米，县道229.1千米，乡道1 396.42千米，村道35.98千米，专用道9.08千米。全年完成小修保投资326.12万元，投入公路养护资金683万元（公路大、中修资金356.3万元）。全县拥有营运汽车4069辆，同比减少1 278辆，下降23.9%。其中载客汽车119辆，同比增加7辆，增6.25%；载货汽车3 950辆，同比减少1 285辆，下降24.5%。全年实现道路旅客运输量42.75万人次，同比减少50.76万人次，下降54.2%；旅客周转量2 992.5万人千米，同比减少2 036.3万人千米，下降40.4%；完成货运量633.5万吨，同比增加426.5万吨，增206%；货运周转量66 157.79万吨千米（未含珠山水泥厂、磷矿运输），同比增加7 293.09万吨千米，增12.38%。

2013年，全县邮政业务总量574.3万元，同比增2.0%。年末，拥有固定电话10 157户，同比减少2 149户，下降17.5%；移动电话163 533户，同比增加12 207户，增8.1%；宽带用户22 836户，同比增加1 848户，增8.8%。全年电信业务总量15 866万元，同比增长13.2%。

【金融保险】 2013年年末，全县金融机构各项贷款余额293 092万元，同比增17.5%；金融机构各项存款余额508 834万元，同比增16.26%。年末，城乡居民储蓄余额329 688万元，同比增18.3%；人均储蓄15 628元，同比增18.3%。金融保险业增加值16 008万元，同比增20.5%。

【科 技】 2013年，县级财政科技拨款1 280万元，占公共财政一般预算支出117 209万元的1.09%。县本级财政安排县科技部门管理使用的科技、知识产权经费131.7万元，比上年增96.5%。县内规模以上企业研究与实验发展经费投入609.9万元，占县内生产总值554 363万元的0.11%。全年共组织申报省、市科技项目专项5个，共申请科技项目8项，立项6项，其中市级6项，争取项目资金40万元。华宁县白塔山建筑陶瓷有限责任公司被认定为第一批云南省科技型中小企业。

【教 育】 全县共有各级各类学校106所，其中高级中学1所，完全中学1所，初级中学8所，完小74所（含3个教学点），教师进修学校1所，职业高中1所，幼儿园20所（含私立幼儿园16所）。全县在校生34 621人，其中高中在校生2 951人，初中在校生8 872人，小学在校生16 736人，职中在校生892人，幼儿在园（学前班）5 170人。教职工2 455人，其中在职在编教师2 162人，临时工293人。师生合计37 076人，占全县总人口的17.58%。

全县共有7~12岁适龄儿童15 652人，15 550人已入学，入学率99.9%。2013学年，全县小学共有在校生17 343人，全学年流失2人，小学辍学率0.01%。全县共有13~17周岁少年8 403人，初中阶段学生有8 872人，初中毛入学率达105.58%。上学年初中共有学生9 158人，全学年辍学44人，初中辍学率0.48%。

全县参加高考考生1 036人，上线

考生1 030人，上线率99.42%，比上年的98.74%提高了0.68个百分点。一本录取28人，比上年增加12人，二本上线205人，比上年增加23人，三本上线237人，比上年增加152人，本科上线率45.37%，比上年提高了13.5个百分点。全县中考报名考生共2 783人，实际参加考试2 774人，报考人数占初一学籍人数的86.2%，比全市的79.8%高出6.4个百分点，报考率达121人/万人，连续两年居全市第一。考取市属三所高中共196人，其中玉溪一中71人,市民中75人，师院附中50人。

【文　化】 2013年末，全县共有县级图书馆、文化馆各1个，乡（镇、街道）文化站5个，文物管理所1个，农村图书室81个，群众业余演出团队497支。

县图书馆及5个乡（镇、街道）文化站共有藏书130 744册，其中新增4 217册。全年共接待读者12 276人次，外借、阅览图书31 378册次；完成8 000多册新书的电子录入和上架工作；完成古籍普查1 500册，修复古籍21册；在县武警中队、消防大队、看守所等14个单位进行图书流通5 058册次，赠送图书908册，办理借书证127个，修补图书65册，开展读者活动5次，参与人数680人次。

加强对农家书屋的管理与使用，全县81个农家书屋全年共接待读者13 826人次，外借、阅览图书19 176册次，修补图书12册，解答村民咨询505条。

充分发挥信息资源共享工程作用，共开展远程教育319次，参训人数6 620人次；为群众提供资料查阅份数6 137份，接待群众6 737人次。

县文化馆和文化站共辅导文艺队134支2 409人次，帮助编排节目334个。县文化馆、盘溪镇文化站免费为当地老年大学提供师资力量，共授课369天，学员1 007人次。全县各文化单位利用元旦、春节等节日和农闲季节，开展赠书、赠春联、游园活动、传统文艺游展、文艺演出、露天电影放映等文化系列活动。全年共组织开展文艺演出91场，参与演出的文艺队伍有691支次，演员10 155人次，演出节目1 076个，观众31.19万余人次。

按照文化部、财政部关于推进全国美术馆、公共图书馆、文化馆（站）免费开放工作的规定，全县“两馆一站”对馆站内的图书外借室、阅览室、综合排练室、培训室等公共设施设备向社会实行全面免费开放，共开展新闻、画刊、各类橱窗宣传36期，出黑板报74期，书写各类宣传标语723条，拍摄图片资料2 069张,发放宣传资料26 250份。主办、协办各类展览38期，共展出书法、美术作品及禁毒、防艾等各类宣传图片1 238幅，观展人数达41 824人次；举办书法、美术、舞蹈、科普知识等各类培训班117期，培训学员8 109人次；举办各类知识讲座39期，参加人数9 627人次。

全年成功举办了多项重大文化活动。7月22～24日组织参加了第三届中国聂耳音乐（合唱）周“聂耳杯”合唱大赛，9月9日成功举办华宁柑橘旅游文化节文艺演出，9月10日联合承办了滇中民歌大赛。

【卫　生】 2013年，全县有卫生机构115个，全年医院门诊诊疗971 709人次，住院22 671人，出院21 968人，治愈率58.55%，好转率35.01%，死亡率0.20%。年内报告乙类传染病10种330例，县内传染病发病率155.8例／10万人，免疫七苗覆盖率98.53%，收治肺结核病人75人，其中免费治疗75人；新发麻风病2人，麻风病院现有病人19人。全年产妇2 224人，孕产妇建册管理率98.79%，高危孕产妇管理率100%，0～6岁儿童保健管理率96.37%，3岁以下儿童系统管理率97.55%，婚前健康检查率97.60%，疾病检出率2.9%，新生儿死亡率5.81‰，婴儿死亡率7.6‰，出生缺陷率191.20/万。

2013年，全县无甲类传染病（指鼠疫、霍乱）报告，共发生乙类传染病（包括传染性非典型肺炎、艾滋病、病毒性肝炎、脊髓灰质炎、人感染高致病性禽流感、麻疹等）10种330例，发病率为155.8/10万，低于全市近三年平均水平（168.5/10万），低于全县近三年平均发病水平（159.5/10万）。2013年，全县发生突发疫情69起，突发公共卫生事件6起，死亡5人，各起突发疫情和突出公共卫生事件已按要求报告、处置。继续实施重大公共卫生项目，检出活动性肺结核病人72例，完成三热病人血检2 325例，未检出疟疾病例；完成300份碘盐监测，合格率97.32%。2013年，食物中毒事件报告10 起，中毒37人,涉及11个家庭，死亡4人，主要是食用火碳菌中毒。制订了《华宁县食源性疾病监测处置方案》，以县医院为重点开展食源性疾病监测工作，共发现疑似食源性疾病7例。

认真落实《华宁县高危孕产妇管理办法》、《华宁县危急重症孕产妇转诊急救实施方案》，畅通孕产妇急救“绿色通道”。全面落实农村孕产妇住院分娩补助项目，共补助1 970人，补助覆盖率96.47%，补助资金78.76万元；大幅提高农村孕产妇住院分娩率，孕产妇住院分娩率达99.08%，与上年同期相比上升了0.31%。

加强基础设施建设，加快县人民医院迁建、“120”急救中心、卫生监督局业务用房建设项目等基础设施建设，加大各医疗卫生机构设备配置力度。完成“全省卫生信息化资源现状调查”工作，完成率100%。全县5个乡（镇）卫生院、69个村卫生室完成了电信宽带网线安装，8个卫生室使用“三G”网卡。制订分级诊疗、双向转诊和基层首诊负责制相关制度。

基本公共卫生服务水平稳步提高。全年规范化居民电子健康档案建档186 441份，规范化电子建档率87.16%，0～6岁儿童健康管理率96.37%，新生儿访视率99.51%，孕产妇健康管理率98.79%。65岁以上老年人管理13 164人，35岁以上人群高血压患者管理12 770人，15岁以上人群糖尿病患者管理3 089人。登记管理重性精神病患者666人，纳入康复治疗422人。全县免疫接种建卡、建证率100%；适龄儿童疫苗接种率97.48%，麻疹、百白破、卡介苗、 脊髓灰质炎、乙脑、乙肝、流脑疫苗七种疫苗接种覆盖率98.53%。

【旅　游】 2013年，全年共接待旅客63万人次，同比增21.2%；实现旅游收入36 392万元，同比增30.0%。

【社会保障】 2013年，全县参加城镇职工养老保险人数11 879人，支付养老金13 962万元，同比增44.5%。参加城镇居民养老保险人数1 345人，参保率98.25%；支付养老金16.51万元，同比增19.0%。参加农村养老保险人数125 994人，参保率98.46%；支付养老金1 930万元，同比增7.5%。参加城镇职工医疗保险人数13 010人，统筹基金支出1 515万元，同比增6.9%；个人账户基金支出1 752万元，同比增7.5%。参加居民医疗保险人数112 579人，支出保险金199万元，同比增13.7%。参加新农合人数188 507

人，参保率95.55%。全年共筹集资金7 221万元，报销357 173人次，补偿金额7 019.6万元，同比增14.1%。参加工伤保险人数10 547人，支付保险金347万元，同比增8.0%。参加生育保险人数10 076人，支付保险金195万元，同比增103.1%。参加失业保险人数8 500人，支付保险金436万元，同比增92.9%。

【人民生活】 2013年，全县城乡居民人均总收入24 307元，同比增2.6%；农民人均纯收入8 908元，同比增17.1%；人均生活消费支出9 913元，同比增38.8%。社会消费品零售总额110 116万元，同比增14.0%；人均实现购买力5 946元，同比增13.9%。全县生活用电5 416.2万千瓦时，同比增1.8%。其中，城镇居民用电1 821.4万千瓦时，同比增19.0%；农村居民用电3 594.7万千瓦时，同比增长9.9%。

【领导干部】 中共华宁县委书记苏绍华，副书记黄云鹍、李长虹（2013年5月离任）、佘丽（2013年5月任）、李春林（2013年2月离任）、王曦宁（2013年3月任）。人大主任李世聪，副主任张丕贵、陈宁、龚紫龙、高玉萍。县长黄云鹍，副县长白应海（2013年1月离任）、李国录（2013年10月离任）、王卫林、王虎能、关宏茹（2013年7月任）、李钰、魏德锦（2013年1月任）、李丹（2013年1月任）、张伟红（2013年1月任）、沐华斌（2013年10月任）。政协主席汪子新（2013年1月离任）、白应海（2013年1月任），副主席袁慧芬（2013年1月任）、龚紫云（2013年1月离任）、张平、马安康、蔡骏辉（2013年11月离任）、张进文（2013年1月任）。纪委书记鲁志明（2013年12月离任）。

【自然灾害】 2013年6月2日，受切变和冷空气影响，全县普降大雨，局部暴雨，青龙镇红岩村委会降雨量达122.6毫米。强降雨导致全县4个乡（镇、街道）42个村委会（社区）270个村民小组农作物受灾及部分基础设施损毁，受灾人数达2万余人，烤烟、稻谷、玉米、蔬菜和经果林等农作物受灾面积共1 319.1公顷，房屋受损38间，公路损毁47.6千米，沟渠、河堤、桥梁等多处损毁，共造成经济损失4 329.1万元。8月15～16日，受辐合区影响，出现局地性强对流天气并伴有大风、冰雹等，导致宁州街道办、华溪镇和通红甸乡共7个村委会（社区）27个村民小组烤烟等农作物328.3公顷受灾及部分基础设施损毁，共造成经济损失833.83万元。12月14～16日，经历强降温、降雨和降雪天气，17～20日夜间又连续出现低温霜冻，红岩村委会一带高寒山区17日极端最低气温达－12.6℃，县城等中海拔地区极端最低气温达－3.6℃，全县极大多数地区出现低温霜冻，造成农作物共9 486.1公顷不同程度受灾，经济损失达12044万元。

【华宁新建城市生活垃圾处理场启用】 2013年11月5日，华宁县新建成的城市生活垃圾处理场启用。新建成的华宁县城市生活垃圾处理场位于县城北面，工程于2011年11月动工，总投资3 665万元，垃圾处理场日均处理垃圾量为107吨，服务年限12年，预计处理城市生活垃圾近47万吨。新垃圾处理场包括垃圾收运系统、垃圾填埋库区、渗漏液处理系统，其中渗漏液处理系统包括库容7 500立方米的渗漏液调节池及一座日处理量为40立方米的渗漏液处理站。垃圾处理场采用卫生填埋工艺进行垃圾处理，形成完整的收集、清运和无害化处理生活垃圾的系统，实现了对生活垃圾的无害化处理，使垃圾处理更加卫生安全，更有利于保护生态环境。

【抚仙湖水污染综合防治】 2013年，华宁县紧紧围绕《玉溪市“三湖”流域水污染综合防治目标责任书（2011～2015年）》和《2013年抚仙湖流域水污染综合防治目标责任书》，坚持以“四退三还”为核心、生态修复为基础、控源截污为前提、河道整治为重点、产业调整为根本，多措并重，细化责任，狠抓工作落实，抚仙湖水污染综合防治工作稳步推进，成效明显。正常运行项目1项，竣工项目2项，在建项目3项，开展前期工作项目2项。抚仙湖流域坝区产业结构调整和绿色产业示范工程已竣工，按照“生态建设产业化、产业发展生态化”的高原特色农业发展思路，在抚仙湖沿岸大力调整农业种植结构，将粮、烟、菜等粮食作物调整为核桃、柿子、蓝莓等经果林，并大力实施测土配方施肥、绿色防控等措施；种植连片蓝莓322亩，流转老得坎小组1 000余亩荒山，引进龙头企业进行核桃产业发展；取缔、禁止抚仙湖径流区内蔬菜、花卉等大棚种植已完成500亩。湖滨缓冲带“退田、退房、退塘”还湖一期工程已完工，完成退田还湖面积1 242亩。抚仙湖径流区测土配方施肥工程正在组织实施，2011～2013年在抚仙湖东岸海镜、海关两个社区12个居民小组连续实施测土配方施肥技术推广工作9万亩次。认真落实河段长责任制，抚仙湖东部

2013年6月19日，玉溪市东片区暨“三湖”生态保护水资源配置应急工程启动。该工程估算总投资19.6亿元，工程设计输水主管线长70.36千米，线路总长154.8千米，支管线路将分别至华宁、通海、江川三县县城以及抚仙湖东、西岸，设计年引水量为7013万立方米，输水主管部分估算总投资12.8亿元，工程建设周期为一年半

（施锦泉 摄）

片区水污染治理与清水产流机制修复工程正在组织实施，以居乐大河、五车河、矣渡河为突破口，全力开展华宁县抚仙湖流域13条入湖河道和2条基沟的综合整治工作。流域面山水源涵养林保护和绿色果业建设工程正在组织实施，自2011年开始，实施抚仙湖面山林业生态建设2 100亩（300亩正在实施中），实施封山育林10 000亩，公益林管护14 323亩，共投入资金45.96万元。

【柑橘品牌建设】 2013年5月，“华宁柑橘”（蜜柑、冰糖橙）经中国绿色食品发展中心审核，符合绿色食品A级标准，被认定为绿色食品A级产品，蜜柑产品编号：LB-18-1305241300A，冰糖橙产品编号：LB-18-1305241301A。华宁县于2011年下半年开始启动了华宁柑橘“三品一标”的申报认证工作，全力打造“华宁柑橘”品牌。经过两年努力，完成了“云南华宁泉乡早熟柑橘专业合作社”的登记注册、“华宁柑橘”品牌注册、“华宁柑橘”地理标志登记保护和绿色食品认证。2012年5月，“华宁柑橘”农产品地理标志登记保护取得了农业部颁发的登记证书。2012年6月，“华宁柑橘”经国家工商总局商标局正式公告，批准注册为地理标志证明商标（第31类），是玉溪市首个地理标志证明商标。华宁县获准向农业部农产品质量安全中心订购“华宁柑橘”地理标志防伪标识10万枚，“华宁柑橘”品牌的包装箱上首次使用绿色食品商标和地理标志防伪标识，防伪标识上有消费者查询的电话、短信、网站等相关内容，华宁早熟柑橘专业合作社的14家成员按照统一贴标、统一包装的要求启用了“华宁柑橘”新包装。通过统一保护和使用“华宁柑橘”绿色食品标志和地理标志商标，华宁柑橘产品的质量与安全水平得到较好的提升，华宁柑橘品牌的影响进一步扩大。

（杨有文）

【宁州街道】 2013年，全街道总人口80 513人，其中，男41 029人，女39 484人，农业人口51 198人，非农业人口29 315人。有少数民族15 472人，占总人口的19.22%。人口自然增长率5.5‰，人口密度每平方千米184人。

2013年，全街道有耕地53 412亩，复种指数263%，粮食总产1 582.71万千克，农民人均产粮268千克。种植烤烟3.42万亩，交售烟叶505.01万千克，收购金额1.07亿元，中上等烟比例达95.31%，均价25.54元/千克；油料总产204.7万千克；蔬菜产量10 802.7万千克；水果产量1 395.81万千克。新栽柿子248亩，核桃900亩。年末，生猪存栏9.79万头，出栏17.32万头；羊存栏2. 34万只，出栏1.31万只；大牲畜存栏1.82万头，出栏1.1万头，肉蛋奶总产量2 345.7万千克，全年畜牧业总产值达4.15亿元，占农业总产值的54.9%。

2013年有私营企业98户，从业人员5 616人，比上年增6.3%；增加值44 391万元，总产值166 798万元，比上年增54.3%；营业收入202 315万元，比上年增41%；上交税金6 019万元，比上年增28.4%。规模以上企业（营业收入500万元以上）13个，实现工业总产值10.29亿元，占工业总产值的28.86%。纳入登记管理的个体工商户5 073户，从业人员达11 371人，实现营业收入38.23亿元，实现利税总额1.53亿元，比上年增长9.9%，其中实交税金1 986万元。

全年生产总值（现价）29.15亿元，比上年增4.39亿元，增长16.2%，其中：第一产业增加值完成4.34亿元；第二产业增加值完成11.48亿元；第三产业增加值完成13.34亿元，第一、二、三产业比重15：39：46。

地方财政总收入完成3 113万元，其中地方财政一般预算收入完成2 241万元，比上年增200万元。地方财政总支出完成3 113万元，比上年增519万元，其中地方一般预算支出完成2 362万元，比上年增446万元。

街道党工委书记罗勇（2016年6月离任）、纳俊辉（2013年9月任），人大工委主任张坤，办事处主任纳俊辉（2013年9月离任），王明清（2013年9月任）。

（马庆辉）

【盘溪镇】 2013年，全镇总人口52 970人，其中农业人口46 045人；非农人口6 925人。年内出生537人，出生率10.1‰；死亡561人，死亡率10.6‰。在总人口中，汉族29 196人，占55.12%；彝族16 465人，占31.08%；回族6541人，占12.35%；苗族553人，占1.04%，哈尼、壮族、蒙古等少数民族215人，占0.4%。

2013年，全镇生产总值13.4亿元，比上年增16.4%；其中，第一产业增加值3.4亿元，同比增22.6%；第二产业增加值为4.9亿元，同比增11.2%；第三产业增加值5.1亿元，同比增17.7%。农业总产值5.5亿元，同比增33.5%；工业总产值为18.6亿元，同比增22.3%。农民人均纯收入8 833元，比上年增17.2%。

2013年年末，全镇有耕地33 948亩，其中田18 834亩，地15 114亩。全年农作物播种面积67 334亩，粮食作物面积29 877亩，粮食总产量1 355万千克，同比增9.7%，人均产粮284千克，同比增11.4%。大牲畜存栏8 788头，同比增3.2%；生猪存栏42 550头，同比增2.95%；肥猪出栏55 037头，同比增5.0%；山绵羊存栏11 550只，同比增6.1%，出栏8 713只，同比增3.59%；家禽存栏66 500只，同比增3.7%，出栏139 554只，同比增6.0%。

2013年年末，全镇企业2 042个，同比增加4个；从业人员10 961人，同比增加2 925人，增36.4%。完成营业总收入360 833万元，同比增加156 869万元，增76.91%；现价总产值完成353 766万元，同比增加132 255万元，增59.71%；企业上交税金7 377万元，同比增加2 650万元，增56.06%；企业利润总额78 276万元，同比增加27 067万元，增52.86%；企业固定资产净值34 515万元，同比增加12 579万元，增57.35%。

2013年，全镇财政总收入1 456万元，地方财政一般预算收入1 091万元

镇党委书记牛成武，人大主席马操原（2013年2月任），镇长范云松

（普　希）

【青龙镇】 2013年末，全镇总户数16 555户、人口53 262人，其中男27 664人、女25 598人。农业人口49 644人，非农业人口3 618人。全镇共有彝、苗、壮等18个少数民族共10 367人，占总人口的19.5%。全年出生人口491人，出生率9‰，死亡334人，死亡率6.3‰；年内净增人口157人，人口自然增长率2.9‰。

全镇完成生产总值 90 864万元，比上年增20.5%。其中，第一产业完成45 669万元，增长15.3%；第二产业完成23 735万元，增33.9%；第三产业完成21 460万元，增长18.5%。完成工农业总产值124 150万元，增19%。其中农业总产值72 736万元，增长13.2%；工业总产值51 414万元，增长28.2%。完成社会固定资产投资4.6亿元。实现农村经济总收入66 447万元，增长15.6%。

2013年有乡镇和个私企业1 250个，与上年持平；从业人员2 969人，

比上年增加5.8%。营业收入51 724万元，比上年增23.25%；利润总额8 469万元，比上年增10.95%；上交税金1 378万元，比上年增9.63%；现价总产值66 819万元，比上年增29.37%。

全镇完成农、林、牧、渔业总产值72 736万元，比上年增长16.45%。其中农业产值55 820万元，比上年增16.42%；林业产值986万元，比上年增17.66%；畜牧业产值1 4811万元，比上年增16.09%；渔业产值667万元，比上年增长31%。农、林、牧、渔服务业产值452万元，比上年增41万元，增长9.97%。

年末，全镇有耕地56 465亩，复种指数529%。全年粮食总产量2 012.63吨，比上年减4.7%。农业人口人均产粮404千克。油料总量1 154.4吨，比上年减11.1%。农民人均纯收入8 828元，增长17.2%。全镇烤烟种植61 820亩，收购烟叶760万千克，实现收购金额1.96亿元，均价达25.83元，上等烟比例达70.67%。

全镇财政总收入4 875万元，比上年增收11.6%；财政支出4 875万元，比上年增加11.6%。年末，金融机构各项存款68 532万元，比上年增24.8%，贷款余额19 879万元。

镇党委书记普平珠（2013年2月离任）、黄汝刚（2013年2月任），人大主席施学光（2013年1月任），镇长梁丽庆（2013年6月任）

（马利娟）

【华溪镇】 2013年，全镇总人口13 595人，其中男6 927人，女6 668人。在总人口中，农业人口12 032，占88.5%；非农业人口1 563人，占11.5%。以彝族为主的少数民族7 935人，占总人口的58.4%，其中彝族7 446人，苗族434人，其他民族55人。年内出生人口196人，年内死亡人口102人，比上年增4人，人口自然增长率5‰，人口密度90人/平方千米。

2013年年末，全镇有耕地10 702亩，全年完成农业总产值2.77亿元，比上年增1 600万元，增5.78%；全年粮食总产3 141.3吨，比上年减13.55%；油料总产51.8吨，比上年减25.1%。农业人口人均产粮261.08千克。全镇柑橘种植2.5万亩，产量6.5万吨，经济总收入2.59亿元；完成烟叶收购42万千克，经济收入1 196万元，上等烟比例和均价连续五年居全县第一，烟农人均收入万元；畜牧业总产值3 126万元，增长6.54%。；以核桃为主的干果产品取得良好经济效益，其中核桃种植10 411亩，产值532万元。

全年实现社会生产总值2.57亿元，比上年增3 700万元，增长16.8%；工农业总产值（现价）33 070万元，比上年增50.3%。其中，农业总产值完成2.77亿元，比上年增1 600万元，增长6.1%；完成工业总产值5 370万元，比上年增1071万元，增24%。

2013年，全镇共有企业户数24户，比上年减少1户，减4.17%；个体工商户391户，比上年增加37户，增10.4%。从业人员1 719人，比上年增加337人，增24.4%。完成营业收入7 974万元，比上年增加293万元，增3.81%。其中企业完成营业收入4 385万元，比上年减少306万元，减6.52%；个体工商户完成营业收入3 589万元，比上年增加599万元，增20.3%。完成工业现价总产值3 827万元，比上年增加110万元，增2.96%。其中企业完成2 006万元，比上年增加139万元，增10.66%；个体工商户完成1 821万元，比上年减少29万元，减1.57%。

全年财政收入476万元，比上年减41万元，减少7.93%；财政总支出639万元，比上年减231万元，减少26.6%；金融机构存款余额2.15亿元，各项贷款余额2.54亿元，存贷比1：1.2。农村居民人均纯收入达到1.3万元，比去年增10%；人均储蓄存款余额14 055.33元，比上年减2.34%。

镇党委书记罗云川（2013年5月离任）、董刚（2013年5月任），镇人大主席孙德昕，镇长温洋（2013年11月离任）、李志林（2013年12月任）。

（王欢欢）

【通红甸彝族苗族乡】 2013年末，全乡总人口10 620人，其中，少数民族人口4 501人，占总人口的42%；彝族2 764人，占总人口的26%；苗族1 697人，占总人口的16%。人口出生率 2.1‰，人口自然增长率为1.1‰。

2013年，全年完成生产总值(现价）11 133万元，比上年增加1 752万元，增18.7%。其中第一产业增加值6 994万元，增15.2%；第二产业增加值2 330万元，增34%；第三产业增加值1 809万元，增14.8%。完成工农业总产值15 583万元，比上年增加1 173万元，增8.1%。其中农业总产值11 555万元，比上上增加2 675万元，增30.1%；工业总产值4 028万元，增加1 828万元，增83.1%。完成规模以上固定资产投资6 067万元；农民人均纯收入5 026元，同比增加538元，增12%。

全年完成地方本级财政收入828万元，比上年增加110万元，增15.3%；本级财政总支出965万元,比上年增加151万元，增18.6%。居民储蓄存款余额4 500万元。

2013年，全乡有耕地18 033亩，农业人口人均占有耕地1.7亩。全年种植粮食作物11 530亩，粮食总产量达444万千克。种植油菜2 500亩，种植蔬菜17 352亩，中草药示范种植647亩。种植烤烟7320亩，总产量90万千克。全年柑橘种植面积11 304亩，比上年增加5 284亩，增87.8%；实现产值2 268万元。柿子种植6 443亩，比去年增加1 338亩，增26.2%，比去年增加88吨，增16.4%，实现产值125万元。核桃种植15 489亩，比上年增加5 000亩，增长47.7%，产量比上年增加16.1吨，增34.1%，实现产值126万元。金银花种植4 600亩，产量18.5吨，比上年减少4吨，下降17.8%。

乡党委书记陈其和（2013年2月离任）、普兴华（2013年2月任），人大主席刘福寿，乡长普兴华（2013年6月离任）、坝兴伟（2013年6月任）。

（岳红祥）

易门县

【自然概貌】 滇中水城、菌乡——易门县，地处云南省中部，位于玉溪市西北部，介于东经101°54′～102°18′，北纬24°27′～24°57′之间。东接昆明市的安宁市、晋宁县，南连峨山县，西邻楚雄州双柏县，北与安宁市和楚雄州禄丰县接壤。县境东、西最大横距44千米，南、北最大纵距57千米。总面积1 571平方千米，山区面积占97%，坝区及河谷面积占3%。县城龙泉街道办事处海拔1 570米，距省会昆明84千米，距玉溪市人民政府驻地红塔区州城110千米，有安易高等级公路从县城至安丰营与安楚高速公路相接，便捷地通达昆明、楚雄等地，省道晋云线和武峨线的易（门）峨（山）高（仓）二级公路分别以东西向和南北向从县境穿过达峨山县城和玉溪。县内东、北、西三面均是高山，中部为坝子，东南部为扒河和绿汁江谷地，地形似马蹄形，属高原地貌形态。境内最高点为西北面的小街乡甲浦村委会老黑山顶峰雀窝尖山，海拔2 608米，最低处在西南面的绿汁镇棚苴村委会炉房村绿汁江面，海拔1 036米，高差1 572米。属中亚热带半湿润高原季风气候，冬无严寒，夏无酷暑，夏秋多雨，雨热同期，干湿季节分明，呈立体气候特点。有南亚低热河谷气候、中亚热带气候、北亚热带气候、南温带高山气候共4种气候类型。由于地形、海拔不同，造成小区气温、降水的差异性，有“十里不同天”之说。2013年1～12月总降水量628.5毫米，比常年值843.5毫米偏少215毫米，比上年同期少21.1毫米，仍属较少年份。年内平均气温17.6度，比常年值16.5度偏高1.1度，比上年值偏低0.2度，属较高年份；极端最高气温33.7度（5月22日），极端最低气温－2.1度（12月19日）。全年无霜期为288天；2013年日照时数2 151.3小时，比常年值2 126.9小时多24.4小时，比上年同期偏少208.3小时，日照率49%。主要气候事件有：冬春季节降水持续偏少至特少，气温特高，对小春生产极为不利，造成小春大面积减产或绝收，同时森林火险等级持续偏高，给护林防火工作带来极大困难。雨季于5月23日进入，属正常略晚，透雨出现在6月下旬，对大春作物特别是山地作物的保苗较为不利。主汛期雨水偏少，不利于大春作物的旺长和水库、坝塘的蓄水，但单点性大雨、暴雨突出，洪涝灾害较常年偏重；年内主汛期强对流天气过程偏多，对烤烟生产有一定的影响。雨季于10月上旬结束，属偏早年份；9～10月降水偏多，其中10月下旬出现了明显的“烂土黄”天气，不利于大春作物的及时收晒入库，但有利于小春作物的播种和水库、坝塘的后期蓄水。主要气象灾害为干旱、冰雹、洪涝、连阴雨、雷电等。总体上2013年气候属中等略偏差年景。

【行政区划】　2013年，全县辖1个镇2个街道和4个乡，即绿汁镇和龙泉街道、六街街道及小街乡、铜厂彝族乡、浦贝彝族乡、十街彝族乡。乡（镇、街道）下设39个村民委员会和19个社区居民委员会，有746个村（居）民小组、801个自然村。

【人口、民族】　2013年末，全县总人口166 726人，在总人口中，农业人口116 439人，占69.8%；男性84 910人，女性81 816人，性别比为104：100；少数民族人口54 806人，占32.9%。年内人口1 208人，出生率7.2‰；年内人口死亡率6.35‰；年内人口自然增长率－0.89‰。全年落实长效避孕节育2 460例，综合避孕节育率89.95%，计划生育率93.21%。人口密度每平方千米106.6人。

【综合经济指标】　2013年，全县完成现价生产总值50.54亿元，按可比价格计算，比上年增长14.2%。在生产总值中，第一产业增加值9.3亿元，增7.1%，占GDP比重的18.2%；第二产业增加值24.68亿元，增21%，占GDP比重的48.4%，在第二产业中，工业增加值22.84亿元，按可比价增21.3%；第三产业增加值16.56亿元，增7.82%，占GDP比重的33.3%。全县人均生产总值（按户籍人口计算）28 346元，比上年增加3437元，增13.8%。产业结构调整为18：49：33，形成“二三一”发展格局。完成固定资产投资总额23.79亿元，同比增40.6%，其中，国有投资完成15.96亿元，占投资总额的67.1%；民间投资完成7.82亿元，占投资总额的32.9%。工业投资额完成7.09亿元，占全社会投资总额的29.8%。本年施工项目94个，年内开工项目70个。

【工　业】　2013年，实现现价工业总产值82.45亿元，同比增长13.9%，其中，矿冶、陶瓷建材和食品加工三大产业实现产值67.61亿元，矿冶业实现产值47.85亿元，增0.6%，占工业总产值的65.9%；水泥陶瓷建材业实现产值13.25亿元，增17.9%，占工业总产值的15.6%；食品加工业实现产值6.51亿元，增28.6%，占工业总产值的7%。

全县实现规模以上工业总产值51.87亿元，增8.4%；规模以下工业总产值30.58亿元，增24.8%。

主要工业产品产量分别是：粗铜37 294吨，水泥267万吨，日用陶瓷器2 456万件，白酒9 344吨，发电量3 800万千瓦小时，硫酸（折100%）140 076吨，墙地砖2 898万平方米。

【农　业】　2013年，全县实现农业总产值16.72亿元，同比增10.4%。全年粮食总产量5 616万千克，同比减2.8%，农民人均产粮482千克。油料总产量248万千克，蔬菜产量8 630万千克、产值1.55亿元。全县烤烟交售金额2.78亿元，同比下降1.5%，平均交售单价25.41元/千克，比上年增加2.87元/千克，中、上等烟比例95.64%，比上年上升4.4个百分点，实现烤烟产值2.94亿元，农民人均交售烤烟收入2 390元。年末，常用耕地156 932亩，比上年减1.5%。农民人均占有耕地1.35亩，比上年增6.3%。

2013年，肥猪出栏320 063头，比上年增6.6个百分点，生猪产值4.69亿元，比上年增12.9个百分点；家禽出栏720万只，增12.1%。肉类总产量4 521万千克，增6.3%，农业人口人均肉产量388千克，增长14.8%。全年实现畜牧业产值8.96亿元，同比增12.9%，占农业总产值的53.4%。

2013年，林业产值0.53亿元。全年投入农田水利建设资金2亿元，除险加固库坝8座，防渗加固渠道36.9千米，疏浚治理河道10.3千米，解决饮水安全2.51万人，改造中低产田地2.9万亩，治理水土流失40平方千米。水利化程度75.3%。投入资金1.5亿元，实施农业综合开发、土地治理、财政奖补、扶贫开发等项目270件，改造农村公路61.7千米。

全年渔业产值902万元，同比增7.3%，农林牧渔服务业产值1467万元。

【交通、通讯】　2013年末，全县公路总里程1 651千米，公路密度105.09千米/百平方千米。有固定电话用户10 595部，比上年减45.8%；有移动电话用户126 358户，比上年减10.7%；有互联网用户17 620户，比上年减21.3%。电话拥有量每百人76.8部，比上年减15.6%。

【贸易和物价】　2013年，社会消费品零售总额12.52亿元，比上年增14.8%。居民消费价格指数为103.1%，比上年上升0.2个百分点。

【财政、金融】　2013年，完成财政总收入7.16亿元，同比增10.2%，其中，中央、省、市级收入完成23.82亿元，比上年下降3%；地方财政收入完成4.79亿元，同比增18.2%，人均地方财政收入2 867元，同比增18.7%；地方财政支出14.51亿元，同比增20.4%。

年末，全县金融机构存款余额54.17亿元，增16.1%，其中，城乡居民储蓄存款余额33.36亿元，增17.6%，人均存款余额18 707元，增17.3%。全县金融机构贷款余额34.9亿元，增17.24%。

【科技、教育】 2013年，评出县级科技进步成果一等奖4项、二等奖4项、三等奖2项；专利受理84件，其中，发明专利20件、外观设计4件、实用新型60件；专利授权34件，其中，发明专利授权2件，外观设计授权12件，实用新型授权20件。

2013年末，全县有普通中、小学和职业中学共63所，其中，普通高级中学1所，普通初级中学8所，职业高级中学1所，普通小学53所。在校学生22 248人，比上年减2 675人。其中，普通高级中学在校生2 145人，招生772人，毕业生602人；职业高级中学在校生1 013人，招生420人，毕业生353人；普通初中在校生7 218人，招生245人，毕业生2 568人；普通小学在校生11 872人，招生1 360人，毕业生2 536人。学前教育164个班，在校幼儿3 610人，其中，学前班164个，招生830人，在校849人；幼儿园38所，在园幼儿2 761人。全县有教职工1 924人，其中，教师1 845人。全县7～12周岁适龄龄儿童入学率99.91%、辍学率0.45%、升学率100%，初中辍学率1.46%。

【卫生、体育】 2013年，创建国家卫生县城顺利通过国家爱卫办综合评审。全县有医疗卫生机构106个，其中，县级医疗机构3家、疾控中心1家、乡（镇）卫生院7家、村卫生所44家、民营医院4家、个体诊所42家、医务室5家。有病床床位978张，卫生技术人员594人。新型农村合作医疗参合农民128 459人，参合率95.23%。适龄儿童“五苗”（卡介、脊灰、百白破、麻疹、乙肝）卡介苗接种率100%，卡痕率98.1%，脊灰全程服苗率100%，百白破疫苗全程接种率100%，麻疹组份疫苗接种率100%、及时接种率95.24%，乙肝疫苗全程接种率100%、首针及时接种率94.76%；五苗覆盖率98.57%，A群流脑疫苗100%，乙脑疫苗100%。七苗覆盖率98.57%，甲肝疫苗接种率99.52%，一类疫苗使用效率95%。以防治艾滋病、控制结核病和手足口病为重点，全面落实各项传染病防控措施，重点传染病得到有效控制。年内共报告传染病15种823例，发病率472.41/10万，其中乙类9种178例，发病率102.17/10万，丙类6种645例，发病率370.24/10万，无甲类传染病发生。加强妇幼保健工作，继续落实“住院分娩补助”的惠民政策。年末，孕产妇系统管理率99.85%，住院分娩率99.7%，0～6岁儿童健康管理率96.97%。

体育事业以服务广大人民群众健身，提高全民体质为宗旨，加强农村、学校体育设施建设，广泛开展全民健身体育活动。全年共组织开展体育赛事6次，参加赛事人员7 000余人。竞技体育在省、市级比赛项目中共获金牌5枚、银牌3枚、铜牌8枚。

【旅游、文化和广播电视】 2013年，共接待游客106.7万人次，增16%，实现旅游总收入4.83亿元，增17.1%。

2013年，以春节、“二月二”戏会等传统节日为契机，借助野生食用菌交易会等重要活动，在龙泉文化广场大力开展公益性文化活动，丰富城乡群众文化生活。加强文化市场管理，依法制止和严厉查处文化市场违法经营行为，促进文化市场繁荣和有序发展。新华书店销售图书48.3万册，销售额724万元。年末，全县有艺术表演团体1个，农村业余文艺队98支；有公共图书馆1个，藏书90.3万册；有群艺馆、文化馆各一个、乡级文化站（中心）7个、村级文化室56个。

广播电视工作始终坚持正确的舆论导向和“三贴近”原则，紧紧围绕县委、县政府的中心工作和重点工作，全方位、多角度对进展情况、成效、经验进行宣传报道，继续与玉溪电视台合办“新闻直通车”栏目，对外充分展示易门各行各业开展工作所采取的新举措和取得的新成果、新经验，构成上下互动、协同作战的外宣格局。年内编播新闻1 210条。年末，电视覆盖率99.9%，广播覆盖率99.92%。

【人民生活和社会保障】 2013年，农民人均纯收入8 084元，比上年增17.1%；农民人均生活消费支出7 582元，增27.7%。城镇居民人均可支配收入22 608元，增13.6%；城镇人均生活消费支出14 222元，比上年增2 518元，增23.2%。全县职工年平均工资41 784元，比上年增4 340元，增11.6%。

2013年，全县机关、企事业单位职工和个体从业人员参加基本养老保险19 100人，保费收入11 200万元。参加城乡居民养老保险97 388人，缴纳养老保险费1 129万元。参加城镇职工、居民基本医疗保险33 198人，缴纳医疗保险费6 475万元。全县纳入城市居民最低生活保障6 317人，发放低保金1 803 2万元，享受农村最低生活保障16 600人，发放低保金2 377万元。完成一至三期1 900套公租房主体工程和1 550户农危房改造。全年共投入救灾资金1 116.1万元；对城乡特困群众27 994人实施医疗救助，发放医疗救助资金448.6万元；对5 886人实施临时救助，发放救助资金299.1万元。全县城镇登记失业率3%，下岗失业人员再就业425人，城镇新增就业1 720人，帮助特殊困难群体对象实现再就业420人，发放再就业资金280余万元。

社会福利事业不断发展。全县7所敬老院在院供养五保老人134人，分散供养666人，支出五保对象的供养经费192.6万元，投资1 334万元的社会福利中心开工建设，投资115万元完成龙泉、浦贝、十街等9个农村公益性公墓建设，金山殡仪馆主体工程完工。全年发放优抚对象抚恤金438.38万元，发放义务兵家属优待金64.26万元，发放孤儿基本生活费17.95万元，发放高龄老人“保健长寿补助金”160.72万元。

扶贫工作坚持开发试扶贫和政府主导、全社会参与的方针，注重基础设施和生态环境建设，整合资金，落实各项扶贫措施，组织实施整村推进、易地扶贫搬迁、革命老区扶贫以及产业扶贫等项目建设。2013年，投入1 605万元实施易地搬迁扶贫开发项目5个，其中投入财政扶贫资金388.5万元、整合相关项目资金433.89万元、农户自筹资金782.61万元，易地搬迁5个自然村206户777人。

全年争取到财政扶贫资金1 459.3万元，发放扶贫贴息贷款3 150万元。实施整村推进项目27个，投入405万元；实施革命老区建设项目4个，投入139万元；实施产业扶贫项目2个，投入100万元。

残疾人事业健康发展。全年完成白内障手术复明165例，配发轮椅80部、拐杖170副；对眼疾患者进行筛查，查出白内障患者250人；确定30户残疾人危房户，下拨残疾人危房改造补助资金21万元；春节和五月“助残日”及六一儿童节共慰问残疾人户339户，发放慰问金11.1万元；发放14.72万元特殊困难补助金。全年征收残疾人保障金162万元。

【领导干部】　县委书记方志鸣（女，2013年8月离任）、马云峰（2013年8月任），副书记马云峰（2013年8月离任）、倪锐志（省下派，挂职）、周龙武（2013年4月任）、范永光（2013年11月任）。人大常委会主任侯绍兴（2013年2月离任）、王华堂（2013年2月任），副主任王有金（2013年2月离任）、杨春锦（2013年2月离任）、张之明（2013年2月离任）、金德芳（女）、王文方（2013年2月任）、法治祥（2013年2月任）、李翠仙（女、彝族，2013年2月任）。县长马云峰（2013年11月离任），代理县长周龙武（2013年11月任），副县长王华堂（2013年2月离任）、冯晓燕（女，2013年2月离任））、娄勇强（2013年6月离任）、周黎明（2013年2月离任）、徐卫明、夏伯林（2013年6月离任）、朱江（女，省下派，挂职，2013年6月离任）、普立敏（彝族，2013年2月任）、沐尚葵（女，2013年2月任）、普长福（彝族，2013年2月任）、杨兴龙（2013年7月任）、高逢旸（女，省下派，挂职，2013年7月任）、许绍宏（彝族，2013年11月任）。政协主席冯晓燕（女，2013年2月任），副主席柳万国（2013年2月离任）、普立敏（彝族，2013年2月离任）、周黎明（2013年2月任）、朱林、侯丽芬（女）、赵兴堂（2013年2月任）。纪委书记范永光。

【创建国家卫生县城】　2013年末，全国爱卫办《关于命名2011～2013年度国家卫生乡镇（县城）的决定》表示：经过考核评审和社会公示，易门县城为国家卫生县城。近年来，易门县把创建国家卫生县城作为提升城市形象、改善人居环境、增进人民福祉的民心工程来抓，围绕创卫指标要求，全面建立爱国卫生组织体系，深入开展健康教育，扎实推进病媒生物防制，规范食品安全、公共场所、生活饮用水卫生管理，重拳整治市容市貌，城乡生态人居环境显著改善，各项指标均达到创建国家卫生县城标准。

【第九届野生食用菌交易会】　2013年7月20~26日，易门县举行第九届中国·云南野生食用菌交易会。交易会共设3个区域1 000个展位，菌类参展交易累计达20 050户次、交易量1 093.85 吨、交易金额7 330万元，分别比上届增5.4 %、8.3%、82%。依托交易会平台，签约17个项目，投资总额57.22亿元；外贸项目2个，合同金额434.5万美元；内贸项目3个，合同金额1 003万元；采购协议3个，销售金额1 410万元。交易会7天时间，共接待游客8万余人次、实现旅游收入1 200万元，比上届分别增10%、14%，日均1.5万余人次进入交易会场。

【稻田养鱼助农增收】　易门县充分发挥扒河、绿汁江流域低热河谷地带独特的地理气候优势，在十街、绿汁两个乡（镇）大力推广稻田生态养鱼，发展生态农业，实现经济效益与生态效益双赢。2013年，稻田养鱼9 000亩，采取统一规划、单户集中、连块成片、集中投放鱼苗、统防统治等措施，亩产鱼40千克，亩产值1 600元，纯收入1 000余元，稻田养鱼助农增收900余万元。

【引进林企造万亩柑橘】　易门县充分发挥十街乡扒河干热河谷地带独特的地理气候优势，以林权规模流转方式，引进有实力、有技术、有经验的10户林业企业，投资6 000多万元集中成片开发13 000亩荒山和低效林地，进行机械化施工、规模化开发、规范化种植柑橘，培育柑橘产业，农民获得林地流转收益3 000万余元。

【国家级园林县城】　2013年，易门县城顺利通过国家级园林县城考评验收。易门县按照创建国家园林县城的目标要求，高起点规划、大手笔投入，投资1.78亿元实施占地556.48亩、绿化面积301亩、水域面积146.17亩的龙泉河景区，初步建成城在林中、水在城中、城林水交相辉映的滇中水城；筹资1.67亿元，实施绿化造林、城乡环境综合整治、安易和易峨公路生态长廊建设等生态工程，绿化2.9万亩，造林150万株，新增绿化面积137万平方米。县城绿地率35.24%，绿地覆盖率40.78%，人均公园绿地面积14.18平方米，各项指标均达到国家园林县城标准。

【发展特色农业】　易门县统筹中央、省、市、县各级专项资金，加大农产品加工龙头企业在引进培育新品种、新技术、新工艺、研发新产品、技改扩建、生产基地建设、原料收购等环节的扶持力度，促进农业龙头企业规模发展，增强高原特色农业发展实力。截至2013年12月，全县有果蔬、生物药业、食用菌、酱咸菜、种子加工、白酒等六大类规模以上农业龙头企业26户，其中：销售收入5 000万元以上3户、1 000～5 000万元5户、500～1 000万元18户，实现农产品加工产值5.8亿元。

【农家店乡村组三级全覆盖】　截至2013年12月底，易门县新建、改造农家（资）店86个，营业面积4 225平方米，新增经营品种300余个，年实现销售额1 200万元，解决就业人员170人，服务人口117 616人，实现农家店在乡（镇）、行政村、1 000人以上村民小组全覆盖。

（奚德忠）

【龙泉街道】　2013年，全街道总人口 57 324 人，其中男 28 350 人，女 28 974 人；少数民族人口 8 444 人，占总人口的 14.7%。人口自然增长率 2.6 ‰。农村劳动力 29 283 人，其中从事第二、第三产业的 16 456 人，占总劳动力的 56.2 %。

2013年年末，全街道有耕地 24 985 亩，复种指数246 %。全年粮食总产 942.98 万千克，比上年减 17.8%；油料总产49.31万千克，比上年减 24.53 %。农业人口人均产粮 414.8 千克。年末，生猪存栏 52 173 头，比上年增5.3 %；肥猪出栏 73 586 头，比上年减 2.8 %。大牲畜存栏 5 884 头，比上年增 2.4 %。全年投入水利建设资金1 407.5万元，水利化程度88.2 %。

2013年，有个私企业4 997个，比上年增49 个；从业人员14 673人，比上年增 6.7%。企业总收入40.62亿元，比上年增11.7 %；实现税利5 709万元，比上年增13.7 %。

2013年，全街道农村社会总产值（现价）20.99亿元，比上年增14.7%。工农业总产值（现价）19.11元，比上年增12.9 %。其中，工业总产值15.29亿元，比上年增13.3%；农业总产值3.82亿元，比上年增 10.1 %。农村经济总收入 6.37亿元，比上年增6.88%；农民人均纯收入8 324元，比上年增8.9 %。

2013年，全街道财政收入2 371.63万元，比上年增 14.07 %。

街道党工委书记肖维春（2013年1月25日离任）、杨应勇（2013年1月25日任），办事处主任田晓荣（2013年1月30日离任）、金彪（2013年4月19日任），人大工委主任金彪（2013年4月

离任）。

（刘　珍）

【六街街道】　2013年，全街道总人口25 369人，其中男12 827人，女12 542人；少数民族人口4 769人，占总人口25 369人的 18.8%。人口自然增长率0.89‰。农村劳动力15 570人，其中从事第二、第三产业的5 491人，占总劳动力的 35.3%。

2013年年末，全街道有耕地21 392亩，复种指数225.6%。全年粮食总产910.78万千克，比上年减7.9%；油料总产21.07万千克，比上年减33.5%。农业人口人均产粮444.8千克。年末，生猪存栏30 955头，比上年增1.5%；肥猪出栏41 540头，比上年增7.3%。大牲畜存栏6 189头，比上年增1.5%。水产品产量5.6万千克，比上年增3.7%。全年投入水利建设资金560万元，水利化程度83%。

2013年，有个私企业1 478个，与上年增78个，从业人员4 058人，比上年增1%；企业总收入106 540万元，比上年增13%；实现税利7 019万元，比上年减184万元，减2.6%。

2013年，全街道农村社会总产值（现价）12.86亿元，比上年增23.6%。工农业总产值（现价）12.85亿元，比上年增23.6%。其中，工业总产值10.27亿元，比上年增26.7%；农业总产值2.59亿元，比上年增12.7%。农村经济总收5.59亿元，比上年增8.9%；农民人均纯收入8 282元，比上年增9.9%。

2013年，全街道财政收入1 580万元，比上年增13.87%；财政支出1 615万元，比上年增26.6%。年末，各项存款余额3.92亿元，比上年增6.5%；人均储蓄存款余额15 460元，比上年增6.5%。

街道党工委书记李文龙（2013年12月12日离任）、李富良（2014年1月23日任），人大工委主任马天林，街道办事处主任张慈娟。

（陈亚强）

【绿汁镇】　2013年，全镇总人口17 919人，其中男9 523人，女8 396人；少数民族人口7 227人，占总人口的40%。人口自然增长率－7.79‰。农村劳动力9 681人，其中从事第二、第三产业的1 634人，占总劳动力的17%。

2013年年末，全镇有耕地20 844亩，复种指数280%。全年粮食总产673.6万千克，比上年增6.19%；油料总产20.03万千克，比上年减29%。农业人口人均产粮551千克。年末，生猪存栏17 250头，比上年增1.47%；肥猪出栏31 304头，比上年增6.19%。大牲畜存栏4 558头，比上年增0.22%。水产品产量32万千克，比上年减8%。全年投入水利建设资金2 470万元，水利化程度67%。

2013年，有个私企业422个，与上年增持平，从业人员1 520人，比上年增0.09%；企业总收入23 118万元，比上年增4.15%；实现税利1 889万元，比上年减19.30%。

2013年，全镇农村社会总产值（现价）61 295万元，比上年增13%。工农业总产值（现价）35 696万元，其中，工业总产值25 043万元，比上年增23.44%；农业总产值10 653万元，比上年增28.36%。农村经济总收入2.24亿元，比上年增6.73%；农民人均纯收入8 068 元，比上年增8.89%。

2013年，全镇财政支出1 388万元，比上年增61%。年末，各项存款余额3亿元，比上年增9%；人均储蓄存款余额16 742元，比上年增10.97%。

镇党委书记郭敏（2013年1月25日离任）、李全盛（2013年1月25日任），人大主席郭晖（2013年1月离任）、李增寿（2013年1月任），镇长杨云兵（2013年1月离任）、郭晖（2013年1月任）。

（赵　镭）

【小街乡】　2013年，全乡总人口12 627 人，其中男6 567人，女6 060人；少数民族人口2 888人，占总人口的23%。人口自然增长率0.02‰。农村劳动力8 296人，其中从事第二、第三产业的1 742人，占总劳动力的21%。

2013年年末，全乡有耕地14 759亩，复种指数179.5%。全年粮食总产517万千克，比上年增34.2%；油料总产26万千克。农业人口人均产粮418千克。年末，生猪存栏11 890头，比上年增1.8%；肥猪出栏40 704头，比上年增1.7%。大牲畜存栏4 429头，比上年增51.3%。全年投入水利建设资金1 126万元，水利化程度74%。

2013年，有个私企业702个，比上年增64个；从业人员1 751人，比上年增9.99%；企业总收入2 632万元，比上年增15%；实现税利483万元，比上年增10%。

2013年，全乡农村社会总产值（现价）17 187万元，比上年增13%。工农业总产值（现价）8 651万元，比上年增3%。其中，工业总产值1 605万元，比上年增19%；农业总产值7 046万元，比上年增0.4%。农村经济总收入16 456万元，比上年增10%；农民人均纯收入7 690元，比上年增8.7%。

年末，各项存款余额1.89亿元，比上年增23%；人均储蓄存款余额14 974元，比上年增20%。

乡党委书记沈金顺（2013年4月18日离任）、王红喜（2013年4月18日任），人大主席袁清（2013年1月任），乡长高峻岭（2013年1月任）。

（李佳佳）

【铜厂彝族乡】　2013年，全乡总人口21 752人，其中男 11 096 人，女10 656 人；少数民族人口13 354人，占总人口的61.39%。人口自然增长率－5‰。农村劳动力1 486人，其中从事第二、第三产业的2 835人，占总劳动力的19%。

2013年年末，全乡有耕地32 380亩，复种指数253.14%。全年粮食总产1 026.86万千克，比上年增1.96%；油料总产51.4万千克，比上年减20.15%。农业人口人均产粮480千克。年末，生猪存栏27 308头，比上年增2%；肥猪出栏43 936头，比上年增701.8%。大牲畜存栏4 364头，比上年减1.8%。水产品产量4.8万千克，比上年增3%。全年投入水利建设资金3 459.98万元，水利化程度81.2%。

2013年，有个私企业270个，与上年持平，从业人员666人；企业总收入1.19亿元，比上年增10%；实现税利253万元，比上年增12%。

2013年，全乡农村社会总产值（现价）33.85亿元，比上年增14%。工农业总产值（现价）33 710万元，比上年增12%。其中，工业总产值7 537万元，比上年增20%；农业总产值26 173万元，比上年增10%。农村经济总收入2.65亿元，比上年增18.07%；农民人均纯收入7 111元，比上年增8.79%。

2013年，全乡财政收入1 179万元，比上年减16%；财政支出1 179万元，比上年减16%。年末，各项存款余额2.01亿元，比上年增15.52%；人均储蓄存款余额2 755元，比上年增4.2%。

乡党委书记何莉琼，人大主席杨国良（2013年1月离任）、马尊龙（2013年1月任），乡长李全盛（2013年1月离任）、法绍伟（2013年1月任）。

（杨绍琴）

【浦贝彝族乡】 2013年，全乡总人口17 920人，其中男9 226 人，女8 694人；少数民族人口 9 532人，占总人口的53.19%。人口自然增长率－2.06‰。农村劳动力11 084人，其中从事第二、第三产业的3 857人，占总劳动力的34.80%。

2013年年末，全乡有耕地21 740亩，复种指数225%。全年粮食总产703.08万千克，比上年减8.9%；油料总产33.22万千克，比上年减24.12%。农业人口人均产粮435千克。年末，生猪存栏26 089头，比上年增1%；肥猪出栏47 899头，比上年增 6.4%。大牲畜存栏6 520头，比上年增0.05%。水产品产量4万千克，与上年持平。全年投入水利建设资金1 826万元，水利化程度80%。

2013年，有个私企业715个，与上年持平，从业人员3 585人，比上年增4.4%；企业总收入100 245万元，比上年增8%；实现税利4 391万元，比上年增5%。

2013年，全乡农村社会总产值（现价）123 471万元，比上年增7.9%。工农业总产值（现价）109 509万元，比上年增7.9%。其中，工业总产值86 178万元，比上年增7.9%；农业总产值23 331万元，比上年增8%。农村经济总收入41 135万元，比上年增10%；农民人均纯收入8 312元，比上年增9%。

2013年，全乡财政收入1 246万元，比上年增11.5%；财政支出1 205万元，比上年增8.5%。年末，各项存款余额1.86亿元，比上年增57.6%；人均储蓄存款余额10 394元，比上年增59%。

乡党委书记武正斌（2013年1月离任）、田晓荣（2013年1月任），人大主席李长华，乡长鲁正禄（2013年1月离任）、雷波（2013年1月任）。

（王震金）

【十街彝族乡】 2013年，全乡总人口12 430人，其中男6 477人，女5 953人；少数民族人口7 213人，占总人口的58 %。人口自然增长率－8‰。农村劳动力9 204 人，其中从事第二、第三产业的 2 523人，占总劳动力的27%。

2013年年末，全乡有耕地21 990亩，复种指数225%。全年粮食总产841.71万千克，比上年增6.88%；油料总产6.64万千克，比上年增13.5%。农业人口人均产粮677千克。年末，生猪存栏 12 201头，比上年增1.13%；肥猪出栏34 189头，比上年增8.5%。大牲畜存栏1 567头，比上年减3.45%。水产品产量11万千克，比上年增1.85%。全年投入水利建设资金2 560万元，水利化程度70%。

2013年，有个私企业37个，比上年增3个，从业人员130人，比上年增11.11%；企业总收入840万元，比上年增13.2%；实现税利13万元，比上年增8.3%。

2013年，全乡农村社会总产值（现价）3.15亿元，比上年增12%。工农业总产值（现价）2.12亿元，比上年增18%。其中，工业总产值862万元，比上年增16%；农业总产值2.04亿元，比上年增15.49%。农村经济总收入1.91亿元，比上年增12.55%；农民人均纯收入7 813元，比上年增8.89%。

2013年，全乡财政收入977万元，比上年增39%；财政支出938万元，与上年持平。年末，各项存款余额1.64亿元，比上年增33.8%；人均储蓄存款余额13 170元，比上年增35%。

乡党委书记杨应勇（2013年1月离任）、严霖（2013年1月任），人大主席李小龙（2013年1月离任）、普文玉（2013年1月任），乡长严霖（2013年1月离任）、李小龙（2013年1月任）。

（李国猛）

峨山彝族自治县

【自然概貌】 峨山彝族自治县地处云南省中部。位于东经101° 52′ ～102° 37′，北纬24° 01′ ～24° 32′ 之间。东接红塔区，东南与通海县交界，南与红河州石屏县接壤，西南与新平彝族傣族自治县山水相连，西北与楚雄州双柏县隔江相望，北与易门县相通，东北与昆明市晋宁县毗邻。玉元高速公路（213国道）穿境而过。县委、县政府驻地双江街道距玉溪市政府驻地24千米，距云南省会昆明市118千米。区域最大横距74.6千米，纵距56.7千米。总面积1 972平方千米，山区面积占96%，坝区及河谷占4%。

峨山属高原地貌，丘陵、平坝、河谷、中山相间，地势西北高东南低，县城海拔1 538米，最高点为北部甸中镇镜湖行政村的火石头山，海拔2 583.7米，最低点在西部绿汁江边的丫勒，海拔820米。立体气候显著，属亚热带半湿润凉冬高原气候区。县境地形似三角形，东部狭长，西部较宽，由中山、河谷、小盆地三种地貌构成。境内海拔2 000米以上的高山有60多座，较大的有高鲁山、大西山、总果山、大黑山、火石山等。地势西北高东南低，东部因受曲江（县境称猊江）切割，形成西北至东南走向的山地与谷地相间的地貌形态。中部的岔河、塔甸、富良棚等乡（镇）属岩溶比较发育的石灰岩地区，群山起伏，溶洞、洼地较多，有地下沟、河分布，地面水源较缺。西部和北部山高坡陡，箐深谷狭，地形破碎。境内峰峦叠翠，山清水秀，素有“山有多高，水有多高，冬无严寒，夏无酷暑，四季如春”之美称。

境内河流分属红河、珠江两大水系。分水岭由高鲁山沿峨山、红塔区入岔河乡境内，经黄草岭而南至厂上李家山，南入石屏县。分水岭以东为珠江水系，以西为红河水系。2013年，境内年平均气温16.6℃，最低气温－2.5℃，最高气温 31.6℃，有霜期2012年12月14日至2013年2月6日，有霜日14 天，年日照数 2 307.4小时，年降雨量 942.2毫米。

峨山矿产资源主要有铁、煤、硅、铜、锌、高岭土、花岗岩、大理石等，这些矿藏品位高，地处公路沿线，矿点集中，易于开采。

2013年，县内有林地228万亩，森林覆盖率66.4 %，在茫茫的林海中，有植物1 500多种，有国家一级保护动物——大树杪椤，有国家二、三级保护植物数十种。香菇、木耳、干巴菌、鸡棕等20多种野生食用菌以优质量大闻名省内外。

【行政区划】 2013年，全县辖双江街道、小街街道、化念镇、甸中镇、塔甸镇、岔河乡、富良棚乡、大龙潭乡2个街道3个镇3个乡，全县设75个村（居）民委员会， 585个村（居）民小组，554个自然村。

【人口、民族】 2013年末，全县常住人口为16.45万人，比上年末增加0.05万人。城镇化率为38.5%，比上年末提高1.2个百分点。人口自然增长率为5.32‰。年末，全县总户数为53 397户，比上年增794户，其中农业户为30 280户，减2 123户。总人口为152 125人，比上年增16人，其中农业人口104 219人，占总人口的

74.3%；女性人口75 823人，占总人口的49.8%；少数民族人口104 934人，占总人口的69%。年内全县出生人口1 252人，死亡人口1 051人。

【综合经济指标】 2013年，全县完成现价生产总值（GDP）494 758万元，按2010年可比价计算比上年增11.4%。其中，第一产业增加值85 287万元，比上年增7.3%；第二产业增加值234 855万元，比上年增16.1%；第三产业增加值174 616万元，比上年增6.2%；三次产业所占GDP比重由上年的16.5∶47.1∶36.4调整为17.2∶47.5∶35.3，分别拉动GDP增长1.1、8.1和2.2个百分点，对GDP增长的贡献率分别为9.2%、71.3%和19.5%。人均生产总值为30 122元，比上年增3 286元，按2010年可比价计算增长11%。

全年单位生产总值能耗为2.24吨标准煤/万元，按可比价计算单位生产总值能耗比上年下降2.04%。

全年全县非公有制经济完成增加值280 358万元，占GDP的比重达56.7%。

全县居民消费价格总指数（CPI）比上年上涨1.8个百分点，涨幅比上年回落0.8个百分点，其中：食品价格上涨2.7%，非食品价格上涨1.3%；消费品价格上涨2.0%，服务项目价格上涨0.7%。商品零售价格总指数比上年上涨1.3个百分点，农业生产资料价格指数比上年下降0.9个百分点。

【工业和建筑业】 2013年，全县工业实现增加值215 221万元，按可比价计算（下同）比上年增15.9%，拉动GDP增长7.4个百分点，对GDP增长的贡献率为65.5%。其中规模以上工业增加值完成170 372万元，增16.2%。在规模以上工业增加值中，按轻重工业分：轻工业增加值7 050万元，下降17.3%，占规模以上工业增加值比重为4.1%；重工业增加值163 322万元，增18.2%，占规模以上工业增加值比重为95.9%。按经济类型分：国有企业增加值5 564万元，增14.7%；集体企业增加值6 463万元，下降78.2%；股份制企业增加值145 444万元，增51.0%；外商及港澳台商投资企业增加值3 329万元，下降40.9%；其他经济类型企业增加值9 572万元，下降11.2%。五大高耗能行业增加值67 269万元，比上年增12.1%。其中，炼焦业下降1.6%，化学原料及化学制品制造业增6.8%，非金属矿物制品业增77.2%，黑色金属冶炼及压延加工业增10.8%，电力热力的生产和供应业增7.4%。矿电产业占全县规模以上工业增加值的比重为87.8%，规模以上“四个一”特色优势产业增加值占全县规模以上工业增加值的比重为75.3%。全年规模以上工业企业累计实现利税72 372万元，比上年增29.3%；其中：实现利润50 112万元，增长46.2%。

全年完成建筑业增加值19 634万元，按可比价计算比上年增18.3%。全县具有资质等级的建筑业企业7个。

【农　业】 2013年，全县完成农林牧渔业总产值138 356万元，比上年增20.7%，扣除物价因素实际增长7.6%。其中，农业产值75 318万元，按可比价计算（下同）比上年增7.3%，占农林牧渔业总产值的54.4%；林业产值6 205万元，比上年增9.3%，占总产值的4.5%；牧业产值52 963万元，比上年增8.1%，占总产值的38.3%；渔业产值1 162万元，比上年增2.5%，占总产值的0.8%；农林牧渔服务业产值2 708万元，比上年增2.2%，占总产值的2.0%。

全年农作物总播种面积388 023亩，比上年增19 312亩，增长5.2%。复种指数为187.5%，比上年提高7.1个百分点。全年粮食作物播种面积177 729亩，比上年增13 073亩，占总播种面积的45.8%，比重比上年下降1.1个百分点；经济作物150 850亩，比上年减787亩，占总播种面积的38.9%，比重比上年下降2.2个百分点；其他作物59 444亩，比上年增7 026亩，占总播种面积的15.3%，比重比上年提高1.1个百分点。

全县共建成生猪标准化规模养殖场7个，畜禽养殖示范村8个。全年有出栏肥猪50头以上的规模户102户，其中500头以上的13户，1 000头以上的4户；养肉牛20头以上的规模户115户，其中100头以上的3户；年出栏肉羊50只以上的规模户179户，其中出栏100只以上的19户；年出栏肉鸡1 000只以上的规模户13户，其中1万只以上的8户，5万只以上的1户；年饲养蛋鸡1 000只以上的13户，其中1万只以上的1户，5万只以上的1户；年出栏水禽500只以上的34户。

林业生产围绕“生态立县”战略，稳步推进集体林权制度配套改革工作；加强森林防火、森林疫情监测工作；抓好营林造林项目实施，推进造林绿化工作；继续实施“2213”工程，大力推进以竹子、核桃为主的特色经济林产业发展。

2013年，全县水产养殖6 200亩，其中：池坝塘养殖2 776亩，水库养殖3 424亩，稻田养殖1 350亩。水产品产量830吨，比上年增2.5%。水利化程度达62.29%。

2013年，全县拥有农业机械总动力41 136.29万瓦特，比上年增5.0%。全年完成养殖小区和联户沼气池建设5座，农户沼气使用率达86.4%；完成农村节柴改灶推广1 100户，完成农村太阳能安装200户。

全年全县施用化肥28 397吨，比上年增1.3%；农用塑料薄膜使用804吨，比上年减少18.8%；农药使用量480吨，比上年增6.0%；农村用电量5 464万千瓦时，比上年增9.3%。

全县乡村从业人员81 480人，其中：从事农林牧渔业57 535人，占乡村从业人员的70.6%，比上年下降0.7个百分点；从事第二产业人员9 678人，占乡村从业人员的11.9%，比上年上升0.3个百分点；从事第三产业人员14 267人，占乡村从业人员的17.5%，比上年上升0.4个百分点。

【乡镇企业】 2013年，全县乡镇企业营业收入达545 729万元，比上年下降1.9%，其中：个体、私营企业营业收入538 766万元，比上年下降1.8%。实现利润总额24 744万元，比上年下降8.6%，上交各种税金21 024万元，比上年下降33.1%。乡镇企业年末从业人员26 443人，比上年增长9.2%，劳动者报酬38 180万元，比上年增长11.9%，从业人员平均工资14 439元，比上年14 086元增353元。

【固定资产投资】 2013年，全县完成固定资产投资358 434万元，比上年增40.5%。其中：城镇投资305 130万元，增39.4%；农村非农户投资53 304万元，增46.8%。在城镇投资中，房地产开发投资33 405万元，比上年增26.7%。按三次产业划分，第一产业完成投资13 995万元，比上年下降20.9%；第二产业完成投资157 579万元，比上年增36.6%；第三产业完成投资186 860万元，比上年增53.0%；一、二、三产业投资额分别占规模以上固定资产投资总额的3.9%、44.0%、52.1%。

全县规模以上固定资产投资施工项目102个，比上年增25个。其中：本年新开工项目67个，比上年增13个，上年续建项目35个；本年竣工投产项目52个。施工项目中，固定资产投资施工项目94个，房地产开发投资施工项目8个。本年完成投资500万元以上1 000万元以下的项目有14个，比上年减8个；完成投资1 000万元以上的项目有74个，比上年增26个。全年施工房屋面积70.28万平方米，比上年增1.5倍；竣工房屋面积28.71万平方米，比上年增4.3倍。

【国内贸易】　2013年，全县实现社会消费品零售总额106 984万元，比上年增13.6%。按城乡分，城镇实现社会消费品零售额81 966万元，增12.4%，乡村实现社会消费品零售额25 018万元，增17.8%。按行业分，批发零售贸易业实现消费品零售额79 127万元，增13.7%，占全社会消费品零售总额的比重为74.0%；住宿和餐饮业实现消费品零售额27 857万元，增13.6%，占全社会消费品零售总额的比重为26.0%。按经济类型分，公有经济实现消费品零售额18 144万元，增74.1%；非公经济实现消费品零售额88 840万元，增6.1%。

【对外经济】　2013年，全县实施市外国内资金项目72项，其中：新建项目60项，结转项目12项，有资金到位的项目72项。使用市外国内资金26.82亿元，比上年增60.9 %，其中：省外国内资金21.53亿元，比上年增65.2%。全年实际利用外资115万美元，完成进出口总额264万美元，其中：进口为6万美元，出口为258万美元。

【交通、邮电】　2013年，完成交通运输、仓储和邮政业增加值30 745万元，按可比价计算比上年增6.5%。年末，全县公路通车里程为2 169.8千米，其中沥青混凝土路面125.9千米，水泥混凝土路面314.6千米，简易铺装路面153.6千米，砂石路面1 570.4千米，砼预制块5.3千米。在全县公路里程中：国道92.9千米，县道379.2千米，乡道1 344.9千米，专用公路44.6千米，村道308.1千米。按技术等级分：高速公路36千米，一级公路3千米，三级公路67.8千米，四级公路2 016.5千米，等外公路46.6千米。年末拥有营运汽车4 954辆，比上年增加103辆，其中：载客汽车253辆，增加14辆；载货汽车（含牵引车、挂车）4 701辆，增加89辆。

2013年，固定电话用户13 138户，其中：住宅电话7464户，移动电话用户139 640户，电话普及率达到93部/百人。互联网用户达14 465户。

【旅游业】　2013年，全县旅游业以祖先文化、火文化、花鼓文化为主要元素，以茶叶、竹子、核桃、有机农作物种植、养殖的现代农业为主要资源特色，以生态休闲度假、彝族风情展示、乡村旅游为主体的旅游方式，稳步推进旅游产业持续发展。积极推进彝家山寨、小街温泉提档升级项目，凤窝庄园生态乡村旅游项目，彝人谷、高香万亩生态茶文化旅游区提档升级项目和“梁子一路情”原生态彝文化体验项目建设，加快对楠竹园景区四星级乡村旅游星级户的申报工作，完成旅游线路道路修缮及绿化、美化。积极开展旅游宣传促销，通过平面广告、网络、旅游节等媒介多渠道宣传峨山旅游特色。2013年，全县共接待游客99.55万人次，比上年增19.0%；实现旅游总收入57 037万元，比上年增18.0%；接待海外游客56人，比上年增7.7%。

【财政、金融和保险业】　2013年，全县累计完成财政总收入77 229万元，比上年减5 407万元，下降6.6%。完成上划中央两税收入10 464万元，比上年减1 784万元，下降14.6%。完成地方财政收入53 714万元，比上年增8 528万元，增长18.9%。其中，公共财政预算收入完成43 066万元，增21.0%。完成地方财政支出133 619万元，比上年增支27 863万元，增26.4%，地方财政收入增速低于支出增速7.5个百分点，收支矛盾仍然突出。

全县金融机构各项存款余额482 257万元，比上年增6.0%。其中，个人储蓄存款余额302 274万元，增13.9%。各项贷款余额319 953万元，比上年增15.2%，存贷比为66.3%，比上年提高5.2个百分点。城乡居民人均储蓄存款18 403元，比上年增2 189元。

保险机构实现保费收入7 976万元，比上年下降3.8%；支付各类赔款金额4 456万元，比上年增长61.2%，赔付率达55.9%。

【教育和科学技术】　2013年，全县有普通中学11所，其中高级中学2所，初级中学9所；有中等职业教育学校2所，其中成人中等专业学校1所，职业高中1所；有小学41所，其中完全小学40所，教学点1个；有幼儿园（班）16个，其中公办幼儿园3个，民办幼儿园12个，地方企业办1个。在校中小学生及在园幼儿共2 6607人，比上年减676人，其中初中在校6 754人，高中在校4 267人，职业高中在校1 328人，小学在校11 148人，幼儿园在园幼儿1 944人，学前班1 166人。全县共有专任教师1 930人，比上年增14人，其中：普通中学专任教师794人，职业高中专任教师87人，小学专任教师942人，幼儿园专任教师107人。学前3年儿童入学率85.07%，小学入学率为99.84%，小学辍学率为0.15%；初中入学率96.98%，初中辍学率为1.57%。高考上线率为100%，比上年提高1.61个百分点。办学条件得到改善，新建校舍2139平方米，排除危房15 722平方米。中小学校园占地75.54万平方米，校舍建筑面积28.25万平方米。

2013年，申报各级各类科技计划项目9项，其中国家级1项，省级3项，市级5项。实施省、市科技计划项目11项，其中省级4项，市级7项。加强科技成果管理，评审出县级2012年度科技进步奖励项目7项，其中一等奖2项，二等奖3项，三等奖2项；获市级2012年度科技进步三等奖4项。2013年，全县共申请专利19件，其中发明2件，实用新型5件，外观设计12件；获授权专利20件，其中发明2件，实用新型5件，外观设计13件。

【文化、卫生和体育】　2013年，成功申报了“彝族四腔”、“米嘎哈”和“彝族武艺”三个市级非物质文化遗产项目；塔克冲大庙、大鱼塘赤字岩、瓦哨宗寿星阁已被公布为市级文物保护单位。全县有省级非物质文化遗产保护名录两个（彝族花鼓舞、彝族服饰），市级非物质文化遗产保护名录38个；省级传承人6个，市级传承人9个。全年县文工团下乡共演出75场，观众达 12万人次。图书馆的各个服务窗口实行全年免费开放，接待读者 40 870 人次，图书杂志总流通113 883 册次；按照“一月一村一场”农村电影放映工作目标，共放映公益电影1834场，观众人数近10万余人次。

峨山电视台全年共播出新闻1 767条，比上年增加482条；在玉溪人民

广播电台播出416条，比上年增加154条；在玉溪电视台播出309条，比上年增加24条；新闻直通车共播出35期。在做好新闻节目的同时，积极巩固《彝山风情》和《法治峨山》两个品牌栏目，全年《彝山风情》播出36期，《法治峨山》播出23期。围绕各个时期的工作重点，拍摄制作了烤烟膜下小苗移栽技术要点科普片、县纪委廉政建设纪实片、财政“一事一议”资料片、农业综合开发资料片、摆依寨民族团结示范村建设纪实等14个。恢复了《峨山新闻》节目网络在线收看平台，登录“玉溪广播电视新闻网”或“峨山网”首页，即可点击在线收看。全县已基本完成农村广播电视“村村通”工程建设，广播、电视通播率达到100%，广播人口覆盖率达98.05%，电视人口覆盖率达98.17%。有线电视用户27 885户，有线电视入户率55.1%。

档案馆馆藏档案全宗数154个，馆藏档案卷89 268卷和92 068件，开放档案全宗数31个，开放档案案卷3 052卷。

年末，全县有医疗卫生机构125个，其中县级直属医疗卫生机构6家，乡（镇）卫生院8个，村（居）卫生所75个，民营医院2家，个体诊所26个，厂矿与学校医疗室8个。年末，卫生机构实有病床784张，拥有卫生技术人员643人，其中执业医师227人，助理执业医师49人。全县新型农村合作医疗保险实际参合120148人，比上年增1 665人，参合率98.35%。全年共减免补偿299 571人次，总受益率达249.33%；共减免补偿资金4 858.2万元，其中住院平均每例补偿2 195元，比上年增185元，实际补偿比63.4%，比上年提高1.4个百分点。

全民健身活动丰富多彩。举办了峨山县迎新春“体彩杯”羽毛球、峨山县“体彩杯”周末足球比赛和2013年火把狂欢旅游节期间彝韵健身操、课间操比赛等体育活动。体育馆年开放日为362天，有16个县直单位定时到体育馆内进行体育活动。全面实施云南省竞技体育“三星”工程，选拔培训优秀竞技体育后备人才，推动青少年体育运动的广泛开展。

【环境保护和安全生产】 2013年，围绕建设“中国第一个生态彝族自治县”战略目标，全力推进生态县建设。4月，峨山县被全国生态文明委命名为“全国生态文明先进县”；小街、塔甸2个乡（镇、街道）被环保部命名为“国家级生态乡镇”。加大环保基础设施建设，县城污水处理厂和城市生活垃圾处理工程已完工，峨山垃圾填埋厂已正式投入运行，峨山污水处理厂已投入试运行，工业固体废物和建筑垃圾集中处置场建成并投入使用。开展各级“绿色系列”的申报创建活动，全年共组织申报省级绿色学校2所（甸中中学、化念小学），省级绿色社区3个（双江街道登云、土官、大白邑）。

2013年，共出动监察执法人员2 878人次，共查处环境违法行为15起，其中要求整改并处罚款6起，下达环境违法行为限期改正通知书9份。共受理各类信访投诉件35件，处理率100%，信访办结率100%。

2013年，生产安全事故死亡8人，比上年减少7人，下降46.7%。其中：道路交通事故死亡6人，比上年减少6人；工矿商贸企业(不含煤矿）生产安全事故死亡人数为1人；煤矿死亡人数为1人，与上年持平。

【人民生活和社会保障】 2013年末，全县在岗职工15 144人，比上年末减672人，其中：国有单位在岗职工6 245人，减656人；城镇集体单位在岗职工713人，减10人；其他单位在岗职工8 186人，减6人。全年在岗职工和劳务派遣人员平均工资40 649元，比上年增5 777元，增长16.6%，其中：企业单位30 017元，增4 061元，增长15.6%；事业单位60 074元，增7 637元，增长14.6%；机关单位56 414元，增9 778元，增21.0%。城镇居民家庭人均总收入26 246元，比上年增2 487元，增长10.5%；人均可支配收入24 239元，比上年增2 883元，增长13.5%；农民人均纯收入8 212元，比上年增1 199元，增长17.1%。年末，县城居民人均住宅面积47.32平方米，农村居民人均住宅面积34.95平方米。

2013年，全县城镇新增就业1 710人，城镇下岗失业人员再就业520人，就业困难人员再就业408人，开发公益性岗位408个；全县鼓励创业“贷免扶补”扶持创业人数779人，发放担保贷款4 826万元。全县农村劳动力转移工作成效显著，全年共转移输出农村劳动力913人，完成农村劳动力转移就业特别行动培训557人。

努力扩大社会保险覆盖面，社会保障体系进一步完善。全县城镇职工基本养老保险人数达19 394人，其中：企业单位养老保险参保人数9 882人，机关事业单位养老保险参保人数达4 879人，离退休人员4 633人。全县城乡居民社会养老保险参保89 210人，其中：新型农村社会养老保险参保85 534人，城镇居民社会养老保险参保3 676人。参加被征地农民基本养老保障16 764人。老农保参保21 448人。全县城镇基本医疗保险参保人数达27 902人，其中：职工参保15 859人，居民参保12 043人。全县工伤保险参保14 932人，其中：企业参保9 846人，机关参保5 086人。城镇职

由政府统一筹建的峨山县保障性住房——安馨园小区共有廉租房216套，公租房504套。2013年9月24日，该小区分配入住，其中廉租房入住214套，公租房入住475套 （柏云飞 摄）

工失业保险参保8 350人。城镇职工生育保险参保10 291人，其中：企业参保5 196人，机关参保5 095人。城市低保对象和农村特困户享受了最低生活保障，2013年，农村低保人员5 553人，城镇低保人员3 511人，发放低保资金1 640.15万元。

全县就业形势基本稳定，就业压力仍然较大。年末，全县社会从业人数106 592人，比上年末减少481人。在全社会从业人员中，单位从业人员15 518人，比上年末减少708人；城镇私营个体从业人员9 594人，比上年末增加1 313人；乡村从业人员81 480人，比上年末减少1 086人。2013年，城镇登记失业率为3.14%。

【领导干部】 县委书记叶本功（2013年8月离任）、王志新（2013年8月任），副书记王志新（2013年4月至2013年8月）、方正春（2013年4月离任）、王军（2013年9月离任）、朱尤锋（2013年4月任）、俞建国（挂职）。人大主任陈爱军，副主任邱星明（2013年2月离任）、龙家兰（2013年2月离任）、郑淳（2013年2月离任）、李顺龙、陈丽（2013年2月任）、邱兴和（2013年2月任）、李戈良（2013年2月任）。县长方正春（2013年4月离任），副县长朱尤锋（2013年4月主持工作）、易长生（2013年2月离任）、蒋晓林、陈丽（2013年2月离任）、张建、黄伟华、孙汝泽、朱国翠（2013年2月任）、黄甫则（2013年7月任，挂职）。政协主席马穆生（2013年2月离任）、易长生（2013年2月至2013年8月），副主席杨正亮（2013年2月离任）、合灿辉（2013年2月离任）、张平生、邱永明（2013年2月任）、马晓东（2013年2月任）、普丽华（2013年2月任）。纪委书记施纯律。

【省级民族团结示范村建设】 2013年2月4日，省委书记、省人大常委会主任秦光荣到峨山县摆依寨调研，秦光荣充分肯定了摆依寨良好的民风民俗和团结和谐的社会局面，作出把摆依寨建成省级民族团结示范村的重要指示。摆依寨村民小组位于峨山县城西北16千米处的半山腰，海拔1 810米，2013年，全寨有农户96户、371人，其中彝族人口365人，占全寨总人口的98%，是一个典型的以农耕种养为主的彝族山寨，世世代代传承着彝家人的生产、生活方式，遵循着彝家人的风俗习惯，沿袭着彝家人的娱乐方法，具有浓厚的彝文化底蕴。掆大娱啰、跳花鼓舞、过“咪嘎哈”（祭龙）等活动是这个寨子沟通交流民族感情、祈求生产生活顺利的古老而淳朴的重要方式。近几年，曾经两次被评为省、市、县三级文明村。然而，摆依寨由于地处山区，水利条件较差、基础设施薄弱、生产结构单一、经济收入偏低、生产生活条件相对落后，加之村民文化素质偏低，上学难、就医难、喝水难等问题长期得不到解决，与良好的民风民俗和省级文明村的称号极不相称。一年来，峨山县委、县人民政府把摆依寨省级民族团结示范村建设工程作为“一把手工程”来抓，在多次实地调研考察、现场论证的基础上，制订出详实可行的建设方案。以“共同团结奋斗、共同繁荣发展”为主题，以重产业建富裕之村、重民生建幸福之村、重基础建秀美之村、重特色建示范之村、重素质建魅力之村、重组织建活力之村为主线，以基础设施建设、基础产业建设、基本素质建设、基层组织建设、基本民生建设、基层示范建设“六基建设”为抓手，以民族团结好、村容村貌好、产业发展基础好、基层组织建设好、交通条件好、示范带动效应好、民族特色浓为目标，充分调动各方力量，整合资源、资金，全力开展建设工作。通过峨山县各相关部门以及双江街道积极配合，全面实施人畜饮水改造、进村道路路面改造、综合文化活动广场建设、党员活动室建设、整村民族风貌改造、人畜分离等6大类29个基础项目工程，着力破解基础设施薄弱、产业发展层次不高、村民基本素质不强、基层组织领富能力不足、基本民生改善不够的“五大”难题，截至2013年10月15日，摆依寨省级民族团结示范村建设项目主体工程全面完成，工程总投资1 023.04万元，全面改善了人畜饮水、农田水利灌溉问题，交通道路、村容村貌美化问题，种养经济产业发展和民族文化创新基础设施问题，环境绿化、健康卫生问题。基本实现民族团结好、村容村貌好、产业发展基础好、基层组织建设好、交通条件好、示范带动效应好、民族特色浓的建设总目标，示范效应日益彰显。

（沐进恩）

2013年12月31日，峨山彝族自治县刺绣协会在省级民族团结示范村双江街道摆依寨村民小组成立，云南民族传统刺绣传承人、云南民族传统刺绣研发中心主任、云南工艺美术行业协会副秘书长廖力耕被聘请为名誉会长，并到会传授刺绣技艺。图为本地彝族民间刺绣老艺人正在为刺绣新秀传授技艺 （柏云飞 摄）

【双江街道】 2013年末，全街道总人口48 349人，其中男24 163人，女24 186人，少数民族人口29 004人，占总人口的60%；人口自然增长率2.24‰。农村劳动力20 119人，其中从事第二、三产业的8 393人，占总劳动力的42%。

2013年末，全街道有耕地23 013亩，复种指数190%。全年粮食总产8 577.5吨，比上年增1.8%；油料总产896.6吨，比上年减8.5%。农业人口人均产粮360千克。生猪存栏25 593头，比上年增13.78%；肥猪出栏52 300

头，比上年增14.05%。大牲畜存栏2 135头，比上年增0.47 %。水产品产量122吨，比上年减0.4%。全年投入水利建设资金770.21万元，水利化程度70.5%。

2013年年末，全街道有个体工商户（含私营企业）3 865个，比上年增1个；从业人员13 398人，比上年增1.1%，营业总收入247 423万元，比上年增1%；实现利税总额12 455万元，比上年减40.52%。

2013年，全街道实现农村社会总产值（现价）264 075万元，比上年减7.6%；工农业总产值（现价）21 0536万元，比上年减7.2%。其中，工业总产值189 258万元，比上年减9.66%；农业总产值21 287万元，比上年增22.2%。农村经济总收入75 030万元，比上年，增9.9%；农民人均纯收入9 330元，比上年增15.4%。

2013年，全街道实现财政收入5 433万元，比上年增4%；财政支出4 130万元，比上年增40%。年末，各项存款余额34 608.78万元，比上年增28.2%；人均储蓄存款余额7 158元，比上年增27.78%。

街道党工委书记李洪（2013年12月离任）、方勇（2013年12月任），人大工委主任施桂仙，办事处主任方奇。

（徐银花）

【小街街道】 2013年末，全街道总人口25 844人，其中男12 854人，女12 999人，少数民族人口13 113人，占总人口的50.74%；人口自然增长率3‰。农村劳动力16 232人，其中从事第二、三产业的5 432人，占总劳动力的 33.46%。

2013年年末，全街道有耕地4 2843亩，复种指数196%。全年粮食总产175 247吨，比上年增19.5%；油料总产1 818.1吨，比上年增14.62%。农业人口人均产粮7 140千克。生猪存栏 19 591头，比上年增47.5 %；肥猪出栏48 862头，比上年减5.2%。大牲畜存栏 3 384头，比上年减3.3%。水产品产量200吨，比上年增3%。全年投入水利建设资金467.72万元，水利化程度75.4%。

2013年末，全街道有个体工商户（含私营企业）2 217个，比上年增201个；从业人员5 880人，比上年增24.31%；营业总收入123 514万元，比上年增4.52%；实现税利总额5 106万元，比上年减21%。

2013年，全街道实现农村社会总产值（现价）151 748万元，比上年增6.54%；工农业总产值（现价）115 559万元，比上年增7%。其中，工业总产值 81 015万元，比上年减3.5%；农业总产值34 544万元，比上年增22.4%。农村经济总收入41 505万元，比上年增22.92%；农民人均纯收入8 472元，比上年增20.14%。

2013年，全街道实现财政收入2 947 万元，比上年增14.4%，财政支出3 983万元，比上年增94.67%。年末，各项存款余额33 003万元，比上年增26.2%；人均储蓄存款余额10 991元，比上年增25.63%。

街道党工委书记柴慧明，人大工委主任施洪文，办事处主任施桂丽（2013年12月离任）、施忠诚（2013年12月任）。

（瓦庆耀）

【化念镇】 2013年末，全镇总人口10 291人，其中男5 121人，女5 170人；少数民族人口6 029人，占总人口的58.6%；人口自然增长率－0.51。农村劳动力6 565人，其中从事第二、三产业的1 136人，占总劳动力的17%。

2013年年末，全镇有耕地14 353亩，复种指数1.81%。全年粮食总产5 301.9吨，比上年减5.89%；油料总产49.1吨，比上年减34.6%。农业人口人均产粮601千克。生猪存栏10 724头，比上年增5%；肥猪出栏18 238头，比上年增2%。大牲畜存栏5 722头，比上年增0.4%。水产品产量163吨，比上年增0.12%。全年投入水利建设资金5 100万元，水利化程度85%。

2013年末，全镇有个体工商户（含私营企业）278个，比上年增5个；从业人员1 342人，比上年增16.59%；营业总收入107 543万元，比上年减18.11%；实现税利总额13 338万元，比上年增15.6%。

2013年，全镇实现农村社会总产值（现价）113 624万元，比上年增11.71%；工农业总产值（现价）110 915万元，比上年增13%。其中，工业总产值99 654万元，比上年增12.22%；农业总产值11 261万元，比上年增20.27%。农村经济总收入10 800万元，比上年增13%；农民人均纯收入8 095元，比上年增15.5%。

2013年，全镇实现财政收入1 809.82万元，比上年增279 %；财政支出4 497.75万元，比上年增197%。年末，各项存款余额28 325万元，比上年增30%；人均储蓄存款余额26 089元，比上年增30.86%。

镇党委书记普睿，人大主席矣汝云（2013年11月离任）、汪海东（2013年12月任），镇长王华明。

（郭　策）

【甸中镇】 2013年末，全镇总人口19 951人，其中男9 948人，女10 003人；少数民族人口13 673人，占总人口的71.3%；人口自然增长率0.05‰。农村劳动力13 265人，其中从事第二、三产业的3 563人，占总劳动力的26.9%。

2013年年末，全镇有耕地32 241亩，复种指数194%。全年粮食总产11 190吨，比上年增11.2%；油料总产1 783吨，比上年减14%。农业人口人均产粮622千克。生猪存栏23 413头，比上年增6%；肥猪出栏35 325头，比上年增9%。大牲畜存栏4 162头，比上年减0.8%。水产品产量119吨，比上年增1.7%。全年投入水利建设资金4 789万元，水利化程度79.7%。

2013年末，全镇有个体工商户（含私营企业）697个，比上年增12个；从业人员1 884人，比上年增56.6%；营业总收入47 466万元，比上年增20.4%；实现税利总额8 792万元。比上年增15%。

2013年，全镇实现农村社会总产值（现价）64 711万元，比上年减2.5%。工农业总产值（现价）49 400万元，比上年减14.3%。其中，工业总产值30 034万元，比上年减35.4%；农业总产值19 366万元，比上年增23%。农村经济总收入22 130万元，比上年增11.4%；农民人均纯收入8 191元，比上年增16.6%。

2013年，全镇实现财政收入1 867万元，比上年减16.3%；财政支出2 388万元，比上年增47%。年末，各项存款余额25 051万元，比上年增15.3%；人均储蓄存款余额12 556元，比上年增15.5%。

镇党委书记王朝斌，人大主席解燕学，镇长方银芬（2013年12月离任），王加学（2013年12月任）。

（秦　伟、马艳玲）

【塔甸镇】 2013年末，全镇总人口13 986人，其中男6 808人，女7 157人；少数民族人口12 406人，占总人口的88 7%；人口自然增长率1.1‰。农村劳动力7 179人，其中从事第二、三产业的1 133人，占总劳动力的15.78%。

2013年年末，全镇有耕地21 681亩，复种指数220.96%。全年粮食总产量5 468.7吨，比上年增7%；油料总产量1 425.8吨，比上年减6.81%。农业人口人均产粮429千克。生猪存栏19 658头，比上年增5%；肥猪出栏23 437头，比上年增8.35%。大牲畜存栏4 051头，比上年减1.03%。水产品产量28吨，比上年增53%。全年投入水利建设资金908万元（不含尼去本水库），水利化程度66.4%。

2013年末，全镇有个体工商户（含私营企业）550个，比上年增112个；从业人员1 501人，比上年增25%；营业总收入9 193万元，比上年增1%；实现税利总额1 032万元。比上年增4%。

2013年，全镇实现农村社会总产值（现价）20344万元，比上年增12%。工农业总产值（现价）15 795万元，比上年增12.3%。其中，工业总产值7 444万元，比上年增10.8%；农业总产值8 353万元，比上年增13.7%。农村经济总收入14 170万元，比上年增1.8%；农民人均纯收入6 107元，比上年增20%。

2013年，全镇实现财政收入1 894.6万元，比上年增17%；财政支出2 010.2万元，比上年增9.7%。年末，各项存款余额25 770.12万元，比上年增11%；人均储蓄存款余额18 425.6元，比上年增11.2%。

镇党委书记普亚军，人大主席谢绍林，镇长靳联明。

（普艺斌）

【岔河乡】 2013年末，全乡总人口9 661人，其中男4 903人，女4 758人；少数民族人口9 125人，占总人口的94.4%；人口自然增长率－1.04‰。农村劳动力6 822人，其中从事第二、三产业的1 593 人，占总劳动力的23.4%。

2013年年末，全乡有耕地16 769亩，复种指数223%。全年粮食总产7 245.4 吨，比上年增9.7%；油料总产476.1吨，比上年增5.1%。农业人口人均产粮750千克。生猪存栏5 951头，比上年增13.7%；肥猪出栏22 913头，比上年增13.7%。大牲畜存栏1 277头，比上年减0.7 %。水产品产量63吨，比上年增19.1%。全年投入水利建设资金 1 381.3万元，水利化程度56%。

2013年末，全乡有个体工商户（含私营企业）138个，与上年持平；从业人员296人，比上年增4.96%；营业总收入1 320万元，比上年减4%；实现税利总额212万元。比上年减4.1%。

2013年，全乡实现农村社会总产值（现价）8 209万元，比上年增11.7%。工农业总产值（现价）6 012万元，比上年增9%。其中，工业总产值68万元，比上年增21.4%；农业总产值5 944万元，比上年增9.3%。农村经济总收入7 910万元，比上年增11.3%；农民人均纯收入6 625元，比上年增17.01 %。

2013年，全乡实现财政收入444万元，比上年增10.06%；财政支出1 620万元，比上年增17.73%。年末，各项存款余额10 247万元，比上年增21.69%；人均储蓄存款余额10 600元，比上年增24.4%。

乡党委书记王丽萍，人大主席任燕宏（2013年1月任），乡长柏家锋（2013年1月任）

（王顺名）

【富良棚乡】 2013年末，全乡总人口10 572人，其中男5 375人，女5 197人；少数民族人口10 309人，占总人口的98.6%；人口自然增长率1.22‰。农村劳动力7 668人，其中从事第二、三产业的1 799人，占总劳动力的23.46%。

2013年年末，全乡有耕地19 918亩，复种指数207%。全年粮食总产量5 719.2吨，比上年增15.59%；油料总产量 685.5 吨，比上年增6.71%。农业人口人均产粮64.84千克。生猪存栏13 916头，比上年增5.02%；肥猪出栏18 775头，比上年增8.03%。大牲畜存栏5 163头，比上年增3.03 %。水产品产量15吨，比上年增7.14 %。全年投入水利建设资金459.989万元，水利化程度75.5%。

2013年末，全乡有个体工商户（含私营企业）407个，比上年增18个；从业人员507人，比上年减4人；营业总收入4 755万元，比上年增3.8%；实现税利总额1 348万元。比上年增6.6%。

2013年，全乡实现农村社会总产值（现价）17 115万元，比上年增14.2%。工农业总产值（现价）14 888万元，比上年增11.7%。其中，工业总产值1 960万元，比上年增4.5%；农业总产值12 854万元，比上年增4.5%。农民人均纯收入7 926元，比上年增16.64%。

2013年，全乡实现财政收入1 385万元，比上年增29.7%；财政支出1 068万元，比上年增2%。年末，各项存款余额 10 584万元，比上年增5.73%；人均储蓄存款余额10 011元，比上年增8.9%。

乡党委书记徐强，人大主席施正辉（2013年1月任），乡长魏勤发。

（任晓溪）

【大龙潭乡】 2013年末，全乡总人口12 850人，其中男6 523人，女6 327人；少数民族人口10 258人，占总人口的79.82%；人口自然增长率0.79‰。农村劳动力7 906人，其中从事第二、三产业的1 835人，占总劳动力的23.2%。

2013年年末，全乡有耕地21 221亩，复种指数229.8%。全年粮食总产量6 996.9吨，比上年减0.3%；油料总产量476.6吨，比上年增18.67%。农业人口人均产粮628千克。生猪存栏14 688头，比上年减4.57%；肥猪出栏20 988头，比上年增1.3%。大牲畜存栏2 279头，比上年减26.05%。水产品产量22吨，比上年增10%。全年投入水利建设资金1 956.21万元，水利化程度74.16%。

2013年末，全乡有个体工商户（含私营企业）331个，与上年持平；从业人员655人，比上年减17.09%；营业总收入4 106万元，比上年增19.88%；实现税利总额288万元，比上年增1 152.17%。

2013 年，全乡实现农村社会总产值（现价）19 296 万元，比上年增13%。工农业总产值（现价）19 105万元，比上年增 40.99 %。其中，工业总产值 5 442 万元，比上年增 147 %；农业总产值 13 663 万元，比上年增20.42%。农村经济总收入 16 007 万元，比上年增 16.58 %；农民人均纯收入7 221 元，比上年增 19.33%。

2013年，全乡实现财政收入1 490万元，比上年增12.37%；财政支出1 241万元，比上年增9.7%。年末，各项存款余额12 185.7万元，比上年增9.3%；人均储蓄存款余额8 629.3元，比上年减12.3%。

乡党委书记张继，人大主席普朝洪（2013年10月离任）、普鸿康（2013年12月任），乡长施艳芳。

（邱仕江）

新平彝族傣族自治县

【自然概貌】 新平彝族傣族自治县位于云南省中部偏西南，地处哀牢山中段东麓，东经101°16′30″～102°16′50″、北纬

23°38′15″～24°26′05″之间。东与峨山彝族自治县毗邻，东南与红河州石屏县接壤，南连元江哈尼族彝族傣族自治县，西南接普洱市墨江哈尼族自治县，西与普洱市镇沅彝族哈尼族拉祜族自治县相接，北隔绿汁江与楚雄州双柏县相望。县人民政府驻地桂山街道，海拔1 480米，距省会昆明市180千米，距玉溪市政府所在地红塔区90千米；全县总面积4223平方千米，其中山区4 139.6平方千米，坝区面积83.4平方千米，是玉溪市土地面积最大的县。县境地势西北高、东南低，境内最高海拔哀牢山主峰大磨岩峰3 165.9米，最低海拔漠沙镇南蒿村422米。

新平气候受海拔差影响，形成河谷高温区、半山暖温区、高山寒温区三个气候类型。2013年年平均气温17.8℃，年最高气温31.7℃（4月21日），年最低气温-1.8℃（12月19日），全年总降水量873.4毫米，总日照时数2 694.2小时。无霜期308天。

【自然资源】 新平县水资源丰富，一江三十二条河蕴藏着巨大的水能资源。县内河流除平掌乡过境河道谷麻江属李仙江水系外，其余均属元江水系。元江干流流经新平县境，长113.7千米，三江口以上称石羊江，三江口至河口大桥称戛洒江，河口大桥以下称漠沙江，于漠沙阿迭村流入元江县境。全县水资源总量为18.9亿立方米，水能资源理论蕴藏量127.22万千瓦（含红河干流），可开发利用装机容量52.36万千瓦。

新平县境生物资源丰富。全县共有林地353万亩，占全县土地面积的55.8%，森林面积187万亩，森林覆盖率60.96%；草地126万亩。有高等植物219科762属1402种，有国家一级保护植物伯乐树、二级保护植物水青树、三级保护植物翠柏等；兽类75种，禽类153种，两栖爬行类45种，昆虫类130余种，其中有一级保护动物绿孔雀、二级保护动物白鹇等。哀牢山自然保护区是原始生态最为典型，为世界同纬度生物多样化，同类型植物群落保留最完整的地区，被列为联合国“人与生物圈”森林生态系统定位观察站和国际候鸟保护基地。

新平县境内矿产资源种类丰富。县境内已发现矿种37种（含伴生矿种），占省内矿种的25%，有各类矿床、矿点、矿化点156处，已探明的矿种金属矿有金、银、铜、铁、铬、镍、钴、铅、黄铁、水银、铝、钯、铀，非金属矿有煤、石灰岩、白云石、蛇纹石、石膏、石棉、水晶、滑石、叶腊石、大理石等，其中铁矿石储量5.86亿吨，铜矿石储量173万吨，分别占全省探明储量的48%和25%；煤炭储量620万吨，可开采量250万吨；锌矿储量36.2万吨；大理石储量2.6亿立方米。

【历史沿革】 新平县属古西南荒裔，汉为嶍猔蛮所居，唐为阿僰所居。宋·大理国时设马龙甸、他郎甸，地域为今新平的漠沙、戛洒、新化、老厂、水塘、建兴、腰街、者竜。元宪宗时，戛洒江以西及新化、老厂一带设马龙甸二千户所，桂山、平甸、扬武属嶍峨五千户所，均隶宁州万户府。元至元十三年(1276年），并马龙、他郎等甸。在他郎(今新化）设马龙他郎甸司，隶元江路军民总管府；司东南设平甸县，辖今桂山、平甸、扬武等乡（镇），隶嶍峨州。元至元二十六年(1289年），嶍峨州降为县，平甸县降为嶍峨县(今峨山县）的乡。明弘治八年(1495年），马龙他郎甸长官司改设直隶新化州。明万历十九年(1591年），以平甸乡为基础，划入元江、石屏、河西、新化等州县部分村寨，建立新平县，与新化州并属临安府。明崇祯七年(1634年），县城迁今地，筑砖石城。清康熙四年(1665年），裁新化州入新平县。1948年1月至1949年4月，云南省第六区行政督察专员公署设于新平县城，管辖新平、峨山、双柏、龙武、镇沅、景东、元江、墨江八县。1949年9月17日，建立新平县人民政府。1979年12月26日，国务院批准成立新平彝族傣族自治县，1980年11月25日，正式成立新平彝族傣族自治县。

【行政区划】 2013年，全县辖桂山、古城2个街道，扬武、漠沙、戛洒、水塘4个镇及平甸、新化、老厂、建兴、平掌、者竜6个乡，共设村（居）民委员会123个，村（居）民小组1 466个。

【人口、民族】 2013年末，全县总户数87 272户，比上年增2.4%，户籍人口274 618人，比上年增0.2%，其中农业户数53 634户，非农业户数33 638户。农业人口203 780人，比上年下降8.0%；非农业人口70 838人，比上年增长34.8%。彝族、傣族人口178 782人，比上年增0.4%，占全县总人口的65.1%。年内出生2 767人，出生率10.1‰；死亡1 864人，死亡率6.8‰。人口自然增长率3.30‰，比上年下降0.09个千分点。

【综合经济指标】 2013年，全县实现生产总值（现价）949 211万元，按可比价格计算，比上年增10.9%。其中，第一产业增加值143 186万元，比上年增7.4%，拉动GDP增长0.9个百分点，对GDP增长的贡献率为8.2%；第二产业增加值599 891万元，比上年增12.3%，拉动GDP增长7.8个百分点，对GDP增长的贡献率为72.0%；第三产业增加值206 134万元，比上年增8.8%，拉动GDP增长2.2个百分点，对GDP增长的贡献率为19.8%。三次产业结构由上年的13.7∶64.5∶21.8调整为15.1∶63.2∶21.7，经济结构呈“二、三、一”格局。全县实现工农业总产值2072746万元，按现价计算比上年增12.1%，其中工业总产值17 90 789万元,比上年增10.5%；农业总产值281 957万元，比上年增24.0%。年末，全社会劳动者人数216 104人，比上年增长3.4%，其中第一、第二、第三产业分别为113 998人、33 879人、68 227人，分别占全社会劳动者人数的52.7%、15.7%、31.6%。

【工业、建筑业】 2013年，完成工业总产值1 790 789万元，按现价计算比上年增10.5%。实现工业增加值569 035万元，按可比价计算比上年增12.1%。其中，规模以上工业企业完成工业总产值1 727 004万元，比上年增10.3%；实现增加值563 323万元，按可比价计算比上年增12.4%。全年规模以上工业企业累计实现利税129 763万元，比上年减19.4%；实现利润总额45 559万元，比上年减40.2%。

主要工业产品产量：成品糖61 395吨，糖果330吨，发电量60 303万度，铁精矿576 6561吨，机制纸及纸板21 070吨，铜金属含量37 306吨，铁矿石原矿量12 024 462吨，球团矿912 389吨，粗钢1 389 586吨，线材523 260吨，棒材549 538吨，耐磨钢球41 112吨，水泥496 601吨，精制茶461吨。

2013年，全县具有资质等级的建筑企业13个，从业人员1 847人，比上年增20.1%，完成建筑业总产值66 442万元，比上年增36.1%。

【乡镇企业】 2013年末，共有乡镇企业10 408户，从业人员42 388人，分别比上年增16%、11%；实现营业收入1 158 267万元，比上年增17.9%；实现现价总产值1 272 592万元，比上年增14.1%；上交税金35 077万元，比上年增11.2%；实现利润总额32 639万元，比上年减9%。

【固定资产投资】 2013年，完成500万元以上项目固定资产投资510 545万元，比上年增40.2%，其中，国有单位投资354 187万元，比上年增长66.4%。在投资总额中，第一产业投资额完成6 246万元，比上年增54.7%；第二产业投资额完成272 860万元，比上年增20.6%；第三产业投资额完成231 439万元,比上年增72.9%。全年房屋施工114.2万平方米，比上年增115.9%；房屋竣工6.9万平方米，比上年增长1.5%。全社会新增固定资产358 114万元，比上年增36.2%。

【农　业】 2013年，全县实现农林牧渔业总产值281 957万元，按现价计算比上年增24%，其中，种植业产值163 478万元，比上年增25.8%。

2013年，全县有耕地315 889亩，农民人均占有耕地1.55亩,比上年增8.7%，其中，常用耕地293 677亩，比上年增0.1%；农民人均常用耕地1.44亩,比上年增16.2%。稳产高产基本农田134 584亩，比上年下降2.1%。全年粮食总产量14 864.5万千克，比上年增8.3%，其中：大春13 045.9万千克，比上年增8%；小春1 818.6万千克，比上年增11.2%。烤烟总产1 385.6万千克，比上年减6.4%。甘蔗总产638 548吨（估产），比上年增13.8%。油料总产153.1万千克，比上年增4.6%。蔬菜总产11 224.9万千克，比上年增20%。水果总产6 251.5万千克，比上年增21.2%。茶叶总产70.2万千克，比上年增21.5%。核桃总产2 028.9吨，比上年增25.3%。松脂总产6.1吨，比上年减47.4%。笋丝总产525.1吨，比上年增2.3%。

全年完成森林抚育补贴试点项目2万亩；完成人工造林面积7.2万亩,其中：新植竹子3万亩、核桃3万亩、杉木1万亩、思茅松0.2万亩。全年投入森林抚育补贴试点项目资金228万元，投入造林资金1 732万元，森林覆盖率60.96%。全年实现林业产值16 646万元，按现价计算比上年增长19.2%。

全年实现畜牧业产值96 432万元，增22.9%。肉蛋奶总产量5 213.4万千克，比上年增14%；其中猪肉产量3 394.7万千克，比上年增16.8%。生猪年内出栏408 697头，比上年增16.6%；生猪年末存栏291 317头，比上年增7.1%。大牲畜出栏37 911头，比上年增9.4%；大牲畜存栏94 753头，比上年增1.8%。山绵羊出栏73 161只，比上年增9.9%；山绵羊存栏103 890只，比上年增3.9%。家禽年内出栏423.2万只，比上年增12%。

全年水产品产量1 233吨，比上年增长5.7%，实现渔业产值1 831万元，比上年增长2.2%。

【商业、物价】 2013年，全社会消费品零售总额达147 266万元，比上年增14.1%。按经济成份分，公有制经济消费品零售总额达23 380万元，比上年增26.5%；非公有制经济消费品零售总额达123 886万元，比上年增12.0%。分行业分，批发贸易业消费品零售额18 051万元，比上年增4.1%；零售贸易业消费品零售额达96 421元，比上年增18.6%；住宿业消费品零售额8 925万元，比上年增19.1%；餐饮业消费品零售额达23 869万元，比上年增3.9%。

居民消费价格总指数比上年同期上涨 2.6%。八大类居民消费品价格呈“七升一降”的格局，其中：食品类上涨5.2%，医疗保健和个人用品类上涨2.1%，家庭设备用品及维修服务类上涨2.9%，交通和通信类下降0.8%，娱乐教育文化用品及服务类上涨3.0%，烟酒类上涨0.7%，衣着类上涨1.6%，居住类上涨0.3%；商品零售价格上涨2.1%；农业生产资料价格上涨1.5%。

【交通运输、邮电】 2013年末，全县公路通车里程4 748.2千米，其中：国道22千米，省管公路296千米，县乡公路473千米，乡村公路730.6千米，村组公路3 226.6千米，公路密度每百平方千米112千米。年末拥有各种机动车辆77 413辆（不含拖拉机），比上年增10.3%，其中，营运客车545辆（出租汽车100辆、公交车11辆），农村道路客运量98.4万人，周转量每千米5 675.3万人。

全年报刊累计发行127万件，比上年增8.5%；电话机总数234 041部，比上年增3.9%,其中，固定电话11 396部，比上年下降19.4%；移动电话22 645部，比上年增长5.5%。电话普及率每百人81.1部,比上年提高每百人2.8部；互联网用户22 602户，比上年增10.3%。

【对外经济】 2013年，全县共实施市外国内资金项目27项，实际到位市外国内资金326 183万元，比上年增1倍；外商投资完成574万美元，比上年增1.8倍；完成外贸自营出口497万美元，比上年增7.6倍。实现非公经济增加值337 180万元，按可比价计算比上年增19.8%，占全县生产总值的35.5%，比上年提高2.5个百分点。

【财税、金融、保险】 2013年，实现财政总收入208 791万元，比上年增1.2%。其中：地方财政收入128 572万元，比上年增18.9%；地方财政支出

2013年7月17日，举行中国银行新平支行开业仪式　（田家鸿　摄）

269 846万元，比上年增21.5%。国税收入81 032万元，比上年减7.3%；地税收入73 399万元，比上年减3%。

2013年末，全县金融机构各项存款余额683 717万元，比上年增19.9%，贷款余额441 791万元，比上年增19.1%；存贷比率为64.6%，比上年同期下降0.5个百分点。城乡居民储蓄存款余额394 115万元,比上年增15.1%。

2013年，财产和人寿保险机构实现保险业务收入7 143万元，比上年减4.8%，保险赔付支出3 035万元，比上年增24.9%。

【教育、科学技术】 2013年末，全县共有各级各类学校153所，其中，高中1所,高级职业中学1所，教师进修学校1所,初中12所，小学107所，幼儿园31所（民办幼儿园29所）。教职员工3 364人，专任教师2 916人，其中小学1 552人。在校学生42 265人，比上年减0.9%，其中小学20 551人，比上年减5.4%。毕业学生11 549人，比上年增6.1%，其中小学4 167人，比上年增7.6%。学龄儿童入学率99.8%，小学巩固率99.31%，小学升学率95.7%，初中升学率77.19%，高中升学率81.89%。全县有党职技校13所，其中县委党校1所，乡（镇）党职技校12所。年内完成城南新区幼儿园、职中实训楼主体工程建设和建兴中学搬迁项目征地，增设大南妈、罗柴冲等6个村级幼儿园。

2013年末，全县各级各类农村专业技术协会46个，比上年增7.0%，其中县级11个，乡级2个，村级33个；会员总数为6 676人，比上年增5.2%，其中县、乡、村级会员分别为1 466人、137人、5 073人。农村种植养殖专业技术协会 41个，会员5 664人，分别比上年增5.1%、3.5%。全年实际完成专利申请160件，其中发明专利申请46件，实用新型专利113件，外观设计专利1件；专利授权172件，其中发明专利授权30件，实用新型专利授权142件。评出年度科学技术奖17项，其中一等奖2项，二等奖5项，三等奖10项。年末，全县共有各类专业技术人员4 048人，其中正高级3人，副高级319人，中级1 639人，初级1 660人，未定等级427人。

【文化、旅游、广电和体育】 2013年末，全县共有文物保护单位24个，其中国家级文物保护单位1个，省级文物保护单位1个，市级文物保护单位2个；公布实施民族民间文化保护条例，成功创建全国楹联文化县。年内，花腰傣艺术团代表省、市、县三级先后在市、县和省内外演出40余场；完成新平县第十一套广场舞蹈的编排并推出使用。文联主办的《哀牢山》文艺季刊共发行4期。年内，共有45件作品获市级以上奖项，其中文学类6件，书法类5件，摄影类29件，音乐类4件，舞蹈类1件。

2013年，完成“哀牢山·红河谷”自驾旅游标识系统建设和石门峡至茶马古道旅游环线柏油路面铺筑，建成县城游客服务中心和洋坪自驾露营地、大槟榔园游客接待中心。年末，全县共有星级饭店7家，乡村旅游星级接待单位19家，国内旅行社1家，AA级景区4家，AAA级景区1家；全年接待游客152.6万人次，比上年增23.1%；实现旅游业总收入75 453.3万元，比上年增38.3%。

全年播出电视新闻2 771条，上市级以上媒体新闻条数达1 243条；全年放映农村数字电影1 648场次，观众达13.8万余人次，放映广场电影268场次，观众4万余人次。截至2013年末，完成“村村通”安装10 947户，“户户通”16 678户，有线数字电视用户46 800户，比上年增4.4%。广播覆盖率99.11%，电视覆盖率99.31%。

全年组织体育参赛5次，组织第五届“工业杯”等县内比赛7次，参加活动人数达20 000余人；成功承办玉溪市少儿篮球比赛、玉溪市地税系统职工羽毛球比赛、玉溪市政协系统第十一届职工运动会、玉溪市党校系统职工运动等5次市级比赛；组织开办游泳培训班2期，参训人员120人；培训社会体育指导员84名，文体骨干和体育爱好者2 250人次；开展国民体质检测活动1次，参检人数50人；全年向市少体校和市体育运动学校输送运动员8人。

【医疗卫生】 2013年，新平县人民医院和县中医院均晋升为二级甲等医院，新建“120”急救业务用房和10个标准化村卫生室，成立桂山、古城2个社区卫生服务中心，戛洒医院主体工程建设完工。年末，全县实有卫生机构25个，其中县级6个，乡（镇）卫生院10个，社区卫生服务中心2个，私立医院7个。拥有医院编制床位884张，实有病床1 130张。拥有职工1 033人，其中卫生技术人员890人；有执业医师272人，执业助理医师79人，注册护士282人。拥有村级卫生所122个，乡村医生316人。每万人拥有卫生技术人员30.8人。每一名卫生技术人员负担人数为325人。全年门诊治疗病人1 199 454人次，入院人数39 628人，治愈25 706人，好转11 017人，治愈好转率92.67%。病床使用率76.9%，传染病发病率130.65/10万。2013年，全县共有62.3万人次享受新农合减免补偿，减免补偿金达9 743.1万元。

【社会保障】 2013年，全县共有196 908人参加基本养老保险，其中农村居民167 439人；参加失业保险15 186人；参加医疗保险268 003人，其中农村居民218 966人，参合率达98.88%；参加职工医疗互助活动

2013年1月25日，新平县高原特色产品西柚推介会在玉溪举行

（田家鸿　摄）

15 002人。全县共有2 921户3 738名城镇居民享受最低生活补助，发放最低生活保障金1 296.7万元；有12 118户16 051名农村居民享受最低生活保障补助，发放最低生活保障金2 768.4万元。年内实现城镇新增就业2 384人，农村劳动力转移就业2 560人，城镇下岗失业人员再就业970人，城镇失业登记率控制在2.5%以内。

【人民生活】 2013年，全年发放在岗职工工资总额113 440万元，比上年增27.6%，其中国有经济单位48 769万元，比上年减5%。在岗职工年平均工资45 344元，比上年增10.3%，其中国有经济单位53 481元,比上年增10.6%。农民人均纯收入78 06元，比上年增17.1%。城镇居民人均可支配收入24 132元，比上年增13.5%。自来水受益村123个；通汽车村123个，村民小组1 442个；通电村123个，村民小组14 55个；通电话村123个。

【领导干部】 县委书记吴伯平。副书记李丁全（2013年8月任）、董云勇（2013年6月任，2013年11月离任）、王晋生（2013年2月任、挂职）、普昌文（2013年4月离任）、唐建民（2013年4月离任）、黄天东（2013年2月任、挂职）。人大主任刘振华。副主任张家惠（续任）、张绍平（2013年1月任）、李天禄（2013年1月任）、郭健鑫、邵永云（2013年1月离任）、李太祥（2013年1月离任）。县长李丁全（2013年8月代理），普昌文（2013年5月离任），副县长李春宏（2013年10月任）、王丽娟（2013年10月任）、解凌云（2013年12月任，挂职）、自福庄（2013年1月任）、李顺平、龙家寿（2013年1月任）、杨雪波（2013年1月任）、代永林（2013年8月任，挂职二年）、刀有忠（2013年8月离任）、欧光荣（2013年1月离任）、张绍平（2013年1月任）。政协主席史亚新，副主席李太祥（2013年1月任）、李永光、邵永云（2013年1月任）、毛启芳（2013年1月任）、李天禄（2013年1月离任）、自福庄（2013年1月离任）。纪委书记董云勇（2013年11月离任）、金家辉（2013年12月任）。

【新平县获“中国最美风景县云南十佳”称号】 2013年4月19日，“寻找中国最美风景县走进云南活动”组委会在昆明海埂会堂举行授牌典礼，新平县以自然生态秀美、民族风情独特入选“中国最美风景县云南十佳”，戛洒大槟榔园村入选“云南30佳最具魅力村寨”。

【新平县荣获“中国最具特色生态旅游名县”】 2013年4月28日，由国际文化旅游促进会、中国旅游品牌协会、中国生态旅游发展协会、中国旅游经济网联合举办的“第二届国际文化旅游品牌节暨中华旅游品牌示范地推广活动”在北京举行，新平县荣获“中国最具特色生态旅游名县”荣誉称号，并作为“最值得向游客推荐的旅游目的地”进行推广。

【“陇西氏族庄园”被列为国家级文物保护单位】 陇西世族庄园建于民国27年(1938年）至民国32年(1943年）间，是清朝乾隆御封“岩旺土把总”世袭土司李显智末代传人李润之的宅地，庄园分主建筑、花园、马厩三部分，占地4.2亩，共有58间房屋。庄园是陇西李氏家族兴起至衰亡的历史见证。1996年，陇西世族庄园被确定为新平县爱国主义教育基地，后又被玉溪市人民政府确定为“玉溪市青少年爱国主义教育基地”，2001年先后被确定公布为“县级文物保护单位”和“玉溪市第一批市级重点文物保护单位”；2003年被省人民政府列为“第六批省级重点文物保护单位”，陇西世族庄园具有较高历史、文化、艺术和科研价值，是新平县旅游观光、瞻仰凭吊、科学考察、避暑度假的重要景区景点。2013年5月3日，在国务院公布的第七批全国重点文物保护单位名单中，被确定为近现代重要史迹及代表性建筑,成为国家级文物保护单位。

【花街节被评为2013年中国节庆产业金手指“十大品牌节庆奖”】 2013年9月，新平县的花街节在第九届中国节庆产业年会上被评为2013年中国节庆产业金手指“十大品牌节庆奖”。此次年会由中国节庆产业年会组委会、中国城市经济协会和亚洲财富论坛主办，期间，专家和媒体评选出了十大节庆、十大品牌节庆，十大节庆企业和十大节庆城市等。

【“中国•新平樱花庄园”落成】 2013年10月30日，“中国•新平樱花庄园”在磨盘山国家森林公园举行揭牌仪式，玉溪市人民政府副市长李平出席。“中国•新平樱花庄园”以磨盘山国家森林公园为依托，以将新平磨盘山樱花庄园建成云南著名、中国知名的特色庄园和创建磨盘山国家森林公园为国家AAAAA级景区为目标，建设集观光旅游、休闲度假、康体服务、商务会所为一体的旅游经济综合体，樱花庄园的建设与新平县打造“中国樱花城”规划相衔接，与哀牢山自然景观、花腰傣生态农庄相呼应，形成哀牢山、磨盘山和红河谷“两山一谷”的大旅游格局。该项目位于新平县城南部，隶属平甸乡辖区，离县城20千米，距玉溪市100千米，昆明市201千米，公园总面积75平方千米，园

2013年10月1日，新平县举行花腰傣服饰文化节晚会

（新平县文旅广体局　提供）

内原始森林保留完整，物种富集，有马樱花、山茶花、杜鹃花等植物1 600余种，动物100余种，森林覆盖率达84.1%。中国•新平樱花庄园”由新平磨盘山樱花庄园有限公司建设和管理运营，2013年末，完成部分基础设施和景观景点的建设，种植樱花等花木树种近20 000株。

【中国首家休闲度假型总部基地落户新平】 2013年5月29日，新平磨盘总部基地管理有限公司举行运营启动仪式，标志着全国首家休闲度假型总部基地在新平正式开门运营。总部基地的入驻，将为新平县经济发展注入新的活力，是新平县招商引资工作的又一亮点和创新，共有十余家省内外企业注册总部，预计年内将提供利税1 000万元以上。

【新平县荣获中国楹联文化县称号】 2013年11月20日，“新平中国楹联文化县”授牌仪式在新平举行，新平县被中国楹联学会正式命名为“中国楹联文化县”。新平县将发展楹联文化作为丰厚文化底蕴，提升城镇品位的重要手段，通过建立新平楹联库，开展多形式的楹联评选活动，营造楹联文化县的浓厚氛围。截至2013年末，全县共完成1 500幅楹联创作和审定，对县城6个公园25个亭台楼阁和戛洒花街“楹联一条街”进行挂联，在县城完成410幅楹联挂联工作。

【成功创建国家卫生县城】 2013年，县委、县人民政府统一部署，周密安排，积极采取措施，成立县创卫工作领导机构和指挥机构，建立分工责任机制，抽调人员，充实力量，把责任落实到人，举全力推进，完成各项指标任务工作，县城面貌极大改观，市场秩序井然，人居环境更加优雅舒适。2013年12月，全国爱卫会下发《全国爱卫会关于命名2011～2013年度国家卫生乡镇（县城）的决定》，正式命名新平县为2011～2013年度国家卫生乡镇（县城）之一。

【桂山街道】 2013年，街道总人口49 259人，其中男24 696人，女24 563人；少数民族人口24 535人，占总人口的49.8%。人口自然增长率5.11‰。乡村从业人员数9 519人。

2013年年末，街道有常用耕地3 327亩，复种指数335%。全年粮食总产206.95万千克，比上年增16.6%。油料总产9.92万千克，比上年增5.5%。烤烟总产5.07万千克，比上年减18.2%。乡村人口人均产粮127千克，比上年增15.5%。年末，肥猪出栏22 000头，比上年增0.1%；生猪存栏11 250头，比上年增13%。大牲畜出栏4 618头，比上年增7.2%；大牲畜存栏2 615头，比上年增9.0%。全年投入水利建设资金106.92万元，水利化程度达85%。

2013年有乡镇企业3 481个，比上年减4.3%；从业人员18 019人，比上年减1.9%；营业总收入200 432万元，比上年增63.4%；利润总额11 164万元，比上年增17.6%；上交税金13 350万元，比上年增23.6%；总产值198 833万元，比上年增18%。

2013年，全街道实现农林牧渔业总产值（现价）12 340万元，比上年增23.5%。农村经济总收入25 907万元，比上年增11.7%；农民人均纯收入8 300元，比上年增19.9%。

2013年，全街道财政支出5 741万元，比上年增长1.8倍。

街道党工委书记谢兴文（2013年10月离任）、夏利新（2013年10月任），人大工委主任马秀萍，办事处主任何志刚（2013年2月离任）、李美艳（2013年2月任）。

【古城街道】 2013年，全街道总人口19 430人，其中男10 087人，女9 456人；少数民族人口12 291人，占总人口的63.3%。乡村从业人员数9 282人。

2013年年末，全街道有常用耕地11 633亩，复种指数279%。全年粮食总产677.72万千克，比上年增4.1%。油料总产11.8万千克，比上年减9.6%。烤烟总产77.7万千克，比上年减3.5%。乡村人口人均产粮466千克，比上年增3.3%。年末，生猪存栏14 582头，比上年增8.5%；肥猪出栏28 876头，比上年增1.98%。大牲畜存栏2194头，比上年增0.7%；大牲畜出栏847头，比上年减6.7%。全年投入水利建设资金2 561.06万元，水利化程度82%。

2013年有乡镇企业380个，比上年增34.8%；从业人员1 319人，比上年增4.9%；营业总收入23 233万元，比上年增53.2%；利润总额4 058万元，比上年增67.8%；上交税金468万元，比上年减22.8%；总产值15 289万元，比上年增29.3%。

2013年，全街道实现农林牧渔业总产值（现价）13 291万元，比上年增20.6%。农村经济总收入12 000万元，比上年增12.5%；农民人均纯收入7 010元，比上年增22.9%。

2013年，全街道财政支出2 844万元，比上年增77.6%。

街道党工委书记李秋言（2013年7月离任）、刀文高（2013年7月任），人大工委主任周兴志（2013年7月离任）、姚焕琮（2013年7月任），办事处主任王鹏（2013年7月离任）、周兴志（2013年7月任）。

【扬武镇】 2013年，全镇总人口21 338人，其中男10 709人，女10 629人；少数民族人口17 355人，占总人口的81.3%。人口自然增长率3.66‰。乡村从业人员数13 318人。

2013年年末，全镇有常用耕地27 886亩，复种指数243%。全年粮食总产1 064.4万千克，比上年增12.2%。油料总产12.53万千克，比上年增31.1%。烤烟总产82.1万千克，比上年增3.0 %。甘蔗总产量（估产）39 599吨，比上年增11.7%。乡村人口人均产粮461千克，比上年增11.9%。年末，生猪存栏26 271头，比上年增5.8%；肥猪出栏33 639头，比上年增3.1%。大牲畜存栏9 725头，比上年增0.8%；大牲畜出栏2 946头，比上年减5.3%。全年投入水利建设资金978.28万元，水利化程度达59.8%。

2013年有乡镇企业838个，比上年增30.3%；从业人员6 731人，比上年增36%；营业总收入774 459万元，比上年增8.6%；利润总额－9 902万元，比上年减6.9倍；上交税金13 443万元，比上年增4.9%；总产值793 945万元，比上年增13.3%。

2013年，全镇实现农林牧渔业总产值（现价）19 057万元，比上年增20.6%。农村经济总收入35 430万元，比上年增10.3%；农民人均纯收入6 998元，比上年增17.1%。

2013年，全镇财政支出4 428万元，比上年增1.1倍。年末，各项存款余额31 524万元，各项贷款余额16 589万元，各项储蓄存款余额31 485万元。

镇党委书记杨文举，人大主席李云山，镇长李宗霖。

【漠沙镇】 2013年，全镇总人口46 474人，其中男23 636人，女22 838人；少数民族人口41 407人，占总人口的89.1%。人口自然增长率0.39‰。

乡村从业人员数30284人。

2013年年末，全镇有常用耕地84 526亩，复种指数258%。全年粮食总产4 537.16万千克，比上年增11.3%。油料总产26.35万千克，比上年减7.2%。烤烟总产12.9万千克，比上年减14.4%。甘蔗总产量（估产）241 179吨，比上年增0.3%。乡村人口人均产粮1 025千克，比上年增39.8%。年末，生猪存栏38 208头，比上年增7.4%；肥猪出栏56 291头，比上年增8.3%。大牲畜存栏16 185头，比上年增1.0%；大牲畜出栏4 182头，比上年减10.2%。年内投入水利建设资金1 070.5万元，水利化程度达67.01%。

2013年有乡镇企业1 235个，比上年增7.6%；从业人员3 292人，比上年增0.1%；营业总收入48 838万元，比上年增32%；利润总额9 062万元，比上年增20.7%；上交税金2 117万元，比上年减82.4%；总产值49 363万元，比上年增20.7%。

2013年，全镇实现农林牧渔业总产值（现价）69 327万元，比上年增26.1%。农村经济总收入40 826万元，比上年增20.4%；农民人均纯收入8 171元，比上年增31.4%。

2013年，全镇财政支出4 014万元，比上年增10.9%。年末，各项存款余额37 500万元，各项贷款余额14 000万元。

镇党委书记刀彦伟（2013年11月离任）、刘坚（2013年11月任），人大主席杨永周，镇长饶云。

【戛洒镇】　2013年，全镇总人口35 235人，其中男18 012人，女17 223人；少数民族人口28 240人，占总人口的80.1%。人口自然增长率3.50‰。乡村从业人员数21 645人。

2013年年末，全镇有常用耕地35 395亩，复种指数209%。全年粮食总产1 464.34万千克，比上年增5.2%。油料总产11.2万千克，比上年增26.4%。烤烟总产49.06万千克，比上年增3.1%。甘蔗总产量（估产）131 300吨，比上年增39.4%。乡村人口人均产粮428千克，比上年增19.6%。年末，生猪存栏31 600头，比上年增8.1%；肥猪出栏50 294头，比上年增17.2%。大牲畜出栏4 199头，比上年增7.7 %；大牲畜存栏10 080头，比上年增2.4%。全年投入水利建设资金1 474.6万元，水利化程度达65.58%。

2013年有乡镇企业2 673个，比上年增38.1%；从业人员8 664人，比上年增31.1%。营业总收入80 369万元，比上年增20.9%；利润总额8 395万元，比上年减18.7%；上交税金5 226万元，比上年增8.3%；总产值76 615万元，比上年增5.6%。

2013年，全镇实现农林牧渔业总产值（现价）36 388万元，比上年增24.8%。农村经济总收入24 879万元，比上年增19.7%；农民人均纯收入5 720元，比上年增21%。

2013年，全镇财政支出4 064万元，比上年增1.8%。年末，各项存款余额13 123.7万元，储蓄存款余额6 215.3万元，各项贷款余额10 978.6万元。

镇党委书记龙家寿（2013年2月离任）、樊成贵（2013年2月任，7月离任）、李晗（2013年7月任），人大主席余俊，镇长李晗（2013年7月离任）、王鹏（2013年7月任）。

【水塘镇】　2013年，全镇总人口21 703人，其中男11 117人，女10 586人；少数民族人口13 945人，占总人口的64.3%。人口自然增长率1.80‰。乡村从业人员数13 146人。

2013年年末，全镇有常用耕地8 458亩，复种指数169%。全年粮食总产937.28万千克，比上年增13.7%。油料总产0.69万千克，比上年增1.4倍。甘蔗总产量（估产）93 271吨，比上年增76.8%。乡村人口人均产粮446千克，比上年增39.8%。年末，肥猪出栏53 432头，比上年增33.6%；生猪存栏29 020头，比上年增11.6%。大牲畜出栏3 550头，比上年增33.6%；大牲畜存栏4 891头，比上年增9.0%。全年投入水利建设资金215.54万元，水利化程度69.3%。

2013年有乡镇企业510个，比上年增1.4%；从业人员2 070人，比上年增6.2%。营业总收入17 954万元，比上年增6.1%；利润总额7 208万元，比上年增16.1%；上交税金310万元，比上年增2.6%；总产值18 080万元，比上年增6.2%。

2013年，全镇实现农林牧渔业总产值（现价）22 414万元，比上年增39.6%。农村经济总收入20 260万元，比上年增58%；农民人均纯收入5 302元，比上年增23.9%。

2013年，全镇财政支出3 016万元，比上年增56%。年末，各项存款余额13 123.7万元，储蓄存款余额6 215.3万元，各项贷款余额10 978.6万元。

镇党委书记刀文高（2013年7月离任）、张祖权（2013年7月任），人大主席何洪亮，镇长张祖权（2012年7月离任）、曹玉菲（2013年7月任）。

【平甸乡】　2013年，全乡总人口14 381人，其中男7 450人，女6 931人；少数民族人口11 418人，占总人口的79.4%。人口自然增长率7.03‰。乡村从业人员数8 849人。

2013年年末，全乡有常用耕地20 230亩，复种指数284%。全年粮食总产879.03万千克，比上年增6.0%。油料总产38万千克，与上年持平。烤烟总产245.56万千克，比上减1.5%。甘蔗总产量（估产）38 563吨，比上年增0.5%。乡村人口人均产粮529千克，比上年增16.8%。年末，生猪存栏15 350头，比上年增7.3%；肥猪出栏15 456头，比上年减1.6%。大牲畜存栏5 350头，比上年增1.1%；大牲畜出栏2 233头，比上年增10.9%。全年投入水利建设资金551.81万元，水利化程度达69%。

2013年有乡镇企业（含个体工商户）32个，比上年增23.1%。上交税金2.5万元，增加值45万元，总产值70万元。

2013年，全乡实现农林牧渔业总产值（现价）18 112万元，比上年增24.7%。农村经济总收入15 375万元，比上年增21.2%；农民人均纯收入6 069元，比上年增20.2%。

2013年，全乡财政支出2 077万元，比上年增5.0%。

乡党委书记陈佳，人大主席朱开亮，乡长刘坚（2013年12月离任）、高汝海（2013年12月任）。

【新化乡】　2013年，全乡总人口24 031人，其中男12 507人，女11 524人；少数民族人口18 393人，占总人口的76.5%。人口自然增长率2.63‰。乡村从业人员数15 254人。

2013年年末，全乡有常用耕地18 667亩，复种指数498%。全年粮食总产1 280.05万千克，比上年减1.2%。油料总产16.63万千克，比上年减12.5%。烤烟总产471.66万千克，比上年减5.5%。甘蔗总产量（估产）7 506 吨，比上年减4.0%。乡村人口人均产粮513千克，比上年增6.8%。年末，生猪存栏28 900头，比上年增7.2%；肥猪出栏30 231头，比上年增

5.4%。大牲畜存栏9 790头，比上年增1.9%；大牲畜出栏2 798头，比上年增0.6%。全年投入水利建设资金223.06万元，水利化程度达67.1%。

2013年有乡镇企业163个，与上年增持平，从业人员472人，比上年增0.6%。营业总收入2 078万元，比上年增10%；利润总额162万元，比上年增12.5%；上交税金24万元，比上年增9.1%；总产值780万元，比上年增10%。

2013年，全乡实现农林牧渔业总产值（现价）28 422万元，比上年增18.3%。农村经济总收入21 400万元，比上年增15.1%；农民人均纯收入5 767元，比上年增17%。

2013年，全乡财政支出 2 721万元，比上年增7.2%。年末，储蓄存款余额22 229万元，比上年增26.7%；各项贷款余额5 230万元，比上年增14.8%。

乡党委书记夏利新（2013年10月离任）、赖朝东（2013年10月任），人大主席邱富云，乡长蒋建蓉。

【建兴乡】 2013年，全乡总人口17 613人，其中男9 349人，女8 264人；少数民族人口13 055人，占总人口的74.1%。人口自然增长率6.09‰。乡村从业人员数9 838人。

2013年年末，全乡常用耕地面积有25 447亩，复种指数236%。全年粮食总产596.85万千克，比上年增 2.7%。油料总产1.9万千克，比上年增1.2倍。烤烟总产34.5万千克，比上年减5.6%。甘蔗总产量（估产）500吨，比上年增9倍。乡村人口人均产粮346千克，比上年增1.5%。年末，生猪存栏24 986头，比上年增4.9%；肥猪出栏23 864头，比上年增5.8%。大牲畜存栏6 553头，比上年增1.0%；大牲畜出栏2 992头，比上年增0.8%。全年投入水利建设资金128万元，水利化程度达50%。

2013年有乡镇企业307个，比上年增24.8%；从业人员543人，比上年增32.4%。营业总收入2 373万元，比上年增13%；利润总额561万元，比上年增1.8倍；上交税金55万元，比上年增12.2倍；总产值1 694万元，比上年减5.9%。

2013年，全乡实现农林牧渔业总产值（现价）11 362万元，比上年增19.1%。农村经济总收入9 420万元，比上年增27.6%；农民人均纯收入3 650元，比上年增35.3%。

2013年，全乡财政支出2 848万元，比上年增36.4%。年末，各项存款余额11 714万元，贷款余额4 783万元。

乡党委书记施文（2013年2月离任）、何志刚（2013年2月任），人大主席任永福（2013年1月任），乡长李永安（2013年1月任）。

【平掌乡】 2013年，全乡总人口15 096人，其中男8 078人，女7 018人；少数民族人口11 645人，占总人口的77.1%。人口自然增长率－0.39‰。乡村从业人员数8 808人。

2013年年末，全乡有常用耕地22 069亩，复种指数194%。全年粮食总产907.31万千克，比上年增18.9%。油料总产13.88万千克，比上年增20.7%。烤烟总产10.23万千克，比上年减6.1%。甘蔗总产量（估产）11 655吨，比上年增4倍。乡村人口人均产粮625千克，比上年增18.1%。年末，生猪存栏29 127头，比上年增5.0%；肥猪出栏20 572头，比上年减0.2%。大牲畜存栏7 407头，比上年增0.9%；大牲畜出栏1 861头，比上年增6.0%。

2013年有乡镇企业109个，比上年增1.03倍；从业人员303人，比上年增84.8%。营业总收入1 689万元，比上年增1.3%；利润总额732万元，比上年增2.64倍；上交税金12万元，比上年增9.1%；总产值2057万元，比上年增93.7%。全年投入水利建设资金336万元，水利化程度达36%。

2013年，全乡实现农林牧渔业总产值（现价）11 185万元，比上年增26.3%。农村经济总收入6 861万元，比上年增35.7%；农民人均纯收入2 930元，比上年增40.1%。

2013年，全乡财政支出1 748万元，比上年增8.6%。年末，各项存款余额9 412.4万元，贷款余额2 789.2万元。

乡党委书记吴建伟（2013年2月离任）、周保锐（2013年2月任），人大主席李兴武，乡长张良。

【者竜乡】 2013年，全乡总人口12 542人，其中男6 400人，女6 142人；少数民族人口6 800人，占总人口的54.2%。人口自然增长率3.27‰。乡村从业人员数7 176人。

2013年年末，全乡有常用耕地8 771亩，复种指数347%。全年粮食总产547.36万千克，比上年增15.5%。油料总产3.13万千克，比上年增34.3%。烤烟总产65.33万千克，比上年减15%。甘蔗总产量（估产）28 267吨，比上年增56.3%。乡村人口人均产粮457千克，比上年增15.4%。年末，肥猪出栏19 799头，比上年增3.9%；生猪存栏20 436头，比上年增4.2%。；大牲畜出栏1 597头，比上年减4.5%；大牲畜存栏5 568头，比上年增1.1%。全年投入水利建设资金316.5万元。

2013年有乡镇企业179个，比上年增0.6%，从业人员410人，比上年增3.8%。营业总收入3 890万元，比上年增15.1%；利润总额460万元，比上年增31.4%；上交税金32万元，比上年增14.3%；总产值3 100万元，比上年增11.9%。

2013年，全乡实现农林牧渔业总产值（现价）12 392万元，比上年增28.1%。农村经济总收入7 320万元，比上年增21.3%；农民人均纯收入4 281元，比上年增20.7%。

2013年，全乡财政支出1 953万元，比上年增25.2%。年末，各项存款余额101 008万元，人均储蓄存款8 543元，各项贷款余额4 234万元。

乡党委书记赖朝东（2013年10月离任）、李勇（2013年10月任），人大主席方旭，乡长李勇（2013年10月离任）、杨溢（2013年10月任）。

【老厂乡】 2013年，全乡总人口16 946人，其中男8 748人，女8 198人；少数民族人口12 427人，占总人口的73.3%。人口自然增长率5.26‰。乡村从业人员数10 129人。

2013年年末，全乡有常用耕地17 937亩，复种指数630%。全年粮食总产1 756.09万千克，比上年增3.3%。油料总产6.48万千克，比上年增51.8%。烤烟总产331.51万千克，比上年减12.4 %。甘蔗总产量（估产）35 018吨，比上年增72.4%。乡村人口人均产粮1 039千克，比上年增3.3%。年末，生猪存栏21 587头，比上年增5.1%；肥猪出栏29 409头，比上年增12.9%。大牲畜存栏14 098头，比上年增1.3%；大牲畜出栏4 076头，比上年增5.5%。全年投入水利建设资金1 667万元，水利化程度达56%。

2013年有乡镇企业130个，比上年增2.2倍；从业人员566人，比上年增69%。营业总收入2 952万元，比上年增57.9%；利润总额739万元，比上年增1.69倍；上交税金40万元，比上年增2.1倍；总产值2 903万元，比上年增1.8倍。

2013年，全乡实现农林牧渔业总产值（现价）21 668万元，比上年增19.5%。农村经济总收入24 186万元，比上年增26.9%；农民人均纯收入5 678元，比上年增22.9%。

2013年，全乡财政支出2 372万元，比上年减6.3%。年末，存款余额21 820.9万元，储蓄存款余额18 677.7万元，贷款余额6739.3万元。

（刀燕勤）

元江哈尼族彝族傣族自治县

【自然概貌】 元江县位于云南省中南部，东经101°39′~102°22′、北纬23°19′~23°55′之间；东与石屏县接壤，南与红河县相连，西与墨江县毗邻，北与新平县紧邻。县城距市政府所在地红塔区132千米，距省会昆明市220千米。县境南北长64.5千米，东西宽71.5千米。总面积2 858平方千米，其中：山区2 766.5平方千米，占96.8%；坝区91.5平方千米，占3.2%。境内地势西北高，东南低；山脉南北走向，以元江（河）为界，西南支属哀牢山脉，东北支属横断山脉，两山脉逶迤向南延伸，使元江河谷形成了东峨坝、元江坝等河谷盆地。境内最高海拔2 580米，最低海拔327米；县城所在地海拔380米。气候属低纬高原季风气候，由于地形复杂，立体气候特点突出，山区温凉，坝区炎热。2013年平均气温24.6℃，极端最高气温41.1℃（4月21日），极端最低气温 3.1℃（12月18日）；年降雨量772 .7毫米，年日照时数 2 474.1小时。

【历史沿革】 元江，古属西南夷地，称"西南荒裔"；夏、商、周时名惠笼甸，属梁州地；蜀汉、西晋时名罗槃甸，属兴古郡地；隋、唐时名步头，属黎州地；宋大理时名因远部、罗必甸，属威远睑治地；元至元元年（1264年）名罗槃部，属元江路治地，至元二年（1265年）改为元江府，至元二十五年（1288年）改设元江路；明洪武十五年（1382年）改设元江府；清乾隆三十五年（1770年）改设元江直隶州。民国2年（1913年）改设元江县，属普洱道。1949年8月成立元江县临时人民政府，属蒙自专区；1954年7月改属玉溪专区。1979年12月，国务院批准成立元江哈尼族彝族傣族自治县，1980年11月22日正式挂牌成立元江哈尼族彝族傣族自治县。

【行政区划】 2013年，全县共有2个镇5个乡3个街道，下辖23个社区，57个村民委员会，238个居民小组，542个村民小组。

【人口、民族】 2013年末，全县总户数65 855户，其中：非农业户24 995户；户籍人口205 865人，比上年增121人。总人口中，男105 906人，女99 959人；农业人口150 850人，非农业人口55 015人；少数民族人口166 965人，占总人口的81.1%，其中哈尼族87 794人，彝族45 308人，傣族25 021人，白族 6 174人，苗族1 013人，拉祜族1 059人，其他少数民族596人，分别占总人口的 42.6%、22.0%、12.2%、3.0%、0.5%、0.5%、0.3%。年内出生1 434人，出生率7.01‰；死亡1 106人，死亡率5.4‰，人口自然增长率1.6‰，比上年减1.55个千分点。人口密度为每平方千米72人。

【自然资源】 由于地理环境特殊，元江县的水能、地热、矿产和动植物等自然资源都很丰富。全县水能理论蕴藏量达41.37万千瓦，可供开发的有24.65万千瓦，可建30多个装机500千瓦以上的水电站；已开发的水力电力为6.66万千瓦，占可开发量的27%。共有热、温泉18处，水温为21℃~94℃，流量86.2升/秒，年产水量272万立方米。矿产有金、银、铜、铁、镍等金属矿和煤、石膏、石棉、蛇纹石、大理石、石灰石、红宝石等非金属矿，其中石棉、石膏和铜、镍的储量较大，镍矿储量位居全国第二。动物有豹、孔雀、红鹇、白鹇、獭猴、蟒蛇、蛤蚧、雉鸡、岩羊、穿山甲等100余种；植物共有226科1 081属2 394种，其中树蕨、天料木、顶果木、千里榄仁、钟萼木、荔枝等是国家一、二类重点保护植物，野茶、翠柏、红椿等是省级三类重点保护植物。

【综合经济指标】 2013年，全县实现现价生产总值(GDP) 504 747万元，比上年增73 327万元，按可比价格计算，增长11.4%。其中，第一产业增加值158 626万元，增7.3%，同比提高0.1个百分点，对GDP贡献率为17.3%，拉动GDP增长2.0个百分点；第二产业增加值130 461万元，增16.5%，同比回落0.9个百分点，对GDP的贡献率为40.1%，拉动GDP增长4.6个百分点；第三产业增加值215 660万元，增10.7%，同比回落3.0个百分点，对GDP贡献率为42.6%，拉动GDP增长4.8个百分点。三次产业在生产总值中的比重分别为31.4%、25.9%和42.7%。按2010年可比价格计算，实现生产总值429 134万元，增11.4%，其中，第一产业增加值111 477万元，增7.3%；第二产业增加值124 115万元，增16.5%；第三产业增加值193 542万元，增10.7%。人均生产总值22 891元，比上年增加3 236元，按可比价增10.9%。全县非公有制经济共完成增加值217 372万元，按可比价增长14.3%，占GDP的比重为41.3%，比上年上升0.4个百分点。全县工农业总产值(现价）504 833万元，比上年增113 032万元。全县全社会500万元固定资产投资完成244 810万元，比上年增70 961万元，增长40.8%。其中，第一产业完成投资88 461万元，比上年增76 471万元，增长637.8%；第二产业完成投资13 134万元，比上年减38 416万元，减少74.5%；第三产业完成投资143 215万元，比上年增 32 906万元，增长29.8%。全年施工项目58个，其中城镇40个，房地产开发10个，农村非农户8个。竣工项目34个，其中城镇20个，房地产开发6个，农村非农户8个。施工房屋1 213 726平方米（含云南省房地产开发经营（集团）公司开发的元江高桥小区，施工352 027平方米），竣工544 857平方米。本年新增固定资产173 281万元。

【工　业】 2013年，全县共有工业企业1 402户，其中国有工业4户，集体工业 3户，有限责任公司10户，股份有限公司6户，私营工业79户，个体工业1 300户。实现现价工业总产值295 146万元，比上年增 41 945万元，其中制糖业产值 23 610 万元，镍矿开发业产值17 053万元。总产值中，国有及集体工业产值828万元，占0.28%；股份制工业 20 0881万元，占68.06%；其他经济类型工业93 437万元，占31.66%。全年完

成现价工业增加值95 401万元，按可比价比上年增长14.8%。2013年，全县规模以上（年主营业务收入2 000万元以上独立核算）工业企业共20户，实现现价总产值198 949万元，比上年增加25 912万元；实现增加值62 918万元，按可比价计算，比上年增长19.3%；实现销售收入244 179万元，比上年增加65 417万元，增长36.59%；实现利税总额2 096万元，比上年减少512万元，减19.63%。规模以上亏损工业企业10户，亏损额为9 255万元，比上年增加2 188万元。

2013年元江县主要工业产品产量表

产品名称	单位	2013	2012	2013年比上年增减	
				绝对数	%
食　糖	吨	43 610	35 098	8 512	24.3
酒　精	吨	2 344	2 294	50	2.2
水　泥	吨	1 317 572	1 560 983	–243 411	–15.6
发电量	万千瓦时	34 259	33 833	426	1.3
铁合金	吨	30 541	32 936	–2 395	–7.3
电解镍	吨	1 012	1 060	–48	–4.5
电解铜	吨	1 122	748	374	50.0
黄　金	千克	102	72	30	41.7
纤维板	立方米	86 427	59 086	27 341	46.3
人造水晶	吨	134	111	23	20.7
芦荟凝胶丁	吨	3 607	2 575	1 032	40.1
精制茶叶	吨	5 668	4 250	1 418	33.4

【农　业】 2013年，全县实现农林牧渔及其服务业总产值（现价）270 188万元，比上年增52 236万元，按可比价比上年增7.6%。其中，农业（种植业）产值209 687万元，比上年增42 202万元，增长7.5%。

特色生物产业进一步发展，全年芦荟鲜叶产量39 372吨，比上年增加7094吨，增21.9%；实现农业产值2 363万元，比上年增加425万元，增21.9%；实现工业产值13 488万元，比上年增加1 410万元，增11.7%。茉莉花鲜花交易量4 544吨，比上年减744吨，增19.6%；实现农业产值7 984万元，比上年增加1 341万元，增20.2%；加工花茶5 667吨，实现加工产值8 825万元，比上年增加1 445万元，增19.6%。种植花卉9 401亩，实现花卉产值19 315万元，比上年增加839万元，增4.5%。

2013年元江县主要农产品产量表

指　标	计量单位	2012年	2013年	2013年比上年增减	
				绝对数	%
粮食总产量	万千克	8 786.55	9 191.89	405.34	4.61
其中：大春	万千克	7 800.65	8 226.24	425.59	5.46
小春	万千克	985.9	965.65	-20.25	-2.05
油料总产量	万千克	42.32	40.43	-1.89	-4.47
其中：油菜	万千克	308.95	314.5	5.55	1.8
甘蔗总产量	万　吨	36.02	40.28	4.26	11.8
其中：果蔗	万　吨	1.2	1.4	0.2	16.66
烤烟产量	万千克	1 305.51	1 072.69	-232.82	-17.83
水果总产量	万千克	14 274.02	17 552.21	3 278.19	22.96
其中：芒果	万千克	4 165.25	6 234.9	2 078.65	49.9
香蕉	万千克	4 243.1	3 480.72	-762.37	-17.97
青枣	万千克	1 969.5	3 033.62	1 064.08	43.6
蔬菜产量	万千克	3 886.92	424.9	337.98	8.69

备注：甘蔗产量2012年数为2012～2013年榨季实产数，2013年数为2013～2014年榨季预计数。

全年实现林业产值(现价）6 911万元，比上年增加1 017万元，增16.2%。完成造林4.31万亩，义务植树60万株；森林覆盖率达50.96%，其中：林地覆盖率为49.7%，人工造林3.26亩，封山育林1万亩。

畜牧业生产进一步向前推进，全年完成畜牧业产值（现价）50 056万元，比上年增加8 451万元，增长6.0%。年末，生猪年末存栏164 335头，肥猪年内出栏190 110头；大牲畜年末存栏57 717头；山绵羊存栏45 656头，出栏25 915头；家禽出栏1 187 000只，禽肉产量1 899万千克，禽蛋总产量3 204万千克。

渔业生产发展平稳，全县水产养殖面积19 317亩，其中：池塘2 422亩，水库6 895亩，稻田10 000亩，全年水产品产量1 642吨，实现总产值(现价）2 703万元，比上年增加498万元，增长22.2%。

【商　业】 2013年，全县完成社会消费品零售总额169 490.9万元，比上年增20 487.9万元，增13.8%。其中，城镇完成125 396.1万元，比上年增加15 165万元，增长13.8%；乡村完成44 094.8万元，比上年增加5 322.9万元，增长13.7%。外贸进出口总额1 414万美元，比上年减少125万美元，减8.1%。2013年共引进实施招商引资项目60项，比上年增加27项，实际利用县外资金241 610万元，比上年增加129 369万元，增长115.3%。

【建筑业】 2013年，全县实现建筑业增加值32 136万元，比上年增加5 674万元，增长21.4%。年末，全县共有建筑企业15户，其中具有资质等级以上企业6户；年末，从业人员938人，本年新增合同额43 201.6万元,比上年增加30 744万元，增长246.7%；实现建筑产值43 738.8万元,比上年增加19 500.2万元，增长80.5%。

【旅游业】 2013年年末，县城内实有星级宾馆3家，拥有床位567张。全年接待海外旅游者158人次，比上年增加25人次，增长18.8%；接待国内旅客92.5万人次，比上年增加17.21万人次，增长22.9%；旅游社会收入达55 693.4万元，比上年增加9 598.5万元，增长20.8%。

【交通、邮电】 2013年年末，境内公路通车里程2 355.1千米，其中，国家高速公路78千米，省道67.1千米，县道387.6千米，乡镇道路1 567.5千米，专用道路61.6千米，村道271.3千米。2013年末,全县有大型汽车851辆，小型汽车8 966辆，低速载货汽车142辆，摩托车60 681辆。

2013年末，全县程控电话交换机容量发展到2万门，固定电话用户数1.08万户，固定电话普及率每百人6.89部。年末，移动电话在网用户14.6万户，移动电话普及率每百人66.06部。年末，全县互联网用户16 445户。全年国内外函件14.17万件，订销报纸累计92.30万份，订销杂志累计5.83万份。全年邮政业务总量383.94万元，比上年增加26.09.59万元，增长7.29%。

【财税、金融、保险】 2013年，全县实现财政总收入45 567万元，比上年增加6 747万元，增17.4%；实现地方财政总收入（按云南省口径）46 359万元，比上年增加6 729万元，增17.0%；上划中央“两税”收入完成6 776万元，比上年增加23万元，增0.3%。实现地方财政收入46 230万元，比上年增加9 997万元，增27.6%。其中，公共财政预算收入完成31 521万元，比上年增加5 996万元，增23.5%；基金收入14 709万元，比上年增加4 001万元，增37.4%。全县地方财政支出145 357万元，比上年增加24 588万元，增20.4%。其中，公共财政预算支出完成131 792万元，比上年增加24 293万元，增22.6%；政府性基金支出完成13 565万元，比上年增加295万元，增2.2%。

全县“两税”系统共组织各项税收收入40 139万元，比上年增加3 788万元，增10.4%。其中，国税系统组织收入12 573万元，比上年增加322万元，增2.6%；地税系统组织收入27 566万元，比上年增加3 466万元，增14.4%。

全县金融机构各项存款余额426 691万元，比上年增加54 411万元，增14.6%。其中，居民储蓄存款余额260 397万元，比上年增加41 257万元，增18.8%；各项贷款余额302 973万元，比上年增加76 461万元，增33.8%。居民人均储蓄存款11 783元，比上年增加1 817元，增18.2%。

年末，全县共有各类商业保险经营机构10个，实现保费收入17 993.9万元，比上年增加10 729.3万元，增147.7%；赔款支出6 875.5万元，比上年增加4 640.1万元，增207.6%，赔款支出占保费收入的38.2%，比上年增加7.4个百分点。

【科　技】 2013年，元江县已完成申报国家级农业科技成果转化项目2项，即由国家级高新技术企业元江万绿生物股份有限公司申报“分级提取高纯度芦荟乙酰化多糖产品实施芦荟产业化开发”项目和省级高新技术企业元江臧健花卉科技开发公司申报“彩色马蹄莲优质种球和鲜切花生产技术应用推广”项目。申报省级中小企业发展专项(技术创新）项目1项，即元江县百叶医药有限责任公司申报的“滇重楼紫丹参规范化育苗及基地建设”项目。向玉溪市科技局申报各类科技项目10项，其中，农业科技项目5项，即元江县科技开发公司“三月李新品种试验示范”、元江县百叶医药有限责任公司“重楼紫丹参规范化育苗技术应用”、元江县瑞丰民特食品有限公司“优质甘蔗笋开发利用”、元江县奔康农业有限责任公司“滇重楼人工规范化栽培示范”和元江高香园热果发展有限公司“海巴戟（诺丽）有机标准化种植示范及产品开发”等项目。工业科技项目3项，即元江县齐乐生物科技开发有限公司“煤炭添加剂新产品开发及应用”、元江县瑞丰民特食品有限公司“甘蔗尖深加工”、元江县百叶医药有限责任公司“重楼紫丹参深加工”项目。社会发展科技项目1项，即元江县人民医院“云南元江县少数民族酒精性肝病流行病学调查”项目。其他科技项目1项，即元江县羊街中学李瑞申报的玉溪市中青年学科技术带头人。年内，全县共有农技协24个，会员2864人。年末，全县在人事部门登记的各类专业技术人员3223人，其中正高级职称3人，副高级职称254人，中级职称1328人，初级职称1461人；在岗未评定职称的专业人员177人。

【教　育】 2013年，全县共有普通中小学校75所（不含幼儿园），其中高中2所，职业中学1所，初中10所，小学62所。全县共有在校学生28 499人，其中高中3 235人，职中741人，初中8 316人，小学16 207人。有幼儿园9所，其中教办4所，民办5所，在园幼儿3 159人；学前班57个班，共有学龄前在校儿童1 569人。共有专任教师2 063名，其中高中234名，职中45名，初中568名，小学1 216名。教

师进修学校1所。全县小学阶段学龄儿童入学率为99.81%，小学毕业生升学率为97.66%，小学在校学生年辍学率为0.05%；初中阶段适龄少年毛入学率为111.46%，辍学率为2.68%，学龄儿童入学率达99.13%。全县毕业学生7 402人，其中高中1 073人，职中349人，初中2 859人，小学3 121人。2013年，元江县高考报名1 325人，比上年增加228人，实际参加考试1 305人，上线1 299人，比上年增加234人，上线率达99.54%。中考总平均分为521.84分，名列全市第四。

继续落实“三免一补”各项政策。2013年，元江县对义务教育阶段的全部中小学生25 795人落实“三免一补”各项政策资金3 356.7万元（县级配套589.87万元）。

全县有县委党校1所，乡（镇、街道）办党职技校10所，村级成技校72所。有教师进修学校1所，教职工人。

【文　化】　2013年，元江县有文化馆1个、图书馆1个、民族歌舞团1个。县文化馆共组织各类文娱活动56场次，观众达7.6万余人次；全县10个乡（镇、街道）文化站共组织各类文娱活动289场次，观众达9.3万余人次。县图书馆完成新书采购1 083册，订购期刊203种、报纸10种，藏书量达22 517册。县民族歌舞团坚持“三下乡”活动，全年共演出70场次，观众达12.8万余人次。新华书店发行图书968 230册，完成销售收入974.2万元，实现利润97万元。放映电影997场，观众达12.4万余人次。县档案馆馆藏档案106全宗，51 825卷。

【广播电视】　广播电视事业继续深入开展“村村通、户户通”创建工程，年末，全县广播人口综合覆盖率达99%，电视人口综合覆盖率达98.2%。2013年1月15日完成广播电视“村村通”安装工作，6月顺利通过市级验收。全力抓好第一批9 500户“户户通”工程建设，2013年2月完成县级验收，9月通过省、市级验收。2013年12月25日完成建设第二批“户户通”2 850户的目标任务。2013年，县广播电视台共播出新闻2 130条，市级电视台播出553条，省级电视台播出60条，中央电视台播出2条，拍摄制作专题片10部，播出《法治元江》专栏节目24期。

【卫生、体育】　2013年末，全县实有卫生机构16个，其中，县及县以上医院3个，乡（镇）医院10个，其他卫生机构3个。拥有病床629张，有职工721人，其中卫生技术人员567人；有执业医师136人，执业助理医师51人，注册护士210人；有个体开业20户，从业人员212人，其中卫生技术人员181人。每万人拥有卫生技术人员34人。有乡村卫生所75个，拥有乡村医生168人，卫生员57人。全年门诊诊疗病人1 063 667人次；入院人数28 022人，病床使用率72.7%；传染病发病率191.5/10万；“四苗”覆盖率98.16%。

2013年，全县共有168 972人参加新型农村合作医疗，比上年增加4 391人，参合率达96.40%，较上年度提高1.14个百分点。全年共减免补偿847 649人次，较上年增加142 149人次；共补偿新农合基金7 796.01万元，较上年增加2 255.98万元。

2013年，全县共举办各种运动会50次，参赛人数达141 211人次，向上级输送各类体育人才11人。学校体育达标率91.23%，全县体育人口占总人口数的39.0%。元江县运动员全年共获得省、市级比赛金牌16枚，银牌6枚，铜牌12枚。大力开展“村级农村文化体育活动广场建设试点工程”“七彩云南全民健身工程”实施建设，1~10月累计实施9项，项目涉及学校、小区、村组74个，累计完成投资 151.82万元。

【社会保障】　2013年年末，全县共有重点优抚对象1 164人，发放抚恤定补金额499.7万元；享受城市最低生活保障5 034户6 023人，发放城市最低生活保障金1 790万元；享受农村最低生活保障6 898户13 766人，发放农村最低生活保障金1 858万元；全县共有“五保”对象646人，其中集中供养124人；集体办敬老院11个，有职工22人，床位数288张。

2013年年末，全县职工基本养老保险参保人员16 602人，其中企业参保11 100人，机关事业单位参保5 502人；实际征收基本养老保险基金15 117.7万元，全年支付养老保险金16 830.5万元。城镇居民基本养老保险参保人数2 096人，交费率达93.13%，实际收缴养老保险基金44.9万元，实际支付养老金24.6万元。新型农村养老保险参保人数107 490人，参保率达96.62%，收缴基本养老基金987.8万元，实际支付养老保险金1 563.7万元。养老保险综合参保率为97.97%。城镇职工基本医疗保险参保职工18 805人，其中在职人员12 859人，全年实际收缴基本医疗保险金7 200万元，支付5 381万元；城镇居民基本医疗保险参保人数9 167人，收缴医疗保险费187万元，支付187万元；参加新型农村合作医疗168 972人，参合率达96.4%，筹集基金6 793.98万元,其中个人缴纳1 013.83万元；全年共减免补偿847 649人次，补偿金额7 796.01万元，群众受益率为483.9%。工伤保险参保的企业职工7 682人，其中农民工3 410人；全年收缴保险基金319.4万元，支付414.4万元。生育保险参保的企业职工5 770人,其中农民工2 500人；全年实际收缴生育保险金162.6万元，支付142.5万元。失业保险参保职工9 136人，全年实际收缴失业保险金1 089.8万元，支付207.5万元，全县城镇登记失业率为3.74%。

【人民生活】　2013年年末，全县在岗职工15 284人，比上年增加314人，增2.1%，其中国有单位职工8 636人，比上年减少292人，减3.3%；集体单位职工215人，比上年减少37人，减14.7%；其他单位职工6 433人，比上年增加643人，增11.1%。在岗职工工资总额65 164万元，比上年增加4 368万元，增7.2%，其中国有单位40 444万元，比上年减少2 005万元，减4.7%；集体单位1 369万元，比上年增加36万元，增2.7%；其他单位23 351万元，比上年增加6 337万元，增37.2%。全县在岗职工年平均工资43 789元，比上年增加3 280元，增8.1%，其中国有单位51 191元，比上年增加1 774元，增3.6%；集体单位62 241元，比上年减少2 136元，减3.3%；其他单位34 800元，比上年增加6 943元，增24.9%。2013年，农民人均总收入11 672元，比上年增加1 525元，增15.0%；农民人均纯收入7 971元，比上年增加1 158元，增17.0%；县城居民人均可支配收入23 656元，比上年增加2 813元，增13.5%。

【领导干部】　县委书记贺光明（2013年9月离任），副书记王志新（2013年4月离任）、许中华（2013年6月离任）、王泾、黄太文（2013年4月任）、张伟（2013年6月任）、刀有忠（2013年8月任）。人大主任车德才（2013年1月离任）、方国

2013年5月15日，曼来荔枝文化旅游节开幕。本届文化旅游节以“弘扬先进文化、展示建设成果、促进经济发展、建设和谐曼来”为宗旨，以“新曼来、新农民、新产业、新农村”为主题，以品牌形象宣传为重点，坚持求新、求美、求实、求精的创意原则，突出民族性、地域性、群众性、艺术性、时尚性的特点，着眼于丰富群众文化生活而开展　（元江县史志办　提供）

铁（2013年1月任），副主任杨太平（2013年1月离任）、李丽（2013年1月离任）、王文保（2013年1月任）、周明亮、李云珍（2013年1月任）、赵德福（2013年1月任）。县长王志新（2013年4月离任）、张伟（2013年7月代理县长），副县长张伟（2013年1月任）、瓦庆超、陈家福、王玉华、李丽（2013年1月任）、封志荣（2013年1月任）、常虹（2013年3月任，挂职）、曾睿辉（2013年9月任）、方国铁（2013年1月离任）、陈建洪（挂职，2013年6月离任）。政协主席唐进峰,副主席杨雄辉、王文保（2013年1月离任）、李云珍（2013年1月离任）、杨顺福（2013年1月离任）、陶　明（2013年1月任）、普金学（2013年1月任）、刀桂芳（2013年1月任），纪委书记陈勤（2013年11月离任）。

（元江县史志办）

【花腰傣舞蹈录入推广示范节目】2013年3月30～31日，云南省文化馆编导工作人员到元江录制“大家乐——云南民族广场舞”。推广示范节目录制工作是由省文化厅主办，省文化馆承办，各州、市文化馆协办，共录制彝族、白族、哈尼族等12个民族广场舞推广节目。录制结束后，将推出示范光碟向全省推广，进一步促进各州市民族文化交流，丰富城乡群众广场舞文化。元江县的花腰傣舞蹈《摆呀摆》代表玉溪队参加云南省第二届“大家乐——群众文化广场舞大赛”荣获金奖，并推广为示范节目。舞蹈以优美多姿的舞步，轻柔动听的音乐，体现了花腰傣小卜少的柔情似水和勤劳善良，也展现了傣家人团结友爱、共享幸福新生活的良好精神风貌。

【著名商标认定】　在各级各部门和有关企业的共同努力下，元江县加快商标战略的实施，企业品牌知名度和影响力得到进一步提升。2013年3月28日，市政府下文对2012年荣获中国驰名商标，云南省著名商标，玉溪市知名商标，地理标志证明商标企业及相关部门进行表彰奖励。元江县丰年农业发展有限公司申请的“钰钿”商标被新认定为云南省著名商标，使用商品为畜牧业和新鲜水果；云南瑞江木业有限公司申请的“RJ”商标被新认定为玉溪市知名商标，使用商品为纤维板。

【五星级酒店建设项目签约】　2013年6月7日，首届中国——南亚博览会暨第二十一届中国昆明进出口商品交易会经贸合作项目首场集体签约仪式在昆明国际会展中心新馆开幕式大厅举行。中共元江县委常委、副县长瓦庆超代表县人民政府与保山市友谊商贸有限公司签订了五星级酒店建设项目意向协议书，该项目预计总投资4亿元，客房数不少于300间，酒店用地面积不小于33 000平方米，建筑面积不小于6万平方米，该项目的实施将为进一步提升元江旅游基础设施建设，推动第三产业的发展奠定基础。

【金芒果文化旅游节】　2013年6月9～12日在元江县城举办了以“金色芒果　火热元江”为主题的“中国·元江—2013红河谷金芒果文化旅游节”，为弘扬和传承各民族民间民俗文化搭建了舞台，各民族民间民俗文化借助金芒果文化旅游节的开幕式文艺演出、乡村民族民间风情演绎活动、小燕滨江风情赶摆活动等平台，积极向广大游客展示了元江浓郁的民间民俗风情。把万亩生态农业观光园山地自行车赛纳入节日项目之一，促进了体育与旅游有机结合，从而带动了以旅游业为主的住宿、餐饮、娱乐、商贸等第三产业的蓬勃发展，带动了以芒果为主的热带、亚热带水果销售，拓宽了群众增收致富渠道。通过增加元江民族风情摄影展新项目，并邀请省、市摄影家协会摄影家前来评奖，吸引了更多的业余摄影爱好者和摄影家前来采风，营造了更为浓郁的节日气氛。整个影展共展出摄影作品46幅，评出一等奖作品1幅、二等奖作品3幅、三等奖作品3幅、优秀奖作品10幅，向广大游客展示了元江独具特色的哈尼族、彝族、傣族风情风貌和多姿多彩的民族服饰；在本届金芒果文化旅游节上，共有210人参加了招商洽谈会，共签定火龙果、芒果深加工、五星级酒店建设、山云华界假日景庄项目、蛹虫草生物资源加工、旅游开发、地产开发等项目11项，签约金额达21.53亿元。据统计，金芒果节期间，共接待省内外游客10.8万余人次，实现旅游收入3 700.63万元，分别比上年9.55万人次、3 029.434万元增加13.1%和22.2%。其中一日游游客9.3万余人次，过夜游客1.5万余人次，分别比上年同期增9.3%和10%。

【国家级糖料基地项目建设】　元江县被列为国家糖料基地以来，投入400万元，实际建成高产高糖糖料生产基地10 560亩，平均每亩可增产1吨，年增甘蔗10 560吨，为蔗农增加收入

2013年11月14日，元江县在羊街乡尼果迷都普思广场举办"哈尼十月狂欢年棕扇舞宴"民族体育文化节庆活动。此次活动项目有万人棕扇舞、民族服饰展演、荡千秋、品尝哈尼长街宴美味等，此次活动吸引了万人游客，扩大了对外宣传，提升了羊街乡"哈尼十月狂欢年"民族文化旅游品牌知名度

（元江县史志办　提供）

443.52万元。建成甘蔗良种繁育基地1 100亩，带动全县10万亩蔗园种植、管理技术提高，实现甘蔗每亩增产0.5吨，每年增加甘蔗产量5万吨，可增加蔗农收入2 100万元。全县新增甘蔗6.0万吨，增产白糖0.78万吨，可实现工业增收4 680万元。项目实施共计增加工农业总产值7 223.52万元。

（李红兰）

【澧江街道】　2013年，全街道总人口25 227人，其中男12 625人，女12 602人；少数民族人口20 147人，占总人口的79.9%。人口自然增长率3.8‰。农村劳动力12 304人，其中从事第二、三产业的2 684人，占总劳动力21.8%。

2013年末，全街道有耕地26 862亩，复种指数207%。全年粮食总产9 072.1吨，比上年增4.9%；油料总产93吨，比上年减23.5%。农业人口人均产粮526千克。年末，生猪存栏20 403头，比上年增4.4%；肥猪出栏24 013头，比上年增7.4%。大牲畜存栏11 411头，比上年增1%。水产品产量170吨，比上年增3.0%。全年投入水利建设资金688万元，水利化程度91.3%。

2013年有个私企业1 832个，比上年增217个；从业人员8 842人，比上年增3.1%；企业总收入132 269万元，比上年增6.3%；实现税利4 684万元，比上年减30.8%。

2013年，全街道农村社会总产值（现价）179 852万元，比上年增17.6%。工农业总产值（现价）132 256万元，比上年增32.9%。其中，工业总产值68 676元，比上年增25.9%；农业总产值63 580万元，比上年增41.5%。农村经济总收入183 460万元，比上年增15%；农民人均纯收入8 072元，比上年增16%。

2013年，全街道财政收入1 193万元，比上年增15.3%；财政支出1 033万元，比上年增20.8%。

街道党工委书记白春林，人大工委主任张强，街道办事处主任杨丽萍（2013年2月任）。

（杨剑波）

【红河街道】　2013年，全街道总人口23 508人，其中男11 901人，女11 607人；少数民族人口17 451人，占总人口的74.2%。人口自然增长率5.37‰。农村劳动力8 720人，其中从事第二、三产业的4 207人，占总劳动力的48.25%。

2013年年末，全街道有耕地6 451亩，复种指数329.5%。全年粮食总产5 074.8吨，比上年减0.63%；油料总产26.1吨，比上年增15%。农业人口人均产粮387.42千克。年末，生猪存栏10 239头，比上年增7.6%；肥猪出栏23 730头，比上年增7.9%。大牲畜存栏2 627头，比上年增2%。水产品产量110吨，比上年增2.8%。全年投入水利建设资金24.41万元，水利化程度92%。

2013年有个私企业3 463个，比上年增156个；从业人员15 323人，比上年增3.8%；企业总收入225 941万元，比上年增24.25%；实现税利16 378万元，比上年增10.28%。

2013年，全街道农村社会总产值（现价）219 126万元，比上年增10.73%。工农业总产值（现价）59 755万元，比上年增11.34%。其中，工业总产值32 214万元，比上年增10%；农业总产值27 541万元，比上年增12.94%。农村经济总收入247 476万元，比上年增23.69%；农民人均纯收入8 001元，比上年增14.28%。

2013年，全街道财政收入3 560万元，比上年增12.66%；财政支出3 460万元，比上年增6.13%。

街道党工委书记郑荣（2013年11月离任），方永东（2013年11月任），人大工委主席李祥，街道办事处主任刀铁林。

（龙金才）

【甘庄街道】　2013年，全街道总人口22 481人，其中男11 080人，女11 401人；少数民族人口17 815人，占总人口的79.24%。人口自然增长率1.4‰。农村劳动力16 500人，其中从事第二、三产业的961人，占总劳动力的5.8%。

2013年年末，全街道有耕地103 865亩，复种指数188.6%。全年粮食总产18 669.7吨，比上年增2.62%；油料总产94.3 吨，比上年增15.8%。农业人口人均产粮830.47千克。年末，生猪存栏26 049头，比上年增4%；肥猪出栏31 618头，比上年增7.1%。大牲畜存栏6 648头，比上年增1.13%。水产品产量69吨，比上年增3%。全年投入水利建设资金110.25万元，水利化程度61%。

2013年有个私企业977个，比上年增1个，从业人员1 916人，比上年减4.3%；企业总收入38 551万元，比上年增4%；实现利润559万元，比上年减5.1%。

2013年，全街道农村社会总产值（现价）77 085万元，比上年增31.6%。工农业总产值（现价）74 225万元，比上年增32.7%，其中，工业总产值35 400万元，比上年增20%；农业总产值38 825万元，比上年增38.6%。农村经济总收入61 443万元，比上年增10.1%；农民人均纯收入6 334元，比上年增24.2%。

2013年，全街道财政收入1 931万元，比上年增7%；财政支出1 137万元，比上年减2%。年末，各项存款余额25 006万元，比上年增28.72%；人均储蓄存款余额11 123元，比上年增

28.59%。

街道党工委书记封志荣（2013年3月离任）、方永东（2013年3月任，11月离任），李龙武（2013年11月任），人大工委主任李献捌，办事处主任李龙武（2013年11月离任）、陈劭瑜（2013年12月任）。

（杜　晗）

【因远镇】　2013年，全镇总人口30 157人，其中男15 441人，女14 716人；少数民族人口26 828人，占总人口的88.96%。人口自然增长率4.79‰。农村劳动力16 911人，其中从事第二、三产业的1 699人，占总劳动力的 10.05%。

2013年年末，全镇有耕地34 220亩，复种指数245%。全年粮食总产9 743吨，比上年增6.48%；油料总产48.2吨，比上年减3.73%。农业人口人均产粮354.7千克。年末，生猪存栏13 355头，比上年增3.49%；肥猪出栏20 296头，比上年增6.56%。大牲畜存栏7 581头，比上年增0.73%。水产品产量116吨，比上年增5.46%。全年投入水利建设资金669.15万元，水利化程度65%。

2013年有个私企业538个，从业人员2 208人，比上年增0%；企业总收入42642万元，比上年增0.006%；实现税利8 628万元，比上年增0.02%。

2013年，全镇农村社会总产值（现价）67 650万元，比上年增10%。工农业总产值（现价）56 551万元，比上年增7%。其中，工业总产值30 843万元，比上年增0.02%；农业总产值25 708万元，比上年增18.62%。农村经济总收入25 008万元，比上年增10%；农民人均纯收入6 622元，比上年增10%。

2013年，全镇财政收入2 280万元，比上年减4.8%；财政支出1 123万元，比上年增31.3%。年末，各项存款余额18 820.44万元，比上年增20.46%；人均储蓄存款余额6 240元，比上年增22.6%。

镇党委书记赵德禄（2013年1月离任）、白沙才（2013年3月任），人大主席张玉发（2013年1月离任）、周国兴（2013年1月任），镇长白献红。

（杨　锐）

【曼来镇】　2013年，全镇总人口30 946人，其中男16 019人，女14 927人；少数民族人口18 810人，占总人口的60.8%。人口自然增长率-0.73‰。农村劳动力19 690人，其中从事第二、三产业的2 444人，占总劳动力的12.4%。

2013年年末，全镇有耕地43 594亩，复种指数106%。全年粮食总产19 194.9吨，比上年增13.2%；油料总产61吨，比上年增13%。农业人口人均产粮723千克。年末，生猪存栏21 409头，比上年增3.9%；肥猪出栏23 761头，比上年增7.4%。大牲畜存栏9 394头，比上年增4.5%。水产品产量58吨，比上年增7.4%。全年投入水利建设资金174.95万元，水利化程度68%。

2013年，全镇农村社会总产值（现价）51 909万元，比上年增8.4%。工农业总产值（现价）50 422万元，比上年增8.4%。其中，工业总产值11 560万元，比上年增0.1%；农业总产值38 862万元，比上年增11.1%。农村经济总收入36 594万元，比上年增14.1%；农民人均纯收入6 304元，比上年增9.3%。

2013年，全镇财政收入826万元，比上年增2.1%；财政支出1 155万元，比上年减48.6%。年末，各项存款余额20 313万元，比上年增5.2%；人均储蓄存款余额6 564元，比上年减5.7%。

镇党委书记白沙才（2013年2月离任）、杨万昌（2013年2月任），人大主席宋燕，镇长杨万昌（2013年2月离任）、李剑东（2013年2月代理）。

（陈　娟）

【咪哩乡】　2013年，全乡总人口15 740人，其中男8 505人，女7 235人；少数民族人口13 237人，占总人口的84.1%。人口自然增长率4‰。农村劳动力8 542人，其中从事第二、三产业的833人，占总劳动力的9.7%。

2013年年末，全乡有耕地21 107亩，复种指数30%。全年粮食总产4 471吨，比上年增3.2%；油料总产879吨，比上年增24.2%。农业人口人均产粮284千克。年末，生猪存栏7 889头，比上年增3.3%；肥猪出栏7 543头，比上年增7.2%。大牲畜存栏3 338头，比上年增1.1%。水产品产量13吨，比上年增18.1%。全年投入水利建设资金2 200万元，水利化程度58%。

2013年有个私企业371个，比上年增243个，从业人员369人，比上年增50%；企业总收入3 045万元，比上年增26%；实现税利20万元，比上年增33%。

2013年，全乡农村社会总产值（现价）17 903万元，比上年增3%。工农业总产值（现价）11 353万元，比上年增4%。其中，工业总产值891.5万元，比上年增6%；农业总产值10 580万元，比上年增5%。农村经济总收入8 401万元，比上年增15%；农民人均纯收入3 829元，比上年增16%。

2013年，全乡财政收入3 279万元，比上年增0.5%；财政支出2 424万元，比上年增72%。年末，各项存款余额2 969万元，比上年增4.1%；人均储蓄存款余额1 886元，比上年增4.2%。

乡党委书记白继光（2013年11月离任）、白宝龙（2013年11月任），人大主席白宝龙（2013年11月离任）、李接明（2013年11月提名为人大主席团常务主席候选人），乡长杨斗解。

（郑东平）

【羊街乡】　2013年，全乡总人口18 527人，其中男9 654人，女8 873人；少数民族人口16 904人，占总人口的91.24%。人口自然增长率2.31‰。农村劳动力10 301人，其中从事第二、三产业的1 656人，占总劳动力的16.08%。

2013年年末，全乡有耕地33 521亩，复种指数157.16%。全年粮食总产8 203.4吨，比上年减0.99%；油料总产10.7吨，比上年增67.19%。农业人口人均产粮461千克。年末，生猪存栏13 106头，比上年增3.2%；肥猪出栏18 042头，比上年增11.8%。大牲畜存栏3 670头，比上年增1.1%。水产品产量28吨，比上年增21.74%。全年投入水利建设资金106万元，水利化程度49.6%。

2013年有个私企业208个，比上年增10个；从业人员434人，比上年增13%；企业总收入2 803万元，比上年增14%；实现税利51万元，比上年增7%。

2013年，全乡农村社会总产值（现价）15 612万元，比上年增14.95%。工农业总产值（现价）15 612万元，比上年增14.95%。其中，工业总产值420万元，比上年增68.67%；农业总产值15 192万元，比上年增13.95%。农村经济总收入14 222万元，比上年增17.7%；农民人均纯收入5 006元，比上年增18.54%。

2013年，全乡财政收入922万元，比上年增1.6%；财政支出976万元，比上年增60.35%。年末，各项存款余额7 549万元，比上年增23.92%；人均储蓄存款余额4 075元，比上年增

23.67%。

乡党委书记白文华（2013年3月离任）、王森（2013年3月任），人大主席王金学，乡长王森（2013年3月离任）、段者行（2013年3月代理乡长）。

（杨　明）

【那诺乡】　2013年，全乡总人口18 172人，其中男9 289人，女8 883人；少数民族人口16 847人，占总人口的92.71%。人口自然增长率2.12‰。农村劳动力13 285人，其中从事第二、三产业的3 234人，占总劳动力的24.34%。

2013年年末，全乡有耕地16 403亩，复种指数251。全年粮食总产6 144.1吨，比上年增0.24%；油料总产28.7吨，比上年增3.99%。农业人口人均产粮341千克。年末，生猪存栏17 476头，比上年增2.64%；肥猪出栏11 086头，比上年增6.74%。大牲畜存栏1 791头，比上年增0.96%。水产品产量43.2吨，比上年增16.76%。全年投入水利建设资金352万元，水利化程度88%。

2013年有个私企业158个，比上年增5个；从业人员223人，比上年增5.1%；企业总收入2 150万元，比上年增5.3%；实现税利24万元，比上年增5.4%。

2013年，全乡农村社会总产值（现价）8 618万元，比上年增8.8%。工农业总产值（现价）7 618万元，比上年增5.6%。其中，工业总产值180万元，比上年增2.9%；农业总产值8 438万元，比上年增10.2%。农村经济总收入7 602万元，比上年增10.2%；农民人均纯收入3 728元，比上年增7.2%。

2013年，全乡财政收入433万元，比上年增2.1%；财政支出535万元，与上年持平。年末，各项存款余额6 270万元，比上年增12.1%；人均储蓄存款余额3 398元，比上年增15.1%。

乡党委书记何志强（2013年2月离任）、刘荣（2013年2月任），人大主席段者行（2013年2月离任）、张福宝（2013年2月任），乡长王里成。

（刘秀华）

【洼垤乡】　2013年，全乡总人口11 329人，其中男5 731人，女5 598人；少数民族人口10 197人，占总人口的90%。人口自然增长率-2.7‰。农村劳动力6 133人，其中从事第二、三产业的254人，占总劳动力的4%。

2013年年末，全乡有耕地19 664亩，复种指数149%。全年粮食总产5 915.8吨，比上年增1.7%；油料总产55.6吨，比上年减13%。农业人口人均产粮522千克。年末，生猪存栏15 756头，比上年增4.6%；肥猪出栏13 452头，比上年增7.1%。大牲畜存栏5 720头，比上年增1.6%。水产品产量33吨，比上年增3%。全年投入水利建设资金380万元。

2013年，有个私企业135个，比上年增5个；从业人员149人，比上年减43%；企业总收入3 065万元，比上年减15.1%；实现税利92万元。

2013年，全乡农村社会总产值（现价）16 239万元，比上年增15.6%。工农业总产值（现价）15 006万元，比上年增8.3%。其中，工业总产值3 449万元，比上年减0.6%；农业总产值11 557万元，比上年增11.2%。农村经济总收入9 752万元，比上年增3.9%；农民人均纯收入3 603元，比上年增1.4%。

2013年，全乡财政收入1 025万元，比上年增16.4%；财政支出1 025万元，比上年增16.4%。年末，各项存款余额9 848万元，比上年增4%；人均储蓄存款余额8 428元，比上年增0.8%。

乡党委书记黄文康（2013年7月离任）、白雄（2013年12月任），乡长白雄（2013年12月离任）、白新华（2013年12月代理乡长），人大主席吴海燕（2013年12月离任）、白永德（2013年12月任）

（杨　波）

【龙潭乡】　2013年，全乡总人口8 205人，其中男4 323人，女3 882人；少数民族人口6 810人，占总人口的83%。人口自然增长率-3.37‰。农村劳动力5 382人，其中从事第二、三产业的1 224人，占总劳动力的22.73%。

2013年年末，全乡有耕地15 888亩，复种指数180%。全年粮食总产4 366.5吨，比上年增0.3%；油料总产16.8吨，比上年增24.4%。农业人口人均产粮549.38千克。年末，生猪存栏8 856头，比上年增2.9%；肥猪出栏4 922头，比上年增6%。大牲畜存栏3 727头，比上年增0.5%。水产品产量17吨，与上年持平。全年投入水利建设资金80万元，水利化程度44%。

2013年有个私企业118个，比上年减1个，从业人员172人，比上年减1.1%；企业总收入886万元，比上年增10.1%；实现税利96万元，比上年增5.4%。

2013年，全乡农村社会总产值（现价）8 179万元，比上年增16%。工农业总产值（现价）5 887万元，比上年增19%。其中，农业总产值5 887万元，比上年增19%。农村经济总收入5 066万元，比上年增10%；农民人均纯收入4 168元，比上年增10%。

2013年，全乡财政收入760万元，比上年增10%；财政支出438万元，比上年减15%。年末，各项存款余额5 385万元，比上年增95.8%；人均储蓄存款余额6 534元，比上年增11%。

乡党委书记朱学超（2013年3月离任）、赵江萍（2013年3月任，12月离任）、吴海燕（2013年12月任），人大主席杨志红（2013年1月任），乡长龙保山。

（白子瑞）

人物

编辑：王　斌

享受政府特殊津贴者

【施德林】 男，彝族，云南峨山县人，1963年7月生，大专学历，高级农艺师。现任玉溪市种子管理站副站长，玉溪市“三农”信息服务专家。

施德林28年来坚持在农业科研、推广、生产第一线从事杂交玉米自交系提繁、种子生产，玉米新品种的选育、引进试验、示范和农业技术推广工作，工作兢兢业业、任劳任怨，积累了丰富的实践经验和解决生产中技术疑难问题的能力，深受基层干部和农民群众的欢迎和好评。在杂交玉米亲本的引进、观察、鉴定利用；亲本的提纯、繁殖、原种生产；玉米新品种的引进、组配选育；杂交玉米种子生产、杂交玉米种子包衣剂的应用推广等方面，做了大量卓有成效的工作，取得了显著成绩。参加工作以来共获科技成果奖15项，其中：省部级二等奖一项、三等奖二项；地厅级二等奖四项、三等奖五项；县处级一等奖三项；在省级刊物上发表专业论文5篇（其中3篇为第1作者），2009年获玉溪市农业技术推广先进个人。

特别是近五年来，在杂交玉米新品种选育；新品种引进、示范推广；杂交玉米制种花期调控应用方面业绩突出。获成果奖3项次，其中省政府三等奖1项、地厅级二等奖1项（第一完成人）县处级一等奖1项，发表论文5篇（其中3篇为第1作者），2009年获玉溪市农业技术推广先进个人。主持选育的杂交玉米新品种“金峰一号”2008年通过云南省农作物品种审定委员会审定，审定编号为：滇审玉米2008008，成为全市唯一自有知识产权的玉米新品种。“金峰一号”累计推广应用面积46.48万亩，在全省增产幅度为15.4—54.4%，新增纯收益4 691.7万元，为玉溪市农业的发展做出了突出贡献。经云南省人民政府批准享受“2013年度云南省政府特殊津贴”。

【杨琼英】 女，汉族，1970年1月出生，中共党员，本科学历，中小学高级教师。现任玉溪第一小学校长兼书记。

杨琼英从事教育工作18年来，模范遵守职业道德规范，为人师表，无私奉献，全面实施素质教育，具有求实创新的治学态度和团结协作的团队精神，以师生的发展为本，积极进取，努力学习，不断提高政策和理论水平。她注重自身专业水平的提升，在教学实践的基础上注重英语教学理论、方法及学校管理研究，先后有7篇论文发表，近5年有5篇，省级刊物3篇，市校长论坛专辑2篇，区级刊物2篇。先后执教各级观摩课、研究课、示范课50多节。参加教学竞赛荣获“全国英语教学录像课大赛一等奖”、“云南省首届小学英语教学大赛一等奖”、“玉溪市英语教学大奖赛一等奖”、“云南省科技创新大赛英语课件制作一等奖”。作为玉溪市小学英语教学课改专家、学科带头人，指导培养了一大批各级骨干教师，参加全国、省、市、区课堂教学大奖赛获得优异成绩。先后参与和主持开展课题研究12项，近5年主持开展课题研究并已经结题4项。杨琼英独特的办学思想曾经在中国校长论坛、新华网、云南省校长大会、玉溪市两届校长论坛上作经验交流，均得到同行和专家的赞赏。在她的带领下，学校综合办学质量和水平得到快速提升，学校在玉溪市内及省内外的知名度迅速提升。近5年来，杨琼英先后被评为第六届全国百名优秀小学校长、第六届全国中小学外语教师园丁奖、全国“生命致慧先进工作者”、全国优秀小学校长、云南省中小学名校长、红塔区优秀校长；荣获第二届“玉溪青年五四奖章”。被聘为“全国小学课程改革联盟”理事会常务理事、中国教育学会小学教育专业委员会理事、云南省政府教育督导专家、云南省教育技术专家、云南省中小学教材审定委员会专家库学科专家、云南省小学英语名师工作室主持专家、玉溪市第二、三届青联委员、红塔区第二、三届政协委员、玉

溪市区第四届人大代表等。经云南省人民政府批准享受“2013年度云南省政府特殊津贴”。

【秦雪屏】女，汉族，1959年10月出生，中共党员，大专学历，副主任医师。现任玉溪市中医院党委委员、副院长、工会主席。

秦雪屏具有良好的医德医风，致力于中医事业，善于攻克疑难杂症，急病人之所急，想病人之所想，三十几年如一日，始终不倦。秦雪屏的学历不是最高，但是她的医疗技术水平和爱岗敬业表现在医院却是出了名的。她以对患者高度负责的职业操守和精湛娴熟的专业技术，为患者提供优质的医疗服务。“用医学技术为病人解除痛苦，延长病人生命或提高生存质量，让患者用低代价换取最好治疗效果”是她遵循的操守。她在中医事业上的建树带动了医院的发展，也深受病人的信赖和同行的认可。为此，不仅各地邀请她去会诊次数越来越多，而且还多次受邀参加专业学术会议，进行大会发言和专题学术交流。同时，她结合临床经验积极申报科研课题，不停地在医学海洋中探索。主持参与完成科研成果7项，其中，市卫生局科技进步二等奖6项，三等奖1项；公开发表论文12篇，其中，国家级4篇，省级8篇。

她先后被云南省妇联授予“三八红旗手”荣誉称号；玉溪市委、市人民政府创建国家卫生城市工作先进个人，玉溪市妇联授予“三八红旗手”、“玉溪市巾帼建功标兵”称号；玉溪市卫生局评为在“十五”期间卫生工作先进个人；玉溪市直属机关、市卫生局授予“优秀共产党员”称号。经云南省人民政府批准，享受“2013年度云南省政府特殊津贴”。

（市人事局）

受表彰人物

【杨剑纲】男，彝族，1978年7月出生，中共党员，云南省元江县人，在职研究生学历，经济学学士，现任玉溪市财政局经济建设科科长。

杨剑纲自参加工作以来，主要从事基建财务管理，负责做好财政项目建设资金的安排和拨付、政府信用贷款的筹措及市级基建信用、偿债资金等账户的核算工作，参与过基本建设项目管理制度建设，规范资金使用以及《玉溪市可再生能源建筑应用城市示范项目管理办法》、《玉溪地质灾害防治项目管理办法》、《关于进一步加强矿产资源勘查开发利用管理的意见》等制度的起草制定工作。在平凡的工作岗位上，杨剑纲刻苦钻研业务，爱岗敬业，任劳任怨，踏实履行为国理财、为民服务的誓言，深受领导和同事的一致好评，多次受到上级部门的表彰。2013年，被云南省人民政府评为“云南省2008-2012年城镇生活污水生活垃圾处理设施建设先进个人”。

（市财政局）

【柴文斌】男，汉族，1965年10月出生，大学本科学历，现任玉溪市发展和改革委员会价格管理和成本监审科科长、同时兼任玉溪市价格调节基金管理中心主任。

柴文斌在日常价格管理工作中，经常深入县区水厂、供电部门、农产品成本调查户等基层单位，收集掌握第一手资料，为市委、市政府提供决策参考。在稳定物价保障市场供应方面，他结合玉溪实际提出有针对性的工作措施和办法，较好完成了物价调控工作任务。柴文斌在执行好国家和省各项政策的同时，不断探索价格管理工作新举措，使玉溪的价格管理工作不断推陈出新，走在全省前列。由他牵头起草的抚仙湖环境资源保护费征收标准，开创了云南省“九大高原湖泊”保护新途径；组织参与建立价格调节基金，创建地方政府稳定物价保障市场供应的长效工作机制；超前谋划，率先在全省设立平价农副产品商店试点，玉溪市平价农副产品商店建立在全省处于领先位置。

2013年12月，柴文斌被国家人力资源和社会保障部、国家发展和改革委员会授予“全国价格工作先进工作者”荣誉称号。

（柴文斌）

第三届“玉溪青年五四奖章”

王春丽　玉溪市特殊教育学校教务处主任

李　佳　新平供电有限公司生产技术部主任

李子财　玉溪沃森生物技术有限公司生产管理部副经理

李春华　红塔集团玉溪卷烟厂制丝一车间电气修理室技师

杨艳春　云南腾达机械制造有限公司董事长

赵　旭　残疾人运动员

胡电喜　玉溪师范学院讲师

徐　松　玉溪市人民医院骨外一病区主治医师

郭浩然　玉溪市公安局禁毒支队毒品查缉机动队副队长

普春芬　华宁县新庄社区龙洞小组组长

第三届玉溪市道德模范

诚实守信道德模范

黄运喜　男，云南万绿生物股份有限公司董事长兼总经理

合绍凯　男，通海县南方不锈钢有限公司董事长

见义勇为道德模范

许文春　男，通海县四街镇大营村治保主任

薛燕春　男，红塔区高仓街道桃源15组居民

敬业奉献道德模范

陶应全　男，原华宁县青龙镇糯

租村委会绿塘子村民小组长

周　祯　男，新平县龙泉、花山公园管理所负责人

孝老爱亲道德模范

汪存焕　女，江川县江城镇左卫村委会宝塔营下村村民

储从望　男，玉溪师范学院教职工家属

助人为乐道德模范

毛金凤　女，玉溪市人民医院工作人员

谢成明　男，峨山县化念镇党宽村村党总支副书记

第三届玉溪市道德模范提名奖名单：

诚实守信道德模范提名奖

周　颖　女，云南卓一食品有限公司董事长

何琼萍　女，易门益生绿色食品有限责任公司总经理

见义勇为道德模范提名奖

余本顺　男，中云园林公司员工

张荣生　男，澄江县人民检察院工作人员

敬业奉献道德模范提名奖

溥发荣　男，通海县山区邮政员

田　华　女，峨山县司法局双江司法所所长

孝老爱亲道德模范提名奖

施有文　男，通海县高大乡代办村二组村民

祥自文　男，元江县洼垤乡老茶已村委会芒木冲村民小组组长

助人为乐道德模范提名奖

李　凭　男，新平县扬武镇顺水小学教师

刘永贵　男，通海县四知堂诊所负责人

（宣传部）

关于玉溪市2013年国民经济和社会发展计划执行情况与2014年国民经济和社会发展计划草案的报告（书面）

——2014年2月20日在玉溪市第四届人民代表大会第二次会议上

玉溪市发展和改革委员会

各位代表：

受市人民政府委托，现将玉溪市2013年国民经济和社会发展计划执行情况与2014年国民经济和社会发展计划草案提请市四届人大二次会议审查，并请市政协委员提出意见。

一、2013年国民经济和社会发展计划执行情况

过去的一年，面对宏观环境整体偏紧、经济下行压力加大的严峻形势，全市上下认真贯彻落实中央、省和市委的决策部署，坚持稳中求进的总基调，进一步深化市情认识，着力作好解放思想、改革创新、招商引资三篇大文章，各项工作取得了明显成效，经济实现平稳发展，民生得到不断改善。

（一）主要指标完成情况

对照市四届人大一次会议审议批准的国民经济和社会发展计划目标，据统计数据，全市生产总值完成1 102.5亿元，增长10.2%，低于计划目标3.8个百分点；规模以上固定资产投资完成393.7亿元，增长37.1%，高于计划目标2.1个百分点；地方公共财政预算收入106亿元，增长17.5%，高于计划目标1.5个百分点；社会消费品零售总额226.3亿元，增长14%，低于计划目标4个百分点；城镇居民人均可支配收入24 276元，增长13.5%，低于计划目标1.5个百分点；农民人均纯收入8 925元，增长17%，高于计划目标1个百分点；城镇化率达到44.1%，低于计划目标1.9个百分点；单位生产总值能耗下降3.6%、居民消费价格指数102.8%、城镇登记失业率3.35%、人口自然增长率5.5‰，均控制在目标范围内。

（二）经济社会发展的主要特点

1. 综合实力稳步提升，总体发展稳中有进

面对更加复杂的外部环境，市委、市政府不断加强经济运行的跟踪调度和专项检查力度，牢牢把握经济工作主动权，促进了全市经济平稳发展。一是非烟经济发展好于上年。非烟生产总值完成766.3亿元，增长14.3%，保持了两位数以上的增长，较上年提高1.1个百分点，均高于全国、全省平均水平。二是经济增长效益稳步提升。通过加大财源培植力度，财政收入较快增长，全市完成财政总收入448.3亿元，增长11.1%。随着经济的发展，城乡居民收入快速增长，达到了两位数以上增速。全市金融机构人民币存款余额1 129.2亿元，比上年增长12.7%，贷款余额708.4亿元，比上年增长12.1%。三是物价得到有效控制。居民消费价格指数圆满完成与省签订的目标任务。四是就业形势基本稳定，城镇新增就业2.1万人，超额完成全年计划目标。

2. 项目建设成效显著，固定资产投资保持较快增长

坚持大项目带动战略，加大日常监管和督查力度，全力推进重大项目建设，全市规模以上固定资产投资增速较上年提高12个百分点，高出全省平均水平10.1个百分点，创十年来新高。省“三个一百”重大项目进展顺利，市委、市政府重点推进的57个5亿元以上重大项目完成投资119亿元，占全市完成投资额的 30.7%。积极推行征地补偿费折价入股、保本付息办法、认真贯彻落实产业建设年行动计划，玉蒙铁路开通运营，华宁磨豆山风电场、500千伏宁州变和9个220千伏、110千伏输变电项目建成投产，昆玉铁路扩能改造、晋江高速、晋红高速、沃森三期、烟叶存储仓库、烟草薄片等项目进展顺利，基础设施建设和工业两大重点行业投资快速增长，两大行业完成投资额占全市的比重达到41.6%。着力解决建设项目资金瓶颈，投融资体制改革取得新突破，出台加快推进市属投融资公司改革发展的实施意见和11个配套文件，全市完成融资167.7亿元。深化行政审批制度改革，推行项目联审联批，简化项目审批程序，项目审批服务效率进一步提高，全市取消行政审批管理项目40项，下放行政审批管理项目37项，合并行政审批管理项目55项，审批时限压缩三分之二以上。积极开展“转作风、送服务、送承诺”活动，各职能部门主动联系25个重大项目业主，共送出承诺书6份，涉及审批事项20多项。

3. 发挥优势狠抓产业，产业发展取得新进展

坚持稳增长与调结构相结合，认真贯彻落实产业建设年各项工作，明确了产业建设年三年目标任务、工作重点、工作措施等，产业建设力度不断加大。

一是非烟工业保持快速增长。针对市场需求不振、主要工业产品价格下滑等不利因素，出台一系列扶持工业发展的政策措施，规模以上工业增加值完成579亿元，增长6.8%，其中非烟工业增速达到14.7%，高于生产总值增长水平。主要工业产品产量实现增长，其中精炼铜、钢材、纸制品等产品产量增幅均在20%以上，全社会用电量124.9亿千瓦时，增长7.9%。园区建设力度加大，省级工业园区增加至6个，园区实现工业总产值1 288.3亿元，占全市工业总产值比重达到79.7%。

二是农业生产平稳增长。以抗大旱保生产、抓产业促增收、强服务促科技为重点，农村经济克服连年严重干旱影响，农业增加值完成112.4亿元，增长7.2%。粮食生产连续八年增长，总产量达6亿千克。圆满完成175.7万担烤烟收购任务。畜牧业平稳增长，全市生猪存栏169.1万头，增长3.7%，实现肉蛋奶总产4.6亿千克。油料、花卉、林果等特色产业加快发展，褚橙庄园、琴淮酒庄和云茶山庄列为省级庄园。农业基础设施建设进一步加强，完成9件重点水源和54件小（二）型水库除险加固工程，全市库塘蓄水突破4亿立方米，完成中低产田改造22万亩。

三是服务业加快发展。旅游文化产业带动作用进一步增强，帽天山历史文化旅游项目—寒武纪乐园等重点旅游建设项目有序推进，成功举办玉溪中秋国庆大型灯会，玉溪旅游知名度得到进一步提升。全市接待国内外游客1 756.4万人次，增长20.2%，实现旅游总收入85.6亿元，增长21.3%。农产品、汽车、建材、家具等市场建设顺利推进，商贸持续繁荣，玉溪入选首批国家信息消费试点城市。

4. 招商引资成效显著，对外开放步伐加快

通过召开全市招商引资大会，出台加强招商引资政策措施和考核奖励办法，明确了13个产业招商总局、32家市直单位和八县一区招商引资任务，招商引资质量和水平明显提升，引资成效逐步显现，全市实施市外国内引资项目664项，引进市外国内资金407.2亿元，增长182%，实际到位外资6 742万美元，增长46%。全市进出口总额完成7.1亿美元，增长34%，其中农产品出口迅猛增长，占全市出口总额的77.3%，增长46.5%。

5. 统筹城乡协调发展，城乡规划建设步伐加快

城乡规划建设管理步伐加快，制定出台《关于进一步开放规划和建筑设计市场的意见》和《玉溪市城乡规划管理办法》。开展了中心城区城市规划设计，完成“三湖”生态城市群规划初步方案，省级3个特色旅游小镇和村庄规划全部完成，实现规划全覆盖。中心城区建设不断加快，棋阳路二期、康井路、新西河路、烟厂库区专用道路、九龙立交建成通车，平战结合人防工程、红龙路改扩建、雨污管网改造等工程有序推进，积极开展4个城市综合体规划建设，星海国际广场、新天地商业广场开工建设。严格规划执法和城市管理执法，拆除临时违章建筑215万平方米，城市环境进一步提升。启动美丽家园行动，编制完成玉溪市道路交通和环境综合整治三年计划，重点公路沿线、“三湖”周边821个村容村貌整治顺利推进，实施了27个试点村特色民居建设，中心城区“创模”、各县县城“创卫”、“创园”工作有序推进。完成农村居民转户进城17.4万人，超额完成省下达的目标任务。

6. 高度重视生态建设，生态环境不断改善

“三湖”水污染综合防治“十二五”规划建设项目总体进展顺利，65个项目完工23项，在建30项，开展前期工作12项，完成投资13.8亿元。抚仙湖保护治理“四退三还”、抚仙湖北岸生态湿地、东片区暨“三湖”生态保护水资源配置应急等工程扎实推进，退田5 632亩，种植乔灌木50多万株，拆除抚仙湖一级保护区至环湖公路外侧50米范围内临时违章建筑21.8万平方米，争取召开了省政府抚仙湖保护治理工作会，抚仙湖进入国家江河湖泊生态环境保护重点名录。完善了“三湖”、东风水库、飞井海水库主要河道河长负责制，农业面源污染治理力度加大，拆除塑料大棚1.4万亩。完成人工造林16.5万亩、封山育林18.3万亩，治理水土流失195.8平方千米。积极开展环保专项行动，完成96个重点减排项目，全市重点建设项目环境影响评价制度执行率和“三同时”执行率达到100%。

7. 社会事业全面进步，民生问题持续改善

实施积极的就业政策，培训农村劳动力3.2万人，转移3.1万人。社会保障体系不断完善，上调最低工资、养老保险待遇、失业补助和城乡低保补助标准，取消新型农村合作医疗参合农民住院报销年封顶线，五大保险参保人数达到130.5万人，超额完成年度目标任务。充分发挥价调基金作用，19个农副产品平价商店投入运营。认真组织实施各项扶贫项目工程，解决5万农村贫困人口脱贫。建成11 842套城镇保障性住房，改造18 804户农村危房。教育事业加快发展，中小学校舍安全工程暨美丽100校园行动计划启动实施，农村义务教育学生营养改善计划和跨村就读学生交通费补助全面落实。医疗卫生服务体系建设步伐加快，县级公立医院改革试点稳步推进，市儿童医院、市急救中心等项目加快推进，易门中医院和中央预算内投资的6个乡镇卫生院、20个村卫生室建设进展顺利。实施文化惠民工程，基层公共文化服务体系进一步完善，群众性文化活动广泛开展。科技创新及成果转化得到加强，成立首个市内

院士工作站，5户企业获省级创新型试点认证。人口和计划生育工作不断加强。创新社会管理取得新成效，社会治安、安全生产、食品药品监管等工作全面加强。

回顾一年来的工作，我市经济运行在极其困难的情况下取得明显成效，成绩来之不易，但我们也要清醒认识到，我市加快发展的任务繁重，跨越发展的支撑能力还不够强，需要在下一步的工作中认真加以解决：一是支柱产业单一，非烟产业不强，支撑经济较快增长的基础仍不牢固；二是投资结构仍不合理，生产性项目尤其是工业项目投资占比不高，项目前期工作推进缓慢；三是由于我市生态环境保护任务繁重，资源环境约束压力大，调结构转方式、促进产业结构转型升级的任务艰巨；四是财政收支平衡难度加大，“吃饭与建设”矛盾依然突出。

二、2014年国民经济和社会发展主要目标和任务

今年是全面贯彻党的十八届三中全会精神、全面深化改革的第一年，是为全面完成“十二五”规划奠定坚实基础的关键之年，做好今年的工作具有十分重要的意义，综合考虑我市面临的宏观发展环境和发展条件，按照市委四届四次全会对2014年经济工作的要求，并与“十二五”规划纲要相衔接，全市经济社会发展主要预期目标建议为：

——全市生产总值增长12%以上；

——单位生产总值能耗下降3.2%以上；

——规模以上固定资产投资增长40%以上；

——地方公共财政预算收入增长13%以上；

——社会消费品零售总额增长14%以上；

——城镇居民人均可支配收入增长12%以上；

——农民人均纯收入增长13%以上；

——城镇化率提高2个百分点；

——居民消费价格指数控制在103.5%左右；

——城镇新增就业人数2万人；

——城镇登记失业率控制在4.3%以内；

——人口自然增长率控制在5.3‰以内。

为实现上述宏观预期目标，我们要深入学习领会党的十八届三中全会、中央经济工作会议、中央城镇化工作会议和省委九届七次全会精神，准确把握国家宏观政策导向，认真贯彻落实市委四届四次全会各项工作部署，着力抓好改革创新、基础设施建设和生态文明建设，着力增强发展内生动力，推进经济社会和谐发展。建议重点抓好以下七个方面工作：

（一）积极增投资促消费，增强加快发展的后劲

在发挥好投资第一推动力作用的同时，把促进消费需求增长作为拉动我市经济增长的重要手段，形成投资、消费齐头并进的良好局面。

一是调整优化投资结构，加快基础设施建设。坚持扩大投资与推动产业结构调整并举，实施好50项续建、50项新建、50项前期、50项招商引资等“4个50项”产业建设示范带动项目计划，力争工业投资比重比上年提高5个百分点以上。围绕桥头堡和滇中城市经济圈建设，继续扩大以交通为重点的基础设施投资规模，超常规建设对外大通道，重点加快昆玉铁路扩能改造、晋宁—江川、晋宁—红塔区高速等在建项目进度，开工建设红塔区—江川、江川—通海高速公路、城南交通枢纽中心，做好玉溪—磨憨铁路，新平—临沧高速、通海—华宁—弥勒、新平河口—元江等公路前期工作，抓好昆明—澄江—江川—红塔区轨道交通和2个通勤机场规划。强化水利建设，加快元江鲁布、马鞍山、尼去本、龙潭坝水库建设，开工建设红塔区平滩箐、易门团结等6座小（一）型水库，做好滇中引水、元江清水河等6座小（一）型水库前期工作，完成40件小（二）型病险水库除险加固。以推进国家信息消费试点城市建设、创建国家信息惠民示范城市为契机，加快信息通信设施建设，推进“三网融合”，提升信息服务和网络保障能力，打造“无线城市、智慧玉溪”。

二是抓好重点项目实施，更加重视项目投资管理。认真实施“大项目带动”战略，把加快推进列入省级“三个一百”重点项目和市级5亿元以上重大项目、1～5亿元项目作为促进固定资产投资快速增长的具体抓手，全力以赴加快推进一批重大项目建设，力争续建项目投资计划完成率达到75%、新建项目开工率达到60%以上。深入开展项目前期工作，提高重大项目储备数量与质量。深化行政审批制度改革，做好国家和省下放行政审批事项的承接工作，继续贯彻落实投资项目审批服务承诺时限压缩有关规定，进一步提高投资项目审批效率和服务质量。强化落实重大项目建设协调推进制、跟踪问效制、倒逼制和问责制，加强重点项目监督管理，确保建设工程质量和安全。

三是加大招商引资力度，强化项目建设资金、土地等要素保障。创新招商引资方式，主动承接发达地区产业转移，谋划好100项重大招商引资签约项目三年滚动计划，做好招商引资已签约项目的落地工作，确保实际利用外资增长10%、市外国内资金增长30%以上。积极推进投融资体制改革和财税体制改革，加快市属投融资公司合理高效融资、建设、良性健康发展。合理布局政府投资，进一步激发民间投资活力，完善支持民间投资健康发展的配套措施和实施细则，确保民间投资比重达60%以上。建立健全政府良性投融资机制，扩大直接融资渠道，提高政府存量资产效益，严控政府融资压力和风险。建立完善重点项目用地保障机制，使用好低丘缓坡土地，引导工业项目向园区集中，积极推行征地补偿费折价入股，解决基础设施建设用地问题。继续加大向上争取力度，力争在资金、项目和政策争取上取得新进展。

四是积极扩大消费需求，充分发挥消费的基础性作用。执行好国家和省促进消费的各项政策措施，加快养老服务、信息消费、特色医疗等新的消费热点培育。做好再生资源回收体系试点城市工作，探索中心城区便民直供直销菜店建设，深入推进“万村千乡市场工程”，抓好2个农产品批发市场升级改造和2个配送中心、1个乡镇商贸中心建设，建成10个社区农超便利店。健全社会信用体系和市场监管体系，改善居民消费环境，促进消费市场持续繁荣，不断增强消费对经济增长的拉动作用。

（二）加快产业转型升级，进一步增强产业支撑作用

立足玉溪比较优势，以促进产业加快发展和优化升级为主攻方向，实施科技创新驱动战略，打好非烟经济发展攻坚战，为全市跨越发展奠定坚实基础。

一是集中力量做大做强产业。进一步完善产业发展规划，落实产业建设年三年行动计划实施意见，构建加快推进产业发展的工作机制。巩固提升传统支柱产业，发挥好烟草产业对稳定全市经济增长的支撑作用，支持配合云南中烟“两统一、两整合”改革，加强相关政策对接，推进卷烟产品结构调整。发挥好市场在资源配置中的决定性作用，利用市场倒逼机制，多策并举优化存量产能，加快淘汰落后产能，加大行业整合力度，推动受市场影响较大的矿冶产业转型升级。争取国家和省更多支持，推进易门资源枯竭城市接替产业培育。加快发展装备制造、生物医

药、新材料、新能源、节能环保等产业，实施新一轮创新型玉溪行动计划，启动一批战略性新兴产业重大项目，为工业后续发展提供动力，确保工业增加值增长13%以上。加快昆玉红旅游文化产业经济带建设，推进抚仙湖—星云湖生态建设与旅游改革发展综合试验区建设，强化旅游基础设施建设和配套服务，推进乡村旅游提档升级，开通红塔区至晋宁、易门、峨山等乡村生态环线公路，打造秀山历史文化、玉溪灯会、新平樱花城、元江冬季旅游度假等品牌，建设玉溪高端旅游产品集群，确保旅游总收入增长16%以上。加快发展IT产业，积极推进电子商务、信息服务、连锁经营等新型服务。加大培育现代物流业力度，加强物流基础设施和物流网络建设。引导房地产业健康发展，开拓楼宇经济，促进服务业提质增效，确保第三产业增加值增长13%以上。

二是实施好产业项目建设。围绕产业建设年实施意见要求，积极推进2014年产业建设示范带动项目。农业方面，继续推进新平褚橙庄园、琴淮庄园、峨山云茶山庄等项目；工业方面，加快烟草薄片、大红山铁矿800万吨铁矿采选扩建、红塔集团打叶复烤车间易地搬迁技术改造和烟叶存储仓库，韵雅科技药用黄腐酸生产、蓝晶科技LED衬底片产业化，联塑科技10万吨新型塑料管材、绿光科技120万套LED导光灯具、兴红太阳能10万台热水器、力高箱包、银河化工、玉溪机床等在建项目建设进度。开工建设创新包装产业园、万绿集团芦荟产业化、太标年产1万台数控机床光机、上海电气风电发动机制造等重大项目，争取汽车、通用航空和云计算产业布局玉溪；商贸物流方面，加快推进得胜商业中心、通力运输有限公司物流、中石化玉溪油库9万方改扩容技改、玉溪福星商贸有限公司仓储物流等项目；旅游文化方面，加快帽天山历史文化旅游项目—寒武纪乐园、仙湖锦绣、仙湖山水等项目建设；能源电力方面，加快中石化和中石油成品油管道、中石油天然气管道，雨果、老独寨水电站，抓好11个110千伏、220千伏输变电工程建设，开工建设向阳山、羊岔街风电场、甘庄光伏发电等项目，做好盘龙水电站、大丫口及联兴风电场、甘坝子光伏发电等项目前期工作。

三是加快推进园区建设，促进产业集聚发展。采取超前规划、保障项目用地、灵活融资、理顺健全园区管理体制机制等措施，用好玉溪国家高新技术产业开发区各项政策，加快高新区和10个特色工业园区建设，高标准高起点抓好大化产业园区规划建设，推进易门滇中产业新区加快发展。按照各园区产业定位，推动园区产业招商、以商招商，力求在引进国内外500强企业和有实力的国内民营企业进入工业园区发展取得突破。加快园区基础设施建设，不断提升园区产业承载能力，建成标准厂房50万平方米。大力发展民营经济，提高非公经济比重，实施好中小企业成长工程，力争3户以上成长型中小企业进入大企业行列，20户以上小微企业进入规模以上企业，确保民营经济增加值增长16%以上。

（三）巩固农业基础地位，促进农业农村经济发展

发挥玉溪农业比较优势，进一步提升农业发展水平，确保农业增加值增长7%以上。

一是稳定重要农产品生产。在保证粮食安全的前提下，合理布局农业特色产业，加快核桃、竹子、蓝莓等林果产业发展，抓好65.8万亩烤烟种植、164.5万担烤烟收购任务和蔬菜、油料、甘蔗、花卉、生物药等特色农产品生产。以生猪、家禽为重点，突出发展规模化养殖，抓好33个生猪规模养殖场规划建设，加强重大动物疫病防治，确保畜牧业产值增长10%以上。

二是大力发展高原特色农业。积极推进农业庄园建设，加快实施省级立项支持的3个农业庄园，力争每个县区启动2个以上农业庄园建设。推进农村土地承包经营权、林权、宅基地使用权确权发证和抵押改革试点工作，促进农村土地良性流转，允许农民以承包经营权入股发展农业产业化经营，构建新型农业经营体系，不断提高农业规模化和专业化水平，重点扶持121户市级以上龙头企业发展，力争新增市级以上龙头企业5户、认定4个市级高原特色农业科技示范园。强化农产品质量安全监管，加大高原特色农产品品牌建设力度，做强做大“云菜”、“褚橙”品牌，新认定10个“三品一标”农产品。

三是强化农业农村基础设施建设。继续争取国家和省的支持，大兴农田水利建设，改造中低产田地14.8万亩，建成“爱心水窖”1.2万口，解决8万人农村饮水安全问题，建设农村公路200千米。强化农业科研、技术推广、信息服务和农产品质检体系建设。实施新平、易门水土保持坡耕地综合整治、石漠综合治理工程等水土保持工程。加强农村户用沼气池、太阳能热水器建设，完成节柴改造5 000眼。

四是多渠道促进农民持续增收。全面落实强农惠农富农政策，确保各项补贴落实到位。在提升农业发展效益、培育农民增收新增长点同时，加强农民工培训转移就业，完成农村劳动力培训2.1万人，转移1.8万人。加大扶贫攻坚力度，完成浦贝乡整乡推进、200个整村推进和10个革命老区开发项目建设，实现5万农村贫困人口脱贫。

（四）扎实推进城乡一体化，形成城镇化发展新格局

坚持以人为核心的城镇化，加强规划布局，完善城乡规划编制体系，推动城乡协调发展、产业和城镇融合发展。

一是加快建设具有现代都市气息的宜居生态城市。按照“一城四点”的城市空间结构布局，做好北城新区规划建设，完成平战结合人防工程和玉山一路二路、高仓立交和北城梅园立交改扩建主体工程、雨污管网改造等市政基础设施建设，积极推进4个城市综合体、东部面山生态休闲公园、玉溪植物园一期、红龙路改扩建、城南城北客运和公交换乘中心等项目，增强城市综合承载能力。加强城市经营管理，认真实施云南省玉溪城市管理条例，高效利用好拆临拆违后的土地资源，提升城市形象和品位，增强中心城区辐射带动作用。

二是强化县城和重点镇规划建设。继续加大“三湖”区域产业结构调整优化，按照主体功能区定位，进一步完善“三湖”县区的发展成果考核评价体系。抓住国家出台实施新型城镇化规划的机遇，加快推进江川、通海、澄江三县撤县设区（市）工作，尽快形成“三湖”生态城市群发展格局。认真抓好8个县城、13个省级特色小镇、23个市级重点镇和10个市级旅游小镇建设。探索建立城乡统一的建设用地市场，充分挖掘农村集体建设用地潜力，为促进新型城镇化发展增添动力。深化户籍制度改革，探索破解城乡建设与管理二元化问题，落实农业转移人口进城各项权益保障政策，有序推进农业转移人口市民化，力争新增城镇人口8万人以上。

三是深入实施美丽家园行动。扎实推进城乡人居环境提升行动和城乡环境综合整治行动，整合各类资源，突出传统特色和民族特色，以基础设施建设、人居环境整治、

村内道路硬化和绿化美化亮化为重点，启动20个美丽乡镇建设，完成200个特色民居村建设任务，建设生活宽裕、环境优美、特色鲜明、舒适宜居的新农村。

（五）加强生态建设和环境保护，促进生态文明建设

实施好生态立市战略，以“三湖二库”环境保护治理为重点，不断强化环境保护和生态建设力度，争当全省生态文明建设排头兵。

一是加大“三湖两库”治理保护力度。严格执行抚仙湖、星云湖、杞麓湖保护条例，认真实施“三湖”水污染综合防治“十二五”目标责任书项目。贯彻落实省政府抚仙湖保护治理工作会议精神，加快推进“四退三还”、东片区暨“三湖”生态保护水资源配置应急工程、抚仙湖北岸生态湿地工程(一期）、马料河流域主要河流水污染综合整治与生态修复、星云湖流域路居片区环境整治、星云湖退田还湖及湖滨带生态修复、飞井海水库环境综合治理，开工建设梁王河、山冲河小流域主要河流水污染治理与清水产流机制修复等项目，继续抓好东风水库水污染综合整治，做好杞麓湖环湖截污治污工程前期工作。

二是狠抓节能降耗工作。加大大气环境污染治理，强化节能减排目标责任制，完成79个减排项目，有效控制氮氧化物、化学需氧量等排放。抓紧完成“两污”主体及附属设施建设，加快推进“十二五”污水垃圾规划项目进度，完成通海县第二污水处理厂及配套管网等3项工程建设，加快推进易门国家循环经济示范县建设，全面完成与省签订的节能减排目标任务。

三是深入推进“森林玉溪”和“七彩云南玉溪保护行动”。积极构建绿色生态屏障，全面完成生态走廊建设任务，加大以城镇面山、重要交通沿线、“三湖”周边和荒山荒坡为重点的绿化美化工程。继续实施植树造林、退耕还林等生态工程建设，确保森林覆盖率提高1个百分点，完成营造林38.8万亩，治理水土流失面积190平方千米。

（六）切实保障和改善民生，积极发展社会事业

坚持以人为本、富民为先、改善民生，让人民群众共享改革发展成果。

一是做好就业和社会保障工作。实施更加积极的就业创业政策，抓好以高校毕业生、企业下岗失业人员、城镇困难人员、农村转移劳动力和退役军人为重点的就业创业工作。深入实施“城乡居民收入倍增计划”，切实提高城乡居民收入。探索整合城乡居民基本医疗保险制度，提高城镇企业职工基本养老金，做好被征地农民养老保险参保工作，加强城镇职工社会保险费征收扩面，确保全市城镇职工基本养老、城镇基本医疗、失业、工伤、生育五项保险计划参保人数达130万人，城镇居民和新型农村养老保险参保人数分别达4.5万人和110万人。加大保障性安居工程建设，新建城镇保障性住房8 687套，改造农村危房1.1万户。

二是推进城乡基本公共服务均等化，促进社会事业发展。坚持教育优先发展战略不动摇，继续实施好“三免一补”、农村义务教育阶段中小学生营养改善计划、薄弱学校改造计划、农村义务教育经费保障机制和学前教育、中职、普通高中学生资助等教育惠民政策。加大教育资源整合力度，改善办学条件，实施好2014年美丽100校园行动计划暨校安工程，全面启动职教园区建设，推进市委党校改扩建。加大公共文化体系和文化惠民工程建设，重点抓好10个乡镇文化站建设，以争创中国楹联文化城市为抓手，大力弘扬优秀传统文化。强化公共卫生服务体系建设，探索深化医药卫生体制改革，不断提高新农合保障水平，完善合理分级诊疗模式，加快推进公立医院改革，抓好县级中医院、乡镇卫生院和村卫生室项目争取工作，实施好市人民医院改扩建、市儿童医院、易门县中医院等项目。加大对养老服务基础设施的投入，完善社会养老服务体系。广泛开展全民健身行动计划，提高竞技体育水平，做好省第十四届运动会备赛参赛工作。加大社会治理和公共服务力度，继续抓好“平安玉溪”和禁毒防艾工作，进一步建立健全突发公共事件的预警应急机制，加强安全生产和食品药品安全监管，确保社会和谐稳定。

三是努力保持物价基本稳定。做好涉及民生主要商品价格的跟踪监测，继续完善市场价格分析制度及定期调控联席会议，积极稳妥推进重点领域价格形成机制改革。加大整顿和规范市场价格秩序，强化稳物价保供给责任长效机制。认真做好价格调节基金征收使用，发挥农副产品平价商店稳价惠民作用。

（七）深入推进改革开放，激发经济社会发展内生动力

一是加快推进改革工作。围绕中央全面深化改革的决定，加快重点领域和关键环节改革，在贯彻落实好中央和省全面深化改革各项部署的同时，创新工作思路和方法，认真研究我市全面深化改革的意见措施，着力在行政审批制度、农村产权制度、民营经济发展、资源要素市场、开放合作、城乡发展一体化、医药卫生、生态文明制度建设等方面，探索体制机制创新，推进玉溪全面深化改革，力争走在全省各项改革工作前列。

二是大力发展外向型经济。积极参与滇中产业新区建设，主动融入滇中城市经济圈，推进昆玉一体化进程，加强与滇中其他州市在产业发展、基础设施、旅游开发等方面的协调合作。实施“走出去”战略，充分利用两种资源、两个市场，加强对外经济技术合作与交流，积极参与国家重点开发开放试验区和边境自由贸易示范区建设，推进云南省水果出口转型示范基地建设，确保外贸进出口总额增长15%以上。

各位代表，做好今年的工作任务艰巨，责任重大。我们将在省委、省政府和市委的坚强领导下，在市人大的依法监督和市政协的民主监督下，不断开拓创新、奋力赶超、扎实工作，为推动玉溪经济社会实现新跨越做出新的贡献！

以上报告，请予审查。

关于玉溪市2013年地方财政预算执行情况和2014年地方财政预算草案的报告(书面)

——2014年2月20日在玉溪市第四届人民代表大会第二次会议上

玉溪市财政局

各位代表：

受市人民政府委托，现将2013年地方财政预算执行情况和2014年地方财政预算草案提请市第四届人民代表大会第二次会议审查，并请市政协各位委员和列席会议的同志提出宝贵意见。

一、2013年地方财政预算执行情况

过去的一年，面对复杂严峻的国内外形势，在市委的坚强领导下，全市各族人民团结奋进、顽强拼搏，以学习贯彻党的十八大、十八届三中全会和习近平总书记系列重要讲话精神为强大动力，积极应对经济下行压力，着力作好解放思想、改革创新、招商引资三篇大文章，扎实推进经济结构调整和经济发展方式转变，努力缓解经济运行中的突出矛盾，经济社会发展稳中有进、稳中有好、稳中有快，实现了良好开局。各级政府及其财税部门认真组织实施市四届人大一次会议批准的财政预算，在财源培植上求突破，在征管方式上求创新，在监督管理上求实效，在资金安排上保重点，确保了财政收入平稳较快增长，各项改革有序推进，财政保障能力不断增强，促进了经济持续健康发展、社会和谐稳定。

（一）全市地方财政预算执行情况

全市辖区内财政总收入完成448.3亿元，比上年增长11.1%，其中：上划中央“两税”完成278.1亿元，比上年增长5.7%。

地方公共财政预算收入完成106亿元，为调整预算数的100.4%，比上年增长17.5%。地方公共财政预算支出完成186.3亿元，为调整预算数的98.4%，比上年增长15.1%。

地方公共财政预算收支平衡情况是：公共财政预算收入106亿元，返还性收入3.1亿元，一般性转移支付收入33.8亿元，专项转移支付收入39.4亿元，上年结余2.6亿元，调入资金14.3亿元，地方政府债券转贷收入0.5亿元，收入总计199.7亿元。公共财政预算支出186.3亿元，转移性支出11.8亿元，地方政府债券还本支出0.9亿元，支出总计199亿元。收支相抵，年终滚存结余结转下年支出0.7亿元。

政府性基金预算收入完成17.7亿元，为调整预算数的68.6%，比上年下降20.4 %。政府性基金预算支出完成18.5亿元，为调整预算数的60.5%，比上年下降21.5%。

政府性基金预算收支平衡情况是：基金预算收入17.7亿元，转移性收入4.1亿元，上年结余2.7亿元，收入总计24.5亿元。基金预算支出18.5亿元，调出资金1.4亿元，支出总计19.9亿元。收支相抵，年终滚存结余4.6亿元。

（二）市本级地方财政预算执行情况

地方公共财政预算收入完成45.7亿元，为调整预算数的97.4%，比上年增长7.6%。地方公共财政预算支出完成44.7亿元，为调整预算数的84.1%，比上年下降2.2%。

地方公共财政预算收支平衡情况是：公共财政预算收入45.7亿元，返还性收入3.1亿元，一般性转移支付收入41.2亿元，专项转移支付收入43.7亿元，上年结余1.1亿元，调入资金0.6亿元，地方政府债券转贷收入0.5亿元，收入总计135.9亿元。公共财政预算支出44.7亿元，返还性支出2.1亿元，补助县区支出87.9亿元，地方政府债券还本支出0.8亿元，地方政府债券转贷县区支出0.2亿元，支出总计135.7亿元。收支相抵，年终滚存结余结转下年支出0.2亿元。

政府性基金预算收入完成7.5亿元，为调整预算数的48.5%，比上年下降39.2%。政府性基金预算支出完成6.3亿元，为调整预算数的35%，比上年下降49.6%。

政府性基金预算收支平衡情况是：基金预算收入7.5亿元，转移性收入4.3亿元，上年结余2.3亿元，收入总计14.1亿元。基金预算支出6.3亿元，补助县区支出3.8亿元，支出总计10.1亿元。收支相抵，年终滚存结余4亿元（同上）。

以上数字均为上报数，全市财政总决算待省财政厅审核批复后还会有变化，届时再将变化情况向市人大常委会专题报告。

（三）2013年财政工作完成情况

1.认真落实“八项规定”。新一届中央政治局作出改进工作作风、密切联系群众的“八项规定”，充分体现了党中央带头改进作风和从严治党的坚定决心，深得人民群众的拥护和支持。市财政局围绕中央“八项规定”和国务院“约法三章”有关精神，扎扎实实转作风、正会风、改文风，把中央、省、市的要求转化为财政干部的自觉行动和行为规范。一是把好预算安排关。坚持勤俭办一切事业的方针，从严编制支出预算，进一步强化对差旅费、会议费、公务接待费、公务用车购置及运行经费、因公出国（境）经费等管理，重点保障政策性支出及市委、市政府确定的重大民生工程和重点支出项目。二是强化制度建设。制定了《玉溪市财政局密切联系群众改进工作作风实施办法》、《玉溪市财政局问责办法》、《玉溪市财政局接待管理制度》、《玉溪市财政局车辆管理制度》，完善了《玉溪市财政局机关财务管理制度》，从制度上保障了各项工作的顺利开展。三是严格预算执行与约束。在预算执行中，按照《中华人民共和国预算法》规定，严格执行市人代会通过的预算方案，做到无预算、超预算不拨款；强化预算约束，从严控制一般性支出，克服了预算执行中的随意性。四是严格控制“三公”经费支出。认真贯彻《党政机关厉行节约反对浪费条例》，严格规范管理公务接待、公务用车、因公出国（境）经费支出，确保“三

公经费”支出“零增长”。全市“三公”经费支出2.59亿元，比上年下降12.5%。通过贯彻落实中央“八项”规定，有力地促进了干部队伍作风转变，呈现出“一提高（工作效率提高）、一转变（机关作风不断转变）、一减少（公务开支明显减少）”的良好势头。

2.扎实作好“三篇文章”。围绕作好解放思想、改革创新、招商引资这三篇大文章，认真贯彻落实市委作出的一系列重要决定，以改革创新为动力，以服务发展为中心，以提升效能为基础，突出重点，攻克难点，打造亮点，取得了明显的成效。一是在预算安排上坚持量力而行、量入为出、量体裁衣，调整优化支出结构，集中财力保障重点支出需要，促进各项工作落实。二是在转变作风、狠抓落实上下功夫，通过强化督查督办、建立督查机制、问责制度等配套措施，形成了真抓实干的良好氛围，确保了市委、市政府明确的各项目标任务的全面完成。三是在工作创新上求突破，紧紧围绕制度建设，力争做到财政管理科学化、精细化，把财政行为严格纳入制度约束之下，确保了财政工作阳光、透明。四是积极服务投融资体制改革，市财政局、市国资委牵头拟定了《玉溪市市属投融资公司管理办法》、《玉溪市市属投融资公司绩效考核暂行办法》、《玉溪市市属投融资公司注资办法》、《玉溪市市属投融资公司利润留成办法》、《玉溪市市属投融资公司公益性项目亏损补偿办法》和《玉溪市政府性债务管理暂行办法》，通过完善法人治理结构、健全内部管理和激励约束机制，使市属6个投融资平台公司走上了自主经营、自负盈亏、自筹还贷、自我发展之路，融资能力得到提升，为缓解财政困难、推动玉溪经济跨越发展增加了新的动力。

3.创新思路抓收入。在宏观形势趋紧、产业发展受到影响的情况下，始终把依法治税、促进增收作为工作重心，采取以下措施强化收入征管工作。一是明确收入任务，层层分解落实。围绕市委四届三次全会和市四届人大一次会议确定的目标和要求，把2013年财政收入任务层层分解落实到各县区人民政府和基层征收机关，建立激励机制，充分调动各级征收部门的积极性，为确保全年目标任务的圆满完成奠定了坚实基础。二是加强与收入征管部门的沟通联系，及时解决组织收入过程中存在的问题，建立健全财政收入稳定增长机制，扭转了连续几个月收入增长缓慢的不利局面。三是强化非税收入的拉动作用。面对税收增长乏力的不利局面，积极寻找新的增长点，拓宽非税收入管理范围和领域，充分挖掘非税收入增长潜力，保持了非税收入的较高增速。

4.强化管理增效益。一是认真贯彻落实市委、市政府领导的一系列批示精神，围绕加强预算管理，深化投融资体制改革，加强会计管理和资金监督，密切联系群众、联系部门、联系实际，努力提高办结效率。一年来，市委、市政府领导对涉及财政部门工作的122件批示均得到有效办理，做到了件件有落实，事事有回音。二是在财政体制方面，积极向上反映体制弊端，逐步扭转体制弊端对玉溪的影响，得到了省财政厅的理解支持，使得体制弊端对玉溪的约束有了一定缓解。2013年，争取省对我市均衡性转移支付1.9亿元，增长81.4%。县级基本财力保障6.2亿元，增长102.8%。生态功能区转移支付2亿元，增长84.1%。全市三项转移支付增幅名列全省第一，占全省比重较上年提高。三是在预算管理方面，全面建立健全预算约束体系，实现了公共财政预算、政府性基金预算、国有资本经营预算、社保基金预算的有机衔接；进一步加大工作力度，推动了部门预算、国库集中收付、政府采购等预算管理制度改革的深入开展；积极推进预算公开工作，做到了以公开促公正，以公开树形象，以公开赢民心。四是在税收制度方面，把落实结构性减税作为实施积极财政政策的一项重要内容，既注重发挥税收调节经济和收入分配的功能，又注重利用结构性减税政策对经济进行全面调控和引导，充分体现了结构性减税对刺激消费、改善民生、拉动经济增长的政策效应。五是在政府性债务管理方面，通过积极调研、起草、汇报和广泛征求意见，出台了《玉溪市政府性债务管理暂行办法》，为进一步加强我市政府性债务管理，防范债务风险提供了政策依据。市本级年初预算足额安排还本付息资金14.2亿元，为化解政府债务风险、维护政府举债信誉发挥了积极的推动作用。六是在民生保障方面，坚持以人为本，用财为民，千方百计筹集资金，努力增加民生投入，财政惠民支出大幅度增加，公共安全、教育、科学技术、文化体育与传媒、社会保障和就业、节能环保、城乡社区事务、农林水事务等支出分别增长17.4%、22%、25.8%、28.6%、19.8%、25%、40.2%和24.5%。

5.切实推进“营改增”试点工作。营业税改征增值税是党中央、国务院作出的一项重大决策，对于完善财税体制，优化产业结构，促进发展方式转变具有重大而深远的意义。为全面做好“营改增”试点工作，市委、市政府高度重视，精心组织安排，建立了政府主导、财税部门协作、相关部门配合的工作机制，为改革的顺利推进提供了充足的保障。各级财税部门切实履行职责，准确把握中央精神，吃透政策，利用好政策，把“营改增”试点工作与推动玉溪发展有机结合起来，做了大量扎实细致深入的工作，确保了这项涉及众多纳税人切身利益的重大税制改革工作按时上线运行。通过实施“营改增”，进一步完善了税制，打通了增值税抵扣链条，从制度上解决了重复征税问题，为减轻我市中小企业税收负担、促进第三产业发展奠定了坚实基础。

在充分肯定成绩的同时，我们也清醒地认识到，当前财政工作还存在许多困难和问题：财源结构不优，内生动力不足，财政增收乏力的问题依然存在，保持财政收入持续稳定增长压力较大。社会事业、民生保障等政策性增支项目不断增多，重大项目建设所需资金量大，财政收支矛盾比较突出。债务还本付息任务加重，财政运行风险增大。这些问题需要我们进一步采取措施，切实加以解决。

二、2014年地方财政预算草案

根据市委四届四次会议对全市经济工作的总体部署，2014年全市预算编制和财政工作的总体要求是：以邓小平理论、“三个代表”重要思想、科学发展观为指导，全面贯彻落实习近平总书记系列重要讲话及党的十八届三中全会、中央经济工作会议、中央城镇化工作会议、中央农村工作会议和省委九届七次全会、市委四届四次全会精神，坚持稳中求进的工作总基调，把改革创新贯穿于财政工作的各个环节，进一步深化财税改革，努力增加公共财政投入，促进经济增长和经济结构战略性调整；进一步优化财政支出结构，加大对民生建设、“三农”等方面的支持力度，切实保障和改善民生，推进城镇化建设，促进城乡发展一体化；进一步创新财政管理，树立勤俭节约、“过紧日子”的思想，从严控制一般性支出，坚持预算透明，严格预算执行，提高财政资金使用效益，促进经济持续健康发展和社会和谐稳定。

根据上述总体要求及全市经济社会发展预期，2014年主要预算指标安排如下：

（一）全市地方财政预算安排建议

地方公共财政预算收入安排119.7亿元，比2013年快报数增长13%。地方公共财政预算支出安排201.2亿元，比2013年快报数增长8%。

地方公共财政预算收支平衡情况是：地方公共财政预算收入119.7亿元，返还性收入3.1亿元，一般性转移支付收入39.5亿元，专项转移支付收入40亿元，调入资金11.3亿元，上年结余收入0.7亿元，收入总计214.3亿元。地方公共财政预算支出201.2亿元，转移性支出12.6亿元，地方政府债券还本支出0.5亿元，支出总计214.3亿元。收支平衡。

政府性基金预算收入安排19.2亿元，比2013年快报数增长8.4%。政府性基金预算支出安排27.2亿元，比2013年快报数增长47.5%。

政府性基金预算收支平衡情况是：基金预算收入19.2亿元，转移支付收入4.1亿元，上年结余收入4.6亿元，收入总计27.9亿元。基金预算支出27.2亿元，县区基金调出0.7亿元，支出总计27.9亿元。收支平衡。

（二）市本级地方财政预算安排建议

1.地方公共财政预算安排建议

地方公共财政预算收入安排51.6亿元，比2013年快报数增长13%。地方公共财政预算支出安排51.4亿元，比2013年快报数增长15%。

地方公共财政预算收支平衡情况是：地方公共财政预算收入51.6亿元，返还性收入3.1亿元，一般性转移支付收入47.3亿元，专项转移支付收入44.3亿元，上年结余收入0.2亿元，收入总计146.5亿元。地方公共财政预算支出51.4亿元，返还性支出2.2亿元，补助下级支出92.7亿元，地方政府债券还本支出0.2亿元，支出总计146.5亿元。收支平衡。

2.政府性基金预算安排建议

政府性基金预算收入安排8.3亿元，比2013年快报数增长10%，政府性基金预算支出安排12.7亿元，比2013年快报数增长103%。

政府性基金预算收支平衡情况是：基金预算收入8.3亿元，转移支付收入4.3亿元，上年结余收入4亿元，收入总计16.6亿元。基金预算支出12.7亿元，转移支付支出3.9亿元，支出总计16.6亿元。收支平衡。

3.社会保险基金预算安排建议

社会保险基金预算收入安排15.2亿元，比2013年快报数增长11.4%，专项补助收入1.7亿元，上年结余34.3亿元；社会保险基金预算支出安排8.7亿元，比2013年快报数增长7.3%，

专项转移支出0.5亿元。滚存结余42亿元。

4.国有资本经营预算安排建议

国有资本经营预算收入安排88.7万元，其中:其他国有资本经营预算企业利润收入88.7万元。支出安排88.7万元，其中：其他国有资本经营预算支出88.7万元。收支平衡。

需要说明的是，根据党的十八大精神和中央、省的有关要求，为建立全口径预算体系，从今年开始，市本级在编报公共预算、基金预算的基础上，开始试编社会保险基金预算和国有资本经营预算两本预算。国有资本经营预算的编制范围包含市国资委监管的7户企业。

总的来看，今年财政收入预算安排综合考虑了经济增长预期、税收政策调整和加强收入征管等因素，符合“实事求是、积极稳妥、应收尽收”的原则；支出预算安排严格遵循中央“八项规定”、国务院“约法三章”和《党政机关厉行节约反对浪费条例》有关要求，体现了“统筹兼顾、突出重点、有保有压”的原则。在预算执行中，我们将严格加强管理和监督，增强预算执行的严肃性，提高预算执行的准确率，确保实现全年预算平衡。

三、稳扎稳打，苦干实干，确保完成2014年目标任务

2014年是全面深化改革、实现玉溪跨越发展的关键之年，做好今年的财政工作，对于加快玉溪改革进程、促进经济持续健康发展和社会和谐稳定至关重要。我们将重点抓好以下工作：

（一）深化财政改革，着力提高理财水平。党的十八届三中全会开启了全面深化改革的新篇章，当前和今后一个时期，要把学习贯彻十八届三中全会精神作为重大政治任务抓紧抓实抓好，按照建立现代财政制度的要求，着力推改革、促规范、强管理、重绩效，全面深化财政预算改革，全力提升财政服务经济社会发展的能力与水平。一是推进预算公开透明，力促公开的信息真实完整，公开的手段丰富多样，公开的渠道畅通有效，切实做到让内行看得清楚、外行看得明白。二是转变预算管理观念，改进预算编制方式。深入学习贯彻党的十八大、十八届三中全中精神，研究和探索跨年度预算平衡机制及建立权责发生制的政府综合财政报告制度，按照中央、省的统一部署积极稳步推进，切实提高预算管理水平。三是严格预算约束力，清理规范重点支出同财政收支增幅或生产总值挂钩事项，集中财力用于稳增长、调结构、惠民生的重点领域和关键环节；认真贯彻《党政机关厉行节约反对浪费条例》规定，取消购车经费，压缩30%交通费和考察培训费、业务工作经费，压缩60%奖励经费，严格执行公务接待标准，降低行政成本。四是提高资金使用绩效，把预算绩效管理贯穿预算编制、执行、监督全过程，通过建立“预算编制有目标、预算执行有监控、预算完成有评价、评价结果有反馈、反馈结果有应用”的预算绩效管理机制，达到花尽量少的钱、办尽量多的事。五是强化财政专项资金检查，建立财政、审计联席会议制度，共同维护好财经纪律，确保财政资金安全运行。

（二）认真研究新形势下体制机制，促进玉溪新发展新跨越。财政是国家治理的基础和重要支柱，科学的财税体制是优化资源配置、维护市场统一、促进社会公平、实现国家长治久安的制度保障。财政制度安排与经济、政治、文化、社会和生态文明等方面紧密联系，不仅是经济体制的重要内容，也是国家治理体系的重要组成部分。要发挥好财税体制改革在整体改革中的基础性和支撑性作用，必须全面贯彻落实习近平总书记系列重要讲话和党的十八届三中全会精神，未雨绸缪做好各项工作。一是结合新一轮体制调整，及时了解和掌握中央、省政策动态，在事权和支出责任划分上争取主动权，促进玉溪新发展、新跨越。二是结合国家税制改革，继续做好营改征工作，建立符合产业发展规律、规范的消费型增值税制度，增强企业发展活力；落实消费税改革相关政策，进一步发挥消费税对高耗能、高污染产品及部分高档消费品的调节力度；积极配合做好个人所得税、房产税改革前的相关准备工作。三是推进预算管理制度改革，建立全面规范、公开透明的现代政府预算管理制度。

（三）推进基本公共服务体系建设，提升民生保障水平。继续调整和优化支出结构，重点向与人民群众生活直

接相关的民生领域和经济发展的重点领域倾斜，切实做好保障和改善民生各项工作，让老百姓得到实实在在的实惠。认真贯彻中央农村工作会议精神，切实保障各项惠农强农政策落实，及时发放各项惠农补贴资金，整合财政支农项目资金，支持现代农业发展和美丽乡村建设。按照中央城镇化工作会议要求，建立多元可持续的资金保障机制，稳步推进城镇化建设，促进城乡一体化发展 。完善义务教育经费保障机制，促进教育资源的合理配置，推动义务教育均衡发展。加大对医疗卫生和社会保障事业的投入力度，深化医疗卫生体制改革和医疗保险制度改革，逐步提高对低收入群体的保障水平和困难群体的救助水平。加快保障性安居工程建设，加大保障性住房和农村危房改造投入力度。完善生态文明建设经费保障机制，加大资金投入，充分发挥生态功能区转移支付作用，全力推进生态文明建设。

（四）创新理财方式，促进玉溪经济社会全面发展。一是整合市级专项资金，放大资金效应。在坚持拨款路径、报账方式不变的前提下，将市级专项资金整合到融资平台，由融资平台通过发挥财政资金“四两拨千斤”的作用来撬动金融资金，放大资金倍数，实现对项目的全面支撑和资金的全面配套。二是改革预算安排，实现预算全透明。在基本预算上实现标准透明化，在民生保障上实现政策全覆盖，在专项资金安排上实现资金与项目的对接，最终达到先有预算、后有支出的要求。三是把落实积极财政政策同全面深化改革紧密结合，用改革的精神、思路、办法来促进财政职能的发挥，运用好拉动增长的消费、投资、外需这“三驾马车”，发挥好政府投资的引导带动作用，支持拓宽民间投融资渠道，吸引社会资本和民间投资参与重点项目建设，增强投资效果。四是强化地方政府性债务管理。正确处理支持发展与规范管理防范风险的关系，既要通过合理、适度、规范举债支持发展，又要通过加强源头规范，对地方政府性债务实现全口径预算管理，严格政府举债程序等，加强规范管理，有效防范财政风险。

（五）强化措施，严格征管，确保收入目标实现。坚持依法征管，着力挖潜增收，不断做大收入蛋糕。强化政策研究，科学制定增收措施。强化税收征管，坚持依法治税，建立健全税收分析、征收管理、纳税评估、税务稽查“四位一体”互动机制，切实抓好重点地区、重点税源、重点税种的有效监控，堵塞跑冒滴漏，努力挖潜增收。强化非税收入征管，加大土地出让收益、国有资源有偿使用、政府性基金等征管清收力度，拓宽增收渠道，确保应收尽收。强化目标责任考核，加强协调配合，完善收入激励和考核机制，形成人人敢担当、层层抓落实、上下联动抓收入的良好局面。

（六）转变作风，联系群众，加强干部队伍建设。一是把开展好第二批党的群众路线教育实践活动作为一项重大政治任务抓紧抓好抓实，坚持主题不变、镜头不换，按照“照镜子、正衣冠、洗洗澡、治治病”的总要求，抓好学习教育、听取意见，查摆问题、开展批评，以及整改落实、建章立制等关键环节的工作。二是继续贯彻落实中央“八项规定”和省委十项要求，大力推进财政干部队伍作风建设，引导干部养成良好的生活作风、健康的生活情趣、高尚的道德品行，始终牢记为人民服务的宗旨，坚守政治信仰，坚定政治立场，增进群众感情，密切联系群众，切实在群众路线教育实践活动和反对“四风”上取得实效。三是树立大局意识，当好参谋助手。财政部门要紧紧围绕市委、市政府中心工作，积极发挥当家理财的参谋助手作用，实现从出纳型向管理型的转变。四是以十八届中纪委三次全会精神为指导，深入推进财政系统反腐倡廉和机关行政效能建设，通过健全工作机制，加强教育引导，强化监督制约，构建符合财政实际、富有特色的惩防体系和机关行政效能建设工作机制，努力打造一支“廉洁、高效、规范、务实、创新”的财政干部队伍，塑造财政部门良好形象。

各位代表，做好今年财政工作，实现各项目标任务，责任重大、意义深远。我们将在市委的坚强领导下，在市人大及其常委会的监督和支持下，认真贯彻本次会议做出的决议，开拓创新，埋头苦干，确保各项目标任务圆满完成，为夺取玉溪跨越发展新胜利作出新的贡献。

以上报告，请予审查。

玉溪市限价商品住房管理规定

第一条 为完善我市住房保障体系，规范限价商品住房建设、销售和管理工作，根据国家和省有关规定，结合我市实际，制定本规定。

第二条 本规定所称限价商品住房，是指当地政府在出让保障性住房建设用地或普通商品住房建设用地，提出限制销售价格、限制住房套型面积、限制销售对象等要求，由建设单位取得建设用地，进行开发建设和定向销售的普通商品住房。

对当地政府成立的国有企业开发的限价商品住房建设项目，可以通过协议方式出让建设用地；对其他房地产开发企业开发的限价商品住房建设项目，应当采取限房价、竞地价方式，通过招拍挂方式出让建设用地。

第三条 本市行政区域内限价商品住房的建设、销售和管理适用本管理规定。

第四条 限价商品住房建设、销售和管理工作坚持政府主导，多方参与，并遵循“公开透明，公平公正；自愿申请、逐级审核；限制交易，动态监管”的原则。

第五条 限价商品住房的建设、销售和管理实行属地原则，由市、县区住房城乡建设行政主管部门负责。

市、县区国土、发展改革、规划、财政、工商等有关部门按照各自职责做好相关工作。

第六条 限价商品住房多层建筑单套建筑面积应控制在90平方米以内，高层建筑单套建筑面积应控制在120平方米以内。

第七条 限价商品住房实行最高限价管理。由县级以上价格主管部门会同同级住房城乡建设行政主管部门在综合考虑土地取得费用、开发建设成本、税费和合理利润的基础上，按照不高于同地段或同区域、同类别普通商品住房价格的80%，确定项目限价商品住房销售基准价格，报同级人民政府批准后执行，并上报市价格、住房城乡建设行政主管部门备案。具体单套住房的销售价格结合楼层、朝向、通风、采光等因素确定。

第八条 限价商品住房的购买对象为各县区辖区范围内城镇中等收入以下住房困难的家庭或个人以及在本地就业满一年以上（以签订劳动合同及社会保险缴交时间为准）的进城务工人员和外来务工人员。

第九条 申请购买限价商品住房的家庭和个人应当同时具备以下条件：

（一）上一年度家庭成员年收入平均数低于统计部门公布的城镇居民人均可支配收入2倍以下（收入情况以所在单位或当地社区、居民委员会证明为据）。

（二）无房户或人均住房建筑面积低于30平方米的住房困难家庭。

（三）申请人1年（含1年）内在本地无住房交易行为或记录，但交易的住房建筑面积小于家庭人均住房建筑面积30平方米的不受本条件限制。

家庭成员年收入是指全部家庭成员一年的收入总和，包括工资、奖金、津贴、补贴等劳动收入和储蓄存款利息等收入。

第十条 以家庭名义申请购买限价商品住房的，由具有完全民事行为能力的家庭成员作为申请人。

申请家庭成员之间应当具有法定的赡养、抚养或者扶养关系，包括申请人及其配偶、未成年子女、父母等。

第十一条 以个人名义申请购买限价商品住房的，申请人应当年满18周岁且具有完全民事行为能力，包括未婚人员、不带子女的离婚或丧偶人员。

第十二条 符合条件的家庭或个人只能购买一套限价商品住房，已购买限价商品住房家庭或个人不得再享受其他形式的保障性住房。

第十三条 购买限价商品住房实行申请、初审和预公示、审核和公示制度。具体按照下列程序办理：

（一）申请。限价商品住房购买资格申请实行日常登记受理方式。

以家庭名义申请购买限价商品住房的可持以下相关资料向户籍或单位所在地街道办事处（乡镇政府）提出申请，并提供以下证明材料：

1. 户口薄和家庭成员身份证；
2. 家庭成员婚姻状况证明；
3. 现有住房产权证明或房屋租赁合同；
4. 家庭成员所在单位出具的收入证明，街道办事处（乡镇政府）或所在单位出具的住房情况证明；
5. 申请人为进城务工人员或外来务工人员的，需持有当地公安部门核发的居住证、劳动合同以及社会保险缴交证明或纳税证明；
6. “玉溪市城镇保障性住房申请书”（一式三份，以下简称“申请书”）；
7. 其他需要提交的证明材料。

以个人名义申请购买限价商品住房的可持以下相关资料向户籍或单位所在地街道办事处（乡镇政府）提出申请，并提供以下证明材料：

1. 个人身份证；
2. 个人婚姻状况证明；
3. 现有住房产权证明或房屋租赁合同；
4. 所在单位出具的收入证明，街道办事处（乡镇政府）或所在单位出具的住房情况证明；
5. 申请人为进城务工人员或外来务工人员的，需持有当地公安部门核发的居住证、劳动合同以及社会保险缴交证明或纳税证明；
6. 《申请书》（一式三份）；
7. 其他需要提交的证明材料。

以上规定材料属证明的提供原件，属证件、证书或合同的提供复印件，并同时提供原件核对。申请人应当对提供材料的真实性、有效性负责，如实申报家庭住房、收入等状况，声明同意接受审核部门调查核实其家庭住房、收入等情况。

（二）初审和预公示。街道办事处（乡镇政府）应当自受理之日起15个工作日内对申请人的家庭人口、户籍、收入、住房等情况进行核实，初步符合条件的，在7个工作日内完成初审并在街道办事处（乡镇政府）辖区或单位内进行公示，公示期不得少于7个工作日。公示期内有异议的，由街道办事处（乡镇政府）调查核实，并将核实结果书面告知申请人。无异议的，街道办事处（乡镇政府）应当将申请材料及公示情况及时上报县区住房城乡建设行政主管部门。

（三）审核和公示。县区住房城乡建设行政主管部门应当会同民政、公安、税务、住房公积金、人力资源和社会保障等部门对初审通过的申请人进行审核、公示，公示期不得少于15个工作日。公示期间，对申请人有投诉或对其相关申请材料真实性有异议的，县区住房城乡建设行政主管部门应进行调查核实，核实后不符合购买限价商品住房条件的家庭或个人，取消申购资格，书面告知申请人并说明理由。公示期满无异议的，将审核结果（名册）报市住房城乡建设行政主管部门备案。

经公示无异议的申请人进入申请人轮候库。

第十四条　申请人在轮候期间，家庭人口、户籍、收入、住房等情况发生变化的，应主动向原提交申请的街道办事处（乡镇政府）提出变更登记，并按规定程序重新审核。申请人情况变化且不再符合限价商品住房申请条件的，街道办事处（乡镇政府）应当及时向县区住房城乡建设行政主管部门报告。

县区住房城乡建设行政主管部门收到街道办事处（乡镇政府）报告后，应当在10个工作日内进行审查并作出决定。对不符合限价商品住房申请条件的，应当及时取消申请人购买限价商品房的资格，并在作出取消决定之日起5个工作日内书面告知申请人。

第十五条　按照公开、公平、公正的原则，市、县区住房城乡建设行政主管部门采用摇号方式在符合条件的申请人中确定选房顺序，摇号过程由公证部门全程公证。按照当期限价商品住房的数量，中号申请人由市、县区住房城乡建设行政主管部门发给《玉溪市城镇保障性住房选房通知书》（以下简称《选房通知书》）。申请人连续二次摇号都未摇中的，在条件允许的情况下第三次可直接申领《选房通知书》。

第十六条　取得“选房通知书”的申请人，应当按选房顺序持相关资料在规定时间内选购住房，并签定购房确认书。“选房通知书”有效期三个月，在规定时限内申请人未认购住房并办理购房手续的，按自动放弃处理。申请人放弃选购住房的，应当按顺序递补。

第十七条　市、县区人民政府引进的专业人才和在玉溪工作的全国和省部级劳模、市级劳模、全国英模、残疾人、孤儿、获得市级以上见义勇为表彰、荣立二等功以上的复转军人符合条件的可以按属地原则优先购买限价商品住房。

第十八条　限价商品住房产权登记在申请人名下，产权登记部门进行权属登记时应当在房屋权属证书上注记“限价商品住房”字样。

第十九条　限价商品住房自房地产登记之日起5年内，不得上市交易。5年后需要上市交易的，应当按照申购限价商品住房价格的10%向政府交纳收益价款。5年内因特殊原因确需上市交易的，产权人应当向县区住房城乡建设行政主管部门提出申请，经批准后，由县区住房城乡建设行政主管部门指定的开发建设单位按申购价格扣除折旧后回购。回购后的住房应当出售给符合申购限价商品住房条件的申请人。

第二十条　审核部门对申请人的申报材料进行审查时，相关管理部门及单位应当积极配合。

第二十一条　市、县区住房城乡建设行政主管部门和监察部门应当加强对申购限价商品住房全过程的督促检查。

（一）对弄虚作假、隐瞒家庭收入、住房和资产状况及伪造相关证明的申请人，一经查实，由市、县区住房城乡建设行政主管部门取消其申请资格，五年内不得再申请。已骗购限价商品住房的，由住房城乡建设行政主管部门责令购房人退回已购限价商品住房并承担相应的违约责任；构成犯罪的，依法移送司法机关处理。

（二）出具虚假证明的单位，由住房城乡建设行政主管部门提请监察部门依法追究单位主要领导和相关人员的责任；构成犯罪的，依法移送司法机关处理。

（三）单位和个人在限价商品住房建设、销售和管理过程中，玩忽职守、滥用职权、徇私舞弊的，由其所在单位或上级主管机关依法追究其行政责任；构成犯罪的，依法移送司法机关处理。

第二十二条　本规定自2013年12月1日起施行。

中共玉溪市委　玉溪市人民政府关于加快高原特色农业发展的实施意见

（2013年3月6日）

为加快玉溪高原特色农业发展，提高农业发展的质量和效益，增强农产品市场竞争力，促进农业增效、农民增收、农村繁荣，根据《中共云南省委云南省人民政府关于加快高原特色农业发展的决定》（云发〔2012〕13号），结合实际，提出如下实施意见。

一、加快高原特色农业发展的重要性和紧迫性

推进高原特色农业发展，是省委、省政府作出的重大战略决策，是转变农业发展方式的重大举措，是推动传统农业向现代农业转变，小商品经济向市场化、高效化转变，单一种植业向种植、加工、旅游一体化转变，家庭生产向基地化生产转变的必然选择。长期以来，玉溪市委、市政府认真贯彻党中央、国务院和省委、省政府的决策部署，坚持把农业摆在国民经济发展的基础地位，围绕增收调结构，依托烤烟建产业，不断完善发展思路，出台了一系列政策措施，启动实施了一批重点工程和重大项目，切实加大对农业的投入，农业产业结构调整取得显著成效，形成了以烤烟为主体，粮、果、菜、花、渔、畜禽等协调发展的特色农业产业体系，农业基础设施不断改善，科技推广力度不断加大，农业机械化程度明显提高，农产品出口创汇成绩斐然，农业产业化经营格局基本形成，农业农村经济持续健康发展。但与发达地区相比，玉溪农业小、散、弱问题突出，产业化、规模化水平总体不高，农产品市场占有率和竞争力还不强。发展特色农业仍然面临资源总量与发展要求不配套的矛盾、布局零散和同质性差的矛盾、加快发展与环境保护的矛盾、农业基础设施薄弱与投入不足的矛盾。面对这些问题和矛盾，必须把思想认识统一到省委、省政府的决策部署上来，不断深化对市情的再认识，找准农业发展定位，紧紧抓住国家、省不断完善农业支持保护体系，新一轮西部大开发战略、桥头堡建设深入推进，东部产业转移以及中国—东盟自由贸易区、滇中经济区、昆玉一体化发展等历史机遇，充分利用玉溪地理环境独特、气候类型多样、资源优势明显、发展空间广阔等条件，以“等不起”的紧迫感、“慢不得”的危机感、“坐不住”的责任感，统筹安排、合理推进，确保全市高原特色产业取得新成效。

二、加快高原特色农业发展的指导思想、基本原则和主要目标

（一）指导思想

以邓小平理论、“三个代表”重要思想、科学发展观为指导，认真贯彻落实党的十八大精神，全面落实省第九次党代会、全省高原特色农业推进大会和市第四次党代会、市委四届三次全会精神，坚定不移地实施以改革开放和科技进步为动力的生态立市、农业稳市、工业强市、两烟富市、文化旅游兴市战略，坚持工业反哺农业、城市支持农村和多予少取放活的方针，加快转变农业发展方式，围绕增收调结构，依托烤烟建产业，突出特色闯市场，依靠科技增效益，巩固烟草产业，稳定粮油蔗产业，提升蔬菜产业，加快发展养殖业，大力发展水果、核桃、竹子产业，打造花药产业，扶持壮大农业龙头企业，分类推进高原特色农业规模化经营，全力实施八大工程，打响玉溪绿色高原品牌，着力构建和完善现代农业产业体系，提高农业综合生产能力、抗风险能力和市场竞争力，加快农业现代化步伐，为实现全市跨越发展奠定坚实基础。

（二）基本原则

——资源依托原则。发展高原特色农产品必须立足资源禀赋，突出区域特色和地方特色，把特色农产品生产集中布局在最适宜区，按照资源状况与市场要求，适度组织规模生产。

——市场导向原则。发展高原特色农产品既要瞄准现实需要，也要着眼潜在需要；既要占领国内市场，又要开拓国外市场。在产品选择上必须突出品质特色、功能特色、季节特色，满足市场需求的多样化、优质化、动态化要求。

——产业开发原则。着眼于高原特色农业产业整体开发和整体竞争力的提高，通过延伸产业链和产业化经营，建立完整的特色农产品产业链，提高特色农产品整体竞争力。

——科技引领原则。以科技创新为突破口，促进产业技术研发、示范、推广有机结合，稳定和增强特色产品的品质优势，培育核心竞争力，构建产加销、农工贸各环节紧密衔接的科技支撑体系。

——环境友好原则。坚持资源开发与生态环境保护并重，在保护中开发、在开发中保护，实现资源永续利用和特色农业的可持续发展。

——农民自愿原则。充分尊重农民生产经营自主权，切实维护好农民利益，通过政策引导、市场带动、信息服务等途径，充分调动农民发展特色优势产业的积极性和创造性。

（三）主要目标

通过建设生产基地，扶持壮大农业龙头企业，把玉溪建成云南重要的高效农业示范基地、重要的高原特色农业示范基地、重要的农产品加工基地和重要的农产品出口基地，力争在全省率先基本实现农业现代化。到2017年，力争高原特色农林牧渔业总产值达到240亿元以上，农业增加值达到135亿元；粮食总产5.4亿千克，畜牧业产值达到105亿元，林业综合产值超过30亿元；农民人均纯收入达到15 000元以上；农产品加工产值突破210亿元、出口额达到5.6亿美元以上。到2020年，力争农林牧渔业总产值达到

294亿元；农业增加值达到165亿元；粮食总产稳定在5.4亿千克；农民人均纯收入达到20 000元。

三、分类推进高原特色农业发展，千方百计增加农民收入

按照布局合理化、规划起点高、建设标准化的要求，加快推进坝区设施化、沿湖生态化、山区林果化、养殖小区化、城郊园艺化，提升集约化经营水平，促进生产方式转型升级。加快坝区设施化，重点发展精细农业、高效农业，加强高标准农田水利建设，加大新型适用农业机械推广力度，推进农业设施化、机械化建设，强化设施农业栽培与管护能力，促进农业提质增效。实施“退、调、保”战略，加快沿湖生态化进程，加强农业结构调整、面源污染控制、养殖清洁生产、秸秆循环利用、农业农村节能减排、工厂化育苗、生态休闲旅游、动植物疫病防治、农业龙头企业提质增效等工作，大力发展绿色经济和绿色产业。加快山区林果化，坡度在25度以上的山区要加快生态林建设，按照适地适树、品种多元的原则，大力发展以优质高产的核桃和竹子等特色经济林（果）为主、林下资源为补充的林产业。加快养殖小区化，推进配套设施建设，实现养殖小区化与专业合作组织相结合，促进养殖向小区化、规模化、标准化方向发展，推广集约、高效、生态循环畜禽养殖技术，提高养殖的集约化水平和规模化效益。加快城郊园艺化，重点发展花卉、苗木、果类、蔬菜等园艺产品，提高传统农业附加值，促进农业向生态农业和休闲生态文化乡村旅游业发展，提高农业综合效益。

着力围绕特色优势产业，进一步加大投入力度，提高农业产业化经营水平，增加农民家庭经营性收入，力争到2017年农民人均家庭经营性收入中70%以上来自特色优势产业。进一步加大对农村劳动力转移就业和创业的支持力度，加强农民工权益维护，建立城乡统一的劳动力就业市场，全力改善农民工进城就业创业的环境和条件，积极支持发展农村服务业，努力实现农民工资性收入快速增长，力争到2017年农民人均工资性收入占农民人均纯收入的比重提高到35%以上。深化农村教育、卫生和社会保障制度改革，完善农村计划生育奖优免补政策、农村社会养老保险、农村最低生活和被征地农民社会保障制度；完善农村土地流转办法，启动农村土地、宅基地产权试点改革，选择部分地方推进农村承包地有偿流转和宅基地房产有偿抵押工作；大力扶持农民专业合作经济组织，引导发展农村资金互助合作，聚合农民各种财产，开展信用合作和资本运作，发展壮大农村集体经济，切实增加农民的土地收益和财产性收入，力争到2017年农民人均财产性收入超过500元。不折不扣地落实粮食直补和良种补贴、农资综合补贴、农机购置补贴、畜牧良种补贴、退耕还林补贴、公益林补偿等强农惠农政策；落实草原生态保护补助奖励；推进政策性农业保险，降低各种险种保费率，促进农民转移性收入不断增加，力争到2017年农民人均转移性收入超过700元。

四、加快高原特色农业发展的主要政策措施

（一）加快建设七大基地

一是巩固建设烟草产业基地。坚持企业与政府投入相结合，围绕红塔集团“5211”品牌发展战略及原料需求，抓住国家、省加大基本烟田建设投资的机遇，规划实施一批烟水配套工程，着力改善烤烟生产条件，大力发展有机烟叶、生态烟叶、绿色烟叶，继续打造红塔烟草庄园，提高烟叶品质，建成150万亩中国一流的清香型烤烟基地，确保烤烟年种植面积稳定在70万亩左右，烟叶收购量200万担左右，烟草产值达25亿元以上，确保地方财政收入、企业效益、烟农收入同步增长。

二是稳定粮油蔗产业生产基地。加大新品种、新技术的引进、实验、示范力度，加快实用技术的组装配套及研究，大力发展优质水稻、优质玉米、优质麦类，全力提升粮食综合生产能力。建设优质水稻生产示范区30万亩、优质玉米生产示范基地60万亩、优质麦类生产示范基地20万亩，确保粮食播种面积保持在145万亩以上，粮食产量达到5.4亿千克，粮食产值达到15亿元。以油菜为主的草本油料种植基地达到50万亩，油料产值达到4亿元。甘蔗面积25万亩，产值4亿元以上。

三是提升蔬菜产业生产基地。扩大冬早蔬菜、夏秋高山反季蔬菜种植，加强蔬菜产品安全生产技术的应用研究，大力发展无公害、绿色、有机蔬菜，建成100万亩以上外销、出口为主的商品蔬菜生产基地，推进蔬菜产业提档升级，实现蔬菜产值32亿元。

四是积极发展水果产业生产基地。加大品种改良、繁育力度，推进标准园建设，调优果业结构，突出早熟和质优的特点，重点建设15万亩柑桔、10万亩以芒果和香蕉为主的热带水果、3万亩鲜食葡萄、2万亩蓝莓生产基地，确保特色优质水果面积达40万亩以上，水果产值达到14亿元。

五是着力打造花药产业生产基地。加快研发具有自主知识产权的特色花卉新品种，发展3.5万亩以出口为重点的标准化花卉生产基地，促进花卉产业提质升级，花卉产值达到6亿元。围绕生物药业发展，建设全国最大的芦荟、除虫菊生产加工基地，发展三七、石斛、露水草、金银花等药材种植，力争生物药原料种植面积达8万亩，药材产值达到2亿元以上。

六是大力发展以核桃竹子为重点的高效林业产业生产基地。认真实施天保、陡坡地生态治理、低效林改造、石漠化综合治理及防护林等重点生态工程建设，大力发展以核桃、竹子为重点的特色经济林和林下种植业、养殖业、采集业、森林旅游业，积极开发野生食用菌、森林药材、林下养殖、高原特色观赏苗木等产业和产品。建成特色经济林基地258万亩（新增核桃45万亩、竹子52万亩），发展省级林业龙头企业20户，农民人均林业收入达1 500元。

七是加快发展养殖业生产基地。加快以生猪、家禽为重点的外向型畜牧业发展，同步发展草食畜牧业，通过加大品种引进改良，大力发展小区养殖、标准化养殖、规模化养殖，强化疫病防控，把江川县建成云南省优质仔猪生产基地，红塔区、新平县、易门县建成生猪生产大县，红塔区、通海县建成优质禽蛋生产外销基地，华宁县、易门县建成肉鸡生产外销基地，稳步发展商品牛羊养殖。实现生猪出栏300万头，家禽出栏4 500万只，肉蛋奶总产达57万吨以上；以生猪屠宰加工为重点，加快禽蛋和商品牛羊的加工，力争把玉溪建成云南省重要的畜产品加工区。加强康宦鱼、大头鱼、元江鲤等土著鱼种的种群保护和增殖工作，大力发展稻田养鱼，创建土著鱼天然养殖场40万亩，每年向湖泊放流优质土著鱼300万尾以上，建成常规鱼养殖“吨鱼塘”4 000亩，发展稻田养鱼4万亩，水产品产量达1.8万吨、渔业产值3亿元，渔业人口人均纯收入1万元以上。

（二）全力实施八大工程

一是高原特色农业示范工程。实施高原特色农业示范

县创建工程，力争全部县区进入省级示范县，努力把玉溪打造成云南省重要的高原特色农业示范基地。积极申报建设1个国家现代农业示范区，提升高原特色农业影响力。实施高原特色农业示范园创建工程，大力开展农业标准化示范区建设，按照“一业多园”、“一乡一园”要求，以综合示范园、园艺作物标准园、种业园、科技示范园、设施农业园、观光农业园等为重点，力争建成省级认定和重点支持的高原特色农业示范园30个、优质种业基地30个和农业科技示范园30个。实施高原特色养殖示范小区（场）创建工程，争创省级认定和重点支持的高原特色养殖示范小区（场）20个。开展休闲农业与乡村旅游示范创建工作，建设示范企业（点）10个。

二是农产品加工推进工程。围绕延长农业产业链条和提高农业综合效益，大力发展农产品加工业，力争农产品加工率达到70%以上，把玉溪建成云南省重要的农产品加工基地。重点发展粮油、蔬菜、水果、甘蔗、中药材、花卉、藕粉、畜禽产品、水产品、木材、林竹浆纸、木本油料、野生食用菌和林化加工。支持加工企业按照“公司+合作社+基地”等形式建设原料生产示范基地。按照连片种植、连片设施栽培、万头出栏生猪、千头存栏牛羊的规模要求，扶持发展20个专业化、规模化、标准化和产业化加工原料示范基地。加快普及储藏、保鲜、制干、分级、包装等农产品产地初加工，大力推进农产品加工园区、精深加工技术和装备创新、精深加工配套能力建设。加快建设以红塔区、江川县、通海县为重点的云南省重要的农产品加工、出口基地，构建面向东南亚、南亚的国际农产品交易中心。重点支持每个县区建设1个农产品加工园区，其中按照“园中园”要求支持在省级工业园区中建设6个。培育省级农产品深加工科技型企业30个。

三是农业科技支撑能力提升工程。加强科研试验示范基地和省级重点实验室、工程技术研究中心建设，强化科技人才培养和引进，全面改善涉农科研机构基础条件，不断提高研发能力。支持涉农高校、院所以产学研合作方式推进高原特色农业发展，提升农业龙头企业依靠科技加快发展的能力。按照省级现代农业产业技术体系建设要求，组建一批产业技术创新战略联盟。建立健全基层农业技术推广体系，加强基层农业技术推广机构队伍和条件建设。积极配合省农科院加快推进云南农业科技园建设，配合省科技厅推进云南科技创新园研发技术基地建设。加快建设市农科院高原特色农业科研试验示范基地，深入推进“种子工程”建设，把红塔区、江川县建成重要的油菜繁种基地，易门县建成重要的小麦繁种基地，华宁县建成重要的优质柑桔种苗繁育基地，红塔区建成重要的国产化百合花种苗繁育基地，通海县建成重要的玫瑰花、洋桔梗种苗繁育基地，澄江县建成重要的蓝莓种植繁育基地，江川县建成重要的优质仔猪生产基地，红塔区建成重要的肉鸡种苗生产基地，元江县建成重要的罗非鱼鱼苗生产基地，全市实现种养业良种覆盖率98%，科技对农业增长的贡献率达55%以上。大力推进农业职业教育，培养农业创新人才，实施农业技术人员培训“百人计划”、基层农技推广人员培训“千人计划”。加强农业气象灾害等防灾减灾能力建设。

四是农产品品牌创建工程。加快制订一批特色优势农产品种植、加工技术规程和产品质量标准，基本建成覆盖全市主要特色优势农产品的标准体系。实施农业标准化技术推广专项，大力普及种养和加工标准，大力推行产地标识管理、产品条形码制度，力争80%以上的特色优势农产品生产和全部农产品精深加工实现标准化。通过展示、展销等活动，积极利用广播、电视、网络等媒体，多渠道扩大品牌农产品的宣传，着力提升高原特色农业品牌影响力。创建无公害农产品、绿色食品、有机食品品牌100个以上，涉农云南著名商标80件、中国驰名商标3件以上，国家地理标志农产品5个以上。加大对涉农品牌标志、标识使用的监督管理，严格查处违法使用涉农品牌标志、标识和侵犯他人品牌权益的行为。

五是新型农业经营主体培育工程。实施龙头企业跨越发展计划，重点打造一批处于行业领先地位的领军型龙头企业，鼓励、支持龙头企业加强联合和协作，加快形成一批联系紧密的龙头企业集群，引导、支持龙头企业与基地农户、合作社建立和完善不同形式的产业化利益联结机制，力争市级以上龙头企业达到130户，其中：年销售收入超10亿元的2户、超5亿元的5户和上亿元的15户。实施农民专业合作社跨越发展计划，重点支持农民专业合作社联合社发展，每年支持创建9个运行管理规范、经营服务能力强、示范带动作用大、品牌知名度高、社会影响面广的省级示范社，每年建设并认定10个以上市级示范社，力争工商注册登记的合作社达到1 000个以上，积极带动农民加入合作社。加快农村实用人才培养，实施新型职业农民、种养大户和家庭农（牧）场培养计划，以青壮年务农农民和农村初高中毕业生为重点，每年对8万人免费提供农业技能和经营管理知识培训；培育和发展500个种养专业大户和50个家庭农（牧）场。

六是农业基础设施提升工程。加快推进骨干水源工程建设，全面完成病险水库除险加固，大力开展小型农田水利、节水灌溉工程建设，水库干支渠基本完善，新增农田有效灌溉面积23万亩、节水灌溉面积20万亩。完成7万件以上小水窖、小水池、小坝塘、小泵站、小水渠等“五小水利”工程，为高原特色农业提供水利保障。改造中低产田地100万亩。重点扶持20个农机专业合作组织，力争农机总动力突破277万千瓦，农机作业面积600万亩以上，主要农作物耕种收综合机械化水平达到50%以上。加快设施农业发展步伐，新建农产品储藏保鲜设备小型冷库20座。加强农业资源和生态环境保护。加强农业信息网络建设。

七是城乡流通服务体系建设工程。加快和提升蔬菜、水果、畜禽，以及东南亚热带水果商贸城、林产品加工贸易物流中心、子墨商贸物流中心等专业市场建设，改造一批乡镇集贸市场、特色农产品市场，鼓励和支持农产品冷链物流企业发展，加快产地和销地农产品冷链物流设施建设。支持各类农业企业在国内外建立农产品营销网络，打造以面向东南亚、南亚为重点的农产品外销平台。继续推进“万村千乡市场工程”和“乡村流通工程”建设，做强配送中心，夯实村级综合服务社等网络终端。落实鲜活农产品“绿色通道”等政策。积极推进农超对接、农校对接、农企对接等多种形式的产销衔接，探索发展直销直供模式；支持主产区和农村合作经济联合会、行业协会等举办各类特色优势产品产销对接活动，积极探索发展电子商务，推行“网上交易、网下配送”等产销对接模式。建立多渠道、多形式采集农产品供求、价格等信息制度，支持重点批发市场引入竞价拍卖、远期合约、电子交易、经纪人代理等交易方式。进一步加强农业交通基础设施建设。

八是农产品质量安全保障能力提升工程。加快制定和完善农产品产地质量标准、无公害农产品生产规程、农产品质量安全标准等地方性标准，积极推动出口农产品质量安全示范区建设工作。加快市级农产品质量安全检验检测中心建

设，新建和完善县区农产品质量安全检验检测站，加快县区、乡镇农产品质量安全监管机构建设，力争实现市、县区、乡镇（街道）农产品质量安全监管和检验检测机构全覆盖，实现每个县区都有1台流动检测车，确保农产品质量抽检合格率稳定在95%以上和不发生重特大农产品质量安全事件。力争95%的“菜篮子”农产品和全部外销、出口农产品达到无公害农产品质量标准要求。完善重特大农产品产地污染和农产品质量安全突发事件应急预案，加强应急队伍建设，提高处置突发事件的能力。加强农业综合执法机构建设，加快推进农业综合执法，加强日常检查和违法案件查处，严防不符合质量安全标准的农产品进入市场。加强动物疫病基础设施建设，建立健全病虫害监测预报网。

（三）培育壮大龙头企业和专业合作经济组织

围绕七大特色农业产业生产基地建设，壮大玉林泉酒业、杨广红达食品、宏斌绿色食品、猫哆哩食品、金珂糖业、滇雪粮油食品、万绿生物、凤凰生态食品、达利食品、南恩糖纸等龙头企业，支持县区发展100户骨干龙头企业，集中财力给予重点扶持，推进农产品加工龙头企业向产业园区集中，推动产业生产规模化、园区集约化、企业集群化，形成大龙头带大产业、大产业带大发展的格局。支持具有比较优势的农业龙头企业通过参股、控股、兼并、合并、租赁等形式，开展跨区域、跨行业、跨所有制的合作，发展成为大型龙头企业集团，实现高原特色农业产业快速升级。引导农业龙头企业、农民专业合作组织与农户结成“利益共享、风险共担”的利益共同体，构建“公司＋专业合作组织＋农户”等新型组织形式，实现龙头企业带合作组织带农户共同发展、集群集聚发展。根据市委、市政府《关于加快农业产业化发展扶持农业龙头企业的实施意见》（玉发〔2012〕3号），市财政每年安排1 500万元，对农业龙头企业、农民专业合作组织引进（培育）新品种在市内推广1 000亩至5 000亩、5 000亩至1万亩、1万亩以上的，分别给予10万元、20万元、30万元的一次性补助；引进新技术（新工艺）其支付技术转让费超过20万元的，按转让费50%的比例给予一次性补助；获得市级以上新产品成果鉴定且支付研发费用超过20万元的，按研发费50%的比例给予一次性补助；购置先进加工（物流）设备其支付设备费超过200万元的，按设备费5%～10%的比例给予一次性补助；在市内建设标准化原料生产基地的水、电、路等基础设施和农业科技推广及应用，种植业按每亩不高于200元的标准给予一次性补助，养殖业达到一定规模的，按养殖种类给予适当补助，补助金额最高不超过100万元。对农业龙头企业、农民专业合作组织新建及技改扩能的固定资产投资贷款重点项目、贷款期限1年以上的，按实际贷款额的3%～3.5%给予一次性贴息。对深加工龙头企业季节性原料收购流动资金贷款额超过500万元的，按实际贷款额的1%～2%给予一次性贴息，贴息金额最高不超过50万元。对评定为年度农业产业化发展先进县区和十佳农业产业化龙头企业、十佳农民专业合作组织的，分别给予一次性奖励10万元、5万元、3万元；对新认定的农业产业化国家级、省级和市级重点龙头企业，分别给予一次性奖励50万元、10万元、2万元；对新获得的中国名牌农产品、云南省名牌农产品，分别给予一次性奖励10万元、5万元；对获得农业部新认定有机食品、绿色食品和农产品地理标志产品的企业（单位），分别给予一次性奖励10万元、5万元、10万元；对当年新增自营出口额100万美元以上的农业龙头企业，按新增出口额的5%给予一次性奖励（人民币），奖励金额最高不超过100万元；对当年新增农业产业化项目固定资产投资1 000万元以上的农业龙头企业，按新增投资额的3%给予一次性奖励，奖励金额最高不超过100万元；对当年新增农业产业化龙头企业专项贷款5 000万元以上的专项贷款银行，按新增贷款额的万分之二给予一次性奖励；对当年新增农业产业化龙头企业专项贷款担保额5 000万元以上的担保机构，按新增担保额的万分之二给予一次性奖励；对成功上市的农业龙头企业，一次性给予200万元奖励。

（四）健全完善推进高原特色农业发展保障政策

一是认真执行农村土地管理政策。坚决执行最严格的耕地保护和最严格的节约用地制度，巩固集体林权制度主体改革和农村家庭草原承包成果，深入推进各项配套改革。基本完成覆盖农村集体各类土地的所有权确权登记颁证，稳步扩大农村土地承包经营权登记，按照依法、自愿、有偿的原则，健全完善农村土地流转市场体系，规范农村土地流转管理。积极探索土地承包经营权、农屋、宅基地、林权等农村产权价值实现形式。推进村级集体经济股份合作制改造，建立农村产权交易平台，按照同地同权同价原则，建立符合市场规律的征地补偿机制，大幅提高农民在集体土地增值收益中的分配比例。完善被征地农民养老保险政策，推进被征地农民社会保障与城镇居民社会养老保险、新农保等制度有效衔接。

二是落实各类优惠扶持政策。认真落实各项税收优惠政策，对从事农业机耕、排灌、病虫害防治、植物保护、农牧保险以及相关技术培训业务和家禽、牲畜、水生动物的配种、疾病防治，以及将土地承包、租赁给他人经营生产的，免征营业税。对单位和个人从事农业技术转让、技术开发和与之相关的技术咨询、技术服务业务取得的收入，免征营业税。对金融机构农户小额贷款的利息收入，按国家规定免征营业税。企业从事农、林、牧、渔业项目的所得，可以免征、减征企业所得税。企业符合西部大开发税收优惠政策规定条件的，减按15%的税率征收企业所得税。企业从事公共污水处理、公共垃圾处理、沼气综合开发利用、节能减排技术改造等符合条件的环境保护、节能节水项目的所得，自项目取得第一笔生产经营收入所属纳税年度起，可以享受企业所得税三免三减半优惠政策。企业综合利用资源，生产符合国家产业政策规定的产品所取得的收入，可以在计算应纳税所得额时减按90%计入收入。符合规定条件的小型微利企业，按20%的税率缴纳企业所得税，年应纳税所得额低于6万元（含6万元）的小型微利企业，其所得减按50%计入应纳税所得额。直接用于农、林、牧、渔业的生产用地免缴土地使用税。承受荒山、荒沟、荒丘、荒滩土地使用权用于农、林、牧、渔业生产的免征契税。对涉农企业生产销售符合免税条件的农业产品、农业生产资料免征增值税，对批发零售符合免税条件的农业生产资料和粮油、蔬菜免征增值税，对符合条件的出口农产品及其深加工产品及时办理出口货物退（免）税。

三是创新奖惩激励机制。建立高原特色农业发展统计调查制度，准确、及时、全面、客观地反映我市高原特色农业发展动态。建立实施高原特色农业部门领导责任制，对高原特色农业的主要指标实行目标管理，纳入党政主要领导干部年终考核内容。依据省制定的高原特色农业指标体系和考核结果，对工作抓得紧、成效明显的给予相应的奖励，有关部门要在项目资金安排上“以奖代补”实施倾斜；对工作不到位、进度慢或成效不明显的，予以通报批评，并在扶持资金、项目安排上予以扣减。各级组织部门要把高原特色农业发展成效作为检验领导班子和领导干部执政能力和领导水平的重要内容，作为对班子成员年度考核和干部奖惩、任用的重要依据。

四是多渠道增加高原特色农业投入。市级涉农部门要认真研究国家、省的相关政策，主动争取国家、省有关部门加大对我市高原特色农业的支持力度。按照“渠道不乱、用途不变、优势互补、各记其功、形成合力”的原则，整合涉农部门各类项目资金重点支持高原特色农业发展。健全农产品储备制度，完善农业保险政策和森林、草原、水土保持等生态补偿机制。完善涉农贷款激励政策，积极引导金融机构持续增加农村信贷投入，从2013年起，市级扶持畜牧业发展专项贴息贷款规模由2亿元增加到3亿元。支持有条件的农民专业合作社组织开展信用合作。支持农业龙头企业与农民专业合作社合作开展农业贷款担保。鼓励保险机构向基层延伸服务网点，扩大农业保险险种和覆盖面。加大农业招商引资力度，积极引导现有农业龙头企业与国内外大公司对接，通过注资、控股、参股、收购等方式，实现以产权换资金，以存量换增量。引导社会资本投入农业，加大融资渠道拓展力度。

市级财政对高原特色农业的投入坚持现有投入不减少，确保中央、省项目配套资金和随着财政收入的增长而适当增加。从2013年起，市级财政新增安排资金1 800万元，专项用于高原特色农业发展，使支持、扶持高原特色农业发展资金达到10 575万元。烟草产业市级财政每年安排3 600万元，主要用于烟叶生产品种补助及对县乡村组干部组织烟叶生产的考核奖励。粮油蔗产业市级财政每年安排850万元，主要用于新品种引进、试验示范，基础性技术组装配套研究及推广，良种繁育基地建设和防灾减灾。蔬菜产业市级财政每年安排600万元，主要用于新品种、新技术引进，标准化生产示范基地建设，产品安全生产技术运用。水果产业市级财政每年安排300万元，主要用于品种改良、标准园建设。花药产业市级财政每年安排100万元，主要用于具有自主知识产权的新品种研发。以核桃、竹子为重点的高效林业产业市级财政每年安排1 400万元，根据市委、市政府《关于加快核桃和竹子产业发展的实施意见》（玉发〔2012〕2号），主要用于以核桃、竹子等为重点的高效林业基地建设及种苗补助。养殖业市级财政每年安排2 225万元，主要用于品种引进改良及良种场建设、养殖小区建设、标准化养殖场建设、规模化养殖3亿元贷款贴息、疫病防控、能繁母猪保险补贴，抗浪鱼、大头鱼、元江鲤等土著鱼种的保护和增殖，发展稻田养鱼。

五是加强组织领导和协调。各级各部门要高度重视高原特色农业发展工作，尽快建立市级统筹协调、县区贯彻落实、乡镇（街道）、村级具体实施的工作机制。建立发展高原特色农业市级联席会议制度，市级由市委农村工作领导小组牵头推进高原特色农业发展工作，负责高原特色农业发展重大事项的决策、明确工作任务、落实部门责任、协调解决推进中存在的重大问题。组建发展高原特色农业指导督查组，负责对全市重点特色产业发展工作的指导协调和跟踪督查。高原特色产业发展的牵头责任要分解到市级有关部门，由专门的分管领导负责，成立专门的工作班子，责任落实到人。县区党委、政府都要建立由主要领导亲自部署、分管领导具体负责、牵头部门协调落实、相关部门协作联动机制，党委、政府主要领导要把主要精力放在推进高原特色农业发展上，形成一级抓一级、层层抓落实的工作格局。各级各有关部门要密切配合、加强协调，现有各类农业投资渠道安排的项目，要向七大特色产业生产基地倾斜，形成推进高原特色农业发展的强大合力。

推进高原特色农业发展，是新时期推进现代农业发展、促进农业增效、农民增收、农村发展的一项重大举措，意义深远、责任重大。各级党委政府、各有关部门要提高认识、明确要求，开拓创新、扎实工作，加快高原特色农业发展，为实现玉溪科学发展和谐发展跨越发展作出新的更大贡献。

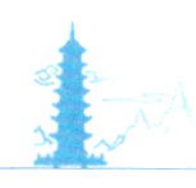

中共玉溪市委　玉溪市人民政府 关于玉溪市2011年至2020年农村扶贫开发的 意　　见

（2013年3月6日）

为进一步加快我市贫困地区发展，集中力量打好新一轮扶贫攻坚战，根据《云南省农村扶贫开发纲要（2011～2020年）》精神，结合实际，特提出如下意见。

一、切实增强做好扶贫开发的责任感和紧迫感

（一）我市扶贫开发工作取得明显成效

进入新世纪以来，我市各级党委、政府认真贯彻落实省委、省政府的重要决策部署，积极组织实施《云南省农村扶贫开发纲要（2000年～2010年）》和“一体两翼”扶贫战略，研究出台了一系列强农惠农政策，带领广大干部群众自力更生，艰苦奋斗，广泛动员全社会力量扶贫救困，奋发图强，扶贫开发取得显著成效。10年累计投入财政扶贫资金7.58亿元，实施了41个重点行政村、97个安居温饱村、621户茅草房改造、2个特困民族乡综合开发、18个标准化综合扶贫行政村、1 291个整村推进自然村、13 868人易地搬迁、2个整乡推进试点项目、240户安居工程建设，转移培训贫困地区劳动力3 356人，有序推进“两项制度衔接”和互助资金扶贫试点项目建设，着力解决了群众增收难、上学难、看病难、行路难、饮水难、看电视难等问题，少数民族贫困地区基础设施明显加强，群众生产生活条件逐步改善，社会事业稳步发展，为促进我市经济发展、民族团结、社会和谐发挥了积极作用。

（二）扶贫开发任务依然十分艰巨

我市扶贫开发工作虽然取得显著成效，但制约贫困地区发展的深层次矛盾依然存在，贫困面大、贫困程度深的状况仍然没有得到根本改变，贫困问题仍旧是制约我市科学发展和谐发展跨越发展的重要瓶颈。扶贫开发工作仍然是全市经济社会发展最大的难点、最突出的重点之一，也是一项长期而重大的历史任务。按照农民人均纯收入2 300元（2010年不变价）的国家新扶贫标准，以云南调查总队、省统计局和省扶贫办监测结果确认，我市的贫困人口为15.29万人，仅占全省贫困人口总数1 014万人的1.51%，但从扶贫系统去年的贫困人口识别统计，我市贫困人口还有41.6万人，占全市农村总人口176.1万人的23.6%，其中农民人均纯收入低于785元的深度贫困人口2.34万人。加快扶贫开发进程，是贯彻落实科学发展观的必然要求，是坚持以人为本、执政为民的重要体现，是统筹城乡区域发展、保障和改善民生、缩小发展差距、促进全市人民共享改革发展成果、构建和谐社会的迫切需要。各级党委、政府必须以高度的政治责任感和使命感，把扶贫开发作为推动玉溪跨越发展，实现“四个翻番”、“两个倍增”的重要战略支撑，进一步坚定信心，明确任务，落实责任，以更大的决心、更强的力度、更有效的举措，举全市之力打好新一轮扶贫开发攻坚战，让贫困群体尽快脱贫致富，努力建设开放富裕文明和谐美丽幸福的新玉溪。

二、新阶段扶贫开发的总体要求

（一）指导思想

以邓小平理论、“三个代表”重要思想、科学发展观为指导，抓住国家实施新一轮西部大开发、桥头堡建设战略和建设滇中城市经济圈的机遇，以尽快解决扶贫对象温饱、实现脱贫致富为首要任务，以统筹城乡发展、提高自我发展能力为工作重点，以少数民族地区、深度贫困地区和革命老区为主战场，以专项扶贫、行业扶贫、社会扶贫为支撑，以改善民生为根本，以加快发展为关键，更加注重增强扶贫对象自我发展能力，更加注重基本公共服务均等化，更加注重解决制约发展的突出问题，全面推进贫困群体脱贫致富，促进全市科学发展和谐发展跨越发展。

（二）基本原则

一是坚持政府主导、分级负责原则。各级党委、政府对本行政区域的扶贫开发工作负总责，把扶贫开发纳入经济社会发展总体规划，实行扶贫开发目标责任制。

二是坚持瞄准对象、突出重点原则。瞄准贫困对象，突出重点区域，把少数民族地区、深度贫困地区和革命老区作为重点。

三是坚持综合开发、连片推进原则。以发展特色产业、改善生产生活条件、增强自我发展能力为重点，以革命老区县、贫困乡镇、贫困村组规划为平台，实施山水林田路电气房综合治理，促进基本公共服务均等化，整体推进、连片综合扶贫开发。

四是坚持部门协同、合力攻坚原则。各职能部门根据扶贫开发总体要求，落实部门职责，合力推进扶贫开发。

五是坚持以人为本、科学发展原则。正确处理扶贫开发与生态建设、环境保护的关系，充分发挥贫困地区资源优势，增强自我发展能力，发展环境友好型产业，使经济社会发展与人口资源环境相协调。

六是坚持因地制宜、分类指导原则。根据贫困地区扶贫对象的贫困特征和致贫因素，突出针对性、操作性和实效性。

七是坚持社会帮扶、自力更生原则。广泛动员社会各界参与扶贫开发，完善帮扶机制，拓展帮扶领域，激发贫困地区内在活力，充分发挥扶贫对象的主动性和创造性。

（三）总体目标

到2015年，贫困地区农民人均纯收入增长幅度高于全市平均水平，贫困人口大幅减少，基本实现扶贫对象有饭吃、有水喝、有房住、有学上、有医疗、有产业。到2020年，基本解决深度贫困问题，稳定实现扶贫对象不愁吃、不愁穿，保障其义务教育、基本医疗和住房，贫困自然村

村内通硬化道路、户户通电、通广播电视、通电信网络，贫困地区基本公共服务主要领域指标接近全市平均水平，发展差距逐步缩小。

（四）主要任务

一是打好基础设施建设攻坚战。到2015年，贫困地区完成10万亩中低产田地改造，加快以“五小水利”工程为重点的水利基础设施建设，推动基本农田和农田水利设施有较大改善，保障人均基本口粮田，使高稳产农田累计达到45万亩；加大农村饮水安全工程建设力度，稳步提高供水保障能力，基本解决农村饮水安全问题；彻底解决贫困地区无电自然村的用电问题；全面实施自然村通达工程，提高贫困地区乡镇至自然村的等级公路比例，90%的建制村通塘石或沥青（水泥）路，提高贫困地区农村客运班车通达率；完成农村困难家庭危房改造 2.5万户，户均有一栋人畜分离、体现地方特点和民族特色的抗震安居房。到2020年，贫困地区高稳产农田面积累计达60万亩，农田水利基础设施建设水平明显提高；农村饮水安全保障程度和自来水普及率进一步提高；全面提升贫困地区用电质量和水平；全部建制村通沥青（水泥）路，所有自然村村内道路全面硬化，全面提高农村公路服务水平和防灾抗灾能力；贫困地区群众的居住条件得到显著改善。

二是打好优势产业培育攻坚战。到2015年，在贫困地区培育5个以上年销售收入超过亿元的扶贫龙头企业，力争省级扶贫龙头企业达5个以上；在贫困地区大力发展畜牧养殖，种植经济林果和经济作物，力争实现1户1项增收项目。到2020年，实现县有支柱产业、乡镇有主导产业、村有骨干产业、户有增收项目，初步构建特色支柱产业体系。

三是打好社会事业发展攻坚战。到2015年，贫困地区学前三年教育毛入园率有较大提高，巩固提高九年义务教育水平，高中阶段毛入学率达到90%，保持普通高中和中等职业学校招生规模相对平衡，实现贫困农户户均有1个以上科技明白人，有条件的户均转移劳动力1人，彻底扫除青壮年文盲；贫困地区县、乡、村三级医疗卫生服务网基本健全，县级医院的能力和水平明显提高，每个乡镇有1所卫生院，每个行政村有达标卫生室，逐步提高新型农村合作医疗报销比例，新型农村合作医疗参合率稳定在90%以上，实现门诊统筹全覆盖，逐步提高儿童重大疾病的保障水平，重大传染病和地方病得到有效控制，每个乡镇卫生院有1名全科医生；基本建立广播影视公共服务体系，实现贫困地区自然村广播电视全覆盖，力争实现每个县拥有1家数字电影院，每个行政村每月放映1场数字电影，行政村基本通宽带，自然村和交通沿线通信信号基本覆盖；农村最低生活保障制度、五保户供养制度和临时救助制度进一步完善，实现新型农村社会养老保险制度全覆盖；力争贫困地区人口自然增长率控制在5‰以内。到2020年，义务教育水平进一步提高，基本普及学前教育，普及高中阶段教育，加快发展远程继续教育和社区教育；贫困地区群众获得公共卫生和基本医疗服务更加均等；健全完善广播影视公共服务体系，全面实现广播电视户户通，自然村基本实现通宽带，健全农村公共文化服务体系，县有图书馆、文化馆，乡镇有综合文化站，行政村有文化活动室，以公共文化建设促进农村廉政文化建设；农村社会保障和服务水平进一步提升；贫困地区低生育水平持续稳定，逐步实现人口均衡发展。

四是打好生态修复攻坚战。到2015年，贫困地区森林覆盖率比2010年底增加1.5个百分点。到2020年，森林覆盖率比2010年底增加2个百分点，生态安全屏障作用不断巩固。

三、重点实施专项扶贫

（一）实施整村推进

按照“一次规划、分步实施、因地制宜、分类指导”的要求，力争每年实施200个以上贫困自然村的整村推进。以县为平台，统筹各类涉农资金和社会帮扶资金，集中投入，发展特色支柱产业，改善生产生活条件，增加集体经济收入，提高自我发展能力，实现水、电、路、气、房和环境改善“六到农家”。加强整村推进后续管理，健全新型社区管理和服务，巩固提高扶贫成果。

（二）开展整乡推进

按照“县为单位、整合资金、整体推进、连片开发”的思路，以基础产业培育、基础设施改善、基本素质提高、基本保障构建、基本队伍建设为重点，认真制定人口较少民族特困聚居区域扶贫连片开发规划。以资源大整合、社会大参与、群众大发动、连片大开发为主要方式，积极推进产业连片开发，基础设施连片建设，村落连片整治，集中力量、重点突破，实施5个贫困乡整乡推进工程。认真制定元江、新平、峨山和易门4个县连片特困地区区域发展与扶贫攻坚规划，积极争取纳入省级规划。

（三）实施易地扶贫搬迁

对基本丧失生存条件、资源负载过重、发展空间狭小等就地难以可持续解决温饱的地区，在充分尊重贫困群众意愿和保障搬迁群众基本生产生活条件的前提下，采取就地、小规模集中和插花安置的方式，适当提高补助标准，完成易地扶贫搬迁7 000人，着力改善搬迁贫困群众的发展环境和条件，认真落实宅基地、耕地、户籍等问题，确保搬得出、稳得住、能发展、可致富。有条件的地方，按照“移民就路、移民就市、移民就富”的原则，引导向中小城镇、工业园区移民，创造就业机会，提高就业能力。

（四）开展产业扶贫

加大财政专项扶贫和贴息资金投入力度，扩大到户贷款和项目贷款规模。依托当地资源和区域性特色主导产业开发，积极支持扶贫龙头企业发展，强化企业与农户的利益联结机制，提高产业发展的组织化程度，切实解决贫困农户发展产业缺资金、缺技术、缺市场信息的难题，增强农户的自我发展能力，扶持发展带动农户稳定增收，打牢脱贫致富基础。积极支持农民专业合作社发展特色产业，力争扩大贫困村互助资金试点范围及规模，提高补助标准，增强农户参与市场竞争的能力。

（五）推进革命老区建设

制定革命老区综合发展规划，统筹协调各类扶持资源，积极利用彩票公益金支持革命老区开发建设，进一步加大对4个革命老区县、2个革命老区乡镇的重点扶持力度。安排一定的老区建设专项资金，重点解决革命老区最薄弱、最急需、老区人民最期盼的问题。充分发挥老促会的调研、指导、协调作用。

（六）开展就业培训

按照“就业导向、技能为本”的原则，继续实施“雨露计划”，完成15万贫困劳动力的培训，其中技能培训10万人。重点扶持农村贫困家庭“两后生”继续接受正规职业教育和中长期技能培训。积极推进培训基地、劳务基地、创业基地一体化建设，把外输与内转有机结合起来，促进贫困劳动力就地就近转移就业。大力开展农村实用技

术和创业培训，鼓励支持贫困农民创业就业。

四、着力强化行业扶贫

各行业各部门要把改善贫困地区发展环境和条件作为本行业发展规划的重要内容，优先列入行业规划计划，做到项目优先安排、资金优先保障、措施优先落实，确保各项帮扶措施落实到位并完成本行业的扶贫任务。以扶贫规划为载体，按照“统一规划、各司其责、捆绑使用、用途不变、各记其功、形成合力”的原则，建立跨部门协同扶贫工作机制，形成多部门协作、多渠道投入、多项措施并举、多层次推动的合力扶贫攻坚新格局。

（一）实施特色优势产业扶贫工程

充分发挥贫困地区生态环境和自然优势，按照主体功能做好规划，优化布局，调整结构，推进山区综合开发。加快现代农业建设，积极发展新兴产业，承接产业转移，增强贫困地区发展内在动力。大力扶持龙头企业，发展农民专业合作社，加大实用技术培训，着力培养农村致富带头人，完善农村现代经营服务体系。加大科技扶贫力度，积极推广良种良法，有效开展扶贫示范村和示范户建设。培植壮大种植、养殖和加工业，提高特色经济作物比重，建立一、二、三产业协同拉动贫困群众增收的产业发展机制，逐步形成优势明显、市场广阔、带动性强、具有地区特色的主导产业带和产业集群。

（二）加强基础设施扶贫工程

加强贫困地区土地整治，推进中低产田地改造和高稳产农田建设。加快水源工程建设，抓好病险水库除险加固工程，继续加大“五小水利”建设。积极实施农村饮水安全工程，大力推进农村集中式供水。加快贫困地区公路建设，以通乡、通村油路工程为重点，不断提高农村公路通畅率。加大农村电网升级改造力度，积极开展水电新农村电气化县建设，实现城乡用电同网同价，提高民生用电保障水平。普及信息服务，优先实施特困乡镇村村通有线电视、电话、互联网工程，推进电信网、广电网、互联网“三网融合”。加快农村邮政网络建设。

（三）开展教育文化扶贫工程

推进边远贫困地区相对集中办学，方便学生就近入学。加快寄宿制学校建设，逐步提高农村义务教育家庭经济困难寄宿生生活补助标准，加大对边远贫困地区学前教育的扶持力度，加快农村学前教育发展。免除中等职业教育学校家庭经济困难学生和涉农专业学生学费，继续落实国家助学金政策。推动农村中小学生营养改善工作。关心特殊教育，加大对各级各类残疾学生扶助力度。贫困地区劳动力进城务工，输出地和输入地要积极开展就业培训。优先在贫困地区推进社区文化中心（文化室）和村文化室建设，继续推进广播电视村村通、农村电影放映、文化信息资源共享和农家书屋等文化惠民工程建设。

（四）实施公共卫生和人口服务扶贫工程

逐步提高新型农村合作医疗和医疗救助保障水平。进一步健全贫困地区以县级医院为龙头、乡镇卫生院为骨干、村级卫生室为基础的医疗卫生服务体系，改善医疗服务设施条件，提高乡村医生公共服务补助标准。加大地方病和结核病等重大疾病防控力度。加强贫困地区基层妇幼保健院机构能力建设。组织县级以上医务人员在农村开展诊疗服务、临床教学、技术培训等多种形式的帮扶活动，提高贫困地区乡镇卫生院的技术水平和服务能力。加强贫困地区人口和计划生育工作，进一步完善农村计划生育家庭奖励扶助制度、“少生快富”工程和计划生育家庭特别扶助制度，加大对计划生育扶贫对象的扶持力度，加强流动人口计划生育服务管理。

（五）实施民生保障扶贫工程

逐步提高农村最低生活保障和五保户供养水平，把深度贫困人口全部纳入最低生活保障，切实保障没有劳动能力和生活常年困难农村人口的基本生活，逐步提高补助标准，做到应保尽保。健全自然灾害应急救助体系，完善受灾群众生活救助政策。加快新型农村社会养老保险制度覆盖进度，支持贫困地区加强社会保障服务体系建设。加快农村养老机构和服务设施建设，支持贫困地区建立健全养老服务体系，解决广大老年人养老问题。做好村庄规划，以新农村重点村建设、农村危旧房改造、农村民居地震安居工程、扶贫安居工程等为重点，帮助贫困户解决基本住房安全问题。进一步完善农民工就业、社会保障和户籍制度改革等政策。

（六）推进生态建设扶贫工程

加快贫困地区退耕还林、水土保持、天然林保护等重点生态修复工程建设力度。加强贫困地区生态环境综合治理、干热河谷生态恢复。加快贫困地区可再生能源开发利用，因地制宜发展太阳能，推广应用沼气、节能灶、秸秆气化集中供气站等生态能源建设项目，带动改水、改厨、改厕、改圈和秸秆综合利用。推进农村污水和垃圾设施建设以及美化、绿化、亮化工程，推进农村环境综合治理。加大泥石流、山体滑坡、崩塌等地质灾害防治力度，重点抓好灾害易发区内的监测预警、搬迁避让、工程治理等综合防治措施。合理利用水土资源，保护生态环境，恢复生态功能，促进贫困地区环境、经济、社会协调发展。

五、加大社会扶贫力度

（一）坚持和完善定点帮扶制度

坚持和完善党政机关、企事业单位和群众团体定点帮扶制度，继续扩大帮扶单位范围，各定点帮扶单位要制定帮扶规划，积极筹措帮扶资金。结合“四群”教育、“三深入”活动等，扎实开展定点帮扶工作，为贫困群众办实事解难事。

（二）引导企业和社会各界参与扶贫

引导和鼓励企业采取多种方式参与扶贫开发，搞好村企共建、项目投资发展等活动。动员和鼓励社会组织及个人参与扶贫，积极倡导扶贫志愿者行动。

六、创新扶贫开发政策措施

各级各部门要用足用好国家和省扶持政策，完善有利于贫困地区、扶贫对象的扶贫规划和政策体系。发挥专项扶贫、行业扶贫和社会扶贫的综合效益。实现扶贫开发与社会保障的有机结合。对扶贫工作可能产生较大影响的重大政策和项目，要进行贫困影响评估。

（一）财税政策

建立地方财政扶贫资金随财力的增长而逐步增加的长效机制，保持扶贫投入的稳步增长，市级每年安排不低于2 500万元的财政专项资金用于扶贫开发，各县区政府要根据财力每年安排一定的扶贫开发专项资金，重点用于少数民族贫困地区、深度贫困地区、革命老区的扶持。加大对贫困地区民生改善投入力度，逐步降低扶贫对象在教育、医疗和社会保障等方面的负担比重。加大贫困地区的贷款贴息支持力度。建立彩票公益金支持扶贫开发投入机制。建立资源税向贫困地区资源产地倾斜的分配制度，资源产地地方财政资源税新增部分，主要用于当地扶贫开发。土地出让金的2%用于贫困地区扶贫开发。完善各级财政农业保险保费补贴政策。针对贫困地区特色主导产业，鼓励地方发展特色农业保险。企业从事带动贫困群众脱贫致富的扶贫项目投资经营所得，依法享受企业所得税“三免三减半”优惠。扶贫项目实施涉及的行政事业性收费应予减免。企业用于扶贫事业的捐赠，符合税法规定条件的，可按规定在所得税税前扣除。

（二）金融政策

充分利用国家扶贫贴息贷款政策。积极推动贫困地区金融产品和服务方式创新，鼓励开展小额信用贷款，努力满足扶贫对象发展生产的资金需求。继续实施残疾人康复扶贫贷款项目。引导民间借贷规范发展，多方面拓宽贫困地区融资渠道。建立健全风险规避机制，支持融资性担保机构从事中小企业担保业务，实行对农户担保。积极发展农村保险事业，鼓励保险机构在贫困山区建立基层服务网点。

（三）投资政策

各级基本建设支持重点用于贫困地区的基础设施、民生工程、社会事业发展、结构调整、生态环境等项目，加大村级公路建设、农业综合开发、土地整治、小流域与水土流失治理、农村水电建设等支持力度。各行业各部门在编制规划、安排项目、分配资金时，重点向少数民族贫困山区倾斜。

（四）产业政策

优先审批和核准市级权限范围内贫困地区的产业项目。实行差别化的产业政策，引导劳动密集型产业向贫困地区转移。对贫困地区特色优势产业项目给予倾斜。在保护生态环境的前提下，支持贫困地区合理有序利用矿产、水电资源，建立贫困地区资源开发带动贫困群众脱贫致富的连结机制。鼓励发展第三产业，加强贫困山区集贸市场建设。

（五）土地政策

按照国家耕地保护和农村土地利用管理有关规定，对涉及扶贫开发项目的建设用地给予倾斜，新增建设用地指标要优先满足贫困地区易地扶贫搬迁建房需求，合理安排小集镇和产业聚集区建设用地。加大土地整治力度，在项目安排上，向有条件的特困区域倾斜。建立贫困地区耕地保护补偿机制，确保粮食安全基本用地需要。在土地征用中，可采取土地参股、效益提成等补偿形式，使失地农民的利益得到有效保障并长期受益。对土地等要素资源相对丰富的地方，结合农村土地流转制度、集体林权制度等改革，积极探索增加财产性收入的扶贫开发，采取承包、租赁、转包、参股等方式，加大土地集约化经营力度，推进集体林权等生产要素资本化运作，实行土地等生产要素流转最低保护价制度，增加农民家庭经营性收入和财产性收入。

（六）生态补偿政策

继续加大贫困地区退耕还林、水土保持、天然林保护、防护林体系建设和石漠化治理等重点生态修复工程建设力度。按照“谁开发谁保护、谁受益谁补偿”的原则，建立健全向贫困地区倾斜的长效机制，逐步扩大补偿范围，提高补偿标准。矿业、水电等资源型企业应拿出一定比例资金，专项用于贫困地区环境综合治理、生态补偿和解决因资源开发带来的民生问题。

（七）人才政策

组织教育、科技、文化、卫生等行业人员和志愿者到贫困地区服务。制定大专院校、科研院所、医疗机构为贫困地区培养人才的鼓励政策。引导大中专毕业生到贫困山区就业创业。对长期在贫困山区乡镇工作的干部要制定鼓励政策，对各类专业技术人员在职务、职称等方面实行倾斜政策，对定点扶贫挂职干部要关心爱护，妥善安排他们的工作、生活，充分发挥他们的作用。发挥创业人才在扶贫开发中的作用。加大贫困地区干部和农村实用人才的培训力度。

七、加强领导，精心组织实施

（一）强化扶贫开发责任

坚持“省级统筹、市负总责、县抓落实”的管理体制，建立片区开发为重点、工作到村、扶贫到户的工作机制，实行党政一把手负总责、部门领导是行业扶贫第一责任人的扶贫开发工作责任制。各级党委、政府要进一步提高认识，强化扶贫开发领导小组综合协调职能，加强领导，统一部署，加大政策统筹、资源整合力度，扎实推进各项工作。建立扶贫开发考核激励机制，将扶贫开发工作纳入党委、政府综合考核，把考核结果作为工作业绩的重要标准，作为干部选拔任用的重要依据。

（二）明确部门职责任务

市级各部门要把扶贫开发作为义不容辞的政治责任，继续加强协调配合，按照部门工作职能和行业特点，主动承担起项目建设的责任。产业开发和科技推广项目由扶贫、农业、林业、科技等部门负责；易地扶贫项目由扶贫、发改、国土、民政等部门负责；贫困村道路建设由扶贫、发改、交通运输部门共同负责，扶贫办负责村内道路硬化，交通运输局负责村外道路；以工代赈项目及农田水利、人畜饮水工程，由发展改革、水利、农业综合开发部门负责；通电工程由电力部门负责；沼气池建设管理由农业部门负责；广播电视“村村通、户户看”工程由广电部门负责；中小学校舍兴建与危房改造由教育部门负责；村卫生室建设与改造由卫生部门负责；劳动力职业技术培训和劳务输出就业项目由农业、扶贫、人力资源和社会保障部门负责；贫困残疾人的帮扶由残联负责；彝族山苏安居工程和仆拉支系、哈尼布孔支系、蒙古族、苗族、拉祜族等六种少数民族的帮扶工作由民宗、住房和城乡建设、财政、监察、扶贫等部门负责；扶贫贴息贷款及扶持龙头企业由财政、金融、扶贫等部门负责；贫困村基层组织建设由组织部、民政局负责；精神文明建设由宣传部、文化局负责；贫困地区经济社会发展监测由统计部门负责。

（三）加强项目资金监管

财政扶贫资金主要投向连片特困地区乡镇和自然村，集中用于培育特色优势产业、提高扶贫对象发展能力和改善扶贫对象基本生产生活条件，逐步增加直接到户扶持资金规模。创新扶贫资金到户扶持机制，采取多种方式，使扶贫对象得到直接有效扶持。使用扶贫资金的基础设施建设项目，要确保扶贫对象优先受益，产业扶贫项目要建立健全带动贫困户脱贫增收的利益联接机制。市级按每年不低于市级财政扶贫资金投入规模的3%安排财政扶贫项目管理费。县区每年按不低于县级财政扶贫资金投入规模的2%安排财政扶贫项目管理费。进一步强化财政扶贫资金绩效考评和以奖代补制度，切实落实扶贫资金分配使用和项目资金公示公告、资金回补报账、项目验收、后续管理以及廉政承诺、廉政评议、贫困群众廉政评议员、工作交叉检查和交流等各项制度，严格执行扶贫项目资金审计和督查制度。推进廉洁扶贫行动，实施“阳光扶贫”工程，开

展廉政文化“七进”扶贫项目活动，筑牢上级监督、人大政协监督、部门监督、监察审计监督、群众监督和社会舆论监督“六道”防线。县区、乡镇（街道）对扶贫资金管理使用、安全运行、廉政情况负全责。各级党委、政府督查部门要把扶贫开发作为重要督查事项，纪委监察部门对扶贫项目资金的管理使用进行跟踪问效、全程监督。拓宽监管渠道，坚决查处挤占挪用、截留和贪污扶贫资金的行为。对工作不力，不能如期完成目标任务的相关责任人进行问责。

（四）加强统计监测

建立扶贫统计监测经费保障制度。市级每年安排20万元资金专项用于全市扶贫开发信息系统和统计监测系统体系建设。认真做好扶贫对象建档立卡、数据动态采集、综合分析和研究工作。强化扶贫统计监测目标管理责任，建立统计数据的上报、汇总和公布制度，客观反映贫困状况、变化趋势和扶贫开发工作成效，为科学决策提供依据。按照政务信息公开的有关要求，依法定期公布重要扶贫数据和统计监测工作的进展情况，提高统计信息公开的时效性。

（五）加强基层组织建设

扎实开展创先争优活动，以实施“创建带领致富党支部和培养脱贫致富带头人”活动为抓手，重点抓好乡村党组织书记、党员干部、大学生“村官”和新农村建设指导员四支队伍建设。建立村“两委”班子成员教育培训长效机制，适当提高村、组干部的生活补贴标准。积极推广“四议两公开”工作法，加大从转业退伍军人、务工回乡青年、致富能手等党员中选拔村党组织书记力度，提高村党组织带头人队伍建设。加强农村党风廉政建设，解决好农村征地、扶贫项目资金使用、集体资金管理等热点和难点问题，维护农村社会稳定。

（六）营造良好氛围

充分调动贫困地区贫困群体扶贫开发的积极性、主动性和创造性，在政府和社会各界的支持、帮助下，自强不息，不等不靠，苦干实干，努力改变家乡面貌。发动群众，广泛参与，保证群众对扶贫开发的参与权、知情权、监督权和管理权，掀起自己的家园自己建、自己的家业自己创的热潮。各级宣传部门要大力宣传中央、省、市的各项强农惠农富农政策，宣传典型，推广经验，营造良好氛围。

中共玉溪市委　玉溪市人民政府
关于进一步加强工业园区建设的意见

（2013年3月7日）

为深入贯彻落实省委、省政府《关于推动工业跨越发展的决定》（云发〔2012〕5号），加速全市工业园区建设发展，推动新型工业化再上新台阶，实现“工业3年倍增”发展目标，加快玉溪科学发展和谐发展跨越发展，结合我市实际提出以下意见。

一、深化认识，增强工业园区建设的紧迫感和责任感

工业园区建设是集聚生产力、增强吸引力、培养竞争力的有效手段，也是推进新型工业化的必由之路。近年来，我市工业园区建设步伐加快，成效明显，但与先进发达地区相比，仍然存在起步晚、步子慢、规模小，产业档次低、特色不突出，体制不顺、机制不活等突出问题，严重制约了工业园区的建设发展，难以适应工业突破、跨越发展的要求。必须充分认识，加快工业园区建设发展，不仅可以转变发展方式，提升要素集聚，推动产业结构升级，壮大经济规模，而且有利于提升城市功能，统筹城乡发展，实施节能减排，扩大招商引资，对于促进全市经济社会又好又快发展，具有重大战略意义。各县区、各部门要进一步明确工业园区是改革开放先导区、体制创新试验区、经济发展先行区和科学发展示范区的功能定位，增强紧迫感和责任感，形成合力，以更大的魄力、更强的力度、更有效的举措，把加快工业园区建设作为推动全市工业突破的关键举措来抓，全力推动工业园区快速发展。

二、工业园区建设的目标任务

坚持转变发展方式和走新型工业化发展道路，按照工业园区化、园区城市化的发展要求，高起点规划、高标准建设、高效率开发、高效能管理。着力推进工业园区管理体制和运行机制创新，着力拓展发展空间，着力加强园区基础设施建设，着力推动园区产业集聚发展、优化升级，着力提升园区服务水平。

（一）发展目标

经过五年左右的努力，把全市工业园区建成产业聚集度高、经济效益好、投资环境优、招商竞争力强的第一增长极，成为全市科学发展和谐发展跨越发展的先行区。

（二）主要任务

1.提速建设10个工业园区和玉溪国家高新区。红塔工业园区、研和工业园区建成国家级园区；8个县工业园区建成省级工业园区。

2.加快工业园区经济发展。园区工业总产值、工业增加值、固定资产投资、工业投资、财政收入等实现快速增长，质量和效益不断提高。

3.壮大工业园区经济规模。经过3～5年的努力，红塔工业园区（不含高新区）实现销售收入1 000亿元，高新技术产业开发区（不含红塔集团）实现技工贸总收入460亿元，研和工业园区实现销售收入1 000亿元；通海、新平工业园区各实现销售收入200亿元；峨山、易门工业园区各实现销售收入150亿元；澄江、华宁、江川、元江工业园区各实现销售收入100亿元。

4.提高工业园区产业集中度。在10个园区培育壮大卷烟及配套、矿冶电力、装备制造、生物医药、新材料、新能源、石油炼化深加工、新型建材、印刷包装、绿色食品等10个产业集群，加快引进培育新产业，产业布局进一步优化，市场竞争力进一步增强，各园区实现特色发展。

5.增强工业园区开放创新能力。对外开放水平稳步提高，招商引资成效显著，制度创新、科技创新和管理创新进一步加强，自主创新能力提高，深化体制机制改革，全面激发园区建设发展内在活力。

6.完善工业园区基础设施。园区水、电、路、通信、排污等基础设施配套，功能齐备，努力做到为园区集约化生产提供一流的共享水平。在加强生产性配套设施建设的同时，逐步完善生活配套设施和三产服务功能，为园区企业员工解决吃、住、行、娱乐、购物、就医、子女入学等实际问题，解决企业发展的后顾之忧。

三、完善工业园区管理体制

（三）按照“特区模式、封闭运行，管理统一、实体运作”的原则，采取以实体化运作为主的园区开发建设模式，通过体制机制创新，建立管委会主任负责制的“小政府、大服务”行政管理体制，形成“体制完整、职能完备、决策自主、工作独立”的体制格局。

研和工业园区、红塔工业园区、通海五金产业园区、新平矿业循环经济特色工业园区、易门陶瓷特色工业园区等5个省级工业园区分别设立园区管委会，为市委、市政府的派出机构，委托所在地党委、政府管理。澄江工业园区、峨山移民再就业工业园区、华宁工业园区、江川工业园区、元江县镍产业特色工业园区设立管委会，为县级党委、政府的派出机构。

（四）在依法行使管理职能，实现对内接口、对外接轨的前提下，机构编制实行总量管理，管委会在不突破机构限额、人员编制总量的前提下，自主设置内设机构，根据工作需要按政策和程序配备人员。

同时，管委会根据经济社会事务管理的需要，可相应成立事业机构。对一些不便直接由园区行使但又是园区开发所必须的职权，通过部门派驻的方式解决。对各派驻机构实行双重管理原则，各派驻机构的人事和业务受各委派单位管理，日常管理及年度考核由管委会负责，派驻人员的岗位调动、提拔使用等需征求工业园区党工委的意见。

（五）市委、市政府根据需要授予研和工业园区、红塔工业园区、通海五金产业园区、新平矿业循环经济特色工业园区、易门陶瓷特色工业园区管委会行使部分市级管理权限；县委、县政府根据需要授予澄江工业园区、峨山移民再就业工业园区、华宁工业园区、江川工业园区、元

江县镍产业特色工业园区管委会行使部分县级管理权限。管委会对工业园区管理范围内的经济、社会事务、党政工作实行统一领导、统一规划、统一管理。

市级发展和改革、工业和信息化、财政、规划、国土资源、环境保护、住房城乡建设、机构编制、组织人事、安监等有关部门要加大放权力度，确保省级及省级以上工业园区审批事项在园区内办结，需要向上级转报的事项，市直部门要优先办理。

其余工业园区管委会行使的行政管理权限的授权委托可参照市级做法，结合当地实际，按照有利于建设、发展和管理的原则，由直接管理的县区委、政府研究确定。

（六）园区与驻地乡镇（街道）原则上实行园区和乡镇（街道）党委、政府并存模式。根据园区发展需要，积极探索工业园区对规划范围内的乡镇或街道办事处行政辖区经济社会事务实行托管，对城乡土地、建设、社会治安、交通运输等城乡经济社会方面的管理和服务事务实行统一管理，变城乡二元化管理为园区一元化管理。把工业与农业、城市与乡村、城镇居民与农村居民作为一个整体统筹谋划、综合研究，积极探索园区经济增长与城镇化发展的互动机制。

具体托管方式由委托管理的县区委、政府或由直接管理的县区委、政府根据实际情况自行确定。

（七）建立人员能上能下、能进能出，待遇能升能降的用人机制，促使人尽其才、人尽所能。除管委会班子成员按干管权限任命外，其他人员按“老人老办法、新人新办法”实行全员聘用（聘任）制，实体化管理前属行政事业人员或今后经组织、人事部门批准从机关事业单位调入人员,其身份和级别存档保留后实行聘用（聘任）管理。在园区工作期间，工作人员正常调资、晋升职务、职级、专业技术职务以及按照档案身份年度考核的相关材料，记入个人档案。管委会与职工按照国家有关法律、法规，签订聘用（聘任）合同，确定单位与个人的人事关系，明确双方的义务和权利。除组织任命、选调、调入的领导班子成员和机关事业单位工作人员外，园区可按市场机制自主招聘人员，新招聘人员由园区实行劳动合同制管理。

管委会内设机构的中层岗位管理人员由管委会考核聘任，一般岗位人员实行公开考核聘用，多种途径选拔招聘熟悉经营管理、工业经济、金融投资、资本营运的各类专业人才充实到园区，为加快推动工业园区建设步伐提供坚强的人才支撑和智力支持。

建立劳动报酬与工作实绩相挂钩的收入分配激励制度，按人员档案工资核定工资总额；同时实施绩效考核，由市、县区政府制定考核奖励办法，确定奖励金额。在核定的工资总额和确定的奖金范围内，由园区自主分配。有条件的园区可探索实行领导班子成员年薪制。同时，加强绩效考核，制定奖励考核办法，对在招商引资、项目建设、产业发展中作出突出贡献的单位和个人给予奖励。

市、县区委组织部、人力资源和社会保障局等部门要为工业园区管委会干部人事制度改革创造条件，开辟通道。

四、加大对工业园区的政策支持力度

（八）用好用活土地政策。紧紧抓住我市进入低丘缓坡土地综合开发利用试点的机遇，确保每个工业园区争取到一个低丘缓坡开发项目，推进园区向适建低丘缓坡布局。加快工业用地开发，强化园区规划管理，大力推进拆临、拆违、拆旧，盘活土地存量，向存量要增量，提高土地综合利用效率，保障园区建设发展用地。争取支持，开辟绿色通道，对工业园区、重点工业项目用地实行批次审批。力争工业园区用地占全市工业用地比例达到50%以上。各工业园区管委会在其园区规划范围内享有土地收储权和土地一级开发权，具体操作按玉政发〔2012〕96号文件执行。园区要制定工业项目准入标准，实施严格的项目用地准入制度，提高投资强度。

（九）工业园区实行财务独立核算。按照实体化的要求，赋予园区相应的财政管理权限，支持园区设立财政局或实行财务独立核算。

（十）加大对工业园区的财政金融扶持力度。从2013年起，市级财政每年从新型工业化专项资金中切块5 000万元专项用于支持工业园区建设发展，以后年度视财力状况适度增加园区建设资金，各县区财政也要相应增加投入；自2012年起，5年内省级工业园区内新增税收，依照现行财政体制规定应上缴省级财政部分，留给工业园区用于基础设施建设；县区工业园区内的存量和增量收入，要划定一定比例用于园区建设发展；工业园区土地出让收入，扣除成本和按国家、省相关规定计提相关基金后，全额划转园区按规定使用；支持金融机构在工业园区设立分支机构或服务窗口，开辟工业信贷“绿色通道”，提高信贷资金投放工业比例，推进工业园区信用体系建设，建立银行与园区合作机制，搭建金融联系协作平台。

（十一）深化工业园区投融资体制改革和机制创新。按照管理与开发、政府与企业双重分离的原则,实行行政管理主体与开发建设主体相分离的管理体制，探索建立健全实体化管理运作的市场主体，成立园区开发建设投资公司、资产经营投资公司、国有控股或独资的投融资公司，实行市场化运作、企业化管理，超前开发，滚动发展。管委会代表政府依法行使出资人权利，董事长及董事会成员由管委会任命，企业其他人员面向社会公开选聘并实行劳动合同管理。

（十二）加强工业园区服务体系建设。按照集群集约发展的要求，以全面提升园区发展质量为主题，整合行政资源，推进园区管理和服务体制创新，强化园区管理及服务功能，着力加强工业园区综合服务中心建设，搭建园区管理咨询、人才培训、信息交流共享平台。按照法治政府、责任政府、阳光政府、效能政府建设的要求，工商质监、财政税收、金融保险等部门入驻工业园区，实现“一站式、一条龙”服务，全面推进园区综合服务体系建设。

五、强化工业园区招商引资

（十三）提高工业园区招商引资水平。认真贯彻落实好全市招商引资工作实施意见及考核奖励办法，把园区作为招商引资的核心平台，作为招商引资的主战场和产业项目的聚集地。各工业园区管委会要把招商引资作为园区建设发展的生命线，牢固树立招好商、招大商的理念，形成亲商、护商、挺商的良好氛围，完善政策措施，加大招商力度，加强扶持服务，优化投资环境，提高招商成效。着力引进综合实力强、信誉好的投资者，尤其要集中突破投资规模大、市场前景好、带动能力强、科技含量高的大项目好项目，盘活存量，做大增量，实现借力发展、跨越发展。围绕园区产业定位和优势条件，引导内外资投向先进制造业、战略性新兴产业和提档升级的传统工业。要把工业项目招商引资任务下达各园区，从2013年起，全市园区每年引进市外资金120亿元以上，引进投资5～10亿元的项目不少于10个，投资1亿元以上的项目不少于40个，投资

5 000万元以上的项目不少于60个。

（十四）加强招商引资项目策划工作。健全项目生成机制，各园区要及时收集项目信息，做实做细做深项目谋划工作，组织专门力量筛选论证，对每一个招商引资项目，从准入条件、环境影响、投资规模、税收贡献等方面进行全面考察论证。严把项目质量关。建立科学、规范、完备的工业招商项目库，做到“储备一批、推介一批，洽谈一批、签约一批，建设一批、投产一批”。建立招商项目落地建设推进机制，对已签约引进的招商引资项目，要严格兑现有关优惠政策，切实解决外来投资者在项目落地和建设中遇到的问题，加快推进招商项目落地建设和投产运营的进度，做好项目有关手续办理、项目实施、投产运营的全程协调服务，切实提高项目履约率、资金到位率、开工投产率，确保引进一个、成功一个、带动一片，使园区招商引资项目实现预期经济、社会效益。

（十五）创新招商方式。努力实现“三个转变”：招商推介内容从单纯宣传优惠政策向推介优势资源、投资环境和投资商机、投资前景转变；招商模式从传统的、全面开花式的、组团式的招商向产业招商、园区招商、项目招商、以商招商、上门招商、驻点招商、委托招商、网络招商转变；招商方法从以政府为主向以企业为主、政府推动的政企联动转变。突出企业和园区的招商主体地位，园区管委会要充分发挥园区作为招商载体的作用，拓展市场化招商模式，以招商引资促进园区建设发展。以市场为导向，鼓励企业整合资源、发挥优势，外引内联，引进各类投资，促进企业不断发展壮大。鼓励“以企引企、以商引商”，鼓励本市企业与市外企业合资合作，通过股权置换、并购、合资合作等方式，引进国际知名品牌和先进技术、经营理念和管理经验；鼓励外来投资者动员各种关系的客商或上下游产品关联企业共同来投资。

（十六）完善工业园区招商引资优惠政策。为减轻入园企业负担，促进入园企业发展壮大，结合国家西部大开发和云南桥头堡建设鼓励投资的若干优惠政策，根据各园区实际，制定切实可行的优惠政策，在土地供应、配套条件、收费减免和财政支持等方面对投资者予以扶持。对投资额大、科技含量高、产值和利税贡献大的项目，可按照“一事一议、一企一策、特事特办”的原则，给予更优惠扶持。建立投资吸引和中介奖励机制，对招商引资工作有贡献的中介组织和个人给予奖励。

（十七）鼓励民间资金进入工业园区投资工业项目。经过多年发展，玉溪积累了较为丰厚的民间资金，要加强鼓励引导，将民间资金有效转化为产业资本，形成园区工业投资增量。本地民间资金投资工业项目与招商引资工业项目一视同仁，实行同等优惠的用地、财政、税收等政策；鼓励本地民营工业企业“出城入园”，扩大产能，壮大规模；支持民营企业在工业园区投资建设或租赁使用标准厂房；全面落实国家各项优惠扶持政策，对民营企业在园区投资节能减排、资源综合利用和公共基础设施建设，购置环境保护、节能节水和安全生产专用设备，自主创新，加速固定资产折旧，以及安置国有企业下岗职工达到一定比例的，均按规定减免应纳税额。

六、加强领导，建立健全考评奖惩机制

（十八）建立工业园区建设发展推动机制。建立园区建设协调机制。为进一步加大园区的建设管理力度，建立“工业园区开发建设协调委员会”，由政府主要领导任主任，涉及园区的发改、工信、国土、环保、财政、组织、编办、人事、商务、安监、林业、水利、规划、住建、法制等相关部门主要领导为组成人员。协调委员会定期或不定期召开会议，研究决定涉及园区开发、建设的重大事项。

（十九）对工业园区建设发展实行专项考评奖惩。制定考核办法，将园区工业总产值、工业增加值、固定资产投资、工业投资、财政收入、招商引资等主要经济指标纳入考评内容，市政府与各县区政府、高新区管委会签订目标责任书，由市工业信息化委牵头，市委组织部、市监察、市委督查室、市发展改革委、市财政局、市招商局等部门参与进行年度考核，根据工作任务完成情况进行奖惩。对完成任务好、工作有突破的园区管委会给予表彰奖励，对未完成工作任务、考核不合格的园区管委会，给予通报批评并限期整改，连续两年考核不合格的，按干部管理权限，对园区管委会主要领导及班子成员进行诫勉谈话，视情况调整工作或免职。各县区委、政府也要制定对园区相应的考评奖惩机制，充分调动园区干部职工的积极性。

本意见自发布之日起执行。

中共玉溪市委　玉溪市人民政府 关于推进美丽家园行动的意见

（2013年6月19日）

为深入贯彻党的十八大和省委九届四次全会、市委四届三次全会精神，扎实推进城乡统筹，加快改变乡村面貌，促进玉溪科学发展和谐发展跨越发展，提出如下意见。

一、推进美丽家园行动的指导思想、基本原则和目标任务

（一）指导思想。以邓小平理论、“三个代表”重要思想和科学发展观为指导，认真贯彻落实党的十八大、省委九届四次和市委四届三次全会精神，整合资金，加大投入，全面开展“千村示范”，全力推进特色民居建设，推动城乡发展一体化，建设环境优美、特色鲜明、服务优良的美丽家园。

（二）基本原则

——坚持政府引导原则。通过政策引导、宣传动员，引导农民自愿建设特色民居，改善居住条件和环境。

——坚持统一规划原则。以尊重村民意愿为前提，做到统一建设规划、统一户型设计、统一外观要求、统一质量标准。

——资金整合上坚持“渠道不乱、用途不变、各尽其责、各计其功”的原则。

——坚持因地制宜原则。立足现有基础进行特色民居村建设和改造，防止大拆大建，防止加重农民负担。

——坚持试点先行原则。优先选择国道省道沿线、“三湖”周边，交通便利、经济条件好、群众基础好、改造或建房愿望强烈的乡村开展试点，逐步向沿湖村庄、风景名胜区、特色小镇、旅游村镇、民族特色示范村、城市周边和高等级公路沿线可视范围的村庄强势推进。

（三）目标任务。力争2013年完成国道省道沿线、“三湖”周边及部分民族特色重点村庄27个村1347户的特色民居村试点工作；从2014年起，每年建成特色民居村400个、完成特色民居建设2万户左右，到2015年全面完成国道、省道、其他交通要道沿线和“三湖”周边可视范围内村庄以及重点示范点的特色民居村建设任务。

二、推进美丽家园行动的主要措施

（一）全面开展村庄、农房普查。按照抗震设防标准，以自然村为单位，对辖区范围内特别是国道、省道沿线和“三湖”周边可视范围内需要改造的村庄、农房进行一次普查，摸清需要改造的村庄数、农房数，建立一户一卡民居房改造户册档案和民居基础数据库。普查工作必须在2013年6月底完成。

（二）科学合理编制规划。按照宜居、宜业、宜行的要求，编制好特色民居改造、产业发展、村容村貌整治和社会事业发展的规划，明确总体思路、阶段目标、建设内容、技术标准和保障措施。坚持以城市总规为指导，宜城则城，宜村则村，依据现有乡村规划，突出文化特色，对村庄规划进行完善提升，优先安排试点村规划。优化学校、卫生院（室）、文化娱乐等公共服务设施布局，建立起与村庄空间结构、产业发展和人口分布相协调，功能完善、管理规范、服务便捷的公共服务体系。鼓励不适宜生存和发展的分散农户和小村庄并入中心村建设。乡镇周边村庄纳入城镇统一规划建设。优化户型设计，按照抗震、经济、实用、美观、节能的原则，设计推荐使用体现传统特色和民族特色的多种不同风格的民居通用图纸，提供村民自主选择。大部分农户有建房愿望的村庄，可另选址规划，实施“三通一平”后按规划建房。

（三）加强村庄基础设施建设和人居环境整治。加快农村饮水安全工程和村内道路建设。整理和利用好空闲宅基地和其他用地，集中建村民活动室、活动场所。治理村内排污沟渠管道、废旧坑（水）塘和露天厕所（粪坑），配套建设供排水设施，规范垃圾集中堆放。清理村内私搭乱建，保护古建筑文物、特色民居、村内古树、大树和成片林地。有条件的地方，实施光亮工程，在村内主干道和公共区安装路灯，绿化美化亮化村庄，切实改善人居环境。建设村要本着缺什么补什么的原则，确定村内建设项目，按职能部门规定的建设内容、程序报批并按批复内容及时组织实施。项目竣工后，各县区要组织相关部门进行全面验收。

（四）加大项目资金整合力度。全市每年整合各块涉农资金4亿元左右，用于美丽家园建设。按照“渠道不变、统筹协调、统一安排、捆绑使用、各计其功”的原则，主要整合农村民居地震安全工程、农村危房改造、新农村重点建设村、一事一议财政奖补、村容村貌整治、民族团结示范村、扶贫整村推进和安居工程、移民搬迁、生态文明建设、体育文化建设等项目资金。今后，凡是纳入整合的资金，按照市委、市政府的统一部署，由职能部门提出资金安排计划，按程序报市政府批准，由市委农办、职能部门、财政局会签下拨，由相关部门组织实施。

（五）加大招商引资和向上争取资金力度。挂钩领导和挂钩单位要充分利用建设村的各种优势，积极开展招商引资和向上争取资金工作，吸纳更多的资金参与美丽家园建设。“三湖”沿岸、园区周边等有条件的地方，招商引资项目的实施要与美丽家园建设一并考虑，同时实施，协调发展，以重大项目带动周边农村的规划、建设、提升。

（六）积极争取银行信贷支持。结合信用村镇、信用户建设工程的推进，加快农户信用等级评定工作，大力推广农户小额信用贷款、农户联保贷款，并按信用等级给予贷款支持。积极探索推进以农户宅基地、住宅、土地承包经营权和林权作为抵押建房贷款工作，探索农户＋担保＋贴息的信贷模式，支持农户建房。建立激励机制，对支持农户建房金融工作开展较好的金融机构给予奖励。

（七）落实特色民居奖补政策。对按统一规划、统一户型设计、统一外观要求、统一质量标准新建房的农户，执行如下奖补政策：一是实行普惠制，每户给予建房贷款额度7万元以内、期限两年、2%的房贷贴息。二是对享受国家特殊补助政策的低保户、贫困户等特定新建房户，每户补助20 000元，由市、县区整合项目补助到村民小组，具体补助到户或统一建房安置，由村民小组决定；其他新建房户实行以奖代补，每户奖励5 000元，以“一折通”或现金直接兑付建房户。在此基础上，各县区可视财力情况，加大投入，提高标准，推动实施。所有奖补对象、补助标准、补助金额都要进行张榜公示，民主评议确定，让群众知晓，接受群众和社会的监督，确保公开、公平、公正。

三、加强对美丽家园行动的领导

推进美丽家园行动是实现党的十八大提出的促进工业化、信息化、城镇化、农业现代化“四化”同步的内在要求，是实现与全国全省同步建成小康社会的迫切需要，是顺应各族群众期盼和在更高起点上推进社会主义新农村建设的必然选择，是新形势下缩小与周边州市的发展差距、谋求玉溪发展新跨越的现实需要。各级各部门必须统一思想，提高认识，增强推进美丽家园行动的紧迫感和责任感。

（一）强化组织领导。市委、市政府成立推进美丽家园行动协调督促组，组长由市委副书记、市长饶南湖担任，副组长由市委副书记夏立洪、副市长李平担任。建立市级领导和市级部门挂钩建设村制度，层层签定责任状。各县区要制定美丽家园行动计划和年度实施方案，并组织实施。县区党委、政府要按3～5人的要求充实县区委农办（新农办）工作人员，办公经费纳入财政预算，保证有人办事，有钱办事。

（二）明确工作职责。各部门要强化全局意识、责任意识和服务意识，合力推进美丽家园行动。市委农办要做好推进美丽家园行动的综合协调工作。市财政局要加强资金的整合和管理，编制资金年度预算，确保资金及时到位、专款专用。市规划局要制定全市美丽家园行动规划，指导县区制定近期、中期和远期规划，做好村庄整治规划。市住房城乡建设局要组织开展农村民居基础情况摸底调查、核发建房农户房产证，指导县区编制民居通用图设计和农村民居技术标准、设计图集和施工技术指南。

（三）强化监督管理。一要强化工作监督。市协调督促组要加强专项督促、综合督促，发现问题，督促整改。市人大、市政协要定期不定期组织人大代表、政协委员视察，通报督查、视察结果。市委、市政府督查室要加大对美丽家园重点工作的督办力度。各县区政府要加强对建设项目的检查监督与评估，确保建设质量和效益。二要强化资金管理。建立资金使用和管理情况的定期通报制度和资金管理责任追究制度。建设资金实行分帐核算、专款专用。市纪检监察机关、审计部门要加大对美丽家园建设资金的监管和审计，确保资金使用安全。三要严格奖惩。把整合资金纳入挂钩帮扶考核内容进行考核，定期检查整合资金到位情况。市委农办、市财政局要根据美丽家园行动的目标任务，建立一套科学合理的目标考核体系和考评办法，对市级相关部门、各县区的工作进行定期考评。对工作成绩显著的予以表彰奖励，因工作不到位而影响建设进度、质量、安全的，严格实行问责。

（四）营造全社会关心支持美丽家园行动的良好氛围。广泛宣传美丽家园行动的目的意义。注重培育和宣传工作开展得好的地区、部门、单位，充分发挥典型示范的引领作用。宣传部门和各类媒体要加大宣传力度，使美丽家园行动各项举措家喻户晓、深入人心，形成全社会关心支持美丽家园行动的良好氛围。

玉溪市第四个五年依法治市规划

（2013～2017年）

2013～2017年，是玉溪市实施国民经济和社会发展“十二五”规划，深入推进法治玉溪建设，加快科学发展、和谐发展、跨越发展，全面建成小康社会的关键时期。全面落实依法治国基本方略，加快建设法治玉溪进程，对于保障全市经济建设、政治建设、文化建设、社会建设和生态文明建设等各项事业健康发展具有十分重要的意义。为适应经济社会发展对依法治市工作提出的新要求，按照党的十八大关于“全面推进依法治国”的要求和国务院《全面推进依法行政实施纲要》、《关于加强市县政府依法行政的决定》、《关于加强法治政府建设的意见》、市委四届三次全会精神及《云南省第四个五年依法治省规划》，结合玉溪市实际，制定本规划。

一、指导思想

高举中国特色社会主义伟大旗帜，认真贯彻党的十八大提出的全面推进依法治国战略，以邓小平理论、“三个代表”重要思想和科学发展观为指导，紧紧围绕“十二五”规划制定的目标任务，按照依法治国基本方略的总体要求，坚持依法治市、依法执政、依法行政共同推进，法治玉溪、法治政府、法治社会一体共建，推进严格执法、公正司法、全民守法，提高社会管理法治化水平。以宪法和法律为依据，坚持党的领导、人民当家作主和依法治市有机统一，充分发挥市委总揽全局，协调各方的领导核心作用，支持人大、政府、政协和司法机关依法履行职责，进一步加强地方立法（制度建设）、执法、司法、普法、法律服务和法律监督。切实发挥法治的引导、规范、保障和促进作用，紧紧围绕市委、市政府“生态立市、农业稳市、工业强市、两烟富市、文化旅游兴市”战略和坚持“五位一体”，推进“四化”同步，打好“三大”战役的要求，深入推进依法治市，提高全社会法治化水平，为建设开放富裕民主文明和谐美丽幸福新玉溪提供更加坚强的法治保障。

二、基本原则

（一）坚持党的领导。充分发挥党委总揽全局、协调各方的领导核心作用，把握工作方向和进程，研究决定重大问题，及时部署总结工作，确保依法治市规划顺利实施，加快推进我市民主法治建设。

（二）坚持公平正义。牢固树立在宪法和法律范围内活动和一切权力属于人民的观念，维护法律的权威，坚持公开、公平、公正、法律面前人人平等，做到有法可依、有法必依、执法必严、违法必究。

（三）坚持科学发展。坚持以科学发展观为统领，把以人为本、全面协调可持续的发展观贯穿于依法治市建设各方面和全过程，为玉溪经济社会建设创造良好的法治环境，推进依法治市建设科学发展。

（四）坚持以人为本。充分尊重和保障人民群众依法行使各项民主权利，把实现好、维护好、发展好最广大人民群众的根本权益作为依法治市工作的出发点和落脚点，促进和谐社会建设。

（五）坚持服务大局。围绕“十二五”规划的目标任务，自觉将法治建设融入党委政府中心工作，服务于改革发展稳定大局，注重依靠法治解决社会矛盾，善于运用法律手段协调社会利益关系，推动各项工作法治化、规范化。

三、总体目标

（一）依法执政能力进一步加强。各级领导干部带头维护宪法和法律权威，促进科学发展、构建和谐社会的法治基础更加牢固。

（二）地方立法（制度建设）更加完善。与玉溪经济社会发展相适应，服务玉溪经济社会发展的地方法律体系和制度建设进一步完备。

（三）法治政府建设成效明显。加强政府自身建设各项制度全面落实，行政决策机制、行政管理体制、行政执法体制进一步完善，依法行政和政务服务能力明显增强，政府执行力和公信力不断提高。

（四）司法公正得到有效维护。司法机关依法独立、公正行使职权，司法工作机制改革深入推进，司法能力和司法权威性不断提升。

（五）社会主义法治精神进一步弘扬。社会主义法治理念深入人心，公民法律意识和法律素质不断增强，法制宣传教育取得新成效，全社会形成自觉学法尊法守法用法、崇尚法治、敬畏法律、依法办事的良好氛围。

（六）基层民主法治建设成效明显。区域法治创建全面推进，各县区各单位各行业的法治化建设水平显著提高。

（七）社会管理的法治化水平不断提高。社会管理体系进一步健全，社会和谐稳定的基础更加牢固。

（八）法律服务水平和质量明显提高。法律服务体系健全，法律服务进一步拓展、行业管理更加规范。

（九）公共权力运行得到有效规范和制约。监督机制进一步完善，监督体系和监督网络进一步健全。

四、主要任务

（一）全面加强依法执政能力建设。坚持把党的领导贯穿于法治玉溪建设全过程，大力推进科学执政、民主执政、依法执政；健全完善科学民主依法决策机制、风险评估机制、决策跟踪反馈纠错机制和违法违规责任追究机制，提高科学决策水平；支持权力机关、行政机关、审判机关、检察机关依照宪法和法律独立行使职责；各级领导机关和领导干部要带头厉行法治，不断提高依法执政能力和水平，不断推进依法执政、依法行政。要自觉维护宪法和法律的权威，提高领导干部运用法治思维和法治方式深化改革、推动发展、化解矛盾、维护稳定的能力，做到有法必依、执法必严、违法必究，营造不愿违法、不能违法、不敢违法的法治环境，努力以法治凝聚改革共识，规范发展行为，促进矛盾化解，保障社会和谐，切实维护公共利益、人民权益和社会秩序。

（二）进一步加强地方立法（制度建设）工作。根据“十二五”规划的目标任务，将改革发展稳定的重大决策同制度建设有机结合起来，重点做好深化改革开放、加快转变经济发展方式、改善民生和发展社会事业、维护社会和谐稳定、促进玉溪实现可持续发展方面的立法建议和制度建设；进一步加强基本公共服务、人口管理、特殊人群服务管理、新经济组织和新社会组织服务管理、虚拟社会管控等社会管理领域立法调研工作和制度建设；进一步加强民族自治地方立法建议，促进民族自治地方经济、政治、文化和社会事业的全面发展，巩固和发展平等、团结、互助的社会主义新型民族关系；进一步强化审查工作，及时提出和修改或者废止与上位法相抵触以及不适应经济社会发展的地方性法规的建议，及时废止与上位法相抵触以及不适应经济社会发展的规范性文件。

（三）全面推进法治政府建设。认真贯彻落实国务院《全面推进依法行政实施纲要》、《关于加强市县政府依法行政的决定》和《关于加强法治政府建设的意见》以及省、市实施意见，全面推进依法行政，切实做到严格规范公正文明执法。严格执行领导干部学法制度，坚持依法科学民主决策，把公众参与、专家论证、风险评估、合法性审查和集体讨论决定作为重大决策的必经程序，切实加强重大决策跟踪反馈和责任追究。进一步深化行政管理体制改革，加大行政审批制度改革力度，减少审批项目，压缩审批时限，简化审批环节，规范审批流程，明确审批权责，加强监督检查，推进政府职能转变和管理方式创新，推进政府公共服务和管理职能下移；全面推行行政执法责任制，建立权责明确、行为规范、监督有效、保障有力的行政执法体制；着力推进综合执法，杜绝交叉执法或重复执法；健全和完善行政处罚自由裁量权基准制度，推行行政执法案卷评查制度，完善行政执法绩效评估和奖惩办法，确保法律法规得到全面正确实施；进一步完善规范性文件制定和备案制度，强化规范性文件的监督管理；做好行政复议、行政应诉和行政赔偿工作，努力拓宽行政调解的领域，多渠道化解社会矛盾纠纷；普遍建立法律顾问制度，不断提高依法行政水平；加强行政执法与刑事司法的衔接机制建设；加强政务服务中心体系建设；加大政府信息公开力度，创新政务公开方式，提高政府公信力。

（四）进一步推进公正司法。积极稳妥地推进司法体制和工作机制改革，健全权责明确、相互配合、相互制约、高效运行的司法体制，努力建设公正高效的社会主义司法制度；强化司法机关惩治犯罪，调节经济和社会关系，保护国家和集体利益，维护公民、法人和其他社会组织合法权益的职能作用，提高司法水平，维护司法公正；加强司法机关制度建设，建立健全量刑指导、案件评估等机制；推进司法公开和司法民主，增强司法工作透明度；加强司法干部队伍建设，着力提升司法能力；进一步完善人民监督员、人民陪审员制度并切实发挥作用；完善维护司法公正的监督制约机制，严肃查处司法不公的行为，维护社会公平正义，保证公正廉洁文明执法。

（五）深入开展法制宣传教育。认真组织实施“六五”普法规划，突出以宪法为核心的中国特色社会主义法律体系的学习宣传。以领导干部、公务员、青少年、企业经营管理人员、农村居民和流动人口为重点，继续深入开展法制宣传教育，增强公民的法律意识和法律素质。不断完善各级机关领导干部学法制度和定期组织执法人员法律知识培训制度，切实提高运用法治思维和法治方式解决经济社会发展中突出矛盾和问题的能力；进一步深入推进法律进机关、进乡村、进社区、进学校、进企业、进单位、进景区活动，努力提高人民群众依法办事、依法表达诉求、依法维护合法权益的意识和能力；大力开展以“加强普法教育，服务科学发展”为主题的专题法制宣传教育活动；完善法制宣传队伍教育培训长效机制；拓宽宣传领域、强化阵地建设，创新宣传形式、增强宣传效果；大力推进社会主义法治文化建设，弘扬法治精神、繁荣法治文化，将法治文化建设作为“文化旅游兴市”战略的重要内容，注重法治文化理论研究和法治文艺创作，积极做好法治文化的传播和推广，广泛开展群众性的法治文化活动。

（六）积极推进基层民主法治建设。继续推进法治县区创建活动，经过五年的努力，全市50%以上的县区基本达到省级创建标准。深入推进法治玉溪建设，提升城市法治化管理水平；深化民主法治村（社区）创建活动，加快乡村、社区和行业法治化进程；加强基层组织建设，实现政府行政管理与基层群众自治有效衔接和良性互动；健全党组织领导的充满活力的基层群众自治机制，扩大基层群众自治范围。深入开展部门和行业依法治理，完善以职工代表大会为基本形式的企事业单位民主管理制度，推进党务、政务和事务三公开，维护职工合法权益，不断提高本部门、本系统、本行业的法治化建设水平。

（七）大力加强和创新社会管理。着力强化法治在社会管理中的基础性、保障性作用，把社会管理纳入法治化轨道。加快构建源头治理、动态管理和应急处置相结合的社会管理机制，拓宽和畅通社情民意诉求表达渠道，形成科学有效的群众利益协调机制和权益保障机制；加强和完善基层社会管理和服务体系，强化城乡社区建设，构建社区综合管理和服务平台，深入推进“平安玉溪”建设，深入开展社会管理综合治理；加强和完善新形势下的公共安全体系建设，把推进依法治理与源头预防化解社会矛盾结合起来，建立健全社会稳定风险评估机制，全面推进社会管理网格化，及时妥善处理各类突发事件，依法打击各种违法犯罪活动，全面加强人民调解组织建设，推动人民调解、行政调解、司法调解相互衔接的“大调解”工作体系建设，建立健全各种预警和应急机制，提高应对突发事件能力，为化解社会矛盾提供制度保障；加强和完善流动人口、特殊人群管理和服务，强化虚拟社会管控，健全网络舆论引导机制，完善社区矫正和安置帮教工作的管理体制、工作机制和保障机制，坚持培育发展和管理监督并重，推动社会组织健康有序发展，加强和完善思想道德建设，加强社会主义核心价值体系建设。

（八）不断拓展和规范法律服务。建立比较完善适应经济社会发展需要的法律服务体系，强化律师、公证、司法鉴定、基层法律服务等行业的功能，营造良好的法律服务执业环境。加强法律援助工作，提高法律援助保障能力。拓展法律服务领域，提高法律服务质量，推动法律服务更好地服务于人民群众，服务于深化改革开放、转变经济发展方式。加强行业队伍建设，完善并落实行业考核评价机制、监督机制、奖惩机制。加强法律服务市场诚信体系建设，促进公平竞争、诚实信用等市场经济基本法律原则和制度的落实。

（九）加强对权力的制约和监督。加强监督体系建设，完善监督制约机制和问责机制，构建全方位的监督网络。充分运用法律监督、行政监督、民主监督、社会监督和舆论监督等各种监督手段，形成监督合力，做到有权必有责、用权受监督、侵权须赔偿、违法要追究。强化地方人大及其常委会对“一府两院”的监督，确保其依法履行职能；强化行政监督，完善层级监督，加强监察、审计等专门监督；强化司法监督，促进公正司法；强化民主监督，提高民主监督的质量和成效；强化社会监督和舆论监督，保障人民群众知情权、监督权的有效行使。

五、保障措施

（一）加强组织领导。进一步落实依法治市工作“党委领导、分工实施、分级负责、全民参与”的领导体制和工作机制。依法治市工作在市委领导下，由市委依法治市领导小组具体负责，市委依法治市领导小组办公室负责依法治市、创建法治玉溪、法治县区工作的组织协调、指导检查、监督考核等日常工作。

（二）完善工作机制。各县区各单位要切实加强推进依法治市工作的各项制度建设，建立健全工作协调机制、部门联动机制、情况通报机制、检查督办机制、考核奖惩机制，对成绩突出的单位和个人给予表彰奖励，对工作不力的予以通报批评，积极探索建立科学合理的依法治市工作考评体系。

（三）健全工作机构。各县区各单位要进一步健全相应的领导小组和办事机构，强化职能，明确责任，狠抓落实。配齐配强工作人员，加大对工作人员的教育培训力度，提高业务素质与工作水平，并将工作经费列入同级财政预算，确保依法治市工作顺利开展。

（四）明确工作责任。各县区各单位要把推进依法治市、加快法治玉溪建设工作纳入总体发展规划和年度目标责任制考核范围，列入重要议事日程，定期听取汇报，推动工作开展。建立健全分级负责、分工实施的依法治市工作责任体制。依法治市领导小组各成员单位要充分发挥职能作用，切实履行工作职责。

（五）加强监督检查。各县区各单位要制定相应的规划和年度计划并抓好落实，采取年终考评和重点抽查等措施，推进本规划有组织、有计划、有步骤、有重点地组织实施。各级人大、政协要将规划执行情况列入检查和视察计划，定期开展检查和视察。

六、实施步骤

第一阶段：2013年，主要做好本规划的宣传、启动及充实、调整各级依法治理的领导机构和办事机构，各县区各单位要认真总结“三五”依法治市规划的实施情况，根据本规划结合实际情况制定依法治县区规划和单位依法治理规划，并全面启动“四五”依法治市工作。

第二阶段：2014年～2016年，各县区各单位按照本规划和市委依法治市领导小组办公室制定的年度工作计划，全面组织实施依法治理工作。

第三阶段：2017年上半年，各县区各单位认真组织检查考核本规划的实施落实情况，并向市委依法治市办公室报送自检自查报告。下半年由市委依法治市领导小组组织检查考核验收，并进行总结表彰。

依法治县区规划与本规划不同步的县区，可参照本规划的要求开展工作并纳入检查考核验收。

中共玉溪市委　玉溪市人民政府
关于全面加强抚仙湖—星云湖生态建设与旅游改革发展综合试验区生态文明建设的决　定

（2013年7月16日）

为认真贯彻党的十八大精神，落实抚仙湖、星云湖保护条例，统筹抚仙湖—星云湖生态建设与旅游改革发展综合试验区（以下简称“试验区”）生态建设、环境保护和开发控制，提高试验区生态文明建设水平，特作如下决定。

一、加强试验区生态文明建设的重大意义

抚仙湖是珠江源头第一大湖，是玉溪人民的母亲湖，也是全省、全国的重要战略水资源，其蓄水量占云南九大高原湖泊蓄水总量的68.3%，占全国淡水湖泊蓄水总量的9.16%，占全国好于Ⅱ类优质淡水资源总量的50%以上。党的十八大作出了大力推进生态文明建设的战略部署，省委、省政府把生态文明建设作为美丽云南建设的主体内容，市委、市政府始终把坚持生态立市作为首要发展战略。全面加强试验区生态文明建设，是集中力量，集中智慧，强力推进抚仙湖、星云湖保护治理，确保抚仙湖Ⅰ类水质，确保星云湖水质明显好转的必然选择，是统筹区域发展和城乡发展，合理控制开发节奏和规模，提升资源利用效率和水平，推动发展方式转变的必然要求。

二、指导思想、基本原则和总体目标

（一）指导思想

全面贯彻科学发展观，深入落实国家有关推进生态文明建设的战略部署，坚持保护为先的基本方针，坚持统一规划、统一管理、统一保护、统一开发的原则，以创新体制机制为突破口，以加强污染治理为着力点，以转变发展方式为抓手，以调整结构为关键，以退人、退房、退田、退塘，还湖、还水、还湿地“四退三还”为核心，全力实施试验区生态建设与旅游产业发展三年行动计划，全面推进“13530工程”（稳定保持抚仙湖Ⅰ类水，用3年时间实施5大类30个项目），实现沿湖截流断污水、治理面源减污染、补水节水添动力、面山绿化增植被、河道湿地流清水、人口外迁扩新城，提升试验区生态文明建设水平。

（二）基本原则

——坚持创新驱动、科学发展的原则。推动理念创新、科技创新、管理创新，立足长远目标，敢于先行先试，采取综合措施，依靠科技，借助外力，科学保护，全面提升试验区的可持续发展能力。

——坚持政府主导、市场运作的原则。政府主导规划、基础设施完善、资源配置和项目选择，市场手段为主筹资、投资、建设、管理和偿债。

——坚持全面保护、审慎开发的原则。牢固树立环境优先、保护优先意识，坚持有序开发、合理开发，全面管控好生态风险，正确处理环境保护与开发建设的关系。

——坚持多措并举、标本兼治的原则。点源治理与面源防治结合、源头控制与末端治理并举、工程措施与非工程措施同施，示范引领，重点突破，加快形成保护治理长效机制，切实提高保护治理实效。

（三）总体目标

湖泊水质稳定保持和趋好，抚仙湖水质长期稳定保持Ⅰ类，星云湖水质明显好转，把抚仙湖打造成为全国水质良好湖泊保护治理的典范。抚仙湖流域生态修复成效显著，建成湖滨缓冲带绿色生态屏障，径流区森林覆盖率达35%，34条主要入湖河流水质达到Ⅳ类，径流区内城乡污水和垃圾收集处理全覆盖。生态旅游较快发展，建成一批高端生态休闲康体度假旅游重大项目，旅游经济增长规划目标全面实现，试验区成为昆玉旅游文化产业经济带主要增长极。

三、主要任务

（一）加快完善试验区规划体系。坚持规划优先和规划主导，严格执行《抚仙湖流域水环境保护与水污染防治规划（2008年～2027年）》、《星云湖流域水环境保护与水污染防治规划（2008年～2027年）》、《抚仙湖流域水污染综合防治“十二五”规划（2011～2015）》、《星云湖流域水污染综合防治“十二五”规划（2011～2015）》、《抚仙湖—星云湖流域产业结构调整规划（2008年～2027年）》，着眼长远和全局，坚持保护优先、生态为本。严格执行试验区总体规划、控制性详细规划和抚仙—星云湖泊省级风景名胜区总体规划。修编实施抚仙湖禁控区规划，科学确定功能分区，优化沿湖流域国土空间开发布局，科学规划保护治理项目。从严抓好规划控制，切实维护规划的权威性和严肃性，坚持先规划后建设，无规划不审批，无审批不开发，抚仙湖径流区范围内建设项目纳入试验区管委会审查，沿湖3县涉及试验区的各类规划须报试验区管委会办公室审查或备案。

（二）全面实施“四退三还”。将一级保护区至新环湖路外侧50米范围内的村庄和人口全部迁出，开展湖滨带生态修复、低污染水净化和面源污染综合治理，建成环湖生态湿地。高度重视外迁农户的安置和就业增收问题，有针对性抓好城乡统筹转户工作，积极鼓励外迁劳动力进入第二、三产业就业，引导以土地承包经营权作价入股，参与企业开发经营，高标准规划建设集中安置房及配套设施，确保农户退得出来、住得下来、富得起来。加快推进玉溪市东片区暨三湖生态保护水资源配置应急工程建设，

尽快实现每年调水7 000万立方米目标，彻底解决试验区周边项目建设和群众生产生活向抚仙湖取水问题，降低水生态风险。

（三）推动沿湖农业生产结构调整。着力调整产业结构，推广生态技术，推进规模经营。紧密结合生态县乡村创建和新农村建设，全面优化沿湖地区农业种养结构，大力发展生态循环农业，规划建设无公害、绿色、有机食品生产基地。对坝区5.8万亩农田，鼓励通过土地经营权流转，引进有实力的龙头企业实现规模经营；调整种植结构，重点发展荷藕、苗木、优质水果等低污染品种；拆除塑料大棚，逐步淘汰鲜切花、蔬菜等高污染品种，逐步取缔径流区内规模养殖。对25度以上7.9万亩坡耕地全部退耕还林，重点发展经济林果，提高径流区森林覆盖率。着力抓好抚仙湖径流区畜禽养殖污染控制、测土配方施肥、重点区域农田面源污染控制、流域农业产业结构调整与绿色农业建设示范等工程实施，确保农业农村面源污染综合整治取得实效。

（四）加强环湖截污体系建设。严格落实主要入湖河道河段长责任制，形成条条河道有人管、段段有人护的工作格局。坚持以“截污、贯通、绿化、加宽、保洁”为主要内容，全面实施主要入湖河道综合整治工程，搞好源头、河道和末端治理，力争2年左右将16条主要入湖河道建成“绿色视廊、生态湿地、达标水体、休闲通道、城乡景观”，从源头上控制和减少入湖污染负荷。加快建立以工业污染防治、城乡污水治理为主的污染控制体系，加强沿湖城镇污水处理、中水回用、排水配套管网等设施建设，着力抓好北岸20个村落污水收集处理、96个沿湖重点村落环境综合整治、西岸（江川段）生活污水收集、澄江县城污水处理厂中水回用、抚仙湖禄充污水处理厂改扩建、路居污水处理厂改扩建等工程建设，“十二五”末实现“两污”工程全覆盖。建立联防联控机制，确保治污设施正常稳定运行，径流区内的城镇生活污水收集率达80%以上、生活垃圾处置率达到90%以上，力争全面实现沿湖截污断污目标。

（五）提高非工程措施到位率。严格执行环境保护、水污染综合防治等方面的法律法规，认真落实《云南省抚仙湖保护条例》、《云南省星云湖保护条例》，加大依法护湖治污力度。加大生态文明教育力度，坚持每月1次的新闻发布制度，努力提高群众法制意识、环保意识和参与保护治理的自觉性、积极性。严格执行环境影响评价和“三同时”制度，全面落实污染物排放总量控制和排污许可证制度，强化抚仙湖保护管理综合行政执法，严肃查处各种违法行为。加强流域综合管理体系与能力建设，抓好抚仙湖环境监测监察能力建设、生态多样性研究、深水贫营养湖泊及其污染特征研究等项目实施。强化各级管护责任落实，坚持月查处、巡查通报和有奖举报等制度，继续实施环湖文明走廊工程，开展“清洁田园、清洁村庄、清洁河道、清洁湖滩”四清保洁活动，提高非工程措施的到位率。

（六）培育发展生态旅游文化产业。充分发挥试验区管委会的职能作用，高位统筹试验区生态建设和旅游改革发展，按照大规划大项目带动大保护、促进大发展的思路，高标准推进昆玉旅游文化产业经济带项目建设。完善准入机制，提高准入门槛，让有实力的企业进，无实力的企业退，切实转变旅游文化项目“小、散、弱”的状况。坚持基础先行，加快以交通为主的基础设施建设，全力推进晋江、呈澄、江通等高速公路建设，加快推进民用航空、轻轨等快速交通规划建设。按照昆玉旅游文化产业经济带建设的总体规划，以帽天山历史文化旅游项目、太阳山国际生态旅游休闲度假社区、仙湖锦绣等为重点，积极发展高端生态休闲度假旅游重大项目。抚仙湖沿湖开发项目必须严守“四条红线”：最高蓄水位沿地表向外水平延伸110米范围内不得建永久性设施，严格控制从抚仙湖取水并严禁从抚仙湖取水做水景观，实行污水零排放、垃圾无害化、设施景观化，单个项目地产用地面积不得超过规划用地面积的25%。

（七）统筹区域城乡建设发展。利用试验区良好的生态环境、丰富的低丘缓坡土地资源，加快推进美丽乡村建设和城镇化进程，高水平建设产城融合、服务功能完善、空间布局合理、特色鲜明的湖滨生态宜居城市，为提高全市城镇建设质量、加快特色城镇化进程发挥重要示范作用。高度重视保障和改善民生，按照统筹城乡协调发展的要求，紧密结合农民进城、推进新农村建设和发展现代农业的实际，同步推进试验区新型工业化、城镇化、信息化、农业现代化进程，加快农民向城市居民转变的步伐。认真做好被征地拆迁农民的利益保障工作，有效增加就业，落实各项社会保障措施，持续提高城乡居民收入和物质文化生活水平，构建生态、富裕、文明、和谐社会。

四、保障措施

（一）健全完善管理体制机制

体制机制是先决条件。必须坚决理顺管理体制，激活工作机制，加快形成工作合力，扎实、高效推进试验区生态文明建设的各项工作。

1.理顺决策机制。试验区管委会加挂云南省抚仙湖旅游度假示范区管委会、抚仙—星云湖泊省级风景名胜区管委会牌子，是试验区的最高议事决策机构，实行科学决策、民主决策、依法决策和集体决策。管委会坚持民主集中制，坚持重大项目会议审查制度，统筹协调和研究审定试验区生态建设、环境保护和旅游产业发展的重大事项。

2.建立产业督查机制。加强试验区产业督导协调组建设，保障其工作条件，支持其履行职责发挥作用。试验区产业督导协调组对市委、市政府负责，具体对试验区管委会负责。试验区产业督导协调组主要职责是督促落实省、市对试验区生态建设与旅游产业发展的重大决策和重要工作部署。

3.健全管委会工作机制。管委会下设办公室，与市抚仙湖管理局合署办公，作为试验区管委会的办事机构。管委会办公室设立相应业务科室，编制单列。江川、澄江、华宁3县比照成立相应的片区管委会，统一审议决策片区相关事项。

（二）强化政策措施保障力度

政策措施是重中之重。必须紧紧围绕加强试验区生态文明建设的目标任务，充分用足用好现有各项政策措施，积极制定出台更加有力的支撑政策，确保工作实效。

1.强化项目审查管理。严格执行《抚仙湖—星云湖生态建设与旅游改革发展综合试验区建设项目审查管理办法》，搞好试验区内规划项目审查、建设项目前置审查。实行沿湖3县政府、试验区管委会办公室、试验区管委会三级审查制度，严把试验区内建设项目的规划关、选址关、环评关、落地关。

2.创新土地管理机制。一是在市土地储备中心指导和参与下，市抚仙湖保护开发投资有限责任公司（以下简称抚投公司）实施试验区土地一级开发整理。二是对试验区内已签订项目开发框架协议的地块，由项目业主按协议用地面积向试验区管委会缴纳相应的项目保证金。三是凡是由试验区管委会审查通过的规划项目用地，在土地出让时由项目业主按项目规划确定的土地使用性质分类承担相应的抚仙湖保护治理专项经费。

3.加大旅游文化产业培育扶持力度。市政府统筹优先安排试验区旅游项目前期工作，加大对旅游公益基础设施建设项目的投入。对入驻试验区的重大项目实行一企一策的扶持政策，整合资源资金在各方面给予优惠政策支持。

4.保障和改善民生。在试验区的重大项目开发中，同步推进抚仙湖沿湖周边村落改造或搬迁，统规统建搬迁安置沿湖外迁农户，推进沿湖周边群众转变生产生活方式，加快新型城镇化进程。认真落实城乡统筹转户居民和被征地农民的优惠政策和社会保障政策，鼓励项目建设方尽量吸收项目周边失地农民就业，帮助周边农村提升社会服务水平。

（三）创新突破投融资机制

资金保障是关键因素。必须千方百计创新投融资机制，彻底改变保护治理资金单一靠各级财政投资的模式，确保试验区“两湖”保护治理规划项目顺利实施。

1.全力争取上级项目和资金支持。紧紧抓住抚仙湖被国家财政部、环保部列入国家首批水质良好湖泊生态环境保护试点的机遇，全力加快《抚仙湖生态环境保护试点方案》的实施，积极争取中央、省对抚仙湖保护治理从项目和资金上给予大力支持。全力争取国家建立对珠江流域上游的生态保障机制。

2.建立保护治理资金新型投融资模式。将抚仙湖相关的资源、资产、专项资金、专项经营权注入抚投公司，做强做大抚投公司。坚持按规划带项目配置资源的原则，支持抚投公司通过实施试验区土地一级开发整理做大资产并获取收益。试验区核心区开发项目协议用地收取的项目保证金和出让用地收取的抚仙湖保护治理专项资金，由市抚投公司专户管理和营运。坚持“取之于湖、用之于湖”，抚仙湖保护治理项目原则上由抚投公司筹融资、投资、建设、管理和偿债。

3.鼓励社会资本参与试验区的生态建设和基础设施建设。按照政府主导、企业主体、市场运作、多元投资的原则，建立与市场经济相适应的多元化投融资体系，采取BOT、BT或股份制、股份合作制等方式，吸纳社会资本参与试验区生态建设和基础设施建设。

玉溪市土地一级开发整理管理办法

第一章　总则

第一条　为规范本市土地一级开发整理行为，加强土地资源的合理有效配置，促进土地节约集约利用。根据《中华人民共和国土地管理法》、《中华人民共和国城市房地产管理法》、《国务院关于鼓励和引导民间投资健康发展的若干意见》（国发〔2010〕13号）、《国土资源部 财政部 中国人民银行关于印发土地储备管理办法的通知》（国土资发〔2007〕277号）、《财政部 发展改革委 人民银行 银监会关于制止地方政府违法违规融资行为的通知》（财预〔2012〕463号）以及《玉溪市人民政府关于印发玉溪市土地储备管理办法的通知》（玉政发〔2013〕11号）等有关规定，结合本市实际，制定本办法。

第二条　凡在本市行政辖区范围内经市、县区人民政府批准的土地一级开发整理项目，适用本办法。

第三条　本办法所称土地一级开发整理，是指对经批准区域范围内纳入储备的土地，由确定的土地一级开发整理单位依法筹措资金，配合辖区政府实施规划编制报批、土地征转、收回收购、拆迁安置等工作，按照批准的规划要求组织实施道路、供水、供电、供气、排水、通讯、照明、绿化、土地平整等为完善和提升土地使用功能的配套设施建设和城市基础设施建设，使该区域范围内土地具备供应条件。

第四条　土地一级开发整理项目应当符合土地利用总体规划、城市总体规划、城乡近期建设规划、土地利用年度计划、年度土地储备计划，以及相关法律、法规和规章的要求。

第二章　土地一级开发整理项目和单位的确定

第五条　土地一级开发实行计划管理，市储委会对土地一级开发整理项目统筹安排。根据市规划部门提供的城市建设项目和方案，经市政府审批确定的新增片区开发和城市更新改造项目，以及市委、市政府确定的重大建设项目，按照“成片区、成街坊、成组团”收储的原则，市土储机构会同市发改、市国土、市财政、市住建、市交通运输、市审计、市监察、市林业、市环保、市水利等相关部门研究提出土地一级开发整理项目，土地一级开发整理项目列入土地储备计划，报经市储委会批准后按程序实施。

第六条　土地一级开发整理坚持政府主导、市场运作的原则。

市级土地储备机构可以委托市级国有投资公司以及经市政府批准、符合条件的其他单位进行土地一级开发整理的具体实施。

红塔区、各县政府可以委托该区县国有投资公司、市级国有投资公司，以及经该区县政府批准，符合条件的其他单位对不在市政府批复授权一级开发范围内的土地进行一级开发整理的具体实施工作，确保一级开发整理授权范围不重叠。

第三章　土地一级开发整理项目的实施

第七条　市储委会各成员单位按照各自工作职责分工做好相关工作。市级土地储备机构、市规划和国土部门，各区县政府，主要做好以下工作：

市级土地储备机构：统筹、协调、指导、管理全市的土地一级开发整理工作；对具体负责的土地一级开发整理项目，与确定的土地一级开发整理单位签订土地一级开发整理委托合同，对片区土地一级开发整理实施方案进行初步审核，对涉及的融资、土地报批、土地征收、配套设施建设和城市基础设施建设实行全程监管；督促土地一级开发整理单位依法办理规划、建设、环保、水利、林业等相关行政审批手续；指导和参与征地拆迁补偿标准的制定落实，严格控制土地征收成本；配合市审计部门对土地一级开发整理项目成本进行审计，参与工程建设项目竣工验收；依据委托合同，根据实际需要预拨土地一级开发整理资金。

市规划部门：负责按照市储委会批准的土地一级开发整理项目实施范围，划定土地一级开发整理范围界线；指导和审核县区政府编制片区控制性详细规划、土地储备项目控制性详细规划；依据批准的城乡总体规划、各类专项规划和控制性详细规划，按市土地储备机构提出的申请，提供土地一级开发整理项目和拟供应地块的规划条件。

市国土部门：负责审核上报农用地征转和国有存量土地使用权收回报件；协调落实新增建设用地计划指标；办理储备土地登记发证相关手续；配合区县政府组织实施土地征收和补偿安置；依法组织实施土地供应，催收、追缴土地供应成交价款等相关工作。

市审计部门：负责对土地一级开发整理项目实施全程跟踪审计；及时完成项目成本审计认定工作，并提供审计结果。

红塔区（含云南玉溪高新技术产业开发区管委会、玉溪研和工业园区管委会、红塔工业园区管委会）、各县政府：依据年度土地收储与供应计划或委托，负责土地征转用组件上报、拟定征地拆迁补偿安置方案并报政府批准后组织实施；签订土地征收合同（含国有土地使用权收购）；负责配合协助市规划部门编制片区土地控制性详细规划和土地一级开发整理项目控制性详细规划，并按程序组织报批等相关工作。

第八条　土地一级开发整理委托合同的主要内容包括：

（一）土地一级开发整理范围、面积；

（二）土地一级开发整理应当完成的主要工作和标准；

（三）土地一级开发整理的工作进度和完成期限；

（四）双方权利义务、争议解决方式；

（五）工程监理、验收和结算；

（六）土地一级开发整理成本的认定、预拨和返还；

（七）合同双方认为应当明确的其他事项。

第九条　受市级土地储备机构委托的土地一级开发整理单位，应根据土地一级开发整理工作业务要求，建立土地一级开发整理项目统计台帐，报市级土地储备机构审查备案。

区县政府委托土地一级开发整理单位实施土地一级开发整理的，可以参照市级土地一级开发整理工作业务执行。

第十条　土地一级开发整理单位主要完成以下工作：

（一）按批准的土地一级开发整理范围，负责土地一级开发整理项目的资金筹措；

（二）依据市规划局提供的片区控制性详细规划，负责配合土地所属区县政府、市规划部门组织编制土地储备项目控制性详细规划，并按程序组织报批；

（三）负责完成土地勘测定界、土地权属调查等前期工作，配合土地所属区县人民政府组织土地报批，并承担土地报批税费；

（四）负责协助土地所属区县人民政府开展地面建（构）筑物调查统计工作，拟定土地征收和拆迁安置补偿方案，并按程序报有权批准的人民政府批准执行；

（五）根据委托合同，负责拟定土地一级开发整理实施方案，报委托机构审核。实施方案主要包括：开发范围、面积、地上建(构）筑物附着物状况、开发计划、开发成本测算、工作完成时限、实施方式等；

（六）负责配合土地所属区县人民政府完成集体土地征收，国有土地收购，地面建（构）筑物、附着物的拆迁补偿安置，地上地下管线的迁改工作；

（七）负责按工程项目建设管理的相关规定，实施土地一级开发整理项目涉及的配套设施建设和城市基础设施建设；

（八）承担土地一级开发整理项目土地移交前的管护工作；

（九）承担规定或约定的其他涉及土地一级开发整理的工作。

第十一条　土地一级开发整理项目涉及到的规划、建设、环保、水利、林业等所需的各项行政审批手续，由土地一级开发整理单位依法向有关职能部门申报办理。

第十二条　土地一级开发整理单位在组织实施拆迁和市政基础设施建设时，应当按照有关规定依法确定评估、拆迁、工程施工、监理等单位。

第十三条　土地一级开发整理项目移交时应当达到规定和约定的标准。土地一级开发整理项目涉及的工程建设完成后，由土地一级开发整理单位邀请相关部门及专家组成员，按工程建设标准规定对道路、供水、供电、供气、排水、通讯、照明、绿化、土地平整等配套设施建设和城市基础设施建设组织工程竣工验收。如工程质量达不到建设规定和约定标准，由土地一级开发整理单位自行进行整改。

第四章　土地一级开发整理项目资金和成本

第十四条　土地一级开发整理单位应当按照经审核的土地一级开发整理实施方案，组织落实储备土地一级开发整理项目所需资金。

由市级土地储备机构负责具体实施的土地一级开发整理项目，由市级土地储备机构自行筹集资金。

第十五条　根据土地一级开发整理委托合同，具体核算土地一级开发整理项目成本。

土地一级开发整理项目成本由土地储备直接支出，土地储备间接支出，以及经市政府批准确认的城市基础设施建设分摊费用等构成。

第十六条　土地一级开发整理项目成本由市审计部门按照《玉溪市土地储备支出核算管理办法》予以审计认定。审计认定结果作为确定、核拨土地一级开发整理项目成本的依据。

第十七条　土地一级开发整理单位（或引入社会资金参与土地一级开发整理的社会投资人）参与范围内土地公开出让的，土地一级开发资金投入，可用作土地竞买保证金。

第五章　土地移交和土地一级开发整理项目资金拨付

第十八条　土地一级开发整理完成后，土地一级开发单位配合属地区县政府将整理熟化的土地及时统一移交市土地储备机构，由市土地储备机构统一储备，统一管理，并按程序组织土地供应。

第十九条　土地移交应当达到如下标准：

（一）四至范围清楚，面积准确；

（二）权属清楚、无争议；

（三）征地拆迁程序合法，补偿足额到位；

（四）土地和地上建（构）筑物附着物权属、他项权利经济责任清楚并处理完毕；无抵押、担保等债权债务纠纷；

（五）经市审计部门审计认定的土地一级开发整理项目成本审计报告、农用地征转用批准文件、国有土地使用权收回、土地证注销文件、土地勘测定界、宗地测量成果等相关资料齐全完备；

（六）土地一级开发整理项目涉及的配套设施建设和城市基础设施建设各项审批手续合法完整；

（七）土地一级开发整理项目熟化工程，达到市级规定的土地一级开发整理熟化标准；

（八）工程质量达到国家验收标准，并有相关部门竣工验收证明材料；

（九）工程费用结算清楚，支付无争议；

（十）达到合同双方约定的其他验收标准。

第二十条　市级土地储备机构向土地一级开发整理单位拨付土地一级开发整理资金，可以在土地移交时先行拨付相应资金，也可以在完成土地供应、财政部门核拨土地收储资金后再行拨付。具体拨付方式在土地一级开发整理委托合同中约定。

区县政府可以参照制定本辖区土地一级开发整理资金拨付政策。

第六章　社会资金参与土地一级开发整理项目

第二十一条　鼓励和引导社会资金参与土地一级开发整理项目。

第二十二条　社会资金参与土地一级开发整理项目应按市级规定的准入领域和条件、社会投资人的选择和确定、参与模式、投资回报、投资保障和退出机制等相应规定执行。

第七章　附则

第二十三条　本办法自印发之日执行，原办法同时废止。

玉溪市城乡规划管理办法

第一条　为加强城乡规划管理，统筹城乡协调发展，加快现代宜居生态城市建设，依据《中华人民共和国城乡规划法》、《云南省城乡规划条例》等相关法律法规，结合我市实际，制定本办法。

第二条　规划审议审批按四级制执行，即玉溪市城市规划建设委员会（以下简称“规委会”）、规委会办公室、玉溪市规划局、玉溪市规划局红塔分局及高新区、研和工业园区、红塔工业园区国土规划建设局。

市委常委会和市政府常务会原则上不再研究审议规划事项，如确有需要可召开规委会扩大会议进行研究。由规委会审议批准的项目，根据需要可由分管副市长向市政府常务会议进行通报。

第三条　规委会由规委会办公室报请规委会主任同意后，由规委会主任主持召开，规委会全体成员参加。因项目审议需要可扩大会议范围和规模。

规委会原则上每月召开一次。因工作需要，经规委会第一主任同意，可以临时召开规委会。

第四条　规委会工作职责

规委会负责对规委会办公室预审后上报的以下事项进行审议和决策：

（一）玉溪市城镇体系规划、玉溪市城市总体规划、中心城区专项规划、近期建设规划。

（二）市属八县县城总体规划、城市形象设计、重要发展区域总体规划。

（三）中心城区范围内的开发区和工业园区规划、风景名胜区的总体规划和控制性详细规划。

（四）中心城区内的城市形象设计、控制性详细规划、城市设计类规划。

（五）中心城区重大基础设施、公共设施建设项目的设计方案。

（六）中心城区投资1亿元以上的建筑或构筑物项目（高新区、研和工业园区、红塔工业园区范围内的工业项目除外）。

（七）中心城区内过境干道、城市主干道、重要街区周边建设项目。

（八）规委会办公室上报的其他重要事项。

第五条　规委会办公室工作职责

（一）规委会办公室在规委会的领导下开展工作。规委会办公室会议由办公室主任主持召开，原则上每月召开一次，因工作需要，可临时召开。

（二）对市规划局提交的需上报规委会审议的项目进行预审，预审后确定上报规委会的项目，报经规委会第一主任、主任审查同意后，提交规委会审议。

（三）审议由市规划局提交需规委会办公室审议的规划和建设项目。

（四）落实规委会交办的事项。

第六条　市规划局规划管理工作职责

（一）负责规委会办公室的日常工作。

（二）负责组织城市规划编制，加强规划管理工作。

（三）对规划、建设项目进行预审，对需上报审批的规划和项目提出审查意见后报规委会办公室审议。

（四）根据规委会、规委会办公室会议决定，按程序办理规划许可手续。

（五）对各县区、高新区、研和工业园区、红塔工业园区、市规划局红塔分局的城乡规划编制、规划实施管理工作进行指导和监督检查。

（六）落实规委会、规委会办公室交办的事项。

第七条　市规划局红塔分局规划管理工作职责

（一）受理红塔区行政辖区内（不含高新区、研和工业园区、红塔工业园区）的建设项目，中心组团（生态文化区、老城区）的建设项目直接转报市规划局。

（二）审批以下规划和建设项目

1．审批北城、春和、大营街三个组团内的村庄规划和建设项目；

2．审批中心组团内的房屋修缮、临时建设工程、民房建设工程；

3．审议并出具道路占用、开口、开挖项目的规划意见。

（三）及时组织联席审查会议，根据有关规划会议决定，按程序办理规划许可手续，并负责做好审批项目的规划验线、规划验收等批后管理工作。

（四）督促和指导洛河乡、小石桥乡的总体规划及村庄规划编制工作。

第八条　高新区管委会的规划管理工作职责

（一）根据城市总体规划组织高新区范围内的规划编制和规划实施管理工作。

（二）将高新区范围内的专项规划、控制性详细规划按程序上报市规委会审议，由市政府批复执行。

（三）受理园区内的建设项目，包括基础设施、公共服务设施、企业项目、民房建设等，由园区管委会通过会议审议决策，由园区国土规划建设局按程序办理规划许可手续。

（四）规划验线、规划验收等规划批后管理工作由园区国土规划建设局负责。

第九条　研和工业园区管理委员会的规划管理工作职责

（一）根据城市规划组织园区内的规划编制和规划实施管理工作。

（二）将研和工业园区内的专项规划、控制性详细规划上报市规委会审议，由市政府批复执行。

（三）受理园区内的建设项目，包括基础设施、公共服务设施、企业项目、民房建设等，由园区管委会通过会议审议决策，由园区国土规划建设局按程序办理规划许可手续。

（四）规划验线、规划验收等规划批后管理工作由园区国土规划建设局负责。

第十条　红塔工业园区管理委员会规划管理工作职责

（一）根据城市规划，组织红塔工业园区内的规划编制和规划实施管理工作。

（二）将红塔工业园区内的专项规划、控制性详细规划上报市规委会审议，由市政府批复执行。

（三）受理园区内的建设项目，包括基础设施、公共服务设施、企业项目、民房建设等，由园区管委会通过会议审议决策，由园区国土规划建设局按程序办理规划许可手续。

（四）规划验线、规划验收等规划批后管理工作由园区国土规划建设局负责。

第十一条　规划监督管理工作

（一）按属地管理原则，中心城区的规划监察工作由红塔区城市综合执法局负责，对违法违规建设行为进行依法查处。

（二）红塔区的街道办事处、乡政府对本辖区内的违法违规建设行为，应当予以及时制止，并配合城市综合执法局予以处理。村（居）委会、物业服务企业发现违法违规建设行为的，应当予以劝阻，并及时报告城市综合执法局或者街道办事处。

（三）红塔区民房建设的规划监管工作，除由红塔区城市综合执法局、街道办事处、乡政府具体负责外，村（居）委会、村（居）民小组负有监管责任，一并纳入民房监管责任体系进行考核和奖惩。

第十二条　各级各部门要切实履行好规划监督管理职责，对监管不力，导致发生严重违法违规建设问题的，将依据有关规定对相关部门领导进行问责。

第十三条　八县的规划管理工作，参照本办法执行。

第十四条　本办法自公布之日起施行，原《玉溪市城乡规划管理办法》（玉政办发〔2009〕265号）同时废止。

玉溪市地震应急预案

1 总则

1.1 编制目的

玉溪市地震断裂带纵横交错，地震活动具有强度大、分布广、成灾重的特点。为依法科学统一、有力有序有效地实施地震应急工作，最大程度减少人员伤亡和经济损失，维护社会正常秩序。

1.2 编制依据

依据《中华人民共和国防震减灾法》、《云南省防震减灾条例》、《云南省地震应急预案》和《玉溪市人民政府突发公共事件总体应急预案》等法律法规，制定本预案。

1.3 适用范围

本预案适用于我市行政区域内处置地震灾害事件的应对工作。

1.4 工作原则

实行预防为主、防御与救助相结合的方针。坚持主动防灾，充分备灾，科学救灾，有效减灾，统一领导，分级负责，快速反应，军地联动的工作原则。

2 组织体系

2.1 玉溪市抗震救灾指挥机构

在玉溪市委、市政府领导下，玉溪市抗震救灾指挥部负责统一领导、指挥和协调全市抗震救灾工作。

玉溪市抗震救灾指挥部组成如下：

指挥长：市政府分管副市长。

副指挥长：玉溪军分区司令员、市政府副秘书长、市防震减灾局局长、市民政局局长、市住房和城乡建设局局长、市公安局副局长。

成员单位：市委宣传部、市公安局、市发展和改革委、市工业和信息化委、市财政局、市教育局、市监察局、市民政局、市商务局、市国土资源局、市住房和城乡建设局、市交通运输局、市水利局、市卫生局、市审计局、市旅游局、市环保局、市防震减灾局、市农业局、市安监局、团市委、市政府应急办、市政府外事侨务办、市食品药品监督管理局、市粮食局、市供销社、市气象局、武警玉溪支队、市公安消防支队、红塔烟草集团有限责任公司、玉溪医药有限责任公司、玉溪供电局、云南移动通信有限公司玉溪分公司、中国联通有限公司玉溪分公司、云南省电信公司玉溪分公司、中国人保财险玉溪市分公司、中国人寿保险玉溪市分公司。

根据应急工作需要，可增加有关部门负责同志参加。

市内发生特别重大或重大地震灾害事件时，由市委或市政府主要领导担任指挥长，市抗震救灾指挥部各工作组由市级领导担任组长。

市防震减灾局承担市抗震救灾指挥部办公室日常工作。

2.2 市抗震救灾指挥部及各工作组职责

指挥部下设十六个工作组：综合协调组、紧急救援组、灾情信息组、医疗防疫组、工程抢险组、群众安置组、救灾物资组、交通运输组、灾害监测组、维护稳定组、新闻宣传组、监督管理组、志愿者管理组、恢复重建组、后勤保障组、涉外事务组。

根据工作需要，还可成立专题事件应急处置工作组。

2.2.1 市抗震救灾指挥部职责

制定地震应急工作和救援力量配置方案；确定、调整地震应急响应级别和应急期；根据灾情判断和救灾需求，组织、协调有关单位和人员及时开展生命搜救、伤员救护、灾民安置、工程抢险、卫生防疫、灾害监测预警、维护社会治安等地震应急处置工作；贯彻落实党中央、国务院，省委、省政府领导对抗震救灾工作的重要指示和批示。

2.2.2 市抗震救灾指挥部各工作组职责

（1）综合协调组

组　长：市政府副秘书长

副组长：市委办、市政府办副主任

组成部门：市委办、市政府办、市政府应急办、市民政局、市防震减灾局、市委宣传部、市发改委、市财政局、市工信委等。

职责：制定地震应急工作方案；负责指挥部各类文件、简报的起草；编写《玉溪市抗震救灾指挥部震情通报》对外发布；收集汇总各工作组情况，督查各工作组工作，做好各项协调工作，确保抗震救灾各项工作安排部署落实到位。

（2）紧急救援组

组 长：玉溪军分区司令员

副组长：武警玉溪支队、市公安消防支队负责人

组成部门：玉溪军分区、市地震灾害紧急救援队、市公安局、武警玉溪支队、市公安消防支队、77208部队、77216部队、武警8752部队、预备役部队、市住建局、市工信委、市交通运输局、市安监局、市防震减灾局、市卫生局等。

职责：组织协调各抢险救援队，按照指挥部命令，抢救被压埋人员，搜救被困群众和受伤人员；指导和督促灾区政府发动基层干部群众开展自救互救；组织转移群众和物资运送工作；清理灾区现场；参加急难险重的抗震救灾工作；协调军地救援力量；负责组织、调用救援装备。

（3）灾情信息组

组 长：市民政局局长

副组长：市发改委、市住建局负责人

组成部门：市民政局、市发改委、市住建局、市防震减灾局、市工信委、市财政局、市卫生局、市水利局、市农业局、市交通运输局、市商务局、市国土资源局、市教育局等。

职责：各成员单位对口提出地震应急工作建议，并负责收集、统计、上报灾区灾害损失及人员伤亡等情况。

（4）医疗防疫组

组 长：市卫生局局长

副组长：市食品药品监督局负责人

组成部门：市卫生局、市食品药品监督局、市民政局、市公安局、市农业局、市红十字会、团市委等。

职责：组织协调市内外医疗救护队伍对伤员进行救治；协调伤员转移救治；组织卫生防疫队，做好各种疫情的防范和控制工作，严防重大流行疾病的发生或蔓延；开展心理援助行动；组织对遇难人员遗体的防疫处理。

（5）工程抢险组

组 长：市交通运输局局长

副组长：市工信委、市住建局负责人

组成部门：市交通运输局、市工信委、市住建局、市安监局、市广电局、市水利局、市国土资源局、市公安消防支队、市供电局、市移动公司、市联通公司、市电信公司等。

职责：负责灾区铁路、公路、桥梁、隧道等道路的抢通保通；对灾区所有建筑物进行安全鉴定；负责灾区供电、供水、供气、通信等基础设施抢修和维护；对灾区震损水库、电站、堤防、供水等设施开展风险评估，对堰塞湖勘测排险；保障电力、通信设施安全畅通；对可能发生或已经发生的次生灾害采取紧急处置措施，加强监测、控制，防止灾害扩展、蔓延；科学处置危险源险情。

（6）群众安置组

组 长：市民政局负责人

副组长：市公安局、团市委负责人

组成部门：市民政局、市公安局、团市委、市教育局、市住建局、市妇联等。

职责：妥善安置受灾群众生活，解决灾民基本生活等问题，满足受灾群众的基本需要；负责制定和实施受灾群众救助工作方案；提出救灾物资需求和分配计划；指导灾区做好受灾群众的紧急安置。

（7）救灾物资组

组 长：市民政局负责人

副组长：市财政局、市商务局负责人

组成部门：市民政局、市财政局、市商务局、市发改委、市粮食局、市供销社、市卫生局、市食品药品管理局、市医药集团、市红十字会等。

职责：负责救灾资金的调拨；组织、协调、接收、转运救灾物资；保障灾区生活必需品的市场供应。

（8）交通运输组

组 长：市交通运输局负责人

副组长：市公安局、市工信委负责人

组成部门：市交通运输局、市公安局、市工信委、昆玉铁路公司等。

职责：负责安排运力，进行受灾人员、物资、器械等转运；负责灾区及周边道路、高速公路的交通管制和疏导，开辟通往市抗震救灾指挥部等重要场所的应急便捷通道，维护交通秩序。

（9）灾害监测组

组 长：市国土资源局局长

副组长：市防震减灾局、市环保局负责人

组成部门：市国土资源局、市防震减灾局、市环保局、市安监局、市工信委、市住建局、市水利局、市公安消防支队、市卫生局、市气象局等。

职责：负责密切监视震情发展，全力做好余震防范；做好火灾、爆炸的处置；加强剧毒、强腐蚀性、放射性物质及危险化学品泄漏、污染的监测和处置；加强滑坡、泥石流、水灾等地震次生灾害的预警和防范；加强河湖水质监测和传染病疫情防控；加强天气监测及预报服务。

（10）维护稳定组

组 长：市公安局负责人

副组长：市社管维稳办、市司法局负责人。

组成部门：市公安局、市社管维稳办、市公安消防支队、武警玉溪市支队、市委宣传部、市司法局、市信访局、市防震减灾局等。

职责：负责协助灾区加强治安管理和安全保卫工作，预防和打击各种违法犯罪活动，维护社会治安；密切掌握社会动态，做好社会矛盾纠纷排查化解工作；加强对党政机关、要害部门、金融单位、储备仓库等重要场所的警戒、守护；避免发生不稳定治安事件，切实维护社会稳定。

（11）新闻宣传组

组 长：市委宣传部副部长

副组长：市广播电视局、市政府新闻办负责人

组成部门：市委宣传部、市政府新闻办、市广播电视局、玉溪日报社、市防震减灾局、市卫生局、市教育局、市外事侨务办等。

职责：负责组织开展灾情和抗震救灾信息的发布、宣传报道；正确把握宣传导向，辟除地震谣言；加强对灾区群众的科普知识宣传；采取措施让受灾群众及时了解抗震救灾工作；帮助灾区群众做好寻亲联系；负责召开新闻发布会；协调国内外新闻媒体采访报道组织安排。

（12）监督管理组

组 长：市监察局局长

副组长：市审计局、市财政局负责人

组成部门：市监察局、市财政局、市审计局、市食药监局等。

职责：负责监察相关部门及人员抗震救灾履职情况；审计、监督救灾物资、资金使用，调查、核实和处理救灾违纪违规事件；负责监督管理药品、医疗器械质量安全和餐饮服务食品安全。

（13）志愿者管理组

组 长：团市委负责人

副组长：市红十字会负责人

组成部门：团市委、市红十字会、市民政局、市妇联等。

职责：协调、组织、安排抵达灾区的志愿者等社会力量对灾区进行紧急救援行动；组织志愿者做好灾民安置和心理抚慰工作；安排志愿者队伍接收、转运救灾物资。

（14）恢复重建组

组 长：市发改委主任

副组长：市住建局、市工信委负责人

组成部门：市发改委、市住建局、市工信委、市农业局、市财政局、市教育局、市商务局、中国人保财险玉溪市分公司、中国人寿保险玉溪市分公司等。

职责：负责制定灾后重建规划和政策措施；帮助群众搞好生产自救；对受灾的工矿、商贸和农业损毁情况进行核实，指导制定科学恢复生产方案，积极落实有关扶持资金、物资，开展恢复生产工作；提出企业复工、学校复课、农业生产等方面的措施意见和制定有关政策；争取落实重建资金和对口支援；积极做好保险理赔工作。

（15）后勤保障组

组 长：市政府副秘书长

副组长：市政府接待办主任

组成部门：市委办、市政府办、市政府机关事务管理局等。

职责：负责制定后勤保障工作方案，做好上级领导到灾区指导工作的接待安排和各级抗震救灾队伍在灾区的后勤保障工作。

（16）涉外事务组

组 长：市外事侨务办主任

副组长：市公安局、市旅游局负责人

组成部门：市外事侨务办、市公安局、市旅游局、市防震减灾局、团市委、市红十字会等。

职责：负责境外救援队的联络、安置、引导和协调工作；做好在玉溪工作和生活的外国及境外人员的安全善后工作；做好对境外游客的救护工作；协助接收、统计境外救灾物资和赈灾资金。

2.2.3 市抗震救灾指挥部成员单位职责

市抗震救灾指挥部各成员单位和有关部门在预案启动后，立即按照职责开展工作。

市政府办：在市抗震救灾指挥部统一领导下，负责信息汇总和综合协调，发挥运转枢纽作用。

市委宣传部：负责震情、灾情和抗震救灾信息的发布；组织新闻发布会的召开；正确把握抗震救灾宣传导向，协调、指导新闻媒体做好抗震救灾新闻宣传报道工作；协调国内外新闻媒体采访报道的组织管理工作。

玉溪军分区：制定实施救援抢险力量配置方案；统一调配灾区救援装备；组织预备役民兵、协调驻军及前来救灾的部队搜救被困群众和受伤人员。

市发改委：负责组织有关部门开展灾后恢复重建工作；积极争取国家、省对我市灾区重大基础设施灾后恢复重建项目的支持，帮助指导灾区编制恢复重建规划并协调有关方面实施；确保救灾重点部门、救灾车辆的柴油、汽油供应；加强价格监督管理，保持市场稳定。

市民政局：负责收集、核查、报送灾情信息；制定和实施受灾群众救助工作方案；做好受灾群众转移、安置和救济；组织救灾物资调运、发放，指导协调灾区开展生活自救；组织指导救灾捐赠；做好因灾遇难人员家属发放抚慰金工作。

市工信委：负责协调信息化、无线电应急处置；组织协调通信运营企业，快速建立应急通信网络，保障应急指挥通信畅通；参与协调交通综合运输；收集水电站及工业企业受灾情况；指导、扶持受灾企业尽快恢复生产。

市住建局：负责组织专家对灾区所有建筑物受损情况进行安全鉴定；指导灾后恢复重建工作；参与应急抢险救灾，抢修受损的市政基础设施；组织指导并安排灾后过渡性安置；协同参与灾情核查及评估；指导避灾安置场所建设，做好供排水、环境卫生等工作；收集市政公共设施受损情况。

市公安局：负责调动公安系统救援力量参加救灾；负责对灾区重要目标的警戒，负责灾区的社会治安和安全保卫工作；做好交通疏导、管制工作，维护道路交通秩序，保障救灾物资运输畅通；协助组织灾区群众的转移安置。

市财政局：负责筹集、安排抗震救灾资金；积极争取中央、省补助经费，及时下拨救灾资金；监督资金的使用管理。

市教育局：做好学生的疏散、紧急救援和心理抚慰工作；合理调配应急教育资源，制定学生停课、复课计划；做好校舍恢复重建工作；收集教育系统人员伤亡和受灾情况；

市政府应急办：在市抗震救灾指挥部的统一领导下，协助市政府办公室做好应急值守、信息汇总、综合协调等工作。

市外事侨务办: 负责境外救援队的联络、安置、引导和协调工作；做好在玉溪工作和生活的外国及港澳台人员的安全善后工作；协助接收、统计外来救灾物资和赈灾资金。

市监察局：负责监察相关部门及人员抗震救灾履职情况；监督救灾物资、资金使用；调查、核实和处理救灾违纪违规事件。

市交通运输局：负责抢修被毁公路、桥梁、隧道等交通基础设施；负责救灾物资的紧急运输；做好抗震救灾人员、物资的公路运输和组织提供转移灾民所需的交通工具；组织调用大型救援抢险设备;收集道路、桥梁等交通基础设施受损情况。

市水利局：负责对病险水库、堰塞湖进行监测，及时通报和处理险情;做好水利设施的抢险排危；收集水库、灌溉沟渠、河堤、湖堤等水利基础设施受灾情况；负责灾后损毁水利设施的修复。

市卫生局：负责设立救护场所，组织协调市内外医疗救护队伍对伤员进行救治；协调伤员转移救治；组织开展灾区防病消毒，预防控制传染病的暴发流行；向受灾群众提供心理卫生咨询和帮助；收集受伤人数、疫情和卫生系统受灾情况。

市审计局：负责审计、监督救灾物资、资金的使用情况；做好抗震救灾指挥部交办的其他工作。

市旅游局：负责外来游客的救援、疏散、安置工作；做好抗震救灾指挥部交办的其他工作。

市环保局：负责对灾区空气、水质、土壤等的污染监测、预警和防控；组织开展灾区资源环境承载力评价；统筹协调和监督管理灾区的重大环境问题。

市国土资源局：负责对泥石流、滑坡、崩塌等重大地质灾害隐患进行监测，及时通报和处理险情；收集地质灾

害（滑坡、崩塌、泥石流等）损失情况；做好滑坡、泥石流、崩塌等次生灾害的防范宣传。

市农业局：负责指导灾区农业救灾和恢复生产；控制灾区动物疫情；组织供应灾后恢复农业生产所需物资；收集农业、畜牧等农口系统的受灾情况。

市商务局：负责组织协调筹集抗震救灾生活必需品等物资，确保抗震救灾重要商品的市场供应；组织协调非灾区商贸企业支援抗震救灾工作；收集灾区商贸企业、第三产业受灾情况，指导商贸企业尽快恢复正常工作和生产秩序。

市安监局：组织矿山救援队参与搜救被压埋群众；组织和指导企业做好因地震引发或可能引发的安全生产事故的应急处置工作；监督检查安全生产重大危险源监控和重大事故隐患排查治理工作。

市防震减灾局：负责震情速报和震情信息的审定；密切监视震情发展，及时通报余震信息，全力做好余震防范；协助上级民政和地震部门做好灾害损失评估工作；组织开展地震科普知识宣传；协助召开新闻发布会；视灾情协调其他地区地震灾害紧急救援队奔赴灾区参加救援。

市食品药品监管局：负责监督管理药品、医疗器械质量安全和餐饮服务食品安全；做好抗震救灾指挥部交办的其他工作。

市粮食局：负责解决和调运灾区所需的救灾粮油；收集粮油企业受灾情况；做好抗震救灾指挥部交办的其他工作。

市供销社：负责组织筹集抗震救灾生活必需品等物资，确保灾区商品的市场供应；做好灾区农业恢复生产所需化肥、农药等农用物资的供应。

市气象局：负责天气监测预报，及时通报天气实况和重大天气变化，为抗震救灾提供气象服务。

团市委：协调、组织、安排抵达灾区的志愿者等社会力量对灾区进行紧急救援行动；组织志愿者做好灾民安置和心理抚慰工作；安排志愿者队伍接收、转运救灾物资。

武警玉溪支队：负责指挥和协调驻玉武警部队参加抗震救灾、紧急转移安置受灾群众和抢救财产；组织开展对危险建筑物排危除险；协助公安机关维护抢险救灾秩序和灾区的社会治安。

市公安消防支队：负责指挥玉溪市地震灾害紧急救援队和调动县区、乡镇综合应急救援大队（分队）参加以抢救人员生命为主的应急救援工作；承担因地震引发的火灾、危化品泄漏等次生灾害事故的应急救援任务。

红塔集团：组织员工做好集团内的抗震救灾工作；收集企业受灾情况；做好企业的恢复生产工作。

玉溪医药公司：负责组织医疗防疫工作所需的药品、器械等医疗用品；确保灾区普通药品的供给。

玉溪供电局：负责组织所辖电网的抢险排危，保障市抗震救灾指挥部、医院等重要部门的应急供电；收集本系统企业受灾情况。

市移动公司、市联通公司、市电信公司：负责建立应急通信网络，保障应急指挥通信畅通；抢修通信设施，保障灾区通信需要；收集各自公司受灾情况。

人保财险玉溪市分公司、人寿保险玉溪市分公司：积极做好保险理赔工作。

2.3 县区抗震救灾指挥机构

县区政府是应对本行政区域内地震灾害的主体，其抗震救灾指挥机构负责统一领导、指挥和协调抗震救灾工作。县区有关部门和单位、解放军、武警部队、消防部队、预备役部队、民兵组织等，按照职责分工，各司其责，密切配合，共同做好抗震救灾工作。

3 地震应急准备

3.1 地震监测

全市地震监测台网对地震信息进行监测、传递、分析、处理、存储和报送。市内群测群防工作人员观测到地震宏观异常，应及时上报。市防震减灾局负责收集和管理全市各类地震观测数据，开展常规分析处理，进行震情跟踪和地震速报。

3.2 市抗震救灾指挥部及成员单位地震应急准备

市抗震救灾指挥部根据地震形势，召开年度“防震减灾工作联席会议”，通报年度震情，部署年度工作。必要时，指挥部可视情况再行组织召开联席工作会议。

成员单位根据市抗震救灾指挥部年度“防震减灾工作联席会议”部署，按照部门预案，开展地震应急准备工作，并负责指导、检查县区本系统地震应急准备工作。

3.3 县区政府地震应急准备

县区政府依据震情，采取应急准备措施：加强震情监视；对生命线工程和次生灾害源采取紧急防护措施；督促检查抢险救灾准备工作；开展防震避险和自救互救常识的宣传；发生地震传言，应采取必要措施维护社会治安。

3.4 地震应急准备工作检查

3.4.1 应急检查内容

地震应急救援组织体系建设；地震应急预案建设；地震应急指挥技术系统建设；地震应急救援工作机制建设；地震应急救援队伍建设；应急物资装备的储备、调配机制和基础设施建设；农村危旧房改造、中小学校舍安全工程建设、幼儿园的应急救援措施；地震应急救援社会动员机制建设；防震减灾科普宣传教育。

3.4.2 地震应急准备工作检查形式

地震应急准备工作检查分为抽查与自查。

按照市抗震救灾指挥部要求，由市级有关部门组成联合检查组，对全市年度地震应急准备工作开展抽查，并形成分析报告，报市政府。

县区政府负责组织本区域内的地震应急抽查或自查，所形成的工作报告，报市抗震救灾指挥部办公室。

4 地震应急响应

4.1 地震灾害事件分类

（1）特别重大地震灾害事件

市内发生7.0 级以上地震，或发生城市直下型7.0级以下，6.5级以上的地震。

造成市内300人以上死亡（含失踪）的地震灾害事件。

（2）重大地震灾害事件

市内发生7.0级以下，6.0级以上地震，或城市直下型6.0级以下，5.5级以上的地震。

造成市内50人以上，300人以下死亡（含失踪）的地震灾害事件。

（3）较大地震灾害事件

市内发生6.0级以下，5.0级以上地震，或城市直下型5.5级以下，5.0级以上的地震。

造成市内10人以上，50人以下死亡（含失踪）的地震灾害事件。

（4）一般地震灾害事件

市内发生5.0级以下，4.5级以上地震。

造成市内10人以下死亡（含失踪）的地震灾害事件。

4.2 地震应急响应分级及批准

4.2.1 地震应急响应分级

根据地震灾害分类，玉溪市地震灾害应急响应分为Ⅰ级、Ⅱ级、Ⅲ级和Ⅳ级。地震灾害发生后，在市委、市政府领导下，市抗震救灾指挥部负责指挥和协调全市的抗震救灾工作。各级政府应依据灾情，严格响应，避免响应不足或响应过度。

4.2.2 启动地震应急响应级别的批准

启动市内地震应急响应级别，由市政府批准、宣布。市内启动地震应急I、II级响应，应报省政府抗震救灾指挥部备案。

各县区启动地震应急响应，由县区政府批准、宣布。报市抗震救灾指挥部办公室备案。

市抗震救灾指挥部成员单位，参照市级地震灾害应急响应级别，启动本系统应急预案。

4.2.3 启动地震应急响应级别的调整

根据地震灾情变化，地震应急响应级别可作调整。调整应急响应级别，应报上级抗震救灾指挥部批准，并由上级按调整后的应急响应级别，统一领导和协调地震应急工作。

4.3 特别重大、重大地震灾害应急响应（Ⅰ级、Ⅱ级）

在国务院和省政府抗震救灾指挥机构领导下，市抗震救灾指挥部指挥、协调全市的抗震救灾工作。

4.3.1 应急救援任务

震后72小时的核心任务是，最大限度的救援生命，监控和预防地震引发的其他灾害的发生。

市抗震救灾指挥部的任务是：

（1）立即将地震基本情况、应急处置措施、抢险救灾力量配置方案等工作情况上报省政府，落实党中央、国务院，省委、省政府领导对地震应急、抗震救灾工作指示，根据省政府抗震救灾指挥部的部署，开展各项应急工作。

（2）派遣市地震灾害紧急救援队、矿山和危险化学品救护队、医疗卫生救援队伍、地震灾害现场工作队等各类专业抢险救援队伍，赶赴灾区抢救被压埋幸存者和被困群众。

（3）部署和组织对灾区伤病员和受灾群众紧急医疗救治、卫生防疫等工作，组织实施跨地区转移救治伤员。

（4）协调救灾帐篷、生活必需品等救灾物资和装备支援灾区，保障受灾群众的吃、穿、住等基本生活需求。

（5）派出抢险力量，抢修灾区通信、电力、交通等基础设施，保障抢险救援通信、电力以及救灾人员和物资交通运输的畅通。

（6）部署对灾区重大危险源、重点目标物、重要基础设施隐患排查与监测预警，防范次生、衍生灾害。对已经受到破坏的，要全力快速抢险救援，避免事态扩大。

（7）派出地震现场监测队伍，开展布设或恢复地震现场测震和前兆台站，密切监视震情发展，做好余震防范工作。

（8）要求灾区各级政府，加强重要目标警戒和治安管理，预防和打击各种违法犯罪活动，做好涉灾矛盾纠纷化解和法律服务工作，维护社会稳定。

（9）部署相关部门，做好国内外社会力量对灾区进行紧急支援的协调保障服务工作。

（10）组织指导做好抗震救灾宣传报道工作，正确引导新闻舆论。

（11）其他重要事项。

县区抗震救灾指挥部的任务是：

（1）立即组织恢复灾区基层党组织和政府工作机构，紧急部署应急救援和抗震救灾各项工作，组织有关部门迅速全面调查受灾情况，及时上报。

（2）紧急组织自救互救，迅速救助受伤、受困人员。形成救援孤岛的区域，应控制灾区食品、医疗等救援物资。

（3）实施紧急医疗救护，组织伤员救治转移。

（4）组织开展大型水电、水利基础设施受灾情况及潜在的危险调查，控制危险源，封锁危险场所，做好次生灾害的排查与监测，防范地震可能引发的火灾、水灾、泥石流、危化品泄漏等次生灾害。

（5）启用应急避难场所或设置临时避难场所，设置救济物资接收和供应点。及时转移和安置受灾群众，确保饮用水安全，妥善安排受灾群众生活。

（6）做好遇难人员的安置，及时开展可能产生传染病疫情的防范，积极开展卫生防疫。

（7）安排专人对地震应急救援队伍、抗震救灾紧急物资抢运、上级应急指挥、工作指导机构提供专门的保障。

（8）依法维护社会治安，开展对重要目标的警戒。

（9）组织对道路的管制，开设特殊通道。开展毁损交通、水利、电力、通信等基础设施的调查。

（10）加强震后应急救援和抗震救灾的宣传，严格审核地震信息发布。加强科学避震、自救和地震科普宣传，严厉打击震后破坏社会稳定的各类传言。

（11）其他重要事项。

4.3.2 应急救援响应

（1）启动响应。市防震减灾局向市政府提出启动玉溪市地震应急Ⅰ、Ⅱ级响应和需采取的应急措施建议，经市政府批准后，向社会发布。

（2）市抗震救灾指挥部响应。指挥长立即召开紧急会议，分析地震灾害基本情况，听取成员单位应急救援建议，部署成立市抗震救灾指挥部各工作组。

指挥部各成员单位，按照各自职责，立即启动部门预案，开展应急救援工作，并根据省政府抗震救灾指挥部的应急救援要求，适时调整工作部署。

（3）县区抗震救灾指挥部响应。地震发生的所在地，立即启动地震应急响应，按预案规定，召开紧急会议，成立指挥机构，开展应急行动。

4.3.3 现场协调

市抗震救灾指挥部负责承担地震现场协调工作。主要任务：

（1）了解灾区抗震救灾工作进展和灾区需求情况，督促落实省政府抗震救灾指挥部工作部署。

（2）根据受灾情况，向省政府抗震救灾指挥部提出灾区救灾物资和装备的需求，并参与协调有关部门和社会各界支援的应急物资的调配。

（3）参与协调好国家有关专业抢险救援队伍以及社会支援力量的抗震救灾行动。

（4）协调公安、交通运输、铁路等部门提供交通运输保障。

（5）协调安排灾区伤员转移治疗。

（6）协调相关部门和各级政府处置重大次生、衍生灾害。

4.3.4 响应结束

当应急抢险救灾工作基本结束、紧急转移和安置工作

基本完成、地震次生灾害的后果基本消除，以及交通、电力、通信和供水等基本抢修抢通、灾区生活秩序基本恢复后，经玉溪市委、市政府批准，终止地震应急Ⅰ、Ⅱ级响应。县区抗震救灾指挥部，根据灾区实际情况，终止或调整地震应急响应级别。

市抗震救灾指挥部及各成员单位、县区抗震救灾指挥部，在市委、市政府的统一领导下，转入抗震救灾下一阶段工作。

4.4 较大、一般地震灾害应急响应（Ⅲ、Ⅳ级）

应对较大、一般地震灾害，由市防震减灾局依据震情、灾情，向市政府建议，分别启动地震应急Ⅲ、Ⅳ级响应，并向社会发布。

地震应急Ⅲ、Ⅳ级响应由市、县区人民政府领导灾区地震应急工作。

（1）启动响应。市防震减灾局向市政府提出市级地震应急响应级别和需要采取的应急措施建议。

（2）市抗震救灾指挥部响应。根据市委、市政府领导批示，指挥部各成员单位，按照各自职责，启动部门预案，开展对灾区的支援和指导工作，并根据救灾需要，适时调整工作部署。

（3）县区抗震救灾指挥部响应。根据地震影响和造成的破坏程度，提出地震应急响应级别和对策建议。县区政府组织开展地震应急救援和抗震救灾工作。

当应急抢险救灾工作基本结束、灾区生活秩序基本恢复后，根据工作实际可终止地震应急响应。

4.5 地震灾害事件信息、灾情报送

4.5.1 地震灾害事件信息报告

市内发生4.5级以上地震事件，市防震减灾局完成地震发生时间、地点、震级、震源深度等参数的测定，速报市委、市政府领导和抗震救灾指挥部成员单位。

4.5.2 灾情报告

地震灾害发生后，灾区县区政府及时将震情、灾情等信息按有关规定报市政府，人员伤亡等重大灾情可越级上报。

地震灾害发生后，民政、防震减灾等部门迅速组织开展现场灾情收集、分析研判，按规定上报，并及时续报有关情况。公安、安监、电力、交通、通信、铁路、水利、住建、教育、卫生等有关部门及时将收集了解的情况上报。

发现因地震伤亡、失踪或被困人员有港澳台或外国人员时，当地政府及有关部门要迅速核实并报告市外事侨务办，按照有关规定进行通报。

5 过渡性安置和恢复重建

5.1 过渡性安置

地震灾区群众需要过渡性安置的，在市抗震救灾指挥部的统一领导和部署下，有关成员单位积极配合灾区县区政府，根据实际情况，在确保安全的前提下，采取灵活多样的方式，统筹规划过渡性安置的地点、配套设施建设，并加强防灾、防疫措施，保障受灾群众的基本生活需要。

5.2 恢复重建规划

符合国家确定的特别重大地震灾害发生后，按照国务院决策部署，国务院有关部门和省政府组织编制灾后恢复重建规划。

重大地震灾害发生后，按省委、省政府的部署，省政府有关部门负责编制灾后恢复重建规划。

较大地震灾害发生后，市政府在省政府相关部门的指导下，根据灾区受灾实际和发展需要，组织编制地震灾后恢复重建规划，并报省政府审核批准。

一般地震灾害发生后，灾区县区政府在市政府相关部门的指导下，根据灾区受灾实际和发展需要，组织编制地震灾后恢复重建规划，并报市政府审核批准。

5.3 恢复重建实施

根据灾后恢复重建规划和当地经济社会发展水平，由县区政府有计划、分步骤地组织实施本行政区域灾后恢复重建。市政府有关部门对灾区恢复重建规划的实施给予指导。

6 保障措施

6.1 队伍保障

市级有关部门在市政府的统一部署下，加强市级地震灾害紧急救援、公安消防、矿山和危险化学品救护、医疗卫生救援、交通抢险、通信抢险等专业抢险救灾队伍建设，配备必要的物资装备，经常性开展协同演练，提高共同应对地震灾害的能力。

城市供水、供电、供气等生命线工程设施产权单位、管理或者生产经营单位加强抢险抢修队伍建设。

市、县区政府要充分发挥共青团和红十字会作用，依托社会团体、企事业单位及社区建立地震应急救援志愿者队伍，形成广泛参与地震应急救援的社会动员机制。

乡（镇）人民政府、街道办事处组织动员社会各方面力量，建立基层地震抢险救灾队伍，加强管理和培训。

6.2 应急指挥技术平台保障

市、县区政府应支持防震减灾局综合利用相关高新技术，建立健全地震应急指挥技术系统，形成上下贯通、反应灵敏、功能完善、统一高效的地震应急指挥平台，实现震情灾情快速响应、应急指挥决策、灾害损失快速评估与动态跟踪、地震趋势判断的快速反馈，保障抗震救灾工作的合理调度、科学决策和准确指挥。

6.3 应急物资与资金保障

市民政局、市卫生局、市商务局等有关部门建立健全应急物资储备网络和生产、调拨及紧急配送体系，保障地震灾害应急工作所需生活救助物资、地震救援和工程抢险装备、医疗器械和药品等的生产、供给。县区政府及其有关部门根据有关法律法规，做好应急物资储备工作，在保障有力的基础上、可采取灵活多样的供给方式，保障应急物资、生活必需品和应急处置装备的生产、供给。

地震发生后，根据受灾情况，经市政府批准，市级财政及时下拨救灾补助资金。

6.4 应急避难场所保障

市、县区政府及其有关部门应利用广场、绿地、公园、学校、体育场馆等公共设施，因地制宜设立地震应急避难场所，统筹安排所必需的交通、通信、供水、供电、排污、物资储备等设备设施。

学校、医院、影剧院、商场、酒店、体育场馆等人员密集场所设置地震应急疏散通道，配备必要的救生避险设施，保证通道、出口的畅通。有关单位定期检测、维护报警装置和应急救援设施，使其处于良好状态，确保正常使用。

6.5 通信、广播电视、电力与交通保障

市工信委应建立健全应急通信工作体系，建立有线和无线相结合、基础通信网络与机动通信系统相配套的应急通信保障系统，确保地震应急救援工作的通信畅通。在极端情况下，立即启动应急通信系统，确保至少有一种以上临时通信手段有效、畅通。

市广播电视局应完善广播电视传输覆盖网，建立完善市级应急广播体系，确保群众能及时准确地获取政府发布的权威信息。

市供电局应加强电力基础设施、电力调度系统建设，保障地震现场应急装备的临时供电需求和灾区电力供应。

市公安局、市交通运输局等部门应建立健全公路、铁路紧急运输保障体系,加强统一指挥调度，采取必要的交通管制措施，建立应急救援“绿色通道”机制。

6.6 宣传、培训与演练

宣传、教育、文化、广播电视、防震减灾等有关部门要密切配合，开展防震减灾科学、法律知识普及和宣传教育，动员社会公众积极参与防震减灾活动，提高全社会防震避险和自救互救能力。

市、县区政府应建立健全地震应急管理培训制度，结合本地区实际，组织应急管理人员、救援人员、志愿者等进行地震应急知识和技能培训。

各级人民政府及其有关部门要制定演练计划并定期组织开展地震应急演练。机关、学校、医院、企事业单位和居委会、村委会等基层组织要结合实际开展地震应急演练。

7 周边州市地震灾害应急

周边州市发生地震灾害事件，并对我市造成较大影响和灾害的，市抗震救灾指挥部各有关部门，参照地震灾害应急响应相应级别实施应急。

市民政局、市防震减灾局等有关部门及时将了解到的周边州市受灾情况报市政府，市政府视灾情开展援助行动。

8 其他地震事件应急

8.1 强有感地震事件应急

市内发生强有感地震事件并可能产生较大社会影响时，市防震减灾局及时收集震情，提出趋势判断，立即报告市委、市政府，市政府督导有关县区政府做好新闻及信息发布与宣传工作，保持社会稳定。

8.2 地震传言事件应急

各县区出现地震传言，对社会正常生产生活秩序造成较严重影响时，市防震减灾局应根据情况分析传言起因，协助当地政府做好新闻及信息发布与宣传工作，采取措施平息地震传言。

8.3 特殊时期应急戒备

在市内开展重大政治、社会活动期间，市防震减灾局应制定应急准备方案，加强震情值班、地震监测、异常核实与上报、信息报送与震情会商等工作，并将应急戒备情况上报市政府和省地震局。

重大政治、社会活动承办地的县区防震减灾局应进行应急戒备，加强震情值班、地震监测、震情会商和应急准备等工作，并将应急戒备情况适时上报属地政府和市防震减灾局。

9 附则

9.1 预案管理与更新

市防震减灾局会同有关部门制定本预案，报市政府批准后实施，并组织预案宣传和适时修订完善本预案。

县区政府和市直有关部门要制定地震应急预案，并报市抗震救灾指挥部办公室备案。

交通、水利、电力、通信、广播电视等基础设施和学校、医院等人员密集场所的经营管理单位，以及可能发生次生灾害的水电、矿山、危险物品等生产经营单位要制定应急专项预案，报市、县区抗震救灾指挥部办公室备案。

9.2 奖励与责任

对在抗震救灾工作中作出突出贡献的先进集体和个人，按照相关规定给予表彰和奖励；对在抗震救灾工作中玩忽职守造成损失和严重虚报、瞒报灾情的，依据国家有关法律法规追究当事人的责任，构成犯罪的，依法追究其刑事责任。

9.3 预案解释

本预案由市政府办公室负责解释。

9.4 预案实施时间

本预案自印发之日起实施，原《玉溪市地震应急预案》（玉政办发〔2006〕107号）同时废止。

玉溪市城乡居民最低生活保障审核审批办法（试行）

第一章　总则

第一条　为规范最低生活保障（以下简称低保）审核审批工作，提高社会救助管理水平，根据《国务院关于进一步加强和改进最低生活保障工作的意见》（国发〔2012〕45号）、《民政部关于印发〈最低生活保障审核审批办法（试行）〉的通知》（民发〔2012〕220号）、《云南省人民政府关于进一步加强和改进最低生活保障工作的实施意见》（云政发〔2013〕42号）及相关规定，制定本办法。

第二条　本办法适用于全市城乡居民申请城乡低保时，城乡低保家庭的调查、核实和审批工作。

第三条　县区民政局以及乡镇人民政府（街道办事处），依据本办法开展城乡低保审核审批工作，村（居）民委员会协助做好相关工作。

第四条　市民政局加强全市范围内城乡低保审核审批工作的规范管理和相关服务，确保城乡低保审核审批工作公开、公平、公正。

第五条　城乡居民低保家庭的审核审批工作应当遵循下列原则：

（一）公开、公平、公正；

（二）属地管理、动态管理；

（三）与专项社会救助制度相衔接。

第二章　资格条件及保障标准

第六条　持有当地常住户口的居民，凡共同生活的家

庭成员人均收入低于当地低保标准，且家庭财产状况符合当地人民政府规定条件的，可以申请低保。

第七条　共同生活的家庭成员包括：

（一）配偶；

（二）父母和未成年子女；

（三）已成年但不能独立生活的子女，包括在校接受本科及其以下学历教育的成年子女；

（四）其他具有法定赡养、扶养、抚养义务关系并长期共同居住的人员。

下列人员不计入共同生活的家庭成员：

（一）连续三年以上（含三年）脱离家庭独立生活的宗教教职人员；

（二）在监狱、劳动教养场所内服刑、劳动教养的人员；

（三）各县区民政部门根据本条原则和有关程序认定的其他人员。

第八条　家庭收入是指共同生活的家庭成员在规定期限内的全部可支配收入。主要包括：

（一）工资性收入。指因任职或者受雇而取得的工资、薪金、奖金、劳动分红、津贴、补贴以及与任职或者受雇有关的其他所得等；

（二）家庭经营净（纯）收入。指从事生产、经营及有偿服务活动所得。包括从事种植、养殖、采集及加工等农林牧渔业的生产收入，从事工业、建筑业、手工业、交通运输业、批发和零售贸易业、餐饮业、文教卫生业和社会服务业等经营及有偿服务活动的收入等；

（三）财产性收入。包括动产收入和不动产收入。动产收入是指出让无形资产、特许权等收入，储蓄存款利息、有价证券红利、储蓄性保险投资以及其他股息和红利等收入，集体财产收入分红和其他动产收入等。不动产收入是指转租承包土地经营权、出租或者出让房产以及其他不动产收入等；

（四）转移性收入。指国家、单位、社会团体对居民家庭的各种转移支付和居民家庭间的收入转移。包括赡养费、扶养费、抚养费，离退休金、失业保险金，社会救济金、遗属补助金、赔偿收入，接受遗产收入、接受捐赠（赠送）收入等；

（五）其他应当计入家庭收入的项目。

下列收入不计入家庭收入：

（一）政府给予的奖金和特殊津贴，省级以上劳动模范退休后享受的荣誉津贴，建国前入党未享受离退休待遇的老党员生活补贴；

（二）优抚对象享受的抚恤金、补助费、护理费、保健金和义务兵家属优待金，退役士兵安置补偿费；

（三）政府、社会和学校给予贫困在校生的助学金、奖学金和生活补贴；

（四）政府、社会组织和个人给予的临时性生活救助金；

（五）因工（公）负伤人员的工伤医疗费、护理费、一次性伤残补助金、残疾人辅助器具费，因工（公）死亡人员的丧葬补助费、一次性抚恤金、人身伤害赔偿金；

（六）从业人员按规定由所在单位代扣代缴的社会保险费；

（七）土地、房屋征收补偿费中用于购买（或重建）住房、缴纳基本社会保险费的部分；

（八）计划生育奖励扶助金；

（九）政府发放的保健补助金及长寿补助金；

（十）六十年代精简退职生活补贴；

（十一）依法不应计入的其他收入。

第九条　家庭财产是指家庭成员拥有的全部动产和不动产。家庭财产主要包括：

（一）银行存款和有价证券；

（二）机动车辆（残疾人功能性补偿代步机动车辆除外）、船舶；

（三）房屋；

（四）债权；

（五）其他财产。

第十条　有下列情形之一的，不得申请低保：

（一）家庭拥有机动车辆（残疾人专用车、摩托车除外）；

（二）提出申请前三年内非二地房屋征收原因购买商品房，其房屋面积超过市人民政府规定的住房困难保障标准，且无突发困难的，或对住房进行高档装修不满三年的；

（三）不如实申报家庭成员收入，或拒绝配合管理审批机关和社区居民委员会，对其收入和生活情况进行调查、核实的，或不按规定提止续领申请的；

（四）有赡养、扶养、抚养能力而不履行赡养、扶养、抚养义务的；

（五）家庭成员中有达到法定劳动年龄，又具有劳动能力，且能自食其力者，经就业服务机构两次介绍就业而拒绝就业的；

（六）家庭成员自费择校、出国留学、旅游，家庭生活消费支出明显高于低收入家庭标准的；

（七）拥有两套及两套以上房产的；

（八）其他不得申请的情形。

第十一条　城乡低保家庭的收入和财产标准如下：

（一）城市低保家庭的收入和财产标准为城市居民家庭成员月人均收入在当年城市低保月保障标准线以下，且其家庭成员人均银行存款、有价证券等金融资产为上年度城镇居民年人均可支配收入的30%以下；

（二）农村低保家庭的收入和财产标准为农村居民家庭成员年人均收入在当年农村低保年保障标准线以下，且其家庭成员人均银行存款、有价证券等金融资产为上年度农村居民年人均纯收入的30%以下。

第三章　申请及受理

第十二条　申请低保应当以家庭为单位，由户主或者其代理人以户主的名义向户籍所在地乡镇人民政府（街道办事处）提出书面申请。受申请人委托，村（居）民委员会可以代其向户籍所在地乡镇人民政府（街道办事处）提交低保书面申请及其相关材料。

申请低保需提交的材料：

（一）低保申请书；

（二）家庭户主居民身份证复印件；

（三）户口薄复印件；

（四）居民家庭经济状况申报表；

（五）居民家庭经济状况核对诚信承诺及授权声明；

（六）各县区规定的其他需提供的材料。

第十三条　申请人或者其家庭成员的户籍有下列情况之一的，可以按以下方式办理：

（一）在同一市县辖区内，申请人经常居住地与户籍所在地不一致的，根据市县人民政府的规定，申请人凭户籍所在地县级人民政府民政部门出具的未享受最低生活保障的证明，可以向经常居住地乡镇人民政府（街道办事处）提出申请；

（二）户籍类别相同但家庭成员户口不在一起的家庭，应将户口迁移到一起后再提出申请。因特殊原因无法将户口迁移到一起的，可选择在户主或者其主要家庭成员的户籍所在地提出申请，户籍不在申请地的其他家庭成员分别提供各自户籍所在地县级人民政府民政部门出具的未享受低保的证明；

（三）共同生活的家庭成员分别持有非农业户口和农业户口的，一般按户籍类别分别申请城市低保和农村低保。

第十四条　乡镇人民政府（街道办事处）应当对申请人或者其代理人提交的材料进行审查，材料齐备的，予以受理；材料不齐备的，应当一次性告知申请人或者其代理人补齐所有规定材料。

第十五条　申请低保时，申请人与低保经办人员和村（居）民委员会成员有近亲属关系的，应当如实申明并按规定备案；

对已受理的低保经办人员和村（居）民委员会成员近亲属的低保申请，乡镇人民政府（街道办事处）应当进行单独登记；

“低保经办人员”是指涉及具体办理和分管低保受理、审核（包括家庭经济状况调查）、审批等事项的县级人民政府民政部门及乡镇人民政府（街道办事处）工作人员；

“近亲属”包括配偶、父母、子女、兄弟姐妹、祖父母、外祖父母、孙子女、外孙子女。

第四章　办理程序

第十六条　乡镇人民政府（街道办事处）应当自受理低保申请之日起10个工作日内，在村（居）民委员会协助下，组织驻村干部、社区低保专干等工作人员对申请人家庭经济状况和实际生活情况逐一进行调查核实。每组调查人员不得少于2人。对符合条件的低保申请，乡镇人民政府（街道办事处）应当依程序开展入户调查。不符合条件的，乡镇人民政府（街道办事处）应当书面通知申请人并说明理由。

申请人对家庭经济状况信息核对结果有异议的，应当提供相关证明材料；乡镇人民政府（街道办事处）应当对申请人提供的家庭经济状况证明材料进行审核，并组织开展复查。

第十七条　调查申请人家庭经济状况和实际生活情况，可以采取以下方式：

（一）入户调查。调查人员到申请人家中了解其家庭收入、财产情况和吃、穿、住、用等实际生活状况；根据申请人声明的家庭收入和财产状况，了解其真实性和完整性。入户调查结束后，调查人员应当填写家庭经济状况核查表，并由调查人员和申请人（被调查人）分别签字；

（二）邻里访问。调查人员到申请人所在村（居）委员会和社区，走访了解其家庭收入、财产和实际生活状况；

（三）信函索证。调查人员以信函方式向相关单位和部门索取有关证明材料；

（四）其他调查方式。

第十八条　乡镇人民政府（街道办事处）将调查结果进行民主评议，并提出审核意见，3日内公示入户调查、民主评议和审核结果，公示期不少于5天。公示期满后，乡镇人民政府、街道办事处应将审核意见连同申请资料、家庭经济状况调查、民主评议、公示情况等有关资料报县级民政部门审批。

第十九条　县区民政局按照《玉溪市居民家庭经济状况核对办法》对申请家庭进行居民家庭经济状况核对，并对申请人家庭经济状况声明的真实性和完整性提出意见。

第二十条　县区民政局自收到乡镇人民政府（街道办事处）审核意见和相关材料5个工作日内提出审批意见。拟批准给予低保的，应当同时确定拟保障金额。不符合条件、不予批准的，应当在作出审批决定3日内，通过乡镇人民政府（街道办事处）书面告知申请人或者其代理人并说明理由。

县区民政局在提出审批意见前，全面审查乡镇人民政府（街道办事处）上报的申请材料、调查材料和审核意见，并按照不低于30%的比例入户抽查。对单独登记的低保经办人员和村（居）民委员会成员近亲属的低保申请，以及有疑问、有举报或者其他需要重点调查的低保申请，县区民政局应当全部入户调查。不得将不经过调查核实的任何群体或者个人直接审批为低保对象。

县区民政局可以邀请申请人户籍所在地乡镇人民政府（街道办事处）、村（居）民委员会派人参与低保审批，对申请家庭是否符合低保条件提出审批意见。

第二十一条　县区民政局对拟批准的最低生活保障家庭进行公示。公示内容包括申请人姓名、家庭成员、收入情况、拟保障金额等，公示期不少于7天。公示期满无异议的，批准给予最低生活保障待遇，发放最低生活保障证，并从下月起发放最低生活保障金。对公示有异议的，县区民政区应当重新组织调查核实，在20日内作出审批决定，并对拟批准的申请家庭重新公示。

第二十二条　乡镇人民政府、街道办事处应当对最低生活保障对象的家庭成员、收入情况、保障金额等在其居住地长期公示；县级民政部门应当在当地政府网站长期公示，逐步完善面向公众的最低生活保障对象信息查询机制。公示中应注意保护最低生活保障对象的个人隐私，严禁公开与享受最低生活保障待遇无关的信息；

对符合条件的低保申请，乡镇人民政府（街道办事处）应当依程序开展入户调查的同时并根据申请家庭的授权进行家庭经济状况信息核对。不符合条件的，乡镇人民政府（街道办事处）应当书面通知申请人并说明理由；

申请人对家庭经济状况信息核对结果有异议的，应当提供相关证明材料；乡镇人民政府（街道办事处）应当对申请人提供的家庭经济状况证明材料进行审核，并组织开展复查。

第二十三条　民主评议的方法，民主评议由乡镇人民政府（街道办事处）工作人员、村（居）党组织和村（居）委会成员、熟悉村（居）民情况的党员代表、村（居）民代表等参加。村（居）民代表人数不得少于参加评议总人数的三分之二。有条件的地方，县级人民政府民政部门可以派人参加民主评议。

第二十四条　民主评议应当遵循以下程序：

（一）宣讲政策。乡镇人民政府（街道办事处）工作人员宣讲低保资格条件、补差发放、动态管理等政策规

定，宣布评议规则和会议纪律；

（二）介绍情况。申请人或者代理人陈述家庭基本情况，入户调查人员介绍申请家庭经济状况调查情况；

（三）现场评议。民主评议人员对申请人家庭经济状况调查情况进行评议，对调查结果的真实性和完整性进行评价；

（四）形成结论。乡镇人民政府（街道办事处）工作人员根据现场评议情况，对申请人家庭经济状况调查结果的真实有效性作出结论；

（五）签字确认。民主评议应当有详细的评议记录。所有参加评议人员应当签字确认评议结果。

第二十五条 对低保家庭中的下列人员，可以采取多种措施提高救助水平。

（一）老年人；

（二）未成年人；

（三）重度残疾人；

（四）重病患者；

（五）县级以上地方人民政府确定的其他生活困难人员。

第五章 资金发放

第二十六条 低保金原则上实行社会化发放，应由县区民政局通过银行、信用社等代理金融机构，直接支付到低保家庭的账户。

第二十七条 低保金应当按月发放，每月10日前发放到户。金融服务不发达的农村地区，低保金可以按季发放，每季度初10日前发放到户。

第六章 动态管理

第二十八条 县区民政局应当根据低保对象的年龄、健康状况、劳动能力以及家庭收入来源等情况对低保家庭实行分类管理。乡镇人民政府（街道办事处）应当根据低保家庭成员和其家庭经济状况的变化情况进行分类复核，并根据复核情况及时报请县级人民政府民政部门办理低保金停发、减发或者增发手续。

低保家庭按照各县区要求向乡镇人民政府（街道办事处）定期报告家庭人口、收入和财产状况的变化情况。

第二十九条 对城市“三无”人员和家庭成员中有重病、重残人员且收入基本无变化的低保家庭，可每年复核一次。对短期内家庭经济状况和家庭成员基本情况相对稳定的低保家庭，可每半年复核一次。对收入来源不固定、有劳动能力和劳动条件的低保家庭，原则上城市按月、农村按季复核。

第三十条 县区民政局和乡镇人民政府（街道办事处）应当公开低保监督咨询电话，主动接受社会和群众对低保审核审批工作的监督、投诉和举报。

第三十一条 县区民政局和乡镇人民政府（街道办事处）健全完善举报核查制度，对接到的实名举报，应当逐一核查，并及时向举报人反馈核查处理结果。

第七章 附则

第三十二条 各县区民政局根据本办法，结合本地实际，制定实施细则，并报市民政局备案。

第三十三条 本办法由市民政局负责解释。

第三十四条 本办法自公布之日起施行。

国民经济主要指标

指　标　名　称	单位	2013年	2012年	增减%
一、综合				
年末户籍人口	万人	214.7	214.1	0.3
年末从业人员数	万人	156.1	153.3	1.8
其中：城镇从业人员数	万人	41.0	38.3	7.0
地区生产总值	万元	11 024 677	10 001 749	10.2
第一产业	万元	1 123 758	974 418	7.2
第二产业	万元	6 648 168	6 239 525	9.1
其中：工业	万元	6 341 999	5 983 317	8.7
建筑业	万元	306 169	256 208	18.1
第三产业	万元	3 252 751	2 787 806	13.7
人均地区生产总值	元	47 215	43 037	9.7
扣除卷烟后（非卷烟GDP）	亿元	746.3	616.5	14.2
卷烟生产和销售	亿元	356.2	345.5	1.8
生产总值比重				
第一产业	%	10.2	9.7	—
第二产业	%	60.3	62.4	—
其中：工业	%	57.5	59.8	—
第三产业	%	29.5	27.9	—
二、农业				
农林牧渔业增加值	万元	1 123 758	975 078	7.2
1．农业增加值	万元	744 597	638 836	7.3
2．林业增加值	万元	31 693	27 276	7.0
3．牧业增加值	万元	317 387	281 060	7.2
4．渔业增加值	万元	16 421	15 202	5.5
5．农林牧渔服务业增加值	万元	13 660	12 704	4.4
主要农产品产量				
1．粮食	万千克	60 287	58 013	3.9
2．油料	万千克	3 642	4 000	-9.0
3．甘蔗	万千克	104 622	92 922	12.6
4．烤烟	万千克	9 521	10 685	-10.9
5．园林水果	万千克	46 457	39 012	19.1
6．茶叶	万千克	231	190	21.8
7．肉蛋奶总产量	万千克	46 531	42 166	10.4
其中：肉类总产量	万千克	34 748	31 794	9.3
8．水产品产量	吨	15 871	15 501	2.4
三．工业				
规模以上工业增加值	万元	5 789 714	5 526 663	6.8

续　表

指　标　名　称	单位	2013年	2012年	增减%
其中：中央省属企业	万元	3 983 198	3 891 839	2.7
市县区属企业	万元	1 806 516.79	1 634 823.94	16.5
总计中：①卷烟及配套产业	万元	3 479 617.34	3 419 881.37	1.6
②矿冶产业	万元	1 707 811	1 619 691	12.8
总计中：轻工业	万元	3 807 568.2	3 668 045.1	3.5
重工业	万元	1 982 146.2	1 858 517.5	13.2
总计中：国有企业	万元	255 908	227 530	14.0
集体企业	万元	96 690	130 621	−19.7
股份制企业	万元	5 268 251.9	5 003 445.3	7.2
国有及国有控股企业	万元	4 182 479	4 057 486.7	3.8
大中型企业	万元	5 019 565.2	4 899 721.6	4.2
按行业分：				
煤炭采选业	万元	17 706	15 119	25.7
黑色金属矿采选业	万元	366 114	311 125	19.1
有色金属矿采选业	万元	110 198	123 407	−7.0
制糖业	万元	17 230	15 576	16.4
烟草制品业	万元	3 374 376	3 318 177	1.5
其中：卷烟制造	万元	3 197 140	3 155 129	1.2
印刷业	万元	56 879	55 759	2.8
造纸业	万元	37 166	32 096	18.5
肥料制造业	万元	34 680	34 746	10.0
基础化学原料制造业	万元	121 722	116 466	11.3
塑料制品业	万元	20 084	16 650	19.4
水泥、石灰及石膏制造业	万元	86 389	81 778	12.9
黑色金属冶炼及压延加工	万元	664 545	688 161	7.5
其中：　炼铁业	万元	101 519	146 306	−23.2
金属制品业	万元	18 731	13 635	40.3
电气机械及器材制造业	万元	51 969	46 745	11.3
电力、热力生产和供应业	万元	177 110	158 918	12.3
自来水的生产和供应业	万元	3 572	2 200	57.0
规模以上工业销售率	%	94.3	95.4	−1.1
其中：中央省属企业	%	104.7	103.6	1.1
市县区属企业	%	85.2	88.5	−3.3
产品产量				
卷烟	万箱	373.2	380.3	−1.9
其中：一类卷烟	万箱	141.2	134.4	5.0
糖	吨	104 052	83 313	24.9
发电量	万千瓦小时	170 900	133 934	27.6

续　表

指　标　名　称	单位	2013年	2012年	增减%
原煤	吨	22 000	40 000	–45.0
铁矿石原矿量	吨	14 228 989	14 261 245	–0.2
磷矿石(折含P2O530%）	吨	1 206 460.11	1 584 310.14	–23.8
硫酸（折100%）	吨	140 076	135 877	3.1
黄磷	吨	140 891	144 635	–2.6
铜选矿产品含铜量	吨	45 256	49 444	–8.5
水泥	吨	10 679 673	9 786 421	9.1
生铁	吨	5 678 016	5 210 853	9.0
钢材	吨	7 327 164	5 781 251	26.7
精炼铜	吨	1 122	748	50.0
水轮发电机组	千瓦	31 880	51 200	–37.7
变压器	千伏安	3 837 243	4 785 809	–19.8
四、固定资产投资(500万元以上）				
1．固定资产投资完成额	万元	3 937 118	2 871 313	37.1
其中：城镇投资	万元	3 424 881	2 450 756	39.7
农村非农户投资	万元	512 237	420 557	21.8
按所有制关系：国有单位投资	万元	1 808 172	1 234 466	46.5
集体单位投资	万元	225 285	96 821	132.7
外商和港澳台投资	万元	81 408	47 031	73.1
其他单位投资	万元	1 822 253	1 492 995	22.1
按隶属关系：中央省属单位	万元	475 474	401 323	18.5
市县区属单位	万元	3 461 644	2 468 677	40.2
2．按三次产业划分:				
1．第一产业	万元	116 100	61 104	90.0
2．第二产业	万元	1 246 989	988 989	26.1
3．第三产业	万元	2 574 029	1 821 220	41.3
3．施工项目	个	824	731	12.7
本年新开工项目	个	558	429	30.1
建成投产项目	个	489	371	31.8
4．本年新增固定资产	万元	1 720 120	1 335 794	28.8
5．施工房屋面积	万平方米	1 754.3	1 613.1	8.7
其中：住宅	万平方米	1 084.4	884.2	22.6
竣工房屋面积	万平方米	483.2	209.4	130.7
商品房施工面积	万平方米	1 045.9	893.8	17.0
其中：住宅	万平方米	797.5	689.5	15.7
商品房竣工面积	万平方米	188.4	99.4	89.6
其中：住宅	万平方米	146.3	75.5	93.7
商品房销售面积	万平方米	171.3	171.6	–0.2

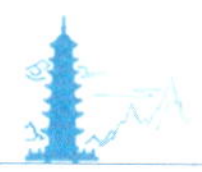

续　表

指　　标　　名　　称	单位	2013年	2012年	增减%
其中：住宅	万平方米	154.0	152.3	1.1
五．社会消费品零售总额				
全市社会消费品零售总额	亿元	226.3	198.5	14.0
按销售地区分：				
1．城镇	亿元	183.0	157.8	16.0
其中：城　　区	亿元	138.2	118.3	16.8
2．乡村	亿元	43.3	40.8	6.1
按经济类型分：				
1．公有经济	亿元	58.4	47.6	22.7
其中：国有经济	亿元	45.0	35.7	26.0
2．非公经济	亿元	167.9	151.0	11.2
其中：私有经济	亿元	123.4	120.1	2.7
3．按行业分：				
批发零售贸易业	万元	189.6	164.0	15.6
住宿餐饮业	万元	36.7	34.7	5.8
六．人民生活				
单位从业人员	人	277 682	254 319	9.2
在岗职工平均工资	元	45 088	40 454	11.5
城镇居民人均可支配收入	元	24 276	21 384	13.5
农民人均纯收入	元	8 925	7 628	17.0
七．财政收支				
财政总收入	万元	4 483 380	4 036 718	11.1
地方财政收入总计	万元	1 236 571	1 124 459	10.0
公共财政预算收入合计	万元	1 059 687	902 196	17.5
增值税	万元	192 922	206 566	−6.6
营业税	万元	142 812	6 748	5.0
企业所得税	万元	53 462	48 347	10.6
个人所得税	万元	8 840	9 022	−2.0
城市维护建设税	万元	176 882	21 113	13.6
烟叶税	万元	51 982	51 226	1.5
地方财政支出总计	万元	2 047 496	1 853 537	10.5
公共财政预算支出合计	万元	1 862 788	1 618 227	15.1
一般公共服务	万元	207 759	173 083	20.0
农林水事务	万元	258 985	208 074	24.5
教育支出	万元	310 693	254 600	22.0
社会保障和就业	万元	218 754	182 545	19.8
科学技术	万元	20 867	16 581	25.8
医疗卫生支出	万元	160 878	154 120	4.4

续　表

指　标　名　称	单位	2013年	2012年	增减%
节能环保	万元	74 980	59 974	25.0
八、金融				
金融机构存款余额	亿元	1 129.2	1 001.7	12.7
金融机构贷款余额	亿元	708.4	631.9	12.1
居民储蓄存款余额	亿元	575.8	499.6	15.3
存贷比	%	62.7	63.1	—
九、对外经济与旅游				
外贸进出口总额	万美元	71 404	53 295	34.0
其中：出口总额	万美元	67 935	50 072	35.7
进口总额	万美元	3 469	3 223	7.6
接待国内旅游人数	万人次	1 756.8	1 461.7	20.2
旅游总收入	亿元	85.6	70.6	21.3
十、物价指数				
居民消费价格总指数	%	102.8	100.0	—
工业品出厂价格指数	%	96.5	100.0	—
商品零售价格总指数	%	100.5	100.0	—
农业生产资料价格指数	%	100.8	100.0	—
十一、交通运输邮电				
公路货运周转量	万吨千米	1 246 191	1 068 477	16.6
公路旅客周转量	万人千米	274 212	252 288	8.7
固定电话机总数	万部	19.2	22.2	-13.6
移动电话用户数	万户	205.3	195.7	4.9
十二、教育文化				
高等学校在校学生数	人	14 087	13 487	4.4
普通中专学校在校学生数	人	7 696	8 290	-7.2
中学在校学生数	万人	9.4	9.5	-1.2
小学在校学生数	万人	17.2	18.1	-5.0
学龄儿童入学率	%	99.9	99.9	—
文化馆	个	10	10	—
公共图书馆	个	10	10	—
广播人口覆盖率	%	98.76	98.53	—
电视人口覆盖率	%	98.94	98.67	—
十三、卫生				
全市卫生机构病床数	张	11 349	10 776	5.3
卫生机构技术人员	人	11 379	10 153	12.1
其中：医生	人	4 739	4 406	7.6

说　　明

一、本索引采用主题分析索引，索引范围包括各部类条目、表格和图片，彩页的具体内容未作索引。为便于检索，在玉溪及所辖县（区）有的企事业单位和在玉溪发生的事件名称前的“玉溪”、“云南省”或县（区）名，除易产生歧义者外，均予以省略。辖区内“峨山彝族自治县”、“新平彝族傣族自治县”、“元江哈尼族彝族傣族自治县”均简称“峨山县”、“新平县”和“元江县”。

二、本索引按汉语拼音音序排列，即以索引条目第一字的音序为准，第一字相同则按第二字的音序排列，依此类推。同音不同字按笔划顺序排列。

三、索引款后的阿拉伯数字表示该索引内容所在的页码，数字后的字母（a、b、c）表示栏别，即版面从左至右的1、2、3栏。

四、本索引使用“参见”、“附见”系统，空2字起排的款目为上一主题的“附见”。同一主题的“参见”只标页码，索引款后如同时出现两个或两个以上的数字，则表示该主题“参见”于不同地方。

五、栏目、类目用黑体表示。索引后的“图”、“表”表示该内容为图片或表格。

六、为便于查找，以数字或字母开头的款项不按该数字或字母的音序排入相应音序中，集中排列于“非音序”栏中。

A

D

G

H

J

K

L

M

N

P

Q

R

S

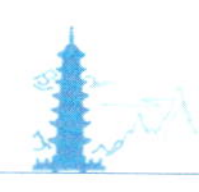

X

Z

非音序

压题图片说明

特　载：玉溪市大营街玉泉湖剪影　（李亚平　摄）
专　文：夕阳下的抚仙湖　（李亚平　摄）
玉溪综述：玉溪中心城区一景　（市地方志办公室　提供）
大　事：2013年4月7日，“玉溪杯”全国自行车冠军赛在玉溪中心城区举行　（解家敏　摄）
党政机关：“四退三还”湖滨带一期工程　（抚仙湖管理局　提供）
民主党派：玉溪市人大副主任、市工商联主席郭开堂带领玉溪市知名医疗专家组成的义诊小组到新平县平甸乡磨皮村委会开展送医送药下乡活动，免费开出用药处方200多张，免费发放各类常用药品价值4800多元　（市工商联　供稿）
人民团体：玉溪市聂耳大众文化小分队行动“十八大精神进万家”文艺演出走进易门十街乡　（李东升　摄）
军　事：中共玉溪市委召开议军会议研究解决国防后备力量建设问题　（玉溪军分区　提供）
法　制：2013年10月28日，玉溪检察装备技术论坛暨装备技术展在玉溪博物馆开幕　（雷红　摄）
民　族：峨山县大西山上花树节　（普开福　摄）
经济管理：2013年6月2日，玉溪市召开国土资源工作会　（市国土局　提供）
农　业：花海中的村庄　（玉溪市农业局　提供）
林　业：2013年10月29日，中共玉溪市委、玉溪市人民政府召开全市生态文明建设暨绿化造林动员大会　（蒋志东　摄）
水　利：2013年除险加固后焕然一新的新平县黄草坝水库　（市水利局　提供）
工　业：研和工业园区生产生活性服务组团　（市工信委　提供）
玉溪烟草：红塔　（郭建林　摄）
交通·邮电：2013年，市政府与投资建设方签订合作框架协议　（普江泉　摄）
城建·环保：2014年1月4日，玉溪市首届公租房摇号配租现场　（沈泉　摄）
贸　易：2013年6月6日下午，昆明交易会玉溪交易团举行贸易集中签约仪式　（刘东红　摄）
财政·税务：2013年8月1日零时，玉溪市与全省同步在红塔区国税局实施营改增“零点启动”计划。图为玉溪市营改增第一个发票代开成功的个体户在接受记者采访　（杨有德　摄）
金融·保险：2013年7月8日，市人保财险公司开展全国首届保险宣传日活动
旅　游：2013年新平县花街节　（市旅游局　提供）
科学技术：2013年9月16日，以“科技推动发展，建设美丽家园”为主题的云南省“百名专家科技下乡”暨玉溪市“全国科普日”活动在玉溪工业财贸学校启动　（张丽萍　摄）
教　育：元江一中校园一角　（市教育局　提供）
文　化：2013年7月20日上午，第三届中国聂耳音乐（合唱）周开幕仪式在玉溪聂耳广场举行　（普文贵　摄）
新闻·广播电视：2013年11月15日，玉溪日报社举办马克思主义新闻观和报纸出版法律法规培训　（申进明　摄）
卫　生：2013年9月16日，玉溪市卫生局召开全市医疗卫生系统“三好一满意”活动推进会　（杨燕梅　摄）
体　育：2013年8月8日，“全民健身日”云南省启动仪式暨“七彩云南全民健身运动会”启动仪式在玉溪聂耳文化广场举行，图为柔力球展演　（解家敏　摄）
社　会：2013年4月12日，玉溪市政府召开殡葬改革工作推进会议　（肖慧才　摄）
区县概况：易峨高二级路乌木树大桥　（柏云飞　摄）
人　物：2013年12月27日，玉溪市慈善总会成立暨第一次会员代表大会　（肖慧才　摄）
附　录：新平县哀牢山石门峡景区　（李亚平　摄）
索　引：抚仙湖畔“仙湖锦绣”一景　（李亚平　摄）